Görlich - Romanik

GESCHICHTE ÖSTERREICHS

Österreich 1282 bis 1500

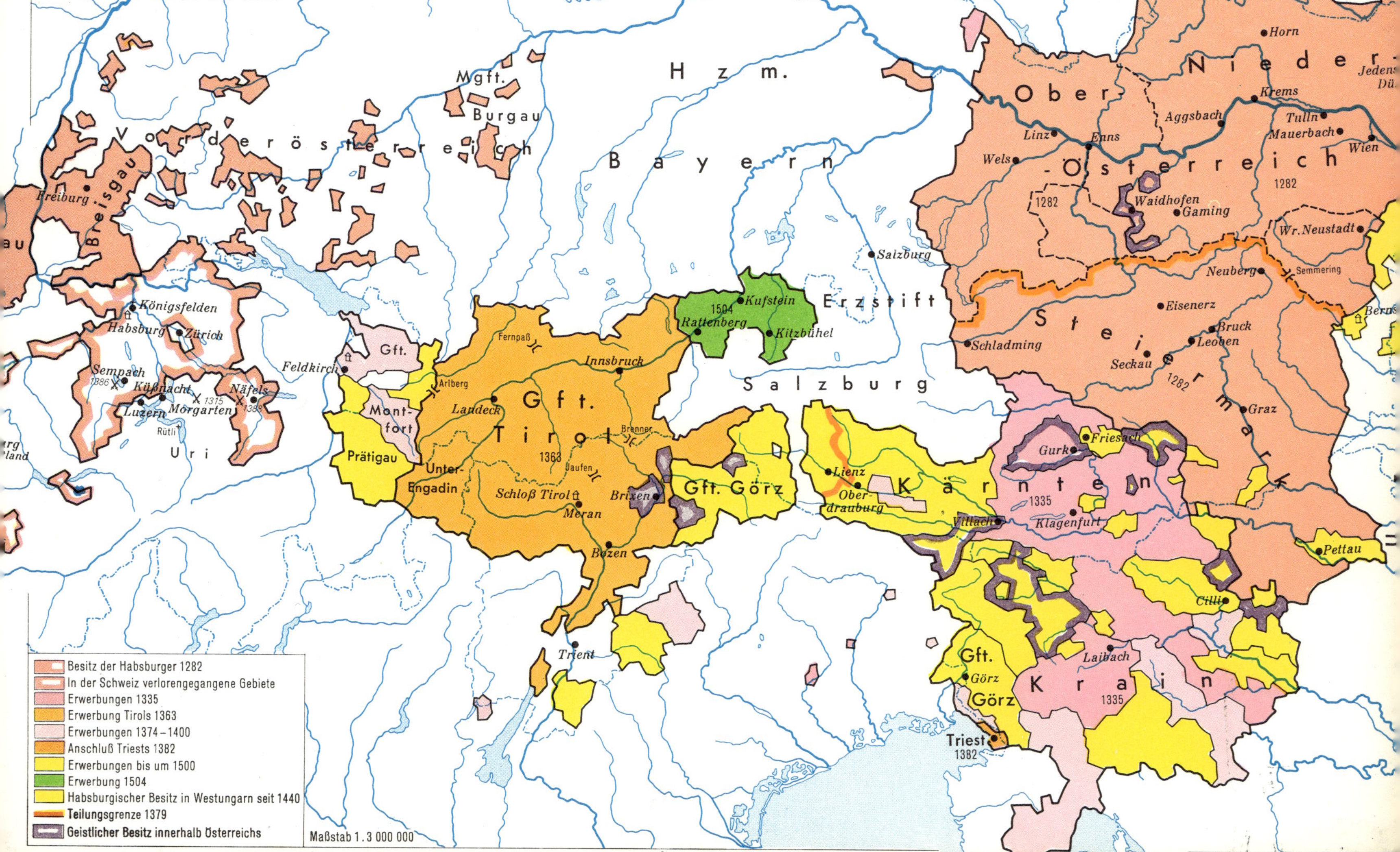

ERNST JOSEPH GÖRLICH — FELIX ROMANIK

GESCHICHTE ÖSTERREICHS

2., erweiterte Auflage

Mit 16 Dokumentar-Kunstdruckbildern

TYROLIA-VERLAG · INNSBRUCK · WIEN · MÜNCHEN

Umschlagbild: Franz Moritz Graf Lacy, im Bild rechts neben Kaiser Joseph II. (im grünen Uniformrock) im Lager bei Minkendorf. Hinter dem Kaiser General Laudon. Ausschnitt aus einem Ölgemälde von Martin Quadal im Heeresgeschichtlichen Museum in Wien. Erich Lessing, Magnum Photos, Paris

Abbildungen am Vorsatz- und Nachsatzblatt — 8 Landkarten: Österreich 976 bis 1945 — mit Genehmigung des Verlages E. Hölzel, Wien, aus dem Atlas zur allgemeinen und österreichischen Geschichte von Wilhelm Schier — Ernst Joseph Görlich, 8. Auflage, Wien 1966

ISBN 3-7022-1247-7

1977

Satz, Druck und Buchbinderarbeit in der Verlagsanstalt Tyrolia Ges. m. b. H., Innsbruck, Exlgasse 20

INHALT

GELEITWORT
zur 2. Auflage

Am 4. Oktober 1973 ist Professor Dr. Ernst Joseph Görlich, ein profunder Kenner der österreichischen Geschichte und daher ein Österreicher aus Überzeugung, gestorben. Seine Wahlheimat Burgenland, deren Landeshymne er verfaßte, ehrte ihn durch Teilnahme des Landeshauptmannes Kery, des Landeshauptmannstellvertreters Minister a. D. Soronics und des Landesrates Dr. Mader bei seinem Begräbnis. Landeshauptmann Kery hielt ihm einen tiefgefühlten Nachruf.

Die gemeinsam herausgegebene Geschichte Österreichs zu revidieren, zu ergänzen und bis zur Gegenwart fortzusetzen war auch ein letzter Wunsch Ernst Joseph Görlichs. Er sei hiemit erfüllt.

Für Ergänzungen und Hinweise bin ich Frau Univ.-Prof. Dr. Hornung, Frau Oberstaatsbibliothekar Dr. Gollob, Herrn Univ.-Dozenten Hofrat Dr. Wagner, Herrn Prof. Dr. Neugebauer und Herrn Kammeramtsdirektor Dr. Litschauer Dank schuldig.

Für die Mitarbeit bei der Schlußredaktion der in der 2. Auflage ergänzten Texte, einschließlich Korrekturlesen und Umbruch, danke ich Herrn Ministerialrat Dr. phil. Helmuth Tesar.

Wien, im September 1976. DDr. Felix Romanik

✩

Am 28. September 1976 — fast auf den Tag genau drei Jahre nach dem Heimgang Prof. Dr. Ernst Joseph Görlichs — verstarb auch der andere der beiden „profunden Kenner der österreichischen Geschichte und daher Österreicher aus Überzeugung ...", Ministerialrat i. R., Honorarprofessor Dkfm. DDr. Felix Romanik.

Der Verstorbene hat mir an seinem Totenbett die Freundespflicht auferlegt, bei der Fertigstellung der von ihm bis zum letzten Atemzug und mit aller verfügbaren Kraft betriebenen Bearbeitung der 2. Auflage der „Geschichte Österreichs" mitzuhelfen. Diese Verpflichtung ist eine zweifache. Neben der gern, wenn auch sehr schweren Herzens zugesagten menschlichen Verpflichtung gilt es, einem besonderen Anliegen gerecht zu werden, das in der Sache selbst liegt:

Die vorliegende 2. Auflage, zu der sich der Tyrolia-Verlag dankenswerterweise entschlossen hat, ist nicht als bloße Überarbeitung der bereits seit geraumer Zeit vergriffenen 1. Auflage anzusehen, es wurden vielmehr aus der Feder Felix Romaniks drei neue Kapitel als Ergänzung der österreichischen Gegenwartsgeschichte bis zum Herbst 1976 angefügt. Felix Romanik versuchte, jedes einzelne Tagesereignis in seiner Auswirkung auf die Zusammenarbeit der beiden großen Kräfte in Österreich zu deuten. Mit Fairneß und Loyalität versuchte er auch, den Argumenten des anderen politischen Lagers gerecht zu werden, ohne hiebei seinen eigenen Standpunkt auch nur im geringsten zu verlassen.

Wir alle sollten versuchen, eine ganz besondere Art von weltoffenem Patriotismus zu verbreiten, der unseren berechtigten nationalen Stolz über das Erreichte mit der Hoffnung auf Expansion österreichischen Geistes auch über die anderen Regionen der Erde verbindet.

Helmuth Tesar

MOTTO

Was Sie über die Vernachlässigung politischer Geschichtsschreibung in Österreich sagen, ist leider nur zu wahr! . . . Ich glaube, die österreichische Geschichtsschreibung hat mit derselben Schwierigkeit zu kämpfen wie die österreichische Politik: eine große Mannigfaltigkeit der Gesichtspunkte, welche Beachtung erheischen. Sie fassen zunächst und . . . ausschließlich den der Beziehung Österreichs zu Deutschland auf. Ich habe dessen Wichtigkeit niemals verkannt und verkenne sie auch heute nicht. Gleichwohl liegt in ihr nicht die Lebenskraft der österreichischen Politik, und ebenso kann eine österreichische Geschichtsschreibung, welcher diese Idee zugrunde liegt, niemals die Geister in Österreich in einer Weise erfassen und einigen, die politische Erfolge hoffen ließe . . . Die österreichischen Fürsten haben den Wert der Geschichtsschreibung viel zuwenig gewürdigt; sie haben aber auch deshalb ihr keine Richtung zu geben vermocht, weil sie, je nach dem Bedürfnis momentaner Situationen, zwischen deutscher und österreichischer Politik hin und her geschwankt haben. Das Deutsche Reich ist zugrunde gegangen, nun auch der Deutsche Bund. Jetzt muß Österreichs Bestand, Kräftigung und Sicherheit das Ziel der österreichischen Politik sein, wenn Österreich nicht gleichfalls zugrunde gehen soll . . . und wenn dabei nur der Beruf Österreichs richtig aufgefaßt wird, so wird damit auch Deutschland besser gedient sein, als wenn man bei uns fortfahren sollte, deutsche Politik treiben zu wollen; und auch nur dann wird eine würdige österreichische Geschichtsschreibung möglich werden.

(Unterrichtsminister Graf Leo Thun an den Geschichtsschreiber Onno Klopp am 18. Oktober 1866.)

WESEN UND CHARAKTER DER ÖSTERREICHISCHEN GESCHICHTE

Wenn wir von österreichischer Geschichte reden, so meinen wir in diesem Buch die Geschichte des österreichischen Raumes, des österreichischen Volkes und des österreichischen Staates. Es sind dies für viele andere Staaten Selbstverständlichkeiten; für manche Österreicher jedoch nicht immer. Es wird niemand einfallen, französische Geschichte vom englischen oder spanische vom marokkanischen Standpunkt aus zu schreiben. Der österreichische Geschichtsschreiber sieht sich in vielen Fällen jedoch dazu verurteilt, sich zu rechtfertigen, wenn er österreichische Geschichte vom österreichischen Standpunkt aus schreibt. Hermann Bahr, der bekannte österreichische Dichter und Essayist, hat einmal den Satz niedergeschrieben, daß es Österreichs Unglück gewesen sei, daß in vielen Fällen seine Geschichte von seinen Feinden geschrieben wurde.

Die österreichische Geschichte ist durch Jahrhunderte hindurch das Spiegelbild der Geschichte Europas. Gerade das macht sie oft so schwer verständlich. Für den Österreicher war in jenen Zeiten keine Notwendigkeit vorhanden, sich durch betonte Herausstellung seiner Eigenart von anderen Ländern zu differenzieren. Das führte dazu, daß man die Geschichte Österreichs als Teil einer anderen Geschichte einzugliedern versuchte.

Die österreichische Geschichte war jahrhundertelang die Geschichte des Donauraums und seiner Völker und Staaten. Auch dies hat man oft gern vergessen lassen. Dennoch gibt es kein Österreich ohne den Donauraum. Und die Tatsache des Donauraums — und nicht eines sogenannten „Südosteuropa" — ist allen jenen nicht geheuer, die Österreichs Geschichte entweder nicht verstehen können oder nicht verstehen wollen.

Die österreichische Geschichte ist die Geschichte des gesamten österreichischen Volkes. Sie ist nicht nur die Geschichte von Kriegen, internationalen Kongressen oder von Herrschern, wie groß sie auch gewesen sein mögen. Die Identifizierung der österreichischen Geschichte mit der allerdings zu Zeiten ruhmvollen Geschichte einer Herrscherfamilie hat das Bewußtsein dafür getrübt, daß Österreichs Geschichte weder mit dem Erscheinen der Habsburger an der Donau (1282) noch mit dem Ende der Österreichisch-Ungarischen Monarchie beginnt oder endet. Diesen beiden Trugschlüssen sind so manche Österreicher — auch gute Patrioten — in den vergangenen Jahrzehnten erlegen.

Mit der Geschichte des österreichischen Volkes ist auch die Geschichte seiner wirtschaftlichen, sozialen und kulturellen Entwicklung untrennbar verbunden. Es geht einfach im 20. Jahrhundert nicht mehr an, die wirtschaftliche oder soziale Entwicklung im besten Fall als „Anhang“ zu behandeln. Diese Entwicklungen sind integrierende Bestandteile der Gesamtentwicklung, und gerade mit dem Blickpunkt auf sie gewinnt die Frage der österreichischen Eigenständigkeit und der österreichischen Sonderentwicklung eine neue Bedeutung.

Geschichte soll aber auch mit dem Bewußtsein geschrieben werden, daß es sich um die Darstellung einer Entwicklung und nicht eines Zustandes handelt. Diesen Fehler begehen alle jene, die in ihrer geistigen Haltung nicht über bestimmte Jahre — etwa 1804, 1866 oder 1918 — hinwegkommen, sondern an diesen Punkten der Entwicklung stehenbleiben. Wenn einmal ein bekannter, heute verstorbener Vertreter einer außerösterreichischen Geschichtsauffassung in einem Brief den Ausspruch tat: „Ich fühle deutsch wie Walther von der Vogelweide“, so zeigt dies deutlich, wohin eine solche steckengebliebene Auffassung führt. Abgesehen davon, ob wir wirklich in der Lage sind, das Deutschbewußtsein Walthers bis in seine Einzelheiten zu analysieren, so können wir als Kinder des 20. Jahrhunderts nicht denken wie die Menschen des 13. Jahrhunderts. Wir müssen daher immer prüfen, unter welchen Umständen und in welcher Bedeutung ein bestimmter Ausspruch getan wurde, eine bestimmte Handlungsweise gegeben war. Wer ehrlich in sich hineinhorcht, wird feststellen, daß er sich nicht einmal zur Gänze in die Zeit vor 1914, ein jüngerer Mensch nicht einmal in die Zeit vor 1938 zurückversetzen kann. Die Erlebnisse, die der Mensch hat, lassen sich nicht mehr wegdenken.

Wir können nur versichern, den Versuch zu machen, österreichische Geschichte von diesem Standpunkt aus zu betrachten, den wir zuvor festgelegt haben. Der Engländer sagt: „Right or wrong — my country“ — Recht oder Unrecht — mein Vaterland. Wir wollen dieses Wort anders verstehen, als es gewöhnlich verstanden wird. Ob wir loben oder tadeln, es soll stets unter dem Gesichtspunkt geschehen, daß Österreich unser Vaterland ist.

GRUNDLAGEN DER ÖSTERREICHISCHEN GESCHICHTE

Der Raum

Der österreichische Raum deckt sich weitgehend mit den Ostalpen. Darüber hinaus hat er Anteil an der böhmischen Masse, die mit dem Dunkelsteiner Wald bis südlich der Donau reicht. Das Wiener Becken bildet die Drehscheibe des Donauraums, zu dem Österreich seit jeher ein besonderes Verhältnis hatte. Vom Wiener Becken aus führen die Wege nach Norden, die March entlang, bis zur Mährischen Pforte und dann in den Strombereich der Oder und der Weichsel; nach Osten zu bahnt sich die Donau ihren Weg an der Hainburger Enge und am Thebener Kogel entlang in die weiten Ebenen Ungarns. Der Neusiedler See aber zeigt in seiner urtümlichen Pflanzen- und Tierwelt die Verbindung zu Asiens Steppen auf. Es ist zudem bemerkenswert, daß gerade im Westen und im Osten der Ostalpen zwei Pässe seit alters her den Wanderer von Norden nach Süden, von Deutschland nach Italien führen: der Brenner und der Semmering.

Der österreichische Raum verbindet sodann westliche und östliche Pflanzen- und Tierwelt. Den Biologen war schon seit langem die Grenzscheide bekannt, die auf der Karte Europas ungefähr mit einer Linie von Königsberg in Ostpreußen (heute Kaliningrad) nach Odessa gezogen werden kann. Östlich davon kommt die Buche nicht mehr vor; ebenso Taxus, Efeu und — noch etwas weiter östlich — die Weißbuche. Nun kennen wir aber auch eine Westgrenze dieser Scheidelinie. Sie verläuft zwischen den beiden Städten Triest und Danzig. Hier ist gleichfalls eine pflanzengeographische Formung eigener Art festzustellen. Noch immer wirkt östliche (pontische) Flora in dieses Gebiet herein. Auch Trockengebiete finden wir hier, während sich ebenso stark westliche Pflanzenwelt ausbreitet. Die in Urzeiten geologischer Vergangenheit bestehenden asiatischen Meere haben ihre Spuren in Ablagerungen bei Wien und in Südmähren hinterlassen.

An die Stelle der Urmeere traten später die großen Flüsse der Donau mit der March, der Theiß und der Drau. Zu gleicher Zeit, da dies geschah, erhoben sich ebenfalls die Alpen zu einem Hochgebirge. Seinerzeit hat der Geograph Ewald Banse (1933) die Stellung des Donauraums folgendermaßen umrissen:

„Diese Gebiete sind zweigesichtig. Sie blicken südöstlich gegen den Orient und die sarmatischen Steppen, nordwestlich gegen das Weltmeer. Sie führen auch ein Doppelleben, sind bestimmt zu vermitteln. Gegen ihren breiten Mittelraum öffnen sich die nördlichen Alpentäler, und dadurch wird er ebenso ein Gebiet des Quer- wie des Längsverkehrs, aber dieser geht hier noch mehr neben als auf der schmächtigen und nicht hindernislosen Wasserstraße. Das obere Donaubecken gleicht einem Trichter mit weiter, westlicher Öffnung, der angesetzt ist gegen das Mittel- und Hauptstück der Donau, die pannonischen Becken im Rund des alpinkarpatischen Gebirgsbogens. Vorhöfe sind das Wiener und das Marchbecken, Innenhöfe die kleine und die große ungarische Tiefebene. Die Täler der ostalpinen Abdachung, des nördlichen Karstes, des ganzen karpatischen Innenraums schützen sie in ihrem Inhalt. Die untere Donau, Bulgarien und Rumänien, waren bis zur Regulierung der Felsengen im Eisernen Tor den mittleren kaum verbunden. Der Landverkehr strebt noch durch die südkarpatischen Pässe dahin. Die unteren Donauländer sind für den Seeverkehr teilweise erreichbar und mit dem europäischen Westen auf dem Umweg Bosporus-Dardanellen fast enger verbunden als mit dem mittleren durch die eigene Wasserstraße, die so lange abgeriegelt war. Die mittleren Donauländer öffnen sich durch ein Landtor, aber auch gegen Südosten: durch die Talfurche der Morava gehen die Wege nach Konstantinopel und Saloniki. Das ist die wahre Porta Orientalis. Hierher zielt der Strom und erst in zweiter Linie gegen den Pontos.“

Die Stellung des österreichischen Raumes im besonderen ist innerhalb der Donauländer seit alters her durch die geographische Lage geprägt. Nicht umsonst sieht man in Österreich noch heute den Donaustaat.

Das Volk

Es gab Zeiten, in denen man der sogenannten Katastrophentheorie huldigte. Darnach wurde das Land bei jeder Einwanderung neuer Bewohner reingefegt. Von der vorhergehenden Bevölkerung blieb einfach so gut wie nichts übrig. Diese Theorie entbehrt jeder logischen Grundlage und wurde höchstens durch mißverstandene oder irrig ausgelegte Quellenangaben gestützt. Es hätte doch von allem Anfang an stutzig machen müssen, daß Eroberer nicht in ein Land kommen, um zu arbeiten. Sie werden kaum die vorhandene Bevölkerung ausrotten und dann selbst alle Mühen und Plagen auf sich nehmen. Man wird wohl jene Vor-Bewohner, die sich zur Wehr setzen, erschlagen, alle anderen aber, die das fremde Joch auf sich nehmen, vor allem Frauen und Kinder, schonen und als Sklaven oder Knechte behalten. Wenn dann zwischen den Herren und den Mädchen und Frauen der Unterworfenen eheliche und außereheliche Beziehungen hergestellt werden, erfolgt — bald rascher, bald weniger rasch — die Vermischung der beiden Völkerschaften.

So haben wir im österreichischen Raum schon in grauer Urzeit menschliche Siedlungen. Namen von Völkergruppen tauchen auf und verschwinden wieder. Wir können aber schon in früher Zeit ein „Alpenvolk“ feststellen, dessen Sitten, Gebräuche und Vorstellungen noch bis heute in einzelnen Teilen der österreichischen Alpenländer nicht völlig verschwunden sind. Der bekannte Tiroler Volkskundler Norbert Mantl sagt darüber: „Wir kennen den Namen des ‚Alpenvolkes‘ gar nicht und müssen uns daher eines Namens bedienen, der den noch feststellbaren Tatsachen am nächsten kommt. Das sind die Ladiner für Tirol, die Graubündner in der Schweiz und die Furlaner im nördlichen Venetien. Wir wählen die Bezeichnung Ladiner und stellen fest, daß besonders die Oberländer die eigentlichen Brüder und Landsleute der Ladiner sind, von denen uns nur die Sprache trennt. Seinerzeit haben die Oberländer wie das ganze

Alpenvolk von den Römern nur die Sprache angenommen, offenbar sehr ungern und daher schlecht. Von den Bajuwaren entromanisiert, aber nicht germanisiert, haben sie sprachlich nicht mehr in ihre eigene Urzeit zurückgefunden."

Was hier in erster Linie für Rätien gesagt wird, gilt in bescheidenerem Maß auch für Noricum; am wenigsten noch für Pannonien. Jedenfalls bildet nach den Illyrern und Kelten das Alpenromanentum einen Grundstock der Bevölkerung der österreichischen Alpenländer. Von Osten her kamen dann mit Beginn der Völkerwanderung slawische Stämme — noch keine in sich geschlossenen Völker —, die weit in die Ostalpenländer eindrangen und hier erst von den Bajuwaren aufgehalten wurden. An diese frühen Zeiten der Besiedlung erinnern die vielen Namen österreichischer Städte, Dörfer, Flüsse und Berge, die vorrömischen, aber auch slawischen Ursprungs sind.

Als Beispiel für viele andere seien einige von ihnen angeführt:

1. illyrischen Ursprungs sind: Hall (Tirol, Oberösterreich), Hallstatt (Oberösterrich), Hallein (Salzburg); „hal" war wahrscheinlich die illyrische Bezeichnung für „Salz";

2. keltischen Ursprungs sind: Donau, Glan, Inn, Lech, Kamp, Enns, Wien, Schifis (Vorarlberg), Wildon, Tauern;

3. romanischen Ursprungs: Lauriacum (Lorch, Oberösterreich), ferner Namen, die mit „-mauer" (lateinisch murus) zusammengesetzt sind, wie Mauer (Niederösterreich, Oberösterreich) Maurach (Salzburg, Tirol), Traismauer (Niederösterreich), Zeiselmauer (Niederösterreich);

4. aus der ältesten germanischen Zeit stammen Bezeichnungen, wie: Eferding (Oberösterreich), Hietzing (Wien, 13. Bezirk), Gugging (Niederösterreich), Hötting (Tirol), Itzling (Salzburg). Eine besondere Gruppe bilden hier die Namen mit „-walchen" (Seewalchen in Oberösterreich, Wals und Walersee in Salzburg, Walgau in Vorarlberg); erst bezeichneten nämlich die romanisierten Bewohner des Landes damit die Kelten, später die Germanen die romanisch-keltischen Bevölkerungsteile, die es auch weiterhin gab. Unser heutiges „Welsch" oder „Walsch" für die Italiener (volkstümlich) ist ebenfalls davon abgeleitet.

5. Slawische Namen finden wir seit dem 6. und 7. Jahrhundert n. Chr. in allen Bundesländern Österreichs, ausgenommen Vorarlberg. Als Beispiele nennen wir: Graz (Steiermark), Pörtschach (Kärnten), Doberndorf (Niederösterreich), Lest (Oberösterreich), Weißbriach (Kärnten), Prägraten (Tirol).

Später treten dann die Namensformen auf, die auf die verschiedenen Rodungsabschnitte der Entwicklung hinweisen. Ebenso auf kirchliche Siedlungen, wie Leutkirchner Hütte (Tirol). Dann kommen Namen von gewerblicher und landwirtschaftlicher Bedeutung bei Ortschaften wie Schmieding (Niederösterreich) oder Viehhofen (Salzburg). Die feudale Zeit des Mittelalters brachte auch Bezeichnungen von Herrenburgen und -höfen nach Österreich. Die herrschende Schicht des Volkes wurde seit diesen Jahrhunderten von den Bajuwaren gestellt. Aber gerade über die Herkunft der Bajuwaren — die nicht unbedingt mit den heutigen Bayern gleichzusetzen sind — hat sich ein wissenschaftlicher Streit entsponnen. Während die alte Meinung in den Bajuwaren die Nachkommen der früher in Böhmen und Teilen Mährens ansässigen Markomannen sah, wollte der oberösterreichische Historiker Zibermayer in ihnen ein ostgermanisches Volk sehen, dessen ursprüngliche Sitze am Schwarzen Meer und in Südrußland gelegen seien. Als Ostgermanen wären die Bajuwaren engste Stammesverwandte der Goten gewesen. Manches, wie die stärkere Differenzierung der bairischen Dialekte von den anderen deutschen (westgermanischen) Mundarten, würde sich dadurch ebenso erklären wie das Auftauchen echt gotischer Worte im Bajuwarischen (z. B. „Irchtag" für Dienstag oder „urassen" für sinnlos verschwenden). Auf jeden Fall scheinen in den Bajuwaren stärkere Elemente ostgermanischer Herkunft aufgegangen zu sein, wenn wir sie schon nicht als Ganzes als Ostgermanen bezeichnen wollen.

Aus all diesen Vorfahren entstand im Verlauf der Jahrhunderte das österreichische Volk. Doch dürfen wir auch nicht kleinere Einsprengsel anderer Art übergehen. Während der vielen Kriege ist so mancher Landsknecht aus Italien, Belgien, Frankreich, Spanien oder den nordischen Ländern in Österreich geblieben oder hat hier sein Blut zurückgelassen. Wie etwa die heutigen Franzosen aus Kelten, Römern und Germanen, die heutigen Spanier aus Iberern, Kelten, Römern und Goten, die heutigen Engländer aus Kelten, Angelsachsen und Normannen entstanden sind, so weist ebenfalls der Österreicher von heute eine ähnliche Herkunft auf. Er braucht sich ihrer aller nicht zu schämen, die vor ihm auf österreichischem Boden lebten und arbeiteten. Aber er muß sich dessen bewußt sein, daß die Entstehung des österreichischen Volkes viel komplizierter ist, als es der primitive Betrachter sieht oder zu sehen glaubt.

Wien und Österreich erscheint daher bei richtiger Würdigung der Rassengesetze als Heimat- und Vaterland eines „Völkergemischs", das aus Illyrern, Kelten, Romanen und Slawen unter ständiger Beifügung fränkischen, bajuwarischen und alemannischen Blutes entstanden ist und die Völkerschaften der Österreichisch-Ungarischen Monarchie (eines Vielvölkerstaates, wie es das Heilige Römische Reich war) ebenso assimilierte, wie dies am Hof der römischen Kaiser in Wien mit den aus allen Teilen ihres Reiches und aus den weltweiten Besitzungen der Habsburger kommenden und in Wien und Österreich dauernd verbliebenen Fremden geschah.

Die österreichische Idee

Es ist eigentümlich, jedoch geschichtliche Tatsache, daß über Sinn und Idee keines anderen europäischen Landes so viel geschrieben, nachgedacht, philosophiert und debattiert wurde wie über den Sinn und die Idee Österreichs und über den Österreicher als eigenständigen Teil der europäischen Völker. Österreicher und Nichtösterreicher haben versucht, dafür Worte zu finden. Verschiedene Jahrhunderte verwendeten verschiedene Formulierungen; man meinte, bestimmte Epochen der österreichischen Geschichte mit dem Österreichertum im besonderen identifizieren zu können. Dennoch gelangt man, wenn man die einzelnen Vorstellungen überprüft, die man im Verlauf der Zeit von Österreich hatte, zur Feststellung, daß der österreichische Gedanke an keine Staatsform im bestimmten Sinn gebunden ist und daß der Österreicher nicht nur das Kind eines bestimmten Zeitraums in der Geschichte darstellt. Er hat sich im 20. Jahrhundert genauso bewährt wie in der Zeit Maria Theresias, in den Tagen des Prinzen Eugen von Savoyen oder unter Rudolf IV. dem Stifter und den Babenbergern.

Im Jahre 1810 hielt der Vorkämpfer der Romantik, Friedrich Schlegel, seine Vorlesungen in Wien; dabei sagte er über die Bedeutung des damaligen Österreich: „Geschlossene Absonderung nach außen war der besonderen Natur des österreichischen Staates nicht angemessen, da diese Monarchie, die schon ihrer Lage nach zu isolieren kaum möglich sein würde, ihrer ursprünglichen Bestimmung nach als das Herz und der Mittelpunkt von Europa, mit allen bedeutenden Staaten in der innigsten Verbindung, von jeher am meisten ein allgemeiner, wahrhaft kaiserlicher Weltstaat war und es zu sein wahrscheinlich nie ganz aufhören kann." Ihm folgte der bekannte Publizist Johann Sporschil mit dem Bekenntnis: „Österreich ist keineswegs ein Erzeugnis von tausend glücklichen Zufälligkeiten, sondern eine Schöpfung aus der Hand Gottes." Im Jahre 1848 erklärte der große tschechische Geschichtsschreiber Franz Palacky in seinem berühmten Brief an den Fünfziger-Ausschuß des ersten deutschen Parlaments in Frankfurt am Main: „Wahrlich, existierte dieser Staat Österreich nicht, man müßte im Interesse der Humanität selbst sich beeilen, ihn zu schaffen." Am 11. Jänner 1876 stellte der katholische Sozialreformer Karl von Vogelsang in der von ihm geleiteten Wiener Tageszeitung „Vaterland" fest: „Österreichs Dasein ist eine Daseinsfrage für das System der zivilisierten Staaten der Erde, welches in Flammen aufgehen würde, zu einem noch nie dagewesenen Weltbrand, wenn es einem frechen Eroberer gelänge, unter dem lügnerischen Vorwand der Nationalität Österreich verschwinden zu machen." Vor österreichischen Akademikern sprach im Juli 1929 der damalige Bundeskanzler Dr. Ignaz Seipel die mahnenden Worte: „Wir müssen mit Ehrfurcht vor der österreichischen Idee stehen wie vor den Ideen überhaupt, weil sie Ideen Gottes sind. Wir dürfen diese Idee nicht verfälschen lassen und noch weniger aus Ungeduld unserer Herzen heraus selbst sie irgendwie verfälschen. Hüten wir uns vor einem neuen Bruch, damit wir selbst nicht gebrochen werden."

Als dann am 13. März 1938 dieser Bruch tatsächlich erfolgt war, brach es elementar aus der Seele eines der besten Söhne unseres Landes, des Dichters Franz Werfel: „Ich bin davon überzeugt, daß ein durch Jahrhunderte bestehendes Eigenwesen staatlicher und völkischer Natur, wie es Österreich ist, nicht durch einen Handstreich für alle Zeit und Ewigkeit untergehen kann. Ich glaube, daß die kulturelle Individualität, die dieses Land vorgestellt hat, ein nicht nur in der Vergangenheit bleibender Wert ist, sondern ein Wert, der immer weiter fortgesetzt werden wird, und schließlich über alle Widerstände, über alle Versuche, ihn auszulöschen, den Sieg davontragen wird. Es ist kein Zufall, daß gerade im Donaugebiet, im Durchgangs- und Schlüsselpunkt vieler Kulturen, vieler nationaler Tendenzen ein Gebilde entstanden ist, seitdem es eigentlich ein zivilisiertes Abendland gibt, das allen Stürmen standgehalten und die christliche, antike Kultur durchgesetzt hat gegen jegliche barbarische Versuche ... Die völkerverbindende Funktion eines unabhängigen und souveränen Österreich ist nicht erloschen."

Über den Österreicher selbst erklärte schon 1936 ein leider viel zu sehr vergessener österreichischer Kulturkritiker, der langjährige Landesschulinspektor von Wien, Hofrat Dr. Oskar Benda: „‚Österreichisch', das ist nicht nur ein geographischer Begriff, sondern in der Tat auch eine geistige Idee, die Idee eines aus ethisch geläuterter Humanität quellenden, Menschen, Stände und Völker verbindenden Humanismus. Und diese Idee ist nicht etwa nur ein frommer Wunsch unserer Staatsführer, sie ist kein bloßes Postulat der praktischen Staatsvernunft, keine theoretische Schulkonstruktion, kein ‚ideologischer Überbau', kein erdichteter ‚nationaler Mythos', sondern zur Idee erhobene lebendige Erfahrung einer in der geschichtlich gewordenen geistig-sittlichen Substanz des österreichischen Menschentums tief begründeten ‚Wirklichkeit' höherer Ordnung, die über die jeweilige empirische Wirklichkeit verpflichtet, hinaus- und emporweist. Abstrakte ‚Ideologien' und ‚Mythen' haben, wie die Vergangenheit lehrt, nur geringe Widerstandsfähigkeit. Wirklichkeiten höherer Ordnung aber überdauern, wie die Gegenwart zeigt, alle empirischen Katastrophen. Der so viel mißbrauchte Ausdruck ‚Austria erit in orbe ultima' gewinnt im Lichte unserer Erkenntnis einen sehr tiefen Sinn. Das österreichische Menschentum, aus dem Schoß einer tausendjährigen Geschichte entbunden, ist als historisch-politische wie als kulturelle Formkraft der Menschheit unverlierbar."

Der erste Bundespräsident der Zweiten Republik, Dr. Karl Renner, unterstrich dann am 22. Oktober 1946 anläßlich der Staatsfeier zur 950. Wiederkehr der ersten Erwähnung des Namens Österreich die „Staatsidee des österreichischen Volkes von heute". Sie ist „kein Herrschaftsideal, sondern das Programm redlicher Mitarbeiter. Sie ist kein Rassenaberglaube, sondern bewußte Duldung und Anerkennung jeder Eigenart, welch anderen Landes und anderer Herkunft sie sei. Sie beruht nicht auf Selbstüberschätzung, auf Verhimmelung einer gewiß ruhmreichen und doch schicksalhaften Vergangenheit, sondern auf nüchterner Feststellung des geschichtlich Gewordenen."

UR- UND FRÜHGESCHICHTE DES ÖSTERREICHISCHEN RAUMES

Die frühesten Bewohner Österreichs

Die frühesten Bewohner Österreichs — wir kennen weder ihre Herkunft noch ihre Sprache — lebten vor etwa 150.000 Jahren. Seit dieser Zeit ist der Raum des heutigen Österreich ohne Unterbrechung von Menschen besiedelt gewesen. Diese ersten „Österreicher" waren Sammler und Jäger. Sie lebten in der sogenannten letzten Zwischeneiszeit. In ihr war es wärmer als in den sogenannten „Eiszeiten", deren letzte etwa 12.000 Jahre zurückliegt. Diese eiszeitlichen „Österreicher" hatten ihre Jagdplätze vor allem hoch im Gebirge. Die bekannteste Fundstelle ist die Drachenhöhle bei Mixnitz in der Steiermark. Bereits diese Menschen besaßen eine für ihre Verhältnisse bedeutende Erfahrung in technischen und kunstgewerblichen Dingen (Messer, Schaber, Keile). Ihre Kultur erstreckte sich über den gesamten Donauraum und das heutige Süddeutschland.

Jahrtausende später finden wir abermals — am Ausgang der letzten Eiszeit — Überreste menschlicher Kultur. Es ist etwa die Zeit um 30.000 v. Chr., als ein unbekannter Künstler die sogenannte „Venus von Willendorf", nach dem gleichnamigen Ort in der niederösterreichischen Wachau benannt, verfertigte. Sie stellt eine Fruchtbarkeitsgöttin dar und hat Ähnlichkeit mit Figuren in Unterwisternitz in Mähren und in Lespugue in Südfrankreich. Ihr wurden Kinder geopfert, zuerst die der Könige, später die der Bauern, die die Eltern als Teil ihrer Hörigkeitspflicht abliefern mußten.

Aus der Zeit der „Venus von Willendorf" stammen viele Fundplätze in Niederösterreich. Das wichtigste Jagdtier war das Mammut. Später tritt das Ren an seine Stelle, wie wir in Kamegg bei Gars am Kamp feststellen können. Klimaänderungen brachten eine entscheidende Wendung in der Lebensweise mit sich. Die Steppe zog sich nach Osteuropa und Asien zurück. Damit war die Möglichkeit einer Bauernkultur gegeben. Sie herrschte etwa zwischen 8000 und 5000 v. Chr. in Niederösterreich. Man erntete Weizen, Gerste, Roggen und Hirse. Als Haustiere finden wir Rind, Schaf, Ziege und Schwein. Das Kunstgewerbe hatte eine beachtliche Höhe erreicht. Man spricht von der Linearkeramik, denn die Tonwaren trugen an der Oberfläche eingeritzte Linien. Es war eine friedliche „goldene Zeit". Außer in Niederösterreich finden wir diese Kultur noch in Westungarn und in der Slowakei, in Kärnten, im Salzburgischen und in der Steiermark vertreten. Wir treffen wiederum auf tönerne

Frauenfiguren — eine besonders typische wurde in Langenzersdorf bei Wien (18 cm hoch) gefunden —, die die schützenden Hausgöttinnen darstellen; ähnliche Figuren finden sich im Vorderen Orient.

Die Menschen dieser Zeit kannten noch kein Metall; es war die „Steinzeit". Richtig wäre es freilich, vor ihr noch eine „Holzzeit" anzusetzen, von der wir aber keine Funde haben. Zuerst begnügte man sich, Werkzeuge aus unbehauenem Stein zu verwenden; in der sogenannten „Jüngeren Steinzeit" verstand man bereits die Kunst, den Stein zu behauen. Bisher glaubte man, daß die Schrift im Vorderen Orient entstanden sei. Seit etwa 1960 fand man in jungsteinzeitlichen Siedlungen im heutigen Rumänien (bei Tartaria in der Nähe von Alba Julia) Tafeln mit seltsamen Zeichen, die nur als Schrift gedeutet werden können. Ihre Ähnlichkeit mit sumerischen Schrifttafeln aus dem Vorderen Orient ist verblüffend. Die hier zutage gekommene Schrift ist der Beweis, daß in den Donauländern mindestens 500 Jahre v o r der ältesten, kretisch-minoischen Schrift bereits deren Kenntnis verbreitet war. Durch radioaktive Untersuchungen ist die Zeit, aus der diese Tafeln stammen, auf etwa 4000 v. Chr. bestimmt worden. Das bedeutet, daß sie v o r der ältesten, uns bekannten Schrift, der sumerischen, vorhanden waren.

Die Illyrer

Um 2000 v. Chr. setzt in Europa eine große Umwälzung ein, deren letzte Ausläufer, die „Dorische Wanderung" (um 1200 v. Chr.), die griechische Geschichte wesentlich beeinflußten. Im Norden der donauländischen Kultur hatte sich im heutigen Norddeutschland und Südskandinavien ein ähnlicher Kulturkreis herausgebildet. Er unterscheidet sich vom donauländischen durch eine anders bestimmte Art der Tongefäße. Die Angehörigen dieses — heute sogenannten — „Nordischen Kreises" schoben sich gegen Süden vor. Möglicherweise gehört der Schädelfund von Poigen bei Horn (Niederösterreich) in die Zeit der Auseinandersetzung zwischen beiden Kulturen. Einer der vier aufgefundenen Schädel weist deutliche Hiebverletzungen auf.

Die neuen Ankömmlinge nahmen das fruchtbare Alpenvorland in Besitz und rückten dann bis ins Gebirge vor. Zeugnisse ihrer Anwesenheit haben wir aus der Gegend des Mond- und des Attersees sowie vom Götschenberg bei Bischofshofen. Aus der Verbindung der donauländischen mit der „nordischen Kultur" entstanden Mischformen, deren wichtigste die „Mondseekultur" (im Salzburgischen und in Oberösterreich) sowie die „Badner Kultur" (in Niederösterreich) sind.

Zur illyrischen Zeit nahm man dann einen neuen Werkstoff in Verwendung, der vielseitig gebraucht werden konnte und besser zu bearbeiten war als der Stein: das Kupfererz. Es wurde in der Slowakei und in Siebenbürgen gewonnen; aus dem verwitterten Material entstand reines Kupfer. Zwischen dem heutigen Siebenbürgen und dem heutigen Oberösterreich entstand ein lebhafter Warenaustausch; Beile, Dolche und Halsringe gehören zu den häufigsten Funden. Im Gebiet des heutigen Österreich sind die Kupfererzlager schon zwischen 1700 und 700 v. Chr. von entscheidender Bedeutung. Das Land wurde zu einem der wichtigsten „Industriezentren" der damaligen Zeit. Kupfer wurde in Mitterberg (Salzburg) gewonnen. Wir finden auch an vielen Orten Vorratslager von Händlern mit zurückgelassenen Kupferbarren. Die Zubereitung erfolgte folgendermaßen: die Erzgänge wurden mit Feuer abgebaut und das Material in Tragkörben zutage gebracht. Dann wurde es zerkleinert und in Schachtöfen geschmolzen. Die Schlacken ließ man liegen. Zubereitungsstätten dieser Art sind in Niederösterreich, in der Steiermark, in Salzburg, in Nord- und in Osttirol zu finden. Das heutige Österreich versorgte einen großen Teil Europas mit diesem Werkstoff.

Neben der donauländischen und der nordischen gab es noch eine westliche Kulturkomponente: die der sogenannten „Glockenbecherkultur". Sie kam aus Spanien und kann bis in die Gegend von Budapest festgestellt werden. Ihre Träger waren eine Bevölkerungsgruppe, die sich von der donauländischen unterschied, sich jedoch rasch mit ihr verschmolz. Trotzdem blieben Besonderheiten bestehen. So die „Aunjetitzer Kultur" im nördlichen Niederösterreich und in Mähren, das Wieselburger Gebiet in Westungarn sowie eine andere Kulturform, die das nördliche Niederösterreich, Salzburg und Bayern umfaßte.

Die Forschung will in ihr die ersten Spuren indoeuropäischer Bevölkerungselemente sehen. Die Indoeuropäer — wir nennen sie so nach dem Beispiel der gesamten internationalen Wissenschaft, denn nur in Deutschland spricht man von „Indogermanen" — sind jene große Völkergruppe, zu der heute fast alle Europäer und eine Reihe von asiatischen Völkern (Inder, Perser) gehören.

Wir kennen ebenfalls die Namen dieser frühen Bewohner Österreichs. Es handelt sich um jene Stämme, die in der antiken griechisch-römischen Literatur als „Illyrer" bekannt sind. Man hüte sich jedoch, unter dem Eindruck der so oft gebrauchten Bezeichnung „Indogermanen" der Meinung zu sein, die ersten Bewohner des heutigen Österreich seien Germanen gewesen.

Die Illyrer fanden einen neuen Werkstoff: das Eisen. Daher sprechen wir nunmehr von der Eisenzeit. Das Zentrum illyrischer Kultur in Österreich war Hallstatt mit seinem Salzreichtum. Die Hallstattkultur, von der die internationale Forschung spricht, beginnt im 8. vorchristlichen Jahrhundert und erstreckt sich über das heutige Nordtirol, Salzburg, Oberösterreich, Niederösterreich, die Steiermark, das Burgenland und Kärnten. In Hallstatt wurde seit etwa 750 v. Chr. Salz abgebaut. Zuerst schlug man senkrechte Rillen ins Salz, zog sodann Halbkreise um sie und brach die Blöcke einzeln los. Der Handelsverkehr erstreckte sich sowohl nach Italien als auch bis an die Küsten der Nord- und Ostsee. Die Besitzer der Bergwerke wurden reich; wir können es an den Grabbeigaben erkennen. Männer und Frauen trugen reichgeschmückte Gewänder mit viel Zierat

(Ringe, Nadeln). Die bronzenen und eisernen Schwerter waren lang, die Waffen vielfach mit Gold verziert. Es waren Künstler am Werk, deren Namen wert gewesen wären, der Nachwelt erhalten zu werden.

Das keltische Königreich Noricum

Die Macht und Herrlichkeit der Illyrer ging in Österreich um 500 v. Chr. zu Ende. Von Westen her rückten die Kelten in das Ostalpengebiet ein und unterwarfen die bisherigen Herren. Sie waren ebenfalls Indoeuropäer und bewohnten ursprünglich das heutige Frankreich sowie die britischen Inseln, woselbst noch in einzelnen Teilen — etwa in der Bretagne und in Wales — keltisch gesprochen wird. In der Republik Irland (Eire) ist die irisch-keltische Sprache heute noch Staatssprache. Während ihrer Ausbreitung gelangten keltische Stämme sogar bis nach Kleinasien, wo sie noch zur Zeit des Völkerapostels Paulus saßen, der seine Briefe „an die Galater“ schrieb. Diese Galater waren ein keltischer Stamm, der auf dem Boden der heutigen Türkei ein Königreich errichtet hatte.

Die Römer konnten Kelten und Germanen lange nicht voneinander unterscheiden: denn das äußere Erscheinungsbild beider Völkergruppen war ungefähr das gleiche. Erst Gajus Julius Caesar hat Kelten und Germanen zu trennen verstanden. Die Kelten werden uns in ihren Charakterzügen als neuerungssüchtig, spielfreudig und unbeherrscht beschrieben. Manche Essayisten wollen in der Theaterfreudigkeit der Österreicher ein keltisches Erbe erkennen, ebenso sprach man oftmals von einer geistigen Verwandtschaft zwischen Wien und Paris. Die Kelten wurden selbst einer Macht wie Rom gefährlich, und keltische Stämme — die Gallier — brannten 387 v. Chr. die Stadt am Tiber nieder.

In Österreich schufen die Kelten ein politisches Gebilde, das Königreich Noricum, wohl die älteste staatliche Organisationsform unseres Vaterlandes. Bereits im 19. Jahrhundert haben sich Albert Muchar sowie der bedeutende Althistoriker Theodor Mommsen mit der Tatsache des norischen Staates beschäftigt, der keine bloße Stammesorganisation darstellte. Noricum grenzte im Westen an Rätien (Innfluß), im Norden an Germanien (Donau), im Osten an Pannonien (Kahlenberg bei Wien) und im Süden und Südosten an Pannonien und Italien. Es umfaßte also im wesentlichen die größten Teile des heutigen Ober- und Niederösterreich, der Steiermark, Kärntens, Krains (Slowenien), des bayrischen Innlandes, des Pinzgaus und Salzburgs. Die „staatsrechtliche Überlegenheit, die die Kelten einst über die Germanen bewahrt haben“, wie Kluge-Götze sagt, erklärt das Vorkommen mancher keltischer Fremdworte, wie Reich, Eid, Amt, Vasall, in den germanischen Sprachen. Besonders ist die Feststellung hervorzuheben, daß der Name Noricum mit dem keltisch-gälischen Wort noir (nor) = Ost und rig = Reich in Zusammenhang gebracht werden kann, so daß Noricum = Ostreich = Österreich und Noriker = Ostreicher = Österreicher bedeuten würde. Dies hat schon Karl v. Czörnig 1857 in seiner „Ethnographie der österreichischen Monarchie" erkannt. Noricum war also das „Ostreich der Kelten". Die Kontinuität des österreichischen Namens wäre damit über seine erste urkundliche Erwähnung als Ostarrichi 996 in die vorrömische Zeit hinein erwiesen.

Eberhard Kranzmayer leitet jedoch (Ortsnamenbuch von Kärnten, 1. Teil, S. 23 ff) vom Ortsnamen Norêia (Noreja), einem wahrscheinlich venetisch-illyrischen Namen (der nach Holders Altkeltischem Sprachschatz zum indogermanischen — recte indoeuropäischen — ner = Mann gehört) den Namen Noricum als Zusammenkunftsort der Befreundeten, der Männer ab. Auch das keltische Wort Karantâna, der Orts- und Stammesname Virunum und der slawische Kärntner Ortsname Pulst (altslowenisch P[u]lčišče) sollen nach dieser Deutung ungefähr die gleiche Bedeutung (Ort der Befreundeten, der Männer) haben. Dr. Hedwig Gollob leitet den Namen Ostarrichi von Hister (Stiergottmythos), ab, welcher Name sich in Istrien erhalten hat.

Aus Münzfunden geht hervor, daß das Königreich Noricum in Teilfürstentümer gegliedert war, und wir kennen die Namen solcher Stammesfürsten. Als keltische Stämme innerhalb der Noriker sind uns die Taurisker (nach denen die Tauern benannt sind), die Sevacer (zwischen Inn und Donau), die Halauner (im Salzburgischen) und endlich die Rhatakrier in Niederösterreich bekannt. Nach einer — allerdings nicht allgemein anerkannten — Theorie hätten die Rhatakrier ihren Namen der tschechischen Bezeichnung für Österreich (Rakousko) und Österreicher (Rakušan) geliehen. Die Tschechen weichen bekanntlich in ihrer Namensgebung für Österreich von allen anderen Völkern ab, die gewöhnlich an die lateinische Bezeichnung Austria anknüpfen.

Die Römer waren mit dem Königreich Noricum schon lange in wirtschaftliche Beziehungen getreten, ehe sie als politischer Faktor sichtbar wurden. Eine der bedeutendsten Handelsstraßen des Altertums führte von Aquileja über die Alpen, überquerte zwischen Wien und Hainburg die Donau und zog dann als „Bernsteinstraße" bis an die Ostsee. Aber mit der Eroberung Rätiens durch die kaiserlichen Prinzen Tiberius und Drusus (15 v. Chr.) hatte auch für das Königreich Noricum die Entscheidungsstunde geschlagen. Doch selbst nach der Eingliederung in das Römische Weltreich blieben die norischen Könige noch eine Zeitlang im Amt. Es herrschte ein ähnliches Verhältnis wie in Judäa, wo die Dynastie des Herodes gebot, oder wie im Königreich des Cottius in den französisch-italienischen Westalpen. Während dieser Zeit amtierte der römische Landpfleger als „Procurator in Norico". Seine Stellung kann am besten mit der eines britischen Residenten bei einem indischen Maharadscha zur Zeit der britischen Herrschaft über Indien verglichen werden.

Erst gegen Mitte des ersten nachchristlichen Jahrhunderts verschwinden die einheimischen norischen Könige, wie dies ebenfalls bei anderen römischen Klientelstaaten zu dieser Zeit der Fall war, und Noricum wächst, wie Theodor Mommsen feststellt, in Personalunion mit dem Römischen Reich zusammen. Inschriften beweisen, daß die römische Verwaltung selbst jetzt noch ein Königreich Noricum dem Namen nach bestehen ließ und es nicht als römische Provinz behandelte. Die ersten römischen Landpfleger führten sogar einheimische norisch-keltische Namen. Auch die römische Finanzverwaltung unterschied weiterhin eine eigene Staatskasse des Königreichs Noricum. Erst Kaiser Marcus Aurelius (161—180 n. Chr.) fügte Noricum in das allgemeine Schema der römischen Provinzialverwaltung ein. Während die Noriker bisher in landeseigenen Verbänden gedient hatten, fanden sie nunmehr in den römischen Legionen selbst Aufnahme.

Das illyrisch-keltische Noricum romanisierte sich rasch, und spätantike Kultur wurde vorherrschend. Selbst als die europäische Völkerwanderung das Weströmische Reich auflöste, erlosch der Zusammenhang mit der römisch-antiken Überlieferung in Noricum nicht. Keltoromanen waren bis ins frühe Mittelalter im Wienerwald anzutreffen und haben in Kärnten wesentlich zum Aufbau des heutigen Volkscharakters beigetragen. Auch die christlich-norische Kirche behielt ihre Organisation bis Ende des 6. nachchristlichen Jahrhunderts intakt. Der Name „Noriker" ist bis ins 8. Jahrhundert feststellbar. So übergibt 827 ein gewisser Quartinus „natione Noricorum et Pregnariorum" seinen Erbhof zu Vipitena (Sterzing) dem Stift zu Innichen. Und Josef Zösmair behauptet, die Abstammung der ältesten Grafen von Tirol gehe auf einen Adalbert, der in weiblicher Linie von diesem „Noriker" Quartinus abzuleiten wäre, zurück. So führt ein direkter Weg vom Altertum in die neue Zeit.

Der Präsident der Akademie der Wissenschaften, Dr. Richard Meister, hat hiezu auf dem seinerzeitigen Grazer Historikertag festgestellt: „Die Länder, die heute Österreich bilden, sind schon seit dem ‚regnum Noricum' ein Zusammenstrebendes gewesen, das sich erhielt, gleichgültig in welche Machtsphären seine Randbezirke jeweils einbezogen sein mochten."

Zusammenfassung:

Der österreichische Raum — das Gebiet der heutigen Republik Österreich — war schon in vorgeschichtlicher Zeit von Menschen bewohnt. Seit ihrem ersten Auftreten haben wir es mit einer kontinuierlichen Besiedlung zu tun, die niemals in der Weise unterbrochen wurde, daß der österreichische Raum ein völlig menschenleeres Gebiet gewesen wäre. Schon die ältesten Bewohner besaßen eine gewisse Kultur, deren Zeugnis die Fruchtbarkeitsgöttin, als „Venus von Willendorf" bekannt, ist. Das erste Bevölkerungselement, das wir mit Namen kennen, sind die Illyrer, ein indoeuropäisches Volk, das bereits Salz- und Bergbau in den Ostalpen betrieb. Unter den ihnen folgenden Kelten wurde der österreichische Raum ein Wirtschaftszentrum des damaligen Europa. Noch heute sprechen wir von der sogenannten „Hallstätter Kultur" und „Hallstätter Periode". Die Kelten schufen auch die erste uns erkennbare und über bloße Stammesgebilde hinausreichende staatliche Organisation, das Königreich Noricum, dessen Grenzen sich fast vollständig mit denen der heutigen Republik Österreich decken. Noricum bedeutet in keltischer Sprache „Ostreich" (Österreich) Das Königreich Noricum ging um Christi Geburt im Römischen Weltreich auf, behielt jedoch zuerst noch formal seine eigene staatliche Organisation. Der österreichische Raum hatte zur Römerzeit auch an den Provinzen Rätia und Pannonia Anteil. In den römisch gewordenen Donauländern entwickelte sich eine eigene Provinzialkultur, die auf illyrisch-keltischer Grundlage beruhte, während sich die lateinische Sprache als Umgangssprache durchsetzte. In dieser Weise stand der österreichische Raum fast ein halbes Jahrtausend unter dem Einfluß römischer Sitte, römisch-antiker Weltkultur und schließlich auch des Christentums.

DER HEUTIGE ÖSTERREICHISCHE RAUM IM RÖMISCHEN WELTREICH

Die Donauländer im Römischen Reich

Das Gebiet des heutigen Österreich gehörte in römischer Zeit drei Verwaltungsbereichen an. Vorarlberg und Nordtirol waren mit der Schweiz zur Provinz Rätien vereinigt, Osttirol, Kärnten, die Steiermark, Salzburg, Oberösterreich und das westliche Niederösterreich bildeten das alte Noricum. Vom Wiener Becken an gehörte Niederösterreich sowie das heutige Burgenland und ganz Westungarn bis zur Donau zur Provinz Pannonien. Die Amtssitze der Statthalter waren Augusta Vindelicorum (Augsburg) für Rätien, Virunum (im Klagenfurter Becken) und später Ovilava (Wels) für Noricum und Savaria (Steinamanger - Szombathély) und später Carnuntum (bei Petronell und Deutsch-Altenburg in Niederösterreich) für Pannonien. Die Donau war im allgemeinen die Reichsgrenze, doch unterhielten die Römer vorgeschobene Posten auf der nördlichen Donauseite, die bis zu den Leiser Bergen, ja sogar bis nach Brünn in Mähren vorstießen. An der Donau waren auch römische Legionen stationiert: in Carnuntum die XV. Legion, die später von der XIV. Legion abgelöst wurde; in Vindobona (Wien), damals im Verhältnis zu Carnuntum ein kleiner Ort, die X. Legion (sie war seinerzeit die Leiblegion Caesars gewesen). Daneben gab es eine Reihe weiterer kleinerer befestigter Plätze mit norischen Miliztruppen: so in Commagena (Tulln in Niederösterreich), Trigisamum (Traismauer, Niederösterreich), Arelape (Pöchlarn, Niederösterreich), Lentia (Linz, Oberösterreich), Ad Mauros (Eferding, Oberösterreich), Biodurum (Innstadt). In Virunum lag eine Abteilung römischer „Alpenjäger" (die Cohors I Montanorum). Carnuntum war der Hafen der Donauflotte Roms (der Classis Flavia Pannonica). Die Grenze war durch den sogenannten Limes gesichert, ursprünglich ein Holzverhau, später eine Mauer mit Wehrtürmen in Rufweite und mit Toren, die für den Handel und die gegenseitige Begegnung geöffnet wurden.

Ebenfalls im Binnengebiet abseits der Donau haben wir bedeutende Orte zu verzeichnen. In Pannonien lagen Ala Nova (Schwechat bei Wien), Scarabantia (Ödenburg - Sopron), in Noricum Aelium Cetium (St. Pölten, Niederösterreich), Adjuvense (Ybbs, Niederösterreich), Flavia Solva (Leibnitz, Steiermark), Teurnia (St. Peter im Holz, Kärnten), Aguntum (Lienz, Osttirol), Juvavum (Salzburg), Cucullae (Kuchl in Salzburg), Santicum (Villach, Kärnten); in Rätien finden wir Vipitenum (Sterzing, Tirol), Castrum Maiense (Obermais, Tirol), Matreium (Matrei, Tirol), Veldidena (Wilten, Innsbruck, Tirol), Teriola (Zirl, Tirol), Brigantium (Bregenz, Vorarlberg).

Obwohl weit von Rom und Italien entfernt, haben die Donauländer — vor allem Noricum und Pannonien — in römischer Zeit eine wichtige weltgeschichtliche Rolle gespielt, die oft übersehen wird. So fanden auf norischem Boden im Jahr 113 v. Chr. die römischen Legionen des Cn. Parpirius Carbo im Kampf mit den Cimbern und Teutonen ihr Ende. Diese Schlacht bei „Noreja" gilt gewöhnlich als das erste Zusammentreffen der römischen Macht mit den Germanen. Wir müssen uns aber hüten, darin mehr zu sehen als den Versuch wandernder Gruppen, sich irgendwo neues Ackerland zu verschaffen. Der Ort Noreja ist übrigens heute umstritten. Lange Zeit hindurch galt Neumarkt am Neumarkter Sattel (in der Steiermark) als der Schlachtenort; heute nimmt man ein Noreja in Kärnten an, von denen es mehrere gibt. Ob es tatsächlich das Noreja ist, das wir heute am Magdalensberg bei Klagenfurt gefunden zu haben glauben, ist zweifelhaft.

Aus dieser Zeit stammt der Ausdruck „furor teutonicus" im Lateinischen. Der Name der Teutonen wird später bei den angelsächsischen Völkern als Gesamtname für die Germanen (Teutons) verwendet. Die Mehrheit der Forscher hält die Teutonen für einen germanischen Stamm. Einzelne — wie der große Althistoriker Michael Rostovtzeff — sehen in Cimbern und Teutonen „eine Anzahl germanischer und keltischer Stämme". Hans Lamer nennt die Teutonen einen „Volksstamm unsicherer Herkunft", wenn er auch die Theorie ablehnt, sie seien ein Gau der keltischen Helvetier gewesen. Auch der Begriff der „Germanen" wurde den Römern erst durch die Kelten vertraut. Die Germanen selbst haben „diesen gemeinsamen, sie zu einer Nation zusammenschließenden Namen niemals gebraucht, und wie sie sich zwar als verwandt, jedoch nicht als Einheit empfunden haben, so ist auch ihre Geschichte nicht die des Gesamtvolkes, sondern ihrer einzelnen Völkerschaften" (Pauly-Wissowa). Zu Ende des 18. Jahrhunderts erfand dann eine deutsch-romantische Geschichtsschreibung, angeregt durch das Wort „Teutonen" und das mit ihm im Zusammenhang zu stehen scheinende „teutsch" (so geschrieben), sogar einen Nationalgott „Teut".

Wer die Geschichte der Donauländer zur römischen Zeit untersucht, wird bald gewisse Gemeinsamkeiten entdecken, die sie gegenüber anderen Provinzen des Römischen Reiches auszeichnen. Die Althistorikerin E. M. Schtajerman hat in einem ausführlichen Buch darüber Untersuchungen angestellt („Die Krise der Sklavenhalterordnung im Westen des Römischen Reiches", Berlin, 1964). Darnach bilden die Donauprovinzen Roms in völkischer und sozialwirtschaftlicher Beziehung zwar keine Einheit, es machen sich jedoch bedeutende Zusammenhänge bemerkbar. Solche Gemeinsamkeiten sind vor allem: ein starkes wirtschaftliches und kulturelles Gefälle zwischen Stadt und Land, eine verhältnismäßig schwach entwickelte Sklavenschaft und ein großer Einfluß der im Land ansässig gewordenen alten Soldaten, der Veteranen, die zumeist die Politik des Landes bestimmen.

Die alten, vorrömischen Stammesverbände spielten selbst jetzt noch in Noricum und Pannonien eine größere Rolle als in anderen Teilen des Römischen Reiches. Es fehlten große kaiserliche und private Gutsbesitze; der Klein- und Mittelbauer war die tragende Schicht der Bevölkerung. Soldaten, die aus unseren Gegenden kamen, trugen noch in später Kaiserzeit nicht den Namen ihrer Heimatgemeinde, sondern den ihrer Stammeszugehörigkeit. So nennen sich Soldaten der pannonischen Legionen in einer im palästinensischen Samaria gefundenen Weiheinschrift „Sisciani", „Varciani" und „Latobici". Immer wieder können wir feststellen, daß Noriker, Pannonier und andere Bewohner der Donauprovinzen im heutigen Rumänien und Bulgarien fester als andere Provinzialen an ihrer Heimat festhielten und sich in der Fremde sofort zusammenfanden und „Landsmannschaften" bildeten. Freilich wurden die Legionen, besonders in den ersten Jahrzehnten der Besetzung dieser Gebiete, naturgemäß mit fremden Rekruten aufgefüllt. In der X. (Wien) und in der XIV. (Carnuntum) Legion begegnen uns viele römische Namen. Seit dem 3. nachchristlichen Jahrhundert tauchen dann einheimische Noriker, Pannonier und Vorderasiaten (Syrer) in größerer Anzahl auf. Schließlich aber wurden die Donautruppen aus einheimischem Nachwuchs aufgefüllt. Das eigentliche römisch-lateinische Element verschwand fast vollständig. Die Soldaten waren Landeskinder, sie ließen sich nach ihrem Ausscheiden aus dem aktiven Dienst wieder im Land nieder. So kam es, daß die norischen und pannonischen Legionen Roms allmählich, soziologisch gesehen, „Bauernheere" wurden und oft die Interessen ihrer Heimat oder ihres Standes in den Vordergrund stellten.

Das erste Mal trat dies deutlich in Erscheinung, als die Donaulegionen im Jahr 193 n. Chr. den Statthalter von Pannonien, Septimius Severus, einen gebürtigen Afrikaner, in Carnuntum zum Kaiser ausriefen. Sie führten ihn nach Rom, und er begründete dort die Dynastie der Severer (193—235). Der Triumphbogen, den er in der Ewigen Stadt errichtete, ist zugleich der Triumphbogen der siegreichen norischen und pannonischen Legionen, die ihn auf den Thron erhoben hatten.

Von den gewöhnlich als „Soldatenkaiser" eingestuften Herrschern zwischen 235 und 284 n. Chr. stammten mehrere aus den Donauländern, und es waren nicht die schlechtesten. Ihnen ist es zu verdanken, daß das Römische Reich des 3. nachchristlichen Jahrhunderts nicht völlig zugrunde ging. Neben ihnen waren es dann die „illyrischen" Kaiser — sie stammten aus den heutigen Adriagebieten Jugoslawiens —, die zur Festigung des Reiches beitrugen. Der größte unter ihnen war Diocletian (284—305, † 313). Schon unter der verhältnismäßig langen Regierungszeit des Gallienus (253—268) finden wir pannonische Gegenkaiser, so einen Ingenuus, Statthalter von Oberpannonien, und einen Regalianus; die Julia einer Inschrift aus Poetovio (Pettau) ist wahrscheinlich die Gemahlin des Ingenuus. Poetovio dürfte überhaupt das Zentrum des pannonischen Widerstandes gegen Gallienus gewesen sein. Unter diesen Umständen ist es verständlich, daß Gallienus versuchte, die einheimischen Reiterschwadronen zu vermindern und sich statt derer reichsfremder Hilfsvölker versicherte, was so weit führte, daß er ein Bündnis mit dem Markomannenkönig Attalus schloß und dessen Tochter Pippa zur Nebenfrau (Konkubine) nahm.

Was Ingenuus und Regalianus nicht erreichen konnten, das geschah unter den Nachfolgern des Gallienus. Die Kaiser Aurelian (270—275) und Probus (276 bis 282) stammten aus den Donauprovinzen. Die Mutter Aurelians wird uns als Priesterin der einheimischen Sonnengottheit überliefert, die in Pannonien und Noricum bald mit anderen im Osten des Römischen Reiches heimischen Sonnengottheiten zu einer Einheit verschmolz, die dann als Deus Sol Invictus (der unbesiegte Sonnengott) reichseinheitliche Verehrung genoß. Die Situation der Bewohner der Donauprovinzen Roms verschlimmerte sich in diesen Jahrzehnten wirtschaftlich rasch. Das zeigt sich vor allem darin, daß die Stammesorganisationen und die örtliche Gemeinde, von deren Bestand wir weiter oben gesprochen haben, jetzt zerfielen. Aus freien Bauern wurden hörige Kolonen, an ihre Scholle gebundene Landarbeiter. Es ist erschütternd zu lesen, daß Pannonien im 4. nachchristlichen Jahrhundert als ein Land genannt wird, aus dem Sklaven ausgeführt werden. Die steigende wirtschaftliche Notlage zwang freie Leute in das Joch der Knechtschaft. Konstantin der Große (306—337) bestimmte dann, daß Eltern das Recht haben sollten, ihre Kinder zu verkaufen und daß ihnen nur ein Rückkaufsrecht zustünde. Die Trennung zwischen Sklaven und Freien wurde unter ihm verschärft. Eine freie Frau, die sich mit einem Sklaven einließ, konnte mit dem Tode bestraft werden. Ein Gemeinderat, der eine Sklavin geehelicht hatte, verlor sein gesamtes Vermögen und wurde verbannt, seine Gattin in die Bergwerke zur Zwangsarbeit geschickt. Diese Methoden werden verständlich, wenn wir uns daran erinnern, daß eben in dieser Zeit viele Sklaven noch in der Erinnerung lebten, daß sie Freie oder Nachkommen von Freien gewesen waren.

Seit dem Ende des 3. Jahrhunderts änderte sich auch die Provinzeinteilung der Donauländer. Diocletian zerschlug die großen Gebiete, die es bisher gab, und trennte Militär- und Zivilgewalt. Von nun an besaß ein General mit dem Titel Dux Pannoniae et Norici Ripensis den Oberbefehl über die römischen Truppen an der Donau; er saß in Carnuntum. Neben ihm standen Zivilgouverneure (praesides), die die neuen Provinzen Raetia Prima, Raetia Secunda, Noricum Ripense (Ufernoricum), Noricum Mediterraneum (Binnennoricum), Pannonia Secunda verwalteten. Noch einmal wurde Carnuntum Zeuge einer weltgeschichtlich wichtigen Zusammenkunft im Jahre 307 n. Chr., als hier Diocletian die um seine Nachfolge streitenden Thronprätendenten im Interesse des Reichsfriedens zu einer Übereinkunft bewegen wollte; es gelang ihm nicht. Im Verlauf der folgenden Jahrzehnte nahmen Unsicherheit und Unrast in den Donauprovinzen zu, Handel und Verkehr stockten. Im Jahr 375 wird die volkreiche Stadt Carnuntum bereits „ein verlassenes, ödes Nest“ genannt. „Goten, Sarmaten, Quaden, Alanen, Hunnen und Markomannen durchstreifen, verwüsten und plündern die pannonischen Provinzen“, wie der Bericht eines Zeitgenossen lautet. Seit etwa 405 und 407 sitzen Ost- und Westgoten in Noricum. Die römische Herrschaft ist, wenn auch nicht formell, so doch praktisch zu Ende.

Die römische Provinzialkultur

Das Römische Reich brachte, so wie in anderen Provinzen, auch in Rätien, Noricum und Panonnien seine Kultur und Zivilisation zur Geltung. Eine der wichtigsten, grundlegenden Leistungen war der Straßenbau, der übrigens von den römischen Soldaten durchgeführt wurde. Auf diese Weise schuf man leicht begehbare, militärisch wichtige Verbindungslinien. Der wichtigste Straßenzug aus Italien an die österreichische Donau führte von Aquileja (beim heutigen Venedig) über Tarvis, Klagenfurt, Friesach, den Neumarkter Sattel, Rottenmann, Liezen, den Pyhrnpaß, Windischgarsten, Kirchdorf und Wels nach Linz. Nach Rätien ging es von Aquileja über Zuglio, den Plöckenpaß, den Gailbergsattel, Oberdrauburg, Lienz, das Pustertal, den Brenner, Innsbruck und Partenkirchen nach Augsburg. Nach Pannonien ging es von Kärnten aus über den Semmering die alte, schon in vorrömischer Zeit benützte Bernsteinstraße entlang, die zwischen Wien und Hainburg die Donau erreichte.

Neben dem Straßenbau waren Rodung, Entsumpfung und Kolonisierung das weitere Kennzeichen römischer Zivilisationstätigkeit. Nach römischem und griechischem Vorbild waren die als Städte anerkannten Orte autonom, damit will gesagt sein, daß sie sich ihre Magistrate selbst wählen konnten. Zu jeder Stadt gehörte noch ein kleiner Landbezirk. Der Gemeinderat setzte sich im allgemeinen aus 100 Mitgliedern zusammen, die auf lebenslänglich gewählt wurden. Zwei Bürgermeister regierten die Gemeinde, zwei Ädile hatten die Marktaufsicht und die Polizeigewalt, ein Quästor besorgte die Finanzverwaltung. Alle fünf Jahre wurde eine Art Volkszählung durchgeführt, bei der die inzwischen geborenen Kinder registriert, Verstorbene ausgetragen und Unwürdige „ausgebürgert“ wurden. Die Beamten arbeiteten ehrenamtlich, wurden jedes Jahr gewählt und hafteten mit ihrem gesamten Vermögen für eine geregelte Amtsführung. Nach Ablauf ihres Amtsjahres traten sie in den Gemeinderat ein.

Als Stadt im römischen Sinn wurden nur jene Orte anerkannt, die das sogenannte Munizipalrecht erhielten; dies wurde von den Kaisern verliehen. Auf heute österreichischem Boden hatten folgende Orte dieses Recht: Brigantium (Bregenz), Aguntum (bei Lienz), Teurnia (St. Peter im Holz, Kärnten), Virunum (bei Klagenfurt), Juvavum (Salzburg), Flavia Solva (Leibnitz), Ovilava (Wels), Cetium (St. Pölten), Vindobona (Wien), Carnuntum (zwischen Petronell und Deutsch-Altenburg) und Lauriacum (Enns).

Wie bereits früher erwähnt, hatten die römischen Donauprovinzen einen verhältnismäßig kleinen Bestand an Großgrundbesitzern. Dies änderte sich erst um die Mitte des 3. Jahrhunderts. So kennen wir aus Niederpannonien eine ziemlich zerstörte Inschrift eines Veteranen, der zusammen mit seinem Sohn einen Weinberg von etwa 800 Joch besaß. Dies dürfte aber bereits einer der größeren Besitzer gewesen sein. Allmählich sonderten sich dann reichgewordene Bauern von der Dorfgemeinde ab und fanden in den Städten Aufnahme. Auf der anderen Seite führte der allmähliche Zerfall der dörflichen Einheiten zur Lohnarbeit, die sehr billig war. Ein Arbeiter in einem Goldbergwerk der Karpaten Siebenbürgens wird vom Mai bis November mit 70 Denaren und Kost oder 105 Denaren ohne Kost entlohnt. Nach dem Edikt des Kaisers Diocletian sollte aber ein Landarbeiter täglich 25, ein Handwerker 50 Denare erhalten. Von Bedeutung ist sodann, daß wir aus den Donauländern Inschriften von „Kollegien“ von Lohnarbeitern (eine Art Gewerkschaften) besitzen, während wir dergleichen Institutionen in anderen Teilen des Römischen Reiches bisher nicht feststellen konnten.

Eine weitere, ebenfalls schon erwähnte Eigenart ist die geringe Verbreitung der Sklaverei in den Donauländern. Sie wird erst im 4. Jahrhundert von größerer Bedeutung. Sklaven und Freigelassene (ehemalige Sklaven) treffen wir vor allem in der staatlichen Verwaltung, beim Zoll und in den Bergwerken an; bei Privatpersonen finden wir höchstens einen oder zwei Freigelassene. Im Gegensatz zur Lohnarbeit war die Sklavenarbeit teuer, denn der Preis von Sklaven lag ziemlich hoch. So kostete ein arbeitsfähiger erwachsener Ackersklave rund 500 Denare, eine Sklavin 420, ein sechsjähriges Mädchen 205 und ein etwa 12 bis 13jähriger Knabe 600 Denare. Wir finden zudem kaum Sklaven, die im Haus geboren waren (lateinisch: verna). Das bedeutet, daß es sich in den meisten Fällen gar nicht um Sklaven handelte, die aus Sklavenfamilien stammten. Obwohl vor Konstantin dem Großen der Verkauf freier Jugendlicher den Eltern sowie anderen Personen verboten war, schlüpfte man doch immer wieder durch die Lücken des Gesetzes. Die steigende Verarmung der ursprünglich wohlhabenden norischen und pannonischen Bauern zwang sie, zu Lohnarbeitern zu werden oder sich und ihre Kinder in die Sklaverei zu verkaufen.

Die Religion der Bevölkerung der Donauländer bestand in der Verehrung von Stammesgottheiten, die zumeist römische Namen erhielten. Man verehrte die Göttin Noreja sowie die Göttin Alauna, die Schutzfrau des Stammes der Alauner. Da in den Donauländern vor allem Bauern lebten, war auch verständlicherweise der Kult von Erd- und Fruchtbarkeitsgottheiten weit verbreitet. Mit ihrer Verehrung war der Glaube an die Unsterblichkeit der Seele sowie an Lohn und Strafe im Jenseits verbunden. Für die Soldaten war die Verehrung ausgesprochener Militärgottheiten symptomatisch, wie die des persischen Mithras, der ägyptischen Isis und des vorderasiatischen Baal (Jupiter) von Dolichene. Das Christentum selbst dürfte schon früh — vielleicht von Osten her — in Noricum und Pannonien Bekenner gefunden haben. Aber noch 313 n. Chr., als Konstantin sein Toleranzedikt für das Römische Reich erließ, war das Christentum an der Donau das Bekenntnis einer verschwindend kleinen Minorität, während damals in einzelnen Ostprovinzen Roms (in Syrien und Kleinasien) bereits mehr als die Hälfte der Bewohner dem neuen Glauben anhingen. Es kann daher nicht verwundern, daß wir nur einen einzigen christlichen Märtyrer mit historischer Treue feststellen können. Florian, im Brauchtum der Bauern als Schutzpatron gegen Feuersgefahr angerufen, war in Wirklichkeit kein Soldat, sondern hoher Beamter der römischen Zivilverwaltung von Noricum (ungefähr im Range eines heutigen Landesamtsdirektors), der — bereits im Ruhestand — am 4. Mai 304 in Lauriacum (Enns) hingerichtet wurde.

Selbst nach 313 sind die Spuren des Christentums vorerst noch spärlich. Primitive Kultstätten sind in Donnerskirchen (Burgenland), Carnuntum, Lauriacum und vielleicht in Aguntum zu verzeichnen; ein christlicher Sarkophag aus der Mitte des 4. Jahrhunderts in Virunum (übrigens das älteste erhalten gebliebene christliche Denkmal); der Chor einer christlichen Kirche am Ulrichsberg (Mons Carantanus) in Kärnten sowie der Grabstein einer „gläubigen Christin" Ursa aus Ovilava (Wels).

AUFLÖSUNG UND NEUBEGINN

Die europäische Völkerwanderung

Eine nur auf Europa bezogene Geschichtsauffassung, die heute noch weiterlebt, übernahm die Schreckensberichte römischer und griechischer (byzantinischer) Schriftsteller über Aussehen und Wesen der Hunnen, die 375 n. Chr. in Südrußland auftauchen. Mit diesem Ereignis läßt man allgemein die sogenannte „Völkerwanderung" beginnen. In Wirklichkeit gab es nicht nur diese, sondern viele Völkerwanderungen im Verlauf der Geschichte. Wir brauchen uns nur an die Ereignisse um das Jahr 1945 erinnern. In gleicher Weise haben weder die antiken Zeitgenossen noch viele spätere Generationen begriffen, daß die Hirten- und Nomadenvölker Eurasiens, der großen Ebenen in Nordasien, die in ihren letzten Ausläufern bis an den Neusiedler See (Kleine Ungarische Tiefebene) reichen, keine kulturlosen Barbaren waren, sondern nur eine andere Kultur als die seßhaften Völker besaßen.

Wir wollen nur einige Tatsachen herausgreifen, die gewöhnlich gar nicht in Betracht gezogen werden, wenn man von Hunnen, Awaren und Mongolen — oftmals in sehr verächtlicher Weise — spricht. Die Hirtennomaden kannten selbstverständlich den Begriff eines territorial geschlossenen Staatswesens nicht. Ihre „staatliche" Organisation war der Stammesverband, die „Horde" (das Wort ist noch heute in der Staatssprache Pakistans, im Urdu, enthalten). Das bedeutete, daß man nur persönliche Beziehungen von Häuptling zu Häuptling kannte. Ein Vertrag galt als erloschen, sobald einer der beiden vertragschließenden Teile nicht mehr da war. Der Gedanke, daß der Staat weiterlebe und daß der Vertrag weiter eingehalten werden müsse, auch wenn der Kaiser nicht mehr Valentinian, sondern Theodosius heißt, ist den Reitervölkern Asiens fremd. Daraus erklärt sich auch das fluktuierende Stammesgebiet: jeder neue Oberhäuptling mußte gewissermaßen von vorne beginnen.

Da die Reitervölker Asiens Nomaden sind, deren Reichtum in den Herden besteht, war es ihnen natürlich nicht möglich, feste Häuser zu errichten. Doch besaßen sie Zelte von wunderbar feiner Ausstattung, und aus ihrem Kulturkreis stammen herrliche kunstgewerbliche Arbeiten, die allein schon das Gerede von den „Wilden" und „kulturlosen Barbaren" verstummen lassen müßten. Gegenüber den römischen Legionen, die zu Fuß kämpften, waren die Reiterheere Asiens militärisch im Vorteil. Sie wandten eine neue Taktik an, der die Römer nicht schnell genug folgen konnten. Nicht nur die Hunnen, ebenfalls die Neuperser waren bereits mit Reitern gegen Rom in das Feld gezogen. Vielleicht kann man vom militärischen Standpunkt aus den Übergang vom Altertum zum Mittelalter mit dem Übergang von den Fußtruppen zum Reiterheer charakterisieren.

Eine weitere Feststellung betrifft die zahlenmäßige Größe der an der Völkerwanderung beteiligten Stämme. Lassen wir uns dabei vom Ausdruck „Volk" nicht täuschen; die „Völker" dieser Zeitspanne waren zahlenmäßig geringer als die Einwohner mancher heutigen Großstadt. Es wäre auch unverständlich, wie man unter den damaligen wirtschaftlichen Voraussetzungen Hunderttausende oder gar Millionen Menschen während eines jahrelangen Zuges hätte verpflegen können. Die Ostgoten, eines der zahlenmäßig stärksten Wandervölker, stellten nach mehr als dreißigjährigem friedlichen Aufenthalt in Italien eine Streitmacht von rund 120.000 Mann auf. Das läßt auf eine Gesamtbevölkerung von etwa

500.000 bis 600.000 Menschen schließen. Damit fällt aber auch der so oft gewonnene optische Eindruck, als wären die Germanenstaaten in Italien, Spanien, Afrika oder auch Gallien wirklich volksmäßig Germanenstaaten gewesen. Wir haben es vielmehr mit einer ganz dünnen germanischen Oberschicht über Millionen nichtgermanischer, oftmals keltoromanischer oder iberoromanischer Bevölkerungsmassen zu tun.

Gerade die allerjüngste Forschung fragt sich, ob die einzelnen „germanischen" Völkerschaften tatsächlich homogene Gruppen gewesen seien. Wir wissen z. B., daß mit den germanischen Vandalen die sarmatischen Alanen zogen. In vielen Fällen mag es sich daher bloß um einen Kern gehandelt haben, der sich um einen Häuptling oder Herzog scharte, während die große Masse der mitziehenden Menge anderer germanischer oder nichtgermanischer Herkunft war. Die Bezeichnung der ganzen Wandergruppe erfolgte selbstverständlich nach ihrem Kern und ihrem Anführer.

Attila und die Hunnen

Wie bereits aufgezeigt wurde, gilt der Einbruch der Hunnen in das gotische Reich des Königs Ermanrich am Schwarzen Meer 375 n. Chr. als der Beginn der „europäischen" Völkerwanderung. Das türkische Reitervolk der Hunnen — manche sind sich dieser Herkunft gar nicht bewußt — ist als „Hiug-Nu" der chinesischen Geschichte schon Jahrhunderte hindurch bekannt. Die Macht des innerasiatischen Hunnenreichs war durch den Kaiser Wu-Ti (141—86 v. Chr.) gebrochen worden. Die Hunnen begannen nun gegen Westen zu wandern; auf diesem Weg lernten sie die Schrift kennen, und es entwickelte sich sogar eine Art „Beamten"-(Schreiber-)Stand. Sie kannten Hausindustrie (Teppichknüpferei) und Kunstgewerbe (Schnallen, Gürtelplaketten, bronzene Beschläge); ihre Spielleute trugen Heldengesänge vor. Wie bei allen türkischen Stämmen bestand ursprünglich ebenfalls bei den Hunnen ein Doppelkönigtum.

Die Donauländer waren allerdings schon vor dem Einfall der Hunnen in das östliche Mitteleuropa durch Jahrzehnte schwer erschüttert worden. Die beiden Stämme, Markomannen und Quaden, die in Teilgebieten des heutigen Böhmen und Mähren saßen und allmählich bis an die Nordufer der Donau herangerückt waren, hatten im 2. nachchristlichen Jahrhundert die Grenzen überschritten und drangen bis gegen Italien vor. In mühevollen Kämpfen mußte sie Kaiser Marcus Aurelius (161—180 n. Chr.) zurücktreiben. Sein Markomannenkrieg führte dann zu vorübergehenden Erfolgen und zur Errichtung einer römischen Provinz Marcomannia, die aber schon bald unter seinem Sohn und Erben Commodus (180—193 n. Chr.) verlorenging. Marcus Aurelius, der als Philosoph und Schriftsteller von Bedeutung war, schrieb einen Teil seiner Werke im Feldlager von Carnuntum und starb in Vindobona (Wien).

Nun fluteten unter dem Druck der Hunnen Menschenscharen gegen die römische Reichsgrenze an der unteren Donau. Die Goten, die bereits im 3. Jahrhundert in Raubzügen zur See das Ägäische Meer unsicher gemacht hatten, folgten zum Teil den Hunnenherrschern, zum Teil verlangten sie von den römischen Behörden Land und Schutz. Als sie sich in ihrem Vertrauen getäuscht fühlten, schlugen sie 378 n. Chr. ein römisches Heer bei Adrianopel (Edirne). Bereits auf der Flucht, verbrannte in einer Hütte der Römische Kaiser Valens. Damit waren die Tore in das Innere des Römischen Reiches gesprengt, die der letzte große Herrscher des gesamten Römerreiches, Theodosius der Große (379—395 n. Chr.), nur vorübergehend wieder zu schließen vermochte.

Die Donauprovinzen Roms wurden schwer in Mitleidenschaft gezogen. Im Süden marschierten die Westgoten unter König Alarich durch Binnennoricum. Im Jahr 408 verlangte der König von Kaiser Honorius die Abtretung der Provinz Noricum. Zwischen 396 und 420 n. Chr. ist die germanische Königin Fritigil, eine Katholikin, in der Gegend von Wien bezeugt. Im östlichen Niederösterreich und im Burgenland weisen Funde auf die Anwesenheit von Goten und Alanen hin. Im Weinviertel nördlich der Donau waren ebenfalls Goten oder Heruler vorübergehend zu Hause. Schließlich war Rom gezwungen, im Jahre 433 n. Chr. die Provinz Pannonien den Hunnen zu überlassen.

Der bedeutendste Herrscher der Hunnen, eine der größten Gestalten der Weltgeschichte, ist jener König, dessen hunnischen Namen wir nicht kennen und der von seinen gotischen Untertanen Attila (gotisch = Väterchen) genannt wurde. Er ist der König Etzel der späteren Nibelungensage. Das Bild, das uns von seinen Feinden gezeichnet wird, ist nicht immer so, daß man die wirkliche Bedeutung des Hunnenherrschers aus ihm gewinnen kann. Wir müssen uns heute, im Hinblick auf die neuen Forschungen, von der Meinung lösen, Attila sei nichts als ein blutgieriger, nur auf Raub, Mord und Brand bedachter Despot gewesen. Es wird immer deutlicher, daß er ein Staatsmann war und eine klare Vorstellung von seiner Aufgabe hatte. Er sah sie in nichts anderem als in der Seßhaftmachung seines Volkes und der Errichtung eines Reiches nach römischem Muster, vielleicht sogar in Anlehnung an das Römische Reich. Immer wieder bemerken wir, welch großen Wert er auf seinen römischen Titel als „Magister militum“ (etwa soviel wie Reichsmarschall) legte. In den Verhandlungen mit dem Oströmischen Reich zeigte Attila bereits einen Stolz, der auf Anerkennung seiner Gleichberechtigung mit dem Kaiser in Konstantinopel hinzielte. Den Übergang von den Gewohnheiten der Reiternomaden zu denen eines seßhaften Volkes zeigt ferner das Streben, eine Erbmonarchie zu errichten und zu festigen. In den Hunnen lebte noch die Erinnerung an die „Gott-Kaiser“ des vorchristlichen Hunnenreiches und an den „Sohn des Himmels“ im damaligen China. Auf europäische Verhältnisse übertragen bedeutet dies, daß Attila mit dem römischen Kaisertum in Wettstreit trat. Sein Machtgebiet reichte vom Rhein bis zur Wolga. Rom, in zwei Teile gespalten, unter unfähigen Herrschern — nur der Feldherr Aetius bildete eine Ausnahme —, schien sich der Umwälzung nicht widersetzen zu können. Wie weit Attilas Pläne reichten, wissen wir nicht, doch mußte es seinen Ehrgeiz anstacheln, wenn die kaiserliche Prinzessin Honoria, die Schwester Valentinians III. (425—455), Attilas Hilfe gegen ihren eigenen

Bruder erbat und sich bereit erklärte, ihn zu heiraten. Das zeigt, daß sie Attila nicht für den „Barbaren" hielt, als den eine spätere Geschichtsschreibung den Hunnenherrscher hinzustellen pflegte. Attila forderte Gallien (Frankreich) als Mitgift, wodurch er praktisch der Herr Europas geworden wäre. Da brachte der Feldherr Aetius eine antihunnische Koalition zustande. In der sogenannten Schlacht auf den Katalaunischen Feldern (bei Troyes in Frankreich), der von der Legende später der Nimbus einer „Entscheidungsschlacht zwischen Ost und West" gegeben wurde, gelang es 451 Attila, das Schlachtfeld zu behaupten. Da ihm aber der Durchbruch durch seine Gegner nicht gelang, hatte er praktisch das Ziel des Feldzuges nicht erreicht. Der wenige Jahre später (453) erfolgte Tod Attilas zerstörte alle an ihn geknüpften Kombinationen. Sein Reich, an seine Person gebunden, löste sich auf. Die Ursache hiefür war weniger die Unerträglichkeit der hunnischen Herrschaft als die Erbstreitigkeiten unter den vielen Söhnen Attilas. Die Überlieferung berichtet, daß der Hunnenherrscher während der Feierlichkeiten seiner Hochzeit mit der germanischen Prinzessin Ildiko von einem Blutsturz hingerafft wurde. Aus dieser Überlieferung entstand die Nibelungensage. Sie versetzt historische Persönlichkeiten — wie den Markgrafen Rüdiger von Bechelaren (den ersten Babenberger), Bischof Pilgrim von Passau (der tatsächlich im 10. Jahrhundert lebte) und Dietrich von Bern (den Ostgotenkönig Theoderich den Großen) an den Hof Attilas. Dieser Teil der Nibelungensage hat den historischen Kern besser bewahrt als die Erzählung von Siegfrieds Tod und seinem germanischen Heldentum.

Severin — „Apostel" von Noricum

Von keinem anderen Land des untergehenden Römischen Reiches haben wir vom Augenblick des Untergangs so ausführlich Kunde wie von Noricum und dem anschließenden Teil Pannoniens. Das ist das Verdienst des Abtes Eugippius, der uns eine Lebensbeschreibung seines geistlichen Vaters, des heiligen Severin († 482 n. Chr.), hinterlassen hat. Freilich — Eugippius wollte kein Geschichtswerk verfassen, sondern das Gedächtnis seines verehrten Lehrers und Meisters wachhalten.

Noch im 19. Jahrhundert hat man Severin als „Apostel" von Noricum bezeichnet. Das ist nur bedingt richtig. Wenn wir unter Apostel jemanden verstehen, der Nichtchristen zum Glauben bekehrt, so war Severin kein Apostel. Denn er hatte es sich nicht zur Aufgabe gestellt, Bekehrungen durchzuführen, sondern die vorhandenen Christen und Romanen im Glauben zu stärken und ihnen nach Kräften zu helfen.

Severins Heimat ist unbekannt. Er kam wahrscheinlich aus dem Südosten, aus der Gegend von Sirmium (bei Belgrad), von wo auch schon früher christlicher Einfluß nach Norden und Nordwesten ausstrahlte. Severin — ein Mann, der das Lateinische wie seine Muttersprache beherrschte — hat zeitlebens nichts über seine Herkunft geäußert. Man kann aber nach dem Beispiel anderer Fälle und unter Berücksichtigung der Tatsache, daß Severin in verschiedenen seiner Handlungen ein gewisses Verwaltungstalent entfaltete, vermuten, daß er in seinen jungen Jahren römischer Beamter war, der sich dann unter dem Eindruck der herannahenden Katastrophe von der Welt zurückzog.

Severin tauchte unmittelbar nach Attilas Tod in Noricum auf. Und er verließ es erst nach dreißigjähriger Tätigkeit als Toter, von seinen Schülern und Freunden nach Neapel übergeführt. In diesen dreißig Jahren aber war es ihm vergönnt, wenigstens die Spuren römischer Herrschaft und Kultur zu konservieren. Aus seiner Lebensbeschreibung erfahren wir, daß damals die norischen Romanen bereits in Städten siedelten, während die Wanderstämme die breiten Täler entlang zogen. Jenseits der Donau hatte sich ein kurzlebiges Herulerreich gebildet, mit dessen Herrschern Severin in enger Verbindung stand. Es gelang ihm, Gefangene zu erlösen und ein friedvolles Nebeneinander von Herulern, anderen Germanen und einheimischen Keltoromanen herzustellen.

Severin kam weit herum. Wir finden seine Spuren bis in die Gegend von Juvavum und Cucullae (beide in Salzburg). Er war auch im antiken Bistum Lauriacum (Enns), in Castra Batava (Passau) daheim; am liebsten jedoch hielt er sich in (dem ebenfalls zum Bistum erhobenen) Favianis auf, welches Jahrhunderte hindurch mit Vindobona (Wien) gleichgesetzt wurde. Erst Friedrich Kenner (1880) und nach ihm die meisten Archäologen behaupten, daß Favianis in Mautern (Niederösterreich) zu suchen sei, obwohl seit Auffindung römischer Mauerreste und eines leeren Grabes unter der Pfarrkirche St. Jakob in Wien-Heiligenstadt (mit alter Severintradition) von dem 1959 verstorbenen Professor Dr. Ernst Karl Winter die Meinung vertreten wird, Favianis sei in Heiligenstadt, dessen Name noch an Severin erinnere, zu suchen. Eine eigene wissenschaftliche Arbeitsgemeinschaft St. Severin bemüht sich seitdem, unterstützt durch das Werk Winters „Studien zum Severinproblem (1959)“ dies der breiten Öffentlichkeit zu beweisen.

Immerhin konnten nach Severins Tod die Rugier ihren Machtbereich auch auf die Gebiete südlich der Donau ausdehnen. Ihnen folgten die Ostgoten, die unter ihrem König Theoderich dem Großen (493—526) Italien eroberten und deren Gebietsanspruch sich wenigstens theoretisch bis an die Donau erstreckte. Theoderich der Große, der als Kind in Konstantinopel Geisel gewesen war und durch Adoption in den Rang eines kaiserlichen römischen Prinzen erhoben wurde, regierte sein Reich nur für die Goten als König, für die Romanen Italiens und der Alpenländer war er der vom einzigen rechtmäßigen römischen Kaiser in Konstantinopel eingesetzte Statthalter dieser Länder. Es war nicht so, daß die germanischen Stämme der Völkerwanderungszeit — die Vandalen vielleicht ausgenommen — das Römische Reich zerstören wollten; ihr Ziel war es, sich in das Römische Reich einzugliedern und unter Umständen dessen Führung zu übernehmen. Einen „nationalen“ Gegensatz zwischen den Romanen und den Germanen im heutigen Sinn zu sehen, würde der geschichtlichen Wahrheit widersprechen. Der Gegensatz bestand vielmehr zwischen „Römern“ und

„Barbaren". „Barbaren", die sich dem Römertum eingliederten, konnten ohneweiters die höchsten Ämter des Reiches erlangen. Schärfer war freilich der Gegensatz zwischen den katholischen und den arianischen Christen. Diese Spaltung, die auf dem ersten Ökumenischen Konzil von Nicäa 325 sichtbar geworden war und sich im wesentlichen darauf bezog, ob Christus mit Gott dem Vater „wesensgleich" oder nur „wesensähnlich" sei, hatte sich ausgeweitet, seit Goten und Vandalen zum arianischen Christentum übergetreten waren, während die Romanen Katholiken blieben. Der religiöse Zwist wurde viel härter als ein allfälliger „nationaler" empfunden. Als später der katholische Frankenkönig Chlodwig die arianischen Westgoten aus Südfrankreich vertrieb (507), kamen ihm die einheimischen Keltoromanen und die katholische Geistlichkeit jubelnd entgegen und begrüßten ihn als „Befreier von der arianischen Knechtschaft".

An der Donau gelang es unterdessen den Langobarden, sich von der Oberhoheit der Heruler freizumachen und ein selbständiges Reich im nördlichen Niederösterreich und in Südmähren aufzurichten. Unzählige Grabfunde von Wien bis Brünn beweisen die Anwesenheit der Langobarden, deren König Wacho (etwa 510—540) die Grenzen zu schützen und den Frieden zu erhalten wußte. Erst um 548 zogen sie von hier aus in die pannonische Ebene, wandelten sich aus Bauern zu Kriegern und eroberten 568 Italien, wo heute noch die Lombardei nach ihnen benannt ist.

Bajuwaren, Slawen und Awaren

Mit dem Abzug der Langobarden nach Italien beendet gewöhnlich die Geschichtsschreibung die Zeit der Völkerwanderung. Wir haben es nunmehr bis zu den Tagen Karls des Großen mit Jahrhunderten zu tun, die früher als „dunkel" galten und selbst heute noch nicht zur Gänze erhellt sind. Für die Ostalpenländer bedeuteten sie eine Überschichtung der vorhandenen zurückgebliebenen Keltoromanen durch neue Völkerschaften. Zeitlich nur wenig voneinander getrennt erscheinen im heutigen österreichischen Raum Bajuwaren, Slawen und Awaren.

Über die Herkunft der Bajuwaren gibt es verschiedene Theorien. Die älteste von ihnen sah in ihnen die „Bojer" „Männer aus Boheim" (die ehemaligen Markomannen). Seit den Forschungen des oberösterreichischen Landesarchivars und Historikers Zibermayer wurden die Bajuwaren als „Ostgermanen" eingestuft, die vom Schwarzen Meer, die Donau aufwärts, in ihre heutigen Sitze einrückten. Wenn auch infolge weiterer Forschungen diese These in ihrer Ausschließlichkeit nicht gehalten werden kann, so sehen wir in den Bajuwaren doch einen Stamm, der verschiedene Elemente, sicherlich auch nichtgermanische und vor allem „ostgermanische", in sich aufgenommen hat. Ohne Zweifel sind wohl Reste der Markomannen in ihnen aufgegangen. Nur aus dieser Schau heraus ist nämlich die ganze altbajuwarische Geschichte zu verstehen. Die Bajuwaren haben sich nur widerstrebend dem Frankenreich eingegliedert und machten immer wieder Versuche, unabhängig zu werden. Es war später nur die politische Vereinigung mit dem Reich Karls des Großen, die eine Entwicklung abbrach, durch die die Bajuwaren zu einem eigenen Volk, wie etwa Holländer, Dänen oder Schweden, geworden wären, ohne als Stamm im deutschen Volk aufzugehen.

Eine neue Theorie über die Entstehung der Bajuwaren hat Franz Ertl (Topographie

Norici, I. und II., Kremsmünster 1968) aufgestellt. Danach sollen sie auf den Boden der heutigen Bundesländer Oberösterreich und Salzburg, durch Zusammenwachsen keltoromanischer und germanischer Volksteile mit slawischen, allenfalls auch awarischen Einsprengseln, unter ostgotischer Oberherrschaft, entstanden sein.

Neben den Bajuwaren sind die Slawen und die Awaren zu nennen, die nunmehr in Donau- und Ostalpenländern auftreten. Die Urheimat der Slawen — der Vorläufer der heutigen slawischen Völker — lag wohl in Osteuropa in der Gegend der Pripjet-Sümpfe. Die Awaren, von Chaganen regiert, kamen wie die Hunnen aus den innerasiatischen Steppen. Sie bildeten in dem nach ihnen benannten Reich die herrschende Oberschicht über slawische und andere Stämme. Sie eroberten bereits 582 die Stadt Sirmium (bei Mitrowitza an der Save) und schoben sich in das Gebiet zwischen Donau und Theiß vor. Die awarische Angriffslust galt vor allem dem Oströmischen Reich und seiner Hauptstadt Konstantinopel. Zwischen Bajuwaren und Slawen, die in die Ostalpenländer eindrangen, kam es 595 zum ersten feindlichen Zusammenstoß. Der Ort wird in den vorhandenen Quellen jedoch nicht genannt.

Die Bajuwaren saßen zu dieser Zeit bereits im heutigen Tirol und im Salzburgischen. Es war eine friedliche Durchdringung, denn die alte räto- und keltoromanische Bevölkerung hinterließ ihre Namen in Flur, Fluß und Ort den neuen Ankömmlingen, mit denen sie sich vermischten. Aber noch immer war der oströmische Einfluß nicht geschwunden. Kaiser Maurikios (582—602) übertrug 598 den Namen der nunmehr von den Slawen in Besitz genommenen altrömischen Provinz Noricum auf Tirol und Bayern. Noch im Mittelalter wurde ein Teil des Inntals in Erinnerung daran „Nurichtal“ genannt. Das altrömische Rätien wurde auf das schweizerische Graubünden beschränkt.

Das Reich des Samo

Der Versuch der Awaren, sich der oströmischen Kaiserstadt Konstantinopel zu bemächtigen, scheiterte zu Beginn des 7. Jahrhunderts nach langen und blutigen Kämpfen. Dieser Mißerfolg bedeutete eine Schwächung der awarischen Macht und ist eine der Ursachen, daß es den Slawen gelang, vorübergehend ein selbständiges Reich aufzubauen. Die Gründung dieses politischen Gebildes knüpft sich an den Namen eines gewissen Samo (ungefähr 626—665), der nach den vorliegenden Quellen „natione Francos“, ein Franke, gewesen sein soll. Es fragt sich allerdings, ob diese Bezeichnung nicht nur bedeutet, daß Samo aus dem fränkischen Reich stammte, in dem ja viele Völkerschaften vereinigt waren. Er stellte sich an die Spitze der slawischen Stämme und errichtete eine Herrschaft, die sich nicht bloß ein Menschenalter lang gegen die Awaren behaupten konnte, sondern darüber hinaus die Franken in der Schlacht bei Wogastisburg (der Ort dürfte irgendwo an der Elbe in Nordböhmen gelegen sein) schlug.

Das Reich Samos erstreckte sich ohne Zweifel — obwohl vor allem ältere Geschichtsforscher diese Ansicht nicht teilen — von Böhmen bis in die Ostalpen. Viele Fragen sind allerdings noch ungelöst.

Die Franken

Die Völkerschaft, aus der im frühmittelalterlichen Europa zuerst wieder ein Großreich von Dauer aufgebaut wurde, waren weder Bajuwaren noch Slawen oder Awaren. Diese Aufgabe blieb den Franken vorbehalten; ihre ursprünglichen Sitze befanden sich am Niederrhein. Von hier aus rückten sie allmählich in das heutige Frankreich vor, das von ihnen seinen neuen Namen erhielt. Es waren vor allem zwei Ursachen, die dem Frankenreich diesen Aufstieg sicherten: im Gegensatz zu anderen Wandervölkern, wie Goten, Vandalen oder Langobarden, blieben sie seßhaft und schoben ihr Siedlungsgebiet nur weiter vor; zum andern bekehrten sie sich aus Götterverehrern zum Christentum. Damit gewannen sie die bereits christliche keltoromanische Vorbevölkerung Galliens für sich.

Die einzelnen Teilreiche der Franken wurden durch König Chlodwig I. (481—511) vereinigt, er teilte sie jedoch wiederum unter seine Söhne. Die Merowinger, wie sich das fränkische Königshaus nach einem sagenhaften Ahnherrn — Merowech — nannte, leiteten nunmehr eine Periode des gegenseitigen Kampfes, der Ausrottung und Vernichtung ein. Chlodwig I. war auf Betreiben seiner Gemahlin zum Christentum übergetreten, doch war der Glaube für ihn und manche andere Merowinger nur eine rein äußerlich beobachtete Form. Diese Haltlosigkeit auch in weltlichen Dingen führte dazu, daß die Merowinger bald die tatsächliche Herrschergewalt verloren. An ihre Stelle traten die sogenannten Majores domus (Hausmeier) — ursprünglich Verwalter der königlichen Hausgüter — und regierten in ihrem Namen. Als dann Pippin von Heristall 687 in der Schlacht bei Tétry die Majordomuswürde des gesamten Frankenreiches in seinen Händen vereinigte, war es nur mehr eine Frage der Zeit, wie lange noch die Merowingerkönige ihren nutzlos gewordenen Platz behaupten konnten. Pippin der Kleine (741—752—768), der Sohn des Majordomus Karl Martell, der 732 die über die Pyrenäen aus Spanien eindringenden Araber in der Schlacht zwischen Tours und Poitiers aufhielt, verbannte dann den letzten Merowingerkönig Childerich III. in ein Kloster und ließ sich mit Einverständnis des Papstes zum König der Franken ausrufen. Damit war an die Stelle der Merowinger das neue Haus der Karolinger getreten.

Sosehr auch die inneren Zustände im Frankenreich durch den Zwist im Königshaus chaotische Formen angenommen hatten, sosehr konnten die Franken nach außen hin ihre Macht befestigen, ja sogar ausdehnen. Zwar lehnen heute die meisten Historiker die Behauptung ab, daß schon nach der Zerstörung des Thüringerreiches 531 die Franken eine Oberhoheit über die Ostalpenländer bis in das heutige Ungarn hinein aufgerichtet hätten; aber das Streben der Frankenkönige und sodann der Hausmeier, in Bayern und an der Donau Fuß zu fassen, läßt sich nicht leugnen. Die Bajuwaren warfen aber immer wieder die Oberherrschaft der Frankenkönige ab, wenn sie in der Lage dazu waren. Als Ostgrenze der bajuwarischen Macht galt die Enns, im Süden die heutige Grenze zwischen Osttirol und Kärnten. Hier war seit 623 die Wendenmark des slowenischen Herzogs Walluk als Kernstück des späteren Herzogtums Karantanien (Kärnten) in Erscheinung getreten.

Die Christianisierung

Als das Weströmische Reich zusammenbrach, waren die Keltoromanen in den Ostalpenländern des heutigen Österreich überwiegend christlich. Die Kirchenorganisation, die an der Donau selbst seit dem Tod des heiligen Severin zusammengebrochen war, erhielt sich im südlichen Noricum an den Grenzen Italiens bis um das Jahr 600. Das antike Bistum Säben in Südtirol vermochte sogar alle Stürme zu überdauern und als Bistum Brixen, wohin der Sitz des Oberhirten übertragen wurde, weiter zu bestehen.

Bajuwaren und Alamannen, die nunmehr in den Ostalpenländern die Herrschaft an sich gerissen hatten, waren entweder nur oberflächlich christianisiert, arianisch oder überhaupt nicht christlich. Es zeigte sich nun, daß die fränkische Mission zuerst verhältnismäßig wenig Erfolge hatte. Im Frankenreich war die Kirche bereits so mit dem Staat verwachsen, daß der fränkische Glaubensbote nicht bloß als „einer aus dem Frankenreich", sondern oftmals sogar als „Beamter" der fränkischen Macht galt. Für die Bajuwaren war dies aber oft untragbar, denn sie fürchteten für ihre Selbständigkeit.

Unter diesen Umständen war die irisch-schottische Mission anfangs von größerer Bedeutung. In Irland war eine urtümliche Form des Christentums erhalten geblieben. Durch eineinhalbhundertjährige Unterbrechung der Verbindung mit Rom hatten die Iro-Schotten zwar keine eigenen Glaubensdoktrinen entwickelt, ihre Gebräuche unterschieden sich jedoch von denen der fränkischen oder der römischen Kirche. In mancher Beziehung waren sie der Ostkirche näher verwandt.

Die Iro-Schotten waren von glühendem Glaubenseifer erfüllt, doch ihre Predigt war düster und schwer. Sie waren Wanderprediger und Wanderbischöfe, die durch das Land zogen, predigten und tauften und wenige Wochen oder Monate später schon wieder an einer anderen Stelle lehrten. Diesen Iro-Schotten verdanken die Bajuwaren und Alamannen bis zu Beginn des 8. Jahrhunderts alles, was ihnen an Glaubensgut zugetragen wurde. Im Jahr 572 war der heilige Columban nach Gallien gekommen; als er sich dem sittenlosen Leben der fränkischen Adeligen widersetzte, mußte er das Land räumen. Die um 590 gegründete Abtei Luxeuil kam in die Hände fränkischer Mönche. Von Luxeuil aus wurden die Klöster Ebersmünster, Hohenau und Arnulfsau in Alamannien sowie Disentis in Graubünden gegründet. Der Schüler Columbans, St. Gallus, gründete in der heutigen Schweiz einen der wichtigsten Kulturmittelpunkte der Zeit, das Kloster St. Gallen; St. Fridolin missionierte am Oberrhein und im heutigen Kanton Glarus in der Schweiz; in Regensburg, dem Hauptort des bajuwarischen Herzogtums, finden wir den Wanderbischof St. Emmeran; St. Corbinian wirkte im Bistum Freising, wobei ihm arge Feindschaft erwuchs; St. Pirmin setzte sich auf der Bodenseeinsel Reichenau fest, von wo aus u. a. das Kloster Altaich in Bayern gegründet wurde.

Die Missionierung der Ostalpenländer ging nicht ohne den erbitterten Widerstand der Bajuwaren vor sich. Herzöge und Volk suchten immer wieder, ebenso aus der politischen Vormundschaft der Franken auszubrechen und sich in völliger Unabhängigkeit zu orientieren. Dies trat dann vor allem unter dem letzten altbajuwarischen Herzog Thassilo III. in Erscheinung. Er brach 763 mit den fränkischen Oberherren. Zwei Jahrzehnte einer eigenständigen Regierung waren ihm darnach vergönnt. Seine Macht begann sich die Donau hinunter über die Enns ostwärts bis in die Gegend von Greifenstein an der Donau (Niederösterreich) zu erstrecken. Die Slawen Kärntens wurden von ihm seiner Oberhoheit unterstellt. Auch die Beziehungen zwischen Thassilo III. und den Awaren bekamen jetzt ein neues Gesicht. Das für den österreichischen Raum wichtigste Ereignis aus der Zeit Thassilos III. ist die Gründung des Klosters Kremsmünster in Oberösterreich. In der Kolonisation, die von Thassilo III. betrieben wurde, fehlte auch das slawische Element nicht; so gab es kleine, slawische Verwaltungsgebiete innerhalb seines Herrschaftsbereiches. Zur gleichen Zeit startete ebenfalls Salzburg, das schon um 690 durch den heiligen Rupert (St. Peter und Nonnberg) in Erscheinung getreten war, unter Bischof Virgil seine Missionstätigkeit. Salzburger Glaubensboten gingen zu den slawischen Karantanen und drangen auch in das Awarenreich vor. Maria Saal (Kärnten) erhielt im hl. Modestus einen Bischof (in Teurnia — St. Peter im Holz in Kärnten gab es bereits seit dem 4. Jahrhundert einen Bischofssitz, der von Modestus erneuert wurde). Als Stützpunkte der Christianisierung entstanden Innichen (769), Mattsee (784) und wahrscheinlich das Kloster St. Pölten (Niederösterreich). Mondsee war bereits 748 von Herzog Odilo von Baiern gestiftet worden. Zusammen mit diesen Tätigkeiten begannen sich auch wirtschaftliche Beziehungen mit dem Osten stärker zu entwickeln.

Aus den Namen, die etwa im Salzburger Verbrüderungsbuch aus der Zeit des Bischofs Virgil aufgezeichnet erscheinen, geht deutlich hervor, daß die Beziehungen zwischen Bajuwaren und Slawen viel stärker und inniger waren, als dies aus sonstigen Äußerungen geschlossen werden könnte. Diese Feststellung trifft für eine Reihe österreichischer Klöster noch in viel späterer Zeit zu. So sind in den Nekrologen von Seckau, St. Lambert und Millstatt viele slawische Namen genannt.

Die Bedeutung der Klöster dieser Zeit bestand jedoch nicht ausschließlich darin, daß sie religiöse Zentren des Christentums waren, von wo aus der Glaube weit in das umliegende Land hinausgetragen wurde; es ist außerdem ihre kulturelle und wirtschaftliche Bedeutung von Wichtigkeit. Die Mönche brachten die Überlieferungen des Altertums, der römisch-griechischen Zivilisation, mit sich; sie vermittelten die Werke der großen Denker jener Jahrhunderte, die ohne ihr Wirken größtenteils verlorengegangen wären. Wirtschaftlich wurden sie gleichfalls Schwerpunkte der neuen Entwicklung; so stellt Max Fastlinger mit besonderer Beziehung auf die bairischen Klöster zur Zeit der Agilulfinger fest: „Nur eine im Mönchtum großartig organisierte Arbeiterschaft konnte sich damals mit Aussicht auf raschen Erfolg an die Kultivierung ganzer Länderstriche wagen." Daher kam es, daß so viele Grundherren als Klostergründer aufscheinen. Sie wollten, um wieder mit Fastlinger zu sprechen, „früher ertragreich gewesenes

Land wieder kultivieren und sahen den zweckmäßigsten Weg hierzu darin, daß sie sippenweise innerhalb ihrer Marken klösterliche Niederlassungen gründeten, mit Mönchen, womöglich der eigenen Sippe, besetzten, unter deren Leitung und Mitarbeit nun das meist in Wäldern und Mooren bestehende Dotationsland kultiviert werden sollte." Freilich bedeutete dieses Zusammengehen von Großgrundbesitz und Mission auch eine Gefahr für die romanischen und slawischen Bevölkerungsteile dieser Gebiete. Die bajuwarische Kirche war übrigens noch unter Herzog Hugbert von Bonifazius (mit seinem angelsächsischen Namen Wynfrieth) neu organisiert und den römischen Gebräuchen angeglichen worden. Am Ende des 8. Jahrhunderts finden wir dann die Drau als Einflußgrenze zwischen den Erzbistümern von Aquileja und Salzburg. Das Bistum Passau nahm sich der eigentlichen Donauländer an.

VON KARL DEM GROSSEN BIS ZU OTTO DEM GROSSEN

Karl der Große und die Wiederherstellung des weströmischen Kaisertums

Karl der Große (768—814) ist Träger eines europäischen Mythos. In dem von ihm geschaffenen Frankenreich, das er beinahe um das Doppelte dessen vergrößerte, als er es von seinem Vater Pippin übernommen hatte, lassen sich zum erstenmal die Konturen des modernen Europa erkennen. In dieser Hinsicht ist Karl für viele Herrscher späterer Jahrhunderte d a s Vorbild geworden. So wie ihn, den Franken, die Franzosen als „Charlemagne" in ihre Geschichte eingebaut haben, so wissen wir heute auf Grund familiengeschichtlicher Forschungen, daß bei der Wahl der Römischen Könige und Kaiser in späterer Zeit die Abstammung von Karl dem Großen eine bedeutsame Rolle spielte. Sein lateinischer Name Carolus ist als „kral" bzw. ungarisch „kiraly" bei den slawischen Völkern sowie bei den Magyaren als Titel des Staatsoberhauptes heimisch geworden.

Die Krönung Karls des Großen zum Kaiser erfolgte am Weihnachtstag des Jahres 800 in der alten Peterskirche in Rom. Der Papst setzte dem Frankenkönig die Kaiserkrone auf, während das anwesende Volk in den Ruf ausbrach: „Dem von Gott gekrönten, großen und friedebringenden Kaiser der Römer Leben und Sieg!" Dabei war sich aber die damalige Welt bewußt, daß hier ein Akt gesetzt wurde, über dessen Rechtmäßigkeit ein Streit entbrennen mußte, da sich die oströmischen (byzantinischen) Herrscher als die einzig legitimen Römischen Kaiser betrachteten. Kein Mensch jener Tage hätte aber daran gedacht, daß mit der Krönung in der Peterskirche Karl zum „fränkischen" oder zum „deutschen" Kaiser bestellt worden sei. Man konnte sich eben nur einen Römischen Kaiser vorstellen. Die in populären Handbüchern immer wieder vorkommende Bezeichnung der mittelalterlichen Herrscher als „deutsche" oder „römisch-deutsche" Kaiser ist absolut unhistorisch. Der erste deutsche Kaiser wurde am 18 Jänner 1871 in Versailles ausgerufen: es war Wilhelm I. von Preußen. Der Begriff „deutsch" im heutigen Sinn besteht übrigens erst seit dem 12. Jahrhundert.

Wie sehr sich Karl der Große bemühte, die Anerkennung seines Kaisertums schließlich auch von Byzanz zu erhalten, geht daraus hervor, daß er es vermied, sich Kaiser „der Römer" zu nennen, sondern sich als „gubernans Romanum imperium" (das Römische Reich regierend) bezeichnete. Auch die Versuche Karls, mit der damals regierenden Oströmischen Kaiserin Irene in ein näheres Verhältnis zu gelangen, vielleicht sogar sich mit ihr zu vermählen, zeigen, wie sehr Karl auf die Anerkennung durch Ostrom aus war. Immerhin war es erst sein später Nachfahre Ludwig II., der sich 871 „imperator augustus Romanorum" (erhabener Kaiser der Römer) nannte. Seit 1000 wurde es dann selbstverständlich, daß der in Rom gekrönte Herrscher Kaiser der Römer sei und sich als solcher bezeichnete. Als Karl der Große die Regierung antrat, sah er sich mit seinem Bruder

Karlmann (der aber schon 771 starb) im Besitz eines Reiches, das sich über das ganze heutige Frankreich und einen großen Teil des heutigen Westdeutschland (ausgenommen Niedersachsen) erstreckte. Als der Kaiser viele Jahrzehnte später starb, gehorchten die in fast dreißigjährigen Kämpfen unterworfenen Sachsen ebenso seinem Befehl wie das Land der Bajuwaren und die an dasselbe angrenzenden Marken bis zur mittleren Donau. In Italien stand das alte langobardische Königreich bis nach Spoleto hinunter unter seiner Kontrolle und Herrschaft, jenseits der Pyrenäen reichte die karolingische Macht bis an den Ebro. Als Kaiser aber hatte er moralisch die höchste Stellung unter allen Fürsten Europas, den oströmischen Kaiser in Konstantinopel ausgenommen.

Die Verwaltung dieses Reiches war streng geordnet. Als wichtigste Beamte erscheinen die Gaugrafen, die ungefähr die Stellung unserer heutigen Bezirkshauptleute einnahmen, jedoch auch das Gerichts- und Heerwesen ihres Gaues unter sich hatten. Sie wurden von königlichen Sendboten überwacht, die zumeist Bischöfe waren. Da die Geldwirtschaft im fränkischen Reich nur schwach entwickelt war, entlohnte man die Gaugrafen für ihre Tätigkeit mit Landbesitz. Daraus ergab sich allmählich die Erblichkeit der Grafenwürde, so daß der Titel Graf, der ursprünglich nichts mit dem Adel zu tun hatte, jetzt ein Adelstitel wurde. Die Grafen in den Grenzbezirken waren die Markgrafen, denn Mark bedeutete soviel wie Grenzbezirk. Noch bestand die allgemeine Wehrpflicht für die Freien des Reiches, aber die langandauernden und immer mehr in die Ferne führenden Kriege machten sie zu einer drückenden Last.

Durch die enge Verbindung mit dem Papsttum war es Karl dem Großen möglich, zum ersten Mal seit dem Ende des Altertums wieder auf die kulturellen Schätze der Antike zurückzugreifen. An seinem Hof sammelte sich ein Kreis von Gelehrten, an dem er selbst Teil hatte, obwohl er erst in seinen späten Lebensjahren schreiben lernte. Gesetze aus den Jahren 789 und 801 bis 803 schrieben den Priestern vor, in Dörfern und Weilern Schulen zu errichten. Auf Karl den Großen geht auch jene Währung zurück, die in Großbritannien weiterlebte. Die Einheit war ein Pfund, das in 20 Schilling zu je 12 Denare eingeteilt wurde.

Die Vorteile, die der Kaiser den Klöstern zugewendet hatte, und die Tatsache, daß der Sklave und unfreie Bauer durch Annahme der Weihe seinem Los entgehen konnte, führte dazu, daß Tausende von Sklaven um Aufnahme in die Klostergemeinden baten. Karl der Große erließ 789 und dann 805 Bestimmungen gegen ein Überhandnehmen dieser Erscheinung. „Eigene Sklaven oder Mägde" — bestimmte er — „sollen nicht in größerer Zahl geschoren oder geschleiert werden, als das Bedürfnis erfordert, damit die Dörfer nicht veröden."

Es soll nun nicht verschwiegen werden, daß der Person und der Regierung Karls des Großen auch Schattenseiten anhaften. So berührt es merkwürdig, wenn wir hören, daß nach dem Tod seines Bruders Karlmann dessen Witwe mit ihren Kindern aus Angst vor dem Kommenden zu ihrem Vater, dem Langobardenkönig, nach Italien flüchtete, und Karl seine eigene Gemahlin, eine andere Tochter des Langobardenherrschers, ihrem Vater in schimpflicher Weise zurückschickte. Besiegte Gegner wurden zwar nicht wie zur Zeit der Merowinger beseitigt, wohl aber ins Kloster gesteckt. Obwohl Karl der Große den Primat des Papstes grundsätzlich anerkannte, war doch die fränkische Kirche eine Staatskirche unter staatlicher Oberaufsicht geworden. Der Kaiser ernannte alle höheren Geistlichen, leitete selbst kirchliche Synoden und entschied sogar mit seinem Hoftheologen dogmatische und liturgische Fragen, ohne sich um eine andere Meinung des Papstes zu kümmern. So bewog er den Papst, sich auf die Seite der fränkischen Kirche zu stellen, die sich gegen Beschlüsse des Zweiten Nicäischen Konzils (787) über die Bilderverehrung gewandt hatte. Auch die Einführung des „. . . filioque" in das Glaubensbekenntnis, noch bis in die jüngste Zeit ein dogmatischer Streitpunkt zwischen der lateinischen (West-) und der byzantinisch-orthodoxen (Ost-)Kirche, wurde über die fränkische Kirche im Abendland durchgesetzt. Auch seine Ehen entsprachen nicht unbedingt den kirchlichen Vorschriften. Dagegen besteht die Möglichkeit, ihn vom Vorwurf des sogenannten Blutbades an der Aller, bei dem auf seinem Befehl angeblich 4500 Sachsen hingerichtet worden sein sollen, zu reinigen, seitdem der westfälische Historiker Karl Bauer 1937 in einer Quellenuntersuchung auf die Möglichkeit von Schreibfehlern hinwies, wonach aus „delocati" (Umgesiedelte) „decollati" (Enthauptete) entstanden wären.

Die Awarische Mark

Für den österreichischen Raum ist die bedeutendste Tat Karls des Großen die Schaffung der Awarischen Mark. Sie war eine Folge der Awarenkriege; diese wiederum gingen aus dem fränkisch-bajuwarischen Gegensatz hervor. Herzog Thassilo III. hatte fast zwei Jahrzehnte in Unabhängigkeit regiert und viel Großes für sein Land getan, als Karl der Große nach der Niederwerfung und Eroberung des Langobardenreiches in Italien daranging, das Land, das die Pässe der Ostalpen beherrschte, unter sein Zepter zu beugen. Die Bajuwaren hatten sich schon immer — nur dem Druck der Macht folgend — einer fränkischen Oberhoheit gefügt. Thassilo III. stand in Verbindung mit dem awarischen Chagan, und es dürfte sogar zu einem formellen Bündnis gekommen sein. Wenn aber Thassilo III. bei seiner Festnahme auf dem Reichstag zu Ingelheim 788 den Vorwurf hören mußte, daß er ein Reichsverräter sei, weil er mit den Awaren in Verbindung stehe, so ist diese Beschuldigung historisch nicht haltbar. Denn dem unabhängigen Herzog der Bajuwaren stand natürlich auch eine unabhängige Außenpolitik zu, und wenn ihn diese zu einer freundschaftlichen Nachbarschaft mit den Awaren führte, so hatte dies für die unter dem Agilolfinger stehenden Länder nur wohltätige Folgen. Tatsächlich ist von Awareneinfällen nach Westen zur Zeit Thassilos III. nichts zu hören. Kaum war jedoch die Absetzung des Bajuwarenherzogs bekannt geworden, als sich schon ein awarisches Heer, vermutlich dem Bündnis mit Thassilo III. treu, gegen die Franken aufmachte. Es konnte auf dem Ybbsfeld von diesen aufgehalten werden.

Die dadurch wieder drohend werdende Awarengefahr sollte nach dem Willen Karls des Großen durch die Vernichtung dieses asiatischen Reitervolkes für immer gebannt werden.

Das Awarenreich wurde nicht mit einem einzigen Schlag vernichtet. Es bedurfte einiger Feldzüge, bis es soweit war. Der erste von ihnen fällt in das Jahr 791. Die Überlieferung will wissen, daß Karl der Große auf diesem Zug an Wien vorbeigekommen und hier die Peterskirche gegründet habe. Noch heute zeigt ein Relief an der Außenseite der Kirche dieses Ereignis. Das Hauptheer Karls zog die alte Römerstraße südlich der Donau gegen Osten, während eine Donauflottille auf dem Strom folgte. Bis in die Gegend des Wienerwaldes zeigte sich kein Widerstand. Dann mußten awarische Verteidigungsanlagen — aus älteren Darstellungen als sogenannte „Ringe" bekannt — überwunden werden. Wir können sie am Kumenberg beim heutigen St. Andrä (Niederösterreich) und am Kampfluß feststellen. Den Kamp herunter kam eine zweite fränkische Heeresgruppe, die nördlich der Donau operierte. Gemeinsam rückten sie bis an die

Mündung der Raab in die Donau vor. Hier mußte der Vormarsch abgebrochen werden, denn im fränkischen Heer brach eine Pferdeseuche aus, die vier Fünftel des Bestandes vernichtete.

Fünf Jahre später (796) marschierte Karls Sohn Pippin, begleitet von Herzog Erich von Friaul, von neuem gegen die Awaren. Nun konnte die awarische Chagan-Burg im Zentrum des Reiches erstürmt und verbrannt werden. Sie lag — so wie seinerzeit der Herrschersitz Attilas — im Donau-Theiß-Gebiet. Der Überlieferung nach sollen bei dieser Gelegenheit ungeheure Schätze in die Hände der Sieger gefallen sein. Tagelang seien die Wagen mit Gold und Silber gegen Westen gerollt. Wenn es auch noch weitere militärische Aktionen gab, bis die führende Schicht des Awarenreiches den Widerstand völlig aufgab, so erscheint doch seit dem Fall der Chagan-Burg die Macht der Awaren gebrochen. Karl der Große siedelte die Überreste zwischen Fischa und Raab an. Ihrer Freiheit und ihrer Viehherden beraubt, die für sie lebensnotwendig waren, gingen die Awaren elend zugrunde. Zwischen Enns und Donauknie bei Vyšehrad entstanden die Awarische und die Pannonische Mark, während im nördlichen Niederösterreich die bisher unter awarischer Herrschaft lebenden Slawen am Kamp und an der March unabhängig wurden und sich den in Mähren und Böhmen wohnenden Stammesgenossen zuwandten. Sie hatten bereits in den letzten Kämpfen mit den Awaren gegen diese die Waffen ergriffen. Für das Jahr 805 erhalten wir bereits den Bericht, daß ein getaufter awarischer Häuptling namens Theodor bei Karl dem Großen bittlich vorstellig wurde, er möge ihm und den Seinen Wohnplätze anweisen, da sie infolge der ständigen slawischen Angriffe in ihren bisherigen Ortschaften nicht länger bleiben könnten. Daß dies kein Einzelfall war, stellt das Verbot vom Oktober 811 sicher, laut dem nicht nur untersagt wurde, Waffen zu tragen, sondern vor allem, Waffen an „Ausländer" zu geben, sowie der Bericht, daß zur gleichen Zeit ein Heer den ständig andauernden kriegerischen Auseinandersetzungen zwischen den immer stärker werdenden Slawen und den in die Verteidigung gedrängten Awaren ein Ende setzen sollte. Aber noch in einer Urkunde des Sohnes Karls des Großen, Ludwig, aus dem Jahr 816 ist von einem „Regnum Avarorum" (Reich der Awaren) die Rede.

Das Großmährische Reich und die Slawenmission

Der Untergang des Awarenreiches brachte den Slawen die Möglichkeit, sich von neuem wie zu Zeiten Samos zu entfalten. Wir können dies schon an kleinen Anzeichen erkennen. So finden wir unter Kaiser Ludwig I. dem Frommen (814—840), Sohn und Nachfolger Karls des Großen, Slawen bereits im ärztlichen Beruf, der einer der angesehensten jener Zeit war. Bei einer Grenzfeststellung in Buchenau bei Linz am 21. August 827 erscheinen neben bajuwarischen auch slawische Zeugen als gleichberechtigte Vertreter zur Beurkundung des

Rechtsfalles. In den Bürgerkriegen, die in den letzten Regierungsjahren Ludwigs des Frommen zwischen ihm und seinen Söhnen geführt wurden, kämpften slawische Truppen auf der Seite des jüngeren Ludwig, der dann bei der Teilung des Reiches im Vertrag von Viridunum (Verdun) 843 Ostfranken erhielt. Als sich dann 860/61 Karlmann, der Sohn Ludwigs von Ostfranken, gegen den Vater erhob und sich rasch der Gebiete bis an den Inn bemächtigte, führte er in seinem Heer slawische Kontingente mit. Wie hoch ein Slawe steigen konnte, zeigt das churrätische Reichsguturbar, nach dem ein Slawe Isuanus (Hisuanus?), nach J. Zehrers Ansicht eine Vorform von Istvan (Stephan), ein Lehen in Bludesch (Vorarlberg) besaß.

Der Kern einer neuen slawischen Macht bildete sich aber in Mähren. Zum erstenmal erscheinen Vertreter Mährens 822 auf dem Reichstag zu Frankfurt am Main. Der erste Herrscher des Reiches ist Mojmir I. Sein Gebiet erstreckte sich südlich bis zur Donau (bei Theben an der Marchmündung) und in die westliche Slowakei. Der Slawenfürst Pribina wurde zwischen 833 und 836 aus seinem Herrschaftsbereich vertrieben und zog sich nach dem heutigen Westungarn zurück, wo er am Plattensee in Mosapurc (oder Moosburg) weiter herrschte. Seine Vertreibung durch Zvojmir I. war nicht Zufall. Sie erfolgte wegen der frankenfreundlichen Politik Pribinas. Wie zur Zeit des Awarenreiches, so wurde jetzt das Großmährische Reich, wie es von den Oströmern bezeichnet wurde, das Asylland für Flüchtlinge aus dem Frankenreich. Auch dies weist bereits auf eine erstarkte politische Stellung hin.

Der mächtigste Herrscher dieses Reiches wurde Svatopluk (870—894). Mit fränkischer Hilfe im Kampf gegen seinen Vorgänger Rastislav auf den Thron gekommen, vermochte er es, unter zeitweiser nomineller Anerkennung der fränkischen Oberhoheit, die Grenzen des Großmährischen Reiches weit auszudehnen. Im Süden die Donau, im Osten die Theiß, wo Großmähren an das Bulgarische Reich grenzte und im Westen an das Land der Bajuwaren anschloß, unterwarf Svatopluk Böhmen, die Sorben in der Lausitz und slawische Stämme im Gebiet der Oder- und Weichselquellen. Vorübergehend geriet auch das pannonische Fürstentum des Kozel, eines Nachfolgers von Fürst Pribina, unter seine Botmäßigkeit.

Innerhalb nicht ganz eines Menschenalters hatte sich so Großmähren zu einem mächtigen, auch für das Frankenreich nicht ungefährlichen Staat entwickelt. Die Kultur und Zivilisation der Großmährer wurde erst seit den ab 1948 beginnenden Ausgrabungen in ihrer Bedeutung herausgestellt. Es ist eindeutig festgestellt, daß es bereits damals Städte im eigentlichen Sinn des Wortes gab, in denen gemauerte Kirchen standen. Solche Siedlungen waren: in der Nähe von Znaim (Südmähren), Petrova Louka bei Strachotin, Rajgrad, Staré Zámky bei Brünn, Pohansko bei Lundenburg, Valy bei Mikolčice, Staré Město sowie Veligrad und Olmütz. Einer der wichtigsten Sitze großmährischer Macht dürfte in Děvin (Theben bei Preßburg) und in Nitra gewesen sein. Staré Město hatte eine Einwohnerzahl von 5000 bis 6000; dies erscheint vielleicht heute gering, doch ist zu bedenken, daß die damalige Einwohnerzahl von Dörfern, auch innerhalb des Frankenreiches oft nur 60 bis 100 Personen betrug. Funde kunstgewerblicher Art zeigen gleichfalls die hohe Zivilisation des Großmährischen Reiches. Man nahm wohl Anregungen von Westen und Osten auf, entwickelte aber daraus einen eigenen „großmährischen“ Stil.

In die Zeit des Großmährischen Reiches fällt auch die Ankunft der sogenannten Slawenapostel Cyrill (826/27—869) und Method (815—885) in den Donauländern. Der mährische Fürst Rastislav, der Vorgänger von Svatopluk, hatte Gesandte nach Konstantinopel geschickt und um Priester gebeten, die der slawischen Sprache kundig seien. Die Bitte hatte politischen Hintergrund. Es war nämlich nicht so, daß es unter den Mährern noch keine Verkündigung des Evangeliums gegeben hätte. Die fränkische, genauer gesagt, die bajuwarische Kirche beanspruchte dieses Gebiet als zu ihr gehörig. Rastislav strebte wohl nach größerer Unabhängigkeit vom Ostfrankenreich, und dazu gehörte im Sinn der damaligen Zeit auch die Unabhängigkeit in kirchlicher Beziehung. Noch waren Ost- und Westkirche nicht getrennt, doch können wir die Geisteshaltung des damaligen Menschen besser begreifen, wenn wir uns erinnern, daß sich noch im Jahr 1967 die makedonisch-orthodoxe Kirche vom Belgrader Patriarchat unabhängig machte.

Die Tätigkeit von Cyrill und Method fand in den ostfränkischen Bischöfen hartnäckige Widersacher. Es kann kein Zweifel darüber bestehen, daß die Sorge, ihr Ausbreitungsgebiet beschränkt zu sehen, den Bischöfen in Ostfranken diese Haltung eingab. Die Karolinger hatten die Kirche reichlich mit Gütern und Leibeigenen beschenkt. Dies konnte nun leicht aufhören. So können wir uns die heftigen Kämpfe erklären, die zwischen der Partei von Cyrill und Method und der ihrer Gegner ausgefochten wurde. Sie führte auf der einen Seite dazu, daß Methodius schließlich in Rom die Würde des Erzbischofs für das Großmährische Reich erhielt, daß man ihn aber anderseits beim Sturz Rastislavs verhaftete und drei Jahre im Gefängnis behielt, bis der Papst den Bischof Paul von Ancona als eigenen Gesandten ins Ostfrankenreich und zu Svatopluk schickte, um Methodius die Freiheit und sein Recht zu verschaffen. Während der Auseinandersetzungen zwischen Methodius und seinen Gegnern war es einmal so weit gekommen, daß er mit der Peitsche bedroht wurde.

Im Gegensatz zu Rastislav stand Svatopluk dem Werk des Methodius — Cyrill war schon gestorben — kühler gegenüber. Hatten die beiden Slawenapostel eine ihrer Hauptaufgaben darin gesehen, die Bibel in die slawische Sprache (die makedonische Mundart, die dem Mährischen nahe verwandt war) zu übersetzen und hatten sie dafür eine eigene Schrift, die sogenannte „Glagolitika", geschaffen, so sollte es ebenso eine slawische Liturgie geben. Dieser wurde nun von der fränkischen Partei ein noch größerer Widerstand entgegengesetzt. Man vertrat die sogenannte „Dreisprachentheorie", nach der es nur erlaubt sein sollte, im Gottesdienst eine der drei „heiligen" Sprachen Hebräisch, Griechisch oder Latein zu verwenden. Svatopluk war bereit, diese Liturgie in slawischer Sprache preiszugeben, aber Method feierte den Gottesdienst trotzdem in ihr.

Einer der erbittertsten Gegner in den letzten Lebensjahren des großmährischen Erzbischofs war der Alamanne Wiching, der Bischof von Nitra wurde und nach dem Tod des Method dessen Schüler aus Großmähren vertrieb, so daß die kirchenslawische Liturgie und die kirchenslawische Bibel wieder auf die Balkanhalbinsel, nach Bulgarien, zurückkehrte.

Die Zeitgenossen zeichnen Wiching als einen Intriganten, der im Gegensatz zu den ausdrücklichen Weisungen des Papstes und sogar unter Fälschung päpstlicher Briefe im Interesse der ostfränkischen Partei gehandelt habe. Doch scheint diese Beurteilung zu hart und zu einseitig zu sein. Es könnte die Möglichkeit bestehen, daß Wiching sogar als Vertreter päpstlicher Interessen handelte, der einen allzu abweichenden Weg Methods verlegen sollte. Richtiger ist es wohl, in ihm, der früher Kanzler Arnulfs von Kärnten war, einen Vertrauten dieses Herrschers zu sehen. Auf jeden Fall stand Wiching auch im Gegensatz zu den Bischöfen der Salzburger Kirchenprovinz, die auf seine unkanonische Erhebung zum Bischof von Passau 899 durch den Mund ihres Metropoliten, des Erzbischofs Thietmar, heftigen Protest erhoben.

Der österreichische Raum im Ostfränkischen Reich

Nach der Teilung des Karolingischen Reiches fielen die Ostalpenländer dem Ostfrankenstaat zu, dessen erster Herrscher Ludwig, ein Enkel Karls des Großen, wurde. Schon unter ihm trat sein Sohn Karlmann als Graf der karantanischen und pannonischen Mark in Erscheinung. Nach dem Tod des Vaters und einer neuerlichen Teilung, diesmal des Ostfränkischen Reiches, übernahm Karlmann sämtliche zum alten Land der Bajuwaren (dem jetzt allmählich der Name Baiern — so geschrieben zum Unterschied von den Bewohnern des späteren Königreiches und heutigen Freistaates Bayern — zukommt) gehörigen Gebiete. Er schlug sich seine ganze Regierungszeit hindurch mit den Slawen herum. In einem Rachefeldzug Karlmanns gegen die Kroaten verlor der slawisch-pannonische Fürst Kozel sein Leben. Nun ernannte Karlmann seinen unehelichen Sohn Arnulf, dessen Mutter eine Bajuwarin war, zum Herzog von Karantanien und Pannonien. Als Markgrafen des Ostlandes (der Awarischen Mark) und des Traungaues bestellte er den im Lied besungenen Grafen Aribo. Seine Vorgänger, die Grafen Wilhelm und Engelschalk, waren 871 im Kampf gegen die Großmährer gefallen. Ihr Gebiet reichte bis in die Gegend von Stockerau in Niederösterreich. Sie hatten ihre Lehen verloren, da ihre Nachkommen zum Teil zu den Gegnern der Ostfranken übergegangen waren. Im Jahr 875 wurden dann die Ostgebiete in eine Donaumark und in das Herzogtum Karantanien-Pannonien geteilt.

Arnulf, der den Beinamen „von Kärnten“ führt und in der Karnburg in Kärnten seinen Herrschersitz hatte, war der begabteste und tatkräftigste aller Nachkommen Karls des Großen. Dies führte dazu, daß er nach der Absetzung des unfähigen Kaisers Karl III., der noch einmal das Gesamtreich Karls des Großen vereinigte, zum König von Ostfranken ausgerufen wurde. Im Jahr 896 zog er nach Italien und holte sich wie sein Urahn in Rom die Kaiserkrone. Seine gesamte Regierung war von dem, auf die Dauer allerdings nicht geglückten Bestreben erfüllt, dem Ostfränkischen Reich die alte Macht und Größe wiederzugeben, ja sogar den Glanz des Karolingischen Kaiserreiches von neuem herzustellen. Glücklich im Kampf gegen die Normannen, die er bei Löwen an der Dyle 891 vernichtend schlug und damit den heutigen norddeutschen Raum von ihren Einfällen befreite, blieb er in den ersten Jahren nach seiner Erhebung auch in freundschaftlicher Verbundenheit mit den Großmährern. Slawische Truppen unterstützten ihn bei seiner Rebellion gegen Kaiser Karl III. Davon zeugt auch Arnulfs unehelicher Sohn Zwentobold (oder Svatopluk), den er mit einer Slawin (vielleicht einer Prinzessin des Großmährischen Reiches?) hatte. Aus den Urkunden erfahren wir auch, daß bereits Slawen fränkische und bajuwarische Namen trugen, so daß aus ihnen nicht mehr unbedingt sicher auf die Herkunft ihres Trägers geschlossen werden kann. In ihrer Rechtsstellung unterschieden sich Slawen, Ostfranken und Bajuwaren im Reich Arnulfs von Kärnten nicht mehr; es gab vor allem keine Sonderbesteuerung der slawischen Untertanen des Reiches. Es war anscheinend Erzbischof Arno von Salzburg, der aus Gerechtigkeitsgründen den bisher erhöhten Steuerzins für die Slawen ermäßigt hatte.

Das Jahr 890 war das letzte, in dem sich Arnulf und Svatopluk als Freunde und Bundesgenossen gegenüberstanden. Der ostfränkische König verlieh dem großmährischen Herrscher die Macht über die böhmischen Slawen, unter denen schon die später miteinander rivalisierenden Geschlechter der Přemysliden und der Slavnikiden hervorragten, und der mährische Großfürst wurde der Taufpate von Arnulfs oben erwähntem unehelichen Sohn Zwentobold (Svatopluk). Auch diese Tatsache scheint auf eine mährische Prinzessin als Mutter hinzudeuten. Dann aber kam es zum Zerwürfnis. Die Großmährer griffen das Ostfränkische Reich an und wurden seine erbittertsten Feinde. Ob allerdings, wie in vielen älteren Geschichtswerken zu lesen steht, Kaiser Arnulf ein Bündnis mit den Magyaren geschlossen hatte, gemeinsam die Großmährer zu besiegen, ist mehr als zweifelhaft. In einem Brief Erzbischof Thietmars von Salzburg an den Papst (900) wird dieses „Gerücht" als großmährische Kriegspropaganda heftig zurückgewiesen. Möglicherweise besteht eine Verwechslung mit Herzog Arnulf von Baiern, von dem später berichtet wird.

Kaiser Arnulf starb 899, ohne daß die Probleme, die er sich gestellt hatte, gelöst worden wären. Sein ehelicher Sohn Ludwig (III.), der allein erbberechtigt war, stand im zarten Kindesalter und wurde unter vormundschaftlicher Regierung zum König ausgerufen. Er konnte nicht nur die Kaiserwürde Arnulfs nicht behaupten, sondern sah sich auf allen Seiten von Auflösungserscheinungen umgeben. Als er, kaum 18jährig, 911 starb, ging die Herrschaft des Karolingischen Hauses in Ostfranken zu Ende, obwohl es noch in Westfranken, dem heutigen Frankreich, männliche Nachkommen Karls des Großen gab. Bischof Salomon von Konstanz klagte: „Überall wird das Gesetz zertreten; jene, welche Vaterland und Volk verteidigen sollten, geben das schlechteste Beispiel; deren Väter einst die königliche Gewalt festigten, schüren den Bürgerkrieg an!" Überall vernahm man den Ruf: „Wehe dem Land, dessen König ein Kind ist!"

Das Leben im Frühmittelalter

Es wurde schon behauptet, und man kann diese Behauptung nicht als unrichtig hinstellen, ohne sie beweisen zu können, daß der moderne Mensch sich in der Welt des ausgehenden Altertums wohler und heimischer fühlen würde als im frühen Mittelalter. So wie in unseren Tagen war im Altertum im wesentlichen (wobei wir selbstverständlich das sogenannte „klassische“ Altertum der griechischen Zivilisation in Betracht ziehen) die Stadt der tragende Pfeiler der politischen und wirtschaftlichen Entwicklung. Dieser Mittelpunkt ging im Frühmittelalter verloren. Sicherlich, die früher bestandene „Katastrophentheorie“, nach der ganze Städte oder ganze Länder menschenleer geworden sein sollten, stimmt in dieser Ausschließlichkeit nicht. Aber die Stadt entwickelte sich, nachdem niemand da war, der sie erhalten konnte, wieder zum Dorf zurück, auch wenn sie vielleicht offiziell den Namen einer Stadt weiter beibehielt. Der Mittelpunkt des wirtschaftlichen und kulturellen Lebens wurde nun der Herrenhof und das in diesem Sinn soziologisch gleich zu wertende Kloster. Die Ansätze dieser Entwicklung sind schon im spätrömischen Reich festzustellen und trugen nicht unwesentlich zum Auseinanderleben zwischen dem römischen Westen und dem römischen Osten bei, in dem die Stadtkultur auch weiterhin eine bedeutende Rolle spielte.

Wir sind leider kaum in der Lage, über jene Bevölkerungsschichten etwas aussagen zu können, die abseits der politischen Macht und ihrer entbehrend leben mußten. Es ist aber klar, daß im Falle der Besetzung eroberten Landes durch den neuen Herrn, wie es in der Völkerwanderungszeit vorkam, eine Übernahme von Grundbesitz sinnlos gewesen wäre, wenn damit nicht zugleich die nötigen Arbeitskräfte übergeben wurden. Man erschlägt oder tötet willkommene, fleißige Menschen nicht, man versklavt sie in solchen Fällen. Welche Probleme sich im einzelnen aus diesen allgemeinen Feststellungen für die Bevölkerung der Ostalpenländer ergaben, haben wir ja schon da und dort in unseren Ausführungen sichtbar werden lassen.

Der starke Unterschied der Stände wird von H. Preidel in seinen Studien über die slawische Besiedlung Böhmens und Mährens mit den Worten gekennzeichnet: „Der Adel bildete zu allen Zeiten eine in sich geschlossene Gesellschaft, in der der Anderssprachige gleichen Ranges mehr galt als der Stammesgenosse minderen Ranges.“ Dies trat sogar noch in späteren Jahrhunderten in d e r Weise in Erscheinung, daß die bekannte Heilige, Hildegard von Bingen (1098 bis 1179), in ihr Kloster auf dem Ruppertsberg n u r adelige Mädchen aufnahm. Daß es unter diesen Umständen im fränkischen Reich noch Sklaven und Sklavenmärkte gab, braucht uns nicht wunderzunehmen. Das altbairische Stammesrecht umreißt noch zu Beginn des 9. Jahrhunderts die Stellung des Sklaven gegenüber dem Herren als die einer „Sache“ zu ihrem „Besitzer“. Anderseits werden uns in den Urkunden der Zeit Personen genannt, über deren genaue rechtliche Stellung wir nicht eindeutig informiert sind. Es gab zwischen Edeling, dem Vollfreien und dem Leibeigenen oder Sklaven eine Reihe von Zwischenstufen. Die breite Masse des Bauerntums in den Ostalpen scheint sich eher aus dem Zustand völlig unfreier Hintersassen von Herrschaften zu Halbfreien als umgekehrt von Freien zu Halbfreien entwickelt zu haben. Gerade in diesen Schichten dürfen wir verhältnismäßig viele keltoromanische, slawische, ja sogar awarische Elemente vermuten.

Es gab Freilassungen. Mancher Unfreie jedoch entzog sich durch Flucht seinem Herrn. Da der Verkehr erst schwach entwickelt war, blieb er in den meisten Fällen verborgen. Mit Fleiß und Geschicklichkeit vermochte es auch ein einfacher Leibeigener, zu einer verhältnismäßig geachteten Stellung zu gelangen, wenn er in hauseigenen Betrieben der Herrenhöfe oder Klöster als Bäcker, Schmied oder Müller Verwendung fand. Man gestattete ihm, eigenes Vermögen zu erwerben. War es früher so, daß im Fall einer Heirat zwischen einem freien und einem unfreien Ehepartner die Kinder auf jeden Fall unfrei und leibeigen wurden, so konnte jetzt der Herr bewogen werden, gegen Zahlung einer Abstandssumme die Freiheit der Kinder anzuerkennen. Rodung von Wäldern konnte das Bauerngut ebenso vermehren wie Übernahme von Herrenbesitz in Pacht. Auch der Weinbau bot raschere Möglichkeiten zum Aufstieg. Als um 1000 der Bischof von Passau seine in Österreich liegenden Ländereien wieder bebauen lassen wollte, mußte er freie Leute werben, da er keine unfreien zur Verfügung hatte.

Da nur wenig Bargeld im Umlauf war, mußten größere Dienstleistungen auf andere Weise bezahlt werden. Die Klöster erhielten von den Königen Ländereien, damit sie sich auch der sozialen Fürsorge für die Armen und des Unterrichts annehmen konnten (die heute der Staat an sich gezogen hat), ebenso erhielt der Königsdiener ein sogenanntes „Lehen“ (feudum), aus dem er und seine Familie ihren Lebensunterhalt beziehen konnten. Je höher die Verantwortung des Amtes war, umso beachtlicher das Lehen. Es war ursprünglich unvererbbar und durfte auch nicht geteilt werden. Aber der Anreiz war da, dieses „geliehene“ Besitztum in seinen Privat-(Allod-)Besitz überzuführen. Die Folge davon war dann die beginnende Erblichkeit der Lehen. Es konnten dann Lehen unterverliehen werden, man empfing Lehen aus verschiedener Hand. So kam es zu komplexen gegenseitigen p e r s ö n l i c h e n Beziehungen, die oft so verwickelt waren, daß sie im Streitfall kaum mehr auseinandergehalten werden konnten. Der Lehensmann sollte dem, der ihm das Lehen gegeben hatte (dem Lehensherrn), die Treue halten; der Lehensherr war dem Vasallen (Lehensträger) gegenüber zur „Huld“ verpflichtet. Darunter verstand man die Unterstützung des Vasallen in allen öffentlich-rechtlichen Angelegenheiten. Es kam also nicht sosehr auf die Verbundenheit zu einem Territorium als auf die zu einer Person, eben dem Lehensherrn, an. Das Gefühl für diese Treueverpflichtung einem Menschen gegenüber, freilich auch das andere Gefühl, das R e c h t auf die Treue und Dienstbarkeit eines Menschen zu besitzen, hat sich bis in das 19. Jahrhundert hinein, besonders stark in den konservativen Kreisen Österreichs und Preußens, erhalten, seine Spuren sind noch nicht völlig verwischt. Noch heute sind Ausdrücke wie Feudalismus und feudal nicht unbekannt. Am typischsten hat Franz Grillparzer in den ursprünglichen Schlußversen seines Trauerspiels „Ein treuer Diener seines Herrn“ die Vorstellung ausgesprochen, die man von diesem Herr-Diener-Verhältnis haben sollte, wenn man es rein ideal betrachtet, ohne es mit den nüchternen Gegebenheiten des Alltags zu konfrontieren:

Sei ein getreuer Herr erst Deinen Dienern,
dann sind sie treue Diener ihres Herrn!

Zusammenfassung:

Nach der Auflösung des Römischen Weltreiches entstanden auf dem Boden des österreichischen Raumes wechselnd kurzlebige Herrschaften der durchziehenden germanischen Stämme. Auch das Großreich des Hunnenkönigs Attila erstreckte sich über den größten Teil des Ostalpengebietes und der heutigen österreichischen Donau. Nach dem Tod Attilas erschien der heilige Severin an der Donau und waltete hier als Schutzherr und Prediger der ansässigen keltoromanischen Bevölkerung. Die Geschichtslegende behauptet, nach Severins Tod seien „alle Römer“ aus Noricum abgezogen. Dies trifft aber nur auf die Angehörigen der römischen Verwaltungsbehörden zu. Als neue Bevölkerungselemente erscheinen die wahrscheinlich ostgermanischen Bajuwaren und die im Gefolge der Awaren, eines asiatischen Reitervolkes, auftretenden Slawen. In der kurzen Zeit awarischen Machtverfalls entsteht das Slawenreich des Samo, eines aus dem Frankenland gekommenen Kaufherrn, das die heutigen Ostalpen- und Sudetenländer zusammenfaßt. Der Sitz Samos könnte Wien gewesen sein, das noch heute in den südlichen slawischen Sprachen Slowenisch und Bulgarisch als „Dunaj“ (Stadt an der Donau) bezeichnet wird. Nach dem Zusammenbruch der awarischen Macht wird der österreichische Raum in das Gebilde des karolingischen Großreichs einbezogen und teilt nach dessen Auflösung die Geschichte des Ostfränkischen Reiches. Bis an die Donau reicht das Großmährische Reich, eine slawische Staatsgründung, deren Kultur und Zivilisation der fränkischen gleichkommt, aber von Byzanz, der Hauptstadt des Oströmischen Reiches aus, befruchtet wird. Die Macht des Ostfränkischen Reiches an der Donau bricht unter den Schlägen der Magyaren zusammen, die sich bald als Bundesgenossen der bairischen Herzoge in deren Kampf um die Behauptung ihrer Selbständigkeit bewähren. Nach der Zerschlagung des bairisch-ungarischen Bündnisses gelingt es dem Sachsen Otto dem Großen östlich der Enns die Mark Ostarrichi zu errichten.

VON DER MARK ZUM HERZOGTUM

Die Magyaren

Zum Jahr 885 heißt es in der Fortsetzung der Salzburger großen Annalen: Erstes Treffen mit den Ungarn „ad vieniam" (Wien). Damit tritt der Name der heutigen Bundeshauptstadt seit der Völkerwanderung zum erstenmal wieder in das Licht der Geschichte. Das Treffen selbst fand mit den Ungarn oder Magyaren statt. Und mit ihnen erscheint ein neues Bevölkerungselement im Donauraum.

Wie die Hunnen und Awaren kommen ebenfalls die Magyaren aus Asien. Ihre nächsten Sprachverwandten sind Wolugen und Syränen, Tscheremissen und Finnen. Das Urvolk spaltete sich in einen westlichen und in einen östlichen Zweig (etwa um 2000 v. Chr.). Die Magyaren sind ein Teil des östlichen Zweiges, der sich selbst als „ugrisch" bezeichnet. Die Sprache dieser Völker nennt man „finnisch-ugrisch" Sie unterscheidet sich in Grammatik und Sprachdenken sehr von den vielen indoeuropäischen (germanischen, slawischen, romanischen, keltischen) Sprachen. Die Heimat dieses Volkes — der Prä- oder Vor-Magyaren — ist im Gebiet der Oka, der Kama, der Bjelaja und anderer Nebenflüsse am Mittellauf der Wolga zu suchen.

Im Verlauf der Jahre geriet dieses vorungarische Volk unter den Einfluß türkischer Herrenstämme. Ein solcher Stamm, die Onoguren, verschmolz mit ihm und übernahm dessen finnisch-ungarische Sprache, überließ ihm aber dafür eine Reihe eigener Ausdrücke aus dem politischen und militärischen Leben. Der Name „Ungar" hält noch die Erinnerung an die Onoguren (onogur — ongur — ungar) wach.

Als Uguren, aber auch schon als Magyaren, erscheinen die vereinigten Stämme bei den Geschichtsschreibern des frühen Mittelalters. Ihre Heimat ist das Land am Schwarzen Meer. Nach älteren Quellen und Geschichtsschreibern soll Kaiser Arnulf von Kärnten die Magyaren als Bundesgenossen im Kampf gegen das Großmährische Reich gewonnen haben. Es genügte wohl allein das Bekanntwerden der Auflösung des Großmährischen Reiches nach Svatopluks Tod, um den Ungarn die Angriffe gegen großmährisches Gebiet lohnend erscheinen zu lassen. Nun erfolgten die Einfälle der Magyaren von in Jahr zu Jahr stärker werdenden Wellen über die Karpaten in die heutige Slowakei und in die ungarische Tiefebene. Neben den nach dem Tod Arnulfs von Kärnten um ihren eigenen Bestand ringenden Ostfranken treten seit 900 immer stärker die böhmischen Slawen als Gegner der Ungarn in Erscheinung, und das ins Land gebrachte Christentum geht teilweise zugrunde.

An der Spitze der einziehenden Magyaren stand zu dieser Zeit Àrpàd, der Sohn des Àlmos, erblicher Fürst der sieben Stämme, in die sich das ungarische Volk teilte. Nach der Familienüberlieferung stammte Àrpàd von Attila und dem bulgarischen Gyulageschlecht ab. Die Wahl wurde, nach einem Bericht des oströmischen Kaisers Konstantin VII. Porphyrogennetos (913—959), auf Rat des Chans der Chasaren vorgenommen. Die Ungarn, die sich nun nach Westen wandten, taten dies nicht bloß aus Abenteuerlust oder Beutegier, sondern weil sie hart von den Petschenegen im Osten bedrängt wurden, die das Chasarenreich zertrümmerten und rasch gegen Süden vorstießen. Àrpàd überschritt im Herbst 895 mit den Scharen seiner Krieger, mit Frauen und Kindern und allem

Hab und Gut jetzt endgültig die Pässe der Karpaten. Die Zahl des Volks wird einschließlich der Sklaven auf etwa 300.000 bis 500.000 Menschen geschätzt. Dabei fiel Nitra, die bedeutende Siedlung des Großmährischen Reiches, in ihre Hände. Die spätere offizielle ungarische Geschichtsauffassung nahm das Jahr 896 als das der Haupteinwanderung an.

Selbstverständlich konnte die Inbesitznahme des heutigen Ungarn nicht in einem einzigen Zug erfolgen. Ein ungarisches Reiterheer zog gegen Italien und verwüstete das Land an der Brenta und rechts des Po. Seit etwa 900 kam es dann zu jährlich sich wiederholenden Zügen gegen den Westen, die weite Teile der betroffenen Landschaften verheerten. Die schnellen ungarischen Reiter ließen die Erinnerung an die Awaren-, ja an die Hunnenzeit wieder aufleben. In den Kirchen bat man in eigenen Litaneien Gott um Hilfe „gegen die wilden Hunnen", wie man die Magyaren in Anlehnung an die klassische Überlieferung in lateinischer Sprache nannte.

Zur Verteidigung Baierns und des Ostfränkischen Reiches wurde damals die Ennsburg (das heutige Enns in Oberösterreich) errichtet. Immerhin muß es doch Augenblicke des Friedens und der Ruhe gegeben haben, auch kann Handel und Wandel nicht völlig zum Stillstand gekommen sein, besitzen wir doch gerade aus diesen Jahren knapp vor der endgültigen Katastrophe die sogenannte „Raffelstettner Zollordnung", in der über die verschiedenen Zolltarife in der alten Awarischen Mark berichtet wird und die ein gutes Bild über die damalige Verkehrswirtschaft gibt.

Am 5. Juli 907 kam es dann zu einer gewaltigen Entscheidungsschlacht zwischen den Ungarn und dem bairischen Heerbann in der Nähe der heutigen Stadt Preßburg an der Marchmündung. Luitpold, Präfekt von Baiern und Karantanien sowie Graf der Awarischen Mark, fiel im Kampf; ebenso Thietmar, Erzbischof von Salzburg. Viele weitere Tote bedeckten das Feld. Der bairische Heerbann wurde aufgerieben. Erst an der Enns vermochte man den nachdrängenden Ungarn Halt zu gebieten.

Der Weg auf das Lechfeld

Es gibt in der Geschichte Legenden, die sich nur schwer ausrotten lassen. Sie beruhen auf Realitäten, die jedoch nur einseitig gesehen werden. So erscheint auch jetzt das Verhältnis der Magyaren zu ihren Nachbarn im Westen allein unter dem Gesichtspunkt des Krieges, des Kampfes und der Grausamkeit. Es besteht kein Zweifel, daß die Kriegführung der Magyaren für die Bewohner der Dörfer und Landstriche, durch die sie kamen, Elend, Not und Tod bedeutete. Es ist aber bereits historisch unhaltbar, die Feldzüge der Magyaren nach Westen und Osten — sie kamen auch gegen das Oströmische Reich gezogen — nur als Folge wilder Beutegier und von Blutdurst anzusprechen. Was die Ungarn bewog, sich nach Osten und Westen zu schlagen, war das Bedürfnis, das neu gewonnene Land zu sichern, sich eine endgültige Wohnstätte zu schaffen, aus der sie nicht wieder nach einer oder nach zwei Generationen vertrieben werden konnten. Es wird viel zuwenig darauf geachtet, jene Bestrebungen der Ungarn ins Blickfeld zu setzen, die deutlich zeigen, daß sie Verträge schließen wollten und die geschlossenen Verträge auch zu halten wußten. Nach dem Tod Kaiser Arnulfs, mit dem sie freundnachbarliche Beziehungen unterhalten hatten, sandten sie sofort Abgesandte in das Ostfränkische Reich und boten der neuen Regierung Freundschaft und Bündnis an. Erst als man sie in hochmütiger Weise abwies, begannen sie ihre Einfälle nach Baiern. Im Gegensatz zu diesem Verhalten schloß Markgraf Berengar von Friaul, König von Italien, 904 ein ständiges Bündnis mit ihnen, und seitdem betraten ungarische Heere ohne Bewilligung Berengars den Boden seines Reiches nicht mehr. Die Magyaren haben dieses Bündnis nie gebrochen.

Es entspricht auch nicht der geschichtlichen Wahrheit, daß die Ungarn nach der Landnahme sämtliches Leben in den von ihnen besetzten Gebieten einfach ausgerottet hätten. Die Urkunden erzählen etwas ganz anderes, selbst wenn wir von der dichterischen Überlieferung schweigen wollen, die einen Markgraf Rüdiger von Bechelaren (Pöchlarn) als Vasallen des „Hunnen"-(Ungarn-)Königs Etzel kennt. Mit aller Deutlichkeit sagt Erwin Hermann in seinem Werk über slawisch-germanische Beziehungen 1965: „Was aber besonders aus diesen Nachrichten hervorgeht, ist die Tatsache vom mehr oder weniger ungestörten (von den Tributen abgesehen) Weiterleben und Weiterarbeiten der pannonischen Bevölkerung, also vor allem der slawischen und der eingewanderten bayrischen Bauern unter der ungarischen Herrschaft; auch dies spricht stark gegen eine Art ‚Katastrophentheorie'."

Was Berengar von Italien schon 904 getan hatte, wiederholte der Sohn des bei Preßburg gefallenen Luitpold, Herzog Arnulf von Baiern (907—937). Nach dem Tod des letzten männlichen Karolingers, Ludwigs III. des „Kindes", war es 911 zur Wahl des bisherigen Frankenherzogs Konrad I. (911—919) gekommen. Konrad konnte sich aber nur auf sein eigenes Herzogtum verlassen. Arnulf trat in dasselbe freundschaftliche Verhältnis zu den Ungarn, wie es vordem Thassilo III. zu den Awaren gehabt hatte. Das bairisch-ungarische Bündnis verschonte Baiern und die Ostalpenländer fast ein halbes Jahrhundert vor kriegerischen Einfällen der Magyaren. Auch der neue König, Heinrich I. (919—937), vorher Herzog von Sachsen, war gezwungen, die weitgehende Selbständigkeit Baierns anzuerkennen (Vertrag von Regensburg 921), hatten doch die Baiern ihren Herzog nach dem Tod Konrads I. offen zum König „in regno Theutonicorum" ausgerufen. Es ist dies das e r s t e Mal, daß von einem solchen „regnum" gesprochen wird, genauso wie der Ausdruck „Theodisca lingua" in einer Urkunde vom 23. September 837 erstmals auftaucht. Es währte aber noch bis ins 11. Jahrhundert, ehe sich die ursprünglich nur als Bezeichnung der Volkssprache — „lingua thiudisca" — gebrauchte Bezeichnung „teutsch" (thiudisk) oder „deutsch" auch als Name der im Karolingerreich vereinigten westgermanischen Stämme der Ostfranken, Schwaben, Alamannen und der (höchstwahrscheinlich ostgermanischen) Bajuwaren durchzusetzen begann. Die Bezeichnung „Ostarrichi" (Österreich) ist älter. Das gute Verhältnis zu den Magyaren wurde auch unter den späteren bairischen Herzogen nicht getrübt. Im Gegenteil; da sich hier immer wieder Bestrebungen bemerkbar machten, die verlorene Selbständigkeit gegenüber den Königen aus dem sächsischen Haus zurückzugewinnen, war der Rückhalt an den Ungarn umso notwendiger.

Waren die Luitpoldinger — Arnulf und seine Nachfolger — in guten Beziehungen zu den Ungarn gestanden, so änderte sich dieses Verhältnis, als die sächsischen Ottonen, die bereits die ostfränkische Königskrone besaßen, auch die bairische Herzogswürde an sich brachten. Herzog Eberhard von Baiern wurde durch den neuen König, Otto I. den Großen (936—973), aus seinem Land vertrieben. Die Vermutung liegt nahe, daß er, wie sein Vater Arnulf zur Zeit König Konrads I., zu den Ungarn flüchtete. Nun trat ein Wandel in der bairischen Politik Ungarn gegenüber ein. Der jüngere Bruder König Ottos I., Herzog Heinrich, der seit 947 in Baiern an der Macht war, unternahm einen Feldzug gegen die Magyaren und drang 950 über die Enns hinweg bis an die Raab vor. Die Magyaren konnten sich nur mit Mühe des Angriffs erwehren. Als dann König Otto I. im Jahre 951 seinen italienischen Feldzug unternahm und die Markgrafschaften von Verona und Aquileja (das einstige Friaul) dem bairischen Herzogtum seines Bruders anschloß, war die gesamte Westgrenze vom Standpunkt Ungarns aus im Besitz eines ihrer erbittertsten Feinde.

Da brach 953 der Aufstand aus. Baierns Adel, vor allem die Mitglieder des entthronten Herzogshauses der Luitpoldinger, an ihrer Spitze Pfalzgraf Arnulf, die Witwe Herzog Bertholds und sein Vetter Herolt, der Erzbischof von Salzburg, standen gegen die verhaßte sächsische Herrschaft im Land auf. Außer Baiern stellte sich ganz Schwaben und Lothringen auf die Seite der Aufständischen. König Otto I. kam selber ins Land, sah sich aber gezwungen, sich wieder nach dem Norden seines Königreiches zurückzuziehen. Durch Arnulfs Vermittlung gelang es, das alte bairisch-ungarische Bündnis wiederherzustellen. Die ungarischen Heerführer Bulcsu und Lél kamen in alter Waffenbrüderschaft ihren Freunden zu Hilfe. Ein ungarisches Heer zog durch das heutige Süddeutschland und kam bis nach Worms. Dort empfing Herzog Konrad von Lothringen die Ungarn und holte sie feierlich ein. Er führte sie gegen Norden in das Gebiet der königstreuen Bischöfe und Adeligen. Dann kehrten die Ungarn über Burgund und Italien wieder nach Hause zurück. Dieser Feldzug brachte den ungarischen Feldherren Ruhm, Ehre und viel Beute. Bulcsu war jetzt der Held einer halben Welt — er, der Gastfreund des Oströmischen Kaisers von Konstantinopel, der Verbündete der Herzoge von Baiern, Schwaben und Lothringen.

Diese Geschehnisse wurden deshalb so ausführlich berichtet, da ohne diese Vorgeschichte die Schlacht auf dem Lechfeld vom 10. August 955, die die Legende zu einer der „Entscheidungsschlachten zwischen dem christlichen Westen und dem heidnischen Osten" gemacht hat, nicht verständlich ist. Ihre Bedeutung für die weitere Entwicklung im Donauraum wird nicht bestritten, wohl aber der Sinn, den man ihr unterlegen will. Es handelte sich in erster Linie nicht um eine weltgeschichtliche Entscheidung darüber, ob Europa „christlich" oder „heidnisch" sein würde. Gerade Bulcsu, der zusammen mit Lél das ungarische Heer auf dem Lechfeld führte, war bereits getauft; mit ihm zusammen ein anderer Häuptling namens Gyula. „Er ließ sich taufen" — berichtet der oströmische Geschichtsschreiber Kedrenos von letzterem — „und erhielt dieselbe Würde" (wie Bulcsu, nämlich die des Patriziers). Er führte einen durch sein heiliges Leben bekannten Mönch namens Hierotheos mit sich fort, der von Theophylaktos zum Bischof der Ungarn geweiht worden war und viele von ihrem heidnischen Glauben zum Christentum bekehrte. Fürst Gyula blieb dem christlichen Glauben auch späterhin treu, unternahm keine Feldzüge mehr ins Römische Reich (gemeint ist das Oströmische Reich), ließ keine gefangenen Christen unausgelöst; er kaufte sie los, trug Sorge um sie und gab ihnen die Freiheit zurück. Die Einordnung der Magyaren in die christlich-europäische Staatenwelt wäre also auch ohne die Lechfeldschlacht, vielleicht etwas langsamer und möglicherweise im Anschluß an die oströmisch-byzantinische Kirche, vor sich gegangen.

Der Aufstand im Jahre 953 gegen König Otto I. den Großen war zusammengebrochen, ehe die Ungarn richtig davon Kunde erhielten. Die Unterwerfung Baierns, Schwabens und der anderen Gebiete durch den König war vollendet, ehe das ungarische Heer zur Unterstützung der Aufständischen erschien. Wohl freuten sich der bairische Adel und der geblendete Erzbischof Herolt von Salzburg insgeheim, als Bulcsu und Lél auftauchten; denn die harte Hand König Ottos und seines Bruders Heinrich lag auf ihnen, aber sie wagten es nicht, die Ungarn offen zu unterstützen. Das ungarische Heer wurde geschlagen. Nach einer mündlichen Überlieferung sollen nur sieben Magyaren vom Lechfeld nach Hause zurückgekehrt sein — wohl eine Analogie zu den sieben Stämmen der Ungarn, die mit Àrpàd in das Land gezogen kamen. Der Bruder König Ottos, Herzog Heinrich, jedoch, schon auf dem Totenbett, ließ — gegen das damals herrschende Kriegs- und Völkerrecht — die ungarischen Feldherren, darunter den Christen Bulcsu, nach ihrer Gefangennahme schimpflich henken.

Österreich — Ostarrichi

Die für Österreich bedeutungsvollste Folge der Lechfeldschlacht von 955 war die Wiederherstellung der alten Awarischen Mark Karls des Großen, wenn auch in territorial verkleinerter Form. Seit etwa 970 wird in den Quellen ein Markgraf Markwart für die Gebiete an der Mur und ein Markgraf Burkhard für das Land unter der Enns erwähnt. Allerdings umfaßt diese neue Mark nicht das gesamte heutige Niederösterreich, sondern reichte etwa bis in die Gegend der Traisen. Wenn man aber von einer Ottonischen „Ostmark" zu sprechen pflegte oder vielleicht noch spricht, so ist dieser Ausdruck unhistorisch. Bereits im Jahr 996 erscheint das Gebiet urkundlich als „Ostarrichi" (althochdeutsche Form für Österreich). Dieses Ostarrichi heißt „im Volksmund" so, der Name ist also keine gelehrte Schöpfung irgendeines Kanzlisten. Die Wissenschaft hat eindeutig (siehe Alphons Lhotsky in seinem Vortrag in der Festsitzung der Österreichischen Akademie der Wissenschaften am 21. Oktober 1946) festgestellt:

„Ein deutsches Wort ‚Ostmark' hat es im Mittelalter nicht gegeben — wenigstens konnte es bisher kein einziges Mal nachgewiesen werden; es handelt sich um eine moderne Sprachschöpfung der Historiker."

In der lateinischen Terminologie des Mittelalters kommen für Österreich die Bezeichnungen „oriens", „plaga orientalis", „provincia orientalis", „terra orientalis" und „regio orientalis" vor, doch wäre es völlig falsch, darin eine lateinische Entsprechung für den Ausdruck Ostmark zu sehen. Alle diese Bezeichnungen sind einfach Übersetzungen des Volksnamens Ostarrichi oder Osterlant (welche Form ebenfalls sehr häufig verwendet wird). Wir haben den Beweis für diese Behauptung in einer „althochdeutschen" Glosse aus den Werken des Isidor von Sevilla aus dem 9. Jahrhundert, in der oriens = ostarrichi gesetzt wird. Während Ostarrichi dann später in der höfischen Dichtung aufscheint, wird Osterlant gern in der volkstümlichen Lyrik verwendet. Der österreichische Chronist Jan Enikel gebraucht beide Bezeichnungen ungefähr gleichmäßig, seit „Otakar uz der Geul" (früher als Otakar von Horneck bekannt) ist fast nur mehr die Form Osterrich gebräuchlich. Osterlant taucht dann noch einmal am Ende des Mittelalters bei bayrischen Historiographen, so bei Veit Arnpeck, auf.

Otto I. der Große stellt das Römische Reich wieder her

Mit der Lechfeldschlacht und dem Sieg über den gegen ihn gerichteten Aufstand des bairischen Adels, von Schwaben und Lothringen hatte Otto I. der Große seine Regierung endgültig gefestigt. Schon seit 951 als Gemahl der italienischen Königinwitwe Adelheid Herr dieses Landes, griff er jetzt in die Wirren ein, unter denen das Papsttum des 10. Jahrhunderts zu leiden hatte. Im Jahr 962 wurde er dann vom Papst gleich Karl dem Großen zum Kaiser gekrönt. Von diesem Augenblick an waren es nur mehr Könige, die von den Großen des Ostfränkischen Reiches gewählt wurden, die die römische Kaiserwürde erlangten, aber deshalb durchaus nicht — ebensowenig wie Karl der Große — „deutsche" Kaiser wurden. Das Römische Reich umfaßte ideologisch die gesamte Christenheit (wobei man sich noch mit dem römischen Kaisertum in Konstantinopel auseinandersetzen mußte, das den gleichen Anspruch erhob), praktisch unter Otto I. dem Großen und seinen unmittelbaren Nachfolgern Ostfranken (Germanien) und Ober- und Mittelitalien (Süditalien und Sizilien befanden sich im wechselnden Besitz der Oströmer sowie der Araber). Erst um 1030 gelang es Kaiser Konrad II., auch das Königreich Burgund, das Teile der heutigen Schweiz, Westitaliens und Ostfrankreichs umfaßte, als dritten Teil in das Römische Reich einzugliedern.

Diesen drei „regna", denen später ebenfalls die drei Kurwürden von Köln, Mainz und Trier entsprachen, war das „imperium" übergeordnet. Diese Unterscheidung wurde auch im Mittelalter anerkannt.

Der im 19. und 20. Jahrhundert bei vielen Geschichtsschreibern und in der populären Literatur so häufige Ausdruck „Heiliges Römisches Reich Deutscher Nation" ist ebenso ungeschichtlich und romantische Legende wie der „deutsche" Kaiser des Mittelalters. Der Name des Imperiums wurde in der ältesten Zeit mit der Beifügung „Sacrum" (Heilig) oder „Romanum" (Römisch) verbunden. In der Mitte des 13. Jahrhunderts, seit König Wilhelm von Holland, werden sie zur Formel „Sacrum Imperium Romanum" (Heiliges Römisches Reich) zusammengefügt. Er wird aber o h n e den heute so beliebten Zusatz „Deutscher Nation" gebraucht. Erst im Jahre 1442 finden wir in der sogenannten „Reformation" Friedrichs III. den Ausdruck „Römisches Reich und deutsche Lande". 1512 taucht zum ersten Mal die volle Form „Heiliges Römisches Reich Deutscher Nation" auf. Sie bedeutet aber etwas ganz anderes, als man heute hineinlegen möchte. Einer der bedeutendsten deutschen Staatsrechtslehrer, Karl Zeumer, hat 1910 in seiner Studie über den Reichstitel dazu erklärt: „Soll durch den Zusatz ‚Deutscher Nation' die Herrschaft der deutschen Nation oder ihrer Beherrscher über das Römische Reich angedeutet werden? Das ist völlig ausgeschlossen. Schon der Umstand, daß die Bezeichnung ‚Reich Deutscher Nation' die ältere ‚Reich und Deutsche Nation' ersetzt und gleichbedeutend mit ihr gebraucht wird, macht es im hohen Grad wahrscheinlich, daß hier wie dort n u r d e r d e u t s c h e T e i l des Reiches hervorgehoben werden soll. Das ‚Römische Reich Deutscher Nation' ist das Römische Reich, soweit und insofern es deutscher Nation, d. h. deutscher Nationalität, ist. Die Bezeichnung enthält eine territoriale Einschränkung des Imperium Romanum." Wobei der Ausdruck Zeumers: „insofern es deutscher Nation, d. i. deutscher Nationalität ist", nach den Ausführungen Otto Brunners noch dahin ergänzt werden muß, „daß" diese Nation „nicht einfach im Sinn der Grenzen des deutschen Volkstums verstanden werden kann" (so in der Festschrift für Heinrich v. Srbik 1938). Denn zum Königreich Ostfranken (später Germanien) wurden auch Böhmen sowie französisch- (wie das Bistum Cambray) und italienischsprechende Gebiete (wie Trient) gerechnet.

Tatsächlich verschwindet der Ausdruck „Heiliges Römisches Reich Deutscher Nation" gegen Ende des 16. Jahrhunderts wieder aus dem öffentlichen Gebrauch. Hingegen wird er von den Staatsrechtslehrern des 17. Jahrhundets, als sich der absolutistische Beamtenstaat entwickelte, im Sinn eines H e r r s c h a f t s a n s p r u c h e s über das gesamte „Heilige Römische Reich" aufgefaßt. Der erste, der diesen Gedanken vertritt, ist Linnäus 1629. Aber noch 1766 sagt J. J. Moser darüber: „Es ist eine angenommene Redensart." Die Bezeichnung „Heiliges Römisches Reich Deutscher Nation" in dem Sinn, wie sie heute aufscheint, wird erst wieder 1812 von K. F. Eichhorn angewendet. Dann übernehmen sie die bekannten Historiker Johann Böhmer und Julius Ficker und machten sie populär. Aber sie ist niemals der amtliche Name des mittelalterlichen Reiches gewesen. Mit Recht sagt daher Karl Zeumer in seiner genannten Abhandlung (Preußische Akademie der Wissenschaften), es könne „sich kaum jemand der Überzeugung verschließen, daß ernsthafte wissenschaftliche Historiker den Ausdruck in der seit Eichhorn und Ficker hergebrachten Weise nicht mehr verwenden dürfen. Länger freilich wird es dauern, bis man in der populären und Schulliteratur auf den Gebrauch der so gelehrt klingenden und volltönenden Phrase verzichten wird".

Neuordnung in den Ostalpengebieten

Seit der Annahme der römischen Kaiserkrone durch Otto I. war dieser unbestritten das Haupt des gesamten westlichen Europa. Nicht bloß die vorher aufsässigen Herzoge beugten sich seiner Macht, der Papst stützte sich auf seine Hilfe, der Oströmische Kaiser vermählte eine Prinzessin mit dem gleichnamigen Sohn des Kaisers, die Slawenfürsten an der Elbe anerkannten ihn als ihren Lehensherrn. Mit Dänen, Bulgaren und Russen wurden Beziehungen angeknüpft. Um die Gefahr eines abermaligen Auseinanderbrechens des so geschaffenen Reiches zu verhindern, begann Otto der Große sich auf die Bischöfe zu stützen und ihnen weltliche Aufgaben zu übertragen. So wurde er der Begründer der sogenannten Ottonischen Reichskirche, die später einen der größten Hemmschuhe für eine dauerhafte Zusammenarbeit von Papst und Kaiser darstellte, als der

Päpstliche Stuhl von Anhängern der Reformpartei besetzt wurde, die ihren Ursprung im Kloster Cluny hatte.

Doch nach dem Tod Ottos des Großen schien sein Werk nochmals in Gefahr zu geraten. Sein Erbe Otto II. (973—983) kämpfte in Italien um die süditalienische Mitgift seiner oströmischen Gemahlin Theophano, während sich sein Vetter, Heinrich II. von Baiern, gegen ihn erhob. Er wurde von Heinrich von Kärnten und Burkhard von Österreich unterstützt. Otto II. schlug wie sein Vater den Aufstand nieder und erklärte die Führer der Erhebung ihrer Länder für verlustig. Baiern wurde um Kärnten und die Mark Friaul verkleinert und damit zu Bayern im heutigen Sinn. Kärnten trat als eigenes Herzogtum in das Reich ein; als „Karantanische Mark" unterstanden ihm auch Mittel- und Oststeiermark und die Gebiete nördlich bis an die Piesting. Burkhard von Österreich wurde durch Luitpold von Babenberg ersetzt. Damit kommt 976 dieses Herrschergeschlecht in den Besitz von Österreich, den es über 250 Jahre behaupten sollte.

Luitpold (Leopold), der erste Babenberger in Österreich, war ein Enkel des 907 in der Schlacht an der March gefallenen Luitpold, des Präfekten von Baiern und Grafen der Awarischen Mark. Mütterlicherseits könnte freilich die Verwandtschaft mit den mainfränkischen Bambergern zutreffen, obschon auch eine solche mit dem sächsischen Kaiserhaus der Ottonen nicht auszuschließen ist. Auf jeden Fall stammte Luitpolds Gemahlin aus dem Geschlecht der Eppensteiner in Kärnten. Desgleichen besaß der erste Babenberger neben der Mark Österreich auch die Grafschaft im unteren Donaugau (Straubing und Deggendorf) sowie im Traungau. Diesen vertauschte er später mit dem Sundergau an der oberen Isar.

Die Bedeutung des babenbergischen Hauses läßt sich auch aus den Schicksalen von Luitpolds Söhnen erkennen: einer von ihnen wurde Herzog von Schwaben und begründete die schwäbische Linie der Babenberger; ein anderer wurde Bischof von Bamberg und später Erzbischof von Trier; ein dritter Sohn Erzbischof von Mainz; ein weiterer, Heinrich mit Namen, folgte seinem Vater in der Markgrafschaft Österreich. Die Grenzen dieser ältesten Mark Ostarrichi waren im Westen die Enns oder die Erlaf, im Süden die Voralpen, im Norden ein schmaler Streifen nördlich der Donau, gegen Osten der Wagram und der Kamm des Wienerwaldes, etwa am Tullnbach. Dieses Gebiet wurde nun durch Schenkungen des Kaisers, dem an und für sich alles neue Gebiet gehörte, aufgelockert und an einzelne Grundherrschaften, geistliche und weltliche, vergeben. Diese Schenkungen können wir durch das ganze 11. Jahrhundert hindurch verfolgen. Es sind nicht einmal die Babenberger selbst, die begabt werden; sie standen vielmehr im Schatten der kaiserlichen Gunst, seit der erste Salier, Konrad II. (1024—1039), mit den Babenbergern um den Besitz des Herzogtums Schwaben und des Königreiches Burgund stritt. Es wurden sogar unter Kaiser Heinrich III. (1039—1056) vorübergehend zwei neue Marken, die „Böhmische" an der Thaya und die „Ungarische" (oder „Neumark") westlich von March und Leitha, eingerichtet. Doch sie konnten sich nicht auf die Dauer gegen die Mark Österreich als selbständige Gebiete behaupten.

Die Siedlungswelle, die nun einsetzte, war in erster Linie von Angehörigen des bairischen Volkstums getragen. Franken dürften sich nur im östlichen Niederösterreich und im heutigen Burgenland seßhaft gemacht haben, wie aus den Ortsnamen geschlossen werden kann.

Die neuen Grundherren führten ihre leibeigenen Hintersassen heran und besiedelten freies Land oder ließen es roden. Da von diesen Unfreien kaum eine Quelle berichtet, sind wir über deren Herkunft kaum informiert. Wir möchten nur darauf hinweisen, daß in der ausgehenden Karolingerzeit es ohneweiters möglich war, auch slawische Leibeigene anzusiedeln und daß die neugewonnenen Gebiete zwischen Enns und Leitha, zwischen Donau und Thaya durchaus nicht menschenleer waren, als sie den Ungarn abgenommen wurden.

Die Grenze der Mark Österreich hatte sich im 11. Jahrhundert ständig nach Osten und Norden ausgeweitet. Nach Norden zu — im Waldviertel — erfolgte das Vordringen in langsamer Rodung. Es entsprach nur den herrschenden Verhältnissen, wenn der Babenberger Leopold II. (1075—1096), der von den Böhmen in der Schlacht bei Mailberg (1082) in Niederösterreich besiegt wurde, eine seiner Töchter dem König Wratislaw von Böhmen vermählte. Gegen Ungarn zu wurde schon um 1043 die Leithagrenze (heutige Landesgrenze zwischen Niederösterreich und dem Burgenland) erreicht. Wie unsicher allerdings hier die Verhältnisse waren, zeigt die Legende des ältesten Landespatrons von Niederösterreich, des heiligen Koloman, dessen Reliquien in Melk ruhen. Er sei, ein schottischer oder irischer „Königssohn", auf der Rückkehr aus dem Heiligen Land wegen seiner fremdartigen Kleidung und Sprache von den Bürgern von Stockerau (in Niederösterreich) als ungarischer Spion gelyncht worden. Dies soll sich unter dem zweiten Babenberger, Heinrich I. (996—1018), zugetragen haben.

Wir wissen von den ersten Babenbergern verhältnismäßig wenig und können uns kaum ein Bild ihrer Persönlichkeit machen. Immerhin läßt sich seit der Mitte des 11. Jahrhunderts eine engere Verbindung zwischen österreichischen und niedersächsischen Geschlechtern feststellen. Markgraf Ernst der Tapfere (1055—1075), der an der Seite König Heinrichs IV. (1056—1106) in der Schlacht an der Unstrut gegen die aufständischen Sachsen fiel, war mit einer Angehörigen des Hauses der Wettiner verheiratet. Wahrscheinlich stammten auch die Khuenringer, die fast das gesamte niederösterreichische Waldviertel zu ihrem Erbbesitz zählten, ursprünglich aus Sachsen. Sie waren das mächtigste Ministerialengeschlecht im Österreich der Babenberger, Angehörige eines Standes, der ursprünglich unfrei war und aus den unmittelbaren Dienstmannen eines „Herren" bestand, sich aber allmählich als eine Art niederer (Amts-)Adel konstituierte und später nur noch geringe Spuren seiner eigentlichen Herkunft im gesellschaftlichen Gefüge des Mittelalters zeigte.

Wie die Babenberger in Österreich, waren die schon lange in Karantanien ansässigen Eppensteiner 1012 in den Besitz des Herzogtums Kärnten gekommen, in dem seit 976 die Herzoge aus verschiedenen Häusern gewechselt hatten. Ihre Stammburg befand sich im Judenburger Becken, ihre Besitzungen dehnten sich bis nach Mittelkärnten und in das Lavanttal aus. Neben ihnen gab es noch eine Reihe anderer Herrengeschlechter, kleinere Dynasten, wie die Grafen von Friesach-Zeltschach, zu denen die heilige Hemma von Gurk, die Landespatronin Kärntens, zu zählen ist. Vorübergehend verloren die Eppensteiner wieder das Land (1035—1073), blieben indes auch weiterhin mächtig und traten mit dem mit ihnen verschwägerten Haus der Spanheimer oder Sponheimer in Wettstreit, das sie schließlich 1122 beerbte. Ihre Eigenbesitzungen fielen an den Grafen Otakar der Kärntner Mark, der damit seinem Geschlechte, den Traungauern, die herrschende Stellung in der späteren Steiermark sicherte. Für die Inbesitznahme Kärntens war nach Johann von Viktring die feierliche Investitur des Herzogs auf dem Zollfeld bei Klagenfurt erforderlich. Die Zeremonie, die in slawischer (slowenischer) Sprache vor sich ging, besaß in ihrer Beteiligung des sogenannten „Herzogsbauern", der vom neuen Landesfürsten die Einhaltung der Volksrechte forderte, ein entschieden demokratisches Element.

Tirol, das „Land im Gebirge", war durch seine Pässe (Brenner und Reschenscheideck) den Königen besonders wichtig, seit sie sich in Rom die Kaiserkrone zu holen pflegten. Damit ihnen nicht der Weg gesperrt würde, übergab Kaiser Konrad II. (1024—1039) im Jahr 1027 eine Reihe von Grafschaften (Trient, Bozen und den Vintschgau) dem Bischof von Trient, die Grafschaft Brixen — sie reichte von Klausen bis in das untere Inntal — dem Bischof von Brixen; dies erfolgte im Geist der bereits geschilderten Ottonischen Reichskirche. Seit 1091 kam auch noch die Grafschaft im Pustertal (für Brixen) dazu. Die Bischöfe wiederum gaben einen Teil der ihnen überantworteten Gebiete als Lehen weiter: so an die Herren von Eppan (1074 Bozen), an die Grafen von Tirol (Vintschgau, später noch Bozen), an die Grafen von Andechs-Dießen (unteres Inntal und Pustertal).

Die Erzbischöfe von Salzburg wurden wie die Bischöfe von Brixen und Trient weltliche Fürsten, seit ihnen 977 durch eine Schenkung ein geschlossenes Gebiet mit Immunitätsrechten und die Lehensherrschaft über einzelne Grafschaften (Lungau, Pinzgau, Pongau) überantwortet worden war. Im Gegensatz zu den beiden Tiroler Bischöfen vermochte jedoch der Salzburger Erzbischof die unmittelbare Landesherrschaft zu behaupten. Im heutigen Vorarlberg besaßen ebenfalls Bischöfe (von Chur und Konstanz) bedeutende Gebiete, aber es gelang ihnen nicht, ihren Territorien die gleiche Stellung wie Salzburg oder selbst Brixen und Trient zu verschaffen. Das Land selbst wurde zum Herzogtum Schwaben-Alemannien gerechnet. In Bregenz und am Bodensee herrschte das Geschlecht der Udalrichinger, deren Erbtochter den Pfalzgrafen Hugo von Tübingen heiratete. Seit 1157 herrschten ihre Nachkommen als Grafen von Montfort-Bregenz. Sie erbauten das Schloß zu Feldkirch; die Ortschaft, die entstand, erhielt bereits 1214 das Stadtrecht.

Kreuzzüge und Investiturstreit

Die beiden wichtigsten gesamteuropäischen Ereignisse, die für Österreich im Mittelalter von Bedeutung waren, sind die Kreuzzüge und der Investiturstreit. Beide hinterließen tiefe Spuren in unseren Gebieten.

Der Investiturstreit war der Kampf zwischen Papsttum und Kaisertum. Wir haben bereits in der Ottonischen Reichskirche eine enge Vermengung von weltlicher und kirchlicher Macht vor uns. Die Bischöfe erscheinen als Reichsbeamte, der Papst — nicht unähnlich der Stellung des Patriarchen von Konstantinopel —

als oberster Reichsbischof, durchaus nicht unabhängig von der kaiserlichen Gewalt. Nun war von dem 910 gegründeten Kloster Cluny und dessen Abt Odilo eine Reformbewegung ausgegangen, deren beide Hauptziele die Abschaffung der Simonie und der Priesterehe waren. Unter Simonie verstand man in erster Linie die Rücksicht auf Besitztum und Geld bei der Besetzung kirchlicher Würden. Im gesamten westlichen Europa, vor allem im Heiligen Römischen Reich, hatte sich das sogenannte Eigenkirchenwesen entwickelt. Der Stifter eines Klosters oder einer Kirche behielt sich und seinen Nachkommen das Recht vor, auf die Besetzung der kirchlichen Stellen in diesem Kloster oder an dieser Kirche Einfluß zu nehmen. Es war dies im kleineren Maßstab dem Bestreben der Kaiser nachgeahmt, die Bischöfe und — so weit es ging — auch den Papst selbst zu bestellen. Die Priesterehe wiederum, die, so wie noch heute in der Ostkirche, damals auch in der lateinischen Welt üblich war, belastete nach Ansicht der Reformbewegung den Klerus nicht bloß durch Mitglieder, die weder moralisch noch in ihren Kenntnissen besonders hoch standen, sondern sie barg auch die Gefahr in sich, daß Pfarrer ihre Pfarre unter ihren Nachkommen erblich zu machen versuchten.

In Österreich war es vor allem Kremsmünster, das eines der ersten Reformklöster der strengen Richtung wurde. Starken Einfluß hatte ferner das Schwarzwaldkloster Hirsau; noch direkter wirkte das ebenfalls im Schwarzwald gelegene St. Blasien auf die Entwicklung in Österreich ein. Waren im 11. Jahrhundert sogenannte Kanonikatstifte — Klöster von Weltpriesterkollegien besiedelt — errichtet worden (Ardagger, Melk, Klosterneuburg, Lambach), so wurden jetzt nach der strengen Reformregel von Hirsau die Stifte Admont (1074), Millstatt (um 1080), St. Paul in Kärnten (1090), Garsten (1080) geschaffen oder von der Reformpartei übernommen. In Tirol entstanden 1138 Georgenberg-Fiecht und 1146 Marienberg bei Mals. Auch die weltlichen Chorherrenstifte wurden von einer aus Bayern ausgehenden Reform erfaßt: so St. Florian bei Linz, St. Pölten, Reichersberg am Inn (1084), Eberndorf in Kärnten, St. Georgen (1128, im Jahr 1244 nach Herzogenburg verlegt), St. Andrä an der Traisen (1150), Seckau (1140), Vorau (1161), St. Andrä im Lavanttal (1212), Neustift in Tirol (1143), Welschmichael an der Etsch (Südtirol, 1145), Au (1163, später nach Gries bei Bozen verlegt) und schließlich das Domstift Salzburg (1182). Durch die Annahme der Reform kam es zu engen geistigen und kulturellen Beziehungen zwischen den Klöstern in Österreich und denen in Elsaß, in Lothringen, in Schwaben und Bayern.

Es war nicht so, daß im Investiturstreit auf der einen Seite der Klerus, auf der andern der Kaiser mit seinen Anhängern stand. Es gab eine Reihe von Bischöfen auf seiten der weltlichen Gewalt — wurden doch sogar kaiserliche Gegenpäpste in Rom eingesetzt —, aber auch manche weltliche Fürsten, die gegen den Kaiser auf seiten des Papstes standen. Die österreichischen Markgrafen standen ursprünglich auf seiten der kaiserlichen Partei. Aber unter dem Einfluß des großen Bischofs von Passau, des heiligen Altmann (1010/1020? bis 1091), der das Stift Göttweig in Niederösterreich gründete, trat der Babenberger Leopold II. (1075—1095) auf die Seite des Papstes. Er bot Bischof Altmann in Österreich Schutz und Asyl, als dieser von einem Bischof der kaiserlichen Partei aus Passau vertrieben wurde. Dies trug ihm auch den Angriff des kaisertreuen Böhmenherrschers Wratislaw ein und den Verlust eines kleinen Landstrichs an der Thaya.

Von ebenso großer Bedeutung wie die Kirchenreform wurden auch die Kreuzzüge für Österreich. Durch sie wurde das Land an eine Weltverkehrsroute angeschlossen, die von Westeuropa, die Donau hinab bis nach Konstantinopel und dann weiter über Kleinasien nach Palästina führte. Diesen Weg nahm der Erste Kreuzzug (1096—1099) unter der Führung des Herzogs Gottfried von Bouillon aus dem Haus Lothringen. Wenn auch spätere Kreuzzüge den Weg zur See nahmen, so blieb doch für einen Großteil der Pilger der Landweg durch Österreich der billigste und einfachste. Es waren die Kreuzzüge, die zuerst Wien zu einer wirtschaftlichen Blüte verhalfen und es zu einer der bedeutendsten Städte Europas machten. Natürlich war es nicht bloß der Drang, das Heilige Land aus den Händen des Islams zu befreien, der die Menschen — auch Frauen und später sogar Kinder — in die weite Ferne trieb. Bei manchen spielte die Abenteuerlust ebenso eine Rolle wie bei andern die Geldverlegenheit. Auf Grund päpstlicher Privilegien durfte Hab und Gut eines Kreuzfahrers von niemandem angetastet werden, und der Kreuzfahrer stand unter dem Schutz der Kirche. Obendrein bestanden wirtschaftliche Interessen der den Handel mit dem Orient pflegenden italienischen Seestädte (Venedig, Genua), die Kreuzzugsbewegung zu fördern und ihr vor allem die finanziellen Grundlagen zu sichern. Jerusalem war zwar bereits im Jahr 637 oder 638 in die Hände der Araber gefallen, doch war es erst nach dem Einbruch der türkischen Seldschuken in Vorderasien um 1050 zu stärkeren Behinderungen des Handels mit Syrien und Ägypten gekommen. Von nun an zogen, durch fast dreihundert Jahre hindurch, christliche Scharen in den Orient. Man könnte eigentlich von ununterbrochenen Kreuzzügen sprechen, doch man nimmt überlieferungsgemäß sieben Jahre besonders starker Pilgerzüge heraus und spricht von „sieben Kreuzzügen". Die Europäer (von den Arabern kurz Franken genannt) gründeten auch vorübergehend in Syrien und Palästina christliche Herrschaften, die jedoch mitten in der arabischen Welt nur Inseln blieben und nicht dauernd gehalten werden konnten.

Die Zeit Leopolds III. des Heiligen

Mit Leopold III. (1095—1136), der 1485 auf Wunsch Kaiser Maximilians I., des „Letzten Ritters", heiliggesprochen wurde, beginnt der steile Aufstieg Österreichs. Er ist der erste Babenberger, von dem wir uns ein genaueres Bild machen können. Unter ihm entwickelt sich ein Territorialfürstentum, das bereits seine Eigenständigkeit begreift. Man spricht vom „Land" Österreich, die Österreicher empfinden es als etwas Eigenes. Leopold III. nennt sich stolz „dominus terrae" (Landesherr) und besitzt im Reich ein solches Ansehen, daß ihm 1125 nach dem Aussterben des salischen (oder fränkischen) Kaiserhauses die römische Krone angetragen wird. Er wies sie aber zurück: „offiziell" wegen seines Alters, wahrscheinlich aber wegen seiner zahlreichen Familie, die nach seinem Tod Thronstreitigkeiten erwarten ließ.

Unter Leopold III. gibt es bereits eine Hofordnung wie in größeren Herrschaftsgebieten. Wir finden die einzelnen Ämter, die der Markgraf verleiht. In Krems wird die erste österreichische Münzstätte eröffnet. Die Klostergründungen nehmen weiter ihren Fortgang. Durch den Sohn Leopolds III., den großen Geschichtsschreiber des Mittelalters, Bischof Otto von Freising, wird der neue Orden der Zisterzienser in Österreich heimisch: Heiligenkreuz im Wienerwald (1133), Zwettl am Kamp (1138), Wilhering bei Linz (1146), Viktring in Kärnten (1142), Kloster Marienberg im heutigen Burgenland (1194, heute nicht mehr bestehend), Lilienfeld in Niederösterreich (1226) und Stams in Tirol (1272). Sie sind Zeugen dieser neuen Begegnung zwischen Kultur und Christentum. Für die Zisterzienser gab es nur Arbeit mit eigenen Händen; wo sie damit nicht auskamen, sorgten sie für freie Lohnarbeiter. Leibeigenschaft gab es auf Zisterzienserboden nicht, ebenso keine Fronarbeit oder harte Vögte. Daher strömten ihnen viele „Arbeitslose" des Mittelalters und entlaufene Leibeigene zu, da deren Herrschaft sie nicht mehr reklamieren konnte (Kloster = Freistatt).

Neben den Zisterziensern kamen Prämonstratenser und Kartäuser. Sie brachten ebenfalls neue Arbeitsmethoden im Gegensatz zu dem bisherigen benediktinischen Mönchtum ins Land. Im niederösterreichischen Waldviertel entstanden die Prämonstratenserniederlassungen Geras und Pernegg (1153—1155), im oberösterreichischen Mühlviertel Schlägl (1218), in Kärnten (1236) Griffen (von Bamberg aus ins Leben gerufen). In Wilten war schon früher (1128) von Brixen aus eine Prämonstratenserniederlassung entstanden. Kartäuserklöster entstanden sodann in Seitz (1164; heute Žiče zwischen Marburg und Cilli) und zehn Jahre später in Geirach.

Leopold III. stand zu Beginn seiner Regierung in der großen Auseinandersetzung zwischen Papst und Kaiser auf seiten Heinrichs IV. In einer für die Zukunft Österreichs wahrhaft schicksalhaften Entscheidung ging er 1106 zu Heinrichs IV. gleichnamigem Sohn über, der die Waffen gegen seinen Vater ergriffen hatte. Diese Handlungsweise des Österreichers trug wesentlich dazu bei, daß der junge Heinrich (als Kaiser Heinrich V. 1106—1125) den Sieg davontrug. Der Preis für Leopolds III. Übertritt war die Hand der Schwester des neuen Herrschers, der verwitweten jungen Schwabenherzogin Agnes, die ihrem neuen Gemahl aus erster Ehe die beiden Söhne Konrad und Friedrich von Hohenstaufen mitbrachte. Ihrem zweiten Gemahl gebar sie weitere achtzehn Kinder. Mit dieser Heirat wurden die Babenberger mit den beiden Kaiserhäusern der Salier und der Hohenstaufen versippt und rückten in die erste Reihe aller Fürsten des Heiligen Römischen Reiches auf.

Schon Leopold III. der Heilige verfolgte eine kluge Heiratspolitik. Er selbst hatte eine ungarische Urgroßmutter, und seine Schwester Gerbirga war mit einem böhmischen Fürsten vermählt, der selbst wieder der Enkel einer Babenbergerin war. Von den drei ältesten Söhnen Leopolds III. erfahren wir, daß sie sich ihre Frauen aus Ungarn, Böhmen und Konstantinopel holten, zwei der Töchter des Heiligen gingen als Gemahlinnen der dortigen Fürsten nach

Böhmen und Polen. Auch die späteren Babenberger waren in ihrer Heirats- und Friedenspolitik ganz auf den Donauraum und auf Byzanz-Konstantinopel ausgerichtet. So entstand ein System gegenseitiger Verwandtschaft und Verschwägerung zwischen Österreich, Ungarn, Böhmen, Polen und dem Oströmischen Reich. Daher blieb Österreich fast die ganze Regierungszeit Leopolds III. der Friede erhalten. Von seinen Söhnen wurde Otto Bischof von Freising, Konrad Erzbischof von Salzburg. Neben dem von Leopold III. wiedergegründeten Klosterneuburg baute sich der große Markgraf eine Pfalz, die sich auf Grund der Ausgrabungen als eine der prachtvollsten und umfangreichsten der damaligen Zeit erweist; in Klosterneuburg (Schleiersage) wurde er auch begraben. Sein kirchlicher Festtag (15. November) wird heute noch in Nieder- und Oberösterreich als Landesfeiertag begangen.

In der Zeit Leopolds III. beginnt sich ein eigenständiger (romanischer) Kunststil in Österreich und den anderen Ostalpenländern zu entwickeln. Er ist noch von den benachbarten Landschaften, vor allem Baiern, abhängig, erringt indes immer größere Selbständigkeit (österreichische Romanik). Glanzvoll erscheint die Rolle der Salzburger Schreibschulen und Kunstateliers, die im Kloster St. Peter ihren Mittelpunkt haben und damit eine Tradition aufnehmen, die hier bereits zur Zeit der Karolinger daheim war. Als hervorragendste Künstlergestalt tritt uns Custos Berthold entgegen. Im Zusammenhang mit den Kreuzzügen wird dann der Einfluß der oströmisch-byzantinischen Kunst wie in anderen Teilen Europas auch in Österreich herrschend. Prachtvolle Handschriften (wie die sogenannte Admonter Riesenbibel, heute in der Österreichischen Nationalbibliothek) entstanden in St. Peter, Mondsee, Admont, Michelbeuren, Lambach und Seitenstetten. Die Wände der Kirchen bedeckten sich mit monumentalen Fresken, von denen leider nur ein Teil, wie die im Kloster Nonnberg, erhalten geblieben sind. Von der strengen Form byzantinisch beeinflußter Kunst befreien sich dann unmittelbar vor Einsetzen der Gotik Werke wie die Gurker Fresken oder das 1945 in St. Stephan zu Wien verbrannte Wimpassinger Riesenkreuz. Eins der großartigsten Werke der gesamten europäischen Kunst dieser Epoche ist der Verduner Altar (in Klosterneuburg), 1181 von Nikolaus von Verdun geschaffen. Von der Architektur der Zeit ist uns verhältnismäßig wenig erhalten: so die Klosterkirchen von St. Paul und Gurk in Kärnten, das Langhaus von Heiligenkreuz, die Kirche von Schöngrabern (Niederösterreich) und das Kapitelhaus von Zwettl. Unter burgundisch-französischem Einfluß steht die Zisterzienserkirche von Viktring bei Klagenfurt.

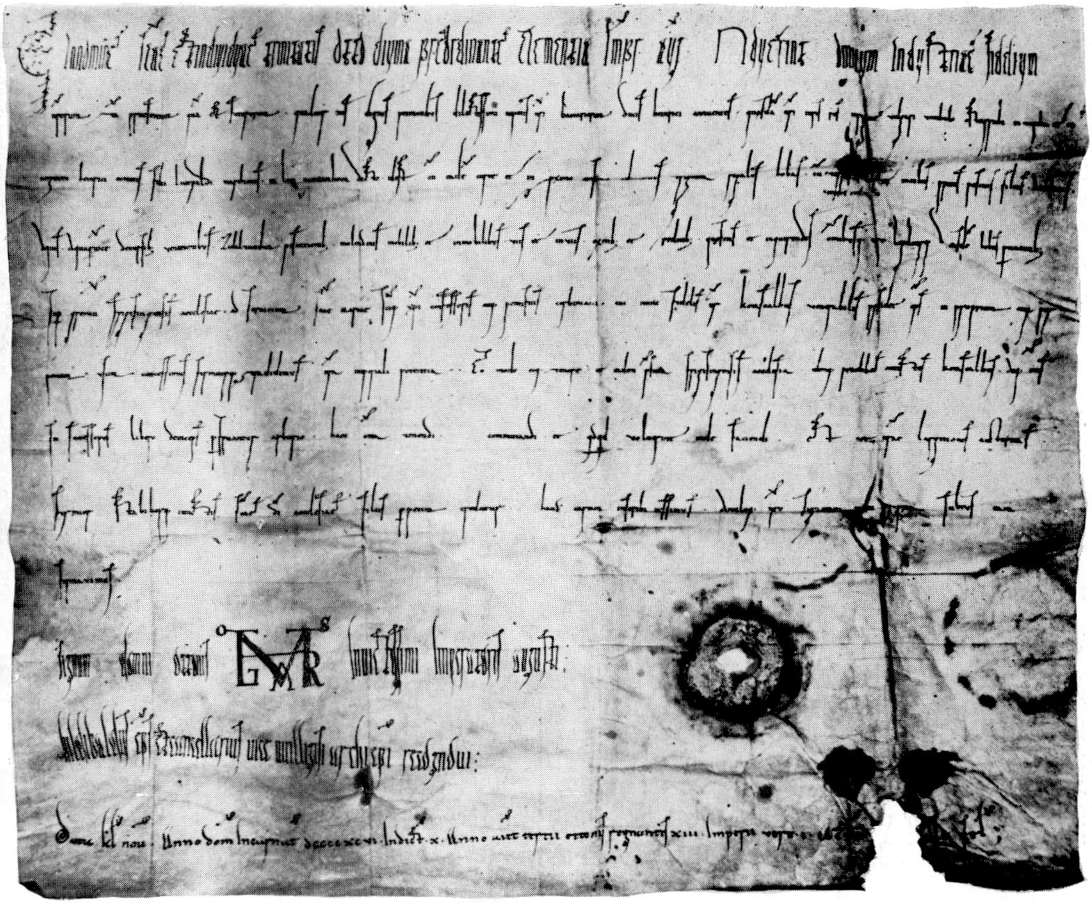

Erste urkundliche Erwähnung des Namens Österreich (Ostarrichi) in einer Urkunde des Kaisers Otto III. aus dem Jahre 996 (mit Übersetzung auf der folgenden Seite)

IM NAMEN DER HEILIGEN UND UNGETEILTEN DREIEINIGKEIT. Otto durch göttliche vorbestimmende Milde, Kaiser und Herrscher des Reiches. Es möge der Eifer aller unserer Getreuen, sowohl der gegenwärtigen als der zukünftigen, wissen, daß wir, den würdigen Bitten unseres geliebtesten Vetters Heinrich, des Herzogs der Bayern, zustimmend, gewisse Besitzungen unseres Rechtes im Landstrich mit dem üblichen Vulgär-Namen

OSTARRICHI

in der Mark und Grafschaft des Grafen Heinrich, des Sohnes des Markgrafen Liutpald, in dem Ort, der Niwanhova (Neuhofen) genannt wird, in den Schoß der Freisinger Kirche, zum Dienste der heiligen Maria und des heiligen Bekenners Christi und Hohenpriesters Corbinian, der nun unser getreuer Kotascalhus, der ehrwürdige Bischof, vorsteht, zum eigenen und ewigen Gebrauch gewährt und durch unsere kaiserliche Macht festlich übergeben haben, und zwar mit eben diesem Hofe und dreißig in der nächsten Umgebung anliegenden Königshufen mit Ländereien, bebauten und unbebauten, Wiesen, Weiden, Wäldern, Gebäuden, Gewässern und Wasserläufen, Jagden, Bienenweiden, Fischwässern, Mühlen, beweglichen und unbeweglichen Gütern, Wegen und unwegsamem Terrain, Ausgaben und Einkünften, erforschtem und unerforschtem Gebiet und mit allem rechtlichen und gesetzlichen Zugehör dieser Hufen, und zwar auf die Weise und unter der Bestimmung, daß die vorgenannte Freisinger Kirche und der erwähnte Hohepriester K. und alle seine Nachfolger fürderhin sich nach freiem Ermessen erfreuen, dies alles zu halten, zu vertauschen und was immer sie wollen, von nun an zu tun. Und auf daß der Beschluß unserer Freigebigkeit zuverlässiger und unerschütterlicher von allen Söhnen der heiligen Kirche Gottes auf ewig geglaubt werde, haben wir befohlen, daß diese Urkunde geschrieben werde und haben sie, besiegelt mit unserem Siegelring, unten mit eigener Hand bekräftigt.

Das Zeichen des Herrn Otto (M), unbesiegbarsten Kaisers und Herrschers. Ich Hildibald, Bischof und Kanzler, habe sie an Stelle des Erzbischofs Willigis beglaubigt. Gegeben 1. November im Jahre des Herrn 996, Indiction X, im 13. Königsjahr Otto III., des Kaisertums im ersten.

Geschehen im Bruchsal. Glückseligermaßen.

VOM KLEINEN ZUM GROSSEN FREIHEITSBRIEF

Babenberger, Welfen und Hohenstaufen

Nach dem Tod des heiligen Leopold wurde Leopold IV. (1136—1141) Markgraf von Österreich. Fast zur gleichen Zeit erlangte sein Stiefbruder, Konrad von Hohenstaufen, die römische Krone. Die Staufer hatten sich bereits nach dem Tod Kaiser Heinrichs V. zur Wahl gestellt, waren aber unterlegen. An ihrer Stelle war Herzog Lothar von Sachsen Römischer Kaiser geworden. Nunmehr war ihnen mehr Glück beschieden.

Aber auch Lothar III. (1125—1137) hatte einen Erben, der ihm gern gefolgt wäre. Seine Tochter Gertrud war mit Herzog Heinrich dem Stolzen von Bayern aus dem Haus der Welfen vermählt. Wohl vereinigte dieser die beiden Herzogtümer Bayern und Sachsen nach dem Tod seines kaiserlichen Schwiegervaters in der Hand — Lothar III. war auf der Rückkehr aus Italien in Reutte gestorben —, aber sein Streben ging höher. Er anerkannte den neuen Herrscher, Konrad III. (1137—1152), nicht, und so kam es zum Ausbruch des Krieges zwischen Welfen und Hohenstaufen, der nunmehr die Geschichte des Heiligen Römischen Reiches durch fast hundert Jahre erfüllte.

Im Kampf gegen die Welfen standen die Babenberger auf seiten der Hohenstaufen. Kaiser Konrad III. übergab Bayern, das er seinen Gegnern abgenommen hatte, seinem Stiefbruder Leopold IV. von Österreich. So waren die Babenberger als Nachkommen der Luitpoldinger wieder in ihr altes Erbe zurückgekehrt. Der Kampf nahm ein vorläufiges Ende, als Herzog Heinrich der Stolze von Bayern unter Hinterlassung eines unmündigen Kindes gleichen Namens starb und seine Witwe Gertrud den Kampf nicht weiterführen konnte. Gegen Anerkennung des Besitzes des Herzogtums Sachsen, ihres Heimatlandes, verzichtete sie auf Bayern, das Land ihres verstorbenen Gemahls.

Herzog und Markgraf Leopold IV. starb bereits nach fünfjähriger Regierung, ohne erbberechtigte Nachkommen zu hinterlassen. Nun wurde von Kaiser Konrad III. der ältere Stiefbruder (Sohn Leopolds III.), Heinrich, bisher Pfalzgraf am Rhein, mit der Mark Österreich belehnt. Um den Zwist zwischen Hohenstaufen und Welfen endgültig zu begraben — so meinte man wenigstens —, vermählte sich Heinrich II. (1141—1177), der unter dem Beinamen Jasomirgott bekannt ist, mit der Witwe Heinrichs des Stolzen von Bayern, Gertrud. Deren Sohn, der später in der Geschichte vielgenannte Heinrich der Löwe, wurde so der Stiefsohn des Babenbergers. Im Jahr seines Regierungsantritts in Österreich folgte Heinrich II. auch seinem Bruder als Herzog von Bayern.

Damit wurde der Schwerpunkt des politischen Geschehens aus Österreich für kurze Zeit nach Bayern verlegt. Hatte sich schon Leopold IV. lange Zeit in diesem Land aufgehalten, wo er seine Herzogsmacht festigen und die noch immer vorhandenen Anhänger der Welfen bekämpfen mußte, so residierte jetzt Heinrich II. mit seiner Gemahlin in der bayrischen Herzogsstadt Regensburg. Doch nach dem Tod Gertruds wurden die welfischen Ansprüche auf Bayern wieder erneuert. Ein Bündnis Kaiser Konrads III. mit dem Oströmischen Kaiser Michael aus dem Haus der Komnenen brachte Bayern-Österreich als Grenzland in Konflikt mit den Ungarn. Der Kaiser hatte seinen zweijährigen Sohn 1139 mit der ungarischen Königstochter Sophie verlobt, und das Kind wurde nach der Sitte der Zeit an den Hof Konrads III. gebracht. Im Jahr 1145 wurde jedoch die Verlobung rückgängig gemacht und die kleine ungarische Prinzessin so schmachvoll behandelt, daß sie vor den Mißhandlungen in ein Kloster flüchtete. Obwohl von ihrem Bruder, dem neuen ungarischen König Géza II. (1141—1162), zurückgerufen, blieb sie im steirischen Kloster Admont und starb dort nach einem Leben der Buße und Frömmigkeit. Unterdessen hatte ein ungarischer Thronprätendent, Boris, den Kaiser um Hilfe zur Erlangung seines Erbes gebeten. Daraufhin zog Herzog Heinrich II. Jasomirgott mit einem bayrisch-österreichischen Heer gegen die Ungarn und eroberte Preßburg. In dem nun folgenden österreichisch-ungarischen Krieg wurde Herzog Heinrich II. Jasomirgott 1146 in einer Schlacht an der Fischa (in Niederösterreich) von den Ungarn geschlagen und konnte sich nur mit Mühe hinter den Mauern von Wien halten. Eine weitere Auseinandersetzung unter den beiden christlichen Völkern unterblieb, da sich die Heere Europas unter dem Eindruck der Predigten des großen Heiligen, Bernhard von Clairvaux, zum Zweiten Kreuzzug rüsteten.

Österreich und Byzanz

Der Kampf im Heiligen Land, an dem diesmal der Römische Kaiser Konrad III., ebenso wie der König von Frankreich teilnahmen, endete, vom Standpunkt des Kreuzheeres aus, mit einem Mißerfolg. Es gelang nicht, die von den Sarazenen gewonnene Stadt Edessa, die als Vormauer Jerusalems galt, wieder zurückzuerobern. Dagegen wurde während des Kreuzzuges eine der wichtigsten ehelichen Verbindungen eines österreichischen Herrschers geschlossen. Heinrich Jasomirgott vermählte sich in Konstantinopel mit der jungen, 15jährigen Nichte des Kaisers Manuel I. Komnenos (1143—1180), Theodora. Die oströmischen Geschichtsschreiber sind voll des Lobes über die Prinzessin, und wir besitzen aus der Feder eines von ihnen ein Hochzeitslied. Trotzdem Heinrich II. als Herzog von Bayern und Markgraf von Österreich einer der mächtigsten Fürsten im Kreuzzugsheer war, muß diese Heirat doch als ein Zeichen ganz besonderen Entgegenkommens von seiten des oströmisch-byzantinischen Hofes gewertet werden. Die oströmischen Herrscher waren im allgemeinen wenig geneigt, ihre Prinzessinnen an „Barbaren"fürsten — und das waren nach byzantinischer

Auffassung alle Nichtbyzantiner — zu vermählen. Der abendländisch-fränkische Einfluß hatte aber gerade unter Manuel I. Komnenos einen Höhepunkt in Konstantinopel erreicht. Der oströmische Herrscher bemühte sich, westliche Rittersitte und westliches Brauchtum nachzuahmen.

Die byzantinischen Quellen behaupten, zwischen Heinrich II. Jasomirgott und seinem neuen oströmischen Verwandten sei eine über die bloße Diplomatie hinausgehende tiefe „Freundschaft" entstanden. Durch die neue Herzogin wurde nun griechisch-oströmische Sitte und griechisch-oströmisches Brauchtum nach Österreich gebracht. Theodora kam mit einem großen Gefolge in ihre neue Heimat, mit Gardesoldaten und Hoffräulein, womit der Beginn einer dauernden griechischen Kolonie in Wien gegeben ist. Wenn es auch bloß Legende und volkstümliche Überlieferung sein mag, daß die junge Herzogin den Wienerinnen das Schlummerlied „Eiapopeia" gelehrt habe — es soll angeblich eine Verballhornung des griechischen Wiegenliedes „Haidu o mu paidiu" (Schlaf wohl, mein Kindlein) sein —, so finden wir doch andere Zeugnisse byzantinischer und darüber hinaus orientalischer Kultur in Österreich. Griechische und morgenländische Erzählungen und Motive wurden heimisch, wie Tausendundeine Nacht oder die Abenteuer des Königs Rother. Die oströmische Geschichtsschreibung hinterläßt bei Otto von Freising, dem Schwager der neuen Herzogin, deutliche Spuren. Geographie, Mathematik und Physik werden mehr als bisher gepflegt. In einer in Wien befindlichen Handschrift von 1141 finden wir zum erstenmal die sogenannten „arabischen" Zahlen (in Wirklichkeit aus Indien stammend), die durch den Stellenwert die Möglichkeit einer höheren Mathematik gestatten. In österreichischen Klöstern blieben griechische Handschriften erhalten, die auf rege geistige Beziehungen schließen lassen. So finden wir das einzige Werk, das in der ersten Hälfte des Mittelalters über höfische Sitten am oströmischen Kaiserhof Aufschluß gibt, die Antapodosis des Luitprand von Cremona, gerade in Handschriften des 12. und 13. Jahrhunderts in Österreich (Klosterneuburg, Zwettl), und zwar ohne Übersetzung der griechisch geschriebenen Textstellen. Der Name Wien erscheint zur Zeit Theodoras vereinzelt in der gräzisierten Form Vindopolis. Die im Orient verehrten Heiligen Georg, Margarete, Andreas, Sebastian und Theodor werden nunmehr auch im Bewußtsein der Österreicher lebendig. Um der neuen Residenzstadt Wien — sie wird es nunmehr unter der Herzogin Theodora — einen antiken Stammbaum zu geben, setzt man sie mit dem römischen Favianis gleich. Auch die schriftliche Aufzeichnung vieler Epen, die nunmehr einsetzt, hat byzantinisch-oströmische Vorbilder.

Von nun an sollten die Beziehungen des Babenbergerhauses zu den in Konstantinopel regierenden Kaisern nicht mehr abreißen. Der Enkel Heinrichs II. Jasomirgott, Herzog Leopold VI. der Glorreiche (1198—1230), vermählte sich mit der Enkelin des oströmischen Kaisers Alexios III. Angelos, die gleichfalls Theodora hieß. Ihr Sohn, der letzte Babenberger, Friedrich II. der Streitbare (1230—1246), war in einer seiner Ehen mit einer Prinzessin Laskaris aus dem in Nicäa regierenden griechischen Herrscherhaus, vermählt. Wenn wir Friedrichs des

Streitbaren Abstammung von mütterlicher Seite her verfolgen, werden wir auf die starke griechische Komponente in der Ahnentafel des letzten Babenbergers stoßen. Wie mit dem weströmischen Kaiserhaus der Hohenstaufen, so erscheinen nunmehr die Babenberger auch mit den oströmischen Kaisern verschwägert und versippt. Dies vermag man von keinem anderen Fürstengeschlecht der Zeit zu sagen. Sie wurden zu Mittlern zwischen Ost und West.

Das Privilegium Minus (der Kleine Freiheitsbrief)

Nach dem Tod Konrads III. erlangte nicht einer seiner beiden noch jugendlichen Söhne, sondern sein Neffe Friedrich I. Barbarossa (Rotbart, 1152—1190) die römische Krone. Seine Mutter stammte aus dem Haus der Welfen, und der nunmehr herangewachsene Stiefsohn Heinrichs II. Jasomirgott, Heinrich der Löwe, verlangte das Erbe seines Vaters, das Herzogtum Bayern, zurück. Der neue Kaiser stand so zwischen seinen beiden Verwandten: seinem Stiefonkel, dem Österreicher, und seinem Vetter und Jugendfreund, dem Welfen. Die Entscheidung fiel schwer. Mußte doch damit gerechnet werden, daß der eine von beiden sich feindselig gegen den Kaiser einstellen werde, wenn seinen Wünschen nicht Genüge getan oder ihm Bayern aberkannt würde.

Es drohte ein neuer bewaffneter Konflikt zwischen Welfen und Hohenstaufen, wie er zu Beginn der Herrschaft Konrads III. bestanden hatte. Dabei stellte sich ein großer Teil des bayrischen Adels auf die Seite der Welfen, ebenso der Graf der Kärntner Mark, der mit dem Löwen verschwägert war. Hinter Heinrich II. Jasomirgott aber stand die Macht des byzantinisch-oströmischen Reiches, dessen Kaiser keineswegs eine Minderung des Ansehens seines Verwandten dulden wollte. So kam es am 8. September 1156 in Regensburg zu einer Vereinbarung, als deren Ergebnis der sogenannte „Kleine Freiheitsbrief" (das Privilegium Minus) den staats- und völkerrechtlichen Status Österreichs festsetzte.

Es ist gewiß nicht so, daß von diesem Dokument aus die allmähliche Lösung Österreichs von alten Abhängigkeiten zu Bayern und zum Heiligen Römischen Reich ihren Anfang nimmt. Mittelalterliche Freiheitsbriefe leiten gewöhnlich nicht eine neue Entwicklung ein, sondern bestätigen nur im nachhinein einen ohnedies schon bestehenden tatsächlichen Zustand, dem sie nur mehr die rechtliche „Weihe" geben. Immerhin bedeutet der „Kleine Freiheitsbrief", dessen Original übrigens nicht mehr erhalten ist, die Anerkennung der außergewöhnlichen Stellung Österreichs und seines Fürstenhauses durch den Kaiser. Es ist oft um verschiedene Bestimmungen des „Kleinen Freiheitsbriefes" gerätselt worden, und man hat ihn auch schon als spätere Fälschung erklärt, weil er bisher gültigen Rechtsanschauungen zu widersprechen schien. Durch Vergleich mit dem byzantinischen Thronfolgerecht ist aber einwandfrei festgestellt worden, daß es sich bis auf den Wortlaut selbst gerade bei den angezweifelten Bestimmungen um oströmisches Rechtsgut handelt, wie denn auch die Teilnahme oströmischer Vertreter bei den entscheidenden Verhandlungen zwischen Kaiser Friedrich I.

Rotbart und seinem Stiefonkel, Heinrich II. Jasomirgott, so gut wie gesichert ist. Gestützt auf seinen kaiserlichen Verwandten in Konstantinopel konnte Heinrich II. Jasomirgott Bestimmungen durchsetzen, die Österreich aus der Reihe aller übrigen Fürsten- und Herzogtümer des Heiligen Römischen Reiches heraushoben.

Durch das „Privilegium Minus" wurde die bisherige Markgrafschaft Österreich ein Herzogtum. Heinrich II. Jasomirgott gab Bayern dem Kaiser zurück und erhielt dafür ein um die sogenannten „drei Grafschaften" vergrößertes Österreich. Diese „drei Grafschaften", über die lange gerätselt wurde, lagen wahrscheinlich im Waldgebiet zwischen Österreich und Böhmen-Mähren. Dieses Herzogtum Österreich wird nun dem alten Herzogtum Bayern gleichgestellt. Der neue Herzog von Österreich braucht nur mehr die kaiserlichen Hoftage in Bayern besuchen. Die Heerespflicht dem Kaiser gegenüber erstreckt sich nur mehr auf die an Österreich angrenzenden Länder. Durch die Ausschaltung fremder Gerichtshoheit wurde ein weiteres Souveränitätsrecht für die Babenberger gesichert. Am deutlichsten aber kommt die nunmehr erhöhte Macht des österreichischen Herzogs durch die Bestimmungen über die Erbfolge zum Ausdruck: Österreich ist von nun an in männlicher und weiblicher Linie vererbbar. Heinrich II. erhält zusammen mit seiner Gemahlin Theodora die Belehnung, und beide haben das Recht, im Fall der Kinderlosigkeit das Herzogtum zu vererben, wem sie wollen.

Das „Privilegium Minus" bedeutet aber auch über Österreich hinaus den Beginn einer neuen Periode in der Verfassungsgeschichte des Reiches. Der Territorialstaat beginnt sich auf Kosten der alten Stammesherzogtümer zu bilden. Diese Stammesherzogtümer waren von allem Anfang an nicht Teile eines Ganzen, sondern bildeten vielmehr erst durch ihren Zusammenschluß, der nicht immer völlig freiwillig erfolgte, ein Ganzes. Für den Österreicher wurde jetzt der Landesherr zum maßgebenden politischen Faktor.

Die Vereinigung der Steiermark mit Österreich

Heinrichs II. Sohn, Herzog Leopold V. (1177—1194), führte die Politik seines Vaters im Osten weiter. Als Schwager eines ungarischen Königs vermählte er sich mit einer ungarischen Prinzessin, die wiederum eine byzantinisch-oströmische Mutter hatte. Um den Ring zu sprengen, der sich im Westen und Süden gefahrdrohend um das babenbergische Erbe schloß, ging er darauf aus, sich des Landes der Traungauer, die 1180 Herzoge der Steiermark geworden waren, zu bemächtigen. Sie hatten 1050 die Grafen von Wels-Lambach beerbt und waren im Investiturstreit eifrige Anhänger der päpstlichen Partei gewesen. Der Kern ihres Besitztums war die „Obere Mark" (an der Mur). Zu ihr gehörte das Gebiet der Mark Pitten und die Gegend um Wiener Neustadt (im heutigen Niederösterreich). Auch das Mürz- und das Ennstal dürfte ursprünglich der „Kärntner Mark", wie sie hieß, zugehörig gewesen sein. Die Traungauer

Grafen hatten ferner großen Eigenbesitz bei Steyr und um Ischl. Durch Erbschaft gewannen sie die Ländereien der Eppensteiner (1122), Spanheimer (1148) und der Grafen von Formbach-Pitten (1158).

Dieses ganze Gebiet — es hieß noch nicht die „Steiermark" — war nun 1180 als „terra ducis Stiriae", wie schon 1156 Österreich, zu einem Herzogtum erhoben worden, ohne jedoch die außergewöhnlichen Rechte und Freiheiten des babenbergischen Landes zu erhalten. Der Name „Stiria", der dem neuen Herzogtum nun gegeben wurde, stammte von der (heute oberösterreichischen) Stadt Steyr, die im Besitz der Traungauer war. Die von diesen beherrschte „Kärntner Mark" war möglicherweise bis zur Schaffung des steirischen Herzogtums in Lehensabhängigkeit von Kärnten; der Traungau aber gehörte bis 1180 dem Herzogtum Bayern an.

Schon 1186 wurde dann zwischen dem letzten, ständig kränkelnden Herrn der neuen Steiermark, Otakar, und Herzog Leopold V. von Österreich auf dem Georgenberg bei Enns ein Erbvertrag (die sogenannte „Georgenberger Handfeste") abgeschlossen, auf Grund dessen der Traungauer nicht bloß all seinen Privatbesitz, seine Vogtrechte und Kirchenpatronate Leopold V. vermachte, sondern durch die Vereinigung der Steiermark mit Österreich angebahnt wurde. Da — wie es hieß — der Friede unter e i n e m Herrn leichter erhalten werden könne, sollte nach dem Aussterben der Traungauer ihr Land an die Herzoge von Österreich fallen. Allerdings sollten die Rechte der steirischen Kleinadeligen (Ministerialen) sichergestellt werden: sie waren sozial und rechtlich besser als alle anderen gestellt. Diese Bestimmung, die die Aufrechterhaltung der eigenen Sitten, Gebräuche und Gesetze mit sich brachte, leitete jenen Prozeß ein, der dazu führte, daß Österreich nicht wie Frankreich und andere staatliche Gebiete ein Einheitsstaat wurde, sondern ein föderatives Gebilde unter Erhaltung des Eigenlebens der einzelnen mit Österreich vereinigten Länder blieb, dessen letzter Ausdruck der 1920 geschaffene Bundesstaat Österreich ist.

Die Georgenberger Handfeste trat in Kraft, als 1192 der erste und zugleich letzte Herzog der Steiermark aus dem Geschlecht der Traungauer starb. Der Kaiser belehnte die Babenberger mit seinem Erbe. So entstand durch die Schaffung eines vereinigten babenbergischen Territoriums von der böhmischen bis an die Kärntner Grenze ein starkes, in sich geschlossenes und selbstbewußtes politisches Gebilde, das sein Gewicht in die Waagschale der weiten geschichtlichen Entscheidungen werfen konnte.

Der Bindenschild

Auf die Zeit Leopolds V. führt die Sage auch die Entstehung des rotweißroten Bindenschildes zurück, der seit dem 13. Jahrhundert als österreichisches Wappen erscheint. Darnach habe der Herzog bei der Bestürmung Akkons im Dritten Kreuzzug (1189—1192) so tapfer gekämpft, daß bei seiner Rückkehr aus der Schlacht sein weißer Waffenrock völlig mit Blut durchtränkt war. Nur dort, wo er den breiten Schwertgürtel trug, war die ursprünglich weiße Farbe erhalten geblieben. Als Erinnerung daran sei nun die rotweißrote Farbe als Österreichs Wappen und Fahne, die von Richard I. Löwenherz von England bei der Belagerung Akkons geschändet worden sei, angenommen worden.

Möglicherweise liegt der historische Kern dieser legendenhaften Überlieferung, die wir erst zweihundert Jahre nach den Ereignissen bei den Historikern antreffen, darin, daß der rotweißrote Bindenschild, wie Forschungen zeigen, tatsächlich auch im Orient geführt wurde.

Der von modernen Historikern (Karl Lechner) behaupteten Annahme des Bindenschildes durch die Babenberger nach dem Aussterben der Grafen von Poigen-Hohenburg-Wildberg muß man indes trotz allem skeptisch gegenüberstehen. Das heute noch erhaltene Wappenschild auf Schloß Wildberg zeigt übrigens die Farben Rot-Gelb-Rot. Schon in der Ebolo-Handschrift der Berner Staatsbibliothek (1195/96 datiert) sind zwei Ritter, die Richard Löwenherz gefangennehmen, mit dem Bindenschild abgebildet. Er ist also nicht erst unter dem letzten Babenberger in Erscheinung getreten. Außerdem muß bedacht werden, daß Rot-Weiß die byzantinisch-oströmischen Kaiserfarben waren und daß die Babenberger — mütterlicherseits aus dem oströmischen Kaiserhaus stammend — eher dessen Farben als die eines verhältnismäßig kleinen Grafengeschlechtes angenommen haben dürften.

Monarchia Austrie

Es zeigt von der Bedeutung der Babenberger und Österreichs, daß wir in einer Urkunde, die aus der Zeit der kurzen Regierung Friedrichs I. (1194—1198), des älteren Sohnes Leopolds V., stammt, für das babenbergische Herrschaftsgebiet den Namen „Monarchia Austrie“ verzeichnet finden. Tatsächlich galt nach Magnus von Reichersberg der Babenberger als der „mächtigste Fürst“. Diese Bezeichnung wurde unter Friedrichs I. Nachfolger, Herzog Leopold VI. dem Glorreichen (1198—1230), Wirklichkeit. Er hatte schon seit 1194 in der Steiermark regiert. Jetzt vereinigte er wieder das gesamte babenbergische Erbe in seiner Hand. Zugleich wurde er in die weltpolitischen Entscheidungen seiner Zeit hineingestellt.

In dem erneuerten Kampf zwischen dem neuen Kaiser Friedrich II. und dem Papsttum, der schließlich mit dem Ende der Hohenstaufen abgeschlossen werden sollte, war es Herzog Leopold VI. der Glorreiche, der kurz vor seinem Hinscheiden im Frieden von San Germano (1230) eine vorübergehende Aussöhnung zwischen Kaiser und Papst zustande brachte. In Österreich selbst war es das Bestreben des Herzogs, seine landesfürstliche Gewalt gegen alle Hindernisse durchzusetzen. So zog er vorsorglich alle jene Gebiete ein, die nach dem Aussterben ihrer Besitzer frei geworden waren. Vom Bischof von Würzburg ließ er sich Wels und Land um Lambach, von Passau Linz und andere spätere oberösterreichische Herrschaften zu Lehen geben. Ebenso beerbte er eine in Mödling ansässige Seitenlinie seines eigenen Geschlechts. Auch im Mühl- und im Waldviertel suchte er seine Landeshoheit zu stärken. Allerdings ging ihm sein sehnlichster Wunsch, Österreich auch kirchlich unabhängig zu machen, nicht in Erfüllung. Seine Versuche, in Wien einen Bischofssitz zu errichten, wurden vom Bischof von Passau, dem Nieder- und Oberösterreich unterstanden, durchkreuzt.

Dagegen kam der Erzbischof von Salzburg Leopolds VI. Wunsch entgegen und schuf die Salzburger Suffraganbistümer von Seckau (1218) und von Lavant (1224).

Leopolds VI. große Liebe galt Wien. Schon der heilige Leopold III. hatte in seinen letzten Jahren in dieser Stadt seinen Sitz genommen. Seitdem Österreich Herzogtum war, wurde es die Residenzstadt der Herrscher. Unter Leopold VI. erhielt nun Wien jene Ausdehnung, die es bis zur Stadterweiterung unter Kaiser Franz Joseph I. beibehielt. Im Jahr 1221 erhielt die Stadt das Stapelrecht, so wie sie schon gleich nach dem Regierungsantritt des Herzogs von ihm mit einem Stadtrecht begabt worden war. Das Stapelrecht legte den oberdeutschen Kaufleuten die Verpflichtung auf, ihre Waren mindestens zwei Monate in Wien „niederzulegen", ehe sie sie weiter nach Osten schafften. Damit war der österreichischen Hauptstadt das Monopol im Handel mit Ungarn und darüber hinaus gesichert. Nach dem Muster Wiens erhielten auch andere Städte ihre Rechte: so Enns (1212), Hainburg, Krems, Stein, Korneuburg, Eggenburg, Wiener Neustadt, Judenburg in der Steiermark. Spuren des Wiener Stadtrechts finden sich in Prag und Brünn, in Znaim und Iglau. Auf dem Umweg über Iglau kam es sodann nach Ungarn und Siebenbürgen. Ebenso wurde der „Wiener Pfennig" eine im ganzen Donauraum verwendete Münze, die die Bedeutung Österreichs auf wirtschaftspolitischem Gebiet unterstrich.

Das älteste Wiener Stadtrecht ist nur mehr in kleinen Bruchstücken überliefert. Das ihm nachgebildete Stadtrecht von Enns enthält u. a. folgende Bestimmungen, die ein Bild vom Rechtsstand des Stadtbürgertums unter den letzten Babenbergern geben: Witwen, Töchter und Enkelinnen eines Bürgers dürfen vom Landesherrn nicht zur Heirat gezwungen werden. Damit waren sie unabhängiger als die Töchter von Ministerialen, über die der Landesherr die oberste Vormundschaft besaß. Das Vermögen des Bürgers fällt, wenn er kinderlos ist, an seine nächsten Erben. Stirbt ein Ausländer, so nimmt der Landesherr die Hälfte seines Besitzes. Aber sein Testament wird als rechtsgültig anerkannt. Hinterläßt ein Ausländer keine Bestimmung über sein Vermögen, so haben es die Stadtväter Jahr und Tag für den rechtmäßigen Erben aufzubewahren. Meldet sich niemand, so ist der Landesherr der Erbe. Wer in die Stadt kommt und hier um Schutz bittet, soll ihn erhalten. Da die Bürger ihre Gemeinde verteidigen müssen, darf ihnen auch der Landesfürst weder Waffen noch Pferd abfordern.

Die Gerichtsbarkeit in der Stadt übte der vom Herzog ernannte Richter aus. Ihm standen in Enns 6, in Wien 24 Bürger zur Seite, die als Stadträte oder geschworener Rat erscheinen. Seit dem Ende des 13. Jahrhunderts wurde dieser Rat gewählt. Außerdem gab es in Städten wie Wien noch 100 „Genannte". Für die Verleihung des Richteramtes mußte dem Landesherren eine jährliche Abgabe geleistet werden; sie betrug für Wien 1000, für Linz 600, für Hainburg 500, für Enns 200 Pfund Silber. Dafür bezog der Richter Taxen und hatte einen Anteil an den Geldbußen, die den Verurteilten auferlegt wurden.

Noch war das biblische Gesetz „Aug um Aug, Zahn um Zahn" in Kraft, wenn der Schuldige nicht eine entsprechende Geldbuße leisten konnte. Der Bürger, etwa in Enns, der einen Menschen tötet, wird dreimal vorgeladen. Behauptet er, er habe in Notwehr gehandelt, so hat er sieben glaubwürdige Zeugen beizubringen. Erscheint er beim dritten Mal nicht, so fällt er in die Acht: zwei Drittel seines Vermögens bleiben dann Frau und Kindern erhalten, ein Drittel verfällt zugunsten des Richters. Ist aber ein Bürger ärmer und hat er wenig Besitz, so muß er, wenn er des Mordes angeklagt wird, einen Bürgen stellen. Kann er das nicht, so wird er bis zur Gerichtssitzung in Haft gehalten. Mörder, die auf frischer Tat ertappt werden, verfallen sofort dem Urteil, ohne Rücksicht auf die Höhe des Vermögens.

Die Bewohner der mit Stadtrecht begabten Orte teilten sich in Erbbürger und in Gäste. Erbbürger waren jene, die von ihrem Besitz oder ihrem Handel lebten, ohne ein Handwerk zu betreiben. Gäste wohnten nur vorübergehend in der Stadt. Die weitaus größere Anzahl der Bewohner — Handwerker und kleine Geschäftsleute — waren die Inwohner. Wenn auch unfreie Menschen in der Stadt siedeln konnten, so galt doch die Bestimmung, der dann König Rudolf I. von Habsburg 1278 für Wien rechtliche Form gab, daß, wer ein Jahr und einen Tag sich unangefochten innerhalb der Mauern aufgehalten hatte, frei war; denn „Stadtluft macht frei". Für die Unterstützung der Stadt zeigte sich Herzog Leopold VI. stets bereit, Geldvorschüsse — es werden Summen bis zu 30.000 Mark in Gold oder Silber genannt — zu gewähren. Anderseits brachten die Wiener dem Landesfürsten nicht bloß bedeutende Steuern, sondern sie beschenkten ihn auch in großzügiger Weise, wie aus verschiedenen Berichten hervorgeht, die von der Feier des Weihnachtsfestes in Wien erzählen.

Im Zusammenhang mit dieser Förderung der Städte steht auch Leopolds VI. Sorge um die Handwerker. So gab er den Färbern, die aus Flandern eingewandert waren, besondere Vorrechte, niederländische Kaufleute und Handwerker siedelten sich in Wien an; die Juden hatten ihr eigenes Viertel (das „Getto") um den heutigen Judenplatz im I. Wiener Gemeindebezirk. Einer aus ihrer Mitte war ursprünglich der herzogliche Vorsteher der Münze, bis er von einer Genossenschaft reicher Bürger abgelöst wurde. Wien entwickelte sich zu einer der bedeutendsten Städte Europas und hatte 1207 bereits Köln in dieser Beziehung überflügelt. Das Luxusgewerbe blühte; Wiener Goldschmiede waren weit und breit gefragt.

Der „wonnecliche Hov ze Wienne"

Das Österreich Leopolds VI. des Glorreichen war nicht nur ein Land, in dem die Städte aufblühten und der Bürger reich wurde, der „wonnecliche Hov ze Wienne" wurde zum Wallfahrtsort der fahrenden Ritter und Sänger. Das Rittertum hatte in den Kreuzzügen seine Ausbildung erfahren. Ursprünglich nur berittene Krieger, war daraus ein eigener Stand geworden, mit genau festgesetzten Regeln und Gebräuchen. Dieser Stand war gemein-europäisch. Der Ritter aus Frankreich und England folgte den gleichen Idealen wie der aus Deutschland oder Italien. Sie fühlten sich als eine Bruderschaft, die sich gegenseitig, gleich welchen Landes, näherstand als den Bauern und Bürgern der eigenen Heimat.

Die Regeln des Rittertums waren in Frankreich geboren worden. Sie stammen jedoch aus dem Orient, wo die Europäer Rittertum in vornehmster Weise kennenlernten. Das „ritterbürtige", von ritterlichen Eltern stammende Kind wurde etwa im 7. Lebensjahr auf eine benachbarte Burg gesandt, um als „Edelknabe" oder „Page" ritterliches Benehmen im Dienste der Frauen zu lernen. Mit ungefähr 14 Jahren folgte er dem Ritter als „Knappe", lernte die Waffen führen und begleitete seinen Herrn in den Kampf. Ungefähr im 21. Lebensjahr, oft auch viel später, erfolgte unter feierlichen Zeremonien der Ritterschlag, den an und für sich jeder Ritter erteilen konnte, den man sich aber am liebsten von einem bekannten Helden, einem Herzog oder gar dem Kaiser selbst erteilen ließ. Zu den Haupttugenden des Ritters gehörte die „mâze", das Maßhalten in allen Dingen des Lebens. Er brauchte nicht lesen und schreiben können, wohl aber beherrschte er das Schachspiel und die französische Sprache, die —

so wie das Latein der Kirche — das allgemeine Verständigungsmittel unter den europäischen Rittern war.

Eine besondere Weihe bedeutete der Ritterschlag am Heiligen Grab in Jerusalem. Viele österreichische Fürsten und Ritter erhielten ihn aus der Hand des Patriarchen von Jerusalem mit dem — noch heute erhaltenen — Schwert Gottfrieds von Bouillon. Diese zu Jerusalem geweihte Ritterschaft schloß sich in dem — ebenfalls heute noch bestehenden — Ritterorden vom Heiligen Grab zusammen, der in besonderer Weise zum Kampf für den christlichen Glauben verpflichtete. In der Sage vom Gralsritterorden wurde diese Ritterschaft dichterisch verklärt.

Der Stand der Ritter, der ursprünglich offen war und in den auch unfreie Leute, wie die Ministerialen, Aufnahme gefunden hatten, schloß sich dann als niederer Adel sowohl dem Bauern- und Bürgertum wie dem Hochadel gegenüber ab. Aus seinen Reihen kamen jene Dichter und Sänger, die sich am Hof Leopolds VI. des Glorreichen sammelten. Ein Reinmar von Hagenau (möglicherweise aus einem der in Nieder- und Oberösterreich liegenden Orte gleichen Namens stammend) hatte die in Frankreich entstandene Lieddichtung der Troubadours nach Österreich gebracht. Er wirkte noch unter Leopold V. und besang in frischer und natürlicher Weise die Ereignisse, die sich in seiner Zeit abspielten. Der größte Dichter des Mittelalters in deutscher Sprache wurde Walther von der Vogelweide (etwa 1160/1170?—1230?), aller Wahrscheinlichkeit nach im heutigen Südtirol (bei Klausen) geboren, der nach seiner eigenen Angabe „in Österreich singen und sagen" gelernt hatte. Er war der besondere Vertraute Herzog Friedrichs I., nach dessen Tod er 1198 in die Fremde zog, weil er keine Hoffnung auf ein gesichertes Auskommen in Österreich mehr hatte. Aber soweit er auch umherschweifte, sooft wir ihn an den Höfen von Thüringen, Meißen (Sachsen), Bayern, Kärnten und beim Patriarchen von Aquileja treffen, immer wieder kehrte er nach Österreich zurück. Als einziges Zeugnis seines Daseins besitzen wir außer seinen Gedichten einen Vermerk in einer Reiserechnung des Bischofs Wolfger von Passau vom 12. November 1203, nach dem dem „Sänger Walther von der Vogelweide" auf Befehl Wolfgers ein Goldstück ausgezahlt wurde, damit er sich einen Wintermantel kaufen könne.

Neben Walthers Preisliedern auf den österreichischen Hof finden wir in seinen „Sprüchen" eine Parteinahme für Philipp von Schwaben im Thronkampf der Jahre 1198 bis 1208. Er leistete für die Partei der Hohenstaufen unendlich viel als Propagandist, und so war es auch nur mehr als gerecht, daß ihm später Kaiser Friedrich II. ein Lehen in der Nähe von Würzburg gab. Nach der Überlieferung soll er im dortigen Neumünster begraben worden sein.

Neben Walther von der Vogelweide wirkte eine Reihe anderer Sänger in Österreich. So ein Ulrich von Sachsendorf (aus Niederösterreich), dessen Name zu Unrecht vergessen wurde, da er — wie wir aus seinen überkommenen Liedern erkennen können — wahrscheinlich nach Walther der talentierteste aller österreichischen Dichter jenes Zeitalters war. Bekannter ist dagegen der steirische

Ritter Ulrich von Liechtenstein, der den ritterlichen Minnedienst bis zur Parodie verzerrte. In den letzten Jahren Leopolds VI. treten dann Neidhart von Reuenthal (aus Bayern, möglicherweise aus Salzburg stammend) mit bissigen Gedichten gegen die Bauern und der sagenberühmte Tannhäuser auf, den der letzte Babenberger mit einem Haus in Wien und einem Gut in Himberg (Niederösterreich) beschenkte.

Den größten Ruhm mittelalterlicher Dichtung aber verkündeten die beiden zu Unrecht als „Volksepen“ eingestuften Bearbeitungen der Nibelungensage und der Kudrun. Während sich im Westen das Interesse der sogenannten „höfischen Epiker“ (Heinrich von Veldecke, Hartmann von der Aue, Wolfram von Eschenbach) den französisch-bretonischen Sagen vom Gral und von König Artus und seiner Tafelrunde zugewendet hatte, hielten die unbekannten Dichter der Nibelungensagen und der Kudrun an den alten, einheimischen Stoffen fest, die in Deutschland bereits „unmodern“ geworden waren. Ein Beweis für die Beliebtheit vor allem der Nibelungensage sind die vielen (29) Handschriften, von denen die meisten aus Tirol und Vorarlberg stammen. Die Kudrun, die etwas später als das Nibelungenlied in der Steiermark geschaffen wurde, erreichte bei weitem nicht diese Volkstümlichkeit. Auch für die vielen kleinen Verserzählungen aus dem Bereich der Dietrich-Sage fand sich niemand, der sie zu einem Epos zusammengefügt hätte. Sie sind vor allem in Tirol daheim, und es ist bezeichnend, daß man in ihnen den Ostgoten Dietrich von Bern (den historischen Theoderich den Großen) in Gegensatz zu Siegfried von Xanten, den ersten Gemahl Kriemhilds nach der Nibelungensage, bringt. Dietrich besiegt Siegfried trotz dessen „Hornhaut“ durch den Feueratem, der aus seinem Mund kommt.

Man hat mit gewissem Recht das Nibelungenlied ein „österreichisches Staatsgrundgedicht“ (Richard Kralik) genannt. Der historische Kern der Sage stammt noch aus der Völkerwanderungszeit. Der Heunenkönig Etzel ist der geschichtliche Hunnenkönig Attila. In Markgraf Rüdiger von Bechelaren tritt uns der erste babenbergische Markgraf von Österreich, Luitpold I., entgegen. Bischof Pilgrim von Passau, in der Sage Kriemhilds Oheim, lebte in der zweiten Hälfte des 10. Jahrhunderts. Es wird uns berichtet, daß er seinem Schreiber Konrad den Auftrag gegeben habe, die Nibelungensage in „lateinischen Buchstaben“ niederzuschreiben. Die heutige mittelhochdeutsche Fassung der Nibelungen dürfte auf diese (verlorengegangene) lateinische „Nibelungias“ als Quelle zurückgehen. Sie unterscheidet sich stark von der uns gleichfalls erhaltenen nordischen Fassung der Nibelungensage, die wir in Island aufgezeichnet finden. Mit Bezug darauf erscheint die Theorie beachtenswert, die Aloys Schröfl aufgestellt hat. Darnach wurde zur Zeit Pilgrims von Passau die alte Sage in der Weise umgestaltet, daß nicht mehr Kriemhild den Tod ihrer Brüder an Attila, sondern vielmehr den Tod ihres ersten Gemahls Siegfried an ihren Brüdern rächt. Nach Schröfl soll nämlich die „Nibelungias“ des Bischofs Pilgrim für den ungarischen Fürstenhof bestimmt gewesen sein. Da sich die Àrpàden für Nachkommen Attilas gehalten hätten und der Bruch des Gastrechts als eines der fürchterlichsten Verbrechen bei Reiternomaden gilt, sei Attila durch die Umformung der Sage von dieser Schuld reingewaschen worden.

Das Ende der Babenberger

Auf Leopolds VI. glorreiche Herrschaft folgte die seines jungen Sohnes Friedrich II. (1230—1246), dessen Beiname „der Streitbare" zu vollem Recht besteht. Friedrich II. war der einzige überlebende männliche Nachkomme Leopolds VI. Friedrich II. der Streitbare sah sich gleich zu Beginn seiner Regierung einem Aufstand der österreichischen und steirischen Ministerialen gegenüber, die um ihre Rechte und Freiheiten fürchteten; denn der Herzog verfolgte die Politik seines Vaters, eine Landeshoheit in Österreich aufzurichten, mit beinahe noch größerer Konsequenz als dieser. An der Spitze des Aufruhrs stand das Geschlecht der Khuenringer, dessen Besitz im Waldviertel lag und das die Burgen Spitz und Aggstein in seinen Händen hatte. Sie waren alles eher als „Raubritter", zu denen sie eine volkstümliche Überlieferung gemacht hat. Friedrich II. war klug genug, sie nach Niederwerfung der Erhebung milde zu behandeln und ihnen sogar das Marschallamt und die Stellvertretung zu belassen, die sie im Fall der Abwesenheit des Herzogs aus Österreich innehatten.

Wie mit seinen Ministerialen, so geriet Friedrich II. auch mit den Klöstern und Bischöfen in Konflikt, in deren Rechte er ebenso rücksichtslos eingriff. So wie sein Vater versuchte auch er, Österreich vom Sprengel Passau zu lösen und ein eigenes Landesbistum zu errichten. Der Patriarch von Aquileja wurde sein unerbittlicher Gegner, seit der Österreicher nach Verstoßung seiner ersten Gemahlin, Prinzessin Laskaris von Nicäa, „in unrechtmäßiger Weise" — wie uns überliefert wird — Agnes von Meranien, die Schwester des letzten Grafen von Andechs und Nichte des Markgrafen von Istrien, zur Frau genommen hatte. Auf diese Heirat gestützt, erhob er auf die Lehen des Patriarchats von Aquileja in Istrien und Krain Anspruch und nannte sich auch „Herr von Krain". Den Kreis der Feinde des Babenbergers schlossen Böhmen und Bayern ab, die sich vor dem Expansionsdrang Österreichs zu sorgen begannen.

Friedrich II. der Streitbare kümmerte sich um die Feindschaften, die er sich zuzog, herzlich wenig. Die Anklagen, die seine Gegner gegen ihn bei Kaiser Friedrich II. — er hieß so wie der Herzog — vorbrachten, ließen ihn kalt, denn er hatte sich im Gegensatz zu seinem Vater, Leopold VI., völlig von einer Beteiligung am Geschehen im Reich zurückgezogen und betrieb ausgesprochen österreichische Interessenpolitik. Dies brachte ihn, der jede der kaiserlichen Forderungen einfach ignorierte, endlich doch in Konflikt mit der kaiserlichen Gewalt. Er wurde in die Reichsacht getan und seiner Länder für verlustig erklärt. Als ein kaiserliches Heer in Österreich erschien, fielen die meisten von Friedrich II. dem Streitbaren ab. Die Stadt Wien empfing den Kaiser wie einen Triumphator. Sie erhielt auch 1237 die Reichsunmittelbarkeit zugestanden und große wertvolle

Privilegien. Kaiser Friedrich II. setzte Reichsstatthalter (Kapitäne) für Österreich ein und machte Miene, die Länder der Babenberger unmittelbar für sich selbst in Anspruch zu nehmen. In Wien wurde bei dieser Gelegenheit der jüngere Sohn des Kaisers, Konrad IV. (1250—1254), zum römischen König erhoben. Der Herzog hielt sich zu dieser Zeit auf der Burg Starhemberg im Piestingtal verborgen. Hierher hatte er auch seine Familie und seinen Staatsschatz gerettet. Nur Wiener Neustadt und Linz hatten sich dem Kaiser nicht gebeugt, sondern waren den Babenbergern treu geblieben.

Der Umschwung kam ebenso rasch wie unerwartet. Es gelang Friedrich II. dem Streitbaren, unter schweren Opfern mit Ungarn und Böhmen Frieden zu schließen. Eine Stadt um die andere fiel ihm wieder zu, und 1239 kapitulierte auch Wien vor den siegreichen Waffen seines Landesherrn. Eine Aussöhnung mit dem Kaiser erfolgte. Nicht nur die Reichsacht wurde zurückgezogen, der Kaiser bot der Nichte des Babenbergers, Gertrud, seine Hand an und versprach zugleich dem Herzog die Erhebung Österreichs zum Königtum. Die Urkunde darüber war bereits ausgefertigt, aber sie wurde nie rechtskräftig. Gertrud von Babenberg weigerte sich, den im päpstlichen Bann stehenden Kaiser zu ehelichen. Das kaiserliche Entgegenkommen beruhte nicht zuletzt darauf, daß Friedrich II. der Streitbare kinderlos und der letzte männliche Babenberger war, so daß sich die Frage nach dem Schicksal der babenbergischen Länder schon jetzt stellte.

Um diese Zeit erlebte Europa den Ansturm der Mongolen. Temudschin, unter dem Namen Dschingis-Khan bekannt (1155—1227), hatte alle ihre Stämme geeinigt und eins der größten Reiche der Weltgeschichte in Nordasien aufgerichtet. Unter seinen unmittelbaren Nachfolgern (Ögötai, 1229—1241) überschritten sie die europäische Grenze. Das altrussische Reich von Kijew erlag ihnen, und nun lag Ungarn offen vor ihnen. König Béla IV. (1235—1270) floh nach der Niederlage des ungarischen Heeres am Fluß Sájo zu Friedrich II. von Österreich. Dieser versprach ihm gegen Abtretung der drei ungarischen Grenzbezirke (Komitate) Ödenburg, Wieselburg und Eisenburg Hilfe. Der Babenberger besetzte dieses Gebiet, das den größten Teil des heutigen Burgenlandes umfaßte, und hielt die Mongolen, deren leichte Vortruppen schon bis in die Gegend von Wiener Neustadt und Korneuburg schweiften, durch Verteidigung der ungarischen Grenzfestungen ab. Dies gelang ihm aus eigener Kraft, während ein ganzes Ritterheer unter Heinrich dem Frommen von Schlesien bei Liegnitz von den Mongolen vernichtet wurde. Weder Papst noch Kaiser hatten in dieser gefährlichen Situation Hilfe gesandt.

Als jedoch die Mongolen infolge innenpolitischer Ereignisse Schlesien, Mähren und Ungarn wieder geräumt hatten, zeigte es sich, daß Béla IV. mit der Art, in der Friedrich II. Hilfe geleistet hatte, nicht zufrieden war. Es kam zu einer neuen Koalition zwischen Ungarn, Böhmen und Kärnten gegen Österreich. Als Friedrich II. der Streitbare Béla IV. in der Nähe von Wiener Neustadt an der Leitha 1246 entgegentrat, siegte er wohl in der Schlacht, aber als die Seinen ihren Herrn nach der Niederlage der Ungarn suchten, fanden sie ihn unter den Toten. Sein Leichnam wurde nach dem Kloster Heiligenkreuz gebracht und dort zur letzten Ruhe bestattet. Aus Schmerz über das Schicksal ihres Sohnes soll ihm — der Überlieferung nach — drei Tage später seine Mutter Theodora in den Tod gefolgt sein.

Der Kampf um das Erbe der Babenberger

Mit dem tragischen Ende des letzten männlichen Babenbergers war die Frage der österreichischen Erbfolge brennend geworden. Da er auch keine Töchter hinterließ, traten die beiden nächsten weiblichen Verwandten, Friedrichs II. Schwester Margarete und seine Nichte Gertrud, als anspruchsberechtigte Erbinnen auf. Margarete war Witwe nach dem im Kerker gestorbenen König Heinrich (VII.), dem Sohn Kaiser Friedrichs II. aus dem Haus der Hohenstaufen Gertrud, um deren Hand schon der Kaiser geworben hatte, wurde 1247 Witwe nach ihrem Gatten Wladislaw von Mähren. Sie heiratete später den Markgrafen Hermann von Baden, dessen Sohn Friedrich sich später Herzog von Österreich nannte und im Jahr 1268 zugleich mit dem letzten Hohenstaufen, Konradin, das Blutgerüst in Neapel bestieg. Nach dem Tod Hermanns von Baden vermählte sich Gertrud in dritter Ehe mit dem Fürsten Roman des ukrainischen Teilreiches Halics (ein Teil des späteren österreichischen Kronlandes Galizien). Ihre Tochter Agnes, die letzte Erbin der babenbergischen Ansprüche in Österreich, vermählte sich später mit einem Grafen von Heunburg. Ihr Nachkommen wurden von den Habsburgern mit Geld abgefunden. Neben diesen zwei Frauen gab es noch andere Bewerber, doch traten sie gleich zu Beginn des Erbfolgestreites in den Hintergrund. Insbesondere konnte Kaiser Friedrich II., der seit 1245 im schweren Kirchenbann lag und seinen letzten Kampf mit dem Papsttum in Italien ausfocht, Österreich und die Steiermark nicht als erledigte Lehen einziehen. Wohl war die staufische Partei in den babenbergischen Ländern sehr stark, aber da ihnen kein Kandidat zur Verfügung stand, mußten sie sich damit begnügen, die Besitzungen der Erzbischöfe von Salzburg und Aquileja sowie die des Bistums Freising zu verwüsten und die Vogtei einzelner Klöster an sich zu reißen.

Der Bürgerkrieg, der sich so durch Österreich und die Steiermark zog, mußte vor allem auch dem Landvolk schwere Lasten auferlegen. Gerade unter den letzten Babenbergern hatten die österreichischen Bauern einen bemerkenswerten Grad von Wohlstand erreicht. Neben den Leibeigenen, die von ihren Herren verschenkt, vertauscht und verkauft werden konnten und deren Kinder im Fall der Zugehörigkeit der Eltern zu verschiedenen Herrschaften geteilt wurden, hatten sich besonders in der Gegend zwischen Inn und Wien, vor allem im kornreichen Tullner Feld, freie Bauern erhalten. Sie eiferten, wie wir aus dem Zeugnis damaliger Dichter entnehmen, den Rittern nach. Früher, so können wir lesen, trugen die Bauern Knüttel; jetzt bedienen sie sich der ritterlichen Schwerter. Früher waren sie mit Fleisch und Brot zufrieden; jetzt essen sie seltenes Wildbret. Früher gingen sie in einfachen Loden gekleidet, jetzt müssen sie Genter Tuch für ihre Kleidung haben. Manche Ehen wurden nunmehr zwischen verarmten Rittern und Bauernmädchen oder zwischen reichen Bauern und verarmten Ritterfräuleins geschlossen. Einen typischen Situationsbericht aus dieser Zeit liefert das kleine Epos „Meier Helmbrecht“, als dessen Verfasser sich ein

Wernher der Gärtner zu erkennen gibt. Auch die Lieder eines Neidhard von Reuenthal zeugen von den Verhältnissen, die es um die Mitte des 13. Jahrhunderts unter der Bauernschaft gab. Freilich kam es auch vor, daß bisher freie Bauern sich selbst in die Hörigkeit begaben oder mit Gewalt dazu gezwungen wurden. Doch hielt sich ein freier Bauernstand in Oberösterreich bis ins 17. Jahrhundert und war hier als „Freiaigner" bekannt. In Tirol aber führte die Entwicklung dazu, daß freie Bauern ihre Vertreter in den Landtag entsandten.

Die Zeit Ottokars II. von Böhmen

Als Sieger aus dem Streit um das babenbergische Erbe ging Ottokar II. Přemysl von Böhmen, der einzige Sohn König Wenzels I. und einer hohenstaufischen Prinzessin, hervor. Im Jahr 1251 rückte er, noch böhmischer Thronfolger, mit einem Heer in Österreich ein und hielt ohne Widerstand vor Weihnachten des gleichen Jahres seinen Einzug in Wien; die Österreicher hatten ihn in das Land gerufen, um die Fehden und blutigen Auseinandersetzungen zu beendigen. Gestützt auf diese Gefolgschaft vermählte er sich 1252 mit der um viele Jahre älteren Margarete, der Schwester des letzten Babenbergers, und sicherte sich dadurch auch ein Erbrecht auf die babenbergischen Lande. Sein einziger ernsthafter Konkurrent war jetzt Béla IV. von Ungarn, der Gertrud von Österreich unterstützte. In der darauf zwischen Ungarn und Böhmen folgenden Auseinandersetzung vermittelte der Papst, da beide Könige der päpstlichen Partei angehörten. Im Jahr 1254 wurde der Friede zu Buda geschlossen, der Österreich an Ottokar II., die Steiermark an Béla IV. von Ungarn gab. Allerdings wurden von der Steiermark das Gebiet von Wiener Neustadt und die Mark Pitten sowie der Traungau (in Oberösterreich) abgetrennt und bei Ottokar II. gelassen. Auf diese Weise entstand die heutige niederösterreichisch-steirische Landesgrenze. Sie blieb es allerdings nur bis 1261 und wurde erst seit 1379 dauernd.

Ottokar II. war 1252 nach dem Tod seines Vaters auch König von Böhmen geworden. In einem neuerlichen Krieg mit den Ungarn siegte er bei Groißenbrunn (1260) und gewann dadurch die Steiermark zurück. Als Andenken an diesen Sieg gründete er die Stadt Marchegg (in Niederösterreich an der Marchmündung). Als er schließlich nach dem Tod seines kinderlosen Vetters, des Herzogs Ulrich von Kärnten, 1269 auch dieses Herzogtum an sich brachte, reichte sein Reich von den Sudeten bis nahe an die Adria. Darüber hinaus erhob er Ansprüche auf Ungarn, so daß bei ihm zum erstenmal der Gedanke eines Donaureiches durch Vereinigung von Österreich, Ungarn und Böhmen sichtbar wird. Da er von seiner Gemahlin Margarete keine Kinder zu erwarten hatte, trennte er sich von ihr und vermählte sich mit der Enkelin König Bélas IV. von Ungarn, Kunigunde von Masovien.

Wir sind durch Grillparzers großartiges Drama „König Ottokars Glück und Ende" leicht verleitet, die Regierung dieses Königs in Österreich von einem einseitigen Gesichtspunkt aus zu betrachten. Es ist nämlich nicht so, daß ihn die Österreicher an und für sich als einen „Fremdherrscher" empfunden hätten. Auch wäre es völlig falsch, in ihm einen „slawischen" Fürsten im Sinn des 19. Jahrhunderts zu sehen, wenngleich er in seinem späteren Entscheidungskampf mit Rudolf von Habsburg sich unter Berufung auf die Verwandtschaft des tschechischen und polnischen Volkes an die polnischen Fürsten um Hilfe wandte. Ottokar II. setzte die bürger- und städtefreundliche Politik der letzten Babenberger fort, und dies trug ihm die Gegnerschaft des Adels ein. Die große Vorliebe, die er für Wien und Österreich bewies, erregte die Böhmen, die ihm diese Bevorzugung der babenbergischen Länder nachtrugen. Gleich zu Beginn seiner Herrschaft in Österreich setzte er einen Landfrieden durch, der der Willkürherrschaft des Adels ein Ende bereitete (1251). Im österreichischen Landrecht, das zum erstenmal 1237 aufgestellt wurde, fügte Ottokar II. 1266 eine Reihe von Bestimmungen ein, die seine landesfürstliche Stellung betonten. „Wir setzen und gebieten" — so ordnete er an —, „alle Burgen und Festen zu brechen, die seit zwanzig Jahren erbaut worden sind." Diese Formeln „Wir setzen und gebieten..." oder „Wir wollen und gebieten..." tauchen auch in anderen Bestimmungen Ottokars II. auf. Um einen Überblick über den Grundbesitz und die von ihm zu erbringenden Leistungen zu haben, wurde in den Jahren 1265 bis 1267 ein Rentenbuch angelegt. Das gleiche geschah in der Steiermark, in der Bischof Bruno von Olmütz, aus dem holsteinischen Grafengeschlecht derer von Schaumburg stammend, als Landeshauptmann streng, aber gerecht regierte. In Wien baute sich der König-Herzog eine neue Burg und ließ die von einem Brand (1258) schwer in Mitleidenschaft gezogene Stephanskirche wiederherstellen und erweitern. Im Jahr 1267 trat in Wien ein Provinzialkonzil, dessen Vorsitz der päpstliche Legat Guido führte und das auch von den Bischöfen von Olmütz und von Breslau besucht wurde, zusammen. Auf ihm beschloß man, daß verheiratete Priester sich von ihren Frauen zu trennen hätten. Niemand dürfe mehr als eine einzige Pfründe haben, und diese solle er nicht aus der Hand eines weltlichen Patrons, sondern nur aus der des Bischofs entgegennehmen. Außerdem wurde dem Klerus verboten, Geld auf Zinsen auszuleihen. In ähnlicher Weise sorgte später eine Synode zu St. Pölten (1284) für die Abstellung bestehender Mißbräuche innerhalb des Klerus und der Kirche.

Von besonderer Bedeutung wurde Ottokars II. Regierung für die Entstehung eines eigenen Landes Oberösterreich. Der bis 1254 zur Steiermark gehörige Traungau wurde als eigenes Gebiet von der Enns bis zum Hausruck eingerichtet und ein Landrichter als Anfang einer selbständigen Landesverwaltung in Linz eingesetzt. Ebenso wurden die zu Österreich gehörigen Gebiete nördlich der Donau bis zur Großen Mühl mit diesem neuen politischen Gebiet verbunden, das bald den Namen „Österreich ob der Enns" (Austria superior oder Austria supra Anasum) erhielt. Als ein Menschenalter später auch das Gebiet westlich der Großen Mühl an Oberösterreich kam, war das Land mit Ausnahme des Innviertels in seiner heutigen Gestalt vollendet.

Der Römische König Rudolf von Habsburg belehnt seine Söhne Albrecht und Rudolf mit Österreich und dessen Nebenländern (27. Dezember 1282)

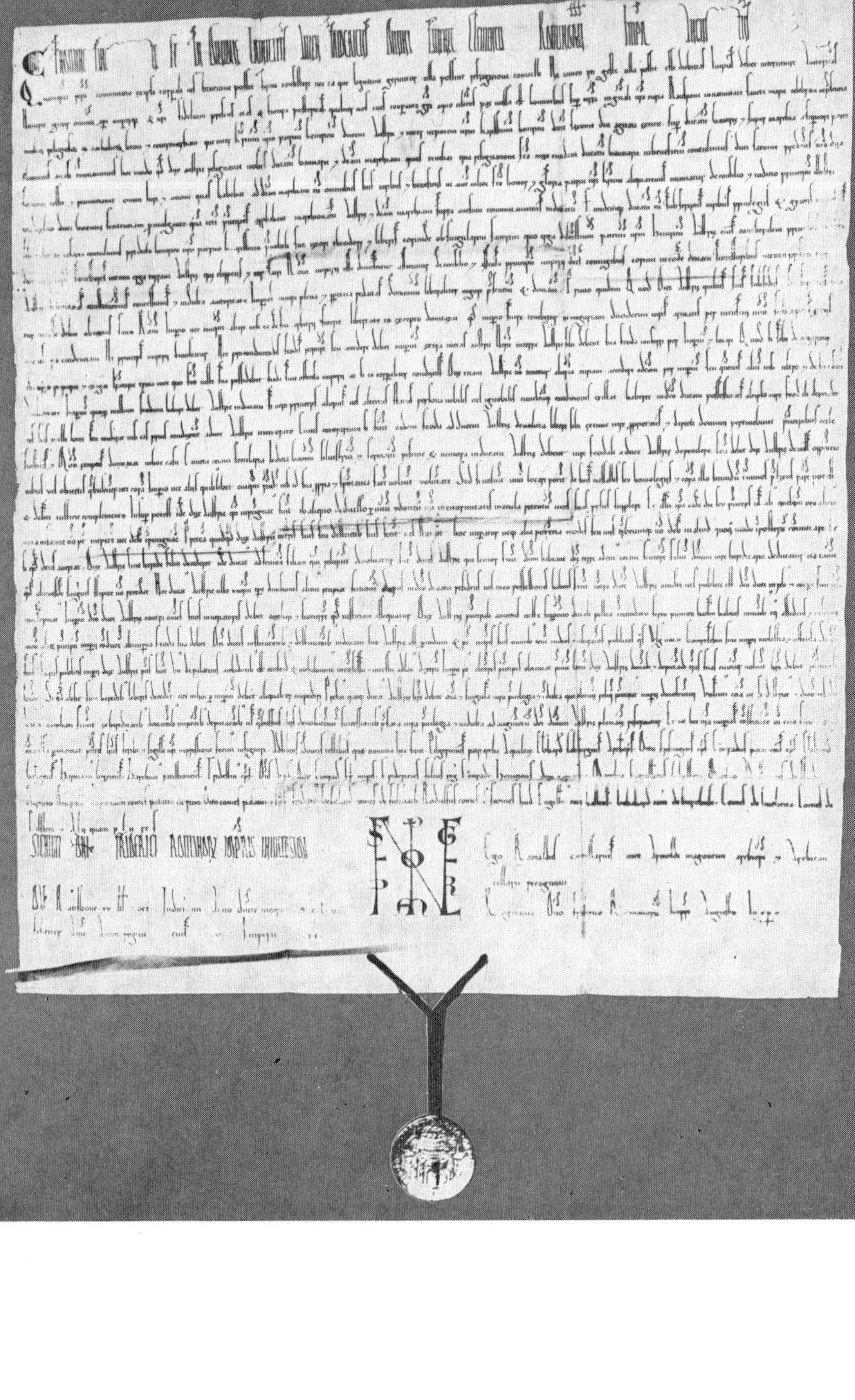

In der Kanzlei des Herzogs Rudolf IV. des Stifters hergestellte Urkunde der Erhebung Österreichs zum Erzherzogtum (siehe Seite 107 ff., Privilegium Majus)

Die Macht Ottokars II. gründete sich auch auf die wirtschaftliche Situation seines ausgedehnten Reiches. Böhmen nahm zu seiner Zeit den ersten Platz in der Silberproduktion Europas ein. Das Bergbaurecht von Iglau (1249) diente fast allen Bergbaurechten in ganz Mitteleuropa als Vorbild und Norm. Nicht nur österreichische, auch böhmische und mährische Städte (wie Prag, Brünn, Olmütz und Znaim) erfuhren die Huld des Königs. Daß sich demgegenüber der Adel zurückgesetzt fühlte, ist zu begreifen. Aber Ottokar II. griff auch hier hart durch. Barone, die sich einer Verschwörung gegen ihn schuldig gemacht und mit den Ungarn Verbindung aufgenommen hatten, wie den ehemaligen Landrichter Otto von Meißau und Benesch, ließ er hinrichten. In der Steiermark wurden unzufriedene Adelige, an ihrer Spitze Ulrich von Liechtenstein, gefangengesetzt und erst wieder freigegeben, nachdem sie auf ihre Burgen verzichtet hatten. Die Macht des „goldenen Königs", wie ihn Zeitgenossen nannten, schien nicht mehr höhersteigen zu können.

Rudolf von Habsburg und Meinhard von Tirol

Nach dem Tod Kaiser Friedrichs II. aus dem Haus der Hohenstaufen war das römische Kaisertum erloschen. Sein Sohn Konrad IV., römischer König, zog nach Italien, dort das sizilische Erbe seines Hauses zu sichern. Nachdem auch er 1254 aus dem Leben geschieden war, kam es zur Wahl verschiedener Könige, die sich aber alle nicht durchsetzen konnten. Wilhelm von Holland starb schon 1256. Der Römische König Richard von Cornwall, der Bruder des englischen Königs, betrat nur für kurze Zeit den Boden des Kontinents. Von ihm ließ sich 1262 Ottokar II. von Böhmen die Lehen erteilen. Alfons X., König von Kastilien, der gleichfalls zum Römischen König gewählt worden war, kam überhaupt nicht in das Heilige Römische Reich. So besteht ein gewisses Recht, diese Zeit als die des „Interregnums" (der „kaiserlosen" Zeit) zu bezeichnen, obwohl es formal sogar mehr als einen Römischen König gab.

Ottokars II. Herrschaft hätte nur der Kaiserwürde bedurft, um Dauer zu haben. Tatsächlich strebte der Böhmenkönig nach der Krone. Aber es scheint, daß die Wahlfürsten keinen allzu mächtigen Herrscher haben wollten, der vielleicht imstande gewesen wäre, ihrer Willkür und ihren Sonderinteressen Zügel anzulegen. Auch mochte das enge Verhältnis Ottokars II. zum Papsttum den staufisch gesinnten Wählern ein Dorn im Auge sein, obwohl niemand anderer als der Papst selbst 1272 die Fürsten aufforderte, einen neuen König zu wählen.

Die Wahl fiel am 1. Oktober des gleichen Jahres auf den in Schwaben und in der Schweiz begüterten Grafen Rudolf von Habsburg, ein Taufkind des Hohenstaufenkaisers Friedrich II. und einen eifrigen Anhänger der hohenstaufischen Partei. Hatte er doch den jungen Konradin auf seinem Zug nach Italien begleitet, war jedoch vor der Entscheidungsschlacht wieder nach Hause zurückgekehrt. Die Propaganda Ottokars II. machte aus Rudolf später einen „armen Grafen". Dies stimmt nicht, denn gerade durch seine Mutter, die Erbtochter des reichen Hauses der Kyburger, war er in den Besitz beträchtlicher Mittel gekommen. Wohl aber war Rudolf „arm" im Verhältnis zur Macht König Ottokars II. Dieser hatte gleich bei der Wahl durch seinen Vertreter gegen sie protestieren lassen, weil man die böhmische Kurstimme ausgeschlossen und an ihrer statt Bayern zur Wahl zugelassen hatte.

Die Habsburger waren im Elsaß, im Sund- und im Breisgau begütert und hatten Besitzungen im Aargau und im Zürichgau. Eine spätere Forschung will den Stammbaum des Geschlechts bis auf Eticho, einen Herzog im Elsaß zur Zeit der Merowinger, zurückleiten. Im 11. Jahrhundert wurde im Aargau die spätere Stammburg des Geschlechts, die Habichtsburg, erbaut, deren Name später zu Habsburg geändert wurde. Die drei Brüder, Bischof Werner von Straßburg, Graf Radbot im Klettgau und Rudolf, waren angesehene Männer im Herzogtum Schwaben. Der Enkel Radbots, Otto, nannte sich als erster Graf von Habsburg (1090). Rudolf selbst war während des sogenannten Interregnums eifrig bemüht, seine Hausmacht zu erweitern und unterschied sich in dieser Beziehung nicht von seinen Zeitgenossen. Doch wurde schon damals sein einfaches und schlichtes Wesen gerühmt, ebenso seine Leutseligkeit und sein Humor. Aber ebenso geht aus seinem Leben eine kluge Geschäftstüchtigkeit hervor, die nicht nach irrealen romantischen Zielen strebte, sondern sich mit dem Erreichbaren begnügte. Damit im Zusammenhang steht wohl die Tatsache, daß Rudolf von Habsburg für Sänger und Spielleute sehr wenig übrig hatte. Einer von ihnen stieß die Jammerworte aus: „Alle Tugenden hat der König, aber er gibt nichts, was immer man über ihn singen und sagen mag."

Hatte Rudolf schon bisher darnach getrachtet, seinen Hausbesitz nach allen Seiten zu erweitern, so mußte ihn seine Wahl zum römischen König noch mehr in diesem Bestreben bestärken. Er verständigte sich in kluger Weise rasch mit dem Papsttum, obwohl er 1254 als Anhänger der Hohenstaufen gebannt worden war. Ohne zu zögern, verzichtete er auf alle Ansprüche in Neapel und Sizilien, wo die Staufer zugrunde gegangen waren, und überließ auch die Reichsrechte auf die Romagna dem Papst. Damit wurde die seit Otto I. dem Großen bestehende Stellung des römischen Kaisers in Italien wesentlich geschwächt und das römische Kaisertum nunmehr in der Verbindung zum Papsttum gelockert, wenn auch Rudolf einen Römerzug und seine Krönung als Kaiser ins Auge faßte.

Was er in Italien nicht erringen konnte, sollte ihm nördlich der Alpen werden. Der Böhmenkönig Ottokar II. verweigerte ihm auch weiterhin die Anerkennung als Römischem König. Rudolf ließ ihn nun als einen ungehorsamen Vasallen vor sich laden, und als Ottokar II. auch der dritten Ladung nicht folgte, sondern durch Bischof Bernhard von Seckau die Rechtsgültigkeit der Königswahl Rudolfs bestreiten ließ, wurde er in die Reichsacht getan und ihm sein gesamter Länderbesitz abgesprochen.

Jetzt zeigte es sich, daß Ottokars II. bürger- und städtefreundliche Politik in der kommenden Auseinandersetzung wesentlich zum Sieg Rudolfs beitrug.

Der österreichische und steirische Adel rebellierte gegen den Böhmenkönig. Im Kloster Rein sammelten sich die steirischen Adeligen unter der Führung des Grafen von Heunburg, Ottos von Liechtenstein und Friedrichs von Pettau und erklärten ihren Anschluß an den Habsburger. Dagegen eilten vornehme Bürger Wiens, wie Paltram vor dem Friedhof und dessen Neffe, der Rat Paltram Vatzo, auf Wunsch Ottokars II. nach Prag und versicherten ihn der Treue der Bürger.

Rudolf von Habsburg führte sein Heer, nachdem er den Herzog Heinrich von Niederbayern für sich gewonnen hatte, nach Österreich. Aber die Wiener verteidigten ihre Stadt unter Führung Paltrams vor dem Friedhof und des Stadtschreibers Konrad mit Verbissenheit und Eifer gegen den Habsburger, der großen Wohltaten eingedenk, die sie von Ottokar II. empfangen hatten. Dieser war wohl zum Entsatz der bedrängten Stadt herangerückt und lagerte sein Heer auf dem Marchfeld; aber er sah sich durch eine Verschwörung des böhmischen Adelsgeschlechtes der Rosenberge, an deren Spitze der tatkräftige und verschlagene Zawisch stand, und durch den Anmarsch des ungarischen Heeres unter dem jungen König Ladislaus IV. (1272—1290), mit dem Rudolf ein Bündnis geschlossen hatte, bedroht. In dieser Situation unterwarf sich Ottokar II. ohne Kampf. Er versprach Österreich, die Steiermark, Kärnten, Krain, die Windische Mark und das Egerland abzutreten und Böhmen und Mähren von Rudolf zu Lehen zu nehmen. Zugleich wurde eine Doppelhochzeit zwischen Rudolfs Tochter Jutta und dem böhmischen Kronprinzen Wenzel (II.) auf der einen sowie Ottokars II. Tochter Kunigunde mit einem Sohn Rudolfs auf der andern Seite vereinbart. Am 25. November 1276 erschien der Böhmenkönig im habsburgischen Lager, um die Lehen seiner Erbländer zu nehmen.

Doch damit war die endgültige Entscheidung nur hinausgeschoben. Ottokar II. suchte eine Koalition gegen Rudolf von Habsburg zustande zu bringen. Es gelang ihm, nicht nur die Hilfe schlesischer und polnischer Fürsten zu gewinnen, über die steigende Macht Rudolfs erbittert, traten auch der Markgraf von Brandenburg und der Herzog Heinrich von Niederbayern auf die Seite des böhmischen Herrschers. In Österreich arbeiteten der Landmarschall Heinrich von Khuenring und Paltram von Wien eifrig für ihn, bis ihre Tätigkeit entdeckt wurde. Sie konnten noch rechtzeitig fliehen, verloren jedoch ihr gesamtes Besitztum.

Rudolfs treuester Verbündeter im Kampf gegen Ottokar II. war wiederum, wie zwei Jahre zuvor, Graf Meinhard II. (1258—1295), unter dem Tirol als bedeutendes politisches Gebilde in Erscheinung trat. Im Jahr 1271 hatte Meinhard II. mit seinem Bruder Albert die Länder des Görzer Hauses in der Weise geteilt, daß ihm die alleinige Herrschaft in allen Gebieten westlich der Haslacher Klause zuteil wurde. Er hatte sich mit Elisabeth, der Witwe Konrads IV. und Mutter des letzten Hohenstaufen Konradin, vermählt. Zum Andenken an diesen wurde das Kloster Stams gegründet, dessen Besitz (es war Reichsgut) ihm Rudolf von Habsburg überlassen hatte. So beherrschte er als Lehen des Bischofs von Trient die Gerichte Kaltern, Tramin, Enn, Neumarkt, Salurn, Königsberg, Kronmetz, Fleims und Flavon; die Bischöfe von Chur gaben ihm ihr Lehen im Vintschgau, mit den Grafen von Hirschberg vereinbarte er schon 1263 die Übertragung fast all ihrer Besitzungen im Inn- und im Wipptal. Dazu erlangte er noch vertraglich die Vogtei über Brixen.

Es war aber nicht bloß militärische Hilfe, die Meinhard II. Rudolf im Kampf gegen Ottokar II. stellte. Die Münze von Meran prägte die ersten „Kreuzer" unter dem Namen „grossus" aus, und die kluge und geschickte Finanzverwaltung Meinhards II. konnte viele davon dem Römischen König zur Verfügung stellen. Nach 1276 hatte Meinhard II. die Stellung eines Hauptmanns von Kärnten und Krain erhalten. Nun stellte er seine gesamte Macht abermals Rudolf von Habsburg zur Verfügung. Der Schlachtplan, nach dem man vorging, wurde von dem Tiroler Ritter Hugo von Taufers entworfen.

Auch König Ottokar II. hatte sich für den Endkampf gerüstet. Es war ihm wieder gelungen, eine Reihe von Fürsten auf seine Seite zu bringen. Schon hatte man das Ausbreitungsstreben des Habsburgers mit gemischten Gefühlen zur Kenntnis genommen. Neben seinen Schweizer und elsässischen Truppen verfügte Rudolf noch über die Tiroler, die Salzburger und vor allem über das Heer des ungarischen Königs Ladislaus IV., der sich wiederum auf seine Seite gestellt hatte. Unter böhmischen Fahnen kämpften Thüringer, Brandenburger, und auch die Bayern hatten sich diesmal den Böhmen angeschlossen.

Am 26. August 1278 kam es auf dem Marchfeld, zwischen Dürnkrut und Jedenspeigen, zum Kampf zwischen beiden Heeren. Während der linke Flügel, den der Burggraf von Nürnberg befehligte, das Heer Ottokars II. zurückdrängte, geriet der rechte Flügel in harte Bedrängnis und mußte sich über den Weidenbach zurückziehen. Rudolf wurde dabei von einem thüringischen Ritter vom Pferd gestoßen; das Banner von Österreich fiel. Nun aber griff die Reserve Rudolfs ein und drängte die schon siegesgewissen Böhmen zurück. Ottokar II. stürzte sich ins Gewühl und kämpfte heldenmütig, bis er von einigen gegen ihn verschworenen Adeligen — man nannte in der Überlieferung Berthold Schenk von Emmerberg — erschlagen wurde. Rudolf ließ den Leichnam seines Gegners nach Wien bringen, das sich noch immer gegen ihn hielt. Hier wurde der Böhmenkönig in der Stephanskirche aufgebahrt, und die Wiener zogen trauernd an seiner Leiche vorüber; dann erst überführte man ihn in die böhmische Königsgruft nach Prag.

Die ersten Habsburger in Österreich

Es dauerte vier Jahre, bis das endgültige Schicksal der österreichischen Länder geklärt wurde. Inzwischen verwaltete sie Rudolf von Habsburg, nicht sosehr als Römischer König denn als Stellvertreter des kommenden Landesherrn. Wie gefügig er sich dem Adel gegenüber zeigen mußte, der ihn gegen Ottokar II. von Böhmen unterstützt hatte, zeigte sich schon 1276, als er erlaubte, die Burgen und Schlösser wiederherzustellen, die durch die Verfügungen Ottokars II. geschleift worden waren. Zu Weihnachen 1282 konnte endlich der König mit Zustimmung der Reichsfürsten die Länder Österreich, Steiermark, Krain und die Windische Mark seinen beiden Söhnen Albrecht und Rudolf übertragen. Das Schicksal von Kärnten blieb vorläufig ungewiß, obwohl Ottokars II. Sohn, König Wenzel II. (1278—1305), der Böhmen und Mähren behalten hatte, Ansprüche darauf erhob. Erst am 1. Februar 1286 übertrug Rudolf das Herzogtum Kärnten seinem treuen Verbündeten Meinhard II. von Tirol und verzichtete für die Habsburger ausdrücklich auf dieses Land. Schon drei Jahre vorher hatte der König auf Wunsch des österreichischen und steirischen Adels bestimmt, daß n u r sein ältester Sohn, Albrecht, die Herrschaft über die österreichischen Länder haben solle, während der jüngere, Rudolf, auf eine Geldentschädigung verwiesen wurde.

Der erste Habsburger in Österreich, Herzog Albrecht I. (1282—1308), war einen Großteil seiner Regierungszeit damit beschäftigt, die unbotmäßigen Österreicher und Steirer niederzuhalten. Hatte Rudolf von Habsburg im Kampf gegen Ottokar II. dem Adel alte Privilegien zurückgegeben, so suchte Albrecht I. sie ihm wieder zu entziehen. Der steirische Adel wandte sich gegen den neuen Landeshauptmann, den Abt Heinrich von Admont, den man „der Steiermark grausamen Steuereintreiber, Tyrannen und Menschenquäler" nannte. Wien, dem König Rudolf die Reichsunmittelbarkeit zugesichert hatte, erhob sich gegen den neuen Herzog und mußte von diesem belagert und erobert werden. Der Erzbischof Rudolf von Salzburg, mit dem Albrecht I. wegen einiger Burgen im Ennstal in Streit geriet, sprach den Bann über ihn aus und verhängte über alle seine Länder das Interdikt (Verbot aller kirchlichen Amtshandlungen). Nur das Dazwischentreten König Rudolfs und die Tatsache, daß nach dem Tod Erzbischof Rudolfs der bisherige Bischof Konrad von Lavant gewählt wurde, verhinderte eine unheilvolle Verschärfung des Konflikts. Als nun Albrecht I., von Finanznöten geplagt, vom Adel Geldhilfe verlangte, kam es zu einer stürmischen Tagung in Graz, die mit dem Auszug der Steirer endete, nachdem der Herzog die Bestätigung ihrer Privilegien verweigert hatte. Im Bund mit Erzbischof Konrad von Salzburg und Herzog Otto von Niederbayern erhob sich das Land gegen die Habsburger. Nur das rasche Vorgehen Albrechts, der sich von Bauern den Weg über den Semmering freischaufeln ließ und plötzlich in der Obersteiermark erschien, brachte diesem den Sieg. Doch mußte er den Abt Heinrich von Admont als Landeshauptmann entlassen und die Privilegien der Adeligen bestätigen.

Die Gefahr für Albrecht I. wuchs, als sein Vater, König Rudolf, 1291 aus dem Leben schied. Alle Versuche Rudolfs, die Fürsten zur Wahl seines Sohnes Albrecht noch zu seinen Lebzeiten zu bewegen, waren gescheitert. Auf dem Reichstag zu Würzburg 1287 war es zu einem heftigen Ausbruch gegen Rudolf gekommen. Man warf ihm seine Versuche vor, die habsburgische Hausmacht zu stärken und das Königtum in seiner Familie erblich machen zu wollen. Hatte er doch vor allem in seinem letzten Lebensjahrzehnt „in fast leidenschaftlicher Hast“ (Oswald Redlich) Besitztum in der Schweiz, in Schwaben und im Elsaß zusammenzuraffen gesucht, und waren auch seine Versuche, das Herzogtum Schwaben und das Königreich Burgund-Arelat wiederherzustellen und den Habsburgern zu sichern, unvergessen.

Statt Albrecht von Österreich wurde Graf Adolf von Nassau zum römischen König gewählt. Eine mächtige Koalition schloß sich gegen Habsburg zusammen: der Erzbischof von Salzburg gehörte ebenso dazu wie der Herzog von Bayern. König Wenzel II. von Böhmen forderte die österreichischen Länder zurück. In der Steiermark, in Kärnten und Krain kam es zu Erhebungen. Das Ziel der Habsburg-Gegner war es, sowohl Albrecht von Österreich als auch Meinhard von Tirol all ihrer Länder zu berauben. Doch wieder gelang es Albrecht, sich seiner Gegner zu entledigen und im Mai 1293 zu Linz einen Frieden zu schließen. Er hatte König Adolf anerkannt und ihm die Reichsinsignien ausgefolgt; dafür hatte ihn der König mit den österreichischen Ländern belehnt.

Daß die Herrschaft der Habsburger in Österreich aber noch immer nicht gefestigt war, zeigte Albrechts Erkrankung im Jahr 1295. Man sprach von einer Vergiftung, und schon wurde die Todesnachricht verbreitet. Auf Grund dieses Gerüchtes brachen die österreichischen und steirischen Adeligen gegen die „Schwaben“ los, die von Albrecht — wie die Landenberger und die Wallseer — begünstigt und mit österreichischen Erbinnen vermählt worden waren. Sie brannten einige ihrer Burgen nieder und verwüsteten ihre Besitzungen. Zu gleicher Zeit rückte der Erzbischof von Salzburg in der Steiermark ein und zerstörte die Sudwerke von Gosau. In Stockerau sammelte sich der unzufriedene Adel und schickte Gesandte zu König Wenzel II. von Böhmen mit der Bitte um Hilfe. Aber Herzog Albrecht, der nicht gestorben war, führte Truppen aus seinen Schweizer und elsässischen Besitzungen herbei und warf den Aufstand nieder. Zusammen mit dem ungarischen König Andreas III. (1290—1301) vereitelte er dann den Versuch des aus der Steiermark stammenden Herrengeschlechts der Grafen von Güssing, sich in den österreichisch-westungarischen Grenzgebieten ein selbständiges Fürstentum aufzubauen („die Güssinger Fehde“). Allerdings mußte Albrecht im Kampf gegen Salzburg 1297 auf das Sudwerk in Gosau verzichten und den Mandlingpaß (auch heute noch die Grenze) als Grenze zwischen Salzburg und der Steiermark anerkennen.

Österreichisches Eigenbewußtsein am Ausgang des 13. Jahrhunderts

Schon seit Leopold dem Heiligen hatte sich ein österreichisches Landesbewußtsein zu entwickeln begonnen. Die Herrschaft der letzten Babenberger und Ottokars II. von Böhmen hatten es gefördert. Im Zusammenstoß mit den von den Habsburgern begünstigten „Schwaben“ flammte es empor. So kam es 1303 anläßlich eines Turniers in Graz zu einer heimlichen Absprache zwischen österreichischen und steirischen Rittern, einander nicht zu schädigen, wohl aber es den „Schwaben" heimzuzahlen. Der Plan wurde verraten und das Turnier abgesagt.

Auch die österreichischen Sänger, die vielfach den Böhmenkönig verherrlicht hatten, fanden nunmehr begeisternde Worte für den Österreicher und das österreichische Land und schmähten jene, die der heimischen Sitte untreu wurden. Schon Wernher der Gärtner hatte sich in seinem Epos „Meier Helmbrecht" darüber in bissiger Weise lustig gemacht, daß es ritterlich sein solle, in niederdeutscher, lateinischer, französischer oder slawischer Sprache zu reden, wie es der junge Helmbrecht bei seiner Heimkehr ins Vaterhaus tut. Vor allem aber finden wir im sogenannten „Kleinen Lucidarius" eine Reihe von Stellen, die dieses Österreichbewußtsein deutlich machen. Der „Kleine Lucidarius" ist das Werk eines dem Namen nach unbekannten Waldviertler Ritters, der früher als Seifried Helbling bekannt war. Er läßt nämlich eine seiner Personen unter diesem Namen auftreten. Er führt, wie Martin in den „Grenzboten" schon 1868 schreibt, „nur Österreich im Mund, über Österreichs Grenzen blickt er nicht hinaus; was von draußen kommt, ist ihm etwas Fremdes".

So klagt er in seinem zweiten Büchlein (wir übersetzen ins Neuhochdeutsche):

Herr, nun ich euch sage,
beßres Land kommt nie zu Tage
in der Größe wie Österreich,
außer daß die Leute unordentlich
leben, was ich ihnen nicht gönnen kann.
Bauern, Ritter, Dienstesmann
tragen alle gleiches Kleid;
was ein Ritter gerne treit (tragt),
nach welchem Land und welcher Sitt',
das trägt der Bauer gleichfalls mit...

Er vergleicht auch die österreichische Sucht, Fremdes nachzuahmen, tadelnd mit der Gewohnheit der Ungarn:

Der Ungar tritt mit keinem Tritt
aus seiner ungarischen Sitt'!

Das Bild des echten Österreichers zeichnet er in einer Satire folgendermaßen:

Nicht stolz und spöttisch war sein Gang,
und kam ein Mann die Straß entlang,
bot freundlich grüßend ihm die Zeit,
gab er 's zurück mit Höflichkeit;
dem Guten war er stets geneigt,
dem Bösen echten Stolz er zeigt;
stets heldenmütig unterm Schilde,
in seinem guten Rechte milde,
demüt'gen Herzens gegen Gott,
gehorsam gegen sein Gebot,
standhaft und treu in Wort und Tat,
in jeder Not von gutem Rat;
gen Schimpf er sich zu wehren traut,
verschwiegen, wenn ihm anvertraut.

Er ist bedächtig auf der Wacht
und hält so Leib als Gut in Acht,
denn Ehre schätzt er stets zumeist,
darum er keinen Makel weist.
Ei, Meister mein, getreuer,
nun wart ich allzeit Euer,
daß Ihr mir saget an:
wer ist der Ehrenmann?

Die Antwort des „Meisters“ lautet:

Lieber Knab', ich sage dir,
wie du den geschildert hier,
hast genug gefraget schon:
das ist Österreichs echter Sohn!

Habsburgs Kampf um die Römische Krone

Es lag nicht im Wesen Albrechts von Österreich, sich auf die Dauer damit zufriedenzugeben, vom Römischen Königtum und damit von der Erlangung der Kaiserwürde ausgeschlossen zu sein. Er war ein harter, entschlossener und erbarmungsloser Herrscher, der nach dem Verlust eines Auges 1295 einen düsteren Eindruck machte. Gegen seine Feinde kannte er keine Milde, solange sie ihn bekämpften, und galt bei ihnen als „Tyrann“. Dagegen war er bereit, Zugeständnisse zu machen, wenn man ihn davon überzeugen konnte, daß der Bittsteller im Recht war. Seine Gemahlin war Elisabeth, die Tochter Meinhards II. von Tirol. Auch darin zeigt sich die enge Verbundenheit der Habsburger mit den Tiroler Grafen.

Der Habsburger glaubte sich umso berechtigter, gegen König Adolf aufzutreten, als dieser auf jede Weise Albrecht entgegenarbeitete. So trieb er den Erzbischof von Salzburg neuerlich zum Krieg gegen Österreich und nahm einen der Führer des antihabsburgischen Aufstandes, Konrad von Summerau, auf und gewährte ihm politisches Asyl. Da er sich eine Reihe von Fürsten zu Feinden gemacht hatte, wurde während der Königskrönung Wenzels II. in Prag 1297 eine Vereinbarung getroffen, nach der Adolf abgesetzt und Albrecht zum Römischen König gewählt werden sollte. Diese Vereinbarung wurde auf einer weiteren Tagung in Wien im Februar 1298 bestätigt. Nun zog Herzog Albrecht mit seinem Heer an den Rhein. Die ihm günstig gesinnten Fürsten versammelten sich in Mainz und wählten den österreichischen Herzog zum Gegenkönig. In der Entscheidungsschlacht auf dem Hasenbühl bei Göllheim (2. Juli 1298) rannte Albrecht selber König Adolf an und verwundete ihn; der Raugraf Georg von Stolzenfels tötete ihn dann. Albrecht ließ sich nun von Fürsten nochmals einstimmig zum König wählen.

Es zeigte sich bald, daß der neue Herrscher nicht gewillt war, lediglich Werkzeug seiner Wähler zu sein. Wie er in Österreich und in der Steiermark seine landesfürstliche Macht mit allen Mitteln gestärkt hatte, so sollte dies nun im ganzen Reich geschehen. Seine Pläne liefen darauf hinaus, die Königswürde im Haus Habsburg erblich zu machen und den Fürsten das Wahlrecht zu beschneiden. Das konnte jedoch nur mit Hilfe des Papstes geschehen. Um sich Bundesgenossen für seine Pläne zu schaffen, unterstützte der König die freien Reichsstädte gegen die Fürsten, gegen die er auszog und die er zwang, die Zölle, mit denen sie den Handel hemmten, abzuschaffen sowie in Besitz genommene Reichsgüter wieder herauszugeben. Er bestellte, um die Macht seines Hauses zu stärken, nach dem Aussterben des böhmischen Königshauses der Přemysliden 1306 seinen Sohn Rudolf zum König von Böhmen. Bereits vorher hatte er beim Erlöschen des ungarischen Königshauses der Arpàden den päpstlichen Kandidaten, Karl Robert von Anjou, unterstützt, um eine Vereinigung Böhmens und Ungarns zu einem Großreich zu verhindern (1301).

Die Absetzung Adolfs von Nassau und die Wahl Albrechts zum Gegenkönig hatte einen schwerwiegenden Präzedenzfall geschaffen. Bei den für die Fürsten so gefährlichen Plänen Albrechts lag es nahe, ihn ebenfalls abzusetzen und eine neue Königswahl durchzuführen. Doch die Macht Habsburgs war zu stark, diesen Ideen öffentlich zum Durchbruch zu verhelfen. Dafür erfolgte der Schlag gegen Albrecht von einer anderen Seite.

Im Jahr 1283 hatte der jüngere Bruder des Königs, der mit der Tochter Ottokars II. von Böhmen vermählt worden war, auf Österreich und die Steiermark gegen eine in Aussicht gestellte Entschädigung verzichtet. Seine Gemahlin gebar nach dem frühen Tod des Gatten einen Sohn — Johann —, der am Hofe Albrechts heranwuchs. Er verlangte sodann das Erbe seines Vaters und war mit den Gebieten in Schwaben nicht zufrieden, die ihm der König zur Verwaltung anvertraute. Seine Abkunft von Ottokar II. scheint in ihm den Gedanken wachgerufen zu haben, er sei eher als Albrechts Sohn berechtigt, die böhmische Krone zu erlangen. Freilich — der böhmische Königstraum der Habsburger war kurz. Der junge König Rudolf starb bereits nach einjähriger Regierung 1307, und die Böhmen holten sich Heinrich von Kärnten-Tirol, einen Sohn des Grafen Meinhards II., als neuen Herrscher. Vergebens verhängte König Albrecht die Reichsacht über ihn und ließ seinen ältesten Sohn — Friedrich — mit österreichischen Truppen in Mähren einrücken. Ehe es zur Entscheidung kam, fiel Albrecht einer Verschwörung von Adeligen zum Opfer, unter denen sich auch sein Neffe Johann befand, der seitdem den Beinamen „Parricida“ (Verwandtenmörder) führte. Die Tat geschah 1308 im Angesicht der Habsburg, die Albrecht aufsuchen wollte. Mit unerhörter Grausamkeit wurden — vor allem von Albrechts Tochter, der verwitweten Königin Agnes von Ungarn — ganze Familien der Verschwörer ausgerottet. Johann Parricida dagegen gelang es, nach Italien zu entkommen. Es wird berichtet, er habe sich dort in Pisa 1312 dem neuen Kaiser, Heinrich VII. (1308—1313), zu Füßen geworfen und um Begnadigung gebeten, die ihm auch in Form lebenslänglicher Haft zuteil wurde.

Unter den gegebenen Umständen war es selbstverständlich, daß keiner der Söhne des ermordeten Königs Aussicht hatte, von den Fürsten gewählt zu werden. Der neue Römische König wurde Graf Heinrich von Luxemburg, der nach jahrzehntelanger Pause nach Italien zog und sich in Rom die Kaiserkrone holte. Er zögerte mit der Ächtung der Mörder Albrechts von Österreich und erklärte Schwyz und Unterwalden, die habsburgisch waren, zu reichsunmittelbaren Gebieten. Doch ließ er sich herbei, die Söhne König Albrechts mit den österreichischen Landen für eine Leistung von 20.000 Mark zu belehnen. Außerdem mußten sie ihm versprechen, ihm bei der Erwerbung Böhmens zu helfen.

Der älteste Sohn Albrechts, Friedrich III. (1308—1330), mit dem Beinamen „der Schöne“ versehen, sah sich schweren Problemen gegenüber. Im Frieden von Znaim verzichtete er Heinrich von Kärnten-Tirol gegenüber auf Böhmen und Mähren und ließ sich von ihm das Sanntal abtreten. Aber noch war die Abneigung vieler Österreicher gegen das habsburgische Haus nicht erstorben. Adelige und vornehme Wiener Bürger hatten sich verschworen und Verbindung mit Bayern aufgenommen. Sie gedachten, sich der jüngsten Söhne Albrechts, der Herzoge Albrecht und Otto, als Geiseln zu bemächtigen, während sich die beiden älteren Brüder, Friedrich und Leopold, in der Schweiz und in Deutschland befanden. Doch der steirische Landeshauptmann Ulrich von Wallsee erschien rechtzeitig und warf den Aufruhr nieder. Die Bestrafung der Schuldigen nach der Rückkehr Friedrichs nach Wien war unheimlich hart (Jänner 1310). Dafür war es das letzte Mal, daß wir von einem Versuch, die habsburgische Herrschaft zu stürzen, hören.

Der Kampf um ihre Besitzungen ließen Friedrich und Leopold, auf denen die Hauptlast der Verantwortung lag, nicht zur Ruhe kommen. In den habsburgischen Besitzungen in der Schweiz, die um den Vierwaldstätter See lagen, hatten die Bauern von Schwyz, Uri und Unterwalden Bündnisse zur Erhaltung ihrer Freiheit geschlossen. Sie waren schon von den Hohenstaufen reichsunmittelbar erklärt worden, doch hatten es die Habsburger verstanden, sie wenigstens teilweise wieder unter ihre Herrschaft zu beugen. Nun schlossen sie am 1. August 1291 einen ewigen Bund und wurden sowohl von König Adolf als auch von Kaiser Heinrich VII. in ihren Freiheiten bestätigt. Dies wollte Herzog Leopold rückgängig machen. Er erschien mit einem Ritterheer in der Schweiz, aber die Eidgenossen überfielen ihn bei Morgarten (1315) und brachten ihm eine entscheidende Niederlage bei. Die Habsburger mußten auf ihre Rechte in Schwyz und Unterwalden verzichten. Doch ist die Gestalt des Landvogtes Geßler und Wilhelm Tells, die durch Schillers Drama allgemein bekannt wurden, nicht historisch. Die Sage erscheint erst viel später in der Chronik des Ägydius Tschudi im 16. Jahrhundert ausführlich dargestellt.

Wie Leopold im Kampf gegen die Schweizer, so erlitt Herzog Friedrich III. bei seinem Versuch, sich der vormundschaftlichen Regierung in Bayern zu bemächtigen, die Niederlage von Gammelsdorf (1313). Dies trug zur Verfeindung der Familien Habsburg und Wittelsbach (seit 1180 im Besitz der bayrischen Herzogswürde) bei, die sich in der folgenden Doppelwahl verhängnisvoll auswirken sollte; denn im Jahr 1313 war Kaiser Heinrich VII. gestorben. Sein

Sohn Johann, der den Kärntner Heinrich aus Böhmen vertrieben und dort die luxemburgische Herrschaft aufgerichtet hatte, bewarb sich um die Nachfolge. Als er aber erkannte, daß die Fürsten wenig Lust zeigten, durch seine Wahl auf die Erblichkeit der römischen Krone hinzuweisen, stellte er sich hinter den Kandidaten der Erzbischöfe von Mainz und Trier, den Herzog Ludwig von Bayern. Doch auch Friedrich von Österreich meldete seine Kandidatur an. Die Wahl erfolgte im Oktober 1314 unter dramatischen Begleitumständen. Sowohl Ludwig als auch Friedrich waren mit einem Heer in Frankfurt erschienen. Ludwig hatte die Vorstadt, Friedrich Sachsenhausen besetzt. Am 19. Oktober wählten der Erzbischof von Köln, der Herzog von Sachsen-Wittenberg, der Pfalzgraf Rudolf und Heinrich von Kärnten, der sich, obwohl vertrieben, noch immer als König von Böhmen betrachtete, Friedrich von Österreich. Am 20. Oktober erhoben die Erzbischöfe von Mainz und Trier, König Johann von Böhmen, der Markgraf von Brandenburg und der Herzog von Sachsen-Lauenburg Ludwig von Bayern zur höchsten Würde. Friedrich wurde nicht wie üblich in Aachen, sondern in Bonn, jedoch von dem zur Krönung berechtigten Erzbischof von Köln, Ludwig wohl in Aachen, aber von dem zur Krönung nicht berechtigten Erzbischof von Mainz gekrönt. Da keiner der beiden Gewählten zurücktreten wollte, mußten die Waffen entscheiden. Dabei verteilten sich die Kräfte so, daß die meisten Städte zu Ludwig, der Adel aber ziemlich geschlossen zu Friedrich hielten.

Für die Bewohner der Grenzgebiete von Österreich und Bayern brachen Jahre des Schreckens herein. Mord, Brand und Plünderung waren an der Tagesordnung. Die Kräfte der beiden Thronbewerber hielten sich lange die Waage. Es gelang Friedrich, die Hilfe der Ungarn zu erhalten, und ein Heer von Kumanen und Magyaren, die — nach einem Bericht — „wie die Heuschrecken die Oberfläche der Erde bedeckten", erschien am Inn. Die Entscheidung fiel 1322 bei Mühldorf. Gegen den Rat seiner Anhänger wartete Friedrich von Österreich die Ankunft seines Bruders Leopold, der ein zweites Heer aus der Schweiz und Schwaben heranführte, nicht ab. Während Friedrich in weithin kennbarer Rüstung unter seinen Rittern mitkämpfte, begnügte sich Ludwig, der Schlacht aus der Ferne zuzusehen. Gegen Mittag waren die Österreicher im Vorteil, und die Bayern wichen zurück. Da tauchte in der Flanke Friedrichs ein Reiterheer auf, das die österreichischen Farben führte. Allgemeiner Jubel begrüßte das Eintreffen des mit Sehnsucht erwarteten Herzogs Leopold. Dann aber zeigte es sich, daß der Gegner eine Kriegslist angewendet hatte. Es waren Reiter Ludwigs unter der Anführung des Burggrafen von Nürnberg; sie entschieden die Schlacht. Friedrich von Österreich und sein Bruder Heinrich wurden gefangengenommen, Friedrich auf die Burg Trausnitz, Heinrich nach Pürglitz (bei Königgrätz in Böhmen) gebracht.

Der Krieg war aber damit nicht zu Ende. Die bisher verbündeten Bayern und Böhmen entzweiten sich. Der böhmische König gab alle gefangenen Österreicher frei und versprach Neutralität. König Karl Robert von Ungarn schloß ein neuerliches Bündnis mit Österreich. Dazu kam, daß 1324 der Papst über Ludwig von Bayern den Bann aussprach und die Fürsten aufforderte, eine neue Königswahl durchzuführen. Herzog Leopold, der seit der Gefangennahme seines Bruders Friedrich die Geschicke des Hauses Habsburg verantwortlich leitete, schloß ein Bündnis Österreichs mit Frankreich. Dadurch geriet Ludwig von Bayern in solche Bedrängnis, daß er seinen gefangenen Gegner Friedrich auf Ehrenwort freiließ und ihm den Auftrag gab, den Frieden zu vermitteln (1325).

Friedrich kehrte vollkommen gebrochen nach Wien zurück. Seine Brüder hatten alles andere als die Absicht, auf die Bedingungen Ludwigs einzugehen. Dazu kam, daß der Papst alle Vereinbarungen für ungültig erklärte, die Friedrich „unter Zwang“ mit Ludwig abgeschlossen hatte. Er verbot ihm auch, nach Bayern zurückzukehren, wie er es versprochen hatte, wenn es zu keiner Vereinbarung zwischen seinen Brüdern und Ludwig von Bayern kommen würde.

Trotzdem hielt sich Friedrich an sein Wort gebunden. Er kehrte freiwillig in die Gefangenschaft zurück. Diese Geste wirkte auf Ludwig von Bayern so, daß er sich bereit erklärte, mit Friedrich gemeinsam das Reich zu regieren. Doch die Fürsten versagten dieser Abmachung, die ein Doppelkönigtum vorgesehen hätte, ihre Zustimmung. So zog sich der Österreicher in seine Länder zurück. Seine letzten Lebensjahre wurden durch eine Reihe von Unglücksfällen gekennzeichnet. Seine beiden fähigen Brüder Leopold († 1326) und Heinrich († 1327) starben vor ihm. Der jüngste Sohn Albrechts I., Herzog Otto, verlangte seinen Anteil an der Regierung und erhob sich im Bund mit einem Teil des österreichischen Adels, unterstützt von den Königen von Ungarn und von Böhmen, gegen Friedrich. Nur mit großer Mühe gelang es, Otto gegen Abtretung von Hainburg und eines beträchtlichen Teils der Landeseinkünfte zu befriedigen. Friedrich zog sich nunmehr vergrämt und verbittert auf das Schloß Gutenstein zurück. Hier starb er 1330 und wurde in der von ihm 1316 gegründeten Kartause Mauerbach zusammen mit seiner Gemahlin Elisabeth von Aragonien bestattet. Zwei Söhne im Kindesalter waren ihm vorausgegangen. Die Habsburger hatten vorläufig den Kampf um die römische Königskrone verloren. Gerade daraus ergab sich jedoch die Tatsache, daß sie sich nunmehr um die Ausbildung ihrer österreichischen Länder sorgen mußten. So wurde gerade dieses Jahrhundert, das die österreichischen Fürsten von der obersten Würde im Heiligen Römischen Reich fernhielt, für die weitere Entwicklung des österreichischen Volkes und seines Staates von hoher Bedeutung.

Kärntens Anschluß an Österreich

Für die kommenden Geschehnisse waren die Vorgänge im Herzogtum Kärnten und in dem mit diesem verbundenen Tirol von Bedeutung. Heinrich, Graf von Tirol und Herzog von Kärnten, Exkönig von Böhmen, hatte in seiner langen Regierungszeit (zusammen mit seinen Brüdern ab 1295, alleiniger Herrscher

1310—1335) die Finanzen seiner Länder infolge seiner Freigiebigkeit und seiner Prachtliebe völlig durcheinandergebracht. Ministerialen und Städte konnten sich gleicherweise der Gunst des Herzogs erfreuen. So erhielten Sterzing 1316 und Meran 1320 neue Vorrechte. Im Auftrag Heinrichs wurde der Kunterweg geschaffen, der die bisher undurchgängige Schlucht des Eisack zwischen Bozen und Trostburg passierbar machte. Zur gleichen Zeit entstand die Straße über den Arlberg und die durch das Achental. Der Salzpreis wurde staatlich bestimmt, und zu Hall, Meran, Bozen und Gries ließ der Landesherr Salzdepots anlegen. Den Ötztaler Bauern gewährte er großzügigen Steuernachlaß, und die „Walser", Emigranten aus dem Schweizer Kanton Wallis, wurden in Galtür freundlich aufgenommen. Auch die ersten „Schildhöfe" entstanden unter Heinrichs Regierung. Er verlieh Passeirer Bauern das Recht, ein Wappenschild zu führen sowie zu Pferd zu dienen und befreite sie dafür von allen Steuern und Abgaben. Ihre Nachkommen hatten bis 1790 in der Ritterbank des Tiroler Landtages ihren Sitz.

Schwierig allerdings war die Nachfolgefrage; Heinrich besaß keine Söhne. Erbin von Kärnten und Tirol war Margarete, die später den falschgedeuteten Beinamen „Maultasche" erhielt. Um das Erbe Heinrichs bemühten sich also schon früh die benachbarten Geschlechter: es waren dies die Habsburger, die Wittelsbacher und die Luxemburger. Im Wettstreit zwischen ihnen kam es immer wieder zu Bündnissen, die man entsprechend löste und erneuerte. Kaiser Ludwig IV. der Bayer, der nunmehr als anerkannter Herrscher regierte, versprach Herzog Otto von Österreich bereits 1330 in einem Geheimvertrag die Belehnung mit Kärnten, wofür die Habsburger die Wittelsbacher bei der Erwerbung Tirols unterstützen sollten. König Johann von Böhmen vermählte im gleichen Jahr seinen Sohn Johann Heinrich mit der 12jährigen Erbprinzessin Margarete. Zugleich überzog Böhmen Österreich mit Krieg, der erst 1332 zu Ende ging und die Rückgabe der 1323 an Böhmen verpfändeten niederösterreichischen Städte Weitra, Eggenburg und Laa an der Thaya mit sich brachte.

Als dann König-Herzog Heinrich von Kärnten und Tirol 1335 verschied, verlangten die habsburgischen Brüder Albrecht II. und Otto die Erfüllung des Geheimvertrages. In einer Zusammenkunft des Kaisers mit den beiden zu Linz belehnte Ludwig IV. die Österreicher mit Kärnten und dem südlichen Teil von Tirol (bis Finstermünz, zum Jaufen und in die Gegend des heutigen Franzensfeste). Nordtirol sollte an die Wittelsbacher fallen. Tatsächlich erschien Herzog Otto von Österreich in Vertretung seines gelähmten Bruders Albrecht II. in Kärnten und nahm die nach altem Brauch erfolgte Huldigung des Landes entgegen. Bei dieser Gelegenheit wird uns von den Chronisten der Zeit die Zeremonie auf dem „Herzogsstein" nördlich von Klagenfurt (bei Maria Saal) beschrieben, in der der Bauer noch eine bedeutende Rolle spielte. Der Streit darum, ob es sich um eine alte bajuwarische Sitte handelt, mit der zwischen dem landfremden Herzog und der slawisch(-slowenischen) Bevölkerung vermittelt werden sollte, oder ob es der alte slowenische Brauch der Herzogeinsetzung aus vorchristlicher Zeit war, der sich erhalten hatte, ist noch immer nicht verstummt und unterliegt heute noch der Leidenschaft der Völker. Nach den Berichten forderte bei dieser Einsetzung ein slowenischer Bauer, der die Mehrheit des Landes repräsentierte — die Adelsgeschlechter kamen aus der Fremde —, in seiner slawischen Muttersprache vom Herzog den Beweis der Würdigkeit und verlangte, nachdem er ihm einen Backenstreich als Zeichen der Erinnerung gegeben hatte, er solle die Rechte des Landes vor dem Kaiser und allen anderen vertreten. Dieser Vorgang beweist die damals starke slawische Besiedlung des Landes und der angrenzenden Gebiete. Der Herzogstuhl selbst ist aus zwei alten Römersteinen zusammengesetzt und hat zwei Sitze, von denen der eine für den Herzog, der andere für den Tiroler Pfalzgrafen bestimmt war.

Es muß übrigens festgehalten werden, daß der Begriff „Kärnten" im frühen Mittelalter nicht mit dem des nunmehrigen „Herzogtums Kärnten" identisch war, sondern weit darüber hinausreichte. In der zweiten Hälfte des 9. Jahrhunderts gab es ein „regnum Carantanum" (= Königreich Kärnten), dem die volkssprachliche (althochdeutsche) Bezeichnung „Charentariche" (= Kärntnerreich) in der Urkunde Kaiser Arnulfs vom 31. August 898 entsprach. Dieses alte „Karantanien" umfaßte neben dem Flußgebiet der oberen Drau (bis zum Pohorjegebirge) auch das Flußgebiet der Mur (bis zur heutigen österreichisch-jugoslawischen Grenze bei Leibnitz); im Osten reichte es bis zum oberen Raabfluß, im Norden umfaßte es einen Großteil des Ennsgebietes. Bis ins 13. Jahrhundert verstand man unter „Carantani" alle in den Alpen wohnenden Slawen (vgl. B. Grafenauer: Großmähren, Unterpannonien und Karantanien, in: Das Großmährische Reich, Prag, 1966).

Damit war Kärnten nunmehr dem Länderbesitz der Habsburger angefügt worden. Im Land selbst hatte sich kein wesentlicher Widerspruch erhoben. Dagegen waren die Tiroler über die geplante Teilung ihres Landes in hellem Aufruhr. Obwohl der Name „Comecia Tyrolis" (Grafschaft Tirol) erst seit 1256 bezeugt ist und noch in der Teilungsurkunde der Görzer Grafen von 1254 nur von der „Herrschaft im Inntal" die Rede ist, fühlten sich die Bewohner des „Landes an der Etsch" und des „Landes am Inn" als politische Einheit. Um die Einheit Tirols zu erhalten, warfen sie sich den Luxemburgern in die Arme. König Johann von Böhmen, der Schwiegervater Margarete Maultaschs, verbündete sich mit Polen und Ungarn und brach in Österreich ein. Aber auch Kaiser Ludwig IV. konnte Nordtirol nicht für sich gewinnen. So zog er seine Unterstützung der Habsburger in ihrer Forderung auf den südlichen Landesteil zurück. Darauf schlossen Albrecht II. und Otto von Österreich zu Enns 1336 ihren Frieden mit dem luxemburgischen König von Böhmen. Sie verzichteten auf den Teil Tirols, den ihnen der Kaiser zugesagt hatte, und nahmen dafür den Verzicht der Luxemburger auf Kärnten entgegen. Doch es war kein Zweifel, daß für Albrecht II. von Österreich dieser Verzicht nur eine provisorische Maßnahme war. Von nun an beobachteten die Habsburger alle Vorgänge in Tirol mit gespannter Aufmerksamkeit und ungeteiltem Interesse.

Zusammenfassung:

Der Name „Ostarrichi" ist für das Stammland des heutigen Österreich schon lange im Volksmund üblich, wie aus der Kaiserurkunde von 996 hervorgeht. So ist eine historische Kontinuität von der römischen Provinz Noricum über die Awarische Mark Karls des Großen bis zur babenbergischen Markgrafschaft Österreich festzustellen. Durch das Privi-

legium Minus 1156 erhielt der mit einer oströmischen Prinzessin aus dem Kaiserhaus der Komnenen vermählte Babenberger Heinrich II. Jasomirgott nicht bloß die Würde eines Herzogs von Österreich, sondern auch weitgehende Unabhängigkeit und Sonderrechte im Heiligen Römischen Reich, wie sie kein anderer Reichsfürst besaß. Nach dem Ende der Babenberger (1246) wurden Österreich und Steiermark von Ottokar II. Přemysl in Besitz genommen und bildeten mit dem ebenfalls von Ottokar II. gewonnenen Herzogtum Kärnten eine Brücke zwischen den süd-, ost- und nordslawischen Territorien. Schon der vorletzte Babenberger war so mächtig gewesen, daß er den Frieden zwischen Papst und Kaiser vermitteln konnte. An ihrem Hof blühte der Minnesang (Walther von der Vogelweide, Tannhäuser u. a. m.) und höfische Kultur. Die Kunst einer eigenständigen Romanik hinterließ in Österreich leider nur wenige Werke. Der letzte Babenberger, mit dem abendländisch-(west-)römischen und dem morgenländisch-(ost-)römischen Kaiserhaus verschwägert, hätte beinahe für Österreich die Königswürde erlangt, wenn sich seine Nichte Gertrud mit dem Kaiser vermählt hätte. Ottokar II. Přemysl setzte als Landesherr von Österreich nur das Werk der letzten Babenberger fort, deren Endziel die Aufrichtung einer starken Donaumacht war. Unterdessen hatten die Fürsten des Heiligen Römischen Reiches nach dem Untergang der Hohenstaufen und der kurzen Scheinherrschaft römischer Könige aus Holland, England und Spanien (Wilhelm von Holland, Richard von Cornwall, Alfons X. von Kastilien) den Schweizer Graf Rudolf von Habsburg zum römischen König gewählt. Er stellte im Heiligen Römischen Reich die Ordnung wieder her und nahm Ottokar II. die babenbergischen Lande ab, die er seinen eigenen Söhnen übergab. Böhmen gelangte mit seinen Nebenländern nach dem Aussterben der Přemysliden an das dem französischen Kulturkreis angehörige Haus Luxemburg.

HABSBURG ODER LUXEMBURG?

Vor einer Zeitwende

Im 14. Jahrhundert zeigten sich in ganz Europa die Anfänge großer wirtschaftlicher, sozialer und kultureller Umwälzungen, die das Ende des bisherigen Zeitalters ankündigten. Als Vorläufer waren schon zur Zeit der letzten Babenberger die sogenannten „Bettelorden“ entstanden, zu denen Minoriten, Franziskaner und Dominikaner gezählt wurden. Im Gegensatz zu den älteren Ordensgemeinschaften, die sich der feudalen Wirtschaft des Früh- und des Hochmittelalters angepaßt hatten, gingen die Bettelorden mit ihrem Gedankengut in die aufblühenden Städte und unter die weiten Kreise des armen Volkes. Sie fingen so die revolutionären Strömungen auf, die bereits auf dem Weg zu einer großen Kirchenspaltung waren. Katharer und Waldenser waren zur Zeit Leopolds VI. des Glorreichen in Österreich verbreitet; der Babenberger jedoch, ein besonderer Eiferer, verfolgte sie.

Nun hatten die Päpste seit 1308 Rom verlassen und sich in der südfranzösischen Stadt Avignon niedergelassen. In Rom selbst herrschten miteinander kämpfende Adelsparteien. Das Jahr 1348 sah den sogenannten „Schwarzen Tod“, eine Seuche, die ganz Europa durchzog und tausende Todesopfer forderte. „Da kam ein großer Sterb“ — berichtet uns ein unbekannter Chronist aus dem steirischen Leoben —, „do worden stet und Märkte oed, das in dy Lewt do zu hart vordten, daß man große pet thet und gingen auch die Lewt in der großen pueß überall.“ In Verfolg dieser Seuche kam es zu ekstatischen Volksbewegungen, wie der der Geißler, der Tänzer und ähnlichen Erscheinungen. Häufiger als je zuvor wurden die Juden der Hostienschändung und der Verhöhnung der christlichen Religion beschuldigt. Die Volkswut tobte sich dann in wilden Pogromen aus.

Hier spielen allerdings bereits soziale und wirtschaftliche Motive die Hauptrolle. Die religiösen Anschuldigungen sind nur der äußere Deckmantel, an den freilich breite Massen glaubten. Nach den Bestimmungen der Kirche war es bei Strafe der Exkommunikation verboten, für Geld Zinsen zu nehmen. Man bezeichnete dies als „Zinskauf“. Da aber Fürsten und Städte Geld notwendig hatten und die Kreditgewährung noch ganz nach feudalem Vorbild organisiert war, waren es die Juden — von der Exkommunikation natürlich nicht betroffen —, die in das Geldgeschäft kamen. Mit Recht sagt J. E. Scherer über das Verhältnis der Juden zu den Landesfürsten: „Es lag im Interesse der Fürsten, den Juden so enorme Zinsen zu gestatten, weil sie einen großen Fonds jederzeit disponiblen

Kapitals zur Verfügung haben wollten, den sie in Zeiten des Bedarfs bei ihnen in Anspruch nehmen konnten, teils auf rechtmäßige Weise durch Darlehen, teils gewaltsam durch Wegnahme. Treffend bemerkt mit Rücksicht darauf Bédarride: Die wahren Wucherer waren nicht die Juden, sondern die Könige und die Barone, die sich ihrem Wucher anpaßten. Das Odiose des Wuchers fiel auf die Juden: den Vorteil aus demselben zogen größtenteils die christlichen Machthaber, welche ihnen aus eigennützigen Motiven Wucherprivilegien verliehen." Es zeigte sich eben der große Gegensatz zwischen der theoretisch noch immer bestehenden feudalen Auffassung, daß der Grund und Boden das Wichtigste sei, von dem aus die Macht und das Ansehen des Besitzers oder Lehensträgers abhänge, und der Praxis des täglichen Lebens, die dieser Theorie weitgehend widersprach. Vor allem die landesfürstliche Verwaltung war es, die unter diesem merkwürdigen Gegensatz litt. Wohl wurden Steuern, Abgaben und Zölle eingehoben, aber der „Beamte" — wenn wir diesen Ausdruck bereits jetzt gebrauchen wollen — war nicht verpflichtet, sie regelmäßig abzuführen, oft nicht einmal dazu, Rechnung zu legen. So kam es, daß der Einhebende über Geldsummen durch längere Zeit, oft durch Jahre, hindurch frei verfügen konnte. Anderseits finden wir Anweisungen der Landesfürsten und Grundherren auf Einnahmen, die vielleicht erst in der Zukunft realisiert werden konnten. Da man sich über diese kein genaues Bild machte, konnte es zu einer Art Inflation an solchen Anweisungen kommen. Solche Anweisungen oder auch die Schuldscheine der Fürsten wurden ihrerseits wieder weitergegeben oder verpfändet. So weist Herzog Friedrich von Teck 1358 einen Gläubiger mit seiner Forderung an Albrecht II. von Österreich.

Dieser Inflation suchte man — wieder mit unzureichenden Mitteln — durch Besteuerung des Bargeldbesitzes Herr zu werden. Das waren nämlich die sogenannten „Münzverrufungen", die immer wieder, schließlich sogar mehrmals im Jahr, vorgenommen wurden. Man kann sie bis zu einem gewissen Grad mit Einziehung und Ungültigkeitserklärung von Banknoten vergleichen, wie dies heute geschieht. Freilich erregte dies den Ärger der dadurch Betroffenen, die sich in lauten Protesten Luft machten. Die Ausgabe von Silbergeld übten schon im babenbergischen Österreich die sogenannten „Münzer-Hausgenossenschaften", die vom Herzog das Silberhandels- und Silberprägungsmonopol erhielten. Ihre Entstehung dürfte möglicherweise auf oströmisch-byzantinische Vorbilder zurückgehen; im Oströmischen Reich waren derartige vom Staat überwachte Genossenschaften eben die Zeit bekannt, da die Babenberger ihre byzantinisch-oströmischen Beziehungen ausbauten.

Der Silberwährung, die auch weiterhin innerhalb eines Landes Verwendung fand und die in der frühen Neuzeit einen neuerlichen Aufschwung (bedingt durch die großen Silbervorkommen in Amerika) nahm, machte die Goldwährung Konkurrenz, die 1254 in Florenz ihren Anfang nahm. Noch heute gilt als Abkürzung für „Gulden" das „fl" (Florentiner). Mit ihrer Hilfe suchten Fürsten, wie Meinhard II. von Tirol, Johann von Böhmen, Karl Robert von

Ungarn, Albrecht II. von Österreich ein Gegengewicht gegen die feudalen Gewalten zu schaffen, die der Vollendung der landesfürstlichen Gewalt hindernd im Weg standen. Man versuchte auch, das italienische System der Leihbanken, die sogenannten „Lombardenbanken", einzubürgern. Schon Meinhard II. von Tirol hatte in eifriger Verbindung mit italienischen Geldleuten ein weitausgebreitetes Handels- und Bankensystem aufzubauen gesucht. Dem luxemburgischen Kaiser, Karl IV. (1346—1378), erschien der Versuch Rudolfs IV. von Österreich, sich ebenfalls der Lombarden zu bedienen, so gefährlich, daß er es ihm untersagte. Konnte doch auf diese Weise ein Landesfürst seine Geldknappheit beheben, war nicht mehr auf den guten Willen und die Gefolgschaft seiner feudalen Lehensleute angewiesen und vermochte sich somit selbständig zu machen.

Außerdem muß festgestellt werden, daß sich gerade in jenen Jahrzehnten des 14. Jahrhunderts, von denen die Rede geht, die Landesfürsten nicht ungern mit den breiten Massen des Volkes gegen die Adeligen und das Patriziat der Städte verbanden. Wir finden solche Vorgänge als gesamteuropäische Erscheinungen sowohl in der Schweiz (Zürich) als auch in Italien (Florenz und Rom). Als Gegner gelten Landadel, reiches Großbürgertum und endlich der hohe Klerus, die sich allerdings in ihrer ständischen Sonderung gegen das aufsteigende Fürstentum nicht einigen konnten, sondern getrennt ihren Kampf führen. Die Handwerker und kleinen Leute der Städte sammeln sich in den Zünften, deren strenge Regeln und Aufnahmebestimmungen sie bald zu einer geschlossenen Gemeinschaft machten, in die ein Außenstehender nur mit großer Mühe eindringen konnte. Gegen Ende des Mittelalters jedoch beobachten wir nicht bloß einen Gegensatz zwischen „Zünften" und „Geschlechtern" (Patriziern, Großbürgern), der sich oft in blutigen Straßenkämpfen und Fehden äußert, sondern ebenso einen solchen zwischen den alteingesessenen „Meistern" und den „Gesellen". Dabei finden wir nur schwache Anzeichen dafür, daß sich die Gesellen mehrerer Zünfte zu gemeinsamer Aktion vereinigen. Am stärksten war der Zusammenhalt unter den Bergknappen; sie bildeten am frühesten Elemente aus, die sie den modernen Arbeitern ähnlich machen.

Die Anfänge Rudolfs IV.

Am 1. November 1339 wurde dem Herzog Albrecht II. von Österreich und seiner Gemahlin Johanna, geborener Gräfin von Pfirt, nach fünfzehnjähriger kinderloser Ehe ein Sohn geboren: Rudolf IV. Sein Vater war damals 41, seine Mutter 39 Jahre alt. Die Familie Habsburg stand in diesem Augenblick beinahe „auf zwei Augen"; denn eben (1339) war der einzige noch lebende Bruder Albrechts II., Otto, gestorben und hatte bloß zwei minderjährige Kinder hinterlassen, die ebenfalls bald ihrem Vater in die Gruft folgten. Rudolfs IV. Mutter war die Erbtochter der Grafen von Ferrette und Montbéliard (zu deutsch Pfirt und Mömpelgard). Auf Rudolf IV. folgten sodann weitere zehn Kinder, unter denen Albrecht (III.) und Leopold (III.) für die österreichische Geschichte von Bedeutung wurden. Rudolfs IV. Vater, Herzog Albrecht II., war infolge eines Giftmordversuchs bereits neun Jahre gelähmt, als sein erster Sohn geboren wurde, und konnte sich nur unter Zuhilfenahme einer Sänfte fortbewegen. Er führt deshalb den Beinamen „der Lahme".

Der junge Erbprinz Rudolf wurde bereits im Alter von 14 Jahren mit der Tochter des Kaisers (und Königs von Böhmen) Karl IV., Katharina, vermählt, die gerade 11 Jahre zählte, jedoch seit ihrem 6. Lebensjahr am Wiener Hof erzogen wurde. Die Ehe Rudolfs dauerte zwölf Jahre und blieb kinderlos. Er erreichte gleichfalls nicht das reife Mannesalter; der Schatten des Todes lag über dem hochbegabten Habsburger, und immer wieder erinnert er in seinen Urkunden daran, daß nichts gewisser als der Tod und nichts ungewisser als der Augenblick des Todes sei. Schon sein Vater hatte mit seinem Wesen und durch seine Fürsorge, die er Österreich widmete, die letzten Spuren der Abneigung der Österreicher gegen das „fremde" Herrscherhaus und die „Schwaben" zerstreut. Seit Rudolf IV. empfanden die Habsburger österreichisch, und die Österreicher sahen in ihnen eine einheimische Dynastie. Die Bedeutung, die ihm seine späten Zeitgenossen zubilligten, drückt sich am ehesten in der Äußerung des Geschichtsschreibers und Wiener Professors Thomas Ebendorfer († 1464) aus, der uns erzählt, daß man von Rudolf IV. sage, „er hätte Österreich, wenn er nicht (so frühzeitig) aus dem Leben geschieden wäre, entweder zu den Sternen erhoben oder dem tiefsten Fall zugeführt".

Rudolf IV. als Landesherr

Der 19jährige Erbprinz Rudolf übernahm nach dem Tod Herzog Albrechts II. am 20. Juli 1358 die Herrschaft über die österreichischen Länder. Zwar hatte sein Vater 1355 ein Hausgesetz erlassen, nach dem seine Söhne gemeinsam regieren sollten, doch war Rudolf IV. allein großjährig. In Erinnerung daran schloß Rudolf ein Jahr vor seinem Tod einen Vertrag mit den unterdessen herangewachsenen Geschwistern, auf Grund dessen die österreichischen Länder unteilbar sein und von allen Habsburgern gemeinsam regiert werden sollten. Allerdings hatte der Älteste das Recht, das Gesamthaus zu vertreten.

Das Bild Rudolfs IV. blieb lange Zeit hindurch unklar. Zeitgenössische Klosterannalen (so die von Mattsee) nennen ihn einen Tyrannen und Verfolger der Kirche; er sei ein Ketzer und Aufklärer, ein wahrer Nachkomme Neros. Den Bischof von Passau verfolge der Herzog „wilder als ein Wolf". Klagend spricht der Propst von Herzogenburg, Nikolaus Würmla, von den unerhörten Steuern, die ihm Rudolf aufgelastet habe; alle Klöster in Österreich würden von ihm ausgepreßt, und er verwandle das Erbgut Christi in Soldgeld. So kommt es, daß Rudolf IV. Jahrhunderte später als ein Vorläufer der Aufklärung, ein Vorläufer Josephs II., angesehen wird. Das 19. Jahrhundert zeichnet ihn dann als einen „liberalen" Herrscher im Sinn der damaligen liberalen Ideologie. So ist es schwer, zu seinem eigentlichen Wesen vorzudringen.

Wir wollen jedenfalls feststellen, daß für Rudolf IV. das Hauptziel seiner Politik darin bestand, die landesfürstliche Gewalt in allen österreichischen Ländern gegen alle feudalen Zwischengewalten durchzusetzen und das Ansehen seines Hauses, das er als ein „kaiserliches" ansah, wiederum auf jene Stufe zu heben, die es bereits einmal unter Rudolf von Habsburg und Albrecht I. besessen hatte. Selbst der Gedanke, die Römische Königskrone für sich zu gewinnen, lag ihm nicht ganz fern. Der Plan war umso naheliegender, als Rudolfs IV. Schwiegervater, der Kaiser, lange Zeit hindurch keine männlichen Erben besaß.

Einer der engsten Mitarbeiter des Herzogs war sein Kanzler, Johannes von Platzheim. Er kam aus dem Aargau, war schon unter Albrecht II. in österreichische Dienste getreten und wurde von Rudolf IV. in seine Nähe gezogen. Schon während des Aufenthalts des jungen Herzogs und seiner Gemahlin in den habsburgischen Vorlanden 1357/58 war er mit diesem bekannt geworden. Wie groß sein Einfluß war, verrät ein Schreiben des Papstes Innozenz VI. an ihn, in dem es heißt: „... dessen Rat und Kanzler Du bist und der, wie wir gehört haben, am meisten Deinen Ratschlägen anhängt." Der Kanzler Rudolfs wurde — nicht ohne Zutun des Herzogs — Bischof von Gurk, dann von Passau und endlich von Brixen, wo er 1374 starb.

Rudolfs IV. Innenpolitik war — dem Charakter der Zeit entsprechend — auf die Förderung der Städte gerichtet. In diesem Sinne erklärte er in den Städten alle Abgaben an Kirchen und andere Korporationen, ob weltlich oder geistlich, für ablösbar. Die Ablösungssumme sollte den achtfachen Jahresertrag ausmachen. Der Träger der Abgabe wurde verpflichtet, die Ablösung ohne Widerspruch entgegenzunehmen. Ebenso wurde die Steuerfreiheit des Klerus von Rudolf IV. aufgehoben, und im Jahr 1361 wurde bestimmt, daß jeder Besitz, der an die Kirche fiel, von dieser binnen Jahresfrist an jemanden verkauft werden müsse, der Steuer zahle. Das gleiche Los traf die Adeligen, die in den Städten Häuser besaßen und sich auf ihr Vorrecht der Steuerfreiheit beriefen. Auf die Beschwerde der Bürger von Graz (1364) und Bruck an der Mur (1365) verfügte der Herzog, daß Adelige in den Städten geradeso Steuer zahlen müßten „wie unsere Bürger." Um die Zahl der Handwerker zu vermehren, fiel 1361 in Wien und in den Vororten der Zunftzwang, der es bisher unmöglich gemacht hatte, daß jemand, der nicht der Zunft angehörte, ein Gewerbe ausübte. „Wir wollen" — sagte Rudolf in der betreffenden Verfügung —, „daß alle Bürger, Kaufleute, Laubenherren, Arbeiter und Handwerker, aus welchen Ländern und Städten sie kommen, wenn sie sich in der Stadt und in den Vorstädten niederlassen und mit der Stadt leiden wollen, ihr Handwerk treiben und üben können und durch drei Jahre von der Stadtsteuer befreit sein sollen." Allerdings wurde die Gewerbefreiheit von den Nachfolgern Rudolfs IV. bald wieder aufgehoben.

In ähnlicher Weise suchte der Herzog auf verschiedenen Wegen, die uns heute nicht mehr ganz durchschaubar erscheinen, das mächtige Geschlecht der Grafen von Schaunberg (im heutigen Oberösterreich), das der Vollendung der Landeshoheit im Wege stand, an sich zu binden, wenn er auch dessen Reichsunmittelbarkeit nicht beseitigen konnte. Die zeitgenössische Chronistik bezeichnet Ulrich von Schaunberg als „paedagogus" Rudolfs IV., wobei unter dieser Bezeichnung nicht „Erzieher", wie man lange meinte, sondern eher „Verführer" zu verstehen ist. Denn auch der Schaunberger Graf wurde als Ketzer betrachtet, und es werden von ihm die so beliebten Geschichten von der Erscheinung von Teufeln und vom Sturz in die Hölle erzählt. Jedenfalls war Ulrich von Schaunberg der Gläubiger der Habsburger und Wittelsbacher. Von seinen Vorfahren her besaß er die Maut von Aschach. Für seine Dienste im Krieg gegen Aquileja verpfändete man ihm die Maut von Gmunden; Eferding wurde ihm vom Bischof von Passau verkauft. Die Städte Weitra und Schärding waren ihm verpfändet; auch die Zollstätte von Straßwalchen wurde in seinem Namen geführt. Wie von Rudolf IV. erzählen auch von Ulrich von Schaunberg die Mattseer Annalen, er habe erklärt, in seinem Gebiet sei er Papst, König, Bischof, Dechant und Pfarrer. Spätere Geschichtsschreiber erzählen davon, daß Ulrich von Schaunberg auf die geistige Welt des Habsburgers Einfluß genommen habe. Wir sollen uns aber hüten, den Versuch der österreichischen Herzoge, die Grafen von Schaunberg — sowie andere reichsunmittelbare Gebiete — unter ihre Landeshoheit zu beugen, als reinen Rechtsbruch zu klassifizieren; denn die Entstehung dieser vielen kleinen Gebiete war nicht zuletzt in jener Zeit geschehen, in der die kaiserliche Gewalt ihr Ansehen verloren hatte; sie beruhte „auf Anmaßung gegenüber der Reichsgewalt" (Strnadt).

Die Vereinigung Tirols mit Österreich

Was Herzog Albrecht II. schon angestrebt, aber nicht erreicht hatte, gelang seinem Sohn Rudolf IV. Margarete von Tirol, die Tochter und Erbin König Heinrichs, war in ihrer ersten Ehe mit Johann Heinrich von Luxemburg unglücklich. Sie waren zu jung miteinander vermählt worden, und insbesondere hatte sich Margarete die Tragweite ihres Entschlusses gar nicht klarmachen können. Auch die Tiroler selbst teilten die Abneigung ihrer Landesfürstin gegen die luxemburgische Herrschaft. Ein erster Versuch 1340, sich ihrer zu entledigen, scheiterte. Aber ein Jahr darauf sperrte man dem Luxemburger, als er von der Jagd heimkehrte, die Tore des Schlosses Tirol nicht mehr auf. Seine böhmischen Gefolgsleute wurden vertrieben, er selbst mußte das Land verlassen.

Nun dachte der noch regierende Kaiser Ludwig IV. der Bayer, der seinerzeitige Gegner Friedrichs von Österreich, daran, Tirol den Wittelsbachern zu gewinnen. Freilich war man vorsichtig geworden: zuerst mußte er die Tiroler Landesfreiheiten beschwören und versprechen, in alle Ämter nur Tiroler zu setzen. Dann konnte er mit seinem Sohn Ludwig, der seit 1324 Markgraf von Brandenburg war, in das Land kommen. Als jedoch der Bischof von Freising, der Ehetrennung und neue Trauung vornehmen sollte, beim Übergang über den Jaufen vom Pferd stürzte und an den Folgen des Sturzes starb, wagte es niemand mehr, die Trauung vorzunehmen. Kaiser Ludwig IV. ließ jedoch durch einen Gewaltakt die Trauung Anfang 1343 auf Schloß Tirol vollziehen. Dies führte zur Bannung des Kaisers und des Tiroler Fürstenpaares durch den Papst sowie zur Verhängung des Interdikts über das ganze Land. Nur der jähe Tod des Kaisers verhinderte einen neuen Thronkampf zwischen ihm und den von den Fürsten 1346 zum Gegenkönig gewählten Luxemburger Karl IV.

Während so die Wittelsbacher die römische Krone verloren, gelang es Ludwig „dem Brandenburger", sich in Tirol zu behaupten. Er entfaltete sogar eine Tatkraft, die man seit Meinhard II. nicht mehr gewohnt war. Der Adel, der sich gegenüber dem Landesfürsten unbotmäßig gezeigt hatte, wurde von Ludwig niedergeworfen. Viele Adelige verloren ihre einträglichen Ämter und wanderten, wenn sie sich als schuldig erwiesen, in den Kerker. Ein Versuch des neuen Kaisers, den Wittelsbacher aus Tirol zu vertreiben, führte wohl zu einem blutigen Krieg, der vor allem das Etschland verheerte und Bozen und Meran einäscherte, konnte aber nicht die luxemburgische Herrschaft wiederherstellen. Über den aufständischen Adel ging ein fürchterliches Strafgericht nieder, und eine Reihe seiner Burgen wurde geschleift. Im Jahr 1350 anerkannte dann Ludwig der Brandenburger Karl IV. als Kaiser und nahm dafür die Anerkennung seiner Herrschaftsrechte in Tirol entgegen.

Aus der Ehe Ludwigs mit Margarete wurden einige Kinder geboren, aber nur ein einziger Sohn, Meinhard, selbst kränklich, blieb länger am Leben. Darum erhob sich bereits jetzt die Frage der eventuellen Erbfolge. Die Habsburger — es regierte noch Rudolfs IV. Vater, Albrecht II. — nahmen dies wahr. Es gelang dem unermüdlichen Drängen Albrechts II., die Ehe Margaretens mit Ludwig vom Papst anerkennen zu lassen. Bann und Interdikt wurden aufgehoben. Und Rudolf IV. von Österreich verheiratete seine Schwester mit dem Erbgrafen von Tirol, dem jungen Meinhard.

Ludwig der Brandenburger starb 1361. Zur Regierung kam der junge Meinhard III. (1361—1363). Aber er weilte in München bei seinen bayrischen Verwandten und wurde dort praktisch als Staatsgefangener behandelt. Erst als der österreichische Herzog erschien (1362), konnte er das Land verlassen und nach Tirol zurückkehren. Doch waren ihm nur mehr wenige Monate zu leben vergönnt. Am 20. Jänner 1363 sollte in Bruneck eine Zusammenkunft zwischen Meinhard III. und Rudolf IV. stattfinden. Dieser befand sich schon auf dem Weg nach Tirol, als er in Rodeneck bei Brixen erfuhr, daß sein Schwager eben gestorben und die Regierung Tirols an Margarete Maultasch zurückgefallen sei.

In der kurzen Zeit, in der Margarete allein regierte, hatte der Adel praktisch die eigentliche Herrschaft übernommen. Innerhalb von zehn Tagen erpreßte er ungewöhnlich reichhaltige Privilegien von ihr. Diese Situation wurde in überraschend kurzer Zeit von Rudolf IV. geklärt. Der Ruf, ein großer Freund der Bürger und des kleinen Mannes zu sein, war ihm nach Tirol vorausgeeilt. Aus den Privilegien von Innsbruck (16. Oktober 1363) und Hall (27. Oktober 1363) scheint — auch wenn wir die Einzelheiten nicht mehr völlig rekonstruieren können — hervorzugehen, daß sich die Bauern und Bürger zugunsten Rudolfs IV. gegen den Adel erhoben haben. Anders kann man die Einleitungsworte der Urkunde für Innsbruck — die für Hall lautet ähnlich — nicht verstehen, in der es heißt: „Auf die erste Nachricht von dem, was uns widerfuhr, zogen die Bürger Innsbrucks als treue Nachfolger ihrer alten und ehrbaren Vorfahren, von denen weder wir noch irgend jemand je etwas anderes als Ehrenhaftes und Gutes, ungebrochene Treue und rechte Wahrheit vernommen haben, mit ihrem Rat an der Spitze, zu uns nach Hall, als mächtige, mutige, treue Biederleute, die bei uns als ihrem rechten Herrn ausharren, Gutes und Schlimmes mit uns leiden, uns retten oder mit uns sterben wollten.“

Die Übergabe Tirols an die Habsburger erfolgte bereits am 26. Jänner 1363. Margarete trat den österreichischen Herzögen alle ihre Besitztümer, die Grafschaft Tirol und ihre Besitzungen in Bayern, auf ewige Zeiten ab, behielt sich jedoch das Recht vor, im Namen der neuen Landesfürsten auch weiterhin Tirol zu regieren. Aber die Wittelsbacher wollten ihre Rechte nicht aufgeben; sie protestierten nicht nur, sondern drohten mit Krieg. Herzog Rudolf IV. zog deshalb noch im gleichen Sommer zum zweiten Mal nach Tirol. Jetzt war Margarete im Angesicht der Gefahren, die sie umlauerten, bereit, sofort zurückzutreten. Am 2. September entsagte sie allen Regierungsrechten und entband ihre Untertanen vom Eid der Treue. Rudolf IV. nahm die Huldigung als regierender Graf von Tirol entgegen und schloß einen Vertrag (18. September 1363) mit dem Bischof von Trient, der ihm die Oberherrschaft über dessen Gebiet sicherte. Die Bischöfe erklärten sich bereit, dem Herzog von Österreich als Graf von Tirol gegen jedermann, ausgenommen den Papst, zu dienen. Alle militärisch wichtigen Orte werden nur nach dem Willen des Herzogs besetzt. Tritt ein Bischof gegen Österreich auf, so sind alle seine Lehensleute automatisch der Treuepflicht gegen ihn entbunden und verpflichtet, Österreich zu helfen. Dagegen wird der Herzog von Österreich das Bistum gegen jeden auswärtigen Feind und gegen jede Beeinträchtigung schützen.

Die neue Regierung Rudolfs IV. machte sich sofort diese Privilegien zunutze. Die reichen Silbergruben von Pergine wurden dem bayrischen Verwalter aberkannt und Berthold von Gufidaun, dem späteren Landeshauptmann von Tirol, übergeben. Auch sonst bemühte man sich, die bayrischen Ministerialen aus dem Inntal zu entfernen, wo sie Gefahr für die österreichische Herrschaft bilden konnten, und sie mit Leuten aus Innerösterreich oder jenen Tirolern, wie Heinrich Snellmann, den Salzmaier in Hall, zu ersetzen, die sich in kluger Voraussicht rasch der habsburgischen Herrschaft zugewendet hatten.

Rudolf IV. „der Stifter“

Am meisten bekannt ist Rudolf IV. heute noch als „der Stifter“. Man denkt bei dieser Bezeichnung an die Wiener Stephanskirche und an die Universität. Wohl hat der Herzog die Kirche nicht gegründet, sondern nur erweitert, und die Universität ist erst unter seinen Nachfolgern zur vollen Entfaltung und Blüte gekommen. Trotzdem sind wir vollkommen im Recht, wenn wir seinen Namen mit diesen beiden „Gründungen" verbinden.

Es war bereits das Bestreben der letzten Babenberger gewesen, in Wien ein Landesbistum zu errichten. Auch Rudolfs Vater, Herzog Albrecht II., hatte vergeblich diesen Versuch wiederholt. Für Rudolf IV. schien es eine Prestigefrage zu sein, daß er endlich das so lang ersehnte Bistum bekäme; umso mehr, als gerade zu seiner Zeit der Schwiegervater, Kaiser Karl IV., die Erhebung des Bistums Prag zum Erzbistum erreichen konnte. Aber Rudolf IV. konnte sich nicht beim Papst gegen die Bischöfe von Passau, aus deren Sprengel ja die neue Diözese genommen werden mußte, durchsetzen. So sollte wenigstens die Stephanskirche in Wien mit all den Vorrechten ausgestattet werden, die Rudolf IV. von sich aus verleihen konnte, oder wenigstens meinte, verleihen zu können.

Der Stephansdom war als kleine Kirche vor den Toren der damaligen Stadt Wien 1147 vom Bischof Reginbert von Passau geweiht worden. Der große Freund Wiens, Ottokar II. von Böhmen, hatte sie, die durch den Brand von 1258 schwer beschädigt war, erweitert und erneuert. Noch heute sind die sogenannten „Heidentürme" und das „Riesentor" Zeugen dieses Bauwillens. In der gotischen Form wurde dann bereits unter Herzog Albrecht II. zu bauen begonnen. Nun verlieh Herzog Rudolf IV. der Kirche am 16. März 1365 einen Stiftungsbrief, der seinen Willen kundtat, gerade den Stephansdom mit dem Herzogtum Österreich aufs innigste zu verbinden. Hatte Kaiser Karl IV. 1338 an der königlichen Kapelle der Prager Burg ein Kollegium von 24 Chorherren gestiftet, so folgte schon 1359 Rudolf IV. mit einem Kollegium von 24 Chorherren an der Burgkapelle. Auf Wunsch des Pfarrers von St. Stephan wurde dann dieses Kollegium an die Stephanskirche übertragen und vom Papst 1364 bestätigt. Rudolf IV. tat aber noch mehr. Der Propst des neuen Kapitels sollte des „Landes zu Österreich ewiger und Obrister Erz-Kanzler" sein, während der tatsächlich geschäftsführende Kanzler formell nur mehr als Pro-Kanzler aufscheint. Was aber noch schwerer ins Gewicht fällt: Wien wird wohl die Stellung als Bischofssitz verweigert, aber die Chorherren von St. Stephan tragen auf Anordnung des Herzogs eine rote Kleidung „nach syt der Cardinel" (so heißt es wörtlich). Sie besteht aus roter Tunika, weißem Rochett und roter Kappe. Der Propst besitzt fürstlichen Rang und durfte Harnisch und ritterliche Waffen tragen, wenn er in den Kampf zog. Aber dafür unterwarf er sich mit seinen Chorherren einer strengen Disziplin. Die Übertretung der Kleidervorschriften wurde ebenso mit harten Strafen geahndet wie das Spielen um Geld. Es ist eigenartig, daß der Papst zuerst tatsächlich diese Bestimmungen bestätigte, die von seinem Nachfolger Urban VI. in einer eigenen Bulle 1366 wieder abgeschafft wurden.

Rudolf IV. sorgte auch für die Ausstattung des Stephans-Kollegiatkapitels. Er übereignete ihm die Grafschaften Weiteneck, Rechberg, Persenbeug, die Mauten von Ybbs und Emmersdorf sowie eine Reihe anderer Besitzungen in Niederösterreich. Bezeichnenderweise waren ein Teil dieser Geschenke Lehen des Heiligen Römischen Reiches. Doch hatte sich Rudolf IV. nicht bemüßigt gefühlt, die Zustimmung des Kaisers einzuholen. Sie mußten daher schon 1368 wieder zurückgestellt werden.

Auf Rudolf IV. geht der schon 1359 begonnene Neubau des Langhauses von St. Stephan zurück, dessen Pläne aber in die Zeit Albrechts II. zurückreichen. Die uns überlieferte Grundsteinlegung durch den Herzog und seine Gemahlin Katharina am 11. März und 7. April 1359 betrifft wahrscheinlich den heute ausgebauten Turm. Dazu kommen wohl noch die beiden Westkapellen, die beiden Seitenportale (Singer- und Bischofstor) und wahrscheinlich auch die beiden auf die andern gesetzten Kapellen neben den sogenannten „Heidentürmen“. Natürlich war damit die Umgestaltung des Doms noch lange nicht fertig. Was die Herzoge von Österreich begonnen hatten, setzten die Wiener Bürger im darauffolgenden 15. Jahrhundert aus eigener Kraft fort. Das Bauprogramm wurde wohl in den Grundzügen beibehalten, aber in eigenständiger Weise weiterentwickelt. So konnte 1433 der Südturm vollendet werden, der als der schönste gotische Turm Europas anerkannt ist.

Wie die Stephanskirche, so hat auch die Universität ihre Vorgeschichte. Daß es schon im frühen Mittelalter Schulen von beachtlicher Qualität gab, beweist das Preisgedicht eines Wiener Studenten aus dem Jahr 1315 an seinen geliebten Lehrer Ulrich. Es wurde zu einer Zeit geschrieben, „da Petrarca und Boccaccio, die beiden Italiener, die man gewöhnlich als Begründer des Humanismus ansieht, noch Kinder waren“ (Richard Kralik).

Der Lobeshymnus in neuhochdeutscher Übersetzung lautet:

Ulrich, trefflicher Mann, Befolger der heiligen Lehre,
wärmend hegt dich im Schoß himmlische Philosophie.
Sieben Töchter (d. s. die sogenannten „Sieben Freien Künste“)
gebar dir die liebliche Mutter, die eine.
Wie Apollon die Sterne beschenkt mit glänzendem Licht,
senktest der Weisheit Strahl du in der Lernenden Herz.
Seneca scheinst du mir nun, jetzt Platon oder Ulysses.
Redet hier Cicero nicht? Jetzt Paulus oder Apollon?
Aristoteles ruft, Priscus jetzt Weisheit mir zu ...
Jetzt den Griffel Virgils, die Feder Lucanus' ergreifst du;
großes, erhabenes Wien, du Österreichs adelige Hauptstadt,
Lernende, reich an Zahl, strömen dir, Herrliche, zu.
Kommen von allen Enden der Welt, dich, Ulrich zu suchen,
alle sättigest du mit dem Bronnen heilsamer Weisheit,
so wie die Stadt, die als Arzt du beherrschest, Österreichs Hauptstadt,
bist du der Lernenden Haupt, lehrend dies fromme Gesetz.

Die mittelalterliche Universität war keine Gründung des Staates, sondern der Kirche. Deshalb war die Bestätigung des Papstes unbedingt erforderlich. Die Unterrichtssprache war das in ganz Europa verbreitete mittelalterliche Latein, das noch eine lebende Sprache darstellte, die erst von Humanisten der späteren Zeit, die die Entwicklung auf das Altertum zurückschrauben wollten, zu einer toten Sprache gemacht wurde. Es ist daher unter Umständen mißverständlich, wenn wir von einer „deutschen" oder „französischen" oder „italienischen" Universität sprechen; denn diese Formulierung ist nur vom rein geographischen Standpunkt aus richtig. Sonst war ein freier Austausch von Professoren und Studenten möglich, die Latein beherrschten und überall lateinische Vorlesungen vorfanden.

Die heutigen englischen — und von ihnen abgeleitet die amerikanischen — Universitäten haben noch mehr den mittelalterlichen Charakter bewahrt als die in Österreich, Deutschland und anderen Ländern des Kontinents. So durften die Studenten nur in der von der Universität beaufsichtigten „Burse" (davon der Name „Bursch") wohnen. Noch gibt es in österreichischen Universitätsstädten Straßennamen, die daran erinnern (in Wien die „Rosenbursengasse"). Wie heute noch bei den angelsächsischen Universitäten gab es die Zwischenstufen des Bacc(alaureus) und des M(agisters) oder Lizentiaten, ehe man feierlich den Doktorhut empfing. Der Bacc. war eine Art Korrepetitor, der den Studenten Nachhilfe- und Vorbereitungsstunden zu geben hatte; der M(agister) und Lizentiat konnte an allen europäischen Universitäten Vorlesungen halten. Der Doktorgrad konnte auch vom Kaiser verliehen werden. Eine Aufnahmsprüfung oder Vorlage eines Reifeprüfungszeugnisses gab es nicht, doch mußte der Universitätsstudent eben so viel Latein können, daß er den Vorlesungen folgen konnte. Dadurch war eine gewisse Auslese gesichert.

In den meisten Universitäten waren die Studenten nach ihrer landsmannschaftlichen Herkunft in „Nationen" gegliedert. Nach der Anordnung Albrechts III. 1368 gab es an der Wiener Universität: die „österreichische Nation" (sie umfaßte alle, die Untertanen der Habsburger waren, außerdem die Studenten aus Italien), die „rheinische Nation" (sie umfaßte alle aus Süd- und Westdeutschland, Frankreich und den anderen westlichen Ländern Europas kommenden Hörer); die „ungarische Nation" (dazu gehörten außer den Ungarn selbst alle ostslawischen Studenten) und endlich die „sächsische Nation" (in sie wurden die aus dem heutigen Norddeutschland und den nordischen Ländern stammenden Hörer aufgenommen). Des Interesses halber sei bemerkt, daß es weder in Wien noch in Prag eine „deutsche Nation" gab. Jede der vier Nationen wählte einen Prokurator; diese wählten den Rektor, dem nicht bloß die Leitung der Universität, sondern die gesamte Rechtsprechung über alle, die zur Universität gehörten, zustand. An der Spitze der einzelnen Fakultäten stand der Dekan, der ebenfalls gewählt wurde. Die Studenten hatten eine eigene, der geistlichen Kleidung nachgebildete Tracht zu tragen.

Die Errichtung der Wiener Universität durch Rudolf IV. erfolgte wenige Wochen vor seinem Tod. Die Stiftungsurkunde ist vom 12. März 1365 datiert. Papst Urban V. erteilte die notwendige päpstliche Bestätigung. Auf Drängen des Kaisers Karl IV., der für seine wenige Jahre vorher gegründete Universität in Prag fürchtete, wurde aber die Errichtung einer theologischen Fakultät nicht gestattet. Sie bildete in der damaligen Zeit den Schlußstein der gesamten Universitätsausbildung. Erst Rudolfs Nachfolger, Herzog Albrecht III., vermochte es, 1384 bei Papst Urban VI. die Bewilligung zur Angliederung einer theologischen Fakultät zu erwirken. Zu den berühmtesten Professoren der ältesten Zeit gehörten der erste Rektor Albert von Riggensdorf, der 1390 als Bischof von Halberstadt starb; der berühmte Theologe Heinrich von Langenstein († 1397), der vordem in Paris gelehrt hatte; Johannes von Gmunden († 1442), ein hervorragender Astronom, und der Geschichtsschreiber Thomas Ebendorfer aus Haselbach in Niederösterreich († 1464). Schon früh wurde die Wiener medizinische Fakultät berühmt, da an ihr mit stiller Duldung der Herzöge die damals noch allgemein verbotenen Sezierungen von Leichen durchgeführt wurden.

Für die Verhältnisse, die unter den Studenten herrschten, ist die Bestimmung Rudolfs IV. kennzeichnend. „Kein Schüler“ — so lesen wir — „darf ein Schwert oder Messer tragen. Welcher Schüler in der Taberne spielt, der soll nicht mehr verlieren, als er Pfennige in der Tasche hat; sein Gewand, sein Buch oder was er sonst hat, darf ihm niemand als Pfand nehmen.“

Der „Große Freiheitsbrief“

Dem Betrachter, der von den Verhältnissen des 20. Jahrhunderts ausgeht, scheint der Versuch Rudolfs IV., sich durch gefälschte Urkunden — man faßt sie unter dem Namen des „Privilegium Maius“ (oder des „Großen Freiheitsbriefes“) zusammen — einen politischen Anspruch zu sichern, nicht nur moralisch verwerflich, sondern auch politisch unsinnig. Was soll man heute von „Urkunden“ halten, in denen die römischen Kaiser Julius Caesar und Nero den damaligen Landesherren von Österreich diese Mark zu „ewigem Lehen“ geben, sie von jeder Steuer an das Römische Reich befreien, ihnen gestatten, eine Königskrone zu tragen, den Titel Pfalz-Erzherzog zu führen, die Unteilbarkeit aller österreichischen Besitzungen garantieren und die weibliche Erbfolge im Fall des Aussterbens des Mannesstammes festlegen? Das würde, wie Berthold feststellt, bedeuten, daß „Österreich unabhängig ist vom Reich — bezüglich der Pflichten, ein Glied des Reiches — behufs der Rechte“.

Allgemein wird die Kanzlei Rudolfs IV., vor allem sein Kanzler Johannes von Platzheim, beschuldigt, der Urheber dieser gefälschten Urkunden zu sein. Aber Alphons Lhotzky, der Altmeister österreichischer Geschichte, hat 1948 klargemacht, daß der Kanzlei Rudolfs IV. eine hochmittelalterliche Vorlage zur Verfügung gestanden habe, auf Grund derer sie die einzelnen Teile des „Großen Freiheitsbriefes“ verfertigte. Lhotzky weist auf den Passauer Domdechanten Albertus Bohemus († um 1260) hin, der als Erfinder vieler Urkunden und insbesondere als wütender politischer Gegner der Bischöfe von Passau bekannt ist. Albertus Bohemus unterhielt enge Beziehungen zu den letzten Babenbergern, und wir haben ja gehört, daß Friedrich II. der Streitbare beinahe König von Österreich geworden wäre.

Es sei ebenfalls darauf hingewiesen, daß das Mittelalter den Begriff der „Fälschung“ von Urkunden, wie wir sie heute verstehen, kaum kannte. So wie heute die Staaten oft ihre Geheimdienste gegeneinander ausspielen, so ließ der mittelalterliche Mensch „Urkunden“ aus irgendeiner grauen Vorzeit als „Beweisstücke“ für irgendwelche „Rechte“ oder Ansprüche entstehen, die als Kampfmittel dienten, aber keineswegs im modernen Sinn „historisch“ genommen werden wollen. In vielen Fällen gibt somit die Urkunde kein Recht, sondern sie versucht nur einen bisher bestehenden Zustand zu legalisieren, oder sie stellt eine Forderung auf, zu der man sich berechtigt fühlt.

Der „Große Freiheitsbrief“ kann also nur im Zusammenhang der Politik Rudolfs IV. seinem Schwiegervater, dem Kaiser, gegenüber verstanden werden. Es ist freilich durchaus nicht so, als habe der Österreicher Karl IV. nur nachgeahmt. In verschiedenen Fragen, vor allem in der Stellung zu den Städten, war vielmehr Rudolf IV. derjenige, der den Kaiser beeinflußte, solange ihr Verhältnis zueinander ungetrübt war. So sehen wir zuerst Schwiegervater und Schwiegersohn im einträchtigen Zusammenwirken. In der Chronik von Zwettl wird Rudolf IV. anläßlich der Fürstenbegegnung in Weitra zu Pfingsten 1353 als „tamquam rex Romanorum“ (soviel wie König der Römer) genannt. Dies gibt der Behauptung Nahrung, Kaiser Karl IV. habe ohne männlichen Erben damals den Plan erwogen, Rudolf zu adoptieren und ihn zu seinem Nachfolger in der Kaiserwürde zu bestellen. Rudolf, von Karl IV. zum Landvogt im Elsaß ernannt, tituliert sich in seinen Briefen an den Papst als „Sacri Imperii gubernator per Sveviam et Alsaciam generalis“ (Generalstatthalter des Reiches für Schwaben und das Elsaß). Italienische Chroniken der Zeit wollten wieder wissen, daß Rudolf IV. zum König der Lombardei erhoben werden würde. Dies alles sind nur Zeugnisse dafür, daß Rudolf IV. mit Recht auf eine Erhöhung seiner Stellung, wenn nicht gar auf die römische Königskrone, rechnen konnte.

Demgegenüber zeigte bereits die berühmte „Goldene Bulle“ von 1356, in der die Art und Weise festgelegt wurde, in der ein Römischer König zu wählen sei, eine Entfremdung zwischen dem österreichischen Herzog und dem Kaiser; denn Österreich wird nicht unter den sieben Kurfürstentümern (Köln, Mainz, Trier, Böhmen, Rheinpfalz, Brandenburg und Sachsen) genannt. Diese Siebenzahl war nicht etwa willkürlich von Karl IV. zusammengestellt, sie sollte einmal eine Stimmengleichheit bei der Wahl verhindern und außerdem nach der damaligen Situation dem Haus Luxemburg die Königswürde sichern. Karl IV. konnte 1356 mit Bestimmtheit auf mindestens vier Kurstimmen rechnen.

In gewisser Hinsicht war nun tatsächlich das „Privilegium Maius“ eine Antwort Österreichs auf den Ausschluß von der Kurfürstenwürde. Anderseits zeugte es auch von der gegensätzlichen Auffassung der kommenden Entwicklung, wie sie Rudolf IV. und Karl IV. hatten. Rudolf IV. unterstützte kompromißlos die Städte und das Bürgertum und suchte ihnen durch seine sozialpolitischen Maßnahmen, von denen bereits gesprochen wurde, den Weg freizumachen. Der Kaiser war feudalen Gedankengängen verhaftet und sah in den Fürsten und im reichsunmittelbaren Adel die Stütze der Krone. Je deutlicher ihm Rudolf IV. als Widerpart erkennbar wurde, umso mehr fürchtete er ihn und versuchte, Österreich in den Hintergrund zu drängen. Er hatte auch Grund dazu, denn Rudolf IV. war bedenkenlos genug, nicht nur die alte, ungarnfreundliche Politik seines Hauses fortzusetzen und einen Schutz- und gegenseitigen Erbvertrag mit Ludwig I. dem Großen von Ungarn abzuschließen, sondern sich auch mit dem Grafen von Württemberg zu einigen und den Fall der Wahl eines Gegenkönigs — eben Rudolfs IV. — vorzusehen. Der Bruch wurde so unheilbar, daß Kaiser Karl IV. im März 1362 sich mit zwei weltlichen und zwei geistlichen Kurfürsten dahin einigte, daß niemals ein Habsburger zum König gewählt werden solle. Dazu kam noch, daß dem Kaiser endlich in dritter Ehe am 26. Februar 1361 ein Sohn geboren wurde. Daß es nicht zu einer noch schärferen, vielleicht bewaffneten Auseinandersetzung zwischen Schwiegervater und Schwiegersohn kam, verdanken wir dem Eingreifen von Rudolfs IV. Gemahlin, Katharina von Böhmen, die von den Chronisten als „ain gotfürchtige frawe und waz auch milt und süze und vol gnaden allen den, die sie sahen“, beschrieben wird. Ihr ist hauptsächlich der Friede von Brünn 1364 zu verdanken. Darin kam es zum Ausgleich zwischen Kaiser Karl IV. und Herzog Rudolf IV. Zwar konnte dieser die Bestätigung des gesamten „Großen Freiheitsbriefes“ nicht erreichen, doch wurde nun mit den Luxemburgern eine Erbeinigung geschlossen, die dem überlebenden Geschlecht das Land des ausgestorbenen überließ. So tritt deutlicher als je zuvor der Gedanke Rudolfs IV. in Erscheinung, die drei Länder Österreich, Ungarn und Böhmen zu vereinen und über diesem Staatenbündnis die römische Krone sichtbar zu machen. Die Habsburger übernehmen damit das politische Erbe des Böhmenkönigs Ottokar II. Přemysl.

Ob der Brünner Friede dauerhaft gewesen wäre, wissen wir nicht. Rudolf IV. starb schon 1365 in Mailand, wo er die Hochzeit seines jüngeren Bruders Leopold mit der Prinzessin Viridis Visconti vorbereitete. Mit ihm schied der größte österreichische Fürst des Mittelalters aus dem Leben, einer der größten Herrscher, die Österreich je besessen hat. Das Privilegium Maius aber wurde 1453 von Kaiser Friedrich III. bestätigt. Damit war es zwar nicht „echt“, wohl aber gültiges Reichsrecht geworden. Die Habsburger führten von nun dauernd den Titel „Erzherzog“.

Die „Chronik der 95 Herrschaften“

Wir würden die Zeit Rudolfs IV. nicht verstehen, wenn wir nicht noch auf die „Chronik der 95 Herrschaften“ Bezug nähmen, die im engen Zusammenhang mit dem Privilegium Maius steht. Ihr Verfasser ist nach den Forschungen von Konrad Josef Heilig Leopold Stainreuter aus Wien, möglicherweise ein Schüler Heinrich von Langensteins. Für den nüchtern denkenden Menschen des 20. Jahrhunderts enthält diese sagenhafte Geschichte Österreichs eine Fülle von unglaublichen, phantastischen, ja geradezu unmöglichen Märchen und Geschichten, die bis in die Zeit der Sintflut und des Turmbaues von Babel zurückreichen. In Österreich wechseln der Reihe nach die Herrscherhäuser: Heiden und Trojaner spielen ebenso eine Rolle wie Juden und andere. Diese „Chronik“ war, wie Konrad Josef Heilig richtig feststellt, „ein Postulat, der Zeit sowohl als auch der Politik“. Historisch völlig wertlos, geschaffen, Österreich ein ehrwürdiges Alter zu geben, ist sie geistesgeschichtlich viel interessanter als der Liber certarum historiarum (das Buch gewisser Geschichten) des emsigen, hochgelehrten und zuverlässigen Abtes von Viktring. Zum erstenmal in Österreich macht der Verfasser der Chronik den Versuch, mit Hilfe von Fabeln und historischen Nachrichten Weltgeschichte, Universalgeschichte sub specie Austriae zu schreiben, zum erstenmal erscheint auf breitem Hintergrund die engere Landesgeschichte abgezeichnet; zum erstenmal wird damit ein Problem angeschnitten, das seither immer wieder bis auf den heutigen Tag mehr oder weniger in den Vordergrund der österreichischen, ja der europäischen Politik gerückt worden ist. Damals tauchte eine neue, vorwiegend geopolitisch eingestellte Mentalität auf; es ist bezeichnend, daß die einzigen Beziehungen, die in den Fabeln erwähnt werden, durchwegs Heiratsbeziehungen der österreichischen Fürsten nach Rom, nach Böhmen und Ungarn sind; Bayern erscheint im ganzen zweimal ... in den Gesichtskreis treten zwei fremde Völker: Österreich, Habsburg sieht schon ganz klar Böhmen und Magyaren als eigenstes Interessengebiet an. Daß diese Fabelgeschichte Österreichs nicht nur eine gelehrte Spekulation oder das Erzeugnis eines Außenseiters darstellt, bringt um die Mitte des 15. Jahrhunderts der ehemalige Geheimsekretär Kaiser Friedrichs III., Enea Silvio Piccolomini, später Bischof von Siena und Papst (Pius II.), zum Ausdruck, wenn er in seiner „Geschichte Kaiser Friedrichs III.“ die Feststellung trifft, daß die Österreicher diese fabelhafte „Chronik der 95 Herrschaften“ so heilig hielten wie die Bibel, daß man sie in jedem österreichischen Haus finde und daß man eher Zweifel an der Wahrheit der Bibel als an der der „Chronik“ dulde. Wenn diese im Ton beißender Kritik vorgebrachte Behauptung auch als satirische Übertreibung angesprochen werden muß, so ersehen wir dennoch aus ihr die Geisteshaltung der Österreicher in jenen spätmittelalterlichen Jahrhunderten. Nicht daß die Geschichten erfunden sind, ist wichtig, sondern daß die Österreicher des 14. und 15. Jahrhunderts an ihre Wahrheit glaubten und infolgedessen ihre ganze politische Weltsicht darnach einstellten. Der Donauraum erscheint als „weiteres Vaterland“, in dem man sich zu Hause fühlt.

Es ist übrigens bemerkenswert, daß einzelne Angaben der „Chronik der 95 Herrschaften“ auf lokalgeschichtliche Überlieferung zurückgehen und so doch nicht ganz jeder historischen Grundlage entbehren. Oswald Menghin, der bekannte Urgeschichtler, schreibt darüber: „In der Zeit Rudolfs IV. oder Albrechts II. (richtig: Albrechts III.) hat ein phantasiebegabter Kopf eine ‚Chronik von den 95 Herrschaften‘ in Österreich zusammengestellt ... Was die früheren Herrscher anlangt, sind es zuerst Heiden, dann Juden, dann noch einmal Heiden (in der Römerzeit) und schließlich Christen. Name, Regierungszeit u. dgl. sind stets genau angeführt, ebenso die Begräbnisstätten. Hier zeigt sich nun das Merkwürdige, daß einzelne dieser Angaben auf vorgeschichtliche Hügelgräber zutreffen. Wenn es z. B. heißt, ein Fürstenpaar sei ‚bey der Newnstadt, in aim drittail ainer meile', bestattet, so denkt man unwillkürlich an die frühkaiserliche Hügelgräbernekropole zu Katzelsdorf bei Wiener Neustadt, ebenso wie man, da mehrfach Stockerau als Begräbnisplatz genannt wird, an den Tumulus (Grabhügel) von Unterzögersdorf bei Stockerau gemahnt wird. Besonders auffällig ist nun gar die Ortsangabe ‚in dem pühel bey Sand Lazar auf dem velde'. Die Kirche St. Lazar auf dem Felde ist nämlich nichts anderes als das heutige St. Marx. Wir sind auf Grund dieser Tatsachen zur Annahme geneigt, daß der Verfasser der ‚Chronik von den 95 Herrschaften' sich doch nicht alles so ganz traditionslos aus den Fingern gesogen hat."

Zeit der Teilungen

Obwohl Rudolf IV. im Vertrag mit seinen Brüdern Sorge dafür getragen hatte, daß die österreichischen Länder nicht geteilt würden, so stellte sich doch bald heraus, daß die Gegensätze zwischen dem älteren Bruder, Albrecht III. (1365—1395), und dem jüngeren, Leopold III. (1365—1386), auf die Dauer eine gemeinsame Regierung unmöglich machten. Nachdem immer wieder versucht worden war, durch Vereinbarungen die Machtbefugnisse der beiden Brüder gegeneinander abzugrenzen, kam es 1379 zu Neuburg an der Mürz zu einem Vertrag, der praktisch die Teilung der österreichischen Länder vorsah. Formell sollte er allerdings nur bis 1385 gelten. Auf Grund dessen erhielt Albrecht III. die Herrschaft über Nieder- und Oberösterreich mit den Herrschaften Steyr, Hallstatt und dem Gebiet von Ischl, aber ohne Wiener Neustadt, Neunkirchen, Klamm, Schottwien, Burg und Mark Aspang, Pitten, Therberg und Schwarzenbach. Alle anderen Gebiete — in der Hauptsache die Steiermark, Kärnten, Krain mit der Windischen Mark, Tirol und die habsburgischen Besitzungen in der Schweiz und in Schwaben sowie im Elsaß — sollten Leopold III. gehören. Der Überlebende der beiden Brüder habe die Kinder des Verstorbenen zu erziehen und deren Länder bis zum erreichten 14. Lebensjahr zu verwalten. Während man früher diese Art der Teilung meist der Charakteranlage der beiden Herzoge zuschrieb und von Albrecht III. als dem „Friedfertigen" sprach, der sich eben mit dem kleineren Teil begnügte, wissen wir jetzt, daß die Teilung mehr auf die Einkünfte der Herzoge als auf die bloße Zahl der Quadratkilometer Rücksicht nahm. Albrecht III. hatte den reicheren Teil der Länder in seinem Besitz behalten.

Die Teilung bedeutete eine schwere Einbuße der habsburgischen Macht und eine Minderung der Stellung Österreichs. Kaiser Karl IV. wird die Äußerung zugeschrieben: „Wir haben uns viel Mühe gegeben, die Herzoge von Österreich zu demütigen, aber den Weg dazu nicht gefunden; jetzt zeigen sie ihn uns selbst." Jedenfalls zeigte sich sofort der Gegensatz, der nun aufbrach. Albrecht III.

und seine Nachkommen, die sogenannte „Albertinische" oder „österreichische" Linie, hielt im allgemeinen an der überkommenen Politik der Zusammenarbeit mit den Luxemburgern fest. Noch Albrecht III. vermählte sich in erster Ehe mit einer anderen Tochter Karls IV., Elisabeth von Böhmen. Sein Sohn Albrecht IV. (1395—1404), mit Johanna von Bayern vermählt, erneuerte die alte österreichisch-ungarische Freundschaft mit König Sigismund, dem jüngeren Sohn Kaiser Karls IV., der die Erbin von Ungarn geheiratet hatte. Im Streit mit seinem älteren Bruder Wenzel (als König von Böhmen der IV., von 1378 bis 1400 auch Römischer König in Nachfolge seines Vaters) übergab Sigismund den abgesetzten und gefangenen Herrscher in die Obhut Österreichs und ließ auf einem Tag zu Preßburg 1402 mit Zustimmung der ungarischen Reichsstände Herzog Albrecht von Österreich zu seinem Nachfolger wählen, falls er ohne männliche Erben stürbe. Auch wurde Albrecht IV. Generalstatthalter Sigismunds in Ungarn, solange dieser außerhalb des Landes weilte. Den Sohn Albrechts IV., Albrecht V. (1404—1439), nahm Sigismund in seinen besonderen Schutz, vermählte ihm seine einzige Tochter Elisabeth und hinterließ ihm die Kronen von Ungarn und Böhmen.

Allerdings standen diesen hoffnungsvollen Zukunftsaussichten in den Zeiten Albrechts IV. und den Anfangsjahren Albrechts V. Tage einer traurigen, blutigen und zur Verzweiflung treibenden Gegenwart gegenüber. Albrecht IV. war keine starke Herrscherpersönlichkeit. Er verkehrte am liebsten mit den Mönchen des Klosters Mauerbach im Wienerwald und beschäftigte sich lieber mit Tischlerarbeiten als mit Regierungsgeschäften. Böhmische und österreichische Adelige — wie die Herren von Neuhaus, Heinrich von Kunstat, der „Dürnteufel" genannt, und andere — plünderten und brandschatzten die unglücklichen Bewohner der Märkte und Dörfer. Die gegen sie aufgebotenen Söldner richteten nichts aus. „Ritter, Knecht, Knappen und etliche Herren, gesessen auf dem Marchfeld bis herauf an den Hausruck, waren alle Diebe und Verräter und hatten gleichen Teil mit den Böhmen", klagt eine zeitgenössische Chronik. Der Untergang des alten Rittertums wurde immer deutlicher sichtbar. Anstelle der Kreuzzüge in das Heilige Land traten nunmehr die „Preußenfahrten". Sie waren nicht so anstrengend, bequemer, und der „Feind" war auch leichter zu bekriegen. Mit Mord, Totschlag und Ausrottung ging man gegen diese „Heiden" vor. Um sich eine weitere Existenzberechtigung zu sichern, nahm der in Preußen herrschende Deutsche Ritterorden — eine der in den Kreuzzügen entstandenen Verbindungen von Ritter- und Mönchtum — oft nur sehr ungern das Angebot entgegen, sich taufen zu lassen. Wiener Spruchdichter tadelten diese Preußenfahrten des österreichischen Adels dieser Zeit schwer, obwohl Herzog Leopold III. selbst 1370 mit 1500 Rittern einen solchen Zug ins Preußenland unternommen hatte. Heinrich Teichner, der Dichter dieser Zeit, sagt von diesen Zügen in einem seiner Werke:

„Eine Reise nach Preußen wird, dem gemeinen Vorgeben nach, zur Ehre der heiligen Jungfrau unternommen. Solchem Wahn stimmt ein Weiser nicht bei. Wie könnte Gott der Kreuzzug eines Mannes wohlgefällig sein, der, um gegen Ungläubige zu fechten, in ferne

Länder fortzieht und Frau und Kinder daheim der Sorge, dem Kummer und dem Elend preisgibt? Derjenige Ritter, der als Vater und Hausherr pflichtgemäß die Seinen umsorgt, sammelt sich gewiß vor Gott so viele Verdienste wie der andere, welcher gegen die ungläubigen Preußen zu Feld zieht. Ist irgendeinem nur um Befriedigung seiner Kampflust zu tun, der kann sie auch in seiner Heimat rühmlich befriedigen: er streite wider alles Unrecht zum Schutz der Unschuld, wider Raubschlösser und andere Beeinträchtigungen der Armen, und verteidige vor den Gerichtsschranken als unerschrockener Zeuge gegen jedermann die Wahrheit. Sollte ihm ein solcher Kampf auch das Leben kosten, so stirbt er doch wahrlich heiliger denn auf einer Preußenfahrt. Brächten die Ritter von einem solchen Kreuzzug etwas Nützliches ins Vaterland zurück, so könnte man ihnen denselben nicht sosehr verargen; aber leider verhält sich die Sache ganz anders. Die Kosten der Reise werden Dienern und Bauern, welche die Preußenfahrt verwünschen, abgepreßt und große Summen Geldes aus Österreich in fremde Länder verschleppt. Zuhaus drückt Ritter und Knechte eine unziemliche Armut. Wollte man auch dieses gar nicht in Anschlag bringen, so ist doch allbekannt, daß die Ritter von solchen Kreuzzügen nicht frömmer, nicht gebildeter, sondern mit mancher neuen Untugend behaftet zurückkommen. Auf einer Preußenfahrt hat schon mancher Ritter gegen seine Gemahlin pflichtwidrig und ehrvergessen gehandelt und zugleich durch seine Abwesenheit sie zu ähnlichen Fehltritten verleitet. Besser wär's, die Ritter blieben daheim."

Die üblen Zustände und Fehden arteten schließlich in den ersten Jahren Herzog Albrechts V. in einen echten Bürgerkrieg aus. Seine sozialen Hintergründe sind klar zu erkennen, auch wenn es vordergründig um die Frage der Vormundschaft für den jungen Herzog geht. Auf der einen Seite standen die Patrizier, die Geschlechter, die reichen Bürger und der Adel, auf der andern Seite die Zünfte, die Handwerker und die unbehausten „Pfahlbürger" der Städte, in erster Linie Wiens. Im Verlauf der Auseinandersetzungen fiel das Haupt des Wiener Bürgermeisters, eines Vertreters der Patrizier, Konrad Vorlauf (1408).

Rein äußerlich gesehen, vergrößerte die Leopoldinische Linie die Besitzungen des habsburgischen Gesamthauses. Es entsprach den geographischen Gegebenheiten, daß wir Leopold III. vor allem in der Schweiz und in Italien handeln sehen. Im Kampf gegen die Übermacht der Republik Venedig hatten die Bürger der Seestadt Triest schon 1369 Herzog Leopold die Oberhoheit über ihre Stadt angeboten. Allein der erste Versuch, mit Triest einen Hafen für Österreich zu gewinnen, scheiterte. Im Frieden von Laibach (1370) mußten die Habsburger gegen eine Entschädigung von 75.000 Goldgulden auf ihre Rechtsansprüche gegen Triest verzichten. Aber die Kämpfe dauerten weiter. Die Triestiner erhoben sich immer wieder gegen Venedig. Im Jahr 1380 nahmen sie den venetianischen Podestà (Bürgermeister) und den Stadthauptmann gefangen und plünderten die Häuser der in Triest wohnenden Venetianer. Nun war die Zeit reif, und Herzog Leopold III. konnte 1382 die Herrschaft über die „freie Stadt" Triest antreten. Kulturgeschichtlich interessant erscheint es, daß während dieser Kämpfe zwischen Österreich und der Republik Venedig 1376 zum erstenmal Kanonen verwendet wurden.

Hatte so Österreich das Meer erreicht, so versuchte Leopold III. auch eine Verbindung zwischen seinen innerösterreichischen und Tiroler Landen und den althabsburgischen Besitzungen in der Schweiz, im Elsaß und in Schwaben herzustellen. Für diese „Vorlande" kam allmählich der Name Vorderösterreich auf. Im Gebiet des heutigen Bundeslandes Vorarlberg hatten die Grafen von Montfort, von denen bereits früher die Rede war, große Besitzungen am Bodensee, an der Bregenzer Ache, im Rhein- und im Walgau sowie das Vaduzer Land und die Herrschaft Werdenberg an sich gebracht. Infolge von Teilungen waren sie machtmäßig und finanziell immer schwächer geworden. Ihre beiden Hauptlinien nannten sich Grafen von Montfort und Grafen von Werdenberg. Graf Rudolf IV. von Montfort-Feldkirch verkaufte bereits 1375, von widrigen Umständen dazu gezwungen, Herzog Leopold III. seine Herrschaft Feldkirch, den Ort Rankweil und den inneren Bregenzerwald um 30.000 Goldgulden. Wenige Jahre später fiel auch das Gebiet der Grafen von Werdenberg mit der Stadt Bludenz und dem Montafon durch Kauf an die Habsburger (1386). Die Verbindung mit den Tiroler und innerösterreichischen Landen wurde mit dem Ausbau der Arlbergstraße ermöglicht. Ein schlichter Mann, Heinrich das Findelkind, baute ein Schutzhaus auf der Höhe des Passes und errichtete 1385 die St.-Christoph-Bruderschaft.

Es war eine eigentümliche Fügung der Geschichte, daß mit dem Moment, in dem durch die Erwerbung Vorarlberger Landes der territoriale Zusammenschluß aller habsburgisch gewordenen Gebiete in nächste Nähe gerückt schien, der endgültige Verlust der Schweizer Besitzungen des Hauses begann. Im Gegensatz zu Rudolf IV. stand Herzog Leopold III. den Städten und dem Volk mit geringerer Sympathie gegenüber, wozu freilich auch die Tatsache beitrug, daß die Schweizer Eidgenossen ununterbrochen am Werk waren, den habsburgischen Besitzstand zu schmälern. Am Tag vor Weihnacht 1385 überfielen Luzern und Zug Rotenburg und zerstörten dessen Festungswerke ohne Kriegserklärung. Ebenso nahmen sie die österreichische Stadt Sempach in ihren Bund auf. Herzog Leopold III. rief den gesamten Adel zu seiner Unterstützung auf; dieser kam zahlreich aus Tirol und aus Schwaben herbei. Am 9. Juli 1386 stieß das österreichische Ritterheer auf die Schweizer Bauern bei Sempach. Herzog Leopold III. kämpfte wie ein gemeiner Ritter mitten im Treffen. Er verlor die Schlacht und das Leben. Seine Leiche wurde zuerst in einer kleinen Kapelle in der Nähe beigesetzt und dann zur endgültigen Bestattung in die Gruft der Habsburger zu Königsfelden übergeführt.

Obwohl der älteste Sohn des gefallenen Herzogs, Wilhelm, bereits großjährig war, übertrug er für sich und seine jüngeren Brüder Ernst, Friedrich und Leopold die Regierung aller ihrer Lande an Herzog Albrecht III., so daß für den Augenblick wieder eine einheitliche Regierung hergestellt war. Albrecht führte den Krieg gegen die Eidgenossen nicht weiter, sondern schloß mit ihnen unter Wahrung aller Rechte einen neuen Waffenstillstand, der allerdings noch einmal durch einen Feldzug unterbrochen wurde. Er brachte den Österreichern die Niederlage von Näfels (im Kanton Glarus) 1388 und den Verlust eines großen Teiles ihrer Schweizer Besitzungen ein.

Die Wiedervereinigung Österreichs dauerte nur bis zum Tod Herzog Albrechts III. Die Söhne Leopolds III. traten 1395 mit ihren Ansprüchen gegen ihren Verwandten, den neuen Herzog Albrecht IV., auf und erreichten eine abermalige, diesmal dreifache Teilung all ihrer Länder. Neben die sogenannten „niederösterreichischen" Länder (Nieder- und Oberösterreich) traten die „innerösterreichischen" (Steiermark, Kärnten, Krain, die Windische Mark und die küstenländischen Besitzungen) und die „oberösterreichischen" (Tirol und die habsburgischen Gebiete in der Schweiz und in Süddeutschland). Von nun an gab es bis zum Ende des Mittelalters die drei Linien der Habsburger, die durchaus nicht friedlich nebeneinander bestanden, sondern oft im harten Kampf gegeneinander lagen. Nicht nur die Stellung Österreichs als Ganzes wurde so geschwächt wie noch nie zuvor, darüber hinaus verlor die landesfürstliche Gewalt an Bedeutung, und die „Stände", in erster Linie der Adel, aber auch die Bürger der Städte, gewannen solche Macht, daß sie über die vormundschaftliche Regierung minderjähriger Fürsten aus eigenem bestimmten. Seit 1411 regierten dann die jüngeren Söhne Leopolds III., Ernst, zubenannt „der Eiserne", in Inner- und Friedrich IV. in „Oberösterreich". Dieser hatte bereits 1407 die Herrschaft in Tirol ergriffen. Der älteste der Leopoldiner, Herzog Wilhelm, war 1406 gestorben. In erster Ehe mit Königin Jadwiga (Hedwig) von Polen verheiratet, verlor er Krone und Gemahlin an den Großfürsten von Litauen, Jagiello. Seine ihn überlebende Witwe Giovanna (Johanna) aus der neapolitanischen Linie des Hauses Anjou kehrte nach Wilhelms Tod wieder in ihre süditalienische Heimat zurück und herrschte als Johanna II. von 1414 bis 1435 im Königreich Neapel.

Das Konzil von Konstanz und Friedrich IV. von Tirol

Nichts zeigt deutlicher die gegensätzliche, wohl auch durch die Lage ihrer Länder bedingte Politik der Habsburger als ihr Verhältnis zum Hause Luxemburg. Die Albrechtiner (Albrecht IV. und Albrecht V.) sind die getreuen Gefolgsleute des Luxemburgers Sigismunds von Ungarn, seit 1410 römischer König, und erwerben dadurch die Anwartschaft auf die Kronen von Ungarn und Böhmen. Friedrich IV. von Tirol, im Volksmund „Friedl mit der leeren Tasche" geheißen, gerät in Gefahr, seine Länder im Streit mit dem Luxemburger zu verlieren. Nur die Treue des Tiroler Volkes bannt diese Gefahr.

Seit 1308 hatten die Päpste im französischen Avignon residiert. Als sie 1378 wieder nach Rom zurückkehrten, kam es zu einer verhängnisvollen Spaltung in der obersten Leitung der Kirche. Ein Teil der Kardinäle, in Avignon zurückgeblieben, wählte einen zweiten Papst. Von nun an beherrschte der Gegensatz zwischen dem römischen und dem avignonensischen Papst die innere Geschichte der Kirche. Die Unsicherheit des einfachen Christen, wer das rechtmäßige Oberhaupt der Kirche sei, war kaum überwindbar. Umso mehr gewannen die Theologen der Universitäten — vor allem der in Paris — Einfluß, und es wurde die Meinung laut, ein allgemeines Kirchenkonzil stehe über dem Papst. Verhängnisvollerweise gab es bald auch zwei Römische Könige. Der Sohn Kaiser Karls IV., Wenzel (1378—1419), war von den Fürsten 1400 abgesetzt worden. Sie wählten als neuen Römischen König Rupprecht von der Pfalz (1400—1410). Da aber Wenzel Titel und Würde eines Römischen Königs weiter in Anspruch nahm und sich in seinem Königreich Böhmen unangefochten behauptete, war ebenfalls hier die Situation unklar und verworren.

Das Übel zu vergrößern, war ein Konzil in Pisa zusammengetreten, das die Einheit des obersten Regiments der Kirche wiederherstellen sollte. Man kam zwar so weit, einen neuen (Konzils-)Papst zu wählen, besaß aber nicht die Macht, die beiden amtierenden Päpste zu Rom und Avignon zur Abdankung und zum Verzicht zu bewegen. Als nun nach dem Tod Rupprechts von der Pfalz eine doppelte Königswahl stattfand und der abgesetzte König Wenzel wieder seinen Anspruch anmeldete, gab es neben drei Päpsten auch drei Römische Könige: diese waren allerdings alle aus dem Haus Luxemburg (1410). Über seine Mitbewerber trug Sigismund von Ungarn, der jüngere Sohn Kaiser Karls IV., den Sieg davon. Er war es nun, der darauf drängte, wiederum die Einheit des Papsttums herzustellen. Sie sollte von einer für dringend notwendig erachteten Kirchenreform begleitet sein. Zu diesem Zweck wurde ein neues, diesmal allgemeines Konzil nach Konstanz am Bodensee einberufen (1414—1418).

Herzog Friedrich IV. war bereits bei Beginn seiner Alleinregierung 1407 in Gegensatz zum Tiroler Adel geraten. Dieser hatte sich in zwei mächtigen Adelsvereinigungen — dem „Elefantenbund“ und dem „Falkenbund“ — zusammengeschlossen. Friedrich IV. blieb nichts anderes übrig, als einem von ihnen, dem Falkenbund, selbst beizutreten, um die Gemüter vorläufig zu beruhigen. An der Spitze des Falkenbundes stand der mächtige Heinrich von Rottenburg, der über eine Reihe von Nord- und Südtiroler Gerichten verfügte und außerdem Hauptmann von Trient war. Im Verlauf einer schweren Auseinandersetzung zwischen dem Herzog und Bischof Georg von Trient, die bis zur Gefangensetzung des Bischofs führte, wurde Heinrich von Rottenburg als Hauptmann von Trient abgesetzt. Dieser nahm seine Entmachtung nicht zur Kenntnis, da er sich der Hilfe beider Adelsbünde sicher war. Doch nun eilte der Bruder Friedrichs IV., Herzog Ernst der Eiserne von der Steiermark, herbei. Der Rottenburger verübte nicht bloß Gewalttat über Gewalttat, ließ die Boten des Herzogs erschlagen und Trient brandschatzen, sondern trat auch mit Bayern in Verbindung und hetzte sie auf, in Tirol einzufallen. Nur dadurch, daß der Inn Hochwasser führte und die Volderer Brücke abgetragen war, konnten die Bayern keine durchschlagenden Erfolge erzielen. Ein Waffenstillstand mit ihnen, von Passau vermittelt, gab dem Herzog die Hände gegen den Rottenburger frei. Seine Burgen wurden gebrochen, er selbst gefangen und nach Innsbruck gebracht. Erst als er Urfehde geschworen und dem Herzog die Burgen Rottenburg und Rettenberg übereignet hatte, erhielt er 1411 die Freiheit wieder. Doch starb er wenige Wochen darnach als gebrochener Mann. In seinem Haus hatte übrigens die heilige Dienstmagd Notburga von Eben gelebt und gewirkt.

Der Haß des Adels gegen den Herzog schwelte indessen weiter, auch wenn er sich vorläufig nicht Luft machen konnte. Gelegenheit dazu gab ihm das Konstanzer Konzil. Herzog Friedrich IV. hatte sich auf die Seite des Pisaner Papstes Johannes XXIII., geschlagen und ihm sicheres Geleit gegen jedermann zugesichert. Es ist dies der erste Johannes XXIII., von der Kirche heute als unrechtmäßig gewählter Gegenpapst betrachtet, so daß Angelo Roncalli, als er 1958 gewählt wurde, den gleichen Namen — Johannes XXIII. (1958—1963) — annehmen konnte. Der Pisaner Papst war nach Konstanz in der Hoffnung gekommen, man werde ihm dort allgemeine Anerkennung verschaffen. Als er die Aussicht dazu immer mehr schwinden sah, beschloß er zu fliehen. Friedrich IV. sicherte ihm seine Hilfe zu, obwohl König Sigismund den Papst und den Tiroler Herzog ausdrücklich vor den Folgen eines solchen Schrittes gewarnt hatte.

Während eines von Friedrich IV. veranstalteten glänzenden Turniers entkam Johannes XXIII. nach dem österreichischen Schaffhausen. Nun brach der Zorn des Konzils und Sigismunds auf Friedrich von Tirol herein. Er wurde in die Reichsacht und in den Kirchenbann getan; alle Untertanen wurden des Treueides entbunden und ihnen verboten, Friedrich IV. irgendeine Unterstützung zuteil werden zu lassen. Zugleich erhielten alle Fürsten, gleich ob geistlich oder weltlich, die Aufforderung, sich der Lande des Gebannten und Geächteten zu bemächtigen.

Dies rief die alten Gegner des Herzogs auf den Plan. Der Bischof von Chur griff Feldkirch an, wurde aber von dessen Verteidiger gefangengenommen. Die Schweizer Eidgenossen bemächtigten sich der restlichen Besitzungen der Habsburger. Doch gelang es vorerst nicht, Friedrich völlig zu beugen. Es zeigte sich, daß ein Teil der Städte, ebenso der Breisgau, der Schwarzwald und Tirol treu zu ihm standen. Zu seiner Unterstützung warb der geflohene Papst Johannes XXIII. Söldner in Venedig, Mailand und in der Steiermark an. Selbst eine Reihe von Edelleuten vergaßen den alten Gegensatz. Trotzdem fühlte sich Friedrich von Tirol so unsicher, daß er sich 1415 Sigismund in Konstanz zu Füßen warf. Er wurde gefangengesetzt, und Boten gingen in alle Länder Friedrichs ab, seine Absetzung zu verkünden. Damals gaben die Tiroler die denkwürdige Erklärung ab, sie würden an ihrem angestammten Fürstenhaus weiter hängen und nur den als Herrn anerkennen, der Schloß Tirol in Besitz habe.

Um das Land wenigstens dem Haus Habsburg zu retten, rief man schließlich den Bruder Friedrichs IV., Herzog Ernst, aus der Steiermark herbei und übergab ihm die Regierung des Landes. Es gelang ihm, sich das Vertrauen der Tiroler zu erwerben und außerdem seine Stellung Sigismund gegenüber zu halten.

Unterdessen war Friedrich IV., der nicht gehaltenen Versprechungen des römischen Königs Sigismund müde, aus seiner Haft geflüchtet. Am 28. März 1416 ritt er verkleidet gegen die Tiroler Grenze. Nun zeigte es sich, daß sein früheres Eintreten für Bauern und Bürger gegen den Adel die erwarteten Früchte trug. In abenteuerlicher Weise zog er von Bludenz über den Arlberg ins Inntal und gab sich in Landeck dem zusammengeströmten Volk zu erkennen. Da er noch zu schwach war, in Innsbruck einzuziehen, verbarg er sich in den Höhen des Ötztaler Gebirges. Zwei Bauern, Hans und Lorenz Muessack, zogen als seine

Propagandisten unermüdlich im Land umher. Vom Ötztal aus ging Friedrich IV. nach Meran und auf den Nonsberg. Manche der Geschichten, die aus dieser Zeit des Verbergens und Wiederauftauchens von ihm erzählt werden, gehören wohl der volkstümlichen Überlieferung an, doch an den Grundtatsachen ist nicht zu zweifeln. Die Bauern und die Bürger waren es schließlich, die im Streit zwischen ihm und seinem Bruder Ernst vermittelten; denn dieser wollte Tirol nicht aufgeben. Im Waffenstillstand von Kropfsberg (Oktober 1416) jedoch einigten sich die beiden Brüder dahin, daß Friedrich IV. Tirol mit Ausnahme von Friedberg und Rottenburg zurückerhalten solle, während die österreichischen Vorlande gemeinsamer Besitz blieben. Herzog Ernst unternahm es sogar, mit 1000 Rittern in Konstanz einzureiten und vor König Sigismund für die Rechte seines Bruders einzutreten, der unterdessen als Meineidiger und Kirchenfrevler all seiner Würden und Ehren entsetzt und seiner Nachkommenschaft bis ins zweite Glied die Zugehörigkeit zum Fürstenstand abgesprochen wurde. Nun sah sich Sigismund genötigt, im Mai 1418 Herzog Friedrich IV. in Gnaden wieder aufzunehmen und ihm alle seine Besitzungen zurückzugeben. Die Eroberungen der Schweizer blieben jedoch für immer verloren.

Ein bedeutender Teil des Tiroler Adels hatte diese Entwicklung und die bauernfreundliche Haltung Herzog Friedrichs IV. nur mit Unwillen zur Kenntnis genommen. An der Spitze der Gegner des Herzogs standen die Herren von Spaur und Lodron sowie die Wolkensteiner und Starkenberger. Der verbissenste unter ihnen war der berühmte Minnesänger Oswald von Wolkenstein. Er geriet mit Hilfe seiner ehemaligen Geliebten, Sabine Jäger, 1421 in die Gewalt des Herzogs. Auf einem Landtag zu Meran (1423), dem ersten wirklichen Tiroler Landtag, wurde ein Ausschuß gebildet, der die inneren Zwistigkeiten beenden sollte. Er setzte sich aus 36 Vertretern des Herzogs und 36 Mitgliedern des Adels-, des Bürger- und des Bauernstandes zu gleichen Teilen zusammen. Dieser Ausschuß anerkannte die Meinung Friedrichs IV., daß die Adelsbünde der wahre Krebsschaden des Landes seien, als richtig. Daraufhin fand es endlich die Mehrzahl der Edelleute für angebracht, sich mit dem Landesherrn auszusöhnen. Nur die Starkenberger kämpften noch weiter. Als aber in ihrem Auftrag der Bürgermeister von Bozen ermordet wurde, faßte Friedrich IV. all seine Kräfte zusammen und brach 1426 die bisher unbezwungene Feste Greifenstein. So hatte die landesfürstliche Gewalt über den Adel gesiegt. Friedrich IV. konnte im Besitz der Güter der Rottenburger, der Starkenberger, der Spaurer und Schlandersberger seine Stellung ausbauen. Seine frühere Finanznot, die ihm den Beinamen „mit der leeren Tasche“ eingetragen hatte, wurde dadurch weitgehend beseitigt. Er hinterließ seinem Sohn Sigismund einen größeren Schatz als jeder andere Fürst seiner Zeit; in der Aufzählung der Hinterlassenschaft erscheinen Edelsteine, Perlen, Kunstgegenstände, unverarbeitetes Gold, 4655 Dukaten und Silber im Gewicht von 46 Zentnern. Herzog Friedrich IV. war es auch, der sich in Innsbruck eine neue Residenz erbaute, die später als das „Goldene Dachl“ bekannt wurde.

Jan Hus und die Hussitenkriege

Das Konzil von Konstanz stellte wohl mit der Wahl eines neuen, allgemein anerkannten Papstes, Martins V. aus dem Haus Colonna, die Einheit der höchsten Spitze der Kirche wieder her, vermochte jedoch nicht all jener Strömungen Herr zu werden, die sich im 14. Jahrhundert zu entwickeln begonnen hatten. Die religiöse Bewegung, von den Katharern und Waldensern ausgegangen und von Franz von Assisi in den Dienst der Kirche gestellt, war auf einem sozial erschütterten Boden zur Blüte gekommen. Nicht umsonst war es gerade England, das einen John Wyclif († 1384) hervorbrachte; England, erschüttert von Bürger- und Bauernaufständen, die beinahe einen sozialen Umsturz größten Ausmaßes herbeigeführt hätten. Böhmische Studenten in Oxford hatten Wyclifs Lehren gelauscht und sogar seine Schriften mit in die Heimat genommen. Die Verbindung beider Länder war besonders rege, seit König Richard II. von England eine böhmische Prinzessin zur Gemahlin gewonnen hatte.

Die Lehren Wyclifs, die später von Hus zum Gutteil übernommen wurden, stellen nach Friedrich Heiler „das hervorragendste kritische Werk über das Papsttum in der ganzen mittelalterlichen Welt“ dar. Jan (Johannes) Hus war um 1373 zu Husinec im Prachiner Kreis geboren worden und wirkte seit Beginn des neuen Jahrhunderts als Prediger an der Bethlehemskapelle. Er genoß anfänglich das Vertrauen seiner kirchlichen Oberen und wurde von ihnen in mancher Weise gefördert und zu mannigfachen Diensten herangezogen. Es besteht kein Zweifel darüber, daß Hus im Gegensatz zu vielen Klerikern der damaligen Zeit ein sittlich tadelloses Leben führte. Selbst seine erbittertsten Gegner vermochten ihm in dieser Hinsicht nichts nachzusagen.

In den böhmischen Ländern wuchsen sich um die Jahrhundertwende die sozialen Spannungen zu gefährlichen Krisen aus. Schon Konrad von Waldhausen, der gewaltige Bußprediger und Freund Rudolfs IV. von Österreich, hatte sich in aller Schärfe gegen die „simonistische Häresie“ gewandt. Er verstand darunter vor allem die Aufnahme von Mönchen und Nonnen in den Klöstern nur um des Geldes willen, das sie mitbrachten. Besonders verdammte er die Sitte, neugeborene oder gar ungeborene Kinder an Klöster zu verloben. Auch andere Reformer, wie der Dominikanerpater Franz von Retz und dessen Schüler Johannes Nider, wenden sich gegen die Auswüchse der Zeit. Der soziale Ton klingt in den Worten des Retzers auf, wenn er ausruft: „Was die Armen im Schweiß ihres Angesichtes mit harter Hände Arbeit sich erworben, das nehmen ihnen die geistlichen Herren weg und verwenden es zur Mästung ihrer Pferde.“ In Böhmen kam außerdem noch die Tatsache hinzu, daß auf Grund der geschichtlichen Entwicklung viele reichdotierte Ämter und Stellen, die höheren Würden der Prager Universität und die kirchlichen Pfründen sich in den Händen von Deutschen und sonstigen als „landfremd“ betrachteten Fremden befanden. So vermischten sich soziale und religiöse Belange oft miteinander zu einem untrennbaren Ganzen.

Der Kampf begann bereits vor dem Konstanzer Konzil, als die Vorherrschaft der Deutschen auf der Prager Universität gebrochen werden sollte. Von den üblichen vier „Nationen" besaßen nämlich die Böhmen nur eine einzige, zwei waren zur Gänze und die dritte (die „schlesische") zum Teil in den Händen jener, die man als „Ausländer" bezeichnete. Dadurch war es tatsächlich so weit gekommen, daß die allmählich herangebildete einheimische Intelligenz fast nie zu höheren Ämtern aufsteigen konnte, da sie stets von den drei anderen Nationen niedergestimmt wurde. Aus diesen Voraussetzungen ergab sich zuerst der Versuch, die Universität allein in die Hände der Böhmen zu bringen. König Wenzel IV. zeigte den Fordernden seine Geneigtheit und ordnete 1409 an, daß von nun an die Böhmen drei Stimmen an der Universität haben sollten. Dies führte zur Auswanderung vieler nichtböhmischer Professoren und Studenten aus Prag.

Nun war Hus und seinen Anhängern die Möglichkeit einer freien Entfaltung gegeben. Das äußerliche Kennzeichen wurde die Kommunion unter beiden Gestalten, die in der Kirche den messelesenden Priestern vorbehalten war. Bald taucht der Name „Utraquisten" (lateinisch „sub utraque specie" = unter beiden Gestalten) für die Anhänger der hussitischen Bewegung auf. Hus griff keine kirchlichen Dogmen unmittelbar an, verurteilte jedoch einzelne Gebräuche und vor allem den Lebenswandel der hohen Geistlichkeit. Zum ersten offenen Aufruhr kam es, als 1412 ein päpstlicher Legat nach Prag kam und einen Ablaß für alle jene verkündete, die dem Papst Johannes XXIII. in seinem Krieg gegen Ladislaus von Neapel beistehen würden. Hus erklärte dazu öffentlich, daß es unchristlich sei, gegen einen christlichen König das Kreuz zu predigen. Im Verlauf der Auseinandersetzungen, die nun folgten, wurden drei Studenten, die die Ablaßprediger öffentlich Lügner und Betrüger nannten, verhaftet und hingerichtet. Hus hatte sich unterdessen aus Prag zurückgezogen und predigte im südlichen Böhmen in tschechischer Sprache, als deren Meister er sich erwies.

Unter dem Eindruck der Nachrichten, die aus Böhmen kamen, ließ das Konzil von Konstanz Jan Hus vorladen. Dieser folgte der Aufforderung und erschien unter dem Schutz eines Geleitbriefs, den ihm König Sigismund ausgestellt hatte, in Konstanz. Bei seinem ersten Auftreten vor den Vätern der Kirchenversammlung am 5. Juni 1415 erbot er sich, alles zu widerrufen, was man ihm als falsch nachweisen würde. Darüber erhob sich ein solches Wut- und Spottgeschrei, daß die Sitzung unterbrochen werden mußte. Bei einem weiteren Verhör, dem auch König Sigismund beiwohnte, bestritt Hus die drei Anklagen, die man ihm vorwarf: er hätte die Transubstantion im Altarssakrament geleugnet, die Lehren Wyclifs bedingungslos verteidigt und sei der Urheber der Unruhen in Böhmen. Bei einer Verlesung von 39 Sätzen aus seinen Schriften stellte Hus fest, das meiste davon sei mißverstanden oder verdreht worden. Im übrigen beschäftigte sich die Mehrzahl der Hus zur Last gelegten Sätze nicht mit Dogmen der Kirche, sondern mit der Kirchenverfassung und dem Leben der Geistlichkeit.

Es war bald klar, daß man unter allen Umständen eine Verurteilung des Angeklagten erreichen wollte. Eine Widerrufsformel, die ihm vorgelegt wurde, weigerte er sich zu unterzeichnen. So verurteilte man ihn am 6. Juli und ließ ihn am selben Tag noch, nachdem er der weltlichen Gerichtsbarkeit übergeben worden war, verbrennen. Seine Asche wurde in den Rhein gestreut, damit seine Anhänger keinen Reliquienkult mit ihr treiben könnten. Hus leugnete bis zuletzt, Irrtümer gelehrt zu haben, und starb, indem er seine Seele Gott und der Barmherzigkeit des Erlösers empfahl. Von nun an galt er den einen als der „Erzketzer" und später als Vorläufer Luthers, den andern als ein Märtyrer seiner Überzeugung. Doch bahnte sich seit dem Zweiten Vatikanischen Konzil auch innerhalb der katholischen Kirche eine mildere Beurteilung von Jan Hus an.

War man der Meinung gewesen, die Sache von Jan Hus sei mit seiner Hinrichtung erledigt, so hatte man sich geirrt. Seine Anhänger, oft radikaler als Hus selbst, arbeiteten in Böhmen weiter. König Wenzel hatte 1416 den Utraquisten Glaubensfreiheit zugesichert. Im Verlauf heftiger Auseinandersetzungen darüber wurden am 30. Juni 1419 eine Reihe von Prager Ratsherren, die der nicht-hussitischen Partei angehörten, aus den Fenstern des Rathauses der Prager Neustadt geworfen und von den Hussiten gelyncht. Dieser Erste Prager Fenstersturz bedeutete den Anfang einer bewaffneten Auseinandersetzung. Als wenige Wochen später König Wenzel IV. einem Schlaganfall erlag, wäre sein jüngerer Bruder Sigismund, Römischer König und König von Ungarn, auch Erbe Böhmens gewesen. Doch lastete auf ihm der Vorwurf, er habe den Geleitschutz, den er Hus zugesichert hatte, gebrochen und sei somit schuldig an seinem Tod.

Die Hussitenkriege (1419—1433) verheerten große Teile Böhmens und der angrenzenden Gebiete während vieler Jahre. Österreich war in besonderer Weise an diesen Auseinandersetzungen beteiligt. Am 19. April 1422 hatte Herzog Albrecht V. in der Wiener Stephanskirche Elisabeth, Kronprinzessin von Ungarn und Böhmen, geheiratet und war von seinem Schwiegervater, dem Kaiser und König Sigismund, mit der Würde eines Markgrafen von Mähren betraut worden. Er eilte sofort mit 12.000 Mann österreichischer Truppen dem Kaiser gegen die Hussiten zu Hilfe. Die Kämpfe tobten in Mähren und im nördlichen Niederösterreich. Im Herbst 1425 verwüsteten die Hussiten Retz und brannten das Kloster Imbach nieder. Um ihren Einfällen wirksam entgegentreten zu können, wurde jeder zehnte Mann in Österreich zum Heeresdienst aufgerufen. In den wechselvollen Ereignissen der folgenden Monate und Jahre siegten bald die Hussiten, bald Albrecht V. Zwettl und Altenburg am Kamp wurden berannt; ein Sieg vor den Mauern von Zwettl wandelte sich im März 1427 zur Niederlage, als das österreichische Heer nach scheinbarer Flucht der Gegner über das Lager der Hussiten herfiel und es plünderte. Nun waren Jahr für Jahr die Wachtfeuer der hussitischen Heere auf österreichischem Boden zu sehen, oftmals von den Mauern Wiens aus; doch gelang es ihnen niemals, den Donaustrom zu überqueren.

Der ewigen Kämpfe müde, zeigte sich unter den Österreichern Mißstimmung und Friedenssehnsucht. Eine Reihe von Adeligen einte sich daher in einem geheimen Bund gegen den Herzog. Doch die Verschwörung wurde verraten, und ihr Oberhaupt, der Marschall von Österreich, Otto von Maißau, als Gefangener auf Schloß Gutenstein eingeliefert. Albrecht V. hielt dessen Macht immerhin für so groß, daß er sich damit begnügte, ihn Urfehde schwören zu lassen und sich einiger seiner Schlösser und Burgen zu bemächtigen. Hingegen ließ er ihm alle seine Ämter und Würden.

Sowohl deutsche wie tschechische Historiker sind geneigt, in den Hussitenkämpfen einen ersten Ausbruch nationaler Leidenschaften zu erkennen. Es sei jedoch betont, daß dies nur bedingt richtig ist; denn es war in erster Linie der soziale Gegensatz, den schon die Bußprediger des ausgehenden 14. Jahrhunderts sowie Hus aufgezeigt hatten, der die Parteien gegeneinander führte. In allen religiösen Forderungen steckte zugleich eine soziale. Es ergab sich nur, daß die Deutschen in Böhmen und Mähren durchwegs die Reicheren waren und der katholischen Kirche treu blieben; die Hussiten aber die Armen und Unbedeutenden darstellen und zugleich Tschechen waren. Wenn sich unter ihnen auch utraquistische Adelige wie Jean Žiška von Trocnow befanden, so ist dies nur ein Ergebnis jener allgemeinen Erscheinung, die stets bei sozialen Umstürzen Angehörige der bisher herrschenden Schicht an die Spitze der Erhebung führt. Daß es sich tatsächlich so verhält, beweisen die vier Prager Artikel, die als gemeinsames Programm der Utraquisten Papst und Römischem König vorgelegt wurden (1420). Es heißt darin unter Punkt 3: „Die Geistlichkeit soll alle weltlichen Besitzungen und Reichtümer aufgeben und ein apostolisches Leben führen." Punkt 4 verlangt, daß „alle Todsünden und andere Abweichungen vom göttlichen Gesetz, beim Volk wie bei der Geistlichkeit, vor den weltlichen Richterstuhl gezogen und bestraft werden (sollen). Hierunter werden ausdrücklich begriffen: die Simonie, die Meßstipendien, die Stolagebühren und der Ablaßpfennig".

Auch unter den Hussiten zeigten sich im Verlauf der Jahre verschiedene Strömungen. Radikale „Taboriten" und „Waisen" strebten nach einer kommunistischen Gesellschaftsordnung in einem „Reich Gottes in Böhmen". Neben Žiška, der bereits 1424 starb, ragten die Feldherren Prokop der Große und Prokop der Kleine hervor. Es gelang weder König Sigismund noch den anderen Fürsten, die mit Heeren nach Böhmen zogen, entscheidende Erfolge zu erzielen. Die Hussiten zeigten sich militärisch als die Überlegenen. Der Ausgleich erfolgte, als Kirche und König die gemäßigten Utraquisten als gleichberechtigte Verhandlungspartner anerkannten. Zwischen den Vätern des in Basel zusammengetretenen neuen Konzils und den Utraquisten gemäßigter Richtung wurden im Mai 1432 in Eger Verhandlungen gepflogen. Sie führten zu den sogenannten „Prager Kompaktaten" (1433), in denen den Böhmen der Laienkelch, die Kommunion unter beiden Gestalten, zugestanden wurde, wofür sie die päpstliche Autorität anerkannten. Jedoch die radikale Gruppe der Hussiten, die „Taboriten", weigerten sich, diese Vereinbarungen anzuerkennen. Da verbündeten sich Katholiken und Utraquisten und zogen gemeinsam gegen die Taboriten. In einer gewaltigen Schlacht bei Böhmisch-Brod wurden diese am 30. Mai 1434 vernichtet. Die Anführer der Taboriten, Prokop der Kleine und Prokop der Große, fielen im Kampf. Nun konnte König Sigismund, begleitet von seinem Schwiegersohn Albrecht V.

von Österreich, endlich in Prag einziehen. Die letzten Lebenstage des Herrschers wurden noch durch die Umtriebe seiner Gemahlin Barbara von Cilli verdüstert, die die Kronen von Ungarn und Böhmen für sich in Anspruch nahm. Sie wurde in Znaim gefangengesetzt und dann nach Ungarn gebracht. Die letzten Worte Sigismunds, der am 11. Dezember 1437 verschied, waren eine Mahnung an die Ungarn und Böhmen, „daß diese Königreiche nach seinem Tod dem Herzog Albrecht und dessen Gemahlin, seiner Tochter, als ihren rechtmäßigen Herren gehorchen sollten".

Wirtschaft und Kultur im ausgehenden Mittelalter

Es entspräche nicht der geschichtlichen Wirklichkeit, das Mittelalter als eine unveränderliche Einheit zu betrachten. Vor allem stellt das romantische Ideal von den tapferen Rittern, schönen Burgfräuleins und singenden Handwerkern eine klischeeartige Vereinfachung und Falschdeutung dar. In steigendem Maß klaffte ein Zwiespalt zwischen dem an der Oberfläche noch herrschenden feudalen Ideal und der Praxis, in der schon weit andere Kräfte wirksam erscheinen. Der Handel und die Geldwirtschaft wurden die Grundlagen einer neuen Zeit. Im österreichischen Raum behauptete Wien eine Art Monopolstellung im Verkehr mit den angrenzenden Gebieten. Zwischen den Zünften von Wien und Brünn finden wir enge Beziehungen. Aus Österreich wurde Vieh, Wein und Salz nach Böhmen und Mähren ausgeführt. So kauften im Jahr 1375 die Prager Geschworenen in Wien 53 Fässer österreichischen Weines für 760 Schock 11 Groschen und 5 Fässer französischen Weines für 246 Schock 24 Groschen. Von Böhmen und Mähren kam Brünner Tuch, vor allem aber Getreide nach Österreich. Mähren bedeutete für den Wiener Handel das Transitland. Über Mähren wurde Wein nach Schlesien und Polen aus- und polnisches Tuch nach Österreich eingeführt. Selbst in den Jahren der Hussitenkriege brach der Handel zwischen Österreich und Böhmen und Mähren nicht völlig zusammen; er beschränkte sich darauf, sich in die Grenzgebiete zurückzuziehen. Wir sehen in der Folge das Aufblühen einzelner Städte in diesen Gegenden: so Freistadt in Oberösterreich, Tachau und Neuhaus in Böhmen. Als dann wieder Beruhigung eintrat, wurden die alten Handelsbeziehungen erneuert. Böhmisches und mährisches Tuch fand in verstärktem Ausmaß Absatz in Österreich und Ungarn sowie auf der Balkanhalbinsel. Die wichtigsten Umschlagplätze für diesen Verkehr bildeten Linz, Wien und Preßburg. Aber gerade seit der Mitte des 15. Jahrhunderts sank die handelspolitische Bedeutung Wiens. Es gelang den süddeutschen Handelshäusern auf Grund ihrer Kapitalkraft das alte Wiener Stapelrecht aus der Zeit der Babenberger zu brechen und damit in die bisher den Österreichern vorbehaltenen Gebiete, vor allem nach Ungarn, einzudringen. Wie stark schließlich die Überfremdung Österreichs durch den süddeutschen Handel war, zeigt der Beschluß des Ausschußlandtages aller österreichischen Länder zu Innsbruck im Jahr 1518. Hier heißt es: „Die großen Handelsgesellschaften, welche außerhalb Landes ihren Sitz halten, haben durch sich selbst und ihre Faktoren alle Waren, die den Menschen unentbehrlich sind: Silber, Kupfer, Stahl, Eisen, Linnen, Zucker, Spezerei, Getreide, Wein, Ochsen, Fleisch, Schmalz, Unschlitt, Leder, in ihre alleinige Hand gebracht, daß sie dem gemeinen Kauf- und Gewerbsmann, der eines Gulden bis zehntausend reich ist, den Handel abstricken. Sie machen beliebig die Preise und schlagen nach Willkür damit auf, wodurch sie sichtbar in Aufnahme kommen, einige davon in Fürstenvermögen gewachsen sind, zu großem Schaden der Erblande. Diesen Gesellschaften soll mit Ausnahme der Märkte kein Einlagern ihrer Waren mit täglichem Verkauf gestattet werden, auch zur Verhütung von Betrug und Schmuggel niemand im Land ihnen öffentlich oder geheim beitreten. Bei den Messen und öffentlichen Jahrmärkten in Wien, Bozen, in den Vorlanden und an anderen Orten soll es den Gesellschaften nicht gestattet sein, Güter oder Waren vor Ende des Marktes durch höheres Gebot an sich zu bringen. Keiner Gesellschaft soll es ferner erlaubt sein, das ungarische oder Landvieh haufenweise aufzukaufen, bei Verlust des Viehs; jeder Vorkauf und Treiben in andere Länder zu Verkauf ist verboten. Auch die neuerlich zur Betreibung des Seifenhandels zusammengetretene Gesellschaft soll als landesschädlich aufgehoben werden. Die Preise der Gewürze und Spezereien werden von den Handelsgesellschaften vermöge ihrer Monopole über alle Maßen in die Höhe getrieben; auch die Waren, welche sie in gutem Zustand aus Venedig, Kalkutta, Lissabon, Antwerpen, Lyon und Frankfurt beziehen, werden verschlechtert, indem sie zum Beispiel den Ingwer mit Ziegelmehl auffärben lassen und ihn wie auch den Pfeffer mit ungesunden Stoffen vermischen."

Gegenüber Ungarn gewann der österreichische Raum gleichfalls eine führende Stellung. Mit Anfang des 14. Jahrhunderts „beginnt eine neue Epoche des ungarischen Außenhandels, der in die Hände der Wiener und auf ungarischer Seite beinahe ausschließlich in die Hände der Preßburger gerät" (Pleidell). Ungarische Kaufleute und Handwerker lassen sich in Österreich nieder, während österreichische in ganz Ungarn bis nach Siebenbürgen anzutreffen sind. Besonders Preßburg konnte auf eine zahlreiche österreichische Einwanderung hinweisen. So wird ein „Nickl von Heiligenkreutz" 1439 erwähnt, im gleichen Jahr ein „Hennsel Wiennensis". Zwischen Wienern und Preßburgern lassen sich eine Reihe von Verschwägerungen feststellen. Dem Zug der Zeit folgen auch Juden aus den österreichischen Städten. In Wien waren sie 1420 von Herzog Albrecht V. in einem Pogrom vertrieben und viele von ihnen auf einer Wiese bei Erdberg verbrannt worden. In diesem Zusammenhang sei darauf hingewiesen, daß noch immer slawische Bewohner im Innern Österreichs anzutreffen waren. In einer oberösterreichischen Urkunde von 1363 scheint ein Christian der Windisch, Bürger von Perg, auf. In der Vorrede zur Übersetzung des „Rationale divinorum officiorum" des Bischofs Wilhelm Duranti von Mende erklärt Leopold Stainreuter, der uns bereits bekannte Verfasser der „Chronik der 95 Herrschaften", die Messe werde in windischer (slawischer) Sprache gelesen, „durch sache des braittunge und gemainheit, wann chain ainige sprach an ir selber ist so getailet als man die Windische nennet. Darumb ist si auch genumen an der Ebraischen sprach stat".

Es sind österreichische Bergleute, die bereits im 13. Jahrhundert den siebenbürgischen Bergbauort Toröcko gründeten. In Hermannstadt (heute Sibiu in Rumänien) finden wir zu dieser Zeit Schuster aus Wien, Graz und Pettau. Als Schneider erscheint in der gleichen Stadt ein Michael Östreicher; auch ein Servatius Wiener kommt in siebenbürgischen Aufzeichnungen vor. Anderseits gab es in Wien und Wiener Neustadt viele Handwerker, die aus Ungarn eingewandert waren; in den Urkunden tauchen daher Namen auf, wie: 1444 Erhart Ödenburger (als Besitzer eines Weingartens); 1446 Osbald Ödenburger (als Hausbesitzer). Allein im heutigen 6. Wiener Gemeindebezirk (Mariahilf) sind zwischen 1442 und 1502 elf Einwohner mit dem bezeichnenden Namen „Ungar" oder „Unger" festzustellen. Im Jahr 1487 wurde in Wien eine Turmuhr für Preßburg bestellt. Slowakische Städte kauften Papier in Österreich: so Preßburg in Wien und Petronell, ebenso das Domkapitel von Raab. Österreich ist auch das bevorzugte Land für den Bauholzbezug. Als 1443 die Pfarrkirche von Buda ausgebessert werden soll, beauftragt der Rat den Wiener Lukas Hulber, Bauholz, Stangen und Dachziegel zu besorgen. Selbst der Fremdenverkehr kommt auf seine Rechnung. Immer häufiger besuchten in den letzten Jahrhunderten des Mittelalters Ungarn die österreichischen Badeorte, wie etwa Baden bei Wien. Lebensformen und gesellschaftliche Gepflogenheiten in Österreich und Ungarn gleichen sich einander an, noch ehe politische Grenzen gefallen sind.

Auch die wissenschaftlichen und kulturellen Verbindungen zwischen Österreich und den Donauländern zeigten eine steigende Annäherung. Bis zum Jahr 1450 besuchten rund 3200 Studenten aus Ungarn die Wiener Universität. Davon sind 2929 unzweifelhaft rein magyarischer Nationalität. Bis 1454 waren 80 Professoren ungarischer Abstammung nach Wien berufen worden. Zeitweise gab es mehr Ungarn an der Universität als Österreicher. Vereinzelt treffen wir Studenten rumänischer Herkunft, ja solche aus der Moldau und der Wallachei in Wien an. Selbstverständlich war das Verhältnis nicht einseitig. An der Universität von Buda (1389 gegründet) finden wir bereits seit 1396 österreichische Professoren tätig. Als der Bischof von Eger (Erlau), Thomas, 1421 eine höhere Schule in seiner Stadt begründete, ließ er sich aus Wien zwei Professoren, einen Magister der Philosophie und einen der Rechtswissenschaft, kommen.

Der Einfluß Österreichs zeigte sich auch in der Mode. Die Wiener Kleidung war im ganzen Donauraum berühmt und wurde gern getragen. Schon im Kleinen Lucidarius des sogenannten „Seifried Helbing" heißt es spöttisch: „... gen Ungarn geb altez gwant..." Umgekehrt trug man in Österreich eine gewisse Zeit hindurch die Haare nach ungarischer Sitte in lange Zöpfe geflochten. Herzog Albrecht III. führte den Beinamen „Albrecht mit dem Zopf". Für die künstlerische Gemeinsamkeit erscheint es wichtig, daß die Gotik, die später nach Österreich als nach den westdeutschen Gebieten am Rhein kam, hier länger in Blüte blieb und weiter nach dem Karpatenraum getragen wurde. Für die früh- und hochgotische

Kunst waren Wien und Niederösterreich die wichtigste Landschaft. Zu den schönsten hochgotischen Bauten gehören die Benediktinerkirche von St. Lamprecht in der Obersteiermark, die Georgskapelle der Wiener Augustinerkirche, die Wallseekapelle in der Pfarrkirche zu Enns und die durch steirische und böhmische Adelige errichtete Wallfahrtskirche von Pöllauberg in der Oststeiermark. Neben der Baukunst erlebten Malerei und Plastik in der österreichischen Spätgotik eine hohe Blüte. Nun bilden sich eigene Schulen von erkennbarer Sonderart. Neben Wien treten Salzburg und Brixen in Erscheinung. Zu den besten Leistungen der mittelalterlichen Kunst überhaupt gehören die spätgotischen Flügelaltäre sowie der berühmte Kefermarkter Altar (in Oberösterreich, von Adalbert Stifter entdeckt und vor dem Verfall gerettet) oder der von Mauer bei Melk in Niederösterreich. Als Meister werden uns ein Hans von Judenburg (Bozner Pfarrkirche), Konrad Laib aus Salzburg (Graz) und Nikolaus Gerhaert van Leyen aus den Niederlanden (Grabplatte Friedrichs III. im Wiener Stephansdom) genannt. Als bedeutendster unter allen ist Michael Pacher († 1498 in Salzburg) derjenige, der auch italienische Kunst mit verarbeitet hat. Sein Hauptwerk ist der Flügelaltar von St. Wolfgang (Oberösterreich). Der aus Ungarn stammende Jakob von Kaschau († um 1463) arbeitete lange Zeit in Wien. Eine Pietà in Aspern bei Wien weist deutliche Ähnlichkeiten mit einer gleichen Statue in Bartfeld aus der ersten Hälfte des 15. Jahrhunderts auf. Auch das Wandgemälde der evangelischen Pfarrkirche in Hermannstadt von 1445 läßt den österreichischen Einfluß erkennen. Eine Stadtansicht des mittelalterlichen Wien ist auf dem Altarbild der Pfarrkirche zu Mediasch (um 1480) zu finden. Zur Zeit des jungen Königs Ladislaus V. arbeitet ein Wiener Maler mit Namen Erhardus im siebenbürgischen Kronstadt.

Von Bedeutung war schließlich die Übernahme der österreichischen Mundart in die deutsch geschriebenen Schriftstücke der Donauländer, vor allem Ungarns. Schon Hugo von Trimberg verzeichnete um 1300 in seinem „Renner" die Tatsache einer den Österreichern eigentümlichen Redeweise. Um 1340 spricht Konrad von Megenberg in seinem „Buch der Natur" von einem Wortschatz, der Österreich eigen ist. Zwischen 1300 und 1600 bildete sich eine Art österreichische Schriftsprache, ein „Österreichisch-Teutsch". Zu ihrer Verteidigung traten im 16. Jahrhundert Männer, wie Wolfgang Schmelzl, der Schulmeister zu den Schotten (1500—1557), in seinem „Lobspruch der Stadt Wien in Österreich", Benedikt Edelpoeck in seiner Vorrede einer Beschreibung des Preisschießens zu Zwickau (1575), Johann Rasch aus Pöchlarn (Niederösterreich) in seiner „Kirch Gottes" (1584), der Jesuit Georg Scherer (1539—1605) und vor allem der Tiroler Arzt Hippolyt Guarinonius (1571—1654) auf.

Der Einfluß dieses „Österreichisch-Teutsch" zeigte sich schon im 14. und 15. Jahrhundert in Urkunden und Rechtsbüchern. Wir finden es in deutsch geschriebenen Urkunden der Stadtkanzlei von Ödenburg ebenso wie im Rechtsbuch der Stadt Buda und in Königsberg in der Slowakei (hier von 1415 bis 1563) vertreten. Die siebenbürgisch-sächsischen Schreibstuben und Kanzleien ersetzten ebenfalls seit 1415 die bisher gewohnte obersächsische durch die österreichische Mundart. Noch in den Schriften des Johannes Honter (1498—1549), der den evangelischen Glauben unter den Sachsen Siebenbürgerns verbreitete, sind deutlich die Spuren seines Wiener Aufenthalts zu bemerken: sein Wortschatz ist vom Österreichischen her beeinflußt.

Zusammenfassung:

Österreich hatte auf Grund des Privilegium Minus bereits eine Sonderstellung im Heiligen Römischen Reich. Die Habsburger besaßen neben ihren österreichischen Ländern auch ihre ursprüngliche Hausmacht weiter. Auf diese süddeutschen, in Schwaben und im Elsaß liegenden Gebiete ging dann der Name Österreich in der Form von „Vorderösterreich" über. Schließlich wurde der Name Österreich mit dem des Herrscherhauses (Haus Österreich) identisch. Das Haus Luxemburg war auf dem Weg über die Erwerbung Böhmens und dessen Kurstimme — die Habsburger besaßen keine solche — zu großer Macht gelangt und behauptete auch die Römische Kaiserkrone durch fast hundert Jahre, in denen es vier Römische Könige und Kaiser stellte. Es zeigte sich in der Folge, daß aus den Geschlechtern, die die Kurfürsten — Könige von Böhmen stellten, meist auch die römischen Könige und Kaiser gewählt wurden — möglicherweise, um den übernationalen Charakter des Hl. Römischen Reiches zu betonen. Die Habsburger hatten die böhmische Kur schon fallweise vor 1525 und seither ständig inne. Das Haus Luxemburg befand sich so im Wettstreit mit dem Haus Habsburg. Die Gründung einer Universität in Prag mit lateinischer Unterrichtssprache, die von vielen deutschstämmigen Studenten und Professoren besucht wurde, gab Rudolf IV. dem „Stifter", dem Schwiegersohn des luxemburgischen Kaisers Karl VI., den Anstoß zur Gründung der Wiener Universität (1365). Drei Jahre später erhielt diese Universität von Rudolfs IV. Bruder, Albrecht III., ihre Einteilung in vier „Nationen", von denen die „österreichische Nation" alle Studenten und Professoren aus den habsburgischen Ländern sowie aus ganz Italien umfaßte. Im Wettstreit mit dem Haus Luxemburg ging Rudolf IV. so weit, daß er jene Privilegien, die seine Lande aus dem Heiligen Römischen Reich hervorheben sollten, in einer formell gefälschten Urkunde zusammenfaßt, die in der Geschichtsschreibung als „Privilegium Maius" bekannt ist. Diese Urkunde wurde etwa hundert Jahre nach Rudolfs IV. Tod durch den ersten Römischen Kaiser aus Österreich, Friedrich III., bestätigt und damit gültiges Reichsrecht. Dies zeigt, daß die Vorrechte, die sich Rudolf IV. in seinen formell gefälschten Urkunden zulegte, anscheinend der tatsächlichen Macht Österreichs und seines Herrscherhauses entsprachen. Seit 1453 führten die habsburgischen Prinzen (ursprünglich nur die der steirischen Linie) den Titel „Erzherzog". In diesem geschichtlichen Zeitraum entstanden eins der Hauptwerke der österreichischen Gotik, die Wiener Stephanskirche (zu deren Erweiterungsbau Rudolf IV. noch vor seinem Tod den Grundstein legte) sowie eine Reihe weiterer Kunstwerke. In den Erbstreitigkeiten der habsburgischen Fürsten nach Rudolfs IV. frühem Tod zeigte es sich, daß bereits ein kräftiges Stadtbürgertum entstanden war, das sich in die Kämpfe einmischte und eine eigene Stellung bezog, ja oft sogar den Fürsten seinen Willen aufzwang. Auch die übrigen Stände waren gegenüber den Fürsten erstarkt. Der 1406 aus den vier Ständen des Landes, den Herren, Rittern, Prälaten und Städten gebildete Landtag (der bis 1848 in dieser Form bestand) traf selbständige Entscheidungen. (Er ordnete beispielsweise die Vormundschaft für den minderjährigen Landesfürsten Albrecht V.) In der Zeit der Teilungen Österreichs unter die verschiedenen Linien des Hauses Habsburg kam ein Teil des heutigen Vorarlberg (ab 1375) an das Haus Österreich.

AEIOU

Das erste Donaureich der Habsburger

Mit Herzog Albrecht V. waren die Habsburger nicht bloß in den Besitz der Königskronen von Ungarn und Böhmen gekommen, durch die Wahl des Herzogs zum Römischen König kehrten die Habsburger nach hundertjährigem Fernsein wieder auf den Thron des Heiligen Römischen Reiches zurück. Ab nun wurden, mit einer einzigen Ausnahme nach dem Tod des letzten männlichen Habsburgers, Karls VI., nur mehr Mitglieder dieses Herrscherhauses zur römischen Königs- und Kaiserwürde erhoben.

Albrecht II. (1437—1439) — seit seiner Wahl so genannt — hatte nur eine kurze Regierungszeit im Reich, in Ungarn und Böhmen. Während ihn die Ungarn ohne Widerspruch akzeptierten, drohten die Böhmen mit der Wahl eines Gegenkönigs — und tatsächlich wurde von der utraquistischen Partei Prinz Kasimir von Polen als Herrscher ausgerufen. Albrecht gelang es, sich trotzdem in Böhmen durchzusetzen, doch war die Ruhe noch nicht wiederhergestellt, als der König durch die drohende Türkengefahr nach Ungarn gerufen wurde. Die österreichischen Länder waren bereits seit Beginn des 15. Jahrhunderts gelegentlich von türkischen Streifscharen heimgesucht worden, jetzt erschien Sultan Murad II. mit einem großen Heer vor Semendria. Albrecht II. konnte den Fall Semendrias nicht verhindern. Ohne Geld und ohne Möglichkeit, sein Heer zu verstärken, war es nur dem unerwarteten Abschwenken der Türken in das südliche Serbien zu danken, daß Ungarn an einer Katastrophe vorbeiging. Dazu war im königlichen Lager die Ruhr ausgebrochen, die Hunderte dahinraffte und viele andere zur Desertion verleitete. Albrecht II. wurde gleichfalls von der Krankheit ergriffen. „Wenn ich nur Wien wiedersehe, so werde ich bald gesund", sagte er schwermütig, erreichte jedoch seine österreichische Hauptstadt nicht mehr. Er starb am 27. Oktober 1439.

Sein Tod stürzte Österreich, Ungarn und Böhmen in quälende Ungewißheit. Der König hatte zwei Töchter hinterlassen, aber seine Gemahlin Elisabeth war guter Hoffnung. Sie gebar Monate später, am 22. Februar 1440, einen Sohn, der die Erbfolge in den drei Ländern seines Vaters beanspruchen konnte. Doch in Böhmen gärte es; die Ungarn fragten sich angesichts der bestehenden Türkengefahr, ob ihnen ein Kind als König nützen könne, und noch dazu war es monatelang ungewiß, ob die Königinwitwe einem Sohn oder wiederum einem Mädchen das Leben schenken würde.

König Albrecht II. hatte testamentarisch bestimmt, daß — falls ein Sohn geboren würde — die vormundschaftliche Regierung von je drei Vertretern

Ungarns und Böhmens, von je zwei aus Österreich und von einem Bevollmächtigten der Stadt Prag zu führen sei; die oberste Aufsicht über die Erziehung des Prinzen solle die Mutter und der älteste Herzog des habsburgischen Hauses, Friedrich V. (1424—1493) von der steirischen Linie, haben. Im übrigen sei der junge König verpflichtet, in Preßburg Aufenthalt zu nehmen.

Dieser letzte Wille wurde jedoch sofort umgeworfen. Die österreichischen Stände versammelten sich in Perchtoldsdorf bei Wien, erklärten Herzog Friedrich V. von der Steiermark zum alleinigen Vormund des Erbprinzen, der in der Taufe den Namen Ladislaus erhalten hatte, und stellten Friedrich zwölf österreichische Räte zur Seite. In Böhmen trug man die Krone zuerst dem Herzog Albrecht von Bayern und dann Friedrich V. von der Steiermark an. Erst als beide ablehnten, entschloß man sich, das Thronrecht des nachgeborenen Ladislaus anzuerkennen. Doch schloß man hier ebenfalls die Königinwitwe von jedem Einfluß aus und übergab die Vormundschaft je einem Vertreter der katholischen und der utraquistischen Partei.

Den größten Widerstand fanden die Bemühungen, dem Sohn König Albrechts II. die Krone zu erhalten, in Ungarn. Zwar hatte man sofort nach dessen Tod der Königin versprochen, ihrem — noch ungeborenen — Sohn als Erben die Krone zu sichern; doch bald drängte man die Königinwitwe, sich von neuem zu vermählen und dem Land einen König zu geben, der Ungarn vor den Türken zu schützen vermöge. Von allen Seiten bedrängt, erklärte sich Elisabeth bereit, ihre Hand dem König Wladislaw von Polen zu reichen. Als jedoch der junge Ladislaus — der in der ungarischen Königsliste als Ladislaus V. Postumus geführt wird — zur Welt kam, bereute Elisabeth ihren Entschluß und ließ am 15. Mai 1440 das einige Wochen alte Kind vom Erzbischof von Gran mit der St.-Stephans-Krone krönen. Dann entführte sie dieses Symbol der altungarischen Staatlichkeit und floh mit Ladislaus nach Österreich zu Friedrich V. Dieser war unterdessen als Kandidat für die römische Krone aufgetreten, damit sie nicht dem Haus Habsburg wieder verlorengehe. Er wurde am 2. Februar 1440 zum König gewählt. Als solcher wird Friedrich V. in der modernen Geschichtsliteratur als Friedrich III. geführt, während ihn die Geschichtsschreiber des frühen 19. Jahrhunderts, vor allem die österreichischen, als Friedrich IV. bezeichnen, da sie Friedrich den Schönen, den Gegner Kaiser Ludwigs IV. von Bayern, als Friedrich III. zählen.

Trotz der Flucht der Königinwitwe kam Wladislaw von Polen nach Ungarn. Da die Stephanskrone trotz aller Bemühungen nicht aufgefunden werden konnte, ließ er sich mit der sogenannten „Totenkrone" krönen, die aus dem Reliquienschatz Stephans des Heiligen stammte. Viele sahen darin eine böse Vorbedeutung. Als Wladislaw noch dazu sich mit einer Reihe seiner Anhänger zerstritt, gingen viele von diesem zum jungen Ladislaus V. über. Der Feldhauptmann des jungen Königs, Johann von Giskra, nahm fast ganz Nordungarn — die heutige Slowakei — in seinen Besitz. Als dann die Königinwitwe Elisabeth 1442 plötzlich starb — es schien, als wollte sie sich mit ihrem Gegner Wladislaw aussöhnen —, war die Verwirrung vollkommen. Sie wurde dadurch gelöst, daß

Wladislaw von Polen an der Spitze eines Heeres von Ungarn und Polen in der Schlacht von Varna gegen die Türken — am 10. November 1444 — Sieg und Leben verlor. Nun blieb seinen Anhängern nichts anderes übrig, als den jungen Ladislaus V. anzuerkennen.

Dieser war unterdessen von Friedrich in der Steiermark erzogen worden. Das gab nicht nur Gerüchten Raum, König Friedrich wolle sein Mündel um das Erbe von Österreich bringen; der jüngere Bruder des Königs, Herzog Albrecht VI., verlangte Anteil an Macht und Regierung. Seine Söldner plünderten und brandschatzten in Nieder- und Oberösterreich, böhmische und ungarische Edelleute kamen über die Grenze und taten desgleichen. Der König war nicht in der Lage, Sicherheit und Ruhe zu verbürgen. Im niederösterreichischen Viertel unter dem Manhartsberg vermochte ein gewisser Pankraz von St. Miklos, sich sieben Jahre zu behaupten. Er gebärdete sich während dieser Zeit wie ein Landesherr, hob Steuern ein, verteilte Lehen und ließ sich den Treueid schwören.

Nicht nur in Ungarn, in Böhmen, in Österreich, ebenfalls im fernen Tirol sah sich Friedrich III. ungeahnten Schwierigkeiten gegenüber. Hier war seit dem Tod Herzog Friedrichs IV. dessen Sohn Sigismund (1439—1490, † 1496) Landesherr. Er stand jedoch unter der Vormundschaft des Königs ebenso wie Ladislaus V. Postumus. Als Sigismund volljährig geworden war, erreichte Friedrich III. in einem Vertrag, daß dieser noch für sechs Jahre auf die Übernahme der Regierung verzichtete. Die Tiroler hielten dieses Übereinkommen für erzwungen und erhoben sich (1445). Auch die Ungarn und die Böhmen verlangten immer stürmischer ihren jungen König. In Böhmen war der Utraquist Georg von Podiebrad zum „Gubernator" (Reichsverweser) bestellt worden; in Ungarn errang Johann Hunyadi die gleiche Stellung. In Österreich kam es zu einer Verschwörung gegen Friedrich, an deren Spitze ein gewisser Ulrich Eyzinger stand. Dieser Mann, ein gebürtiger Bayer, war arm nach Österreich gekommen, der Günstling König Albrechts II. geworden und von ihm in den Freiherrenstand erhoben worden. Als Huebmeister war er für die Ein- und Ausgaben der herzoglichen Kammer verantwortlich — also eine Art österreichischer Finanzminister — und hatte sich dabei ungeheuer bereichert. Seit 1441 stand er in offen erklärter Fehde gegen Friedrich, von dem er Gelder zurückverlangte, die er noch Albrecht II. geborgt haben wollte.

Die Verschwörung hatte Erfolg. Eyzinger zog in Wien ein und ließ sich zum obersten Hauptmann wählen. Eine neue Regierung wurde gebildet, und Österreich sagte dem König den Gehorsam und die Treue auf. Dieser hatte, ohne sich um die drohende Gefahr zu kümmern — er glaubte, mit Botschaften und schriftlichen Ermahnungen die Österreicher beruhigen zu können —, seine Reise nach Rom angetreten, wo er sich 1452 mit der portugiesischen Prinzessin Eleonore vermählte und aus den Händen des Papstes die Kaiserkrone empfing.

In Österreich war während dieser Zeit Friedrichs Herrschaft völlig zusammengebrochen. Jetzt versuchte Friedrich III. endlich an die Waffen zu appellieren. Doch schon rückte ein österreichisch-böhmisches Heer gegen Wiener Neustadt, wo sich der Kaiser aufhielt. Fast wäre es den Österreichern und Böhmen gelungen, die Burg von Wiener Neustadt zu erobern und Friedrich III. gefangenzunehmen, wenn nicht der steirische Ritter Andreas Baumkircher den Zugang so lange verteidigt hätte, bis man das Burgtor schließen konnte. Aber der Kaiser sah nun ein, daß er keine Aussicht hatte, der Gegner Herr zu werden. Der Friedensvertrag sicherte die Auslieferung des jungen Ladislaus V. Postumus zu. Er zog in Begleitung des Grafen Ulrich von Cilli in Wien ein und fand sich dem unbeschreiblichen Jubel der Österreicher gegenüber, der den zwölfjährigen Knaben völlig verwirrte. Eine Gesandtschaft aus Ungarn erschien in Wien und beglückwünschte Ladislaus Postumus zu seiner „Befreiung" aus der Gefangenschaft — so nannte man seinen Aufenthalt bei Kaiser Friedrich III. Die böhmischen Abgeordneten trafen etwas später ein. Sie forderten unter Drohung, einen anderen König zu wählen, Ladislaus V. auf, sofort nach Böhmen zu kommen.

Der junge König wurde bald zum Spielball der Parteien. Sowohl sein Oheim Ulrich von Cilli als auch Eyzinger versuchten, in seinem Namen die Regierung an sich zu reißen. In Böhmen wurde Ladislaus wohl am 28. Oktober 1453 gekrönt, doch wußte er sich nicht in die Lage des Landes zu schicken. Er zeigte eine unverhohlene Abneigung gegen die Utraquisten, deren Partei in Böhmen die stärkere war. Im übrigen fühlte er sich als Ungar. Schon als er in Wien von der ungarischen Gesandtschaft begrüßt worden war, hatte er ihnen geantwortet, er sei ein geborener Ungar und werde in diesem, seinem eigentlichen Vaterland wohnen. Aber Ulrich von Cilli verstand es, Ladislaus mit Mißtrauen gegen den früheren Reichsverweser Johann Hunyadi zu erfüllen. Dieser hatte in einigen glänzenden Feldzügen an der Spitze ungarischer und verbündeter serbischer Truppen die Türken, die Ungarns Grenzen bedrohten, zurückgeschlagen. Als nach dem Fall von Konstantinopel und dem Ende des Oströmischen Kaiserreiches 1453 der Papst einen Kreuzzug wider die türkische Gefahr predigen ließ — in Österreich und Wien war es Johann von Capestran (die Form „Capistran" ist volkstümlich und historisch falsch), der auf dem Platz vor der Stephanskirche das Volk mitriß —, versuchte Graf Ulrich von Cilli Hunyadi an der Verteidigung des Landes zu hindern. Aber dieser warf sich in das bedrohte Belgrad und erzwang in einem der glänzendsten Siege über die Türken am 14. Juli 1456 die Aufhebung der Belagerung. Mehmed II., der Eroberer von Konstantinopel, mußte unter Zurücklassung von 24.000 Toten, 300 Kanonen und aller Waffenvorräte und Maschinen vor dem siegreichen ungarischen Feldherrn den Rückzug antreten. Doch Johann Hunyadi überlebte seinen großen Erfolg nur wenige Tage. Von der Seuche ergriffen, die im Lager ausgebrochen war, verschied er schon am 11. August in den Armen Johann von Capestrans. Aus der Zeit dieses Türkenkrieges rührt das Gebetläuten zur Mittagsstunde, von Papst Calixtus III. zur Mahnung der Christenheit eingeführt.

Mit Johann Hunyadi hatte König Ladislaus einen der wenigen aufrechten Männer an seinem Hof verloren. Nun versuchte Ulrich von Cilli die Söhne des Toten zu verderben. Zwar mußte er seine Intrigen mit dem Leben bezahlen, denn er wurde bei einer Auseinandersetzung von den Anhängern der Hunyadis erschlagen. Doch nun ließ König Ladislaus V. Postumus die beiden Brüder Ladislaus und Matthias Hunyadi festnehmen. Der ältere wurde noch am selben Tag ohne Urteilsspruch und Verhör enthauptet, der jüngere Matthias mußte dem König als Gefangener nach Prag folgen. Hier wollte Ladislaus seine Vermählung mit der französischen Königstochter Madelaine feiern. Seine politischen Pläne gingen dahin, im Bund mit den Herzogen Sigismund von Tirol und Albrecht VI. Kaiser Friedrich III. mit Krieg zu überziehen. Es kam weder zur Hochzeit noch zur geplanten blutigen Auseinandersetzung. In der Nacht vom 22. zum 23. November 1457 fühlte er plötzlich Schmerzen. Die rasch herbeigerufenen Ärzte vermochten ihn nicht zu retten. Mit ihm starb der letzte männliche Sproß der albrechtinischen Linie des Hauses Habsburg. Nach zwanzigjähriger, freilich oft nur dem Namen nach bestehender Vereinigung brach das erste Donaureich der Habsburger auseinander.

Ein Römischer Kaiser aus Österreich

Als Friedrich III., Herzog der Steiermark und römischer König, vom Papst in der Ewigen Stadt gekrönt wurde, war es der erste Habsburger und zugleich der erste Österreicher, der diese Würde empfing. Doch gerade der neue Kaiser schien für seine Zeitgenossen als ein Mann, der nicht imstande sein werde, das Erbe zu wahren, das ihm überkommen war.

Friedrich III. wurde als der älteste Sohn des Herzogs Ernst des Eisernen und seiner zweiten Gemahlin, der polnischen Prinzessin Cimburga von Masovien, am 21. September 1415 in Innsbruck geboren. Von beiden Eltern wird uns erhebliche Körperkraft und Gesundheit überliefert. So soll Cimburga imstande gewesen sein, ein Hufeisen in der Hand zu zerbrechen. Jedenfalls haben Ernst und Cimburga ihrem ältesten Sohn ein langes Leben mitgegeben. Er steht damit im Gegensatz zu seinen weiteren Vorfahren, die alle in verhältnismäßig jungen Jahren starben. Diese Langlebigkeit Kaiser Friedrichs III. hat ihm zu einer Reihe von Erfolgen verholfen, die er sonst niemals errungen hätte. Die innere Zähigkeit, die er sichtlich besaß, vermochte ihm die Geduld zu geben, die andere Habsburger — etwa Rudolf IV. oder Joseph II. — nicht aufbrachten. So ist auch sein unerschütterter Glaube an die Zukunft Österreichs und seines Herrscherhauses zu verstehen, der sich in den berühmten fünf Buchstaben AEIOU ausdrückt, die seitdem eine ganze Reihe von Erklärungen gefunden haben. Am ehesten kommt wohl die Auslegung Austriae est imperare orbi universo (es ist Österreichs Bestimmung, den Erdkreis zu beherrschen) dem Gedankengang des Kaisers gleich. Schon als junger Fürst schreibt er den erklärenden Satz nieder: „Bei welchem Bau oder Silbergeschirr oder Kirchengewand oder anderem Kleinod diese fünf Buchstaben stehen, das ist mein, Herzog Friedrichs des Jüngeren, gewesen oder ich habe es bauen oder machen lassen." Dieser Sinn für die Würde seines Geschlechts ließ ihn 1453 den „Großen Freiheitsbrief" seines Vorgängers, des Herzogs Rudolf IV., bestätigen und damit Österreich reichsrechtlich in einen Rang erheben, der — wie nichtösterreichische Geschichtsschreiber feststellten — Österreich praktisch aus dem Reich heraushob und es neben das Reich stellte. Mit Sparsamkeit, die oft in Geiz ausartete und ihn manches Mal in peinliche Situationen verwickelte, versuchte Friedrich III. seiner ewigen Geldnot Herr zu werden, die ein Hauptgrund für seine Tatenlosigkeit war und die man ihm als „Trägheit" oder gar „Faulheit" auslegte.

Nichts schien dem Kaiser in den ersten Jahren seiner Herrschaft gelingen zu wollen. Alle seine Gegner aber starben vor ihm, und am Ende seines langen

Lebens hatte er nicht nur alle österreichischen Länder wieder in seiner Hand vereinigt, sondern darüber hinaus seinem Hause große Aussichten für die Zukunft eröffnet.

Vorerst sah es nach dem Tod des jungen Königs Ladislaus V. Postumus nach einem völligen Zusammenbruch der kaiserlichen Macht aus. Es gelang Friedrich III. nicht, Ungarn und Böhmen seinem Hause zu erhalten. In beiden Ländern wurden Einheimische zu Königen gewählt. In Böhmen der frühere Reichsverweser Georg von Podiebrad (1457—1471), in Ungarn der Sohn des großen Johann Hunyadi, der junge, kaum 16jährige Matthias mit dem Beinamen Corvinus (1457—1490), den man direkt aus dem Prager Kerker auf den Königsthron holte. In Nieder- und Oberösterreich hatte der Kaiser wieder mit den Ansprüchen seiner Verwandten, des Herzogs Sigismund von Tirol, und seines Bruders, Albrecht VI., zu kämpfen. Der Erbfolgestreit wurde zum offenen Bürgerkrieg. Dörfer wurden verbrannt und Äcker verwüstet; Söldnerhaufen im wechselnden Dienst zogen durch das Land, und man wußte oft kaum, für wen und gegen wen sie kämpften. Der Adel erhob sich und machte sich praktisch von jeder Gewalt des Landesfürsten selbständig. Das Mißtrauen Friedrichs III. gegen seinen Bruder Albrecht VI. war derart, daß ihm dieser einmal freies Geleit eidlich zusichern mußte, ehe sich der Kaiser nach Wien begab. Vielleicht wäre es um das Land besser bestellt gewesen, hätte sich der Kaiser entschlossen, in Wien seinen Wohnsitz aufzuschlagen. Gerade das tat er nicht; er hielt sich meist in Wiener Neustadt oder in der Steiermark auf. Der österreichische Geschichtsschreiber Thomas Ebendorfer, ein Zeitgenosse, rief klagend aus: „Was nützen uns Herzöge, wenn wir die Aussicht haben, durch Räuber geplündert, von Tür zu Tür betteln gehen zu müssen oder wenigstens unser Haupt nie ruhig zu Bett legen zu können?"

Der gefährlichste und heimtückischste Feind des Kaisers war sein eigener Bruder, Erzherzog Albrecht VI. Des Kaisers Sohn, Maximilian, 1459 in Wiener Neustadt geboren, mußte in seiner Kindheit all die Bedrängnisse seines Vaters miterleben. Die Erinnerung daran begleitete ihn so lange, daß man später niemals den Namen seines Onkels, Albrechts VI., vor ihm aussprechen durfte. Der Bürgerkrieg in Österreich tobte, mit wechselnden Bündnissen, bis zum Tod Albrechts VI., ja darüber hinaus. In dieser Zeit der Wirren fiel ein weiterer Bürgermeister der Stadt Wien, Wolfgang Holzer, seinen Parteigegnern zum Opfer und wurde hingerichtet. Anderseits erwarb sich damals Wien von Friedrich III. das Recht, den römisch-kaiserlichen Doppeladler im Wappen führen zu dürfen. Selbst so treue Anhänger des Kaisers, wie Andreas Baumkircher, erwiesen sich als eigensüchtige Männer, nur auf Vermehrung ihres eigenen Einflusses und Besitzes bedacht. Der Kaiser ließ Baumkircher 1471 in Graz unter eigentümlichen Umständen verhaften und hinrichten. Die volkstümliche Überlieferung machte aus dem Hingerichteten einen Märtyrer der Fürstenwillkür. Es besteht aber kaum ein Zweifel darüber, daß der Kaiser, obwohl er formales Recht verletzte, im Zustand der Notwehr handelte.

Seine Geldnöte hatten den Kaiser veranlaßt, eine Geldabwertung durchzuführen. Man nannte das neue Geld die „Schinderlinge". Daraus ergaben sich bei der Umwechslung in andere Währungen Kurssteigerungen. So hatte man früher für einen sogenannten Aquilejer Pfennig drei österreichische Halbpfennige zu zahlen gehabt. Nun wurde der Verhältniswert auf vier Halbpfennige erhöht. Dieser Umtauschschlüssel war schon seit Jahren in Kraft, als der kaiserliche Verwalter von Spittal an der Drau 1478 die Zahlung der Steuern nach diesem Umrechnungsschlüssel forderte. Die Bauern, die ihre Steuern, wie Pfarrer Unrest in seiner Chronik berichtet, bereits um das Doppelte gesteigert sahen, widersetzten sich dieser Forderung und schlossen einen Bund, der sich von Kärnten aus bis nach dem Ennstal ausbreitete. Man hob Abgaben ein, verlangte das Recht, die Richter und Pfarrer selbst wählen zu dürfen, und ernannte einen Hauptmann des Bauernheeres, das sich zu sammeln begann. Aber gerade, als sich 3000 Mann in der Gegend von Tarvis versammelt hatten, brachen die Türken über den Predilpaß herein, zersprengten das Bauernheer und verwüsteten weite Teile des Landes, ehe sie sich wieder nach Bosnien zurückzogen. Schon vorher und ebenfalls später sahen sich die südlichen Länder Österreichs diesen Durchzügen türkischer Streitscharen ausgesetzt, wobei Dörfer niedergebrannt, Menschen erschlagen und viele Christenkinder weggeschleppt wurden, die Knaben als Nachwuchs für die Janitscharentruppen, die Mädchen für die Harems der türkischen Großen. Man suchte sich nun mit dem Bau von Wehrkirchen und Waffenlagerplätzen (dem „Tabor") zu sichern und stellte auf den Höhen der Berge Wachtposten auf, die das Herannahen der Türken mit Leuchtfeuern zu melden hatten. Selbst in Tirol hob man eine Türkensteuer ein (1474) und verstärkte die Mauern der Städte und Burgen.

In den auswärtigen Beziehungen Friedrichs III. zeigte sich in diesen Jahren eine Unsicherheit, die ihn einmal auf die Seite der Böhmen, das andere Mal auf die Seite der Ungarn trieb. Hatte er dem Böhmenkönig Georg von Podiebrad seine Befreiung aus der Belagerung in der Burg zu Wien 1463 zu verdanken, so wurde er wenige Jahre später durch die Forderung hoher Geldbeträge als Entschädigung für die seinerzeitige Hilfe von denselben Böhmen in Bedrängnis gesetzt. An die Stelle Böhmens trat seit 1462 Ungarn als Bundesgenosse Friedrichs III. In einer Erbvereinigung wurde der Ungarkönig Matthias vom Kaiser an Sohnes Statt angenommen, und der österreichische Herrscher erhielt das Nachfolgerecht auf Ungarn zugesprochen, falls Matthias ohne rechtmäßige männliche Erben sterben sollte. Doch auch diese Vereinbarung war nicht von Bestand, und fast von Jahr zu Jahr wechselten die Bündnisverhältnisse. Und wie Ungarn und Böhmen einmal als Verbündete, dann als Gegner in die österreichischen Länder einfielen, so fanden österreichische Adelige nichts dabei, sich in ihren gegenseitigen Fehden oder in den Kämpfen gegen den Landesherrn mit ungarischen oder böhmischen Edelleuten zu verbünden. Was im allgemeinen in diesem Wirrwarr der gegenseitigen friedlichen und feindlichen Beziehungen nicht beachtet wird, ist die aus allem hervorstechende Tatsache, daß man sich trotz der Auflösung der Dreiländerunion Österreich — Ungarn — Böhmen nach dem Tod des Königs Ladislaus V. Postumus so an das gegenseitige Zusammensein gewöhnt hatte, daß Bündnisse mit Ungarn und Böhmen sowie der Durchzug ungarischer und böhmischer Söldner trotz aller Packerei eigentlich nicht mehr als wirklich feindliche oder unfreundliche Akte im Verhältnis zu einem „Ausland" empfunden wurden, sondern nicht viel anders, als wenn die habsburgischen Brüder untereinander Krieg führten oder Bündnisse abschlossen und etwa Söldner Albrechts VI. gegen Söldner Friedrichs III. standen.

Sigismund von Tirol und die Westpolitik der Habsburger

Nach dem Tod Albrechts VI. 1463 war noch Sigismund, der Sohn Friedrichs IV. von Tirol, als einziger Habsburger außerhalb der eigenen Familie des Kaisers zurückgeblieben. Er war 1445 aus der Vormundschaft seines Verwandten, Friedrichs III., entlassen worden und hielt 1446 seinen Einzug in Innsbruck. Es war selbstverständlich, daß er einmal jene Männer in seinem Rat um sich sammelte, die ihn aus der Vormundschaft des Römischen Königs befreit hatten. Aber bald geriet er in Schwierigkeiten. Sie begannen mit seinem Protest gegen die Wahl des berühmten Theologen und Humanisten Nikolaus von Cues (1401—1464) zum Bischof von Brixen. Cues, aus einfachen Verhältnissen im Rheinland stammend — er war der Sohn eines Winzers aus der Moselgegend —, wurde vom Papst dem bereits vom Domkapitel gewählten Leonhard Wiesmayr vorgezogen; denn er galt als Freund der Kirchenreform, von der schon seit dem Konzil von Konstanz gesprochen wurde. Wohl kam es zu einem vorläufigen Ausgleich, und Leonhard Wiesmayr, der auf Brixen verzichtete, erhielt zur Entschädigung das Bistum von Chur. Doch als Nikolaus von Cues 1452 mit einer Reform der Klöster beginnen wollte, kam es zum Zusammenstoß. Die Äbtissin des am meisten bedrohten Stiftes Sonnenburg wandte sich an den Herzog um Hilfe gegen diesen. Nikolaus von Cues war bestrebt, die Rechte der Kirche überall wieder zum Durchbruch zu bringen. Damit hätte er die Beziehungen zwischen dem Bistum Brixen und dem Tiroler Landesherrn auf die Zeit von 1218 zurückschrauben müssen. Wie immer die Rechtslage theoretisch zu beurteilen ist, es war unmöglich, zweihundert Jahre Geschichte auszulöschen. Tatsächlich zeigte sich in den folgenden Jahren, in denen Herzog Sigismund und das ganze Land Tirol zweimal mit Bann und Interdikt belegt wurden, daß diese kirchlichen Strafen nicht nur bei weltlichen, sondern auch bei geistlichen Würdenträgern keine Wirkung mehr hatten; beide Parteien gingen mit Gewalt vor. Während einer Abwesenheit Sigismunds von Tirol besetzte ein Amtmann des Bischofs 1458 das vom herzoglichem Militär geschützte Kloster von Sonnenburg und ließ die meisten der Söldner niedermachen, während die Nonnen aus dem Kloster flüchteten. Dafür wurde zwei Jahre später (1460) Nikolaus von Cues bei einer Zusammenkunft in

Bruneck von Anhängern des Herzogs überfallen und gefangengenommen. Erst als 1464 sowohl der Papst als auch Nikolaus von Cues rasch hintereinander aus dem Leben schieden, wurden die normalen Beziehungen zwischen Kirche und Land wiederaufgenommen.

Unter der Regierung Sigismunds blühte die Tiroler Wirtschaft und der Tiroler Handel auf. Die von ihm errichtete Münzstelle in Hall (1477) prägte den ersten Goldgulden in Tirol, der bald im ganzen Heiligen Römischen Reich als eine der besten Währungen galt. Seit 1484 wurde dann ein Taler geschlagen, der aus Silber war und dessen Prägung von Bernhard Beham stammt. Er zeigte zum erstenmal das Porträt des Herrschers naturgetreu. Überall wurde nun nach Bergschätzen geschürft, und es gab, wie die Chronisten melden, fast kein Tal, in dem nicht derartige Versuche angestellt wurden.

Im Jahr 1449 hatte sich der Herzog in erster Ehe mit der Prinzessin Eleonore von Schottland, aus dem Königshaus der Stuart, vermählt. Der Reichtum, der ihm zufloß, verführte ihn jedoch zur Verschwendung. Wohl hatte er schon 1451 die halbe Grafschaft Bregenz erworben und sich sechs Gerichte im Prätigau verpfänden lassen, doch seine kostspieligen Bauten — Sigmundslust, Sigmundsberg, Sigmundsfreud, Sigmundskron —, die ihn fast einen Vorgänger des bekannten baulustigen Bayernkönigs Ludwig II. (1864—1886) erscheinen lassen, zehrten an den Finanzen. Dazu mußte der Friede mit den Schweizern 1468 mit hohen Geldsummen erkauft werden. Als sich schließlich Sigismund im Alter von 60 Jahren nach dem Tod seiner Gemahlin mit der 16jährigen Prinzessin Katharina von Sachsen vermählte (1484), bildeten sich am Tiroler Hof zwei Parteien, von denen die eine, mit der jungen Herzogin an der Spitze, den Frieden zu erhalten suchte, während die andere darnach trachtete, jeden gegen jeden auszuspielen. Sigismund verschleuderte in seiner Geldnot wertvolle Besitzungen, wie die Markgrafschaft Burgau an Bayern, und vermählte die Tochter Kaiser Friedrichs III., die seiner Obhut anvertraut war, ohne Wissen und Willen des Vaters an den Herzog Albrecht von Bayern, dem er auch fast alle seine Länder mit der Grafschaft Tirol vermachte (1487). Zur gleichen Zeit führte er einen Krieg mit der Republik Venedig, der er die Silbergruben des Valsugana entreißen wollte. Wohl siegten die Tiroler in der blutigen Schlacht an der Etsch (10. August 1487), doch mußte der Kampf schließlich ergebnislos abgebrochen werden. Diese Ereignisse führten dazu, daß der Tiroler Landtag vom Herzog die Einstellung aller Maßnahmen forderte, die auf die Loslösung Tirols vom Hause Habsburg und auf den Anschluß an Bayern abzielten. Kaiser Friedrich III. erschien daraufhin selber in Innsbruck und erklärte alle abgeschlossenen Verträge für ungültig. Die Minister Sigismunds wurden in Acht getan und schließlich Sigismund selbst bewogen, abzudanken und die Regierung Tirols dem Sohn des Kaisers, Maximilian, zu überantworten. Der ehemalige Herzog wurde mit einer Pension ausgestattet und starb 1496. Da er kinderlos geblieben, starb mit ihm die Tiroler Linie des Hauses Habsburg aus.

Die Burgundische Frage

Die Habsburger waren ursprünglich ein alamannisch-schwäbisches Geschlecht. Erst durch den Begründer ihrer Macht, König Rudolf I., wurden sie in den Donauraum verpflanzt. Wenn sie sich auch in den hundert Jahren, seit sie von der Römischen Krone ausgeschlossen waren, als österreichische Landesherren den österreichischen Problemen gewidmet hatten, so besaßen sie doch noch Interessen im Westen. Diese wurden in der Zeit der habsburgischen Teilungen in erster Linie von den Tiroler Habsburgern vertreten. In Verfolg einer solchen Westpolitik hatte bereits 1430 Herzog Friedrich IV. von Tirol an die Erwerbung Brabants (im heutigen Belgien) gedacht. Als dann sein Sohn Sigismund 1469 am Hof von Burgund weilte, erkannte er die Bedeutung dieses Staatswesens, das in Wirtschaft und Kultur an der Spitze des damaligen Westeuropa stand, und machte in einem eigenen Bericht Kaiser Friedrich III. darauf aufmerksam.

Das Herzogtum Burgund war eine jener spätmittelalterlichen Staatsbildungen, in der sich Theorie und Praxis widersprachen. Praktisch waren seine Landesfürsten, eine Seitenlinie des französischen Königshauses der Valois, mächtige und selbstherrlich herrschende Herzöge, theoretisch hatten sie ihre Länder teils von Frankreich, teils vom Heiligen Römischen Reich zu Lehen und hätten demgemäß beiden Treue und Gehorsam schulden müssen. Durch die Entwicklung der Tuchindustrie und eines gewinnbringenden Handels waren ihre Gebiete nicht bloß die erste Industrie- und Handelsmacht des damaligen Westeuropa geworden, die Steuern ermöglichten es den Herzogen von Burgund, sich von den feudalen Gewalten freizumachen, die sonst die Macht der Landesfürsten einzuschränken pflegten. „Der burgundische Staat besaß“ — wie Henri Pirenne urteilt — „eine glänzende geographische Lage. Seine Küsten waren weit ausgedehnt, seine Gebiete reich an Städten mit einer gewerbefleißigen und wohlhabenden Bevölkerung.“ Seine nördlichen und südlichen Gebiete waren jedoch durch das Herzogtum Lothringen getrennt, auf das sich die Blicke Karls des Kühnen richteten, der seit 1467 in Nachfolge seines Vaters, Philipps des Guten (1419—1467), seine Herrschaft abzurunden trachtete. Sie reichte schon jetzt von der Nordsee bis an die Grenzen der Schweizer Eidgenossenschaft, trennte das Königreich Frankreich vom Heiligen Römischen Reich und schien das alte Zwischenreich Lothars I., des Enkels Karls des Großen, wieder aufleben lassen zu wollen.

Herzog Sigismund von Tirol war bei seinem Besuch in den Niederlanden in nähere Beziehungen zu Karl dem Kühnen getreten. Beide Fürsten hatten die Schweizer zum gemeinsamen Feind. Sigismund verpfändete die Landgrafschaft Elsaß, den Sundgau, die Grafschaft Pfirt, Alt-Breisach und eine Reihe anderer Städte im Schwarzwald an Burgund; nicht bloß, weil er sich in Geldverlegenheit befand, sondern da er hoffte, auf diese Weise Karl den Kühnen zu bewegen, verlorengegangene habsburgische Gebiete den Schweizern wieder zu entreißen. Sigismund war es auch, der Kaiser Friedrich III. beredete, sich für seinen Sohn Maximilian um die Hand der einzigen Tochter des burgundischen Herzogs, Maria, zu bewerben, der einmal das gewaltige Reich zufallen mußte. Auf einer Fürstenzusammenkunft in Trier sollte der Pakt ausgehandelt werden (1473). Während Friedrich III. und Maximilian mit verhältnismäßig wenig Gefolge und geringem Aufwand in der Stadt erschienen, rückte der Burgunder an der Spitze von 300 Kürassieren, 5000 leichten Reitern und 6000 Fußsoldaten ein. Er entfaltete einen Prunk, der dem an Sparsamkeit gewöhnten Kaiser von allem Anfang an mißfiel. Dazu kamen Karls des Kühnen Forderungen: seine Erhebung zum Römischen König und Nachfolger Friedrichs III. im Reich; wofür er Maximilian mit der Hand seiner Tochter Maria und der Nachfolge nach ihm entschädigen wollte. Der Kaiser fand diese Bedingungen für unannehmbar. Dagegen erklärte er sich bereit, den Herzog zum König von Burgund zu erheben. Als jedoch im Kaiser der Verdacht aufstieg, daß Karl von Burgund ebenfalls mit anderen Fürsten — so mit Matthias Corvinus von Ungarn — verhandle, brach er brüsk alle weiteren Besprechungen ab und verließ Trier, ohne sich von seinem Gesprächspartner zu verabschieden.

Da Herzog Karl auch Sigismund enttäuschte und ihm gegen die Schweizer keine Unterstützung gewährte, schloß dieser 1474 mit ihnen einen dauerhaften Frieden und brachte einen Bund oberrheinischer Bischöfe und Städte zusammen, die ihm helfen sollten, die an Burgund verpfändeten Länder zurückzugewinnen. Tatsächlich erhoben sich die Breisacher für die Habsburger, nahmen den burgundischen Statthalter, Peter von Hagenbach, gefangen und enthaupteten ihn. Die Politik wollte es aber, daß Karl der Kühne, der inzwischen tatsächlich Lothrnigen seinem Reich einverleibt hatte, doch 1476 seine Bereitwilligkeit erklärte, den Sohn des Kaisers mit seiner Erbtochter Maria zu vermählen.

Wenige Monate später — am 5. Jänner 1477 — fiel der burgundische Herzog, der bereits vorher in zwei Schlachten von den Schweizern besiegt worden war, in einer dritten bei Nancy, der Hauptstadt Lothringens, im Kampf gegen Schweizer und Lothringer. Damit war der Erbfall gegeben. König Ludwig XI. von Frankreich versuchte, Burgund und die Hand der jungen Herzogin zu gewinnen, die sich im eigenen Land von allen Seiten bedroht sah. Französische Truppen rückten ein, und viele Städte öffneten ihnen die Tore. Zwei ihrer Räte wurden trotz ihrer Bitten hingerichtet, sie selbst wie eine Gefangene gehalten. Erst das Eintreffen Maximilians von Österreich am 18. August in Gent änderte das Bild. Infolge einer schon am nächsten Tag erfolgten Vermählung mit Maria war er Herzog des Landes geworden und trat den französischen Ansprüchen mit Entschiedenheit und Kraft entgegen. In der Schlacht von Guinegate (1479) besiegte er die ins Land eingedrungenen Franzosen. Auf beiden Seiten wurde der Krieg mit einer uns ungewohnten Grausamkeit geführt. Maximilian ließ die kriegsgefangene Besatzung des Schlosses Malaunoi einfach aufknüpfen, und König Ludwig XI. von Frankreich tat dasselbe mit flandrischen Gefangenen. Ein Bündnis mit England und der Bretagne verstrickte Maximilian noch mehr in die westeuropäische Politik, die von nun an für Jahrzehnte hindurch den Habsburgern wichtiger erscheint als ihre Stellung im Donauraum. Daran konnte auch der

Tod von Maximilians Gattin, Maria, nichts ändern, die am 16. März 1482 infolge eines Sturzes vom Pferd aus dem Leben schied. Maximilian hatte sich nunmehr nicht bloß mit den Franzosen, sondern auch mit den burgundischen Ständen auseinanderzusetzen, die darauf bestanden, daß nach dem Tod Marias deren und Maximilians Sohn, Philipp, später der Schöne zubenannt, als Herzog von Burgund unter vormundschaftlicher Regierung eingesetzt werden solle. Dem Vater wurde nicht einmal ein Anteil an der Erziehung seiner Kinder — Maximilian hatte außer seinem Sohn Philipp noch eine Tochter Margarete aus seiner Ehe mit Maria von Burgund — gewährt. Die kleine Prinzessin wurde von den burgundischen Ständen dem Sohn des französischen Königs verlobt und sofort nach Frankreich gebracht. Maximilian selbst, in die Händel des Landes verstrickt, wurde schließlich 1488 von den Bürgern von Brügge gefangengenommen, die ihn sogar an Leib und Leben bedrohten. Obwohl er seit 1486 Römischer König und damit Nachfolger seines Vaters im Heiligen Römischen Reich war, gelang es doch nur mit Mühe, Reichstruppen aufzubieten, die ihn befreien sollten. Der Vertrag, der dann zwischen ihm und den burgundischen Ständen zustandekam, war eigentlich eine Niederlage Maximilians. Man übertrug ihm zwar während der Minderjährigkeit Philipps die Vormundschaft und die Verwaltung der niederländischen Provinzen — mit Ausnahme von Flandern — und zahlte ihm für die erlittene Bedrängnis 50.000 Gulden Schadenersatz, doch mußte er alle nichtburgundischen Truppen aus dem Land ziehen, die festen Plätze räumen und den am Aufstand gegen ihn Beteiligten volle Straflosigkeit und bedingungslose Amnestie zusichern. Doch auch weiterhin war es altburgundische Politik, die Maximilian und — später — seinen Sohn Philipp den Schönen leitete. Er folgte den Spuren seines Schwiegervaters, Karls des Kühnen. So wie die burgundischen Herzöge lange Zeit während des sogenannten „Hundertjährigen Krieges" zwischen England und Frankreich (1338—1453) auf englischer Seite gestanden waren und ihn sogar wesentlich bestimmt hatten, so übernahmen nun die Habsburger seit Maximilian I. diesen englisch-französischen Gegensatz und führten so eigentlich den „Hundertjährigen Krieg" als Krieg der Häuser Habsburg und Valois-Bourbon bis in die Tage Maria Theresias weiter. In diesem Geist schloß Maximilian 1488 eine Liga mit England und Spanien. Als Herzog Franz II. der Bretagne, des letzten, noch einigermaßen von den französischen Königen unabhängigen Herzogtums, nur mit Hinterlassung einer Tochter gestorben war, suchten die Habsburger wie im Fall Burgund durch Vermählung Annas von der Bretagne mit König Maximilian I. das Land in ihren Besitz zu bringen. Obwohl die Trauung durch Prokuration (Stellvertretung) schon vollzogen war, gelang es diesmal dem französischen König, Maximilian den Rang abzulaufen und sich sowohl der Erbherzogin sowie der Bretagne selbst zu bemächtigen (1490).

Es ist begreiflich, daß den Habsburgern Burgund in diesen Jahrzehnten näherlag; schien es doch, als würde ihnen im Donauraum von Matthias I. Corvinus der Rang abgelaufen.

Das zweite Donaureich des Matthias Corvinus (1458—1490)

Unter den Königen Ungarns muß Matthias I. Corvinus als der größte seit dem heiligen Stephan betrachtet werden. Er war der Sohn des Türkensiegers Johann Hunyadi und, wie bereits erwähnt, aus der böhmischen Gefangenschaft auf den ungarischen Thron geholt worden. Obwohl im jugendlichen Alter stehend, zeigte es sich schon von der ersten Stunde an, daß er nicht geneigt war, sich von Verwandten oder Vertrauten beeinflussen zu lassen. Im Kampf mit Kaiser Friedrich III., der sich von unzufriedenen ungarischen Adeligen am 17. Februar 1459 zu Güssing zum König von Ungarn hatte wählen lassen, erreichte er im Ödenburger Vertrag 1463 nicht nur die Herausgabe der Stephanskrone — die 22 Jahre im Besitz Friedrichs III. gewesen —, sondern vermochte ihn auch gegen Überlassung der Herrschaften Forchtenstein, Kobersdorf, Eisenstadt, Güns und Rechnitz, mit Ausnahme von Güns alle im heutigen Burgenland gelegen —, zum Verzicht auf Ungarn zu bewegen. Dafür sollte eine neue Erbvereinigung zwischen Österreich und Ungarn geschlossen werden, die dem Kaiser und seinen Nachkommen die Nachfolgerechte sicherten, wenn Matthias ohne legitime männliche Nachkommen sterben sollte.

Den Spuren seines Vaters folgend wandte er sich dem Kampf gegen die Türken zu. Doch bald wurde er dessen müde, als er sich völlig allein und auf sich gestellt sah. Weder der Papst noch andere christliche Fürsten machten ernstlich Miene, Ungarn in dieser Verteidigung des christlichen Europa gegen den Islam wirklich zu unterstützen. Man begnügte sich mit Worten und Verträgen, mit Tagungen und leeren Versprechungen. Unter dem Vorwand, Matthias verwende ihm übergebene Hilfsgelder für den Türkenkrieg zum Kampf gegen christliche Fürsten, stellte man einfach von päpstlicher und venetianischer Seite die bis dahin bewilligten Hilfsgelder ein. Der König hob daraufhin, gestützt auf einen Beschluß des ungarischen Reichstages vom Februar 1478, eine eigene Landessteuer ein: jedes Haus sollte in den nächstfolgenden fünf Jahren einen Goldgulden für Kriegszwecke bewilligen. Als dann die Türken in Südungarn und in der Steiermark einbrachen und 30.000 Christen als Gefangene mitschleppten, ging Matthias zum Angriff über. Im siegreichen Vormarsch warf er sie aus dem Gebiet zwischen Vrbas und Bosna und besetzte die Hercegovina, wo ihn die Einwohner mit Jubel als Befreier begrüßten. Doch als selbst jetzt noch, und trotz eines zweiten Sieges über die Türken in Siebenbürgen, die Hilfsgelder ausblieben und man sich an den großen Erfolgen völlig uninteressiert zeigte, führte Matthias Corvinus sein Heer über die Save zurück und war von diesem Augenblick an nur bereit, die Grenzen Ungarns gegen den Halbmond zu verteidigen.

Schon nach dem Tod des Böhmenkönigs Georg von Podiebrad 1471 hatte Matthias auf dessen Nachfolge Anspruch erhoben. Doch in Böhmen wählte man den polnischen Prinzen Wladislaw aus dem Haus Jagiello zum König. In den darauffolgenden kriegerischen Auseinandersetzungen war es Matthias gelungen, sich der böhmischen Nebenländer Mähren und Schlesien zu bemächtigen. Ein Vertrag von Buda — 30. September 1478 — hatte diese

Eroberungen bestätigt. Nun ging Matthias daran, das Donaureich der Habsburger unter seiner Führung zu erneuern. Alle jene Länder, deren Kraft zusammengeschlossen ausreichte, den Türken nicht nur Widerstand entgegenzusetzen, sondern sie zum Rückzug aus Europa zu zwingen, sollten durch Matthias zusammengefaßt werden. Seine Blicke richteten sich sogar auf die Römische Kaiserkrone. Als Vorwand seines Einmarsches in Österreich nahm Matthias die Flucht des Erzbischofs von Gran, Johann Bekensloer, der sich 1476 mit vielen Schätzen zu Kaiser Friedrich III. geflüchtet hatte. Nun schloß der Ungarnkönig Bündnisverträge mit dem Erzbischof von Salzburg und dem Bischof von Seckau ab. Sie verpflichteten sich, ihre Schlösser in der Steiermark, in Kärnten und Krain den Truppen des Königs zu öffnen. Das Amt Friesach wurde an Matthias verpfändet, und hier fand er einen beachtlichen Stützpunkt für seine weiteren Unternehmungen.

Im März 1480 rückten ungarische Truppen in der Steiermark ein und besetzten, ohne viel Widerstand zu finden, Pettau, Fürstenfeld und Radkersburg. Dann begann Matthias die Belagerung von Marburg. Ungarische Reiter schweiften von Wien bis Passau. Der Feldherr des Matthias legte in alle festen Plätze ungarische Besatzungen. Trotz vorübergehender Erfolge der kaiserlichen Truppen eroberten die Ungarn nach sechswöchiger Belagerung 1482 Hainburg und acht Orte in der unmittelbaren Umgebung von Wien. In kurzer Folge fielen Bruck an der Leitha, der Kahlenberg, Klosterneuburg und St. Pölten in ungarische Hände. Im Frühjahr 1484 überschritt auf Befehl des Königs Matthias Stephan Davidházy die Donau und begann die Belagerung von Korneuburg. Die Stadt mußte trotz heldenmütiger Gegenwehr der Bürgerschaft nach sieben Monaten kapitulieren. Nun war der Weg nach Wien frei. Um jeden Versuch eines Entsatzes oder einer Verproviantierung der österreichischen Hauptstadt zu verhindern, besetzten die ungarischen Truppen jeden noch nicht in ihrer Gewalt befindlichen Ort, jedes Schloß und jede Stadt in den Vierteln ober und unter dem Wienerwald. Wie es Matthias vorausgesehen hatte, trat in Wien eine Hungersnot ein; am 1. Juni 1485 öffnete es Matthias die Tore. Der ungarische König zog feierlich ein. Er bestätigte der Stadt alle ihre Freiheiten und hob die vom Kaiser eingeführten außerordentlichen Steuern auf. Damit gewann er sich die Herzen des breiten Volkes in Wien. Alle Anstalten, die er traf, deuteten darauf hin, daß Matthias die Eroberung Wiens nicht bloß als eine vorübergehende Besetzung während eines Krieges, sondern als endgültige Besitznahme auffaßte. Er berief einen österreichischen Landtag nach Wien ein und nahm in der Stadt seinen Herrschersitz. Eine glänzende Hofhaltung umgab den neuen Herrn der Donauländer; seine Wohnung nahm er im sogenannten Hasenhaus in der Wiener Kärntner Straße nächst der Stephanskirche. Häuser, die den Anhängern des Kaisers weggenommen worden waren, wurden an ungarische Offiziere und Adelige verschenkt. Fest folgte auf Fest; fremde Gesandtschaften erschienen vor Matthias und huldigten ihm. Auch die Bürger Wiens durften sich bei diesen Festlichkeiten einfinden. Der König dachte nicht daran, seine Länder einfach „ungarisch" zu machen, sondern ließ Österreich, Mähren und Schlesien bei ihren Sitten und Gebräuchen sowie bei ihren angestammten Verfassungen bestehen. Nun schienen selbst die letzten Besitzungen Kaiser Friedrichs III., der, seiner Erblande beraubt, in Deutschland umherirrte, während sich sein Sohn Maximilian mit Burgundern und Franzosen herumschlug, verlorenzugehen. Das stets treue Wiener Neustadt mußte 1487 die ungarische Herrschaft anerkennen; zwanzig steirische Städte in den Bezirken Graz, Judenburg und Bruck an der Mur fielen in die Hand von König Matthias.

Ungarn war durch Matthias die führende Großmacht in Mitteleuropa geworden. Eine geordnete Finanzverwaltung gab dem König die nötigen Mittel für Krieg und Frieden in die Hand. Matthias verstand es, eine Änderung des Steuersystems durchzuführen, ohne den bisher von Steuern befreiten Adel gegen sich aufzubringen. Seit 1467 wurde der „Tribut des königlichen Fiskus" eingehoben, der für jedes „Tor" 20 Silberpfennige betrug. Ihn mußten die Bürger der königlichen Freistädte, Handwerker, Amtsleute, aber ebenso Burgadelige und bischöfliche Edelleute entrichten. Die kirchlichen Würdenträger ließ er zwar unbesteuert, doch verlangte er von ihnen anteilmäßige Abgaben für die Zwecke der Landesverteidigung, so daß ihnen dies schließlich höher zu stehen kam, als wenn der König sie der üblichen Steuer unterworfen hätte.

Das Heer des Königs gehörte zu den bestorganisierten Truppen seiner Zeit. Matthias Corvinus war einer der ersten, der erkannte, daß die Zeit des Rittertums und der Reiterheere abgelaufen war. So bildete den Kern seiner Truppen die berühmte und weithin gefürchtete „Schwarze Legion". Sie unterstand dem persönlichen Befehl des Königs, war eine Elitetruppe, und es gehörte zu den größten Auszeichnungen, die vergeben werden konnten, in sie aufgenommen zu werden. Die Rüstung dieser Garde — und daher ihr Name — war tiefschwarz; die Mehrzahl ihrer Angehörigen bestand aus Böhmen und Serben. Die gesamte Macht, die der König aufzustellen imstande war, umfaßte außer den 6000 Mann der „Schwarzen Legion" 20.000 Reiter, 8000 Mann Fußtruppen und 9000 Kriegswagen. Die Kosten dieses stehenden Heeres, des ersten, das es in Ungarn, Österreich oder Böhmen gab, waren ungeheuer hoch. Allein die „Schwarze Legion" verschlang alle drei Monate 100.000 Golddukaten; jeder schwer gepanzerte Reiter erhielt 15, der leichte Reiter 10, ein Fußsoldat 6 bis 8 Goldstücke.

Auf einem Reichstag in Buda (1486) verkündete König Matthias eine Umgestaltung der bisherigen Rechtspflege, indem alle Bewohner des Reiches, auch die Adeligen, denselben Gerichten unterstellt wurden. Diese sollten vor allem darnach trachten, daß nie der Unschuldige für den Schuldigen zu büßen hätte. Freveltaten, die aus Unwissenheit, Verführung oder gar Not geboren worden seien, dürften nur einer ganz billigen Sühne unterliegen. Wer in der Rechtspflege tätig war und eines Betruges überführt wurde, der wurde für lebenslänglich ehrlos erklärt und zu einer hohen Geldstrafe verurteilt. Die volkstümliche Überlieferung hat viele, Matthias zugeschriebene „salomonische" Urteilssprüche bewahrt.

Recht, Person und Eigentum sollten unter allen Umständen geschützt erscheinen. Er verzichtete auf das Recht, die Untertanen zu kostenlosen Arbeiten an königlichen Burgen oder Palästen anzuhalten. Als einzige Ausnahme sollten die Grenzbefestigungen gelten. Den königlichen Beamten war es untersagt, auf einer

Reise unter Bezugnahme auf ihr Amt kostenlos Unterkunft und Verpflegung zu fordern.

König Matthias I. war zweimal verheiratet. In erster Ehe mit Katharina, der Tochter des Böhmenkönigs Georg von Podiebrad. In zweiter mit der Prinzessin Beatrix von Neapel-Aragon. Beide Ehen blieben kinderlos. Die Bemühungen des Königs, seinen unehelichen Sohn Johann — die Mutter soll die Tochter des Bürgermeisters von Breslau, Maria Krebs, nach anderen ein Mädchen aus Stein bei Krems in Niederösterreich gewesen sein — als Nachfolger in Ungarn und den anderen Gebieten anerkennen zu lassen, scheiterten schließlich, obwohl der ungarische Reichstag im Juni 1489 Johann, von seinem Vater zum Herzog von Glogau erhoben, als Thronfolger anerkannt hatte. Von allen Ländern, die der König erobert hatte, standen ihm die Schlesier am feindseligsten gegenüber. Sie fielen bald nach dem Tod von Matthias Corvinus über seine höchsten Beamten her, zwangen sie zur Flucht oder schleppten sie auf das Schafott.

Der König hatte sich bereits auf dem Reichstag des Jahres 1489 nicht ganz wohl gefühlt. Er eilte nach Wien zurück und nahm in der Burg seine Wohnung. Hier befiel ihn, nachdem er noch am Palmsonntag 1490 die Kirche besucht hatte, schweres Unwohlsein. Nach zweitägiger Krankheit verschied er am 6. April mit den Worten „Jesus! Jesus!“ auf den Lippen.

Humanismus und Renaissance in den Donauländern

Renaissance und Humanismus sind die beiden großen geistigen Bewegungen, die den Übergang vom Mittelalter zur Neuzeit kennzeichnen. Sie sind selbst wieder Teil einer großen, auf alle Gebiete des materiellen und geistigen Lebens übergreifenden Erscheinung und keine isolierten, nur auf Sprache und Kunst im Sinn der „Wiedergeburt“ (Renaissance) des klassischen Altertums zu beziehenden Vorgänge. Nur wenn man sie so isoliert betrachtet, kann man über ihren Beginn streiten. Denn es ist unzweifelhaft, daß in den ersten Versuchen, den Feudalismus zu überwinden, bereits die Keime der neuen Bewegung stecken. War im Früh- und Hochmittelalter der Grundbesitz das tragende Element der Kultur — auch die Klöster, geistige Mittelpunkte der Zeit, basierten in ihrer Wirkungsmöglichkeit auf ihm —, so erscheint uns der Humanismus als Rechtfertigungsideologie des aufstrebenden Stadtbürgertums. Er ist ein besonders hervorstechendes Merkmal der allgemeinen Krise, in der sich Europa in den letzten Jahrhunderten des Mittelalters und zu Beginn der Neuzeit befand.

Für den Menschen der Renaissance war die bisherige Gebundenheit an ein starres System von Ständen, Privilegien und Geburtsrechten ein Gitterwerk, das er zu zerbrechen trachtete. Aus dieser Gesinnung entstanden die großen Künstlerpersönlichkeiten, deren Werke wir noch heute bewundern, aber ebenso jene Machtmenschen und Condottierinaturen, die sich über Recht und Unrecht hinwegsetzten und nur ihren eigenen Zielen den Vorrang vor Ethik. Religion und

Menschenwürde einräumten. Es erscheint uns heute fast unglaublich, daß derselbe Mann, der sich mit den Gelehrten seiner Zeit über tiefsinnige philosophische Fragen unterhielt oder die lateinischen und griechischen Klassiker las, ohne Wimperzucken Mörder für seinen Feind gedungen hatte oder selbst den Dolch in dessen Nacken stieß.

Es ist unmöglich, Renaissance und Humanismus in den Donauländern einzeln zu betrachten. Zu stark sind die Verbindungslinien, die zwischen Prag und Wien sowie zwischen Wien und Buda in jenen schicksalschweren Jahrzehnten laufen. In Italien entstanden, wo die städtische Kultur ihre erste Blüte erreicht hatte, und Stadtrepubliken, wie Mailand, Venedig, Genua, Florenz sich den feudalen Gewalten entgegenstellten, fanden Renaissance und Humanismus nördlich der Alpen am Hof Kaiser Karls IV. ihre erste Heimstätte. Hier war es der Kanzler Karls IV., Johannes von Neumarkt, der die neue Bewegung nach Kräften förderte. Dieser frühhumanistische Geist taucht ebenso in Wien am Hof Herzog Rudolfs IV. wie in Ungarn an dem des Anjoukönigs Ludwig I. des Großen auf. Der berühmte Dialog des Johannes von Saaz: „Der Ackermann und der Tod", zeigt schon ganz den Geist der neuen Zeit.

Der eigentliche Apostel des Humanismus in Österreich wurde der Privatsekretär Kaiser Friedrichs III., Enea Silvio Piccolomini. Im Jahr 1405 in einem Dorf in der Nähe von Siena geboren, trat er 1442 in die kaiserliche Kanzlei ein, war der Reihe nach in drei österreichischen Orten Pfarrer und bestieg 1458 als Pius II. den Papstthron, den er bis 1464 innehatte. Er fühlte sich trotz seiner Ergebenheit für Friedrich III. in Österreichs Klima nicht heimisch und schrieb manches harte Wort über die Wiener und Österreicher. Doch seine literarische Bedeutung ging weit über Österreich hinaus. Durch sein Wirken lag „bald über die weiten Gebiete vom Saum der Karpaten bis an das Gelände des Schwäbischen Meeres ein förmliches Netz humanistischer Propaganda ausgebreitet, welche ihre Vertreter hatte in den Kanzleien und an den Höfen, in den Klöstern und an den Bischofssitzen, unter Laien und Geistlichen" (Nagl-Zeidler). Von der sozialen Lage der kleinen Beamten handelt Enea Silvios Schrift „Über das elende Leben der Höflinge", eins der wenigen Werke, in denen diese Frage zur Sprache kommt. Nur der Außenstehende, erklärt er hier, glaube, das Leben eines solchen kleinen Beamten sei eitel Wonne und Freude. Das Essen ist schlecht, der Wein wird in Holzbechern gereicht, die gerade einmal im Jahr gereinigt werden. Mehrere müssen zusammen schlafen, und das Gehalt wird niemals vollständig und schon gar nicht pünktlich ausbezahlt.

Enea Silvio ist es auch, der den Humanismus in Ungarn in „Mode" bringt. Schon früh nahm er Beziehungen zu Erzbischof Széchy, dem Primas des Landes, auf und blieb mit ihm von nun an ebenso im Briefwechsel wie mit dem Erzbischof von Krakau, Kardinal Zbigniew Olseśnicky. Sein vertrautester Gesprächspartner wurde dann der ungarische Humanist Johann Vitéz der Ältere. Dieser war bereits 1433 in die ungarische Königskanzlei eingetreten und wurde unter König Albrecht II. Protonotar. Unter seinem Einfluß kämpfte dann der Reichsverweser Johann Hunyadi mit dem italienischen Humanisten Poggio Verbindungen an. Vollends öffnete sich dem Humanismus und der Renaissance Ungarn unter König Matthias I. Corvinus. Jetzt waren es nicht bloß die kulturellen Beziehungen mit Österreich, die nachwirkten, sondern durch die italienische Gemahlin des Königs, Beatrix von Neapel-Aragon, konnte unmittelbar italienisch-humanistisches Gedankengut einströmen und von Ungarn wiederum auf Österreich zurückwirken. Es war zwar nur eine verhältnismäßig kleine Schicht, die dem Humanistenkreis des Königs Matthias angehörte, doch ihr Einfluß auf das Geistesleben war von umso größerer Bedeutung. Auf österreichischem Boden lernte Matthias die zwei Humanisten Galeotto und Bonfini kennen: den ersten in Baden bei Wien, den letzteren in Retz. Der Professor der Wiener Universität Cintio di San Sepolcro, wie sein Name verrät gleichfalls aus Italien kommend, ging 1487 mit einem Empfehlungsbrief der Universität nach Ungarn und trat dort höchstwahrscheinlich in die Dienste des Königs. Noch deutlicher wird das enge Zusammenwirken von Österreich und Ungarn auf humanistischem Gebiet durch das Leben des Girolamo Balbi aus Venedig bezeugt; er ging 1493 von Wien nach Ungarn, kehrte 1494 wieder nach Österreich zurück, verließ das Land 1499, um sich abermals nach Ungarn zu begeben. Von Bedeutung für diese Beziehungen wurde es, daß Königin Beatrix Baden bei Wien zu ihrer Lieblingsstadt erwählte und beinahe die Hälfte ihrer Ehezeit hier verbrachte.

Von großer Bedeutung wurde dann die Sodalitas Literaria Danubiana (die gelehrte Donaugesellschaft), eine Vereinigung von Humanisten der Donauländer, an deren Spitze der berühmte Conrad Celtis (1459—1508) stand, der nach dem Brauch der Renaissancezeit 1487 von Kaiser Friedrich III. zum Dichter gekrönt wurde. Die Sodalitas Literaria Danubiana hatte sowohl in Wien als auch in Buda ihren Sitz; zu ihren Mitgliedern gehörten Männer verschiedenster Herkunft, Österreicher, Ungarn, Deutsche und Slawen. König Maximilian I. wurde ihr entschiedener Förderer, wie er auch sonst der Renaissance und dem Humanismus mit offenem Sinn gegenüberstand. „So konnte die Donaugesellschaft", wie Aschbach schreibt, „fast wie eine Hofakademie, ähnlich der, die Karl der Große in seiner Umgebung geschaffen hatte, betrachtet werden". Maximilians einflußreicher Protonotar J. Krachenberger (Graccus Pierius) vertrat als Präsident der Genossenschaft gewissermaßen die Stelle des Fürsten. Cuspinian, Superintendent der Universität, und Stabius, der kaiserliche Historiograph, leiteten neben Conrad Celtis, dem geistigen Haupt des Vereins, die Geschäfte. Juristen. Ärzte und Philosophen bildeten die Genossenschaft, und, damit auch die Theologie ihre Vertretung fand, wurde der kaiserliche Hofkaplan, der gelehrte Ladislaus Suntheim, ein genauer Kenner der genealogischen Geschichte, beigezogen. Im Haus Cuspinians in der Singerstraße oder in seiner bei Wien gelegenen reizenden Villa Felicianum versammelten sich von Zeit zu Zeit die Sodales zu wissenschaftlichen Besprechungen und geselligem Verkehr. Celtis war das geistige, einigende Band: mit seinem Tod löste sich dasselbe, und man hört dann weiter nichts mehr von der „Literaria Sodalitas Danubiana". Celtis ist auch die Auffindung der lateinischen Werke der Nonne Roswitha von Gandersheim aus der Zeit Kaiser Ottos I. des Großen und der berühmten römischen Landkarte, der „Tabula Peutingeriana", zu danken. Schon vor dem Eintreffen von Celtis in Österreich hatte Wien durch die beiden großen Gelehrten, den Astronomen Georg von Peuerbach (in Oberösterreich) und seinen Schüler Regiomontanus (eigentlich Johann Müller von Königsberg) europäischen Ruf auf dem Gebiet der Wissenschaften erlangt. Selbst Maximilian I., dessen Latein von den Kennern als eins der besten der Zeit gerühmt wurde, trat mit eigenen Werken in Erscheinung. In seinem allegorischen Gedicht „Theuerdank" schildert er sein Privatleben und seinen Kampf um Maria von Burgund. Im „Weißkunig" erfahren wir von seinem öffentlichen Wirken und von seinen Kriegen. Durch den Sammeleifer Maximilians wurde auch die sogenannte „Ambraser Handschrift" gerettet, in der das einzig erhaltene Exemplar des mittelalterlichen „Kudrunliedes" aufbewahrt ist.

Habsburgs Griff nach der Weltmacht

Maximilian I., der nach dem Tod seines Vaters, des Kaisers Friedrichs III., offiziell das Erbe der Habsburger antrat, das er schon zu Lebzeiten seines Vaters lange verwaltet hatte, ist in der populären Geschichtsschreibung als „der letzte Ritter" eingegangen. Wenn wir daran denken, daß er während des Reichstages zu Worms 1495 tatsächlich mit dem burgundischen Ritter Cloi de Waudrey einen öffentlichen Turnierkampf ausfocht — die Legende machte daraus den Kampf Maximilians mit einem „französischen" Ritter um „Deutschlands Ehre" —, so erscheint uns dieser Beiname gerechtfertigt. Doch anderseits war es gerade Maximilian I., der den neuen Bestrebungen leidenschaftlich hingegeben war, wie aus seinem vorhin geschilderten Verhältnis zur Renaissance und zum Humanismus hervorgeht. Er war das Kind eines Übergangszeitalters; in seiner Jugend hatte er die Bedrängnisse seines Hauses mitansehen müssen; seine Heirat mit Maria von Burgund hatte ihn von Österreich weitab nach den Niederlanden geführt. Diese Tatsache wird immer wieder in der Darstellung der österreichischen Geschichte nicht in ihrer vollen Bedeutung erfaßt. Maximilians I. scheinbar sprunghafte Politik wird nur verständlich, wenn wir in ihm den burgundischen Herrscher sehen, der er trotz aller Schwierigkeiten, die ihm im Verhältnis zu seinen niederländischen Untertanen erwachsen waren, geblieben war. Es war Maximilians Jugenderlebnis, daß er zu der Zeit, da die österreichischen Länder fast völlig den Habsburgern entglitten und Matthias Corvinus sein großes Donaureich aufbaute, in Burgund Fuß fassen konnte. Das will natürlich nicht besagen, daß er sich nicht als Habsburger fühlte und nicht von der kaiserlichen Würde seines Geschlechts überzeugt war.

Selbstverständlich lag ihm daran, die alten Stammländer seines Hauses an der Donau wiederzugewinnen. Als Matthias Corvinus 1490 in Wien gestorben war, zerfiel sein Reich. Seinem unehelichen Sohn gelang es nicht, sich auch nur in Ungarn zu behaupten. Maximilian I., der rasch herbeigeeilt war, konnte nicht bloß in Wien einziehen, er beanspruchte auch auf Grund des Erbvertrags von 1463 die Krone Ungarns. Nur weil es eine verhältnismäßig starke ungarische Partei gab, die Maximilians I. Thronanspruch anerkannte, vermochte er es, so rasch die verlorengegangenen Gebiete wiederzugewinnen. So anerkannte der ungarische Landeskommandant der Steiermark, Jakob Szekely, Maximilian als Erben der ungarischen Krone und übergab ihm alle von den Ungarn besetzten Plätze im Land. Aber in Ungarn selbst war ihm König Wladislaw II. von Böhmen zuvorgekommen. Schon am 15. Juli 1490 rief ihn der Reichstag zu Buda zum Herrscher aus. Maximilians Anstrengungen, trotzdem in Ungarn Fuß zu fassen, scheiterten trotz schöner Anfangserfolge. So waren Steinamanger, Eisenstadt und Güns in die Hände des Habsburgers gefallen; Veszprim öffnete ihm die Tore und Székesféhervár (Stuhlweißenburg) nahm er im Sturm. Die Eroberung von Buda schien nicht ausgeschlossen. Da meuterten Maximilians Söldner, denen er die Löhnung schuldig geblieben war. Das eroberte Gebiet ging verloren, und am 7. November 1491 kam es zwischen Wladislaw II. und Maximilian zu einem Vertrag, in dem dieser eine noch an König Matthias Corvinus ausgestellte Schuldverschreibung von 100.000 Goldgulden zurückerhielt und dafür den Böhmenkönig auch als König von Ungarn anerkannte. Doch sollte ihm das Erbrecht in Ungarn zufallen, wenn Wladislaw II. ohne männliche Erben stürbe. Wie wenig übrigens die nunmehr im Westen so stark engagierten Habsburger im Gegensatz zu ihren mittelalterlichen Vorfahren Österreich und dessen besondere Probleme in den Mittelpunkt ihrer politischen Berechnungen stellten, zeigte das (dritte) Testament Ferdinands I., des Enkels Maximilians, vom 1. Juni 1543, in dem bestimmt wurde, daß, wenn Ferdinand keine männlichen Erben hinterlasse, Österreich an die ältere spanische Linie des Geschlechts, Ungarn und Böhmen indes an eine eventuell vorhandene Tochter fallen solle. Damit war die eben erst wiederhergestellte Union von Österreich, Ungarn und Böhmen ernstlich in Frage gestellt.

Vom Standpunkt Maximilians I. aus war Tirol der Mittelpunkt der von ihm beherrschten Länder. Wenn er daher 1518 einen Ausschußlandtag aller österreichischen Länder nach Innsbruck einberief und sich in der Innsbrucker Hofkirche das gewaltige Grabmal errichten ließ — in dem Maximilian allerdings nicht die letzte Ruhestätte fand —, so sind das deutliche Anzeichen dafür, daß es in Maximilians Intentionen lag, Innsbruck zum Mittelpunkt all seiner Besitzungen zu machen. Von Burgund her an neuzeitliche Staatsorganisation gewohnt, unternahm es Maximilian, auch in Österreich die landesfürstlichen Behörden zusammenzufassen, wenngleich der burgundische Einfluß auf diese Neugestaltung ebensowenig über- wie unterschätzt werden sollte. Auf diese Weise entstand schon 1493 in den niederösterreichischen Ländern ein sogenanntes „Regiment", praktisch eine Landesregierung, „dieweil wir" — wie Maximilian erklärte — „den Erblanden eine Zeitlang ander unser auch des Heiligen Reichs und gemeiner Christenheit obliegenden Geschäften halber persönlich nicht beiwohnen möchten". Das „Regiment" hatte die politische Verwaltung und die Justiz zu betreuen; für die Finanzen sorgte die „Raitkammer". In den einzelnen Ländern erscheinen als Finanzbeamte die „Vizedome". Diese 1493 getroffene Ordnung wurde schon 1502 in der Weise umgeändert, daß nun ein Regiment in Linz, eine Raitkammer in Wien und ein Hof- oder Kammergericht in Wiener Neustadt entstanden. Im Jahr 1510 wurde auf Protest der österreichischen Stände hin das Kammergericht aufgehoben, dem „Regiment" auch die Aufgaben der Justitz übertragen und dieses zugleich von Linz nach Wien verlegt.

Für den vom 15. Jänner bis 6. Juni 1518 nach Innsbruck einberufenen Generallandtag (Ausschußlandtag, den man als erstes österreichisches Parlament bezeichnen kann) stellt das sogenannte „Kriegslibell" (gegen die Türken) dem Wesen nach die eigentliche Verfassungsurkunde des Schutz- und Trutzbündnisses und der wechselseitigen Defensionsverpflichtung der Stände der österreichischen Erbländer dar, das dem heutigen Bundesstaat Österreich zugrunde liegt (Georg Wagner). Nach einem von Georg Wagner eruierten Dokument (Marciana, Venezia), einem Bericht des venezianischen Gesandten Contarini über Verhandlungen mit Kaiser Maximilian I. in Nördlingen im Dezember 1495, gebrauchte Kaiser Maximilian für seine altösterreichischen Erbländer (einschließlich Tirol) bereits den Ausdruck „Austria" bzw. „stato de Austria" (Staat von Österreich).

Die Neuordnung der „oberösterreichischen" Behörden begann 1499. Neben einem „Regiment" in Innsbruck errichtete Maximilian eine „Raitkammer", und beide arbeiteten in einer gemeinsamen Kanzlei zusammen. Dieser Innsbrucker Landesregierung unterstand auch die Verwaltung des sogenannten Vorderösterreich in Ensisheim (zwischen Kolmar und Mühlhausen im Elsaß gelegen). Für Tirol, das ihm am meisten von allen seinen Ländern am Herzen lag, erließ Maximilian eine Halsgerichtsordnung (ein Strafgesetzbuch), das eins der ersten im Heiligen Römischen Reich überhaupt war.

Im Gegensatz zu dieser von Maximilian selbst initiierten Neuorganisation der Verwaltung seiner österreichischen Länder stand die unter seinem Namen gehende „Reichsreform", mit der ihn die Fürsten auszuschalten suchten. Der damals aufkommende Begriff „Kaiser und Reich" drückte diesen Gegensatz aus. Besonders unter den elsässischen Humanisten war nach Auffindung der „Germania" des römischen Historikers Tacitus eine Germanophilie ausgebrochen, die — um es den Italienern gleichzutun — das Deutschland des ausgehenden Mittelalters mit dem „Germanien" der Römer identifizierte. In diesen Kreisen taucht auch der Begriff des „Heiligen Römischen Reiches Deutscher Nation" auf, verschwindet jedoch bereits eine Generation später wieder. Seit 1489 gab es praktisch eine Doppelherrschaft zwischen dem Kaiser und den Reichsfürsten, die durch den Ewigen Landfrieden, das Reichskammergericht und den Gemeinen Pfennig, eine Art Wehrsteuer, gekennzeichnet war. In den neu gebildeten Kreisen waren die österreichischen und burgundischen Länder ursprünglich nicht vertreten; erst 1512 wurde ein „österreichischer" und ein „burgundischer" Kreis gebildet. Da den Kreisen das Recht vorbehalten war, Vorschläge für die Besetzung des Reichskammergerichts zu machen, anderseits Österreich weder dem Reichskammergericht unterworfen war noch Beiträge zu seiner Erhaltung zahlte, war die Einbeziehung Österreichs und Burgunds in die Kreiseinteilung nichts anderes als der Versuch Maximilians I., sich auf diesem Weg einen größeren Einfluß auf die Zusammensetzung des Reichskammergerichts zu verschaffen. War doch auch Österreich im Fall der Erledigung der römischen

Königswürde bis zur Neuwahl nicht dem jeweiligen Reichsvikar unterstellt und zahlte es doch ebensowenig Reichssteuern.

Die Außenpolitik Maximilians hatte vor allem Italien und Frankreich im Auge. Hatte er bereits 1494 in zweiter Ehe die Prinzessin Bianca Maria Sforza geheiratet, so fielen 1500 die Länder der Grafen von Görz, der Seitenlinie der alten Tiroler Grafen, an ihn: Görz selbst, Gradiska, Lienz und das Pustertal. In den ausbrechenden Kriegen mit der Republik Venedig gelangte er in den Besitz von Ampezzo, Rovereto und des Nordufers des Gardasees. Diese Grenze blieb bis 1918 erhalten. Während der neunjährigen Kämpfe wechselte Maximilian nicht nur ununterbrochen seine Verbündeten, die einmal auf seiner, einmal auf venetianischer Seite kämpften. Da ihm die Venetianer den Durchzug nach Rom verweigerten, ließ er sich 1508 in Trient durch den Bischof von Gurk, Matthäus Lang, zum „erwählten Römischen Kaiser" ausrufen. Dieser Titel blieb — da es nur mehr zu einer einzigen Kaiserkrönung durch den Papst kam — allen Nachfolgern Maximilians bis zum Ende des Heiligen Römischen Reiches erhalten. Im Verlauf der Auseinandersetzungen versuchte Maximilian I. sogar, als Papst Julius II. todkrank niederlag, die Kardinäle zu bestechen, ihn selbst zum Papst zu wählen, wobei er die Würde des Kaisers nicht niederlegen wollte. So sollte die Republik Venedig auch vom Kirchenstaat her unter Druck gesetzt werden. Es stellte eigentlich neben diesen andauernden Kämpfen nur eine kleine Nebenaktion dar, wenn Maximilian 1504 in den bayrischen Erbfolgestreit eingriff und bei dieser Gelegenheit die Bezirke Kufstein und Rattenberg an Tirol brachte.

Die große Entscheidung für Habsburg fiel indessen, ohne daß Maximilian I. wesentlich durch eigene Kraft dazu beigetragen hätte, im äußersten Westen Europas. Im Kampf gegen Frankreich, das so wie der Habsburger die Vorherrschaft in Italien an sich bringen wollte, schloß Maximilian ein Bündnis mit Spanien. Hier war gerade durch die Vermählung des Königs Ferdinand von Aragonien mit Isabella, der Königin von Kastilien — beide als die „katholischen Könige" bekannt —, die Vereinigung der spanischen Teilreiche vollzogen worden. Im Jahr 1492 hatte man dann die letzte Stadt der Mauren (afrikanische Muslims), Granada, zurückerobert. Im selben Jahr fuhr Cristobal Colón (gewöhnlich Kolumbus genannt) über den Atlantischen Ozean und entdeckte die schon von früheren Seefahrern aufgesuchte „Neue Welt", Amerika. Spanien wurde dadurch zur ersten Kolonialmacht der Neuzeit. Das Bündnis zwischen Maximilian und den spanischen Königen fand nach der Sitte der Zeit mit einer Hochzeit seine Bestätigung. Der einzige Sohn Maximilians, Philipp der Schöne, regierender Herzog von Burgund, vermählte sich 1496 mit der Prinzessin Juana (Johanna) von Spanien. Im Augenblick der Vermählung war keine Rede von einer spanischen Erbschaft für Juana. Aber innerhalb weniger Jahre starben Juanas Bruder und ältere Schwester sowie deren Nachkommen, so daß den spanischen Königen nur mehr die einzige Tochter blieb. Sie und ihr Gemahl Philipp wurden dadurch Thronerben der spanischen Monarchie. Es ist die Zeit, in der die Humanisten den Vers dichten: „Bella gerant alii, tu, felix Austria, nube!" (Kriege mögen andere führen, du, glückliches Österreich, heirate!) Der Weg Habsburgs zur Weltmacht war offen.

Die Wiener Doppelhochzeit und das Ende Alt-Ungarns

Mit Wladislaw II., seit 1471 König von Böhmen, war 1490 ein Herrscher auf den Thron von Ungarn gekommen, der das genaue Gegenteil des großen Matthias Corvinus darstellte. Die ungarischen Adeligen hatten sich aber gerade deshalb zu ihm bekannt. Denn sie wollten einen König, „dessen Schopf sie in der Hand halten könnten". Das Wahlübereinkommen, das Wladislaw II. unterschrieb, bedeutete die Abdankung des Königtums. Ungarn wurde praktisch eine Adelsrepublik mit einem lebenslänglichen Präsidenten an der Spitze, der den Namen „König" führte. Daß unter diesen Umständen — und nicht nur aus „nationalen" Gründen — dem Adel wenig daran gelegen war, einen Herrscher zur Macht zu verhelfen, der ihn hätte bändigen können, ist augenscheinlich. Darum der Beschluß des ungarischen Reichstages von Juli 1505, derjenige sei als Staatsverräter zu betrachten, der einen Ausländer als ungarischen König vorschlagen werde. Es war nur eine logische Folge dieser Einstellung.

Die verhängnisvollen Wirkungen dieser Entwicklung zeigten sich bald. Die ehemaligen Söldner des Königs Matthias Corvinus, die nunmehr entlassen worden waren, bildeten Räuberbanden und plünderten die Ortschaften. So ging eine der schlagkräftigsten Armeen Europas zugrunde, die man sehr wohl hätte gegen die Türken brauchen können. Die Einnahmen des Königs schwanden dahin; der Adel riß sie an sich. In Armut und Dürftigkeit führte Wladislaw II. den unter seinem Vorgänger so glänzenden ungarischen Hof. Die Mißwirtschaft machte auch vor hohen Kirchenfürsten nicht halt. Der Bischof von Pecs (Fünfkirchen) unterschlug als Finanzminister die königlichen Einkünfte; der Primas von Ungarn und Erzbischof von Gran hatte 26 einträgliche Stellen in seiner Hand vereinigt. Die Lage der Bauern wurde drückender als je zuvor. Felder blieben unbestellt, Kinder verhungerten, das arme Volk aß Brot, aus Eichelmehl gebacken. Statt die Lasten der Armen zu mindern, wurden sie von den Magnaten, den Prälaten und anderen hohen Herren noch erhöht. Ein Abwandern leibeigener Bauern wurde erst dann gestattet, wenn sie ihre ausständigen Verpflichtungen den Grundherren gegenüber erfüllt hatten. Seit 1492 begann man auch die Bewohner der Marktorte, die bisher fast frei gewesen waren, in die Lage von Leibeigenen herabzudrücken.

Es war deshalb nicht zu verwundern, daß ein geringer Anlaß genügte, der allgemeinen Unzufriedenheit blutigen Ausdruck zu geben. Im Jahr 1514 sollte ein Heer gegen die Türken aufgeboten werden. Zu seinem Anführer wurde der Székler Georg Dòzsa bestimmt, an seiner Seite kommandierten sein Bruder Gergely und der Pfarrer von Celed, Lorenz Meszaros. Das rasche Anwachsen des Heeres erschreckte die Grundherren, die plötzlich Waffen in der Hand der Bauern sahen. Dòzsa erhielt den Befehl, sofort an die Grenze abzumarschieren. Nun hatte aber das Heer zuwenig Lebensmittel, es fehlte an Geld und an Ausrüstung.

Daraufhin weigerte sich Dòzsa, den Befehlen zu folgen. Statt gegen die Türken wandte man sich gegen die eigenen Adeligen. Das Bauernheer überzog Ungarn mit Krieg. Die Schlösser und Herrensitze wurden erstürmt, die gefangengenommenen Grundherren und deren Frauen und Kinder — manche unter vielen Martern — getötet. Wie ein Funke flog der Aufstand durch das ganze Land. Die Scharen der Bauern wuchsen von Tag zu Tag. Dòzsa verkündete als sein Programm, „er wolle nur des Königs von Ungarn, nicht der Herren Untertan sein". Das ganze Land solle nur einen Bischof haben. Allgemeine Gleichheit und Gütergemeinschaft habe zu herrschen. In einem der von den Bauern verbreiteten Aufruf bezeichnete Dòzsa sein Heer als „in heiliger Gemeinschaft vereinigte Kreuzfahrer" und drohte denen, die sich ihm nicht anschlössen: „Wir werden euch an den Giebeln eurer Häuser aufhenken, euch spießen lassen; wir werden eure Güter verheeren und vergeuden, eure Weiber und Kinder umbringen."

Es bedurfte immerhin bedeutender Anstrengungen, mit Dòzsa und seinen Scharen fertig zu werden. Die Abrechnung erfolgte allerdings in einer Weise, die alles Maß überstieg und Unschuldige und Schuldige in einen Topf warf. Dòzsa selbst wurde auf einem glühend gemachten Thron verbrannt, die anderen Anführer der Bauern endeten auf ähnliche Weise. Im ganzen fielen ungefähr 50.000 Menschen der Vergeltung und Rache des Adels zum Opfer. Aber nicht genug damit; der ungarische Bauer sollte für immer niedergetreten werden. Die bisherige Leibeigenschaft artete in Sklaverei aus, so daß es den Bauern schließlich gleich sein konnte, ob sie ungarische oder türkische Herren hatten. Ein Gesetz des Reichstages bestimmte unter anderem, daß zum Gedächtnis und damit „alle Zeit wisse, welch schreckliche Missetat es ist, sich gegen Herren zu empören, alle Bauern im Reich (ausgenommen die in den königlichen Freistädten Wohnenden und die ihren Herren und der Heiligen Krone treu blieben) von nun an mit dem Verlust ihrer Freizügigkeit, ihren Herren in wirklicher und immerwährender Leibeigenschaft unterworfen" sein sollen. Außerdem wurde das Schulzenamt abgeschafft, und kein Geistlicher bäuerlicher Abstammung sollte mehr eine kirchliche Würde erlangen können.

Noch unter dem Eindruck dieser gewaltigen inneren Erschütterung des Landes kam es zum Ersten Wiener Kongreß 1515 und zur berühmten Doppelhochzeit im Wiener Stephansdom, auf Grund dessen kaum ein Jahrzehnt später die Kronen von Ungarn und Böhmen den Habsburgern zufallen sollten. Die Zusammenkunft der Könige von Ungarn und Böhmen, von Polen und des Kaisers leitete eine neue Ära in Osteuropa ein. Das Haus Jagiello, dem sowohl der König Sigismund von Polen wie Wladislaw II. von Ungarn und Böhmen angehörten, hatte damit ein Machtgebiet in diesem Teil Europas, das zumindest der Größe nach der habsburgischen Hausmacht in Westeuropa entsprach. So wie Kaiser Maximilian I. durch die spanische Heirat seines Sohnes Frankreich einzukreisen gedacht hatte, so dienten seine Beziehungen zu Moskau dazu, auf die Jagiellonen und Polen einen Druck auszuüben. In der Hoffnung, selbst die Krone Ungarns zu erlangen, hatte der Statthalter von Siebenbürgen, Johann Zapolya, schon damals ein Gegner der Habsburger, seine Schwester Barbara mit König Sigismund von Polen verheiratet.

Der Wiener Kongreß brachte eine Änderung der beiderseitigen Politik. Trotz der Versuche Zapolyas, dem Ausgleich hindernd in den Weg zu treten, gelang es den beiden Räten des Königs von Polen, dem Krakauer Dekan Peter Tomicki und dem Kanzler Chr. Szydlowicki, Sigismund für ein Zusammentreffen mit Kaiser Maximilian zu bewegen. Es sollte ursprünglich in Preßburg stattfinden. Hieher kamen auch die Vertreter Maximilians und stipulierten bereits die Grundzüge des Abkommens. Die Verhandlungen wurden dann von Preßburg nach Wien verlegt. Hier kam es am 22. Juli 1515 tatsächlich zu einer Unterzeichnung. Es sah folgendes vor: Die Enkelin des Kaisers, Erzherzogin Maria, Infantin von Spanien, wurde mit dem Kronprinzen von Ungarn und Böhmen, Ludwig, verlobt; die ungarisch-böhmische Prinzessin Anna sollte einen der in Spanien weilenden Enkel Maximilians, entweder den älteren Karl oder den jüngeren Ferdinand, zum Gemahl nehmen. Im Fall einer solchen Verbindung Hindernisse in den Weg träten, wollte der Kaiser selbst Anna heimführen. Tatsächlich ließ sich Maximilian während des Kongresses in Stellvertretung mit der ungarisch-böhmischen Prinzessin im Stephansdom trauen. Der polnische Zweig des Hauses Jagiello hatte damit seinen eigenen Verzicht auf Ungarn und Böhmen unterzeichnet. Der Kaiser entschädigte König Sigismund dadurch, daß er seine Verbindungen mit dem Großfürsten von Moskau zu lösen und auf den Großmeister des Deutschen Ordens in Preußen im Sinn einer Friedensvermittlung einzuwirken versprach.

So wie bei der spanischen Heirat 1496 hätte auch 1515 niemand daran gedacht, daß die den Habsburgern verbrieften Erbansprüche so bald in die Tat umgesetzt werden sollten. Bereits 1516 starb König Wladislaw II. von Ungarn und Böhmen und hinterließ seinem Sohn Ludwig II. ein von inneren und äußeren Gefahren umgebenes Reich. Der ungarische Adel hatte sich in dem Werk des Stephan von Werböczy: „Tripartitum opus iuris consuetudinarii inclyti regni Ungariae" (Erstdruck Wien 1517), eine Sammlung von angeblich dem Adel zustehenden Rechten, eine Waffe geschaffen, die er bei jeder Gelegenheit anzuwenden gedachte. Obwohl die türkische Macht immer drohender an den Grenzen des Landes aufmarschierte und die alten Grenzfestungen Ungarns seit 1521 in den Händen des Sultans waren, dauerten Streit und Hader. Erst im letzten Augenblick besann sich der Adel auf die Gefahr, die nicht bloß ihm, sondern dem ganzen Land, ja Europa, drohte. Doch noch immer war er nicht gewillt, sich mit den besiegten und von Haß erfüllten Bauern zu versöhnen. In aller Eile wurde Ludwig II. für großjährig erklärt und die Heirat mit der österreichischen Erzherzogin Maria, der Schwester des neuen Kaisers Karl V., endlich vollzogen. Beide Gatten wurden dann gemeinsam in Stuhlweißenburg und in Prag zu Königen gekrönt.

Es war der feste Wille Sultan Suleimans II. des Großen (1520—1566), über Ungarn hinweg den Krieg in die christlichen Länder Europas zu tragen. Der junge König Ludwig II. rief in immer wieder erneuerten Verordnungen, die aber ebenso immer wieder nur auf dem Papier stehen blieben, das gesamte Land zum Widerstand auf. Sein Geldmangel hinderte ihn daran, entsprechend große Verteidigungsmaßnahmen zu treffen. Nicht einmal die habsburgischen Verwandten Ludwigs II. leisteten ihm Hilfe. Schon 1523 hatte sich Ferdinand I. von Österreich in einer Zusammenkunft zwischen ihm, dem König von Ungarn und einem Abgesandten des polnischen Königs, in der über den Anteil aller an der Abwehr der Türkengefahr interessierten Länder verhandelt werden sollte, nur bereit erklärt, ein Sechstel der notwendigen Ausgaben zu tragen. Nun, im Jahr des Unheils 1526, sandten lediglich der Papst und König Heinrich VIII. von

England Ungarn Gelder für seine Verteidigung. Wie sehr die Donauländer vom Gesichtspunkt der Weltmachtpolitik des Hauses Habsburg damals als eine nebensächliche Angelegenheit betrachtet wurden, beweist die Entschuldigung Kaiser Karls V., er sei in anderen Teilen Europas so beschäftigt, daß er nicht helfen könne. Wir möchten daran erinnern, daß er ebenfalls später einmal die Äußerung tat, im Falle Metz und Wien gleichzeitig bedroht seien, würde er eher Metz als Wien zu Hilfe kommen. Nicht einmal der Schwager Ludwigs II., Ferdinand, war in diesem Augenblick, der in weiterer Folge Österreich direkt in Mitleidenschaft ziehen mußte, zur geringsten Hilfe bereit.

„König Ludwig befand sich“ — wie Hermann Meynert in dramatischer Weise schildert — „in trostlos aufgegebener Lage. Von dem Auslande keine Hilfe; bei den Vasallen keine Anerkennung; bei den Reichssassen keinen Gehorsam und kein guter Wille; bei den Beamten keine Treue; dazu völliger Mangel an Geld, an Schiffen, an Vorräten. Vergebens mahnte das nach alten Sitten umhergesendete blutige Schwert die Reichsgesamtheit zur Heeresfolge; niemand achtete darauf. Die Befehlshaber mehrerer Grenzplätze schickten ihre Entlassung ein: sogar der Palatin, von der Gicht gebeugt, ließ die Grenzen unbesetzt, wollte nur an der Spitze eines wohlbewaffneten Heeres ausziehen, das dem König selbst nicht zu Gebote stand, und ergoß sich, da man seine Forderungen nicht erfüllen konnte, in Vorwürfen, die nicht an der Zeit waren. Umsonst bemühte sich der tapfere Erzbischof Paul Tomory, den Bácser und Sirmier Adel zu dem Heereszuge zu bewegen, und ebenso fruchtlos erging an Johann von Zapolya der Befehl, in Verbindung mit Radul, dem Woiwoden der Wallachei, entweder dem türkischen Heer in den Rücken zu fallen oder einen Streifzug durch Bulgarien und Thrazien zu unternehmen.“ Am 29. August 1526 trafen sich auf den Feldern von Mohàcs, am Unterlauf der Donau, 75.000 Türken mit 200 Kanonen und 2600 Ungarn mit 53 Geschützen. Nach zweistündigem Kampf war König Ludwig II. umgekommen, ein Teil des ungarischen Heeres floh, und die Türken zogen plündernd und raubend durch das Land und schleppten Tausende ungarischer Frauen, Knaben und Mädchen in die Sklaverei. Das Ende des altungarischen Königreiches war gekommen.

Das Reich, in dem die Sonne nicht untergeht

Am 12. Jänner 1519 starb Kaiser Maximilian I. in Wels, und seine Begleiter brachten den Leichnam nach Wiener Neustadt, wo er feierlich beigesetzt wurde. Ein Testament des Verstorbenen bestimmte, daß bis zur Ankunft seiner Enkel aus Spanien die von ihm eingesetzten Behörden weiter amtieren sollten. Denn der einzige Sohn Maximilians I., Philipp, seit 1504 König von Kastilien, war bereits vor dem Vater 1506 gestorben. Von den beiden Söhnen, die er mit seiner spanischen Gemahlin Juana hatte, war der ältere, Karl, 1500 in Gent geboren. Er führte die burgundische Tradition des Hauses Habsburg weiter und betrachtete sich zeit seines Lebens als Niederländer. Der jüngere Sohn, Ferdinand, geboren 1502 bereits in Spanien, war spanisch erzogen und kam als Spanier nach Österreich, wie Jahrhunderte zuvor Albrecht I., der Sohn Rudolfs von Habsburg, als Schwyzer in das Land der Babenberger gekommen war.

In Österreich herrschte beim Tod Maximilians soziale Gärung und Bereitschaft zum Aufruhr. Man hatte für die vielen Kriege des Kaisers im Land wenig Verständnis, brachten sie doch nur erhöhte Steuern. Fast alle landesfürstlichen Einnahmsquellen waren verpfändet, und ausländische Gesellschaften und Kaufleute mit ihren Monopolen beuteten die österreichischen Länder rücksichtslos aus. So kam es, daß man in Wien die von Maximilian I. eingesetzte Regierung kurz nach dem Tod des Kaisers vertrieb. Adel, Geistlichkeit und Städte waren entschlossen, die Geschicke in die eigene Hand zu nehmen. An die Spitze der von ihnen eingesetzten Regierung trat der Bürgermeister von Wien, Dr. Martin Siebenbürger, ein Rechtsgelehrter, der dreimal Dekan an der Wiener Universität gewesen war, als rechtschaffen galt und beim Volk allgemein beliebt war. Man nahm alle landesfürstlichen Rechte für sich in Anspruch und begann sogar eigene Münzen zu prägen.

Unterdessen war es auch zu Verhandlungen über die Wahl des Römischen Kaisers gekommen. Noch Maximilian hatte Versuche unternommen, seinem Enkel Karl, seit 1516 König von Kastilien und Aragonien, die Stimmen der Kurfürsten zuzuwenden. Jetzt setzte ein wildes Schachern ein, wobei Bestechungsgelder, sogenannte „Handsalben", ganz öffentlich verlangt und gegeben wurden. Der Habsburger Karl siegte schließlich mit Hilfe des gewaltigen Kredits, den er von dem reichen Bankhaus der Fugger in Augsburg erhielt. Die Fugger waren auch wesentlich daran beteiligt, den Habsburgern nach 1526 die Kronen von Ungarn und Böhmen zu verschaffen, so daß wir heute auf Grund der historischen Forschung betonen müssen, daß die Entstehung des zweiten Donaureiches der Habsburger ohne die Mithilfe der Fugger und Welser kaum geglückt wäre.

Der neue Römische Kaiser, Karl V. (1519—1556, † 1558), in Spanien als Carlos I. herrschend, verfügte über ein Reich, wie es die letzten Jahrhunderte des Mittelalters nicht gesehen hatten. Wenn wir auch seiner Stellung als Kaiser mehr moralische als politische Bedeutung zumessen, so war er doch nicht bloß Herr der spanischen Länder mit ihren neu erworbenen Besitzungen in Asien, Afrika und in Amerika. Er beherrschte die sogenannten „spanischen Nebenländer" in Europa, Mailand, Neapel und Sizilien. Die Niederlande gehörten ihm ebenso wie die durch den Tod Maximilians an ihn gefallenen österreichischen Herzogtümer und Länder. Durch verwandtschaftliche Beziehungen waren Ungarn und Böhmen ebenso den Habsburgern verbunden wie Portugal, England und das vereinigte Königreich Dänemark—Schweden—Norwegen. Praktisch gab es nur Frankreich — wenn wir von der Türkei absehen —, das außerhalb des Macht- und Verwandtschaftsbereiches der habsburgischen Dynastie in Europa lag.

Dieses ungeheure Reich, „in dem die Sonne nicht unterging", konnte bei den damaligen Verkehrsmitteln und Möglichkeiten einer Verwaltung nicht auf die Dauer von einer einzigen Stelle aus regiert werden. Es entsprach deshalb nur einer klugen Politik, wenn Karl V. schon in den ersten Jahren seiner Regierung nicht bloß auf die Hand der Prinzessin Anna von Ungarn und Böhmen verzichtete, die seit 1515 in Innsbruck erzogen wurde, sondern nach seiner Krönung in Aachen seinem jüngeren Bruder Ferdinand I. die österreichischen Länder, allerdings vorläufig ohne Tirol, Vorderösterreich und andere angrenzende Gebiete übergab. Hatte doch seinerzeit Maximilian I. dem König Wladislaw II. zugesagt, daß derjenige seiner Enkel, der Anna von Ungarn und Böhmen heiraten werde, auch Österreich, Tirol und die dazugehörigen Gebiete erhalten solle. Tatsächlich wurden in einem weiteren Vertrag vom 7. Februar 1522 auch die bisher von Karl V. zurückgehaltenen Gebiete von Tirol, Vorderösterreich und der anderen Landschaften in die Verwaltung Ferdinands I. übergeben. Damit waren die Habsburger wieder in zwei Linien, eine ältere spanische und eine jüngere österreichische, zerfallen.

Für die neue Regierung des Dr. Martin Siebenbürger in Wien hatte der Regierungsantritt Ferdinands I. schwerwiegende Folgen. Von seinen spanischen Günstlingen beraten, erklärte der neue Landesfürst das Vorgehen Dr. Siebenbürgers und seiner Anhänger für Hochverrat. Sie wurden verhaftet und 1522 in Wiener Neustadt hingerichtet, obwohl sie sich darauf berufen konnten, niemals etwas gegen die Thronrechte der Habsburger unternommen und ihren Platz nur auf Grund des einmütigen Wunsches der Bevölkerung gehalten zu haben. Eine Neuordnung der Wiener Stadtverwaltung besiegelte dann den Einzug des fürstlichen Absolutismus in Österreich (1526).

Austro-Amerika

Die Geschichte der habsburgischen Herrschaft in Spanien und in dessen Kolonien gehört wohl nicht zur Geschichte Österreichs im eigentlichen Sinn, obwohl die politischen, kulturellen und wirtschaftlichen Beziehungen der spanischen und der österreichischen Habsburger immer sehr eng waren. Da das Haus Habsburg in Spanien als „Casa de Austria“ (italienisch „Casa d'Austria“) bezeichnet wurde, kam auf diese Weise der Name Österreich bis in die Neue Welt. Viele Städte des spanischen Amerika trugen den Beinamen „de Austria“, und selbst der australische Kontinent, von einem portugiesischen Kapitän im Dienste der spanischen Krone entdeckt, sollte ursprünglich „Austrialia del Espiritu Santo“ heißen, wobei der Entdecker Fernandez de Quiros ausdrücklich auf die „Casa de Austria“ hinweist, zu deren Ehre er den gesuchten Südkontinent so genannt wissen wollte.

Es erscheint deshalb nicht zwecklos, über die spanische Kolonialtätigkeit in Amerika zu berichten, die unter dem Zeichen der „Austria“ stand und die heute noch nicht — besonders infolge der eigenartigen Haltung vieler englischer und nordamerikanischer Quellen — objektiv gesehen wird. Aber die Sammlung aller vom „Königlich spanischen Obersten Rat für Indien“ (eine Art Kolonialministerium Spaniens) erlassenen Gesetze und Verordnungen, die in neun Bänden vorliegen, zeigt bei ihrer Durchsicht, daß es sich um eine humane, geradezu moderne Auffassung vom Verhältnis der Europäer zu den Einheimischen handelt. Es war nämlich vor allem das stete Bemühen der Habsburger in Spanien, das Los der Eingeborenen zu mildern und ihnen menschenwürdige Bedingungen zu schaffen. Daß ihrem Streben von seiten eigennütziger Kolonisten und Gouverneure immer wieder passiver Widerstand entgegengesetzt wurde, hindert nicht die Feststellung eines Forschers wie Paul Leroy-Beaulieu, „daß trotz aller Mängel, die dem spanischen Kolonialsystem anhafteten, dieses als das einzige unter denen aller modernen Nationen anerkannt werden muß, das in seinen Beziehungen zu den Eingeborenen tatsächlich die Grundsätze der Humanität, der Gerechtigkeit und der Religion walten ließ". Bedeutende spanische Kolonisatoren, wie der Entdecker des Südkontinents, der vorhin genannte Fernandez de Quiros, vertraten Ansichten wie: „Es gehört mehr Tapferkeit dazu, Macht zu besitzen, sie nicht zu gebrauchen, und so sich selbst zu besiegen." Auf die Frage, wie er sich mit den Menschen in den neuentdeckten Ländern verständigen wolle, erwiderte er: „In der Sprache, die man überall versteht: ihnen immer wohlzutun und niemals wehzutun." Der brasilianische Geschichtsschreiber Dr. Eduard Prado erklärte dies in einem am 20. August 1896 in São Paulo gehaltenen Vortrag mit den Worten: „Für die Religion ist die Einheit des Menschengeschlechts und daher die allgemeine Bruderliebe ein Dogma. Für die Wissenschaft ist sie höchstens eine Hypothese. Das erklärt alles." Von besonderer Bedeutung wurde in diesem Zusammenhang die Verordnung König Philipps III. vom 10. Oktober 1605, in der die Versklavung der Indianer verurteilt und Juan de Salazar, ein gebürtiger Portugiese, zum königlichen Generalinspektor eingesetzt wurde, der die amerikanischen Kolonien in bezug darauf überwachen sollte.

Der Zeit weit vorauseilend waren die Sozialgesetze des spanisch-habsburgischen Amerikareiches. Schon 1526 hatte Kaiser Karl V. verfügt: „Es ist unser Wille, daß die Indianer frei und keine Sklaven seien." Sein Sohn, König Philipp II., eröffnete 1559 seine Regierung mit der Proklamation: „Der Arbeitslohn muß gerecht und genügend groß sein." Im Jahr 1590 führte er den „beweglichen Lohn" ein, der die Höhe der Löhne nach der jeweiligen Kaufkraft des Geldes regelte. Und schließlich finden wir in der „Ordonanza" von 1593 die Bestimmung: „Alle Arbeiter arbeiten acht Stunden täglich, vier am Vormittag, vier am Nachmittag, in Festungen ebenso wie in Fabriken." Auch wenn man annimmt, daß diese Bestimmungen — Madrid lag fern — nicht überall befolgt wurden, so haben wir nach der Ansicht des ecuadorianischen Geschichtsschreibers Raffael Maria Mora eine Gesetzgebung vor uns, die in ihrer gedanklichen Konstruktion und in ihrem ethischen Gehalt dem berühmten Corpus Juris des Oströmischen Kaisers Justinian ebenbürtig ist.

Im Jahr 1604 erließ der spanische Statthalter Francesco de Alfaro für das heutige Bolivien eine Arbeitsgesetzgebung, die unter anderem folgendes vorsah: Verbot der Arbeit für Kinder und Jugendliche unter 18 Jahren; Verbot der

Frauenarbeit in den Zuckermühlen; Viertagewoche in den Zuckermühlen bei täglich elfstündiger Arbeitszeit (44-Stunden-Woche); obligatorischer Urlaub zweimal im Jahr, zu Ostern und zu Weihnachten je acht bis zehn Tage; Verbot der Errichtung neuer Zuckermühlen, „falls dies mit Hilfe von Sklaven geschieht". Strenges Einhalten der Sonn- und Feiertagsruhe, auch für die Sklaven. Verpflichtung der Landarbeiter auf den Grundbesitzen zu jährlich siebenmonatiger Arbeit bei wöchentlich dreitägiger Arbeitszeit.

Unter spanisch-habsburgischer Oberhoheit bildete sich auch der im 20. Jahrhundert als Muster eines christlich-kommunistischen Staatswesens hingestellte sogenannte „Jesuitenstaat" im heutigen Paraguay (Südamerika). Es gab im übrigen diese „redducciónes" genannten Niederlassungen nicht nur hier, sondern auch in Bolivien, Ekuador, Venezuela, Brasilien und Kalifornien. Sie wurden nicht nur von Jesuiten, sondern auch von Franziskanern und Kapuzinern geleitet. „Sie sind ein geradezu großartiger Versuch gewesen, die Ideale der spanischen Kolonialethik auf kühne und neuartige Weise zu verwirklichen" (vgl. Joseph Hoffmann: Christentum und Menschenwürde, Trier 1947, S. 306 ff.). Freilich hielt man die hier zusammengefaßten Indianer unter „väterlicher Vormundschaft", erzog sie nicht zur Eigenständigkeit und kapselte sie so stark von jeder anderen Beziehung zu Europäern ab — in Paraguay führte man sogar den Indianerdialekt des Guarani als „Staatssprache" ein und verhinderte die Erlernung des Spanischen durch Eingeborene —, daß nach der Vertreibung der Missionäre und dem Ende der „redducciónes" die Indianer hilflos wieder in ihren früheren Zustand zurücksanken.

Für die Sklaven gab es überhaupt, wie Frank Tannenbaum 1947 feststellen konnte, in den Kolonien drei verschiedene Systeme: am härtesten war das holländische; ihm glich das englische und dänische. Es gab keine Schutzgesetze für die Sklaven, und das Christentum trug nur wenig zur Milderung ihres Loses bei. Bei den Franzosen kannte man ebenfalls keine gesetzlichen Schranken für die Willkür des Herrn, aber praktisch wurde das Menschenrecht der Neger anerkannt. Am mildesten erscheint die spanische und die portugiesische Haltung. Man gewährte den Sklaven gesetzlichen Schutz, und die Religion sorgte dafür, daß das Los der Farbigen erträglich blieb. Sicherlich gab es auch bei den Spaniern und Portugiesen grausame Herren und eine barbarische Behandlung von Sklaven, aber — wie Frank Tannenbaum feststellt — „diese Unmenschlichkeiten und Brutalitäten waren gegen das Gesetz, wurden als strafbare Delikte behandelt, und kamen bei weitem nicht so häufig vor wie im britischen Westindien oder in den nordamerikanischen Kolonien".

So können wir mit Alexander Randa zusammenfassend sagen: „Niemals gab es in den zwei Jahrhunderten von 1500 bis 1700 einen Indianeraufstand gegen die Casa de Austria. Während anderweitig, um ein Wort Breysigs zu gebrauchen, eine nicht auszusagende und nicht auszuklagende ‚Verdorrung des Menschheitsbaumes' eintrat, reicht im Kontinent der Hispanidad heute noch ein der Rasse nach roter Staatengürtel ethnisch mehrheitlich indianischer Prägung von Mexiko bis Paraguay, und es fehlt jeder Begriff rassischer Diskrimination. Da die Krone seit Karl V. auch in vorbildlich unkolonialistischer Weise (so 1543) die amerikanischen Weißen schützte, kam es auch zu keinem Kreolenaufstand gegen die Casa de Austria. Und trotz der Weite der Entfernungen hat kein einziger Vizekönig je gegen die Krone rebelliert." Unter den Bourbonenherrschern Spaniens ging der amerikanische Kolonialbesitz nach und nach verloren.

Der Gedanke eines Austro-Amerika veranlaßte 1863 den Bruder des Kaisers Franz Joseph I., den Erzherzog Ferdinand Maximilian, die ihm von Kaiser Napoleon III. v. Frankreich vermittelte Kaiserkrone von Mexiko anzunehmen. Nachdem die Franzosen 1867 das von ihnen besetzte Mexico über Druck der USA räumen mußten, versäumte es Maximilian das Land rechtzeitig zu verlassen und wurde von der republikanischen Regierung gefangen, zum Tode verurteilt und am 19. Juni 1867 in Queretaro erschossen.

Zusammenfassung:

Die erste Vereinigung Österreichs, Ungarns und Böhmens erfolgte unter dem österreichischen Herzog Albrecht V. (als Römischer König Albrecht II.), der seinen Schwiegervater, den letzten männlichen Luxemburger, beerbte. Aber schon nach zwanzig Jahren zerbrach diese Donau-Union wieder. Der wiederholt von Aufständen bedrohte Herzog Friedrich V. von der Steiermark (als Römischer König Friedrich IV., als Römischer Kaiser Friedrich III.) war nicht in der Lage, Ungarn und Böhmen nach dem Tod des Sohnes Albrechts V., Ladislaus Postumus, zu behaupten. Der große Ungarnkönig Matthias I. Corvinus war, auf ein schlagkräftiges Heer gestützt, imstande, die Türken zu besiegen und große Teile des österreichischen Gebietes in Besitz zu nehmen. Er starb als Herrscher eines Donaureiches in Wien. Nach seinem Tod erhielten die Habsburger die österreichischen Gebiete wieder zurück. Durch die Heirat des Kaisersohnes Maximilian mit Maria, der Erbtochter des mächtigen Herzogs von Burgund, wurde die habsburgische Politik nach Westen orientiert. Der Lieblingsspruch Kaiser Friedrichs III., A E I O U, nach seiner Auslegung „Alles Erdreich ist Österreich untertan", wurde später durch die Erwerbung Spaniens, Ungarns und Böhmens von seiten der Habsburger verwirklicht. Von nun an blieben die drei Ländergruppen Österreich, Ungarn und Böhmen bis 1918 vereinigt. Durch die Erhebung Wiens zum Bischofssitz (1469 unter Friedrich III.) wurde auch die kirchliche Abhängigkeit vom deutschen Bistum Passau gelöst. Der spanische Zweig des habsburgischen Hauses konnte unter Maximilians I. Enkel, Kaiser Karl V., auch die von Cristobal Colón entdeckten spanischen Besitzungen in Amerika zu seinem Reiche rechnen. Unter Kaiser Maximilian I., der seine letzte Ruhestätte in seiner Geburtsstadt Wiener Neustadt fand, bildeten sich auch die ersten österreichischen Zentralbehörden. Im Innsbrucker Generallandtag von 1518 können wir den ersten Versuch einer gesamtösterreichischen Volksvertretung erblicken. Sein Kriegslibell stellt dem Wesen nach die eigentliche Verfassungsurkunde des Schutz- und Trutzbündnisses dar, das dem heutigen Bundesstaat Österreich zugrunde liegt.

ÖSTERREICH ZWISCHEN ZWEI FRONTEN

Österreich und die sozialen Wirren des 16. Jahrhunderts

Wir haben schon darauf hingeweisen, daß Renaissance und Humanismus nicht für sich allein, sondern als Teil einer ganz Europa umfassenden Bewegung zu begreifen sind, in der soziale und wirtschaftliche Momente eine bedeutende Rolle spielten. Die soziale Krise der mittelalterlichen Gesellschaft und des von ihr vertretenen Feudalismus begann bereits sehr früh. Schon die religiösen Bewegungen der Katharer, Waldenser und Albigenser sind sozial bedingt; ebenso die großen Ständekämpfe zwischen den „Geschlechtern" (Patriziern) und den Zünften in den Städten, an denen auch Wien Anteil hatte. In England traten im 14. Jahrhundert die Lollarden auf, so wie in Frankreich die Jaquerie und in Böhmen die Hussiten. Allen war die Forderung nach Umgestaltung der feudalen Gegenwart gemeinsam. Mit dem Ausgang des Mittelalters verstärkte sich die Unruhe, vor allem unter den Bauern. Das ganze Mittelalter hindurch waren einheimische Volksrechte bindend gewesen. Es gab das personale Recht; wir verstehen darunter, daß der Angeklagte vor Gericht nach dem Recht beurteilt wurde, nach dem er lebte. Das römische Recht wurde rezipiert und auf Verhältnisse angewendet, die es zur Römerzeit nicht kannte. Die vielfältigen, ineinander verzahnten Beziehungen in der Eigentumsordnung des Lehenssystems fielen dem starren römischen Eigentumsbegriff zum Opfer. Die ebenso buntgemischten, aber doch vorhandenen Unterschiede zwischen den verschiedenen Gruppen der Freien, Halbfreien, Hörigen und Leibeigenen mit den ihnen eigenen Pflichten und Rechten wurden dem klassischen Begriff des „Sklaven" eingeordnet. Der Berufsstand der Juristen an den dem Absolutismus zueilenden Fürstenhöfen gewinnt eine große Bedeutung. „Alle, die es ehrlich meinen mit dem Recht", erklärte Jakob Wimpfeling 1507, „finden sich jetzt in schlechter Gesellschaft durch die zahllose Menge ehrloser Menschen, welchen das Rechtsstudium und die Betreibung von Rechtshändeln nur ein Mittel ist, um ihren Beutel zu füllen, und die überall darum Prozesse erregen und den gewöhnlichen Mann aussaugen bis aufs Blut." Für den Landesherrn selbst war es natürlich angenehm, von den Vertretern des römischen Rechts zu hören, daß Gesetzgebung und Verwaltung, Militär-, Gerichts-, Polizeigewalt, Handel, Bergwerke und Forste seiner Gewalt unterstünden. Anderseits konnte der Feudalismus mit den Problemen der Wirtschaft, wie sie sich am Ausgang des Mittelalters entwickelt hatten, nicht fertig werden.

Wir haben bereits von den Bauernaufständen unter Kaiser Friedrich III. berichtet. Hierher gehören auch Bewegungen wie die des „Pfeifers von Niklashausen“ (1476), des „Bundschuhs“ (1468, von neuem 1493 errichtet), des „Armen Konrads“ (1514) und schließlich der große ungarische Bauernaufstand des Georg Dózsa. Das Jahr darauf sah den Aufstand der slowenischen Bauern zwischen Save und Drau. Er war das unmittelbare Vorspiel des großen Bauernkrieges von 1525. Die Geldnot Kaiser Maximilians I., eine Folge seiner unaufhörlichen Kriege, brachte schwere Steuererhöhungen mit sich. Die Fürsten im Heiligen Römischen Reich konnten und wollten nichts zur Behebung der kaiserlichen Finanznöte beitragen. So mußte sich Maximilian auf die Geldquellen seiner eigenen Länder stützen. Er war aber der Ansicht, daß die den feindlichen Einfällen am meisten ausgesetzten Gebiete auch am meisten beitragen müßten. Wohl hatte der Kaiser wohlmeinend die Herren und Stände aufgefordert, dem kleinen Mann und dem Bauer nicht unerschwingliche Lasten aufzuerlegen, doch diese wälzten einfach die ihnen von Maximilian I. auferlegten Steuern weiter auf ihre Untertanen ab. Es gab manche Adelige, die einfach unter dem Vorwand einer Kriegssteuer ihre Bauern ausplünderten und die Erträgnisse in die eigene Tasche steckten. Der zündende Funke war die Ermordung eines dieser Leuteschinder, des Georg von Thurn, durch einen Haufen Bauern in der Nähe von Gottschee. Der Aufruhr griff rasch auf die umliegenden Gebiete über. Reifnitz, Gallenberg und Billichgratz erhoben sich. Bald waren aus den Bezirken Krainburg, Stein und Wochein an die 20.000 Bauern zusammengeströmt. Schloß Meichau wurde genommen und die Schloßfrau gezwungen, in Bauernkleidern als Magd den Siegern zu dienen. Von Krain aus lief die Erhebung nach Cilli und in das Sanntal und erfaßte Gebiete bis in die Gegend von Graz und Gleisdorf. In Rann wurde der kaiserliche Hauptmann Marcus von Klissa mit acht Edelleuten und 40 Knechten erschlagen, die Insassen des Frauenklosters Studenitz in barbarischer Weise mißhandelt. Die Forderung der aufständischen Bauern ging überall nach der „stara pravda“, dem alten Recht. Unter den Beschwerden, die die Bauern vorbrachten, waren Vermehrung der Roboten und Nichtentschädigung für außerordentliche Dienste, ungerechte überhohe Abgaben bei Verkäufen, Hausbauten, Mühlenbetrieben, Eingriffe in das Erbrecht und in die Nutzung der Allmenden. An die Bauernhaufen schlossen sich in einzelnen Gegenden die Bergknappen an, die immer ein radikal-revolutionäres Element jener Tage darstellten. Allerdings gelangen den Bauern bald keine weiteren Erfolge. Eine kaiserliche und ständische Armee unter Georg von Herberstein unterwarf zuerst die Steiermark und ging dann über die Save. Die Bauernhaufen liefen auseinander, ihre Anführer wurden gefangen und an den nächsten Bäumen aufgehängt. Zwar widersetzte sich Kaiser Maximilian einer allzu harten Bestrafung, doch wurde immerhin allen Teilnehmern des Aufstandes ein sogenannter „Bundespfennig“ als dauernde Abgabe auferlegt. Diese verschlechterte das Los der Niedergekämpften, und es wurde schlimmer, als es vor dem Aufstand gewesen war. Tiefe Ruhe lag über dem Land, und selbst der große Bauernkrieg von 1525 fand in den Gebieten der „stara pravda“ keinen Widerhall mehr.

Es erscheint von Bedeutung, auf welche Weise die österreichischen Bauern in dieser großen Erhebung mitwirkten, die weite Teile Süddeutschlands bis Thüringen hinauf in Mitleidenschaft zog. „Die Länder des Hauses Österreich“, sagt Hugo Hantsch, „hatten in ihrer vom Reiche gesonderten Stellung, besonders in Kaiser Maxens Tagen, eine ganz eigenartige politische und wirtschaftliche Entwicklung durchgemacht. Die Landesherrschaft der Habsburger war so weit befestigt, daß innerhalb ihres Gebietes von einer anderen reichsunmittelbaren Herrschaft keine Rede mehr war ... Hier war der Landesfürst tatsächlich Landesherr, der über Untertanen gebot, die sich in ihren Rechten und Pflichten nach Ständen unterschieden, deren Einfluß auf die Landesregierung in den einzelnen Ländern verschieden war.“ Nun gab es sicher genug Adelige, die noch vom Geist einer Verantwortlichkeit ihren Bauern gegenüber erfüllt waren, wie Wolf von Stubenberg, der um 1500 seine Söhne ermahnte: „Haltet eure Armen schön, hütet sie vor Steuern und nehmt nicht Sterbochsen, gebt gern um Gottes willen“, und noch hundert Jahre später (1607) Bartholomäus Khevenhüller, der seinem ältesten Sohn in seinen Lebensregeln die Mahnung erteilte: „Was dir Gott auf Erden gibt und was du hast: Weib, Kind, Vieh, Haus, Hof und anderes, ist nicht dein eigen; du bist nur dessen Verweser. Halt gut Zucht zwischen Untertanen; nimm von ihnen nicht Schenkung; verschon die Untertanen mit Unkosten und überflüssigen Tagsatzungen." Aber eine größere Anzahl von Adeligen kannte nur mehr den Eigennutz und versuchte, jede Last auf die Untergebenen abzuwälzen.

Unter allen Programmen, die von den Bauern dieser unruhvollen Jahre aufgestellt wurden, ist das der Tiroler das in sich geschlossenste, kühnste und durchdachteste. Ebenso waren es Salzburger Bauern, die den größten Sieg über die landesfürstlichen Heere errangen. Kardinal Matthäus Lang, der Erzbischof von Salzburg und vertraute Ratgeber des Kaisers Maximilian I., war einer jener Landesherren, für die das römische Recht allein maßgebend wurde und die mit Hilfe voll ausgebildeter Juristen regierten. Er war kein Fanatiker und erkannte die Schäden, die vor allem auf den religiösen und sittlichen Tiefstand des Klerus zurückgingen. Doch sein Reformwille war zu schwach und kam zu spät. Über die Hinrichtung von zwei Salzführern, die durch Berufung auf das römische Recht gerechtfertigt wurde, geriet das Volk in Aufregung. Die Gewerkschaften in Gastein, deren Mitglieder die Hingerichteten gewesen waren, kündigten dem Erzbischof den Gehorsam und riefen das Volk zu den Waffen (1525). Wie ein Funke flog der Aufruhr von Gastein durch das Land und erfaßte auch das Enns- und das Murtal. Die Bergknappen des Erzberges traten sofort der Erhebung bei. Schloß Werfen fiel fast ohne Widerstand, Hallein wurde genommen; das oberösterreichische Salzkammergut in den Kampf mit hineingezogen. Der Abt von Mondsee konnte mit einer Reuzahlung und Auslieferung seines ganzen Arsenals das Kloster selbst vor völliger Vernichtung schützen. Dann erschien das Bauernheer vor der Stadt Salzburg. Matthäus Lang zog sich mit seinen Räten und Getreuen in die Hohensalzburg zurück. Mit Jubel von den Bürgern begrüßt, zogen die Bauern unter Führung von Kaspar Praßler in die Stadt ein. Ihre Forderung war: der Erzbischof solle als Landesherr abdanken und die Landschaft Bayern oder Österreich übergeben. Tatsächlich gingen Abgesandte der Wittelsbacher und der Habsburger im Lager der Bauern aus und ein und verhandelten wegen der Übergabe des Landes mit ihnen. Schließlich aber siegte bei Ferdinand von Österreich der Gedanke, er könne als katholischer Fürst keinen Erzbischof und Kardinal seines Landes berauben; die Bayern sahen sich hinwieder gezwungen, ihre Pläne fallenzulassen, als der Erzbischof die Hilfe des Schwäbischen Bundes, einer Vereinigung süddeutscher Fürsten und Städte, anrief.

Unterdessen hatten sich in der Obersteiermark die Dinge zugunsten der Bauern entwickelt. Auch hier waren es die Bergknappen, die den Kern des Aufruhrs bildeten. An ihre Spitze trat der Bergrichter Reustl und erklärte sich zum Hauptmann. Er zog mit 1200 Bauern und Knappen das Ennstal hinunter. An diesen Trupp schlossen sich von allen Seiten Bauern an, die von Tälern und Höhen herzuströmten. Bei Rottenmann standen Mitte Juni bereits an die 10.000 Mann, bereit, in das Murtal vorzustoßen. Hier hatten sich die Bauern und Knappen um Matthias Trapp gesammelt und bedrohten die Mittelsteiermark. Der Landtag zu Graz hatte Siegmund von Dietrichstein mit der Bekämpfung der Unruhen beauftragt. Dietrichstein war schon 1515 gegen die „stara pravda" tätig gewesen und stand deshalb bei allen Bauern in unguter Erinnerung. Jetzt sammelte er mit eigenem Geld Truppen. Doch ein Teil von ihnen lief bei Leoben in offener Meuterei zu den Bauern über. Eine Niederlage der Landsknechte zwischen Wald und Gaishorn gab den Aufständischen neuen Mut. Dietrichstein wollte jetzt das Kommando niederlegen, gab sich aber dann damit zufrieden, daß ihm Niklas von Thurn beigegeben wurde. Beim Vormarsch der Truppen zogen sich die Bauern überall zurück und versuchten, ihre Dörfer und Höfe zu erreichen. Aus Wien war der Befehl der Regierung gekommen, alle gefangenen Bauern zu schinden, zu vierteilen und zu spießen, ihre Häuser zu verbrennen und niederzureißen. Die Folge davon war, daß man im Ennstal wie in Feindeslande wütete, Frauen und minderjährige Mädchen, halbe Kinder noch, schändete und selbst das Kind im Mutterleib nicht verschonte. Die Bauern taten alles, um ihre Unterwerfung zu bezeigen, nur die Bergknappen zogen sich gegen die Salzburger Grenze zurück und verschanzten sich am Mandling.

Am 1. Juli ritt Dietrichstein in Schladming ein. Doch während der Nacht zogen die Bauern und Knappen auf geheimen Wegen die Berge herab und sammelten sich vor der Stadt. Bei Morgengrauen drangen sie durch das Untere (Salzburger) Tor in Schladming ein. Es kam zu einer Straßenschlacht, bei der ein Teil der Landsknechte zu den Bauern überlief. So kam es, daß Dietrichstein und alle übrigen, die sich noch wehrten, erschlagen oder gefangen wurden. Der Sieg der Bauern überstieg alle Vorstellungen. Die Kriegskasse, elf Kanonen, alle Handfeuerwaffen, alles Pulver, dazu reiche Beute an Gold und Silber fielen in ihre Hände. Es war der Höhepunkt des Aufstandes, und auf die Kunde davon loderte er in Ober- und Niederösterreich empor. Doch gab es keinen gemeinsamen Plan zwischen den Bauern der einzelnen Länder. In Oberösterreich wurde Garsten bedroht und der Pyhrnpaß besetzt, in Niederösterreich kam es in Zwettl, in der Wachau, bei Lilienfeld, in der Umgebung von Melk, im Urltal und bei Gersten zu Zusammenrottungen. Doch die Kraft des Aufstandes versiegte, als die Wiener Regierung alle ihre Kräfte zusammenfaßte, der Lage Herr zu werden. Unter dem Feldhauptmann Alexander von Schifer sammelten sich Truppen auf der Welser Heide, Dietrich von Hartisch führte die Scharen von Retz und Korneuburg herbei und Wolf Matseber marschierte mit Erasmus von der Hayd auf St. Pölten und Krems zu. Die Bauern wurden zersprengt, und es kam kaum mehr zu ernsthaftem Widerstand. Die Anführer flohen in die tiefen Wälder. Noch 1527 wurden sechs von ihnen entdeckt und in der Nähe von Zwettl an die Bäume gehängt. Trotzdem hatten die Besiegten Erfolge zu verzeichnen. Bereits im Juli 1525 beschloß der in Wien und in Trautmannsdorf tagende niederösterreichische Landtag, die Beschwerden der Bauern zu prüfen und dort, wo sie berechtigt seien, Abhilfe zu schaffen. In Oberösterreich begannen eigene Beschwerdekommissionen zu arbeiten, die viel Härte bei den einzelnen Grundherrschaften abstellten. Die Salzburger Bauern, die noch immer die Stadt besetzt hielten, kamen am 31. August unter Vermittlung des Bischofs von Chiemsee, Berthold Pürstinger, der auch während der Besetzung Salzburgs durch die Bauern in der Stadt geblieben war, zu einem Ausgleich mit dem Erzbischof, auf Grund dessen sie die Waffen streckten, die eroberten Plätze übergaben, den Erzbischof als ihren Landesherrn anerkannten und sich zur Zahlung von 14.000 Gulden Entschädigung bereiterklärten. Dafür wurde ihnen eine allgemeine Amnestie zuteil, und sie durften ungestraft nach Hause gehen.

Im Gegensatz zu dieser Milde stand das Verhalten des aus Spanien gekommenen Ferdinand. Er verweigerte dem abgeschlossenen Vertrag seine Unterschrift und forderte 200.000 Gulden Schadenersatz. Außerdem sollten alle Salzburger Untertanen schwer bestraft werden, die in der Obersteiermark mitgetan hatten, und die Anführer der Bauern, die bei Schladming gesiegt hatten, ausgeliefert werden. Trotz der Abmahnung des Schwäbischen Bundes, vieler Adeliger und des österreichischen Oberbefehlshabers Graf Salm, blieb Ferdinand hart. Am 8. September 1525 mußte auf seinen Befehl Graf Salm gegen Schladming vorrücken. Die Truppen Ferdinands kamen im Oktober vor der unglücklichen Stadt an. Schladming wurde an allen Ecken und Enden angezündet und verlor seine Stadtrechte. Von den Rädelsführern sollte keiner, wie es in der landesherrlichen Verfügung hieß, „zu ewigen Zeit begnadigt werden; ihr Haus und ihr Hof soll verbrannt, Weib und Kind ihnen nachgeschickt und ihr Gut zur Hälfte dem Fürsten, zur Hälfte dem Grundherrn gehören. Wer einen solchen Flüchtling ersticht, soll nichts verbrochen haben". Selbst Graf Salm war über diese Strenge der Regierung erschüttert und bat sie um Milde für die Ennstaler Bauern. Eine Chronik von 1531 berichtet: „Da nun die Bauern, ein jeder wieder anheimbszog, wurden die frumbsten, die weder Gefallen noch Anteil an diesem Aufruhr gehabt, gebrandschatzt, jedes Haus um zwei Dukaten, die andern hin und her an die Straßen gehängt, etwa so nieder, daß ihnen die Hund die Schenkel abfraßen und man ging jämmerlich genug mit den armen Leuten um."

Michael Gaismayr und die Tiroler Bauern

Hatten die Salzburger Bauern durch den Sieg von Schladming die Augen der Zeitgenossen auf sich gelenkt, so war es der Tiroler Michael Gaismayr, dessen politisches und organisatorisches Talent ihn hoch über die anderen Bauernführer und Programmatiker von Bauernforderungen erhebt. Wir haben es in Tirol mit besonderen Verhältnissen zu tun. Denn hier nahmen die Bauern, wie wir schon gesehen haben, als „Vierter Stand" an den Landtagen teil. Auch ihre dörfliche Selbstverwaltung in den Gerichten war noch nicht völlig beseitigt. Trotzdem steigerte sich die Unzufriedenheit im Land nach dem Tod Kaiser Maximilians I. Mord und Totschlag waren an der Tagesordnung, das ausländische Kapital sog die Tiroler Wirtschaft aus, man verwendete falsches Maß und Gewicht, und die Jagdleidenschaft der großen Herren förderte die Wildplage. Dazu kamen Unwetterkatastrophen, ein besonders harter Winter 1521/22, Seuchen und Erdbeben. Es dauerte jahrelang, bis sich wieder ein Landesfürst in Österreich und in Tirol persönlich zeigte. Ferdinand I. war zum erstenmal 1523 in Innsbruck. Er brachte eine Reihe spanischer Räte mit, unter denen vor allem Gabriel von Salamanca bald durch seine Habsucht verhaßt wurde. Der Anlaß zur Erhebung wurde die Verurteilung eines gewissen Peter Paßler, der am 10. Mai 1525 zu Brixen hingerichtet werden sollte. Ein Bauernhaufe kam in die Stadt und befreite ihn. Michael Gaismayr, der Sohn eines Sterzinger Bergknappen, später Sekretär des Bischofs und schließlich Zolleinnehmer zu Klausen, stand an ihrer

Spitze. Bald waren auch die Gebiete um Bozen und Meran im Aufruhr. Im Inntal wurde geplündert. Trient konnte sich nur dadurch halten, daß gerade der Landsknechtführer Georg von Frundsberg mit Truppen in der Stadt weilte.

Gabriel von Salamanca flüchtete vor der Volkswut. Das war ein Glück für Erzherzog Ferdinand, der, ohne Machtmittel, sich auf Verhandlungen verlegte. Ein Teil des Landtages — vor allem die Vertreter des Inn- und des Wipptales — kam in Innsbruck zusammen und bewilligte Ferdinand die Aufstellung eines Heeres von 5000 bis 15000 Mann, vor allem in der Sorge, er werde fremde (spanische) Truppen zur Unterstützung herbeirufen. Zugleich wurde ein allgemeiner Landtag nach Innsbruck ausgeschrieben, der in der Zeit vom 11. Juni bis 21. Juli tagte.

Eine Tagung der Bauern in Meran zeigte die Spaltung in eine radikale und eine gemäßigte Gruppe. Die erstere wird in damaligen Schriftstücken als „gemeiner pofel" bezeichnet. Zu ihm rechnete man Taglöhner, Knechte, Handwerksgesellen, Lohnarbeiter, Häusler und ähnliche. Man faßte die Forderungen in 20 Artikel zusammen. Abgesehen von jenen, die sich bereits so wie bei den Bauernunruhen in den übrigen österreichischen Landen und darüber hinaus in Deutschland mit der neuen Lehre Luthers und Zwinglis befaßten, waren es vor allem Fragen der Steuer- und Abgabenreform, die hier zu lesen waren. Es handelte sich bei den „Meraner Artikeln" keineswegs um eine gegen den Landesfürsten gerichtete Aktion; man erwartete im Gegenteil von ihm Abhilfe in Sachen der Beschwerden. Insbesondere waren es die Bürger der Städte, die wohl bereit erschienen, sich jener Artikel zu bedienen, die eine Einziehung der kirchlichen Besitzungen verlangten, jedoch jede weitergehende Aktion zu bremsen bemüht waren.

Der Höhepunkt der Macht der Bauern war während des Innsbrucker Landtages erreicht, beziehungsweise schon überschritten. Die Erhebung hatte in Nordtirol nicht die radikalen Formen angenommen wie in Südtirol unter Gaismayrs steigendem Einfluß. Erzherzog Ferdinand von Österreich, der sich noch öffentlich als Statthalter seines Bruders, des Kaisers Karl V., gebärdete, obwohl ihm Tirol schon seit 1522 zu eigen übertragen worden war, wehrte sich gegen alle jene Forderungen, die den Stand der katholischen Religion zu beeinträchtigen in der Lage schienen, zeigte sich aber in sonstigen Fragen entgegenkommend. So vermochten die Tiroler Bauern als einzige in dieser Zeit wesentliche Verbesserungen ihrer sozialen Stellung zu erreichen. Jede Robot, die nicht seit mindest fünfzig Jahren dokumentarisch nachgewiesen werden konnte, wurde abgeschafft; die Felder der Bauern konnten, um Wildschäden zu verhindern, eingezäunt werden, und die Bauern erhielten das Recht, Hunde zu halten.

Damit war indes die Unruhe noch nicht beseitigt. In Südtirol und in den italienischsprachigen Gebieten des Bistums Trient hatte Gaismayr weitere Erfolge. Am 20. August in Innsbruck gefangengenommen, gelang es ihm, in der Nacht des 7. Oktober zu entkommen. Bis in den November hinein konnte er sich noch im Land halten, dann flüchtete er ins Ausland. Unter dem Einfluß von Huldreich Zwingli, der in Zürich die evangelische Lehre eingeführt hatte, formulierte Gaismayr um 1526 eine neue Tiroler „Landesordnung", die zwar nie in Kraft trat, aber ein geschlossenes Bild jener Anschauungen gibt, die damals bereits wirksam waren. So sollte die allgemeine Gleichheit aller Menschen eingeführt, die Städte — mit Ausnahme von Brixen und Trient — beseitigt und Bauern und Bergknappen die führende Schicht des Landes werden. Das gesamte Land sei an die Bauern zu verteilen, die nur mehr an den Staat Steuern zu entrichten hätten. Das gesamte Handwerk sei in der Stadt Trient zu konzentrieren. Alle Kaufleute seien abzuschaffen und der Handel zu verstaatlichen. Ebenso würden Gruben, Hütten, Erze, Silber und Kupfer dem gesamten Land übergeben werden. Der Naturallohn soll abgeschafft und durch fixe Lohnsätze ersetzt werden. Die Landesregierung werde aus Bauern, Bergleuten und Gelehrten gebildet, und vier von ihr ernannte Hauptleute hätten den Oberbefehl und die Landesverteidigung in ihren Händen. In Brixen sei eine Universität zu errichten. In der Außenpolitik sei Frieden und Freundschaft mit allen Staaten zu pflegen.

„Wertlos ist Gaismayrs ‚Landesordnung' nicht" — versichert uns Hugo Hantsch, „es fehlen darin nicht Gedanken, die wirklichen wirtschaftlichen Fortschritt bedeuten, wie Trockenlegung der Moore, Anpflanzung von Ölbäumen, Safran, Anbau guter Wein- und Getreidesorten; auf dem Gebiet der öffentlichen Fürsorge weist er manchen Weg, den man jahrhundertelang später gegangen ist." Für ihren Verfasser bedeuteten die wenigen Jahre, die ihm noch verblieben, nur die immer wiederholten Versuche und Hoffnungen eines Emigranten, doch noch als „Befreier" nach Tirol zurückkehren zu können. Er hatte um sich eine Schar engster Anhänger gesammelt, mit denen er 1526 noch einmal die Salzburger Bauern zum Aufstand führte. Vergeblich versuchte er, Bündnisse zwischen den Schweizern, süddeutschen Städten und evangelischen Fürsten herzustellen, die den Krieg nach Tirol tragen sollten. Von der Republik Venedig, in deren Dienst er getreten war, erhielt er eine Pension von 300 Dukaten. Seit 1528 lebte er mit Frau und Kindern in Padua. Ferdinand I. und die österreichische Regierung hatten schon 1525 eine Summe von 2000 Goldgulden auf seinen Kopf gesetzt. Am 15. April 1532 wurde er von Meuchelmördern in seinem Heim in Padua erdolcht. Mord als Mittel der Politik wurde damals keineswegs verabscheut. Auch die Republik Venedig hatte seinerzeit versucht, Kaiser Maximilian I. beseitigen zu lassen.

Österreich und die religiösen Wirren des 16. Jahrhunderts

In den Forderungen der aufständischen Bauern war immer wieder ein Punkt zu lesen gewesen, der die freie Predigt des „Evangeliums" forderte. Gerade dadurch wird die Glaubensspaltung, die in der ersten Hälfte des 16. Jahrhunderts Europa in zwei einander bekriegende Hälften spaltete, als ein Teil der allgemeinen Krise gekennzeichnet, zu der die sozialen Erschütterungen der Zeit gerechnet werden müssen und zu welchen Renaissance und Humanismus beitrugen. Ohne dieses verhängnisvolle Zusammentreffen wäre wahrscheinlich die Bemerkung Kaiser Maximilians I. nicht Lügen gestraft worden, der noch in seinem letzten Lebensjahr den Streit zwischen Luther und seinen Gegnern als „Mönchsgezänk" klassifiziert hatte.

Gewöhnlich wird der 31. Oktober 1517 (Reformationstag) als der Beginn der evangelischen Bewegung bezeichnet. Damals veröffentlichte Dr. Martin Luther, Professor der Theologie in Wittenberg, seine 95 Thesen gegen den Ablaß. Es ist durch die Forschung zweifelhaft geworden, ob Luther die 95 Thesen tatsächlich an der Schloßkirche zu Wittenberg angeschlagen hat, wie es jahrhundertelang geglaubt und in Wort und Bild verherrlicht wurde. Um ein richtiges Bild von den Vorgängen zu gewinnen, sind drei verschiedene Dinge auseinanderzuhalten: die sozialen Ursachen, von denen bereits genügend gesprochen wurde; der moralische Zustand der Kirche, der dringender als je zuvor nach einer wirklichen Reform drängte, und endlich das persönliche Glaubenserlebnis der Männer, die bald an der Spitze der neuen Bewegung stehen sollten. Es ist lehrreich, festzustellen, daß noch im Jahre 1530 in den Gebieten, die das „Augsburger Bekenntnis", die erste Glaubensschrift des Luthertums, unterzeichnet hatten, außer Wittenberg und der erst während des Fortgangs der Bewegung gegründeten Universität Marburg, keine einzige Hochschule anzutreffen ist. Die Universitäten leisteten überall dem Eindringen der neuen religiösen Gedanken heftigen Widerstand. Er konnte oft nur mit Gewalt gebrochen werden. So suchte der Kanzler der Universität Tübingen, Ambrosius Widmann, Zuflucht im vorderösterreichischen Rottenburg, verzichtete aber nicht auf sein Amt, und verhinderte so, daß sein neuernannter Nachfolger — und alles, was in Tübingen promovierte — allgemein anerkannt wurde.

Auf der andern Seite hatte die Einführung des Buchdrucks mit beweglichen Lettern durch den Mainzer Johannes Gensfleisch, genannt Gutenberg (um 1450), die technische Möglichkeit geschaffen, zu niedrigem Preis Flugschriften und Bücher in die breite Masse zu werfen. (Zündende Prediger früherer Zeiten — etwa Hus oder Savonarola — hatten nur eine verhältnismäßig kleine Menge von Menschen erfassen können.) Durch Luthers Schriften wurde sein Bekenntnis rasch in allen Gegenden bekannt. Zu seinen Anfangserfolgen trug bei, daß er sich nicht damit begnügte, sich in der mittelalterlichen Form der Universitätsdiskussion nur mit Theologen und Professoren auseinanderzusetzen, sondern sich an die breite Öffentlichkeit wandte. An der subjektiv ehrlichen Überzeugung Luthers und an seiner inneren religiösen Ergriffenheit gibt es keinen Zweifel. Er war seit seiner Geburt (10. November 1483) als Sohn eines mäßig begüterten Bergmannes in Eisleben — und Bergleute gehörten zu den geistig aufgeschlossensten Bevölkerungsschichten der damaligen Zeit — einen Weg gegangen, der ihn — er studierte auch Rechtswissenschaften — in das Kloster der Augustiner-Eremiten führte. Er rang innerlich mit sich. Niemand war da, der ihm helfen konnte; denn er stand nicht in der Tradition einer alten theologischen Fakultät, sondern er beherrschte diese vielmehr an der jungen, erst 1502 gegründeten Universität Wittenberg selbst. Dazu kam, daß er — im Gegensatz zu Zwingli und Calvin — alles andere als ein Politiker war. Das erkennt man deutlich aus seinem Verhalten den Fürsten gegenüber, an die von ihm schließlich seine Kirche ausgeliefert wurde. Wie sehr in den ersten Jahren die beiden Glaubensparteien einander nahestanden, beweist die Tatsache, daß noch 1532 katholische Theologen, die die „Augsburger Konfession" prüften, erklärten, „daß vieles darin ganz katholisch und anderes so sei, daß man es wohl so stellen könne, daß es nicht gegen den (römisch-katholischen) Glauben wäre."

Gegenspieler Luthers auf dem ungewohnten Feld der Politik wurden der Römische Kaiser Karl V. (1519—1556, † 1558) aus Habsburgs Haus und dessen Bruder, Ferdinand I. (seit 1522 Herr von Österreich). Um die Stellung des Kaisers zu verstehen, kann man wohl auf seine feste katholische Überzeugung hinweisen; darüber hinaus sei jedoch nicht vergessen, daß die Kernländer seiner Macht, Spanien und die spanischen Besitzungen in Italien, niemals ernsthaft in größerem Ausmaß dem Luthertum oder dem Calvinismus geöffnet waren. Vom politischen Standpunkt aus lag nicht die geringste Veranlassung vor, die Sache Luthers zu der seinen zu machen. Das ganze, bald zwischen Duldung und Verfolgung, bald zwischen Verfolgung und Duldung schwankende Verhalten des Kaisers dem evangelischen Glauben gegenüber ist nur aus seiner Politik zu erklären. Im Kampf mit Frankreich, das der habsburgischen Umklammerung zu entrinnen strebte, im Gegensatz zum Papsttum — kaiserliche Söldner erstürmten unter Georg von Frundsberg im „Sacco di Roma" 1527 die Ewige Stadt — und zu den deutschen Fürsten, die nichts daran fanden, sich mit den Gegnern Karls V.

zu verbünden, mußte er Kompromisse eingehen, die sofort rückgängig gemacht wurden, wenn es die Lage erlaubte. So kam es zum „Augsburger Bekenntnis" von 1530, in dem Philipp Melanchthon (1497—1560) die Lehre Luthers mit dem deutlichen Bestreben, sie der alten Kirche möglichst anzugleichen, dem Kaiser vorlegte, und nach dem Tod Luthers 1546 zum Schmalkadischen Krieg (1547/48), der Karl V. einen vorübergehenden Sieg über seine Gegner brachte, den jedoch der Abfall des Kurfürsten Moritz von Sachsen wieder zunichte machte. Das Endergebnis war der Augsburger Religionsfrieden von 1555, der den Fürsten und Reichsstädten die Religionsfreiheit brachte, den Untertanen jedoch den Zwang auferlegte, sich dem Bekenntnis ihrer Herren zu fügen oder — auszuwandern. Das besagt der berühmte Satz „Cuius regio illius et religio" (Wessen Land, dessen Religion).

Wie sehr übrigens Luther den Gehorsam gegen den Fürsten seinen Anhängern vor Augen hielt, zeigen seine Ausführungen in der „Heerpredigt wider die Türken" von 1529, in der es wörtlich heißt: „So merke nun, wo es Gott verhängt, daß du von Türken gefangen, weggeführt und verkauft wirst, daß du mußt ihres Willens leben und ein Knecht sein, so denke, daß du solch Elend und Dienst, von Gott zugeschickt, geduldig und willig annehmest, und um Gottes Willen leidest, und aufs allertreulichste und fleißigste deinem Herrn (dem du verkauft wirst) dienest, unangesehen, daß du ein Christ und dein Herr ein Heide oder Türke ist, darum er nicht wert sein sollte, daß du sein Knecht sein solltest. Und bei Leibe laufe nicht weg (wie etliche tun, und meinen, sie tun recht und wohl daran, etliche auch sich selbst ersäufen oder sonst erwürgen): nicht also, mein lieber Bruder! Du mußt denken, daß du deine Freiheit verloren hast und eigen geworden bist, daraus du dich selbst ohne Willen und Wissen deines Herrn nicht ohne Sünde und Ungehorsam wirken kannst. Denn du raubst und stiehlst damit deinem Herrn deinen Leib, welchen er gekauft hat oder sonst zu sich gebracht, daß er forthin nicht dein, sondern sein Gut ist wie ein Vieh oder ander sein Habe."

Es ist begreiflich, daß bei solchen Anschauungen, die direkt dem fürstlichen Absolutismus die Wege ebneten, die Lehren Huldreich Zwinglis (1484—1531) aus Zürich und Johann Calvins (1509—1564) aus Genf zu einer ganz anderen politischen Haltung führen mußten. Das Luthertum konnte sich nur dort behaupten, wo der Landesfürst die luthersche Landeskirche begründete; der Calvinismus blieb nicht nur allein der aktivere Teil der evangelischen Christenheit, sondern trug durch seine Ethik — vielfach ungewollt — zur Ausbildung des kapitalistischen Wirtschaftssystems in Europa wesentlich bei, indem er diesem die Ideologie schenkte. Zwischen Luthertum und Calvinismus standen die vielen kleinen Gruppen — die Täufer und die ihnen Verwandten —, die zwischen den großen Gemeinschaften zerrieben wurden. Vergeblich versuchten in dieser Zeit der Spaltung Männer wie Erasmus von Rotterdam (1467—1536), eins der Häupter des Hoch- und Späthumanismus, eine „dritte Front" zwischen den Religionsparteien zu bilden. Er blieb in diesem Bestreben so gut wie allein.

In Österreich faßte die evangelische Bewegung schon sehr früh Fuß. Von den drei Reformatoren war nur Zwingli — und dies in seiner katholischen Zeit — in Österreich gewesen und hatte in der Wiener Stephanskirche gepredigt. Dadurch, daß sich die habsburgischen Landesfürsten von Luthertum und Calvinismus fernhielten, konnte auch keine evangelische Landeskirche entstehen. Das führte auf der einen Seite dazu, daß eine Menge von Richtungen des neuen Glaubens in Österreich eine Heimstätte suchte; auf der andern Seite wurde diese Entwicklung für die österreichische evangelische Kirche schicksalhaft. Es waren die Grundherren, die sich der neuen Lehre zuwandten. Diese Grundherren standen aber selbst im Kampf mit dem landesfürstlichen Absolutismus. Da dieser siegte, siegte mit ihm auch die katholische Kirche. Der evangelische Glaube ging mit der Macht der Stände zugrunde. Die Vermischung von Religion und Politik muß beachtet werden, wenn wir die Stellung der Habsburger klar sehen wollen. Sie bekämpften Luthertum und Calvinismus nicht bloß aus angeborener katholischer Überzeugung heraus, sondern weil die Bekenner dieser Kirchen für sie zugleich die „Rebellen" waren, die niedergeworfen werden mußten. Die evangelischen Stände versuchten immer wieder, die Habsburger zu entmachten oder überhaupt zu beseitigen. So kommt es, daß in bestimmten Augenblicken eher diese als das Fürstentum an der Zusammenarbeit der drei Ländergruppen Österreich, Ungarn und Böhmen interessiert sind. Dies ist besonders deutlich in den Zeiten Kaiser Rudolfs II. (1576—1612) wahrzunehmen.

Es waren besonders Wiedertäufer, gegen die in den ersten Jahren der Glaubensspaltung vorgegangen wurde. Sie tauchten, von Tirol und Kärnten kommend, in der Steiermark auf, wo wir solche in Hartberg, Bruck an der Mur, Kapfenberg, Leoben, Graz und anderen Städten antreffen. Der bekannteste unter ihnen war Dr. Balthasar Hubmaier, der am 10. März 1528 im Dorf Erdberg bei Wien (heute ein Teil des 3. Wiener Gemeindebezirks) öffentlich verbrannt wurde. Bald zählte man eine ganze Anzahl evangelischer Richtungen in Österreich, die sich zum Teil wesentlich voneinander unterschieden, bald mehr lutherisch, bald mehr calvinisch, bald ein Gemisch aus beiden, bald gemischt lutherisch und katholisch waren. Es gab eine Zeit — um 1550 —, in der die Mehrheit der österreichischen Bevölkerung irgendeinem der neuen Bekenntnisse anhing. Dem einfachen Mann lagen theologische Fragen fern. Wenn nun ein Pfarrer zur Lehre Luthers oder Calvins übertrat und seine Pfarre behauptete, so folgte ihm seine Gemeinde, denn es blieb ja „alles beim Alten". Eine Veränderung erkannte man nur dort, wo der Geistliche durch einen evangelischen Prädikanten (Prediger) ersetzt wurde. Niemand anderer als der heilige Petrus Canisius schreibt in einem Brief nach Rom: „Unendlich viel Protestanten hängen der neuen Lehre in gutem Glauben an, ohne Streitsucht, Verbissenheit und Verstocktheit. So gern möchte ich ihnen das ewige Heil verschaffen, müßte ich auch mein Blut für sie vergießen." Wie es freilich in einem Land kommen mußte, in dem es eine derartige Fülle von kirchlichen Gruppen und Sekten gab, zeigt die Eingabe der österreichischen Stände vom Jahr 1580, in der es heißt: „Daher sei vor Gott im Himmel zu erbarmen, daß eine solche babylonische Confusion eine Religion solle genannt und unter Christen gestattet werden."

Um eine lutherische Kirchenordnung festzulegen, berief man endlich den Rostocker David Chyträus nach Österreich. Er reiste 1573 über Böhmen nach Graz und wurde überall wie ein regierender Fürst gefeiert. Der Generallandtag der Stände zu Bruck an der Mur schrieb seine Kirchenordnung für ganz Innerösterreich als verbindlich vor, während sie von Papst Gregor XIII. als „greulich und gottlos" verworfen wurde. Aber auch innerhalb der evangelischen Prediger erregte diese Berufung aus Norddeutschland Widerspruch. Der Pastor von Grafenwörth, Joachim Magdeburgius, schrieb: „Ist denn in Österreich kein Gott, daß man ihn zu Rostock suchen muß? Oder sind nicht in Österreich Prediger, die leere Säckel haben, daß man Geld darein stecken könnte? Oder was mögen Fremdlinge, die zuvor nie in das Land kommen und jetzt kaum reingucken und von des Landes und Kirchen Gelegenheit und was zur Reformation derselben Kirchen am notwendigsten sein sollte, das Wenigste ohne Erfahrung nicht wissen können, sondern sich nur des Berichtes derer, die es auch mit der Kirchen gern gut sehen, müssen begnügen lassen . . ."

Das Aufkommen des Luthertums und des Calvinismus sowie das Festhalten der Habsburger am katholischen Glauben bedeutete auch für die Beziehungen Österreichs zu seinem Nachbarländern im Donauraum eine jähe Wende. Von nun an ist es nicht mehr Wien, nach dem man in Ungarn blickt, sondern Wittenberg und die norddeutschen Universitäten. Ungarn folgte nur dem Beispiel der Österreicher, die gleichfalls in immer stärkerem Ausmaß evangelische Hochschulen in Deutschland bezogen. Aber nicht nur in Ungarn wirkten sich die neuen Verhältnisse aus. Für die Slowenen in der Untersteiermark, in Kärnten und Krain war der Augenblick gekommen, in dem sich ihre eigene Sprache entwickeln konnte und in dem ein slowenisches Schrifttum geschaffen wurde. Der Schöpfer einer neuen slowenischen Literatur, der Geistliche Primus Truber, bekannte: „. . . da ich bei euch aus den lateinischen und deutschen Büchern in der windischen Sprach gepredikt, habe vilmals zu Gott gesäufzet und gerufet, daß er . . . unser arm, gemein, gutherzig, windisch volk gnädiglich ansehen, begnaden und begaben wöll mit der großen Gnad und Gabe, auf daß ihre Sprache auch wie der andern Völker geschrieben und gelesen würde." Es waren evangelische Fürsten und Adelige, die in Urach (Württemberg) die ersten slowenischen Drucke herausbrachten (1550). Die katholische Kirche mußte dieser Entwicklung folgen, und ab 1576 erschienen auch katholische religiöse Schriften in slowenischer Sprache. In ähnlicher Weise sorgte Freiher Hans Ungnad von Sonneck für das kroatische Schrifttum evangelischen Glaubens. Er war oberster Feldhauptmann der niederösterreichischen Erblande, der windischen und kroatischen Länder und Statthalter von Niederösterreich gewesen. Im Jahr 1556 legte er alle seine Stellen nieder, ging nach Württemberg und widmete sich der Herausgabe kroatischer Schriften. Die Übersetzung der Bibel besorgte der Istrianer Stephan Consul; Geldunterstützungen empfing Ungnad durch den österreichischen Thronfolger, den späteren Kaiser Maximilian II. (1564—1576), sowie von einigen österreichischen Ständen und deutschen evangelischen Fürsten.

Während die Österreicher sich im allgemeinen dem Luthertum zugewandt hatten, waren die Magyaren für den calvinischen Glauben gewonnen worden. Es kam so weit, daß im Volksmund der Ungarn das Calvinertum der „ungarische", das Luthertum der „deutsche Glaube" genannt wurde. In Böhmen und Mähren trafen die Lutheraner auf die Utraquisten aus der Zeit der Hussiten, die sich in den hundert Jahren, die seitdem vergangen waren, zur friedlichen Gemeinschaft der „Böhmischen Brüderunität" gewandelt hatten. Mit ihnen hatten die schon genannten Täufer die Kreise der Bevölkerung gemeinsam, die ihnen anhingen: es waren in beiden Fällen arme Leute, Taglöhner, Bauern, Handwerker. Alle arbeitsam und friedliebend und doch ebenso von Katholiken wie von Lutheranern und Calvinern verfolgt. Luther selbst nannte sie „Sendlinge des Teufels". In Mähren wurde der Tiroler Jakob Huter, ein einfacher Bauer, ihr Oberhaupt, der die Täuferlehre in rastloser Tätigkeit verbreitete. Als die Verfolgung 1535 begann, floh er aus dem Land und begab sich nach Tirol zurück. Hier wurde er im Jahr darauf verhaftet und in Innsbruck verbrannt.

Österreich und die türkische Gefahr

Mit der Schlacht von Mohács 1526 waren die Geschicke der Donauländer in ein entscheidendes Stadium getreten. Wohl zog sich Sultan Suleiman II. wieder über die Grenze zurück, nachdem er weite Gebiete Ungarns gebrandschatzt hatte, doch war zu erwarten, daß in den nächsten Jahren die türkischen Angriffe mit noch größerer Wucht und noch größerer Aussicht auf Erfolg geführt werden würden. Es war daher dringend notwendig, die Kräfte der Donauländer zusammenzufassen, um der Gefahr entgegentreten zu können. Trotzdem schien es, als wäre man sich der Schwere der Verantwortung nicht bewußt. So finden wir die Stände Ungarns und Böhmens durchaus nicht bereit, die Türkengefahr ernst zu nehmen. Wir haben dies in Ungarn gesehen. In Böhmen erklärte Johann von Pernstein 1539, niemand würde an eine Türkengefahr glauben, und wenn der Feind schon in Mähren stünde. So kam es, daß nach dem Tod Ludwigs II. die Erbfolge seines nächsten Verwandten, Ferdinands von Österreich, nicht von allem Anfang an feststand. In Böhmen bewarben sich unter reichen Versprechungen die bayrischen Herzoge um die Krone, in Ungarn trat der Statthalter von Siebenbürgen, Johann Zapolya, als Gegenkandidat auf. Wenn Ferdinand I. in Böhmen und Kroatien zum König gewählt wurde und ein Teil der Ungarn zögernd folgte, so haben wir dies keineswegs als eine Folge der Erkenntnis zu betrachten, die türkische Gefahr verlange diese Handlungsweise.

Franz Kavka, ein heutiger tschechischer Geschichtsschreiber, folgert 1964 von seinem Standpunkt aus: „Wenn die Einsetzung der Habsburger für die böhmischen Länder kein Heil bedeutete, wie dies der überwiegende Teil der österreichischen, deutschen und ein Teil der tschechischen Geschichtsschreibung behaupten will, bedeutet dies andererseits automatisch, allein für sich genommen, auch keine nationale Tragödie, wie dies der größte Teil der tschechischen Historiographie zu schildern geneigt ist. Bei einer streng historischen Betrachtung kann kaum die Tatsache übersehen werden, daß auch objektive Bedingungen für die Entstehung eines Staatenbundes unter der Herrschaft der Habsburger bestanden." Kavka weist im weiteren Verlauf seiner Ausführungen darauf hin, daß in zwei der Länder (Ungarn 1514, Österreich 1525), die nunmehr vereinigt wurden, knapp vorher Bauernaufstände stattgefunden hatten. Ferdinand von Österreich hatte sich „trotz seiner Jugend bereits als ein hervorragender Politiker" (Kavka) bewährt, und dies beeindruckte die herrschenden Kreise in Böhmen.

Nicht so erfolgreich wie in Böhmen vermochte sich der Habsburger in Ungarn durchzusetzen, gerade in dem Land, das der türkischen Bedrohung zunächst lag.

In Böhmen gab es nach der Wahl Ferdinands keinen Gegenkönig, in Ungarn wurde Johann Zapolya von der Mehrheit des Adels auf den Thron gehoben, indem man sich auf den Beschluß von 1505 berief, daß niemals ein Ausländer König von Ungarn werden solle. Diese Entscheidung führte verhängnisvollerweise zur Dreiteilung Ungarns. Die Wahl Zapolyas war zwar nach dem geltenden ungarischen Staatsrecht der Zeit formal gültig, aber Ferdinand von Österreich verfügte nicht bloß über die größere militärische Macht, er war auch viel geeigneter, Ungarn vor den Einfällen der Türken zu schützen. Zapolya, der seine eigene militärische Schwäche erkannte, wandte sich an den Sultan um Hilfe. Im Jahr 1529 rückte Suleiman II. in Ungarn ein. Auf dem Feld von Mohács, wo drei Jahre zuvor Ludwig II. Schlacht und Leben verloren hatte, erschien Johann Zapolya vor dem Sultan und ließ sich von ihm als türkischen Vasallenfürst einsetzen. Dann rückten die Türken durch Ungarn, vertrieben die Truppen Ferdinands aus Buda und erschienen am 27. September vor Wien. Suleiman lagerte beim Dorf Simmering (heute 11. Wiener Gemeindebezirk). Sein Heer war etwa 120.000 Mann stark, und er führte neben 20.000 Kamelen 800 Donauschiffe (Nassaden) mit sich.

Die Belagerung begann am 27. September. Die Besatzung der Stadt bestand aus insgesamt 16.000 Mann österreichischen, böhmischen und spanischen Truppen. Die Verteidigung leitete Graf Niklas Salm. Die Türken blieben bis 15. Oktober vor Wien; dann zog der Sultan ab. Als Ursache werden verschiedene Gründe, unter anderem eine Meuterei der Janitscharen und die große, schon um diese Jahreszeit einsetzende Kälte angegeben. Während der Wochen, da sie vor Wien lagen, verheerten die Türken weite Gebiete Nieder- und Oberösterreichs sowie der Steiermark. Alle Dörfer rund um Wien fielen ihnen zum Opfer. Über 9000 Menschen, die sich in den Wäldern versteckt hatten, wurden von den Belagerern niedergemacht; weitere 9000 schleppte man als Gefangene mit, wobei es die Türken hauptsächlich auf Knaben und junge Mädchen abgesehen hatten.

Von nun ab gab es fast 150 Jahre hindurch eine blutende Grenze. Die Habsburger konnten nur einen Teil Ungarns, den Westen und den Nordwesten (ungefähr die heutige Slowakei), behaupten. Hier gab es stets Zwischenfälle und einen dauernden Kleinkrieg. Dabei wurden viele Kirchen — bis nach Perchtoldsdorf bei Wien — nach dem Muster ähnlicher Gotteshäuser in Kärnten und der südlichen Steiermark als Festungen (Wehrkirchen) ausgebaut, um den durchziehenden türkischen Streifscharen Widerstand leisten zu können; denn wenn auch „offiziell" Friede oder Waffenstillstand herrschte, war man vor Überfällen nicht sicher. Die Türken bedangen sich meist in ihren Verträgen aus, daß Einfälle von kleineren Trupps in das christliche Gebiet nicht als Bruch des Waffenstillstandes gewertet werden sollten. So lebten die Menschen der Grenzzone ständig in Not, Kummer und Sorge. Sie waren keinen Tag und keine Nacht davor sicher, daß nicht die Türken erschienen, die Häuser niederbrannten, die Felder verwüsteten und Weiber und Kinder mit sich fortschleppten.

Es ist für die Verhältnisse bezeichnend, daß damals in diesen österreichisch-ungarischen Grenzgebieten die Einrichtung des selbständigen Diakonats entstand, wie es von der katholischen Kirche nach dem Zweiten Vatikanischen Konzil wieder eingeführt wurde. Dieser „Halbpriester", wie ihn die Türken nannten, hieß „Lizentiat" (ungarisch „deák"), durfte verheiratet sein und hatte das Recht, alle kirchlichen Funktionen mit Ausnahme derer durchzuführen, bei denen die eigentliche Weihegewalt des Priesters notwendig ist.

Die Türken nannten alle Untertanen der Habsburger in ihrer Sprache „Nemse" oder „Nemce", ein Wort, das sie von den slawischen Sprachen her übernommen hatten; für die Deutschen dagegen wurde das Wort „aleman" gebraucht. Der Römische Kaiser hieß „nemce imperatoru". Noch heute kennt die amharische Staatssprache Äthiopiens für Österreich den Namen „Nemsa". Die oft gebrauchte Übersetzung des Wortes „nemse" oder „nemce" mit „deutsch" ist also unrichtig. Diese Feststellung ist deshalb von Bedeutung, da es neben dem habsburgischen Ungarn bald ein türkisches Paschalik zwischen Donau und Theiß, mit Buda als Sitz des Statthalters, und das den Türken tributäre Fürstentum Siebenbürgen gab, so daß das alte Königreich Ungarn in drei Teile zerfiel. Während der habsburgische Teil den Namen „Regnum Hungariae" (Königreich Ungarn) bewahrte, wurden im Fürstentum Siebenbürgen magyarische Sprache und magyarische Kultur gepflegt. Daß diese schon damals europäisches Format aufwies, zeigen Werk und Leben von Bálint Balassi (1554—1594), dessen volkstümlichstes Lied seine Hymne auf den Kampf Ungarns gegen die Türken wurde, die 1589 entstand. Balassi beherrschte acht Sprachen in Wort und Schrift und gab dem größten österreichischen Lyriker zwischen Walther von der Vogelweide und Lenau, dem Oberösterreicher Christoph von Schallenberg (1561—1597), wertvolle Anregungen, so wie er solche von ihm empfing.

Zur Verteidigung der Grenze gegen die Türken wurde damals eine Reihe von Orten neu befestigt: so Kanisza (Raab), das ungarische Eger (Erlau) und Tokaj. In ihnen lagen als Besatzung meist Angehörige des niederen Adels und leibeigene Bauern sowie fremde (österreichische, deutsche, italienische) Söldnertruppen der Habsburger. Der Streit darum, wer diese Söldner und die übrige Besatzung bezahlen sollte, führte dazu, daß diese oft viele Monate hindurch überhaupt nichts erhielt und von der Hand in den Mund leben mußte. So kann es nicht wundernehmen, daß in manchen Fällen vor allem fremde Mietstruppen ohne wesentlichen Kampf Stellungen räumten und Städte und Burgen den Türken übergaben, während die ungarischen Truppen ausharrten. In ganz Europa sprach man von der Verteidigung der oberungarischen Festung Eger 1552 durch Stephan Dobos und die Frauen der Stadt. In der Dichtung (Theodor Körner) wurde die Verteidigung der Festung Szigetvár 1566 von Nikolaus Zrinyi besungen. In die von den Türken verwüsteten Orte siedelten die Grundherren zumeist neue Siedler aus anderen Gegenden an. So wanderten seit 1532 Kroaten in das heutige Burgenland ein und nahmen viele verlassene Dörfer in Besitz.

Das habsburgische „Königreich Ungarn" besaß formal seine Selbständigkeit, aber die immer stärker einsetzende Zentralisierung machte es in steigendem Ausmaß von den Wiener Behörden abhängig. Dabei konnte sich der Grundbesitz der alten Herrenfamilien ungehemmt ausdehnen. Die Hälfte des bebaubaren Landes war in den Händen von nur 16 Familien, die ihre Güter zum Teil an Pächter vergaben, während der Rest (die sogenannten Majoratsgüter) von der Herrschaft direkt bestellt wurde. Das ist der Grund dafür, daß noch heute das österreichische Burgenland den relativ größten Anteil von Großgrundbesitz (Esterházy) in der ganzen Republik aufweist. Auf den Majoratsgütern mußten die Leibeigenen fronen, und die Fronleistungen wurden immer schwerer und härter.

Österreich und die katholische Reform

Die Zeit der katholischen Reform wird häufig kurz „Gegenreformation" genannt. Doch der von uns gewählte Ausdruck erscheint uns richtiger und logischer. Denn sosehr die Frage der Wiedergewinnung verlorener Gebiete für die katholische Kirche auf der Tagesordnung stand, noch wichtiger war für sie die innere Erneuerung. Sie war immer wieder — eigentlich schon seit dem Konzil von Konstanz — hinausgeschoben worden, bis es zu spät war, die religiöse Spaltung aufzuhalten. Es waren vor allem die Habsburger, die ständig versuchten, die verlorengegangene Einheit wiederherzustellen. Noch auf dem katholischen Reformkonzil von Trient (1545—1563) hatte Ferdinand I. von Österreich von den Konzilsvätern sowie vom Papst die Erlaubnis der Priesterehe und des Laienkelches erreichen wollen, weil er darin eine Möglichkeit sah, den evangelischen Forderungen entgegenzukommen. Nicht zuletzt hatte Kaiser Karl V. immer wieder die Einberufung des Konzils gefordert, in dem auch die Vertreter der neuen Glaubensrichtungen Sitz und Stimme haben sollten. Aber es hatte lange gedauert, bis das Konzil endlich zustande gekommen war. Und dann waren die Lutheraner nicht erschienen. Die Pläne Karls V. waren so in religiöser Beziehung nicht in Erfüllung gegangen. Auch sein Versuch, die Einheit der österreichischen und spanischen Linie der Habsburger dadurch für alle Zeiten zu befestigen, daß wechselseitig einmal ein spanischer, einmal ein österreichischer Habsburger die Kaiserwürde bekleiden sollte, kam über den Anfang nicht hinaus. Es gelang nicht, die Wahl Philipps II., seines ältesten Sohnes, zum Römischen König durchzusetzen. Er hätte auf Ferdinand I., seit 1556 Kaiser, folgen sollen. So hatte sich Karl V., an der Erfüllung seiner Lebensaufgabe verzweifelnd, in das Kloster von San Just zurückgezogen, wo er zwei Jahre nach seiner Abdankung starb.

Die Erkenntnis, daß die Glaubensspaltung nicht nur vorübergehend sein werde, verhärtete die Fronten. „Seitdem die katholische Kirche endgültig die Kampfposition der Gegenreformation hatte beziehen müssen", sagte Alexander Rüstow, „war aber nicht nur jede Hoffnung auf Wiederaussöhnung der Konfessionen begraben, sondern es mußte nun die breite Brücke gegenseitiger Toleranz, die immer noch Kirche und Renaissance miteinander verband, von seiten der Kirche abgebrochen werden, da sie sich in der durch die Reformation geschaffenen Lage nicht mehr verteidigen ließ. Nicht umsonst war es der gleiche Kreis hochgebildeter Kardinäle gewesen, der am päpstlichen Hof Pauls III. sowohl friedliche Wiederherstellung der Kircheneinheit als auch die Tradition der Renaissance vertreten hatte. Zugleich mit dem endgültigen Kriegszustand zwischen den Konfessionen trat als unvermeidliche Rückwirkung auch der ungeschriebene Friedensvertrag zwischen Kirche und Renaissance außer Kraft, eine unverkennbare Spannung trat ein und die ersten kirchlichen Kampfhandlungen auch an dieser Front sollten nicht lange auf sich warten lassen. Die Kirche wurde — gezwungenermaßen — orthodoxer und intoleranter, als sie je gewesen war, streitbarer in der Wahrung theologischer Positionen, und die Inquisition wurde zu einer furchtbaren Waffe für diesen Zweck ausgestaltet, die sich ebensowohl gegen paganisierende Häretiker wie gegen Protestanten anwenden ließ."

So wie im 13. und 14. Jahrhundert Franziskus von Assisi, Brigitta von Schweden und die Bettelorden an die Seite der Kirche getreten waren, als sie sich in Gefahr befand, so tat dies jetzt die „Gesellschaft Jesu", kurz „Jesuitenorden" genannt, deren spanischer Name „Compañia de Jesus" schon den ehemaligen militärischen Stand ihres Gründers Iñigo (Ignatius) von Loyola (1491—1556) verrät. „Der Jesuitenorden", schreibt Alexander Rüstow, selbst evangelisch, weiter, „1534 gestiftet, 1540 anerkannt, hatte sich das Ziel gesetzt, die durch die Reformation gesprengte Einheit der abendländischen Kultur wiederherzustellen. Er hat dies Ziel nicht erreicht, und in seiner Verfolgung nicht immer nur einwandfreie Mittel angewandt, wobei ihm aber die verzweifelte Lage als mildernder Umstand angerechnet werden kann. Wie ernst es ihm mit diesem hohen Ziel war und wie wenig er dabei etwa nur enge egoistische Herrschaftsinteressen der Kirche im Auge hatte, beweist am besten die Intensität, mit der er sich die Pflege humanistischer Bildung widmete, und zwar auf eine erstaunlich weitherzige und weltmännische Art... Überhaupt sind wissenschaftlich fundierter Humanismus, hohes Bildungsniveau, Weitblick und Weitherzigkeit stets die besonderen Kennzeichen gerade dieses Ordens gewesen, ganz im Gegensatz zu der von Angst und Haß verzerrten Karikatur, die auf protestantischer Seite noch bis gestern von ihm im Schwange war."

In Österreich zogen die Jesuiten auf Bitten Ferdinands I. im Jahr 1551 ein. Unter ihnen befand sich das holländische Ordensmitglied Petrus Canisius, der Hofprediger und Professor der Theologie an der Wiener Universität wurde. Er verwaltete auch einige Jahre das Wiener Bistum als Verweser, für dessen Sitz — nach langen Bemühungen der Babenberger und Habsburger endlich 1469 gegründet — kein geeigneter Bewerber verhanden war. Bald waren Jesuiten auch in den anderen österreichischen Ländern daheim. Manche ältere Orden fanden sich zu Beginn nicht leicht mit ihnen ab. Aber es war für die katholische Kirche in Österreich notwendig, wollte sie der evangelischen Lehre gegenüber den Erfolg haben, daß der neue Geist der katholischen Reform im Land einzog. Bei einer Klostervisitation, die Kaiser Ferdinand I. 1561 durchführen ließ, stellte man fest, daß in Österreich noch verheiratete Mönche existierten. In 132 Klöstern mit 436 Mönchen und 166 Nonnen gab es 55 verheiratete Mönche, 199 lebten im Konkubinat. Klosterneuburg besaß etwa 13 Konventualen, 2 Nonnen, 6 Frauen und 8 Kinder; St. Florian 10 Konventualen, 12 Frauen, 18 Kinder; Göttweig 1 Laienpriester, 7 Frauen, 15 Kinder. Nach der Meinung des damaligen Passauer Generalvikars war die Priesterehe unbedingt notwendig. So wurde mit der „Generalordnung für die Klöster" im Jahr 1567 in Österreich die katholische Reform ernsthaft begonnen. Eine ihrer literarischen Hauptstützen war der von Petrus Canisius (1521—1597) verfaßte Katechismus, der immer wieder neue Auflagen erlebte. Nach der Meinung vieler Bischöfe trug er wesentlich zur Erhaltung des katholischen Glaubens in den österreichischen Ländern bei.

Der Höhepunkt des evangelischen Einflusses in Österreich

Kaiser Ferdinand I. war jahrelang im Schatten seines älteren Bruders, Karl V., gestanden. Noch immer spielten die Gesamtinteressen des Hauses Habsburg eine entscheidende Rolle. Sein ältester Sohn, Maximilian, verbrachte einige Jahre in Spanien und kehrte dann als Schwiegersohn Karls V. nach Österreich zurück. Jahre hindurch — selbst noch nach dem Tod Ferdinands I. — liefen die Verhandlungen wegen einer Vermählung der Königin Elisabeth I. von England mit einem der Söhne Kaiser Ferdinands I. Bereits Elisabeths Vorgängerin, Maria I. (1553 bis 1558), war mit dem Habsburger Philipp, dem Erben der spanischen Krone, vermählt gewesen. Nun sollte der gleichnamige Sohn Ferdinands I. Elisabeth heiraten, trotzdem sie sich zur anglikanischen, von Rom getrennten Kirche bekannte. Doch Ferdinand war bereits zwei Jahre heimlich mit der Augsburger Bürgerstochter Philippine Welser vermählt; eine Ehe, die erst 1576 öffentlich bekanntgemacht wurde. Auch der jüngere Sohn Ferdinands I., Karl, war nicht für diese englische Heirat zu gewinnen. Selbst als er sich 1570 mit Maria von Bayern verlobt hatte, verhandelte Elisabeth von England noch immer wegen einer allfälligen Vermählung mit ihm.

Ferdinand I., persönlich streng katholisch, aber auch konziliant und versöhnungsbereit, sah im Augenblick seines Todes mit Besorgnis in die Zukunft. Sein ältester Sohn und Erbe, Kaiser Maximilian II. (1564—1576), war der evangelischen Lehre zugetan. Alle erwarteten, er werde bei seiner Thronbesteigung den Übertritt zum Luthertum öffentlich vollziehen. Doch blieb der neue Kaiser der katholischen Kirche treu. Politische Erwägungen gegenüber Spanien und seinem dort regierenden Vetter, Philipp II. (1556—1598), spielten dabei ebenso eine Rolle wie der Einfluß seiner katholischen Gemahlin Maria, Infantin von Spanien, der Einfluß des Bischofs Hosius von Ermeland, vor allem aber der Streit innerhalb der evangelischen Gemeinschaften selbst. Aber er vermochte es nicht, seine Sympathien dem neuen Glauben gegenüber zu verbergen. In der Tat erreichte unter ihm der evangelische Einfluß in den österreichischen Ländern den Höhepunkt.

Die Räte Maximilians II. waren alle nicht katholisch. Auch ein lutherischer Prediger wird in seiner Umgebung genannt. Am 18. August 1568 gewährte Maximilian durch die „Religionskonzession" allen Herren und Rittern Nieder- und Oberösterreichs das Recht, in ihren Schlössern, Häusern und Gebieten den evangelischen Glauben Augsburger Bekenntnisses zu verkünden und ihm die unter ihrem Patronat stehenden Kirchen zuzuführen. Nur sollte die katholische Religion nicht beschimpft und sollten auch keine „Sekten" geduldet werden. Mit stiller Duldung Maximilians II. stellten auch landesfürstliche Städte und Ortschaften, denen offiziell das Bekenntnis der Augsburger Konfession untersagt war, evangelische Prediger an, und deren Bürger besuchten die lutherischen Gottesdienste auf den benachbarten Schlössern des Adels. So wie in beiden Österreich war auch in

Böhmen der katholische Glaube in die Minderheit gedrängt worden. Angeblich bekannten sich im ganzen Königreich nur noch 304.000 Personen zu ihm. Den Böhmen gegenüber blieb Maximilian II. fest. Denn im Jahr 1568 war der einzige Sohn Philipps II., der Infant Don Carlos — im übrigen der gleiche, den Schiller in seinem Drama in völlig unhistorischer Darstellung zum Helden gemacht hat —, gestorben und damit die Möglichkeit in die Nähe gerückt, daß Maximilian II. selbst oder einer seiner Söhne die spanische Krone erlangen werde. Erst eine weitere Heirat Philipps II. und die Geburt eines Sohnes aus dieser Ehe vernichtete die Hoffnungen der österreichischen Habsburger. Die böhmischen Stände erhielten aber immerhin solche Versprechungen, daß sie sich — vorläufig — damit zufrieden gaben. Wie sehr sie den Kaiser für einen der Ihrigen hielten, beweist ein Gesangbuch der „Böhmischen Brüder", das 1566 erschien und Maximilian II. gewidmet wurde.

Obwohl die „Religionskonzession" verfügt hatte, die katholische Kirche dürfe nicht angegriffen werden, finden wir selbst bei evangelischen Predigern Klagen über das Nichteinhalten dieser Bestimmung. So schreibt der Lutheraner Georg Pfintzing 1576 in seiner Schrift „Von den wahren Feinden des Evangeliums": „Ich habe in vielen Predigten in den österreichischen Landen Wunders gehört aus dem Mund solcher, die das Evangelium verkünden wollen: das Schimpfen, Fluchen, Vermaledeien der Papisten, so unflätig und säuisch, als man nur in gemeinen Tabernen hören kann, ist sozusagen die einzige Speiß, so sie dem Volk vorsetzen. Vornehmlich sind die vielen Winkelprediger, so in Städten und Dörfern umherziehen Flacier, Spangenbergisten, Osiandristen und wie sie sich Namen beilegen, welche das liebe Evangelium durch ihr unersättliches Schelten und Holhippen und ihren losen Wandel und unehrbarlich Wesen in Schimpf und Verruf bringen und den Arm der Obrigkeit zum Einschreiten herausfordern."

So wie Maximilian II. vergeblich gehofft hatte, sich oder seiner Familie die Erbschaft der spanischen Habsburger zuzuwenden, so mißlang auch sein Versuch, die Krone Polens dem Haus Habsburg zu sichern. Nach dem Aussterben der Jagellionen und der kurzen Zwischenregierung des französischen Heinrich von Valois kam es im Dezember 1575 zu einer Doppelwahl: der Erzbischof von Gnesen und seine Anhänger wählten Maximilian II. zum König, eine Gegenpartei den Fürsten von Siebenbürgen, Stephan Báthory. Dieser war rascher als der Kaiser und ließ sich schon am 1. Mai 1576 in Krakau krönen. Maximilian II. schlug zwar das Angebot des russischen Zaren Ivan IV. aus, mit ihm zusammen Polen zu besetzen, starb aber, während er bereits Kriegsrüstungen anstellte. Auf dem Totenbett zeigte Maximilian seine innere Überzeugung. Er lehnte den Empfang der katholischen Sterbesakramente ab. „Der Unglückliche ist gestorben, wie er gelebt hatte", schrieb der spanische Gesandte an König Philipp II. nach Madrid.

Ferdinand von Tirol und Philippine Welser

Kaiser Ferdinand I. hatte bei seinem Tod die Länder der österreichischen Habsburger geteilt. Die Gründe dafür dürften andere gewesen sein als die, die im Mittelalter zu den habsburgischen Teilungen führten. Die Behörden waren noch nicht so stark zentralistisch ausgebildet wie später unter Maria Theresia; es war Sitte

AEIOU aus der Handregistratur des Römischen Königs Friedrich IV. (als Kaiser Friedrich III.)

-stammender aller Ehelichen descendenten Mann- und Weiblichen geschlechts, dises Erb-recht aller Erb-Königreich und Landen ohnzertheilter auf Ihrer Mayst. Herrn Bruders Josephi Kays. Mayst. und Lbdn. seeligster gedächtnus, nachgelassene frauen töchter, und deren Eheliche descendenten widerumb auf obige weiße nach dem Jure primo-geniturae fallen, eben nach disem Recht und ordnung auch Ihnen frauen Erzherzoginen alle andere Vorzüge und Vorgänge gegenwertig zu stehen, und gebühren müesten: Alles in dem Verstand, daß nach beyden, der jezt Regierenden Carolinischen, und nachfolgender in dem Weiblichen geschlecht hinterlassenen Josephinischen linien, Ihrer Kays. Mayst. frauen Schwestern, und allen übrigen linien des Durchleüchtigsten Erzhaußes nach dem Recht der erstgebürth in Ihrer daher entspringenden ordnung jedes Erb-recht, und was deme anklebet, gebühre, allerdings verbleibe, und vorbehalten seye. Umb

Die Pragmatische Sanktion vom 19. April 1713. Hauptinstrument, fol. 3

der großen Adelsgeschlechter, ihre Besitzungen zu teilen, und außerdem konnten bei den schwierigen Verhältnissen kleinere Gebiete leichter überschaut und verwaltet werden. Die Teilung wurde von Ferdinand I. in der Weise vorgenommen, daß sein ältester Sohn, Maximilian II., neben der Römischen Kaiserkrone die Königskronen von Ungarn und Böhmen sowie Nieder- und Oberösterreich zugeteilt bekam. Ein jüngerer Sohn, Karl (II.), erhielt Innerösterreich (Steiermark, Kärnten, Krain und die Küstenländer) mit dem Hauptsitz in Graz; dem gleichnamigen Ferdinand (II.) wurden Tirol und die österreichischen Vorlande übertragen. Näher betrachtet, entsprach diese Teilung genau jener, die 1439 vorhanden gewesen war, als Albrecht V. Ungarn und Böhmen erhielt, während seine steirischen und Tiroler Verwandten die anderen Gebiete beherrschten.

Ferdinand (II. von Tirol, 1564—1595) hatte als Statthalter von Böhmen die Augsburger Patriziertochter Philippine Welser auf dem Schloß ihrer Verwandten, Brzesnic, kennengelernt, sich in sie verliebt und sie heimlich geheiratet. Erst später entdeckte sich Philippine ihrem Schwiegervater und warf sich ihm in der Prager Burg zu Füßen. Ferdinand I. verzieh seinem Sohn und anerkannte die Ehe unter der Bedingung, daß die Kinder nicht thronfolgeberechtigt sein sollten. Es wurden ihnen aber hohe Würden zugesprochen: eins von ihnen, Andreas, wurde noch minderjährig und ohne Weihe, 1576 zum Kardinal erhoben, später erhielt er die Bistümer Konstanz und Brixen und verwaltete als österreichischer Statthalter Vorderösterreich; sein jüngerer Bruder Karl erhielt die Markgrafschaft Burgau. Beiden wurde gestattet, das habsburgische Wappen zu führen, und man stellte ihnen sogar die Nachfolge in Österreich in Aussicht, falls das Haus Habsburg aussterben sollte. Doch erlosch die Linie der Markgrafen von Burgau bereits 1618.

Ferdinand (II.) beherrschte das damals amtlich „Oberösterreich" genannte Tirol und die Vorlande (Vorderösterreich). Dem damaligen Tirol fehlten noch das Ziller- und das Iseltal. Im Jahr 1555 gab es 95.000 Feuerstellen im Land. Innsbruck hatte 1570 6000, Schwaz 12.000 Einwohner. Die Tiroler Wirtschaft jener Zeit befand sich im Aufblühen. Man schürfte nach Silber bei Kitzbühel, Gossensaß und Pergine; Gold wurde in der Sill gewaschen; Kupfer fand man bei Gossensaß und Imst. Das wichtigste Bergwerk war jenes von Hall; sein Ertrag belief sich auf durchschnittlich 150.000 Gulden jährlich. Der sogenannte „Geisterschacht" in Falkenstein war bis 1872 mit 496 Klaftern der tiefste der Erde. An Einfuhrgütern kamen Getreide und Vieh aus Österreich, Ungarn und Bayern in Frage, ebenso feine Gewürze aus Süddeutschland. Südtirol führte Seide, Wein und Südfrüchte aus. Der Verkehr wurde von „Wegbereitern" überwacht, die den Zustand der Straßen zu kontrollieren hatten. Aber man scheute sich, neue Verkehrswege zu eröffnen, damit das Land nicht sosehr den Fremden offen stehe. Aus diesem Grund unterließ man es auch, Straßen über den Arlberg und durch das Achental zu führen. Da die Regierung auf Zölle großen Wert legte, blühte ein ausgedehnter Schmuggel auf. Infolge einer allgemeinen Inflation gingen die Preise für viele Erzeugnisse — besonders für das Getreide — im Verlauf des 16. Jahrhunderts um das Doppelte in die Höhe. Besonders schwere Jahre waren 1567 bis 1573 und 1594 mit ihren Unwetterkatastrophen und Überschwemmungen. In den Jahren 1564, 1567, 1571, 1572, 1575 und 1588 zogen Seuchen durch das Land. Das Erdbeben von 1572 war die Ursache, daß eine Baupolizei eingerichtet wurde. Alle bisher bestehenden Gesetze und Verordnungen faßte man 1573 in einer „Landesordnung" zusammen. An Strafen waren Schwert, Galgen, Rad, aber auch Auspeitschung und Landesverweisung vorgesehen. Trotzdem blieb die öffentliche Sicherheit gefährdet; Banden — wie die des Grafen Ottavio Avogadro — machten das Land vor allem im Süden zur Stätte ihrer Untaten.

Ferdinand (II.) residierte auf Schloß Ambras, das unter ihm zu einer Schatzkammer der Kunst ausgestaltet wurde. Pietro Rossa, ein Schüler Tizians, malte eine Galerie der Tiroler Landesfürsten. Historische Gemälde, eine Waffensammlung und eine gewaltige Bibliothek machten Ambras, ebenso wie sein großer Wildpark, seine Wasserkünste und seine Gartenanlagen zu einer europäischen Sehenswürdigkeit. Der Landesherr wendete auch viel Geld für andere Schlösser sowie für den Bau von Kirchen auf. Eine eigene Hofkapelle zählte 40 Mitglieder, sein gesamter Hofstaat belief sich auf 200 Personen. Als Ferdinand nach dem Tod seiner Gemahlin Philippine Welser die Prinzessin Anna Gonzaga von Mantua geheiratet hatte — eine Ehe, aus der nur Töchter hervorgingen —, fand auch die italienische Sanges- und Dichtkunst in Ambras freundliche Aufnahme und warme Förderung.

Ferdinand (II.) begann auch, die katholische Reform in Tirol durchzusetzen. Die Methoden allerdings, die dabei angewendet wurden, können uns heute nicht mehr gefallen, entsprachen aber den damaligen Anschauungen und waren durch den Augsburger Religionsfrieden von 1555, der dem Landesherrn die Gewalt zusprach, die Religion seiner Untertanen zu bestimmen, gedeckt.

Nicht nur in katholischen, auch in evangelischen Ländern wurde das gleiche Gewaltprinzip angewendet; so mußten die Bewohner der Rheinpfalz innerhalb von zwanzig Jahren (1562—1582) viermal den Glauben wechseln. Im England Elisabeths I. wurden Katholiken verfolgt und hingerichtet; in Hessen-Kassel wurde den lutherischen Bewohnern von der calvinischen Regierung erst 1782 die Duldung gewährt. Im gleichen Sinne wurde von Ferdinand 1585 in Tirol verkündet, daß jeder Untertan katholisch zu sein habe oder das Land verlassen müsse. Nichtkatholiken wurde die Ansiedlung verboten, es gab staatliche Gesetze über den Empfang der Sakramente, über das Fastengebot, über den Kauf und das Lesen verbotener Bücher. Es wurde nicht nur der Besuch der Sonntagsmesse befohlen, sondern der Tiroler mußte auch jeden Freitag den Gottesdienst besuchen, der zur Abwehr der Türkengefahr und zur Abwendung von Krankheiten und Teuerung in allen Pfarrkirchen gehalten wurde. Um den österlichen Sakramentenempfang zu kontrollieren, legte man — zumindest in einzelnen Teilen des Landes — Beichtregister an und verlangte das Vorweisen der Beichtzettel. Von den Lehrern verlangte man die Ablegung des Glaubensbekenntnisses. Die zur katholischen Kirche Zurückgekehrten aber wurden mit besonderer Freundlichkeit behandelt und konnten sich so mancher Privilegien rühmen.

Der Kampf für die Rekatholisierung des Landes wurde in erster Linie von Ferdinand (II.) und den von ihm bestellten Beamten geführt. Es zeigte sich, daß die weltliche Obrigkeit in Glaubenssachen viel energischer und gründlicher handelte als die Kirche selbst, die auch nach dem Konzil von Trient noch längere Zeit hindurch einen Klerus aufzuweisen hatte, der zum Teil ungeeignet war, zum Teil dem Gespött der evangelischen Tiroler diente. Die Bischöfe Christoph und Ludwig von Trient waren reine Weltleute und nur auf die Förderung ihrer Familie bedacht. Bischof Thomas von Spaur, der später in Brixen saß (1578 bis 1591), zeigte sich zu schwach. Sein Nachfolger, der Sohn Ferdinands (II.), Kardinal Andreas, war nicht einmal zum Priester geweiht. Auch die Domherren besaßen die Weihe zum Gutteil nicht. Die niedere Geistlichkeit war arm und ungebildet. Es kam vor, daß Pfarrer wohl gute Landwirte waren, doch von kirchlichen Dingen kaum etwas verstanden. Die geringen Einkünfte wiederum förderten den Priestermangel, der besonders in Nordtirol in Erscheinung trat.

Dem abzuhelfen, rief schon Kaiser Ferdinand I. 1562 die Jesuiten ins Land. Petrus Canisius begründete ihr erstes Haus in Innsbruck. Sie errichteten eine Lateinschule, die schon bald Hunderte Schüler hatte. Neben ihnen wirkten seit Ferdinand (II.) die Franziskaner an der Hofkirche in der Tiroler Landeshauptstadt. Einer ihrer hervorragendsten Männer war Johann Nasus aus Franken, der als Schneidergeselle begonnen hatte, dann in den Orden eingetreten war und 1590 als Weihbischof von Brixen in Innsbruck verstarb. Seit 1594 arbeiteten auch die Kapuziner im Land, in erster Linie unter der breiten Masse der ärmeren Bevölkerung. In steigender Zahl wurden durch Ferdinand auch Priesterkandidaten zur besseren Ausbildung an das Germanikum nach Rom gesandt. Die Erfolge dieser Bemühungen zeigten sich schon 1594; die Visitationsprotokolle dieses Jahres wiesen gegenüber denen von 1564 eine wesentliche Besserung der Verhältnisse aus.

Die katholische Reform in Innerösterreich

Was Ferdinand (II.) für Tirol und Vorderösterreich war, das bedeuteten der jüngere Sohn Kaiser Ferdinands I., Erzherzog Karl (II., 1564—1590), und dessen Sohn Ferdinand (II., Landesherr der Steiermark seit 1595, Kaiser ab 1619, † 1637) für die innerösterreichischen Länder. Ihr Werk wog vom katholischen Standpunkt aus umso schwerer, als der evangelische Glaube in ihren Ländern besonders stark verwurzelt schien. Schon zu Beginn seiner Herrschaft wurde Karl (II.) von den Ständen gezwungen, den Eid auf die Verfassung nicht wie bisher mit den Worten: „So wahr mir Gott helfe und alle Heiligen“, sondern mit der Formel: „So wahr mir Gott helfe und das heilige Evangelium“ zu leisten. Als sich Erzherzog Karl (II.) in Laibach sonntags zur Messe begab, folgten ihm die Vertreter der Stände bis zur Kirchentür und gingen dann geschlossen in die evangelische Spitalkirche zum Gottesdienst. Darnach fanden sie sich wieder ein und erwarteten vor dem Tor die Rückkehr des Erzherzogs aus der Messe.

Wie stark der evangelische Einfluß war, zeigt auch der Übertritt des Abtes von Admont, Valentin Abel, zum Luthertum. Er mußte deshalb 1568 seiner Abtwürde entsagen. Immer deutlicher zeigte sich der Wunsch, die Augsburger Konfession möge gesetzliche Anerkennung, nicht bloß stillschweigende Duldung erfahren. In der ganzen Steiermark und den innerösterreichischen Ländern entfaltete sich ein reiches evangelisches Kirchen- und Kulturleben. In den ständischen Landesämtern war kaum noch ein Katholik zu finden. Selbst im Hofstaat Karls (II.) gab es eine größere Anzahl evangelischer Christen. Die Stände versuchten auf den Landtagen Konzessionen des Erzherzogs zu erreichen, indem sie die religiösen Forderungen mit dem Verlangen der Schuldtilgung verquickten, das Karl (II.) seinerseits an die Stände stellte. Am 2. März 1572 mußte dann der Erzherzog zugestehen, daß die Ritter und Herren nicht bloß für sich und ihre Familienangehörigen, sondern auch für ihre Untertanen volle Gewissens- und Kultusfreiheit erhalten sollten. Damit hatten diese erreicht, was der Augsburger Religionsfriede nur den Landesfürsten zugebilligt wissen wollte. Allein dadurch, daß Städte und Märkte in dieser Vereinbarung nicht enthalten waren, konnte, wie Karl (II.) seinem Bruder Ferdinand in Innsbruck mitteilt, der Rest des katholischen Glaubens im Land erhalten werden.

Die große Wende in Innerösterreich kam nach dem Tod Kaiser Maximilians II. Schon 1576 hatte Erzherzog Karl (II.) den Bürgern von Leoben harte Vorwürfe gemacht, weil sie sich als Stadt zum evangelischen Glauben bekannt hätte. Als nun die Stände der Steiermark, von Kärnten und Krain den Erzherzog 1578 zwangen, ihnen eine Reihe weiterer Zugeständnisse zu machen, zeigte sich dieser Erfolg als ein Pyrrhussieg. Denn jetzt drohte der päpstliche Nuntius in Graz mit der Exkommunikation, der jeder verfallen sei, der „Ketzer" unterstütze. Darauf wandte sich Erzherzog Karl an seinen Bruder Ferdinand von Tirol und an seinen Schwiegervater, den Herzog Albrecht von Bayern. Im Oktober 1579 fand in München eine Zusammenkunft der drei Landesfürsten statt — für Bayern nahm anstelle des inzwischen verstorbenen Albrecht Herzog Wilhelm teil —, in der der Beschluß gefaßt wurde, die den Ständen gewährten Konzessionen zu widerrufen. Zugleich sollten Mittel und Wege gefunden werden, die notwendigen Gelder für den Türkenkrieg und andere Landesausgaben trotz Einspruchs der Stände dennoch zu erhalten. Doch solle nicht plötzlich, sondern allmählich verfahren werden. Sogar die Austreibung der evangelischen Adeligen, die erst 1628/29 erfolgte, wurde schon ins Programm aufgenommen. Seit dieser Münchner Konferenz zeigt sich immer deutlicher der Einfluß der bayrischen Herzoge auf die innerösterreichischen Verhältnisse. Bayern war eines der wenigen deutschen Länder, in denen das Fürstenhaus der Wittelsbacher am Katholizismus festgehalten hatte und das nunmehr die katholische Reform mit allen Kräften betrieb.

In dem nun erfolgten Kampf der katholischen mit der evangelischen Partei gewann die erstere immer mehr die Oberhand. Erzherzog Karl (II.) standen die katholischen Mächte — der Papst, Tirol, Bayern — zur Seite und unterstützten ihn. Die Zeiten Maximilians II. waren vorbei. Als Vertreter der innerösterreichischen Herren und Ritter eine ausführliche Beschwerdeschrift dem neuen Kaiser, Rudolf II., überreichten, erklärte dieser kühl, er könne nicht glauben, daß Erzherzog Karl ihnen etwas Unrechtes zumute. Sie sollten nur weiter gehorsam sein, dann würden sie einen gnädigen Landesherrn finden. Aber dieser griff mit Energie durch. Die Bestimmungen, daß Städte und landesfürstliche Orte keine Religionsfreiheit genössen, wurden mit aller Strenge durchgesetzt; der sich widersetzende Stadtrat von Graz abgesetzt und landesverwiesen, den Bürgern von Bruck an der Mur, von Krainburg und Radmannsdorf befohlen, anstelle ihrer evangelischen Bürgermeister und Stadträte Katholiken zu wählen. Evangelische Prediger wurden vertrieben und evangelische Bücher verbrannt. Bischöflich-brixnerische Kommissäre verjagten 1587 auf der Herrschaft Veldes in Krain, die zum Bistum Brixen gehörte, die lutherischen Bauern durch Bewaffnete und setzten an ihre Stelle Katholiken. Den stets erneuten Bitten der evangelischen Stände setzte Erzherzog Karl nun taube Ohren entgegen. Um den Einfluß der Kirche zu stärken, errichtete er 1585 in Graz eine Universität und übergab sie den Jesuiten; der Besuch ausländischer (evangelischer) Universitäten wurde verboten. Eine Mädchenschule sollte die weibliche Jugend im katholischen Geist heranbilden.

Noch ehe die letzten Schläge gegen das Luthertum gefallen waren, starb der Erzherzog. Er hinterließ seinem Sohn Ferdinand (II.), der erst zwölf Jahre alt war, ausdrücklich die Mahnung, daß er an die Religionskonzessionen seines Vaters nicht gebunden sei. Für den jungen Erben von Innerösterreich führten von 1590 bis 1593 Erzherzog Ernst und dann Erzherzog Maximilian (III.), beides Brüder Kaiser Rudolfs II., die Regentschaft. Mit der Übernahme der Regierung durch Ferdinand II. 1596 begann die Schlußphase der Rekatholisierung der innerösterreichischen Länder. Schon im September 1598 befahl Ferdinand II., das gesamte evangelische Schul- und Kirchenwesen aufzulösen und Prediger und Lehrer zu entlassen. Unter denen, die damals die Steiermark verließen, befand sich auch der berühmte Astronom Johannes Kepler. Dann zogen die erzherzoglichen Kommissionen durch das Land. Sie wurden von Bewaffneten begleitet und sollten überall den katholischen Glauben wiederherstellen. Die erste dieser Kommissionen ging von Leoben aus. Sie begab sich von hier mit slowenischen und österreichischen Söldnern nach Eisenerz, Aussee, Gröbming, Schladming und Rottenmann. Eine andere leitete der Fürstbischof von Seckau, Martin Brenner, einer der Führer der katholischen Reform im hohen Klerus. Sie kämmte das untere Mur- und das Drautal durch, dann das Raabtal und das Gebiet um Vorau in der Oststeiermark; ferner das obere Murtal von Graz bis an die Grenze von Salzburg. Zuletzt kam die Landeshauptstadt Graz dran.

Für die evangelischen Innerösterreicher bedeutete dies alles einen fürchterlichen Schock, und die Erinnerung daran verging nicht so rasch. Für Erzherzog Ferdinand II., dessen Glaubenseifer echt war, brachte die Vernichtung der evangelischen Lehre automatisch auch den Niederbruch der ständischen, dem fürstlichen Absolutismus immer widerstrebenden Kräfte. Die Steiermark, Kärnten und Krain sowie die anderen österreichischen Länder, in denen ebenfalls die katholische Reform siegte, verloren viele strebsame, wohlhabende und gebildete Bürger. Vor allem kam der Abbau am Erzberg beinahe zum Erliegen, da vor allem die Bergknappen der lutherischen Lehre anhingen. Ebenso wurde die enge Verbindung geistiger und kultureller Art zwischen den evangelischen Gemeinden in den österreichischen Ländern, soweit sich solche überhaupt noch erhielten, und ihren Glaubensgenossen in Deutschland unterbrochen. Auch diese Vorgänge trugen zur Verstärkung der österreichischen Eigenart bei.

Die oft sehr rohe Vorgangsweise der Soldateska gegen evangelische Bürger hat bis heute in der sprichwörtlichen Redensart „jemanden katholisch machen" ihren Nachhall gefunden.

Der Einsiedler auf dem Hradschin

Der älteste Sohn Kaiser Maximilians II., Erzherzog Rudolf, übernahm nach dem Tod seines Vaters die Regierung in Ungarn, Böhmen, Nieder- und Oberösterreich. Die Reichsfürsten hatten ihn bereits zu Lebzeiten Maximilians II. zum Römischen König, also zum Nachfolger auch in der Kaiserwürde, gewählt. Die jüngeren Brüder, Ernst, Matthias, Maximilian (III.) und Albrecht, wurden diesmal nicht mit Ländern, sondern mit Apanagen in der Höhe von jährlich 45.000 Gulden abgefunden.

Kaiser Rudolf II. (1576—1612) war bis zu seinem 19. Lebensjahr in Spanien erzogen worden. Am Hof seines Verwandten, Philipps II., der als das Haupt der katholischen Partei in Europa galt, war er zu einem bewußten Katholiken herangewachsen. Doch in ihm war das Erbe seiner unglücklichen Urgroßmutter, der Königin Juana der Wahnsinnigen von Spanien, der Gemahlin Philipps des Schönen, wieder zum Durchbruch gekommen. Seine Schwermut hinderte ihn schon von allem Anfang an, die Regierung so energisch zu führen, wie es seinen Zielen entsprochen hätte. Als er 1578 in Wien an der Fronleichnamsprozession teilnahm, wurde diese von evangelischen Bürgern gesprengt und mußte abgebrochen werden. Die Erzherzoge waren gezwungen, sich mit gezogenem Degen um den Kaiser zu stellen und ihn auf diese Weise vor den Anpöbelungen der Menge zu schützen. Dieses Erlebnis mag wesentlich dazu beigetragen haben, in Rudolf II. die innere Bereitschaft zu stärken, Wien als Residenzstadt aufzugeben und sich nach Prag zurückzuziehen, wo er auf der königlichen Burg des Hradschin sich ungestört seinen astrologischen und astronomischen Studien hingeben konnte, wobei er von den beiden Astronomen Johannes Kepler und Tycho de Brahe unterstützt wurde. Für die böhmische Hauptstadt bedeutet daher die Regierungszeit Rudolfs II. eine zweite Blüteperiode nach dem Luxemburger Karl IV., und gerade unter seiner Herrschaft bildet sich jene „böhmische Renaissance" aus, deren „Stil zwar kein origineller Beitrag zur Entwicklung der Kunst in Europa, wie mehrere Entwicklungsetappen der böhmischen Gotik vor und gewisse Perioden des böhmischen Barocks nach ihm (ist), doch muß er als urwüchsiger, regionaler Stil hoch gewertet werden, der als Abart der italienischen Kunst außerhalb der böhmischen Länder kaum irgendwo so markant war" (Zdenek Wirth).

In Nieder- und in Oberösterreich übernahm Erzherzog Ernst († 1595) die Statthalterschaft. Über die Rechts- und Sicherheitsverhältnisse im Land gibt ein Vorfall Auskunft, der sich 1573 in Gaweinstal (Niederösterreich) zutrug. Zwei jüdische Kaufleute kamen mit einer Tuchladung durch den Ort. Ohne daß wir die eigentliche Ursache erfahren, hören wir, daß plötzlich der Ortsrichter Matthias Kriegler und der Pfarrer Johann Oberdorfer die beiden anhielten und ihre Waren samt Gefährt für verfallen erklärten. Die jüdischen Kaufleute ließen sich dies nicht bieten und gingen nach Wien, sich zu beschweren. Nachdem sie vom einen zum andern geschickt worden waren, kamen sie endlich zum päpstlichen Nuntius Dellini, der den Pfarrer verurteilte und die Herausgabe der beschlagnahmten Gegenstände forderte. Auch die niederösterreichische Landesregierung schaltete sich ein. Mit dem Urteil vom 10. September 1574 wurde dann entschieden, daß der Pfarrer enthoben und mit 1000 Gulden Geldstrafe zu belegen sei; der Ortsrichter wurde zur Zwangsarbeit verschickt. Die Geschädigten verloren jedoch ihre Waren, die konfisziert wurden, weil sie „nach auswärts appelliert" hätten.

Obwohl man von allem Anfang an die Absicht hatte, auch in Nieder- und Oberösterreich die katholische Reform durchzuführen, war dies erst nach dem niederösterreichischen Bauernaufstand der Jahre 1594 bis 1597 möglich, in dem die Zeiten des großen Bauernkrieges wieder aufzuleben schienen. Die Plackerei der Bauern war seit 1525 nicht weniger, sondern ärger geworden.

So klagt eine Schrift aus dem Jahr 1598: „Wenn man mich fragen will, wem die mehrste Schuld an dem Unglück, Krieg, Jammer und Verderben, so in Österreich ausgebrochen, Unzählige heimgesucht, arm gemacht, viel Tausende zu Witwen und Waisen gemacht hat, zu Last fällt, kann man nichts anderes sagen denn so: die vielen Herren und Oberen, so auf ihre Bauern gleichwie auf untertänige Knechte, schier Lastvieh unerträgliche Lasten und Bürden aufhäufen, tragen diese mehrste Schuld. Wer könnte wohl all die Bürden aufzählen, womit diese armen, geschundenen Leute mehrenteils gedrückt sind ohne Recht auf Barmherzigkeit?"

Unter denen, die besonders hart den Bauern gegenüber waren, ist Georg Erasmus Freiherr von Tschenembl hervorzuheben, der einer der Wortführer der Calviner in Oberösterreich war. Unter den Beschwerden, die vorgebracht wurden, waren vor allem die, daß die Grundherren die Verlassenschaften minderjähriger Kinder einfach beschlagnahmten und diese, sobald sie arbeiten konnten, als Knechte und Mägde zum Frondienst im Herrenhof zwangen. Man scheute sich auch nicht, alten Eltern die Kinder zwangsweise fortzunehmen und wie Sklaven und Sklavinnen für sich arbeiten zu lassen. Flüchteten diese, so waren die eigenen Eltern bei schwerer Strafe verpflichtet, sie wieder herbeizuschaffen. Dabei bereicherten sich die Grundherren an den Abgaben der Bauern in unerhörter Weise. So schätzte dieselben Erasmus von Rödern am Perg bei Rohrbach im oberen Mühlviertel (im Bereich seiner eigenen Güter) im Jahr 1601 auf 2000 Gulden, 1604 auf 6050 und 1605 bereits auf 8850 Gulden. Trotzdem erklärten die Grundherren dem Kaiser gegenüber, es sei unmöglich, die Abgaben auf den alten Stand zu bringen, da ja alle Preise doppelt und dreifach hoch gestiegen seien. Die Niederwerfung des Aufstandes erfolgte mit unerhörter Grausamkeit und Barbarei. Von Oberst Morawski, der die Bauern in Niederösterreich niederwarf, berichtet man mit Zustimmung und Genugtuung, er „habe eine so schöne Exekution verrichtet, daß die Bauern sich schier auf die Knie bücken und die Hüte ziehen, so weit sie einen schier sehen können, aber man sieht ihrer gleichwohl viele, die Birnen an den Birnbäumen hüten, wie er denn 140 Gefangene mit sich führt, von denen er täglich einige hinrichten läßt, während stets neue eingebracht werden".

Aber nicht nur der Bauernaufstand hinderte den Statthalter Erzherzog Ernst und nach dessen Tod seinen Nachfolger an der sofortigen radikalen Durchführung der kirchlichen Reform: auch die Verhältnisse an der ungarisch-türkischen Grenze verlangten Maßnahmen der Verteidigung. Obwohl offiziell „Friede" herrschte, konnte man in den Jahren 1575 bis 1582 188 türkische Einfälle verzeichnen. Allein in einem einzigen Jahr (1571) kosteten die Verteidigungsvorkehrungen ungefähr 1 Million Gulden, während alle österreichischen Länder dazu nur rund 700.000 Gulden beitrugen. Die Hilfsgelder aus dem „Reich" stiegen, und dies nur auf Grund ständiger Forderungen und Beschwerden, nicht über rund 60.000 Gulden jährlich. Ungarn trug etwa 80.000 Gulden bei, wobei man zu berücksichtigen hat, daß es sich nur um einen verschwindend kleinen Teil des Landes im Gegensatz zur Ausdehnung des türkischen Ungarn und Siebenbürgen handelte. So lag nicht zuletzt die finanzielle Hauptlast auf Böhmen, und wir müssen der Gerechtigkeit halber feststellen, daß die Habsburger diese Kriege ohne den Besitz der böhmischen Krone geldlich nicht hätten durchstehen können. Dabei sprechen wir gar nicht davon, daß gerade in diesen Jahren die an die Front geschickten Gelder oft auf rätselhafte Weise „verschwanden", ehe sie in die Hände der frierenden und hungernden Soldaten gelangten.

Wir dürfen aber ebensowenig jener südslawischen Männer vergessen, die im heldenmütigen Einsatz die Grenzen Österreichs und damit des christlichen Europa verteidigten. Es waren die Anfänge der später so genannten „Militärgrenze". Hier wurden allmählich kroatische und serbische Flüchtlinge aus den von den Türken besetzten Gebieten als Bauern angesiedelt, die wohl steuerfrei waren und eine Reihe anderer Privilegien besaßen, dafür aber mit Gut und Blut, mit Haus und Hof für die Sicherheit der Grenze einstehen mußten. Diese Bewohner der Militärgrenze waren ebenso militärisch organisiert wie das Feldheer und standen unter dem Kommando von höheren Offizieren. Berühmt unter diesen Grenzsoldaten wurden die „Uskoken", die sich die Hafenstadt Zengg an der Adria zum Stützpunkt gewählt hatten und von hier zu Land und zur See Einfälle in das türkische Gebiet unternahmen. Ihre schnellen kleinen Boote, die unter kaiserlicher Fahne fuhren, schossen blitzschnell zwischen den dalmatinischen Inseln hervor und warfen sich auf den Gegner. Schließlich wagten es türkische Schiffe nur mehr in Geleitzügen, von Kriegseinheiten begleitet, in die Adria einzufahren. Allerdings machten die Uskoken oft keinen Unterschied zwischen türkischen und venetianischen Schiffen, und die Grazer innerösterreichische Regierung mußte dann schwierige Verhandlungen und sogar Kriege mit der Republik Venedig führen. Denn „die Grenze kämpfte — wie es ihrer Überlieferung entsprach — wild, erbarmungslos, siegreich ihren eigenen Krieg weiter, gleichgültig, ob die Staaten und Diplomaten ihn anerkannten oder nicht. Krieg hieß für sie Kampf in den Schluchten und Wäldern, auf den Schleichwegen und um den einzelnen Hof, mochten große Strategen es auch anders wünschen" (Schuhmacher).

Die größeren Kämpfe begannen 1592. Ein Jahr später erklärte die Türkei offiziell den Krieg. Der nun folgende, dreizehnjährige Kampf war von wechselvollen Ereignissen begleitet. Die kaiserlichen Truppen nahmen Gran und Stuhlweißenburg (Székesféhervár), konnten aber Buda nicht zurückerobern. Die Türken setzten sich in Eger (Erlau) und Kanisza fest. Nach der rauhen Kriegssitte der Zeit wurden Feldherren, die Schlachten und Städte verloren hatten, zum Tod verurteilt und hingerichtet — so Graf Hardegg und Georg Paradeiser. Eine günstige Entwicklung schien sich in Siebenbürgen anzubahnen. Hier war 1581 der neunjährige Sigismund Báthory zur nominellen Regierung gekommen. Er verbündete sich mit dem Kaiser und heiratete eine Tochter des Regenten von Innerösterreich, des Erzherzogs Karl (II.). Als er die Regierung niederlegte, besetzten kaiserliche Truppen unter General Basta das Land. Bei dem Versuch, die siebenbürgische Landesverfassung außer Kraft zu setzen und die katholische Reform durchzuführen, kam es zu schweren Auseinandersetzungen, bei denen vor allem Bastas Kriegsvolk wie in einem eroberten Land hauste. Ein zeitgenössisches „Diarium" (Tagebuch) meint: „Um solches wußte der fromme Kaiser

Rudolphus nicht, daß seine Völker nicht Defensores (Verteidiger), sondern Devastores und Devoratores (Verwüster und Brandschatzer) waren." Die Folge dieser Methoden war, daß ein ungarischer Edelmann, Stephan Bocskai, sich an die Spitze der Unzufriedenen stellte, die kaiserlichen Truppen aus Siebenbürgen vertrieb und sich selbst zum Fürsten des Landes machte (1605). Seine Scharen drangen plündernd bis nach Mähren und Österreich vor. Das Ende des langen Türkenkrieges war der 1605 geschlossene Friede von Zsitva-Torok (in der Nähe der Stadt Komorn), bei dem der gegenseitige Besitzstand so bleiben sollte, wie er in diesem Augenblick war, und Siebenbürgens Selbständigkeit anerkannt wurde. Bocskai erhielt das Recht, den Titel „Fürst des Heiligen Römischen Reiches und von Siebenbürgen, Graf der Székler und einiger Teile Ungarns" zu führen. Eger (Erlau), Kanisza und Gran blieben verloren, das Neograder Komitat wurde gewonnen.

Als Träger der Rekatholisierung von Nieder- und von Oberösterreich und Vorkämpfer der katholischen Reform trat zu dieser Zeit immer stärker der spätere Kardinal Melchior Khlesl in den Vordergrund. Er war der Sohn einer Wiener Bäckersfamilie, ursprünglich evangelisch, bis ihn der Jesuitenprediger Scherer bewog, zum katholischen Glauben überzutreten. Er machte eine rasche Karriere: vom Dompropst in Wien über den Generalvikar des Bischofs von Passau zum Administrator des Bistums Wiener Neustadt und 1602 zum Bischof von Wien. So wie in der Steiermark zogen landesfürstliche „Reformationskommissionen" durch das Land und luden in den Städten und Orten Bürgermeister, Gemeinderäte und Bürger vor. Wer nicht katholisch war und sich nicht zum Übertritt entschloß, wurde ausgewiesen.

Ein Bruderzwist in Habsburg

Je länger er lebte, umso sonderbarer erschien den Zeitgenossen das Wesen Kaiser Rudolfs II. Seine in Einsamkeit betriebenen Studien auf dem Hradschin, die steigende Abneigung, sich in der Öffentlichkeit zu zeigen — dies führte dazu, daß einige Male das Gerücht auftauchte, Rudolf II. sei schon gestorben —, und ein wachsendes Mißtrauen gegen seine Brüder und die anderen Glieder des habsburgischen Hauses schufen einen Zustand, der sich auf die Dauer nicht halten ließ. Rudolf II. war wohl ein hochgebildeter Mann und verfügte über mehr Kenntnisse als viele seiner Zeitgenossen — vielleicht kann man ihn sogar als den gebildetsten Fürsten ansprechen, den es damals in Europa gab —, doch seine Art zu leben gab einer Günstlingswirtschaft Raum, die sich durch Korruption und Protektion auszeichnete. So war es jahrelang sein Kammerdiener Philipp Lang aus Tirol, an den man sich wenden mußte, wenn man eine Audienz oder sonst einen Gunstbeweis des Kaisers erhalten wollte. Nach dem Tod Rudolfs II. wurde Lang der Prozeß gemacht und sein ungeheures Vermögen, zu dem er im Verlauf seiner Tätigkeit gekommen war, beschlagnahmt.

Schon im Jahr 1581 waren Pläne aufgetaucht, dem Kaiser einen Stellvertreter beizugeben. Dies war umso notwendiger, als Rudolf II. nicht heiratete und keine erbberechtigten Nachkommen besaß. Schließlich trafen sich auf Einladung des Erzherzogs Maximilian (III.), der zu dieser Zeit Tirol verwaltete, eine Reihe von Prinzen des kaiserlichen Hauses Ende April 1605 in Linz. Man wollte vom Kaiser die Übergabe der Regierung Ungarns an seinen nächstältesten Bruder, den Erzherzog Matthias, vorschlagen und ihm nahelegen, aus der Zahl der Erzherzoge einen Nachfolger zu bestellen. Rudolf II. gab Matthias den Oberbefehl im Türkenkrieg und gewährte ihm das Recht, mit Bocskai zu unterhandeln, ließ jedoch die Nachfolgefrage in Schwebe. Aber schon ein Jahr darauf nahm der Zustand des Kaisers besorgniserregende Formen an. Die gesamte Regierung kam ins Stocken, denn Rudolf II. entließ plötzlich alle seine Räte. Nun entschlossen sich die Erzherzoge in einer neuen Zusammenkunft in Wien am 25. April 1606 eine Urkunde zu unterzeichnen, in welcher sie, „weil die römisch-kaiserliche Majestät aus den ihr zu verschiedenen Zeiten sich erzeugenden gefährlichen Gemütsblödigkeit zur Regierung der Königreiche nicht genugsam noch tauglich sind, befinden", Erzherzog Matthias als Oberhaupt des Hauses anerkannten. Dieser Vereinbarung trat auch der jüngste Bruder Rudolfs II., Erzherzog Albrecht, bei, der mit seiner spanischen Gemahlin im Auftrag seines Schwiegervaters, König Philipps II., die spanisch gebliebenen Niederlande (das heutige Belgien) verwaltete.

Erzherzog Matthias rief eigenmächtig für Jänner 1608 einen ungarischen Reichstag nach Preßburg ein, auf dem auch die Vertreter Österreichs erschienen. Der Pakt der Erzherzoge wurde zur Kenntnis genommen und die Anerkennung des neuen Herrschers vollzogen. Mähren schloß sich dem Bündnis der österreichischen und ungarischen Stände an. Erzherzog Matthias rückte mit österreichischen und ungarischen Truppen in die böhmischen Länder ein. Aber Rudolf II. zauderte auch jetzt noch. Seine Sache wäre vielleicht nicht hoffnunglos gewesen, wenn er dem Rat seines Sekretärs Hannewald gefolgt wäre, der den Vorschlag machte, die Untertanen und das einfache Volk zum Kampf gegen den rebellierenden Adel aufzurufen. Trotzdem wurde der offene Kampf noch vermieden. Unter der Vermittlung des spanischen Botschafters und des Kurfürsten von Sachsen, der Rudolf II. mit Leidenschaft anhing, kam es zum Vertrag von Lieben (25. Juni 1608). Rudolf II. trat seinem Bruder Matthias sofort Österreich, Ungarn und Mähren ab und sprach ihm die Nachfolge in Böhmen zu. Alle Anhänger der beiden Fürsten erhielten wechselweise Amnestie.

Matthias war durch die Unterstützung, die ihm die zumeist evangelischen Stände gewährt hatten, diesen ausgeliefert. Österreich, Ungarn und Mähren schlossen eine Konföderation, die der Sicherung des evangelischen Glaubens und der ständischen Privilegien dienen sollte. In Brünn mußte Matthias einer Vereinbarung zustimmen, die dem Adel das Recht des bewaffneten Widerstandes gewährte, wenn der Herrscher die Verfassung brechen sollte. Die Beschlüsse der Landtage sollten auch ohne Zustimmung des Landesfürsten Gesetzeskraft erlangen. Damit waren die drei Länder eine konföderierte Adelsrepublik geworden mit einem lebenslänglichen Präsidenten an der Spitze, selbst wenn dieser den Titel „König" führte.

Auch in Böhmen selbst kam es jetzt zur Erhebung. Bisher hatten die Stände dieses Königreiches an Rudolf II. festgehalten. Die Wirtschaftspolitik des Herrschers hatte ja den Adel entschieden begünstigt. In den Rudolfinischen Teuerungsordnungen wurden die Preise für handwerkliche Erzeugnisse herabgesetzt, während man die der Kaufleute und vor allem die Agrarprodukte, an denen der Adel verdiente, unberücksichtigt ließ. Aber die Errungenschaften der Ungarn, Österreicher und Mährer ließen auch die Böhmen nicht ruhen. Sie erzwangen von Rudolf II. am 9. Juli 1609 den „Majestätsbrief", der allen — auch Bürgern und

Bauern — das Bekenntnis der sogenannten „böhmischen Konfession" von 1575 gestattete. Außerdem erhielten die Bekenner des evangelischen Glaubens das Recht, auch auf königlichem Grund Kirchen zu bauen und Friedhöfe zu errichten. Doch nun begann Rudolf II. auf einmal aktiv zu werden. Unter seinem Einfluß sammelte Erzherzog Leopold, der jüngere Bruder von Erzherzog Ferdinand (II.), der von Graz aus Innerösterreich regierte, in Passau ein Heer. Der Kaiser unterstützte Leopolds Anstrengungen, zu Landbesitz am Niederrhein zu kommen, wo um die Herzogtümer Jülich, Cleve und Berg ein Erbfolgestreit ausgebrochen war. Außerdem glaubte Erzherzog Leopold, Rudolf II. werde ihm Böhmen hinterlassen; selbst die Erlangung der Kaiserkrone schien ihm nicht außer dem Bereich der Möglichkeit zu liegen. Das Passauer Heer rückte 12.000 Mann stark in Oberösterreich ein; durch die Streitkräfte des Königs Matthias am Weitermarsch gehindert, wandten sich die Passauer gegen Böhmen. Im Februar 1610 eroberten sie einige Bezirke von Prag. Die böhmischen Stände wandten sich an Matthias um Hilfe, und dieser besetzte nach der Vertreibung der Passauer am 24. März die böhmische Hauptstadt. Ein rasch zusammengerufener böhmischer Landtag übertrug Matthias die Regierung in Böhmen. Er wurde am 23. Mai 1611 zum König gekrönt; alle habsburgischen Länder sollten nunmehr auf Wunsch der Stände eine ewige Konföderation bilden und ein gemeinsames Heer zum Schutz gegen die Türken aufstellen. Rudolf II., dem nur mehr die Kaiserkrone geblieben war, wurde auf der Prager Burg im engen Gewahrsam gehalten und starb nach kurzer Krankheit am 20. Jänner 1612. Noch bis zuletzt hatte er versucht, die Nachfolge seines Bruders Matthias auf den römischen Kaiserthron zu verhindern. In seinen letzten Monaten geriet er — eine Folge der auf ihn hereinstürzenden Ereignisse — unter starken Einfluß von Alkohol.

Zusammenfassung:

Im 16. Jahrhundert stand Österreich zwischen zwei Fronten. Wenn auch in den österreichischen Ländern, vor allem in Tirol, wo es viele Freibauern gab, die Zahl der Leibeigenen geringer war als in anderen Ländern des Heiligen Römischen Reiches, so hatte Österreich doch nicht nur unter den Bauernaufständen, sondern unter dem gleichzeitigen Ansturm der Türken zu leiden. Wien wurde 1529 von Sultan Soliman II. belagert. Außerdem geriet auch Österreich in den Sog der Glaubensspaltung, die durch das Auftreten Martin Luthers seit 1519 Europa und das Heilige Römische Reich in streitende Religionsparteien spaltete. Da der Herrscher Österreichs, Ferdinand I., aus dem rein katholischen Spanien kam, hatte er seinen Standpunkt schon bezogen. Sein Sohn Maximilian II. begünstigte jedoch sehr stark den evangelischen Glauben. Unter dessen Nachfolgern begann die Rekatholisierung Österreichs, die in erster Linie von der steirischen Linie der Habsburger (Ferdinand II.) betrieben wurde, während das Haupt des Gesamthauses, Kaiser Rudolf II., auf dem Hradschin in Prag seinen wissenschaftlichen Studien oblag und sich immer weniger um die Regierung kümmerte. Der Kampf gegen den evangelischen Glauben — der auch von den gleichzeitig regierenden Salzburger Erzbischöfen geführt wurde — entsprang auf dem staatlichen Sektor aus dem Gegensatz zwischen dem Streben der (katholischen) Habsburger zur Aufrichtung des Absolutismus in Österreich und dem Widerstand der (meist evangelischen) Stände. So vermischten sich religiöse, soziale und politische Elemente miteinander. Es wurden viele evangelische Bauern und Bürger aus den österreichischen Landen vertrieben, weil sie nicht den Glauben des Landesherrn annehmen wollten, dem nach dem „Augsburger Religionsfrieden" (1555) das Recht zustand, den Glauben seiner Untertanen zu bestimmen.

ÖSTERREICH IN DEN WIRREN DER „DREISSIG JAHRE" (1618—1648)

Der Böhmische Aufstand

Wir sind gewohnt, den sogenannten „Dreißigjährigen Krieg", der von 1618 bis 1648 Mitteleuropa weithin verwüstete, als eine Einheit zu sehen. In Wirklichkeit haben wir es mit einer Reihe von aufeinanderfolgenden Kriegen zu tun, zwischen denen es sogar kurze Friedensperioden gab. Darüber hinaus müßte man eigentlich von einem „Einundvierzigjährigen Krieg" sprechen, denn als in Münster und Osnabrück 1648 der Friede geschlossen wurde, kämpften Spanien und Frankreich weiter. Sie beendeten erst im sogenannten „Pyrenäenfrieden" 1659 die Kriegshandlungen.

Der „Dreißigjährige Krieg" — wenn wir ihn nach alter Gewohnheit so nennen wollen — war auch kein „Religionskrieg" im gewöhnlichen Sinn. Er begann wohl als solcher, ging jedoch rasch in eine Auseinandersetzung zwischen der Macht des Fürsten und der der adeligen Stände über und endete schließlich in einer rein politischen Kraftprobe zwischen Österreich — Spanien auf der einen und Frankreich — Schweden auf der andern Seite. Düstere Vorzeichen des kommenden großen Krieges waren genug vorhanden. Die steigende Nervosität in den gegenseitigen Beziehungen zwischen katholischen und evangelischen Christen — nicht nur in Österreich, Ungarn und Böhmen — wuchs; schon der weiter oben erwähnte Erbfolgestreit um Jülich, Cleve und Berg hätte beinahe zu einer kriegerischen Auseinandersetzung geführt. Außerdem war es um die freie Reichsstadt Donauwörth zu Händeln gekommen. Eine katholische Prozession wurde von den evangelischen Behörden brutal gestört. Der Rat der Stadt schritt gegen die Unruhestifter nicht ein. Daraufhin wurde Donauwörth geächtet, und bayrische Truppen besetzten die Stadt und verleibten sie dem Herzogtum Bayern ein (1607). Die Folge davon war die Gründung des evangelischen Fürstenbundes „Union", an deren Spitze der Kurfürst von der Pfalz trat. Wenige Monate später kam es auf Betreibung des Bayernherzogs Maximilian zum Gegenbündnis der katholischen „Liga". Jede der beiden Vereinigungen rüstete, aber „nur" zur Verteidigung, und jede warf der andern vor, sie wolle einen Überfall durchführen. Es war in dieser Hinsicht ein großes Glück für das Haus Habsburg, daß der französische König Heinrich IV. (1598—1610) am 14. Mai 1610 einem Attentat erlag; denn dieser erste Bourbon in Frankreich war das geistige Haupt der gegen die Habsburger gerichteten Pläne gewesen und sein Minister Sully hatte die Vernichtung der habsburgischen Macht zum Kern seiner Politik erhoben. In Europa sollte eine „Christliche Republik" entstehen, die aus sechs Erb- (Frankreich, Spanien, England, Schweden, Rußland und der Lombardei) sowie fünf Wahlreichen (Germanien, Ungarn, Böhmen, Polen und dem Kirchenstaat) bestehen sollte. Österreich als der Kern der habsburgischen Hausmacht sollte verschwinden. Der Ausbruch eines Krieges wurde durch Heinrichs IV. Tod hinausgeschoben.

Matthias (in Ungarn Matthias II., 1611—1619) zeigte sich in seiner Regierung fast genauso entschlußlos wie sein Bruder Rudolf II. Er stand völlig unter dem Einfluß von Kardinal Khlesl, der tatsächlich die Geschäfte führte. Aber obwohl Khlesl als Minister versuchte, anders als während der Zeit seiner Reformtätigkeit auf dem Gebiet der Kirche mit den evangelischen Ständen auszukommen, gelang ihm dies nicht mehr. Der Generallandtag, den Kaiser Matthias für 1615 nach

Prag ausschrieb, sollte aus der losen Personalunion zwischen Österreich, Ungarn und Böhmen eine feste Verbindung schaffen; doch die böhmischen Stände suchten Bestimmungen durchzusetzen, durch die es Ausländern — und als solche galten natürlich auch Ungarn und Österreicher — unmöglich gemacht würde, in Böhmen zu Amt und Würden zu kommen. Dies erregte wieder die Österreicher; Matthias wurde nur eine mehrjährige Steuer zugestanden.

Zur selben Zeit konnte das Fürsterzbistum Salzburg unter einem seiner denkwürdigsten Regenten, dem Erzbischof Wolf Dietrich (1587—1612), erleben, daß der Landesherr und Salome Alt, die Tochter eines Bürgers, wie Mann und Frau zusammenlebten und ihre gemeinsamen Kinder reich ausstatteten. Noch für das Jahr 1611 erzählt uns ein Bericht: „Die Ketzerei ist so weit eingerissen, daß in vielen Pfarren und Gerichten gar wenig recht katholisch, sondern die meisten fast sektisch und in die Ketzerei bis zur Aufwiegelung verstockt sind; fast an allen Orten wird zur verbotenen Zeit Fleisch gespeist und der Gottesdienst wenig besucht; der Zulauf auf die ketzerischen Orte zur Predigt und Kommunion ist im vollen Schwung, und die Geistlichen auf dem Land sind mit leichtfertigen Konkubinen und Kindern schmählicher Weise behaftet." Wolf Dietrich selbst erlag schließlich seinen Gegnern, doch wurde die katholische Reform, die er 1588 begonnen, aber dann nicht mehr fortgeführt hatte, von seinen Nachfolgern Marx Sittich von Hohenembs (1612—1619) und Paris Lodron (1619—1653) zu Ende gebracht.

Wie es oft zuzugehen pflegt, war eine verhältnismäßig geringe Streitfrage, die in ruhigen Zeiten durch Verhandlungen hätte geklärt werden können, der letzte Anlaß zum Ausbruch des großen Krieges in Mitteleuropa. Ferdinand II., schon Landesherr von Innerösterreich und eifriger Vertreter der katholischen Belange, war bereits 1617 und 1618 als Nachfolger des Kaisers Matthias zum König von Ungarn und von Böhmen und schließlich zum Römischen König gewählt worden. Kardinal Khlesl hatte es verstanden, die Opposition zu beschwichtigen, doch arbeitete er im Geheimen gegen Ferdinand II., da er um einen Ausgleich zwischen den beiden Konfessionen bemüht war. Die schon unter dem Einfluß des kommenden Herrschers stehende Regierung verbot der böhmischen Stadt Braunau den Bau einer evangelischen Kirche, und der Erzbischof von Prag ließ in Klostergrab eine andere evangelische Kirche sperren. Sowohl Braunau als auch Klostergrab waren Eigenbesitz der katholischen Kirche. Nun war in Böhmen die Anschauung verbreitet, kirchlicher Besitz sei königlicher Besitz. Dies hatte noch 1598 der katholische Kanzler Zdenko von Lobkowitz Kaiser Rudolfs II. bestätigt. Die evangelischen Stände beriefen sich nunmehr auf den Majestätsbrief von 1609, der ihnen die Errichtung von Kirchen und Friedhöfen auf „königlichem Grund" zugestand. Am 23. Mai 1618 wurden die königlichen Statthalter in Prag aus dem Fenster in den 20 Meter tiefen Schloßgraben gestürzt, doch kamen sie mit dem Leben davon.

Dieser Zweite Prager Fenstersturz — der erste hatte die Hussitenkriege eingeleitet — bedeutete „Anfang und Ursache alles folgenden Wehs". Eine provisorische Regierung wurde für Böhmen eingesetzt, und der gar nicht aus Böhmen stammende Graf Thurn übernahm den Oberbefehl des ständischen Heeres. Da Kardinal Khlesl noch immer von Verhandlungen sprach, übernahmen es König Ferdinand II. und Erzherzog Maximilian (III.), der Regent von Tirol, sich mit Unterstützung des spanischen Botschafters seiner zu entledigen. Er wurde plötzlich verhaftet, seine Besitzungen konfisziert — allein 300.000 Gulden waren an Bargeld vorhanden — und er selbst abgeschoben. Khlesl durfte erst 1627 wieder nach Wien zurückkehren und starb 1630 völlig vergessen. Auf seiten der Kriegspartei standen Spanien, die Spanischen Niederlande, die Erzherzog Albrecht regierte, und Polen. Selbst der neue König von Frankreich, Ludwig XIII., erklärte sich bereit, in Frankreich Werbungen für, aber nicht gegen Ferdinand II. gestatten zu wollen.

Die Böhmen ergriffen die Offensive. Matthias Thurn rückte in Niederösterreich ein und erschien vor Wien. Aber die Stände von Mähren und Oberösterreich zauderten, sich an den böhmischen Ereignissen aktiv zu beteiligen. Nur Schlesien stellte sich sofort hinter Prag. Noch während die Böhmen marschierten, starb im November 1618 in Innsbruck Erzherzog Maximilian III. Wenige Monate später folgte ihm Kaiser Matthias (20. März 1619). Er ist der erste Habsburger, der in der von ihm begründeten Kapuzinergruft in Wien beigesetzt wurde. Die wenigen Jahre seiner Regierung bedeuteten eine Zeit des Tiefstandes habsburgischer Macht in Österreich. In einem Memorial Khlesls lesen wir: „Die Kammer (das Finanzministerium) hat männiglich Trauen und Glauben verloren, greift in alle Gefälle, ist eine purlaute Flickerei, indem man ein Loch zumacht und zehn aufreißt. Keine Gesandtschaften können mehr geschickt werden, sondern bleibt alles liegen, weil man schwer einen Kurier, die Post, ja selbst die Boten selbst nicht erhalten kann. Solang das Kaisertum steht, ist der Hofrat nicht mit so wenigen Personen besetzt gewesen und will sich kein Mensch dazu gebrauchen lassen, weil niemand bezahlt wird. Alle Botschafter und fremden Gesandten müssen sehen, daß Eure Majestät und deren Offiziere (damals soviel wie Beamte) nicht genug Brot haben, die Rosse wegen Futter(mangel) umfallen, die Stallknechte herumbetteln, die Sättel, Zäume und Geschirre mit Stricken wie bei den Bauern gebunden werden. Keines Handwerksmanns Kinder gehen so schändlich zerrissen daher wie die Edelknaben."

Der neue Herrscher, Kaiser Ferdinand II. (1619—1637), meisterte die fast ausweglose Situation kraft seiner felsenfesten Überzeugung, daß Gott mit ihm und der katholischen Sache sei. Wie immer man seine Handlungsweise gegen die evangelische Kirche in Österreich beurteilen will, man kann Ferdinand II. die subjektive, ehrliche Überzeugung seines Wollens nicht abstreiten. Er war einer der wenigen, vielleicht der einzige Fürst seiner Zeit, der nicht die Religion zum Vorwand nahm, politische Ziele und Länder zu erwerben, sondern der bewußt auch die Interessen seines Hauses hinter die Interessen der katholischen Kirche stellte.

Die Böhmen standen vor Wien. Die Lage in der Steiermark, in Kärnten und Krain war höchst unsicher. Der calvinische Fürst von Siebenbürgen, Bethlen Gábor, rückte, durch habsburgfeindliche ungarische Adelige verstärkt, bis gegen Schwechat bei Wien vor. Der ungarische Reichstag wählte den Siebenbürger zum Fürsten (später zum König) von Ungarn, und er verbündete sich mit den evangelischen Böhmen und Österreichern.

Die Böhmen hatten den Kurfürsten Friedrich V. von der Pfalz, das Haupt der evangelischen „Union", zum König von Böhmen gewählt. Kaiser Ferdinand II. fand jetzt Unterstützung bei Tirol, wo sein Bruder, Erzherzog Leopold, wieder eine habsburgische Seitenlinie begründet hatte, ferner beim Papst, bei Spanien und einer Reihe italienischer Staaten und Städte. Die wirksamste Hilfe bot ihm die katholische „Liga", die ein Heer unter der Führung des Feldmarschalls Johann Tserclaes von Tilly, eines Wallonen aus den Niederlanden, aufstellte.

Ehe Matthias Thurn und die Böhmen von Wien abzogen, war es zu jener Sturmdeputation der niederösterreichischen Stände am 11. Juni 1619 gekommen, die von Sage und Legende umwittert ist. Als die Bedrängnis Ferdinands II. am höchsten war, ritten 450 Mann der Dampierre-Kürassiere, die aus Krems herbeigebracht worden waren und auf dem Donauweg in die Stadt gelangt waren, in den Burghof ein. Die volkstümliche Überlieferung will wissen, daß damals der Wortführer der Stände Ferdinand an den Rockknöpfen gepackt und ihm zugerufen haben soll, indem er auf die schriftlich vorgelegten Forderungen wies: „Nandl (mundartliche Form für Ferdinand), unterschreib!" Anderseits wird uns von der kirchlichen Legende erzählt, Ferdinand sei vor einem Kruzifix niedergekniet und habe aus dem Mund Christi die Worte vernommen: „Bleib fest, Ferdinand, ich werde dich nicht verlassen!" Das Kruzifix befindet sich heute in der geistlichen Schatzkammer in Wien.

Der Wendepunkt im Kampf zwischen fürstlichem Absolutismus und adeliger Ständeherrschaft war damit in Österreich überschritten. Das Heer der katholischen Liga besetzte Oberösterreich und erzwang die Huldigung der Landschaft. Dann wendete man sich gegen Böhmen. Der Marsch ging direkt auf Prag zu. Am 8. November 1620 kam es auf dem Weißen Berg zu einer der entscheidendsten Schlachten in der Geschichte Böhmens und Österreichs, ja ganz Mitteleuropas. Das vereinigte kaiserlich-ligistische Heer in der Stärke von 25.000 Mann schlug nach halbstündigem Gefecht die Ungarn und Böhmen. Tilly zog als Sieger in Prag ein. Der von den Böhmen gewählte Kurfürst Friedrich von der Pfalz — spöttisch der „Winterkönig" genannt — floh über Schlesien, Brandenburg und Holland zu seinem Schwiegervater, König Jakob I. von England. Er starb in der Verbannung.

Während die Ungarn glimpflich davonkamen — hier mußte Ferdinand II. auf die türkische Gefahr Rücksicht nehmen —, traf seine ganze Strenge die evangelischen Böhmen. Im Februar 1621 wurden die Führer des Aufstandes verhaftet und vor Gericht gestellt. Ferdinand II. stellte sich auf den Standpunkt, es handle sich nicht um einen Krieg, sondern um Rebellion, und die Angeschuldigten hätten Hochverrat gegen den legitimen König begangen. Die Verurteilten wurden am 21. Juni auf dem Altstädter Ring hingerichtet, und an derselben Stelle wurde nach 1918 eine Gedenkstätte für sie eingerichtet. Neben den Todesurteilen wurde eine große Zahl von Kerker-, Geld- und Vermögensstrafen verhängt. In Böhmen selbst wurden 500 Herrschaften — drei Viertel des gesamten Grundbesitzes —, in Mähren 135 Güter eingezogen. Dazu kamen noch viele Höfe und Häuser, die dem Kaiser zufielen. Allein die letzteren wurden auf 35 Millionen Gulden geschätzt. Dazu verlor Böhmen alle seine bisherigen Freiheiten. Es erhielt 1627 eine neue Landesverfassung, die sogenannte „Vernewerte Landesordnung“, durch die dem König alle Macht zugesprochen wurde. Im Verlauf der Ereignisse hatten über 30.000 Familien das Land verlassen, darunter 185 Herrengeschlechter. Der alte Adel, soweit er sich nicht zum katholischen Glauben bekehrt hatte oder ausgewandert war, wurde degradiert und sank in den Bauern- und Bürgerstand zurück.

Der Sieg Ferdinands II. über die böhmischen Stände führte eine wirtschaftliche Revolution herbei, wie sie Böhmen nicht einmal in den Hussitenkriegen erlebt hatte. Die neue herrschende Schicht in Böhmen wurde ein von den Habsburgern begünstigter Hofadel, der aus aller Herren Ländern — aus Österreich, Deutschland, Italien, selbst aus Spanien — gekommen war und sich häuslich niedergelassen hatte. Aber es ist eine Halbwahrheit, im Böhmischen Aufstand und den darauffolgenden Ereignissen nichts als einen „Kampf zwischen Deutschen und Tschechen“ zu sehen. Die Linie der Trennung lief nicht zwischen den beiden Völkern, sondern zwischen „katholisch“ und „nichtkatholisch“, beziehungsweise zwischen „ständisch“ und „fürstlich-absolutistisch“. Unter den zum Tod Verurteilten befand sich auch ein Katholik (Czernin). Praktisch wurde zwar die tschechische Sprache, die schon eine beachtliche Höhe erreicht und bedeutende Werke hervorgebracht hatte, wieder in den Hintergrund gedrängt. Doch geschah dies durchaus nicht im Sinn einer bewußten Germanisierungspolitik. Eher kann man als Folge des Böhmischen Aufstandes die sogenannte „Zweite Leibeigenschaft“ bezeichnen, in die die Bauern jetzt hineingezwungen wurden. Dagegen berührte der Umschwung und die von früheren Geschichtsschreibern oft bedauerte Entnationalisierung „die Stellung des Volkes nur ganz gering, denn die patrimonialen Behörden amtierten bis in die letzten Jahrzehnte des 18. Jahrhunderts und größtenteils auch später, auch auf den Gütern der fremden Herrschaften und der Kammer, in tschechischer Sprache. Die faktische Überlegenheit der deutschen Sprache betraf so vor allem das Bürgertum und den Adel, trotzdem auch hier nicht sofort, sondern erst im Laufe des 18. Jahrhunderts. Eine planmäßige Unterstützung der deutschen Sprache und Kultur kann allerdings den Habsburgern des 16. und 17. Jahrhunderts nicht zugeschrieben werden..., denn bis in die Mitte des 18. Jahrhunderts stand den Habsburgern die spanische und später die italienische Kultur am nächsten“ (Franz Kavka).

Von nun an bevölkerten viele Jahre hindurch böhmische Emigranten alle Länder Europas, die den Habsburgern feindlich gesinnt waren. Der berühmteste unter ihnen wurde Amos Komensky (1592—1670), latinisiert Comenius, dessen Bedeutung für die Geschichte und Entwicklung der Pädagogik weit über seine Zeit hinausreicht.

Wallensteins Anfänge

Der Kampf schien mit der Wiedereroberung Böhmens für die Habsburger beendet zu sein. Die Besetzung der Rheinpfalz, des geflüchteten „Winterkönigs“ Stammland, war nur ein Nachspiel. Kaiser Ferdinand II. übertrug seinem Ver-

Wir Joseph der Zweyte,

von Gottes Gnaden erwählter Römischer Kaiser, zu allen Zeiten Mehrer des Reiches, König in Germarien, Hungarn, und Böheim ꝛc. Erzherzog zu Oesterreich, Herzog zu Burgund, und Lotharingen ꝛc. ꝛc.

Entbieten allen und jeden k. k. Landesfürstlich, auch privat- geistlich- und weltlichen Dominien, Gültenbesitzern, Ortsobrigkeiten, Städten, Märkten, Stiftern, Klöstern, Seelsorgern, Gemeinden, und jedem Unserer treugehorsamsten Unterthanen, was Würde, Standes, oder Wesens selbe in Unserem Erzherzogthum Oesterreich ob der Enns seß- und wohnhaft sind, Unsere k. k. landesfürstliche Gnade, und geben euch gnädigst zu vernehmen.

Uiberzeugt eines Theils von der Schädlichkeit alles Gewissenzwanges, und anderer Seits von dem grossen Nutzen, der für die Religion, und dem Staat, aus einer wahren christlichen Tolleranz entspringet, haben Wir Uns bewogen gefunden den augspurgischen, und helvetischen Religions-Verwandten, dann denen nicht unirten Griechen ein ihrer Religion gemäßes Privat-Exercitium allenthalben zu gestatten, ohne Rucksicht, ob selbes jemal gebräuchig, oder eingeführt gewesen seye, oder nicht. Der katholischen Religion allein soll der Vorzug des öffentlichen Religions-Exercitii verbleiben, denen beeden protestantischen Religionen aber so, wie der schon bestehenden nicht unirt Griechischen aller Orten, wo es nach der hierunten bemerkten Anzahl der Menschen, und nach den Facultäten der Inwohner thunlich fällt, und sie Accatholici nicht schon bereits im Besitz des öffentlichen Religions-Exercitii stehen, das Privat-Exercitium auszuüben erlaubet seyn. Insbesondere aber bewilligen Wir

Erstens: denen accatholischen Unterthanen, wo hundert Familien existiren, wenn sie auch nicht im Orte des Betthauses, oder Seelsorgers, sondern ein Theil derselben auch einige Stunden entfernet wohnen, ein eigenes Betthaus nebst einer Schule erbauen zu dürfen, die

wei-

Toleranzpatent des Römischen Kaisers Joseph II., 1781

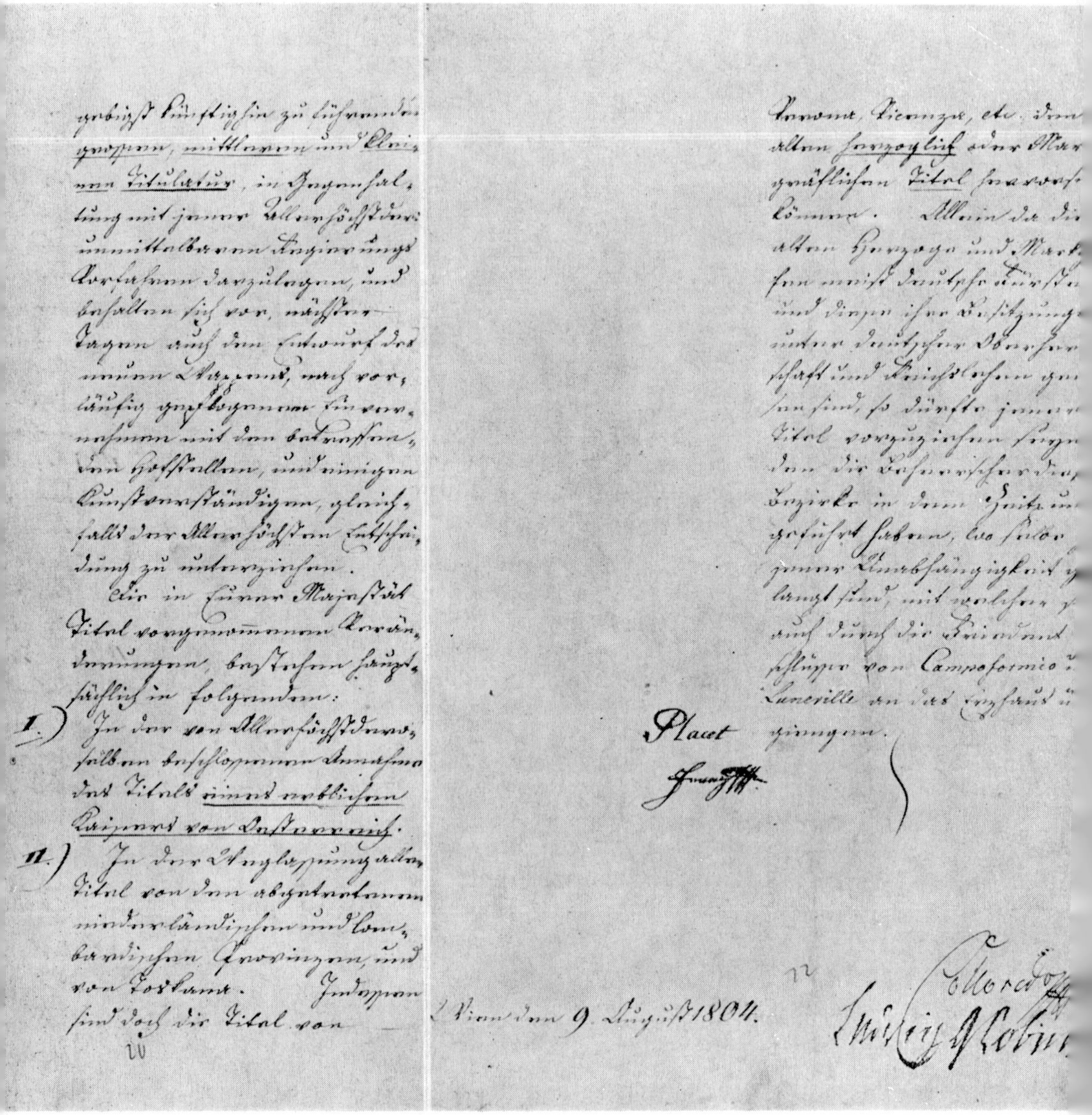
gebiet künftighin zu führenden
großen, mittleren und klei-
nen Titulatur, in Gegenhal-
tung mit jener Allerhöchstdero
unmittelbaren Regierungs
Vorfahren darzulegen, und
behalten sich vor, nächster
Tagen auch den Entwurf des
neuen Wappens, nach vor-
läufig gepflogenem Einver-
nehmen mit den betreffenden
Hofstellen, und einigen
Kunstverständigen, gleich-
falls der Allerhöchsten Entschei-
dung zu unterziehen.

Die in Seiner Majestät
Titel vorgenommenen Verän-
derungen, bestehen haupt-
sächlich in folgendem:

I.) In der von Allerhöchstdero-
selben beschlossenen Annahme
des Titels eines erblichen
Kaisers von Oesterreich.

II.) In der Weglassung aller
Titel von den abgetretenen
niederländischen und lom-
bardischen Provinzen, und
von Vorlande. Indessen
sind doch die Titel von

20

Verona, Vicenza, etc. dem
alten herzoglich oder Mar-
gräflichen Titel hervorge-
kommen. Allein da die
alten Herzoge und Mark-
grafen nicht deutsche Fürsten
und diesen ihre Besitzungen
unter deutscher Oberherr-
schaft und Reichslehen ge-
wesen sind, so dürfte jener
Titel vorzuziehen seyn
den die Oesterreichischen
Bezirke in dem Zeitraum
geführt haben, wo selbe
jener Unabhängigkeit ge-
langt sind, mit welcher
auch durch die Friedens-
schlüsse von Campoformio und
Luneville an das Erzhaus ü-
bergangen.

Placet

Wien den 9. August 1804.

12

Colloredo

Ludwig Cobenzl

Österreichische Kaiserproklamation vom 9. August 1804

bündeten und Vetter Maximilian von Bayern die pfälzische Kurwürde auf Lebenszeit. Katholisch-ligistische Truppen standen an der Grenze von Norddeutschland. Wenn Ferdinand II. die katholische Reform in diesen Gebieten durchführen wollte, so mußte mit einer Weiterführung des Krieges gerechnet werden. Um dieser Möglichkeit entgegenzuwirken, schlossen England, Holland und Dänemark unter dem Protektorat des leitenden französischen Staatsministers, des Kardinals Richelieu, ein Bündnis zur „Rettung der deutschen Freiheit" (Dezember 1625). König Christian IV. von Dänemark, als Herzog von Schleswig und Holstein Reichsfürst und Oberkommandierender des sogenannten „Niedersächsischen Kreises", marschierte in Norddeutschland ein. Zugleich griff Gustav Adolf von Schweden den König von Polen an, der der Schwager Kaiser Ferdinands II. war und auf dessen Hilfe dieser rechnen konnte. Frankreich beteiligte sich am Kampf, indem es Hilfsgelder zahlte. Wie weit man bereits in diesem Augenblick von einem „Religionskrieg" entfernt war, zeigt die Tatsache, daß — so wie Frankreich den evangelischen Mächten Subsidien zahlte — zur gleichen Zeit das strengkatholische habsburgische Spanien die französischen Hugenotten (Calviner) im Kampf gegen die von einem Kardinal geführte französische Regierung mit Waffen und Munition unterstützte. Auf der einen Seite wollte Frankreich seine Einkreisung durch die Habsburger in Spanien und in Österreich brechen, auf der anderen Seite sollte die Unterstützung von Kräften, die gegen die französische Regierung standen, diese an einem energischen Vorstoß gegen Habsburg verhindern.

Um für den neuen Zusammenstoß gerüstet zu sein, mußte Ferdinand II. daran denken, ein eigenes Heer aufzustellen und sich von seinen Verbündeten in militärischer Hinsicht unabhängig zu machen. Er hatte bereits im Böhmischen Aufstand Oberösterreich den Bayern verpfänden müssen. Neue Kriege, neue Siege konnten ihm unter den bisherigen Umständen neue Länder kosten. Für dieses kaiserliche Heer wurde der Oberkommandant in Albrecht Wenzel Eusebius von Waldstein gefunden, dessen Name von seinen Soldaten und den Zeitgenossen zu Wallenstein umgeformt wurde.

Er war in Hermanitz im Bezirk Königgrätz am 24. September 1583 geboren. Seine Familie war uralt und evangelisch. Ein widriges Geschick beraubte Wallenstein schon früh seiner Eltern. Von den Vormündern, von denen ebenfalls einige nach kurzer Zeit starben, wurde Wallenstein bald im evangelisch-lutherischen, bald im Glauben der Böhmischen Brüdergemeinde erzogen, dann wieder in eine Jesuitenschule gesteckt. Er kämpfte im kaiserlichen Heer und vermählte sich, katholisch geworden, mit einer um vieles älteren, sehr reichen Witwe, Lucretia Nekeschin von Vickov. Sie hinterließ ihm nach kurzer Ehe ihre Güter in Mähren. Während des Böhmischen Aufstandes hatte sich Wallenstein auf die Seite des Kaisers gestellt, dem er schon 1617 im Krieg gegen die Republik Venedig gedient hatte. Seit 1622 war er Oberbefehlshaber in Böhmen. Wallenstein müßte man im modernen Sinn als „Kriegsgewinner" bezeichnen. Als die Güter des böhmischen Adels, der am Aufstand teilgenommen hatte, lizitiert und verschenkt wurden, erwarb er viele Herrschaften, mit denen er einen erträglichen Handel trieb und die er mit großem Gewinn wieder weitergab. Im ganzen erreichten seine Geld- und Bodenspekulationen den Wert von ungefähr viereinhalb Millionen Gulden. Im Jahr, als er böhmischer Landeskommandant wurde, erwarb er die Herrschaft über Friedland mit der Stadt Reichenberg und nannte sich jetzt „Herr von Waldstein und Friedland". Eine zweite Ehe mit Isabella von Harrach, aus hohem österreichischen Adel, brachte ihn in verwandtschaftliche Beziehungen zu den wichtigsten Persönlichkeiten am Wiener Hof. Anläßlich seiner Vermählung erhob Ferdinand II. den treuen Gefolgsmann in den Reichsfürstenstand (1623) und zwei Jahre später zum erblichen Herzog von Friedland. Das Herzogtum reichte von Friedland über Jičin hinaus und von Böhmisch-Leipa bis Arnau. Er durfte eigene Münzen prägen und Personen in den Adelsstand erheben. Später verkaufte ihm Ferdinand II. das schlesische Herzogtum Sagan.

Wallenstein erscheint uns heute nicht mehr als der große Stratege und geniale Feldherr, aber als ein gewaltiger Organisator und — um einen ganz modernen Ausdruck zu gebrauchen — als ein „Manager" größten Stils. Hier hatte er niemanden, der ihm darin gleichkam. Auch die Aufstellung einer kaiserlichen Armee, die ihm 1625 übertragen wurde, führte er in der Weise eines gewinnsuchenden Geschäftsmannes durch. Aus unklaren Äußerungen Wallensteins hatte man in Wien die Meinung gehabt, der Herzog werde den Sold für die aufzustellenden Truppen selbst vorschießen; man wollte ihn dann aus der Kriegsbeute entschädigen. Aber Wallenstein zog es vor, sein Heer vom Land erhalten zu lassen, in dem es sich gerade aufhielt. Es war in der damaligen Zeit üblich, daß die Söldner im Krieg Ausschreitungen begingen, geplündert und gebrandschatzt wurde — vor allem, wenn man eine Stadt im offenen Kampf nahm —, aber all dies geschah gewissermaßen „privat", von seiten der Soldaten und Offiziere aus. Wallensteins „Entdeckung" war es, daß man dieses Plündern und Brandschatzen reglementieren und in ein System bringen konnte. Er schrieb einfach, ohne sich mit den Betroffenen zu verständigen, selbstherrlich vor, was Städte und Gemeinden seinen Soldaten zu zahlen hätten. Ein Hauptmann mußte wöchentlich 100 Gulden erhalten, ein Leutnant 35, ein Fähnrich 25 und ein Feldwebel 7 Gulden. Als Verpflegung waren für den Soldaten täglich 1½ Pfund Fleisch, zwei Maß Bier und 2 Pfund Brot vorgesehen. Unter diesen Umständen war es leicht, Truppen in der Stärke von etwa 60.000 Mann, darunter 18.000 Reiter, zu sammeln.

Kaiser Ferdinand II. geriet bald unter den Einfluß Wallensteins. Dieser verstand es, seinem obersten Kriegsherrn die Dinge so darzustellen, wie er es für richtig hielt. Die Stimmen, die sich bei den Reichsfürsten schon bald gegen ihn erhoben, fanden in Wien taube Ohren. Allerdings waren sie nicht ganz uneigennützig; denn je stärker die militärische Macht Ferdinands II. war, umso mehr fürchteten auch die katholischen Reichsstände, daß der Kaiser wieder zu tatsächlicher und nicht bloß fiktiver Macht im Heiligen Römischen Reich kommen werde. Doch bleibt die Tatsache unbestritten, daß das Heer Wallensteins das undisziplinierteste war, das man durch die Länder ziehen sah.

Der Erfolg blieb Wallenstein treu. Er und der Feldherr der Liga, Tilly, errangen in Norddeutschland große Erfolge und bekamen über die kämpfenden evangelischen Fürsten und ihre Verbündeten bald die Oberhand. Im April 1626 schlug Wallenstein den berühmten Söldnerführer Graf Ernst von Mansfeld bei Dessau und trieb ihn bis nach Ungarn zurück. Unter dem Eindruck der Wallensteinschen Erfolge beendete der Fürst von Siebenbürgen, Bethlen Gábor, den wiederbegonnenen Krieg mit dem Frieden von Preßburg. Noch im gleichen Jahr wurde der Dänenkönig von den Ligisten bei Lutter am Barenberg geschlagen. Im Frieden von Lübeck 1629 verzichtete Dänemark auf weitere Einmischung in die norddeutschen Verhältnisse. Schon aber waren Wallensteinsche Truppen über Jütland und Mecklenburg hergefallen. Die Seestädte Pommerns mit Ausnahme von Stralsund mußten kaiserliche Besatzungen aufnehmen. Die evangelischen Herzoge von Mecklenburg wurden von Wallenstein vertrieben und der Kaiser verkaufte diesem 1628 das eroberte Gebiet und erhob ihn zum regierenden Herzog von Mecklenburg. In der Nord- und in der Ostsee sollte eine kaiserliche Flotte gebaut werden, und Wallenstein erhielt seine Ernennung zum „Admiral des Ozeanischen und des Baltischen Meeres". Wallensteins Pläne schienen — wenn man seinen eigenen Aussagen trauen will und sie nicht nur für Launen des Augenblicks oder gar für Hochstapeleien hält — gewaltig. Er äußerte öfters, er werde „mit Hilfe Gottes dem Kaiser gewiß die konstantinopolitanische Krone innerhalb von drei Jahren aufs Haupt setzen". Um dies zu erreichen, sollten die vereinigten Flotten des Papstes, der Republik Venedig und Spaniens die Türken angreifen, während Wallenstein mit einem Heer von 100.000 Mann auf der Balkanhalbinsel in Albanien landen und die Christen zum Aufstand gegen die türkische Herrschaft bewegen wollte.

Stephan Fadinger kämpft für Österreich

Im Jahre 1620 war Kaiser Ferdinand II. gezwungen worden, dem Herzog Maximilian von Bayern als Bürgschaft für die Bezahlung der aufgewendeten Kriegskosten das Land Oberösterreich zu verpfänden. Die bayrische Regierung setzte Adam von Herberstein als Landesverweser ein. So wie in den innerösterreichischen Landen begann man auch hier gegen die evangelische Bevölkerung vorzugehen. Zwar erhielten alle, die im Land geblieben waren, volle Amnestie, mußten aber Strafgelder zahlen und auf die verlangte Religionsfreiheit verzichten. Durch eine Verfügung vom 4. Oktober 1624 wurden alle evangelischen Prediger — die „ewigen Hetzer des gemeinen Mannes und die Verbitterer der Gemüter", wie es wörtlich hieß — und Lehrer aus Oberösterreich ausgewiesen und hatten das Land binnen acht Tagen zu verlassen. Überall setzte man wieder katholische Pfarrer ein. Allerdings war der Zustand des Klerus so, daß Maximilian von Bayern an Herberstein am 27. Dezember 1624 schreiben mußte, „er vernehme, daß die Prälaten sich in der Besetzung der erledigten Seelsorgestellen sehr säumig erzeigen und daß die im Land vorhandenen Priester also gering, ärgerlich und unexemplarisch seien, daß sonderlich in den Pfarrhöfen gemeiniglich mehr Kinder als in ehelichen Haushalten gefunden werden, und daß es nicht bald ein Land gebe, wo es mit den Priestern schlechter und ärgerlicher zugehe".

Unter solchen Voraussetzungen ist es vielleicht eher begreiflich, daß es an verschiedenen Orten zu Zusammenrottungen kam, wenn ein neuer katholischer Pfarrer eingesetzt werden sollte. In Frankenburg rotteten sich bei dieser Gelegenheit über 5000 Bauern zusammen. Herberstein erschien mit bewaffneter Macht und ließ auf dem Haushammerfeld zwischen Vöcklabruck und Pfaffing die Gemeindevorstände herausgreifen und befahl ihnen, zwei und zwei um ihr Leben zu würfeln. Wer weniger Augen warf, wurde auf der Stelle gehenkt. Bei diesem als „Frankenburger Würfelspiel" bezeichneten ungesetzlichen und unmenschlichen Verfahren verloren 17 Personen das Leben. Der unauslöschliche Haß der Bauern verfolgte von diesem Augenblick an Herberstein.

Während die bayrische Besatzungsarmee weiterhin das Land drangsalierte, entstand eine Verschwörung mit dem Ziel, die Bayern zu vertreiben und Oberösterreich an Ferdinand II. zurückzubringen. Obwohl der größte Teil der Bauern und ihrer Anführer evangelisch waren, suchten sie nicht vielleicht einen anderen Landesherrn, sondern wollten zu — Österreich zurückkehren. Das lassen auch ihre Artikel erkennen; die erste Forderung lautete: „Wir wollen den Kaiser zum Herrn und nicht den Kurfürsten von Bayern." Das Kampflied der Bauern aber lautete:

Von Bayerns Joch und Tyrannei
und seiner großen Schinderei,
mach uns, o lieber Herrgott, frei!
Weil's gilt die Seel' und auch das Gut,
so soll's auch gelten Leib und Blut.
O Herr, verleih uns Heldenmut!
Es muß sein!

Wir haben es also hier nicht mit einer antiösterreichischen, nicht einmal mit einer antihabsburgischen Bewegung zu tun. Die Bauern wußten, daß Ferdinand II. zumindest ebenso katholisch war wie Maximilian von Bayern; doch sie hofften, sich mit dem angestammten Landesherrn eher vergleichen zu können, und es kam ihnen darauf an, ihre Zugehörigkeit zu Österreich zu behaupten. Es ist auch, trotz vieler Gerüchte, die umgingen, nicht nachzuweisen, daß ausländische Emissäre den Aufstand, der nun ausbrach, geschürt hätten.

Er begann am 17. Mai 1626, als die Oberösterreicher bei einer Rauferei im Markt Lambach sechs bayrische Soldaten erschlugen. Das Mühl- und das Hausruckviertel, das sich sofort einmütig erhob, stand in Flammen. An die Spitze des Aufstandes traten Stephan Fadinger, ein Bauer von St. Agatha, und der Wirt Christoph Zeller. Es gelang Fadinger, militärische Ordnung in seine Haufen zu bringen. Es gab Hauptleute, Unterhauptleute, Kriegsräte, Feldschreiber und Proviantmeister. Die Bauern kleideten sich auf die gleiche Weise, trugen also eine Art Uniform. Sie bestand in schwarzer Tracht, und so nannte man die Aufständischen auch die „schwarzen Bauern". Es wurden Verordnungen für den Fall erlassen, daß der Feind die Dörfer überfalle; es wurden Verstecke für Frauen und Kinder ausgesucht, man exerzierte in Rotten und unternahm es, das Land völlig in seine Gewalt zu bringen.

Stephan Fadinger zeigte militärisches Talent. Er schlug Herberstein und dessen Armee schon am 21. Mai bei Peuerbach vernichtend. Der Statthalter konnte sich mit Mühe und Not hinter die festen Mauern von Linz retten. Das Bauernheer, das strenge Manneszucht hielt, erreichte nunmehr die Stärke von 40.000 Mann.

Wels und Steyr wurden von ihnen genommen und die Belagerung von Linz begonnen. Man verlangte von der Stadt die Auslieferung Herbersteins. Dies wurde verweigert; denn es lagen bayrische Truppen in der Stadt. Es bedeutete für die Bauern eine schwere Einbuße, als Stephan Fadinger, der die Festungswerke von Linz abritt, am 28. Juni von einer Kugel aus der Stadt getroffen wurde. Er starb nach achttägigen Qualen am 5. Juli 1626 in Ebelsberg. Doch der Kampf war mit seinem Tod nicht aus. Die Bauern wählten einen neuen Oberkommandierenden, den Edelmann Achaz Wiellinger, der sich freilich nicht der gleichen Autorität wie Fadinger erfreuen konnte. Linz wurde nicht eingenommen, dagegen fiel Freistadt in die Hände des Bauernheeres. Die Belagerung von Linz mußte dann Ende August aufgehoben werden, als kaiserliche Truppen von Niederösterreich und von Böhmen aus in Oberösterreich eindrangen. Der Aufstand schien zum Erliegen gekommen zu sein. Der Kaiser erließ ein „Gnadenpatent", in dem er erklärte, daß er sich „gegen die Bauernschaft mit solcher väterlicher Güte und Manier halten und erzeigen werde, daß sie daraus seine Sanftmut und Milde wohl verspüren sollte".

Der Kampf war praktisch zu Ende. Da rückten im September bayrische Truppen in Oberösterreich ein und hausten in fürchterlicher Weise. Sie raubten, sengten, schändeten und mordeten. Dies veranlaßte die oberösterreichischen Bauern, von neuem die Waffen zu ergreifen. Sie erklärten, Bayern habe den geschlossenen Waffenstillstand gebrochen. Doch nun führte der Reitergeneral Heinrich Gottfried von Pappenheim seine Scharen gegen die Bauern und schlug sie bei Eferding, Gmunden und Wolfsegg, obwohl sie sich verzweifelt und bis zum letzten Mann wehrten. Die barbarische Art der Kriegführung, die von den Soldaten praktiziert wurde, fand nunmehr in den Verzweifelten gelehrige Schüler, und die Propaganda schrie laut von den „Untaten" der Bauern, während sie vordem von den gleichen Untaten der Soldateska geschwiegen hatte.

Mit Ende des Jahres 1626 war der Aufstand zu Ende. Die Bauern mußten die Schwere der fremden Einquartierung ertragen. Sonst aber verfuhr die Kommission, die Ferdinand II. eingesetzt hatte, für die damalige Zeit verhältnismäßig milde. Obwohl Bayern protestierte, erklärte man, die aufständischen Bauern hätten sich keines Hochverrates schuldig gemacht, da sie nicht g e g e n, sondern f ü r ihren angestammten Herrscher die Waffen ergriffen hätten. Einige Anführer, wie Wiellinger, wurden in Linz enthauptet, doch erhielten alle übrigen Bauern Verzeihung, und es wurde — im Gegensatz zur Bestrafung der böhmischen Aufständischen — keine Konfiskation von Besitztum vorgenommen. Freilich war an der Begnadigung die Bedingung geknüpft, daß man sich zur katholischen Religion bekennen müsse. Einige, die sich durch besondere Anhänglichkeit an Ferdinand II. hervorgetan hatten, wurden in den Adelsstand erhoben oder durch Befreiung von allen Steuern belohnt. Der Fadinger-Hof, der von den Bayern zerstört worden war, wurde sofort wieder aufgebaut, als die Pfandschaft 1628 aufgehoben wurde und das Land wieder an Österreich zurückfiel.

Das Restitutionsedikt

Am 6. März 1629 erließ Kaiser Ferdinand II. das sogenannte Restitutionsedikt. In ihm wurde bestimmt, daß alle Besitzungen der katholischen Kirche, die ihr seit 1552 entfremdet worden waren, von den augenblicklichen Besitzern wieder zurückzugeben seien. Die dem Kaiser unmittelbar unterstehenden Bistümer und Stifte wären mit katholischen Geistlichen zu besetzen, und die katholischen Reichsstädte hätten wie die Fürsten das Recht, die Bürger zu zwingen, den Glauben der Stadt zu bekennen.

Dieses Gesetz bedeutete in seiner Durchführung eine ähnlich wirtschaftliche Revolution, wie sie in Böhmen nach der Schlacht am Weißen Berg Platz gegriffen hatte. Es wurden die zwei Erzbistümer Bremen und Magdeburg, außerdem 12 Bistümer und mehr als 500 Stifte und Kirchen betroffen. Eine Durchführungsmöglichkeit war dadurch gegeben, daß die kaiserlichen und ligistischen Heere ganz Norddeutschland besetzt hielten. Seit Jahrhunderten — man kann sagen seit den Tagen der Hohenstaufen — hatte kein Römischer Kaiser in diesen Teilen des Reiches eine solche Machtfülle aufzuweisen wie Ferdinand II. in diesem Augenblick. Aber die Interessenkonflikte erhoben sich schon vor der formellen Kundmachung des Restitutionsedikts. Nicht bloß, daß die evangelischen Reichsstände in Verzweiflung gerieten, zwischen dem Kaiser und seinen Verbündeten von der katholischen Liga entstand ein Streit darüber, in welcher Weise die wiedergewonnenen Kirchengüter verteilt werden sollten. Denn der einen Meinung, man müsse sie den Orden zurückgeben, die sie einst besessen hatten, stand praktisch die Unmöglichkeit gegenüber, daß eben diese Orden aus Mangel an Mitgliedern die zurückgegebenen Besitzungen wieder übernehmen konnten. Anderseits verlangten sowohl der Papst als auch der neue Jesuitenorden die Mitbeteiligung bei der Neuorganisierung der katholischen Kirche in Norddeutschland. Was überdies die Erzbistümer und Bischofssitze betraf, wollten sowohl der Kaiser wie Wittelsbacher in Bayern eine erkleckliche Anzahl von ihnen an Prinzen des eigenen Hauses übertragen. Wallenstein und seine Vertrauten gingen überhaupt von der Ansicht aus, man müsse die übernommenen Bistümer und Stifte säkularisieren und der Kirche, wenn auch vorläufig „nur vorübergehend“, entziehen. So schrieb der Fürstbischof von Osnabrück, Franz Wilhelm, am 25. Oktober 1629 an den Grafen von Zollern: „Es hat das Ansehen, als wenn man das Konzept, die Temporalia (weltliche Gewalt) von den Stiftern zu trennen, gern ausführen wollte. Friedland (Wallenstein) praktiziert es bereits mit Schwerin, wo er einen schlichten, doch frommen Priester zum Bischof nominiert, ihm 5000 Reichstaler angewiesen, und den Rest mit der weltlichen Jurisdiktion zum Herzogtum Mecklenburg gezogen hat.“

Für Österreich hatte die Frage des Restitutionsedikts keine unmittelbare Bedeutung. Hier hatte Ferdinand II. als Landesherr schon nach dem Sieg über die Böhmen in den Ländern durchgegriffen, in denen die katholische Restauration noch nicht vollzogen worden oder steckengeblieben war. Aus den Aufzeichnungen des Wiener Städtischen Kammeramtes können wir die sogenannten „Abfahrtgelder“ ersehen, die in den einzelnen Jahren von den Abwanderern evangelischen Bekenntnisses entrichtet werden mußten. Die Summen betrugen für

1620	609 Gulden
1621	419 Gulden
1622	851 Gulden
1623	1.705 Gulden
1624	133 Gulden
1625	24.446 Gulden
1626	7.230 Gulden
1627	30 Gulden

Eine offene evangelische Opposition gab es seit etwa 1627 in Ober- und in Niederösterreich nicht mehr. Trotzdem hatte das Restitutionsedikt indirekt auch hier seine Bedeutung. Denn von ihm hing schließlich ab, inwieweit der nun schon über zehn Jahre lang dauernde Krieg beendet oder weiter fortgesetzt würde. Es war Wallenstein, dessen drohende Übermacht auch jene aufbrachte, die zum Restitutionsedikt mehr oder weniger murrend geschwiegen hatten. Wie sehr er und seine Methoden verhaßt waren, zeigte die Äbtissin von Buchau in Schwaben, eine Gräfin Spaur, die schon 1628 die Beseitigung des kaiserlichen Feldherrn vorschlug. Nun hatte man endlich im Restitutionsedikt jenes Propagandainstrument, mit dem man Anhänger werben und gegen den Kaiser und Wallenstein „im Namen der Religion" opponieren konnte.

Es waren aber auch die katholischen Fürsten der Liga, die sich gegen Wallenstein stellten. Solange der Kaiser ihn als Feldherrn hielt und Wallenstein Ferdinand II. ergeben war, konnten sich die Dinge so plötzlich auch im katholischen Teil Deutschlands ändern, daß die Macht der Fürsten endgültig gebrochen wurde. Aus den Kreisen um den Kaiser war die Frage nach dem „jus armorum" erhoben worden, dem Recht, eine eigene bewaffnete Macht aufzustellen. Die kaiserliche Theorie sagte, dies wäre ein Vorrecht des Herrschers, und jeder Reichsstand hätte nur im Auftrag und mit Bewilligung des Kaisers die Möglichkeit, bewaffnete Streitkräfte zu unterhalten. Gerade dieses Recht aber wollte die Liga nicht preisgeben. In den Verhandlungen, in denen bereits von der Abberufung Wallensteins als kaiserlicher Oberkommandierender gesprochen wurde, weigerte sich Maximilian von Bayern, das Heer der Liga aufzulösen und mit dem kaiserlichen zu vereinigen. Seine Unterhändler schlugen ihn selbst als neuen Oberkommandierenden der kaiserlichen Armee vor, wobei er alle Rechte Wallensteins für sich beanspruchte, darunter auch solche, die Wallenstein in Wahrheit nie besessen hatte. Dies brachte den Kaiser so in Zorn, daß er ausrief: „Es sieht einem Zwang gleich, und im Notfall wird es mir an geeigneten Männern nicht fehlen!" Auch Spanien, der treue Verbündete der österreichischen Habsburger, wandte sich scharf gegen die Ernennung Maximilians zum Oberkommandierenden.

Nach einer Verhandlungsdauer von über zwei Monaten war es endlich so weit, daß es zu einer Einigung kam, die allerdings wenig im Interesse Wallensteins gelegen war, der noch immer viele Anhänger in der unmittelbaren Umgebung Ferdinands II. besaß. Die Liga überließ Ferdinand II. ihren eigenen Oberbefehlshaber Tilly, der die bayrischen Dienste verließ und österreichischer General wurde. Wallenstein aber legte Anfang September 1630 das Kommando nieder, nachdem ihm die beiden kaiserlichen Räte Werdenberg und Questenberg die Wünsche des Kaisers überbracht hatten. Es war Wallensteins feste Überzeugung, daß Maximilian von Bayern die Hauptschuld an seinem Sturz trüge. In Wahrheit war es noch mehr der Erzbischof und Kurfürst von Mainz. Wie man aber bei den Zeitgenossen die Angelegenheit ansah, beweist die Äußerung eines gewissen Forstner: „Daß der Kaiser sich den Kurfürsten und Wallenstein sich dem Kaiser fügte, erschien einem Wunder gleich."

Gustav II. Adolf von Schweden und Wallenstein

Als Wallenstein nach seiner Entlassung mit großem Gefolge sich auf seine böhmischen Herrschaften begab, stand der Schwedenkönig Gustav II. Adolf schon drohend an der Grenze Norddeutschlands. Die ersten Zusammenstöße zwischen kaiserlichen und schwedischen Truppen erfolgten bereits 1628, als Wallenstein dem König von Polen ein Hilfskorps gegen die Schweden geschickt hatte.

Die Absetzung Wallensteins rief bei allen Feinden Österreichs und der Habsburger große Freude und Genugtuung hervor. Es war auch nicht so, daß erst das Restitutionsedikt den Schwedenkönig zum Eingreifen in den Krieg veranlaßt hätte. Wir müssen uns vielmehr daran erinnern, daß in Polen wie in Schweden zu dieser Zeit das Haus Wasa regierte. Der Oheim Gustavs II. Adolf hatte sich um die Krone Polens beworben und war in Zusammenhang damit katholisch geworden. Der Vater Gustavs II. Adolf hatte daraufhin seinen älteren Bruder vom Thron gestürzt und sich selbst zum König von Schweden gemacht. Die feindselige Haltung der beiden Brüder vererbte sich auf ihre Nachkommen. Da nun der Polenkönig mit der Schwester Kaiser Ferdinands II. vermählt war, ergab sich eine Zusammenarbeit zwischen dem katholischen Österreich und dem katholischen Polen. Der Aufmarsch Wallensteinscher Truppen an der Ostsee und die Pläne zur Errichtung einer großen kaiserlichen Kriegsflotte in jenen Gewässern beunruhigten den Schwedenkönig ebenso wie ihm die reichen Hilfsgelder des französischen Staatsministers, des Kardinals Richelieu, ermöglichten, den Kampf gegen Österreich zu eröffnen. Richelieu war eben dabei, einen Kranz von Unruheherden um die österreichischen und spanischen Länder der Habsburger zu legen. So wie er Unterhandlungen mit den Schweden führte, war sein Geist auch bei der Absetzung Wallensteins anwesend und brachte seine Politik ein Bündnis mit den Niederlanden zustande, die gegen Spanien im Feld standen. In Italien aber bewarb sich der französische Prinz Karl von Nevers um die Erbfolge im Herzogtum Mantua. Als es Frankreich noch gelang, einen Waffenstillstand zwischen Schweden und Polen zu vermitteln, konnte Gustav II. Adolf in Norddeutschland eingreifen. Sicherlich war Gustav II. Adolf tief religiös, doch es waren in erster Linie die eben angeführten politischen Beweggründe, die ihn als „Retter des evangelischen Glaubens" in Deutschland auftreten ließen.

Der Krieg war in diesem Augenblick in ganz Norddeutschland zu Ende. Nur die Stadt Magdeburg wehrte sich unter Führung ihres Bürgermeisters Otto von Guericke, der auch in der Geschichte der Physik einen ehrenvollen Namen besitzt, gegen das Restitutionsedikt. Um nicht allein zu stehen, hatte sich Magdeburg an Schweden um Hilfe gewendet. Tilly, der neue Oberbefehlshaber, zog gegen sie und begann die Belagerung. Gustav II. Adolf von Schweden war unterdessen auf Rügen gelandet und vertrieb die kaiserlichen Truppen aus Mecklenburg und Pommern. Im Gegensatz zu den Wallensteinern hielt die schwedische Armee, deren Kern aus einheimischen Landeskindern bestand, bis zum Tod des Königs verhältnismäßig strenge Disziplin. Ihr schlossen sich jetzt entlassene Söldner Wallensteins, Norddeutsche und aus Österreich Ausgewanderte an. Aber der Schwedenkönig kam zu spät, Magdeburg vor dem Untergang zu retten. Am 20. Mai 1631 erstürmte Tilly die Festung. Bei dieser Gelegenheit wurde vom Schweden Falkenberg und einigen Magdeburgern Feuer gelegt, so daß der Großteil Magdeburgs unterging. Für Tilly war dies trotz der Eroberung eine militärische Niederlage. Denn statt sich in Magdeburg gegen die Schweden verschanzen zu können, mußte er die Trümmer räumen und sich nach Süden zurückziehen. In zwei Schlachten — bei Breitenfeld und bei Rain am Lech — besiegten die Schweden Tilly und trieben ihn nach Bayern zurück. Die evangelischen Fürsten stellten sich zum Großteil auf die Seite Gustavs II. Adolf. Die Situation drohte für Ferdinand II. katastrophal zu werden, als Maximilian von Bayern den Versuch machte, unter dem Einfluß Frankreichs, sich und die Liga für „neutral" zu erklären und Österreich die gesamte Last des Kampfes zu überlassen. Nur weil der Schwedenkönig sich weigerte, die von ihm besetzten Gebiete der Liga zu räumen, kam es zu einer Wiederannäherung zwischen Maximilian und Ferdinand.

Jetzt riefen alle — auch Maximilian von Bayern — nach Wallenstein. Dieser war in den Jahren seit seiner Absetzung nicht müßig gewesen. Die prunkvolle Hofhaltung, die er führte, hielt ihn nicht davon ab, mit Schweden und Sachsen Unterhandlungen zu pflegen. Doch er fand bald, es sei für seine Pläne besser, sich wieder dem Kaiser zur Verfügung zu stellen. Ferdinand II. hatte Wallenstein dreimal auffordern müssen, sich wieder des Oberkommandos zu unterziehen. Seit 12. April 1632 stand Wallenstein wieder an der Spitze des Heeres. Dem Zauber seines Namens gelang es, in rascher Werbung innerhalb weniger Wochen eine neue starke Armee aufzustellen. Ein richtiger „Vertrag" zwischen ihm und dem Kaiser ist wohl nicht zustandegekommen, bloß mündliche Vereinbarungen, und auch diese hatten nicht den Umfang, der ihnen manchmal zugeschrieben wird.

Wallensteins Strategie vermochte ohne blutige Schlachten die Sachsen aus Böhmen zu vertreiben. Vor Nürnberg trafen sich die beiden Heere Gustavs II. Adolf und Wallensteins. Sie lagen einander vom 16. Juli bis 18. September gegenüber; aber Wallenstein verweigerte jede offene Schlacht. Da den Schweden in steigendem Maß die Lebensmittelzufuhr abgeschnitten wurde, mußte Gustav II. Adolf den Rückzug antreten. Damit war auch ein Teil seines bisher bestehenden Nimbus verlorengegangen. Wallenstein folgte den Abziehenden, besetzte Leipzig und wollte Winterquartiere beziehen. Da jedoch die Schweden herankamen, stellte er sich ihnen beim Dorf Lützen auf der Leipziger Ebene. Am 16. November 1632 kam es zur Schlacht. Auf beiden Seiten wurde mit äußerster Erbitterung gestritten. Als die Nacht einbrach, zog sich Wallenstein gegen Leipzig zurück. Auf kaiserlicher Seite war Pappenheim gefallen, die Schweden mußten den Tod ihres Königs beklagen. Das Wams Gustavs II. Adolf kam als Siegesbeute in das Wiener Heeresmuseum, bis es 1920 an Schweden zurückgegeben wurde. Während das evangelische Europa in tiefste Bestürzung geriet, feierten die Katholiken den Tod des Schwedenkönigs als einen Triumph ihrer Sache.

Wallensteins Ende

Schon während der Monate, in denen Wallenstein als Privatmann gelebt hatte, waren Verhandlungen zwischen ihm und sächsischen und schwedischen Abgesandten geführt worden. Der König hatte jedoch sein Mißtrauen gegen den Herzog von Friedland nicht verwinden können. Nun trug ein zehnjähriges Mädchen die Krone von Schweden. Den Oberbefehl über die schwedische Armee erhielt Herzog Bernhard von Weimar, während die politischen Agenden vom Reichskanzler

Oxenstjerna geführt wurden. Von nun an begann die schwedische Armee zu verwildern und hinterließ in den von ihr durchzogenen Gebieten böses Gedenken. Politik und Heeresführung waren nicht mehr, wie zur Zeit Gustavs II. Adolf, in einer einzigen Hand vereinigt. Gerade diese Änderung aber machte es Wallenstein möglich, von neuem und von neuen Gesichtspunkten aus die Verbindung mit den Schweden und anderen Feinden des Kaisers aufzunehmen. Es dürfte heute so gut wie entschieden sein, daß es Wallensteins Absicht war, den Kaiser zu zwingen, unter den denkbar ungünstigsten Bedingungen Frieden zu schließen. Nicht aus Friedensliebe und weil er der notleidenden Bevölkerung die Schrecken des Krieges ersparen wollte, sondern weil er für sich selbst die Königskrone von Böhmen erwartete.

Unter diesen Voraussetzungen sind alle Aktionen Wallensteins seit dem Tod Gustavs II. Adolf von Schweden zu beurteilen. Er befehligte ein 60.000 Mann starkes Heer. Wenn Wallenstein die Offensive ergriff, war der Feind verloren. Statt dessen schloß er in Heidersdorf (Schlesien) einen Waffenstillstand mit dem zahlenmäßig weit unterlegenen Gegner, wodurch das erste Mißtrauen gegen seinen Oberkommandierenden in Ferdinand II. aufstieg. Es zeigte sich nun Wallensteins labiler Charakter. Während er zuerst seine Angebote machte, den Kaiser zu bekriegen, und von der Schmach redete, die man ihm 1630 in Regensburg angetan habe, weigerte er sich bei der nächsten Zusammenkunft, den offenen Abfall von Ferdinand II. zu vollziehen. Seine abergläubische Natur — denn von einer wirklichen Religiosität kann man bei Wallenstein kaum sprechen — hielt sich an die Sterndeuterei und Prophezeiungen seiner Astrologen. Als er dann vollends die Schweden in Schlesien angriff und einen Sieg über sie errang (Steinau 1633), hielt man am Wiener Hof dafür, daß man sich doch in Wallenstein zu seinen Ungunsten getäuscht habe. Unter den Gefangenen befand sich auch jener Graf Thurn, der zu Beginn des Böhmischen Aufstandes als Gegner Ferdinands II. hervorgetreten und von diesem geächtet worden war. Es enttäuschte natürlich alle Freunde Wallensteins, daß er diesen Thurn nicht zur Aburteilung nach Wien sandte, sondern freigab.

Am 4. Oktober 1633 hatten die Schweden unter Bernhard von Weimar Regensburg angegriffen. Maximilian von Bayern bat um die Hilfe des kaiserlichen Heeres. Doch Wallenstein verhinderte eine solche; möglicherweise wollte er sich damit an seinem bayrischen Gegner rächen, oder aber er war der Meinung, die Schweden würden Böhmen angreifen, zu dessen Schutz er sich besonders verpflichtet fühlte. So ließ er sein Heer in diesem Land Winterquartiere beziehen.

Alle diese Vorfälle verringerten die Zahl von Wallensteins Freunden in Wien. Zu jenen, die bis zuletzt zu ihm hielten und ihm vertrauten, gehörten Fürst Eggenberg, der Hofkriegsrat Questenberg, der Bischof von Wien und der Beichtvater der Gemahlin des Thronfolgers Ferdinand (III). Auch der spanische Botschafter am Wiener Hof blieb ihm geneigt. Zu seinen erbittertsten Gegnern zählten sein eigener Vetter Graf Slavata, Kardinal Franz Dietrichstein, Landeshauptmann von Mähren, General Teuffenbach und so manch andere. Am 11. Jänner 1634 legte Gundaker von Starhemberg dem zögernden Kaiser ein Gutachten vor, in dem er vorschlug, eine Kommission einzusetzen, die über die Schuld Wallensteins zu entscheiden habe. Bejahe sie sie, so könne man ihn absetzen, festnehmen und wenn es nicht anders ginge — auch töten. Anläßlich eines Gastmahls bei General Ilow kam es zu jenem berühmten „Pilsner Schluß", in dem sich die höheren Offiziere

Wallenstein verpflichteten. Im ursprünglichen Revers soll die Formel gestanden haben „... solange Wallenstein im Dienst des Kaisers verharre". In der unterschriebenen Fassung fehlte dieser Zusatz. Es kam darüber zu einem wilden Tumult, bei dem die ganze Saaleinrichtung zerschlagen wurde. Die letzten Tage des Feldherrn verliefen in dramatischer Weise. Auf Grund übertriebener und gefälschter Briefe von den in Pilsen gefaßten Beschlüssen der hohen Offiziere — Piccolomini tat sich darin besonders hervor — erließ der Kaiser am 24. Jänner einen Befehl, nicht mehr Wallenstein, sondern nur mehr dem Generalleutnant Gallas zu gehorchen. Jedoch nur drei hohe Offiziere — Gallas selbst, Aldringen, der in Passau stand, und Piccolomini in Linz — erhielten davon Mitteilung. Sie sollten Wallenstein verhaften, ihn nach Wien bringen oder ihn töten. Trotz dieser Verfügungen wurde der dienstliche Verkehr zwischen Ferdinand II. und seinem abgesetzten Oberkommandierenden noch bis 14. Februar aufrechterhalten. Wallenstein sah, wie sich das Netz um ihn immer enger zusammenzog. All dies veranlaßte ihn, sich mehr und mehr den Schweden zu nähern; denn der sogenannte „zweite Pilsner Schluß" vom 20. Februar, unterschrieben von Wallenstein selbst und 30 Offizieren, in dem die Unterzeichner ihre Treue zu Ferdinand II. und zur katholischen Religion beteuerten, fand in Wien keinen Glauben mehr. Bereits zwei Tage vorher war das offene „Proskriptionspatent" gegen Wallenstein bekannt gemacht worden. Der todkranke Feldherr — er war auch körperlich nicht mehr der alte — floh, nur noch von wenigen begleitet, von Pilsen nach Eger. Auf dem Weg schloß sich ihm der irische Oberst Walter Butler mit seinem Dragonerregiment an, der schon in diesem Augenblick die Ermordung Wallensteins geplant haben dürfte. In der Nacht des 24./25. Februar 1634 drang er mit einer Schar Dragoner in das Schlafgemach Wallensteins ein; mit einer Picke wurde dieser durchbohrt. Der Kaiser nahm die Tat zur Kenntnis und belohnte die Teilnehmer der Ermordung mit Geld und Gütern. Er tat dies aus dem Gefühl des absoluten Monarchen heraus, der Herr über Leben und Tod ist. Solch fürstliche Justiz war in jenen Jahrhunderten durchaus nicht ungewöhnlich.

Die letzten Kriegsjahre

Mit Wallensteins Tod war nach Gustav II. Adolf von Schweden die zweite bedeutende Gestalt des „Dreißigjährigen Krieges" aus der Zahl der Lebenden geschieden. Ferdinand II. übertrug seinem gleichnamigen Sohn, seit 1625 gekrönter König von Ungarn, seit 1628 auch von Böhmen, den Oberbefehl über ein Heer, das er nicht mehr Fremden überlassen wollte. Generalleutnant Gallas wurde dem Kronprinzen beigegeben. Unter den Schlägen der kaiserlichen Waffen fielen Regensburg und Donauwörth. Die Vereinigung Ferdinands III. mit einem eben durchziehenden Heer des spanischen Kardinalinfanten Ferdinand verstärkte die Kaiserlichen. Bei Nördlingen wurde noch im Jahr von Wallensteins Ermordung eine der größten und folgenschwersten Schlachten des ganzen Krieges geschlagen. Die Vernichtung der schwedischen Armee unter Bernhard von Weimar war vollständig; seine gesamte Bagage geriet in die Hände der verfolgenden kroatischen Reiter, 4000 Wagen, 1200 Pferde und 6000 Gefangene fielen in die Hände des Siegers; die Schweden hatten 8000 Mann an Toten verloren. Württemberg wurde von den Kaiserlichen überrannt, man stieß gegen Rhein und Main vor.

In dieser Situation fand es der evangelische Kurfürst von Sachsen geraten, sich mit dem Kaiser auszusöhnen. In Prag kam es am 30. Mai 1635 zu einem Frieden, dem sich auch die anderen evangelischen Reichsstände anschlossen. Ferdinand II. verzichtete auf seine Pläne in Norddeutschland, und das Restitutionsedikt wurde so abgeändert, daß wohl das Gesicht des Kaisers gewahrt blieb, aber es verlor praktisch jede Bedeutung. Sachsen wurde die Lausitz abgetreten. Dem Kaiser gestand man zu, daß er in Religionssachen in seinen Erbländern nach Gutdünken verfahren könne. Damit waren sie in religiösen Belangen von jeder Reichsautorität unabhängig geworden. In Österreich setzte sich die katholische Reform bis in die letzten Winkel des Landes hinein wenigstens rein äußerlich durch. Spätere Dekrete (von 1651 und 1657) verboten Österreichern den Besuch evangelischer Gottesdienste im Ausland; katholische Feier- und Festtage waren gleichfalls von evangelischen Christen zu halten. An den Missionen der katholischen Kirche mußten auch die Evangelischen teilnehmen. Für die Katholiken war die Teilnahme am sonntäglichen Katechismusunterricht und der Empfang der Sakramente verpflichtend. „Dieser Druck erzeugte viele Listen, die staatlichen Vorschriften zu umgehen. Die ‚Staatsfeindschaft', die für den österreichischen Nationalcharakter so kennzeichnend ist, stammt aus dieser Zeit. Sicherlich war der englische Puritanismus nicht weniger unduldsam als der österreichische Katholizismus von damals; aber dort ging er von der Gemeinde aus, nicht vom Staat. Das macht einen großen Unterschied aus und erklärt die verschiedene Haltung gegenüber dem Staat" (Robert Endres).

Der Krieg hätte nun zweifellos beendet sein können. Doch Frankreich führte ihn, jetzt im Bund mit Schweden, Savoyen und Holland sowie einigen deutschen Fürsten, weiter. Die offizielle Kriegserklärung erfolgte 1635 an Spanien, 1638 an Kaiser Ferdinand III. (1637—1657). Auf seiten Österreichs kämpften Spanien, Bayern, Sachsen, Brandenburg, fast alle geistlichen Fürsten und ein Teil der Reichsstädte. War schon vorher die „Religion" meist nur ein Vorwand für machtpolitische Ziele gewesen, so trat sie jetzt vollkommen in den Hintergrund. Durch volle dreizehn Jahre wurden Mittel- und Norddeutschland, Lothringen und Burgund, die spanischen Niederlande, Böhmen und Österreich nördlich der Donau verwüstet, gebrandschatzt, in Not und Elend gestürzt. Die zuchtlosen Rotten der Heere kannten keinen Unterschied zwischen Feindes- und Freundesland. Ein Zeitgenosse berichtet: „Die Soldaten lösen sich oft in Raubhorden auf, fangen Bürger und Bauern und mißhandeln sie mit der ärgsten Grausamkeit. Man bindet ihnen z. B. beide Hände auf den Rücken, stößt mit einer durchlöcherten Ahle ein Roßhaar durch die Zunge, zieht dieses zu entsetzlichem Schmerze auf und ab und gibt für jeden Schrei der Angst mehrere Peitschenhiebe auf die Wade. Finger werden eingeschraubt, und dann das Fleisch bis auf die Knochen abgeschabt. Leute totschießen sei zu einfach und schmerzlos; deshalb schoß man mit drei Kugeln in ein Knie und drehte dann das Bein um wie eine Garnwinde." Daß unter diesen Umständen auch Bauern und Bürger keine Milde kannten, wenn sie auf verwundete oder sich in der Minderzahl befindliche Soldaten stießen, kann jeder begreifen. Da es sich um Söldner aus aller Herren Ländern handelte und jede der beiden Kriegsparteien sich diese verschrieb — im kaiserlichen Heer gab es fast keine Österreicher, umso mehr Italiener, Spanier, Wallonen, Kroaten,

Irländer, selbst türkische Spahis —, konnte nicht an ein Vaterlandsbewußtsein appelliert werden. Der Soldatenstand war ein „Handwerk“ geworden, bei dem man verdienen wollte und das gefährlicher war, als wenn man Schuster, Schneider oder Schmied wurde. Dies bewirkte auch, daß man sich nicht im geringsten scheute, einfach davonzulaufen, wenn ein Treffen schlecht stand. Es hatte dies nichts mit persönlicher Tapferkeit oder Feigheit des betreffenden Söldners zu tun.

Unter den schwedischen Feldherren jener letzten Phase des großen Krieges ragten besonders Banér und Leonard Torstensson hervor. Dessen Nachfolger wurde Wrangel. Auch Georg Rákóczy, der neue Fürst von Siebenbürgen, beteiligte sich seit 1644 am Kampf gegen Österreich. Am 7. März 1644 wurde ein kaiserliches Heer bei Jankau, in der Nähe von Tabor, geschlagen. Einige Wochen später — am 24. März — standen die Schweden vor Krems. Obwohl Rákóczy Frieden schloß und sich dafür sieben ungarische Komitate abtreten ließ, wich die Gefahr nicht; denn 1641 hatten sich Brandenburg, 1645 Sachsen und 1647 Bayern neutral erklärt. Die Schweden drangen in Vorarlberg ein, eroberten Bregenz und verwüsteten Feldkirch. Auf der kaiserlichen Seite gab es keine Generäle, deren militärische Fähigkeiten an jene der schwedischen heranreichte. Noch heute erinnert die Brigittakapelle im 20. Wiener Gemeindebezirk daran, daß dort einmal das Zelt des österreichischen Oberkommandierenden, Erzherzog Leopold Wilhelms, stand und eine schwedische Kanonenkugel, von jenseits der Donau abgefeuert, nicht explodierte, sondern ohne Schaden zu seinen Füßen niederrollte. Man schrieb dies der Hilfe der schwedischen Nationalheiligen, der heiligen Brigitta (Birgitta), zu, die die katholischen Österreicher gegen ihre evangelisch gewordenen Landsleute geschützt hätte. Um diese Kapelle entstand später ein Dorf, das den Namen Brigittenau erhielt. Im letzten Jahr des Krieges wurde von Ferdinand III. gelobt, daß Österreich „auf ewige Zeiten“ den 8. Dezember (Maria Unbefleckte Empfängnis) als Feiertag begehen werde. Die Mariensäule auf dem Platz „Am Hof“ erinnert an dieses Gelübde.

So wie der Krieg in Böhmen begonnen hatte, so endete er auch in Böhmen. Nachdem die Schweden vergeblich versucht hatten, Brünn zu nehmen und dort von 374 Soldaten und 1050 Bürgern und Studenten zurückgeschlagen worden waren, fiel im Sommer 1648 General Königsmarck in Böhmen ein und überrumpelte die Vorstädte von Prag. Auch der Hradschin geriet in die Hände der Feinde, und bei dieser Gelegenheit wurde der sogenannte „Silberne Kodex“, die gotische Bibelübersetzung des Bischofs Wulfila aus der Zeit der Völkerwanderung, entführt und nach Schweden gebracht, wo er sich noch heute in Uppsala befindet. Die Altstadt Prags jedoch wurde nicht bezwungen. Bürger und Studenten verteidigten sie drei Monate hindurch gegen die Belagerer unter Führung des Jesuitenpaters Plachy, bis die Nachricht kam, der Friede sei zu Münster und Osnabrück in Westfalen geschlossen worden.

Es war der 24. Oktober 1648, als der Kampf nach dreißig Jahren wenigstens in Mitteleuropa ein Ende fand. Für Österreich bedeutete dies, daß sich die Habsburger von nun an auf die Regierung ihrer Erblande zurückziehen mußten. Die kaiserliche Macht, die Ferdinand II. noch 1630 zur Gänze besessen hatte, wurde zum Schatten und auf die österreichischen Erblande eingeschränkt. Dem Kaiser blieb kaum mehr als die Möglichkeit, Bürgerliche in den Adelsstand zu erheben und in den Kirchen beim Sonntagsgottesdienst — lange Zeit hindurch auch noch in den norddeutschen evangelischen Gebieten — das „Gebet für den Römischen Kaiser“ sprechen zu hören.

Die Reichsfürsten hatten eine fast vollständig unabhängige Stellung erlangt; man garantierte ihnen sogar das Recht, mit dem Ausland ohne Einwilligung des Kaisers Verträge zu schließen, nur „sollten diese nicht gegen Kaiser und Reich“ gerichtet sein. Für einen Staatsrechtslehrer wie Pufendorf war das Heilige Römische Reich zu einem „Monstrum“ geworden. Vielleicht begreifen wir die damalige Lage am besten, wenn wir den Reichstag, der nun dauernd in Regensburg tagte, mit der Generalversammlung des Völkerbundes aus der Zeit nach dem Ersten oder mit der der Vereinten Nationen nach dem Zweiten Weltkrieg vergleichen. Frankreich hatte in seinem Bestreben, die Rheingrenze zu erreichen, bedeutende Fortschritte gemacht. Kaiser Ferdinand III. trat das bisher österreichische Elsaß an Frankreich ab. Schweden wurde zur bestimmenden Ostseemacht. Mit Vor- und Hinterpommern, den Stiften Bremen und Verden sowie Wismar saß es an der Mündung von Weser, Elbe und Oder und hatte Sitz und Stimme im Reichstag. Für Bayern wurde eine achte Kurwürde geschaffen, nachdem der Sohn des in der Verbannung gestorbenen „Winterkönigs“ von Böhmen sein Stammland, die Rheinpfalz, zurückerhalten hatte. Außerdem wurde die Schweizer Eidgenossenschaft ebenso wie die Republik der Freien Niederlande, auch die Generalstaaten genannt, für vollkommen unabhängig vom Heiligen Römischen Reich erklärt. Es war dies nur die nachträgliche formelle Bestätigung einer Tatsache, die praktisch schon seit langer Zeit gegeben gewesen war. Von nun an bestand das Römische Reich offiziell aus den Gebieten von acht Kurfürsten — von denen fünf katholisch und einer der Kaiser als König von Böhmen war —, 69 geistlichen, 96 weltlichen Fürsten und 61 Reichsstädten.

Seit dem Ende des Dreißigjährigen Krieges pflegte man in Europa auch bei Kriegen, die vom Heiligen Römischen Reich geführt wurden, von Österreich zu sprechen und anderseits rein österreichische Heere als „kaiserliche“ zu bezeichnen, da man das Römische Kaisertum und Österreich immer mehr miteinander identifizierte. Als Gegenstück dazu kann der in Österreich aufkommende Wortgebrauch gelten, man reise „ins Reich“, wenn man sich nach Bayern oder anderen Teilen Süddeutschlands begab. Auch im Orient, so vor allem im Türkischen Reich, wurde der früher für alle Europäer übliche Name „Franken“ durch „Nemce“ — wie man die Untertanen des Kaisers in Wien nannte — ersetzt.

Die letzten Tiroler Landesfürsten

Es entsprach dem Geist des absoluten Fürstentums, die Landeshoheit nur in einer einzigen Person verkörpert zu erblicken. Teilungen, wie sie im Mittelalter und noch in der frühen Neuzeit üblich waren, widersprachen diesem Prinzip. Im Geist dieses Absolutismus hatte Kaiser Ferdinand II. bereits 1621 ein Hausgesetz erlassen, in dem die Erbfolge im Sinne der Erstgeburt (der Primogenitur) geregelt wurde. Nun erhoben aber seine Brüder dagegen Einspruch, und der Kaiser sah sich gezwungen, 1625 dem Erzherzog Leopold Tirol und 1630 auch noch Vorderösterreich als erbliches Eigentum zu überantworten. Leopold, der Bischof von Passau gewesen war und im Bruderzwist als Günstling des alternden Kaisers Rudolf II. eine nicht unbedenkliche Rolle gespielt hatte, legte seine bischöfliche Würde zurück, trat mit Bewilligung des Papstes in den Laienstand und vermählte sich mit Claudia Felicitas, der Tochter des Großherzogs von Toscana aus dem Haus der Medici. Sie war in erster Ehe mit dem letzten Herzog von Urbino vermählt gewesen.

Die Regierungszeit Erzherzog Leopolds (1618—1632) fiel in die erste Hälfte des Dreißigjährigen Krieges. Blieb Tirol auch von seinen unmittelbaren Auswirkungen verschont, war es doch als Durchzugsgebiet von spanischen Truppen und Kriegsmaterial, so dem Kaiser aus den italienischen Besitzungen der spanischen Habsburger zukamen, für beide Parteien wichtig. Im benachbarten Graubünden gab es eine österreichische und eine französische Partei. Als die Führer der ersteren vertrieben wurden, baten sie in Tirol um politisches Asyl. Sie sammelten Kriegsvölker, um mit bewaffneter Macht zurückzukehren. Daraufhin sperrten die Graubündner den Durchzug für jedwedes Kriegsmaterial an Kaiser Ferdinand II. Als sich dann 1620 die katholischen Veltliner ihrer evangelischen Mitbürger in einer einzigen Mordnacht entledigten, rückten die von den Führern der österreichischen Partei gesammelten Scharen im Münstertal ein. Ihnen folgten österreichische Truppen. Sie zwangen die Graubündner zum Frieden von Mailand 1621, in dem das Veltlin an Spanien abgetreten werden mußte und die Tiroler Habsburger acht Gerichtsbezirke im Prättigau erhielten. Österreich bekam außerdem das Recht zugesprochen, Chur und Maienfeld besetzt zu halten. Nur die Weigerung der Tiroler Stände, finanzielle und militärische Opfer zu bringen, verhinderte, daß ganz Graubünden habsburgisch und mit Tirol vereinigt wurde.

Nach dem Tode Erzherzog Leopolds führte zuerst seine kluge und tatkräftige Witwe Claudia die Regentschaft für ihren minderjährigen Sohn (1632—1646). Ihr treuer Ratgeber war Wilhelm Bienner, der als „der Kanzler von Tirol“ in der Nachwelt bekannt geblieben ist. Auch jetzt noch war es dem Land vergönnt, nicht der Schauplatz unmittelbarer Kriegshandlungen zu werden. Um den Einfall fremder Truppen zu verhindern, ließ Erzherzogin Claudia die alten Befestigungen an der Scharnitzer Pforte verstärken, die seitdem ihren Namen — Porta Claudia — führten. Dagegen konnte der Durchzug kaiserlicher Völker nicht verhindert werden. Sie schleppten die Pest ein, an der etwa 16.000 Menschen im Lande starben. Orte, wie Pfaffenhofen, Polling und Oberhofen verödeten völlig. Als dann 1646 Erzherzogin Claudia die Regierung ihrem mündig gewordenen Sohn Ferdinand Karl (1646—1662) übergab, zeigte es sich, daß die Erziehung des jungen Fürsten schwer vernachlässigt worden war. Trotz allgemeiner Not im Land warf er das Geld mit vollen Händen hinaus. Ihm folgten die vornehmen Kreise. Luxus und unsinnige Verschwendung nahmen auf der einen Seite überhand, während auf der andern der einfache Mann sich mit kümmerlichen Abfällen nähren mußte. Zwar hatte Ferdinand Karl große Projekte im Sinn; die Landwirtschaft sollte verbessert, die Maulbeer- und Seidenraupenzucht gefördert, Weide- in Ackerland umgewandelt werden, und eine Reihe neuer Industrien (Eisenwerke, Glashütten) wurde geplant; aber fast nichts davon wurde Wirklichkeit. Hingegen ließ er in Innsbruck zwei Theater bauen und unterhielt einen glänzenden Marstall und eine große Meute von Jagdhunden, die — samt der Dienerschaft, den Sängern und Spielleuten, die sich bei ihm einfanden — große Summen Geldes verschlangen. Es muß freilich auch vermerkt werden, daß die Freigebigkeit Ferdinand Karls jungen Mädchen eine Heiratsausstattung und talentierten jungen Männern Stipendien für das Studium gewährte.

Das dunkelste Kapitel während seiner Regierung ist der Prozeß gegen den hochverdienten Kanzler seiner Mutter, Wilhelm Bienner. Solange die Erzherzogin lebte — sie starb bereits 1648 —, konnte ihr Sohn seiner Abneigung gegen Bienner nicht offen Ausdruck geben. Dieser kritisierte offen die Korruption der Verwaltung und die Verschwendungssucht des Fürsten. Das schuf ihm viele Feinde. Er wurde seines Amtes enthoben und selbst der Unterschlagung von Geldern sowie der Majestätsbeleidigung angeklagt. In einem Verfahren, das allen geltenden Bestimmungen Hohn sprach, wurde Bienner zum Tode verurteilt und am 17. Juli 1651 im Schloßhof zu Rattenberg hingerichtet.

Nach dem Tode Ferdinand Karls wurde sein Bruder Siegmund Franz (1662 bis 1665) regierender Herrscher von Tirol. Er war in den geistlichen Stand getreten und mit 14 Jahren Bischof von Gurk, mit 16 Bischof von Augsburg geworden. In Charakter und Lebensweise anders als sein verstorbener Bruder, begann er sofort mit einschneidenden Sparmaßnahmen die in Unordnung geratenen Finanzen des Landes zu sanieren. Schon 1665 zeigten sich deutlich die Erfolge seiner Tätigkeit. Im selben Jahr legte er seine kirchlichen Würden zurück, ließ sich mit Bewilligung des Papstes in den Laienstand zurückversetzen und beschloß zu heiraten. Ehe es dazu kam, starb er unerwartet. Mit ihm war der Mannesstamm der Tiroler Linie der Habsburger erloschen. Das Land fiel an das Oberhaupt des Hauses Habsburg, Kaiser Leopold I., der sich 1673 mit Claudia Felicitas von Tirol vermählte. Die Geschicke des Landes blieben von nun an mit denen des österreichischen Gesamtstaates verbunden.

Österreich nach dem Dreißigjährigen Krieg

Die Folgen des Dreißigjährigen Krieges waren für die von ihm betroffenen Länder verheerend. Noch nach Jahrzehnten fehlte es an der Sicherheit im Innern, Räuberbanden aus entlassenen Söldnern zogen durch die Gegend, ganze Dörfer waren verschwunden, eine moralische Verwilderung hatte Platz gegriffen, daneben blühten Aberglaube und Hexenwahn. Die Bevölkerung Deutschlands soll die Hälfte ihres Bestandes verloren haben. Von den damaligen habsburgischen Ländern war es jedoch nur Böhmen, das zum Kriegsschauplatz geworden war; daneben noch Mähren und nieder- und oberösterreichisches Gebiet bis zur Donau. Alle anderen heutigen Bundesländer der Republik Österreich hatten trotzdem unter den wirtschaftlichen Folgen der Kämpfe zu leiden. Eine allgemeine Geldentwertung setzte ein.

Seit 1619 überschwemmte das sogenannte „Kippergeld“ den Markt. Ein Chronist aus Steyr berichtet 1622: „Es hat sich eine solche Teuerung angefangen mit dem Geld, ein Dukaten ist auf 20, ein Reichstaler auf 10 Gulden gestiegen, worauf alles aufgeschlagen: ein Pfund Fleisch um 15 Kreuzer, ein Kandel Wein um 1 Gulden. Ist auch ganz kupfernes Geld gegangen, schlimme Zwölfer und kleine Gröschel. Es war kein gutes Geld zu finden. Es ist ein so mühsamb teure Zeit gewesen, daß oftermals morgens frühe bei 100 Personen bei einem Brotladen gestanden und auf Brot gewartet haben.“ Als dann 1623 die Währungsreform kam, erhielten die Leute für den „Kipper“gulden, der ursprünglich 75 Kreuzer wert gewesen war, nur mehr 10 Kreuzer, der Groschen war statt 12 nur mehr 1½ Pfennig wert. Der einfache Mann verlor damit 87,7 Prozent seines Bargeldbestandes.

Der Bergbau war infolge unrationeller Ausbeutung in seiner Bedeutung herabgesunken. Kaiser Karl V. betonte noch 1525, daß das meiste Silber aus den österreichischen Landen käme. Schwazer Bergknappen wurden auch ins Ausland berufen, um dort den Bergbau zu organisieren. Doch diese Bergwerke befanden sich fast durchwegs in den Händen reicher Leute, zum Teil in ausländischem Besitz. In den Jahren des Dreißigjährigen Krieges blieben diese den Arbeitern monatelang den Lohn schuldig; waren sie krank oder alt oder sonstwie arbeitsunfähig, warf sie der Arbeitgeber ohne jede Rücksicht einfach auf die Straße. Die Goldgruben von Kliening im Lavanttal waren 1578 „wegen der Nachlässigkeit und Unwissenheit" der Besitzer dem Zusammenbruch nahe; es ging erst wieder besser, als sie 1589 den Bergarbeitern überantwortet wurden. Die größte Bedeutung besaß der steirische Erzberg, der „benedeite Eisenwurzen", wie sie genannt wurde. Im Durchschnitt wurden jährlich von den 19 „Gewerken" Innerbergs 60.000 Zentner Roheisen gewonnen. Die Preise wurden von der Regierung festgesetzt, und seit 1625 wandelte man den ganzen Betrieb in eine vom Staat kontrollierte Genossenschaft um; die bisherigen Eigentümer wurden landesfürstliche Beamte oder Teilhaber. Die Ausfuhr ging in den gesamten Donauraum, nach Norddeutschland, Rußland, Polen, selbst nach England, nach Ost- und nach Westindien.

Schon sehr früh wurde das Salz als staatliches Monopol betrachtet und als Staatsbetrieb geführt. Der oberste Beamte war der Salzamtmann in Gmunden. Das „Salzkammergut" heißt so, weil es verstaatlicht war und von der Hofkammer (dem Finanzministerium) verwaltet wurde. Die Einnahmen aus diesem Monopol reichten zusammen mit den Erträgnissen des Ungarischen Erzgebirges hin, die gesamte Hofhaltung und den Hofstaat zu unterhalten.

Trotz der Not der Zeit und der vielen Kriegslasten waren in vermögenden Kreisen Trunksucht und Völlerei an der Tagesordnung. Im Jahre 1517 hatte der steirische Landeshauptmann Siegmund von Dietrichstein eine Vereinigung gegen Alkohol und Fluchen, die „St.-Christophorus-Bruderschaft", gegründet; doch sie ging bald aus Mangel an Mitgliedern zugrunde. Auf einem Fenster der Riegersburg in der Oststeiermark kann man heute noch die Inschrift lesen: „Anno 1635 den 6. April hat sich das Sauffn angehebt und ale Tag ein Rausch geben bis auff den 26. detto." Bei einer Hochzeit im Jahre 1666 wurden 8 Ochsen, 100 Schöpse, 50 Kälber, ebenso viele Lämmer, 10 Mastschweine, 80 Spanferkel, 6 Wildschweine, 100 Fasane, 100 Truthühner, 160 Rebhühner, 80 Gänse, 100 Wildenten, 400 Schnepfen, 200 Kapaune, 800 Hühner, 300 Wachteln, 400 Tauben, 400 Pfund Speck, 1200 Zitronen, 1200 Orangen und 100 Granatäpfel vertilgt.

Das Tagesmenü einer Tiroler adeligen Wöchnerin sah folgendermaßen aus: um 3 Uhr morgens eine Suppe mit drei Eiern; um 5 Uhr früh ein Eiermus und eine gute Hühnersuppe; um 7 Uhr ein paar frische Eier; um 9 Uhr ein gutes „Dottersüppchen" mit Zutaten; um 12 Uhr Fische, gebratene Vögel, ein wildes Huhn, Wein, Brot und Bäckerei; um 13 Uhr einige Brandkügelchen mit Wein; um 15 Uhr zur Jause ein gebratenes Köpple, Grundeln und Pfrillen mit Wein, Brot und Bäckerei; um 17 Uhr ein gutes Eierküchele mit Wein; zum Nachtmahl 5 bis 6 Gänge; um 19 Uhr eine gute Koppensuppe; um 21 Uhr Brandküchlein mit Wein, Brot und Bäckerei, und um Mitternacht ein Dottersüppchen mit Zutaten.

Der Alkoholgenuß spielte auch bei den Frauen eine große Rolle. Die Kammermädchen der Erzherzogin Maria, der Gemahlin Karls (II.) von der Steiermark, hatten Anspruch auf täglich 3 Liter Wein. Daß unter diesen Verhältnissen sehr viele Adelige in verhältnismäßig jungen Jahren starben und daß Rheuma, Gicht und ähnliche Beschwerden an der Tagesordnung waren, braucht nicht wunderzunehmen. Man suchte diese Leiden in den Bädern zu lindern. In Niederösterreich gab es Baden (bei Wien) und Mannersdorf (bei Wiener Neustadt), in der Steiermark das Römerbad, Tüffer, Neuhaus, Gleichenberg, Einöd und Tobelbad.

In den Städten taten es die reichen Bürger dem Adel gleich. Die Zeiten allerdings, in denen eigene Politik gemacht und oftmals dem Landesherrn entgegengetreten wurde, waren endgültig vorbei. Statt dessen konnten Wien, Graz und Innsbruck, die beiden letzteren Orte wenigstens zeitweise, darauf hinweisen, daß sie Residenzstädte waren. Ihnen gesellte sich Salzburg zu, das unter der Herrschaft der Fürstbischöfe stand. Viele der Bürger waren freilich den neuen Verhältnissen nicht gewachsen. Sie verarmten. An die Stelle einheimischer Kaufleute und Handwerker traten Ausländer. In Wien, Graz und Innsbruck spielten Italiener eine große Rolle. Die Habsburger befreiten diese Zugewanderten von allen städtischen Abgaben. Man hieß sie „Niederlagsverwandte“, und sie schädigten die Eingesessenen oft schwer, da sie Waren und Lebensmittel im großen einkauften und im Detail mit Gewinn absetzten. Daneben gab es die sogenannten „Hofbefreiten“, eine Art Vorläufer der späteren Hoflieferanten, die mit dem Hof und dem Adel Geschäfte machten, aber nicht selten in Konkurs gingen, wenn ihre Schuldner nicht zahlen wollten oder konnten. Der Adel erwarb nunmehr Wohnsitze in den Städten, während kleine Handwerker aus den Städten auf das flache Land zogen. In Wien war zu Ende dieses Zeitraumes angeblich nur ein Viertel aller Häuser Eigentum einheimischer Wiener. Die Klagen über die „Abödung“ der Städte mehrte sich. Oft konnte man leerstehende Häuser sehen. Aber sosehr man sich über die „Fremden“ erregte, die sich ansiedelten, sosehr war man nach ausländischen Waren begierig, auch wenn das Einheimische genauso gut, vielleicht sogar noch besser war. So kaufte der Tiroler Großhändler David Wagner — im übrigen der Stammvater der Grafen von Sarnthein — in Neapel um 2956 Gulden Seidenwaren und erzielte 563 Gulden Gewinn bei deren Verkauf.

Seit Wien praktisch die Hauptstadt des gesamten Reiches der österreichischen Habsburger und des Heiligen Römischen Reiches geworden war, traten wieder die alten Beziehungen zu Ungarn und den anderen Donauländern in Erscheinung, die durch die Glaubensspaltung unterbrochen worden waren. Nicht mehr Bürger, sondern Adelige waren es, die nunmehr in Wien, dem Sitz der Könige, auch ihre Wohnung aufschlugen. Beamte der habsburgischen Regierungsämter wiederum gingen in die habsburgisch gebliebenen Teile Ungarns. David Fröhlich schreibt im Jahre 1641 mit Bezug auf die slowakischen (damals oberungarischen), von deutschsprachigen Bürgern bewohnten Städte der Zips: „Jetzo gibt es allda auch viel Steiermärker, Kärntner, Tiroler und Österreicher, deren letzt gemeldeten Sprach die Inwohner nunmehr affektieren, weil fast die vornehmsten Offizierer (damals Beamte) in der königlichen Kammer Österreicher sind. Die in den Zipserischen Bergstädten ... reden auch schon Österreichisch, aber sehr grob und korrupt: und solche Sprache haben zum Teil die vorigen Bergamtsleute, so die meisten aus

Österreich bürtig gewesen, teils die Inwohner selbsten... daselbst gemein gemacht."

Die großen ungarischen Grundherren besorgten ihre Einkäufe in Österreich. So gab Graf Stephan Csáky 1666 während eines dreiwöchigen Aufenthaltes in Wien allein 9000 Gulden, ein wahres Vermögen, aus. Die Grafen Peter Zrinyi und Frangepani hatten in Wien ihre eigenen Tuchhändler, Apotheker, Buchhändler und Goldschmiede, bei denen sie regelmäßig einkauften. Söhne kroatischer Adeliger wurden zur Erlernung der deutschen Sprache nach Österreich geschickt. Man kaufte sich auch in Österreich an, wie Graf Franz Nádasdy, der seit 1665 auf seinem Gut Pottendorf in Niederösterreich lebte.

Die Lage der Bauern war verschieden; in Böhmen und Ungarn standen sie sich schlechter als in den österreichischen Landen. Da sich der Staat in das Verhältnis zwischen Grundherrn und Bauer grundstäzlich nicht einmischte, waren diese dem Wohlwollen der Herrschaft ausgeliefert. In Tirol waren die Bauern meist frei, und etwa zehn Prozent von ihnen saßen auch auf eigenem Boden. Andere hatten Äcker und Rodungen in Pacht genommen. Diese „Freieigner" nahmen immer mehr ab, da es vielen Grundherrschaften gelang, ihnen die Freiheit abzukaufen. Im 17. Jahrhundert kam die Sitte auf, das Land nicht mehr selbst zu bewirtschaften, sondern es den Bauern in Pacht zu geben. Diese hatten dann der Herrschaft in Geld oder in Naturalien zu zinsen. Aber darüber hinaus gab es eine Reihe anderer Abgaben, wie Schreibgebühren verschiedenster Art, Sterbegeld sowie Laudemien (Zahlungen bei Wechsel des Inhabers). Jedes Jahr waren die untertänigen Bauern verpflichtet, ihre arbeitsfähigen Kinder dem Gutsherrn als Gesinde zur Verfügung zu stellen. Wer dann wirklich als Knecht oder Magd eingezogen wurde, erhielt den gewöhnlichen Lohn. Bei einer fremden Gutsherrschaft durfte man sich nur mit Bewilligung der eigenen verdingen. Ebenso konnte eine Heirat von Bauernkindern nicht ohne Zustimmung des Grundherrn vor sich gehen. Auf jeden Fall mußte dafür eine Taxe gezahlt werden. Der Bauer sah sich ferner gezwungen, seine Erzeugnisse um den von mancher Herrschaft gebotenen Preis an diese zu verkaufen.

Eine der fürchterlichsten Folgen des herrschenden Aberglaubens und der weitverbreiteten Unwissenheit war der Hexenwahn. In Österreich finden wir ihn hauptsächlich in den Weinbaugegenden vertreten. Die vielen kleinen Besitzer konnten sehr leicht vom Hagel geschädigt werden; selbstverständlich hatte dann eine „Hexe" die Ernte vernichtet. Noch dazu, wenn es — wie es öfters vorkommt — geschah, daß der Hagel gerade den eigenen Weingarten traf und den des Nachbarn verschonte. Der Wein regte auch die Phantasie an, mancher prahlte in halber Trunkenheit mit übernatürlichen Kräften und wurde so ein Opfer seines eigenen Wichtigtuns. Wenn dann die Folter angewendet wurde, „gestand" man gern alles und klagte noch andere des gleichen Verbrechens an. Die Mehrzahl der „Hexen" fiel in Österreich in den Jahren 1640 bis 1683 diesem Aberglauben zum Opfer. Wir wollen indes nicht verschweigen, daß sich unter den Hingerichteten auch manch wirklich schuldige Person befunden haben wird, die zwar keine Hexenkünste kannte, wohl aber eine Giftmischerin oder gar eine Kindesmörderin war. Wie leicht man in die Lage kam, als Hexe angeklagt zu werden, zeigt der Fall der Frau des Verwalters der oststeirischen Riegersburg, der man Hexerei vorwarf, weil sie unbekannte Blumen — Tulpen — in ihrem Garten gezogen hatte.

Die Habsburger hatten anfangs — im Gegensatz zu vielen ausländischen Fürsten — einen klareren Kopf bewahrt. In einer Verordnung Ferdinands I. vom Jahr 1544 wird Hexerei nur als „Betrug“ eingestuft; Ferdinand II. meinte, man solle diejenigen, die einen anderen der Hexerei beschuldigten, in den „Narrenturm“ sperren. Ferdinand III. hingegen bestimmte 1656 in der Landgerichtsordnung, die von den bedeutendsten Juristen seiner Zeit verfaßt wurden, daß auf „rechter Zauberei“ der Feuertod stünde. Im allgemeinen pflegte man den Prozeß gegen Hexen nach den Bestimmungen des berüchtigten „Hexenhammers“ (erschienen 1487 in Straßburg) durchzuführen. Am Ende des Jahrhunderts sammelte 1696 Erich Fröhlich von Fröhlichsburg in seinem Buch „Nemesis Romano — Austriaco — Tiroliensis“ die darauf bezüglichen Bestimmungen. Er wurde dann in weiten Teilen Österreichs maßgebend.

Die österreichischen Kernlande hatten, wie geschildert, die Wirren der „Dreißig Jahre“ relativ gut überstanden.

Der Ausspruch, den Friedrich Schiller in seinem „Wallenstein“ über Österreich und die Österreicher macht, schildert deutlich das Entstehen eines österreichischen Volks- und Staatsbewußtseins: „Der Österreicher hat ein Vaterland, er liebt’s und hat auch Ursach’, es zu lieben.“

Wenn man Czörnigs Auslegung folgt, so besteht ein Territorium des „Ostreiches“ (Noricum) bereits seit der keltischen Herrschaft im österreichischen Raum, also seit rund zweitausendfünfhundert Jahren.

Zeitweilige Aufteilungen dieses donau- und alpenländischen Territoriums konnten, besonders im Kerngebiet, das Zusammenstreben nicht dauernd verhindern. Immer wieder sehen wir in der Geschichte die Behauptung eines Kristallisationszentrums, das schon frühzeitig unter den Babenbergern als „Monarchia Austrie“ (vgl. Karl Lechner im Sammelwerk: Unvergängliches Österreich, Wien 1958) bezeichnet wurde. Durch kluge Verschwägerung seiner babenbergischen Fürsten mit den ost- und weströmischen Kaiserhäusern erreicht Österreich eine über seine territoriale Größe weit hinausragende Bedeutung, wie sie in der hohen Schätzung, der sich Leopold der Heilige erfreute, sowie in dem Privilegium Minus, das Österreich aus allen Fürstentümern des Heiligen Römischen Reiches heraushob und ihm eine einmalige Sonderstellung verlieh, wie auch in der Absicht des Kaisers Friedrich II., der seinem Namensvetter Herzog Friedrich II. von Österreich die Königskrone anbot, zum Ausdruck kommt. Unter den Habsburgern wird diese Sonderstellung Österreichs noch weiter ausgebaut. Durch die Anerkennung des Privilegium Maius durch den in Österreich geborenen Kaiser Friedrich III. erhält Österreich auch rechtlich jene hohe Stellung, die es sich unter den Babenbergern und Habsburgern errungen hat. Bei Ausgang des Krieges der dreißig Jahre ist die Macht des Heiligen Römischen Reiches zu einem Schatten geworden, das Herzstück dieses Reiches, relativ intakt geblieben, war nun zum Träger der kaiserlichen Macht geworden und verteidigte auch das machtlose Reich später gegen Osten und Westen. Seit dem Westfälischen Frieden wurde es im Abendland Sitte, vielfach vom Kaiser und von Österreich zu sprechen. Die Taten und Kriege des Reiches wurden immer mehr in den Augen der Zeitgenossen zu Taten und Kriegen Österreichs.

Zusammenfassung:

Das Bestreben nach einer weiteren Ausbreitung des evangelischen Glaubens auf der einen und die katholische Reformbewegung, die vom Konzil von Trient ausging, auf der ande-

ren Seite führten zu ständigen Reibereien und Auseinandersetzungen zwischen den Religionsparteien. Aus verschiedenen Auffassungen über den Begriff „Königsgut" und „Kirchengut" und deren Benutzung entstand der Böhmische Aufstand, der einen dreißigjährigen Kampf der Religionsparteien einleitete, die sich im (evangelischen) Fürstenbund der „Union" und im (katholischen) Bund der „Liga" bewaffnete Macht geschaffen hatten. In diesen ursprünglich auf das Heilige Römische Reich und die habsburgischen Erbländer beschränkten Konflikt griffen auswärtige Mächte (Dänemark, Frankreich, Schweden) ein, während die spanischen Habsburger ihren österreichischen Verwandten zu Hilfe eilten. In den Wirren dieser Kämpfe stieg der böhmische Edelmann Albrecht von Wallenstein zu Reichtum, Macht und Ansehen empor und brachte ganz Norddeutschland in die Hände des Kaisers. Aber die gegensätzliche Auffassung Wallensteins und Kaiser Ferdinands II. über das 1629 erlassene „Restitutionsedikt", das die Rückgabe entfremdeter katholischer Kirchengüter vorsah und einen sozialen Umsturz in den evangelischen Gebieten Deutschlands bedeutet hätte, führte unter Druck Bayerns zur ersten Absetzung Wallensteins. Nachdem der schwedische König Gustav II. Adolf bis nach Bayern vorgedrungen war, wurde Wallenstein wieder in das Kommando zurückberufen, doch erregte seine nunmehrige zwielichtige Haltung den begründeten Verdacht, er wolle die kaiserliche Sache verraten und zu den Schweden übergehen. Dies führte 1634 zu seinem Sturz und zu seiner Ermordung. Der Dreißigjährige Krieg, nunmehr in einen rein politischen Machtkampf zwischen Österreich — Spanien auf der einen und Frankreich — Schweden auf der anderen Seite übergehend, endet mit dem Westfälischen Frieden. Dieser macht aus dem Heiligen Römischen Reich eine lose Konföderation und zwingt die österreichischen Habsburger, sich auf ihr Erbland zurückzuziehen. Von nun an werden die Kaiserwürde und Österreich in der öffentlichen Meinung immer mehr identifiziert.

DAS HELDENZEITALTER ÖSTERREICHS

Theatrum Mundi — das österreichische Barock

Für viele Freunde der österreichischen Kultur ist das Barock das eigentlich österreichische Zeitalter an sich. Im Barock habe sich die österreichische Eigenart am besten und am sinnfälligsten ausgedrückt. Die Lebens- und die Geisteshaltung des Barocks sei der österreichischen Mentalität am meisten entsprechend. Wir möchten uns nicht zu dieser Behauptung versteigen, denn es ist bekannt, daß man in jenen Jahrhunderten das historische Gefühl der Gegenwart nicht besaß. Wenn in den Kriegen Städte verwüstet, Paläste und Kirchen niedergebrannt wurden, so schuf man sie nicht in der alten Stilform wieder, sondern baute sie nach den neuen Prinzipien auf. Wir finden diese Haltung auf Schritt und Tritt bestätigt. Nun war es aber so, daß nach dem Zeitalter des Barocks Österreich bis zum Zweiten Weltkrieg keine größeren Zerstörungen mehr zu erdulden hatte. Darum erscheint uns das Land als „Barockland", Wien als „Barockstadt", so wie wir in einem der ältesten Bilder, die uns die österreichische Hauptstadt zeigen, Wien als „gotische Stadt" erkennen. Das soll natürlich nichts dagegen sagen, daß Barockkultur dem österreichischen Wesen entgegenkam. Doch kann man nicht gut sagen, daß das Barock mit dem Österreichischen identisch sei.

Das Ursprungsland des Barockstils — der Name tritt uns zuerst in der Kunstgeschichte entgegen — ist Italien. In Rom wandelten sich die Formen der Renaissance in jenen Stil, der von den Anhängern der Antike den Schimpfnamen „barocco" (verschnörkelt, verunstaltet) erhielt. Wie das Wort „gotisch" sollte dies den Beigeschmack von „barbarisch" an sich tragen. Erst im 20. Jahrhundert setzte eine Umwertung der Begriffe ein, und heute erkennen wir im Barock „die letzte große Stufe der abendländischen Gemeinschaftskultur" (Gustav Schnürer). Sie ruht fest im romanischen Süden und Südwesten des Erdteils (Spanien und Italien) und greift von hier aus fächerförmig nach allen übrigen Ländern. Besonders stark ist der Einfluß des Barocks in den katholischen Ländern; er zeigt sich aber auch im evangelischen Norden und im russisch-orthodoxen Osten. Auf dem Gebiet der Kunst bedeutet das Barock die Versöhnung des Christentums mit dem weltfrohen Geist der Antike. Ragt der gotische Dom schweigend und ernst zum Himmel empor, ein Symbol der gottsuchenden Seele, so flutet durch die Fenster der barocken Kathedrale in bunten Farben das Licht und spiegelt sich in allen Gemälden, Säulen, Statuen, die in reicher Fülle das Innere des Gotteshauses schmücken. Diese Farbenpracht und der förmliche Wald von Säulen, diese prunkvollen Fassaden und geschwungenen Bogen sind der geeignete Stil für den fürstlichen Absolutismus, der im Zeitalter des Barocks auf politischem Gebiet herrscht.

Für den barocken Menschen besteht eine Hierarchie der Werte. Kaiser, Edelmann, Bauer und Bürger haben ihren festen Platz, und es wäre ein Verbrechen, aus seinem Stand ausbrechen zu wollen. Denn es kommt im Geist des Barocks nicht sosehr darauf an, welche „Rolle" man spielt, sondern „wie" man diese Rolle spielt. Das ist das große Theatrum Mundi, das Welttheater, das uns von einem der größten Barockdichter, Calderón de la Barca (1600—1681), in einem gleichnamigen geistlichen Festspiel vor Augen geführt wird. Der Spielleiter — Gott — verteilt dann Lohn und Strafe nach der Art, wie jeder — der Bettler ebenso wie der Kaiser — seine Rolle auf Erden gespielt hat.

Im österreichischen Barock schwingt aber noch etwas anderes mit: die Wiederherstellung des katholischen Glaubens, das Siegesgefühl, das sich aus diesem Ereignis ergibt. Dazu kam in der zweiten Hälfte des Jahrhunderts der Sieg über die Türken und die Machtentfaltung Österreichs, das seine größte Ausdehnung im Verlauf seiner tausendjährigen Geschichte erreichte. Dieses österreichische Barock war eine eigene, selbständige Form des gesamteuropäischen Stils; der ganze Donauraum wurde so mehr und mehr eine einheitliche Kulturprovinz, die auf Kunst, Wissenschaft und Theater aufbaute. Denn das Wichtige in der österreichischen Kulturentwicklung dieser Zeit war die Vorherrschaft der Architektur, der sich Malerei und Bildhauerei, bis zu einem gewissen Grad sogar das Theater unterwerfen mußte. Als Bauherren traten nicht mehr Städte, Stände oder reichgewordene Bürger, sondern der Kaiser, der Hochadel und die großen Klöster und Stifte auf. Die Künstler, die in den österreichischen Ländern arbeiteten, waren zumeist Italiener oder von italienischen Meistern beeinflußte Österreicher. Hatten die Habsburger in der Zeit des Dreißigjährigen Krieges noch das Spanische in den Vordergrund gestellt, so trat jetzt an dessen Stelle Italien. Aus dieser Quelle stammt die Betonung mancher Fremdwörter in der gehobenen Sprache des Österreichers. So wenn er „Mathe m a tik" statt „Mathema t i k" oder „Zerem o n-i-e" statt „Zeremon i e" betont. Denn er hat diese Wörter nicht wie der Rhein- und der Norddeutsche aus dem Französischen, sondern aus dem Italienischen empfangen, und es bleibt sein ureigenstes Recht, diese Besonderheit, die aus alter Tradition kommt, zu bewahren.

Schon sehr früh finden wir barocke Bauten in den österreichischen Ländern: 1590 das Grabmal des Erzherzogs Karl (II.) von der Steiermark zu Seckau in Obersteier, das Mausoleum Kaiser Ferdinands II. in Graz (1622) und den gewaltigen Dom von Salzburg (1614—1628 nach dem Vorbild der römischen Jesuitenkirche Il Gesù geschaffen). Die Innsbrucker Jesuitenkirche (erbaut 1619—1640) gehört ebenso dazu wie die Wiener Kirche des gleichen Ordens (1627, erneuert 1703 im Hochbarock). Die größten Barockbaumeister Österreichs wurden Lukas von Hildebrandt (1668—1745) und Vater und Sohn Fischer von Erlach (Johann Bernhard, 1656—1723; Joseph Emanuel, 1695—1742). Johann Bernhards Hauptwerk wurde die Wiener Karlskirche, der bedeutendste Barockbau Österreichs, wenn nicht ganz Europas. Von Joseph Emanuel stammt der Hauptsaal der Österreichischen Nationalbibliothek in Wien (1727), „die herrlichste Bücherhalle der Welt“. Jakob Prandtauer († 1727) ist der Schöpfer der barocken Stiftsgebäude von St. Florian (bei Linz) und von Melk. Als Bildhauer stellte Rafael Donner (1693—1741) den Brunnen auf dem Neuen Markt in Wien auf. In Österreich entstand auch eine besondere Schule der monumentalen Freskenmalerei (Paul Troger, Altomonte, Kremser Schmidt). Meister, deren Schöpfungen sie nicht in die erste Reihe der Künstler ihrer Zeit stellen, waren fast in jeder größeren Stadt und in jeder größeren Ortschaft tätig. So tragen selbst kleine Dorfkirchen in den österreichischen Ländern barocken Schmuck.

Es ist der Raum und dessen Verhältnis zur Umwelt, die der Barockmensch gestaltet wissen wollte. Man benötigte Platz für die großartigen Festlichkeiten in den Fürstenschlössern und die prunkvollen Zeremonien der katholischen Kirche. Viele der Pläne, die uns aus dieser Zeit erhalten sind, fanden überhaupt nicht oder nur teilweise ihre Verwirklichung. Das Stift Klosterneuburg, mit der Römischen Kaiserkrone und dem Erzherzogshut von Österreich unter der Enns geschmückt, ist in seiner heutigen Gestalt nur ein Torso jenes gewaltigen österreichischen „Escorial“, der damals geplant war. Architektur bestimmt schließlich auch den Aufbau des Theaters. Wir haben im Jesuitentheater die erste Entfaltung barocker Dramatik. Es ist eine Schulbühne, in der zuerst die Jugend im Reden und Deklamieren geübt werden soll. Doch rasch wird daraus ein Mittel, den Geist der Zeit in jene Bahnen zu lenken, die man beschreiten will. Die Dramatiker des Ordens — so Jakob Bidermann (1578—1639) und Nicolò Avancini (1612—1684), ein Südtiroler, der vierzig Jahre lang die österreichischen Ordensbühnen mit Dramen versorgte — nehmen Stoffe aus aller Welt. Das griechische und römische Altertum wird ebenso aufgeboten wie die frühchristliche Zeit der Märtyrer. Die Zeitgeschichte erscheint, wenn wir ein Drama über die Schottenkönigin Maria Stuart oder über die Hinrichtung König Karls I. von England finden. Im Wiener Jesuitenkolleg gab es einen Theatersaal, der nach zeitgenössischen Angaben 3000 Personen faßte (im Vergleich dazu hat die Wiener Staatsoper 1800 Plätze). Deneben aber bot die Kaiseroper die Möglichkeit einer Entfaltung von Prunk, Pracht und Schau, wie sie bisher nie geboten worden war. Denn nur als „Gesamtkunstwerk“ können jene Aufführungen beurteilt werden, deren Texte natürlich weit unter den Werken der zeitgenössischen großen englischen (Shakespeare) und spanischen (Lope de Vega und Calderón de la Barca) Dichter rangieren. Hier ist es vor allem, wo die italienische Künstlerfamilie der Burnacini — drei Generationen hindurch — für die Dekorationen der Bühne sorgt. Als berühmteste Oper dieser Art wurde schon zu ihrer Zeit „Il pomo d'oro“ (der Goldapfel) gefeiert, der 1668 anläßlich der Vermählung Kaiser Leopolds I. mit der Infantin Margarete von Spanien aufgeführt wurde. Der Text stammte von Francesco Sbarra, die Musik von Marc Antonio Cesti, die Ballettmusik von Johann Heinrich Schmelzer, die Bühnendekoration von Ludovico Antonio Burnacini. Gespielt wurde das Stück in einem eigens zu diesem Zweck erbauten Schauspielhaus, das an Stelle der heutigen Österreichischen Nationalbibliothek stand und 1683 von türkischer Artillerie in Brand geschossen wurde. Der Inhalt des Stückes stellte die antike Sage vom „Urteil des Paris" dar, nur daß der goldene Apfel nicht der Göttin Aphrodite, sondern der jungen Kaiserin überreicht wurde. Über ein Jahr lang wurde dann das Stück bei freiem Eintritt für das Volk dreimal wöchentlich gegeben. Sowohl beim „Pomo d'oro" wie bei den anderen Prunkopern wechselten die Dekorationen in verschwenderischer Pracht, und Hunderte von Statisten traten neben den Hauptpersonen auf. Die Kosten dieser glanzvollen Aufführungen trug letzten Ende das Volk; ihm war nur ausnahmsweise der Zutritt gestattet. Dafür durfte es sich an den Schaustellungen jener Komödianten erfreuen, aus deren Reihen schließlich die Hoch-Zeit des Wiener Volksstückes geboren wurde.

Die höfische Devotion der Zeit zeigen die Gedichte, die an die Herrscher — nicht nur in Österreich — gerichtet werden. Der Schwulst und der Überschwang, den wir heute mit Abscheu und Kopfschütteln zur Kenntnis nehmen, war nicht „gemacht", sondern kam aus dem Empfinden der Barockzeit. So wenn der Schlesier Martin Opitz — und Schlesien gehörte damals zur Gänze zu Österreichs habsburgischen Erbländern — an die Spitze des I. Buches seiner „Poetischen Wälder" ein Huldigungsgedicht für den Kaiser stellt, in dem die Verse vorkommen:

Du Zier und Trost der Zeit, du edles Haupt der Erden,
dem Himmel, Luft und See und Land zu Dienste werden —
o großer Ferdinand, nächst allem, was dich ehrt,
und deiner Macht Gebot mit treuem Herzen hört,
kommt auch der Musen Schar ...

Und weiter heißt es:

Die Seine scheuet dich, du hast den Stolz der Elbe,
den Rhein und Po geschreckt, das heilige Gewölbe
der Sternen sieht bestürzt die Wundertaten an ...

Sicherlich war die barocke Dichtung deutscher Sprache in Österreich nicht mit den großen Werken der Engländer, Spanier und Franzosen zu vergleichen, aber es bleibt ein Unrecht, daß neben den Schlesiern Opitz und Johannes Scheffler (1624—1676), mit seinem Dichternamen Angelus Silesius, der Vorarlberger Johann Martin, als Ordensmann P. Laurentius von Schnüffis (1633—1702), vergessen erscheint, ebenso wie der gebürtige Oberösterreicher Lebald von Lebenwald (1624—1696), der in der Steiermark seine zweite Heimat gefunden hatte. Als Meister der Sprache und des barocken Wortspiels, wie es noch Schiller in seiner „Kapuzinerpredigt" nachgeahmt hat, tritt uns Ulrich Megerle, mit seinem Klosternamen Abraham a Sancta Clara (1644—1709), Prediger am Hof Kaiser Leopolds I., entgegen. Erst 1932 wurde einer der bedeutendsten Romanschriftsteller des Barocks, Johann Beer (1655—1700) aus St. Georgen in Oberösterreich, für unsere Zeit wiederentdeckt. Barock in Aufbau und Gedankengang ist das Hauptwerk des Tiroler Arztes Hippolyt Guarinoni (1571—1654): „Die Grewl der Verwüstung menschlichen Geschlechtes" (1610 erschienen). Auch das einzige höfisch-barocke Großepos, das in deutscher Sprache vollendet wurde, „Der habsburgische Ottobert“ (1664), stammt von dem Österreicher Wolf Helmhard von Hohberg (1612—1688).

Im Zusammenhang mit der Gestaltung der großen Kaiseropern stand die Entwicklung der Musik. Noch in der Zeit der Renaissance schuf Maximilian I. eine kaiserliche Hofmusikkapelle. Einer der ersten, die die Musikmeisterstelle (symphonista regius) bekleideten, war Heinrich Isaac (1450—1517), der auch kaiserlicher Gesandter bei der Republik Venedig wurde. Sein Schüler, Ludwig Senfl (1485—1555), ein gebürtiger Holländer, folgte ihm in der Leitung. Als Organist wirkte in diesem Kreis Paul Hofhaymer (1459—1537). Eins der wichtigsten musikhistorischen Denkmäler, die wir besitzen, ist das 1544 erschienene „Liederbuch“ des Schulmeisters bei den Wiener Schotten, Wolfgang Schmelzl (1500—1557); eine Sammlung, in der sich „der österreichische Charakter durch die Züge des Idyllischen, Bäuerischen, Komischen, Karrikierten ausdrückt, der sich in dem Bestreben zeigt, zwischen den erhabensten und den niedrigsten Texten zu wechseln“ (Gervinus). Die Komposition in Schmelzls Liederbuch nähert sich bereits der modernen Art der Italiener. Es ist aber keine bloße Übernahme. Die Stimmung für die neue Musik war bereits im Unterbewußtsein vorhanden. Die verschiedene politische Entwicklung, die die österreichischen Länder einerseits und die deutschen Territorialstaaten anderseits mitmachten, drückte sich in der Musik so aus, daß wir in Österreich eine volkstümliche Musik weiterblühen sehen, die nun sogar bis zu einem gewissen Grad über den Gregorianischen Choral die Oberhand gewinnt, der von der Kirche propagiert wird. Der neue italienische Stil kam dann unter Jacobus Gallus, mit seinem anderen Namen Jakob Handl (1550—1591), zur Herrschaft. Italienische Künstler und Musiker fanden an den Höfen der Habsburger in Wien, Innsbruck und Graz gastliche Aufnahme. Doch gelang es schon im 17. Jahrhundert einem Österreicher, dem Geigenmacher Johann Heinrich Schmeltzer (1623—1680), die Stelle eines Hofkapellmeisters zu erringen. Diese barocke Musikkultur fand auch bei Mitgliedern des habsburgischen Hauses Verständnis und Förderung.

Bereits 1649 erscheint das „Drama Musicum“, eine erste Nachahmung der italienischen Oper, dessen Autor Kaiser Ferdinand III. ist. Sein Sohn, Kaiser Leopold I., komponierte 79 kirchliche und 180 weltliche Stücke — darunter 2 Messen und 17 Ballette. Im Jahre 1685 fand eine Vorstellung des Singspiels „Sklavinnen auf Samie“ statt, dessen Verfasser und Komponist der Kaiser war. Bis in die Tage Beethovens wurden Messen Leopolds I. in den Wiener Kirchen aufgeführt. Auch seine beiden Söhne, die Kaiser Joseph I. und Karl VI., waren Komponisten. Die Verbindung mit dem volkstümlichen Lied stellte der größte österreichische Barockmusiker, einer der bedeutendsten des Jahrhunderts, Johann Joseph Fux (1660—1741), her, ein gebürtiger Steirer, der seit 1698 „Hofkompositeur“ Leopolds I. war. In ähnlicher Weise wirkte einige Jahrzehnte früher der Kirchenkomponist Johann Stadlmayr (1560—1648) am Hof der Tiroler Habsburger in Innsbruck. Die Instrumentalmusik, die zur Sonate und zur

Symphonie hinführte, entwickelte sich in Österreich ebenfalls rasch. Schon damals fühlten sich Nichtösterreicher vom musikalischen Klima des Landes so angezogen, daß der Engländer William Young 1653 in Innsbruck die ersten englischen Sonaten erscheinen ließ. Früher als an anderen Pflegestätten der Musik entstand in Wien der Versuch, die neapolitanische Symphonie mit der Suite zu verbinden. Schöpfer dieser viersätzigen Symphonie wird der Hoforganist Gottlieb Muffat (1691—1770) mit seinen „Componimenti Musicali". Auch das volkstümliche Wiener Singspiel wurde geboren. Es „war eine Gattung, die ihre Entwicklungsbedingungen unabhängig vom norddeutschen Singspiel hatte. Es war hauptsächlich das französische Vaudeville und das italienische Intermezzo, aus denen das Wiener Singspiel seine Kräfte zog. Zweitens geht das Wiener Singspiel zeitlich dem norddeutschen voraus. Während die erste deutsche Übersetzung der englischen Ballad Opera ‚The Devil to Pay' aus dem Jahre 1753 herrührt, hat zu dieser Zeit das Wiener Singspiel schon mehrere Jahre der Blüte hinter sich" (A. Helfert).

Zwei Herrscher

Es ist ein geschichtlich merkwürdiges Zusammentreffen, daß ungefähr zur gleichen Zeit zwei europäische Fürsten zur Macht kamen, die nicht bloß miteinander verwandt, sondern in ihren politischen Zielen einander völlig entgegengesetzt waren. Nach dem Tod Kardinal Mazarins hatte 1660 der junge französische König Ludwig XIV. (1643—1715) die Regierung in seine Hände genommen, die bisher seiner Mutter Anne d'Autriche und dem Kardinal anvertraut gewesen war. Im Jahre 1654 hatte der jüngere Sohn Kaiser Ferdinands III., der ursprünglich für die geistliche Laufbahn bestimmte Erzherzog Leopold, nach dem Tod seines Bruders Ferdinand IV., schon gekrönten Königs von Ungarn, die schwere Pflicht, als einziger lebender Sproß der österreichischen Habsburger das Erbe seines Hauses zu übernehmen. Er fügte sich rasch darein und bestieg nach dem Tod seines Vaters 1657 unangefochten den Thron, von den Fürsten des Reiches im darauffolgenden Jahr zum Römischen Kaiser gewählt.

Leopold I. (1657—1705) und Ludwig XIV. von Frankreich waren nicht nur Blutsverwandte — sie waren Vettern —, sondern überdies verschwägert. Die Gemahlin des französischen Königs, Infantin Maria Theresia von Spanien, war die ältere Schwester der Infantin Margarete, die die Gemahlin Kaiser Leopolds I. wurde. Das Charakterbild des Habsburgers wurde schon oft verzeichnet; wenn ihm aber ein Mann wie Leibnitz die Verse widmet,

> „Leopold, ewige Zier der Austriaden, mit Rechte
> nennt dich den Großen die Welt, nennt dich den Heiligen auch",

so kann dies nicht bloß als höfische Schmeichelei betrachtet werden. Freilich, Leopolds Glaube an die Menschheit war groß. Dies zeigte sich darin, daß er jahrelang Minister hielt, die es eigentlich nicht verdient hätten, Minister zu sein. Doch besaß der Kaiser auch jene Menschenkenntnis, die es ihm ermöglichte, tatsächlich befähigte Personen, auch aus dem Ausland, an sich zu ziehen und ihnen die Möglichkiet der Entfaltung selbst gegen den Widerstand ihrer Gegner zu geben. Es ist eine der wichtigsten Aufgaben eines Staatslenkers, diese Auswahl zu treffen. Sie ist vielleicht wichtiger, als selbst genial zu sein. Daß Leopold I. aber auch hart sein konnte, wenn er es für notwendig hielt, erwies sich in der ungarischen Magnatenverschwörung.

Leopolds I. schwierigste Position war in den finanziellen Angelegenheiten zu suchen. Luschin von Ebengreuth sagte mit Recht schon 1896: „Was für eine Lebenskraft hatte Österreich, daß es trotz der Mißwirtschaft lange Kriege überstehen konnte, und was wären seine Erfolge gewesen, wenn es in der Zeit dieser Verwicklungen geordnete Finanzen besessen hätte." Selbst wenn der Herrscher persönlich sparsam war, so wurde für den Hofstaat ein Prunk entfaltet, den man für notwendig hielt, die Repräsentation des Römischen Kaisers aufrechtzuerhalten. Jährlich wurden um etwa 50.000 Gulden Edelsteine gekauft; an Gnadengaben gingen weitere 100.000 Gulden aus der kaiserlichen Schatulle wie nichts weg. Die niederösterreichische Buchhaltung klagte 1678: „Die kaiserlichen Ämter waren vorhin mit so vielen geistlichen Stiftungen, Unterhaltungen und Intertenimenten der Bettelmönche also angefüllt, daß über etliche Jahr, wenn dieselben wie bisher wachsen, wenig mehr für die weltlichen auch notleidenden, richtigen Parteien übrig verbleiben würde." Während Leopold I. für die Hofmusikkapelle und für die Aufführung der grandiosen Kaiseropern, von denen wir schon berichtet haben, stets Geld zur Verfügung hatte, mußte sein Feldmarschall Graf Montecuccoli ausrufen: „Zum Kriegführen braucht man drei Dinge: erstens Geld, zweitens Geld und drittens wieder Geld!" Niemand anderer als Prinz Eugen von Savoyen fand 1703 die Lage so verzweifelt, daß er erklärte, wenn die Monarchie vor die Wahl gestellt würde, zugrunde zu gehen oder mit Hilfe von 50.000 Gulden gerettet zu werden, so wüßten weder der Kaiser noch irgendeiner seiner Ratgeber, woher man die 50.000 Gulden nehmen solle.

Leopold I. fand Ludwig XIV. von Frankreich, den „Sonnenkönig" (Roi Soleil) überall als Gegenspieler vor. Es ging zwischen ihnen vor allem um zwei Dinge: die Römische Krone und das Erbe der spanischen Habsburger. Die Römische Krone konnte Ludwig XIV. den Habsburgern nicht entreißen, obwohl er 1658 bei der Kaiserwahl alle Anstrengungen dazu gemacht hatte. Es gelang ihm aber, bei dieser Gelegenheit einen ersten „Rheinbund" deutscher Fürsten zu gründen, die französische Pensionen erhielten und die Interessen der Krone Frankreichs gegen den Kaiser zu vertreten hatten. Das spanische Erbe glaubte Ludwig XIV. dadurch an Frankreich bringen zu können, daß er die spanische Infantin Maria Theresia, eine Tochter König Philipps IV. von Spanien (1621—1665), heiratete. Sie mußte zwar auf alle ihre Anrechte auf den spanischen Thron verzichten; ein Verzicht, der von Ludwig XIV. und seinen Ministern einfach nicht zur Kenntnis genommen wurde. Dagegen hatte ihre jüngere Schwester Margarete bei ihrer Vermählung mit Kaiser Leopold I. sich ausdrücklich alle Nachfolgerechte auf den spanischen Thron vorbehalten.

Leopold I. und damit Österreich war durch mehr als ein halbes Jahrhundert auf diese Weise gezwungen, einen Zweifrontenkrieg, im Osten gegen die Türken, im Westen gegen Frankreich, zu führen. Dabei erfreute sich Österreich im Westen nicht einmal der Hilfe der Fürsten, deren Aufgabe es gewesen wäre, den Kaiser bei der Verteidigung des Heiligen Römischen Reiches zu unterstützen. Die Interessen der Häuser Habsburg und Bourbon stießen an allen Kampffronten der Zeit aneinander. Französische Agenten waren in Konstantinopel ebenso wie in Ungarn anzutreffen, und französische Ingenieure wirkten im türkischen Heer an der Belagerung Wiens 1683 mit. Der Kaiser hatte aber nicht bloß die Aufgabe, seine eigenen Erblande zu schützen; man machte es ihm darüber hinaus oft zum Vorwurf, wenn er nicht auch mit der Kraft dieser Erbländer das Heilige Römische Reich gegen äußere Feinde und gegen die Fürsten dieses Reiches verteidigte. Dabei war Leopold I. vielleicht derjenige unter den Habsburgern, der am wenigsten den Krieg liebte und wohl auch am wenigsten vom Militärwesen verstand. Ihm wäre es sicherlich angenehmer gewesen, seine Regierungszeit mit seinen geliebten Kompositionen und mit gelehrten Gesprächen in der Hofbibliothek zu verbringen.

Die Gefahr aus dem Osten

Es war für Österreich von gewaltigem Vorteil, daß das türkische Reich während des Dreißigjährigen Krieges nicht in die Kampfhandlungen eingegriffen hatte. Es war sogar so weit gekommen, daß der siebenbürgische Fürst Georg Rákóczy auf ausdrücklichen Befehl seines Oberherrn in Konstantinopel von der Bekämpfung Österreichs abstehen und mit ihm in Brünn 1645 einen Frieden schließen mußte. Jetzt aber war unter Sultan Mehmed IV. (1648—1691) die albanische Familie der Köprülü emporgekommen, die die Macht des Osmanentums wieder im alten Glanz herstellen wollte. Sie stellte dem Reich fünf Großveziere. Ihr Stammvater war ein einfacher Mann gewesen, der erst im Alter von 60 Jahren die höchste Würde des türkischen Reiches an sich zog. Achmed, sein Sohn, war bereits hochgebildet und der größte Politiker seiner Familie, nicht nur im Bereich des Islams, sondern auch in der Christenheit als solcher anerkannt. Ihm folgte dann 1676 sein Schwager und Jugendfreund Mustapha, der wegen seines dunklen Aussehens den Beinamen „Kara“ (schwarz) erhielt.

Der Krieg zwischen Österreich und der Türkei brach nach vergeblichen Verhandlungen, in denen die siebenbürgische Frage und die Wegnahme der ungarischen Stadt Großwardein eine bedeutende Rolle spielten, im Jahre 1663 aus. Dem persönlichen Auftreten Kaiser Leopolds I. gelang es, eine großzügige Hilfe des Papstes Alexander VII. — darunter sieben Tonnen Gold — zu erhalten. Die öffentliche Meinung war so beeindruckt — es hatte seit 1606 keine großen Auseinandersetzungen mit der Türkei mehr gegeben —, daß sich selbst der französische König Ludwig XIV. bewogen fühlte, den Edelleuten Frankreichs die Erlaubnis zu geben, ein Hilfskorps gegen die Türken aufzustellen. Den Oberbefehl über die vereinigte christliche Streitmacht übernahm ein Schüler Wallensteins, der österreichische Feldherr Graf Raymund Montecuccoli (1609—1680), dessen hinterlassene militärische Werke ihn als einen der größten Strategen des Jahrhunderts erkennen lassen.

Die Türken gingen anscheinend darauf aus, Wien zu erobern. Montecuccolis Heer bestand aus etwa 25.000 Mann, von denen gut die Hälfte aus österreichischen Truppen bestand. Das größte fremdländische Kontingent — an die 5000 Mann — stellten die Franzosen. Der Zusammenstoß zwischen Montecuccoli und der türkischen Hauptmacht erfolgte am Fluß Raab, in der Nähe der ungarischen Stadt St. Gotthardt, nach der auch die Schlacht vom 1. August 1664 benannt wird. Der eigentliche Kampfort war jedoch die Ortschaft Mogersdorf, die sich heute auf burgenländisch-österreichischem Boden befindet. Die Schlacht war äußerst blutig und wurde mit ungeheurer Erbitterung durchgekämpft. Einige Male schien es, als würde der Sieg den Türken zufallen. Berühmt ist jene Episode der Schlacht, als sich der österreichische Reitergeneral Johann von Sporck auf die Knie niederwarf und zu Gott betete: „Allmächtiger Generalissimus dort oben, willst Du uns, Deinen christgläubigen Kindern, heute nicht helfen, so hilf doch wenigstens den Türkenhunden nicht, und Du sollst Deinen Spaß sehen!“ Als die Franzosen unter dem Herzog von Feuillade und General Beauvezé heranrückten, meinte der türkische Oberbefehlshaber Köprülü, von der ihm unbekannten Tracht der Franzosen getäuscht: „Wer sind diese Mädchen?“ Doch die „Mädchen“ durchbrachen mit dem Geschrei „Vorwärts! Vorwärts! Tötet! Tötet!“ die Reihen der Türken. Noch viele Jahre später erinnerten sich türkische Teilnehmer der Schlacht daran und nannten den Herzog von Feuillade Fuladi (den Stählernen). Unter den Gefallenen befanden sich der Statthalter von Bosnien, die Agas der Janitscharen und der Spahis und an die 10.000 Mann. Zur Beute gehörten 15 türkische Kanonen und 40 Fahnen, dazu viele Harnische, Handschars, Dolche, andere Waffen, reiche Kleider und manche Prunkstücke (vgl. Georg Wagner).

Der Sieg von St. Gotthardt brachte Österreich nur einen einzigen Gewinn: Die Türkei ließ sich zum erstenmal in ihrer Geschichte herbei, einen christlichen Herrscher, eben Leopold I., als gleichberechtigt mit dem Sultan anzuerkennen. Demgegenüber wog bei der damaligen, auf Titel und Würden bedachten Welt — hatten doch die Gesandten des Westfälischen Friedens monatelang über die Reihenfolge der Sitzplätze verhandelt — die Tatsache weniger, daß die Verhältnisse, wie sie vor dem Krieg waren, wiederhergestellt wurden. Im Frieden von Vasvàr (Eisenburg), am 10. August 1664 abgeschlossen, sicherten sich der Sultan und der Kaiser gegenseitig Geschenke zu. Das Leopolds I. hatte einen Wert von 200.000 Gulden. Viele, vor allem in Ungarn, waren mit der Haltung des Kaisers nicht einverstanden. Aber Leopolds I. Sorge galt in diesem Augenblick dem Westen, dessen Probleme ihm wichtiger erschienen als eine Fortsetzung des Türkenkrieges in Ungarn.

Die Drohung aus dem Westen

Die enge Zusammenarbeit der österreichischen und der spanischen Linie des Hauses Habsburg hatte bis zum Ende des Dreißigjährigen Krieges ohne jede Unterbrechung bestanden. Das Verhältnis war getrübt worden, als Österreich 1648 in Münster und Osnabrück den Westfälischen Frieden schloß, während Spanien noch weiterkämpfte. Dann hatte die sogenannte „Wahlkapitulation“, die die Fürsten Leopold I. bei seiner Kaiserwahl auferlegten, die Bedingung enthalten, daß sich Österreich in den französisch-spanischen Konflikt auch in Zukunft nicht einmenge. Nun war die Gefahr nahe, daß sich Ludwig XIV. der Spanischen Niederlande (des heutigen Belgiens) bemächtigte. Auf Grund zurechtgemachter Erbansprüche forderte der französische König die Abtretung des Landes von der Königinwitwe Maria Anna, die seit 1665 für ihren minderjährigen Sohn, Karl II. (1665—1700), die Regentschaft führte. Zugleich brachen französische Truppen 1667 in den Spanischen Niederlanden ein. Aber die Republik der Nördlichen Niederlande, gewöhnlich nach der einflußreichsten Provinz Holland genannt, fürchtete für die eigene Sicherheit und vereinigte sich 1668 mit England und Schweden zur Tripelallianz gegen Frankreich. Im Frieden von Aachen mußte noch im gleichen Jahr Ludwig XIV., der sich der Koalition gegenüber nicht gewachsen fühlte, seine Eroberungspläne aufgeben und sich mit dem Erwerb einiger Städte — wie Lille und Cambray — begnügen.

Dafür aber zog er jetzt Leopold I. in seine Ausbreitungspolitik hinein. Die Spanier waren davon überzeugt, daß alle Länder, die ihrem König untertan seien, für immer vereinigt bleiben müßten. Dies war zwar rechtlich nicht zu vertreten, da es sich bloß um eine Personalunion handelte, doch wog die öffentliche Meinung des Landes naturgemäß schwer. Das Haus Habsburg war zu diesem Zeitpunkt sowohl in seiner österreichischen als auch in seiner spanischen Linie in seinem weiteren Bestand gefährdet. Der spanische Habsburger Karl II. trug schon seit seinen ersten Kindertagen den Keim einer schweren Krankheit in sich. Leopold I. war ohne männliche Nachkommen, und es schien, als sei am Wiener Hof kein Thronerbe zu erwarten. So ließ sich der Kaiser unter dem Einfluß von Lobkowitz und Auersperg, denen man später nachsagte, sie hätten französische Bestechungsgelder angenommen, bewegen, auf einen Teilungsplan für die spanische Gesamtmonarchie einzugehen. Darnach sollten die spanischen Nebenlande in Europa (Belgien, Neapel und Sizilien) an Frankreich, Spanien selbst, Mailand und das gesamte spanische Kolonialreich an Österreich fallen. Es war klar, daß dieser Teilungsplan, wenn er bekannt wurde, alle jene Spanier gegen Österreich aufbringen mußte, für die die Unteilbarkeit der spanischen Monarchie ein politisches Dogma darstellte.

Ludwig XIV. erreichte mit diesem Übereinkommen, daß sich der Kaiser für Jahre von aller Einflußnahme auf die Politik Westeuropas zurückzog und Frankreich das Feld freigab. Er fand sich erst wieder bereit einzugreifen, als nach der Kriegserklärung Frankreichs an Holland im Jahr 1672 dieses Land in äußerste Bedrängnis geriet. Hatten hundert Jahre zuvor England und Frankreich die Niederländer bei ihrem Aufstand gegen die spanische Herrschaft unterstützt, so waren es jetzt Spanien und Österreich, die Holland gegen Frankreich zu Hilfe eilten. Der französisch gesinnte österreichische Minister Lobkowitz wurde von Kaiser Leopold I. entlassen, und unter dem Einfluß von Hocher und Feldmarschall Montecuccoli entschloß sich der Habsburger, auf die Seite Hollands zu treten. Zwischen Leopold I. und dem Erbstatthalter der Niederlande, Wilhelm III. von Oranien, kam es zu einer Verständigung, die fast ununterbrochen bis zum

Tod Wilhelms III. währte, der als König von England (seit 1689) 1702 starb. Die holländischen Gesandten in Wien erklärten, daß sie ihre Rettung nächst Gott dem Kaiser verdankten. Sie versicherten, den Bündnisvertrag mit Österreich treu einhalten zu wollen und mit dem Haus Österreich zu siegen oder unterzugehen. Dem Bündnis Österreich — Holland schlossen sich noch im August 1673 Spanien und der Herzog Karl V. von Lothringen an. Dieser wurde als gleichberechtigter Partner aufgenommen, obwohl er in diesem Augenblick ein Fürst ohne Land war, da die Franzosen Lothringen besetzt hielten. Ja es war sogar möglich, im Reichstag zu Regensburg den Beschluß durchzudrücken, gegen Frankreich den Reichskrieg zu eröffnen. Bayern und Hannover stellten sich jedoch seiner Durchführung entgegen, und die anderen Fürsten waren keineswegs gewillt, alle ihre Kräfte einzusetzen. Sie ließen sich für ihre Truppen, die sie auf Grund des Reichstagsbeschlusses stellten mußten, auch von Holland mit Hilfsgeldern entschädigen. Nur Österreich kämpfte auf eigene Kosten. Nachdem ein Friedenskongreß in Köln 1674 gescheitert war, wurde noch bis 1678 weitergekämpft. Dann kam in Holland die Partei zur Macht, die einen Ausgleich mit Frankreich befürwortete. Wilhelm III. von Oranien hatte vergeblich versucht, den Onkel seiner englischen Gemahlin, König Karl II., zur Kriegserklärung an Frankreich zu bewegen. Im August 1678 wurde in Nymwegen der Friede zwischen den Niederlanden und Frankreich geschlossen. Ihm schloß sich Spanien an. So blieb Leopold I. allein. Obwohl es in Wien eine Kriegspartei gab, an deren Spitze Feldmarschall Montecuccoli stand, und der Kurfürst von Brandenburg, Friedrich Wilhelm III., die Weiterführung des Kampfes beantragte, folgte der Kaiser dem Beispiel Hollands und Spaniens. Im Februar 1679 wurde auch von ihm das Nymweger Traktat unterschrieben. Vor die Wahl gestellt, dem französischen König den vorderösterreichischen Breisgau mit Freiburg oder die Reichsfestung Philippsburg abzutreten, entschied sich Leopold I. für den Verzicht auf den Breisgau.

Die Magnatenverschwörung

Es herrscht bis heute eine große Diskrepanz in der Auffassung österreichischer und ungarischer Historiker über das Wirken des Hauses Habsburg in Ungarn. Diese verschiedene Betrachtungsweise ist nicht nur ein Ergebnis des Jahres 1945 und der folgenden, sondern ist bereits im 19. Jahrhundert deutlich wahrzunehmen. Der tiefste Grund dafür liegt darin, daß man in Österreich allzuleicht gewohnt ist, die allmähliche Zentralisierung und Zusammenfassung der Behörden in Wien als einen Fortschritt und einen Sieg der „Gesamtstaatsidee" aufzufassen, während für die Ungarn ihr Land ein eigenständiger Staat ist, dessen Krone die Habsburger trugen. Jeder Eingriff in die verfassungsmäßigen Rechte Ungarns wurde daher als ein feindseliger Akt der Wiener Regierung aufgefaßt. Nun ist es natürlich so, daß der soziale Zustand Ungarns in jenen Jahrhunderten der einer feudal organisierten Gesellschaft war. Doch diese feudale Gesellschaft fühlte sich als Vertreterin der ungarischen Interessen. Dazu müssen wir uns daran erinnern, daß die Ungarn damals noch deutlich die Unterwerfung der Stände Böhmens unter die absolute Gewalt des Kaisers im Dreißigjährigen Krieg in Erinnerung hatten.

Ungarn war das einzige Land der österreichischen Habsburger, in dem die katholische Reform sich nicht ganz durchgesetzt hatte. Auch das Wirken des großen Vorkämpfers des katholischen Glaubens, des Kardinals Peter Pázmány (1570—1637), hatte den evangelischen Glauben in seiner calvinisch-reformierten Form nicht aus dem Herzen vieler Ungarn reißen können. Nicht umsonst galt die Stadt Debrecen als das „calvinische Rom". Kardinal Pázmány versuchte, sich auf den österreichischen Katholizismus zu stützen; er sandte Kinder vornehmer ungarischer Adeliger nach Wien. Auch sein noch heute bestehendes Priesterseminar für ungarische Kleriker (Pazmaneum) erstand nicht in Preßburg oder in Ödenburg, die beide in den Händen der Habsburger waren, sondern in der österreichischen Hauptstadt. Auch die von ihm gegründete Universität in Tyrnau war bloß als Filiale der Universität in Wien gedacht. Zwar war sie von allem Anfang an unabhängig, doch galt jahrzehntelang die österreichische Studienordnung der Wiener Jesuitenpatres. Auch in Graz tauchen die Namen ungarischer Studenten auf; allein zwischen 1616 und 1637 finden wir deren 83 vertreten. Selbst nach Orten wie Olmütz in Mähren schickte man Ungarn, die in der katholischen Luft den katholischen Glauben gewissermaßen einatmen sollten.

Die Verknüpfung der Frage der katholischen Reform mit der einer stärkeren Zusammenfassung aller Länder der Habsburger hatte bereits zu Beginn des Dreißigjährigen Krieges zum Böhmischen Aufstand geführt. Nun hatte Kaiser Leopold I. seit 1662 keinen ungarischen Reichstag mehr einberufen. Der Friede von Vasvàr war als den Interessen Ungarns zuwiderlaufend erkannt worden. Die Versuche, den Tribut Siebenbürgens an den Sultan zu verringern, mißglückten. So entstand in den Köpfen einiger heißblütiger Adeliger, deren politischer Weitblick nicht über die Grenzen ihrer Komitate reichte, der Plan einer Verschwörung, die Ungarn selbständig zu machen und die „Verfassung" zu retten. Die Pläne waren alles andere als klar: so wurde davon gesprochen, einen französischen Prinzen zum König von Ungarn zu machen, und Ludwig XIV. schien geneigt zu sein, einem solchen Antrag stattzugeben. Man dachte aber ebenso daran, ganz Ungarn dem Heiligen Römischen Reich zu inkorporieren, weil man dann die Unterstützung der Reichsfürsten gegen den Absolutismus Wiens erwartete. Sogar die völlige Unterwerfung des ganzen Landes unter den Sultan wurde in Betracht gezogen. 1666 äußerte sich König Ludwig XIV. zu seinem Sohn, dem Dauphin, schriftlich: „Ich unterhielt auch ein geheimes Einverständnis mit dem Grafen Zrinyi, um eine Erhebung in Ungarn hervorzurufen für den Fall, daß ich mit dem Kaiser in Krieg geriete."

Unter den Verschwörern, die sich „Interessati" nannten, befanden sich der Palatin von Ungarn, Franz Wesselényi, ein alter Mann, der noch vor seinem Tod 1667 seine Gemahlin dem kaiserlichen Schutz anbefahl und wahrscheinlich die belastenden Schriften Leopold I. auslieferte. Wir finden einen Stephan

Vitnyédi, der einen Attentatsplan gegen den Kaiser ausgearbeitet hatte, ferner Stephan Thököly, den Katholiken Franz I. Rákóczi, Graf Franz Frangipani und den Statthalter (Banus) von Kroatien, Peter Zrinyi. Von größter Bedeutung wurde der Beitritt des reichsten Mannes im Königreich Ungarn, des Grafen Franz Nádasdy. Aus den österreichischen Ländern schloß sich der steirische Graf Tattenbach an, ein Lebemann, der der Geliebte und Gemahl von zwei Ungarinnen war. Man hatte ihm die Herzogwürde der Steiermark zugesagt. Bedeutenden Anteil hatte auch Maria Széchy, die „Venus von Murány", die dritte Gemahlin Wesselényis. Je länger die Verhandlungen unter den Verschwörern dauerten, je weiter ihr Kreis gezogen wurde, umso sicherer war es, daß Leopold I. davon erfahren mußte. Selbst der österreichische Botschafter beim Sultan war darüber informiert worden und meldete es sofort nach Wien.

Der Schlag gegen die Verschwörer fiel so hart wie unerwartet. Am 21. März 1670 wurde Peter Zrinyi durch ein kaiserliches Schreiben, das ihn täuschen mußte, nach Wien geholt; am Tag darauf verhaftete man Tattenbach in Graz inmitten einer Sitzung der steirischen Landesregierung. Graf Nádasdy wurde auf seinem Gut Pottendorf am 3. September verhaftet. Zur selben Zeit, als Zrinyi verhaftet worden war, hatte sein Schwiegersohn Franz I. Rákóczi den offenen Kampf begonnen. Doch als er die Sache verloren sah, unterwarf er sich und legte die Waffen nieder. Durch die Fürsprache der Jesuiten entging er dem Tod und wurde lediglich auf seine Güter verbannt.

Schwer traf die Hand Leopolds I. die andern. Sie hatten vergeblich auf eine Begnadigung durch den Kaiser gewartet. Am 30. April 1671 wurden Nádasdy im Wiener Rathaus, Zrinyi und Frangipani in Wiener Neustadt hingerichtet. Tattenbach folgte ihnen am 1. Dezember des gleichen Jahres, obgleich ihn der Geheime Rat in Graz zur Begnadigung empfohlen hatte. Wie nach der Schlacht am Weißen Berg in Böhmen fanden nun ausgedehnte Güterkonfiskationen statt. Allein die 22 Herrschaften Nádasdys brachten dem Kaiser 189.558 Gulden ein. Die Witwen der Verurteilten wurden in Klöstern interniert und beendeten darin ihr Leben. Ihre Kinder wurden — mit Ausnahme jener Zrinyis — später in Gnaden vom Kaiser aufgenommen. Die Leiche Nádasdys fand in der Kirche des burgenländischen Ortes Lockenhaus, die von Zrinyi und Frangipani in der St.-Stephans-Kirche in Zagreb (Agram) ihre letzte Ruhestätte. Als eins der wenigen Geschlechter, die in die sogenannte „Magnatenverschwörung" nicht verwickelt gewesen waren, stiegen nun die Esterházy an Stelle der Nádasdy empor.

Was die ungarischen Adeligen befürchtet hatten, trat jetzt tatsächlich ein. Der Kaiser errichtete 1673 eine Königlich-Ungarische Statthalterei in Preßburg und besetzte sie mit einem — vom ungarischen Standpunkt aus gesehen — Ausländer. In den Augen Leopolds waren der evangelische Glaube und das Rebellentum ebenso verknüpft wie Katholizismus und Königstreue. Diese Vermischung von Religion und Politik rief schwere Gewissenskonflikte hervor und trug nicht dazu bei, den neuen Kurs beliebter zu machen. Eine Bevölkerungsgruppe hingegen hatte freilich an den Ereignissen ihre Vorteile. Es waren die Untertanen, die leibeigenen und hörigen Bauern der ungarischen Magnatengeschlechter. Der zum Präsidenten der ungarischen Hofkammer (Finanzminister) ernannte Bischof von Wiener Neustadt, Graf Leopold Kollonits, übrigens ein gebürtiger Ungar, begann sein

„Einrichtungswerk", mit dem auch die sozialen Verhältnisse des Landes verbessert werden sollten. Als nach der Hinrichtung Peter Zrinyis die Murinsel königliche Domäne wurde, verfügte man 1678: „Anstatt der freien Husaren und Haiduken, so vor diesen mehr geraubt als defendiert (verteidigt), und von Zrinyschen alle angenommen worden sind, sie haben verwirkt und herkommen wo sie wollten. Herentgegen die Einwohner der Insel zu Leibeigenen gemacht, welches anjetzo remediert (gutgemacht) worden, indem denen Einwohnern die Zrinyschen neu aufgebrachten onera (Lasten) nachgesehen, und wie vor alters (sie) zur Defension (Verteidigung) der Insel gebraucht werden." Bischof Kollonits war es auch, der sich der nichtmagyarischen Bevölkerung Ungarns als einer der ersten annahm. So förderte er das slowakische Element im Wiener Pazmaneum; in den Konflikten zwischen Magnatengeschlechtern und Bürgern trat er meist auf seiten der letzteren. „Überhaupt läßt sich nicht nur während des Leopoldinischen Zeitabschnitts, sondern auch später immer wieder feststellen, daß es Wien darauf ankam, den nichtprivilegierten Schichten des Landes wirksamen Schutz angedeihen zu lassen. Man wird sagen müssen, daß Wien in sehr vielen Fällen zu den ungarischen Ständen gerade deswegen in Gegensatz geriet, weil es einen sozial gerechteren Lastenausgleich anstrebte. Auch die Maßnahmen zugunsten des serbischen und rumänischen Elements etwa — in denen die ungarische Auffassung heute eine antiungarische Spitze zu sehen geneigt ist — erklärt sich, wenn nicht immer, so doch häufig, aus den sozial- und wirtschaftspolitischen Zielsetzungen des Wiener Hofes" (Fritz Valjavec).

Das Türkenjahr 1683

Der offizielle Kriegsbeginn zwischen Österreich und der Türkei ist nach zwanzigjährigem Frieden zu Beginn des Jahres 1683 anzusetzen. Es wäre aber falsch, wollte man diese Zeit als die einer ungetrübten Ruhe an der österreichischen Ostgrenze betrachten. Durch die nun einsetzende Zentralisierung der ungarischen Verwaltung sich bedroht fühlend und durch die Todesurteile anläßlich der Magnatenverschwörung aufs höchste erbittert, erwogen die übrigen Sympathisierenden alle Möglichkeiten, ihre Pläne dennoch in die Tat umzusetzen. An ihre Spitze trat zuerst Michael Teleki, der Kanzler der Fürsten Michael Apafi von Siebenbürgen. Für die Anhänger der Habsburger kam damals der Spottname „labancz" auf, während ihre Gegner „kuruczen" (Kreuzfahrer) genannt wurden; denn man erklärte den Krieg gegen Habsburg für einen heiligen, nationalen Krieg.

Ein Zeitgenosse, der Venetianer Michiele, der sich damals in Wien aufhielt, zeichnet die Zustände 1678 folgendermaßen: „Die Aufständischen halten an ihrer Rebellion hartnäckig fest. Die Verluste durch sie sind weniger nachhaltig, als daß sie mit den üblichen Streifzügen Schaden bringen, indem sie sich bis in Schlesien und Mähren vorwagen, zum Schrecken der Bewohner. Es ist daher schwer, diese Art Räuber zu vertilgen und niederzuschlagen; denn, da sie nur ausziehen, um wieder zu fliehen, so kann man die Gelegenheit zum Kampf nicht erlangen. Der schwere Nachteil, den der Kaiser durch die Verwicklung erleidet, besteht darin, daß er mehrere Regimenter in Ungarn aufrechterhalten muß, mit dem Druck der Bevölkerung, zum Nachteil seines Ärars, und ohne Hoffnung eines Vorteils, vielmehr mit der augenscheinlichen Gefahr, daß bei der Bekämpfung der Rebellen sich Anlässe ergeben zu Reibungen mit den Türken. Dies war schon vor zwei Jahren einmal der Fall, als der General Strassoldo bei der Verfolgung der Rebellen bis Debrecen vordrang, also das türkische Gebiet berührte. Denn Debrecen gehört halb dem Kaiser, halb dem Sultan. Dem letzteren erschien dies als eine große Verwegenheit. Er ließ darüber bei dem kaiserlichen Residenten an der Pforte Beschwerde erheben, und ähnlich verfuhren die angrenzenden Paschas durch die Entsendung ihrer Tschausche nach Wien. Auf dieser Grenze sind die Wirren andauernd, häufig mit blutigen Kämpfen. Zwischen den Türken und den Kaiserlichen findet keine Auslösung statt, und zwar nach gegenseitiger Übereinkunft, um einander das Motiv der Zwietracht zu benehmen. Die Folge ist, daß auf beiden Seiten den etwaigen Gefangenen der Kopf abgeschlagen wird. Dabei bleiben doch die Souveräne kriegsfrei, weil in den letzten Friedensbedingungen ausgemacht ist, daß keine Tätlichkeit als Bruch angesehen werden soll, wenn nicht die betreffenden Scharen mit Fahnen und Kanonen aufziehen. Es scheint jedoch unvermeidlich, daß nach so vielen Zusammenstößen und nach so vielem vergossenem Blut endlich zwischen den beiden Souveränen selbst der furchtbarste Krieg ausbrechen müsse."

Diese Prophezeiung trat früher ein, als man es hätte für möglich halten können. Als Teleki als Anführer der Kuruczen zurücktrat, übernahm der junge, talentierte und ehrgeizige Emmerich Thököly die Führung. Er war nicht nur darauf aus, sich mit Beute zu bereichern und die habsburgischen Länder durch Einfälle zu beunruhigen, er strebte die Errichtung eines selbständigen Fürstentums in Oberungarn an, wenn es ging, sogar die Königskrone von Ungarn. Als Frankreich die neue Kampfführung erkannte, sandte König Ludwig XIV. dem ungarischen Freischarenführer 500.000 Gulden. Zum Dank dafür wurden in Ungarn Münzen geprägt, die auf der einen Seite das Bild des französischen Königs, auf der andern die Umschrift „Protector Regni Hungariae" (Schutzherr des Königreiches Ungarn) trugen.

Als Antwort auf Thökölys Propaganda rief Leopold I. eine Reihe königstreuer Ungarn zu einer Besprechung nach Preßburg. Sein Vertreter war aber alles andere als ein Diplomat, der mit den Ungarn umzugehen verstand. Es war der Hofkanzler Hocher, ein Tiroler, arbeitsam und unermüdlich, aber derb und oft sogar unflätig in seinen Ausdrücken. Ihm stellten auch die königstreuen Adeligen die Bedingung: Wiederherstellung der ungarischen Verfassung. Sie gingen sogar so weit, die Kriegführung Thökölys als mit dem Widerstandsrecht in der berühmten „Goldenen Bulle" des Königs Andreas II. von 1222 zu rechtfertigen. Da die Gefahr bestand, daß selbst der letzte habsburgische Anhang zumindest vergrämt würde, entschloß sich der Kaiser, nachzugeben, und er schrieb für 1681 einen Reichstag nach Ödenburg aus. Hier wurde, der ständischen Verfassung gemäß, Graf (seit 1687 Fürst) Paul Esterházy, das Haupt der katholischen und königstreuen Adelsfraktion, zum Palatin des Königreiches Ungarn gewählt.

Ehe es jedoch zum Ausbruch des großen Türkenkrieges kam, überfiel in den Sommermonaten des Jahres 1679 Ungarn, die Steiermark, Wien, Niederösterreich, Böhmen und Mähren eine fürchterliche Seuche, an der allein in Wien und Umgebung zwischen 75.000 und 150.000 Menschen starben. In diese Zeit fällt die Wiener Lokalsage vom „Lieben Augustin", einem Straßenmusikanten, der auf dem Heimweg vom Wirtshaus in eine Pestgrube fiel und gesund und munter aus ihr hervorkam. Noch heute erinnert die Pestsäule am Wiener Graben (1687 erbaut) an diese unheimliche Katastrophe, die Leben und Treiben in vielen Gegenden Österreichs für lange Zeit lahmlegte. Und in den Tagen, da man in Ödenburg mit den ungarischen Ständen verhandelte, kam die Hiobsbotschaft von der mitten im

Frieden erfolgten Besetzung der Reichsstadt Straßburg durch König Ludwig XIV., der die Notlage des Kaisers und die Interesselosigkeit der Fürsten des Heiligen Römischen Reiches für seine Zwecke ausbeutete. Noch zwei Tage vor dem Einzug der Franzosen hatte Straßburg sich an den Kaiser gewandt, der unmittelbar vor seinen Augen die türkische Kriegsgefahr aufziehen sah. Ein Bericht des österreichischen Vertreters in Straßburg, des Herrn von Neveu, vom 13. Oktober 1681 besagt, nachdem die Vorfälle genau geschildert worden sind, „... daß sie (der Magistrat und die Bürgerschaft von Straßburg) sich geschämt und es ihnen reute, die von mir zum öftern ergangene Warnung und wohlgemeinte Erinnerung, Euer kaiserlichen Majestät allergnädigste angebotene Hilfe anzunehmen ..., nicht angenommen haben".

Viele Jahre hindurch hatte man sich damit zufriedengegeben, daß es leicht sein werde, mit den Türken auf dem Verhandlungsweg voranzukommen. Es schien tatsächlich so, als ob ihre Politik gegenüber Österreich weniger gefährlich wäre als die Frankreichs. Ebenso kämpfte in Leopold I. noch der Zwiespalt zwischen seinen Pflichten als Römischer Kaiser und denen als österreichischer Landesherr. Man hatte sogar im August 1681 beschlossen, einen Sonderbotschafter an den Sultan zu entsenden, der die Verlängerung des 1664 geschlossenen Friedens erreichen sollte. Aber die französischen Agenten in der Türkei arbeiteten alle daran, die Mission des kaiserlichen Sondergesandten Caprara scheitern zu lassen. Diese französischen Agenten waren fast ausnahmslos katholische Priester, Jesuiten und Kapuziner, aus Frankreich. Sie arbeiteten ohne Bedenken auch mit den Abgesandten Thökölys zusammen, die dieser ebenfalls nach Konstantinopel gesandt hatte. Die katholische Mission in der Türkei war zu dieser Zeit völlig unter den Einfluß Frankreichs geraten, und man hatte sogar das französische Wappen auf den Kirchenportalen angebracht.

Anfang Oktober 1682 verließen der Sultan und der Großvezier Kara Mustapha die Hauptstadt. Auf dieses untrügliche Zeichen hin kam es am 31. März 1683 auf Grund der Vermittlung des Papstes zum Abschluß eines Bündnisses zwischen Österreich und Polen. Leopold I. verpflichtete sich, ein Heer von 60.000 Mann in Ungarn aufzustellen und eine Geldsumme von 1,200.000 polnischen Gulden als finanziellen Beitrag zu leisten. Andere christliche Fürsten sollten zum Beitritt aufgefordert werden. Es waren aber nur wenige — so Kurfürst Johann Georg II. von Sachsen, Ernst August von Hannover, Max Emanuel von Bayern, Georg Friedrich von Waldeck —, die dieser Aufforderung wirklich folgten. Entscheidende Hilfe leistete Papst Innozenz XI. (1676—1689, 1956 selig gesprochen), der noch im Verlauf des Krieges dem Kaiser 1,000.000, dem König Johann III. Sobieski von Polen, bereits als Sieger über die Türken bekannt, 500.000 Gulden Hilfsgelder zukommen ließ. Dagegen zeigte es sich, daß je näher die Gefahr war, umso weniger Opferbereitschaft gezeigt wurde. Als der Kaiser mit Zustimmung des niederösterreichischen Landtages eine einprozentige Vermögenssteuer ausschrieb, kam viel weniger ein, als man erwartet hatte: die Armen und die kleinen Leute gaben, was vorgeschrieben war, die Reichen und Vornehmen entzogen sich unter allerlei Vorwänden und Verwendung von Protektion der Steuer. Und dazu gab es noch eine Partei am kaiserlichen Hof, die mit Hilfe von Emmerich Thököly den Frieden mit den Türken unter allen Umständen erkaufen wollte und ihn auch für möglich hielt. Zu ihr gehörten einflußreiche Persönlichkeiten wie der spanische Botschafter und der Präsident des Hofkriegsrates (Landesverteidigungsminister), Markgraf Hermann von Baden. Aber der österreichische Botschafter in der Türkei, Graf Caprara, konnte am 20. März melden: „Thököly meldet nach Wien hin sein Erbieten, den Frieden zu vermitteln. Hieher schreibt er nichts anderes als die Mahnung, zeitig im Feld zu sein, damit man unter Zurücklassung Ungarns Wien angreifen könne. Er übersendet den Plan der Stadt. Zur Stunde spricht man hier von nichts anderem. Der Großvezier studiert den ganzen Tag hindurch den Plan. Thököly schreibt, daß er die Verhandlungen zu dem Zweck unternommen hat, um unseren Hof besser einzuschläfern. Er prahlt, daß wir die Stadt unversorgt finden werden, sie sei nicht imstande sich zu verteidigen. Er prahlt ferner, daß die Seinigen in den Straßen von Wien einherschreiten, umgürtet mit ihren Säbeln, die deutsches Blut vergossen haben. Er habe sie gesendet, den Plan der Stadt aufzunehmen."

Am 3. Mai 1683 waren die Türken in Belgrad. Die Stärke ihrer Elitetruppen betrug etwa 40.000 Mann; in Gesamtheit mochte das Heer, das unter Kara Mustaphas Führung weiterzog, etwa 180.000 Mann umfassen. Es wurde immer klarer, daß das Ziel der Feinde die österreichische Hauptstadt war. Ob Kara Mustapha wirklich den Plan hegte, der ihm von verschiedenen Seiten zugeschrieben wird, nach der Eroberung Wiens sich selbst zum Herrscher eines aus Ungarn und Österreich bestehenden Sultanats zu machen, läßt sich mit Sicherheit nicht mehr feststellen. Die dem Kaiser zur Verfügung stehenden Truppen waren im ganzen 71.000 Mann stark. Da jedoch wegen Besetzung der Grenzen ein Teil von ihnen im Kampf gegen Kara Mustapha nicht verwendbar wurde, konnten dem türkischen Heer nur etwa 32.000 Mann mit 56 Geschützen entgegengestellt werden. Ihr Oberkommandierender war Herzog Karl V. von Lothringen, der die Schwester des Kaisers, die verwitwete Königin Eleonore von Polen, geheiratet hatte. Er ist der Großvater des Herzogs Franz Stephan von Lothringen, des Gemahls Maria Theresias. Karl V. war von 1675 bis 1690 dem Namen nach Herzog von Lothringen, das die Franzosen besetzt hielten. In Wien geboren, verbrachte er den größten Teil seines Lebens in Österreich und in österreichischen Diensten. Trotzdem gab er niemals die Hoffnung auf, Lothringen seinem Haus zurückzugewinnen. Es war seiner Initiative zu verdanken, daß dies tatsächlich acht Jahre nach seinem Tod ermöglicht wurde. Herzog Karl V., ein Schüler Montecuccolis, war einer der größten Feldherren seiner Zeit, in seinem Auftreten einfach, schlicht und anspruchslos. Er war es, der das Bajonett in der österreichischen Armee einführte.

Die Lage Österreichs schien nicht nur verzweifelt, sondern völlig aussichtslos zu sein. Palatin Paul Esterházy klagte in einem Schreiben vom 30. Juni dem Kaiser: „Es ist kein Geld vorhanden, der Feind dagegen wächst täglich." Die kaiserliche Armee „hat die Belagerung von Neuhäusel in nicht ehrenhafter Weise aufgegeben... Die Nationalungarn werden von den Soldaten Eurer Majestät schlecht behandelt, die Komitatsbehörden nicht geachtet." Der Rückzug der kaiserlichen Truppen ging aber unvermindert weiter. Am 7. Juli konnten türkische

Reiter die Rückziehenden bei Deutsch-Altenburg und Petronell angreifen und in wilde Verwirrung bringen. Die Gerüchte, die nach Wien gelangten, übertrieben; sie sprachen davon, daß der Herzog von Lothringen gefallen und die gesamte Armee zerstreut sei. Am Abend des gleichen Tages verließ die kaiserliche Familie Wien, und ihr folgten gegen 60.000 Menschen, die in der Abreise des Kaisers das Eingeständnis sahen, daß Wien in die Hände der Türken fallen werde. Es herrschte ein solches Durcheinander, daß in Korneuburg der Kaiser mit den Seinen auf Stroh übernachten mußte, da keine Betten aufzutreiben waren.

Die Verteidigung Wiens lag nach der Abreise des Kaisers in den Händen einiger Männer, von denen heute noch Graf Ernst Rüdiger von Starhemberg als der bedeutendste gilt. Vielleicht nicht ganz mit Recht. Zeitgenössische Quellen nennen den Präsidenten des politischen Rates, den Grafen Kapliers, als das eigentliche Herz der Verteidigung. So heißt es in einer von ihnen: „Den klugen Ratschlägen des Grafen Kapliers und der Tapferkeit des Grafen Starhemberg hat man hernach die Erhaltung der Festung zugeschrieben.“ Es soll aber auch des Bürgermeisters von Wien, Andreas Liebenberg, und des Bischofs von Wiener Neustadt, Graf Kollonits, nicht vergessen werden, die an der Verteidigung Wiens hervorragenden Anteil hatten. Kollonits war es auch, der die nötigen Gelder herbeischaffte, die für die Bezahlung der Soldtruppen aufgebracht werden mußten. Dies wurde ihm durch die großzügige Haltung des 83jährigen Fürstprimas von Ungarn, des Erzbischofs Georg Szeleptsény von Gran, ermöglicht, der 400.000 Gulden zur Verfügung stellte. Die zur Verteidigung der Stadt abgestellten kaiserlichen Truppen waren zwischen 16.000 und 10.000 Mann (nach verschiedenen Berichten) stark. Dazu kam die bewaffnete Bürgerschaft, die sich nach den Stadtvierteln in Kompanien zusammenschloß, während die Handwerkerzünfte und die Studenten der Universität ihre eigenen Formationen aufstellten. An Geschützen konnte man 312 Kanonen auf den Stadtwällen montieren; von ihnen stammten 50 aus dem städtischen Arsenal.

Für die Verproviantierung der Stadt war genügend gesorgt worden. Bis zum letzten Augenblick wurden Lebensmittel angeliefert. Die ersten Tage hielten noch kaiserliche Truppen von der „Donauinsel“ (den heutigen Bezirken Leopoldstadt und Brigittenau) aus die Verbindung mit der belagerten Stadt aufrecht, bis sie am 16. Juli endgültig auf allen Seiten von den Türken eingeschlossen wurde. Von nun ab war Wien bis zum 12. September völlig auf sich gestellt. Nur einige Kundschafter — wie der bekannte Georg Franz Kolschitzky, dann Georg Mihailovits und der Leutnant Gregorovits — durchbrachen während dieser Wochen die Sperre. In der Stadt selbst herrschte die Ruhr. Immer mehr Verteidiger fielen aus, schließlich war die Hälfte der Besatzung und ein Drittel der Bevölkerung entweder den Türken oder der Seuche zum Opfer gefallen.

Unter den Toten befand sich auch Bürgermeister Liebenberg; Starhemberg wurde verwundet. Anfang September wurden außerdem Lebensmittel und Munition knapp. Die anfängliche Begeisterung und Opferbereitschaft wichen immer stärkerem Defaitismus und Egoismus. Wir besitzen eine Verordnung des Politischen Kollegiums vom 28. August, in der alle jene, die zwar in die Listen der wehrhaften Männer eingeschrieben, aber bisher zum Dienst noch nicht erschienen sind, mit schweren Strafen bedroht werden. Die geringe Wirkung der Kundmachung geht daraus hervor, daß sie am 30. August wiederholt werden mußte und daß am 7. September Jagd auf Deserteure in den verstecktesten Winkeln Wiens gemacht wurde. Daneben mußte immer wieder gegen den „verdammten Wucher" eingeschritten werden, an dem vor allem einige Bäcker Schuld trugen.

Der Hauptsturm der Türken richtete sich gegen das Vorwerk des sogenannten „Burgravelins", das an Stelle des heutigen Volksgartens stand, und auf den Teil der Befestigung zwischen dem heutigen Burgtheater und der Löwelstraße. Schwer hergenommen wurde auch die kaiserliche Hofburg. Oft erfolgten mehrere Stürme innerhalb eines einzigen Tages. Aber obwohl mehr als 100.000 Bomben während der Belagerung in die Stadt geschleudert wurden, war ihre Wirkung verhältnismäßig gering. Nach dem Urteil des venetianischen Botschafters Contarini soll dies das Verdienst von Achmed Bey gewesen sein, eines ehemaligen Kapuziners, der nunmehr als Renegat im türkischen Heer diente und als der „Kapuziner-Ingenieur" bezeichnet wird. Er habe die Bomben mit unbrauchbarem Pulver füllen lassen. Auch sei auf seinen Ratschlag hin der Angriff auf die Stubenbastei, die viel schwächer war, unterlassen worden. Einzelne Führer der türkischen Hilfsvölker zeigten den Belagerten ihre Sympathie. So ließ der Fürst der Walachei Kantakuzenos den Wienern mitteilen, „daß er bei jeglichem Zusammentreffen mit den Kaiserlichen sich erbiete, ihnen den Vorteil zu lassen. Seine Standarten hätten auf der einen Seite das Kruzifix, auf der andern Maria, die Muttergottes". Kantakuzenos war es auch, der in den Wäldern bei Schönbrunn ein gewaltiges Holzkreuz errichten ließ, das noch 1783 in der Nähe des sogenannten „Gatterhölzels" (Wien-Meidling) stand.

Es wird uns überliefert, daß Kara Mustapha den Wienern einige Male das Angebot stellte, unter für sie recht günstigen Bedingungen die Stadt an ihn zu übergeben. Tatsächlich fanden nach zuverlässigen Mitteilungen von Zeitgenossen — so des österreichischen Botschafters in der Türkei, Kunitz, der als „Ehrengefangener" während der Belagerung im türkischen Lager weilte — briefliche Verhandlungen zwischen Kara Mustapha und einflußreichen Personen aus Wien statt, obwohl die Bevölkerung von Perchtoldsdorf bei Wien trotz abgeschlossenen Vertrages mit den Türken fast zur Gänze niedergemacht worden war und weite Gebiete Niederösterreichs unter der türkischen Brandschatzung zu leiden hatten. Allein in den Gerichtsbezirken Lilienfeld, Wilhelmsburg, Hainfeld und Türnitz wurden 225 Eheleute, 46 Kinder und 89 Dienstboten erschlagen. Aus den gleichen Gebieten führte man 215 Eheleute, 518 Knaben und Mädchen, 275 Knechte und Mägde in die Sklaverei ab. An Häusern gingen 284 zugrunde. Nur Klosterneuburg verteidigte sich unter dem Laienbruder Marcellin und dem Rentschreiber Widmann siegreich gegen die Angriffe, während der Prälat und die Chorherren geflohen waren.

Beinahe wäre der Entsatz Wiens wegen ausbrechender Zwistigkeiten unter den Verbünden nicht zustande gekommen. Die einander widerstrebenden Parteien dennoch an einen Tisch gebracht zu haben, ist das Verdienst des einfachen Kapuzinerpaters Marco d'Aviano (1631—1699), den der Papst als Legat zum Heer der Verbündeten gesandt hatte. In den Augen der Zeitgenossen war er der eigentliche Sieger von Wien. Dies zeugt die berühmte Ode des Benediktinerdichters P. Simon Rettenbacher an P. Marco. In ihr heißt es nach der deutschen Übersetzung von P. Kilian Jäger, die zum ersten Male 1892 im Wiener „Vaterland" veröffentlicht wurde:

Wessen Mannes Ehrenpreis willst du kundtun,
Clio, wessen Lob in neuem Liede
rauschend tönen oder zu klangvoll sanftem Spiel der Leier.

Etwa gar den Kaiser, des Glückes Liebling,
der die Türkenhorden zur wilden Flucht zwang;
Polens König, stolz auf Osmanenbeute, Muse, besingst du?

Wohl den Bayerfürsten, der die Barbaren
heeresmächtig niedergerungen, oder
Karl, des Heldenarme die Macht des Ostens siegend zerschmettern?

Jener große Held, der, durch Mut des Löwen
leuchtend, seiner Vaterstadt Mauern schirmte,
denkst du, seinem Ruhm nach Gebühr durch alle Völker zu tragen?

Mag ein Sänger, lauter die Harfe schlagend,
diese feiern — mich nur begeistert Marco,
still und fromm, es reizt mich das arme Kleid, sein schütterer Mantel.

Durch Gebet bezwang er die Thrakerscharen;
sieghaft scheucht der Adler des blassen Mondes
Zeichen in die Flucht, von der Stadt der Feind jetzt zitternd zurückweicht.
Ihn vernahm der Gipfel des Kahlenberges
ohn Ermüden ruft er zum Allerhöchsten,
wie einst Moses während der Schlacht die Hände segnend erhoben.

Mögest du den Bürgern ein froher Schutz sein,
unsres Kaisers Waffen begeistert schirmen,
lang noch fromm den Himmel bestürmen, Marco, Sieggekrönter!

Tatsächlich hatte Kaiser Leopold anfangs beabsichtigt, selbst bei seinem Heer zu erscheinen und an der Befreiung seiner Hauptstadt teilzunehmen. Das hätte indessen nach dem Zeremoniell der Barockzeit bedeutet, daß der Kaiser zumindest formell den Oberbefehl über die vereinigten Truppen zu übernehmen gehabt hätte. Dem widerstrebte Johann III. Sobieski von Polen, der den Oberbefehl für sich selbst beanspruchte. Nur dem Eingreifen P. Marcos war es zu verdanken, daß der Kaiser darauf verzichtete, während der Schlacht beim Heer anwesend zu sein, und daß der Polenkönig nicht noch vor dem Kampf wieder nach Hause zurückkehrte. Nun war es möglich, ihm den Oberbefehl zu übergeben. Als sein Generalleutnant fungierte Herzog Karl V. von Lothringen.

Die Entscheidungsschlacht wurde am 12. September 1683 geschlagen. Neben den polnischen waren Truppen süddeutscher Fürsten, vor allem die Bayern, anwesend, während der Kurfürst von Brandenburg, Friedrich Wilhelm III., unter dem Einfluß Frankreichs mit seiner Hilfe zögerte. Unter den habsburgischen Ländern war es in erster Linie Kroatien, das sich mit allen seinen Kräften zur Verfügung stellte und von Leopold I. Worte des Dankes und des höchsten Lobes erhielt. Kara Mustapha handelte in den letzten, entscheidenden Tagen vor der Schlacht so, als ob ihn nichts als die Belagerung Wiens anginge. Für alle Vorgänge, wie die Vereinigung der österreichischen, süddeutschen und polnischen Truppen in Krems und den Vormarsch des Heeres gegen Wien, zeigte er sich blind und taub. Er verwarf die Ratschläge seiner Unterfeldherren, die ihm rieten, unter den bedrohlichen Umständen die Belagerung der Stadt aufzuheben.

Um 4 Uhr früh hatte Marco d'Aviano auf dem Kahlenberg eine Messe zelebriert; dann rückte man in drei Gliedern die Abhänge hinab. Verblüffenderweise hatte Kara Mustapha nicht einmal dafür Vorsorge getroffen, daß zumindest die Höhen des Wienerwaldes westlich von Wien von den Türken besetzt wurden. So konnten die Verbündeten gleich in die Ebene herabsteigen. Die Türken hatten während der Belagerung etwa 50.000 Mann verloren. Nun ließ der Großvezier Wien zum letzten Male von 30.000 Mann bestürmen. Den Rest seiner Truppen — etwa 100.000 Mann — sandte er dem Entsatzheer entgegen. Der rechte Flügel der Türken wich schon am frühen Nachmittag zurück, doch nahmen die Kämpfe erst am Abend ihr Ende. Die Türken ließen ihr gesamtes Kriegsmaterial zurück. So wurden alles in allem fast 200 Geschütze erbeutet. König Johann III. Sobieski erbeutete das Zelt des Großveziers Kara Mustapha mit all seinem Reichtum. Nach dem Bericht des schon genannten venezianischen Gesandten Contarini betrugen die Verluste auf seiten der Türken gegen 8000, jene der Verbündeten gegen 500 Mann. Von den Verteidigern Wiens waren 5000 Mann der Besatzung gefallen, 2000 lagen verwundet in den Spitälern. Von den Einwohnern der Stadt waren 1650 ums Leben gekommen, darunter 170 Wiener Bürger. Außerdem waren von den Türken im Verlauf des Sommers 1683 6000 Männer, 8000 Frauen, 14.000 Mädchen und 50.000 Kinder in die Sklaverei verschleppt worden. Bischof Kollonits gelang es nach dem Sieg des 12. September nur mehr, etwa 600 Kinder zu befreien, deren Eltern verschollen und erschlagen worden waren. Sie wurden auf Kosten von Kollonits bis zu ihrer Großjährigkeit erzogen. Für die Sieger hielt der Kaiser Belohnungen bereit: sowohl Graf Kapliers als auch Graf Starhemberg wurden zu Feldmarschällen ernannt und erhielten reiche Geldgeschenke. Bischof Kollonits wurde 1686 Kardinal und 1695 Fürstprimas von Ungarn und Erzbischof von Gran. Die Bedeutung des 12. September 1683 kann für die österreichische sowie europäische Geschichte nicht genug geschätzt werden.

Ein Fremdling in Österreich

Unter den vielen Freiwilligen, die 1683 im kaiserlichen Heer ihren Dienst genommen hatten, befand sich auch jener Mann, der Österreichs größter Feldherr und Staatsmann werden sollte: Prinz Eugen von Savoyen. Er stammte aus einer in Frankreich ansässig gewordenen Seitenlinie des Herzogshauses von Savoyen, von dem im 19. Jahrhundert die Einigung Italiens ausgehen sollte. Er wurde am 18. Oktober 1663 zu Paris geboren und zeichnete sich von Kind an weder durch körperliche Schönheit noch durch irgend etwas anderes aus, das seine große Zukunft hätte vorausahnen lassen. Sein Vater war Eugen Moritz Prinz von Savoyen-Carignan, Graf von Soissons. Er war französischer General, und wenn er auch nicht unwichtige Posten bekleidete, besaß er doch kaum mehr, als ihm seine Stelle eintrug. Seine Mutter war Olympia Mancini, eine der Nichten des großen französischen Staatsministers und geistigen Erben Richelieus, Kardinals Mazarin, der eigentlich Mazzarini hieß. Sie galt als die begabteste, aber auch skrupelloseste unter den Nichten Mazarins, die dieser aus Rom nach Paris geholt hatte. Sie war die erste Geliebte König Ludwigs XIV. und hatte gehofft, Königin von Frankreich zu werden. Und als sie Mazarin dann an den Prinzen von Savoyen verheiratet hatte und ihr 300.000 Livres Mitgift gab, eine Summe, die nicht einmal kaiserliche Prinzessinnen erhielten, hörten ihre Beziehungen zu Ludwig XIV. nicht auf. In der 16 Jahre währenden Ehe wurde sie Mutter von fünf Söhnen und drei Töchtern. Sie intrigierte am Hof von Versailles ständig gegen alle jene Mädchen und Frauen, von denen sie annahm, Ludwig XIV. könnte an ihnen Gefallen finden. Dies führte schließlich ihren Untergang herbei, und Olympia mußte aus Frankreich fliehen.

Ihre Kinder blieben arm und ohne Schutz zurück, da der Vater bereits 1673 gestorben war. So nahmen sich die Großmutter und eine ihrer Töchter, die Markgräfin von Baden, der elternlosen Kinder an. Sie kämpften ständig mit Geldsorgen und haderten unaufhörlich miteinander. Außerdem „sprach" manches Mal der Onkel des Prinzen Eugen ein Machtwort. Es war der hochgebildete Fürst Emanuel Philibert von Savoyen-Carignan, der taubstumm war, aber trotzdem kraftvoll und energisch sein konnte.

Prinz Eugen war der fünfte Sohn und ausgesprochen häßlich. Die Bilder, die später von dem berühmten Feldherrn gemalt wurden, schmeicheln ihm. Und es erscheint sonderbar, daß es eigentlich nur „offizielle" Schriftstücke über ihn und von ihm gibt. Seine Archive sind verschwunden, seine Aufzeichnungen, seine Memoiren, die er vielleicht geschrieben hat, sogar seine Testamente existieren nicht mehr.

Prinz Eugen empfing trotz allem eine sehr gute Erziehung und wurde schon früh für den geistlichen Stand bestimmt. Man nannte ihn nur den Abbé de Savoye, er besaß kirchliche Pfründen und trug die Tonsur der Geistlichen, obwohl er nicht einmal die niederen Weihen empfangen hatte. Die Behauptung Srbiks, er habe „überall deutschen Sinn und deutsche Art" gezeigt, ist auf Grund der vorliegenden Forschungen nicht zu halten. Seine Muttersprache, in der er sich am besten und gewandtesten ausdrücken konnte, war das Französische; er sprach auch ziemlich gut Italienisch, doch mangelten ihm bessere Kenntnisse im Lateinischen und Spanischen — dies war damals die Hofsprache der österreichischen Habsburger —, und Englisch blieb ihm vollkommen fremd. Deutsch konnte er zwar verstehen, war aber nicht imstande, es zu sprechen oder zu schreiben. So fühlte er sich denn später als Vertreter der römischen Monarchie der Habsburger und des Hauses Österreich im besonderen.

Im Alter von 19 Jahren erklärte er, nicht Geistlicher werden zu wollen. Daraufhin entzog ihm die Familie seine Rente, und die Großmutter verbot ihm das Haus. Am 26. Februar 1683 verließ Prinz Eugen sein bisheriges Heim in Paris und sah es niemals wieder. Sein Gesuch an Ludwig XIV. um Aufnahme in die französische Armee wurde glatt abgewiesen.

Nun entschloß sich Eugen, auf eigene Faust Kriegsdienste in Österreich zu suchen. Er hatte nämlich die Nachricht erhalten, daß sein älterer Bruder, Prinz Ludwig Philipp von Savoyen, als kaiserlicher Reiteroberst im Gefecht von Petronell gefallen sei. Über Köln und Frankfurt reisend, traf Prinz Eugen am 14. August 1683 in Passau ein. Er kannte am ganzen österreichischen Hof, der sich zu dieser Zeit in der Bischofsstadt aufhielt, niemanden näher, lediglich den Hofkriegsratspräsidenten Markgraf Hermann von Baden, mit dem er weitschichtig verwandt war. Eugen berief sich auch auf seine Verwandtschaft mit dem Kaiser selbst: seine Ururgroßmutter war eine Tochter des Habsburgers Philipp II. von Spanien gewesen. Zudem konnte Leopold I. in der schweren Situation des Sommers 1683 jeden Arm brauchen, schien er noch so schwach zu sein, und kein Gesicht war ihm zuwider, wenn sein Träger nur mitkämpfen wollte. Allerdings fand sich Eugen in der Hoffnung getäuscht, sofort ein Regiment zu erhalten, wie es für Prinzen standesgemäß war. Der Kaiser hatte gerade keine Stelle frei; das Regiment des gefallenen Prinzen Ludwig Philipp von Savoyen war bereits vergeben. Doch riet er Eugen, sich als Freiwilliger dem Heer anzuschließen. Als solcher nahm der Prinz von Savoyen — der sich damals noch Chevalier de Carignan nannte — an der entscheidenden Schlacht am 12. September 1683 vor Wien teil. Doch schon am 14. Dezember des gleichen Jahres wurde er zum Oberst des Dragonerregiments ernannt, das dem Grafen Kuefstein gehört hatte. Es wurde später in „Regiment Prinz Eugen von Savoyen" umbenannt, und die Savoyen-Dragoner, die bis 1918 bestanden, waren stolz darauf, daß Eugen in ihren Reihen seinen Aufstieg begonnen hatte.

Der große Türkenkrieg

Der Feldzug der verbündeten Truppen hätte eigentlich mit der Befreiung Wiens zu Ende sein können; denn zu diesem Zweck waren die Heere im September 1683 ausgezogen. Der große Erfolg jedoch veranlaßte Herzog Karl V. von Lothringen im Kriegsrat darauf zu bestehen, daß nicht bloß der Krieg als solcher fortgeführt werde, sondern daß man noch im selben Herbst die Verfolgung des geschlagenen und geschwächten Feindes beginne, obwohl in jener Zeit im allgemeinen Winterfeldzüge nicht üblich waren. So kam es noch im Jahr 1683 zur Wiedereroberung der ungarischen Stadt Gran (Esztergom), die 77 Jahre türkisch gewesen war. Unter dem Eindruck der großen Erfolge und der öffentlichen Meinung in Europa war auch Frankreich gezwungen, einen zwanzigjährigen Waffenstillstand mit dem Kaiser abzuschließen.

Das bisher bestehende Bündnis des Kaisers mit Polen wurde unter Hinzunahme des Papstes und der Republik Venedig unter dem Namen einer „Heiligen Liga“ am 5. März 1684 zum Zweck des ausschließlichen Kampfes gegen den Islam gefestigt. Im raschen Vordringen eroberten die kaiserlichen und verbündeten Armeen fast ganz Oberungarn (die heutige Slowakei), mit Ausnahme von Munkácz, das allein in Thökölys Händen blieb. Einer seiner Unteranführer, der Kuruzzengeneral David Petneházy, der zu Leopold I. übergegangen war, erstürmte die Festung Arad. Nun konnte Herzog Karl V. von Lothringen an die Belagerung von Buda, der alten ungarischen Königsstadt, gehen. Wie schon bei der Belagerung Wiens brachte man durch Überläufer und Gefangene in Erfahrung, daß Offiziere Ludwigs XIV. als Berater den türkischen Verteidigern zur Seite standen. Vor wenigen Monaten hatte sich auch Brandenburg dem Bündnis angeschlossen, und so standen neben österreichischen und bayrischen auch brandenburgisch-preußische Regimenter unter dem Oberbefehl des lothringischen Herzogs. Der König von Polen war bereits Ende 1683 nach Hause zurückgekehrt und machte von nun an — obwohl er der Heiligen Liga angehörte — verhältnismäßig wenig Anstrengungen, seinen Verbündeten zu helfen. Aber knapp vor dem letzten Sturm auf Buda trafen sogar noch zwei schwedische Regimenter auf dem Kampfplatz ein, deren früherer Ankunft, wie Graf Dohna berichtete, „glänzendes Metall einer gewissen europäischen Macht im Weg lag“.

Es ist nach den neuesten Forschungen nicht mehr anzuzweifeln, daß es allein das Verdienst des Herzogs Karl V. von Lothringen war, daß der Angriff auf Buda trotz aller Widerstände unternommen wurde. Er fand dabei die Unterstützung des Kaisers selbst, während eine starke Partei am Wiener Hof von dieser so weit reichenden Aktion abraten und am liebsten so rasch wie möglich einen Frieden mit dem Sultan schließen wollte. In einer vielstündigen Beratung wurde der Generalangriff beschlossen. Es war am 2. September 1686, als Österreicher, Bayern, süddeutsche Kontingente, Brandenburger und Schweden zusammen mit den Freiwilligen anderer Länder — auch viele Franzosen befanden sich darunter, die der Politik ihres eigenen Königs widerstrebten — zum Sturm antraten. Die Türken leisteten nur stellenweise stärkeren Widerstand; ihr Kommandant fiel nach tapferer Gegenwehr. Nur ein Fünftel der türkischen Besatzung, etwa 200 Mann, kamen mit dem Leben davon. Die Stadt war verbrannt und verödet. Die Soldaten plünderten und „machten eine so wertvolle Beute, wie man sie sich nicht größer vorstellen konnte“, wie der venezianische Gesandte berichtete. Dazu kamen die reichen Munitionsvorräte und der gesamte Geschützpark der eingenommenen Festung. Nach 145 Jahren türkischer Herrschaft war Buda wieder in christliche Hände gekommen. Die Wirkung des Sieges war in ganz Europa ungeheuer groß. In Flugschriften und Traktaten wurde er gefeiert. Vor allem auch deshalb, weil man an ihn nicht geglaubt hatte, da eine türkische

Entsatzarmee herangekommen war, die sich nunmehr — nach dem Fall Budas — wieder zurückzog. Es war die Meinung vieler gewesen, die Belagerer würden sich dadurch hindern lassen und ihren Plan aufgeben. Merkwürdigerweise erkannte man nur in Paris die Tatsache, daß der Sieg der Feldherrngabe und Entschlußkraft Karls V. von Lothringen zu verdanken war. In den anderen Ländern trat er hinter den Kurfürsten Max Emanuel von Bayern und den Markgrafen Ludwig von Baden zurück. „Alle späteren Siege, in denen der bayrische Kurfürst, Markgraf Ludwig Wilhelm, Prinz Eugen und alle anderen aus dieser Schule hervorgegangenen Feldherren die hier mit Geist und Kraft errungenen Erfolge des Türkenkrieges behaupteten und mehrten, nahmen vom Feldzug des Jahres 1686 ihren Ausgang" (Paul Wentzcke).

Während sich nun Sachsen, Brandenburger und Schweden auf den Rückweg machten, die Bayern in Oberungarn, die österreichischen Regimenter in der Heimat überwinterten, ließ Herzog Karl V. zwei Heeresgruppen den fliehenden Türken folgen. Unter dem Kommando des Markgrafen Ludwig von Baden — bald in seinem Stammland als der „Türkenlouis" rühmlich bekannt — begann die Belagerung von Pécs (Fünfkirchen); nach der Kapitulation dieser Stadt fiel eine Reihe südöstlicher Komitate Ungarns in die Hand der Kaiserlichen. Eine zweite Heeresgruppe, die von General Veterani befehligt wurde und in der starke ungarische Verbände mitwirkten, besetzte nach einem Sieg über den türkischen Großvezier Szeged und nahm an Theiß und Marmaros Winterquartier. Eger (Erlau) und Munkácz wurden eingeschlossen und leichte ungarische Reiter schwärmten bis in die Gegend von Großwardein. Die türkische Regierung bot jetzt Frieden an; doch Österreich forderte die Abtretung ganz Ungarns, zu der man sich indes nicht entschließen konnte. So ging der Kampf weiter.

Die nächsten Jahre brachten eine Reihe weiterer Erfolge. Nach der Schlacht am Berg Harkany (oder Harsany) 1687 war die Zeit reif, den ungarischen Reichstag zusammenzurufen. Er anerkannte feierlich das Erbfolgerecht der Habsburger im Mannesstamm und strich jenen berühmten Artikel aus der „Goldenen Bulle" des Königs Andreas II. (1222) aus der Verfassung, der dem Adel des Königreiches ein Widerstandsrecht gegen den Herrscher einräumte. Doch schon zeigte sich Zwietracht im christlichen Lager. Der Kurfürst von Bayern erneuerte 1688 das Bündnis von 1683 nicht mehr, ließ sich Versprechungen bezüglich künftiger Erbschaft im spanischen Reich der Habsburger machen und verlangte schließlich ein eigenes Kommando. Nur durch die schwere Krankheit Herzog Karls V. wurde eine direkte Auseinandersetzung zwischen den beiden Fürsten vermieden. Nun erhielt Max Emanuel von Bayern, der Schwiegersohn des Kaisers geworden war, den alleinigen Oberbefehl im Türkenkrieg. Als fürchte er eine Wiederherstellung Herzog Karls V. und damit eine Schmälerung seines Oberbefehls, ging der bayrische Kurfürst mit bisher ungekannter Hast und Eile vor. Graf Caprara und P. Marco d'Aviano mußten ihre ganze Überredungskunst aufbieten, um vorschnell gefaßte Entscheidungen Max Emanuels hintanzuhalten. Aber im Jahr 1688 wurde die Stadt Belgrad in kühnem Sturm den

Türken abgenommen. Es schien nicht unmöglich, die kaiserlichen Waffen auf die Balkanhalbinsel und bis nach Konstantinopel zu tragen.

Unter diesen Umständen war nicht daran zu denken, daß das Fürstentum Siebenbürgen wie bisher ein türkischer Vasallenstaat blieb. Bereits 1686 waren österreichische Truppen im Fürstentum erschienen, und Fürst Michael Apafi schloß mit Leopold I. einen Vertrag, in dem dieser ihn und seine Länder in Schutz nahm. Zwei Jahre später huldigten die Siebenbürger dem Kaiser als ihrem obersten Lehensherrn, wie es bisher der Sultan war. Schon im Jänner 1688 hatte die Gemahlin Thökölys, der sich im Lager der Türken befand, die kühne und mutige Helene Zrinyi, Tochter jenes Peter Zrinyi, der in der Magnatenverschwörung die große Rolle gespielt hatte, die von ihr monatelang verteidigte Festung Munkácz übergeben müssen. Sie und ihre Kinder wurden nach Wien in die Gefangenschaft geführt. Nachdem nun auch Belgrad gefallen war, drang der neue kaiserliche Oberbefehlshaber, Markgraf Ludwig von Baden — der Kurfürst von Bayern war in sein Land zurückgekehrt —, in Serbien ein. Er erließ einen Aufruf an alle Christen der Balkanhalbinsel, sich den kaiserlichen Fahnen anzuschließen. Der türkische Großvezier wurde bei Nisch entscheidend geschlagen. Die Österreicher drangen in Bulgarien ein und nahmen Widdin. Eine zweite österreichische Heeressäule rückte in Bosnien und in Albanien nach Süden. Sie wurde von Enea Silvio Piccolomini geführt, der in kluger Übereinstimmung mit dem Volksglauben der Bosnier und Albaner, sie würden dann befreit werden, sobald auf Kamelen fremdländische Tiere ritten, Affen und Papageien auf Kamele verlud und sie mitführte. So erschien er in den Augen des Volkes als der Befreier; überall jubelte man ihm und den Seinen zu. Tausende Serben, Bosnier und Albaner eilten zu ihm, um unter seinem Kommando gegen die Türken zu kämpfen. Seine Vortruppen stießen bis an den Ochridasee und nach Skoplje (Üsküb) in Mazedonien vor. Der serbische Patriarch der orthodoxen Kirche, Arsen Csernovič, begrüßte die einmarschierenden Österreicher und forderte seine Gläubigen auf, dem Kaiser in Wien zu helfen. Da starb General Piccolomini unerwarteterweise am 9. November 1689. An seine Stelle trat Herzog Georg Christian von Holstein, der auf die christlichen Balkanvölker von oben herabsah und Österreich jene Sympathien verscherzte, die ihm Piccolomini erworben hatte. Die Türken gingen nun in Erkenntnis der geänderten Verhältnisse zur Offensive über. Da Fürst Michael I. Apafi von Siebenbürgen 1690 starb und sein Sohn erst 14 Jahre alt war, kam Thököly, vom Sultan gesandt, ins Land und übernahm die Regierung. Der kaiserliche General Heißler wurde besiegt und gefangengenommen. Wohl wurde Thököly wieder aus Siebenbürgen vertrieben, doch unterdessen hatte der neue Großvezier Mustapha Köprülü mit einem starken Heer Nisch und Widdin zurückerobert und marschierte gegen Belgrad. Der eben erwähnte Patriarch der Serben, Csernovič, verließ vor dem herannahenden Feind mit 36.000 Familien, die sich zu sehr kompromittiert hatten, um sich unter türkischer Herrschaft sicher zu fühlen, das Land und zog sich nach Südungarn zurück, wo ihnen Kaiser Leopold I. freie Religionsübung und die Wahl ihres geistlichen Oberhauptes zusicherte. Als „Kommunität der griechischen Raizen“ — so nannte man damals die Serben — bildeten sie eine eigene Nationalität im Königreich Ungarn.

Belgrad fiel wieder in die Hände der Türken. Während der Belagerung war ein Pulvermagazin in die Luft geflogen. Daraufhin hatte eine allgemeine Flucht der Besatzung begonnen. Sechs österreichische Regimenter gingen bei diesem Unternehmen zugrunde. Nur 500 Mann, ein Zehntel der in Belgrad lagernden Österreicher, konnte sich retten. Der Stadtkommandant Aspremont, der sich unter ihnen befand, wurde vor ein Kriegsgericht gestellt. Man vermutete Verrat, denn er war mit einer Stieftochter Thökölys verlobt. Tatsächlich zeigte es sich, daß er fahrlässig gehandelt hatte. Doch hatte er nichts verraten und wurde freigesprochen. Erst viel später lernte man den wirklich Schuldigen kennen, einen Ingenieur namens Cornaro, der sich von den Türken gefangennehmen ließ, zum Islam übertrat und dann als türkischer Kriegsbaumeister amtierte. Es war für die „christliche Einheit“ bezeichnend, daß auf die Nachricht von der Wiedereroberung Belgrads durch die Türken der französische Konsul in Smyrna die gesamte französische Kolonie dieser asiatischen Stadt zusammenrief und einen Dankgottesdienst feierte.

Wir sind es gewohnt, in den Türkenkriegen die Ereignisse nur von der einen Seite her zu betrachten, so daß uns das Gefühl dafür abgeht, daß auch auf der andern — der türkischen — Seite Leid, Not und Elend nicht fehlten. Erst 1954 ist die deutsche Übersetzung der Lebensbeschreibung des türkischen Dolmetschers Osman Agha erschienen. Es wurde 1688 von den Österreichern gefangengenommen und weilte bis 1699 in Österreich. Aus diesem türkischen Selbstzeugnis geht die innige Heimatverbundenheit der Türken hervor, die nunmehr bereits über drei Generationen im Land saßen; aber ebenso die gleiche, durchaus nicht in Humanität und Ritterlichkeit schwelgende Kriegführung auf beiden Seiten, der kaiserlichen und der türkischen. Wurden früher christliche Gefangene scharenweise auf die türkischen Sklavenmärkte geschleppt, so erging es jetzt türkischen Gefangenen in österreichischen Landen nicht viel besser. Einzelne von ihnen gingen im österreichischen Volk auf. So auch jener Türke, der nach Oberösterreich verschlagen wurde, dort heiratete und zu dessen Nachkommen der oberösterreichische Mundartdichter Purschka gehörte. Osman Agha erzählt, wie man um das Lösegeld der reicheren Gefangenen schacherte und er selbst trotz Bezahlung des Lösegeldes nicht freigegeben wurde. Er mußte einige Zeit hindurch in Ketten als Pferdeknecht dienen, dann „avancierte“ er zum Läufer und Sesselträger eines Grafen Schallenberg, der ihn nach Wien brachte. Im selben Haus befanden sich zwei gefangene türkische Mädchen. „Das eine“ — so erzählt Osman Agha wörtlich — „stammte aus Arad und war die Tochter des verstorbenen Schatzmeisters Ali Agha. Sie war im Alter von sieben Jahren in Gefangenschaft geraten, als General Heißler im Jahr des Falles von Buda mit 12.000 Mann gegen die Festung Szolnok, die Palanke Szarvas und gegen Arad gezogen war und diese Orte in Brand gesteckt hatte. Als sie mit der gnädigen Frau zu uns kam, war sie 14 Jahre alt, eine bildhübsche, wohlerzogene Jungfrau aus vornehmem Haus. Unser Verwalter, Seyfried von Eyrsperg, hatte mit diesem Mädchen ein Liebesverhältnis. Das andere Mädchen war als kleines Kind zusammen mit seiner Mutter bei der Erstürmung von Buda in Gefangenschaft geraten, ihr später weggenommen und bis zu seinem 10. Lebensjahr in einem Kloster als Pflegekind aufgezogen worden; mit 11 Jahren war es dann in unser Palais gekommen. Auch sie war ein sehr hübsches Ding, nur hatte sie ein zu freies Benehmen und wurde deswegen von der gnädigen Frau zuweilen hart gezüchtigt.“ Osman Agha entkam dann der Gefangenschaft, als er die Liebesaffäre des Verwalters, der sich unterdessen auch an das zweite, erst elfjährige Mädchen herangemacht hatte, zu entdecken drohte und ihm dieser dafür zur Flucht verhalf.

Österreichs Zweifrontenkrieg

Die Erfolge Österreichs gegen die Türken wären noch größer und ohne Rückschläge gewesen, wenn nicht der Kaiser gezwungen gewesen wäre, einen Zweifrontenkrieg zu führen. Je deutlicher in Erscheinung trat, daß Österreich durch seine Erfolge im Osten eine führende Stellung in Europa erlangen werde, umso mehr bemühte sich König Ludwig XIV. von Frankreich, Kaiser Leopold I. den Rang abzulaufen. Französische Truppen sammelten sich am Rhein, und als die Nachricht von der Eroberung Belgrads durch die Österreicher durch Europa lief, überschritten sie die Grenze. In England war gerade ein Thronwechsel eingetreten. Die Dynastie Stuart, deren letzter Repräsentant König Jakob II. (1685 bis 1688, † 1701) war, hatte sich durch die Anlehnung an Frankreich in breiten Kreisen des englischen Bürgertums unbeliebt gemacht. Dazu war noch der Übertritt Jakobs II. zum katholischen Glauben gekommen, der das evangelische England vor den etwaigen Folgen dieser Entscheidung in Furcht geraten ließ. In der sogenannten „Unblutigen" oder „Glorreichen Revolution" wurde Jakob II. gestürzt und sein Schwiegersohn, der Erbstatthalter der Niederlande, Wilhelm III. von Oranien, in das Land gerufen. Zusammen mit Jakobs Tochter, Königin Maria II. (1688—1695), übernahm er die Regierung.

Für Kaiser Leopold I. ergab sich die schwere Gewissensfrage, ob er den neuen evangelischen König anerkennen solle oder nicht. Wir haben sechs Gutachten von Theologen erhalten, die darüber befragt wurden. Drei bejahten, zwei verneinten. Eins erklärt sogar, der Kaiser m ü s s e mit Wilhelm III. von Oranien gehen, denn die Kirche werde von Ludwig XIV. vergewaltigt. So entschloß sich der Kaiser, am 12. Mai 1689 eine Allianz mit der neuen englischen Regierung einzugehen. Während der Kampf in Ungarn weiterging, marschierten kaiserliche Truppen auch am Rhein auf. König Ludwig XIV. tat alles, um etwaige Friedensverhandlungen zwischen Österreich und der Türkei zu stören. Er sandte den Marquis Chateauneuf nach Konstantinopel, der eine Riesensumme an Bestechungsgeldern mit sich führte. Den Oberbefehl über die kaiserlichen Truppen am Rhein übernahm wieder Herzog Karl V. von Lothringen, der hier auch um die Wiedererlangung seines eigenen Erblandes kämpfte. Dem Bündnis Österreich-England-Holland trat auch Spanien bei. Karl V. von Lothringen war auch jetzt siegreich. Er eroberte das von den Franzosen besetzte Mainz und Bonn zurück. Die Franzosen hatten bei ihrem Einfall die Rheinpfalz verwüstet und insbesondere das Kurfürstenschloß in Heidelberg teilweise zerstört. Unter dem Eindruck dieser Ereignisse konnte Leopold I. schon jetzt seinen 12jährigen Sohn Joseph zum Römischen König — als Nachfolger im Heiligen Römischen Reich — wählen lassen, wie der Knabe schon vorher zum König von Ungarn proklamiert worden war.

Aber das Jahr 1690 brachte Österreich noch weitere politische Katastrophen. Von der sich verschlechternden Kriegslage in Ungarn wurde schon gesprochen. Papst Innozenz XI. war gestorben. Der neue Papst, Alexander VIII. (1689 bis 1691), brachte nur mehr wenig Interesse für den Türkenkrieg auf. Die Subsidien aus Rom begannen dünner zu fließen. Die Angelegenheit um die spanische Erbfolge trat in ein kritisches Stadium. Der große Feldherr des Kaisers, Karl V. von Lothringen, schied aus dem Leben, und man vermochte augenblicklich für ihn, sowohl am Rhein wie in Ungarn, keinen Ersatz zu finden. Niemand ahnte in diesem Augenblick, daß bereits ein noch Größerer — Prinz Eugen von Savoyen — im österreichischen Heer diente. In Belgien (den Spanischen Niederlanden) wurden die Holländer von den Franzosen geschlagen.

Der vertriebene König Jakob II. von England, der noch viele Anhänger besaß, landete mit französischer Unterstützung in Irland, und es gelang ihm, sich fast der gesamten Insel zu bemächtigen. Von den beiden großen englischen Parteien, den „Whigs" (Liberalen) und den „Torries" (Konservativen), hatten diese entschieden Sympathien für den König Jakob II. Obwohl sein Vaterland Holland von den Franzosen gefährdet war, entschloß sich Wilhelm III., in Irland zu landen. Die Heere des Exkönigs und seines Schwiegersohnes stießen an der Boyne aufeinander, und Jakob II. wurde geschlagen. Damit hatte die französische Politik eine Schlappe erlitten. Durch diese Ereignisse wurde England praktisch das Haupt der antifranzösischen Allianz und übernahm die Führung, die bisher der Kaiser innehatte.

Dagegen brachte das Jahr 1691 sowohl in Ungarn als auch an der französischen Front einen Umschwung. Die Verluste, die man gegen die Türken erlitten hatte, wurden ersetzt. Die habsburgischen Länder stellten neue Kontingente auf: Böhmen 7500 Mann, Schlesien 5000, Mähren 2500, Niederösterreich 1000, Oberösterreich 1178, Tirol ebensoviel, Innerösterreich zusammen 5644, Nieder-Ungarn 5000, Kroatien 8000. Mit diesen Verstärkungen erreichte die Armee in Ungarn eine Stärke von 75.000 Mann. Dazu kamen noch einige Reichstruppen und 6000 Brandenburger, die aber vom Kaiser bezahlt wurden. Auf türkischer Seite befanden sich wieder französische Offiziere als Berater im Generalstab des Heeres. Am 19. August kam es zur Schlacht von Slankamen, einer der blutigsten der Türkenkriege. Sie endete mit einem gewaltigen Sieg der Österreicher. Nach den verschiedenen Berichten betrugen die Verluste der Kaiserlichen 6000 bis 12.000, die der Türken 12.000 bis 30.000 Mann. Der Großvezier Mustapha Köprülü, der selbst das Oberkommando geführt hatte, fiel in der Schlacht. Sein gesamtes Lager mit 158 Geschützen fiel in die Hände der Sieger. Wohl konnte Belgrad nicht zurückerobert werden, doch die siebenbürgischen Verhältnisse wurden endgültig geklärt. Im Diploma Leopoldinum vom 4. Dezember 1691 übernahm der Kaiser die Regierung des Landes, ohne auf den jungen Erbfürsten Michael II. Apafi Rücksicht zu nehmen. Er wurde nach Wien gebracht und verzichtete 1697 gegen die Erhebung in den Reichsfürstenstand und ein hohes Jahresgehalt auf sein Stammland. Schon 1694 hatte man in Wien eine eigene siebenbürgische Hofkanzlei eingerichtet. Während jetzt in Ungarn ein Stillstand eintrat und nur mehr kleinere Operationen durchgeführt wurden, entschieden sich am Rhein und an der belgisch-französischen Grenze die Geschicke des Krieges im Westen. Für Holland war es am wichtigsten, die Spanischen Niederlande zu schützen und so die Franzosen von der eigenen Grenze abzuhalten. Daher war der kaiserliche Oberbefehlshaber, Markgraf Ludwig von Baden, gezwungen, sich auf die Verteidigung zu beschränken. Doch gelang es den französischen Heeren nicht mehr, größere Erfolge zu erzielen. In Frankreich selbst herrschte Unzufriedenheit und Mangel. Die kirchlichen Verhältnisse waren ungeordnet, seit Ludwig XIV. wegen der sogenannten „Gallikanischen Artikel" mit den Päpsten in Streit lag: sie sollten dem König fast unbeschränkte Macht über die katholische Kirche geben, wie er schon durch die Aufhebung des Edikts von Nantes 1685 den französischen Calvinern die ihnen verbürgte Religionsfreiheit aberkannt hatte. Bereits 1685 kam es ohne Wissen des Kaisers zu Geheimverhandlungen zwischen Holland und Frankreich. Nachdem auch Spanien mit Frankreich einen Sonderfrieden (1696) geschlossen hatte, erfolgte der Friede zwischen Holland und England auf der einen und Frankreich auf der andern Seite auf Schloß Neuburg beim Dorf Ryswyck am 20. September 1697. Der Kaiser schloß sich ihm am 1. November des gleichen Jahres an. Der Versuch Frankreichs, sich die Vormacht in Westeuropa zu sichern, war abgewehrt, aber es hatte gegenüber dem Kaiser, der auf der Rückgabe Straßburgs an das Reich bestanden hatte, gesiegt. Im Angesicht der in Aussicht stehenden spanischen Erbschaft war Ludwig XIV. den Spaniern entgegengekommen, dem Kaiser gegenüber hart geblieben.

Für Österreich bedeutete die Waffenruhe im Westen die Möglichkeit, sich wieder mit ganzer Kraft den Angelegenheiten in Ungarn zuzuwenden. Hier war zuerst nach dem Abgang des Markgrafen Ludwig von Baden an den Rhein der Kurfürst von Sachsen, Friedrich August der Starke (1694—1733), mit dem Kommando über die kaiserlichen Truppen betraut werden. Er war sowohl unfähig als General als auch im Charakter nicht einwandfrei. Man gab ihm zwar den alten General Caprara bei, doch kam es zwischen beiden ununterbrochen zu Streitigkeiten. Aber obwohl dies offenbar war, wagte man es nicht, Friedrich August abzuberufen, da er eine verhältnismäßig große Streitmacht zur Verfügung gestellt hatte und man genau wußte, daß er diese sofort zurückziehen werde, wenn er des Oberbefehls verlustig ginge. Da kam der Tod des Königs Johann III. Sobieski zu Hilfe. Da Polen ein Wahlreich war, meldete Friedrich August seine Kandidatur an und wurde tatsächlich zum König von Polen gewählt. Damit wurde für seinen Nachfolger der Platz frei.

Dieser war niemand anderer als Prinz Eugen von Savoyen. Er hatte sich in den Türkenkriegen und dann in Italien bewährt und so die Augen der militärischen Fachleute auf sich gelenkt. Er wurde am 5. April 1697 zum Oberbefehlshaber aller österreichischen und verbündeten Truppen in Ungarn ernannt. Sobald er an der Front eingetroffen war, zog er alle abseits und auf eigene Faust operierenden Abteilungen an sich. Der Sultan selbst war aufgebrochen, um Ungarn zurückzuerobern. Die Stimmung in Wien war flau. Man fürchtete für das einzige Heer, das zwischen den Türken und Buda, ja zwischen ihnen und Wien stand. In den Kirchen fanden Bittprozessionen statt. Ein als wundertätig verehrtes Madonnenbild wurde aus Ungarn nach Wien gebracht und im Stephansdom zur öffentlichen Verehrung ausgestellt. Der Kaiser selbst nahm mit seiner Familie an den Bittandachten teil.

Am 8. September erhielt Prinz Eugen in Peterwardein die Meldung, daß der Feind nach Überschreitung der Donau bei Belgrad die Theiß heraufziehe. Das Ziel des Sultans war die Stadt Szeged und nach deren Eroberung der Einmarsch in Siebenbürgen. Prinz Eugen rückte ihm am linken Ufer des Flusses entgegen. Beim Ort Zenta machten die Türken Anstalten, die Theiß zu überqueren. Sie wurden von den kaiserlichen Truppen angegriffen und vernichtend geschlagen. Die türkische Infanterie war bis auf den letzten Mann aufgerieben, die gesamte Artillerie verloren. Sultan Mustapha IV. flüchtete beim Anblick des Chaos, so rasch er konnte, und verbarg sich drei Tage lang in Temesvàr, aus Angst, die Kaiserlichen könnten ihn auf der Flucht ergreifen. Der Großvezier fiel in der Schlacht, und sein Staatssiegel wurde als Beute dem Kaiser überreicht. In Wien brach auf die Nachricht des großen Erfolges hin, der die mageren Jahre seit 1691 völlig vergessen ließ, ein ungeheurer Jubel aus. Der Name des Prinzen Eugen von Savoyen war in aller Mund, und von Zenta aus begann er seine Ruhmesbahn. Zwar zwangen Geldmangel und die Sorge um die spanische Erbschaft den Kaiser dazu, Friedensverhandlungen einzuleiten. Doch als der Kampf zwischen Österreich und der Türkei beendet und der Friede von Karlowitz, einem kleinen Dorf zwischen Peterwardein und Belgrad, am 26. Jänner 1699 abgeschlossen worden war, war das Donaureich — von Ottokar II. Přemysl und Rudolf IV. erstrebt, von Albrecht II. und Matthias I. Corvinus zeitweilig verwirklicht — zur Realität geworden. Die drei vereinigten Länder — Österreich, Böhmen und das ganze den Türken abgenommene Ungarn (es fehlte nur noch das Banat) — waren eine Großmacht geworden, die Frankreich ebenbürtig an die Seite trat. Eine völlige Umwälzung der Machtverhältnisse in Mitteleuropa war die Folge. Wie sehr man sich dessen bewußt war, zeigt die Tatsache, daß man im Frieden nicht einmal auf der Auslieferung Thökölys bestand, der Jahre zuvor den unmittelbaren Anlaß zum Ausbruch des langjährigen Krieges gegeben hatte.

Friede der Bekenntnisse?

Es wird meist übersehen oder ist oft gar nicht bekannt, daß zur selben Zeit, da Österreich die türkische Gefahr von seinen Grenzen und von Europa für immer bannte, ebenfalls die Möglichkeit gegeben schien, die katholische und evangelische Kirche wieder zu vereinigen, und so auch auf diesem Weg ein Werk der Befriedigung zu errichten. Auch hier verdient Kaiser Leopold I. genannt zu werden, der alles — oft mehr und eifriger als die Kurie in Rom — tat, damit der Friede unter den Konfessionen Wahrheit würde. Sein Hauptvertrauensmann in diesen Fragen war Christoph Roya von Spinola, ein Franziskaner (1626—1694) spanischer Abkunft, aber in Geldern geboren. Seit dem Jahr 1661 stand er im Dienst Leopolds I., der ihn damit beauftragte, die Reichsfürsten um Hilfe gegen die Türkengefahr anzurufen. Bei diesen Verhandlungen kam Spinola zur Überzeugung, daß auch in den evangelischen Christen der Wunsch rege sei, den religiösen Zwiespalt zu überbrücken. Er trat mit einer Reihe hervorragender Katholiken und Angehörigen der verschiedenen evangelischen Bekenntnisse in Korrespondenz und persönliche Beziehung. Sein wichtigster Partner auf der anderen Seite wurde der evangelische Abt von Lokkum in Hannover, Gerhard Molanus (1633—1722). Dieser war seit 1674 Direktor des Konsistoriums in Hannover. Spinola, zuerst Bischof von Tina in Kroatien, später von Wiener Neustadt, begab sich zuerst nach Berlin, wo er keine ungünstige Stimmung in Fragen einer Wiedervereinigung vorfand. Noch günstiger lag aber die Sache in Hannover. Hier schaltete sich auch der große Philosoph Wilhelm Leibnitz in die Gespräche ein. Auch der Kurfürst Karl Ludwig von der Pfalz zeigte sich den Einigungsbestrebungen gegenüber so entgegenkommend, daß er erklärte, sie dürften nicht im geheimen, sondern müßten frei und offen vor aller Welt bekannt werden. Schließlich brachte Spinola 14 Fürsten dazu, dem Kaiser schriftlich ihre Geneigtheit zu versichern, in derartige Verhandlungen einzutreten. Spinola ging daraufhin nach Rom und legte dem Papst seine Pläne vor. Die Einigung sollte nach dem Muster der Union mit der Ostkirche auf dem Konzil von Florenz 1439 erfolgen, auf dem dieser bei Anerkennung des päpstlichen Primats die Beibehaltung ihrer Sitten und Gebräuche, so unter anderem der Priesterehe und des Laienkelches, zugestanden wurde. Als Spinola 1683 ein zweites Mal, diesmal mit einem Befürwortungsschreiben Leopolds I., in Rom erschien, wurde sein Plan einem Ausschuß von vier Kardinälen überwiesen, der ihn nach eingehender Prüfung billigte. Die Orden der Jesuiten, Franziskaner, Dominikaner und Augustiner stellten sich einmütig hinter ihn. Spinola ging 1683 abermals nach Hannover und konnte dort, gestützt auf die unionsfreundliche Gesinnung des Herzogs Ernst August, eine Konferenz anberaumen, deren Ergebnis der Methodus reintroducendae unionis war. Dieses Schriftstück wurde offiziell von Herzog Ernst August und Kaiser Leopold I. akzeptiert. Leibnitz setzte nun den französischen Bischof Bossuet von den Bestrebungen in Kenntnis; denn Bossuet galt ebenfalls als ökumenisch gesinnt. Auf diese Weise wurden die Verhandlungen am französischen Hof bekannt. In der politischen Sorge, der Kaiser könnte im Fall des Gelingens eine zu große Handlungsfreiheit erhalten, setzte daraufhin in Rom die französische Partei der Kardinäle unter dem Einfluß Ludwigs XIV. alle Hebel in Bewegung, Spinola auszuschalten. Daraufhin sah sich der Papst gezwungen, den Kaiser durch Spinola bitten zu lassen, er möge die Angelegenheit von sich aus weiter betreiben, da Rom es öffentlich nicht tun könne.

So kam es erst nach einigen Jahren zu weiteren ernsthaften Besprechungen. Im Jahr 1691 ging ein Aufruf des Kaisers „an die Stände von Ungarn und Siebenbürgen und die anderen getreuen Untertanen“ hinaus. Eine Reihe zustimmender Äußerungen ließen hoffen. Nicht nur Ungarn, auch Leipzig, Heidelberg, Danzig stimmten zu. Die größte Bereitschaft wurde wie zuvor in Hannover gefunden. Wieder verfaßte Gerhard Molanus im Auftrag und mit Einwilligung des Landesherrn eine ausführliche Darlegung zur Frage der Wiedervereinigung. Die Gedanken, die darin geäußert werden, entsprechen in vielen Belangen Gedanken, wie sie seit 1963, nach dem Zweiten Vatikanischen Konzil, in vieler Munde sind.

Niemand dürfe für einen Ketzer gehalten werden, wenn er bereit sei, sich dem Urteil der Kirche zu unterwerfen. Über die strittigen Punkte solle von neuem verhandelt werden. Er verlangte für seine Glaubensgenossen die Priesterehe und den Laienkelch, war aber bereit, den Primat des Papstes anzuerkennen. So erklärte er etwa: „Die Kontroverse über das Opfer in der Messe ist nicht eine sachliche, sondern besteht nur in Worten", und die Auseinandersetzung „über die Frage, worin eigentlich die Rechtfertigung des Sünders vor Gott bestehe, hat im Anfang für eine der wichtigsten gegolten; nun aber, da man einander besser versteht, wird anerkannt, daß sie nur eine verbale ist". Prinzessin Sophie von Hannover setzte den Bischof Bossuet wieder in Kenntnis, und so kam es zu einer eingehenden Korrespondenz über die Frage der Wiedervereinigung zwischen dem französischen Bischof und Leibnitz. Bischof Spinola glaubte sich am Ziel seiner Wünsche, als der Kaiser eine Zusammenkunft mit den wichtigsten evangelischen Theologen 1692 nach Frankfurt am Main ausschrieb. Diese Konferenz aber kam nie zustande, und Spinola zog sich, bitter enttäuscht, in sein Bistum Wiener Neustadt zurück. Doch kam es noch einmal unter Spinolas Nachfolger, Franz Anton Graf Buchaim, zu einer Begegnung mit Molanus. Buchaim erschien 1698 in Hannover. Damals unterzeichneten Molanus und Leibnitz unter Gutheißung Ernst Augusts von Hannover eine Reihe von Sätzen, die der katholischen Kirche näherstehen als der Augsburger Konfession. Auch wenn schließlich der Endzweck der Bemühungen des Kaisers und Spinolas nicht erreicht wurde, so kann Österreich doch den Ruhm für sich in Anspruch nehmen, als erster Staat offiziell ökumenische Gespräche herbeigeführt zu haben.

Wirtschaft im absoluten Staat

Der Kampf gegen die Türken und gegen Frankreich hatte die Finanzkraft Österreichs in einer unglaublichen Weise beansprucht. Es war daher für die Regierung notwendig, sich solcher Einnahmequellen zu versichern, die nicht bloß „zufällig" da waren, sondern auf die man in bestimmten Zeitabschnitten fest rechnen konnte. Die Theorien zu dieser Forderung wurden von den sogenannten „Kameralisten" angeboten. Sie waren die österreichische Abart der Merkantilisten. Unter Merkantilismus versteht man jene frühneuzeitliche Wirtschaftstheorie, die dem absolutistischen Beamtenstaat entsprach. Ihr Grundgedanke bestand darin, daß der wirtschaftliche Wohlstand eines Landes in der „Manufaktur" (Manufakturen = Frühformen der Fabriken) und in der Ausfuhr liege, dergegenüber die Einfuhr möglichst gering zu halten sei. Also aktive Handelsbilanz und Erhöhung der Staatseinnahmen, die sich naturgemäß daraus ergeben mußten. Der Reichtum des Staates werde durch den Reichtum seiner Bürger begründet. Vertreter dieser Wirtschaftstheorie, die in klassischer Weise in Frankreich vom Minister Colbert — darum auch manchmal Colbertismus genannt — realisiert wurde, finden wir überall. Die besondere Gruppe der österreichischen Kameralisten umfaßt drei Männer zur Zeit Kaiser Leopolds I. Es ist interessant, daß sie evangelischen Glaubens waren und aus Deutschland kamen. Freilich — „die Beziehung zu Österreich ist es also ... die Stellungnahme zu spezifisch österreichischen Verhältnissen ist es, die einen österreichischen Merkantilismus schafft und die eine Abtrennung jener Autoren sowohl von ihren Vorläufern als auch von den Vertretern des deutschen Kameralismus auf den akademischen Lehrstühlen Preußens rechtfertigt. Denn die Autoren des 17. und 18. Jahrhunderts, die in Österreich zu ökonomischen Fragen Stellung nehmen, sind durch eine ganz besondere Problemstellung charakterisiert, die durch die österreichischen Verhältnisse geboten ist" (Louise Sommer). Historisch und auch geistig gesehen kommen die österreichischen Kameralisten von den Alchimisten her, die, um den immer geldbedürftigen Hof mit den nötigen Mitteln zu versorgen, ihn vom Geldbewilligungsrecht der Stände unabhängig machten. Aber in ihren Werken ist nichts von Utopie zu spüren, sondern sie vertreten recht realistische Grundsätze in ihren ökonomischen Anschauungen. Am bekanntesten außerhalb der engeren Fachkreise wurde Philipp Wilhelm v. Hörnigk (1640—1712), dessen berühmtes Buch „Österreich über alles, wenn es nur will" 1684 erschien. Die beiden anderen Männer der Leopoldinischen Ära sind Johann Joachim Becher (1635—1682) und Wilhelm v. Schröder (1640—1688). Das Hauptwerk Bechers sind die „Politischen Diskurse" (1668 in Frankfurt gedruckt und dem Kaiser gewidmet). Auf ihn geht die 1665 erfolgte Gründung des Kommerzkollegiums zurück, in dem vielleicht eine Art Vorläufer des Handelsministeriums zu erblicken ist. Seine Aufgabe bestand in der Bekämpfung der Monopolbildung, in der Preisgestaltung und in der Regulierung aller inländischen Marktverhältnisse. Schröders wichtigste Schrift ist die „Fürstliche Schatz- und Rentkammer" (1686 veröffentlicht). Alle drei Männer sind sich einig darüber, daß der Absolutismus gestärkt werden müsse und daß es notwendig sei, den Staat durch Förderung der „Manufakturen" allmählich zu industrialisieren. Becher betont, „die Verleger (das ist die frühe Form des Unternehmertums) sind vor Grundsäulen der Stände zu halten; denn von ihnen lebt der Handwerksmann, von diesem der Bauer, von diesem der Edelmann, von diesem der Landesfürst und von diesem wieder der Kaufmann". Hörnigks ökonomische Prinzipien lassen sich wieder auf neun Grundforderungen zusammenziehen:

1. eine genaue Untersuchung des Landes auf seine Ertragsfähigkeit und Ausbeutung von Edelmetallen; 2. Verarbeitung aller Rohprodukte im Land selbst; 3. Bevölkerungsvermehrung durch Förderung der Industrie; 4. Verhinderung der Ausfuhr oder der Hortung von Edelmetallen; 5. Durchführung des Grundsatzes, der Landeseinwohner habe sich nur mit Waren aus dem eigenen Land zu versorgen; 6. bei Einfuhr ausländischer Waren, die man unbedingt notwendig braucht, Vermeidung des Zwischenhandels und Bezahlung in Landesprodukten; 7. Einfuhr von ausländischen Rohprodukten, aber nie von Fertigwaren; 8. Ausfuhr von Fertigwaren „bis ans Ende der Welt"; 9. Einfuhrverbot für alle Waren, die „inner Landes zur Genüge und in erträglicher Güte" hergestellt werden.

Einige dieser Forderungen erscheinen ganz modern. Interessant ist Bechers Forderung, es solle „ein jeder vernünftige Regent ... diejenigen künstlichen inventiones (Erfindungen) verbieten, wodurch man in der Arbeit der Menschen erspart, als da seien die Band- und Strumpfmühlen, denn das ist das einzige Mittel zur Populierung (Bevölkerungsvermehrung), daß man den Leuten Nahrung schafft". Ein stark fremdenfeindlicher, ja antikapitalistischer Zug wird ferner bei Becher sichtbar, wenn er gegen jene Kaufleute auftritt, die sich durch „diebischen Gewinn" Reichtum verschaffen. Er nennt sie wörtlich „Canaillen". Aus diesem Grund bekämpfte Becher auch die Filialen (damals Niederlagen genannt), die ausländische Firmen in Österreich errichtet hatten. „Die Niederlage" — heißt es bei ihm — „ernährt bloß fremde, meist ketzerische und des Hauses Österreich Feinde, Untertanen, von welchen sie die Manufaktur kauft, verlegt im Land keinen Menschen und kann niemand von ihr leben, ist den Bürgern und dem ganzen Österreich schädlich und ein rechtes Propolium."

Becher versuchte seine Theorien auch praktisch zu verwirklichen. Nach seinen Ideen wurde am 1. Mai 1669 eine österreichische Seidenkompanie errichtet, die das ausschließliche Recht zum Großhandel in den österreichischen Ländern für die Waren erhielt, die sie selbst erzeugte. Vergeblich protestierten die ausländischen Firmen gegen diese monopolartige Stellung des neuen Unternehmens. Im Jahr 1676 wurde dann das „Kayserliche Kunst- und Werkhaus", später „Manufakturhaus auf der Tabor" genannt, errichtet, eins der ersten staatlichen Unternehmen, die wir — die Salzgewinnung ausgenommen — in Österreich kennen. Zwar hatte es vorläufig keine Nachfolger, und die Eigenproduktion war sehr klein, hauptsächlich Bandmanufaktur, doch die Gedanken Bechers, die Handels- und Gewerbepolitik Österreichs unter die oberste Kontrolle des Staates zu stellen, beeinflußten auch weiterhin die Wirtschaftspolitik Wiens. Von Schröder stammt der Gedanke einer staatlichen Notenbank, und auch er ist wie Becher gegen technische Neuerungen, „die andere concives (Mitbürger) ihrer Nahrung berauben". Es sind dies rudimentäre Gedanken einer auf österreichischem Boden gewachsenen sozialen Gesinnung, für die in erster Linie das Interesse der Allgemeinheit und nicht das einiger weniger zur Debatte steht. Schröder weist in seinen Schriften auch darauf hin, daß „unfruchtbare Länder, wo die Manufakturen excoliert (gepflegt) werden und die Commerzien florieren, weit reicher sind als fruchtbare Länder, die keine Manufakturen haben". Während Becher besonders für Handelsbeziehungen zwischen Österreich und den Niederlanden eintrat, propagierte Schröder solche zwischen Österreich und Großbritannien. Hörnigks Werk ist am wenigsten wissenschaftlich-systematisch gehalten, hatte aber den größten propagandistischen Erfolg zu verzeichnen. Er betont den österreichischen Staatsgedanken am stärksten und wendet sich an den Kaiser ausdrücklich als den Landesherrn von Österreich. Wie tief Hörnigks Wirkung ging, bezeugt die Tatsache, daß der von uns schon erwähnte österreichische Barockdichter Wolf Helmhard v. Hohberg, der Typ des österreichischen Landedelmannes im 17. Jahrhundert, einen Auszug von Hörnigks

Schrift „Österreich über alles, wenn es nur will" in die zweite Auflage seines Buches „Georgica curiosa" (Nürnberg, 1687) aufgenommen hat.

Im Sinn dieser Theorien sollte aus den habsburgischen Ländern, der „Monarchia Austriaca", wie sie zu Beginn des 18. Jahrhunderts genannt wurden, ein autarker Staat, ein in sich geschlossenes Wirtschaftsgebiet werden. Wenn auch die Entwicklung dazu unterbrochen wurde, so erschienen Österreich, Ungarn und Böhmen dem Ausländer doch schon ineinander verschmolzen, daß Philipp Andreas Oldenburger in seinem 1675 in Genf erschienenen Buch „Thesaurus Rerum Publicarum" Österreich als „tamquam unam Rempublicam" (soviel wie einen einzigen Staat) bezeichnete und der schon genannte Philipp v. Hörnigk erklärte, die österreichischen Länder „formieren gleichsam einen einzigen natürlichen Leib". Waren in Böhmen schon vor dem Dreißigjährigen Krieg Betriebe entstanden, die man eigentlich als Fabriken bezeichnen könnte — dies trifft vor allem auf die Wallensteinschen Unternehmungen zu, die die kaiserliche Armee mit allem Notwendigen aus eigenem versorgten —, so wurde diese Entwicklung in der zweiten Hälfte des Jahrhunderts fortgesetzt. Noch im 19. Jahrhundert lag ein Drittel aller Industriebetriebe in den böhmischen Ländern. Im Jahr 1659 wurde die Einfuhr von Luxuswaren untersagt, 1665 ein Verbot der Münzausfuhr — ungefähr unseren modernen Devisenbestimmungen vergleichbar — erlassen. Man förderte das Entstehen von „Manufakturen", denen man kaiserliche Privilegien gab und dadurch in bestimmten Gebieten monopolartige Stellungen einräumte. So für die erste Wollzeugfabrik Böhmens in Osseg (1691), für die Spiegelfabrik in Neuhaus (1701), für die Ölfabrik in Wien (1709), für die Tuchmanufaktur in Planitz (1710), um nur einige zu nennen. Jedesmal, wenn ein solches Unternehmen entstand, verbot man die Einfuhr der hier erzeugten Waren aus dem Ausland, ja man verpflichtete die Kleinkaufleute des betreffenden Gebietes, jährlich eine bestimmte Anzahl von Waren abzunehmen. So entstand eine Planwirtschaft unter landesfürstlicher Kontrolle, die manchen bisher unabhängigen Kaufmann praktisch zum Filialleiter in einem weit ausgedehnten Verkaufsnetz machte. Auch der Unternehmer stand, da ihm der Staat die Privilegien jederzeit entziehen konnte, unter dessen Bevormundung. Die Vorteile dieser nun einsetzenden großräumigen Wirtschaft zeigten sich auch darin, daß man die Standorte der einzelnen Industriezweige geographisch verteilen konnte: Wollmanufaktur und Glasindustrie in Böhmen, Tuchmanufaktur in Mähren, Eisenwaren in der Steiermark, Galanteriewaren in Wien. Auf Rat von Abondio Inzaghi, eines führenden Mitgliedes der innerösterreichischen Finanzverwaltung, verstaatlichte man das Quecksilberbergwerk in Idria und monopolisierte den Quecksilberverschleiß. Steyr wurde sein Mittelpunkt, und der Handel damit erstreckte sich bis Amsterdam. In Fara (Görz) bestand eine vom Staat eingerichtete Seidenspinnerei, in der „alles durch Wasser betrieben wurde". Seit 1723 war auch der Tabak in Österreich Staatsmonopol. Die von de Pagnier 1718 eingerichtete Porzellanfabrik in der Roßau (heute im Augarten) war die zweite ihrer Art in Europa.

Von besonderer Bedeutung wurden dann zu Beginn des 18. Jahrhunderts die Kompanien, die auch Österreich nach dem Muster der ausländischen Mächte errichtete. Am 29. Mai 1719 wurde die kaiserlich privilegierte „Orientalische Kompanie" mit dem Sitz in Wien, am 16. Juni 1722 die „Ostindische Handelsgesellschaft" mit dem Sitz in Ostende (Belgien) errichtet. Die erstere sollte den gesamten Handel im Innern sowie den auf der Donau von und nach der Türkei durchführen. Sie stellte sogar den ersten wirklichen Großhändler in Österreich dar. Eine ihrer Filialen befand sich in Belgrad, und sie konnte solche errichten, wo sie wollte. Das Recht des Vorkaufs wurde ihr ebenso zugesichert wie das Monopol der Herstellung von Schiffszubehör (z. B. Segeltuch, Tauwerk, Ketten, Anker) und der Raffinierung von Rohzucker. In Fiume (heute Rijeka) errichtete die Kompanie eine Wachskerzenfabrik. Sie kaufte 1724 die Linzer Wollwarenmanufaktur und erhielt das Recht, die Erzeugnisse von Linz aus zu vertreiben. Zugleich wurde die Einfuhr von Wolle aus dem Ausland verboten. Schon 1723 war eine Baumwollfabrik von seiten der Kompanie in Schwechat bei Wien gegründet worden. Auf Grund ihres Privilegs veranstaltete sie auch die erste Klassenlotterie in Österreich.

Im Gegensatz zu ihr erstreckte sich die Tätigkeit der Ostender Kompanie auf den Versuch, in Indien und China Fuß zu fassen. Schon am 23. August 1719 hatte der Kapitän Godefroid de la Merveille in Coblon an der Koromandelküste die österreichische Fahne gehißt und eine Faktorei begründet. Später wurden noch weitere Gebiete in Bengalen, vor allem Bankhi-Bazar, von der Kompanie erworben. Die Anfangserfolge des Unternehmens waren so vielversprechend, daß man die Errichtung von Faktoreien auch in anderen Teilen Südasiens, so in Cambodscha (einem Teil des heutigen Vietnam), ins Auge faßte. Schiffe der Kompanie erschienen im Hafen Kanton. Obwohl die internationale Lage den Kaiser — es war Karl VI. — 1727 zwang, die Tätigkeit der Kompanie zu suspendieren, wurden die letzten Stützpunkte in Indien erst 1744 aufgegeben. Alle diese Maßnahmen verraten das große staatliche Konzept. „Die Landesfürsten trieben nicht merkantilistische Politik nebenher, nein, alles, was sie planten und leisteten, konnte sich nur auf dieser Bahn bewegen" (Schmoller). Wenn wirtschaftliche Verbundenheit auch den Charakter und die Entwicklung eines Volkes mitbestimmt, so ist die Bedeutung des merkantilistischen Zeitalters für Österreich nicht zu unterschätzen.

In welcher Weise die österreichischen Niederlassungen in Ostindien verwaltet wurden, zeigen die Anordnungen des österreichischen Generalgouverneurs Alexander Hume, der aus dem Dienst der britisch-ostindischen in den der österreichisch-ostindischen Kompanie übergetreten und von Kaiser Karl VI. in den Ritterstand erhoben worden war. Nach seiner Ankunft in Coblon (23. Juli 1726) brachte er in die Administration Ordnung und trat mit den Fürsten der indischen Nachbargebiete in Verbindung. Die österreichischen Niederlassungen hatten eine verhältnismäßig große Ausdehnung (Bankhi-Bazar etwa 58.240 Klafter,

Cassim-Bazar etwa 7000 Klafter). Bankhi-Bazar lag im Gangesdelta, fünf Meilen von Kalkutta entfernt. Für die Art der Verwaltung den einheimischen Indern gegenüber ist die Verordnung Humes vom 8. November 1727 charakteristisch, nach der allen Europäern und Christen, die der österreichischen Jurisdiktion unterstanden, die schwerste Strafe angedroht wurde, wenn sie Inder oder Neger, seien es Knaben oder Mädchen, die jünger als zwölf Jahre waren, zur Arbeit verwenden würden (vgl. Michel Huisman: La Belgique Commerciale sous l'empereur Charles VI. Bruxelles, 1902).

Zusammenfassung:

Seit Ende des Dreißigjährigen Krieges (1648) kam es im Zug der wiederauflebenden Feindseligkeiten mit den Türken zur Zweiten Belagerung von Wien 1683 (Verteidiger: Graf Kapliers, Graf Starhemberg, Bürgermeister Liebenberg, Bischof Kollonits) und zur darauffolgenden Wiedereroberung Ungarns. Die Führer des kaiserlichen Heeres waren Herzog Karl V. von Lothringen, Max Emanuel von Bayern, Markgraf Ludwig von Baden und schließlich als der größte von allen — Prinz Eugen von Savoyen. Als Bundesgenossen standen Österreich vor allem der Heilige Stuhl (Papst Innozenz XI.) und der König von Polen (Johann III. Sobieski) zur Seite. Geistlicher Berater der Heere war der Kapuzinerpater Marco d' Aviano. Das Vordringen der kaiserlichen Heere auf der Balkanhalbinsel wurde durch die Kämpfe im Westen behindert, die von Ludwig XIV. gegen die Habsburger geführt wurden. Nach dem Sieg bei Zenta wurde Ungarn endgültig der türkischen Herrschaft entzogen. Österreich wurde zu einer europäischen Großmacht. In Kunst und Wissenschaft herrschte das Barock, das sich in Österreich auf allen Gebieten (Architektur, Dichtung, Musik) zu hoher Blüte entfaltete. Zu wirtschaftlicher Bedeutung entwickelte sich der sogenannte Merkantilismus, der in Industrie und Handel die bedeutendsten Kräfte erblickte, die zur Blüte eines Staatswesens beitragen. Die österreichischen Merkantilisten — so Hörnigk — vertraten bereits den Standpunkt, daß die habsburgischen Donauländer eine wirtschaftliche und politische Einheit seien. Unter dem Druck einer antifranzösischen Koalition, an der Österreich führenden Anteil hatte, wurde die Hegemonie Ludwigs XIV. in Europa gebrochen.

WELTKAMPF UM HABSBURGS ERBE

Das Ende des habsburgischen Spanien

Seitdem die Habsburger das spanische Erbe unter Karl V. in Besitz genommen hatten, sorgten sie sich darum, daß im Fall des Erlöschens einer der beiden — der spanischen oder der österreichischen Linie — die überdauernde das Erbe der anderen in Besitz nähme. Dies sollte vor allem auch durch ständige gegenseitige Heiraten zwischen österreichischen Erzherzogen und spanischen Infantinnen im Rahmen der Casa de Austria erreicht werden. Die Frage war mit Karl II. von Spanien (1665—1700) akut geworden, da dieser letzte spanische Habsburger körperlich dem Siechtum verfallen war und keine Hoffnung auf Nachkommenschaft bestand. So bildete die Frage der spanischen Erbschaft fast ein Menschenalter hindurch eine der Hauptsorgen der Außenpolitik der europäischen Kabinette. Daß im spanischen Volk und in den spanischen Regierungskreisen die Meinung vorherrschte, eine Teilung der spanischen Besitzungen — mit ihren europäischen Nebenländern (Neapel, Sizilien, Mailand, den Spanischen Niederlanden) — käme nicht in Frage, haben wir bereits erwähnt. Auch die Tatsache, daß Kaiser Leopold I. sich bereitgefunden hatte, auf einen Teilungsvertrag einzugehen, der den österreichischen Habsburgern bei seinem Bekanntwerden die Sympathien der Spanier kosten mußte. Gerade das war aber durch die kluge und zähe Politik Ludwigs XIV. von Frankreich, der die österreichischen Diplomaten nicht gewachsen waren, erzielt worden.

Eine Zeitlang galt der Sohn des bayrischen Kurfürsten Max Emanuel als der präsumtive Erbe der spanischen Länder. Seine Mutter war die Tochter Kaiser Leopolds I. aus seiner Ehe mit der spanischen Infantin Margarete. Als indes der junge Prinz plötzlich starb, war die Thronfolge wieder offen; ja Frankreich verstand es, in Max Emanuel von Bayern die Vermutung zu nähren, sein Sohn sei einem Anschlag von seiten Österreichs zum Opfer gefallen. Karl II. von Spanien lag über einen Monat im Todeskampf, während an seinem Sterbelager über die Hinterlassenschaft des noch Lebenden Kämpfe ausgefochten wurden. Wieder war für die Spanier die Hauptsache, daß ihre Monarchie nicht geteilt werden dürfe. Um dies zu verhindern, gelang es den Beratern des sterbenden Königs, ihn zur Unterzeichnung eines Testaments zu bewegen, auf Grund dessen der jüngere Enkel König Ludwigs XIV., der Herzog Philipp von Anjou, zum Erben der gesamten spanischen Monarchie eingesetzt werde, doch so, daß Spanien niemals mit Frankreich unter einem einzigen Herrscher vereinigt sein dürfe.

Karl II. starb am 1. November 1700, „schwer beunruhigt“ und mit der Bitte, sein Erbe möge eine Tochter des Kaisers zur Frau nehmen. Bereits am 16. November proklamierte Ludwig XIV. Philipp von Anjou in Versailles zum neuen König von Spanien. In Wien erfuhr man erst einen Tag später vom Tod des spanischen Verwandten. Wenige Tage später betraute Leopold I. den Prinzen Eugen von Savoyen mit dem Oberbefehl einer für Italien bestimmten Armee. Zugleich gelang es Österreich, Ernst August von Hannover, der seit 1692 eine neue, neunte Kurwürde besaß, und Friedrich III. von Brandenburg-Preußen für sich zu gewinnen. Der ehrgeizige Fürst ließ sich mit Bewilligung des Kaisers am 18. Jänner 1701 in Königsberg zum „König in Preußen“ proklamieren. Erst 1772 nahm des neuen Königs Enkel, Friedrich II., den Titel „König von Preußen“ an. Das neue Königtum der Hohenzollern fand vor allem das Mißfallen des Prinzen Eugen von Savoyen, der den Ausspruch tat, der Kaiser hätte die Minister hängen lassen sollen, die ihm den perfiden Rat gegeben hätten, der Erhebung Preußens zum Königtum zuzustimmen.

Was aber für die kommende Auseinandersetzung noch wichtiger war: Es gelang Österreich, ein Bündnis mit den „Seemächten“ England und Holland abzuschließen, für die ein vereinigtes spanisch-französisches Doppelreich eine eminente Gefahr darstellen mußte. Damals begann Englands Politik des „europäischen Gleichgewichts“, das von ihm bis in den Zweiten Weltkrieg hinein als unumstößliches Axiom der auswärtigen Beziehungen betrachtet wurde. Nur mit Hilfe der Seemächte gelang es dann dem österreichischen Thronprätendenten, Erzherzog Karl, dem jüngeren Sohn des Kaisers, der sich Karl III. von Spanien nannte, in das von ihm beanspruchte Königreich zu gelangen. Während Philipp V. von Anjou in Madrid residierte, hielt Karl III. von Österreich in Barcelona hof. Die Küstenprovinzen schlossen sich im allgemeinen dem österreichischen Bewerber an. Insbesondere entfalteten die Katalanen eine rege Tätigkeit für Karl III. Die inneren Provinzen Spaniens — vor allem Kastilien — standen in der Hauptsache auf der Seite des Franzosen. Nur ein einziges Mal gelang es „karlistischen“ Truppen während des Krieges bis nach Madrid vorzudringen.

Das Glück begünstigte Österreich in Italien. Prinz Eugen überstieg im Frühjahr 1701 die Alpen; ein Übergang, der von den Zeitgenossen dem Übergang Hannibals gleichgestellt wurde. Denn man führte Kavallerie und Artillerie über schmale Saumpfade von Tirol nach Oberitalien. Die Reiter mußten ihre Pferde am Zügel halten, die Kanonen wurden zerlegt und in einzelnen Bestandteilen über die Berge geschafft. Obwohl das ganze Trentino Zeuge vom Übergang der österreichischen Armee über die Alpen war und das französische Oberkommando eine diesbezügliche Nachricht mit hoher Belohnung bedankt hätte, fand sich kein einziger Verräter. Im Gegenteil, die Bauern und Landleute unterstützten Eugens Truppen, wo sie nur konnten. So wurden die Franzosen überrascht und bei Cremona geschlagen. Der französische Marschall Villeroi wurde während dieses Handstreichs gefangengenommen. Als nun auch noch der Herzog von Savoyen — der Chef des Hauses, dem der Prinz angehörte — auf österreichische Seite trat, war Italien praktisch in den Händen Österreichs. Diese Erfolge gingen allerdings im Verlauf der Kriegsjahre vorübergehend wieder verloren. Papst Clemens XI. (1700—1721) sympathisierte offen mit Frankreich und ließ sich erst unter dem Eindruck der kaiserlichen Siege bewegen, dem Durchmarsch österreichischer Truppen durch den Kirchenstaat 1706 kein weiteres Hindernis in den Weg zu stellen. Der österreichische Reitergeneral Graf Daun jagte an der Spitze eines kleinen Heeres durch die ganze Halbinsel und besetzte Neapel. Beim Herannahen der Österreicher erhoben sich die „Lazzaroni", die berühmten Bettler von Neapel, und verjagten die Spanier. Das Standbild Philipps V. von Anjou wurde zertrümmert und ins Meer gestürzt. Jubelnd huldigte man Erzherzog Karl als dem neuen König.

Unterdessen waren große Entscheidungen in Süddeutschland gefallen. Der bayrische Kurfürst Max Emanuel hatte sich zu Beginn des Krieges zusammen mit seinem Bruder, dem Kurfürst-Erzbischof von Köln, auf die Seite Frankreichs gestellt. Bayrische Truppen waren in der Stärke von über 12.000 Mann in Tirol eingebrochen und besetzten Kufstein, Rattenberg und Innsbruck. Feindliche Vortruppen gelangten bis in die Gegend von Sterzing. Da erhoben sich die Tiroler Bauern für Österreich. Unter der Führung des Gerichtspflegers Martin Sterzinger zu Landeck und des Wirtes Linser besetzten sie die Pontlatzer Brücke. Am 30. Juni 1703 wurden hier die Bayern vernichtend geschlagen. „Kein einziger entrann" — schreibt Alois Lechtaler —, „der dem Kurfürsten in Innsbruck die Meldung von dem furchtbaren Schicksal dieser Abteilung hätte überbringen können." Die Tiroler bildeten zu Brixen eine provisorische Landesregierung. Bauernregimenter marschierten über das Reschenscheideck und über den Brenner auf Innsbruck zu. Das ganze Ober- und Unterinntal stand plötzlich unter Waffen. Die Bayern mußten Tirol in aller Eile räumen. Ja Tiroler Bauernscharen in der Stärke von etwa 20.000 Mann fielen in Südbayern ein und brandschatzten Dörfer und Städte. Die Klöster Ettal und Polling wurden von ihnen niedergebrannt.

Auch die kaiserlichen Armeen hatten Erfolg. Die englische Regierung sandte ein Landheer unter dem Oberbefehl von John Churchill, Herzog von Marlborough, auf den Kontinent. Es ging ihr in erster Linie darum, die Franzosen zu hindern, sich in den Spanischen Niederlanden festzusetzen. Aber der Herzog zog den Rhein herab gegen Süden und vereinigte sich mit dem Prinzen Eugen von Savoyen. Die beiden größten Feldherren ihrer Zeit schlugen am 13. August 1704 bei Höchstädt (oder Blenheim) an der Donau das vereinigte französischbayrische Heer und trieben es über den Rhein zurück. Die Österreicher besetzten Bayern und übernahmen es in ihre Verwaltung. Die Kinder des bayrischen Kurfürsten wurden als Gefangene nach Österreich gebracht und hier bis 1715 festgehalten. Ein Versuch der bayrischen Bauern, es den Tirolern gleichzutun und die Österreicher aus dem Land zu treiben, mißlang. Der „Schmied von Kochel" — in Bayern als Volksheld in Lied und Sage besungen — wurde mit seinen Anhängern von österreichischen Reitern niedergehauen.

Es nützte der französischen Sache nur wenig, daß es Ludwig XIV. von Frankreich gelang, die Unzufriedenheit vieler ungarischer Adeliger auszunützen und sie zum Aufstand gegen Habsburg zu bewegen. An ihre Spitze trat Franz II. Rákóczi (1676—1735), der die Zeit der „Kuruzzen" Emmerich Thökölys wieder erneuerte. Seine Verbindung mit

Frankreich war zu Beginn des Krieges dem Kaiserhof verraten worden, und man hatte Rákóczi verhaftet. Doch gelang es seiner Gemahlin, den wachhabenden Offizier, einen preußischen Untertan, zu bestechen, und dieser ließ Rákóczi entkommen. Von Polen aus erhob er 1703 die Fahne des Aufstandes in Ungarn. Im Februar 1704 erschien Rákóczis berühmtes Manifest „Recrudescunt diutina inclytae gentis Hungariae vulnera" (Aufbrechen Ungarns kaum vernarbte Wunden). Die Sache Rákóczis wurde durch die desolate Lage der kaiserlichen Finanzen mehr als gefördert. „Die Leute sterben aus Mangel an Medizin" — berichtete die Hofkammer am 22. März 1704 dem Kaiser von der Lage der Armee in Ungarn —, „infolge des ungesunden und ungewohnten Klimas und der schlechten Quartiere, wo Kranke und Gesunde auf dem nackten Boden ohne Kleider zusammengedrängt werden." Prinz Eugen selbst klagte am 12. November des gleichen Jahres: „Ich habe Mitleid mit den armen Teufeln, die nach Ungarn geschickt werden, um dort ohne jeden Nutzen zu sterben." Nur so war es möglich, daß Rákóczi, nunmehr erwählter Fürst von Siebenbürgen, seine Reiter bis in die Gegend von Wien schweifen ließ. Damals wurden auf Befehl des Prinzen Eugen von Savoyen um die Vorstädte Wiens die Linienwälle zur Verteidigung gegen die Kuruzzen aufgeworfen, denen heute der „Gürtel" folgt. Ein altes Ölgemälde auf Holz, das sich im Historischen Museum der Stadt Wien befindet, zeigt einen solchen Kuruzzenkrieger mit der Unterschrift:

Habe nicht Vermeint / das ich an heint
Solte vor Euer / erscheinen
Als ein Parrutz / mit Trauerem Lust
Möcht Lieber von / Hertzen Weinen
Ich armer Tropf / mit meinen Schopf
Mus hier vor / Euer Stehen
Euch Schauen / an, wer mir den Lohn
Auff meine / Brust wird geben.
O nur fein baldt / und nicht lang halt
Sonst Thuest mich / nur Harb machen
Ich haldt schon an / mein Sabel dan
Zu den wirst / auch nicht lachen
An Siebenhundert / Vierden Jahr
Kumb ich bei Wienn / in dise Gefahr
Nahm mich gefangen / ein Leuthenand
Paul Hochauer war / er genandt.

Die Rákóczischen Reiter besaßen eine unglaubliche Zähigkeit, Wendigkeit und Schlagkraft. Erst allmählich konnte sich die kaiserliche Armee auf deren Taktik einstellen, die man am besten mit der der Partisanen im Zweiten Weltkrieg vergleichen kann. Einer der Anführer Rákóczis, ein gewisser Bezerédy, rückte 1706 mit zwei Husaren- und einem Dragonerregiment in Österreich ein, legte binnen 24 Stunden eine Entfernung von zwanzig Meilen zurück und eroberte eine Reihe befestigter Orte, darunter Baden bei Wien. Im Jahre 1709 gingen zwei Husarenoberste namens Andreas Vajda und Johann Béthy mit nur 600 Reitern über den Garamfluß, jagten in fünf Tagen fünfzig Meilen weit, überschritten das Gebirge und lieferten schließlich noch einen siegreichen Straßenkampf. Ein tolles Reiterstückchen leistete sich der Wachtmeister Bornemissza 1708 mit 16 Husaren. Er durchkreuzte die kaiserlichen Linien, nahm den kommandierenden General, Graf Maximilian Starhemberg, gefangen, ging mit dem Gefangenen wieder zurück und brachte ihn in das Hauptquartier Rákóczis. Schließlich mußte Österreich die kämpfenden Ungarn als „Konföderierte Stände" anerkennen und mit ihnen offiziell in Verhandlungen eintreten, die 1711 zum Frieden von Szathmar führten. Aber die Leidenschaft, mit der seine Anhänger Rákóczi nachtrauerten, der nunmehr in die Verbannung in die Türkei ging, drückte sich in vielen Liedern, Legenden und Geschichten aus, die ihn zu einem ungarischen Nationalhelden erhoben. Die feurigen Rhythmen des Rákóczimarsches wurden von Berlioz 1846 instrumentiert, und in dieser Form ist er noch heute weltbekannt.

Der Sieg von Höchstädt — in den englischen Geschichtswerken heißt er der Sieg von Blenheim — war das letzte Ereignis des Krieges, das der greise Kaiser

Leopold I. noch erlebte. Er hatte, als sein jüngerer Sohn Karl nach Spanien ging, 1703 einen Geheimvertrag zwischen seinen beiden Erben abgeschlossen, auf Grund dessen die gegenseitige Erbfolge im Fall des Erlöschens der einen der beiden neuen habsburgischen Linien garantiert wurde. Sollten sowohl die Nachkommen des älteren Sohnes Joseph wie die des jüngeren Karl im Mannesstamm aussterben, so war der Tochter des überlebenden Habsburgers das Erbrecht zugesprochen. Dieser Geheimvertrag, der bereits 1703 eine weibliche Nachfolge vorsah, wurde erst 1713 veröffentlicht.

Mit dem neuen Kaiser, Joseph I. (1705—1711), schien ein neuer Geist am Wiener Hof einzuziehen. In gewisser Beziehung erinnert Joseph I. an seinen späteren Nachfolger gleichen Namens, Joseph II. In Religionssachen tolerant, energisch, der Würde des Römischen Kaisertums eingedenk, verstand er es, Freunde zu gewinnen und Freunde zu erhalten. Im engsten Einvernehmen mit Prinz Eugen von Savoyen setzte der Kaiser den Krieg gegen Frankreich fort. Die Kämpfe entfernten sich vom deutschen Boden und verlagerten sich nach Frankreich und den Niederlanden. Die französische Armee wurde 1708 bei Oudenaarde geschlagen, Lille, Gent und Brügge erobert. Zu einem Pyrrhussieg wurde freilich die von Österreich und England gemeinsam geschlagene Schlacht von Malplaquet 1709, in der die Verbündeten die damals ungeheuer große Zahl von 23.000 Toten und Verwundeten, mehr als die Franzosen, zu beklagen hatten. Doch schon wankte die große Allianz zwischen Österreich und den Seemächten. In England trat eine Regierungsumbildung ein, durch die das Whigministerium gestürzt wurde und die Torries, die Konservativen, zur Macht kamen. Sie waren nicht nur Gegner Marlboroughs, sondern auch Gegner der Weiterführung des Krieges. Katastrophal aber wirkte sich für die Sache Habsburgs der Tod Josephs I. aus. Er war ohne Söhne, und das gesamte habsburgische Erbe mußte von seinem jüngeren Bruder Karl übernommen werden, der in Spanien kämpfte. Damit aber war die „Gefahr“ einer Weltmonarchie des Hauses Österreich wie zur Zeit Karls V. in unmittelbare Nähe gerückt und nach der Meinung der Alliierten Österreichs das europäische Gleichgewicht bedroht. So zogen sich England und die nördlichen Niederlande vom Kampf zurück. Ludwig XIV., dessen Friedensvorschläge von Kaiser Joseph I. abgelehnt worden waren, konnte dadurch seine beinahe aussichtslose Lage entscheidend verbessern. Dem neuen Kaiser — als solcher Karl VI. (1711—1740) —, der nur schweren Herzens sein geliebtes Spanien verließ, blieb nach Ausfall der Verbündeten nichts anderes übrig, als ebenfalls in einen Frieden zu willigen. Sein Versuch, den Krieg allein weiterzuführen, scheiterte kläglich. Die Ansprüche des Kaisers wurden als „vision“, Schimäre und Unsinn abgetan. So schloß Österreich ein Jahr nach dem allgemeinen Frieden von Utrecht 1713 seinen Frieden zu Rastatt in Baden (1714). Es gelang der diplomatischen Meisterschaft des Prinzen Eugen bei dieser Gelegenheit, dem Kaiser mehr von der spanischen Erbschaft zu retten, als ihm seine eigenen Alliierten zu Utrecht hatten zugestehen wollen. Während Spanien selbst und seine Kolonien — unbeschadet der Tatsache, daß auch in Südamerika, etwa in Venezuela, Aufstände zugunsten Habsburgs ausgebrochen waren — an Philipp V. aus dem Hause Bourbon fielen, wobei sich der neue spanische König verpflichten mußte, daß niemals die französische und spanische Krone in einer Person vereinigt werden sollten, überließ man Österreich die spanischen Nebenlande in Europa: Neapel und Sizilien sowie Mailand in Italien und die früher Spanischen — jetzt Österreichischen — Niederlande, das heutige Belgien und Luxemburg. Der eigentliche Verlierer des Krieges blieb so neben dem Haus Habsburg als solchem die spanische Monarchie, die ihre beherrschende Stellung in Europa einbüßte und endgültig zu einer mittleren Macht herabsank. Für England, das sich das 1704 im Namen des habsburgischen Prätendenten Karl III. von Österreich eroberte Gibraltar sicherte, begann die Zeit seines Aufstieges zur ersten Welt- und Kolonialmacht.

„Prinz Eugen, der edle Ritter...“

Der Spanische Erbfolgekrieg hatte die finanziellen Möglichkeiten Österreichs mehr als erschöpft. Noch unter Leopold I. war es möglich gewesen, daß Graf Georg Ludwig Sinzendorf nach zwanzigjähriger Geschäftsführung 1681 wegen Mißbrauchs der Amtsgewalt, Diebstahls, Erpressung und Meineids verurteilt und zur Rückzahlung von 1,970.000 Gulden gezwungen wurde. Der Spanische Krieg konnte trotz einer Revision der kaiserlichen Finanzen nur mit Hilfe der Subsidien der Seemächte sowie durch Anleihen finanziert werden, die der Hofbankier Samuel Oppenheimer (1635—1703) vermittelt hatte. Die Schwiegertochter Oppenheimers, dessen Familie innerhalb von 44 Jahren dem Staat mehr als 100 Millionen Gulden vermitteln mußte, starb 1738 im Besitz von — 10 Gulden und 38 Kreuzern. Auch ein zweiter Hofbankier, Simon Wertheimer (1658—1724), hatte noch 1720 sechs Millionen Gulden von der Staatskasse zu fordern.

Trotz dieser tristen finanziellen Verhältnisse entschloß sich Österreich unter Einfluß der Kriegspartei, an deren Spitze Prinz Eugen von Savoyen stand, dem seit 1714 im Kampf mit der Türkei stehenden Venedig zu Hilfe zu kommen. Ungarische Emigranten, die mit Rákóczi in der Türkei weilten, wiegten Sultan Achmet III. (1703—1730, † 1736 im Kerker) in der Hoffnung, Ungarn werde sich gegen Habsburg erheben. Doch als Franz II. Rákóczi in Konstantinopel erschien, war der Kampf bereits zu Ende. Prinz Eugen von Savoyen hatte die Türken 1716 bei Peterwardein geschlagen. Die Festung Temesvár, der Hauptort des Banats, fiel in seine Hand, und endlich erschienen die kaiserlichen Truppen vor Belgrad. Zum Entsatz der Stadt, die von 30.000 Türken verteidigt wurde, führte der Großvezier Chalil Pascha, ein alter, aber fähiger Mann, eine Armee heran. In dieser Situation setzte der Prinz von Savoyen die Belagerung Belgrads fort, obwohl er selbst von den Türken eingeschlossen wurde. Wir erinnern uns an die Befreiungsschlacht von Wien am 12. September 1683, in der Kara Mustapha einen ähnlichen Entschluß gefaßt hatte. Am 15. August 1717 griff Eugen das türkische Entsatzheer an. Seine Soldaten, der Prinz miteingeschlossen, litten an den Folgen der Ruhr, die das österreichische Lager verseucht hatte. Am Abend war der Sieg entschieden. Die Türken verloren 13.000 Mann an Toten und 5000 an Gefangenen; an Kriegsgerät erbeutete die siegreiche österreichische Armee 131 Kanonen, 35 Mörser, 3000 beladene Wagen, 59 Fahnen und 9 Roßschweife. Zwei Tage später kapitulierte die Besatzung von Belgrad, und Prinz Eugen konnte am 22. August seinen feierlichen Einzug halten. Am Tag nach der Schlacht hatte der Sieger an den Herzog von Marlborough die denkwürdigen Worte geschrieben: „Der Tag vom 16. August gehört zu den gefährlichsten, die ich in meinem Leben sah. Rückwärts bedroht, von der 30.000 Mann starken Belgrader Besatzung angefallen zu werden, von vorn im Kampf mit einem doppelt so starken, wohlverschanzten Feind und im Augenblick der Entscheidung durch einen stromweise herabstürzenden Nebel in die Unmöglichkeit versetzt, den rechten Punkt des Angriffs ins Auge zu fassen; alle diese Umstände erforderten einen Heerführer, der schärfere Augen hatte, als die meinen waren. Diese Gefahr schwebte mir selbst, als ich mein Testament machte, so wie auch dem Kaiser vor, als er mir beim Abschied ein Kruxifix mit den Worten übergab: ‚Unter diesem sollen Sie diesmal das Heer führen!' "

Es war der Doppelsieg von Belgrad, der dem Prinzen seine Popularität unter Soldaten und Bürgern verschaffte. Damals dichtete ein unbekannter, einfacher Soldat im kaiserlichen Heer jenes Lied, das zu einem Volkslied werden sollte:

> Prinz Eugen, der edle Ritter,
> woll't dem Kaiser wiedrum kriegen
> Stadt und Festung Belgerad.
> Bei Semlin schlug man das Lager,
> alle Türken zu verjagen,
> ihn'n zum Spott und zum Verdruß.

Der Sieg von Belgrad brachte Österreich den Frieden von Passarowitz (21. Juli 1718) ein. In ihm trat die Türkei das Banat mit Temesvár, Nordserbien, die Walachei westlich der Aluta und einen Streifen am rechten Saveufer an Österreich ab. In diesem Augenblick hatte die Monarchia Austriaca, die österreichische Monarchie, ihre größte Ausdehnung erreicht. Städte, wie Belgrad, Mailand, Neapel, Palermo, Brüssel, Ostende, Breslau, Freiburg im Breisgau, Prag, Buda, Triest, Trient standen unter der Herrschaft des Römischen Kaisers Karl VI., des Königs von Ungarn, Böhmen und Kroatien.

Für diesen Staat schlug Christian Schierl von Schierendorf 1720 den Titel „Austriacum Imperium" (= Österreichisches Reich) vor und nahm so das 1804 geschaffene „Kaisertum Österreich" ideenmäßig vorweg.

Die Pragmatische Sanktion

Schon im Erbvertrag von 1703 war die Möglichkeit ins Auge gefaßt worden, daß die männliche Linie des Hauses Habsburg auch in Österreich aussterben werde. Seit dem Tod des im siebenten Monat seines Lebens gestorbenen Kronprinzen Leopold 1716 war diese Möglichkeit zur Befürchtung geworden. Kaiser Karl VI. besaß in diesem Augenblick keine Nachkommen; die beiden Töchter seines verstorbenen Bruders Joseph I. waren erst 14 und 12 Jahre alt. Auch als ihm am 13. Mai 1717 eine Prinzessin — Maria Theresia — geboren wurde, der 1718 eine zweite und 1724 eine dritte folgte, war noch immer der ersehnte männliche Erbe ausständig.

Schon 1712 hatte der Landtag des Königreiches Kroatien, seit dem Mittelalter mit Ungarn in Personalunion verbunden, den Beschluß gefaßt, jene Erzherzogin als Königin anzuerkennen, die Innerösterreich erhalten werde. Nun ließ der Kaiser 1713 die 1703 geschlossene Erbvereinigung bekanntmachen und proklamierte das Erbrecht seiner eigenen Nachkommenschaft vor dem der Töchter Josephs I. Zugleich wurden die habsburgischen Länder für „unteilbar und untrennbar" (indivisibiliter ac inseperabiliter) erklärt, um eine Aufspaltung in einzelne Linien des Hauses zu verhindern. Im Verlauf der nächsten Jahre nahmen der Reihe nach alle habsburgischen Erbländer die Gesetze über die weibliche Erbfolge — Pragmatische Sanktion genannt — an. Dabei gab es Schwierigkeiten. Tirol pochte auf seine Landesrechte und erklärte, daß durch die Annahme dieses Gesetzes für alle Zukunft die Hoffnung auf einen eigenen Landesfürsten vernichtet werde. Der ungarische Reichstag anerkannte erst 1722 die diesbezüglichen Bestimmungen. Es zeigte sich deutlich, daß die einzelnen Länder der Monarchie wohl an der Dynastie festhielten, aber daß den meisten von ihnen der dauernde Zusammenschluß aller habsburgischen Gebiete noch neu war. Immerhin besitzen wir die Denkschrift eines unbekannten Autors, die sich heute als Handschrift Nr. 143 im Niederösterreichischen Landesarchiv befindet und in der über die Pragmatische Sanktion hinausgehend eine Verbrüderung aller habsburgischen Königreiche und Länder vorgeschlagen wird. Es soll darnach ein Generallandtag aller österreichischen Erblande einberufen werden, dem auch Böhmen, Mähren und Schlesien sowie womöglich die ungarisch gewordenen Länder beizuziehen seien. Dieser Generallandtag habe nicht bloß die Thronfolgeordnung festzulegen, sondern darüber hinaus eine Reihe von Reformen zu beschließen, unter denen vor allem die zur Heranziehung der bisher in den Ständeversammlungen unvertretenen Untertanen und Bauern hervorzuheben ist. Zu ihrem Schutz solle nach altrömischer Weise ein „Tribunus plebis" (Volkstribun) gewählt werden. Wir haben es also mit einem für die damalige Zeit sehr modernen demokratischen Programm zu tun, das sich auch darin ausdrückt, daß anstelle der bisherigen getrennten Erbhuldigungen in Österreich, Ungarn und Böhmen ein gemeinsamer Akt des Generallandtages zu treten hätte. Wir sehen hier Gedanken entwickelt, die erst zwei Generationen später unter Maria Theresia und Joseph II. zum Teil verwirklicht wurden.

Für den Kaiser war das Hauptziel seiner auswärtigen Politik die Sicherung der Erbfolge seiner ältesten Tochter, nachdem er die Hoffnung auf männliche Nachkommenschaft endgültig aufgegeben hatte. Es dürfte allerdings der Gedanke maßgebend gewesen sein, einmal die Regierung nicht seiner Tochter, wohl aber einem Enkel zu übergeben, so daß wohl die weibliche Erbfolge, aber nicht ein weibliches Regiment beabsichtigt gewesen war. Als dann Maria Theresia heranwuchs, stand selbstredend die Frage ihrer Vermählung im Vordergrund.

Kaiser Karl VI. hatte die Töchter seines Bruders nach Bayern und Sachsen verheiratet, von ihnen aber vorher einen feierlichen Verzicht auf allfällige Erbansprüche gefordert. Der Lieblingsgedanke des Herrschers blieb eine neuerliche Vereinigung Österreichs und Spaniens in der Form, daß Maria Theresia einen spanischen Infanten zum Gatten gewinnen sollte. Unter dem Gesichtswinkel derartiger Heiratspläne des Kaisers ist die spanische Bündnispolitik Österreichs 1725 bis 1729 zu verstehen. Ein Geheimvertrag verpflichtete die Höfe von Wien und Madrid, niemals eine österreichische oder eine spanische Prinzessin nach Frankreich zu verheiraten. Dem spanisch-österreichischen Bündnis trat 1726 Rußland bei. Der König in Preußen, Friedrich Wilhelm I. (1712—1740), konnte nach mancherlei Schwanken zwischen dem Kaiser und der Gegenkoalition von England und Frankreich, die sich schon 1725 als Antwort auf die österreichisch-spanische Koalition gebildet hatte, zur Anerkennung der Pragmatischen Sanktion bewogen werden. Preußen verpflichtete sich im Vertrag von Berlin am 23. Dezember 1728, die Pragmatische Sanktion und die Thronfolge der Kaisertochter in allen Königreichen und Ländern ohne Ausnahme für „ewige Zeiten" zu garantieren.

Die große Umkehr der Außenpolitik der beiden Koalitionen erfolgte, als in Frankreich 1726 Kardinal Fleury als Staatsminister Ludwigs XV. zur Macht kam. Ihm gelang es, das gestörte Einvernehmen der beiden bourbonischen Höfe von Paris und Madrid wiederherzustellen und die spanische Königin, die die eigentliche Herrscherin des Landes war, davon zu überzeugen, daß der Kaiser niemals daran denke, ihrem Sohn die Hand Maria Theresias zu geben. Er hatte damit recht. Denn als man 1725 den Spaniern das Lockmittel einer Heirat mit Maria Theresia vor Augen hielt, war diese bereits im geheimen vergeben. Denn Projekte, die Erbtochter des Hauses Habsburg mit einem bayrischen, sächsischen oder portugiesischen Prinzen, ja mit dem späteren König Friedrich II. von Preußen zu vermählen, blieben nichts als vorübergehende Gedankengänge. Schon seit 1722 stand der junge Herzog Franz Stephan von Lothringen als Heiratskandidat an erster Stelle. Eine Vermählung mit einem kleineren Fürsten, wie es der Lothringer war, bot dem Kaiser die Möglichkeit, die Dynastie als Dynastie Habsburg weiterbestehen zu sehen: der Lothringer würde im habsburgischen Haus heimisch werden, während Maria Theresia als Gemahlin eines französischen oder spanischen Prinzen in das Haus Bourbon überwechseln müßte. Der beste Fürsprecher Franz Stephans war sein eigener Vater, Herzog Leopold von Lothringen, der Sohn einer österreichischen Erzherzogin und engste Jugendfreund der beiden Kaiser (Joseph I. und Karl VI.). Herzog Franz Stephan wurde schon 1723 im Alter von 15 Jahren dem Kaiser vorgestellt und fand dessen vollste Zuneigung. Auch die junge Erzherzogin Maria Theresia verliebte sich in ihren Cousin zweiten Grades, dessen Urgroßvater der gleiche Ferdinand III. war, den auch die Prinzessin unter ihre Vorfahren zählte.

Franz Stephan erfüllte in seiner Jugend durchaus nicht alle jene Wünsche und Hoffnungen, die sein Vater und seine Erzieher für ihn hegten. Er neigte zur Beleibtheit, war etwas bequem und aß gern. Feldherrngaben, die ihm Maria Theresia gern zuerkannt hätte, besaß er nicht. Dafür aber einen gesunden Hausverstand und vor allem eine finanzielle Begabung, wie sie noch kein habsburgischer Herrscher in Österreich aufzuweisen gehabt hatte. Das große Privatvermögen der Dynastie geht im wesentlichen auf geglückte finanzielle Aktionen Franz Stephans zurück. In der Korrespondenz des Lothringers lesen sich die französischen Briefe so, als verstünde Franz Stephan nur deutsch, und die deutsch geschriebenen Briefe so, als stammten sie von einem Franzosen. Maria Theresia fertigte später eigene Transkriptionen seiner Handschriften an, damit der Empfänger sie überhaupt lesen könne. Im Gegensatz zu seinem früh verstorbenen älteren Bruder Clemens, der zuerst als Gemahl Maria Theresias in Aussicht genommen worden war und dessen franzosenfeindliche Gesinnung am Wiener Hof bekannt war, war Franz Stephan vom französischen Wesen mehr als die Habsburger vor ihm eingenommen. Das Spanische und Italienische, das bisher in Wien herrschend gewesen war, wich dem Französischen.

Je deutlicher es wurde, daß Franz Stephan der Favorit des Kaisers unter den Bewerbern um die Hand Maria Theresias war und daß auch diese ihren Cousin liebte, umso stärker wurde Franz Stephan in die Politik verwickelt. Kaiser Karl VI. unterstützte gemeinsam mit Rußland im Jahr 1733 den neu gewählten Polenkönig August III., während Frankreich den polnischen Edelmann Stanislaus Leszczynšky auf den Thron erheben wollte, der bereits vorübergehend von 1704 bis 1709 König von Polen gewesen war und dessen Tochter Maria König Ludwig XV. von Frankreich geheiratet hatte. Österreich und Rußland setzten die Inthronisierung ihres Kandidaten durch, aber in dem so entstandenen „Polnischen Erbfolgekrieg" (1733—1736) besetzten die Franzosen Lothringen und die Spanier eroberten Neapel und Sizilien. Der schwerkranke Prinz Eugen von Savoyen konnte das Glück nicht zwingen. Österreich mußte im Frieden von Wien Unteritalien abtreten, brachte aber dafür die Anerkennung der Pragmatischen Sanktion durch Frankreich heim. Ebenso wurden dem Kaiser als Ersatz für Neapel und Sizilien die Herzogtümer Parma und Piazenza überantwortet. Sein präsumtiver Schwiegersohn, Franz Stephan von Lothringen, mußte auf das Stammland seines Hauses verzichten, das an Stanislaus Leszczynšky kam und nach dessen Tod mit Frankreich vereinigt werden sollte. Als Ersatz erhielt er das Großherzogtum Toscana mit der Hauptstadt Florenz, in dem das dort regierende Haus Medici mit Cosimo III. 1737 ausstarb. Im gleichen Jahr, in dem Maria Theresia die Gemahlin Franz Stephans wurde, starb der Sieger von Belgrad, Prinz Eugen von Savoyen. Er hinterließ kein Testament, und Kaiser Karl VI. anerkannte das Erbrecht der Prinzessin Anna Viktoria von Savoyen, einer Nichte des Verstorbenen, die eilig nach Wien gekommen war. Mit einer „ekelerregenden Habgier" (Arneth) machte die Erbin alles zu Geld, was der Prinz im Lauf der Jahrzehnte erworben hatte. Er war arm nach Österreich gekommen und hinterließ nunmehr in Wien zwei Paläste (Belvedere und Winterpalais), große Güter im Marchfeld — darunter Schloßhof, dessen wunderbare

Gärten zu Eugens Zeiten von 1000 Gärtnern gepflegt wurden — und in Ungarn, reiche Bücherschätze, die den Kern der heutigen Österreichischen Nationalbibliothek bilden, Silbergeschirr im Wert von 170.000 Gulden, Juwelen und Gemälde im Wert von je 100.000 Gulden und ein Barkonto auf der Bank von gleichfalls 200.000 Gulden. Aber die Art und Weise, wie der Prinz zu seinem Vermögen kam, ist nicht mehr feststellbar. Wohl wissen wir, daß Eugen nach jedem seiner Siege kaiserliche Geschenke erhielt, wohl wird sein Jahreseinkommen auf etwa 300.000 Gulden geschätzt. Ob diese Beträge für alle Aufwendungen und Käufe ausreichen, die der Prinz im Verlauf seines Lebens machte, ist nicht nachprüfbar. „Es mag auch angesichts der erhaltenen Zeugnisse dieser fördernden Kunstfreunde wichtiger sein, daß sie zustandekamen" — sagt Hanns L. Mikoletzky — „und weniger, auf welchen Wegen die Mittel zu ihrer Finanzierung verschafft wurden." Es wäre auch falsch, in dem französisch erzogenen und bis an sein Lebensende französisch sprechenden Prinzen einen „deutschen Helden" zu sehen. Er fühlte sich — wie Erich Zöllner richtig schreibt — „vor allem dem Kaiser und dem Haus Österreich verpflichtet; eine ‚Reichsgesinnung' kann man aus seinen Worten und Schriften kaum konstruieren". Sein Einfluß am Kaiserhof war groß, aber er war nicht allmächtig. Er war — was selten zutrifft — als Politiker ebenso groß wie als Feldherr, doch bei der Vielzahl der Ämter, die ihm übertragen wurden, wäre es über eines Menschen Kraft gegangen, alles mit gleicher Gründlichkeit zu besorgen. In vielen Dingen stammen von Eugen nur die Anregungen, und er mußte die Ausführung anderen überlassen, die er oft nicht einmal kontrollieren konnte.

Gewinn und Verlust

Seit dem Frieden von Passarowitz waren weite Gebiete im Süden Ungarns — das Banat und Nordserbien — „kaiserlich" geworden. Sie waren in der türkischen Zeit verhältnismäßig menschenleer. Die ansässigen Türken zogen mit Weib und Kind ab, als der neue Herr die Regierung antrat. Inwieweit hier Freiwilligkeit oder Zwang vorherrschte, wird sich heute kaum mehr feststellen lassen. Auf Rat des Prinzen Eugen von Savoyen waren diese Gebiete zu einer eigenen, nur dem Kaiser persönlich unterstehenden Provinz, eben dem „Banat", erklärt worden, das militärisch verwaltet wurde. An der Spitze der neuen Provinz stand Feldmarschall Claudius Florimund Graf Mercy, der aus altem lothringischen Adel stammte und seit 1683 in kaiserlichen Diensten stand. Auf ihn geht das große Kolonisationswerk zurück, das dem Gewinn einer neuen Provinz glich. Die kaiserliche Administration suchte die leergewordenen Gegenden zu bevölkern. Es wäre aber ungeschichtlich, in der nun einsetzenden Ansiedlungspolitik der Regierung eine bewußte Germanisierung zu erblicken, wenngleich diese Zeit die Geburtsstunde des jahrhundertelang blühenden Banater „Schwabentums" wurde. Nur für die Hauptstadt des Distrikts, Temesvár (heute Timisoara), wurde festgelegt, daß ausschließlich katholische und deutschsprachige Bürger aufgenommen werden sollten. Aus der Türkenzeit waren noch Armenier, Serben und sephardische Juden vorhanden. Insbesondere die Serben wurden von der österreichischen Regierung gefördert. Sie besaßen Glaubensfreiheit und das Recht auf unbeschränkten Ankauf von Grund und Boden. Anderseits zeigte sich bei ihnen schon sehr früh das Bewußtsein ihrer nationalen Eigenständigkeit. Bereits 1730 hatte jede größere serbische Gemeinde ihre eigene Schule. Im Gegensatz zu den Südslawen kamen die einwandernden Bauern aus Süddeutschland, vor allem aus Baden und Württemberg — daher der verallgemeinernde Name „Schwaben" —, ohne stärkeres Bewußsein einer Zusammengehörigkeit in das Land, bewogen durch die vorteilhaften Angebote der kaiserlichen Agenten, oder in der Hoffnung, der Not und der drückenden Leibeigenschaft in der alten Heimat zu entgehen. So hatte auch die meist deutschsprachige österreichische Bürokratie im Banat fast keine Beziehung zu den deutschsprachigen Dörfern und ihren Bewohnern.

Wie schwer es die ersten Einwanderer hatten und wie ungesund die von Sümpfen durchzogene Gegend war, zeigt die Tatsache, daß allein im Jahr 1728 in der Stadt Temesvár 51 Geburten, aber 484 Sterbefälle gezählt wurden. Seit der „Paßbrief" Kaiser Karls VI. vom 30. März 1722 die Einwanderung organisiert hatte, kamen Bauern aus Franken, Schwaben, der Rheinpfalz, aber auch Niederösterreicher, Sudetendeutsche, selbst Tiroler und Steirer ins Land. Sie erhielten freie Fahrt für sich, ihre Familie und ihr Gepäck, drei abgabenfreie Jahre, freies Bauholz und den Grund, für den sie nach drei Jahren zuerst 12 Gulden, später 18 und endlich 24 Gulden Steuern zu zahlen hatten. Der Pfarrer wurde mit zwei Bauernlosen und einem staatlichen Jahresgehalt von 150 Gulden bedacht. Während es im Jahr 1718 663 Dörfer mit 21.289 Häusern gab, konnte man bereits 1720 eine Bevölkerung von etwa 80.000 Menschen zählen. Im Jahr 1730 bezog die kaiserliche Finanzverwaltung 30.000 Gulden Steuern aus dem erschlossenen Gebiet. Wie rasch die Dörfer wachsen konnten, zeigen einige Beispiele aus der sogenannten „Schwäbischen Türkei", dem Land im Donau-Drau-Winkel. Hier hatten

Pélmonostor	1738	165	und	1757	406	Bewohner
Nagynyárád	1733	599	und	1757	828	Bewohner
Mecsekjánosi	1756	82	und	1783	184	Bewohner
Pári	1742	285	und	1753	387	Bewohner

Die hoffnungsvolle Entwicklung im Südosten der Monarchie wurde durch den verhängnisvollen Entschluß gehemmt, an der Seite Rußlands in einen Krieg gegen die Türkei einzutreten. Obwohl es sich schon in den letzten Jahren des Prinzen Eugen von Savoyen gezeigt hatte, daß die österreichische Armee nicht mehr die beste der Welt war, als die sie sich in den großen Türkenkriegen von 1683 bis 1699 und von 1716 bis 1718 bewährt hatte, gelang es der Kriegspartei am Wiener Hof, Österreich in einen reinen Eroberungskrieg hineinzutreiben. Man träumte von der Einverleibung ganz Rumäniens, Südserbiens und Albaniens, ja womöglich von einem Vormarsch gegen Konstantinopel selbst. Und dies in einem Augenblick, da alle Welt durch den Polnischen Erbfolgestreit von der Zerrüttung der österreichischen Finanzen und der geschwundenen Schlagkraft der kaiserlichen Armee erfahren hatte. Der Krieg begann 1737, obwohl die Türkei dem österreichischen Botschafter erklärte, daß ihr alles am Fortbestand des Friedens mit der Habsburgermonarchie gelegen sei. Nach anfänglichen Erfolgen, die das österreichische Heer bis Nisch und Novibazar führten, wandte sich das Kriegsglück. Die Unfähigkeit der kommandierenden Generale — einige von ihnen wurden vor ein Kriegsgericht gestellt — und der mangelnde Nachschub an Munition und Verpflegung für die kämpfenden Truppen zwangen zum Rückzug. Die Türken überschwemmten das österreichische Nordserbien und begannen die Belagerung von Belgrad. Der kaiserliche Friedensunterhändler Graf Neipperg, der den Auftrag hatte, Belgrad nur im äußersten Notfall preiszugeben, war allzu rasch bereit, die Verhandlungen zu beenden. Österreich trat im Frieden von Belgrad 1739 alles von Prinz Eugen 1718 eroberte Gebiet mit Ausnahme des Banats von Temesvár an die Türkei ab. Save und Donau sollten von nun an die Grenze bilden. Viel schwerer als diese Abtretungen wog freilich der Prestigeverlust Österreichs. Die christlichen Balkanvölker, die bisher in Wien ihren Schutzherrn und kommenden Befreier von der türkischen Herrschaft gesehen hatten, wandten sich von nun an in steigendem Maß Rußland zu, mit dem sie ja auch der (griechisch-orthodoxe) Glaube und — soweit sie Slawen waren — die Sprachverwandtschaft verband.

Die Königin von Ungarn und Böhmen

Kaiser Karl VI. überlebte den unglücklichen Ausgang des Krieges gegen die Türken nur kurze Zeit. Seine Gesundheit war schon längere Zeit hindurch nicht die beste. Obwohl seine Erbtochter Maria Theresia im Jahr 1740 ihr drittes Kind zur Welt brachte, waren die Sorgen des Kaisers um die Nachfolge nicht verscheucht: es war wieder ein Mädchen. Anfang Oktober begab er sich nach Schloß Halbthurn im heutigen Burgenland, wo er sich seiner Leidenschaft, der Jagd, ungestört hingeben konnte. Doch eine Erkältung zwang ihn, früher nach Wien zurückzukehren, als er beabsichtigt hatte. Der Zustand Karls VI. verschlechterte sich rasch, und nachdem er noch von Maria Theresia Abschied genommen hatte, verschied er am 20. Oktober des gleichen Jahres, und mit ihm erlosch der Mannesstamm des Hauses Habsburg. Er war kein großer Herrscher, doch ein Mann von unbestechlicher Redlichkeit, der sein Wort hielt und dies auch von den anderen erwartete. Es wird uns ja das Wort des Prinzen Eugen überliefert, der dem Kaiser geraten haben soll, seiner Tochter statt der vielen abgeschlossenen Verträge, in denen das Ausland die Pragmatische Sanktion anerkannte, lieber einen vollgefüllten Staatsschatz und ein schlagkräftiges Heer von 300.000 Mann zu hinterlassen.

Gerade diese beiden Erfordernisse fehlten der jungen, 23jährigen Erbin von Österreich, Ungarn und Böhmen, die nunmehr die Geschicke eines, wenigstens nach außen hin, so mächtigen Reiches zu lenken berufen war. Die ganze Größe der Herrscherin wird erst sichtbar, wenn wir in ihr nicht bloß die Frau sehen, die einer Welt von Männern gegenüberstand, sondern auch den Zustand der Länder ins Auge fassen, wie sie ihn von ihrem Vater übernahm. Nur auf diese

Weise wird völlig klar, daß Maria Theresia nicht bloß eine der größten Herrschergestalten Österreichs, sondern der gesamten Weltgeschichte darstellt. Viel eher als ihr hartnäckiger Gegenspieler Friedrich II. von Preußen, den eine dienstbeflissene kgl. preußische Hofgeschichtsschreibung zum „Großen" beförderte, muß Maria Theresia als die große Kaiserin bezeichnet werden.

Ihre ersten Schritte auf dem Gebiet der Politik tat sie freilich als Königin von Ungarn und Böhmen. Karl VI. hatte seiner Tochter durch die Pragmatische Sanktion wohl das Nachfolgerecht in den österreichischen Erbländern, in Ungarn und Böhmen verschaffen können, doch die römische Kaiserwürde war nur durch Wahl zu vergeben. Es konnte auch gar nicht anders sein, als daß ein Mann und nicht eine Frau zum Kaiser gewählt wurde. Die Kandidatur von Maria Theresias Gemahl, Franz Stephan, nunmehr Großherzog von Toscana, stieß auf Schwierigkeiten, die vorläufig unüberwindlich waren. Auch später gebührte Maria Theresia der Titel Kaiserin streng staatsrechtlich genommen nur als Gemahlin des Kaisers, während sie in Österreich, Ungarn und Böhmen Herrscherin kraft eigenen Rechtes war.

Maria Theresia übernahm einen Staat, der finanziell überlastet war und eine seiner reichsten Provinzen, das Königreich Neapel und Sizilien, verloren hatte. Die Staatseinkünfte, die noch 1718 auf etwa 40 Millionen veranschlagt werden können, waren auf 20 Millionen zusammengeschrumpft. Die Armee, deren Sollstand 160.000 Mann zu betragen hatte, bestand in Wirklichkeit nur aus etwa 80.000 Mann. Sie lag außerdem weit verstreut von Belgien bis Toscana und von Schlesien bis an die türkische Grenze. Besonders nachteilig wirkte sich das System aus, die Quartiere der Regimenter so zu verteilen, daß in jedes Dorf durchschnittlich 2 bis 3 Mann zu liegen kamen. Wohl wurde dadurch die Last der Einquartierung erleichtert, aber es fehlte am Zusammengehörigkeitsgefühl von Offizieren und Mannschaft. Die Festungen waren verwahrlost, die Artillerie und Kavallerie litt unter Pferdemangel. Ungarn wurde noch immer wie ein erobertes Land behandelt und mit Soldaten überbelegt. Es schien dies umso mehr begründet, als sich erst 1735 die bedrückten Bauern erhoben hatten. Ihre Zahl belief sich allein in den Komitaten Arad und Bekes auf etwa 7000 Beteiligte. In den österreichischen Erbländern hielt man von der Regierung einer Frau nicht viel, über deren Fähigkeiten man noch kein Urteil gebildet hatte. Maria Theresia war dem Volk bisher nur als die Tochter ihres Vaters entgegengetreten, die — wie viele Erzherzoginnen — gut tanzen und singen konnte und in den Balletten und Opern auftrat, die ihr Vater, der Kaiser, gedichtet und komponiert hatte. Ihr Gemahl, der neue Großherzog von Toscana, hatte im letzten Türkenkrieg zeitweise das Oberkommando geführt und sich mit allem eher als mit Ruhm bedeckt. So wandten sich vieler Blicke dem Kurfürsten von Bayern zu, der viel geeigneter erschien, Landesherr von Österreich zu werden. Am bedauerlichsten war die Haltung von Teilen des Adels, der von den Habsburgern so viel an Ehren und Auszeichnungen empfangen hatte. „Inmitten der allgemeinen Betrübnis" — sagt der englische Geschichtsschreiber Knoxe — „legten die hochfahrenden Magnaten von Österreich und von Ungarn eine gewisse Sorglosigkeit an den Tag. Es schien ihnen gleichgültig zu sein, wer künftig ihr Beherrscher sein werde. So glichen sie ganz jenen entarteten Römern zur Zeit des Verfalls der Republik, welche vom Schicksal ihres Vaterlandes unberührt blieben und nur daran dachten, wie sie ihre Landgüter und Fischteiche retten könnten." Auch die Minister, die die Herrscherin von ihrem Vater übernahm, waren im langjährigen Dienst ergraut: so der 69jährige Graf Sinzendorf, der 77jährige Graf Gundakar Starhemberg, der 71jährige Graf Harrach und der 67jährige Graf Königsegg-Rothenfels. Sie waren — altersmäßig — verbraucht und zeigten sich der Situation nicht gewachsen.

Am Wiener Hof glaubte man, in Optimismus machen zu können. England und zuerst auch Frankreich anerkannten Maria Theresia als Erbin. Nur der bayrische Kurfürst protestierte und behielt sich alle seine Erbansprüche vor, die er aus einem Testament Kaiser Ferdinands I. ableitete. Vielleicht wäre es tatsächlich nicht zum Ausbruch des Kampfes um das österreichische Erbe Habsburgs gekommen — Kurbayern gegenüber wäre auch das militärisch geschwächte Österreich in der Vorhand gewesen —, wenn nicht im gleichen Jahr wie Maria Theresia Friedrich II. von Preußen (1740—1786) zur Regierung gekommen wäre. Mit Recht nennt der englische Geschichtsschreiber George Peabody Gooch den ohne jede Kriegserklärung erfolgten Einfall Friedrichs II. in das österreichische Schlesien eins der „sensationellsten Verbrechen der Geschichte der Neuzeit". König Friedrich II. schrieb 1746 in seiner „Histoire de mon temps", daß der Hauptantrieb für seine Entscheidung „bereitstehende Truppen, ein gefüllter Kriegsschatz, Ehrgeiz und der Wunsch, von mir reden zu machen", gewesen seien. Die sogenannten „Ansprüche" Preußens auf Teile Schlesiens können, wie heute einwandfrei feststeht, auch nicht der oberflächlichsten Kritik standhalten.

Friedrichs II. Einmarsch in österreichisches Territorium setzte die Kriegsmaschine in Europa in Bewegung. Gerade von ihm hätte man sich das am wenigsten erwartet. Er war nicht nur als Kronprinz vom österreichischen Hof tatkräftig unterstützt worden, er hatte auch 1739 einen „Anti-Macchiavell" veröffentlicht, in dem er die Maxime des gleichnamigen florentinischen Staatsmannes angriff, der sich für eine skrupellose und amoralische Politik eingesetzt hatte. Das Verhängnis wollte es, daß die von Friedrich II. schon fast verlorene Schlacht von Mollwitz 1741 doch noch durch den Einsatz seiner Generale gewonnen wurde. Friedrich II. selbst gibt zu, daß ihm der österreichische Feldmarschall Graf Neipperg durch seinen „Operationsplan" überlegen war, also größere militärische Fähigkeiten bewies, aber er besaß nur 15.000 Mann verwendbare Truppen gegen eine gewaltige preußische Übermacht. Im übrigen hatte Österreich nur 0,53 Prozent seiner Bevölkerung unter den Waffen, Preußen dagegen 3,7 Prozent. Doch gelang es Preußen nicht, aus Mollwitz eine Entscheidungsschlacht zu machen. Österreich hielt trotz seiner ungünstigen Lage den Vormarsch auf.

Dafür folgten jetzt eine Reihe anderer europäischer Staaten dem Beispiel des Preußenkönigs. Auch sie wollten sich einen Anteil an der habsburgischen Erbschaft sichern. In Frankreich kam die Kriegspartei ans Ruder, die Ludwig XV. zum Schiedsrichter Europas machen wollte. Nach den in Paris gehegten Plänen sollten die Österreichischen Niederlande und Luxemburg an Frankreich, Böhmen mit der Römischen Krone an Bayern, Schlesien an Preußen, Toscana, Parma und die Lombardei an Spanien und Savoyen fallen. Maria Theresia wurde gnädig die Herrschaft über Ungarn und die beiden Österreich eingeräumt. Während die Franzosen über den Rhein gingen, marschierten die Bayern in Oberösterreich ein, und Kurfürst Karl Albert ließ sich in Linz als Landesherr huldigen. Bayrische Vortruppen standen in St. Pölten. Zwischen ihnen und Wien stand keine bewaffnete Macht mehr. Maria Theresia, die eben ihren ersten Sohn, den späteren Kaiser Joseph II., geboren hatte, verließ Wien, das in Verteidigungszustand gesetzt wurde. Ein Teil des Hofes flüchtete nach Graz, nur die junge Königin entschloß sich, mit ihrer engsten Umgebung nach jenem Ungarn zu gehen, das die Habsburger bisher immer noch mißtrauisch als unsicheres Land betrachtet hatten. Ein ungarischer Reichstag — der erste seit 1728/29 — trat in Preßburg zusammen. Am 25. Juni 1741 wurde Maria Theresia feierlich unter dem Ruf: „Vivat Domina, et Rex noster" — „Es lebe unsere Herrin, unser König!" — mit der Stephanskrone gekrönt. Obwohl die Verhandlungen mit den ungarischen Ständen sehr hart waren, gelang es schließlich der Königin, durch ihr persönliches Eingreifen ihre Wünsche durchzusetzen. In der Sitzung vom 11. September kam es zu jener legendenhaft ausgeschmückten Kundgebung, die in dem Bekenntnis: „Vitam nostram et sanguinem consecramus!" — „Wir weihen unser Leben und Blut!" — gipfelte.

Dagegen sind der Ausruf: „Moriamur pro rege nostro Maria Theresia!" — „Laßt uns für unsern König Maria Theresia sterben!" und die Anwesenheit des kleinen Kronprinzen Joseph auf dem Arm der Mutter unhistorisch, obwohl diese Szene oftmals in Gedichten sowie in der bildenden Kunst festgehalten wurden. Maria Theresia vergaß diesen Augenblick ihr ganzes Leben nicht. Noch 1774 schrieb sie ihrem jüngsten Sohn Maximilian, daß die Ungarn eine Nation seien, „die so viele Verdienste mir gegenüber hat, der ich meine Existenz auf dem Thron meiner Vorfahren verdanke, und die mir während der 33 Jahre meiner Regierung die größte Anhänglichkeit gezeigt hat".

Es war aber auch höchste Zeit, sollte die Donaumonarchie nicht als Großmacht aus der europäischen Geschichte verschwinden. Denn schon hatten sich die Kurfürsten geeinigt, Karl Albert von Bayern zum Römischen Kaiser zu wählen. Zum ersten Mal seit dreihundert Jahren sollte kein österreichischer Herrscher die Krone des Heiligen Römischen Reiches tragen. Auf dringenden Wunsch Frankreichs war der bayrische Vormarsch gegen Wien gestoppt worden, und Karl Albert zog nach Böhmen, wo er sich in Prag die Wenzelskrone aufs Haupt setzte. Jetzt wurde er unter dem Namen Karl VII. (1742—1745) zum Kaiser gewählt. Die böhmische Kurstimme „ruhte" auf Beschluß des Kurfürstenkollegiums, während Maria Theresia protestierte und erklärte, die Wahl nicht anerkennen zu wollen. Auch ihr Verbündeter, König Georg II. von England, hatte als Kurfürst von Hannover für Karl VII. gestimmt.

Ungarn hatte seiner Königin ein Heer von 80.000 Mann zur Verfügung gestellt. Nichtungarische Geschichtsschreiber behaupten heute allerdings, es habe sich in der Tat nur um 20.000 Mann gehandelt. Doch auf jeden Fall genügte diese Armee, um unter Führung des neuen Oberbefehlshabers, Graf Andreas Khevenhüller, Oberösterreich von der bayrischen Invasion zu säubern. Zwei Tage nach der Kaiserkrönung des bayrischen Kurfürsten in Frankfurt rückten österreichische Truppen in München als Sieger ein. Tiroler Bauern zogen in bewaffneten Streifscharen nach Norden und unterstützten die Operationen des österreichisch-ungarischen Heeres. Kaiser Karl VII. mußte sich unter den Schutz Frankreichs begeben. Dieser sichtliche Umschwung der Lage bewog Friedrich II. von Preußen zu einem Sonderfrieden. Der Sieg von Chotusice, den er knapp vorher erfochten hatte, gab ihm die Möglichkeit in die Hand, sich ganz Schlesien — mit Ausnahme der Herzogtümer Troppau, Teschen und Jägerndorf — abtreten zu lassen. Es war eine fühlbare Erleichterung für Österreich, das sich nun mit seiner ganzen Kraft gegen Frankreich und Bayern wenden konnte. Dazu kam noch, daß Sachsen Frieden schloß, Kurköln sich Österreich näherte, Sardinien-Savoyen auf die Seite Österreichs trat und schließlich England aktiv in den Krieg eingriff. Das englische Parlament bewilligte Maria Theresia 500.000 Pfund Subsidien. Die Österreicher eroberten Böhmen zurück, und Maria Theresia wurde in Prag gekrönt. Anders als ihr Vorfahre Ferdinand II., verzieh sie all jenen, die dem Bayer gehuldigt hatten und ließ kein einziges Todesurteil vollstrecken. Wie zur Zeit des Spanischen Erbfolgekrieges erschienen auch englische Truppen auf dem Festland. Die sogenannte „Pragmatische Armee", aus Engländern, Holländern und Österreichern zusammengesetzt, schlug unter der Führung König Georgs II. von England die Franzosen entscheidend bei Dettingen (1743). Dem zurückweichenden Gegner folgten österreichische Truppen und drangen in Frankreich ein. In diesem Augenblick hielt es Friedrich II. für geraten, den kurz vorher geschlossenen Frieden zu brechen und in Böhmen einzufallen. Er tat dies, wie er selbst zugibt, „pour sauver l'Alsace" — um das Elsaß — für Frankreich zu retten. In diesem sogenannten „Zweiten Schlesischen Krieg" (1744—1745), der neben dem Österreichischen Erbfolgekrieg (1741—1748) einherlief, kämpfte Österreich unglücklich gegen Preußen und mußte im Frieden von Dresden den Verzicht auf Schlesien wiederholen.

Schon vorher war Kaiser Karl VII. in der Verbannung fern von Bayern gestorben. Sein Sohn und Erbe sicherte im Vertrag zu Füssen (April 1745) seine Wahlstimme dem Gemahl Maria Theresias, Franz Stephan, gegen die Rückgabe des von Österreich besetzten Bayern zu. So konnte Maria Theresia einen ihrer Herzenswünsche erfüllt sehen. Franz Stephan wurde im Sommer 1745 zum Römischen Kaiser gewählt (1745—1765). Die Kaiserkrone war wieder nach dem kurzen bayrischen Zwischenspiel an Österreich zurückgefallen. Auch die Kampflust der weiterhin streitenden Parteien erlahmte. Es ging jetzt nicht mehr um die Frage einer Aufteilung der österreichischen Erbschaft — der Bestand der Monarchie war gesichert —, sondern nur mehr um einzelne Sondervorteile für diesen oder für jenen Staat.

Die Kriegshandlungen zogen sich an den Niederrhein, wo die Franzosen gegen die Engländer und ihre Verbündeten im Vorteil standen, während die Österreicher in Italien das Feld behaupteten. Schon zeigte sich auch die Sorge der Mächte wegen der neu entstandenen preußischen Großmacht. Österreich und

Rußland schlossen 1746 ein Defensivbündnis gegen Friedrich II. Aber schon waren auch allerseits die Diplomaten am Werk, den allgemeinen Frieden in Europa wiederherzustellen.

Die Friedensverhandlungen begannen bereits 1747 in Aachen. Der österreichische Vertreter, Graf Kaunitz, der spätere große Staatskanzler Maria Theresias, sah sich einer geheimen englisch-französischen Entente gegenüber, die nicht gewillt war, die Interessen Österreichs zu berücksichtigen. Aufs höchste empört rief damals Maria Theresia dem englischen Gesandten in Wien zu: „Meine Feinde werden mir bessere Bedingungen einräumen als meine Freunde!"

Der Friede selbst wurde in Aachen am 18. Oktober 1748 geschlossen — Österreich leistete aber erst am 23. Oktober seine Unterschrift. Für Maria Theresia brachte der Friede den schmerzlich empfundenen Verlust von Schlesien, den sie ihr ganzes Leben lang nicht mehr verwinden sollte, sowie italienischer Gebiete (Parma, Piazenza und Guastalla). Dagegen war es ihr als Repräsentantin des Hauses Habsburg gelungen, das Erbe der Dynastie im wesentlichen zu erhalten und die Großmachtstellung Österreichs zu sichern. Von diesem Gesichtspunkt aus betrachtet endete der Österreichische Erbfolgekrieg mit dem Sieg Österreichs und seiner großen Herrscherin. Der Weltkampf um Habsburgs Erbe war auch in Österreich zu Ende.

Zusammenfassung:

Die spanische Linie der Habsburger erlosch 1700 im Mannesstamm, die österreichische folgte 1740. Um beider Erbe entstanden gewaltige Kriege, die sich durch das Eingreifen der sogenannten „Seemächte" England und Holland auch auf die überseeischen Gebiete ausdehnten. Trotz des militärischen Sieges der kaiserlichen Waffen im Spanischen Erbfolgekrieg ging Spanien dem Haus Habsburg verloren. Doch erreichte die „Monarchia Austriaca" (wie sie jetzt genannt wurde) durch die Erwerbung der sogenannten Spanischen Nebenlande (Belgien, Luxemburg, Mailand, Neapel und Sizilien) sowie die kurz darauf erfolgte Eroberung von Belgrad durch Prinz Eugen von Savoyen und die Gewinnung Westrumäniens, Nordserbiens und eines Teiles von Bosnien die größte Ausdehnung, die sie jemals hatte. Die Politik des letzten österreichischen Habsburgers, Karls VI., war auf die Ermöglichung der Thronfolge seiner ältesten Tochter gerichtet. Durch die Pragmatische Sanktion wurde deren Erbrecht innenpolitisch sichergestellt. Außenpolitisch mußte sich Maria Theresia, mit ihrem Cousin Franz Stephan von Lothringen vermählt, in einem heroischen Kampf ihr Erbe sichern. Es gelang ihr, alle Besitzungen ihres Vaters — mit Ausnahme Schlesiens und Parmas (in Italien) — zu behaupten. Aus dem Verlust Schlesiens ergab sich die österreichisch-preußische Gegnerschaft.

DAS ZEITALTER DER REFORMEN

Die europäische Aufklärung

Das 18. Jahrhundert ist das Jahrhundert der Aufklärung. Sie entstand aus einer Reihe von geistigen, politischen, kulturellen und wirtschaftlichen Gegebenheiten. Ihr Ursprung ist in England zu suchen. England war durch die Bürgerkriege, die Republik Cromwells und die Errichtung einer parlamentarischen Monarchie das Vorbild für alle Staatsreformer der Zeit geworden. Außerdem hatte sich in England das neue Wirtschaftssystem des Kapitalismus am deutlichsten ausgebildet und das englische Großbürgertum war zur bestimmenden Schicht geworden, dem gegenüber der grundbesitzende Adel auf dem politischen Sektor immer stärker in den Hintergrund rückte. Es ist bemerkenswert, daß die Aufklärung eine jener wenigen Epochen in der Geschichte der Menschheit darstellt, in der man nicht nach einem Idealzustand in der Vergangenheit oder in der Zukunft Ausschau hielt, sondern in dem Gefühl lebte, schon selbst der Idealzustand der Menschheit zu sein. Sie wurde von den Zeitgenossen als das „Goldene Zeitalter" empfunden.

Was in England in den Salons des Adels und des Großbürgertums diskutiert wurde, fand in Frankreich jenen Nährboden, der die Lehren englischer Denker bald zum Gemeingut aller Gebildeten in Europa machte — von Portugal bis nach Rußland. Das Französische, in dem nun die Werke der Aufklärung erschienen, war die Weltsprache des 18. Jahrhunderts. Wer auf Vornehmheit und Bildung Wert legte, mußte es sprechen, schreiben und lesen können. Die Aufklärung vertrat die Ideen der Toleranz, der religiösen Duldung, die allerdings bis zur Gleichgültigkeit gegen jede positive Religion gelangen konnte. „Verbesserte Rechtspflege, mildere Strafpraxis, Pädagogik, Sozialfürsorge, Bildung, Wissenschaft und Fortschritt sowie die Beseitigung mancher Reste des Aberglaubens", nennt Herbert Rieser als positive Elemente des Zeitalters. An Stelle des höfischen Absolutismus des Fürsten trat der „aufgeklärte Absolutismus" des Herrschers, der nur „der erste Diener seiner Untertanen" sein wollte. Der Aufklärer des 18. Jahrhunderts kannte zwei Stände, denen er mißtrauisch, wenn nicht gar feindlich gegenübertrat: den Adel und die Geistlichkeit. Dabei müssen wir in Betracht ziehen, daß die „Geistlichkeit" — es handelt sich in dieser Beziehung vor allem um die hohe Geistlichkeit, nicht um den Pfarrklerus — soziologisch mit dem Adel eine Einheit bildete. Die gesellschaftlichen Sitten änderten sich. Der Prunk des Barocks verblich; Festlichkeiten und Gelage waren den Aufklärern ein Greuel. Prunksucht und Verschwendung wurden ebenso getadelt, wie sie vorher für notwendig erachtet worden waren. Als Wertmesser der gesellschaftlichen Achtung galt die Arbeit. Leibeigenschaft und Sklaverei wurden als barbarisch abgelehnt. Im Beruf galt Pflichterfüllung als unerläßlich. So wurde die Aufklärung die Mutter des Berufsbeamtentums und seines Standesbewußtseins. Im Zusammenhang mit der erstarkten Stellung des Bürgertums finden das Rechnungs- und das Bankwesen erhöhte Beachtung. Während sich der Merkantilismus des 17. Jahrhunderts zur Kameralistik und Wirtschaftswissenschaft wandelt, entsteht der Physiokratismus als Kind der Aufklärung. Sein Begründer war der französische Arzt François Quesnay (1694—1774), aber es darf die starke Einwirkung chinesischer Sozial- und Staatsauffassungen nicht übersehen werden, die durch die Jesuitenmissionäre in Europa bekanntgemacht wurden. Die Physiokraten erblickten nicht im Handel, sondern in der Landwirtschaft die Quelle allen Reichtums. Infolgedessen waren sie es, die sich der Lage des Bauernstandes annahmen und deren Verbesserung erstrebten.

Die europäische Aufklärung war von gleicher Gesinnung erfüllt, doch zeigte sie in den verschiedenen Ländern nationale Besonderheiten. Gemäßigt in England, radikal in Frankreich, im Bund mit der katholischen Kirche in den südeuropäischen Staaten, zur Zusammenarbeit mit den evangelischen Landeskirchen bereit — finden wir sie überall anders und dennoch in ihrem Grundgehalt gleich. In Osteuropa und auf der Balkanhalbinsel wandelte sie ihre gesellschaftskritische Einstellung. Hier gab es kein Bürgertum. Hier wurde sie eine Sache des Adels, aber auch wüster Schwärmer, wie sie sich im übrigen Europa nie hätte durchsetzen können. Von besonderer Bedeutung wurde sie für das Judentum, das durch sie aus seinen Beschränkungen und aus dem Getto emporsteigen konnte. Nicht zuletzt waren es die Freimaurer- und Illuminatenlogen, durch die der Geist des Zeitalters Verbreitung fand. In diesen Logen wirkten viele Offiziere, die dann das Gedankengut der Aufklärung in ihre Heimatländer brachten. So stellt es wenigstens der ungarische Aufklärer Martin Georg v. Kovachich (1744 bis 1821) dar. Tatsächlich erschien das erste Werk der Aufklärung in kroatischer Sprache 1761 in Dresden. Es stammte aus der Feder des österreichischen Offiziers Matthias Anton Reljkowitsch (1732—1798).

Die Aufklärung in Österreich

Die Aufklärung in Österreich geht gewöhnlich unter dem Namen Josephinismus. Es wäre aber falsch, sie nur auf die Zeit Josephs II. 1780 bis 1790 beschränkt zu glauben. Sie wird bereits unter Maria Theresia wirksam und hinterläßt ihre Spuren bis weit in das 19. Jahrhundert hinein. Bis zu einem gewissen Grad ist sie noch in der Mitte des 20. Jahrhunderts in Österreich zu spüren. Sie gehört neben dem Barock zu den wichtigsten Geistesströmungen in Österreich und wurde in der geschichtlichen Darstellung sehr oft vernachlässigt oder einseitig behandelt. Denn gerade in Österreich geht sie ein Bündnis mit der katholischen Kirche ein und prägt das Gesicht des österreichischen Katholizismus entscheidend, im Gegensatz zum Katholizismus in Deutschland. Zugleich entsteht in der habsburgischen Donaumonarchie eine eigene europäische Kulturprovinz, die bis zum Revolutionsjahr 1848 über alle Sprachgrenzen hinaus wirksam bleibt. Der ungarische Forscher Julius v. Farkas schreibt in seinem Essay „Der ungarische Vormärz" (1943 erschienen): „Wien war seit der Regierungszeit Maria Theresias das politische und geistige Zentrum der Donauländer. Die prunkvolle Kaiserstadt zog die besten geistigen Kräfte des vielsprachigen Reiches an; sie strahlte aber auch die neuen Ideen der westlichen Kultur nach allen Himmelsrichtungen aus und erweckte damit die schlummernden Kräfte der einzelnen Nationen der Donaumonarchie: sowohl die der Ungarn und Tschechen als auch die der Slowaken und Serben." Dies zeigte sich auf dem Gebiet der Schule, der Literatur und der Dichtung.

Die Wiener Schulpolitik kam vor allem den Serben und Rumänen zugute. Theodor Jankovitsch leitete die nationalen Schulen des Banats in diesem Sinn. Bereits 1772 wurden 5000 Schulbücher in rumänischer und serbischer Sprache verteilt. Im Jahr 1778 gelangte dann ein Lesebuch in 16.000 Exemplaren zur Auslieferung. Der von uns schon genannte kroatische Schriftsteller Reljkowitsch verfaßte im Auftrag des österreichischen Kriegsministeriums (damals noch Hofkriegsrat geheißen) populäre Schriften für die Bevölkerung des Militärgrenzgebietes. In den österreichischen Regimentern stiegen Serben, Rumänen und Kroaten, oft ehemals leibeigene Bauern, bis zu hohen Offiziersstellen auf und erhielten nicht selten den Adel. Auch die italienische und die französische Literatur sowie die Weimarer Klassiker wurden über Wien in den Donauländern bekannt. Wieland und sein österreichischer Erbe Blumauer erfreuten sich der größten Beliebtheit: der tschechische Dichter Franz Jaromir Rubesch war ebenso in seinem Bann stehend wie der Rumäne Joan Budai-Deleanu, dessen satirisches Epos „Tiganiada" von Blumauers „Travestiertem Äneas" abhängig ist. Auch der bedeutende österreichische Jurist und Wiener Universitätsprofessor Joseph v. Sonnenfels gewann mit seinen Schriften maßgebenden Einfluß. Niemand Geringerer als der Sprachforscher Revay übersetzte das Spiel, das Sonnenfels 1765 zur Geburtstagsfeier Maria Theresias gedichtet hatte, ins Ungarische. Die Werke von Sonnenfels wurden viel gelesen und immer wieder zitiert. Die Wiedergeburt der Sprachen der Donauvölker ging gleichfalls in vielen Fällen von Wien aus; so gaben österreichische Regierungsstellen den ersten Anstoß zur Pflege des Serbischen als Schriftsprache. Die rumänische Sprachforschung gewann mit den 1779 und 1780 in Wien erschienenen Lehrbüchern von Samuel Klein und Georg Sineai (1754—1816) festen Boden unter den Füßen. Der geniale Josef Dombrovsky (1753—1829) trat als Professor an der Wiener Universität für die tschechische und slowakische Sprachforschung in die Schranken. Selbst die Griechen finden in Wien seit 1790 ihre eigene Druckerei, in der noch im selben Jahr das erste neugriechische Wörterbuch erscheint. Um die Literaturzeitung „Gelehrter Hermes", in Wien 1811 bis 1821 erscheinend, sammeln sich die ersten Pioniere neugriechischer Bildung und Kultur. Schließlich setzen auch die armenischen Mechitharisten in Österreich ihr Werk fort, indem sie von Venedig nach Wien übersiedeln. So wird Österreich das Zentrum armenischer wissenschaftlicher Tätigkeit.

Die österreichische Aufklärung stand aber auch an der Wiege des Zeitungswesens der Donauvölker. In gleicher Weise können wir dies vom Theater feststellen. Schon 1728 wurde während der kurzen österreichischen Herrschaft in Belgrad „Komödie“ gespielt. In Buda-Pest und Preßburg treffen wir österreichische Schauspielertruppen an, die Wiener Repertoire und sogar Wiener Eintrittspreise mitbringen. Seit 1793 durften laut behördlicher Verfügung in Ungarn nur Stücke gespielt werden, die in Wien wenigstens zweimal gegeben worden waren. Der Gründer des ersten serbischen Theaters, Joachim Wujitsch, war zuerst 1813 im Buda-Pester ungarischen Theater tätig. Er hatte am Preßburger Lyzeum studiert. Seit 1780 gab Matthias Rath in Preßburg eine ungarische Zeitung mit dem Titel „Magyar Hírmondo“ heraus. Seit 1791 erschien in Wien die serbische Zeitung „Serbskaja Novini“. Im Jahr 1797 tritt das slowenische Blatt „Lublanske Novize“ ins Leben. In Wien wird auch 1791 die erste Zeitung in neugriechischer Sprache, „Ephemeris“, veröffentlicht. Seit 1794 sind Bemühungen um die Herausgabe rumänischer Blätter in Österreich feststellbar.

Es soll nicht behauptet werden, daß dies alles bewußt zur Förderung der einzelnen Sprachen und Völker der Monarchie geschah. Aber die Aufklärung verlangte gebildete Staatsbürger. Bildung aber mußte den Weg über die den Menschen eigene Muttersprache nehmen. Sosehr auch die tragende Schicht des maria-theresianischen und josephinischen Österreich deutschsprachig war, sowenig dachte man wiederum an eine Germanisierung im Sinn des späteren 19. und 20. Jahrhunderts. Für den aufgeklärten Absolutismus der Wiener Regierung waren alle Bewohner des Reiches gleich, freilich auch so gleich, daß man über ihre angestammten Sitten und Gebräuche hinwegging, auch dort, wo diese Sitten und Gebräuche tief im Charakter des Volkes eingewurzelt waren und die Menschen an ihnen hingen. Nicht das Gemüt, der Verstand und die reine Vernunft regierten.

Die neuen Männer

Wir halten es für notwendig, einige der Männer besonders vorzustellen, die das maria-theresianische Österreich mitprägten. Zuerst soll Johann Christoph von Bartenstein (1689—1767) genannt werden, einer jener „Bürgerlichen“, die in der spätfeudalen Gesellschaft des aufgeklärten Absolutismus die Höhen der Geltung erklimmen konnten. Er war „Vorderösterreicher“, in Freiburg im Breisgau geboren. Sein Vater war Professor der Philosophie und Rektor des Freiburger Gymnasiums, evangelischen Glaubens. Wie manch anderer, der in österreichische Dienste trat, wurde er Katholik. Seit 1715 war er „kaiserlicher Rat“. Die entscheidende Wende kommt 1727, als er zum Geheimen Staatssekretär aufrückt. Von nun an ist er Kaiser Karl VI. unentbehrlich, und man spricht von dem großen Einfluß, den Bartenstein auf die Entschließungen des letzten männlichen Habsburgers gehabt habe. Um ihm die gesellschaftliche Stellung zu geben, die seinem Amt entspricht, wurde Bartenstein 1733 in den Adelsstand erhoben. Die beiden Staatskanzler Graf Zinzendorf und Graf Uhlfeld standen so unter seinem Einfluß, daß man mit gewissem Recht sagen konnte, die österreichische Außenpolitik wurde zu ihrer Zeit eigentlich von Bartenstein gemacht. Deshalb betrachtete man ihn auch als den Schuldigen am verlorenen Türkenkrieg, und es war keineswegs sicher, daß er von Maria Theresia weiter im Amt belassen würde. Dies umso mehr, als sein schroffes Wesen bekannt war. So soll er bei den Heiratsverhandlungen der Kaisertochter deren Bräutigam Franz Stephan von Lothringen die Worte entgegengeschleudert haben: „Keine Abtretung (gemeint ist von Lothringen an Frankreich), keine Erzherzogin!" Jetzt war er 1740 einer von den wenigen Ratgebern Karls VI., der keinen Augenblick schwankte, sein Schicksal mit dem der jungen Herrscherin zu verbinden. Es gelang ihm, ebenso das Vertrauen Maria Theresias zu gewinnen, wie er das ihres Vaters besessen hatte. Die große Kaiserin vergaß ihm niemals seine einzigartige Haltung während des preußischen Überfalls auf Schlesien. Während alle anderen Minister Maria Theresias, sogar ihr Gemahl, dafür waren, den preußischen Forderungen nachzugeben, erklärte Bartenstein beinahe bockbeinig: „Friedrichs Sinn ändern zu wollen, ist ein ebenso vergebliches Beginnen wie einen Mohren weiß zu waschen. Jede Nachgiebigkeit ihm gegenüber kann nur zu einer Vergrößerung seines Ansehens und seiner Macht führen. Früher oder später wird er diese zum Nachteil des Hauses Österreich anwenden." Bartensteins Herz schlug ausschließlich österreichisch, er kannte keine anderen Interessen als die der Monarchie, und er liebte dieses Land mit seiner ganzen Seele. Als dann die Gefahr vorbei war, wechselte Bartenstein, dem Staatskanzler Kaunitz weichend, in die Innenpolitik über und wurde Vizekanzler Maria Theresias. Als Lehrer Josephs II. verstand er es dann noch in seinen letzten Lebensjahren, seine politischen Ideen und Gedanken dem kommenden Herrscher weiterzugeben.

War Bartenstein der Begleiter der ersten Jahre Maria Theresias und ihre Stütze in Not und Gefahr, so baute Friedrich Wilhelm Graf Haugwitz (1700 bis 1765) den zentralistischen Einheitsstaat der österreichischen und böhmischen Länder auf. Inwieweit er damit die Traditionen der donauländischen Staatenföderation brach, ist eine Frage, die sich nicht leicht beantworten läßt. Auf jeden Fall wurde durch die 1749 von ihm begonnene Verwaltungsvereinheitlichung ein gewisses gesamtstaatliches Gefühl in den Bewohnern der verschiedenen habsburgischen Königreiche und Länder ins Leben gerufen. Haugwitz war kein gebürtiger Österreicher und verfügte über eine unglaubliche Arbeitskraft. Obwohl man ihm kein angenehmes Äußeres zuschrieb, fand er bei Maria Theresia, die als wirklich große Herrscherin über derartige Eigenheiten ihrer Berater hinwegsah, die notwendige Unterstützung für seine Arbeit. Es galt vor allem, die Macht und den Einfluß der Stände zu brechen und dem Landesfürsten die Verfügungsgewalt über Administration und Finanzen zu geben. Wie sehr die Stände eine Mißwirtschaft begünstigten, zeigen die Verhältnisse in Kärnten, wo bei einem Schuldenstand von 4 Millionen Gulden allein 1,400.000 Gulden auf „Schenkungen" vertan worden waren. Die Kärntner Stände hatten es vor Haugwitz verstanden, auch hohe Wiener Beamte durch „Remunerationen" ihren Wünschen gefügig zu machen. Daß Haugwitz bei seinem Bestreben, diese Verhältnisse zu ändern, auf den erbitterten Widerstand der Stände stieß, ist nicht zu verwundern. Aber in der entscheidenden Sitzung des Kronrates vom 29. Jänner 1748 sah sich Haugwitz wohl einer Koalition fast aller Minister gegenüber, doch Maria Theresia entschied für ihn und seine Verwaltungsreform. Freilich fand er später in Kaunitz seinen Gegner, der Haugwitz die innenpolitische Schuld am Ausgang des Siebenjährigen Krieges zuschreiben wollte. Der große Staatskanzler Österreichs vermochte es, Haugwitz zurückzuschieben. Freilich war er in seinen Grundanschauungen auf einer Linie mit ihm. Er bekannte, daß er „die Wiedereinführung der Regierung durch den Adel als ein Werk ansehe, das auf einmal alle Verbesserungen und Hoffnungen abschneiden und der Allerhöchsten Macht den empfindlichsten Stoß versetzen würde".

Wenzel Anton Graf (später Fürst) Kaunitz-Rietberg (1711—1794) war einer der größten Staatsmänner Österreichs, der größte seiner Zeit, seinen Gegenspielern an diplomatischem Geschick weit überlegen. Er ist als der Wiederhersteller der österreichischen Großmachtstellung zu betrachten. Aus altem böhmischen Adel stammend, sollte er wie Prinz Eugen von Savoyen dem geistlichen Stand zugeeignet werden. Aber er wich ihm aus und war zeit seines Lebens, im Gegensatz zur Kaiserin, weltanschaulich radikaler Aufklärer und Anhänger Voltaires. Sein Meisterstück leistete er nach dem Ende des Österreichischen Erbfolgekrieges 1748, als er — für ganz Europa verblüffend — die große Umkehr der Allianzen zustande brachte. Die Habsburger hatten durch die Erwerbung Burgunds zu Beginn der Neuzeit die englisch-burgundische Feindschaft gegen Frankreich mitübernommen. Es galt als ein Axiom der europäischen Politik, daß Österreich und Frankreich stets in entgegengesetzten Lagern zu finden waren. Es war also geradezu ein Schock für alle Diplomaten der alten Schule, als Österreich auf den Rat von Kaunitz sein Bündnis mit Frankreich einging. Kaunitz hatte diesen Plan eines österreichisch-französischen Bündnisses der Kaiserin vorgetragen und bei ihr ein geneigtes Ohr gefunden. Maria Theresia konnte den zweimaligen „Verrat" Englands nicht vergessen. Sie nannte die Tatsache so, daß England sowohl im Spanischen wie im Österreichischen Erbfolgekrieg die Monarchie gezwungen hatte, den Kampf zu beenden und dadurch — nach der Meinung Maria Theresias — auf den endgültigen Sieg — die Erwerbung Spaniens und die Wiedergewinnung Schlesiens — zu verzichten. Kaunitz sah in Preußen den erbarmungslosen Gegner Österreichs und in Frankreich und Rußland die natürlichen Verbündeten. Mit ihrer Hilfe sollte der Staat der Hohenzollern wieder zur Rolle eines deutschen Kleinstaates verurteilt werden. Um dieses grundsätzlichen Einverständnisses mit der Politik ihres Staatskanzlers willen ertrug die Kaiserin nicht nur seine, von ihrem Standpunkt aus gesehen, unreligiöse Haltung, sondern auch manche persönliche Eigenart, ja Ungezogenheit, die er sich erlaubte. Kaunitz war es, der 1753 das erste österreichische Außenministerium schuf, das sich nur dieser Aufgabe zu widmen hatte. Der spätere preußische Kanzler Fürst sagte, unter den Ministern Uhlfeld und Bartenstein

„war es leichter, die Geheimnisse zu erfahren. Auch hatte man mancherlei andere Wege, zum Ziel zu kommen. Aber der Graf Kaunitz ist nicht allein selbst unbestechlich und viel zu umsichtig, um sich zu verraten; auch seine Subalternen sind beinahe unzugänglich". Es ist interessant festzustellen, daß sich der Staatskanzler mit Maria Theresia viel besser verstand als später mit ihrem Nachfolger Joseph II., obwohl dieser wieder weltanschaulich Kaunitz näher hätte stehen müssen, als es Maria Theresia getan hatte.

Zu den Männern, die unter Maria Theresia den neuen Kurs bestimmten und vor allem für die Entwicklung der Wissenschaften in Österreich von Bedeutung waren, gehört der Leibarzt der großen Kaiserin, Gerhard van Swieten (1700 bis 1772). Auch er war ein Aufklärer der reinsten Schule und hier Kaunitz geistesverwandt. In Holland geboren, befand er sich seit 1744 am Wiener Hof und wurde praktisch eine Art Unterrichtsminister Maria Theresias und verstand es, der Wiener Universität ihren alten Glanz und ihre Bedeutung wiederzugeben. Allerdings fand er — der im Sinn des aufgeklärten Staatskirchentums des 18. Jahrhunderts den Jesuiten besonders feindlich gegenüberstand — einen erbitterten Gegner im damaligen Erzbischof von Wien, dem Kardinal Graf Migazzi. Im Gegensatz zu Fürst Kaunitz vertrat aber van Swieten die streng-rigoristische Richtung des Jansenismus und verfolgte in dessen Geist alles, was ihm als glaubens- (nicht kirchen-)feindlich erschien. So wurden auf Betreiben van Swietens einige Werke von Wieland und Lessing ebenso in Österreich verboten wie Machiavellis Fürstenspiegel „Il principe" oder die Werke der leicht geschürzten Muse eines Crebillon. Der an der Wiener Universität als Nationalökonom seit 1763 wirkende Professor Joseph v. Sonnenfels, sein Zeitgenosse, sagte von ihm: „Dieser für unsere Wissenschaften so notwendige Mann, dem wir das kleine Licht, so sich blicken läßt, einzig zu verdanken haben, sollte zum Nutzen der Philosophie bei uns ewig leben."

Zwei andere Persönlichkeiten müssen genannt werden, weil sie weniger durch die offizielle als durch die menschliche Stellung, die sie am Hof Maria Theresias einnahmen, wesentlichen Einfluß auf die Kaiserin besaßen. Es sind dies ihr treuer Obersthofmeister Johann Joseph Graf (später Fürst) Khevenhüller-Metsch (1696—1776) und der aus altportugiesischem Geschlecht stammende Don Manoel Tellez de Menezes e Castro, Herzog von Sylva, Graf von Tarouca (1696—1771), den Khevenhüller in seinem Tagebuch vom 8. Mai 1753 als den „ami" (Freund) der Kaiserin bezeichnet, der aber eher als weltlicher „Beichtvater" Maria Theresias angesehen werden kann, wenn eine solche Bezeichnung überhaupt jemandem gegeben werden muß. Khevenhüllers Tagebücher geben ein getreues Spiegelbild des Lebens und Treibens am Wiener Hof; er ist noch der Mann der alten Schule, der streng am Zeremoniell und an den gesellschaftlichen Vorrechten der Stände festhält, dessen Herz aber nur für das „Haus Österreich" schlägt und in dem Maria Theresia den Helfer gegen die Politik ihres eigenen Sohnes und des Staatskanzlers Kaunitz findet, als diese beiden bereit sind, zusammen mit Preußen und Rußland Polen aufzuteilen.

Dem Fürsten Sylva-Tarouca hat die Kaiserin selbst in ihrem politischen Testament das Denkmal seiner Tätigkeit gesetzt. Hier schreibt sie: Graf Tarouca war „allezeit in meinen particulari, nebst denen italienischen und niederländischen Affairen mein Konsulent, von dem (ich) vielen guten Rat und Ermahnungen in meiner Unerfahrenheit bekommen, auch hat mir selbiger die Sachen der Leute recht kennenlernen; wobei er sich jedoch in die

Länder- und Staatsangelegenheiten niemals gemischt, indem er mir allein zu meiner Direktion gedient, um meine Fehler mir erkennen zu geben und vorzuhalten; welches hoch nötig für einen Regenten, dann sich wenig oder keine finden, die es tun oder solches gemeiniglich aus Respekt oder Interesse unterlassen: wünschte dahero meinen Kindern, daß sie dergleichen finden möchten, die ihnen solchergestalten an die Hand gingen ...“

Schließlich müssen noch die beiden großen Feldherren der Kaiserin genannt werden. Graf Leopold Joseph Daun (1705—1766), in der Kriegsgeschichte der Zeit als der „Zauderer“ bekannt, war der oberste Leiter der 1752 gegründeten Militärakademie in Wiener Neustadt, die noch heute den Namen Maria Theresias trägt, und der 1754 geschaffenen Wiener Ingenieur-Akademie. Zu seinen Mitarbeitern zählten der Organisator des Heeres, Feldmarschall Graf Lacy, und der „Schöpfer“ der österreichischen Artillerie, Fürst Wenzel Liechtenstein. Sein größtes Ruhmesblatt in der Geschichte ist der Sieg von Kolin am 18. Juni 1757, den die Kaiserin emphatisch den „Geburtstag der Monarchie“ nannte. Diesem Sieg verdankte der Maria-Theresien-Orden seine Entstehung, die höchste Auszeichnung, die bis 1918 einem österreichischen Offizier verliehen werden konnte. Mit der Verleihung war der persönliche, nicht vererbbare Adel verbunden. Neben ihm erscheint in der breiten Öffentlichkeit der Name von Dauns Gegenspieler auf militärischem Gebiet, des aus Livland in Österreich eingewanderten Freiherrn Ernst Gideon von Loudon (heute gewöhnlich Laudon geschrieben, 1717 bis 1790), viel lichtvoller und populärer. Nur ihm noch neben dem Prinzen Eugen von Savoyen hat der Soldatenmund ein eigenes Lied gesungen:

Laudon rückt an! Laudon rückt an!
Mit vierzigtausend Mann
rückt General Laudon an —
Laudon rückt an!

Laudon war ohne Zweifel als Praktiker bedeutender als Daun, der ihn hingegen in der Theorie der Militärkunst übertraf. Daun und Laudon — ihnen hatte zu ihrer Zeit kein anderes Land einen gleich genialen Feldherrn entgegenzustellen; nur Friedrich II. von Preußen erreichte sie.

Die österreichische Militärgeschichte des 18. Jahrhunderts wäre aber unvollständig, wenn wir nicht auf die beinahe unbekannte Tatsache hinwiesen, daß eine jener Persönlichkeiten, die die Reorganisation der österreichischen Armee herbeiführten, niemand anderer als die erste Gemahlin Josephs II., die bourbonische Prinzessin Isabella von Parma (1741—1763), eine der bedeutendsten Frauengestalten Österreichs, war. Joseph II. fand, wie der Biograph Isabellas, Josef Hrazky, 1959 schrieb, „von ihr abgeschrieben, die ‚Observations sur l'armée prussienne‘, jene Studie der von Daun und Laudon gefangenen preußischen Armeegenerale, über die sie beide so viele Abende mit heißen Köpfen debattiert hatten. Isabella hat mit sicherem Instinkt nach diesem Dokument gegriffen, denn hier sah sie den Ansatzpunkt zu der von Joseph ersehnten Erneuerung der Monarchie. Zuerst die Erneuerung der Armee, ein lebendigeres Gegenstück zur preußischen aus ihr machen und ihr dadurch von innen heraus die Überlegenheit sichern! Wie mußte dieser Einfall die junge Frau begeistern, einen Riesenautomaten zu schaffen, präzis lenkbar, dessen kleinste Glieder lebende Menschen waren, frei in ihrem Pflichtbewußtsein! Und damit den Philosophen von Sanssouci schlagen, den Tyrannen, der nur Sklaven kannte. Was von diesen Ideen weiterlebte, fand bei Lacys Heerreform Verwirklichung“.

Die großen Reformen

Die Zeit Maria Theresias und Josephs II. ist vom Standpunkt der Reformen aus eine Einheit. Es waren doch in vielen Fällen die gleichen Persönlichkeiten bei Mutter und Sohn in den führenden Stellungen tätig. Die Unterschiede, die trotzdem festgestellt werden können, sind im wesentlichen solche des Charakters der beiden Herrscher, die fast die gleichen Ziele mit verschiedenem Temperament verfolgten. Das führte dann freilich dazu, daß zur Zeit Maria Theresias eine gewisse Sprunghaftigkeit zu bemerken ist, während unter Joseph II. ein nüchtern und klar durchdachtes, aber auch gefühlsmäßig eiskaltes System durchexerziert wurde.

Der Hauptgrund, der den Reformen der Kaiserin zugrunde lag, war die Finanzfrage, die im Österreich der Habsburger ein stetes Sorgenkind blieb. Durch die Zusammenfassung aller Länder sollte auch die Einnahmsquelle des Staates gesteigert werden. Was dann dazukam — Reform des Erziehungswesens und der Justiz —, war sicherlich erwünscht, aber alles andere als die Hauptsache. Nun ist in der üblichen Geschichtsschreibung die Stellung des Kaisers Franz I. Stephan gegenüber seiner Gemahlin völlig zurückgetreten. Dies bedeutet eine Verzerrung der wirklichen Verhältnisse. Sosehr Maria Theresia auf ihre Selbstherrschaft bedacht war, so stark stand sie doch anderseits wieder als Frau unter dem Einfluß ihres geliebten „Franzl". Der preußische Beobachter Podewils behauptete sogar 1750, der eigentliche Urheber der Reformen sei Franz I. Stephan gewesen.

Auf jeden Fall war er das erste Finanzgenie unter den neuzeitlichen Herrschern in Österreich, worauf wir bereits kurz hingewiesen haben. Der eben erwähnte Podewils schrieb 1746: „Was die finanziellen Hilfsmittel des Hofes angeht, so hat der Kaiser, der ein sehr guter Wirtschafter ist, mehrere Millionen zusammengetragen." Es mag die Situation beleuchten, wenn wir ferner hören, daß Franz I. Stephan auch seiner Gemahlin Maria Theresia nur gegen hypothekarische Sicherstellungen, die auf die Einkünfte Böhmens lauteten, Gelder vorstreckte. Tatsächlich war er nicht nur der Verwalter der Privatkasse des Hauses Habsburg-Lothringen, sondern auch der Ministerial-Bancodeputation, die damals praktisch eine Art österreichischer Staatsbank darstellte. Seit 1763 übernahm er dann auch noch offiziell die Oberleitung der Staatsschuldentilgung. Was man Franz I. Stephan zutraute, beweist die Behauptung, daß er während des Krieges mit Preußen nicht nur die Lieferungen für das österreichische Heer an Uniformen, Waffen und Munition übernommen hatte, sondern darüber hinaus auch die — preußische Armee mit Proviant zu Wucherpreisen versorgte. „Worüber sich Maria Theresia" — wie Eduard Vehse meint —, „als sie es erfuhr, denn doch etwas verwundern mußte."

Die große Verwaltungsreform begann 1749 mit fünf kaiserlichen Handschreiben. In ihnen wurden einmal die österreichische und böhmische Hofkanzlei (eine Art Innenministerium) aufgehoben und eine von der Herrscherin völlig abhängige „Oberste Justizstelle" (eine Art Justizministerium) geschaffen. Für die gesamte politische und finanzielle Verwaltung sollte das „Direktorium in publicis et cameralibus" sorgen, an dessen Spitze Graf Haugwitz trat. Unabhängig von dieser Zentralbehörde blieben nur der Hofkriegsrat (Kriegsministerium), die Oberste Justizstelle (wie schon erwähnt) und die Staatskanzlei (das Außenministerium). Was hier in den österreichischen Erbländern und in Böhmen geschah, wiederholte sich in Ungarn nicht. In Anbetracht der Hilfe, die ihr das Land zu Beginn ihrer Herrschaft gegeben hatte, blieb es von den stärkeren Folgen einer Zentralisation verschont. So wurde Maria Theresia, ohne es zu wollen, die Urheberin des im Jahr 1867 verfassungsmäßig eingeführten Dualismus zwischen Österreich und Ungarn.

Die so geschaffenen Behörden hatten aber keine allzulange Lebensdauer. Schon 1761 wurde das „Direktorium" wieder aufgelöst. An seine Stelle trat die „Vereinigte Böhmisch-Österreichische Hofkanzlei" (für die politische Verwaltung) und die Hofkammer (als Finanzministerium). Die Hofrechenkammer stellte daneben eine Art Rechnungshof als Kontrollorgan dar. Auch ein kurzlebiges „Universalkommerziendirektorium" (1746—1765) wurde als erstes „Handelsministerium" gegründet. Dieses unaufhörliche Gründen, Vereinigen und Auflösen von Behörden ließ schon den österreichischen Historiker Maria Theresias, Alfred v. Arneth, in den Schmerzensschrei ausbrechen: „Wenn man nur wieder eine neue Behörde mit einem Präsidenten, einem Vizepräsidenten, soundso viel Räten und Sekretären besaß, so könne es gar nicht fehlen, meinte man immer, daß der Zweck auch wirklich erreicht werde, in Anbetracht dessen die neue Behörde geschaffen worden war." Im Jahr 1761 gab Österreich dann die ersten Banknoten aus. Die Staatsschuld war von 1757 bis 1763 von 57 Millionen auf 271 hinaufgeschnellt, und der Staatsbankrott wurde nur dadurch vermieden, daß Kaiser Joseph II. nach dem Tod seines Vaters den größten Teil des ererbten Barvermögens dem Staat schenkte. Um dem Staat nicht weiter zur Last zu fallen, schuf Joseph II. im selben Jahr 1765 den sogenannten habsburgischen „Familienfonds", der dazu bestimmt war, den Mitgliedern des kaiserlichen Hauses ein standesgemäßes Leben zu gewährleisten. Zum erstenmal in ganz Europa wurde damals das Privatvermögen des Landesherrn fein säuberlich vom Staatsvermögen getrennt.

Große Dinge gingen auch auf dem Gebiet der Justiz vor sich. Der im österreichischen Mailand wirkende Cesare Beccaria (1738—1794) wurde der Vater der modernen, vom Geist einer humanitären Gesinnung erfüllten Rechtspflege. Er war einer der ersten, der sich gegen die Anwendung der Folter und die Verhängung der Todesstrafe aussprach. In Wien war es dann Joseph von Sonnenfels (1733—1817), jüdischer Abstammung, aber seit 1746 katholisch, der an der Universität für den aufgeklärten Absolutismus kämpfte und dessen Buch „Über die Abschaffung der Tortur" (1775 in der Schweiz erschienen) ein Ruhmesblatt für ihn und Österreich darstellt. Sonnenfels hat wesentlichen Anteil an der Modernisierung und Humanisierung der österreichischen Justizpflege; er ging daran, in einem achtbändigen „Codex Theresianus" ein neues bürgerliches Recht vorzubereiten. Es mag für die österreichischen Verhältnisse lehrreich sein, daß Sonnenfels die Einführung solcher Maschinen ablehnte, die menschliche Arbeitskraft unnötig machten — in der Meinung, auf diese Weise die Arbeitslosigkeit aufzuhalten, die er in einem Maschinenzeitalter kommen sah. Sonnenfels wurde oft als der „österreichische Lessing" bezeichnet; Lessing aber nannte ihn einen „falschen und niederträchtigen Mann". Das Gerücht wollte niemals verstummen, daß Sonnenfels die Berufung Lessings nach Wien verhindert habe.

Eine besondere Bedeutung bekam im Zeitalter Maria Theresias das Unterrichtswesen. Bereits seit ungefähr 1760 hatte der Direktor der Wiener Stephansschule, Joseph Meßmer, der Lehrer der kaiserlichen Kinder, Vorschläge für eine Verbesserung des Volksschulunterrichts gemacht. Im Jahr 1771 berief Maria Theresia den Abt Ignaz Felbiger (1724—1788) aus Sagan zur Neuordnung des österreichischen Volksschulwesens nach Wien, und im gleichen Jahr erschien eine „Allgemeine Schulordnung". Sie sah Trivial-, Haupt- und Normalschulen vor. Die ersteren waren ein- und zweiklassige Volksschulen, die zweiten bestanden aus dreiklassigen Anstalten in den Städten, und die Normalschulen, von denen es in jeder Landeshauptstadt eine gab, waren die Lehrerbildungsanstalten, die bis zum neuen Schulgesetz von 1962 eine der bewährtesten und in aller Welt geachteten Schultypen überhaupt darstellten. Als Schulalter wurde das 6. bis 12. Lebensjahr festgelegt, doch gab es noch keine Schulpflicht. Auch Salzburg nahm unter seinem Fürsterzbischof Hieronymus Colloredo an der Neuordnung Anteil (1775) und baute unter Führung von Michael Vierthaler sein Schulwesen noch weiter aus. Hand in Hand mit diesen Reformen, die Maria Theresia den Ehrentitel einer „Mutter der österreichischen Volksschule" einbrachten, ging auch eine Reform des höheren Mittelschulunterrichts. Der „Entwurf zur Errichtung von Gymnasien in den k. k. Erbländern" (1775 erschienen) sah eine österreichische Nationalerziehung vor. Im Jahr 1760 schuf die Kaiserin die Studienhofkommission (das Unterrichtsministerium), an deren Spitze der Wiener Erzbischof Migazzi (1714—1803) stand, während der eigentliche Leiter der Vizepräsident Gerhard van Swieten wurde. Auf den Universitäten wurde eine Reihe neuer Lehrkanzeln — so für Naturrecht 1742 und für Nationalökonomie 1763 — eingerichtet. Als Papst Clemens XIV. im Jahr 1773 den Jesuitenorden aufhob, gingen die von ihm geleiteten Hochschulen in staatliche Verwaltung über. Denn nach der Ansicht der Kaiserin war die Schule „ein politicum und kein ecclesiasticum" (sie gehörte dem Staat und nicht der Kirche). Freilich war die Universität noch nicht jene Stätte der freien Forschung, wie sie es später sein wollte. „Die philosophische Fakultät entbehrte nach wie vor einer selbständigen und freien wissenschaftlichen Bestimmung" — wie Richard Meister 1946 feststellte. „Die nahezu ausschließliche Orientierung der Studien auf Heranbildung tüchtiger Beamter und sonstiger Berufsträger drängte die Forschung fast ganz zurück. Die Leitung der Studien war infolge der Übertragung auf die staatlich ernannten Studiendirektoren aus den Händen der Professorenkollegien genommen. Die Professoren waren gebunden, streng nach den staatlich approbierten Lehrbüchern ihre Vorlesungen zu halten. Dieses Fehlen jeglicher Lehrfreiheit wirkte lähmend auf die Studien, vor allem in den Geisteswissenschaften und in den Rechts- und Staatswissenschaften."

Auch das österreichische berufsbildende Schulwesen geht auf die Zeit Maria Theresias zurück. Die Commerzial-Zeichnungsakademie wurde 1758, die Real-Handlungsakademie 1770 gegründet. Diese ging später in dem 1815 unter Kaiser Franz I. gegründeten Polytechnischen Institut (der späteren Technischen Hochschule bzw. Technischen Universität) auf.

Wirtschaft und Wirtschaftspolitik

Die wirtschaftlichen Folgen der Reformen zeigten sich schon verhältnismäßig bald. Im Jahr 1775 ergab sich — was seit Jahrhunderten in Österreich nicht vorgekommen war —, daß der Staatshaushalt einen — Überschuß von 2 Millionen Gulden aufwies. Die benachteiligten Stände wurden jetzt praktisch Adel und Geistlichkeit, obwohl offiziell nichts an deren Vorrangstellung geändert worden war. Nur strich man ihre finanziellen Privilegien, und die allgemeine Einkommensteuer sah für Erzbischöfe 600 Gulden jährlich, für den Adel 400 bis 200 Gulden, für den Bauer 48 Kreuzer und für den Knecht 4 Kreuzer jährlich vor. Da die Errichter neuer Fabriken gewöhnlich für zehn Jahre steuerfrei blieben, kamen nur mehr sie in den Genuß der Steuerfreiheit. Dazu kam noch, daß 1749 eine Regierungsverordnung erlassen wurde, nach der „alle Fremden, von welcher Nation sie auch sein mögen", aufgefordert wurden, nach Österreich zu kommen. Sie sollten neben der Steuerfreiheit auch Religionsfreiheit erhalten. Um dem Handel größere Möglichkeiten zu eröffnen, ging man auch daran, die innerösterreichischen Zollschranken zu beseitigen. Bis 1775 gab es im heutigen Österreich folgende, durch Zollschranken voneinander getrennte Wirtschaftsgebiete: 1. Ober- und Niederösterreich, 2. Inner-Österreich (Steiermark, Kärnten und Slowenien) und 3. Tirol. Weitere in sich getrennte Zollgebiete waren 1. Böhmen und Glatz, 2. Mähren und 3. Schlesien. Von nun an waren alle österreichischen Erblande und Böhmen ein einziger Wirtschaftskörper; nur Ungarn wurde davon nicht berührt.

Die Einrichtung von neuen Industrien brachte freilich auch das Problem des Proletariats nach Österreich. Frauen- und Kinderarbeit war überall anzutreffen. Sie wurde von Maria Theresia sogar begünstigt, weil sie etwa der Meinung war, daß „wohlfeile Textilerzeugung" nur möglich sei, wenn auch „Weibspersonen" mitarbeiteten. Es war jetzt keine Seltenheit, daß ganze Familien bis spät in die Nacht hinein arbeiteten — darunter Kinder unter zehn Jahren. Gefürchtet waren die sogenannten „Hinterzimmer-Werkstätten", in denen junge Mädchen, Frauen und Kinder um einige Kreuzer täglich 14 bis 16 Stunden arbeiteten. Die Verhältnisse verschlechterten sich noch unter Joseph II., als dieser im Verlauf seiner Kirchenpolitik eine große Reihe bisher gefeierter Festtage in Österreich aufhob, an denen früher Arbeitsruhe herrschte und jetzt gearbeitet werden mußte. Immerhin konnte Ludwig Brügel 1919 die Feststellung treffen: „Österreich kann sich rühmen, zu jenen Ländern zu gehören, die am frühesten mit der Gesetzgebung zum Schutz der Kinder begonnen haben. Hier wie anderwärts waren es die in den Fabriken beschäftigten Kinder, deren traurige Lage zuerst die allgemeine Aufmerksamkeit erregte. Zum Schutz ihrer Gesundheit, um den primitivsten hygienischen Anforderungen zu genügen, wurden mit der Allerhöchsten Entschließung vom 20. November 1786 Bestimmungen bezüglich der Schlafstellen und der Reinigung der in den Fabriken nächtigenden Kinder erlassen. Ein Vierteljahr später, am 18. Februar 1787, ordnete ein Hofkanzleidekret an, daß Kinder vor dem vollendeten achten Lebensjahr ‚nicht ohne Not' zur Fabriksarbeit herangezogen werden sollen. Bedenkt man, daß eine Altersgrenze für Verwendung von Kindern zu gewerblicher Arbeit in England im Jahr 1819, in Preußen erst im Jahr 1839, in Frankreich gar erst 1841 festgesetzt wurde, so erscheint das erwähnte Hofdekret bei aller Dürftigkeit seines Inhalts und Dehnbarkeit seiner Bestimmungen doch als sozialpolitisch nicht zu unterschätzende Tat." Daß es damals in Österreich schon richtige „Großbetriebe" gab, zeigt der Personalstand einiger derartiger Unternehmungen: so hatten 1759 die beiden Kottonfabriken Schwechat und Sassin 30.000 und 1761 die Linzer Wollzeugfabrik 35.000 Beschäftigte. In Niederösterreich gab es 1772 allein neun Samt-, Seidenzeug- und Florfabriken. Der Staat griff in die Unternehmen ein; staatseigene Betriebe sind in Österreich von alter Tradition und haben sich jahrhundertelang gut bewährt: so die Neuhauser Spiegel-, die Linzer Wollzeug- und die Wiener Porzellanfabrik. Weitere Industriezweige, die nunmehr in Österreich eine Hochblüte erlebten, waren auf dem Gebiet der Eisen- und Metallverarbeitung — vor allem in Steyr, in der Steiermark, in Kärnten und in Slowenien — zu finden. Ein interessantes Unternehmen Maria Theresias war die von ihr 1753 gegründete „Nadelburg" auf dem niederösterreichischen Steinfeld; hier versuchte man eine richtige Arbeitersiedlung zu errichten — ein Wohnhaus für je dreimal zwei Familien um einen Wohnhof herum gebaut. Etwas später entstand das noch bewohnte Theresienfeld bei Wiener Neustadt. Ein Eingreifen der Regierung in die Lohnpolitik erfolgte nur dann, wenn die Gefahr bestand, daß Facharbeiter auswanderten. So wurde 1753 den Glasfabriken verboten, die Löhne herabzusetzen, denn „die Ursachen der Auswanderung der Glasarbeiter (liegen) nicht im Mangel an Arbeit, sondern daran, daß sie zu Sklaven ihrer Herren gemacht werden und ihnen von den Glasmeistern die schlechtesten Lebensmittel zu den teuersten Preisen verkauft werden". Dieses sogenannte „Trucksystem", bei dem der Arbeiter einen Teil seines Lohnes in Naturalien bekommt, die ihm der Fabrikant zu ihm genehmen Preisen liefert, hatte damals schon in Österreich Eingang gefunden. Vorteilhaft für die wirtschaftliche Entwicklung war die Einführung einheitlicher Maße und Gewichte und die Aufhebung der bisher bestehenden 10 bis 12 verschiedenen Geldsorten. An ihre Stelle traten der Gulden und der Taler, wobei der letztere einen halben Gulden wert war. Der Hafen von Triest, den schon der Vater Maria Theresias, Kaiser Karl VI., ausgebaut hatte, wurde jetzt eine Lebensader Österreichs, in dem jährlich durchschnittlich

3000 Schiffe ihre Ladung löschten. Sogar der Versuch, wieder Kolonien zu erlangen, wurde gemacht. Im Jahr 1778 stach der Holländer Wilhelm Bolts mit dem Schiff „Joseph und Theresia" in See, umfuhr Afrika und nahm die Inselgruppe der Nikobaren im Indischen Ozean für Österreich in Besitz. Es war nur eine kurze Episode, doch noch um die Mitte des 19. Jahrhunderts fand das österreichische Schiff „Novara" auf seiner Weltumseglung 1856 bis 1859 Erinnerungen an die österreichische Herrschaft auf den nikobarischen Inseln vor. In Europa selbst wurde der Handel vor allem mit den ost- und den südeuropäischen Staaten — Rußland und der Türkei — intensiviert. Wie zur Zeit des Prinzen Eugen von Savoyen und des Generals Graf Mercy setzte eine neue Ansiedlungswelle von Kolonisten in Südungarn und im Banat ein. Jährlich wurden für diese Zwecke durchschnittlich 200.000 Gulden gewidmet. Erst ab 1771 erfolgte der Befehl, nur mehr solche Kolonisten zuzulassen, die sich die Reise selbst bezahlen könnten. Auch jetzt legte man auf Sprache und Herkunft der neuen Siedler nicht allzu großes Gewicht. So finden wir im Jahrfünft zwischen 1770 und 1775 etwa 450.000 Kolonisten im Banat. Unter ihnen befanden sich rund 43.200 deutscher Herkunft (wieder meist aus den süddeutschen Ländern), 3000 Italiener und Franzosen, 181.640 Rumänen, 78.780 Serben, 8683 Bulgaren, 5272 Zigeuner und 353 Juden. Die Händler des Banats und Südungarns waren meist Griechen und Juden, die Ledererzeugung lag fast ausschließlich in den Händen von Armeniern, für die Seidenfabrikation hatte man Italiener angeworben, von denen je 1 bis 2 Familien in einem Dorf angesiedelt wurden, um die Bewohner in der Seidenraupenzucht zu unterrichten. Wie sehr man auf diese Industrie Wert legte, zeigt die Bestimmung, die die Beschädigung von Maulbeerbäumen mit der Todesstrafe bedrohte. Im Jahr 1778 wurde dann die Banater Provinz aufgelöst und das Land dem Königreich Ungarn einverleibt. Maria Theresia erfüllte damit einen alten Wunsch des ungarischen Adels, der sich aber verpflichten mußte, keine Rückstellungsansprüche auf Grund und Boden zu stellen, die er vielleicht vor der Türkenzeit in diesen Gebieten besessen hatte.

Sosehr freilich Maria Theresia den Ungarn hier und in der Frage der Verwaltungsreform entgegenkam, so fest hielt die Wiener Regierung daran, daß eine verstärkte Industrialisierung Ungarns nicht in Frage käme. Es scheint dem unvoreingenommenen Beobachter sogar, als hätte man — zumindest unbewußt — die Ansicht vertreten, daß Ungarn die Wirtschafts„kolonie" der gesamten habsburgischen Monarchie zu sein habe. In diesem Sinn ist sogar von einer Behinderung der wirtschaftlichen Entwicklung im Ungarn des 18. Jahrhunderts zu reden. Auch dies muß beachtet werden, wenn man das Verhältnis Österreichs zu Ungarn im folgenden 19. Jahrhundert richtig beurteilen will. Das schon vorhandene ungarische Industriepotential wurde damals entscheidend geschwächt. Es war der ausdrückliche Wunsch Maria Theresias, „die Fabriksgründungen in Ungarn sehr ungern sah" (Gustav Otruba). Wir besitzen ein Schriftstück aus dem Jahr 1762, in dem es ausdrücklich heißt, „daß man trachte, so viel... als geschehen könne, Ungarn an Volk und beglückten Untertanen, nicht aber an dem sich allda sehr ungleich verteilten Geld reich zu machen, sondern die Wohlfeilheit der Naturalien zu erhalten, daß solche für die österreichischen Lande erwünschte mehrere Population der Industrie und der Fabriken gleichsam eine beständige Nahrungsquelle sein möge". Und 1764 wurde auf eine Beschwerde der ungarischen Stände hin entschieden, daß solche Begünstigungen für Fabrikmaterialien und Artikel Ungarn, Siebenbürgen und dem Banat zugestanden werden dürften, durch die den österreichischen Ländern „keine Einbuße entstehe". Und 1768 hieß es noch deutlicher, daß Ungarn „alles, was zur Pracht und Bequemlichkeit gehört, ihm von den übrigen Erbländern geliefert werden (müsse), sie (die Ungarn) hingegen das Materiale dazu verschaffen" müßten. Die Folge davon war, daß die Erzeugnisse der österreichischen und der böhmischen Industrie in Ungarn praktisch Monopolstellung erlangten. Selbst die ungarische Agrarwirtschaft litt unter österreichischer und böhmischer Konkurrenz. So durfte ungarischer Wein nur dann ins Ausland ausgeführt werden, wenn man die gleiche Menge österreichischen Weins zur selben Zeit ebenfalls ins Ausland verkaufte. Die Schwierigkeiten, die man der ungarischen Ausfuhr machte, führten dazu, daß in einzelnen ungarischen Gebieten die Schweine mit Weizen gefüttert wurden, weil man nicht wußte, wohin man mit dem vielen Getreide solle und der Markt der österreichischen Erbländer auch nicht unbegrenzt aufnahmefähig war. Praktisch gingen 90 Prozent der gesamten ungarischen Ausfuhr über die Leitha in die österreichischen und böhmischen Länder.

Kriege, Teilungen und Friedensschlüsse

Maria Theresia hatte zeitlebens den Verlust Schlesiens an Preußen nicht zu verwinden verstanden. Doch es wäre nur einseitig, wenn wir den sogenannten Siebenjährigen oder Dritten Schlesischen Krieg (1756—1763) nur unter dem Gesichtswinkel einer Auseinandersetzung zwischen Österreich und Preußen sehen wollten. Weltpolitisch betrachtet war vielmehr die europäische Front nur ein Teil jenes Ringens um die See- und Kolonialmacht zwischen Frankreich und England, das schon vor dem Ausbruch des Krieges in Europa, in Indien und in Kanada im Gang war. Der englische Geschichtsschreiber Macauley schreibt deshalb auch ironisch, daß zu dieser Zeit sich die Huronen und Irokesen an den großen Seen Nordamerikas um der Frage willen skalpierten, ob Schlesien wieder zu Österreich kommen oder preußisch bleiben solle.

Der österreichische Haus-, Hof- und Staatskanzler Fürst Kaunitz hatte ein feines diplomatisches Gespinst gewoben, in das König Friedrich II. von Preußen rettungslos verstrickt werden sollte. Am 1. Mai 1756 war zu Versailles das Bündnis zwischen Österreich und Frankreich geschlossen worden, in dem sich Österreich zur Neutralität im englisch-französischen Krieg verpflichtete, und Frankreich versprach, kein österreichisches Gebiet anzugreifen, obwohl die Monarchie formell noch immer mit England verbündet war. Ebenso verpflichtete sich Frankreich Österreich gegenüber zur Hilfeleistung gegen Preußen oder die Türkei. Das Bündnis war mit Unterstützung der bekannten Maitresse Ludwigs XV. von Frankreich, der Marquise de Pompadour, abgeschlossen worden. Maria Theresia sandte der französischen Dame 1759 ein Miniaturbild mit kostbaren Edelsteinen umrahmt, das einen Wert von 31.000 Gulden hatte. Doch läßt sich die Behauptung, die Kaiserin habe der Pompadour einen Brief geschrieben, in dem sie sie als „ma chère Cousine" anredete, historisch nicht beweisen. Auch mit Rußland und Sachsen nahm Kaunitz Fühlung auf und schloß mit ihnen entsprechende Verträge. Frankreich wurde im Fall der Rückgewinnung Schlesiens die Erwerbung der Österreichischen Niederlande zugesagt.

Der österreichisch-preußische Krieg brach zu einem von Österreich noch nicht gewünschten Zeitpunkt aus. Man hatte ihn erst für später und nach gründlicherer Rüstung der Alliierten ins Auge gefaßt. Die preußische Spionage hatte aber von den Vertragsabschlüssen und den Kriegsvorbereitungen gehört, und so überschritt Friedrich II. am 29. August 1756 mit 60.000 Mann die sächsisch-preußische Grenze. Der preußische König kam so dem Angriff der Verbündeten zuvor und hoffte, die gebotene Gelegenheit wieder dazu ausnützen zu können, Preußen weiter auszudehnen. Dabei faßte er vor allem Sachsen ins Auge.

Der preußische Überfall ging so rasch vonstatten, daß die gesamte, völlig unvorbereitete sächsische Armee von 33.000 Mann bei Pirna kapitulieren mußte. Friedrich II. von Preußen steckte dann die sächsischen Soldaten in preußische Uniformen und verteilte sie unter seine Regimenter. So sollten sie gegen ihr eigenes Land kämpfen. Aber viele von ihnen benützten die erste Gelegenheit, zu desertieren und zu den Österreichern überzulaufen. Die Preußen hausten in Sachsen in fürchterlicher Weise. Friedrich II. ließ vor allem die Besitzungen des sächsischen Ministers Graf Brühl von seinen Truppen verheeren, denn er erblickte in ihm den Haupturheber der antipreußischen Politik des Landes. Es gelang diesmal der österreichischen Diplomatie, das Heilige Römische Reich zu veranlassen, gegen Friedrich II. als „Friedensbrecher" den Reichskrieg zu proklamieren. Nur Hannover, das in Personalunion mit Großbritannien stand, Braunschweig und Hessen-Kassel traten auf die Seite der Gegner Österreichs. Dies ist zu beachten, denn es kommt nicht selten vor, daß man etwa die bekannten Erlebnisse des jungen Goethe während des Siebenjährigen Krieges falsch auslegt: die Franzosen, die in seinem väterlichen Haus Quartier bezogen hatten, waren keine „feindlichen" Truppen, sondern die Verbündeten der Reichsstadt Frankfurt am Main, die auf Österreichs Seite stand.

Von den auswärtigen Mächten schloß sich noch Schweden der österreichisch-französisch-russischen Allianz an, während Großbritannien, das schon mit Frankreich im Kriegszustand war, dadurch automatisch der Verbündete Preußens wurde. Die offensive Verteidigung Friedrichs II. wurde durch den großen Sieg von Kolin am 18. Juni 1757 gestoppt. Am 16. Oktober 1757 besetzte der österreichische General Hadik vorübergehend Berlin. König Friedrich II. benützte in geschickter Weise auch die Religion, um Österreich Feinde zu schaffen. So ließ er einen Brief des Papstes erfinden, in dem dieser dem österreichischen Feldmarschall Daun einen geweihten Hut und Degen zu übersenden verhieß, weil er die „protestantischen Ketzer" besiegt habe. Voll Stolz konnte sich dann der König rühmen, diese Art der Propaganda habe ihm unter den evangelischen Deutschen mehr als eine gewonnene Schlacht genützt. Im übrigen verlor der preußische König während der ganzen siebenjährigen Auseinandersetzung von zehn Schlachten, in denen er persönlich den Oberbefehl führte, nur drei; in sechs anderen, in denen preußische Generäle die Truppen führten, siegten die Österreicher fünfmal. Die gefährlichste Situation des ganzen Krieges trat für Preußen ein, als es den vereinigten Österreichern und Russen 1759 bei Kunersdorf (in der Nähe von Frankfurt an der Oder) gelang, die preußische Armee vernichtend zu schlagen. Dem König wurden zwei Pferde unter dem Leib erschossen, von den 45.000 Mann der preußischen Armee konnte nur die Hälfte gerettet werden, alles andere war tot, verwundet oder gefangen. Friedrich II. wollte Selbstmord begehen. „Retten Sie die königliche Familie", schrieb er an seinen Kabinettsminister, „ich habe keine Reserven mehr, und, um die Wahrheit zu sagen, ich glaube, daß alles verloren ist. Ich werde den Untergang meines Landes nicht überleben. Adieu für immer!"

Der von aller Welt nicht erwartete Glücksfall für Preußen trat ein, daß wenig später die Zarin Elisabeth von Rußland starb. Ihr Nachfolger, Peter III., ein fanatischer Verehrer Preußens, wechselte sofort die Allianzen. Dieselben Russen, die bei Kunersdorf als Österreichs Verbündete gekämpft hatten, standen jetzt auf der Gegenseite. Dadurch konnte sich Friedrich II. militärisch und diplomatisch erholen. Es nützte Österreich nur wenig, daß Zar Peter III. nach einer Regierung von nur wenigen Monaten von seiner Gemahlin Katharina, die später Katharina II. die Große (1762—1796) heißen sollte, entthront und mit ihrem Mitwissen ermordet wurde. Schlesien wurde von den Preußen zurückerobert. Im Frieden von Hubertusburg 1763 mußte Maria Theresia die gegebenen Verhältnisse anerkennen. Es gelang bei den Unterhandlungen nicht einmal, die Grafschaft Neiße zurückzuerhalten.

Etwa zu gleicher Zeit ging auch der große englisch-französische Kolonialkrieg zu Ende. Der eigentliche Sieger des langen Kampfes war — vom weltpolitischen Standpunkt aus gesehen — England, das das französische Kolonialreich in Kanada und in Indien zerschlug. Mit ihm Preußen, das seinen Stand als europäische Großmacht und Konkurrent Österreichs um die Führung im deutschen Raum behauptete. Was in Hubertusburg beschlossen wurde, wurde hundert Jahre später, 1866, bei Königgrätz endgültig besiegelt. Es war nur eine Formalität, wenn der preußische König in den Friedensvertrag den Paragraphen aufnehmen ließ, daß er seine Stimme als Kurfürst von Brandenburg dem jungen Sohn Maria Theresias, Joseph II., bei der kommenden Kaiserwahl geben werde.

Doch gerade der junge Joseph II. war es, der — seit 1765 Kaiser und Mitregent seiner Mutter in Österreich —, zusammen mit dem Staatskanzler Fürst Kaunitz, Pläne über Pläne entwarf, den Verlust Schlesiens durch Erwerbung anderer Gebiete wettzumachen. Maria Theresia ging nur zögernd mit, als ihr Sohn und ihr Kanzler sich Preußen näherten. Eine zweimalige Zusammenkunft zwischen Joseph II. und Friedrich II. — 1769 in Neiße, 1770 in Neustadt — stellte die notwendigen menschlichen Beziehungen zwischen beiden Herrschern her. Schon seit 1764 hatten Preußen und Rußland geheime Verhandlungen über eine Teilung des Königreiches Polen geführt. Sie traten im Mai 1771 in ein entscheidendes Stadium. Für Joseph II. und Kaunitz war es entschieden, daß sich Österreich an der Teilung schon aus dem einen Grund beteiligen müsse, um Preußen nicht noch größer werden zu lassen, als es ohnedies war. Eine Verteidigung der Rechte Polens, wie sie Maria Theresia unter Umständen auf sich zu nehmen bereit gewesen wäre, scheiterte daran, daß Österreich allein gegen Preußen und Rußland gestanden wäre, da sich Frankreich und England an der polnischen Frage vollkommen desinteressiert zeigten, wohl aber später schwere Anklagen gegen Österreich erhoben, da es sich an der Teilung Polens beteiligt habe.

Die große Kaiserin unterschrieb schweren Herzens den Teilungsvertrag, zu dessen Billigung sie von Joseph II. und dem Fürsten Kaunitz gedrängt wurde. Neben dem „placet" (ich bin einverstanden) stehen jedoch auf dem Übereinkommen die mahnenden Worte: „... weil es so viele große und gelehrte Herren wollen. Wenn ich aber schon längst tot bin, wird man erfahren, was aus dieser Verletzung von allem, was bisher heilig und gerecht war, hervorgehen wird." Aus der polnischen Beute, die 1772 eingebracht wurde, erhielt die Monarchie die dreizehn Städte der Zips, die im Mittelalter von ungarischen Königen an Polen verpfändet worden waren. Sie wurden wieder mit Ungarn vereinigt — im übrigen das einzige Stück Land, auf das Wien mit einem Schimmer von Recht Anspruch erheben konnte. Darüber hinaus fielen Rotrußland (Ostgalizien, Wolhynien und Westpodolien), die Herzogtümer Auschwitz und Zator sowie die Hälfte des Palatinats von Krakau mit den Salzbergwerken von Bochnia und Wieliczka an Österreich. Das Gebiet war 1500 Quadratmeilen groß und zählte damals etwa zweieinhalb Millionen Einwohner. Die österreichische Regierung formte daraus das Kronland Galizien mit der Hauptstadt Lemberg. Dem geschickten Vorgehen des österreichischen Botschafters in der Türkei, Franz Maria Thugut, gelang es außerdem im Fahrwasser der russisch-türkischen Verhandlungen, die zum Frieden von Kütschük Kainardschi führten, 1775 von der Türkei die Abtretung der unteren Moldau zu erreichen. Aus ihr entstand das Kronland Bukowina mit der Hauptstadt Czernowitz. Die Taktik Thuguts war — nach dem Urteil Friedrichs II. von Preußen — ein „Meisterstück" der österreichischen Diplomatie. Freilich verließ der Kaiserstaat mit der Erwerbung Galiziens und der Bukowina jene Grundsätze der unbedingten Achtung des Rechts und abgeschlossener Verträge, die er bisher beachtet hatte. Weitergehende Pläne Josephs II. sahen sogar eine Aufteilung der Türkei durch Österreich und Rußland vor. Maria Theresia meinte darüber in einem Brief vom 31. Juli 1777 an Mercy: „Die Teilung des türkischen Reiches würde von allen Unternehmungen die gewagteste und gefährlichste sein wegen der Folgen, die daraus zu befürchten wären... Übrigens wäre das Ansehen, das mein Haus immer so besorgt war sich durch seine Zuverlässigkeit zu erhalten, für immer verloren, und das ist ein entsetzlicher Verlust. Das wäre ein noch viel bedeutungsvolleres Ereignis als die Teilung Polens, die mir noch immer schwer auf dem Herzen liegt, viel vorteilhafter für meine furchtbaren Nachbarn als für meine Monarchie. Ich bedaure unaufhörlich, da hineingerissen zu sein, und wenn nicht ein unabwendbares Zusammentreffen unglücklicher Umstände eintritt, bin ich hinlänglich entfernt, um mich jemals zur Teilung des türkischen Reiches herzugeben (und ich hoffe, daß selbst unsere Enkel es nicht außerhalb Europas sehen werden)."

Was hier nicht weiter verfolgt werden konnte, das suchte nun Joseph II. im Westen Österreichs zu gewinnen. Die wittelsbachische Hauptlinie in Bayern war dem Aussterben nahe. Ihr nächstberechtigter Erbe, der Kurfürst Karl Theodor von der Pfalz, selbst ohne legitimen Nachkommen, schloß mit Österreich 1778 einen Vertrag ab, auf Grund dessen er seinen Ansprüchen in Bayern entsagte und das Land Österreich zu überlassen versprach. Es war auch ein Austausch vorgesehen, und Karl Theodor sollte die Österreichischen Niederlande erhalten. Schon rückten nach dem Tod des Kurfürsten Maximilian III. Joseph von Bayern am 30. Dezember 1777 österreichische Truppen in seinem Land ein. Aber der nunmehr nächste Erbe, Herzog Karl August von Pfalz-Zweibrücken, hatte ein altes Ressentiment gegen Österreich und bestand seinerseits auf seinem Nachfolgerecht. Da er Preußen zu Hilfe rief, war ein neuer europäischer Konflikt gegeben, der unter dem Namen „Bayrischer Erbfolgekrieg" (1778) in die Geschichte eingegangen ist. Im Volksmund freilich nannte man die Auseinandersetzung den „Kartoffelkrieg"; denn es kam zu keiner einzigen wirklichen Schlacht. Die beiden Heere — das österreichische unter dem Oberkommando Kaiser Josephs II. selbst — standen einander wochenlang gegenüber, beschränkten sich auf „Requisitionen" von Lebensmitteln und zogen sich endlich im Herbst, durch mangelnde Verpflegung gezwungen, von der Grenze in das Hinterland zurück. Maria Theresia wollte jedoch keinen Krieg führen. Ohne ihren Sohn zu verständigen, sandte sie den bewährten Thugut als Geheimbotschafter zum preußischen König. Der Kaiser war über diesen Schritt der Mutter empört. Doch es kam bei der beiderseitigen Kriegsmüdigkeit zum Ausgleich. Im Frieden zu Teschen (1779) wurden die Kriegspläne wieder in die Schublade gelegt. Österreich verzichtete auf die Erwerbung Bayerns, behielt natürlich die Niederlande und ließ sich das bisher bayrische Innviertel mit den Städten Ried und Braunau abtreten. So war es ehrenvoll aus der Affäre ausgestiegen, und das Land Oberösterreich erhielt mit der Angliederung dieser bayrischen Gebiete seine heutige Gestalt.

Doch das bayrische Projekt sollte noch einmal, nach dem Tod Maria Theresias, die europäische Politik beschäftigen. Joseph II. trug Karl Theodor von Bayern ein erweitertes Tauschgeschäft an. Bayern, die Oberpfalz und das Erzbistum Salzburg sollten an Österreich kommen. Dafür wäre der Erzbischof von Salzburg mit Luxemburg, Namur und Lüttich entschädigt worden; das übrige Gebiet der Österreichischen Niederlande sollte an Karl Theodor unter dem Namen „Königreich Burgund" mit der Hauptstadt Brüssel fallen. Diesmal schien die Angelegenheit günstiger zu stehen; denn Frankreich und Rußland sagten Österreich ihre Unterstützung zu. Es war Friedrich II. von Preußen, dessen letzte politische Handlung es war, Josephs Plan unmöglich zu machen. Im Jahr 1785 schloß der preußische König mit Hannover, Sachsen und einer Reihe kleinerer deutscher Territorialstaaten den sogenannten „Fürstenbund“ ab, der zur „Erhaltung des Reichssystems“ bestimmt sein sollte. Unter dem Eindruck der erneuten Kriegsgefahr gaben sowohl Joseph II. als auch Karl Theodor von Bayern offiziell die Erklärung ab, daß an keinen Ländertausch gedacht sei.

Die josephinische Revolution

Die Gestalt des ältesten Sohnes der großen Maria Theresia ist von der Legende fast bis zur Unkenntlichkeit verunstaltet worden. Für die einen galt er als der große „Kirchenfeind“, der den Katholizismus in Österreich vertilgen wollte, für die andern war er der „erleuchtete Messias“, der Licht in das von „Pfaffen und Dunkelmännern beherrschte Land“ brachte. Für die einen erschien sein Werk als das eines Phantasten, für die andern war er der Reformer, auf den viel zurückgeht, was Österreich die Kraft gab, die Napoleonischen Kriege zu überdauern. Wer die Geschichte dieses einzigartigen Herrschers studiert — er war einzigartig, wenn man ihn auch vielleicht nicht groß nennen kann —, der wird zur Überzeugung kommen, daß Joseph II. mit all seinen Vorzügen und Schwächen Österreich eine Entwicklung erspart hat, die das Land in ähnlicher Weise wie Frankreich zur gleichen Zeit mitten in eine soziale und politische Revolution hineingeführt hätte. In Österreich brauchte sie nicht gemacht zu werden, denn der erste und größte Revolutionär war der Kaiser selbst. Es war auch ein großer Irrtum der Geschichtsschreibung des 19. Jahrhunderts, ihn als „liberal“ hinzustellen. Joseph II. war ein Autokrat reinsten Wassers, ein Diktator, der keinen anderen Willen kannte als seinen eigenen — wobei er natürlich der subjektiven Überzeugung war, das Beste für seine Untertanen zu wollen. Jene aber, die ihn Joseph „den Deutschen“ nennen, vergessen ganz darauf, daß für den Kaiser die deutsche Sprache nur ein technisches Mittel war, die Unifizierung und Zentralisierung seines Reiches zu einem einzigen Staatskörper zu ermöglichen. Niemand anderer als der deutschnationale Historiker an der Wiener Universität Viktor Bibl hat in seiner Biographie Josephs II., die 1943 erschien, bekannt, daß der Kaiser „mit seiner ‚Germanisation‘ im Grunde nur das, was vielen seiner Vorfahren, nicht zuletzt seiner Mutter, als Ideal vorgeschwebt, aber nicht geglückt war, schaffen“ wollte — „... eine österreichische Nation“. So verkennt man auch den Zweck der zwangsweisen Einführung der deutschen Amtssprache in Ungarn vollkommen, wenn man darin eine „Germanisierungsabsicht“ Josephs II. erblickt. Als im November 1784 an alle Behörden der Befehl erging, die Akten nur mehr in deutscher und nicht wie bisher in lateinischer Sprache abzufassen, erklärte der Kaiser erläuternd, aber auch autoritativ: „Die Annahme, daß ich die ungarische Sprache beiseiteschieben will, ist falsch. Meine Verfügung enthält nichts gegen die ungarische oder eine andere Sprache, die in Ungarn gesprochen wird. Es geht um die Beseitigung des Lateins, dieser toten, ausschließlich von Gelehrten benützten Sprache. Ich wünsche nicht, daß Millionen Menschen ihre Sprache wechseln, sondern nur, daß diejenigen Männer, die sich öffentlichen Angelegenheiten widmen wollen, Deutsch anstelle von Latein verwenden, und daß die Jugend gleichfalls diese Sprache lernt ... Man möge meinen Erlaß in diesem Geist ausführen und nicht aus den Augen verlieren, daß ich ihn zum Wohl und zur Ehre der ungarischen Nation und des ungarischen Staates herausgegeben habe. Ich habe keineswegs die Absicht, die Muttersprache auszurotten oder meiner eigenen Bequemlichkeit einen Dienst zu leisten, da ich mich ebenso gut in Latein ausdrücken kann."

Josephs II. schwieriger Charakter und geistige Einstellung war bereits seiner Mutter bekannt und führte auf dem Gebiet der Politik zu manchen Zusammenstößen zwischen den beiden. Dabei befand sich Joseph II. in einer vorteilhafteren Situation als sein Vater, Kaiser Franz I. Stephan, denn er war nicht der angeheiratete „Prinz-Gemahl", sondern der geborene Erbe. So konnte er ganz anders auftreten oder auf Wünsche Maria Theresias reagieren als sein Vater. Von Franz I. Stephan her kommt auch der jansenistische Einfluß, der die katholische Aufklärung in Österreich kennzeichnet und den Joseph II. übernimmt, ohne sich vielleicht dessen klar bewußt zu sein. Der Jansenismus war jene stark von der Gegnerschaft zu den Jesuiten geprägte Richtung innerhalb der katholischen Kirche, die der Gesellschaft Jesu „Laxheit" vorwarf und sich selbst einer rigorosen Frömmigkeit unterwarf, aber die Toleranz gegenüber anderen religiösen Meinungen nicht ausschloß. Schon bei Franz I. Stephan ist nichts mehr von jener Vorliebe der Althabsburger für einen prunkvollen repräsentativen Stil des Katholizismus zu spüren, nichts von der Vorliebe des österreichischen Herrscherhauses für Prozessionen, Wallfahrtsorte und all die Dinge, die der Barockzeit eigen sind. Aber es wäre falsch, die österreichische Aufklärung und insbesondere Joseph II. als „Atheisten" und „atheistisch" abzustempeln. Denn „Joseph II. selbst war ein gläubiger Katholik" — wie Andreas Posch feststellt —, „allerdings überzeugt von seinem Herrscherrecht auch der Kirche gegenüber ... Wenn man liest, daß er in der Karwoche die Heiligen Gräber in den Wiener Kirchen besuchte und tadelte, daß einmal irgendwo kein Priester vor dem ausgesetzten Allerheiligsten die Anbetung verrichtete, wenn man weiß, daß er sich während seiner Italienreise an dem allzu familiären Gebaren mancher Gläubiger und Kleriker in den Kirchen ernstlich stieß, wird man ihn sogar fromm nennen können. Er wollte keine Irreligiosität; seine Toleranz erstreckte sich auf die christlichen Bekenntnisse, aber nicht auf den Unglauben. Er wollte eine Kirche und eine Religiosität, die seiner Zeit, dem aufgeklärten 18. Jahrhundert, entsprechen und in der Lage sein sollte, die Geister zu befriedigen, die Gemüter zu fesseln und bei den gesteigerten Bildungsbedürfnissen erzieherische Arbeit zu leisten."

Freilich, was wir hier vom Kaiser selbst ausgesagt haben, trifft nicht auf alle seine Mitarbeiter zu. Hier wurde oft der Wille des Kaisers verkannt oder sogar bewußt in ein extrem kirchenfeindliches Geleise gerückt. Dies trifft besonders auf die Klösteraufhebungen zu, die unter seiner Regierung beinahe am laufenden Band stattfanden. Dabei gingen wertvolle Kunstschätze durch die Unwissenschaft mancher Aufhebungskommissare auf künstlerischem oder wissenschaftlichem Gebiet verloren. Für den Kaiser blieben nur jene Klöster und Orden von Bedeutung, die ein „tätiges Leben" führten, Schule hielten oder Kranke betreuten. Es war kein Zweifel, daß manche dieser Reformen der Kirche selbst heilsam waren. So hat der Josephinismus Verdienste um die Katechetik, die liturgische Erneuerung, den Volksgesang in der Messe, das erhöhte Verständnis des Gottesdienstes und den öfteren Empfang der Kommunion; anstelle der aufgehobenen Klöster wurden in vielen Teilen des Landes neue Pfarren gegründet. Wer etwa den Wiener Diözesanschematismus in die Hand nimmt und ihn durchblättert, wird über die große Anzahl von Pfarrkirchen erstaunt sein, als deren Gründungsjahr die Zeit zwischen 1780 und 1790 angegeben ist. Auch sollte das Vermögen der aufgehobenen Klöster und Stiftungen der Kirche erhalten bleiben. Die durch die Klosteraufhebungen gewonnenen Vermögenswerte wurden in den sogenannten „Religionsfonds" angelegt, die nur für kirchliche Zwecke verwendet werden durften. Der Staat übernahm auch die Bezahlung der katholischen Geistlichkeit, eine Einrichtung, die bis 1938 als „Kongrua" in Österreich erhalten blieb. Freilich griff man auch in spezielle Angelegenheiten des Kultus ein. Nicht umsonst spöttelte Friedrich II., wenn er von Josephs Kirchenpolitik sprach, über des „Heiligen Römischen Reiches Erzsakristan". Denn kaiserliche Verordnungen gingen so weit, die Zahl der Kerzen zu bestimmen, die während einer sogenannten „stillen" Messe und während eines Hochamtes brennen durften. Die Pfarrer waren angewiesen, sonntags lange kaiserliche Verordnungen über die verschiedensten Dinge, so etwa über die beste Bekämpfung der Maul- und Klauenseuche, während des Gottesdienstes von der Kanzel herunter zu verlesen. Vom Standpunkt der Regierung aus sehr nützlich — denn Lesen und Schreiben war noch nicht allgemein verbreitet und zum Sonntagsgottesdienst kam das ganze Dorf. In ähnlicher Weise beschnitten kaiserliche Verordnungen die große Zahl der kirchlichen Feiertage. Wallfahrten wurden eingeschränkt, Einsiedeleien aufgehoben. Es nützte wenig, daß unter dem Eindruck dieser Kirchenumwälzung in Österreich Papst Pius VI. (1775—1799) im Jahr 1782 persönlich nach Wien kam — Joseph II. empfing ihn mit allen dem Oberhaupt der Kirche gebührenden Ehren, die Bevölkerung Wiens jubelte dem Papst zu, der vom Altan der „Kirche am Hof" den päpstlichen Segen spendete, sonst aber erreichte Pius VI. nicht die geringste Konzession. Der Kaiser hielt eisern an den von Fürst Kaunitz aufgestellten Grundsätzen „Von der oberherrlichen Gewalt der römisch-katholischen Fürsten in bezug auf die Religion und den Klerus" fest. In diesem Sinn wurden der Kirche nur folgende Rechte zugestanden: 1. Verkündigung der Grundsätze des Christentums und der Sittenlehre des Heilands; 2. Spenden der Sakramente; 3. geistliche Hilfe für Christen; 4. außerordentliche Gottesdienstverrichtungen; 5. Sorge für die innere Disziplin und die Sitten des Klerus.

Von besonderer Bedeutung wurde auf kirchlichem Gebiet auch das Toleranzedikt des Kaisers, das er gleich zu Beginn seiner Regierung, am 13. Oktober 1781, erließ. Die katholische Kirche behielt zwar ihre Stellung als Staatskirche, doch wurde die „Duldung" — noch nicht die Gleichberechtigung! — der anderen christlichen Bekenntnisse und des jüdischen Glaubens ausgesprochen. So durften nichtkatholische Gotteshäuser keine Glocken besitzen und ihr Eingang sollte nicht in der Hauptstraße liegen. Die Juden durften wohl das Getto (das Judenviertel) verlassen und überall Wohnung nehmen, sie brauchten auch nicht mehr den berüchtigten „gelben Fleck" zu tragen, der sie bisher gekennzeichnet hatte — doch sie mußten Familiennamen annehmen, und wo sie sich dessen weigerten, hatten die kaiserlichen Beamten den Auftrag, ihnen zwangsweise Familiennamen zu geben. Dadurch erklärt sich das Ungewöhnliche und oft Sonderbare jüdischer Familiennamen, wie wir sie heute noch antreffen. „Ohne weitere Modalität soll der Jude als Staatsbürger zu allem verwendet werden, was anderen obliegt", so lautete die Weisung des Kaisers an die leitenden Staatsbeamten. Der deutsche Dichter Klopstock erklärte lobend, Joseph II. habe die Juden zu Menschen gemacht. Sein Eifer ging so weit, daß er jeder jüdischen Familie, die sich dem Ackerbau widmen wollte — bis dahin war ihnen bekanntlich außer dem Handel und dem Geldgeschäft alles verboten —, fünfzig Gulden staatliche Subvention bewilligte, damit sie sich die nötigen Geräte anschaffen könne. Im Gegensatz zu dieser Behandlung der Juden stand die der einzelnen Sekten, die sich von den großen christlichen Kirchen getrennt hatten und ein — oft eigenbrötlerisches — Sonderdasein führten. Sie widersprachen sichtlich durch ihr Bestehen dem Unifizierungsgedanken Josephs II. So ließ er die Bewohner einiger Dörfer bei Pardubitz, die die Dreifaltigkeit und Christus leugneten, des Landes verweisen. Die Männer wurden einfach in die Armee gesteckt und fünf zu fünf den siebenbürgischen und galizischen Regimentern zugeteilt. Ihre Frauen, Witwen und Töchter brachte man unter militärischer Bedeckung an die türkische Grenze und ließ sie dort laufen. Auch den Freimaurerlogen brachte Joseph II. in seinen späteren Regierungsjahren Mißtrauen entgegen. Er ordnete an, daß in jedem Land nur eine einzige Loge, und zwar in der Landeshauptstadt, ihren Sitz haben dürfe. Er sprach von ihren „Gaukeleien, die er niemals zu erfahren vorwitzig war". Schließlich wurde jeder, der sich als „Deist" — also Anhänger des Gottesglaubens, aber ohne einem christlichen oder anderen Bekenntnis anzugehören — bekannte, zur Strafe von 24 Stockhieben verurteilt.

Neben den kirchlichen Reformen des Kaisers zeichnete sich seine revolutionäre Haltung vor allem auf dem Gebiet der sozialen Fürsorge ab. Hier war es die Lage der Bauernschaft, die den Kaiser zum Eingreifen veranlaßte. Er vermochte dies umso besser zu tun, als er als „Reisekaiser" zu bezeichnen ist. Häufig treffen wir ihn an einem anderen Ort. In seinen Tagebüchern hinterläßt er uns die Eindrücke, die er auf diese Weise gewann. Dabei war das Reisen zu seinen Zeiten nicht bequem, vor allem nicht in den östlichen Teilen der Monarchie und in dem neuerworbenen Galizien und der Bukowina. Oft schlief er, in seinen Militärmantel gehüllt, auf einem Bündel Stroh. Wohin er kam, konnte sich auch der einfache Mann an ihn wenden, so wie er — sooft er in Wien weilte — an jedem Donnerstag im Kontrollgang der Hofburg freie Audienzen erteilte, zu denen man keine Voranmeldung benötigte. Noch unter Maria Theresia war es in Böhmen zu Bauernunruhen gekommen. Hier war die Lage des landarbeitenden Volkes am drückendsten. Ein Beispiel dafür ist die Erwähnung der Tatsache, daß es die Bauern in Lundenburg als „Gnade" des Gutsherrn auffaßten, wenn er ihnen gestattete, Eicheln im Wald aufzulesen, um daraus das Brot zu backen. Die Hungersnöte, die das Land verheerten, ließen eine Viertelmillion Tote zurück. Joseph II. war bereit einzugreifen. Er ließ aus seinem Privatvermögen um 400.000 Gulden Leinwand kaufen, damit die arbeitslosen Weber in den böhmischen Gebieten wieder Arbeit und damit Brot hätten. So wie in Böhmen war es in Ungarn. Hier kam es zu der erschütternden Szene, daß sich ein Bauer vor dem Kaiser niederwarf und ihn anflehte: „Allergnädigster Herr! Vier Tage sind wir beim Robot, am fünften beim Fischfang, am sechsten auf der Jagd, der siebente gehört Gott dem Herrn. Bedenke, o allergnädigster Herr, woher sollen wir das Geld nehmen für Steuern und Abgaben?" Am allerärgsten findet der Kaiser die Zustände in Galizien. Er bereiste das Land sofort, nachdem es an Österreich gekommen war. Praktisch waren die Bauern Sklaven der Großgrundbesitzer. Außerdem kam hier noch der Gegensatz in Religion und Sprache dazu. Die Herren waren Polen und römisch-katholisch, die Bauern in Ostgalizien „Ruthenen" (so nannte man damals die Ukrainer) und griechisch-orthodox oder griechisch-uniert. Die Böhmisch-Österreichische Hofkanzlei sagte über die galizischen Zustände in einem Bericht: „Ein Großteil der Bauernhütten ist eingestürzt oder im Begriff einzustürzen. Die Hälfte des Viehstandes ist verschwunden. Ein Drittel der Bauern ist flüchtig, und ihre Angehörigen werden unter Bewachung zurückgehalten."

Es stand für Joseph II. fest, daß dieses System ein Ende haben mußte. Schon im ersten Jahr seiner Alleinherrschaft 1781 wurde in den österreichischen Ländern die Leibeigenschaft aufgehoben. Der bekannte österreichische Politiker Otto Bauer erklärte in einem seiner Werke, daß „der habsburgische Absolutismus den Besitz und die Arbeitskraft der Bauern wirksam gegen die Ansprüche der Grundherren geschützt" habe. Noch deutlicher wird der Geschichtsschreiber der Bauernbefreiung, der Hesse E. F. Knapp, wenn er schreibt: „Bis zur Zeit Napoleons ist Österreich in der Bauernbefreiung überall um 20 bis 25 Jahre voraus; überall hat Österreich weit tiefer eingegriffen." So wurde von Joseph II. bestimmt, daß 70 Prozent des Einkommens den Bauern zu verbleiben hätten, 13 Prozent sei das Höchstmaß ihrer Besteuerung, und 17 Prozent hätten sie für die Ablöse der Robot zu zahlen. Sie durften von nun an ihre Wohnung wechseln, sich ohne Zustimmung der Gutsherrschaft verheiraten und auch ohne deren Einwilligung ein Handwerk ergreifen. Eigene, vom Kaiser eingesetzte Beamte hatten die Durchführung der Bauernbefreiung zu überwachen. Das Monopol der Gutsherren auf den Verkauf alkoholischer Getränke, vor allem des Branntweins, wurde aufgehoben, den Bauern gestattet, sich gegen das Wild zur Wehr zu setzen, das, aus den gutsherrlichen Wäldern kommend, das Ackerland verwüstete. Um selbst ein gutes Beispiel zu geben, ließ der Kaiser alle Wildschweine in der Umgebung Wiens bis auf das letzte Stück erschießen, obwohl er ein leidenschaftlicher Jäger war.

Diese großen, wahrhaft sozialen Neuerungen fanden selbstverständlich auch ihre Gegner. Die Großgrundbesitzer bestürmten den Kaiser, die betreffenden

Verordnungen zurückzunehmen. Denn der Bauer sei nun einmal ein Trunkenbold, unkultiviert und arbeite nur, wenn man ihn mit der Peitsche antreibe. Diese Starrheit der Grundherren zeigte sich besonders in Siebenbürgen. Sie war die Ursache, daß es zu einem wilden Bauernaufstand kam, der durch eine kaiserliche Armee unterdrückt werden mußte. An seiner Spitze stand ein gewisser Choria, der vorgab, mit Bewilligung Josephs II. zu handeln. Er sammelte eine große Schar von Bauern, die schließlich bis zu 15.000 Mann stark war, und fiel „im Namen des Kaisers" über die ungarischen Gutsbesitzer her. Ihre Schlösser wurden verbrannt, sie selbst ermordet. Als der Aufstand niedergeworfen war, ließ Joseph II. wohl die Anführer öffentlich nach allen Regeln mittelalterlicher Tortur hinrichten, doch verbot er gleichzeitig, den Bauern selbst irgendein Leid zuzufügen. Racheakte des Adels wurden von den kaiserlichen Behörden hart bestraft. So konnte ein Verslein die Runde machen, als Joseph II. im Sterben lag:

„Der Bauern Gott, der Bürger Not, des Adels Spott liegt auf dem Tod."

Doch es waren nicht nur Kirche und Bauernstand, die das Eingreifen Josephs II. erfuhren. In gleicher Weise wurden Justiz und Sanitätswesen den Bedürfnissen der modernen Zeit angepaßt. Es mag ein Ruhmeszeugnis für den Kaiser sein, daß das von ihm errichtete Allgemeine Krankenhaus in Wien noch bis in die Mitte des 20. Jahrhunderts seinen Zweck erfüllte und daß erst seit 1964 an seinem Neubau gearbeitet wurde. Seinen Verordnungen verdanken auch die geprüfte Hebamme und der Bezirksarzt ihre geregelte Existenz. Nach dem Willen Josephs II. sollte dieser als Beamter eingestufte Doktor der Medizin die Apotheken überwachen, das Kurpfuschertum bekämpfen und alle Armen ohne Honorar behandeln. Die Justiz hatte sich des Unterschieds zwischen Erwachsenen und Kindern klarzuwerden. Das Handschreiben des Kaisers an den Grafen Zinzendorf bedeutet den Beginn des Jugendgerichtes und des Jugendstrafrechtes nicht nur in Österreich, sondern vielleicht in ganz Europa. „Ich habe bemerkt", schreibt Joseph II., „daß in den Arresten mehrere Leute sich befinden, die noch Kinder, und zwar von acht, zehn und zwölf Jahren sind, ja selbst einen Buben von acht Jahren im Verhör angetroffen. Diese Kinder sind künftig in einem ganz besonderen Behältnisse, unter der Aufsicht eines Wächters aufzubewahren, damit sie sich nicht mit berüchtigten Verbrechern in einem nämlichen Arrest befinden, und von solchen nicht noch mehr zum Bösen angeleitet, oder wohl gar von ihnen mißbraucht werden." Hatte schon Maria Theresia 1775 den Gebrauch der Folter bei Gericht abgeschafft, so fielen nunmehr eine Reihe von anderen drückenden Bestimmungen. Joseph II. war ein Gegner der Todesstrafe, und während seiner Alleinherrschaft wurde kein einziger Mensch hingerichtet. Im Arrest mußten die Fenster und die inneren Türen zweimal täglich geöffnet werden; schmutzige Strohsäcke durften nicht unter den Fenstern ausgeleert, übelriechende Dinge nicht in den Gefängnisgängen stehengelassen werden. Dagegen ließ der Kaiser Strafen verhängen, die auf die öffentliche Beschämung und den Ehrverlust des Bestraften hinzielten: so das Gassenkehren von Sträflingen, das Prangerstehen und das Abscheren der Haupthaare bei weiblichen Gefangenen. Als noch ärger als die Todesstrafe empfand man auch das Schiffziehen, zu dem man viele verurteilte. Sie wurden nach Südungarn gebracht und dort angehalten, schwere Schlepper stromaufwärts zu bringen. Es war verboten, ihnen Almosen zu geben; sie erhielten nur die notdürftigste Kleidung und ein kärgliches Essen. Während der Nacht waren sie an ihre Pritsche gekettet. Diese Menschen starben wie die Fliegen.

Es entspricht auch völlig dem System einer Revolution, solche Mitglieder des Adels, welche es so wollten, niederzuhalten, zu demütigen und — man kann ruhig sagen — zu verfolgen. Noch zu Lebzeiten schreibt der Kaiser an seine Mutter: „Herrlich ist die Karriere eines Feudalen. Die Insignien des Kammerherren, eine Anstellung bei der Regierung sind parat für ihn, er wird sie nützen, um seine Kanzlei niemals zu betreten. Eine solche Position ist doch das Wenigste, was man seinem schönen Namen, seinen Voreltern oder seiner Familie schuldig ist. Hat er Mittel, so wird er umworben sein, damit er sich der Tochter oder der Nichte eines anderen Aristokraten vermähle. Wäre er auch samt seinen Brüdern ein anerkannter Narr, er und seine Brüder dürften doch nicht am Geheimen Ratstisch fehlen, weil einmal in der Vergangenheit ein einziger ehrlicher und vernünftiger Mann diesem Geschlecht entwuchs. Und der Hof muß noch froh sein, wenn er ohne das mindeste Verdienst sich doch den Kordon des Stephansordens umhängen läßt. Ja er kann es bis zum Vliesritter bringen, vegetiert er nur noch eine Weile so im Müßiggang. Der ‚sechzigjährige Nichtstuer' kann alles und darf alles!"

So kam es, daß der Sohn des Präsidenten der Hofkammer, der junge Graf Kolowrat, fristlos entlassen wurde, weil er bei Aufhebung eines Frauenklosters die Erfordernisse des Gottesdienstes nicht beachtet hatte. Graf Blümegen und sein Bruder, der Landeshauptmann von Mähren, verschwanden in der Versenkung, weil sie einen „Geheimfonds" der Stände verschwiegen hatten. Ein Graf Auersperg wird nach zweiunddreißigjähriger Dienstzeit entfernt, weil er sich um seine Untertanen zuwenig gekümmert hatte. Drei Kreishauptleute, in Graz, Laibach und Neustadt, verlieren Amt und Ansehen. Es kam sogar dazu, daß Grafen mit Vorliebe zum Gassenkehren, Prangerstehen und Schiffziehen verurteilt wurden, während Verbrecher geringeren Standes viel billiger wegkamen. Ein Edelfräulein, das wegen Unterschlagung verurteilt wurde, mußte am Pranger stehen, trotzdem es schon hochschwanger war, und geriet dadurch an den Rand des Todes. Schon Maria Theresia war der Meinung, ihr Sohn habe die Absicht, den Adel zu vernichten. Trotzdem umgab sich Joseph II. mit einer Reihe von Hocharistokraten, die leitende Stellen innehatten. Wir brauchen nur Namen, wie Graf Hadik, Graf Zinzendorf, Graf Lacy, Graf Mercy, Fürst Kaunitz erwähnen und ebenso auf die fünf Fürstinnen hinweisen — Eleonore Liechtenstein und ihre Schwester, Gräfin Kaunitz, sowie die Fürstinnen Kinsky und Clary —, bei denen der Kaiser nach den Anstrengungen und Mühen der Staatsverwaltung Ruhe und Ausspannung suchte. Denn nachdem auch seine zweite Gemahlin, Josepha von Bayern, gestorben war, entbehrte er des Familienlebens.

Der „totale Staat"

Eine der ersten Maßnahmen Josephs II. nach Antritt der Alleinherrschaft war die Aufhebung der Bücherzensur gewesen. Eine Flut von Broschüren und Zeitschriften überschwemmte daraufhin Österreich. Es ist nun sehr lehrreich, unter diesen Manifestationen auch eine Schrift zu finden, die den aufreizenden Titel trägt: „Warum wird Kaiser Joseph II. von seinem Volk nicht geliebt?" Eine Frage, die umso merkwürdiger erscheint, als doch die großen Reformen des Kaisers dazu bestimmt waren, die Lage der breiten Masse zu heben. Man versteht es ohneweiters, wenn kirchliche Kreise und der Adel in schwerer Opposition gegen das Regime standen. Diese adelig-ständische Opposition führte dazu, daß am Ende der Regierung Josephs II. die Österreichischen Niederlande im vollen Aufruhr, Ungarn an der Schwelle des Aufruhrs standen. Dazu kam Josephs unglücklich geführter Krieg gegen die Türkei, den er 1788 im Bund mit der Zarin Katharina II. der Großen von Rußland begonnen hatte und der in eine Katastrophe zu münden drohte, bis der Kaiser endlich den bewährten Feldmarschall Laudon an die Spitze der Armee berief. Nun wurde Belgrad von den Österreichern zum drittenmal innerhalb von knapp hundert Jahren erobert. Es war einer der letzten Lichtblicke, die den todkranken, sterbenden Kaiser erfreuten. Wenn also der Adel und die diesem nahestehenden Kreise sich gegen den Kaiser wandten, so war dies erklärlich, warum aber wurde Joseph II. „von seinem Volk nicht geliebt"?

Wir haben es mit einer merkwürdigen Entwicklung zu tun, die nur von wenig Geschichtsschreibern beachtet wurde. Der aufgeklärte Absolutismus Maria Theresias und Josephs II., der so viele Reformen, auch solche revolutionärer Art, in Österreich durchgeführt hatte, ging in das Extrem des totalen Staates über. Wir gebrauchen hier den Ausdruck, der erst im 20. Jahrhundert üblich wurde, der aber den historischen Gegebenheiten von damals entspricht. So wie Joseph II. selbst für den Staat als solchen lebte, wie er von seiner Beamtenschaft, der ersten Vertretung eines nicht mehr dynastisch, sondern nur mehr staatlich ausgerichteten Patriotismus, das bedingungslose Bekenntnis zum Staat forderte, so versuchte er jetzt, die Opposition, von welcher Seite immer sie ihm entgegentrat, mit Gewalt zu vernichten. Und er war im Innersten erschüttert, als er diese Opposition auch in den breiten Kreisen des Volkes wachsen sah. Denn sosehr man einzelne Maßnahmen Josephs II. liebte, sowenig hatte man für das völlige Auslöschen jeder Tradition Verständnis. Wir können dies an einzelnen Symptomen wahrnehmen. So kam es 1788 in Kärnten zu Kämpfen zwischen den Behörden und ihren Organen auf der einen und dem Volk auf der andern Seite, als man Votivtafeln und Wegkreuze entfernen wollte. Im Jahr 1789 erklärten siebzehn Gemeinden des Gerichtsbezirkes Rankweil-Sulz (Vorarlberg): „Dem Kaiser wollen wir geben, was des Kaisers ist, unseren Gottesdienst aber und die löblichen Kirchengebräuche und das Beten lassen wir uns einmal nicht verwehren." Die durch Regierungsverordnung gesperrte Kapelle des heiligen Arbogast in Götzis wurde mit Gewalt wiederum geöffnet. In ganz Tirol und Vorarlberg folgten ähnliche Massendemonstrationen, und die Beamten wagten es nicht, mit Militär dagegen einzuschreiten. Auch der Kriegsausbruch des Jahres 1788 verschlechterte die Stimmung. Die Preise gingen rapid in die Höhe, und am 31. Juli 1788 stürmten die Wiener die Bäckerläden, in denen kein Brot verkauft wurde. Die Bauern protestierten in allen Ländern gegen das neue Rekrutierungssystem, das die Gefahr heraufbeschwor, daß der einzelne sein ganzes weiteres Leben Soldat bleiben mußte. Eine weitere Quelle der Unzufriedenheit bildete die Auflösung der Bruderschaften. Diese waren nicht bloß religiöse Vereine gewesen, sondern hatten sich zu Versicherungsgesellschaften entwickelt. Viele kleine Leute vertrauten ihnen die Ersparnisse an. Nun war den Einlegern wohl zugesagt worden, daß sie ihre Ersparnisse ausbezahlt bekämen, doch scheuten viele die damit verbundenen sehr komplizierten bürokratischen Wege zu gehen. Als der Türkenkrieg die Regierung in Geldverlegenheit brachte, dekretierte Joseph II. einfach rückwirkend, daß nur jene Einlagen zurückgezahlt würden, um deren Auszahlung man spätestens am 2. Mai 1785 angesucht habe. Dadurch verloren 23.000 kleine Sparer ihren Anspruch.

Den wachsenden Schwierigkeiten begegnete nun der Kaiser einfach mit der Errichtung eines Polizeistaates, der auch die kleinste Regung des Untertanen kontrollieren und dirigieren sollte. Als der maßgebende Mann dafür wurde Graf Johann Anton von Pergen (1725—1814) der treu dienende Chef der josephinischen Polizei. Man brach mit den Grundsätzen, die Maria Theresia befolgt hatte und auf Grund deren alle Regierungsmaßnahmen durch öffentlich kundgemachte Gesetze gedeckt sein mußten. Jetzt arbeitete Pergen mit Geheimerlässen, die den anderen Ministern völlig unbekannt blieben. Der einzelne Staatsbürger geriet dadurch in Gefahr, in eine polizeiliche Untersuchung verwickelt zu werden, ohne daß er sich verteidigen konnte. Eine besondere Bespitzelung erfuhren die ausländischen Diplomaten. Nicht mehr das Wohl des einzelnen Staatsbürgers, sondern die Sicherheit des Staates wurde als Hauptaufgabe betrachtet. Man kam natürlich nicht ohne viele Agenten, Spione und Provokateure aus. Die josephinische Polizei scheute sich dabei nicht, die Menschenrechte zu verletzen, wie dies im Fall der Josepha Willias geschah, die unter dem Verdacht der Spionage ein halbes Jahr ohne Verhör und Verhandlung einfach gefangengehalten wurde, wobei sie infolge der Behandlung, die ihr zuteil wurde, einen Nervenzusammenbruch erlitt.

Eine Reihe von Freiheiten, die Joseph II. zu Beginn seiner Alleinherrschaft gewährt hatte, wurden nun zurückgezogen. Pergen erreichte die Aufhebung der Zensurfreiheit und die Wiedereinführung drückender Vorschriften. So wurden jetzt alle Nachrichten über die 1789 in Frankreich ausgebrochene Revolution einfach nicht mehr veröffentlicht. Im Juli des gleichen Jahres wurde zum erstenmal wieder eine Zeitung, der „Wiener Bothe“, verboten. Die Lehrfreiheit an den Schulen und Universitäten wurde eingeschränkt; denn nach dem nunmehrigem Willen Josephs II. sollten keine „Gelehrten“, sondern „Beamte“ die Universitäten verlassen. Als dann der Kaiser seit 1788 in immer stärkerem Maß von der Krankheit ergriffen wurde, mußte er auch den Forderungen der adeligen Stände nachgeben, die er zeit seiner Regierung bekämpft hatte. Dem toten Kaiser widmete einer seiner Minister, Graf Zinzendorf, in seinen Tagebüchern am 22. Februar 1790 den Nachruf: „Dieser Mann, dem so wenig Menschen die Wahrheit zu sagen wagten, der kein anderes Gesetz kannte als seinen Willen, der von gewissen Vorurteilen erfüllt, sich niemals hat darin vertiefen wollen. Er wäre ein liebenswürdiger und guter Privatmann geworden, wenn er Gerechtigkeit und Moral respektiert hätte und wenn er weniger anmaßend gewesen wäre." Diesen Stein warf man dem Toten, den man im Leben gefürchtet hatte, in das Grab nach.

Zusammenfassung:

Die Zeit Maria Theresias und Josephs II. ist das Halbjahrhundert der großen Reformen in Österreich. Die beiden Herrscher machen ihren Staat zu einem der fortgeschrittensten in Europa. Ein letzter Versuch, Schlesien von Preußen zurückzuerobern, mißlingt trotz des vom Staatskanzler Fürst Kaunitz zustande gebrachten Bündnisses zwischen Österreich, Frankreich und Rußland. Doch gelingt die Erwerbung des oberösterreichischen Innviertels und anläßlich der Teilung Polens die Galiziens und etwas später die der Bukowina, die von der Türkei abgetreten wird. Die Reformen Maria Theresias sind maßvoll und schaffen die Grundlage zum modernen österreichischen Staat. Sie leistet auf dem Gebiet der Justiz (Abschaffung der Folter), des Schulwesens (die „Mutter der österreichischen Volksschule") und der Verwaltung Dauerndes. Ihr Sohn, Joseph II., setzt diese Reformen in stürmischer Weise fort, überspitzt sie und sieht sich am Ende seines kurzen Lebens dazu gezwungen, die meisten von ihnen — ausgenommen das Toleranzpatent und die Aufhebung der Leibeigenschaft — zurückzunehmen. Doch erspart der Kaiser durch diese seine Reformen, ohne es zu wissen, Österreich eine Revolution. Auf Maria Theresia und Joseph II. geht auch die Entstehung jenes österreichischen Berufsbeamtentums zurück, dessen Patriotismus nicht mehr rein dynastisch, sondern schon auf das Wohl des Staates als solchen gerichtet ist.

VON DER REVOLUTION ZUR RESTAURATION

Österreich und die Französische Revolution

Am 14. Juli 1789 war in Paris die Bastille gestürmt worden. Mit diesem Ereignis läßt man die Große Französische Revolution beginnen. Die Ursachen dieses Ereignisses, durch das das Gesicht Europas verändert werden sollte, lagen weit zurück. Frankreich hatte die Periode des aufgeklärten Absolutismus nicht kennengelernt. Die Nachfolger des „Sonnenkönigs" (roi soleil), Ludwigs XIV., waren entweder sittenlose Charaktere oder unfähige Dutzendmenschen. Die Ziele von 1789 waren Beseitigung der Reste des Feudalismus und Reform der Staats- und Finanzverwaltung, die unmittelbar vor dem Zusammenbruch stand.

Es war das Verhängnis Frankreichs, daß sich Ludwig XVI. (1774—1792, † 1793) — wie es Alexander Rüstow ausdrückt — „auf die Seite einer winzigen, borniert feudalen Minderheit stellte, die, politisch schon seit Jahrhunderten hoffnungslos abgewirtschaftet, in der blinden Gehässigkeit eines engstirnigen Egoismus die längst überständigen kümmerlichen Reste ihrer verrotteten Vorrechte in giftiger Wut und mit verbrecherischen Mitteln verteidigte". Die Königin aber, Maria Theresias Tochter Maria Antoinette, hatte sich, um wieder mit Rüstow zu reden, „in einen Wirbel zwar sittlich harmloser, aber kostspieliger, geselliger Vergnügungen gestürzt, mit verhängnisvollen finanziellen Folgen, die ihr später den Spottnamen Madame Déficit eintrugen. Nach dem Vorgang regierender Maitressen hätte sie die Chance gehabt, regierende Königin von Frankreich zu werden. Aber trotz dem glorreichen Vorbild und dem Rat ihrer großen Mutter und trotz ihrer zu Unrecht bezweifelten Sittenreinheit war ihr politischer Einfluß verhängnisvoller als der der letzten Maitresse".

Mehr als anderen Herrscherhäusern Europas mußte den Habsburgern am Schicksal Frankreichs und seiner Königsfamilie gelegen sein. Aber ebenso stark war die Ausbreitung französischer revolutionärer Ideen in Österreich, die in gewissem Sinn nur eine Fortsetzung der josephinischen Revolution zu sein schienen. Tatsächlich spürte die österreichische Geheimpolizei überall im ganzen Land wirkliche oder vermutete „Agenten" der Franzosen auf, die Österreich in Aufruhr bringen sollten. Vor diesem Aufruhr fürchtete man sich ja ohnedies. Als Joseph II. starb, brach der von ihm geschaffene Polizeistaat zwar nicht zusammen, aber das Gewicht verschob sich. Der neue Herrscher, Josephs II. Bruder, Leopold II. (1790—1792), hatte sich in fünfundzwanzigjähriger Herrschaft (seit 1765) im Großherzogtum Toscana den Ruf eines aufgeklärten Monarchen verschafft und Toscana zum bestregierten Land Italiens, ja ganz Westeuropas gemacht. Jetzt sah er sich gezwungen, der aristokratischen Opposition entgegenzukommen, um zu retten, was zu retten war. In diesem Sinn machte er den Ständen der einzelnen habsburgischen Länder anfänglich bedeutende Konzessionen. So ließ er die Stephanskrone, die Joseph II. aus Ungarn nach Wien gebracht hatte, weil er in ihr nur ein „Museumsstück" erblickte, wieder zurückschaffen und schrieb einen Krönungslandtag aus; denn Joseph II. hatte sich auch nicht zum König in Ungarn krönen lassen und wurde deshalb von den streng verfassungsmäßig denkenden Ungarn nicht als regierender König angesehen. In ähnlicher Weise befriedigte Leopold II. auch die Böhmen. Geheimverhandlungen zwischen ihm und seiner Schwester, der Königin Maria Antoinette von Frankreich, sollten die Sicherheit der französischen Königsfamilie verbürgen. Ein allgemeines Einschreiten der europäischen Mächte war vorgesehen. Um dies zu erreichen, beendete der neue Kaiser den Türkenkrieg seines Bruders und gab Belgrad wieder zurück. Ebenso traf er mit König Friedrich Wilhelm II. von Preußen die Übereinkunft von Pillnitz. An ihr nahmen auch französische Emigrantenführer teil, die eine Rückkehr und Wiederherstellung der Feudalrechte in Frankreich erhofften. Im Zusammenhang mit dieser Politik standen die Weisungen Leopolds II. an den Polizeiminister Pergen, die geheime Überwachung der Ausländer und anderer politisch verdächtiger Personen in Österreich zu verschärfen. Während sich diese bisher ziemlich in Freiheit bewegen konnten, wurden nun eine Reihe von Italienern und Franzosen einfach ausgewiesen. Unter ihnen befand sich auch der italienische Librettist da Ponte, der die Texte zu Mozarts Opern „Die Hochzeit des Figaro" und „Don Giovanni" geschrieben hatte. Für die Einreise in Ungarn wurden besonders verschärfte Bestimmungen getroffen.

Es war eigentlich unverständlich, wieso die herrschenden Stände in Österreich anläßlich der Ereignisse in Frankreich an nichts anderes denken konnten als an die Wiederherstellung ihrer Privilegien. Alles, was Joseph II. geschaffen hatte, sollte wieder fallen. Vor allem sollte die Robot der Bauern auf den vorjosephinischen Stand zurückgeschraubt werden. So verlangte man die Aufhebung des Robotpatents vom 10. Februar 1789. In ihm wurden Herren- und Bauernland steuerlich gleich behandelt. Wenn auch die Bauern mit diesem Patent nicht völlig zufriedengestellt worden waren, so fürchteten sie dennoch, daß ihnen auch das Bewilligte wieder weggenommen werden könnte. Als das Patent tatsächlich für aufgehoben erklärt wurde, kam es in Niederösterreich, Böhmen, Ungarn, der Steiermark und in Krain zu Bauernunruhen. Die Landbevölkerung versammelte sich zu Demonstrationszügen, besetzte die Herrenhäuser oder die Gutsverwaltungen und verlangte die Zusicherung, daß nie mehr als die von Joseph II. festgesetzten Abgaben eingefordert würden. Auch das Bürgertum stellte sich bereits zum Teil hinter die Bauern. Zu Ende 1790 erschien ein Buch unter dem Titel „Klagen der Untertanen der österreichischen Monarchie wegen Aufhebung des neuen Steuersystems". Sein Verfasser hatte die Zensurvorschriften umgangen und konnte auch von der Geheimpolizei nicht ausfindig gemacht werden.

Zweifellos war Leopold II. nur durch die augenblicklichen Umstände zu dieser Politik gezwungen worden. Sie widersprach seiner Reformtätigkeit in Toscana. Aber im Gegensatz zu Joseph II. hatte er erkannt, daß man erst die „Stimmung" für Reformen vorbereiten müsse, ehe sie durchgeführt werden könnten. Die kurze Regierung des Kaisers in Österreich hat dazu beigetragen, daß sein Wirken nur allzu leicht übergangen wurde. Aber Leopold II. bedeutete für die Entwicklung Österreichs mehr, als man nach seiner eineinhalbjährigen Regierung vermuten sollte. Insbesondere war er der Kaiser, der zuerst nicht nur wie Joseph II. Reformen für die breiten Massen des Volkes durchführen wollte, sondern der versuchte, die schon bestehende Unzufriedenheit zugunsten der Monarchie auszunützen und mit ihrer Hilfe die Aristokratie wieder zurückzudrängen, deren er zu Beginn seiner Herrschaft nicht hatte entraten können. Das politische Programm des sogenannten „Vierten Standes“ war schon in einer Reihe von Schriften der Öffentlichkeit vorgelegt worden. Wie weit diese Forderungen gingen, zeigt die Tatsache, daß Andreas Riedl, einer der Vertrauten Leopolds II., einen Plan entwickelte, der einen allgemeinen „Volksrat“ für alle Länder der habsburgischen Dynastie vorsah. Die Abgeordneten zu diesem Reichsparlament sollten auf Grund des allgemeinen Wahlrechtes bestellt werden. Es kann kein Zweifel darüber bestehen, daß der Kaiser selbst mit diesen Ideen sympathisierte. Ja er ermunterte selbst Schriftsteller in einem gewissen Sinn zu schreiben, der die Politik Leopolds II. unterstützte. Wir wissen heute, daß der Kaiser einen „geheimen Mitarbeiterstab“ beschäftigte, der für ihn diese Broschüren und Essays verfassen und unter das Volk bringen sollte. Ja es ist nicht ausgeschlossen, daß einige dieser Veröffentlichungen den Kaiser selbst zum Verfasser haben. So brachte der Professor Leopold Alois Hoffmann die beiden Schriften „Babel“ und „Ninive“ heraus, die mit Hilfe des Kaisers ohne Berührung mit der Zensurstelle und ohne daß ein Minister davon etwas erfuhr, veröffentlicht wurden. Für Ungarn ließ Jószef Izdenczy Bücher ähnlicher Art erscheinen. Ein ehemaliger Offizier, János Laczkovics, überarbeitete Schriften von Ignaz Joseph Martinovics, der später ein Haupt der sogenannten „Jakobinerverschwörung“ werden sollte. Martinovics selbst schrieb eine gelehrte Abhandlung über die Mängel der bestehenden ungarischen Verfassung. All diese Veröffentlichungen wurden nicht zensuriert, sondern durch Agenten des Kaisers in die breitesten Leserschichten hineingetragen. Um die Aristokratie unter Druck zu setzen, veranlaßte Leopold II. überall die Gründung von Vereinigungen, die zur Unterstützung seiner Reformideen dienen sollten. Dabei war die Sache so geschickt aufgezogen, daß die Mitglieder dieser Vereinigungen meist gar keine Ahnung hatten, daß sie im Sinn Leopolds II. arbeiteten, sondern sich im Gegenteil für „Oppositionelle“ oder gar „gefährliche Verschwörer“ hielten. So organisierte der Wiener Universitätsprofessor Watteroth Ende 1791 im Auftrag des Kaisers eine geheime „Assoziation“, in der aristokratenfeindliche Staatsbeamte und josephinisch gesinnte Persönlichkeiten, wie etwa Franz Anton von Blanc, zusammengefaßt wurden. Sie hatte den Zweck, Widerstandsnester der adeligen Fronde in der Bürokratie zu zerschlagen und die Einschüchterung von Reformanhängern zu verhindern.

Es war nur selbstverständlich, daß Leopold II. die Massen auch durch allgemein sichtbare Verbesserungen für sich gewinnen wollte. Schon der Friedensschluß mit der Türkei hatte die Teuerungswelle zum Stillstand gebracht. Nun schaffte der Kaiser die Zeitungsstempel ab und rehabilitierte Personen, die in den letzten Tagen Josephs II. der Polizeiwillkür zum Opfer gefallen waren. Daraufhin bat der Polizeiminister Graf Pergen um seine Entlassung, die ihm auch gewährt wurde. Anstelle der „Geheimen“ sollte eine neu durchorganisierte „Öffentliche Polizei“ treten, die unter und nicht außer dem Gesetz zu stehen hatte. Eine Reihe entehrender Strafen — wie das Gassenkehren, das Schiffziehen — schaffte der Kaiser ab. Noch am 12. Februar 1792 legte Sonnenfels dem Kaiser das Konzept einer Verordnung vor, auf Grund deren bei der nächsten Tagung des böhmischen Landtages sämtliche Klassen der Bevölkerung — also auch die bisher nicht vertretenen — ihre Abgeordneten entsenden sollten. Auch für Ungarn wurde eine Verfassungsreform vorbereitet. Darnach sollte es nur mehr zwei Stände geben: den adeligen und den bürgerlichen. Der Geistliche sollte je nach seiner Herkunft zum ersten oder zum zweiten gerechnet werden. All dies war die Vorbereitung für eine gesamte Reorganisation des Staates, die der adeligen Opposition den vernichtenden Schlag versetzen sollte. „Die nicht privilegierten Untertanen Leopolds“, schreibt Ernst Wangermann, „besonders aber jene, die mit dem Kaiser engere Verbindung hatten, erwarteten zuversichtlich, daß grundlegende Reformen zustande kommen und daß sie die Vorteile einer Revolution genießen würden, ohne die mit einer Revolution verbundenen Gewalttätigkeiten erleiden zu müssen. Man kann sagen, daß die Politik Leopolds die beabsichtigte Wirkung hatte.“ Da starb, zum großen Schaden für die weitere Entwicklung Österreichs, Kaiser Leopold II. plötzlich am 1. März 1792.

Die „Jakobinerverschwörung“ in Österreich

Der Nachfolger Leopolds II. war sein ältester Sohn — Franz. Der neue Kaiser wurde 1768 in Florenz geboren, kam aber schon zu Lebzeiten seines Onkels Joseph II. nach Wien; denn dieser betrachtete ihn bereits frühzeitig als seinen Thronfolger. Joseph II. vermählte ihn auch mit der Prinzessin Elisabeth von Württemberg, einem liebreizenden Mädchen, das Joseph II. wie eine Tochter liebte. Sie starb wenige Tage vor ihm an der habsburgischen Hauskrankheit jener Tage, den Blattern. Franz, der als römischer Kaiser Franz II. ist, war das Gegenteil seines Vaters. Hatte sich Leopold II. nur auf sich selbst verlassen und keinen Günstling gehabt, war er sogar gegenüber den eigenen Kindern von Mißtrauen erfüllt und wurden unter ihm Beamte und Minister überwacht, so war Franz II. unselbständig und ohne Selbstvertrauen. So geriet er sofort nach seinem Regierungsantritt in die Hände von Ratgebern, die den Herrscher in ihrem Interesse beeinflußten. Sie waren Gegner der josephinisch-leopoldinischen Reformen, und so kamen all die hoffnungsvollen Ansätze der letzten Jahre zum Stillstand. Österreich, das 1792 in vielen Belangen an der Spitze aller europäischen Staaten marschiert war, hatte nun einen jahrzehntelangen Stillstand zu verzeichnen. Schon Ende 1792 war es allen Einsichtigen klargeworden, daß nunmehr die Epoche mutvoller Reformen zu Ende war. Die Furcht vor den Neuerungen, die aus Frankreich kommen konnten, beherrschte alles. Die Zensurvorschriften wurden verschärft. Ihnen fielen so bedeutende Organe wie der „Straßburger Kurier“ und die „Allgemeine Literaturzeitung“, die in Jena erschien, zum Opfer. Ebenso gelang es den Ratgebern des jungen Kaisers, Franz II. zur Kriegserklärung an Frankreich zu veranlassen. Dies ging umso leichter, als im August 1792 die französische Monarchie ihr Ende gefunden hatte und die königliche Familie gefangengesetzt worden war. Noch Leopold II. hatte den Versuchungen widerstanden, Österreich in einen direkten Kampf mit Frankreich zu verwickeln. Jetzt glückte es einem der leitenden Beamten der österreichischen Staatskanzlei, Spielmann, der hinter dem Rücken des Staatskanzlers Fürst Kaunitz mit preußischen Agenten in Verbindung stand, den Kaiser zu bewegen, den entscheidenden Schritt zu tun. Man hielt dem Herrscher die Möglichkeit vor Augen, nicht nur seine Verwandten in Frankreich zu retten, sondern auch Landgewinn für Österreich zu erlangen. Österreich sollte wieder einmal — diesmal mit Zustimmung Preußens — die Österreichischen Niederlande gegen Bayern eintauschen. Preußen wollte sich an einer neuen Teilung Polens beteiligen, die auch 1793 zustande kam, aber nur von Rußland und Preußen durchgeführt wurde. Die Folge der hinter seinem Rücken gemachten Politik war das Ausscheiden des Fürsten Kaunitz aus seinem Amt als Haus-, Hof- und Staatskanzler, der er unter drei Herrschern gewesen war. Er hielt die nunmehr eingeschlagene Politik einer angesehenen Großmacht, wie es Österreich sein sollte, für unwürdig.

Der nun einsetzende Krieg gegen Frankreich, dessen Folge die Radikalisierung des französischen Volkes war und der der Königsfamilie rascher, als es sonst der Fall gewesen wäre, das Leben kostete, war notwendig mit finanziellen Aufwendungen verbunden. Sie wurden dem Kaiser von den Ständen nur unter der Bedingung bewilligt, daß die Reformen eingestellt und womöglich rückgängig gemacht wurden. Die Zentralverwaltung wurde schon im November 1792 reorganisiert; man benützte die Gelegenheit, alle Josephiner und Reformfreunde von den maßgebenden Stellen zu entfernen. Der Kaiser schrieb persönlich am 6. Dezember des gleichen Jahres triumphierend an seinen Bruder Alexander Leopold: „Ich habe so viel wie möglich alle räudigen Schafe ausgeputzt." Die neue Regierungspolitik führte in Österreich zu tiefgreifender Unzufriedenheit. Die Bauern vor allem wehrten sich gegen eine Einschränkung ihrer schon gewonnenen Freiheit. Sie nannten sich „Josephiner", wie aus einer im Februar 1793 gefundenen Flugschrift hervorgeht, die mit dem Satz „Aus dem geheimen Nationalkonvent des josephinischen freien Böhmen in Prag" endet. Die Opposition wendete sich auch gegen den Krieg, der nach anfänglichen Erfolgen unglücklich verlief und die französischen Revolutionsheere nach den Österreichischen Niederlanden und an den Rhein brachte. Preußen schied übrigens 1795 im Sonderfrieden von Basel aus dem Bündnis gegen Frankreich aus und anerkannte das Recht Frankreichs auf das linke Rheinufer. So trug die Monarchie die Hauptlast des Kampfes auf dem Kontinent: denn die anderen Verbündeten des sogenannten „Ersten Koalitionskrieges" (1792—1797) waren nur auf Nebenkriegsschauplätzen beschäftigt. Die Abneigung, für eine Sache in den Kampf zu ziehen, die sie nicht direkt berührte, wurde in Liedern ausgedrückt, die auf dem Lande gesungen wurden. Eins davon lautete:

Was kümmern mich die Großen,
die Narren die,
schon Ströme Blutes flossen
dahin für sie.
Wer Händel hat, mach selber aus,
ich bleib bei meinem Geld zu Haus!

Dazu kam noch, daß mancher österreichische Zeitungs- und Bücherleser die Meinung der maßgebenden Regierungsstellen, der Krieg gegen Frankreich werde rasch verlaufen, nicht teilte. Der österreichische Leutnant Hebenstreit, in die späteren Jakobinerprozesse verwickelt, sagte bei seinen Verhören aus: „Die Reden ... waren ..., diesen Krieg betreffend, welchem ich immer einen üblen Ausgang deutete, weil ich mich nie überzeugen kann, daß Armeen gegen ein ganzes Volk sich behaupten können." Auch einige ehemalige Mitarbeiter Leopolds II. versuchten, durch Veröffentlichungen und sogar durch persönliche Audienzen Kaiser Franz II. zu überzeugen, daß der Krieg ein Unglück sei. Sie fanden alle nur ungnädige Aufnahme.

Unter dem Eindruck dieser Opposition wurde die von Leopold II. aufgelöste Geheimpolizei wiederhergestellt. Der Polizeichef der letzten Jahre Josephs II., Graf Pergen, wurde 1793 wieder mit der Leitung der Polizei betraut. Sein Stellvertreter wurde Graf Franz Joseph Saurau. Nun ging man mit den schärfsten Mitteln der Überwachung gegen alles vor, was irgendwie einen revolutionären, ja bloß reformfreundlichen Charakter zu haben schien. Bücher, Veranstaltungen, die Kaffee- und Gasthäuser, alles wurde nunmehr der Kontrolle unterworfen. Sie erstreckte sich auch auf rein private Zusammenkünfte, wie die in Wien üblichen Theateraufführungen in Privathäusern. Graf Pergen verlangte vom Kaiser die absolute Gewalt, gegen Personen vorgehen zu können, die eines Verbrechens, vor allem politischer Art, verdächtig erschienen, ohne daß man es ihnen juristisch hätte nachweisen können. Es ist aber für die Stärke der unter Leopold II. erfolgten Regelung zugunsten eines Rechtsstaates bemerkenswert, daß es Pergen nicht gelang, vom Kaiser eine derartige Vollmacht zu erhalten. Franz II. besaß ein inneres Gerechtigkeitsgefühl, das nur durch die von seiner Umgebung genährte Furcht vor einer Revolution zurückgedrängt wurde. So entschied er Pergen gegenüber: „Wie sich ferner mit dergleichen Schuldigen zu benehmen sei, läßt sich nicht bestimmen, und kommt es mir mehr oder weniger auf die Gattung und Größe selber Verbrechen an."

Wie stand es aber nun tatsächlich um die Furcht des Kaisers, daß es in Österreich zu ähnlichen Ereignissen wie in Frankreich kommen könne, wo eben Ludwig XVI. am 21. Jänner 1793 in Paris hingerichtet worden war? Es ist auf Grund der vorliegenden Akten und Zeugenaussagen nachweisbar, daß wenigstens die Häupter der sogenannten „Jakobinerverschwörung" in Österreich nichts anderes im Sinn hatten, als eine Opposition gegen die Politik der Regierung zu organisieren, die bewogen werden sollte, zu den Maximen Leopolds II. zurückzukehren. Derartige Zirkel bildeten sich in allen Ländern der Monarchie, sind aber aktenmäßig nur in Wien, der Obersteiermark, in Ungarn und in Innsbruck nachzuweisen. Der Tiroler Kreis bestand vor allem aus Universitätsstudenten, an deren Spitze der Italiener Ferrari stand. Gegen sie wurde kein Kriminalverfahren eingeleitet. In der Steiermark befanden sich bürgerliche Abgeordnete des Landtages und ihre Wähler unter den Oppositionellen, die auch nach erfolgtem Verbot, ihre Agitation für die Zulassung der Bauern in den Landtag einzustellen, weiterhin für die Gleichberechtigung aller Steirer kämpften. In Wien sammelten sich die sogenannten „Jakobiner" um die ehemaligen Mitarbeiter Leopolds II. So verkehrte im Haus von Andreas Riedel jener Leutnant Hebenstreit, der einen unklaren Sozialismus vertrat. Um den Direktor des Tierärztlichen Instituts, Professor Wollstein, scharten sich Intellektuelle, so der Magistratsrat Martin Prandstätter und der Vorarlberger Advokat Dr. Jutz. Im Haus des bekannten Dichters der josephinischen Zeit, Alois Blumauer, kamen

Persönlichkeiten wie Martinovics, Abbé Strattmann und der Polizeikommissär von Lemberg, Franz Xaver Troll, zusammen. Die beiden letzteren waren vom Kaiser Leopold II. für seine Reformpropaganda benützt worden. Die Tätigkeit dieser Kreise bestand vor allem in der Lektüre verbotener Zeitungen und Bücher, in der Diskussion über innen- und außenpolitische Fragen und schließlich in den Versuchen, ihre Ideen unter anderen zu verbreiten. Es wurde niemals von einer direkten „Aktion" oder gar von einer Revolution gesprochen. Immer wieder tauchte der Name Leopold auf, in dessen Geist sie zu arbeiten wähnten. Man suchte mit Rundschreiben, Gesuchen und Unterschriftensammlungen seine Ansichten durchzusetzen. Als Mitglieder der steirischen Kreise im Juni 1794 nach Wien kamen, veranstalteten die Wiener zusammen mit ihnen eine Art Feier im Stil der Freimaurer auf dem Gipfel des Kahlenberges, und hier schwur man der Freiheit Treue und den „Despoten" ewige Feindschaft.

In Ungarn ging man weiter. Hier waren außer in Pest auch in Kaschau, Großwardein und in Güns Zirkel entstanden, zu denen viele Advokaten, Staatsbeamte und sogar ein Adeliger wie Alajos Batthyáni aus der bekannten Magnatenfamilie gehörten. Batthyáni war der Verfasser der Schrift „Ad amicam auream", die gegen die aristokratisch-ständische Verfassung des Landes gerichtet war. An die Spitze der ungarischen „Jakobiner" trat Martinovics, der die Hoffnung verloren hatte, Kaiser Franz II. zur Politik seines Vaters Leopold II. zurückführen zu können. Im Gegensatz zu den Wiener, Innsbrucker und den steirischen Gesinnungsgenossen begann man in Ungarn mit der Organisierung. Martinovics gründete die „Gesellschaft der Freiheit und Gleichheit". Als Ziel wurden die Beseitigung der feudalen Gesellschaft und die Errichtung einer ungarischen Republik genannt. Dazu kam eine zweite Geheimgesellschaft, die „der Reformierten", in der der ungarische Kleinadel gesammelt wurde, und die die radikalen Ziele sorgfältig verbarg. Ihre Mitglieder hatten von der Existenz der „Gesellschaft der Freiheit und Gleichheit" keine Ahnung. Beide Gruppen gewannen ungefähr 300 Mitglieder.

Es besteht heute kein Zweifel darüber, daß die Nachrichten von einer Verschwörung wohl übertrieben, wenn nicht überhaupt nur der Phantasie von Denunzianten entsprungen waren; zumindest was Österreich im engeren Sinn anlangt. Die Verhältnisse in Ungarn waren anders gelagert, und hier war eher ein Grund zu Befürchtungen vorhanden. Die ungarischen Jakobiner — um diesen in den Polizeiakten der Zeit verwendeten Ausdruck zu gebrauchen — hatten ein fest umrissenes Programm und wußten auch, welche Mittel sie zu seiner Verwirklichung anwenden müßten. Was aber tatsächlich vorhanden war, war eine allgemeine Mißstimmung und Unzufriedenheit unter den bäuerlichen und kleinbürgerlichen Schichten der Bevölkerung. So schrieb der Kaiser am 2. Jänner 1794 an seinen Bruder: „Mit den ungarischen Truppen bei Wurmser bin ich leider nicht zufrieden, denn das Raisonieren sogar bei Offizieren ist sehr stark, sie desertieren häufig und lassen sich beständig mit den feindlichen Vorposten in freundschaftliche Gespräche ein." Die Bevölkerung zeigte auch kein

Verständnis dafür, daß Österreich jetzt auf einmal mit Preußen zusammenging, mit jenem Preußen, dem man zu mißtrauen gewohnt war; und daß man sich an der dritten Teilung Polens zu beteiligen entschlossen hatte, obwohl gerade dieser Staat durch die Maiverfassung sich eine neue, moderne Grundlage gegeben hatte.

Diese Mißstimmung, und nicht die erst jetzt erfolgte Entdeckung der einzelnen „Jakobiner"kreise, führte zum Eingreifen der Polizei, die rasch nacheinander Verhaftungen vornahm. Dabei benützte man Agents provocateurs, die den arglosen Männern Äußerungen entlockten, die ihnen dann als Verbrechen ausgelegt wurden, obwohl sie zum Teil unter dem Einfluß von Alkohol zustande gekommen waren. Man warf den Verhafteten im einzelnen vor: Vorbereitung eines Aufstandes, illegale Verbrüderungen, Verbreitung aufrührerischer Flugschriften, Bücher, Lieder, Hilfe und „Mitwisserschaft" bei der Begehung der eben erwähnten Verbrechen. Die Verhaftungen waren zwischen Juli und September 1794 erfolgt, die Voruntersuchung begann bereits im November. Die ungarischen Teilnehmer an der vorausgesetzten Verschwörung wurden nach Buda gebracht und dort dem königlichen Gericht übergeben. In Österreich, wo die Todesstrafe seit 1787 abgeschafft war, bemühte sich der Vizepolizeipräsident Graf Saurau, Kaiser Franz II. zur Einsetzung eines geheimen Sondergerichtshofes zu bewegen. Aber der zweite Präsident der Obersten Justizstelle, Freiherr Karl Anton von Martini, ein Bekenner des Rechtsstaatsgedankens, setzte sich mit all seiner Autorität dafür ein, daß die Gesetze beachtet würden. Es gelang ihm trotz wiederholter Vorstöße der Polizeibehörden seine Ansicht wenigstens bezüglich der angeklagten Zivilpersonen bei Kaiser Franz II. durchzusetzen. Obwohl die Behandlung während der Prozeßführung alles andere als mild war, und einer der Angeklagten noch während der Untersuchungshaft wahnsinnig wurde, rettete diese Verhandlung vor dem normalen Gericht einer Reihe von Angeklagten das Leben. Nur die der Militärgerichtsbarkeit unterstehenden Männer wurden zum Tod verurteilt. Da der eine von ihnen, Gilovsky, während der Haft Selbstmord begangen hatte, wurde nur Leutnant Hebenstreit am 8. Jänner 1795 hingerichtet. Ein dritter, Hauptmann Billek, kam mit zehn Jahren Festung davon. Härter urteilte man in Ungarn, wo die Todesstrafe im ordentlichen Verfahren 1793 wieder eingeführt worden war. Martinovics und siebzehn andere Angeklagte wurden zum Tode, sechzehn zu hohen Kerkerstrafen verurteilt. Die Todesstrafe wurde an sieben Personen vollstreckt Die anderen begnadigte Kaiser Franz II. zu Kerkerstrafen von unbestimmter Dauer. Martinovics bestieg am 20. Mai 1795 auf der Blutwiese in Buda das Schafott. Er hatte noch in einer seiner letzten Verteidigungsreden betont, daß er nichts anderes im Sinn gehabt habe, als die „Reformatio Leopoldina" (die Reform Leopolds II.) zu vollenden. Im österreichischen Staatsrat protestierte als einziger Graf Zinzendorf gegen die Art und Weise, in der die Polizei „Verbrecher gemacht" habe und bezeichnete die Verwendung von Spitzeln und Provokateuren als einen „Mißbrauch der geheimen Polizei, der nicht gleichgültig ist".

Die Folge der Jakobinerprozesse war zuerst einmal die Verschärfung der Strafgesetzgebung in Österreich und die Wiedereinführung der Todesstrafe für Hochverrat. Die Zensurvorschriften wurden noch schärfer gehandhabt, und im Juni 1795 schloß man alle bestehenden Freimaurer- und Illuminatenlogen. Seit 1801 fiel dann die Zensur unter die Kompetenz der Polizei, womit Graf Pergen eines seiner Hauptziele erreicht hatte. Um den Zustrom unerwünschter Fremder und von anderen Bevölkerungsschichten in den Städten zu hemmen, wurde die polizeiliche Ausweisung aller, die keinem bestimmen Beruf nachgingen, verfügt. Die Errichtung von Fabriken, insbesondere in Wien, wurde eingeschränkt und das Heiraten für Gesellen und Lehrlinge unterzog man einer Reihe von Beschränkungen. Die Ansicht Pergens war, daß wachsende Wirtschaft und arbeitende Menschen für die Sicherheit des Staates gefährlich seien; denn Arbeitslosigkeit und Armut erzeugten die Stimmen der Unzufriedenheit und machten für die Revolution reif. Die kaiserliche Verordnung vom 9. Jänner 1795, mit der all diese Verfügungen in Kraft traten, bedeutete auch das Ende der unter Maria Theresia und Joseph II. so hoffnungsvoll begonnenen wirtschaftlichen Aufwärtsentwicklung Österreichs. Man ging sogar so weit, Unterricht und Bildung für breite Volksschichten negativ zu beurteilen, wie ein Memorandum vom 16. April 1795 verrät, das dies mit Bezug auf Ungarn feststellt; es stammt vom Palatin persönlich. „Ich bin", so heißt es darin, „von dem allgemeinen Nutzen der Normalschulen... in bezug auf die Bauern nicht überzeugt. In Ungarn gar scheint die Erziehung und Aufklärung des Landvolkes eine verworrene Arbeit zu sein, und wenn sie es auch nicht ist, so kann sie leicht ausarten und schädlich werden... und da es die Obliegenheit der Seelsorger ist, das Landvolk in seinen... Standespflichten zu unterrichten, so scheint, daß die Dorfschule hierzulande, wo die noch kleinen Kinder meist zur Viehhütung oder anderen geringen Feldarbeiten gebraucht werden, sehr unnütz ist."

Der Aufstieg Napoleons

Während dieser Ereignisse im Innern des habsburgischen Reiches war der Krieg gegen Frankreich das außenpolitische Sorgenkind der Wiener Regierung. Die Kriegspolitik hatte schon bisher nicht den erwarteten Erfolg gezeigt. Die Österreichischen Niederlande waren verlorengegangen. Preußen hatte, wie wir schon erwähnten, einen Sonderfrieden geschlossen. Nun trat auch Spanien aus der antifranzösischen Koalition aus. Man sprach 1795 auch von Friedensunterhandlungen Wiens. Doch hier führte jetzt Minister Thugut die außenpolitischen Geschäfte. Er war aus der Schule des Fürsten Kaunitz hervorgegangen. Sein Name wurde bereits an anderer Stelle erwähnt. Die Geschichtsschreibung des 19. Jahrhunderts hat ein ungünstiges Bild dieses Mannes entworfen, vielleicht weil er ein fanatischer Verteidiger des österreichischen Staatsgedankens und ein ebenso heftiger Gegner Preußens war.

Er stammte aus bürgerlichen Kreisen, war der Sohn eines kleinen Finanzbeamten und konnte diese seine Herkunft nicht verleugnen. Hart und brutal dort, wo er die Macht in der Hand fühlte, verstand er es ebenso, zähneknirschend Niederlagen einzustecken, ohne sich durch sie entmutigen zu lassen. Es war sein unermüdliches Bestreben, alle Fäden der Politik in den Händen zu halten. Selbst in die militärische Führung des Krieges mischte er sich ein. Vielleicht waren manche Mißerfolge im Feldzug gegen Frankreich auch darauf zurückzuführen, daß Thugut den Kaiser bewog, nicht alle Kräfte einzusetzen; denn er fürchtete für diesen Fall, daß Preußen das Engagement Österreichs benützen und plötzlich über den alten Rivalen herfallen würde. Er war eines der Häupter der Wiener Kriegspartei gewesen und gaukelte dem Kaiser das Traumbild einer Vergrößerung der Monarchie vor; wo diese Vergrößerung zu holen sein werde, war selbst ihm nicht klar: in Bayern, in Polen, in der Türkei oder selbst in Frankreich. Tatsächlich gelang es ihm aber nur, bei der dritten Teilung Polens 1795 das sogenannte „Westgalizien" für Österreich zu gewinnen. Ebenso vermochte er England dazu zu bewegen, eine neue Anleihe für die Aufstellung eines Heeres von 200.000 Mann zu bewilligen. An Stelle der in sich zerfallenden Koalition von 1792 trat nunmehr ein englisch-österreichisch-russisches Bündnis, das den Krieg gegen Frankreich intensivieren und siegreich zu Ende führen sollte.

In diesem Augenblick trat Napoleone Buonaparte — wie der Name eigentlich lautet — auf den Schauplatz der Geschichte. Im Jahr 1769 zu Ajaccio auf der Insel Korsika geboren, hatte er sich in der Revolution verdient gemacht und war nunmehr zum Oberkommandanten der französischen Armee an der italienischen Grenze bestellt worden. Die Wiener Regierung entschloß sich jetzt auch, die Propaganda unter den breiten Massen zu verstärken und so die letzten Reste jener Gesinnung zum Verschwinden zu bringen, die zu den Jakobinerprozessen geführt hatten. Im Auftrag des Polizeivizepräsidenten Graf Saurau komponierte damals Joseph Haydn zu einem Text von Lorenz Leopold Haschka die österreichische Volkshymne „Gott erhalte Franz den Kaiser", der die Melodie eines kroatisch-burgenländischen Volksliedes als Anregung diente. Die Stimmung in weiten Kreisen schlug tatsächlich um, als nun französische Heere unmittelbar die österreichischen Erbländer bedrohten. Bisher war Süddeutschland als Hauptkriegsschauplatz angesehen worden, und hier errangen auch die österreichischen Truppen unter dem Oberkommando des Erzherzogs Carl, eines Bruders des Kaisers, bei Würzburg am 3. September 1796 einen entscheidenden Sieg und drängten die Franzosen über den Rhein zurück. Aber in Oberitalien erschien jetzt Napoleon, dessen Feldherrngenie erst allmählich begriffen wurde. Er schlug seine Gegner bei Montenotte und Millesimo und zwang den König von Sardinien zum Friedensschluß. Bei Lodi über die Adda gehend, besetzte er die österreichische Lombardei. Der österreichische Oberkommandierende, General Wurmser, wurde in Mantua eingeschlossen und kapitulierte am 2. Februar 1797. Nun war Napoleon der Weg in das Innere Österreichs geöffnet. Er drang über den Isonzo gegen Laibach vor, das der zum neuen Oberkommandierenden in Italien ernannte Erzherzog Carl räumen mußte. Jetzt sah sich die Wiener Regierung veranlaßt, zu einem Mittel zu greifen, das vielleicht früher von Wirksamkeit gewesen wäre. Man rief nach französischem Muster das gesamte Volk zur Verteidigung des Vaterlandes auf. In dieser Lage zeigte es sich, daß die unzufriedene und kleinmütige Stimmung, die in den vorhergehenden Jahren festgestellt worden war, unter dem Eindruck des Appells an den Patriotismus der Österreicher wie weggeblasen war. Aber es war zu spät. Der heftigste Gegner eines Friedensschlusses blieb noch immer Thugut, und gegen ihn richtete sich die Wut des Volkes. Aber auch Napoleon, dessen Truppen bereits bei Leoben in der Obersteiermark standen, fürchtete, um die Früchte seiner Siege betrogen zu werden: In Tirol rüstete das Landvolk zum Aufstand in den von den Franzosen besetzten Gegenden, und die französischen Truppen drängten in Süddeutschland wieder die Österreicher zurück. Dazu kam das Ausbleiben der englischen Hilfsgelder, der Rückzug der englischen Flotte aus dem Mittelmeer und nicht zuletzt der Tod der Kaiserin Katharina II. von Rußland, deren Erbe, Zar Paul I. (1796—1801), durchaus nicht an einem weiteren Kampf an der Seite Österreichs interessiert war. Im Eggenwaldschen Garten zu Leoben wurde ein Vorfriede geschlossen, dem der endgültige Friedensschluß zu Campo Formio (in Venetien) am 18. Oktober 1797 folgte. Österreich trat die Lombardei und die

Österreichischen Niederlande ab, erhielt aber dafür das Gebiet der Republik Venedig bis zur Etsch sowie das venetianische Istrien und Dalmatien. Außerdem willigte Kaiser Franz II. in die Abtretung des linken Rheinufers an Frankreich ein — Preußen hatte schon 1795 dieser Bestimmung zugestimmt — und versprach einen Kongreß in Rastatt zu beschicken, auf dem über die Entschädigung jener deutschen Fürsten verhandelt werden sollte, die auf dem linken Rheinufer Gebiete verlieren sollten.

Campo Formio war allerdings nur eine kurze Pause. Der Kongreß, der in Rastatt zusammentrat, zeigte den Willen der französischen Regierung, alle potentiellen Gegner Österreichs zu unterstützen. Obwohl zu Campo Formio ausdrücklich bestimmt worden war, Preußen solle keine territorialen Entschädigungen erhalten, wurde auch darüber verhandelt. Noch während des Kongresses besetzten französische Truppen Rom und machten aus dem Kirchenstaat die „Römische Republik". In der Schweiz wurde die altständische Verfassung gestürzt und eine „Helvetische Republik" errichtet. In Wien kam es schließlich zu einem diplomatischen Zwischenfall, als die französische Trikolore herabgerissen wurde, die der französische Botschafter Bernadotte gehißt hatte. Noch während der Kongreß in Rastatt tagte, begannen die Feindseligkeiten. Ein neapolitanisches Heer rückte unter dem Befehl des österreichischen Generals Mack im ehemaligen Kirchenstaat ein und vertrieb die Franzosen aus Rom. Dieser Handstreich endete aber mit einer Niederlage Macks, der sich nicht bloß wieder nach Süditalien zurückziehen mußte, sondern es nicht verhindern konnte, daß jetzt die Franzosen Neapel besetzten und die „Parthenopäische Republik" ausriefen. Ungefähr zur selben Zeit waren russische Truppen als Verbündete Österreichs in Mähren eingerückt, und österreichische Regimenter besetzten das schweizerische Graubünden. Am 1. März 1799 rückten die Franzosen über den Rhein, und am 3. März ging Erzherzog Carl von Österreich über den Lech. Doch die offizielle Kriegserklärung erfolgte erst am 12. März. Damit begann der sogenannte „Zweite Koalitionskrieg" (1799—1801/02) gegen Frankreich. Die Verbündeten verfolgten allerdings verschiedene Ziele und der Zusammenhang zwischen ihnen war nur sehr locker. Ihr anfänglicher Vorteil bestand darin, daß Napoleon sich nach Ägypten begeben hatte und von dort nicht mehr zurück konnte, da der englische Admiral Lord Nelson die französische Flotte in der Seeschlacht bei Abukir vernichtet hatte. Eine üble Begleiterscheinung des Krieges war der Rastatter Gesandtenmord.

Die französischen Gesandten des Kongresses, die sich übrigens sehr überheblich benommen und an allen Seiten angeeckt hatten, wurden bei der Abreise überfallen und bis auf einen niedergemacht. An diesem Völkerrechtsbruch, dessen Hintergründe bis heute nicht ganz aufgeklärt wurden, waren nach aller Wahrscheinlichkeit österreichische Husaren eines Székler Regiments beteiligt.

Der Krieg führte russische und österreichische Truppen nach der Schweiz und nach Italien. Erzherzog Carl siegte bei Ostrach und Stockach am 20. und 25. März 1799 über den französischen General Jourdan. Er rückte dann in die

Schweiz ein und schlug den französischen General Masséna bei Zürich. Die politischen Pläne Österreichs wurden durch diese Erfolge umfangreicher. Thugut, der zwar offiziell als Außenminister nach dem Rastatter Gesandtenmord zurückgetreten war, aber in Wirklichkeit weiterhin die österreichische Politik leitete, schlug dem Kaiser vor, ganz Oberitalien von den Alpen bis zur Adria österreichisch zu machen. Damit wären auch die Besitzungen eines Verbündeten, des Königs von Sardinien, gefährdet gewesen. Auch der Zar von Rußland sah in diesen Ausdehnungsplänen eine Steigerung der österreichischen Macht, die ihm gefährlich erschien. Der russische Feldmarschall Suworow, der in Italien auch die österreichische Armee kommandiert hatte, wurde nach der Schweiz abgeschoben und erlitt beim Übergang über die Alpen schwerste Verluste. Die Folge davon war der Austritt Rußlands aus der Koalition und die Heimkehr der russischen Truppen.

Unterdessen war Napoleon in abenteuerlicher Überquerung des Mittelländischen Meeres nach Frankreich zurückgekehrt. Er hatte die Regierung gestürzt und selbst als „Erster Konsul" die Macht ergriffen. Nun bot er Österreich und England den Frieden auf Grund der Bestimmungen von Campo Formio an. Erzherzog Carl befürwortete in Wien die Annahme dieses Vorschlages. Aber Thugut brachte Kaiser Franz II. dazu, ihn abzulehnen, und er erfüllte seinen kaiserlichen Herrn mit solchem Mißtrauen gegen seinen erzherzoglichen Bruder, daß dieser sich bewogen fühlte, das Oberkommando niederzulegen.

Zu Beginn des Jahres 1800 standen die österreichischen Armeen in Süddeutschland vom Bodensee bis über den Rhein hinaus. In Italien belagerte der österreichische General Melas Genua. Da überschritt Napoleon mit einer neugebildeten Armee den großen St. Bernhard, nachdem er das Fort Bard niedergezwungen hatte, in dem der österreichische Hauptmann Bernkopf heroischen Widerstand leistete. Am 14. Juni 1800 kam es dann beim Dörflein Marengo zu einer Entscheidungsschlacht. Napoleon wurde von den Österreichern geschlagen, und die französische Armee trat den Rückzug an. Da erschien gegen Abend der französische General Desaix und verwandelte den Sieg der Österreicher in eine Niederlage. Da er selbst im Kampf fiel, konnte sich Napoleon den Erfolg zuschreiben.

Auch in Süddeutschland waren die Franzosen siegreich gewesen. Sie drängten den österreichischen General Kray, der Erzherzog Carl abgelöst hatte, bis an die österreichische Grenze zurück. Am 15. Juli schloß Kaiser Franz II. den Waffenstillstand von Parsdorf. Da dieser auf Kosten Bayerns ging, erregte er die Erbitterung der Bundesgenossen Österreichs. Nachdem auch in Italien die Waffenruhe eingetreten war, kam es zu Friedensbemühungen, obwohl sich Thugut heftig jeder Abmachung widersetzte. England stellte schließlich die Zahlung der Hilfsgelder ein. Im Auftrag des Kaisers begab sich Graf Kobenzl nach Lunéville, wo Friedensverhandlungen geführt werden sollten. Unterdessen war es in Süddeutschland nochmals zu Kampfhandlungen gekommen. Ein anderer Bruder des Kaisers, Erzherzog Johann, übernahm aus den Händen Krays den

Oberbefehl und erlitt bei Hohenlinden eine vernichtende Niederlage. Die Franzosen drangen in Oberösterreich ein und gingen bis an die Enns vor. Jetzt mußte der immer wieder zurückgesetzte Erzherzog Carl den Oberbefehl übernehmen. Er riet im Hinblick auf die schlechte Stimmung in der Bevölkerung und die Auflösungserscheinungen im Heer zum Frieden. Am 25. Dezember wurde der Waffenstillstand zu Steyr geschlossen.

Die nächste Folge der eingetretenen Katastrophe war der endgültige Rücktritt Thuguts. Kaiser Franz II. entließ ihn, der sich immerhin gewisse Verdienste um Österreich erworben hatte, auch wenn er die Lage oft falsch beurteilte, in schroffster Weise und in allen Ungnaden. Im Frieden von Lunéville, der am 9. Februar 1801 zustande kam, wurden Österreich verhältnismäßig günstige Bedingungen zugestanden. Es verzichtete abermals auf die Niederlande und konnte dafür Venetien, Istrien und Dalmatien behalten. Die habsburgischen Nebenlinien, die bisher in Toscana und in Modena regiert hatten, wurden mit Salzburg samt Berchtesgaden, Freiburg im Breisgau und anderen kleineren Gebieten abgefunden. Eine Neuordnung der Besitzverhältnisse sollte durch eine Reichsdeputation erfolgen, die in Regensburg zusammentrat.

Das Ende des Heiligen Römischen Reiches

Die Beschlüsse der sogenannten Reichsdeputation in Regensburg, als Reichsdeputationshauptschluß bekannt, besiegelten das Ende des tausendjährigen Heiligen Römischen Reiches, auch wenn dessen formelles Ende noch drei Jahre auf sich warten ließ; denn hier wurden 1803 die bisher bestandenen Grundfesten der Reichsordnung zerstört. Als Entschädigung für die an Frankreich verlorengegangenen Gebiete erhielten die deutschen Fürsten die Länder der kleinen Reichsritter, Reichsstädte und Herrschaften, aber auch die meisten kirchlichen Besitzungen (Säkularisation). Dabei ging man in großzügiger Weise vor, die jenen zugute kam, die mit den maßgebenden Faktoren der Reichsdeputation gut standen. So wurde Preußen doppelt soviel zugeteilt, als es verloren hatte, darunter die Abteien Essen, Elten, Werden in Westfalen, die Bistümer Münster und Hildesheim. Das letztere wurde später Hannover überlassen. Der Prinz von Oranien kam in den Besitz der Abtei Corvey. Bayern verleibte sich alle innerhalb seiner Grenzen liegenden Abteien, Klöster und Bistümer (wie Würzburg) ein. Der Erzbischof von Mainz, Karl Theodor von Dalberg, wurde dadurch zur Zustimmung bewogen, daß man ihm Regensburg mit reichem Einkommen überließ und ihn zum Primas von Deutschland machte. Die Klöster wurden, soweit sie bestanden, in den einzelnen Staaten einfach beschlagnahmt und ihren Insassen selbst Gegenstände des persönlichen Gebrauchs weggenommen. In Österreich hatte man seinerzeit unter Joseph II. den Klosterinsassen freigestellt, in ein anderes Kloster überzutreten, das bestehenblieb, nach Hause zurückzukehren oder, im Falle es sich um ältere Personen handelte, mit einer lebenslänglichen Pension von dannen zu gehen. Auch jetzt war der Gewinn

Österreichs an geistlichem Besitz nur bescheiden: es fielen ihm die bambergischen und freisingischen Gebiete innerhalb Österreichs und die Bistümer Trient und Brixen zu, die schon jahrhundertelang praktisch unter der Oberhoheit der Habsburger als gefürsteter Grafen von Tirol gestanden waren.

Erzherzog Carl, der seit 1801 Kriegsminister war, hatte es sich zur Aufgabe gemacht, den Staat nach den beiden verlorenen Kriegen innerlich wieder aufzurichten. Es zeigten sich die Folgen der abgebrochenen Reformen Josephs II. und Leopolds II. in erschreckender Deutlichkeit. Bei seinen Reisen durch die österreichischen Länder fand der Erzherzog die Bewohner verzweifelt, die Wirtschaft darniederliegend, die Justiz verkommen, den Unterricht verwahrlost. Denn, wie er urteilte, es konnte nicht anders sein, da „Männer zu Ministern ernannt werden, die sich öffentlich rühmen, in dreißig Jahren weder Buch noch Zeitung gelesen zu haben". Die Staatsschulden waren um 1802 bereits auf 27 Millionen angestiegen. Papiergeld, die Bankozettel, waren in der Höhe von 400 Millionen Gulden im Umlauf. Für sechs Gulden Bankozettel bekam man fünf Gulden in Münzgeld. Daher wollte jeder Münzgeld erhalten und hortete es. Erzherzog Carl sagte weitsichtig den kommenden Staatsbankrott voraus.

Es war für den erzherzoglichen Kriegsminister nicht immer leicht, sich durchzusetzen. Wie früher Thugut sein Gegner gewesen war, so jetzt die Schwiegermutter des Kaisers, die Königin Karoline von Neapel. Ebenso natürlich jene Minister, denen die ständige Ermahnung des Erzherzogs zur Arbeit und zu guter Führung der Geschäfte lästig wurde. Immerhin gelang es ihm, eine beachtliche Reform des österreichischen Militärwesens zu erreichen. Insbesondere wurde die lebenslängliche Dienstzeit der Soldaten abgeschafft, die einem einmal Eingezogenen jede weitere Lebenshoffnung abschnitt. An ihre Stelle trat eine zeitlich beschränkte: bei der Infanterie 10, bei der Kavallerie 12 und bei der Artillerie 14 Jahre. Damit wurde auch dem ständigen Desertieren zum Heer Einberufener gesteuert. Noch 1802 waren 27.000 Stellungspflichtige nach offizieller Angabe „absent, unwissend wo". Der Erzherzog beseitigte auch die übermäßig angeschwollene Bürokratie in der Armee, die den Obersten zum Verwaltungsbeamten des Regiments stempelte, und gab ihn seiner eigentlichen Aufgabe, die Truppe zu führen, zurück. Ein eigenes Exerzierreglement schuf jene militärischen Fachausdrücke — so „Habt acht!" u. a. —, die noch heute im österreichischen Bundesheer Anwendung finden. Die österreichische Kommandosprache hat eine uralte Tradition. Sie geht — wie Werner Hahlweg (in der „Österreichischen Militärischen Zeitschrift", Mai - Juni 1968) feststellt, „letzthin auf den Griechen Ailianos, seine Quellen, aber auch seine byzantinischen Überlieferer, darüber hinaus seine humanistischen und holländischen Übersetzer zurück. Das griechische ‚Sei still und gehorche dem Befehl!', das lateinische ‚Miles attendat praeceptis!', das holländische ‚Sijt stil' oder ‚Hoert toe!' entsprechen genau in der Übersetzung dem österreichischen ‚Habt acht!'." Eine ganze Reihe der bekanntesten Kommandoworte taucht bereits im Reglement des Feldmarschalls Georg Olivier Graf Wallis (1673—1749) auf.

Da 1802 auch zwischen Frankreich und Großbritannien der Friede von Amiens geschlossen worden war, konnte man eine längere Periode der Ruhe erwarten. Es waren die Jahre, in denen Napoleon die Verwaltung und die Justiz Frankreichs neu ordnete, den berühmten Code Napoléon einführte, die Beziehungen zur katholischen Kirche wieder aufnahm und die Anstalten dazu traf, als gleichberechtigter Partner in den Kreis der europäischen Monarchen aufgenommen zu werden. Diese Entwicklung wurde durch die Ausrufung Napoleons zum erblichen Kaiser der Franzosen am 20. Mai 1804 abgeschlossen, der die Selbstkrönung in Notre-Dame in Gegenwart des Papstes folgte.

Diese neue Stellung Napoleons machte den österreichischen Hof hellhörig. Man wäre anfänglich bereit gewesen, Napoleon als König anzuerkennen. Doch dieser bestand auf dem Kaisertitel. Damit wurde die Gefahr sichtbar, die den Habsburgern drohte, da sie nur erwählte römische Kaiser waren und die Möglichkeit jederzeit offenstand, daß nach dem Tod von Franz II. Napoleon selbst dessen Kaiserkrone für sich in Anspruch nehmen könnte. So schlug der Staatsminister Cobenzl in einer eigenen Denkschrift vor, eine im habsburgischen Haus erbliche Kaiserwürde zu schaffen. Einige Zeit hindurch war man sich nicht einig darüber, in welcher Form dies zu geschehen habe. Ein Plan sah vor, einfach die Würde des römischen Kaisers für erblich zu erklären. Doch dies stellte sich als unmöglich heraus. So beschloß man, einen „Kaiser von Österreich" zu schaffen, wobei sich Österreich nicht auf die beiden Erzherzogtümer Nieder- und Oberösterreich, sondern auf das kaiserliche Haus als solches, die „Domus Austriaca", beziehen sollte. Am 11. August 1804 wurde das kaiserliche Patent bekanntgemacht, ohne daß — wie im Fall der Pragmatischen Sanktion — die Stände, Landtage oder das Volk befragt worden wären. Rein formal gesehen, war es auch ein Eingriff in die noch immer — wenn auch nur theoretisch — bestehende Reichsverfassung. Franz II. bekundete in dem angeführten Patent, daß er sich entschlossen habe, sich zum „Erbkaiser von Österreich" zu machen, doch so, daß „sämtliche Königreiche, Fürstentümer und Provinzen ihre bisherigen Titel, Verfassungen, Vorrechte und Verhältnisse fernerhin unverändert beibehalten sollen". Wir haben es also eigentlich mit der Erhebung des Hauses Habsburg zu einem erbkaiserlichen Haus zu tun, dem diese Würde nun nicht mehr genommen werden kann. Da jedoch Franz II. die römische Kaiserwürde beibehielt, besaß er für kurze Zeit zwei kaiserliche Titel. Als Erinnerung daran finden wir noch auf dem Josephsdenkmal in Wien die lateinische Inschrift „Romanorum et Austriae Imperator" — Kaiser der Römer und von Österreich. als Titel des Kaisers Franz.

Die Hoffnung auf eine längere Friedensperiode war im Augenblick der Errichtung des Erbkaisertums Österreich bereits geschwunden. Der Krieg tobte von neuem zwischen England und Frankreich. England bemühte sich nach Kräften, Österreich wieder auf seine Seite zu ziehen. Es erkannte aber bald, daß es zu diesem Zweck erst Rußland gewinnen müsse. Hier hatte Kaiser Alexander I. (1801—1825), der zuerst ein Freund und Bewunderer Napoleons gewesen war, seine Meinung geändert. Die von Napoleon angeordnete Erschießung des Herzogs von Enghien, eines bourbonischen Prinzen, am 15. März 1804 und die neue französische Kaiserwürde führten ihn dann in die Arme Englands. Russische und englische Diplomaten vereinigten nunmehr ihre Bemühungen, Wien zu einem Bündnis gegen Napoleon zu veranlassen. Aber hier war man vorsichtig geworden. Vorerst entschloß sich Kaiser Franz II. nur zu einem Defensivbündnis mit Rußland. Als sich aber Schweden und Preußen der englisch-russischen Entente anschlossen, gewannen in Wien die Führer der Kriegspartei, Erzherzog Johann und General Mack, das Übergewicht. Erzherzog Carl, der unermüdlich für den

Frieden wirkte, wurde in verletzender Weise seiner Stellung als Kriegsminister enthoben und alle Anhänger des Friedens aus den führenden Stellungen entfernt. Die Gegner Frankreichs fanden auch in dem größten Publizisten seiner Zeit, Friedrich von Gentz, einen Bundesgenossen, der seit 1802 als Hofrat in österreichischen Diensten stand. Er war wegen seiner glänzenden Feder bekannt, aber ebenso wegen der Leichtigkeit, mit der er seine Ansichten ändern konnte, wenn es für ihn vorteilhaft war. Am 9. August 1805 war es so weit. Österreich schloß sich dem russisch-englisch-schwedisch-preußischen Bündnis an und erklärte sich damit bereit, an einem Angriffskrieg gegen Frankreich teilzunehmen. Dies geschah, obwohl Erzherzog Carl erklärte, daß die Rüstungen noch nicht beendet seien. Außerdem kam es zwischen dem Erzherzog und General Mack zu einem Streit über die zu befolgende Strategie. Schließlich ging Carl an die italienische Front, während Mack in Süddeutschland kommandieren sollte.

Rascher, als es jemand erwartet hatte, kam Napoleon dem Angriff seiner Gegner zuvor. Während ihn diese in Italien vermuteten — deshalb war auch Erzherzog Carl nach Süden gegangen —, überschritt der französische Kaiser den Rhein und griff die Österreicher an, noch ehe sie sich mit den Russen vereinigen konnten. General Mack versäumte es, rechtzeitig den Rückzug anzutreten und wurde in Ulm von den Franzosen eingeschlossen. Am 17. Oktober 1805 kapitulierte er mit seiner ganzen Streitmacht von 23.000 Mann, ohne den Versuch gemacht zu haben, eine Schlacht zu liefern. Nur ein Teil der österreichischen Reiterei gelangte nach einem abenteuerlichen Durchbruch durch die feindlichen Linien nach Österreich zurück.

Im November 1805 rettete der österreichische Offizier Johann Montluisant die Schätze des österreichischen Nationalheiligtums Mariazell, vor allem das „Silbergitter", vor der Beschlagnahme durch die Franzosen. In gleicher Weise schützte 140 Jahre später, 1944, der in der deutschen Wehrmacht dienende österreichische Oberstleutnant Schlegel die Kunstschätze des Mutterklosters des Benediktinerordens Monte Cassino vor der Zerstörung. Die Rettung des Silbergitters wurde 1967 in einem Roman (Verfasser: Ludwig Reiter) dichterisch gestaltet.

Napoleons Vormarsch die Donau entlang führte ihn bis nach Wien. Die Hauptstadt Österreichs kapitulierte ebenfalls ohne Widerstand, und Schönbrunn wurde das Hauptquartier Napoleons. Den weichenden Österreichern folgte die französische Armee, bis es am 2. Dezember 1805 bei Austerlitz zur Entscheidungsschlacht kam. Napoleon konnte in einem seiner glänzendsten Siege die vereinigten Österreicher und Russen aufs Haupt schlagen. Diesem großen Erfolg gegenüber machte es wenig aus, daß Erzherzog Carl in Italien siegreich gewesen war und erst nach der Kapitulation von Ulm seine Armee nach Norden dirigiert hatte. Da aber die Franzosen den Semmering blockierten, mußte er über Westungarn marschieren und konnte deshalb an der Entscheidung von Austerlitz keinen Anteil nehmen. Napoleon hatte noch vor der Schlacht bei Austerlitz den Verbündeten Friedensangebote gemacht. Jetzt wurden sie von Österreich aufgenommen. Aber die Bedingungen des französischen Kaisers waren nach der verlorenen Schlacht für Österreich hart und drückend geworden. Die Friedensverhandlungen fanden in Preßburg statt. Hier wurde am 26. Dezember 1805 der Friede geschlossen. In ihm verlor Österreich die Erwerbungen des Friedens von Campo Formio. Venetien, Istrien und Dalmatien waren an das Königreich Italien abzutreten, das Napoleon geschaffen hatte und dessen Krone er selbst trug, Tirol fiel an Bayern, die noch vorhandenen vorderösterreichischen Besitzungen an Württemberg und Baden. Der einzige Gewinn, den Österreich davontrug, war die Einverleibung von Salzburg und Berchtesgaden. Der dort sitzende habsburgische Großherzog von Toscana wurde nach Würzburg abgeschoben. Auch hatte Kaiser Franz II. alle in Italien geschehenen Veränderungen und die Erhebung von Bayern und Württemberg zu Königreichen anzuerkennen.

Ein für die spätere Balkanpolitik Österreichs wichtiges Ereignis fiel gleichfalls in dieses verhängnisvolle Jahr. Nach den Bestimmungen von Preßburg hatte Österreich auch die Bocche von Cattaro (das heutige Kotor) abzutreten. Ehe dies geschehen konnte, hatten die Russen das Gebiet besetzt. Es gelang Österreich nur unter großen Schwierigkeiten, seine Verbündeten zu bewegen, die Bocche zu räumen und an Frankreich zu übergeben. In diesem Augenblick trugen die Serben, die sich 1804 unter Führung eines ehemals österreichischen Unteroffiziers, des Kara Georg Petrovič, gegen die Türken erhoben hatten, Österreich die Herrschaft über Serbien an. In Wien war man unsicher. Man wollte Napoleon nicht verstimmen, der mit der Türkei im Bund stand, aber auch die Serben nicht verlieren. So hielt man sich offiziell neutral, gestattete aber dem Grenzkommandanten Freiherrn von Simbschen, die Serben heimlich zu unterstützen. Er tat dies mit großem Erfolg, bis eine neuerliche Änderung der österreichischen Politik ihn 1810 aus seiner Tätigkeit riß. Die Serben aber, die noch einige Male (1809, 1810) die österreichische Herrschaft erbeten hatten, unterstellten sich 1811 den Russen, die Belgrad besetzten.

Eine weitere Folge des verlorenen Krieges von 1805 war die Gründung des sogenannten „Rheinbundes" durch Napoleon. Am 16. Juli sagten sich 16 bisher dem Heiligen Römischen Reich zugehörige Fürsten — hauptsächlich im Süden und im Westen Deutschlands — offiziell von ihm los, bildeten einen eigenen Fürstenverein und erkoren Napoleon zu ihrem „Protektor". Der französische Kaiser teilte dem Reichstag mit, er anerkenne das Heilige Römische Reich nicht mehr als bestehend an. Zugleich forderte er Franz II. auf, die Krone niederzulegen. Es ist für die französische Politik dieser Tage bezeichnend, daß bereits im Friedensvertrag von Preßburg der Kaiser aus Habsburgs Haus nicht mehr als „Imperator Romanorum" (Kaiser der Römer), sondern einfach als „L'Empereur d'Allemagne et d'Autriche" (Kaiser von Deutschland und Österreich) bezeichnet wird. Napoleon selbst wird in diesem Instrument „L'Empereur des Français, Roi d'Italie" (Kaiser der Franzosen, König von Italien) genannt. Am 13. Februar 1806 schrieb er an den Papst: „Ich bin nun Karl der Große, denn ich besitze die Krone Frankreichs und die der Lombardei." Wenn man daher überhaupt von einem „deutschen Kaisertum" in der Zeit vor 1871 sprechen will, so wären es allein die zwei Jahre 1805 und 1806, in denen dieser Ausdruck zutreffend ist. Aber auch hier muß beachtet werden, daß diese Bezeichnung unter napoleonischem Druck zustande kam und daß es in diesen acht Monaten (1805/06) keinen „römisch-deutschen Kaiser", noch weniger ein „römisch-deutsches Reich", eine beliebte Floskel mancher populärer Historiker, gegeben hat. Man kann 1805 vielleicht von einem „Kaiser von Österreich und Deutschland" sprechen; doch dieser im Friedensschluß verwendete Titel war sonst noch nie verwendet worden. Es blieb Franz II. nichts anderes übrig, als am 6. August 1806 die imaginäre „deutsche" Krone niederzulegen. Zugleich erklärte er die alten Symbole des Heiligen Römischen Reiches, den Doppeladler und die schwarzgoldenen (gelben) Reichsfarben, für Wappen und Farben des Erbkaisertums Österreich, damit deutlich zum Ausdruck bringend, daß sich nunmehr die Tradition des Heiligen Römischen Reiches in Österreich fortzusetzen habe. Die römische Kaiserkrone, die schon 1797 vor dem Anmarsch der Franzosen aus Nürnberg nach Wien gebracht wurde, befindet sich noch heute in der Wiener Schatzkammer. „Wie Historiker Franz ... einen Vorwurf daraus machen können, ist rätselhaft", schreibt Hans Pirchegger 1937 — „Was hätte er, machtlos wie er war, Napoleon gegenüber tun können? Vielleicht protestieren?"

Das Heldenjahr 1809

Nach dem Preßburger Frieden schien es, als besänne man sich in Österreich auf die Kräfte, die seit dem Tod Leopolds II. in den Hintergrund zurückgedrängt worden waren. Anstelle des bisherigen Außenministers Cobenzl trat Graf Philipp Stadion. Neben ihm übernahm wieder Erzherzog Carl die Armee. Der zweite Bruder des Kaisers, Erzherzog Johann, stellte sich mit all seinen Kräften zur Verfügung. Die politische Propaganda, auf die man bisher so gut wie keinen Wert gelegt hatte, sollte die Stellung Österreichs den anderen Staaten gegenüber festigen, die Völker gewinnen und ihnen die Ziele der österreichischen Politik vor Augen führen. Während nämlich Erzherzog Carl wie immer ein Freund der Erhaltung des Friedens geblieben war, betrachtete eine sich bildende Kriegspartei, an deren Spitze die dritte Gemahlin des Kaisers, die leidenschaftliche Maria Ludovika, von Goethe besungen, stand, den Frieden von Preßburg als einen Waffenstillstand bis zu dem Augenblick, da man Napoleon von neuem entgegentreten könne.

So finden wir — für Österreich völlig ungewohnt — auf einmal die Regierung bemüht, Journalisten und Pressefachleute an einflußreiche Stellen zu setzen, ja sie aus dem Ausland nach Österreich zu ziehen. Die alte amtliche „Wiener Zeitung" (1703 als „Wienerisches Diarium" gegründet) ging seit 1808 darüber hinaus, nur Nachrichten zu bringen, sondern bemühte sich um eine Stimmungmache unter der Leserschaft. Auf Befehl des Kaisers selbst wurde ein getarntes Regierungsblatt unter dem Titel „Vaterländische Blätter für den österreichischen Kaiserstaat" herausgebracht. Ihr Zweck war es, wie Helmut Hammer 1935 feststellt — „das Nationalgefühl im Innern zu wecken und zu pflegen, und anderseits den durch die französische Propaganda verzerrten Ansichten über Österreich im Ausland entgegenzuwirken".

Es ist interessant und für den Charakter des Kaisers kennzeichnend, daß er ausdrücklich darauf bestand, daß man seine Person in der Presse nie besonders hervorheben sollte. Der Redakteur der „Vaterländischen Blätter" wurde Johann Michael Armbruster, der eine glänzende Feder besaß und im Stil der französischen Revolutionsjournalistik zu schreiben verstand. Um alle österreichischen Völker einander näherzubringen, ließ Armbruster noch eine weitere Zeitschrift „Der Wanderer" erscheinen, die sich hauptsächlich mit Übersetzungen abgeben sollte. Kaiser Franz I. — so nannte er sich seit 1806 — drängte auf die Herausgabe dieses Blattes, das leider für die Ereignisse zu spät kam, zum Anfang nur zwei Nummern herausbrachte und erst ab 1814 regelmäßig erschien.

Neben Zeitungen waren es Flugschriften, die man in Massen unter das Volk warf. Ihr Initiator war Erzherzog Johann, der ein begabter Schriftsteller war. Er sammelte alle antinapoleonischen Flugblätter aus England und Spanien und verwertete sie. Zu seinen engsten Mitarbeitern gehörten der Tiroler Freiherr Johann von Hormayr (1782—1848), Professor Julius Schneller in Graz, der Geschichtsschreiber Johannes von Müller und der Führer der deutschen romantischen Bewegung, Friedrich von Schlegel. Welchen Erfolg diese Art der Propaganda hatte, beweist die kleine Schrift „Spanien und Tirol tragen keine fremden Fesseln", deren Verfasser der Sekretär des Wiener Leopoldstädter Theaters Adolf Bäuerle war, und die binnen weniger Tage in der Höhe von 25.000 Exemplaren abgesetzt wurde.

Auch die Dichtung wurde für Zwecke der Propaganda herangezogen. Heinrich Joseph Collin (1772—1811) schrieb seine „Wehrmannslieder" für die österreichische Armee. Der Romantiker August Wilhelm Schlegel, ein Bruder Friedrich Schlegels, wies in seinen Vorlesungen auf die österreichische Geschichte als Stoffquelle für die Dichter hin. Der schon genannte Hormayr veröffentlichte 1807 einen „Österreichischen Plutarch" mit den Kurzbiographien berühmter Persönlichkeiten des Kaiserstaates. Mit einem zahlreichen Mitarbeiterstab sorgte er dafür, daß die österreichische Geschichte wieder den breiten Massen bekannt wurde. An seinem „Archiv" und an seinem „Taschenbuch für vaterländische Geschichte" arbeiteten österreichische, ungarische und böhmische Historiker gemeinsam. Viele seiner Bücher wurden ins Französische und Italienische, einige auch ins Tschechische und Ungarische übersetzt. Am fruchtbarsten erwiesen sich diese Anregungen im Salon der Wiener Schriftstellerin Karoline Pichler (1769—1843), in deren Haus das patriotische Österreich verkehrte. Sie hinterließ ein Werk von 53 Bänden, in dem vor allem österreichische Stoffe behandelt wurden. Ihr männlicher Gegenpol war Ignaz Franz Castelli (1781—1862), dessen „Wehrmannslieder" so in aller Mund waren, daß er von Napoleon mit eigener Verfügung geächtet wurde.

Die Propaganda der österreichischen Regierung führte auch eine Reihe deutscher Romantiker nach Österreich, die hier vorübergehend weilten oder sich dauernd niederließen. August Wilhelm Schlegel hielt 1808 in Wien seine Vorlesungen „Über dramatische Kunst und Literatur". Sein Bruder Friedrich trat in österreichische Staatsdienste und gab die katholisch-konservative Zeitschrift „Concordia" heraus. Clemens Brentano und Joseph von Eichendorff lenkten ihre Schritte nach Österreich. Der größte preußische Dichter, Heinrich von Kleist, setzte alle Hoffnungen auf den Erfolg der österreichischen Waffen und predigte in seinem „Katechismus für die Deutschen" deren Anschluß an Österreich. In Wien verlebte der junge Theodor Körner die schönsten Jahre seines kurzen Lebens, in Wien fand er in Burgschauspielerin Toni Adamberger eine geliebte Braut. Von Wien aus zog er in den Kampf, aus dem er nicht mehr zurückkehren sollte.

Diese Propaganda entfachte unter der Bevölkerung einen Sturm der Begeisterung. Als am 28. März 1809 eine „musikalische Akademie" mit patriotischen Liedern gegeben wurde, bei der sogar das Kaiserpaar anwesend war, konnte der deutsche Kapellmeister Reichardt darüber schreiben: „In dem ‚Kriegseid' schließt jede Strophe mit ‚Wir schwören'. Unzählige Stimmen aus dem Publikum stimmten in dieses ‚Wir schwören' ein. Ebenso in dem Lied ‚Mein' überschrieben, in welchem der glückliche Österreicher alle seine reellen Besitztümer hernennt und dem Feind am Schluß jeder Strophe zuruft: ‚Doch es bleibt mein!', ward das ‚doch' häufig mitgerufen. Und nun gar in dem Lied ‚Österreich über alles', dessen Strophen mit den Worten anheben ‚Wenn es nur will', da stieg der Enthusiasmus aufs höchste, Klatschen, Rufen, lautes Aufschreien, Jaulen und Schluchzen ward von dem kaiserlichen Sitz bis in den Saal hinab und rundum ganz allgemein. Ich habe nie eine größere Sensation erlebt." Minister Graf Stadion hatte also vollkommen recht, wenn er zu dieser Zeit den Ausspruch tat: „Wir haben uns als Nation konstituiert." „In Österreich", so urteilt wieder Hans Pirchegger, „wollte der Staat die Nation schaffen, nicht die Nation den Staat."

Der kommende Krieg sollte aber nicht bloß in der Weise vorbereitet werden, daß man die eigene Bevölkerung propagandistisch bearbeitete, man versuchte auch, im Ausland Stimmung gegen Napoleon zu machen und — wenn nicht die Regierungen, so das Volk für Österreich einzunehmen. Als geeignetes Gebiet dafür boten sich die Rheinbundstaaten an, in erster Linie Bayern. Daß in dieser Propaganda kräftig deutschromantische Töne angeschlagen wurden, ja angeschlagen werden mußten, wenn man Erfolg haben wollte, ist selbstverständlich, und derartige Äußerungen müssen unter diesem Gesichtspunkt betrachtet werden, wenn man sich nicht einer historischen Fahrlässigkeit schuldig machen will. Graf Stadion hatte bereits im März 1806 einen österreichischen Agenten, der unter dem Pseudonym Meyer auftrat, nach Bayern und Württemberg gesandt. Er versuchte vor allem, den bedeutenden Verleger Cotta zu gewinnen, der die „Allgemeine Zeitung" herausgab. Freilich mußte man sich infolge der verschärften Zensurvorschriften in Bayern und Württemberg in Acht nehmen. Die Hauptpropaganda wurde auch hier dem Flugblatt anvertraut, und Cotta hatte sich dazu hergegeben, die Verbindung mit Druckereien herzustellen, die bereit waren, im geheimen solche Flugschriften herzustellen. Man verstand es auch, auf die Gemüter der eben an das Königreich Bayern gekommenen fränkischen Bewohner einzuwirken. Dies ging so weit, daß sich die bayrische Regierung veranlaßt sah, der Post den Auftrag zu geben, alle an die Handwerkerzünfte gerichteten Sendungen ihr auszufolgen. Der beste Beweis für die Wirksamkeit der österreichischen Propaganda war die Tatsache, daß Napoleon sich gezwungen sah, eine neue, verstärkte Pressekampagne gegen Österreich zu entfalten.

Der Krieg selbst war in Wien seit Beginn des Jahres 1809, trotz abmahnender Stimme des Erzherzogs Carl, beschlossen worden. Man glaubte den Zeitpunkt dafür günstig. Napoleon hatte nach dem Preßburger Frieden noch das ganze Jahr 1806 gegen Preußen und Rußland Krieg geführt und den Staat Friedrichs II. in den Schlachten von Jena und Auerstädt zertrümmert. Berlin war von den französischen Truppen besetzt und Preußen zu einem Kleinstaat herabgemindert worden. Zar Alexander I. von Rußland näherte sich Frankreich wieder, und auf dem Fürstenkongreß zu Erfurt 1807 hatte sich der französische Kaiser als Herr Europas feiern lassen. Nur England stand noch immer im Kampf gegen ihn. Doch die Erhebung des spanischen Volkes gegen die Franzosen — Napoleon hatte hier seinen Bruder Joseph als König eingesetzt — zwang Napoleon, sein Augenmerk auf dieses Land zu richten und zugunsten seines Bruders zu intervenieren. So hielt man in Wien dafür, daß man den Kampf eröffnen und Napoleon überraschen könne. Das Gesetz des Handelns werde diesmal bei Österreich liegen.

Das österreichische Kriegsmanifest erschien am 26. März 1809. Es hatte Friedrich von Gentz zum Verfasser. Der Aufruf an das österreichische Heer, am 6. April veröffentlicht, stammte von Friedrich von Schlegel. Am 10. April überschritt Erzherzog Carl die österreichisch-bayrische Grenze. Mit einem „Aufruf an die Deutschen" versuchte man Bayern und die angrenzenden Gebiete zum Anschluß an die österreichische Sache zu bewegen. In ihm hieß es: „Mit Österreich war Deutschland selbständig und glücklich, nur durch Österreichs Beistand kann es wieder beides werden." Doch man darf nicht vergessen, daß diesem Aufruf an anderen Stellen des Kriegsschauplatzes ebensolche Proklamationen an die Italiener und an die Polen folgten, die gewöhnlich nicht erwähnt werden, so daß ein einseitiger Eindruck von Österreichs Propaganda entsteht. Den Polen wurde zugesichert, Österreich komme „jedes Volk, jeden Fürsten wieder in sein Recht einzusetzen". Das konnte unter Umständen als ein Versprechen der Wiederherstellung eines unabhängigen Polen gedeutet werden. Den Italienern gegenüber rief man aus: „Wollt ihr wieder Italiener werden? Vereinigt eure Kräfte, Arme und Herzen mit den glorreichen Waffen des Kaisers von Österreich!" Es war psychologische Kriegführung, auf die einzelnen Länder in hervorragender Weise eingestellt. Wenn die österreichische Propaganda doch nicht die gewünschte Wirkung hatte, so hängt dies einmal mit dem dynastischen Gefühl zusammen, das in den Menschen der damaligen Zeit schlummerte und sie nicht gegen den eigenen Landesherrn aufstehen ließ, zum andern in der schnellen Änderung der Kriegslage, die Österreich Napoleon gegenüber in die Verteidigung drängte. In Bayern selbst klang noch das alte Mißtrauen gegen Österreich mit, das ja einige Male versucht hatte, Bayern zu erwerben. Außerdem hätte ja Bayern bei einem österreichischen Sieg die 1805 gewonnenen Gebiete größtenteils verloren. Nur im bayrisch gewordenen Franken fand die österreichische Proklamation begeisterte Zustimmung. In Nürnberg wurde das Polizeibüro gestürmt, die bayrischen Wappen flogen auf die Straße, die Polizisten wurden verprügelt und die Aktenbestände verbrannt. Auch Bayreuth stand der österreichischen Sache sympathisch gegenüber. Die „Bayreuther Kriegsblätter" verherrlichten die Monarchie und riefen die Jugend zum Kampf unter Österreichs Fahnen.

Der österreichische Kriegsplan sah eine Hauptarmee in Süddeutschland unter dem Generalissimus Erzherzog Carl vor. Eine zweite Armee sollte unter Erzherzog Johann in Italien einmarschieren. Ein dritter Erzherzog, Ferdinand d' Este von Modena, kommandierte 30.000 Mann, die in Galizien gegen die Russen operierten. Gegen Österreich stand außer Frankreich noch Rußland, Italien, die Schweiz, Holland; ferner die Rheinbundstaaten und jene Polen, die nicht österreichische Untertanen waren. Die anfänglichen Erfolge der Hauptarmee, die ganz Bayern besetzt hatte, wurden durch das überraschend plötzliche Erscheinen Napoleons auf dem Kriegsschauplatz zunichte gemacht. Man hatte den französischen Kaiser noch immer in Spanien vermutet. Nach den Niederlagen der Österreicher bei Abensberg, Landshut und Eckmühl zog sich Erzherzog Carl nach Böhmen zurück. Er riet schon jetzt zum Frieden, da seine Armee nur mehr 50.000 Mann stark und Wien bedroht war. Doch der Kaiser und vor allem die Kaiserin waren für die Fortsetzung des Kampfes. Er führte die Franzosen zuerst nach Linz, wo ihnen General Hiller bei Ebelsberg und Kleinmünchen ein blutiges Gefecht lieferte, bei dem die verfolgenden Franzosen zurückgeschlagen wurden. Es gelang Hiller, sich mit 20.000 Mann Erzherzog Carl anzuschließen, der nunmehr aus Böhmen heranrückte.

Wie 1805 erschien Napoleon vor Wien. Aber diesmal verteidigte sich die Stadt gegen die Franzosen. Erst als er am 12. Mai die österreichische Hauptstadt mit Brandbomben belegen ließ, kapitulierte sie. Napoleon nahm wieder in Schönbrunn Aufenthalt, fand sich aber einer gereizten und antifranzösisch gesinnten Bevölkerung gegenüber, so daß es zu einer Reihe von Zwischenfällen zwischen den Wienern und der französischen Besatzungsmacht kam. Auf Napoleon wurde bei einer Parade in Schönbrunn ein Attentat verübt, und der Wiener Meister Eschenbacher wurde standrechtlich erschossen, weil er Waffen der österreichischen Armee versteckt und nicht ausgeliefert hatte.

Zu Pfingsten, am 21. und 22. Mai 1809, kam es beim Versuch Napoleons, die Donau zu überschreiten, zu der denkwürdigen Schlacht bei Aspern und Eßlingen, in der Erzherzog Carl den französischen Kaiser besiegte. Achtmal wurde das Dorf Aspern von den Österreichern genommen und blieb schließlich in ihrem Besitz. Ein Durchbruchsversuch der Franzosen, an dem 400 Geschütze und fünf Divisionen beteiligt waren, scheiterte. Erzherzog Carl führte persönlich das Regiment Zach in den Kampf. Als schließlich der Donauübergang unmöglich gemacht worden war, befahl Napoleon um 15 Uhr des zweiten Tages den Rückzug. Zwei Tage lang standen noch die Franzosen auf der Donauinsel der Lobau, gedrängt, hungernd, ohne Munition, bis die Brücken wiederhergestellt waren. Napoleon fiel in eine 36stündige Ohnmacht, und seine Generäle beratschlagten schon, wie sie sich am besten retten könnten, wenn der Kaiser nicht mehr aufwache. Ein Angriff der Österreicher auf die Lobau hätte den völligen Untergang Napoleons bedeutet. Aber dem Erzherzog fehlte es an Material, Schiffsbrücken zu bauen, und seine Munition schien ihm für eine neue Schlacht zu knapp zu sein.

Der Sieg von Aspern — übrigens der einzige, den jemals eine einzelne Macht über Napoleon errungen hat — war zwar für den weiteren Verlauf der kriegerischen Ereignisse ohne Bedeutung, besaß aber eine hohe moralische Wirkung. Der Jubel, der sich in der gesamten antinapoleonisch gesinnten europäischen Öffentlichkeit erhob, war ungeheuer. Die österreichische Propaganda konnte nach Aspern wieder aufholen und neue Erfolge erzielen. Die Tatsache, daß es gelungen war, den bisher unbesiegten französischen Kaiser zu besiegen, stärkte die Hoffnung aller, sich seiner Bedrückung entziehen zu können. Auch Napoleon erkannte die Bedeutung des Sieges an. Einem General, der bei Aspern nicht dabei gewesen war und der sich ungünstig über Österreich aussprach, entgegenete er: „Sie haben die Österreicher bei Aspern nicht gesehen, also haben Sie gar nichts gesehen!"

Freilich, trotz Aspern war der Feldzug für Österreich verloren. Sechs Wochen später kam es bei Deutsch-Wagram zu einer zweiten Schlacht. Hier standen 127.000 Österreicher gegen 190.000 Franzosen. Die Österreicher räumten um 17 Uhr das Schlachtfeld, nahmen aber mehr Gefangene und Kriegsbeute mit, als sie den Franzosen überlassen mußten. Erzherzog Carl zog sich nach Mähren zurück. Bei Znaim traf er noch einmal mit den Franzosen zusammen. Es glückte Napoleon auch diesmal nicht, die österreichischen Linien zu durchbrechen. Ehe jedoch die Entscheidung gefallen war, kam es auf Wunsch des Erzherzogs zu einem Waffenstillstand. Kaiser Franz I. war darüber empört. „Ich werde sechs Schlachten verlieren", erklärte er, „aber ich werde die siebente bei Temesvár gewinnen, und sie wird mich für alles bezahlt machen." Jetzt gelang es den wieder aktiv werdenden Feinden Erzherzog Carls, den Kaiser zu bewegen, das Abschiedsgesuch seines Bruders anzunehmen. So schied das größte militärische Genie, das Österreich besaß, aus. Niemand anderer als Goethe beurteilte später die 1813 erschienenen „Grundsätze der Strategie" Erzherzog Carls als das Höchste an militärischer Literatur, was seit Julius Caesar erschienen sei. Sie wurden in eine Reihe fremder Sprachen, darunter ins Türkische, übersetzt. Der Erzherzog bekennt sich zu der Ansicht, daß der Krieg keine Naturnotwendigkeit sei, sondern durch das sittliche Wollen der Menschheit überwunden werden könne und müsse. Pflicht des Feldherrn sei, vor jeder weiteren Fortführung des Kampfes dem Gegner die Hand zum Frieden zu reichen. Das Wort vom „geborenen Feldherrn" sei eine Legende, und Mißbrauch der Macht habe alle Stürme verursacht, die über Europa hinweggebraust seien. Nichts ehrt Erzherzog Carl mehr als jene Strophen eines Soldatenliedes, das bei seinem Abschied von der Führung der Armee entstand:

Ein weinend Heer, wie groß, wie schön
für unsern Karl, den Guten,
das sah kein Friedrich, kein Eugen,
die sah'n nur Heere bluten.

Trotz des Wunsches des Kaisers, den Krieg weiterzuführen, sah sich Österreich dennoch dazu außerstande. Es wurden Verhandlungen in Deutsch-Altenburg eingeleitet und schließlich am 14. Oktober 1809 in Schönbrunn der Friede unterzeichnet. Er war einer der schwersten, der den Kaiserstaat bis 1918 getroffen hat. Österreich verlor 123.625 qkm Land mit 3½ Millionen Einwohnern, darunter Salzburg und Berchtesgaden, das Inn- und Teile des Hausruckviertels, Westgalizien mit Krakau, Oberkärnten, Krain, Görz, Triest, Inner-Istrien und einen Teil Kroatiens. Außerdem mußte es sich der von Napoleon proklamierten Kontinentalsperre gegen England anschließen. Sie bestand darin, daß kein daran beteiligter Staat englische Waren oder Waren, die auf englischen Schiffen befördert wurden, einführen lassen durfte. Außerdem sollte die Monarchie 85 Millionen französische Franken Kriegsentschädigung entrichten und kein größeres Heer als eins von 150.000 Mann unterhalten. Österreich war dadurch nicht nur von der Meeresküste abgeschnitten, sondern ein Satellitenstaat Frankreichs (wie 1807 Preußen) geworden.

Das Tirol Andreas Hofers

Es bleibt uns nur noch übrig, eines Landes zu gedenken, das im Jahr 1809 für Österreich unter Waffen trat und die Blüte seiner Männer für das Vaterland opferte: Tirol. Hier war die österreichische Propaganda auf den stärksten Widerhall gestoßen. Die Bayern, die 1805 von Napoleons Gnaden die Herren Tirols geworden waren, hatten es nicht verstanden, die Tiroler zu gewinnen. Andererseits mußte es die österreichische Propaganda darauf abgesehen haben, den Tirolern das Gefühl zu geben, für eine gerechte Sache zu kämpfen; denn bisher hatten sie immer für ihren Landesherren die Waffen ergriffen. Sosehr der Tiroler Krieg des Jahres 1809 eine Ruhmestat des Landes darstellt, so galten die Tiroler vom streng völkerrechtlichen Standpunkt aus als Aufständische gegen den bayrischen König, der das Land 1805 in einem international anerkannten rechtmäßigen Friedensvertrag zugesprochen erhalten hatte. Es war vor allem Hormayr, der in kühner staatsrechtlicher Konstruktion es verstand, derartige Bedenken der Tiroler zu zerstreuen.

In Bayern war zu dieser Zeit der Konflikt zwischen Kirche und Staat auf dem Höhepunkt angelangt. Er übertrug sich auch auf Tirol und wurde von dessen Bewohnern, die eben die kirchenpolitischen Maßnahmen Josephs II. hinter sich hatten, als besonders drückend empfunden. Man verbot die Abhaltung der Christmette, sequestrierte oder drangsalierte bestehende Klöster und traf eine Menge kleinlicher Maßnahmen, die das Volk erbitterten. So wurde das öffentliche Rosenkranzbeten untersagt und verfügt, daß das Ewige Licht nur vor dem Sakramentsaltar der Pfarrkirche zu brennen habe und im Jahr nur eine bestimmte Menge von Öl für diesen Zweck verbraucht werden dürfe. Der Besuch der heiligen Gräber in der Karwoche wurde scheel angesehen. Es war verboten, das Sterbeglöcklein zu läuten, an Werktagen Segenmessen zu zelebrieren; ebenso waren Wettersegen, Novenen, Kreuzwegandachten und Roratemessen nicht gestattet. Die neue bayrische Kreiseinteilung zerschlug die historische Einheit des Landes und machte aus Tirol „Südbayern", ein Name, der nunmehr gebraucht werden mußte. Doch die bayrische Regierung griff auch wirtschaftlich daneben. Die Abschaffung des österreichischen Papiergeldes, der Bankozettel, und ihr für Bayern ungemein günstig veranschlagter Umtauschschlüssel führte für viele Tiroler Grundbesitzer eine schwere Verschuldung herauf. Die sogenannte „Vergantung", die zwangsweise Versteigerung von Bauernwirtschaften, nahm rapid zu. Als Beispiel mag das Schicksal jenes Bauern dienen, der 1804 einen Hof um 11.500 Gulden gegen jährliche Ratenzahlung von 2000 Gulden gekauft hatte. Als er 1806 seine dritte Rate zahlen wollte, erklärte ihm der Gläubiger, daß seine 2000 Gulden nur mehr 1000 Gulden wert seien und verlangte den Rest. Da der Schuldner nicht zahlen konnte, wurde der Hof eingeschätzt und gerichtlich um 6500 Gulden verkauft. Der Bauer hatte nicht nur ihn, sondern auch seine schon bezahlten 6000 Gulden verloren. Er mußte in den Taglohn gehen, seine Töchter als Mägde, seine Söhne als Knechte verdingen.

So waren es auch wirtschaftliche Erwägungen, die dazu beitrugen, daß die Tiroler den österreichischen Emissären gern Gehör schenkten. Von Wien aus wurden durch eigens errichtete Korrespondenzbüros Briefe in Massen fabriziert und unter den Bauern des Puster- und des Passeiertales verbreitet. Eine Reihe österreichisch gesinnter Bauern erhielten Einladungen nach Wien. Hier hatte Erzherzog Johann lange Aussprachen mit ihnen, die die kommende Erhebung betrafen. Zur ersten derartigen Abordnung, die im Jänner 1809 in der österreichischen Hauptstadt erschien, gehörte auch Andreas Hofer. Der spätere Oberkommandierende

Tirols war 1767 im Wirtshaus St. Leonhard am Sand geboren worden. Er war Wein-, Pferde- und Getreidehändler und erwarb sich als solcher ein bedeutendes Vermögen. Bereits 1796 hatte er eine Schützenkompanie angeführt. Neben ihm spielten noch Joseph Speckbacher, der „Mann von Rinn", 1768 zu Wald bei Hall geboren, ein verwegener Wildschütze, und der Kapuzinerpater Joachim Haspinger, 1776 zu St. Martin im Gsiestal auf die Welt gekommen, im späteren Freiheitskampf des Landes führende Rollen. Es soll bei dieser Gelegenheit auch nicht verschwiegen werden, daß der italienischsprachige Teil des damaligen Südtirol am Jahr 1809 einen ehrenvollen Anteil hat. Wir finden in den Geschichtsbüchern eine Reihe verdienter Männer italienischer Zunge verzeichnet: so Taddei von Croviana, Kasimir von Bosio, Karl von Savoi, Scario Delugan und Josef von Ress. So wie 1797 das „Mädchen von Spinges" den Tiroler Landesverteidigern zur Seite gestanden hatte, so jetzt Josefine Negrelli.

Wie rasch sich die Bewegung ausbreitete, sieht man am besten am Beispiel Andreas Hofers. Er trat seine Rückreise von Wien über Salzburg an. Hier besprach er sich mit Vertrauten aus dem Pongau, aus dem Ziller- und dem Brixental. Bei Hall traf er sich mit Joseph Speckbacher und Andreas Angeter. Der Wirt in der Schupfen unter dem Schönberg bei Innsbruck unternahm es, ohne daß eine Zeile geschrieben wurde, durch Boten jedes Wirtshaus vom Oberinntal bis in den Obervintschgau zu verständigen. Es ist nicht wunderzunehmen, daß besonders Wirte eine große Rolle spielten. Hier konnten sich, ohne den Verdacht der bayrischen Behörden zu erregen, Leute am besten treffen; die Wirte waren meist auch Pferde- oder Viehhändler, und so fiel es nicht auf, wenn sie im Land umherreisten. Die Flugschriften der österreichischen Regierung wurden in Tausenden von Exemplaren in ganz Tirol verbreitet. Eine andere Propaganda war durch die „Salzburger Zeitung" gegeben, die sich rasch im ganzen Land Leser gewonnen hatte. Sogar die bayrische Regierung wurde darauf aufmerksam und ließ Recherchen darüber anstellen, auf welche Weise die Verbreitung dieses Blattes unmöglich gemacht oder wenigstens eingeschränkt werden könne. Es klingt wie eine Frozzelei der bayrischen Behörden, wenn das Innsbrucker Oberpostamt zur Antwort gab, daß die „Salzburger Zeitung" in Hall wahrscheinlich deshalb gelesen werde, weil Hall als Salinenstädtchen durch das Wort „Salz" angeregt werde.

So war alles für den noch unbekannten Tag der Erhebung vorbereitet. Am 9. April 1809 rückte der österreichische General Chasteler durch das Pustertal in Tirol ein und wurde mit Glockengeläut und Böllerschüssen jubelnd empfangen. Die Schützenkompanien aus dem Inn- und dem Stubaital zogen, von Speckbacher, Straub und Pfurtscheller geführt, in Innsbruck ein. Als am 13. April französische und bayrische Truppen vor der Tiroler Landeshauptstadt erschienen, wurden sie von den Bauern eingeschlossen und mußten kapitulieren. So gerieten 2 Generäle, 115 Oberoffiziere und viele Soldaten in die Hände der Tiroler. Ende April war das ganze Land befreit. Die sangeslustigen Tiroler spotteten über die Niederlage ihrer Gegner:

O weh, o weh, o weh,
hier liegt die bayrische Armee.
Sie ward von Bauern totgeschlagen,
mit Jubel in das Grab getragen.
Wer hier nicht so bedient will sein,
der geh nicht ins Tirol hinein.
Ihr Fürsten lernt aus diesem Grabe,
was Sklavendruck zur Folge habe.
Ihr Bayern habt vor hundert Jahren
ein gleiches Schicksal schon erfahren.

Doch der erste Jubel verrauschte bald. Die Kämpfe waren nicht zu Ende. Immer wieder rückten Bayern und Franzosen in Tirol ein und versuchten, sich des Landes zu bemächtigen. Es hing dies mit der Lage auf den anderen Kriegsschauplätzen zusammen. Als die Österreicher unter General Chasteler auf Befehl des Oberkommandierenden Erzherzog Carl Tirol räumen und sich nach Kärnten zurückziehen mußten, war das Land vollkommen auf sich gestellt. Doch Andreas Hofer und seine Mitstreiter ließen sich dadurch nicht in ihrem Glauben und in ihrer Hoffnung, das Land endgültig aus den Händen Bayerns zu reißen, wankend machen. Tiroler Schützenkompanien schlugen ihre Gegner am Bergisel bei Innsbruck, sie stürmten die Innbrücken bei Volders und Hall, sie besetzten die Scharnitzer Klause. Zusammen mit den Vorarlbergern vertrieben sie Franzosen und Württemberger aus Feldkirch und Bregenz.

Hatte anfänglich Hormayr als ein von Österreich beauftragter Landeskommissär die Geschäfte geführt, so zog er sich später zurück. Jetzt war es Andreas Hofer selbst, der als „Landeskommandant" im Namen des Kaisers von Österreich — aber ohne einen formellen Auftrag von ihm zu haben — in der Innsbrucker Hofburg Quartier bezog und von hier aus das Land regierte. Auch bayrische Zeugnisse stellen ihn als einen ehrlichen und redlichen Mann hin. „Er hat sich um Tirol viele Verdienste erworben", schrieb Graf Taufkirchen am 1. April 1810, „viel Schlechtes verhindert, für die Gefangenen eifrig gesorgt, er ist ein rechtlicher Mann, aber auch ein kluger Kopf." Als Sekretär diente Hofer der aus Graz gebürtige Student Kajetan Sweth. Die nächste Umgebung Hofers bildeten seine Bauernkommandanten, die auch die einzelnen Ressorts der Landesverwaltung besorgten. Andreas Hofer selbst lebte einfach und schlicht, wie er es gewohnt war. Er stand Tag für Tag um 5 Uhr früh auf und besuchte in der nah gelegenen Pfarrkirche die Messe. Am Abend betete er den Rosenkranz. Wer zur Essenszeit zu ihm kam, durfte an seiner Tafel speisen. Hofers Landesverwaltung war geschickt und verständig. Er bewies großes organisatorisches Talent und trachtete darnach, nicht nur die zur österreichischen Zeit vorhandenen Einrichtungen wiederherzustellen, sondern den Bauern Tirols die Möglichkeit zu geben, auch in Zukunft an den Geschicken des Landes tätigen Anteil zu nehmen. Viele Beamtenstellen wurden von Bauern übernommen. Ein Fräulein von Kling schreibt am 28. August 1809 an ihren bayrischen Vetter: „Die Ämter sind jetzt in Innsbruck mit Bauern besetzt, die man in Menge auf dem Landhaus und in anderen großen Häusern aus den Fenstern mit der Pfeife im Mund und in ihren gewöhnlichen Kleidern heraussehen und rauchen sieht."

Schwierig blieb für Andreas Hofer die Regelung der finanziellen Verhältnisse. Er mußte um freiwillige Spenden bitten, damit den Schützenkompanien die Löhnung ausgezahlt werden konnte. Noch in den letzten Tagen seiner Regierung ersuchte er die Stadt Innsbruck um eine Anleihe von 10.000 Gulden. Viele Steuern liefen einfach nicht ein und konnten auch nicht eingehoben werden. In der finanziellen Bedrängnis, in der er sich befand, und bei seinem guten Herzen, das jedem helfen wollte, der ihn bittlich anging, konnte es vorkommen, daß es Dinge gab, die sich eigentlich nicht rechtfertigen ließen. So wenn sich Hofer die Erlaubnis geben ließ, die Gelder für die verunglückten Unterinntaler anzugreifen. Sie sollten natürlich später zurückgezahlt werden, doch es kam niemals dazu.

Der Zusammenbruch mußte kommen, als Österreich den Frieden mit Frankreich abgeschlossen hatte. Das einzige, was Kaiser Franz I. tat, obwohl er nach Aspern den Tirolern versichert hatte, nie einen Frieden zu schließen, in dem nicht Tirol an Österreich zurückfalle, war, daß er darauf bestand, im Vertrag eine Klausel aufzunehmen, nach der für alle Tiroler, die die Waffen ergriffen hatten, eine Amnestie gewährt wurde. Dies war notwendig, da — wie wir bereits erwähnten — die Tiroler völkerrechtlich keine kriegführende Macht waren und die rückkehrenden Bayern sonst nach Willkür mit ihnen hätten verfahren können. Es war die Tragik Andreas Hofers und anderer Tiroler Anführer, daß wilde und phantastische Gerüchte im Land herumliefen und schließlich ihren Sinn für die Wirklichkeit trübten. Es gelang den radikalen Gegnern der bayrischen Herrschaft — vor allem Männern wie P. Haspinger und Kolb, der schon Hormayr unangenehm aufgefallen war — Hofer zum weiteren Widerstand zu bewegen. Dadurch brachte er natürlich sich selbst und alle, die ihm folgten, um die Vorteile der Amnestie und war vogelfrei. Der letzte Kampf der Tiroler, an dem Jugendliche, halbe Kinder noch, und alte Männer teilnahmen, war völlig aussichtslos. Trotz einiger Teilerfolge — die Tiroler mußten schließlich erbeutete Waffen verwenden und mit Sensen und Dreschflegeln den Gegner angreifen — ging am 1. November eine neuerliche Schlacht auf dem Bergisel verloren. Die Franzosen marschierten in der Stärke von 50.000 Mann durch das Land und kämmten Ort für Ort, Gemeinde für Gemeinde durch. Andreas Hofer weigerte sich, seine Heimat zu verlassen und zog sich mit seiner Familie und Kajetan Sweth auf eine Alm im Passeiertal zurück. Ein herabgekommener Bauernknecht, Franz Raffl, dem die Belohnung von 1500 Gulden, die auf Hofers Kopf gesetzt waren, reizte, verriet sein Versteck. Man brachte ihn zuerst nach Bozen, wo seine Familie entlassen wurde, und führte ihn dann nach Mantua. Obwohl sich Napoleons Stiefsohn, Eugen Beauharnais, Vizekönig von Italien, und der neue österreichische Staatskanzler Metternich — dieser im ausdrücklichen Auftrag des Kaisers — für Hofer verwandten, wurde er zum Tod verurteilt und am 20. Februar 1810 auf den Wällen von Mantua erschossen. Eine von Kajetan Sweth verbreitete Version, der französische General Bisson habe Andreas Hofer die Begnadigung angeboten, wenn er in französische Dienste trete, ist wenig wahrscheinlich. Der Leichnam des großen Tiroler Volkshelden wurde zuerst in Mantua beigesetzt, aber 1823 von Tiroler Kaiserjägeroffizieren in die Franziskanerkirche nach Innsbruck gebracht.

Am gleichen 20. Februar starb in Bozen Peter Mayr von der Mahr unter französischen Kugeln. Er ist in die Geschichte als „Held der Wahrheitsliebe" eingegangen. Der französische General Baraguay, der sich auch sonst edelmütig und großherzig erwies, versuchte Mayr zu retten, indem er ihm die Aussage in den Mund legen wollte, er habe von der entscheidenden Proklamation des Vizekönigs Eugen Beauharnais, in der dieser den Friedensschluß mit der Amnestie bekanntgab und zur Waffenstreckung aufforderte, nichts gewußt; dann wäre der Prozeß wiederholt und das Todesurteil aufgehoben worden. Aber Peter Mayr weigerte sich trotz der Bitten seiner Frau, des Verteidigers und seiner Freunde, diesen Rettungsanker zu ergreifen, da er nicht lügen könne. Von den anderen bedeutenden Führern der Tiroler gelang es Speckbacher und P. Haspinger zu entkommen. Speckbacher starb 1820 in Hall als Landesschützen-Major, P. Haspinger erst 1858 in Salzburg. Sein Leichnam ruht in Innsbruck.

Mit dem Ende des Kampfes um Tirol war auch die Zerschlagung des Landes verbunden. Bayern hatte, nach Napoleons Meinung, nicht genügend Geschick bewiesen, Tirol in Ruhe zu halten. So bekam es nur mehr den Teil bis nördlich von Meran und von Klausen zugesprochen. Das Pustertal östlich der Toblacher Wasserscheide fiel zusammen mit dem französisch gewordenen Westkärnten an die sogenannten „Illyrischen Provinzen" Napoleons. Das eigentliche Südtirol mit dem Trentino kam an das gleichfalls napoleonische Königreich Italien. Aber wie die Erhebung des spanischen Volkes wurde auch der Kampf der Tiroler ein Symbol für alle antinapoleonischen Kräfte in Europa.

Der österreichische Staatsbankrott 1811

Mit dem Frieden von Schönbrunn war auch eine Umbildung der Regierung verbunden. Das Amt des Außenministers übernahm Clemens Lothar Graf (später Fürst) Metternich-Winneburg (1773—1859), der von nun an fast vierzig Jahre lang die Geschicke Österreichs lenken sollte. Die Metternich waren eine alte rheinländische Familie, die den Kurfürsten von Köln und den Habsburgern schon durch Generationen treu gedient hatten. Zu Beginn der Großen Französischen Revolution studierte der junge Metternich in Straßburg. Hier und im Grafenkolleg von Mainz empfing er unter dem Einfluß konservativer und antirevolutionär gesinnter Männer, wie des Engländers Edmund Burke, die entscheidenden Eindrücke seines Lebens. Er hat sie bis zu seinem Tod niemals verleugnet; für Metternich war die Revolution der Todfeind, den es überall und immer zu bekämpfen gab, im Innern und nach außen. Als das Symbol der Revolution galt ihm Napoleon. Seine Laufbahn war ihm durch seinen Vater vorgezeichnet, der in kaiserlichen Diensten stand. Als er 1794 vor der Revolution nach Wien flüchtete, heiratete er in erster Ehe Eleonore Kaunitz, die Enkelin des großen Staatsmannes der Kaiserin Maria Theresia. In den Jahren 1801 bis 1803 war er österreichischer Botschafter in Dresden, 1803 bis 1805 in der gleichen Eigenschaft in Berlin tätig und endlich von 1806 bis 1809 in Paris. Hier lernte er Napoleon persönlich kennen, und die Vertrautheit mit den französischen Verhältnissen war es, die Kaiser Franz I. bewog, ihn nach Schönbrunn zu holen und mit der Führung der Geschäfte zu betrauen. Jetzt brachte er es nicht bloß zustande, durch „kühles Abwarten und sorgfältiges Schreiten" die Position Österreichs entscheidend zu verbessern, er wußte von Paris her, daß der französische Kaiser an eine Trennung seiner ersten Ehe mit Joséphine Beauharnais dachte. Diese Ehe war kinderlos geblieben, und schon jahrelang tobte ein Kampf zwischen den Familien Bonaparte und Beauharnais, ja zwischen den einzelnen Geschwistern Napoleons selbst, um die Nachfolge. In einer zweiten Ehe wollte Napoleon den erwünschten Thronerben erhalten. Es ist das Verdienst Metternichs, daß er eine österreichisch-französische Heirat zustandebrachte, obwohl so viele Erwägungen dagegen sprachen. Die älteste, eben achtzehnjährige Tochter des Kaisers Franz I. heiratete am 17. März 1810 den Kaiser der Franzosen und sicherte dadurch Österreich für die nächsten Jahre die Existenz. Am 20. März 1811 gebar die junge Kaiserin der Franzosen den Erben, der bereits in der Wiege den Titel „König von Rom" erhielt.

Doch diese immerhin tröstlichen Aspekte außenpolitischer Erfolge Österreichs konnten nicht um die Tatsache hinwegtäuschen, daß der Staat finanziell vor dem Ruin stand. Das österreichische Papiergeld, der Bankozettel, sank ständig im Wert. Eine Inflation war unvermeidlich. Anfang 1799 waren 91,8 Millionen, 1801 bereits 200,9 Millionen und 1806 bereits 377,1 Millionen Gulden Papiergeld im Umlauf. Es konnte nur durch staatlichen Zwangskurs im Inland gehalten werden. Auch der Krieg des Jahres 1809 wurde mit Papiergeld geführt, das man rasch drucken ließ. Am Ende des Krieges hatte Österreich eine Staatsschuld von 716 Millionen Gulden. Die vier großen Wiener Bankhäuser, Fries & Co., Geymüller & Co., Arnstein & Eskeles, Steiner & Co., waren nicht imstande, Kredit zu gewähren, obwohl der Kaiser einen Teil des Familienschmuckes um 600.000 Gulden verpfändete.

Die Beamtengehälter blieben gleich, aber ihre Kaufkraft betrug zuerst nur mehr ein Drittel, dann ein Viertel des ursprünglichen Betrages. Die unteren Beamtenkategorien lebten nur davon, daß sie Nebenverdienste aller Art annahmen. Sie wirkten als Privatlehrer in vornehmen Häusern oder musizierten in Tanz- und anderen Lokalitäten. Pensionisten und kleine Leute waren praktisch am Verhungern. Die Not vergrößerte sich, weil aus den abgetretenen Gebieten Beamte nach Österreich zurückströmten, die keiner fremden Macht dienen wollten, und schon auf Grund ihrer bisherigen Bewährung angestellt werden mußten. Der Beamtenapparat schwoll an, selbst als man mit Massenpensionierungen dem Übel steuern wollte. Der ungarische Adel, den man um Hilfe bat und der sich zu „freiwilligen Spenden" bereit erklärte, brachte gerade 54.000 Gulden auf, obwohl einzelne der Magnaten Jahreseinkommen von über einer Million hatten.

Unter diesen Umständen folgte der Kaiser dem Rat seines Hofkammerpräsidenten (Finanzministers) Graf Wallis, den Wert des Papiergeldes auf ein Fünftel herabzusetzen, also praktisch den Staatsbankrott zu erklären. Die Relation zwischen Papier- und Metallgeld war bis zum 4. Dezember 1810 so weit auseinandergebrochen, daß man für 100 Gulden Münzgeld 1240 Gulden Papier bekam. Unter diesen Umständen erschien am 15. März 1811 das berüchtigte Patent des Kaisers, in dem eine Milliarde bisherigen Papiergeldes durch 212,159.750 Gulden sogenannter „Einlösungsscheine" ersetzt wurden. Alle Schulden, die aus der Zeit vor 1799 stammten, sollten nach dem Grundsatz Bankozettel = Einlösungsschein bezahlt werden dürfen. Für spätere Schulden wurden andere Tarife aufgestellt, etwa für jene, die nach dem 1. Oktober 1810 gemacht worden waren, ein Verhältnis von 5 Bankozetteln zu 1 neuen Guldenschein. Alle

Steuern, die nach dem Erlaß des Patents fällig waren, mußten in der neuen Währung oder mit dem fünffachen Betrag der alten beglichen werden. Diese neue „Wiener Währung“ war aber vollkommen ungedeckt. Die Stimmung der Bevölkerung gibt am besten ein Zettel wieder, der an der Wiener Stephanskirche angeschlagen wurde und den Text trug: „Wie wohl war Wien, wie Wallis Worte Wiener Währung waren; wie weh ward Wien, wie Wallis Worte Wiener Währung wurden.“

Natürlich bedeutete die Währungsreform für viele Österreicher den Verlust eines Teiles ihres Vermögens. Am besten kamen noch die Bauern weg, für die der Realbesitz sich eben im Wert erhöhte. Dagegen stiegen die Preise der Lebensmittel sprunghaft, und die Wohnungsmieten wurden für viele untragbar. Als der Zinstermin herannahte, war mancher gezwungen, sein letztes Familienerbstück zu verkaufen. So stiegen der Weizen von 14 auf 25, das Korn von 15 auf 20, der Zucker von 12 auf 16 Gulden. Ein halbes Kilo Schweinernes kostete jetzt 28, Kalbfleisch 18 Groschen, für ein Paar Stiefeln mußte man 100 Gulden Bankozettel zahlen. Ein Hausbesitzer steigerte am Tag der Veröffentlichung des kaiserlichen Patents seine Mieter von 12 auf 15 Gulden. Die staatlichen Monopole — Salz und Tabak — nahmen ebenfalls an der Teuerung Anteil. Der Fremdenzustrom hörte plötzlich auf. In Österreich konnte man nicht so billig leben, wie es bisher möglich gewesen war. Trotz allem war Graf Wallis optimistisch und glaubte daran, daß sein Weg nach kurzer Stagnation wieder aufwärts führen werde. „Ganz Europa gestand früher ein“, hieß es in einer Beurteilung der neuen Lage, „daß man in Österreich herrlich und im Überfluß leben könne; dennoch hatte es keinen Kredit, denn ganz Europa sah auch ein, daß weder die Regierung noch der Untertan das Geld achtete, daß folglich dieser Zustand unmöglich Zutrauen verdiente. Jetzt, wo die Nation zur ordentlichen Staatswirtschaft und Sparsamkeit zurückkehrt, jetzt hört zwar das jubelnde Leben auf, aber der Kredit kehrt von dem Augenblick zurück, wo man dem Grundsatz wieder huldigt, nicht mehr auszugeben, als man einnimmt.“ Das Budget von 1811 bis Oktober 1812 sah Einnahmen von 60,7 Millionen Gulden und Ausgaben von 81,7 Millionen Gulden vor. Das ergab noch immer einen Fehlbetrag von etwa 21 Millionen. Die Ausgaben verteilten sich wie folgt: Armee 30 Millionen Gulden, Hof 3,3 Millionen, Staatsangestellte 7 Millionen, Pensionisten 2,5 Millionen, Verwaltung 1,3 Millionen, Kanzleierfordernisse 600.000, Gebäude- und Straßenerhaltung 500.000, Einlösung von Gold und Silber 2,2 Millionen, Ankauf von Fondsobligationen 300.000, Gesundheitsanstalten 200.000, Gesandtschaften 700.000, Zinsenlast 16,9 Millionen, gewöhnliche Ausgaben 1 Million und außerordentliche Ausgaben 4,6 Millionen Gulden.

Von Moskau nach Leipzig

Während Österreich im Innern um seine wirtschaftliche Gesundung kämpfte, entschied sich außerhalb des Kaiserstaates das Schicksal Europas. Napoleon war mit seinem bisherigen Bundesgenossen Rußland unzufrieden geworden, und es war die Stunde abzusehen, da zwischen den beiden Mächten ein Krieg ausbrechen würde. Sowohl Rußland als auch Frankreich legten auf die Unterstützung Österreichs immerhin so großen Wert, daß sie ihm anboten: Napoleon Serbien, Rußland die Wallachei und die westliche Moldau. Aber die österreichische Politik mißtraute beiden Mächten. Dem augenblicklichen Schwergewicht folgend, schloß Kaiser Franz I. einen Bündnisvertrag mit Napoleon und verpflichtete sich zur Stellung von 30.000 Mann, ließ aber gleichzeitig dem Zaren mitteilen, daß er auch weiterhin dem französischen Kaiser mißtraue und auf den Augenblick warte, wo er sich offen gegen ihn stellen könne.

Napoleon stellte, nachdem der Krieg mit Rußland beschlossene Sache geworden war, die größte Armee auf, die er jemals befehligt hatte. Alle ihm untergebenen Staaten mußten Hilfstruppen stellen, in erster Linie natürlich der Rheinbund. Preußen war mit 20.000 Mann unter General York, Österreich mit den schon erwähnten 30.000 Mann unter Fürst Karl Schwarzenberg am russischen Feldzug Napoleons beteiligt. Während aber die preußische Hilfsarmee direkt dem französischen Oberkommando unterstellt war, operierten die Österreicher auf eigene Faust, die Franzosen mehr beobachtend als sie unterstützend. Es kam während des ganzen russischen Krieges nur zu kleineren Gefechten zwischen Russen und Österreichern, und Schwarzenberg zog sich, so rasch er konnte, wieder hinter die österreichische Grenze zurück.

Napoleon war unterdessen am 14. September 1812 nach blutigen Schlachten in Moskau eingezogen und hatte im Kreml Quartier genommen. Doch seine Hoffnung, ein Friedensangebot des Zaren zu erhalten, wurde nicht erfüllt. So mußte er sich auf einen Feldzug für das Jahr 1813 vorbereiten. Eine auch für Rußland überraschende Kältewelle traf die Franzosen unvorbereitet. Da die Russen Moskau angezündet hatten, konnte die „Große Armee" Napoleons in der Stadt keine Winterquartiere beziehen, sondern mußte sich an die russisch-polnische Grenze zurückziehen, wo Vorratslager angelegt worden waren. Der Rückzug verlief zuerst planmäßig und ohne Unordnung. Es war keineswegs eine „Flucht". Erst als plötzlich die russischen Truppen hervorbrachen, das Volk aufstand und über die Franzosen herfiel, wurde aus der Absetzbewegung die Katastrophe. Beim Übergang über die Beresina ging ein großer Teil des französischen Heeres zugrunde. Napoleon setzte sich darnach in einen Schlitten und fuhr ohne Aufenthalt nach Paris. Hier traf er um Mitternacht ein, weckte das Schloß auf und ordnete sofort die Aufstellung einer neuen Armee an, denn er rechnete nicht mehr damit, daß die in Rußland zurückgebliebene Macht noch verwendungsfähig sei. Das war auch so. Was nicht in Rußland erfror, erschlagen oder gefangen wurde, kam hungernd, frierend und bettelnd an die deutsche Grenze. Der Volksmund dichtete das bekannte Lied:

> Mit Mann und Roß und Wagen,
> so hat sie Gott geschlagen.
> Es irret durch die Nacht umher,
> das große, mächtige Franzosenheer ...

Der österreichische Staatskanzler Metternich hatte die preußische Regierung bereits am 5. Oktober 1812 vom Willen Österreichs verständigt, mit Preußen zusammen einen dauerhaften Frieden in Europa zu begründen. Allerdings sollte er von den Fürsten und nicht vom Volk ausgehen. Darum hatte er sich scharf gegen alle Versuche gewandt, Volksaufstände gegen Frankreich zu unterstützen oder gar ins Szene zu setzen. Auf Grund dieser Politik wurden eine Reihe von Mitgliedern des sogenannten „Alpenbundes“ am 19. April 1813 verhaftet. Unter ihnen befand sich auch der aus dem Tiroler Krieg bekannte Freiherr von Hormayr, der erst im April 1814 freigelassen wurde. Die Verhafteten saßen auf den Festungen Spielberg (Brünn) und Munkács in Ungarn. Das Ziel des „Alpenbundes“ war es, Tirol und die süddeutschen Staaten durch Volksaufstände zu befreien. Auch der Bruder des Kaisers, Erzherzog Johann, war mit im Bunde und erhielt Zimmerarrest. Das Mißtrauen des Kaisers hielt ihn auch volle zwanzig Jahre von Tirol fern; denn es wurde davon gesprochen, Erzherzog Johann zum „König von Rhätien“ zu machen, eines Alpenreiches von den steirischen Alpen bis in die Schweiz. Daß es mit diesen Versuchen auch in anderer Beziehung etwas auf sich hatte, sagt uns der keineswegs metternichfreundliche Geschichtsschreiber Anton Springer, wenn er schreibt: „Große Teilnahme verdienen übrigens die Bestrebungen dieser englischen und Tiroler Komitees keineswegs; welche schmutzigen Geldgeschäfte hier abgehandelt wurden, wie die Sympathie für die Tiroler zu Gelderpressungen benutzt und in welcher Art die so gewonnenen Summen verwendet wurden, ahnt man, wenn man die Klagebriefe des Majors Müller, alias Mayer, alias Zech, an die betrogene englische Regierung liest. Auch an gemeinen Rivalitäten zwischen Hormayr, Schönacher, Eisenstecken u. a. fehlte es nicht.“

Alle Versuche Österreichs, einen Frieden zustande zu bringen, scheiterten an der Hartnäckigkeit Napoleons. Am 30. Dezember 1812 hatte der preußische General York von Wartenburg in der Mühle zu Tauroggen ohne Wissen und Willen seines Königs und der preußischen Regierung das preußische Armeekorps, das Napoleon nach Rußland gefolgt war, auf die Seite der Russen geführt. Unter dem Druck der öffentlichen Meinung sah sich König Friedrich Wilhelm III. von Preußen (1797—1840) gezwungen, von Berlin nach Breslau zu gehen und am 17. März 1813 in einem Aufruf „An mein Volk!“ seine Bereitschaft zu erklären, mit Rußland zusammen gegen Napoleon ins Feld zu ziehen.

Aber Österreich hielt sich noch immer vom Kampf fern. Vor allem Graf Wallis, der Finanzminister, kämpfte verzweifelt, aber immer hoffnungsloser für die Erhaltung der österreichischen Neutralität. Die Kaiserin Maria Ludovika, die Generäle, die anderen Minister und vor allem die leitenden Kreise Ungarns waren für rasches Eingreifen. Eine Staatskonferenz entschloß sich am 13. April 1813 für die Teilnahme Österreichs am Kampf gegen Napoleon. Indessen hatte dieser seine Feldherrngabe von neuem gezeigt. Die vereinigten Russen und Preußen wurden von ihm bei Lützen und Bautzen geschlagen. Der preußische Generalstabschef Scharnhorst verkündete, daß der Krieg ohne Österreich für die Verbündeten verloren sei. Es war vielleicht, von seinem Standpunkt aus gesehen, ein Fehler Napoleons, daß er am 4. Juni einen Waffenstillstand abschloß. Österreich aber trat nunmehr als bewaffneter Friedensvermittler auf. Daß es ihm völlig ernst damit war, zeigen die maßvollen Forderungen, die Metternich zur Grundlage der Verhandlungen machten wollte: Napoleon sollte nicht bloß in Frankreich, sondern auch in Italien seinen Einfluß bewahren, der Rheinbund würde nicht aufgelöst werden. Österreich wollte sich mit der Rückgabe der illyrischen Provinzen (das

Küstenland, Teile Kroatiens, Kärntens und Dalmatiens) begnügen. Napoleon erklärte sich wohl bereit, einen Kongreß in Prag zu beschicken, doch verlangte er zuerst die Teilnahme des spanischen und des — amerikanischen Gesandten. Gerade das maßvolle Verhalten der Monarchie war ihm in diesem Augenblick peinlich. Am 29. Juni hatte Metternich seine berühmte neunstündige Unterredung unter vier Augen mit Napoleon, in dem dieser — nach Metternichs Darstellung — Österreich die Rückgabe Schlesiens und die Teilung der Herrschaft über Europa angetragen haben soll. Doch war bereits ein Übereinkommen zwischen Österreich, Rußland und Preußen darüber erzielt worden, daß Österreich gegen Frankreich marschieren werde, wenn Napoleon auf die Friedensvorschläge Österreichs nicht eingehe. Vom 12. Juli bis zur Mitternacht vom 10. zum 11. August wurde in Prag verhandelt. Da die französischen Vorschläge ungenügend waren und Napoleon ein Ultimatum Österreichs nicht beantwortete, erklärte Metternich dem französischen Vertreter in Prag, Österreich werde nunmehr gemeinsam mit Rußland und Preußen handeln.

Napoleon verfügte in diesem Augenblick über eine Armee von 443.000 Mann. Österreicher, Russen und Preußen waren nunmehr auf 476.000 Mann verstärkt worden. Das Oberkommando der verbündeten Armeen wurde, der Bedeutung Österreichs entsprechend, dem österreichischen Feldmarschall Fürst Karl Schwarzenberg anvertraut. Sein Generalstabschef, nach dessen Plänen der Feldzug geführt wurde, war kein anderer als Josef Graf Radetzky von Radetz (1767—1858), der später so bekannt und populär gewordene österreichische Marschall. Die Wahl Schwarzenbergs war glücklich; denn obwohl er kein genialer Feldherr war, besaß er genügend diplomatisches Geschick, Radetzky freie Hand zu verschaffen, da der Zar ununterbrochen mit hineinreden wollte. Noch einmal gelang es dem französischen Kaiser, die Verbündeten in einem zweitägigen Ringen um Dresden zu schlagen. Doch es gelang ihm nicht, die Heere der Verbündeten zu trennen und sie einzeln anzugreifen. Im Gegenteil — der französische General Vandamme war in Böhmen eingebrochen und wurde mit seinem ganzen Korps von den Österreichern zur Kapitulation gezwungen, ehe Napoleon helfend herbeieilen konnte. Auch die preußische und die aus Preußen und Schweden bestehende Nordarmee — sie stand unter dem Oberbefehl des schwedischen Kronprinzen Bernadotte, der, früher französischer Marschall, rechtzeitig die Wendung zu den Verbündeten gemacht hatte — schlugen die verfolgenden oder angreifenden französischen Truppen.

Im Oktober 1813 standen die feindlichen Heere in der Ebene von Leipzig einander gegenüber. In einem mehrtägigen Ringen (16. bis 19. Oktober 1813) wurde Napoleon von den Verbündeten unter Österreichs Oberkommando geschlagen. Schon vor Leipzig hatte der Abfall der deutschen Rheinbundstaaten — Bayerns und anderer — von Napoleon begonnen. Persönlich ehrenhaft denkend, weigerte sich der König von Sachsen, Napoleon zu verlassen und wurde beim Einmarsch der Verbündeten in Leipzig als Kriegsgefangener interniert. Seine Armee war bereits während der Schlacht zu den Verbündeten übergegangen. Erst im letzten

Augenblick räumte Napoleon Sachsen und entging dadurch der Einschließung. Die Tatsache, daß Schwarzenberg sehr langsam und behutsam vorging, ließ später die Meinung entstehen, Österreich habe Napoleon auf diese Weise eine Chance bieten wollen, der Vernichtung zu entgehen. Jedenfalls schlug der französische Kaiser auf dem Rückmarsch nach Frankreich bei Hanau ein bayrisches Korps, das ihm den Weg verlegen wollte. Am 31. Dezember 1813 überschritt Schwarzenberg mit österreichischen Truppen bei Basel, einen Tag vor Blüchers Übergang bei Caub, den Rhein und drang in Frankreich ein. Friedensangebote, die einmal von Napoleon — mit der Annahme von Forderungen, die längst überholt waren —, das andere Mal von den Verbündeten — mit Forderungen, denen Napoleon in diesem Augenblick nicht zustimmte — ausgingen, führten zu keinem Ergebnis. Napoleon bemühte sich, dem französischen Volk den Feldzug des Jahres 1814 auf französischem Boden als „Verteidigungskrieg" mundgerecht zu machen und die nationale Begeisterung zur Rettung des vaterländischen Bodens vor den fremden Eindringlingen zu entfachen. Aber zwanzig Jahre Krieg und Kampf hatten die Franzosen kriegsmüde gemacht. Trotzdem muß die Leistung Napoleons gerade in diesem Frühjahr 1814, mit ungenügenden Mitteln, einer weit überlegenen feindlichen Macht gegenüber, als eine strategische Meisterleistung gewertet werden; sie konnte das Ende nur verzögern, nicht aufhalten. Am letzten Märztag kapitulierte Paris, und am 2. April dankte Napoleon ab. Es wurde ihm die Insel Elba als souveränes Fürstentum mit einer Jahresrente von 2 Millionen französischen Franken und dem Recht, sich weiterhin Kaiser zu nennen, zugebilligt. Ein allgemeiner Friedenskongreß sollte eine neue europäische Ordnung herstellen. Er wurde nach Wien einberufen.

Österreich hatte in der Zwischenzeit noch im Süden die französische Machtstellung gebrochen. Aus dem Murtal heraus brachen seine Truppen unter dem Befehl von General Hiller in das französisch gewordene Kroatien ein. Die Kroaten erhoben sich beim Einmarsch der Österreicher zugunsten Österreichs. Trotzdem der französische Oberkommandierende, Vizekönig Eugen Beauharnais, kleinere Erfolge erzielte, wurde die französische Südarmee steigend durch Desertionen geschwächt. Zugleich rief General Hiller am 18. August die Tiroler zu den Waffen. Sein Aufruf fand vor allem in Südtirol lebhaften Widerhall. Trient und Bozen wurden genommen, und Eugen Beauharnais wich bis an die Etsch zurück.

Ein eigentümliches Verhältnis war in Nordtirol zu beobachten. Dieser Landesteil, den Napoleon 1809 bei Bayern belassen hatte, vertraute darauf, daß Österreich ihn in Besitz nehmen werde. Nun hatte Bayern am 8. Oktober 1813 mit Österreich den Vertrag zu Ried abgeschlossen, auf Grund dessen Kaiser Franz I. dem König von Bayern alle seine Länder, wie er sie vor dem Krieg besessen hatte, garantierte. Das konnte nur auf Tirol gemünzt sein. Doch die Nordtiroler ließen sich dadurch nicht stören. Sie rissen überall die bayrischen Hoheitszeichen herunter. Am 8. Dezember 1813 versammelte sich ein Bauernkonvent in Sterzing, auf dem Alois Kluibenschädel und der Greisler Empl das Wort führten: „Sind erst die Bayern aus dem Land vertrieben, so wird Kaiser Franz gewiß Tirol aus den Händen des Volkes bereitwillig annehmen", erklärte man. Aber gerade das war es, wovor man sich jetzt in Österreich fürchtete. Es sollte ja nichts mit Hilfe des Volkes geschehen. Hatte doch der Kaiser selbst in Aufrufen das Wort „Vaterland" gestrichen und durch „Kaiser" ersetzt. So kam das merkwürdige Schauspiel zustande, daß österreichische Truppen den bayrischen Behörden halfen, ihre Autorität in Tirol aufrechtzuerhalten. Ohne diese militärische Hilfe Wiens wäre Bayern dazu nicht imstande gewesen. Das österreichische Interesse richtete sich auf Italien: was man in Tirol nicht gern sah, die Erhebung des Volkes zugunsten Österreichs, unterstützte man in Italien. Am 10. Dezember wurde von Ravenna aus ein Aufruf erlassen, in dem es hieß: „Das österreichische Heer bringt die Freiheit und schafft die Unabhängigkeit Italiens. Noch rascher wird dieses Ziel erreicht, wenn die Völker sich freiwillig zur Vertreibung des Feindes, des einzigen Gegners ihres Glückes und ihrer Wohlfahrt, erheben." Die Ruhe in Tirol wurde wiederhergestellt und die Patrioten befriedigt, als Österreich in einem Geheimvertrag sich am 3. Juni 1814 von Bayern Tirol und Vorarlberg, Salzburg samt Berchtesgaden, Laufen sowie das Inn- und Hausruckviertel in Oberösterreich zurückgeben ließ. Zur selben Zeit zwangen auch die österreichischen Truppen den Fürsten Petar Petrović von Crnagora (Montenegro), sich aus dem von ihm besetzten und bis nach Dubrovnik (Ragusa) beanspruchten „Österreichisch-Albanien" zurückzuziehen.

Der Zweite Wiener Kongreß

Fast genau dreihundert Jahre nach dem Ersten Wiener Kongreß von 1515, dessen unerwartete Folge die Vereinigung von Österreich, Ungarn und Böhmen gewesen war, traten die europäischen Fürsten und Staatsmänner in Wien zur Neuordnung Europas zusammen. Vom September 1814 bis Juni 1815 war Wien tatsächlich der Mittelpunkt des europäischen politischen, kulturellen und gesellschaftlichen Lebens. Alle Quartiere waren besetzt, unheizbare Dachkammern wurden von Wiener Hausbesitzern um teures Geld an die Fremden vermietet. Nicht nur Wien allein, seine Vorstädte und Vororte, alle Gemeinden der ganzen Umgebung bis Baden hinaus waren ausverkauft. Dem Staat kostete der Kongreß täglich 80.000 Gulden — und das, nachdem erst wenige Jahre vorher der Staatsbankrott die Finanzen Österreichs erschüttert hatte. Dafür verdiente der einzelne Bürger, der einzelne Geschäftsmann, und dies genügte, verbunden mit der bekannten Wiener Schaulust, die gesamte Bevölkerung in einen Taumel der Begeisterung zu versetzen, wenn sie einer Auffahrt der „hohen Herrschaften" oder einer sonstigen Festlichkeit beiwohnen konnte. In der Umgebung der Kaiserburg und auf den benachbarten Basteien sammelte sich unaufhörlich Volk und starrte wie gebannt auf alles, was sich hier vor seinen Augen tat. Schätzungsweise zählte man 700 Vertreter auswärtiger Staaten und 100.000 Fremde, die sich zur Zeit des Kongresses in Wien aufhielten. Da die Fiaker immer ausverkauft waren, ließ der Kaiser auf eigene Kosten 300 Wagen bauen und stellte sie kostenlos den Gästen zur Verfügung. In den Theatern drängten sich die einfachen Handwerker auf den Stehplätzen, um Aufführungen wie Schillers „Jungfrau von Orleans" zu sehen, bei deren Krönungszug 400 Statisten mitwirkten. Was sich der einzelne Bürger leistete, beweist der Schneidermeister Johann Wolfgang Kugler, der beim Einzug des Kaisers in Wien auf eigene Kosten 547 Knaben und Mädchen in Kostüme kleidete: in weißen Atlas, mit roten Achselquasten, roten Schuhen und weißroten Bändern, alle mit Blumenkörbchen, die sie, vor dem Kaiser einherschreitend, ausstreuten. Vier Knaben und vier Mädchen waren ganz in Rot gekleidet und deklamierten Gedichte.

Der aus den Österreichischen Niederlanden stammende Fürst de Ligne, der letzte Kavalier des Ancien régime, der während des Kongresses starb und auf dem Friedhof am Abhang des Kahlenberges begraben wurde, hat in seinen Memoiren den berühmten Satz niedergeschrieben: „Der Kongreß tanzt, aber er geht nicht vorwärts." Bis zu einem gewissen Grad hatte er recht. Daß bei einem solchen Zusammenströmen von Menschenmassen auch der moralische Zustand der Stadt zu leiden hatte, ist klar. Damals wurde der Grund zu vielen späteren Sittenskandalen des Vormärz gelegt, so zu jener Affäre des Fürsten Kaunitz, eines Enkels des großen Staatskanzlers, der sich an die Mitglieder des Kinderballetts der Wiener Theater heranmachte und dessen Opfer, oft mit Einwilligung der Eltern, 12—14jährige Mädchen wurden. Eins von diesen war auch die spätere Gemahlin Ferdinand Raimunds. Neben dem glänzenden Äußeren des Kongresses gab es auch Not und Elend. In Böhmen beschwerte man sich, daß das Volk zur selben Zeit hungern müsse, da man in Wien in reichen Gelagen schwelge. Eine fürchterliche Typhusseuche durchzog vom Herbst 1813 an das Land. Die Staatskassen, kaum gefüllt, leerten sich wieder. Jene Männer aber, die auch in Österreichs schwerer Zeit die Fahne des Vaterlandes hochgehalten hatten, fanden sich zugunsten von anderen Konjunkturrittern, die eben erst auf seiten der Gegner Österreichs gestanden waren — zurückgesetzt. Sie mußten oft in geringen Stellungen darben, während ihre Gegner von einst fette Pensionen und Gehälter einsteckten.

Dagegen fand ein Plan Metternichs, Österreich föderativ zu gliedern und etwa 6 bis 7 Bundesstaaten mit autonomen Landesregierungen zu schaffen — es sollten sich auch ein italienischer und ein südslawischer Gliedstaat darunter befinden —, nicht die Zustimmung des Kaisers. Bei dieser Gelegenheit wurde von Metternich zum erstenmal der Begriff „Südslawien" verwendet (vgl. Fridolin Dörrer: Geschichte Tirols bis zum Ende des Ersten Weltkrieges in: Zum Selbstverständnis der Südtiroler, I. Bozen, 1968, S. 17).

Es wäre aber zu einfach, nur die dunklen Seiten des Wiener Kongresses zu sehen. Daß er trotz aller Mängel eine der erfolgreichsten Veranstaltungen war, zeigt allein die Tatsache, daß der Grundriß Europas, wie er gezeichnet wurde, im allgemeinen und ohne größere Korrekturen bis 1914, also hundert Jahre hindurch, hielt. Das Prinzip Metternichs war es, die Verhältnisse ungefähr so wiederherzustellen, wie sie zu Beginn der Französischen Revolution 1789 gewesen waren. Dies gelang zwar nicht vollständig, aber annähernd. Für Österreich bedeutete dies die Rückgewinnung der meisten verlorenen Gebiete. Dort, wo sie in fremden Händen blieben, war es der Wille Österreichs selbst: so, wenn die bisherigen Österreichischen Niederlande, das heutige Belgien, mit Holland vereinigt wurde. Sie waren vom geschlossenen österreichischen Staatsgebiet zu weit entfernt und gingen praktisch in jedem Krieg durch feindliche Besetzung vorübergehend verloren. Mit dem Verzicht auf Belgien verlor aber

England das Interesse an Österreich; es sah sorgfältig darauf, daß die Kanalküste an dieser Stelle nicht in die Hände einer starken Seemacht käme, die England gefährlich werden könnte. Österreich verzichtete auch auf den Wiedererwerb der vorderösterreichischen Besitzungen in Süddeutschland und überließ sie Baden, Württemberg und Bayern; nicht zur Freude der Bewohner: Freiburg im Breisgau schickte Deputationen zum Wiener Kongreß mit der Bitte, man möge den Breisgau wieder österreichisch machen. Dafür arrondierte sich die Monarchie durch die Erwerbung der ehemaligen Republik Venedig, die nicht mehr wiederhergestellt wurde. Aus Venetien und der schon früher zum Kaiserstaat gehörigen Lombardei bildete man das „Lombardisch-Venetianische Königreich". Mailands Edelleute erschienen damals bei Kaiser Franz I. und baten ihn, den Titel eines „Königs von Italien" anzunehmen. Doch dieser lehnte ab und nannte sich nur „König der Lombardei und Venedigs". Um Bayern für seine Verluste zu entschädigen, überließ ihm schließlich Österreich Berchtesgaden und den sogenannten Rupertiwinkel im Salzburgischen. Aus der 1809 besiegten und 1811 durch den Staatsbankrott geschwächten Monarchie war damit ein Reich geworden, von dem eine russische Denkschrift am 21. November 1814 sagen konnte: „Österreich wird seinen Zepter und seinen Einfluß über die schönste Hälfte Deutschlands erstrecken, welches mit den Trümmern seiner alten Einrichtungen bedeckt ist. Es ist von der Last befreit, welche ihm eine dürre Oberherrschaft auflegte. Es besitzt die schönen Landschaften Italiens und vereinigt mit seinem weiten Gebiet die illyrischen Provinzen, die es zum Herrscher des Adriatischen Meeres machen und ihm in der europäischen Türkei einen vorwiegenden Einfluß sichern. Durch seine gegenwärtige Stellung in Italien sieht es sich imstande, den Königreichen Neapel und Sardinien das Gesetz zu geben, mächtig auf die Schweiz zu wirken und gegen Frankreich die Schranke der Alpen zu behaupten."

Schwieriger als die ziemlich reibungslos vor sich gehende Wiederherstellung der territorialen Macht Österreichs waren andere Probleme zu lösen. Da waren vor allem die polnische und die sächsische Frage. Rußland wollte den größten Teil des Großherzogtums Warschau an sich bringen, das Napoleon errichtet hatte, um die Polen zu gewinnen; Preußen begehrte die Einverleibung von ganz Sachsen, worauf es schon seit Jahrzehnten sein Auge geworfen hatte. Als willkommener Vorwand diente ihm das schon erwähnte Verhalten des sächsischen Königs. Demgegenüber lehnte vor allem Österreich diese Annexionspläne ab.

In diesem Sinn traf es sich mit England und Frankreich. Denn dieses hatte, als nach der Abdankung Napoleons das Königreich der Bourbonen wiederhergestellt worden war, gleichberechtigt Sitz und Stimme auf dem Wiener Friedenskongreß erhalten, um das Versprechen wahrzumachen, daß man nur gegen Napoleon, aber nicht gegen das französische Volk gekämpft hatte. Der französische Außenminister Fürst Talleyrand, einst Bischof von Autun, dann Revolutionär, später Minister Napoleons und nun der Bourbonen, spielte bald neben Metternich eine führende Rolle. Die gegensätzlichen Interessen der Verbündeten gingen bereits so weit auseinander, daß ein neuer Krieg bevorzustehen schien: Österreich schloß mit Frankreich und England einen Dreibund, und Preußen und Rußland verbündeten sich gleichfalls.

Wahrscheinlich wäre der Gang der Ereignisse anders gewesen, hätte Napoleon nicht in seinem Fürstentum Elba den Streit der Verbündeten benützen wollen, sich wieder in Frankreich an die Macht zu bringen. Er landete an der französischen Küste bei Fréjus und zog wie ein Triumphator von der Küste des Mittelländischen Meeres bis Paris. Der Bourbone Ludwig XVIII., ein Bruder des hingerichteten Ludwig XVI., floh aus seiner eben in Besitz genommenen Hauptstadt. Doch die Herrschaft Napoleons war in knapp hundert Tagen zu Ende. Der Wiener Kongreß fand rasch zur Einigkeit zurück. Napoleon wurde als außer Gesetz stehend erklärt, und die verbündeten Truppen marschierten wieder in Frankreich ein. Die Versuche des französischen Kaisers, sich der Hilfe seines Schwiegervaters Franz I. von Österreich zu versichern, mißlangen. Napoleon ergriff die Offensive und besiegte noch einmal auf den Feldern Belgiens bei Ligny den preußischen General Blücher und sein Korps. Doch wenige Tage später, am 18. Juni 1815, wurden die Franzosen von den Engländern, die Herzog Wellington führte, und den ihnen zu Hilfe kommenden Preußen unter Blücher bei Waterloo (oder Belle-Alliance, wie die Franzosen die Schlacht nennen) geschlagen. Napoleon wurde zum zweiten Mal abgesetzt. Diesmal überließ man ihm kein Fürstentum mehr, sondern brachte ihn als gemeinsamen Gefangenen der Verbündeten auf die englische Insel St. Helena im Atlantischen Ozean, von wo aus ein Entkommen unter den damaligen Verhältnissen unmöglich war. Hier lebte General Bonaparte, wie er jetzt offiziell genannt wurde, bis zum 5. Mai 1821. Sein Leichnam kehrte 1840 nach Paris zurück und fand seine letzte Ruhestätte im Invalidendom. Napoleons und der österreichischen Kaisertochter Sohn, der kleine König von Rom, wurde nach Wien gebracht und hier als Franz, Herzog von Reichstadt, erzogen. Er schien das militärische Talent seines Vaters geerbt zu haben und tat später den Ausspruch, er wolle ein neuer Prinz Eugen für Österreich werden. Als Liebling seines Großvaters, des Kaisers, von seiner eigenen Mutter ziemlich verlassen, starb der junge Fürst 1832 im 22. Lebensjahr.

Seit 1940 ruht seine Leiche an der Seite seines Vaters in Paris. Hitler ließ den Sarg unberechtigterweise aus der habsburgischen Privatbegräbnisstätte der Kapuzinergruft zur Beruhigung der Franzosen nach Paris bringen.

Der neue, gemeinsame Kampf gegen Napoleon hatte die Verbündeten einander wieder nähergebracht. Jetzt konnte der Kongreß erfolgversprechend beendet werden. Rußland erhielt das Großherzogtum Warschau als „Königreich Polen" mit der Auflage, dem Land die innere Autonomie zu gewähren. Sachsen wurde geteilt und zur Hälfte Preußen überantwortet. Anstelle des alten „Heiligen Römischen Reiches" errichtete Metternich den „Deutschen Bund", in dem Österreich den ständigen Vorsitz führte. An ihm hatten 36 Staaten und Fürsten Anteil. Österreich gehörte nur mit jenen Gebieten, die einst dem Römischen Reich angehört hatten, dazu. Der Deutsche Bund war eine lose Vereinigung von souveränen Staaten. Er besaß keine gemeinsame Wehrmacht und kein gemeinsames Wirtschaftsgebiet. Es gehörten ihm — bis 1837 — der König von England als König von Hannover, der König der Niederlande als Großherzog von Luxemburg und der König von Dänemark als Herzog von Holstein an. Im Gegensatz zu vielen vernichtenden Urteilen über ihn, hat Franz Grillparzer den Vierzeiler geschrieben:

Der Deutsche Bund war nicht schlecht von Haus,
gab Schutz in jeder Fährlichkeit.
Nur setzte er etwas Altmodisches voraus:
die Treue und die Ehrlichkeit.

Franz I. hatte so zwar auf die Wiederherstellung des Titels eines römischen Kaisers verzichtet — eine Tat, die ihm viele deutsche Romantiker nicht verzeihen konnten —, aber dafür war auch die Wahl weggefallen. Mit Hilfe der kleinen deutschen Staaten, die sich vor Preußens Annexionsgelüsten zu fürchten begannen, behauptete Österreich die Mehrheit im Deutschen Bundestag zu Frankfurt am Main.

Metternichs weiterer Versuch, auch eine „Lega Italica", einen Italienischen Bund unter Vorsitz Österreichs, zu schaffen, mißlang und führte nur zur Gründung eines Mittelitalienischen Zollvereins. Waren die Lombardei und Venedig unmittelbar österreichischer Besitz geworden, so regierten österreichische Erzherzoge in Toscana und Modena. Maria Louise, die Gemahlin Napoleons, wurde zur regierenden Herzogin von Parma erhoben. Ihre Herrschaft war mild und segensreich, konnte aber natürlich dem Wunsch nach Einigung Italiens nicht entsprechen. Bald wurden die Österreicher von der italienischen Nationalbewegung als Todfeinde betrachtet. Die einsame Herzogin vermählte sich später mit dem österreichischen Grafen Neipperg in morganatischer Ehe, und aus diesem Bund stammten die Fürsten Montenuovo. Da Österreich sich auch das Besatzungsrecht in einigen Festungen des Kirchenstaates gesichert hatte, in Neapel eine österreichische Erzherzogin königliche Gemahlin war, blieb nur das Königreich Sardinien-Piemont einigermaßen der österreichischen Einflußsphäre fern. Von diesem Gebiet ging später die Einigung Italiens aus, das für Metternich nur ein „geographischer Begriff" war.

So mit der Vormachtstellung im Deutschen Bund und auf der italienischen Halbinsel ausgerüstet, schloß Österreich den als „Heilige Allianz" — ein Name, der von Zar Alexander I. von Rußland stammt — bezeichneten Dreibund mit Rußland und Preußen. In weiterer Folge wurden auch Großbritannien und Frankreich dem europäischen Staatenverein beigezogen, so daß man von der „Pentarchie" (Fünfmächteherrschaft) sprach. Die anderen, kleineren Staaten Europas waren demgegenüber nicht imstande, wirkliche Selbständigkeit zu erlangen, solange dieses Bündnissystem aufrecht blieb. Die Fäden zu diesem kunstvollen Bau hielt Fürst Metternich in der Hand, der vom Wiener Ballhausplatz aus tatsächlich längere Zeit hindurch Europa dirigierte. So war Österreich in sechs Jahren von einem besiegten und ausgebluteten Staat zur führenden Macht des Erdteils emporgestiegen. Eine Entwicklung, die im Jahr 1809 wohl niemand hätte voraussagen können.

Zusammenfassung:

Der Bruder Josephs II., Kaiser Leopold II., setzte in maßvoller und überaus kluger Weise die Reformtätigkeit seiner beiden Vorgänger fort. Unter dem Einfluß des Geschehens in Frankreich (Französische Revolution) wandelt sich jedoch unter Leopolds II. Sohn, Kaiser Franz, Österreich allmählich in einen Polizeistaat. Die Kriege, die nunmehr durch zwanzig Jahre in immer kürzeren Intervallen gegen Napoleon geführt werden müssen, schwächen den österreichischen Staat und führen zum Staatsbankrott von 1811. Schon vorher hat Kaiser Franz das Erbkaisertum Österreich (1804) begründet und unter dem Druck Napoleons 1806 die Reichskrone niedergelegt. Damit nahm das Heilige Römische Reich sein Ende. Nachdem Österreich bereits 1809 (Aspern und Tirol) sich an die Spitze der Gegner Napoleons gestellt hat, wird durch sein Eingreifen in die Befreiungskriege der Sturz Napoleons entschieden. 1814 kam das säkularisierte ehemalige geistliche Fürstentum Salzburg endgültig zu Österreich. Im Zweiten Wiener Kongreß (1815) errichtet der österreichische Staatskanzler Fürst Metternich ein System der europäischen Sicherheit, das auf dem starren Festhalten an der sogenannten Legitimität beruht und Österreich die vorherrschende Stellung in Italien und in Deutschland (Deutscher Bund) sichert. Mit Preußen und Rußland zusammen bildet es die „Heilige Allianz", mit diesen und den Westmächten Frankreich und England die europäische Pentarchie. Österreich ist zur führenden Macht Europas aufgestiegen.

VORMÄRZ UND BIEDERMEIER

Das Zeitalter Metternichs

Es ist eigenartig, daß das Österreich der Habsburger kein eigenes Denkmal für seine großen Staatsmänner besitzt: weder für Kaunitz noch für Metternich. Dafür besitzen wir über den Staatskanzler der Napoleonischen Zeit eine solche Fülle widersprechender Mitteilungen, Memoiren und Aussprüche, daß es uns manchmal schwerfällt, uns ein richtiges Bild des Mannes zu machen, der immerhin nach dem Zweiten Wiener Kongreß von 1815 als der „Kutscher Europas" galt. Wir können nicht einmal feststellen, ob Metternich ganz zum Österreicher geworden ist, wie dies bei Prinz Eugen von Savoyen und anderen der Fall war, oder ob ihm Österreich bloß als der geeignete Boden erschien, auf dem er seine Maximen und Lehren verwirklichen konnte. Es fehlte ihm jene seit Maria Theresia in den leitenden österreichischen Kreisen verwurzelte Abneigung gegen Preußen, ja er gab diesem Staat innerhalb Deutschlands weiten Spielraum, wenn er ihm nur in der europäischen Politik keine Hindernisse bereitete.

Von den einen wird Metternich als frivol und arbeitsunwillig, von den andern als geistreich und seinen Geschäften hingegeben charakterisiert. Die einen sprechen — mit Verachtung oder Bewunderung — vom „System Metternich", die andern meinen, daß es kein solches System gegeben habe, sondern daß die Politik des Staatskanzlers von Fall zu Fall bestimmt wurde. Die einen meinen, er sei der eigentliche „Regent" Österreichs gewesen, die andern wollen in ihm nur den Vollstrecker des kaiserlichen Willens sehen. Wir finden in den Akten Reformpläne des Kanzlers — wie den einer landständischen Verfassung —, die er dem Kaiser vorgelegt hatte, aber er machte dann keine Anstrengungen, sie zu verwirklichen. Im Gegensatz zu Prinz Eugen von Savoyen, der Österreichs Aufgabe im Donauraum und auf der Balkanhalbinsel sah, wehrte sich Metternich dagegen, die Balkanvölker zu unterstützen. War er wirklich nur auf die Außenpolitik beschränkt, wofür Anzeichen sprechen, oder war der österreichische Polizeiminister Graf Sedlnitzky, der seit 1817 amtierte, nur sein Schatten?

Die österreichische Bevölkerung brauchte nach zwanzigjährigen Kämpfen Friede und Ruhe. Daher wurde in weiten Kreisen zuerst die Tatsache, daß nunmehr jeder Einfluß auf die Außen-, aber auch auf die Innenpolitik dem Mann auf der Straße unmöglich gemacht wurde, wenig beachtet und kaum als drückend empfunden. Als aber mit den Jahren die Wunden der Kämpfe heilten und sich in allen Ländern Europas die Stimmen mehrten, die eine Verfassung, Rechte für das Volk und Reformen verlangten, wuchs die Unzufriedenheit in der Donaumonarchie beinahe sprunghaft, von Jahr zu Jahr. Metternich wußte demgegenüber — wie immer er auch persönlich zu den Anliegen der Zeit stand — nur das starre Festhalten am Bestehenden entgegenzusetzen. Nach seiner Meinung war das Rütteln an den vorhandenen Zuständen, dem von ihm so bezeichneten „Legitimismus", auch wenn es in gutgesinnter Absicht geschah, gefährlich; ein Stein, den man lockerte, konnte das gesamte Gebäude zum Einsturz bringen, und was dann folgte, war — wenigstens nach seiner Meinung — das Chaos. Der Mann, der so musisch veranlagt war, daß er vor Gästen ganze Gesänge des „Child Harold" des großen englischen Dichters Lord Byron in der Ursprache auswendig vortragen konnte, fand kein Verhältnis zum Wandel der ihn umgebenden Welt. Es wäre unrichtig, in Metternich nicht den großen Staatsmann zu sehen, doch es gibt

Staatsmänner, deren Werk auf dem Fundament einer Vergangenheit aufgebaut ist, die zerbröckelt. Geistig stand der österreichische Staatskanzler jenen ungarischen Altkonservativen am nächsten, für die die Aristokratie der naturgegebene politisch und gesellschaftlich führende Stand war und die in der atavistischen Verfassung des Adelsstaates Ungarn das Ideal aller Zeiten sahen. Seine Leistung, die er von 1809 bis 1815 vollbracht hatte, war bewunderungswürdig, doch er ruhte sich nunmehr jahrzehntelang auf ihr aus oder mußte sich auf ihr, seinem Einfluß entsprechend, ausruhen.

Die Außenpolitik Metternichs bestand in dem Bestreben, die Beschlüsse des Zweiten Wiener Kongresses nicht nur zur Durchführung zu bringen, sondern sie für alle Zeit wirksam zu erhalten. So kam es zuerst einmal zum Jahrzehnt der Kongresse: 1818 in Aachen, 1819 in Karlsbad, 1820 in Troppau, 1821 in Laibach, 1822 in Verona. Schon die Tagungsorte verraten — mit Ausnahme Aachens alle österreichisch — die starke Stellung des Kaiserstaates. Die Interventionspolitik Wiens führte in Italien und in Spanien zum Eingreifen gegen die dortigen Volkserhebungen und zur Wiederherstellung der absoluten Fürstenmacht. Das „System" lockerte sich, als England und Frankreich eigene Wege zu beschreiten begannen und sich vom Einfluß der Metternichschen Politik befreiten. In England geschah dies nach dem Tod Lord Castlereaghs 1822, in Frankreich führte der neuerliche Sturz der Bourbonen 1830 die endgültige Wende herbei. Selbst Rußland widerstrebte im Orient den Wünschen Metternichs. Der Zar unterstützte den griechischen Unabhängigkeitskrieg, der 1821 ausgebrochen war, während die österreichischen Behörden in der Türkei den Befehl erhalten hatten, flüchtende Griechen wieder den Türken auszuliefern. Völlig unmöglich war es für Metternich, seinen Grundsatz der „Legitimität" außerhalb Europas durchzusetzen. Hier hatten sich seit 1812 die spanischen und portugiesischen Kolonien in Südamerika gegen das Mutterland erhoben. England unterstützte sie, denn es hoffte nach der Ausschaltung Spaniens und Portugals seine eigene wirtschaftliche Expansion an deren Stelle setzen zu können. Im Jahr 1830 verschwanden die letzten europäischen Stützpunkte in den bisherigen Kolonien. Eine Reihe von Republiken war anstelle der Vizekönigreiche vergangener Tage entstanden; nur Brasilien hatte die Staatsform einer Monarchie, sogar unter der alten portugiesischen Dynastie des Hauses Braganza, beibehalten, und die erste Kaiserin von Brasilien wurde die Tochter des Kaisers Franz I. von Österreich, Erzherzogin Leopoldine.

Im Innern des Kaiserstaates galten vor allem jene Männer, die an den Volkserhebungen des Jahres 1809 mitgewirkt hatten, als verdächtig. Die beiden Brüder des Kaisers, die Erzherzoge Carl und Johann, waren politisch kaltgestellt. Dies ging so weit, daß der Maler Peter Kraft 1818 eine polizeiliche Rüge erhielt, weil er Erzherzog Johann in einem Porträt in der Tracht eines steirischen Jägers dargestellt hatte, der auf die Berge hinabsieht. Schon während des Zweiten Wiener Kongresses hatte man ein geheimes Dechiffrierkabinett eingerichtet, in das die Briefe verdächtiger Personen eingeliefert, rasch abgeschrieben und erst dann mit der Post weiterbefördert wurden. Dies traf auf Briefe auswärtiger Gesandter und vornehmer Reisender ebenso zu wie auf die Korrespondenz der Kaiserin Maria Ludovika oder des Erzherzogs Joseph, der Palatin von Ungarn war.

Wie weit die Bevormundung im einzelnen gehen konnte, zeigen etwa folgende Verfügungen: Nach dem Hofkanzleidekret vom 16. August 1822 durften an der Wiener Neustädter Militärakademie nur dann Zöglinge evangelischen Glaubens aufgenommen werden, wenn der Erziehungsberechtigte einen Revers unterschrieb, in dem er deren katholische Erziehung gestattete; ein Dekret der Studienhofkommission (Unterrichtsministerium) vom 8. Juli 1821 verfügte, daß Bibliothekare jährlich ein Verzeichnis aller Werke einzusenden hätten, die von Professoren ausgeliehen worden waren; nach dem Dekret derselben Behörde vom 18. August 1826 seien literarische Prüfungsarbeiten nicht bloß nach ihrem stilistischen Wert, sondern auch nach ihrer Unbedenklichkeit in politischer und kirchlicher Beziehung zu beurteilen. Wie sehr sich Kaiser Franz I. selbst von der Polizei abhängig machte, zeigt eine Äußerung vom 14. September 1822, die der bekannte Gelehrte Julius Schneller in einem Brief an seine Gattin tat. „Der Kaiser sagte mir", schreibt er, „in seiner gewohnten Treuherzigkeit, daß er das Ganze (ein Bittgesuch um eine Professur) an die Polizeihofstelle gegeben hat, weil es bei Professoren sosehr auf die Gesinnung ankomme." So hatte also unter Umständen ein Polizeispitzel durch einen Bericht die Macht, über die Anstellung von Wissenschaftlern zu entscheiden.

Wenn man aber aus einzelnen dieser Verfügungen schlösse, daß Österreich ein echter katholischer Staat gewesen sei, so wäre dies falsch. Der österreichische Staatskatholizismus duldete zwar keine romfeindlichen Schriften, aber ebensowenig Bücher, in denen man die mittelalterlichen Kaiser wegen ihrer Kämpfe mit den Päpsten verurteilte. Der Gelehrte Friedrich Hurter, strenggläubiger Katholik, im Jahr 1845 zum Reichshistoriographen ernannt, erhielt von Metternich die Akten der Zeit Kaiser Ferdinands II., um dessen Geschichte zu schreiben. Der erste Band wurde von der Zensur verboten und konnte erst nach 1848 erscheinen. Es hatte sich eben hier eine Art österreichisch-katholischer Restauration entwickelt, die sich von der katholischen Reformbewegung in Deutschland wesentlich unterschied. Man ging gegen eine Reihe verdächtig erscheinender Theologieprofessoren vor. So vor allem gegen Bernard Bolzano (1781—1848) in Prag, der ein philosophisches System aufgestellt hatte, in dem Vernunft und Dogma versöhnt werden sollten. Da er aber nicht das vorgeschriebene Lehrbuch des Burgpfarrers Frint benützte, zog er sich dessen Feindschaft zu. Frint, bei Kaiser Franz I. hoch angesehen, fühlte sich dadurch beeinträchtigt. Er war unterdessen Beichtvater des Kaisers geworden, und es gelang ihm, 1820 Bolzano von der Lehrkanzel in Prag zu entfernen.

In diesem Zusammenhang ist es vielleicht gut, auf die Gestalt des heiligen Clemens Maria Hofbauer (1751—1820) hinzuweisen, dessen Bedeutung der österreichische Dichter Hermann Bahr mit dem Satz gekennzeichnet hat: „Von diesem Mann aus ist Österreich wieder katholisch geworden." Hofbauers Vater war ein Tscheche und hieß Dvořak. Es wäre noch zu untersuchen, wann und warum der Heilige diesen seinen echten Familiennamen in die germanisierte Form Hofbauer umgeändert hat. Er war ein Spätberufener und trat, nachdem er durch Verbot des Einsiedlertums in Österreich zur Zeit Josephs II. nach Italien verdrängt worden war, in den eben vom heiligen Alfons von Liguori gegründeten Redemptoristenorden ein, der von vielen Aufklärern als eine Tarnorganisation der 1773 aufgehobenen Jesuiten betrachtet wurde. In dieser Eigenschaft diente er der Kirche in Deutschland und Polen und kam endlich 1808 wieder nach Wien. Hier hatte sich bereits zu Ende des 18. Jahrhunderts um den Schweizer

P. J. A. von Diesbach ein Kreis gebildet, der sich „Christliche Freundschaft" nannte und dessen Ziel die Bekämpfung des Josephinismus darstellte. Zu seinen führenden Mitgliedern gehörte außer dem Gründer Baron Penkler. Seit 1813 wirkte P. Hofbauer als Kirchenrektor des Ursulinenklosters in Wien. Er wurde wie viele andere von der österreichischen Polizei überwacht, und mehrere Male war er nahe daran, aus Österreich ausgewiesen zu werden. Am 12. November 1818 wurde überfallsartig in seiner Wohnung eine Hausdurchsuchung vorgenommen, und schließlich stellte man ihn auf Grund der josephinischen Verordnung von 1781 vor die Wahl, entweder als Weltgeistlicher weiter in Wien zu bleiben oder auszuwandern. Hofbauers Versuche, seinem Orden die staatliche Genehmigung zu verschaffen, schienen zum Scheitern verurteilt zu sein. Die Polizei stellte dem Kaiser die Sache so dar, als wenn P. Hofbauer freiwillig auswandern wolle. Dazu gab Franz I. natürlich seine Zustimmung. Als er dann von Erzbischof Graf Hohenwart über den wahren Sachverhalt aufgeklärt wurde, gewährte er mit persönlichem Handschreiben vom 7. Februar 1819 P. Hofbauer die unbeschränkte Aufenthaltsgenehmigung in Wien. Ja wenige Tage nach Hofbauers Tod bestimmte am 30. April 1820 ein kaiserliches Handschreiben, daß sich „die Kongregation des Allerheiligsten Erlösers in meinen Staaten bilde"; so war der offizielle Name der Redemptoristen. Und noch 1825 gestand Kaiser Franz I. dem Bischof Zängerle, er persönlich sei ein Freund der Jesuiten, aber er könne nicht handeln, wie er wolle. Trotz der Wiederherstellung des Ordens durch den Papst 1815 war dieser in Österreich noch nicht offiziell zugelassen.

Um Hofbauer sammelte sich ein Kreis von österreichischen und ausländischen Katholiken, zu denen Persönlichkeiten, wie Jarcke, Klinkowström, Veith, Madlener und Passy gehörten. Sie unterhielten seit etwa 1830 enge Beziehungen zur Staatskanzlei des Fürsten Metternich, denn dieser und Kaiser Franz I. näherten sich in dieser Periode jenen Auffassungen, die in einem Bündnis zwischen „Thron und Altar" die beste Stütze des herrschenden Systems sahen. Seit 1819, da der Kaiser eine Romreise gemacht hatte, wurde der Gedanke laut, mit der Kirche ein Konkordat zu schließen. Dazu war aber die Zurückdrängung des josephinischen Gedankengutes notwendig. Dieses war in der österreichischen Staatsbeamtenschaft und in der Intelligenz stark verankert. Neben der engeren Hofbauerschule arbeitete noch in seinem Geist ein Zirkel um den Dichter Friedrich von Schlegel (1772—1829), nach dessen frühem Tod unter der Führung des Theologen und Philosophen Anton Günther (1783—1863), der später in Konflikt mit Rom geriet und 1857 seine Lehren widerrufen mußte. Daß sich Metternich in seinen letzten Lebensjahren nur mehr mit Persönlichkeiten aus diesem Kreis umgab, zeigte dessen allmähliche Erstarkung. Die Jesuiten erhielten wieder Aufenthaltserlaubnis in Österreich — 1829 in der Steiermark, 1837 in Linz, 1838 in Innsbruck. Im Jahr 1837 wurde, auf die Zeiten der Religionskämpfe zurückgreifend, die Ausweisung der evangelischen Zillertaler verfügt. „Aber trotz der stark anwachsenden kirchlichen Restauration", urteilt Georg Franz 1955, „fanden im vormärzlichen Katholizismus aufklärerisch-josephinische Ideen und liberalisierendes Gedankengut noch weiten Widerhall. Man kann ruhig sagen, daß Österreich die Hochburg des aufgeklärten Katholizismus war."

Kaiser Franz I. war ein ungemein fleißiger Arbeiter, der „erste Hofrat" Österreichs, wie man zu sagen pflegte. Das bedingte, daß sich manche Angelegenheiten ins Endlose verzögerten. Selbst wenn der Kaiser Tag und Nacht an seinem Schreibtisch gesessen wäre und Akten studiert hätte, wäre es ihm unmöglich gewesen, alles anfallende Material zeitgerecht zu bearbeiten. Es gab noch aus den Tagen Maria Theresias einen Staatsrat, der den Herrscher nach Durchbesprechung der ihm vorgelegten Angelegenheiten zu beraten gehabt hätte. Er existierte zwar auch jetzt noch, aber niemand wußte, was er eigentlich noch zu sagen habe, und Kaiser Franz I. verwendete ihn ziemlich willkürlich. So konnte es vorkommen, daß im Jahr 1830 nach der großen Überschwemmung der Donau, die im Umkreis Wiens gewaltigen Schaden an Menschen und Gütern anrichtete, der Kaiser es sich nicht nehmen ließ, auf hunderte Unterstützungsgesuche, die alle an ihn persönlich gerichtet werden mußten, den handschriftlichen Vermerk zu setzen, daß er dem So und So „eine Unterstützung von einhundert Gulden bewillige". Dies zeigt wohl den Willen des Kaisers zu helfen, doch überlastete ein solches Vorgehen den Herrscher. Daß die Hofstellen den Versuch machten, den Kaiser zu entlasten, sagt eine an den Hofschauspieler J. W. Ziegler am 26. November 1821 unter P. N. 402 gerichtete Verfügung, in der es heißt: „Über dieses wiederholte... herab gelangte Gesuch kann nichts verfügt werden und wird dem Bittsteller bedeutet, die so oft wiederholten, unstatthaften Belästigungen Seiner Majestät endlich einzustellen."

Eine andere Leidenschaft des Kaisers — vielleicht von seinem Oheim Joseph II. überkommen — bestand im Erteilen von Audienzen. Hier zeigte er sich von einer wahrhaft „patriarchalischen" Seite, hörte sich endlose Ausführungen einfacher Leute geduldig an und antwortete ihnen im Dialekt, wie sie mit ihm geredet hatten. Welche Dinge hierbei an ihn herangetragen wurden, zeigt die Audienz der Mutter des späteren Kardinal-Erzbischofs von Wien, Rauscher, die dem Kaiser damit in den Ohren lag, daß ihr Sohn, übrigens ein begeisterter Anhänger von Clemens Maria Hofbauer, z u religiös sei. Er wolle statt Jus Theologie studieren. Die Antwort des Kaisers an die Mutter war nicht etwa, daß dies eine reine Familienangelegenheit sei, die ihn als Kaiser wahrlich wenig angehe und ihm nur seine Zeit raube, sondern sie lautete vielmehr: „Liebe Frau, wenn es Ihnen recht ist, werde ich es durch die Polizei untersuchen lassen." Diese verbürgte Geschichte zeigt aber auch, wie manche Kreise der Bevölkerung sich noch immer das Verhältnis zwischen Herrscher und Untertan vorstellten. Es scheint unglaublich, ist aber durch Aufzeichnungen verbürgt, daß Kaiser Franz I. während seiner italienischen Reise 1825 20.000 Personen in Audienz empfing.

War so Österreich bis 1835 noch tatsächlich regiert worden — wie immer man sich zur Art dieser Regierung stellen mag —, so trat mit dem Tod des Kaisers auch darin ein Wechsel ein. Sein Sohn, Thronfolger Ferdinand I. (1835 bis 1848, † 1878), in Ungarn unter dem Namen Ferdinand V. gekrönt, galt in vertrautem Kreise schon lange als regierungsunfähig. Man debattierte auch darüber, ob nicht an seiner Stelle der jüngere Sohn des Kaisers, Erzherzog Franz Carl, mit der klugen und energischen, aber auch ehrgeizigen Erzherzogin Sophie, einer gebürtigen Prinzessin von Bayern, vermählt, am besten den Thron bestiege. Doch man scheute sich, durch ein offenes Eingeständnis, daß der Kronprinz nicht regieren könne, den Nimbus der habsburgischen Dynastie zu schmälern. Deshalb sollte er wohl dem Namen nach herrschen, doch unter eine Art vormundschaftliche Kontrolle gestellt werden. Zu diesem Zweck schuf man am 12. Dezember 1836 die sogenannte „Staatskonferenz". An ihrer Spitze stand Erzherzog Ludwig, ein jüngerer Bruder des verstorbenen Kaisers, als Vertreter der

Dynastie, ferner gehörten ihr Erzherzog Franz Carl und der Innenminister Graf Kolowrat an. Der Stellvertreter Erzherzog Ludwigs war Staatskanzler Fürst Metternich. Je nach Bedarf wurden einzelne andere Minister, Staatsräte oder hohe Beamte den Sitzungen als Fachleute beigezogen. Neben Metternich war der mächtige Mann Graf Kolowrat, der seit 1826, als er zum Minister ernannt worden war, seine Stellung immer mehr ausgebaut hatte und ein ernsthafter Konkurrent Metternichs geworden war. Die beiden Männer befehdeten sich häufig und trugen so wesentlich dazu bei, daß es zu keinen Entschlüssen oder heilsamen Maßnahmen kommen konnte. Metternich vermochte zwar, sich in der Außenpolitik als maßgebender Mann zu behaupten, die Kontrolle über die inneren Verhältnisse entwickelte sich mehr und mehr zu einer Domäne Kolowrats.

Österreich wurde nicht mehr — nicht einmal mehr schlecht — regiert, sondern bloß noch verwaltet. Es gab sicherlich Männer, die das kommende Geschehen vorausahnten; es gab Männer, die grundlegende Reformen durchführen wollten; selbst Metternich war ihnen nicht ganz abgeneigt. Derartige Versuche wurden entweder von Bürokraten oder von der in sich uneinigen Staatskonferenz nicht oder dilatorisch behandelt. Die Unzufriedenheit in den österreichischen Ländern wuchs von Jahr zu Jahr. Zar Nikolaus I. von Rußland, der 1846 Österreich besuchte, schrieb nach Hause: „Ungarn murrt, Galizien wird, dank Posen, bald in Flammen stehen, Böhmen will nur Böhmen sein; Metternich ist der Schatten dessen, was er einst gewesen, Kolowrat alt, Erzherzog Ludwig unentschlossener denn je, der Thronerbe Franz Carl blasiert und unzufrieden." Die Machtstellung, die Metternich 1815 dem Kaiserstaat verschafft hatte, war erschüttert.

Die erste industrielle Revolution und Österreich

Es waren nicht nur politische Sorgen, die die maßgebenden Regierungskreise nach dem Zweiten Wiener Kongreß in immer stärkerem Ausmaß zu beschäftigen begannen. Seit mit der Erfindung des mechanischen Webstuhles in England die erste industrielle Revolution eingesetzt hatte, war auch für Österreich die Frage spruchreif geworden, wie es sich zur Entwicklung des kapitalistischen Wirtschaftssystems stellen solle. Durch das rasche Aufblühen von fabriksmäßig betriebenen Gewerbezweigen wurden nicht nur das noch aus dem Mittelalter stammende, teilweise in den Zünften verankerte Kleingewerbe und Handwerk schwer geschädigt, es entstand ein völlig neuer Stand — der Arbeiter im modernen Sinn, das Proletariat. Zwar waren bereits die sogenannten „Manufakturen" in der Epoche des Merkantilismus eine Vorstufe dieser Entwicklung gewesen, doch jetzt setzte sie in ganz Westeuropa mit ungeheurer Beschleunigung ein. In manchen Zweigen der Wirtschaft hatte Napoleon, ohne es zu wollen, anregend gewirkt. So, als er durch die Kontinentalsperre die europäischen Länder von der Zufuhr aus England und Übersee weitgehend abschnitt. Um den fehlenden Rohrzucker zu ersetzen, wurde der Rübenzucker gefunden. Um den Ausfall der englischen Maschinenlieferungen nach Maßgabe der Kräfte zu mildern, wurde das Ruhrgebiet eine der ersten Industrielandschaften Mitteleuropas, und das Haus Krupp begann seinen Aufstieg.

Das Kaisertum Österreich hatte nicht die Möglichkeit, sich von der übrigen Welt abzusperren. Doch es stand nicht wie zur Zeit Josephs II. in der ersten Reihe. Die Nachwirkungen des Staatsbankrotts von 1811 begannen erst ungefähr um das Jahr 1830 zu verschwinden. Jetzt fand auch die Dampfmaschine in Österreich größere Verbreitung. Im Jahr 1829 entstand der Böhmische Gewerbeverein, 1837 der Innerösterreichische und 1839 der Niederösterreichische. In ihnen sammelten sich die neuen Industriellen, und hier fanden sie den Rückhalt im Kampf mit den Kleinbetrieben, der bald einsetzte. Die Maschinen und die Choleraepidemie des Jahres 1831 stürzten die Handwerker in eine Krise. Sie gaben, wie es auch in den anderen Ländern geschah, den Maschinen die Schuld an ihrem Elend. Kaiser Franz I. nahm auf Grund ihrer Vorstellungen in einem Hofdekret vom 10. August 1831 zur „Überfüllung von Gewerbe- und Handelsbefugnissen" Stellung, „wodurch auch oberflächlich verfertigte Waren erzeugt werden, den Verfall der Industrie mit sich bringen, zur Verarmung der Familien beitragen und auf den öffentlichen und privaten Kredit nachteilig einwirken". Bei der nun folgenden Enquete sprachen sich sieben Länder für und nur eins (Mähren-Schlesien) gegen die bestehende Gewerbeordnung aus; von den befragten Zünften waren dagegen unter 82 nur 2 dafür. Der Kaiser erlebte das Ende dieser Auseinandersetzung nicht mehr. Nach seinem Tod wurde Kaiser Ferdinand I. 1836 ein Gewerbekonzessionsgesetzentwurf vorgelegt, der aber niemals wirklich Gesetzeskraft erlangte. Als Kübeck, ein Anhänger noch weitergehenderer Gewerbefreiheit, Hofkammerpräsident (Finanzminister) wurde, zog er den Entwurf zurück und versuchte, ihn durch einen neuen zu ersetzen, den er 1846 den Landespräsidenten zur Begutachtung zugehen ließ. Es kam aber vor der Revolution von 1848 zu keiner endgültigen Regelung.

Über den Stand der Industrialisierung des vormärzlichen Österreich gibt am besten eine kurze Zusammenstellung der vorhandenen Dampfmaschinen Aufschluß. Die erste wurde in der Brünner Feintuchfabrik J. H. Offermann 1816 aufgestellt. Im Gebiet der heutigen Republik Österreich fanden sie seit 1826 in Niederösterreich Eingang. Im Jahr 1841 befanden sich in

Niederösterreich	56 Maschinen mit	758 Pferdekräften
Oberösterreich	2 Maschinen mit	12 Pferdekräften
Steiermark	1 Maschine mit	8 Pferdekräften
Tirol	1 Maschine mit	14 Pferdekräften

Über den Nutzen der Maschinen war man geteilter Meinung. Zur Zeit Josephs II. hatte man den Fabrikanten Geldvorschüsse zu ihrer Anschaffung gegeben; in den Tagen von Franz I. wurde anfangs diese Politik fortgesetzt — so erhielt 1795 der Tuchfabrikant Tuschner zwei goldene Gedenkmünzen, weil er aus eigener Initiative Maschinen aus dem Ausland eingeführt hatte, und 1806 erklärte die Hofkammer: „Überhaupt kann die Verfertigung und Verwendung derselben nicht gleich einem Handwerk behandelt werden und derjenige, welcher sein ganzes Vermögen und seine moralischen Kräfte auf Erfindung oder Anwendung neuer Maschinen verwendet, verdient besondere Rücksicht, wäre es auch nur, um den Geist der Industrie zu beleben und anzueifern." Aber bereits 1803 war eine kaiserliche Entschließung erflossen, in der davon die Rede war, keine Privilegien für Spinnmaschinen mehr zu erteilen, ehe man sich nicht über den Einfluß der Maschinenarbeit auf den Nahrungszustand der ärmeren

Klassen der Bevölkerung ein Bild gemacht habe. Tatsächlich finden wir dann in Österreich ähnliche Bestrebungen wie die der englischen Maschinenstürmer, die die Not des Fabriksproletariats den neuen Arbeitsgeräten zuschrieben und sie zu zerstören suchten.

Am 23. März 1829 mußte die Polizei den Plan einer Gruppe von Tuchmachergesellen in Brünn vereiteln, die die Tuchschermaschine des Herrn von Cochelet unbrauchbar machen wollten. Der Bericht der Polizei sprach davon, daß die Tuchscherer durch diese Maschine von der Arbeitslosigkeit bedroht würden und daß sich ihnen die Sympathie der städtischen Bevölkerung zuwende. Das mährische Landespräsidium zeigte sich wohl über die Leistungen der Maschine befriedigt, bedauerte aber, daß deren Einführung gerade in die Zeit einer größeren Arbeitslosigkeit falle. Noch 1844 und 1846 kam es wegen neueingesetzter Maschinen, einmal in Reichenberg, dann in Wien, zu Arbeiterunruhen, bei denen Fabriksbesitzer und Werkführer tätlich mißhandelt wurden. Allerdings konnte dadurch der weitere technische Fortschritt nicht verhindert werden.

Die einzelnen Zweige der industriellen Betriebsamkeit im Österreich vor 1848 können hier nur in einem allgemeinen Überblick erwähnt werden. Die Baumwollindustrie blühte bereits im 18. Jahrhundert. Die erste derartige Fabrik entstand schon 1723 in Schwechat. Im Jahr 1828 gab es in Niederösterreich allein 30 derartige Unternehmungen, 1843 waren sie bereits auf 41 angewachsen. In Vorarlberg arbeiteten 1828 10 Baumwollspinnereien; im Jahr 1843 waren es bereits 15. In Österreich gab es 1843 fünf, in Tirol zur gleichen Zeit zwei Unternehmen. In Innerösterreich (Steiermark, Kärnten, Krain, Küstenland) entstand schon 1782 eine Fabrik; im Jahr 1845 finden wir nur in der Steiermark deren zwei.

Die Produktion betrug in den Webereien im Jahr 1841:

in Niederösterreich	10.000 Zentner	im Wert von 2,000.000 Gulden
in Oberösterreich	4.000 Zentner	im Wert von 320.000 Gulden
in Innerösterreich	5.600 Zentner	im Wert von 640.000 Gulden
in Tirol und Vorarlberg	8.400 Zentner	im Wert von 1,000.000 Gulden

Die Schafwollerzeugung wurde in Österreich als Großindustrie erst Ende des 18. Jahrhunderts ins Leben gerufen. Im Jahr 1841 besaß die schon 1672 in Linz gegründete Tuchfabrik 12 Beamte, 1074 Diener und Arbeiter und 125 Pensionisten. Sie wurde 1852 vom Staat aufgelöst. Im niederösterreichischen Rittersfeld hatte Nikolaus Leopold The Losen aus Eupen 1815 ein solches Unternehmen gegründet. Seit 1810 arbeitete in Wien die bekannte Firma Philipp Haas, zuerst bloß als Baumwollfabrik. Für das Jahr 1841 betrug die Produktion an Baumwollwaren in

Niederösterreich	382.000 Stück	im Wert von 7,365.000 Gulden
Oberösterreich	9.000 Stück	im Wert von 350.000 Gulden
Innerösterreich	30.000 Stück	im Wert von 1,050.000 Gulden
Tirol	30.000 Stück	im Wert von 650.000 Gulden

Eine andere bedeutende Industrie war die Leinenweberei. Ihr Hauptverbreitungsgebiet lag in Böhmen und Mähren. In Niederösterreich entstand 1838 die Pottendorfer Spinnerei, die 1845 540 Arbeiter beschäftigte. Oberösterreich hatte

Fabriken in Freistadt, Laßberg und Neumarkt. Für das Jahr 1841 finden wir an Erzeugung verzeichnet in

Niederösterreich	90.000 Stück	im Wert von 50.000 Gulden
Oberösterreich	200.000 Stück	im Wert von 1,000.000 Gulden

Die Seidenindustrie war im Küstenland und in Südtirol daheim. Aber auch in Niederösterreich gab es 1772 neun Betriebe. Die Erzeugung von Rohseide betrug im Jahr 1840 in Tirol 30.000 Wiener Zentner (15.000 Meterzentner). Der Wert der Seidenwarenerzeugnisse belief sich ungefähr zur gleichen Zeit in Wien auf 12,000.000 Gulden.

Für die Lederindustrie sind 1830 in Niederösterreich 11 Betriebe zuständig. Wien hatte damals 1557 bürgerliche Schuhmachermeister. In Oberösterreich zählte man 1809 150 Rot- und Weißgerbermeister. Die Ledererzeugung betrug 1841 in

Wien	22.000 Zentner	im Wert von 2,000.000 Gulden
Niederösterreich	16.675 Zentner	im Wert von 2,029.000 Gulden
Oberösterreich	15.240 Zentner	im Wert von 1,852.000 Gulden
Steiermark	12.895 Zentner	im Wert von 1,698.000 Gulden
Kärnten und Krain	18.660 Zentner	im Wert von 2,394.000 Gulden
Tirol	28.340 Zentner	im Wert von 2,997.000 Gulden

Die Papierindustrie steckte vor 1848 noch in den Anfängen und war auf Einfuhr aus dem Ausland angewiesen. In Niederösterreich existierten 1780 einige kleinere Papiermühlen, von denen die in Ebergassing und Klein-Neusiedel erwähnenswert sind. In der Steiermark bestanden schon die Fabriken von Leykam und Kienreich in Graz. Im Jahr 1841 erzeugten die Wiener und die niederösterreichischen Papierfabriken 71.125 Zentner im Wert von 1,227.693 Gulden. Sie standen damit an erster Stelle in der gesamten Monarchie. Die Erzeugung der steirischen Betriebe betrug 11.265 Zentner im Wert von 199.956 Gulden. Die fünf bestehenden Tiroler Betriebe lieferten um 555.683 Gulden Papier.

Von besonderer Bedeutung wird nunmehr das Eisen. Im Jahr 1841 gab es in Nieder-, Oberösterreich, der Steiermark, Kärnten und Tirol zusammen

60	Hochöfen
11	Kupolöfen
344	Eisen- und Stahlhämmer
8	Puddlingswerke
18	Walzwerke
9	Gußstahlöfen
7	mechanische Werkstätten

Die Gesamterzeugung von Eisen verteilte sich im gleichen Jahr auf

Niederösterreich	20.725 Zentner Roheisen
Oberösterreich	34.293 Zentner Roheisen
Steiermark	635.441 Zentner Roheisen
Kärnten	387.425 Zentner Roheisen
Tirol	57.626 Zentner Roheisen

Was den steirischen Erzberg im besonderen anbelangt, so gehörte der untere Teil des Kegels nach Innern-, die Kuppe nach Vordernberg. Seit 1798 suchte die „Kanal- und Bergbaugesellschaft“ die Mehrheit in der Gewerkenschaft zu erlangen und führte schließlich deren Geschäfte. Sie plante auch den Bau eines Kanals von Wien nach Triest, der aber nur bis Wiener Neustadt fertiggestellt wurde und unter dem Namen Wiener Neustädter Kanal bis in das 20. Jahrhundert hinein bekannt blieb. Als sich die „Kanal- und Bergbaugesellschaft" auflöste, folgte ein zweijähriges Moratorium, bis die Gewerken 1808 in den Besitz des Staates kamen. Seit 1816 leitete die k. k. Innernberger Eisengewerkdirektion das Unternehmen. Neunzehn Zwanzigstel gehörten dem Staat, ein Zwanzigstel war Privatbesitz. Im Gegensatz zur Innernberger war die Vordernberger Gewerkenschaft schon seit dem Mittelalter in Tätigkeit. Im Jahr 1822 wurde Erzherzog Johann durch Ankauf eines Radwerks ihr Mitglied. Er ließ 1824 eine geologische Untersuchung des Erzberges durchführen. Auf das Urteil des Professors Riepl hin, es gäbe nur eine einzige Möglichkeit, den Bergbau ergiebig zu gestalten, nämlich „durch Vereinigung der Vordernberger Gewerken zu einem gemeinschaftlichen zweckmäßigen Tag- und Grubenbau", erfolgte 1825 der Zusammenschluß von 12 Radgewerken. Der Vertrag wurde am 29. Juni 1829 rechtskräftig.

Von den Beamten, die im Geist einer raschen Industrialisierung wirkten, sind vor allem drei zu nennen: Graf Joseph Franz Stanislaus Herberstein-Moltke (1757—1816), der sein Leben als Präsident der k. k. Hofkammer beschloß, Philipp von Stahl (1762—1831), Präsident der Kommerzhofkommission und seit 1821 Kanzler der Vereinigten Hofkanzlei, und Anton von Krauß-Wlislago (1777—1849), der von sich selbst sagte, sein Leben sei „in fortwährenden Kämpfen mit dem Zunft- und Monopolgeist der Handels- und Gewerbekorporationen verstrichen, welche keine Mittel und Wege unversucht ließen, um den in der Richtung der allmählichen Befreiung des Handels und der Industrie von verderblichen Hemmungen ihrer gedeihlichen Entwicklung fortschreitenden Geist der Gesetzgebung Hindernisse aller Art in den Weg zu legen und veraltete Vorurteile geltend zu machen".

Es zeigte sich nun, daß Österreich auch großer Leistungen auf dem Gebiet der technischen und naturwissenschaftlichen Entwicklung fähig war. Die erste Schienenbahn auf dem europäischen Festland ist das Werk des damaligen Direktors des Technischen Instituts in Prag, Franz Joseph von Gerstner. Er schlug 1807 die Errichtung einer Pferdebahn auf Schienen vor. Dies war volle fünfzehn Jahre v o r der Eröffnung der ersten Eisenbahnstrecke zwischen Stockton und Darlington in England. Im Jahr 1813 veröffentlichte Gerstner eine ausführliche Studie über sein Projekt, und 1824 wurde nach mancherlei Schwierigkeiten die „k. k. priv. Erste Österreichische Eisenbahngesellschaft" mit einem Aktienkapital von 900.000 Gulden gegründet. Der Bau einer Schienenstrecke von Linz nach Budweis begann, doch konnte sie erst nach Abgang Gerstners im Sommer 1832 dem Verkehr übergeben werden. Gerstner hatte 1828 den Vorschlag gemacht, die Strecke nicht mit Pferdewagen, sondern gleich mit Dampflokomotiven zu befahren. Der Kaiser und die Kaiserin nahmen persönlich an der ersten Fahrt teil. Zur Zeit der Hochblüte dieser Schienen-Pferdebahn waren 800 Pferde eingesetzt. Für die Strecke Linz — Budweis benötigte man 14 Stunden. Erst um 1855 wurde der Betrieb auf Dampf umgestellt. Gerstner selbst ging nach Rußland und baute dort die erste russische Eisenbahn mit Dampftrieb.

Schon wenige Jahre später finden wir den Grazer Franz Xaver Riepl an dem Projekt beschäftigt, eine Bahn aus dem nordmährischen Kohlenrevier um Ostrau nach Wien zu führen. Er legte 1829 die Pläne einer Eisenbahnverbindung Wien — Krakau — Bochnia öffentlich vor. Um die Bedeutung dieses Schrittes zu ermessen, muß man wissen, daß die geplante Strecke 450 km lang sein sollte, während zu dieser Zeit die englische Bahn von Liverpool nach Manchester nur 50 km Entfernung überwand. Das nötige Kapital für den Bau wurde dann vom Bankhaus Rothschild und durch eine öffentliche Anleihe aufgebracht. Die Österreicher überzeichneten die aufgelegte Emission innerhalb von vier Wochen vierfach. Zusammen mit Hofbaurat Francesconi und dem später so berühmten Karl von Ghega wurde das Projekt durchgeführt. Die gesamte Baumannschaft bis hinab zu den Werkführern bestand nur aus Österreichern. Die erste Probefahrt auf der Strecke Wien — Deutsch Wagram fand am 23. November 1837 statt. Bereits 1839 konnte man den Verkehr zwischen Wien und Brünn aufnehmen. Die durchschnittliche Stundengeschwindigkeit betrug zu dieser Zeit 35 Kilometer. Im Jahr 1840 trat an die Stelle Ghegas der spätere Konstrukteur des Suezkanals, Alois von Negrelli. Er führte die Nordbahnstrecke bis Olmütz weiter. Im Jahr 1847 war man in Oderberg angelangt, und am 1. März 1856 fuhr der erste Zug von Wien nach Krakau. Zu den Ingenieuren, die damals an diesen Bahnen bauten, gehörte auch der österreichische Offizier Zola, der später nach Frankreich ging, eine Südfranzösin heiratete und der Vater des berühmten französischen Dichters Emile Zola wurde, der bis zu seinem 20. Lebensjahr formell österreichischer Staatsbürger war.

Die dritte Großleistung Österreichs in dieser Zeit war die erste Bergbahn der Welt, die über den Semmering die Verbindung zwischen Wien und Triest herstellen sollte. Seit 1839 interessierte sich der damalige Finanzminister Freiherr von Kübeck dafür. Als staatliche Direktoren der zu erbauenden Linien wurden Alois von Negrelli und Karl von Ghega bestellt. Ghega bekam im besonderen den Auftrag, die Strecke über den Semmering zu bewältigen. Man konnte schon von Wien nach Gloggnitz und von Mürzzuschlag nach Graz fahren, der Berg jedoch schien unüberwindbar. Doch Ghega forderte seit 1845 ununterbrochen den weiteren Ausbau der Strecke und trat auch dafür ein, anstelle einer Zahnradbahn, die eine Zeitlang geplant war, eine gewöhnliche Bahn mit Serpentinen zu führen. Der Ausbau der Bergstrecke begann mitten in der Revolution von 1848. Durch ein Preisausschreiben hatte man die Lokomotive gefunden, die die Steigung bewältigen konnte. Am 23. Oktober 1853 fuhr der erste Zug über den Semmering.

Wichtig für den Verkehr waren ferner die Fluß- und die Seeschiffahrt. Seit 1829 wurde die Donau mit Dampfschiffen befahren. Die „Erste Österreichische Donaudampfschiffahrtsgesellschaft" besaß um 1850 47 Dampfer und hatte einen jährlichen Reingewinn von über 2 Millionen Gulden. Österreichische Donaudampfer verkehrten über die Mündung des Stromes hinaus bis nach Trapezunt an der Südküste des Schwarzen Meeres. Im Jahr 1836 wurde in Triest der

„Österreichische Lloyd" (heute Lloyd Triestino) gegründet, der die Schiffahrt in die Levante, nach dem Fernen Osten und Südamerika übernahm. Zu seinen Gründern gehörten der Kärntner Maria Franz Thaddäus von Reyer (1761—1846) und der spätere österreichische Handels- und Finanzminister Ludwig von Bruck (1798—1860). Der „Österreichische Lloyd" begann mit einem Anfangskapital von 1 Million Gulden und hatte es bereits 1855 auf 16 Millionen erhöht. Seine Flotte bestand 1847 aus 21, 1854 aus 60 Dampfern. Die erste große englische Dampfschiffahrtsgesellschaft, die Cunard Steam Ship Company, wurde erst 1840, die Hamburg-Amerika-Linie (Hapag) 1856 und der Norddeutsche Lloyd 1857 gegründet. Die Entwicklung wäre für Österreich noch vorteilhafter gewesen, wenn man es verstanden hätte, sich von allem Anfang an der Erfindung der Schiffsschraube zu bedienen, die 1829 von Joseph Ressel (1793—1857) aus Chrudim in Böhmen geschaffen worden war.

Auch andere österreichische Techniker wirkten zu dieser Zeit. Im Jahr 1817 erfand der Tiroler Schneidermeister Joseph Madersperger (1768—1850) die Nähmaschine, und der aus Südtirol stammende Peter Mitterhofer (1822—1893) stellte die erste brauchbare Schreibmaschine her. Jakob Degen (1761—1848) war der Konstrukteur eines Schwingenfliegers mit Luftballon und des Banknotendoppeldrucks; Karl Ludwig von Reichenbach aus Stuttgart (1788—1869), jedoch meist in Österreich lebend, entdeckte 1832 das Kreosott. Ein Patent auf Phosphorstreichhölzer aus dem Jahr 1831 kommt von Stephan Romer (1788—1842). Im Revolutionsjahr 1848 fand Anton Schrötter von Kristelli (1802—1875) den roten, ungiftigen amorphen Phosphor. Der Schöpfer von Möbeln aus gebogenem Holz war Michael Thonet (1796—1871); sie wurden seit 1830 fabriksmäßig hergestellt. Alois Senefelder (1771—1834) erfand den Steindruck, die Lithographie. Leo Müller (1803—1844), aus dem Kleinen Walsertal stammend, baute 1833 die erste Schnellpresse Österreichs; 1836 begründete er zusammen mit Friedrich Hellwig die Druckmaschinenfirma Hellwig und Müller, die erste ihrer Art in Österreich und das zweite derartige Unternehmen auf dem europäischen Kontinent.

Es war für die wirtschaftliche Situation des österreichischen Kaiserstaates von Bedeutung, daß es auch nach 1815 kein einheitliches Zoll- und Wirtschaftsgebiet bildete. Man benötigte volle dreizehn Jahre, um die Zwischenzollgrenzen zwischen den 1815 an Österreich zurückgefallenen Ländern und den übrigen Teilen der Habsburgermonarchie zu Fall zu bringen. Ungarn, Siebenbürgen, Dalmatien, Venedig, Triest, Rijeka (Fiume), Zengg, Carlopago, Buccari, Porto Rè und der Kreis Brody in Galizien bildeten auch weiterhin Zollausschlußgebiete. Die Regierung hielt im großen und ganzen an dem Verbotssystem fest, das noch aus dem Jahr 1788 stammte. An zweihundert Warengattungen durften überhaupt nicht eingeführt werden, andere, darunter alle Kolonialprodukte, waren mit hohen Einfuhrzöllen belastet. Wenn sich irgendein Industriezweig über schlechten Geschäftsgang beklagte, erfolgte sofort ein neues Einfuhrverbot für die betreffenden Waren. Als am 1. November 1839 ein neuer Zolltarif ins Leben trat, wurden in ihm 634 verschiedene Artikel erwähnt, von denen 70 für die Einfuhr und 10 für die Ausfuhr absolut verboten waren. Trotzdem wurde er als große Erleichterung empfunden.

Unterdessen war Österreich aber weltwirtschaftlich in den Hintergrund gedrängt worden. „Im 18. Jahrhundert", schreibt Friedrich Hertz diesbezüglich, „und bis weit in das 19. Jahrhundert waren Österreichs Industrie und Landwirschaft jenen Preußens weit überlegen. Österreich war ja viel größer und viel reicher an fruchtbarem Boden, Holz, Erzen, Wasserkräften, die Gewerbepolitik im Innern freier, der ländliche Gewerbefleiß entwickelter. Auch der Zusammenhang mit Belgien und Italien fiel ins Gewicht, ebenso die Nähe der Türkei, die damals die meiste Baumwolle lieferte. Hierin vollzog sich aber ein völliger Wandel, als Preußen in Schlesien, am Rhein und in Sachsen Gebiete erwarb, die wirtschaftlich sehr fortgeschritten waren. Dazu kam noch die Erfindung der Dampfmaschine und der Siegeslauf der Kohle. Der Kohlereichtum Oberschlesiens und Rheinland-Westfalens gab Preußen einen ungeheuren Vorsprung. Gleichzeitig verschob sich im Welthandel das Schwergewicht immer mehr vom Mittelmeer nach der Nordsee. Die Baumwolle und andere Rohstoffe kamen jetzt aus Amerika. Alle Produktionsvorteile, die Deutschland vor Österreich besitzt, die gewaltigen Naturschätze, die Nähe des Meeres, die großen Wasserstraßen, aber auch die durch den Partikularismus erzeugte Vielfalt von Bildungszentren kamen zu voller Geltung, seitdem der Zollverein, die lange Friedenszeit und technische Fortschritte die früheren Hemmnisse beseitigt hatten. Die wirtschaftliche Leistungsfähigkeit bedingte wieder großenteils die staatliche und kulturelle."

Der Zollverein, von dem hier Friedrich Hertz spricht, war von Preußen unter Ausschluß des österreichischen Kaiserstaates gegründet worden. Er umfaßte eine immer größer werdende Zahl von deutschen Staaten und sicherte so Preußen die wirtschaftliche Führung in Deutschland, die politisch noch immer bei Österreich lag. In Österreich war man geteilter Meinung, ob es notwendig und günstig sei, den Versuch zu machen, ebenfalls dem Deutschen Zollverein beizutreten. Der österreichische Finanzminister Kübeck schlug deshalb in einem Memorandum an Metternich am 9. November 1841 eine grundlegende Änderung der österreichischen Wirtschaftspolitik vor: Abkehr von den Einfuhrverboten, aber Schutz der österreichischen Industrie, Aufhebung der Zollschranken zwischen den österreichischen Ländern und Ungarn, enge Handelsverbindungen mit den italienischen Staaten, Ausweitung der österreichischen Exporte nach dem Nahen Osten, nach Süd- und Nordamerika, Herabsetzung der Durchgangszölle und Bau von Eisenbahnen. Gegenüber dem Deutschen Zollverein solle man größte Aufmerksamkeit walten lassen, doch hielt Kübeck einen Anschluß im Interesse der österreichischen Wirtschaft für schädlich. Die gegebenen Märkte seien für Österreich Italien, Osteuropa, der Balkan und die Türkei. Auch die österreichischen Wirtschaftskreise hatten wenig Neigung, dem Zollverein beizutreten. Schon 1831 zeigte es sich bei Enqueten über diese Frage, daß alle österreichischen Länder mit Ausnahme von Tirol und Galizien g e g e n einen solchen Beitritt waren. Die böhmische Industrie verlangte im Gegenteil erhöhten Zollschutz. Ihrer Meinung nach könne die Bildung des Zollvereins keinerlei nachteilige Wirkungen für Österreich haben. Der Prager Gewerbeverein erklärte 1839: „Österreich besitzt im Gebiet des Zollvereins nie ein bedeutenderes Absatzgebiet, dessen Industrie aber könnte andererseits für den österreichischen Fabrikbesitzer einen gefährlichen Konkurrenten darstellen." Die tschechischen Unternehmen forderten ausdrücklich einen ungehinderten Handel „mit den übrigen Untertanen der österreichischen Monarchie, mit den Slawen". Metternich selbst neigte aus Gründen der Politik einem Beitritt zu. In Ungarn wandte sich Ludwig Kossuth in einer Reihe leidenschaftlicher Leitartikel im „Pesti Hirlap" 1847 gegen den Versuch, Ungarn in einen derartigen Zollverband einzubeziehen. Bei einer Umfrage im Jahr 1848 stellte sich in Böhmen heraus, daß 34 Fabrikanten und 155 Zünfte für den Beitritt, 16 Fabrikanten, 106 Weberwerkstätten, 15.000 Arbeiter aus Warnsdorf und Umgebung, 39 Zünfte und 14 Städte dagegen waren. Auf einem Kongreß in Jung-Bunzlau erklärte am 16. Dezember 1849 die böhmische und niederösterreichische Industrie geschlossen, daß sie gegen eine Auslieferung Österreichs an die „rücksichtslose deutsche Konkurrenz" sei. Diese Erklärung wiederholte nur die Meinung vieler damals verbreiteter Broschüren und Flugschriften, von denen etwa eine am 30. April 1848 geschrieben hatte: „Die Deutschen überfluten uns mit ihren, im Vergleich mit unseren viel billigeren Waren und würden unseren Handel vernichten, wenn wir mit ihnen in irgendeinen Bund eintreten würden."

Bauernnot und Arbeiterelend im Vormärz

Mit der Aufhebung der Leibeigenschaft durch Joseph II. war das Problem des Bauernstandes in den habsburgischen Ländern nicht gelöst worden. Man übersieht sehr oft, daß unter Joseph II. dem Bauern wohl die Freizügigkeit und das Recht der freien Berufswahl garantiert wurde, daß ihm aber auf der andern Seite gerade diese Rechte im Zeitalter der ersten industriellen Revolution die Möglichkeit gaben, in die Stadt zu ziehen und ein Fabrikarbeiter zu werden. Außerdem entstand ein Dorfproletariat, die „Kleinhäusler", dadurch, daß nunmehr die früher vorhandenen Rechte aller Dorfbewohner an der gemeinsamen Weide und am Wald auf den einzelnen Bauern übertragen wurden, wobei man einfach die Kleinhäusler von der Aufteilung ausschloß. Die Hutweideteilungspatente der österreichischen Regierung in den Jahren 1768, 1770 und 1775 machten es zur Pflicht, alle bisherigen Weidegründe, mit Ausnahme der Almen, auf die Untertanen im Verhältnis ihres Grundbesitzes aufzuteilen. Der neue Eigentümer mußte sie binnen zwei Jahren bei Strafe der Konfiskation in Wiesen oder Kleefelder umwandeln. Die Regierung wollte grundsätzlich auch den Kleinhäusler daran beteiligt wissen. Joseph II. drohte 1785 den Bauern an, er werde die Hutweidenanteile „Keuschlern, Söldnern oder Inwohnern" zukommen lassen, doch es blieb bei der Drohung. Auch ein Hofdekret von 1821 nützte nichts, das besagte, daß die Verteilung sich „nach dem Steuergulden" zu richten habe. Praktisch blieben die Dorfarmen doch vom ehemaligen alten Dorfgemeinbesitz ausgeschlossen. Die Bauern verloren jetzt auch das alte Recht, in gutsherrlichen Wäldern Holz zu sammeln. Statt ihrer sollte der Gutsherr dem einzelnen Bauern gegen Bezahlung einen entsprechenden Teil des Waldes abtreten. Nur das Sammeln von Klaubholz blieb fernerhin allen gestattet.

Zwischen dem Tod Josephs II. und der Revolution von 1848 hatte sich die Lage der Bauernschaft kaum geändert. Die österreichische Monarchie war zu jener Zeit ein Agrarstaat, dessen Einwohner sich zu drei Vierteln mit der Landwirtschaft beschäftigten. Die Bauernschaft zerfiel deutlich in vier Gruppen. Am besten waren die Bauern Tirols, Vorarlbergs, die Siebenbürger Sachsen und ein Teil der istrianischen und dalmatinischen Bauern gestellt. Sie waren freie Eigentümer ihres Bodens. In Tirol besaßen sie Sitz und Stimme auf den Landtagen und hatten vielfach das Recht, Wappen zu führen. Es kam in Tirol vor — wie Johann Springer 1840 mitteilt —, daß „einige sogar Grundherren über adelige Untertanen" waren. Eine zweite Gruppe setzte sich aus den Bauern des Lombardo-Venetianischen Königreiches, eines Teiles von Istrien und Dalmatien sowie Bauern des italienischsprachigen Teiles von Tirol zusammen; sie besaßen ihre Äcker meist als Erbpächter. Die dritte Gruppe wurde von den Bauern Nieder- und Oberösterreichs, der Steiermark, Kärntens, Krains, Böhmens, Mährens, Schlesiens, Galiziens und jener Teile von Istrien gebildet, die schon vor 1797 österreichisch gewesen waren. Sie hatten von Joseph II. die persönliche Freiheit erhalten, standen sich in der Praxis jedoch deshalb schlecht, weil der ehemalige Grundherr noch immer die niedere Gerichtsbarkeit über sie besaß. Diese wurde den Grundbesitzern oft schon vor der Revolution zur Last. In Niederösterreich forderten die Grundherren 1833, daß der Staat die Gerichtsbarkeit und den Sicherheitsdienst übernehme. Sie beschwerten sich ferner darüber, daß ihnen die Bauern die Abgaben in Papiergeld bezahlten, sie selbst aber diese Einnahmen dem Staat gegenüber in Metallgeld versteuern müßten.

Die vierte Gruppe bestand aus den magyarischen, slawischen und rumänischen Bauern Ungarns und Siebenbürgens. Auch bei diesen war die Leibeigenschaft offiziell abgeschafft, doch klaffte hier noch ein größerer Gegensatz zwischen Theorie und Praxis als bei der dritten Gruppe. Zwar konnte der Bauer Haus und Hof verlassen, ohne daß man ihn daran hindern durfte, doch hatte er zuerst mit seinem Grundherrn abzurechnen, ihm das Haus zu bezahlen und ihm einen Nachfolger vorzustellen, der dem Grundherrn genehm war. Die Robot war schon von Maria Theresia begrenzt worden, doch war es dem Bauer schon deshalb nicht immer möglich, sein Recht zu bekommen, da er die allfällige Willkür des Gutsherrn beim gutsherrlichen Gericht als erster Instanz einklagen mußte, also bei dem, der ihm das Unrecht zugefügt hatte. Der Bauer konnte auch zur Auspeitschung verurteilt werden. Früher waren es „leibeigene", jetzt „gerichtsherrliche" Züchtigungen, die er empfing. Der Bauer hatte das Recht, sich, wenn die Prügelstrafe 100 Stockhiebe betrug, klagend an eine zweite Instanz, an das königliche Landgericht, zu wenden. Man entging aber diesem Appellationsrecht des Bauern leicht, indem man ihn einfach nicht zu 100, sondern zu — 99 Hieben verurteilte, da unter 100 Streichen eine Reklamation oder Berufung nicht möglich war. Hinterließ der Bauer eigene Kinder, so durfte er nur zwei Drittel seines Vermögens vererben, das letzte Drittel fiel an den Gutsherrn. Starb er ohne Kinder und ohne Testament, so beschlagnahmte der Grundherr das gesamte Vermögen.

Die schwerste Belastung der Bauern — in erster Linie der der dritten und vierten Gruppe — stellte der Robot dar. Wir verstehen darunter die Verpflichtung, für den Gutsherrn unentgeltlich 2 oder 3 Tage in der Woche zu arbeiten. Da der gesetzlichen Vorschrift nach die Hin- und Rückfahrt des Bauern von seinem Hof zum Acker, auf dem er arbeiten sollte, mitgerechnet werden mußte und manche der Gutsherrschaften einen großen Umfang hatten, leisteten die Bauern im Durchschnitt nicht mehr als etwa 5 bis 6 Stunden täglich Arbeit. Graf Stephan Széchényi, der große ungarische Patriot, sagte schon 1830 über die Zweckmäßigkeit der Aufhebung des Robots: „Was ist ein Frondienst? Eine liederliche Arbeit, wie das Sprichwort sagt. Bekanntlich bringen unsere Bauern mit ihren Pferden und alten Werkzeugen in drei Tagen weniger vor sich als ein Taglöhner in einem einzigen. Viele wichtige Betrachtungen beiseite lassend, nehme ich hier nur auf Euer Interesse Rücksicht. Denkt Ihr, daß Eure so bebauten Felder die schönen Ernten geben, womit der Himmel verständige Arbeit lohnt? Könnt Ihr also, Euer Recht nach Eurem Nutzen messend, den Bauer um hundert Tagwerke bringen, die für Euch kaum dreißig wert sind? Bedenkt, daß zwei Dritteile des Jahres die Arbeit eines ganzen Volkes zu annullieren, ein monströser Selbstmord ist."

Tatsächlich gingen eine Reihe von Grundherren daran, schon vor der Revolution von 1848 die Robotleistungen der Bauern durch Geld ablösen zu lassen und die herrschaftlichen Felder an sie zu verpachten. So hatte der Besitzer der Herrschaften Malleschau in Böhmen und Datschitz in Mähren 1790 eine Schuldenlast von 300.000 Gulden auf seinen Liegenschaften. Als er den Robot erleichtert hatte, wandelte sich das Bild plötzlich. Schon im Jahr 1811 waren beide Güter völlig schuldenfrei und die Bauern wohlhabend. Freilich fanden diese Beispiele nicht immer das gewünschte Echo. Im Jahr 1834 kam es im Waldviertel und im Mühlviertel zu Bauernrevolten, die vom Militär niedergeworfen werden mußten. Noch gefährlicher wurden die Bauernunruhen in Ostgalizien, wo sich die polnischen Großgrundbesitzer selten bewogen fühlten, ihren ruthenischen Bauern gegenüber auch nur ein geringes Entgegenkommen zu zeigen. Hier stand weiters das russisch-orthodoxe Bekenntnis der Bauern dem römisch-katholischen des Adels gegenüber. Der polnische Grundbesitzer nahm vielfach die Schlüssel der orthodoxen Kirchen an sich und zwang die Bauern, ihm jedesmal eine Abgabe zu entrichten, wenn sie ihren Gottesdienst halten wollten. Aber auch dort, wo polnische Bauern polnischen Grundherren dienten, waren die Verhältnisse nicht viel besser. Hier gab es den „Trinkzwang". Er bestand darin, daß der Grundherr den Bauern für seine Arbeit teilweise nicht mit Bargeld, sondern mit Branntwein entlohnte, der noch dazu im gutsherrlichen Wirtshaus getrunken werden mußte. Der Pole — vor allem der adelige Pole — war durch seinen Freiheitskampf gegen das zaristische Regime in ganz Europa bekannt und gefeiert; von der Unterdrückung der ruthenischen Bauern wußte man so gut wie nichts.

Im Jahr 1815 war auf dem Zweiten Wiener Kongreß ein „Freistaat Krakau" als Rudiment eines unabhängigen Polen geschaffen worden. In seinen Grenzen sammelten sich alle jene, die eine Wiederherstellung Polens zu ihrer Lebensaufgabe gemacht hatten. Schon seit 1843 wurden Befürchtungen, einen kommenden Aufstand betreffend, von den galizischen Ständen ausgesprochen. Ende 1845 fand man im österreichischen Galizien revolutionäre Flugschriften und kam einem Geheimbund auf die Spur, der aus Studenten und Bergleuten bestand. Im Jahr 1846 kam es zur Erhebung. Doch die Österreicher besetzten jetzt nach kurzem Kampf unter der Führung von Oberst Benedek den Freistaat Krakau. Er verlor seine Selbständigkeit und wurde Galizien einverleibt. Doch die auch in diesem Landesteil getroffenen Vorbereitungen hatten ein tragisches Nachspiel. Die Härte, mit der die ruthenischen Bauern behandelt wurden, brachte diese dazu, sich gegen den polnischen Adel zu erheben. Aus Angst, es könnte tatsächlich ein unabhängiger polnischer Staat errichtet werden, denunzierten die Bauern ihre Herren bei der österreichischen Behörde. Als diese wenig Lust zum Einschreiten zeigte und die aufständischen Edelleute in der Nacht vom 18. zum 19. Februar 1846 gegen Tarnow marschierten, wurden sie von den Bauern, unter denen sich ausgediente österreichische Soldaten befanden, angegriffen. Unter Hochrufen auf den Kaiser und Österreich metzelte man die polnischen Adeligen erbarmungslos nieder. Am Morgen des 19. Februar erschienen die siegreichen Bauern vor dem österreichischen Kreisamt in Tarnow und brachten in einem Konvoi von Wagen die gefangenen und erschlagenen Adeligen mit, um sie ihrem „einzigen wahren Herrn, dem Kaiser und seinem Vertreter", zu übergeben. Nunmehr standen in ganz Ostgalizien die Bauern auf. Was Großgrundbesitzer und Pole war, wurde getötet. Häuser und Schlösser wurden niedergebrannt, polnischer Besitz vernichtet. Der Ausbruch dieser elementaren Volkswut, unter der Flagge der Kaisertreue, wurde in Wien mit Bestürzung registriert. Auch im übrigen Europa waren die Regierungen entsetzt; man behauptete, Wien habe den Aufstand selbst organisiert. Dies schien umso einleuchtender, als der Kreishauptmann von Tarnow tatsächlich für jeden lebendig eingebrachten polnischen Patrioten den Bauern eine Prämie auszahlte. Doch war es selbstverständlich unrichtig, wenn man der österreichischen Regierung vorwarf, sie habe das Volk der Ruthenen „erfunden". Im übrigen wurde das kaiserliche „Gnadengeschenk" in Form eines Patents vom 13. April 1846 von den Bauern sehr unwillig aufgenommen; denn es brachte nur unwesentliche Erleichterungen, doch keineswegs die völlige Abschaffung des Robots. Um die Bevölkerung zu beruhigen, wechselte man die leitenden Beamten in Galizien durchwegs aus und ernannte den Grafen Franz Stadion, einen großen Freund der Ruthenen, zum Statthalter. Ihm gelang es, innerhalb weniger Monate wenigstens die ärgsten Schäden zu beseitigen. Ein Hofkanzleidekret vom 18. Dezember des gleichen Jahres sagte dann: „Alle untertänigen Arbeitsleistungen (Roboten) können auf dem Weg freiwilligen Übereinkommens in andere Leistungen umgestaltet oder durch den Ertrag eines Kapitals, durch Grundabtretung oder durch Verzichtleistung auf gegenseitige Verpflichtungen abgelöst werden." Doch jetzt war es für eine derartige Aktion im großen Maßstab schon zu spät.

Obwohl es in Österreich, wie schon erwähnt, nur eine verhältnismäßig kleine Schicht von Fabrikarbeitern gab, trug doch auch deren wirtschaftliche Situation dazu bei, die Unzufriedenheit mit der Gegenwart zu steigern. Seit 1830 mehrten sich in Gewerbe und Industrie die Krisenzeichen. Während es in Wien, aber auch in Böhmen, Mähren und Schlesien an Lohnarbeitern mangelte, gab es anderswo Arbeitslosigkeit. Doch konnten Angebot und Nachfrage nicht ausgeglichen werden, da die Regierung den Zuzug neuer Arbeiter in Städte verbot, damit es zu keinen „Unruhen" komme. In den Betrieben war Frauen- und Kinderarbeit an der Tagesordnung. Im Jahr 1845 wurden in den industriell höherentwickelten Teilen der Monarchie unter 1000 Arbeitern durchschnittlich 433 Männer, 420 Frauen und 147 Kinder gezählt. Die Arbeitszeit der Kinder, auch solcher unter 12 Jahren, deren Beschäftigung offiziell verboten war, betrug täglich 12 bis 13 Stunden. Die Löhne waren äußerst niedrig. In Wien, wo sie am höchsten waren, hatte der Arbeiter wöchentlich 5 Gulden, die Arbeiterin die Hälfte, ein Kind 20 bis 30 Kreuzer. Ein Vergleich zu den Lebenshaltungskosten zeigt uns den tatsächlichen Kaufwert dieser Summen. Ein „Metzen" (61 Hohlliter) Erdäpfel kostete 2,08 Gulden, ein Kilo Fleisch 25 Kreuzer. Dabei wurde ein Gulden mit 60 Kreuzern gerechnet. Der Wohnzins kann im allgemeinen mit einem Drittel des Wochenlohnes beziffert werden. Soziale Fürsorge oblag der Kirche oder privaten karitativen Organisationen. Eine der wenigen vom Staat erlassenen Verordnungen auf diesem Sektor war das Hofdekret vom 18. Februar 1837, in dem bestimmt wurde, daß der Arbeitgeber im Fall der Erkrankung des Arbeitnehmers für eine vierwöchige Spitalsbehandlung aufkommen müsse. Wie man in den Kreisen der Unternehmer über Schutzmaßnahmen von seiten der Regierung dachte, zeigt die Tatsache, daß sich gewerbliche Vereinigungen heftig gegen den Plan aussprachen, eine Höchstarbeitszeit zu bestimmen. Man war sogar stolz, kleine Kinder zu beschäftigen. „Wie viel Geduld und Aufopferung kostete es", schrieben die „Vaterländischen Blätter" 1812, „einige hundert kleine Kinder von 6 bis 10 Jahren — die Erwachsenen hielten diese Arbeit für entehrend — mit Spinnarbeit zu beschäftigen." In Linz waren zu dieser Zeit in den Kottondruckereien Kinder bei 13½stündiger Arbeitszeit zu einem Wochenlohn von 1½ Gulden tätig. Für das Jahr 1845 wird aus Vorarlberg berichtet, daß zwei Drittel aller Beschäftigten Frauen und Kinder seien.

Die niedrigen Löhne und die Arbeitslosigkeit führten zu Hungerdemonstrationen. In Wien fand eine solche schon 1817 statt. Seit 1840 mehrten sie sich, vor allem in Böhmen. An einer Straßendemonstration in Prag waren 1844 1600 Menschen beteiligt. Ein Bericht des in Leipzig herausgegebenen „Grenzboten" aus dem Jahr 1847 — er ist anonym, stammt aber möglicherweise von Bauernfeld — sagt: „In den Straßen Wiens wurde ein Mann mit drei Kindern des Bettelns wegen aufgegriffen, nicht weil er um Almosen bettelte, sondern weil er in brotloser Verzweiflung seine Kinder als Geschenk anbot." Der Bericht fährt dann fort: „Nichtsdestoweniger haben die Straßenecken nicht Raum genug, täglich an die hundert öffentliche Erlustigungen anzukündigen. Auch hört man von Diners in Bankierhäusern, wo, um einen Gast zu ehren, für zwei Erdbeeren fünfundzwanzig Gulden bezahlt wurden. Auch das Theater an der Wien, wo die Lind singt, ist in allen Räumen voll. Doch ist die Armut hier bereits so groß, daß die Wohltätigkeitsbälle und Lotterien zu deren Stillung nicht mehr ausreichen."

Um dieser Not zu steuern — die Jahre 1845 bis 1847 hatten Mißernten gebracht —, versuchten private Wohltätigkeitsorganisationen, besonders von wohlhabenden Bürgern und Industriellen unterstützt, die ärgste Not zu lindern. Es entstanden sogenannte „Suppenküchen", in denen täglich tausende Arbeitslose gespeist wurden. Der „Allgemeine Wiener Hilfsverein" verteilte im Jahr 1847 bis Ende September 98.700 Portionen Mittagessen. In Graz gab der Armenverein monatlich Spenden an 1300 Unterstützungsbedürftige; im Jahr 1846 benötigte er dazu 66.500 Gulden. In Prag teilte der Armenverein von Neujahr 1847 an Suppe aus, konnte aber aus Mangel an Mitteln nur eine einzige Küche einrichten. Andere karitative Organisationen verteilten Kleider und Schuhe. Sogar Arbeitslosenunterstützungen wurden vereinzelt ausbezahlt. Es ist bemerkenswert, daß in diesen Organisationen sehr oft Personen führend tätig waren, die in Opposition zur Regierung standen und auf diese Weise ihrem Unmut Ausdruck gaben. Dies spürte man auch an verantwortlicher Stelle und betrachtete die privaten Hilfsaktionen mißtrauisch, mußte sie aber gewähren lassen, da von Staats wegen keine Hilfe gewährt werden konnte.

Natürlich war es unmöglich, jeder Not zu steuern. In den großen Städten der Monarchie — in Wien, Prag, Brünn, Triest, Lemberg — waren 1847 die Spitäler überfüllt, Seuchen rafften die Menschen hinweg. Arbeitslose zogen in Trupps von 30 und 40 Mann geschlossen vor die Büros der Fabrikanten und forderten Arbeit. Das hatte wenigstens zur Folge, daß man keine neuen Arbeiterentlassungen durchzuführen wagte. Die Polizei suchte nach ausländischen Agenten, die die Ideen der sozialen Revolution in Österreich verbreiteten. Trotzdem kamen diese über die Schweiz ins Land. Seit 1845 werden die Statthalter von der Wiener Regierung ausdrücklich auf die „gemeinschädlichen Umtriebe der Sekte der Kommunisten in Frankreich und in der Schweiz" aufmerksam gemacht. Einer der frühesten Sozialisten, Wilhelm Weitling (1808—1871), weilte zweimal — 1834 und 1836 — in Wien, unterließ es aber, für seine Theorien Propaganda zu machen. Trotzdem verteilte die Polizei sein Signalement an alle nachgeordneten Dienststellen.

Als Schuldige am allgemeinen Niedergang wurden die „Juden" oder die „Geistlichen" hingestellt, denen man Preistreiberei und Kornwucher vorwarf. Tatsächlich waren von 1838 bis 1847 der Weizen um 181 Prozent, Korn um 164½, Gerste um 118¾ und Linsen um 125 Prozent im Preis gestiegen. Der wirtschaftliche Notstand erfaßte auch die Intelligenz. Dr. Anton Füster, ein Augenzeuge der Revolution von 1848, schildert die Lage der Studenten so: „Ich habe zwar oft von der Armut unter den Studenten gehört, hätte sie mir aber nie so groß vorstellen können. Nicht wenige Studenten gibt es, welche wochenlang keine warme Speise genossen, deren Nahrung Brot und Wasser ist; die armen Menschen verderben sich ohne Verschulden ihre ganze Gesundheit für ihre ganze Lebenszeit. Von anderen Entbehrungen in Kleidung, Wäsche und dergleichen nicht zu sprechen, erwähnen wir die Wohnungen vieler armer Studenten; finstere, feuchte, im Winter nicht geheizte Kellerlöcher, alles eher als Menschenwohnungen zu nennen, waren ihre Behausungen." Und dann sagt Dr. Füster weiter: „Die meisten Armen fand man unter den Juden. Den jüdischen Studenten standen die gewöhnlichen Erwerbsquellen der Studenten, die sogenannten Instruktionen, das Lektiongeben, wegen des Religionsvorurteils nicht in dem Maß offen als den christlichen, von denen übrigens auch nicht sehr viele reichlich damit versehen waren." Auch die untere Beamtenschaft gehörte zu denen, die mit ihren Familien darben mußten, und übrigens dazu verurteilt waren, im Interesse ihres Standes einen gewissen Lebensstandard rein äußerlich und zum Schein aufrechtzuerhalten. Wir hören von unerlaubten Nebenbeschäftigungen und davon, daß jetzt in steigendem Ausmaß auch Beamtentöchter in den Reihen der Prostituierten auftauchten. Die Vorrückungsmöglichkeiten der Beamten waren ungenügend; es wurde darüber geklagt, daß fähige Personen, die keine „Verbindungen" hatten, sich gegenüber Protektionskindern, die meist unfähig waren, dauernd zurückgesetzt fanden und daß Auszeichnungen und Belobigungen sehr selten vergeben wurden. Bei allen staatlichen Behörden, auch bei den Volksschullehrern, wurden Wünsche nach Teuerungszuschüssen und Zinsbeihilfen laut. Graf Kolowrat erklärte 1841, sie seien vollkommen berechtigt, doch habe der Staat kein Geld und könne sie nicht erfüllen. Da man also keine Abhilfe schaffen konnte, kamen führende Persönlichkeiten, so der Wiener Polizeidirektor, auf die Idee, das Beamtenelend dadurch zu verringern, daß man Heiratsbeschränkungen für Beamte einführte. Auch die Polizeidirektoren von Linz und Prag schlossen sich seiner Meinung an. In gleicher Weise trug man sich in Regierungskreisen mit der Absicht, einen großen Beamtenabbau durchzuführen. Eduard von Bauernfeld hat den kleinen Staatsbeamten ein Gedicht gewidmet, in dem die Worte vorkommen:

> Zittre, du großes Österreich,
> vor deinen kleinen Beamten!

Biedermeier — die klassische Zeit Österreichs

Man sollte meinen, daß unter solchen Umständen auch das geistige und kulturelle Leben zum Erliegen gekommen wäre. Statt dessen finden wir jedoch gerade in dieser Periode der österreichischen Geschichte eine Fülle von Talenten auf allen Gebieten der schönen Künste — in Musik, Dichtung, Architektur und Malerei. Es ist ein eigener Lebensstil, der im Gesamtgebiet der habsburgischen Monarchie geboren wird. Man nennt ihn heute das Biedermeier — und diese einst herabwertende Bezeichnung ist zu einem voll anerkannten Begriff geworden. Das Biedermeier muß aber richtig verstanden und interpretiert werden. Es widerspricht der historischen Realität, wenn man es — wie es Wilhelm Bietak 1931 getan hat — einfach mit müder Resignation und Selbstzufriedenheit gleichsetzt. Es ist im Gegenteil ein Zeitalter, in dem unter der scheinbar stillen Oberfläche eine ganze Welt von neuen Ideen, Gefühlen, Möglichkeiten und Entwicklungen heranreifte. Das Biedermeier ist eine so spezifisch österreichische Lebensform, daß sie außer im Bereich der Donaumonarchie in ganz Europa bloß vereinzelt angetroffen wird. Sie holt ihre Stilprinzipien aus dem Barock, fügt Äußerlichkeiten im Stil der zu dieser Zeit herrschenden Romantik hinzu und ist im Grund genommen der Weltanschauung nach josephinisch. So entstand eine Gesellschaftskultur, von der der Germanist Walter Brecht aussagt: „Infolge der Einheitlichkeit des österreichischen Kulturwesens ist es dem Dichter trotz allen politischen Druckes, namentlich im Vormärz, und auch des wirtschaftlichen Druckes neuerer Jahrzehnte, in einem sehr wesentlichen Punkt leichter gewesen, zu einem größeren Kreis zu sprechen als in Deutschland. Es gab ein Element, das ihn trug, nämlich eine einheitliche Kulturvorstellung, die, sozial genommen, sogar in die unteren Schichten hineinreichte (den besonders anschaulich begabten und vielfach bildungsfähigen Bauernstand); in den oberen und mittleren aber fast in allen Gebieten des Gesamtstaates ein höheres Österreichertum hervorbrachte, das geistig im wesentlichen auf überall denselben Grundlagen stand und in Wien sich konzentrierte. So ist in den Fundamenten und im Gesamtgeist der österreichischen und speziell der Wiener Kultur besonders in und seit der vormärzlichen Periode das gesellschaftliche Element von stärkster Bedeutung. Besonders in der Literatur muß hier alles von den Voraussetzungen der gesellschaftlichen Struktur erklärt werden. In Deutschland hat es nirgends so lange Zeit hindurch ein so festes, so allgemein verbindliches und dabei künstlerisch so anregendes, weil anschaulich farbiges, gesellschaftliches Milieu gegeben, eine so glückliche Mischung von prinzipieller Abgeschlossenheit der Stände und menschlicher Freiheit und Elastizität. Diese hochentwickelte adelig-bürgerliche gesellschaftliche Kultur vom Ende des 18. bis ins letzte Drittel des 19. Jahrhunderts ist, hinter der großen musikalischen, als spezifische Leistung neben die Kultur Weimars zu stellen, die reiner geistig und — absolut genommen — wertvoller, aber gesellschaftlich unentwickelter und deshalb für die Lebensform weiterer Kreise nicht so verbindlich war."

Das Biedermeier war ein bürgerliches Zeitalter. Das will besagen, daß das Bürgertum die Grundhaltung der Gesellschaft bestimmte. Typisch dafür war es, daß Kaiser Franz I. im bürgerlichen Gewand durch die Straßen der Stadt ging und sein privates Leben nach dem Zuschnitt vornehmer Bürger einrichtete. Da es keine Volksvertretung in modernem Sinn gab und der Zutritt in die politisch führenden Kreise der Monarchie nur in Ausnahmefällen für den gewöhnlichen Menschen möglich erschien, richtete dieser seine ganze Aktivität auf seine privaten Geschäfte und Erfolge. Für die Freizeitgestaltung sorgten Vergnügungen aller Art. Man tanzte die Nächte hindurch und man saß im Kaffeehaus, spielte Billard, rauchte die langen Pfeifen und trank seinen Kaffee. Über Politik zu reden war nicht ratsam. Es gab den „Naderer", den Spitzel, der der Polizei verdächtige Äußerungen mitteilte. Eine Anekdote, die durchaus nicht wahr zu sein braucht, aber für die Zeit typisch ist, erzählt, es sei einmal beim Eintritt eines Polizeikommissärs das Gespräch im Wirtshaus plötzlich verstummt. Als sich dieser mißtrauisch darnach erkundigt habe, was denn hier vorgehe, habe einer der Gäste zögernd geantwortet, man habe eben über die Regierung gesprochen, aber ohnedies nur Gutes. Darauf habe der Polizeikommissär geantwortet, man habe nicht über die Regierung zu sprechen, auch nichts — Gutes.

Barocke Prunkbauten wurden nicht errichtet. Die Baukunst war schlicht geworden und hatte antike Muster zum Vorbild genommen. Über den Klassizismus, dessen bedeutendster Vertreter in Österreich der Erbauer der Schönbrunner Gloriette (1775), Ferdinand Hohenberg von Hetzendorf (1732—1816), war, und das Empire, den Napoleonischen Stil, entwickelte sich der des Biedermeiers, den man am besten an den Bauten von Joseph Kornhäusel (1782—1860) erkennen kann. Unter Beibehaltung klassizistischer Formen wurde das Bürgerlich-Idyllische hervorgehoben. Zu Kornhäusels bedeutendsten Werken gehört die 1945 zerstörte Weilburg bei Baden, das Badener Rathaus, der Husarentempel auf dem Anninger, das Theater in der Josephstadt und das Mechitharistenkloster in Wien. Eine besondere Vorliebe besaß das Biedermeier für die Wohnkultur, die in dieser Form in Europa einzigartig war. Die Stoffe und Tapeten waren „geblümt", in Glaskästen standen zierliche Figürchen, Standuhren tickten den vielen Gästen, die zu den Gesellschaftsabenden in den vornehmen Bürgerhäusern kamen. Die Mode zeigte die Wespentaille und betonte in bauschigen Ärmeln und Röcken den Gegensatz dazu. Batist und Musselin waren die hauptsächlichsten Stoffe, aus denen man Damenkleider fertigte. Die Männer trugen lange Beinkleider, Frack und den hohen Stehkragen — Vatermörder im Volksmund geheißen —, auf dem Kopf den Zylinder.

Die strenge Scheidung zwischen Handwerk und Kunst fiel in der Person von Meistern, die — wie Joseph Danhauser (1805—1845) — Vorlagen für die Werkstatt und daneben farbenprächtige Gemälde schufen. Die meisten österreichischen

Biedermeiermaler kamen von Heinrich Füger (1731—1818), einem gebürtigen Heilbronner, her, der durch ein Menschenalter die Akademie der bildenden Künste in Wien leitete. Unter ihnen ragen Leopold Kupelwieser (1796—1862) und Joseph von Führich (1800—1876) hervor, der letztere als Vertreter tiefempfundener religiöser Motive. Ferdinand Waldmüller (1793—1835) und Friedrich Gauermann (1807—1862) zeigten die österreichische Landschaft und das österreichische Volk, wie es lebte und arbeitete. Der schon genannte Joseph Danhauser und Peter Fendi (1796—1842) gaben in ihren Genrebildern scharf umrissen bereits den inneren Zwiespalt der Zeit und die sozialen Gegensätze wieder. Es war ein reicher Schatz, den „damals Österreich der europäischen Kunst mit seinen Altwiener Sittenbildern, seiner vollendeten Porträtmalerei, seiner Landschafts- und Stillebenmalerei an entzückenden Werken" (Richard Kurt Donin) gegeben hat. In Österreich wirkten auch die beiden größten italienischen Bildhauer, der Venetianer Antonio Canova (1757—1821) und der Mailänder Pompeo Marchiesi (1789—1858). Canova schuf im Grabdenkmal für Erzherzogin Christine in der Wiener Augustinerkirche eines seiner Hauptwerke, von Marchiesi stammen die beiden Denkmäler für Kaiser Franz I. im Haupthof der Wiener Burg und auf dem Grazer Freiheitsplatz. Als Erbe des spätbarocken Rafael Donner wurde Joseph Zauner (1746—1822) der Schöpfer des Kaiser-Joseph-Denkmals auf dem gleichnamigen Platz der Wiener Burg.

Die Weltgeltung der österreichischen Musik des ausgehenden 18. und der ersten Hälfte des 19. Jahrhunderts ist unbestritten. Der Aufstieg beginnt schon mit Willibald Gluck (1714—1787), der 1767 seine Oper „Alceste" dem erstaunten Publikum vorstellte. Das war jene Reform, die Sonnenfels im ersten seiner „Briefe über die wienerische Schaubühne" anpries. Aus ihr erwuchsen die großen Musikklassiker Österreichs: Wolfgang Amadeus Mozart (1756—1791), das Kind Salzburgs, und Joseph Haydn (1732—1809), dessen Wiege hart an der heutigen niederösterreichisch-burgenländischen Landesgrenze stand und dessen dreißigjähriger Aufenthalt am Fürstenhof der Esterházy zu Eisenstadt dem Burgenland das Recht gibt, ihn als den Seinen zu betrachten. Die heimatliche Landschaft erfüllte so die Seele Haydns, daß er sich für seine Komposition der ersten österreichischen Staatshymne — „Gott erhalte Franz den Kaiser" — unwillkürlich Motive aus dem Volksliedschatz der burgenländischen Kroaten holte. Die österreichische Musik war mit der der slawischen Völker und des Magyarentums stark verwachsen und hätte ohne deren Einfluß ihre klassische Höhe niemals erreicht.

„Seit 1825 die erste tschechische Volksliedersammlung mit Melodien herauskam", schreibt der Musikhistoriker Georg Knepler 1961, „der im Laufe von hundertdreißig Jahren zahllose andere folgten, fehlt es nicht an Material, die Eigenart der tschechischen Volksmusik zu studieren, ihre Selbständigkeit gegenüber den deutschen und österreichischen Nachbarn festzustellen und Beweise dafür zu finden, wie vielfältig die Charaktermerkmale der tschechischen Volksmusik — die sich im Verlauf von wenigen hundert Jahren ja nicht wesentlich geändert haben — in jenen Stil miteingeflossen sind, den man als den ‚klassischen' oder den der ‚Wiener Meister' zu bezeichnen sich gewöhnt hat."

Am wenigsten Verbindung mit der slawischen Musik hat der in Bonn am Rhein geborene Ludwig van Beethoven (1770—1827). Die Französische Revolution wirkte auf den jungen Ludwig belebend ein. Seit 1792 hielt er sich ständig in Wien auf und studierte bei Johann Georg Albrechtsberger (1736—1809) und anderen. Eine Krankheit machte ihn 1819 vollkommen gehörlos. Seine gewaltigsten Werke schuf der große Tondichter in der Zeit zwischen dem Beginn des Jahrhunderts und dem Zweiten Wiener Kongreß 1815. Die Arbeit an der IX. Symphonie und an der „Missa Solemnis" führte eine neue Schaffensperiode herbei. Pläne, eine X. Symphonie zu komponieren, kamen nicht mehr zur Ausführung.

Vergessen wir aber über diesen Geistesriesen nicht die Vielzahl der kleineren Meister, die neben und nach Beethoven in Österreich, vor allem in Wien, wirkten. Nicht wenige von ihnen kamen, wie schon die Namen sagen, aus dem böhmisch-mährischen Raum und brachten die Melodien tschechischer Volksmusik mit sich. Sie wurden in Wien und Österreich dann unter germanisierten Namen bekannt — so wie Klemens Maria Hofbauer seinen Familiennamen Dvořak in Hofbauer umgeändert hatte. Eine kleine Liste solcher Meister läßt uns die Bedeutung dieser Einflüsse erst richtig erkennen:

ursprünglicher Name	in Wien bekannt als	Lebenszeit
Josef Antonin Stépán	Joseph Anton Steffan	1726—1797
Jan Kritel Vanhal	Johann Baptist Wanhal	1739—1813
Vàclav Pichl	Wenzel Pichl	1741—1805
Leopold Antonin Kozeluh	Leopold Anton Kozeluch	1747—1818
Pavel Vranicky	Paul Wranitzky	1756—1808
Frantisek Kramář	Franz Krommer	1759—1831
Antonin Vranicky	Anton Wranicky	1761—1820
Vojtéch Jírovec	Adalbert Gyrowetz	1763—1850
Jan Hugo Václav Voríšek	Johann Hugo Worzischek	1791—1825

Der Umfang des Werkes dieser kleineren Meister, die wir nach der Aufstellung Georg Kneplers angeführt haben, ist sehr groß. Wir besitzen von Pichl über 700 Kompositionen, von Wanhal allein 100 Symphonien, von Kozeluch 57 Klaviertrios. Anton Wranicky „erfordert" — schreibt Knepler — „dringend eine Spezialstudie ... Die Fortspinnung (seiner) Walzermelodie ... gemahnt so eindringlich an Schubert, daß schon allein darum die Untersuchung lohnen würde, wie weit Vranicky am Eindringen dieser charakteristisch tschechischen Melodienbildung nach Wien beteiligt war. Auch sein und anderer tschechischer Musiker Beitrag zur Herausbildung des Wiener Walzers harrt der Aufklärung".

Damit ist aber die Zahl der österreichischen Komponisten dieser Zeit nicht erschöpft. Viele von ihnen verschwinden unter und hinter den großen Meistern Haydn, Mozart und Beethoven sowie Franz Schubert (1797—1828), den man nur verstehen kann, wenn man in ihm den typischen Österreicher sieht. Er ist für das damalige Österreich auch in gesellschaftlicher Hinsicht typisch. Da ihm die breite öffentliche Wirksamkeit versperrt war, oder da er sie in dem ihm gebotenen Rahmen nicht ausnützen wollte, schuf er sich seine eigene Welt: Freundeskreise, die ihn und sein Schaffen würdigten. Dazu gehörten Persönlichkeiten wie Moritz von Schwind, Joseph von Spaun, Franz Schober, aber auch Dichter wie Franz Grillparzer und Eduard von Bauernfeld. Überall, wohin Schubert in seinem kurzen Leben kam, entstanden um ihn herum ähnliche Freundeskreise, so in Linz, in Graz, in Steyr, in Gmunden. Von all den großen österreichischen

Meistern ist er derjenige, der mit der Seele des österreichischen Volkes am innigsten verbunden ist und in dem österreichisches Volkstum am reinsten und klarsten sich ausdrückt.

Es soll auch der reinen Unterhaltungsmusik nicht vergessen werden, die schon damals in Wien eine große Rolle spielte. Auf Bällen, Redouten und bei ähnlichen Veranstaltungen wurde musiziert; man brauchte immer wieder Neues, und nicht nur der Unterhaltungsmusiker war gezwungen, sich dem Geschmack des Publikums anzupassen, auch mancher nach Höherem strebende Meister wurde durch seine finanziellen Umstände gezwungen, sich in dieser Sparte der leichten Musik zu betätigen. Denn es gab schon geschäftstüchtige Manager, wie den Italiener Domenico Barbaja (1778—1841), der seit 1821 das Kärntnertortheater in Wien ausschließlich nach dem Prinzip führte, wie er den besten Gewinn aus dem Unternehmen schlagen könne. Seine Hauptanziehungskraft war Rossini. Und für den Tanz sorgten die Walzerkönige Joseph Lanner (1801—1843) und Johann Strauß Vater (1804—1849).

Eine Blütezeit erlebte im Biedermeierzeitalter das Volkstheater. Es hatte eine alte Tradition und geht bis in die Barockzeit zurück. Sein Begründer war Joseph Anton Stranitzky (1676—1726), seine Erben Gottfried Prehauser (1699 bis 1796) und Johann Joseph Felix Kurz, Kurz-Bernardon genannt (1717—1783). Das größte dramatische Genie der österreichischen Volksbühne der maria-theresianischen Zeit gelangt in Philipp Hafner (1735—1764) zu einer kurzen Lebensblüte. Ihm schwebte das spezifisch österreichische Schauspiel als dichterisches Ideal vor. Mit wenigen festen Strichen malt er die verschiedenen Charaktere, gibt soziale Kritik und weiß das bäuerliche Milieu geradeso treffend anzupakken wie die Umwelt des Bürger- und des Beamtentums. Dazu kommt eine lebendige, flüssige Sprache, aus den Quellen der österreichischen Mundart gespeist. Ohne ihn wäre die große Zeit der österreichischen Volkskomödie im Biedermeier unmöglich. Als ihr Meister gilt Ferdinand Raimund (1790—1836), den man mit Recht als einen der großen Klassiker und Schilderer österreichischen Menschentums bezeichnet. Mit besonderer Vorliebe zeichnet er die sozial abhängigen und bedürftigen Schichten des Volkes. Er weiß, daß es auf Erden nur Unvollkommenheit und Ungerechtigkeit gibt und organisiert daher eine Geisterwelt der ausgleichenden Gerechtigkeit. Ihm folgt — schon den Übergang in die spätere Epoche nach 1848 anzeigend — Johann Nestroy (1801—1862), wie Raimund Schauspieler, ein blendender Satiriker, ein Meister der Sprache, wie es deren zu seiner Zeit wenige gegeben hat. Dabei ein überzeugter Österreicher, auch dann, wenn er die österreichischen Verhältnisse kritisiert. Denn er tut es nicht, um das Vaterland zu verhöhnen, sondern um ihm den Spiegel vorzuhalten, wie es besser werden könnte.

Damit sind wir aber schon bei den anderen großen Biedermeierdichtern Österreichs angelangt. Wie Ferdinand Raimund und Johann Nestroy die Schilderer des österreichischen Volkes sind, so Franz Grillparzer der Künder des österreichisch-habsburgischen Staatsgedankens, und Adalbert Stifter, selbst Maler, der unübertroffene Darsteller der österreichischen Landschaft. Franz Grillparzer (1791 bis 1872) kennt nur Österreich. Er rühmt sich später, daß er niemals die Zensurgesetze Metternichs übertreten habe und niemals „in ausländischen Journalen" veröffentlichte. Schon 1828 erklärt er: „Ich kümmere mich den Henker um die Sprache der Leipziger Magister und des Dresdener Liederkreises. Ich rede die Sprache meines Vaterlandes." Und sosehr er Weimar verehrt und sich der Weimarer Klassik verbunden fühlt, so tut er am 1. November 1870, in dem Augenblick, da Preußen-Deutschland unter Bismarck und den Hohenzollern im Entstehen begriffen ist, den Ausspruch: „Ich bin kein Deutscher, ich bin ein Österreicher, ja ein Niederösterreicher und vor allem ein Wiener." Das Staatsbewußtsein Grillparzers ist trotz aller Zensurschwierigkeiten, die man auch diesem in der tiefsten Seele loyalen Dichter macht, habsburgisch. Daher kann er auf der einen Seite die Gestalt Ottokars II. Přemysl von Böhmen in seinem Drama „König Ottokars Glück und Ende" historisch völlig verzeichnen — eigentlich wollte der Dichter ja ein Napoleondrama schreiben —, auf der andern im „Bruderzwist in Habsburg" eine blendende psychologische Studie des Habsburgers Rudolf II. auf die Bühne stellen. Adalbert Stifters (1805—1868) Werk zeigt viel deutlicher als das Grillparzers den Einfluß Goethescher Weltsicht. Aber auch er ist ohne die österreichische Umwelt nicht zu denken, und der Politiker Stifter, als der er vor allem im Revolutionsjahr 1848/49 erscheint, bekennt sich zu den konservativen Anschauungen Metternichs und einem gläubigen Katholizismus. Dies wird vor allem in seinen beiden gewaltigen Romanepen „Nachsommer" (1857) und „Witiko" (1865—1867) deutlich. Auch er hatte unter dem Druck der Verhältnisse zu leiden. Man bestellte ihn zwar nach 1848 zum Landesschulinspektor von Oberösterreich, approbierte aber das von ihm und Aprent herausgegebene Lesebuch nicht und entzog ihm schließlich sogar die Aufsicht über die Linzer Realschule.

Als der größte österreichische Lyriker, der als Freiheitsdichter unübertroffen geblieben ist, muß Nikolaus Lenau, eigentlich Nikolaus Niembsch Edler von Strehlenau (1802—1850), gewürdigt werden. Ihm wurde nicht allein Österreich, sondern ganz Europa zu eng; doch auch in Amerika, wohin er auswanderte, stieß ihn die Profitgier der „zum Himmel stinkenden Krämerseelen" ab. Zurückgekehrt, verbrachte er sein Leben, durch eine kleine Erbschaft finanziell sichergestellt, zwischen Württemberg und Österreich. Die von ihm angestrebte Professur für Ästhetik an der Wiener Universität wurde ihm nicht zuteil. Seit 1844 befand er sich in geistiger Umnachtung in der Heilanstalt Wien-Oberdöbling. Er war einer der wenigen österreichischen Dichter seiner Zeit, der die kommende Entwicklung klar erkannte und sie in seinen Dichtungen ankündigte. Um diese Großen der österreichischen Dichtung des Biedermeiers hatten sich viele andere gesammelt. So der Lustspielautor Eduard von Bauernfeld (1801—1890), der als Anastasius Grün schreibende Graf Anton Auersperg (1806—1876), der Tiroler Hermann von Gilm (1812—1864), der steirische Balladendichter Karl Gottfried Leitner (1800—1890). Grillparzers Konkurrent auf der Bühne des Burgtheaters wurde Friedrich Halm, eigentlich Eligius Freiherr von Münch-Bellinghausen (1806—1871), dessen historische Dramen die Tiefe vermissen lassen, der aber in seiner Bedeutung als Novellendichter noch immer nicht erkannt ist. Karl Postl, der unter dem angenommenen Namen Charles Sealsfield (1793—1864) schrieb, wurde der Begründer des exotischen Reiseromans, aber auch der scharfe Kritiker des vormärzlichen Österreich.

In diesem Zusammenhang sei noch auf die Verbindung der österreichischen Literatur mit der Literatur der übrigen Donauvölker hingewiesen. Sie bestand im gegenseitigen Geben und Nehmen. Böhmische, ungarische, seltener südslawische Motive tauchen in den Balladen einer Karoline Pichler (1769—1843) und ihres Kreises auf. Das gleiche finden wir bei Grillparzer und Nikolaus Lenau („Libussa" und Lenaus Ungarnlieder). Grillparzers Stück „Ein treuer Diener seines Herrn" behandelt den gleichen Stoff wie der „Bánk-Bán" des großen ungarischen Dramatikers Josef Katona (1791—1837). Es ist äußerst interessant, beide Dramen miteinander zu vergleichen. Umgekehrt war der Einfluß der österreichischen Dichtung auf die ungarische und böhmische Literatur ebenso vorhanden, doch von einer anderen Art. Es gab weniger stoffliche Entlehnungen als vielmehr die Übernahme der ganzen Art der Dichtung. Wer jemals den Roman „Babička" (Großmütterchen) der größten tschechischen Dichterin, der übrigens in Wien geborenen Božena Němcovà (1820—1862), gelesen hat, wird die geistige Verwandtschaft mit Adalbert Stifter deutlich spüren. Auch die österreichische Militärsprache färbte auf die Sprachen der Donauvölker ab, wie eine Arbeit Ediltrud Felszeghys 1938 gezeigt hat. Auf Grund einer behördlichen Verfügung aus dem Jahr 1793 durften in Ungarn nur Stücke gespielt werden, die in Wien zumindest bereits zweimal aufgeführt worden waren. Dadurch wurde nicht bloß der Spielplan der Bühnen des Karpatengebietes geregelt, sondern Wien bildete den Umschlagplatz für englische, französische, spanische und italienische Stücke auf dem Weg nach Ungarn. Immer wieder treffen wir österreichische Schauspieler — so Raimund oder Nestroy — in ungarischen Städten, wie Ödenburg, Raab, Steinamanger, St. Gotthardt, wo sie spielten und Stücke und Stoffe aus Österreich bekanntmachten. Der Einfluß der Wiener Volksbühne — ob bewußt oder unbewußt, bleibe dahingestellt — geht noch tiefer. Die Werke des tschechischen Dramatikers und Schauspielers Joseph Kajetan Týl (1808—1856) stehen in engster Parallele zu Raimunds Zaubermärchen. Týls „Strakonitzer Dudelsackpfeifer" (1847), seine „Vision Jiřiks" (1849) und vor allem das „Widerspenstige Weib" (1849), das ein ähnliches Motiv wie Raimunds „Alpenkönig und Menschenfeind" behandelt, sind völlig aus dem Geist des österreichischen Biedermeiervolksstückes heraus geboren. Vielleicht sind sich die deutschsprachige österreichische und die tschechische Dichtung niemals so nahegekommen wie in den Personen Raimunds und Týls. Der damals noch bestehende böhmische Landespatriotismus, der deutsch- und tschechischsprachige Bewohner zusammenhielt, führte dazu, daß auch deutschschreibende Dichter böhmische, ja schon tschechischnationale Stoffe wählten und in alle Welt hinaustrugen, wie etwa Uffo Horn,

Moritz Hartmann oder Alfred Meißner. Typische Biedermeierdichtung, wie sie nur im donauländischen Raum vorhanden war, ist auch das gelungenste Werk von František Jaromir Rubes (1814—1853): „Herr Amanuensis auf dem Lande oder auf der Suche nach einer Novelle" (erschienen 1841). Nur infolge der Spaltung der Wissenschaft in Fachgebiete, wobei der Germanist und der Slawist gewöhnlich voneinander nichts wissen wollten, und die Meinung, daß nur die Sprache allein — ohne Rücksicht auf das Geistige — Gemeinsame — die Zugehörigkeit zu einer Literatur bestimme, wurden diese Zusammenhänge die längste Zeit nicht genügend beachtet.

Ein charakteristisches Monument dieser donauländischen Kulturgemeinschaft ist die in Wien 1835 erschienene „Österreichische National-Encyklopädie", in der in mustergültiger Unparteilichkeit österreichische, ungarische, böhmische, kroatische, siebenbürgische, slowenische, galizische Persönlichkeiten (Staatsmänner, Gelehrte, Dichter) und Denkmäler (Städte, Monumente, Natureigentümlichkeiten, Volksbräuche) zusammengetragen und vorgestellt werden.

Zusammenfassung:

Die Zeit des „Vormärzes" und des Biedermeiers sah Österreich führend in Europa. Metternich beherrschte nicht nur den Kaiserstaat, sondern die gesamt-europäische Politik. Österreich stützte sich dabei auf seine Vorherrschaft in Italien und im Deutschen Bund sowie auf sein Bündnis mit Rußland und Preußen (Heilige Allianz) und die europäische Fünfmächtekoalition (Pentarchie), der außerdem noch Frankreich und England angehörten. Auch kulturell war das Biedermeier für Österreich eine fruchtbare Zeit. Gluck, Mozart, Haydn und Beethoven, Grillparzer und Stifter, Lenau und viele andere beweisen das hohe kulturelle Niveau dieser Zeit. Aber auf wirtschaftlichem Sektor blieb es hinter anderen Staaten zurück. Not und Elend herrschten unter Bauern und Arbeitern. Dazu kam noch, daß seit 1835 — dem Jahr des Todes von Kaiser Franz I. — Österreich überhaupt nicht mehr, nicht einmal mehr schlecht — regiert wurde. Alles trieb einer Revolution entgegen, die dann tatsächlich — von Frankreich ausgelöst — 1848 den Habsburgerstaat beinahe an den Rand des Abgrundes brachte.

DAS STURMJAHR 1848 — DIE MÄRZREVOLUTION

Das Erwachen der Völker

Das Revolutionsjahr 1848 bedeutet für den habsburgischen Völkerstaat den Eintritt in eine äußerst schwierige und verhängnisvolle Periode seiner Geschichte. Seine Vorboten zeigten sich schon lange vorher. Nur der Absolutismus, der die breiten Massen von der Mitbestimmung ausschloß, verhüllte lange Zeit den Gegensatz, der zwischen den einzelnen Völkern sichtbar wurde. Denn der moderne Nationsbegriff, in der Französischen Revolution zuerst als Beispiel allen anderen Völkern Europas vorgeführt, kann nur mit der demokratischen Entwicklung der Gesellschaft verbunden, wirksam werden. In einer Zeit, in der bloß Hof und Adel, unter Umständen das höhere Offizierskorps, den Staat als solchen repräsentieren, fiel es vielen gar nicht auf, wenn die breiten Massen anders waren. Aber es wäre falsch, das nationale Bewußtsein *nur* aus einer bestimmten Geisteshaltung her abzuleiten. „Oftmals hat das selbstsüchtige, ja antinationale Machtstreben von Fürsten und Adeligen sich ein nationales Mäntelchen umgehängt", sagt Friedrich Hertz in einer umfassenden Studie 1937; „so wenn der deutsche Partikularismus versicherte, er kämpfe für die ‚deutsche Freiheit' gegen ‚spanische Knechtschaft'. Ständische und religiöse Solidarität waren in älterer Zeit oft mächtiger als die nationale. In neuerer Zeit haben wirtschaftliche und soziale Gegensätze die aus dem Nationalbewußtsein entspringenden häufig verstärkt oder selbst geweckt, manchmal aber sie abgeschwächt oder zurückgedrängt. Gerade auf dem Boden Österreich-Ungarns findet sich häufig ein Zusammenfallen nationaler und sozialer Gegensätze. Dem deutschen, polnischen oder ungarischen Großgrundbesitzer standen andersnationale Landarbeiter gegenüber. An vielen Orten waren die Stadtbürger deutsch, die umwohnenden Bauern slawisch, oder deutsche Fabriksherren beschäftigten tschechische Arbeiter. Derartige Verhältnisse haben den nationalen Kämpfen nicht selten auch den Charakter eines Ringens verschiedener Klassen gegeben. Die Besitzenden blickten auf den Besitzlosen mit doppelter Geringschätzung herab und diese vergalten es ihnen mit doppeltem Haß. Auch sonst finden wir nicht selten wirtschaftliche Motive mit den eigentlich nationalen verquickt. Die nationalen Kämpfe drehten sich großenteils um Beamtenposten oder sonstige Erwerbsmöglichkeiten für die Intelligenzschichten bestimmter Nationen."

Noch im 18. Jahrhundert war der Aufstieg in die sozial höherstehenden Kreise des österreichischen Kaiserstaates zugleich mit der Übernahme der deutschen Sprache verbunden. Man schämte sich sogar, einmal eine andere Muttersprache gehabt zu haben. Das beste Beispiel dafür bildet der österreichisch-ungarische Dichter Ladislaus Pyrker von Felsö-Eör

(1772—1847), der Mäzen Grillparzers und spätere Bischof von Eger (Erlau) in Ungarn. In einem seiner Briefe schrieb er, er habe erst im 20. Lebensjahr die deutsche Sprache erlernt. Aber sofort sandte er diesem Schreiben ein zweites nach, in dem er den Empfänger bat, von der Mitteilung bezüglich seiner Muttersprache — keinen Gebrauch zu machen. Es besteht kein Zweifel, daß hier ein Minderwertigkeitsgefühl mitspielte, das die Nichtkenntnis der deutschen Sprache von Jugend an auch als soziale Deklassierung empfand. Der größte slowenische Dichter, Franz Prešeren (1800—1849), sagte in einem seiner Gedichte mit vollem Recht, auf die sozialen Unterschiede hinweisend, die die eigentliche Ursache der nationalen Streitigkeiten waren:

> Deutsch sprechen ja die Herren hierzulande,
> slowenisch die, so sind vom Dienerstande.

Es ist bezeichnend, daß man in der Lombardei und Venedig keinerlei Sprachenkämpfe wie in den übrigen Teilen der Monarchie registrieren konnte; hier strebte man von der österreichischen Herrschaft aus anderen Gründen los, denn in den österreichischen Provinzen Italiens war selbstverständlich das Italienische Amts- und Verkehrssprache, etwas, worum die slawischen Völker bis zum Ende des alten Österreich-Ungarn kämpften, ohne es vollkommen zu erreichen.

Dieses Absorbieren der talentierten Persönlichkeiten aus den verschiedenen Völkern der Donaumonarchie in das deutschsprachige österreichische Volk, das übrigens dadurch in seiner eigentümlichen Zusammensetzung gestärkt wurde, hörte aber in dem Augenblick auf, als es die einheimische Intelligenz für beschämend fand, sich erst durch den Besitz der deutschen Sprache als sozial und gesellschaftlich gleichwertig bewähren zu müssen. Auch heute noch ist es so, daß primitive Menschen einen indischen Kuli mit einem englischen Universitätsprofessor vergleichen und darnach ihr Urteil fällen. Sie begreifen nicht, daß man nur Gleichwertiges vergleichen kann, und wären sehr erstaunt, wenn man ihnen bewiese, daß ein indischer Universitätsprofessor selbstverständlich dem englischen vollkommen gleichwertig ist. So war es auch vor 1848 im Bereich der Völker des Habsburgerreiches. Nicht die tschechische Köchin und der slowakische Kesselflicker repräsentierten gegenüber einem Grillparzer oder Stifter das tschechische und slowakische Volk, sondern jene Männer der Dichtung und der Wissenschaft, deren Namen auch heute noch einen weltweiten Klang besitzen.

Es waren Johann Gottfried Herder (1744—1803) und die deutsche Romantik, die die slawischen Völker auf ihre eigene Vergangenheit aufmerksam machten und so den Stolz auf die nationale Tradition erweckten. Dabei verwechselte man den altungarischen und den altböhmischen Feudalstaat mit seiner Adelsaristokratie mit einem modernen demokratischen Nationalstaat. Da Herder und seine Schüler auch zwischen „geschichtslosen" und „geschichtlichen" Völkern unterschieden und unter den ersteren jene Gemeinschaften verstanden, die in früherer Zeit keinen eigenen Staat gehabt hatten, kamen sie zur weiteren Folgerung, daß das einzige Kennzeichen der Zugehörigkeit zu einer Nation die Sprache sei. Damit rissen sie die große Kluft zwischen der nunmehr in der deutschen Wissenschaft gebräuchlichen Definition der Nation und der in der Wissenschaft anderer, vor allem westlicher Länder, üblichen Begriffsbildung auf. Betrachtet der Franzose und der Angelsachse die Nation als einen auf bürgerliche Gemeinsamkeit und Gesetze begründeten Zusammenschluß der Menschen, die in einem bestimmten Land wohnen, so wurde der emotionelle und rational nicht mehr fühl- und faßbare Begriff der deutschen Romantik, die nunmehr einen „Volksgeist", eine „Volksseele" und ähnliches postulierte, zu einer gefährlichen Waffe in der Hand jener, die einen übersteigerten Nationalismus lehrten. Auf diese Weise zertrümmerte man auch den bestehenden Landespatriotismus in mehrsprachigen Gebieten. Noch in der Biedermeierzeit arbeiteten deutsch- und tschechischsprachige Böhmen, deutsch- und magyarischsprachige Ungarn als „Böhmen" und „Ungarn" einträchtig zusammen. Nun trennten sich die Wege der einzelnen Sprachgemeinschaften. Diese Entwicklung wurde dadurch gefördert, daß man sowohl in der tschechischen als auch in der magyarischen Sprache den im Deutschen möglichen Unterschied zwischen „Tscheche" und „Böhme", zwischen „Ungar" und „Magyare" nicht vollziehen kann. Denn der Böhme heißt eben im Tschechischen „čech" und der Ungar „Magyar". In diesem Sinne nannte sich der große Tondichter Franz Liszt (1811—1886), wenn er nach seiner Herkunft gefragt wurde, natürlich einen „Ungarn", obwohl er im heute burgenländischen deutschsprachigen Ort Raiding geboren worden war.

So wie die Romantik ein Mittelalter entstehen ließ, das in dieser Form niemals existiert hatte, so war es nur im Sinn ihrer Bestrebungen gelegen, wenn nunmehr der Versuch gemacht wurde, Altertümer aus der eigenen Vorzeit auszugraben oder, wenn es nicht anders ging, sie zu erfinden. Davon zeugt die „Königinhofer Handschrift", ein angeblicher Fund aus der tschechischen Vorzeit, die von Hanka der europäischen Öffentlichkeit vorgestellt und mit aller Leidenschaft auf ihre Echtheit hin verteidigt wurde. Wer diese leugnete, galt bald als Verräter an der tschechischen Nation. Erst Thomas G. Masaryk vermochte es, ihre Unechtheit zu beweisen. Der Irrtum war umso tragischer, als wir ja heute durch die von uns schon weitaus früher genannten Entdeckungen aus der Zeit des Großmährischen Reiches tatsächlich eine e c h t e alte Vergangenheit der böhmisch-mährischen Slawen vor uns haben. Auf südslawischem Boden versuchte Ljudevit Gaj (1809 bis 1872) den Illyrismus zu begründen, der Serben, Kroaten und Slowenen eine gemeinsame Schriftsprache geben sollte. In der „Danica" vom 6. September 1835 malte Gaj eine glänzende Vision der illyrischen Einheit: „Europa wird mit einer sitzenden Jungfrau verglichen. Auf den ersten Blick gewahren wir, daß diese Jungfrau in ihren Händen eine Leier hält, welche sie an ihre Brust anlehnt. Diese Leier ist Illyrien, das Dreieck zwischen Skutari, Varna und Villach." Dieser Illyrismus war aber nicht stark genug, um im Lauf der Entwicklung eine völlige Verschmelzung der südslawischen Völker — Serben, Kroaten und Slowenen — herbeizuführen. Der schon genannte Slowene Franz Prešeren sprach sich in einem Brief vom 26. Oktober 1840 sehr skeptisch über diesen „Illyrismus" aus. „Wir ‚Oberillyrer' sind noch sehr jung", meinte er, „was die Schriftsprache betrifft, deshalb ist es billig, daß wir die Resultate fremder Erfahrungen abwarten." Ebenso war den Bestrebungen von Ján Kollár (1793—1852), der 1824 den Sonettenkranz „Slávy dcera" (Tochter der Slava) veröffentlichte, kein dauernder Erfolg beschieden. Er versuchte einen — allerdings noch völlig unpolitischen und nur auf den kulturellen Sektor beschränkten — Panslawismus zu schaffen. Die „Tochter der Slava" und Kollárs Schrift „Über die literarische Wechselseitigkeit zwischen den verschiedenen Stämmen und Mundarten der slawischen Nation", 1837 erschienen, wurden die grundlegenden Schriften dieser Bewegung.

Auch für das Magyarentum kam in der Revolution von 1848/49 die Stunde der Erweckung. Die führenden Reformer in Ungarn wurden Graf Stephan Széchenyi (1791—1860) und Ludwig Kossuth (1801—1894). Graf Széchenyi lernte erst als Erwachsener die ungarische Sprache. Auf dem ungarischen Reichstag von 1825 bis 1827 erklärte er, er werde ein Jahreseinkommen zur Gründung einer sprachwissenschaftlichen Gesellschaft spenden. Aus ihr entstand die heutige Ungarische Akademie der Wissenschaften. Széchenyi war eifrig bestrebt, seine Reformideen und die magyarische Sprache in Wort und Schrift zu propagieren. Er verkündete, daß die bestehende soziale und wirtschaftliche Lage des Landes unhaltbar seien und demnächst zur offenen Revolution führen müßten. Ihr vorzubeugen werde möglich sein, wenn man eine „Revolution von oben" beginne. Da nach den aus dem Mittelalter stammenden Gesetzen der Grundbesitz des Adels unverkäuflich war, war auch die Kreditwürdigkeit der ungarischen Adeligen beschränkt. Dadurch wurden sie — nach Széchenyi — davon abgehalten, bessere landwirtschaftliche Bebauungsmethoden einzuführen. Darum sollte die Unveräußerlichkeit aufgehoben werden, eine Nationalbank sollte billigen Kredit gewähren und auch der Nichtadelige das Recht erhalten, Adelsgüter zu erwerben. Széchenyi forderte ferner die Aufhebung jedes Untertänigkeitsverhältnisses der Bauern und Landarbeiter und die Besteuerung des Adels. Er war aber ein Gegner der Industrialisierung und wollte Ungarn als Agrarland erhalten wissen. Auf seine Initiative gehen eine Reihe großer technischer Vorhaben in Ungarn zurück: so die Regulierung der Theiß und des Unterlaufes der Donau, der Bau der ersten ständigen Donaubrücke zwischen Buda und Pest — die beiden Städte wurden erst 1873 zur Stadt Budapest vereinigt — und die Gründung einer eigenen ungarischen Donaudampfschiffahrt.

Sein Gegenspieler in der Innenpolitik Ungarns wurde der Advokat Ludwig Kossuth, das Idol des Kleinadels, der Gentry, und des gehobenen Bürgertums. Für seine Gegner war er der Typ des ewig unzufriedenen ungarischen Revolutionärs, des „Rebellen" gegen das Herrscherhaus der Habsburger. Zum erstenmal trat Ludwig Kossuth auf dem sogenannten „langen Reichstag" von 1832 bis 1836 politisch in Erscheinung. Kossuth erzählte in seinen „Reichstagsberichten" (Orszaggyülesi Tudositasok) von den stattgefundenen Verhandlungen. Im Jahr 1831 war es zu großen Bauernunruhen gekommen. Daher nahm die Bauernfrage einen großen Platz in den Verhandlungen ein. Den Reformern gelang es nur, unbedeutende Zugeständnisse durchzudrücken. Vor allem wurde ein Antrag, die Abgabepflicht der Bauern durch eine Abfindungssumme an den Grundherrn zu ersetzen, abgelehnt. Dafür beschloß man, anstelle der lateinischen die magyarische Sprache als Reichstags- und Gesetzessprache einzuführen. Ludwig Kossuth war einer der glänzendsten Journalisten, die das damalige Europa hatte. Seine Feder, spitz und gewandt, verriet den Mann und sein Wollen. Er konnte sich mit verbissener Leidenschaft einer Idee hingeben, er konnte sie bis zur Selbstzerfleischung lieben, er konnte aber auch ebenso tief hassen. Eine Gefängnishaft von vier Jahren, die er sich durch seine Berichterstattung zugezogen hatte, machte ihn nur noch leidenschaftlicher.

Seit 1841 gab Kossuth in Pest das Tagblatt „Pesti Hirlap" (Pester Journal) heraus, das die damals außerordentlich hohe Auflage von 4000 Exemplaren hatte. In ihm vermochte er es so klug und zwischen den Zeilen zu schreiben, daß ihm die Zensur nichts anhaben konnte. Schon jetzt forderte er die völlige Unabhängigkeit Ungarns, griff aber noch nicht die Monarchie als Staatsform an. Er bekannte sich zu einer Art „Konföderation" zwischen Österreich und Ungarn. In der Agrarfrage ging er mit Széchenyi und dessen Gruppe konform, verlangte aber die Entwicklung einer eigenen ungarischen Industrie. Ferner trat er für die Schaffung eines eigenen ungarischen Zollgebietes ein. Die Gründung des Ungarischen Gewerbevereins geht ebenso auf Kossuth zurück wie der Gedanke der ersten Ungarischen Industrieausstellung. Kossuth gelang es auch, auf dem Reichstag von 1843/44 hohe Schutzzölle durchzudrücken und somit die Einfuhr fremder, auch österreichischer Waren zu erschweren. Vor der Revolution von 1848 gab es noch zwischen den einzelnen Teilen des Kaisertums Österreich Zwischenzölle. Seine Tätigkeit machte Kossuth schon vor den späteren revolutionären Ereignissen zu einem der bestgehaßten Männer in den Kreisen der österreichischen Industrie, für die Ungarn nur das Agrarland war, in dem sie selbst eine monopolartige Stellung besaß. Unter dem Einfluß der Industriellen lehnte auch Kaiser Ferdinand I. — in Ungarn als König Ferdinand V. — es ab, seine Unterschrift für diese Schutzzollgesetze zu geben. Sie wurden deshalb nicht wirksam, doch Kossuth antwortete mit der Gründung des „Ungarischen Schutzvereins", dessen Mitglieder sich verpflichteten, keine ausländische Ware zu kaufen, auch wenn sie billiger als die einheimische wäre. Es mußte natürlich einen Ungarn tief in die Seele treffen, wenn er die Meinung österreichischer Wirtschaftskreise — wie die des Wiener Bankiers Sina — über Ungarn hörte. Sina sagte wörtlich: „Es ist fraglich, ob Österreich etwas gewinnt, wenn Ungarn ein Kulturstaat wird. Jede Handvoll Getreide, jedes Stück Vieh, ja jedes Produkt Ungarns zahlt an der österreichischen Grenze einen hohen Zoll. Anderseits kauft Ungarn jedes, auch das schlechteste Industrieerzeugnis von Österreich und macht es steuerfähig; was noch an Geld in Ungarn übrig bleibt, verzehren die ungarischen Kavaliere in Wien."

Der Sturz Metternichs und der italienische Feldzug

Was viele Beobachter vorausgesehen, aber dann doch nicht erwartet hatten, trat zu Beginn des Jahres 1848 ein. Man läßt gewöhnlich die Revolution in Wien am 13. März dieses Jahres beginnen und bringt sie mit der Kunde vom Ausbruch der Revolution in Paris und der Ausrufung der zweiten französischen Republik in Zusammenhang. Aber die ersten revolutionären Tumulte auf österreichisch-staatlichem Boden ereigneten sich schon am Neujahrstag 1848 in Mailand. Die italienischen Vorkämpfer für die Einigung des Landes veranlaßten einen Boykott der Tabakwaren, die österreichisches Staatsmonopol waren. Dadurch sollte der österreichische Staat in seinen Einnahmen geschädigt werden. Dieser „Zigarrenrummel", wie er genannt wurde, konnte nur mit Waffengewalt unterdrückt werden. Polizei und Zensur wurden verstärkt, die Gefängnisse waren voll. Die Stände von Niederösterreich und Böhmen verlangten bereits seit Mai 1847 Reformen und eine Verfassung. Diesen Wünschen schloß sich am 3. März Ungarn an. Es sprach aus dem Mund Kossuths, der darüber hinaus ein eigenes Ministerium für Ungarn forderte. Nachdem die Pariser Ereignisse in ihrer ganzen Bedeutung in Österreich bekanntgeworden waren, regnete es von Memoranden, Bittschriften und Vorschlägen, die alle darauf hinausliefen, dem Volk Anteil an der Regierung zu gewähren. Dafür traten der Niederösterreichische Gewerbeverein, die Buchhändler, der Politisch-Juridische Leseverein, die Bürgerschaft Wiens, selbst der Thronfolger Erzherzog Franz Carl und seine Gemahlin, die Erzherzogin Sophie, ein. Am 13. März 1848 führte die Erregung in Wien zu Schießereien in der Herrengasse, außerhalb der geschlossenen Stadttore brannten Fabriken und wurden Maschinen zerstört. Die Forderungen wurden immer radikaler. Aber eins war ihnen allen gemeinsam: Metternich müsse abdanken. Er war das Symbol der Vergangenheit. Metternich dachte zuerst daran, die Armee einzuschalten. Doch als er bemerkte, daß er selbst an der höchsten Stelle des Staates keine Einstimmigkeit mehr erzielen konnte und daß ihm die staatlichen Machtmittel aus der Hand glitten, erklärte er sich zum Rücktritt bereit. Eine jubelnde Volksmenge begrüßte die Kunde von diesen Geschehnissen. Metternich selbst verließ auf Wunsch des Erzherzogs Ludwig, eigentlich mehr auf seinen Befehl hin, am 14. März 1848 Österreich und ging in die Verbannung.

Vielleicht glaubten einige Gegner Metternichs — darunter Erzherzogin Sophie —, es sei möglich, nach dem Sturz des Kanzlers die Bewegung zu stoppen. Doch dies war bereits unmöglich geworden. Man verkündete die Aufhebung der Zensur und versprach die Erlassung einer „Konstitution", einer Verfassung. Die führenden Köpfe des alten Regimes wurden aus allen leitenden Stellen verdrängt. Die Studenten der Universität bildeten die „Akademische Legion". In feierlicher Weise wurden die am 13. März in der Wiener Herrengasse den Schießereien zum Opfer gefallenen Demonstranten zu Grabe getragen. Unter den neuen Männern ragte vor allem Freiherr Franz von Pillersdorf hervor, ein fähiger, freiheitlich gesinnter Beamter, aber nicht der Mann, der in einer revolutionären Zeit das Steuer in der Hand zu halten vermochte.

Die Aufhebung der Zensur ließ wie seinerzeit unter Joseph II. eine Flut von Presseerzeugnissen aus dem Boden herausschießen. Die radikalsten von ihnen war die „Constitution" Leopold Häfners und „Der Freimütige" Moritz Mahlers. Die Konservativen und antirevolutionären Kreise sprachen jetzt von der „Judenpresse". Doch besaßen von den 100 erscheinenden Zeitungen nur 6 jüdische Chefredakteure oder Hauptmitarbeiter. Im Zusammenhang mit der Revolution begann auch unter der katholischen Geistlichkeit eine Reformbewegung. An ihrer Spitze stand der damalige Kaplan Sebastian Brunner (1815—1894). Zusammen mit dem Burgpfarrer Johann Michael Häusle griff er den Erzbischof Milde wegen seiner josephinischen Gesinnung heftig an und wurde als Herausgeber der „Wiener Kirchenzeitung" der Begründer eines spezifisch katholischen Zeitungswesens in Österreich. Der Erzbischof, dem die Revolutionäre Katzenmusiken darbrachten, zog sich auf Schloß Kranichberg bei Gloggnitz zurück.

Die Bewegung ergriff den gesamten Staat der Habsburger. In den Alpenländern wurde nach Wien Graz das Zentrum einer radikalen revolutionären Bewegung, während sich Tirol von allen Ausschreitungen fernhielt. In den nicht deutschsprachigen Ländern des Reiches wurde jetzt der Ruf nach Autonomie und Gleichberechtigung des eigenen Volkstums mit den deutschsprachigen Österreichern laut. In Galizien gelang es der Regierung, die polnischen und ruthenischen Bauern zu gewinnen, die sich noch an das Jahr 1846 erinnerten. In Böhmen aber forderte man einen gemeinsamen Landtag für Böhmen, Mähren und Schlesien, die Gleichberechtigung des Tschechischen mit dem Deutschen und ein eigenes verantwortliches Landesministerium. Die Beamten sollten beider Landessprachen mächtig sein. Der geistige Führer dieser Bewegung wurde der tschechische Historiker Franz Palacky (1798—1876), dessen „Geschichte Böhmens" eins der Standardwerke der historischen Wissenschaft darstellt. Waren bisher die „Böhmen", gleichgültig ob deutscher oder slawischer Zunge, von einem Landespatriotismus beseelt gewesen, der das „Böhmentum" in den Vordergrund schob, so begann nunmehr die sprachliche Trennung in verhängnisvoller Weise wirksam zu werden. Tschechen und deutschsprachige Böhmen gründeten eigene Vereine: die „Slovanská Lipa" (Slawische Linde) und den „Verein der Deutschen in Österreich".

Auch die Südslawen erhoben Forderungen. Die Slowenen forderten ihre Vereinigung unter der Krone der Habsburger in einem eigenen Königreich Slowenien, dem auch die südkärntnerischen Gebiete angeschlossen werden sollten. Slowenische Studentenvereine bildeten sich in Wien und Prag. In den Landtagen von Krain, der Steiermark und von Kärnten meldeten sich slowenische Vertreter mit ihren Forderungen zu Wort. Die Kroaten bildeten unter dem schon genannten Ljudevit Gaj einen Nationalausschuß. Er wurde von Freiherr Joseph von Jellačić (1801—1859) unterstützt, der seit dem 22. März als Banus (Statthalter) von Kroatien amtierte. Seine Ernennung war ohne Befragung der neuen ungarischen Regierung erfolgt, obwohl Kroatien staatsrechtlich seit Jahrhunderten als in Personalunion mit Ungarn geführt wurde. Am 8. Mai 1848 beschloß man in Zagreb, keine Befehle aus Pest mehr anzunehmen. Wenige Tage später, am 13. Mai, trat eine Versammlung der auf dem Gebiet des Kaiserstaates lebenden Serben im Banat und in der Batschka zusammen, erklärte sich für autonom und wählte einen kaiserlichen Grenzobersten zum „Wojwoden" (Statthalter). Rumänen und Slowaken stellten gleichlautende Bedingungen: Autonomie, Trennung vom ungarischen Staatsverband und direkte Unterstellung unter den Kaiser. So wurden die Ungarn, die ihre Forderung nach einer eigenen Regierung schon im März 1848 erreicht hatten, ihrerseits durch die Forderungen der in Ungarn lebenden Nationen bedrängt.

Am gefährlichsten schien die Situation in den österreichischen Provinzen Italiens, im Lombardo-Venetianischen Königreich, zu sein. Für die Italiener stellte die österreichische Herrschaft eine Fremdherrschaft dar. Die italienischen Geschichtsschreiber sind aber heute bereit, manche der im Eifer von der italienischen Unabhängigkeitsbewegung gegen Österreich erhobenen Vorwürfe zu revidieren. Der italienische Nationalgedanke lebte vor allem in den Städten, im Bürgertum und im Adel. Die Bauern der Lombardei und Venedigs, aber auch anderer italienischer Gebiete, waren nationalpolitisch weithin uninteressiert. So konnte der italienische Historiker Gian Franco Venè 1963 feststellen: „Die Lombardei und Venetien waren die einzigen unter den italienischen Gebieten, die sich schon in der Vergangenheit der wirtschaftlichen und kulturellen Entwicklung des übrigen Europa annäherten." Auch die österreichische Verwaltung dieser Länder wurde großteils mit einheimischen italienischen Beamten geführt. Es ist historisch falsch, zu glauben, die Lombardei und Venedig seien verwaltungsmäßig Fremden ausgeliefert worden. Im Jahr 1838 befanden sich in der Provinzialverwaltung des Lombardo-Venetianischen Königreiches 1062 Italiener und nur 154 Beamte aus anderen Ländern der Habsburgmonarchie. Bei Gericht standen 601 Italiener 63 Nicht-Italienern, selbst bei der österreichischen Polizei 139 Italiener 43 Nicht-Italienern gegenüber. Die „ewige Klage über die Unterdrückung durch Österreich", sagt Hans Kramer richtig, „über die Schikanen der Behörden gegen die italienische Bevölkerung erhält doch ein anderes Gesicht, wenn man weiß, daß der größte Teil der Beamten ja selbst Italiener waren." Die Klagen der Italiener über politische Prozesse waren freilich berechtigt, doch kamen solche auch in den anderen Ländern der Monarchie vor. Man bestrafte nur die Tat, nicht die Gesinnung. Der Gerichtspräsident

Freiherr von Salvotti sagte zu einem politisch Verdächtigen: „Gehen Sie ruhig nach Hause; wir bestrafen nicht die Gesinnung ehrlicher Leute.“ Auch auf dem Gebiet der Volkserziehung und -bildung stach das österreichische Italien unter allen anderen italienischen Gebieten hervor: es besaß die geringste Zahl von Analphabeten. Mailand war unter österreichischer Herrschaft eine der reichsten Städte Europas. Der Lombarde oder Venetianer, der in der österreichischen Armee diente, brauchte dies nur acht Jahre zu tun, während die Soldaten anderer österreichischer Länder vierzehn Jahre lang dienen mußten. Allerdings pflegte man die italienischen Regimenter gern nach Böhmen oder Mähren zu verlegen und dafür ungarische oder kroatische Regimenter in der Lombardei und in Venetien zu garnisonieren. Die Militärmacht Österreichs mußte also auf den Italiener den Eindruck einer fremden Macht machen. Österreich befand sich gegenüber seinen italienischen Provinzen in einem für die damalige Zeit unlösbaren Zwiespalt. Der feudale Charakter der Habsburgmonarchie vor 1848 empfahl dieser ein Bündnis mit dem lombardo-venetianischen Adel. Dieser war antiösterreichisch eingestellt. Die Bauern und Kleinbürger, die sich zumindest nicht direkt gegen die österreichische Herrschaft stellten und für Österreich hätten gewonnen werden können, forderten soziale Reformen, die man in Wien wieder fürchtete.

Die Unruhen im österreichischen Italien begannen eigentlich schon vor dem März 1848. Sie setzten sich in verstärktem Umfang fort, als in Wien die Revolution ausgebrochen war. Die italienische Unabhängigkeitsbewegung fand Hilfe von außen. Karl Albert, König von Sardinien, erklärte Österreich den Krieg. Venedig rief am 22. März 1848 die Wiederherstellung der ehemaligen Republik aus. Die österreichischen Truppen mußten sich vor einer überlegenen Übermacht in das sogenannte Festungsviereck südlich des Gardasees zurückziehen. Ihr Oberbefehlshaber war der greise Feldmarschall Graf Joseph Radetzky von Radetz, der bereits in der Schlacht bei Leipzig Generalstabschef der verbündeten Heere gewesen war. In einer Reihe von Gefechten wies Radetzky die italienisch-sardinischen Angriffe auf seine Verteidigungsstellungen ab und sicherte sich durch die zwei Schlachten bei Custoza und Sommacampagna am 23. und 25. Juli die Vorhand. Bereits am 6. August zogen die Österreicher wieder in Mailand ein. König Karl Albert von Sardinien bat zwecks Einleitung von Friedensverhandlungen um Waffenstillstand. Beim Ausbruch der Kämpfe ging eine Reihe von österreichischen Soldaten italienischer Zunge zu den Sarden über; im ganzen waren es etwa 15.937 Soldaten und Matrosen. Dagegen kämpften andere, aus Lombardo-Venetianern bestehende österreichische Truppeneinheiten den ganzen Feldzug hindurch unter den Fahnen Radetzkys, ohne sich zum Übertritt bewegen zu lassen. Eine Zeitlang verwendete Radetzky sogar ein aus Italienern bestehendes Grenadierregiment als seine persönliche Leibgarde. Über die Stimmung der lombardischen Bauern wird uns von zuverlässigen Gewährsmännern berichtet, daß sie den rückkehrenden österreichischen Truppen mit dem Ruf entgegenliefen: „I nostri vengono!“ — „U n s e r e Leute kommen!“ Ebenso wurde die Frage hörbar: „Ma quand' verrá quel benedetto Radetzky? Perché tarda tanto?“ — „Wann kommt denn der gebenedeite Radetzky? Warum so spät?“

Da der 1848 geschlossene Waffenstillstand zu keinem Frieden führte, wurde der italienische Feldzug 1849 fortgesetzt. Durch den entscheidenden Sieg Radetzkys bei Novara am 23. März fand er nach wenigen Tagen sein Ende.

König Karl Albert entsagte dem Thron und ging in die Verbannung. Sein Sohn, der neue König Viktor Emanuel II. (1849—1878), kam noch am Tag nach der Schlacht von Novara mit Radetzky zusammen und verhandelte wegen des Friedens. Dieser wurde am 6. August 1849 zu Mailand geschlossen und stellte die österreichische Herrschaft in der Lombardei und Venetien wieder her. Noch im selben Monat kapitulierte auch das von den Österreichern belagerte Venedig. Österreichische Truppen intervenierten in den italienischen Fürstentümern. Die italienische Einigungsbewegung hatte eine — allerdings nur vorläufige — Niederlage erlitten.

Wien: Mai und Oktober

Die Märzrevolution in Wien war die des freiheitlich gesinnten Bürgertums und der Intelligenz gewesen. Die Unruhen in den Vorstädten, die von Arbeitern und Kleinbürgern bewohnt waren, hatten viele von denen erschreckt, die am 13. März jubelnd dabeigewesen waren. Die tiefgreifende Kluft zwischen den Zielen des Großbürgertums und der Intellektuellen auf der einen sowie denen der Arbeiterschaft und der kleinen Handwerker auf der andern Seite war eigentlich schon im März 1848 sichtbar geworden. Viele von denen, die in den Vorstädten lebten, waren — wie Maximilian Bach schon 1898 feststellte — gefallen, „getötet nicht von Soldaten, sondern von Nationalgarden oder Bürgermilitär; im Kampf nicht direkt gegen Metternich, im Kampf vielmehr gegen die Fabriken". So fand auch die Verfassung keine allgemeine Zustimmung. Sie wurde am 25. April 1848 verkündet. Böhmen und Galizien lehnten überhaupt ab, die Konstitution anzunehmen. In Wien begannen neue Unruhen. Es bildeten sich Comités, die sich Anfang Mai zu einem Zentralcomité zusammenschlossen. In ihnen spielten sehr radikale Kreise die Hauptrolle. Das Zentralcomité entwickelte sich allmählich zu einer Art Parlament. Als bekannt wurde, daß man die Comités von seiten der Regierung aus auflösen wollte, erfolgte am 15. Mai 1848 eine zweite Erhebung, die von der Akademischen Legion ausging und an der die Massen der Vorstadtarbeiter Anteil nahmen. Unter dem Eindruck einer Sturmpetition, die von einer tobenden Menschenmasse auf dem Michaelerplatz unterstützt wurde, nahm die Regierung am Abend des gleichen Tages alle Forderungen an. Die soeben verkündete Verfassung sollte im demokratischen Sinn umgestaltet werden. Es ging um die Abschaffung des geplanten Oberhauses und die des gestaffelten Zensuswahlrechts. Die Regierung gab in der Weise nach, daß die Volksvertretung als „konstituierender Reichstag" zusammentreten sollte; ihr wurde also ausdrücklich die Aufgabe zugedacht, dem Kaiserstaat eine neue Verfassung zu geben. Zwei Tage später reiste die kaiserliche Familie aus Wien ab und begab sich nach Innsbruck. Wieder ist es für die Stimmung kennzeichnend, daß die offizielle „Wiener Zeitung" vom 18. Mai die Abreise des Kaisers mit der Flucht König Ludwigs XVI. von Frankreich nach Varennes verglich und meinte, „der letzte Tag des Hierseins Seiner Majestät wird auch der erste Tag der Republik sein".

Aber die Stimmung der Wiener schlug völlig um, als man von der Abreise des Kaisers und seiner Angehörigen erfuhr. Jetzt wählten alle möglichen Vereine, Genossenschaften, Frauen, Männer und Bezirke Deputationen, die man der abgereisten kaiserlichen Familie nachsandte, um sie zur Rückkehr nach Wien zu bewegen. Da diese Deputationen ihren Zweck verfehlten und Kaiser Ferdinand I. nicht sofort den Bitten der Wiener um Rückkehr nachkam, wuchs die revolutionäre Stimmung in der österreichischen Hauptstadt von neuem. Man schrieb das Ausbleiben des Kaisers einer Hofkamarilla zu. Allerdings konnten sich die wenigsten unter dem Wort Kamarilla etwas vorstellen. „Die einen hielten die Kamarilla für einen berühmten Staatsmann aus Metternichs Schule, den leider die Märzstürme nicht hinweggeweht hatten", schreibt Anton Springer, „die anderen sahen die Kamarilla in einer alten Kammerfrau namens Gibbini, welche ein früheres Geschlecht durch ein virtuoses Klavierspiel entzückt hatte, verkörpert, die dritten endlich meinten, Kamarilla sei ein Beiname des Grafen Bombelles, der während der Reise des Kaisers öfters genannt wurde und irrtümlich als Hauptratgeber der kaiserlichen Familie galt."

Als die Regierung am 26. Mai die Akademische Legion auflösen wollte, erlitt sie eine Niederlage. Die Studenten lehnten es ab, dem Befehl nachzukommen; zu ihrer Unterstützung strömten tausende Arbeiter aus den Vorstädten in das Zentrum der Stadt. Im Nu wuchsen aus dem Straßenpflaster Barrikaden empor. Daraufhin erhielt das Militär den Befehl, sich zurückzuziehen, und der Auflösungsbeschluß wurde rückgängig gemacht. Man übertrug die Exekutive in Wien einem sogenannten Sicherheitsausschuß; dieser bestand aus 20 Vertretern der Gemeinde Wien, je einem gewählten Vertreter der 40 Kompanien der Akademischen Legion, der 136 Kompanien der Nationalgarde, der 34 Kompanien der Bürgerwehr und der 4 Eskadronen der Bürgerkavallerie. Da in den Nationalgarden keine Handwerksgesellen, Arbeiter und Dienstboten aufgenommen werden durften, waren diese Kreise der Bevölkerung auch vom Sicherheitsausschuß ausgeschlossen. Präsident der neugeschaffenen Behörde wurde Dr. Adolf Fischhof (1816—1893), einer der klügsten und reformfreudig gesinnten Männer des damaligen Österreich. Er war einer der wenigen, die schon 1848 die Bedeutung einer Verständigung der im österreichischen Kaiserstaat miteinander vereinten Völker erkannte. Zu den wichtigsten Aufgaben des Sicherheitsausschusses gehörte die Sorge für die vielen Arbeitslosen, die es gab. Um sie nahmen sich Männer wie der erste österreichische Arbeiterführer, der Schuhmacher„gesell" Franz Sander, an, der bereits am 24. Juni einen „Ersten Allgemeinen Arbeiterverein" gründete. Die Mitglieder kamen im heutigen Theater in der Josefstadt zusammen. Mittwochs und samstags konnte jeder gegen Bezahlung von vier Kreuzern die Abende besuchen. Das Abzeichen des Arbeitervereins war ein Bienenkorb.

Als auf Grund einer Verfügung der Regierung die Löhne herabgesetzt wurden — Frauen sollten nur mehr 15 Kreuzer, Kinder 10 Kreuzer täglich erhalten —, kam es am 21. August 1848 zu schweren Demonstrationen. Arbeitermassen sammelten sich im Prater und marschierten gegen die Stadt. Bei Zusammenstößen mit den Truppen wurden 18 Arbeiter und 4 Polizisten getötet, 152 schwer- und 130 leichtverwundete Arbeiter gegenüber 56 verwundeten Polizisten gezählt. Aber noch immer war der Höhepunkt der Wiener Revolution nicht erreicht. Am 6. Oktober 1848 sollte das Grenadierbataillon Richter auf den Kriegsschauplatz nach Ungarn abgehen. Eine große Volksmenge suchte dies zu verhindern. Es kam zu Gefechten auf der Taborlinie, in der Leopoldstadt und auf dem Stephansplatz. Dann stürmte man das Gebäude des Kriegsministeriums auf dem Platz „Am Hof".

Hier befand sich der Kriegsminister Graf Latour in seinen Amtsräumen. Die tobende Menge versuchte ihn zu lynchen. Die 200 Soldaten, die das Ministerium besetzt hielten, versagten völlig. Der weiter oben erwähnte Dr. Fischhof, der bereits am 17. Juli sein Amt als Präsident des Sicherheitsausschusses niedergelegt hatte, versuchte, den Minister zu retten. Er berichtete später in der 52. Sitzung des Reichstages darüber: „Ich habe 20 Nationalgarden dazu bestimmt, den Grafen Latour zu eskortieren, und sie haben sich mit ihrem Ehrenwort verpflichtet, sein Leben zu retten und ihn als Staatsgefangenen in Gewahrsam zu nehmen. Sie haben ihr Ehrenwort redlich gehalten und ihn bis zum letzten Augenblick mit Lebensgefahr verteidigt. Ich war inmitten dieser Truppe und habe den Grafen Latour bei der Hand geführt und gesucht, das Volk abzuwehren ... Ein Arbeiter zielte jedoch mit seinem Hammer nach dem Kopf Latours; den ersten Hammerstreich gelang es mir abzuhalten, der zweite Hammerstreich fiel auf den Vorderkopf, daß das Blut sogleich über das Gesicht herabströmte. Noch suchte ich den Grafen zu retten, aber in demselben Augenblick traf ihn eine Pike in den Nacken und ein Bajonett in die Schulter, worauf er zusammenstürzte. Graf Latour ist mit der größten Kaltblütigkeit gestorben. Er sagte wenige Minuten vor seinem Tod: ‚Ich bin vor Kugeln gestanden, ich fürchte auch den Dolch nicht; ich habe ein gutes Gewissen und bin in Gottes Hand!' Bald darauf starb der Graf Latour."

Die Ausschreitungen des 6. Oktober 1848, die größten, die es während der Revolution von 1848 in Wien gab, leerten die Stadt. Der wiederum zurückgekehrte Kaiser und der Hof verließen Wien, ebenso ein großer Teil der Minister. Ihnen folgten der Adel und das besitzende Bürgertum. Am 19. Oktober waren fast nur noch die Anhänger der Revolution in der Stadt. Viele Flüchtlinge hatten sich nach Baden zurückgezogen, und spöttisch nannte man darum die Kurstadt „Schwarz-Gelbowitz" (nach den kaiserlichen Farben). Auch der Reichstag verließ Wien und verlegte seine Sitzungen nach dem Schloß des Bischofs von Olmütz in Kremsier. In Wien jedoch rüstete man zur Verteidigung gegen den erwarteten Angriff der kaiserlichen Armee, die um Wien zusammengezogen wurde. In dieser Situation wurde am 13. Oktober in der Abendbeilage der „Wiener Zeitung" die Notiz veröffentlicht, daß man die Stelle eines provisorischen Oberkommandierenden der Wiener Nationalgarde einem gewissen „Ludwig Messenhauser" anvertraut habe. Die Mitteilung war von niemand unterzeichnet und irrte sich übrigens auch im Vornamen.

Es handelte sich bei dem neubestellten Nationalgardekommandanten um den ehemaligen k. k. Oberleutnant Wenzel Cäsar Messenhauser (1811—1848), einen romantischen Träumer voll hochfliegender Gedanken und mit einem beachtenswerten dichterischen Talent versehen, das sich in einer Reihe von Werken äußerte, die zum Teil erst nach seinem tragischen Tod veröffentlicht wurden.

Messenhauser stand von allem Anfang an auf verlorenem Posten. In seinem Stab prallten außerdem verschiedene Meinungen aufeinander; mehr oder weniger radikale Elemente stritten sich um den Einfluß. Und was für Wien am verhängnisvollsten wurde — selbst die Leitung der militärischen Aktionen entglitt Messenhauser und kam in die Hände eines polnischen Emigranten, des

Generalleutnants Bem. Dieser war es, der eigensinnig darauf bestand, die Verteidigung Wiens offensiv zu führen und dabei in mehreren Ausfällen blutige Verluste erlitt. Bem war aber so erfahren, daß er die katastrophale Lage erkannte. Er kommandierte noch am 26. Oktober die Nationalgarden bei der Verteidigung der Sternschanze in der Jägerzeile — der heutigen Praterstraße —, dann war er plötzlich verschwunden und tauchte in Ungarn bei Kossuth auf. Wien sah sich von Süden und von Norden bedroht; von Süden her rückten kroatische Regimenter gegen die österreichische Hauptstadt vor, vom Norden kam Feldmarschall Fürst Alfred Windischgrätz mit einer kaiserlichen Armee aus Mähren herabgezogen. Messenhauser hoffte auf einen Entsatz durch die ungarische Armee, die angeblich von Preßburg aus aufgebrochen war. Der ungarische General Pulszky überschritt tatsächlich am 21. Oktober die Leitha und nahm einige niederösterreichische Orte in Besitz, während sich die kaiserlichen Truppen hinter die Fischa zurückzogen. Messenhauser hatte vom Vormarsch der Ungarn schon am 20. Oktober durch ein ihm überbrachtes Schreiben Pulszkys erfahren.

Die Zustände in Wien wurden immer chaotischer. Neben Messenhauser trat in den letzten Tagen des Oktober — vor allem seit Bems Abgang — der Nationalgardemajor Daniel Fenner von Fenneberg hervor. Der Gegensatz zwischen jenen, die möglichst rasch zu einer Kapitulation vor den kaiserlichen Truppen kommen, und jenen, die den hoffnungslosen Kampf fortsetzen wollten, rief Zwiespalt unter den Verteidigern der Stadt hervor. Am Abend des 28. Oktober 1848 waren die Vorstädte Leopoldstadt und Landstraße nach heftigen Kämpfen im Besitz der kaiserlichen Truppen. In einer stürmisch verlaufenen Versammlung am gleichen Abend verkündete Messenhauser seinen Entschluß zu kapitulieren. Eine Deputation ging nach Schloß Hetzendorf und teilte dem dort weilenden Fürsten Windischgrätz die Übergabe der Stadt mit. Damit wäre Wien so manches erspart geblieben, wenn nicht Messenhauser, in seinem schwankenden Charakter den Einflüssen anderer nachgebend, sich am 30. Oktober entschlossen hätte, den Kampf fortzuführen. Das Gerücht, die Ungarn stünden mit 50.000 Mann unmittelbar vor den Toren Wiens, um die Stadt zu entsetzen, warf alle gemäßigten Entschlüsse der maßgebenden Männer in Wien — vor allem die Messenhausers — um. Tatsächlich war es bei Schwechat zu einem für die heranrückenden Ungarn verlustreichen Gefecht zwischen ihnen und kroatischen Truppen des Banus Jellačić gekommen. Die kaiserlichen Truppen, die schon bereitstanden, Wien kampflos zu besetzen, wurden von den Wällen Wiens aus mit Geschütz- und Gewehrfeuer überschüttet. Zwar gab Messenhauser jetzt doch den Befehl, die Waffen niederzulegen, aber er wurde nur teilweise befolgt. Jeder untergeordnete Nationalgardeoffizier und -unteroffizier tat nach seinem Gutdünken. So erstürmten die Belagerer am 31. Oktober Wien mit Waffengewalt. Fürst Windischgrätz verhängte über die Stadt das Standrecht. Eine Reihe von Personen wurde verhaftet und vor Gericht gestellt. Unter ihnen Messenhauser, der zum Tode verurteilt und am 16. November erschossen wurde, obwohl er weit weniger schuldig als manch anderer war. Mit ihm starb der nach Wien gekommene Abgeordnete der Frankfurter deutschen Nationalversammlung Robert Blum, der sich vergebens auf seine Immunität als Mitglied des Frankfurter Parlaments berufen hatte. Einem andern — Julius Fröbel — rettete nur eine Schrift „Wien, Deutschland und Europa" das Leben, in der er sich für den Führungsanspruch Österreichs in Mitteleuropa ausgesprochen hatte.

Großdeutsch oder Kleindeutsch?

Im selben März des Jahres 1848, da Metternich abdankte und in Österreich die Revolution ausbrach, geriet auch Deutschland in Bewegung. In Berlin, München und den anderen Hauptstädten der deutschen Staaten kam es zu Volkserhebungen. Neben der Aufrichtung einer demokratischen Verfassung wurde eine Reform des Deutschen Bundes von 1815 und die Wiederherstellung eines Deutschen Reiches verlangt, worunter man — in einem verhängnisvollen geschichtlichen Irrtum begriffen — das Heilige Römische Reich verstand. Eine Zusammenkunft deutscher Politiker lud 500 Vertreter aus allen Gebieten des Deutschen Bundes ein, sich zu einer konstituierenden Nationalversammlung in Frankfurt am Main zu vereinigen. Während die österreichischen Alpenländer und die deutschsprachigen Bewohner Böhmens, Mährens und Schlesiens die Abgeordneten für Frankfurt wählten und die schwarzrotgoldene Fahne der deutschen Nationalbewegung seit April 1848 vom Stephansturm wehte, lehnten es die Tschechen ihrerseits ab, Vertreter nach Frankfurt zu schicken. Franz Palacky sandte als Sprecher seines Volkes am 11. April jenen historischen Absagebrief an die Frankfurter Nationalversammlung, in dem es heißt: „Wahrlich, existierte der österreichische Kaiserstaat nicht schon längst, man müßte im Interesse Europas, im Interesse der Humanität selbst sich beeilen, ihn zu schaffen." In Prag hatten auch die deutschsprachigen Bewohner der böhmischen Hauptstadt sich entschlossen, diesen Standpunkt Palackys zu teilen: nur drei (!) Personen stimmten für die Entsendung von Abgeordneten nach Frankfurt. Von den 67 Wahlbezirken enthielten sich 46 vollkommen der Wahl, in 7 Wahlbezirken wählte nur eine Minderzahl der Stimmberechtigten.

In Frankfurt teilte sich die deutsche Nationalversammlung bald in zwei große Parteien: in Großdeutsche und Kleindeutsche. Das Wort „großdeutsch" darf nicht dazu verleiten, sich darunter die Vertreter von Anschauungen vorzustellen, wie sie unter den „Großdeutschen" der Republik Österreich nach 1918 herrschten. Die Großdeutschen von 1848 waren für die Erhaltung des Kaisertums Österreich und für die Vormachtstellung der Habsburger in Deutschland. Dabei gingen ihre Anschauungen über die Art, in der ein „Deutsches Reich" mit Österreich verbunden sein sollte, weit auseinander. Sie reichten von äußerst verschwommenen Vorstellungen, die an die Zeit des Heiligen Römischen Reiches anknüpften, bis zu Auffassungen, die praktisch den Anschluß der deutschen Länder an das Kaisertum Österreich in Form einer großen mitteleuropäischen Föderation bedeutet hätten. Diese Unklarheit wurde von nichtösterreichischen Beobachtern rasch erkannt. So schrieb der Dichter Friedrich Hebbel (1813—1863) im März 1848 in sein Tagebuch: „Die lieben Österreicher. Sie denken darüber nach, wie sie sich mit Deutschland vereinigen können, ohne sich mit Deutschland zu vereinigen!" Bezüglich der Arbeiterschaft sagte Ernst Viktor Zenker schon 1898 ganz deutlich, warum sie sich der Märzbewegung angeschlossen hatte. „Nicht Deutschland und nicht die Konstitution waren es, sondern der Hunger, der nach einem Leben hoffnungsloser Resignation sturzbachgleich überschäumende Groll und die endlich einmal aufsteigende Erwartung, es werde nun auch für sie, die wahrhaft Enterbten der Gesellschaft, der Tag der rechten Verteilung kommen."

Im Gegensatz zu den Großdeutschen waren die Kleindeutschen die Anhänger einer Lösung ohne Österreich. Sie wollten einen deutschen Nationalstaat errichten. In ihm konnte Österreich mit seinen elf Völkern keinen Platz finden, wenn sich der Kaiserstaat nicht selbst auflösen wollte. Daher mußte man sich an den zweiten Großstaat wenden, der im Deutschen Bund gestanden war: an Preußen. Die Kleindeutschen waren nicht imstande, die Bedeutung und die Verdienste Österreichs in der Vergangenheit richtig zu würdigen, aber ihr Programm war dafür realistisch und scharf umrissen. Die Anhänger der großdeutschen Lösung waren in erster Linie in Süddeutschland, in den rheinischen Gebieten und im Königreich Hannover zu finden — selbstverständlich auch unter den deutschsprachigen Österreichern selbst —, die Kleindeutschen hatten in Preußen und in den nord- und mitteldeutschen Gebieten ihre festen Stützpunkte. So wie den Kleindeutschen der Fehler unterlief, die österreichische Vergangenheit schief zu sehen und eine Geschichte zum größeren Ruhm Preußens zu konstruieren, so war auch der Österreich-Begriff der Großdeutschen nicht real. Für sie war Österreich, aus dem Heiligen Römischen Reich und der Union der Donauländer als vielnationales Reich herausgewachsen, ein nationaldeutscher Staat, der nationaldeutsche Aufgaben zu erfüllen hatte. Um dieses Gedankens willen kam man zu Forderungen, wie sie in der 1848 erschienenen Schrift „Die Slawen im Kaisertum Österreich" mit den Worten ausgedrückt werden: „Also war die Germanisierung der slawischen Bewohner der deutschösterreichischen Provinzen ein Akt der Notwendigkeit." Daß hier ein gewaltiges Mißverständnis der österreichfreundlichen Großdeutschen vorlag, war offenbar. Nur durch dieses Mißverständnis wurde es aber möglich, daß der deutschsprachige Österreicher daran glauben konnte, daß es auf die Dauer möglich sein werde, zugleich Deutscher und Österreicher zu sein. Im Jahr 1848 wäre es wahrscheinlich noch möglich gewesen, den Österreicher der Alpenländer in eine kommende gesamtdeutsche Nation einzubauen, obwohl er bereits eine lange eigenständige politische, kulturelle und wirtschaftliche Vergangenheit, zumindest seit Ende des Dreißigjährigen Krieges, hinter sich hatte. In d e m Augenblick, in dem er aber nicht diesen Weg ging, konnte er nur mehr — Österreicher sein. So wurde 1848 auch in dieser Beziehung das Schicksalsjahr des deutschen und des österreichischen Volkes.

Die deutsche Nationalversammlung in Frankfurt hatte zuerst den durch seine Heirat mit der Postmeisterstochter von Aussee äußerst populären Erzherzog Johann zum deutschen Reichsverweser gewählt. Es war dies sicherlich ein Triumph der großdeutschen Richtung. Doch sie unterlag, als am 27. Oktober 1848 — zu einer Zeit, da in Wien gekämpft wurde — von der Frankfurter Nationalversammlung die Paragraphen 2 und 3 der neuen Reichsverfassung mit überwältigender Mehrheit angenommen wurden. Sie lauteten wörtlich:

§ 2 — Kein Teil des Deutschen Reiches darf mit nichtdeutschen Ländern zu einem Staat vereinigt sein.

§ 3 — Hat ein deutsches Land mit einem nichtdeutschen Land dasselbe Staatsoberhaupt, so ist das Verhältnis zwischen beiden Ländern nach den Grundsätzen der Personalunion zu ändern.

Diese beiden Verfassungsartikel waren für alle jene, die nicht den Zerfall des Kaiserstaates Österreich wünschten, unannehmbar. Trotzdem stimmte ein Teil der österreichischen Abgeordneten in Frankfurt dafür. Aber bereits am 22. November erklärte der neue österreichische Ministerpräsident, Fürst Felix Schwarzenberg (1800—1852), daß Österreich in Zukunft einen Einheitsstaat bilden werde. Das war die Absage an Frankfurt. Daraufhin begannen die Kleindeutschen eine Hetzkampagne gegen Wien. Es waren vor allem die kleindeutsch gesinnten Historiker Dahlmann, Waitz, Gervinus, Droysen und Duncker, die nunmehr dazu aufriefen, ein kleindeutsches Kaisertum unter dem Haus Hohenzollern zu schaffen. Mit 261 gegen 224 Stimmen siegte „Deutschland über die undeutschen Tendenzen Österreichs", wie Droysen am 15. Jänner 1849 bei der Abstimmung über die deutsche Reichsverfassung erklärte. Eine weitere Abstimmung über das künftige Staatsoberhaupt gab am 28. März dem König von Preußen, Friedrich Wilhelm IV. (1840—1861), mit 290 Stimmen — darunter denen von bloß 4 Österreichern —, bei Stimmenthaltung von 248 Abgeordneten, die neue deutsche Kaiserkrone. Nicht anwesend waren 29 Abgeordnete.

Aber dieser kleindeutsche Erfolg war ein Pyrrhussieg; denn am 3. April 1849 lehnte König Friedrich Wilhelm IV. die ihm von einer Deputation aus Frankfurt angebotene Kaiserkrone ab. Für ihn war sie ein „Hundehalsband", ein „imaginärer Reif aus Dreck und Letten"; denn der konservativ gesinnte preußische König wollte nichts von einer Volksvertretung und einem Parlament wissen, das sich das Recht herausnahm, einen Kaiser zu wählen. Er hätte die Krone höchstens aus den Händen der Fürsten angenommen. Im übrigen hatte er sich bereits im geheimen mit Österreich verständigt. Nachdem schon vor den entscheidenden Abstimmungen eine Reihe von Österreichern Frankfurt verlassen hatte, wurde der Rest von der Wiener Regierung unter Drohung der Bestrafung und Aberkennung der Staatsbürgerschaft zurückgerufen. Den gleichen Weg beschritt Preußen. Die zum Rumpfparlament gewordene Frankfurter Versammlung, in der nunmehr die republikanische Richtung die Oberhand gewann, mußte vor den anrückenden preußischen und österreichischen Truppen aus Frankfurt flüchten; denn beide Mächte hatten miteinander beschlossen, den alten Deutschen Bund wieder aufzurichten. Die letzten Sitzungen der deutschen Nationalversammlung fanden in Stuttgart statt, bis die württembergische Regierung auf Drängen Preußens und Österreichs den Sitzungssaal sperrte und die Abgeordneten aus Württemberg auswies. Den tragischen Abschluß der deutschen Revolution bildete dann der badische Aufstand. Hier bildete der Rechtsanwalt Lorenz Brentano am 13. Mai 1849 eine provisorische Regierung. Die gesamte badische Armee ging zu ihr über. Aber die preußische Übermacht überwältigte die Kämpfenden. Als deren letzter Stützpunkt, Rastatt, am 23. Juli 1849 gefallen war, hatte auch die deutsche Revolution von 1848/49 ihr Ende gefunden.

Der Reichstag von Kremsier

Auf Grund der Märzereignisse von 1848 war es zur Bildung eines österreichischen Reichstages gekommen, zu dem alle Völker des Kaiserstaates ihre Vertreter zu entsenden hatten. Als Sitzungsgebäude dieses ersten österreichischen Parlaments wurde die Hofreitschule adaptiert. Die vorbereitenden Sitzungen begannen am 10. Juli des Jahres; die feierliche Eröffnung wurde am 22. Juli durch Erzherzog Johann vorgenommen. Die Ungarn hatten keine Abgeordneten gesendet; eine große Anzahl der Erschienenen war aus den slawisch besiedelten Ländern der Monarchie gekommen, und viele der Volksvertreter entstammten dem Bauernstand. Das wunderte viele Wiener, die von der eigentlichen Gestalt der Monarchie keine Ahnung gehabt hatten. Noch ehe es zur feierlichen Eröffnung gekommen war, wurde der tschechische Abgeordnete Dr. Ladislaus Rieger von einer Rotte von Burschen und fragwürdigen asozialen Elementen aufs schwerste insultiert, so daß dieser Vorfall sogar im Reichstag zur Sprache kommen und ein besserer Schutz für die Abgeordneten verlangt werden mußte.

Der Reichstag hielt von allem Anfang an eine Unzahl von Sitzungen ab. Allein in den ersten drei Monaten umfaßten die Protokolle der Reden volle 1500 großgedruckte Protokollseiten. Als die Oktoberereignisse über Wien hinweggingen, flüchteten die meisten Mitglieder des Reichstages aus Wien und ließen nur ein Rumpfparlament zurück. Sein Wiederzusammentritt erfolgte nicht mehr in Wien, sondern in Kremsier, und als „Reichstag von Kremsier" ist es in die Geschichte eingegangen.

Das erste gesamtösterreichische Parlament hatte sich vor allem zwei Aufgaben gestellt: die Lösung der Agrarfrage und den Entwurf einer Verfassung für die Donaumonarchie, die von den Völkern getragen wurde. Die Agrarfrage wurde gelöst. Dies bleibt ein dauernder Ruhmestitel der Revolution von 1848. Die Verfassung für den Kaiserstaat wurde zwar vollkommen entworfen, trat aber niemals in Kraft. Der Anreger der Grundentlastung der Bauern wurde der schlesische Abgeordnete Hans Kudlich (1823—1917), eins der jüngsten Mitglieder des Reichstages. In der 3. Sitzung stellte er den grundlegenden Antrag, die sogenannte Erbuntertänigkeit der Bauern, wie sie seit Joseph II. bestand, für immer aufzuheben. „Wir müssen auf geebnetem Boden ein neues Haus bauen", rief er in jugendlicher Begeisterung aus, „das wohnlich, heimisch und traulich sein soll für alle Staatsbürger, nicht bloß wie früher ein Haus mit prächtiger Front, doch bloß ein Asyl für einige wenige privilegierte Klassen." Und er fuhr dann fort: „Die Mißstimmung, die auf dem Land herrscht, können wir nicht durch ein paar Polizeibüttel beseitigen, sondern nur durch solche Gesetze, die der Bauer liebt und achtet, statt der gegenwärtig noch geltenden Gesetze, die er haßt und verachtet." Kudlich hatte sich die Aufhebung der Erbuntertänigkeit, Ausnahmen zugegeben, entschädigungslos für den bisherigen Grundherrn vorgestellt. Gegen einen solchen Beschluß protestierte die Regierung. Dem Grundsatzgesetz, das noch der Reichstag selbst beschloß, folgten die Ausführungsbestimmungen erst nach dessen Auflösung.

Immerhin hatte der Bauer, der bisher etwa 15 Prozent aller gewonnenen Produkte in Geld oder Naturalien dem Grundherrn abzuführen gehabt hatte und dessen Zugtiere ebenfalls zu etwa 10 Prozent im Dienst der Grundherrschaft gestanden waren, jetzt durch die Grundablösung das volle, unbelastete Besitzrecht auf seiner Scholle gewonnen. Hofrat Beyer, der später die bürokratische Verantwortung für die Durchführung der einzelnen Verordnung trug, handelte sozialgerecht im Sinn der Gesetzgebung. Auf diese Weise wurde die Grundentlastung in den österreichischen und böhmischen Ländern bis 1854, in Galizien bis 1857 und in Ungarn etwas später vollendet. Die bisherigen Grundherren erhielten Schuldverschreibungen der „Grundentlastungsfondskasse“, die in vierzig Jahren getilgt sein sollten. Die letzten Spuren des Bauernrobots verschwanden deshalb erst 1888. Die Entschädigung für die Grundbesitzer war oft sehr groß. Die Familie Schwarzenberg erhielt für ihre böhmischen Herrschaften den Betrag von 1, 870.000 Gulden. Außerdem gelang es den Großgrundbesitzern, sich das Jagdrecht zu sichern. Zwar wurde grundsätzlich anerkannt, daß der Besitzer des Waldes auch das Jagdrecht habe, doch sollte er es persönlich nur ausüben dürfen, wenn er zumindest 200 Joch zusammenhängenden Waldes in seinem Eigentum hatte. Kleinere Waldbestände waren durch eine Verordnung von 1852 im Namen ihrer Besitzer von der Bezirkshauptmannschaft zu verpachten. Auch die Ablöse der Holzungsrechte im Wald wurde so ziemlich überall zuungunsten der Bauern durchgeführt, indem man den Holzpreis der Jahre 1836 bis 1845 als Maßstab nahm, während er unterdessen beträchtlich gestiegen war. Trotz allem aber kann man Hans Pirchegger zustimmen, daß „nirgends in Europa die Bauernbefreiung so schnell, so kraftvoll, erfolgreich und so gerecht durchgeführt wurde wie in Österreich“.

Schwieriger, aber für den weiteren Bestand der Donaumonarchie entscheidender, wurde die Frage der Verfassung. Denn hier prallten zwei verschiedene Grundanschauungen aufeinander. Sollte Österreich, etwa so wie Frankreich nach der großen Revolution, zu einem zentralistischen Einheitsstaat mit einer starken Zentralgewalt umgebildet werden, oder sollte man die Monarchie auf Grund des föderalistischen Prinzips erneuern, nach dem sie aus mehr oder weniger autonomen Bundesstaaten zu bestehen gehabt hätte. Darüber hinaus war auch unter den Anhängern des föderalistischen Prinzips die Meinung darüber geteilt, ob man die sogenannten „historisch-politischen Individualitäten“, die einzelnen geschichtlich gewachsenen Länder, als Grundlage der Föderation nehmen oder diese zerschlagen und die neue Gliederung nur nach dem Grundsatz der Sprachgruppen vornehmen solle. So wurden alle Probleme, die bis 1918 dem Kaiserstaat anfielen, schon auf dem Reichstag von Kremsier sichtbar.

Die Vertreter der deutschsprachigen österreichischen Länder traten im allgemeinen für einen zentralistischen Staat ein. Sie dachten historisch, denn die staatliche Entwicklung Österreichs schien seit Maria Theresia und Joseph II. in zentralistischer Richtung zu verlaufen. Außerdem war — ebenso aus historischen wie aus sozialen Gründen der Vergangenheit — die österreichische Bürokratie der Zeit zum Großteil entweder deutschsprachig oder gebrauchte die deutsche Sprache. Die Slawen traten hingegen — und unter diesen übernahmen 1848 die Tschechen auch die Führung der Slowenen, Serbokroaten und Ukrainer (Ruthenen) — für den Föderativstaat ein; denn in ihm konnten sie hoffen, ihre eigene soziale Unterlegenheit durch das Prinzip der Mehrheit auszugleichen. Für Palacky mußte der österreichische Föderalismus „dahin gedeutet werden, daß sämtlichen Nationalitäten zu Hause das gewährt werde, was nicht notwendig dem Staate als Ganzem ist, um als Einheit zusammengehalten zu werden“.

Der Reichstag hatte schon am 1. August 1848 eine aus 30 Mitgliedern bestehende Kommission zur Ausarbeitung der Verfassung eingesetzt. Sie begann ihre Arbeiten in Kremsier am 13. Jänner 1849 und setzte sie bis zum 4. März des gleichen Jahres fort. „Mit hohem Ernst, mit tiefem sittlichen Pflichtgefühl und mit liebevoller Berücksichtigung der Eigentümlichkeiten Österreichs wurde über die Grundformen der künftigen Staatsorganisation beraten", schreibt Richard Charmatz. „Die Verfassung, die nach heißen Prinzipiengefechten zustande kam, blieb bloß ein Entwurf, ein Stück Papier. Aber die Völker Österreichs haben sich oft und oft bewundernd der einsichtsvollen Beschlüsse erinnert, die, wenn sie lebensvolle Gesetzeskraft erlangt hätten, imstande gewesen wären, den Nationen Ruhe, den Bürgern politische Zufriedenheit und dem Staat Macht und Größe zu geben." Anton Springer, der die Protokolle des Verfassungsausschusses veröffentlichte, nannte sie „das wahre Beichtsiegel der österreichischen Völker, in denen diese ein offenes Bekenntnis ihrer Wünsche, Hoffnungen und Pläne ablegten". Im Gegensatz zu seiner Wiener Periode arbeitete der Reichstag in Kremsier viel zielstrebiger und entschlossener. Auch die Gruppierungen in Parteien und Klubs hatte festere Formen angenommen: es gab einen Klub der Linken, einen Verein der Deutschösterreicher und einen slawischen Klub. Von noch größerer Bedeutung wurde die Abstimmung über die „Grundrechte", die der Reichstag vornahm. Ihr erster Paragraph lautete: „Alle Staatsgewalten gehen vom Volk aus und werden auf die in der Konstitution festgesetzte Weise ausgeübt." Ebenso fand der folgende Antrag begeisterte Zustimmung: „Adelsbezeichnungen jeglicher Art dürfen vom Staat weder verliehen noch anerkannt werden." Über das Verhältnis zwischen Staat und Kirche sagte ein weiterer Paragraph der Grundrechte: „Jede Kirche steht bei selbständiger Verwaltung ihrer inneren Angelegenheiten unter den Gesetzen des Staates; das Recht, die Kirchenvorsteher durch freie Wahl zu bestellen, wird den kirchlichen Gemeinden und Synoden, zu denen auch die Gemeinden Vertreter entsenden, eingeräumt; das Kirchenvermögen wird durch Gemeindeorgane unter dem Schutz des Staates verwaltet." Es war der alte josephinische Staatskirchenbegriff, der hier Auferstehung feierte. Von besonderer Bedeutung war ferner § 21 der Grundrechte, der die Gleichberechtigung aller Völker des Kaiserstaates ausdrücklich verbriefte: „Alle Volksstämme sind gleichberechtigt", hieß es hier. „Jeder Volksstamm hat ein unverletzliches Recht auf Wahrung und Pflege seiner Nationalität überhaupt und seiner Sprache insbesondere. Die Gleichberechtigung aller landesüblichen Sprachen in Schule, Amt und öffentlichem Leben wird vom Staat gewährleistet."

Der Kremsierer Verfassungsentwurf sah eine Neugliederung Österreichs vor. Es sollte 14 „Länder" geben, wobei Ungarn miteingeschlossen war. Sie bildeten ein einheitliches Zoll- und Wirtschaftsgebiet. Der Kaiser besaß das absolute Vetorecht gegen alle Beschlüsse des Reichstages. Dieser selbst bestand aus Ober- und Unterhaus. Außerdem konnte der Herrscher noch einen Reichsrat als beratende Behörde einrichten. Die Regierung besaß das Recht, das militärische Standrecht einzuführen und vorübergehend die Grundrechte aufzuheben. Im Paragraph 14 erhielt sie ein Notverordnungsrecht, mit dem sie auch ohne Zustimmung des Reichstages regieren konnte. Eine geradezu weit in die Zukunft blikkende Bestimmung bot der § 113. „Reichsländern von gemischter Nationalität bleibt es vorbehalten", heißt es hier, „eine Institution in die Landesverfassung aufzunehmen, durch welche Angelegenheiten von rein nationaler Natur nach

Art eines Schiedsgerichtes zu entscheiden sind." Mit 197 gegen 106 Stimmen wurde auch die Todesstrafe im gesamten ordentlichen Verfahren für abgeschafft erklärt. Als neue Reichsfarbe bestimmte die Verfassung die Trikolore Weiß-Rot-Gold. Der Abgeordnete Mayer erklärte sie poetisch: „Weiß war die in den Märztagen allgemein getragene Farbe, rot der Aufgang der Freiheit, und golden wird unsere Verfassung sein."

Es war einer der glorreichsten Augenblicke in der tausendjährigen Geschichte Österreichs, als am 2. März 1849 die dreißig Mitglieder des Verfassungsausschusses, mit den neuen Reichsfarben Weiß-Rot-Gold geschmückt, im Plenum des Reichstages erschienen, um den Entwurf der Abstimmung zu unterbreiten. Sie wurden mit donnerndem Jubel und Hochrufen auf die vereinigten Völker Österreichs empfangen. Fünf Tage später hatte der Reichstag von Kremsier zu bestehen aufgehört. Eine vom 4. März 1849 datierte Entschließung des Kaisers erklärte ihn für aufgelöst, führende Mitglieder des Verfassungsausschusses wurden verhaftet, eine von oben her geschaffene Verfassung für einen „Gesamtstaat Österreich" oktroyiert. Sie trat niemals wirklich in Kraft. Jene, die an der Auflösung des Kremsierer Reichstages beteiligt waren, haben damit vor der Geschichte die Schuld auf sich geladen, als die ersten an der Zerstörung des Völkerreiches an der Donau mitgewirkt zu haben. Niemand anderer als der ungarische Historiker Péter Hanák hat auf der Tagung des Wiener Europahauses vom 13. bis 23. Juli 1966 vom „theoretisch beispielegebenden Kremsierer Verfassungsentwurf" gesprochen. Seine Realisierung hätte den habsburgischen Staat politisch und wirtschaftlich zum modernsten seiner Zeit gemacht. Es war die große Tragik Österreichs, daß diese Staatsreform geradeso jäh abgebrochen wurde, wie mehr als ein halbes Jahrhundert zuvor eine gleiche durch den unerwarteten Tod Kaiser Leopolds II. ein ähnliches Ende genommen hatte.

Der ungarische Freiheitskrieg

Nach der Niederwerfung der Revolution in Italien und in Wien sowie dem Ende des Reichstages von Kremsier blieb nur noch die ungarische Frage ungelöst. Vom Standpunkt der Wiener Regierung aus sollte das Königreich des Heiligen Stephan so wie jedes andere Land in den geplanten österreichischen Gesamtstaat eingefügt werden. Ungarn besaß jedoch seine feudal-atavistische Verfassung, an der nur Joseph II. — und zwar mit Mißerfolg — zu rütteln gewagt hatte. Während in anderen Teilen der Monarchie das aufstrebende Großbürgertum am Hebel der Revolution saß, trat in Ungarn an seine Stelle der kleine Adel, die Gentry. Es war das historische Verhängnis des Magyarentums, daß es bei seinem eigenen Versuch, eine Nation wie alle anderen zu werden, mit den Bestrebungen der in Ungarn lebenden nichtmagyarischen Völker zusammenstieß. Ludwig Kossuth, der gefeierte Nationalheld Ungarns in den Jahren 1848 und 1849, erkannte die Bedeutung der Nationalitätenfrage für Ungarn nicht klar und nicht rasch genug. Er und seine Freunde waren subjektiv sicher der

Meinung, auch für die in Ungarn lebenden Schwaben, Slowaken, Rumänen und Kroaten das bestmögliche herauszuholen und ihnen nur Vorteil zu bringen, wenn sie deren Aufgehen in die magyarische Nation forderten. Sie lehnten es ab, den Nationalitäten in Ungarn irgendeine Autonomie innerhalb des Stephansreiches einzuräumen und beraubten sich dadurch wichtiger Bundesgenossen im Kampf mit dem Wiener Zentralismus. In Ungarn kam es zu einer doppelten Revolution; die Magyaren erhoben sich gegen den bestehenden Absolutismus, die nichtmagyarischen Völkerschaften wandten sich gegen den magyarischen Nationalismus. Wien gelang es fast nur mit Hilfe der Nationalitäten, der ungarischen Unabhängigkeitsbewegung Herr zu werden. Erst viel zu spät entdeckte Kossuth die Bedeutung der Nationalitätenfrage für Ungarn und trat für eine Konföderation der Völker an der Donau unter ungarischer Führung ein.

Die „Stimme der Revolution" wurde der junge Dichter Alexander Petöfi (1823—1849). Er ist einer der größten Lyriker der gesamten Weltliteratur. Nur die auch in Österreich bedauerliche Unkenntnis der magyarischen Sprache verhindert, daß seine dichterische Bedeutung von der nichtungarischen Literaturwissenschaft voll gewürdigt wird. Petöfis „Nationallied" wurde am 15. März 1848 das erste zensurfrei gedruckte Presseerzeugnis in Buda-Pest. In rascher Folge verkündete man in Ungarn ein „Zwölfpunkteprogramm", das vom ungarischen Reichstag angenommen und von König Ferdinand V. unterschrieben wurde. Es enthielt unter anderem die Forderungen nach Pressefreiheit, nach Einsetzung eines verantwortlichen ungarischen Ministeriums, nach einer allgemeinen Volksvertretung, nach Einführung von Geschworenengerichten, Freilassung der politischen Gefangenen und administrativer Vereinigung Siebenbürgens mit Ungarn.

Graf Ludwig Batthyány bildete das erste verantwortliche ungarische Ministerium. Kaiser und König Ferdinand I. (V.) kam selbst nach Ungarn und bestätigte die neue Regierung am 11. April. In ihr saß Ludwig Kossuth als Finanzminister, Graf Stephan Széchenyi erhielt das Ressort Verkehr und Arbeit, Baron Joseph Eötvös übernahm Kultus und Unterricht und der später so in den Vordergrund tretende Franz Deák wurde Justizminister. Bauern und Kleinbauern waren in der Regierung nicht vertreten, ebenso keine Nichtmagyaren. Im Gegenteil: man faßte deren Autonomiebestrebungen als Hochverrat gegen den ungarischen Staat auf. So wurde der kroatische Banus Jellačić ebenso außer Gesetz stehend erklärt wie der rumänische Rechtsanwalt Avram Jancu, der sich Siebenbürgens Anschluß an Ungarn widersetzte und als „König der Berge" mit rumänischen Partisanen, unter denen sich auch Frauen befanden, einen Kleinkrieg gegen die Ungarn führte. Der Sachsenführer Samuel Ludwig Roth wurde von den Ungarn standrechtlich erschossen.

In Wien nützte man diese unkluge Politik der ungarischen Regierung und gewann die Nationalitäten für sich. Außer den Sachsen und Rumänen stellten sich auch die südungarischen Serben auf die Seite des Kaisers. Inzwischen spitzten sich die Gegensätze zwischen der Regierung in Buda-Pest und dem König zusehends zu. Einer Forderung der ungarischen Nationalversammlung — so nannte man jetzt den Reichstag — auf Aushebung von 200.000 Mann für eine ungarische Nationalarmee begegnete man in Wien mit der Gegenforderung, für den Krieg in Italien 40.000 Mann zu stellen. Kossuth ging nach Ostungarn. Von hier aus rief er die außerhalb Ungarns stehenden ungarischen Regimenter zurück und begann ohne königliche Genehmigung Banknoten drucken zu lassen. Zugleich wurde eine ungarische Nationalarmee, die Honvéd (Heimatwehren), aufgestellt. Damit war praktisch der Krieg zwischen Ungarn und der Wiener Regierung ausgebrochen. Während für die österreichische Geschichtsschreibung die folgenden Ereignisse der „ungarische Aufstand" blieben, spricht der ungarische Historiker heute vom „ungarischen Freiheitskrieg".

Es gelang den Ungarn, entscheidende Siege über die einmarschierenden kaiserlich-österreichischen Truppen zu erringen. Formell wurde das Königtum aufrechterhalten und Ferdinand V. als Herrscher anerkannt. Als dieser am 2. Dezember 1848 zugunsten seines Neffen Franz Joseph I. abdankte, hielt man in Ungarn noch weiterhin eine Zeitlang die Fiktion aufrecht, man kämpfe für den zu Unrecht entthronten König. Kossuth hatte allmählich eine Armee von 50.000 Mann zusammengebracht. Am 14. April 1849 wurde auf Kossuths Antrag hin von der Nationalversammlung in Debrecen die Dynastie Habsburg-Lothringen des Thrones für verlustig erklärt und in Ungarn die Republik ausgerufen. An ihre Spitze trat Ludwig Kossuth als „Gouverneur".

Doch die Kräfte Ungarns waren auf die Dauer zu schwach. In ganz Europa hatte die Revolution 1849 eine Niederlage nach der andern erlitten. Jetzt bekam Wien auch in Italien und Deutschland die Hände frei. Der russische Zar Nikolaus I. (1825—1855) bot Österreich militärische Unterstützung an. Er fürchtete eine Ausweitung der ungarischen Erhebung auf das russische Polen. Von Osten und Westen rückten Russen und Österreicher als Verbündete in einer Gesamtstärke von 370.000 Mann in das unglückliche Ungarn ein. Die letzten Kämpfe führten zu einer totalen Erschöpfung der tapferen Honvéd-Armee. Kossuth dankte mit seiner ganzen Regierung ab und ging in die Verbannung, aus der er erst als Toter nach Ungarn zurückkehrte; denn er wies beharrlich jedes Amnestieangebot aus der Hand Kaiser Franz Josephs I. zurück. Nach dem Ausscheiden Kossuths übernahm der bisherige Kriegsminister und zeitweilige Oberkommandierende der ungarischen Armee, Arthur Görgey, die Nachfolge. Er hatte sich unter Kossuth gegen dessen Plan der „verbrannten Erde" — der Vernichtung der Gegend, aus der man sich zurückziehen mußte — gewandt. Nun nützte er die Macht, die ihm anvertraut worden war, um sofort mit den Russen über die Kapitulation zu verhandeln. Am 11. August 1849 streckten die Ungarn bei Világos vor den Russen die Waffen. Die Armee bestand noch aus 11 Generälen, 1400 Offizieren und 23.000 Mann. Außerdem erbeuteten die Sieger 129 Geschütze, 29 Fahnen und 31 Standarten. Arthur Görgey wurde auf Fürsprache des Zaren dazu begnadigt, als „Internierter" in Klagenfurt zu leben. Was sonst geschah, bleibt ein Schandfleck der österreichischen Geschichte. General Haynau, ein unehelicher Sproß des hessischen Fürstenhauses, in Italien wegen seiner Brutalität als „Hyäne von Brescia" berüchtigt, ließ am 6. Oktober 1849 in Arad 13 ungarische Generäle hängen. Auch der frühere Ministerpräsident der noch vom König eingesetzten Regierung, Graf Ludwig Batthyány, befand sich unter den Opfern, obwohl er aus Protest gegen die radikalen Maßnahmen Kossuths schon im Herbst 1848 zurückgetreten war. Als er darum bat, die Todesstrafe möge durch Erschießen statt durch Erhängen vollzogen werden, wurde ihm dies abgeschlagen. Er machte in der Nacht vor der Hinrichtung im Kerker einen Selbstmordversuch, doch entdeckte man diesen rechtzeitig, verband Batthyány und schleppte ihn am kommenden Morgen auf der Bahre zur Hinrichtung. Dieses „Blutgericht von Arad" hat die Beziehungen zwischen dem ungarischen und dem österreichischen Volk auf Jahrzehnte hinaus vergiftet und ist in Ungarn heute noch nicht vergessen. Tausende Ungarn wurden zu jahrelangen Gefängnisstrafen verurteilt oder durch Vermögenskonfiskationen arm und elend gemacht. Ein Großteil der Offiziere der ungarischen Nationalarmee wurden als gemeine Soldaten in österreichische Strafkompanien eingeteilt. Viele andere Ungarn flohen wie Kossuth außer Landes. Ungarn selbst versank hinter dem eisernen Vorhang einer Militärdiktatur, die jeden Widerstandswillen im Keim zu ersticken suchte.

Zusammenfassung:

Die Revolution des Jahres 1848 entschied auch in Österreich über die Zukunft. Wohl gelang es der Regierung des neuen Kaisers Franz Joseph I. durch die Siege Feldmarschalls Radetzkys die Erhebungen in Italien niederzuwerfen, die Ungarn zu besiegen und zusammen mit Preußen die deutsche Revolution zu meistern. Das erste gesamtösterreichische Parlament des Kaisertums Österreich, das in Wien und Kremsier als Reichstag gebildet wurde, hatte über Antrag des Abgeordneten Hans Kudlich die Bauernbefreiung durchgeführt. Aber es war für die weitere Entwicklung verhängnisvoll, daß die Verfassung des Reichstages von Kremsier, durch die mit dem Willen der Völker die Vereinigten Staaten von Österreich geschaffen worden wären, mit der Niederlage der Revolution in Österreich ebenfalls zugunsten eines absolutistischen und streng zentralistischen Regimes aufgehoben wurde. Hatte noch 1848 der Tschechenführer Franz Palacky erklärt, man müsse den österreichischen Kaiserstaat zum Heil seiner Völker schaffen, wenn er nicht bestünde, so gewannen jetzt die zentrifugalen Kräfte eines überspitzten Nationalismus innerhalb der Monarchie an Schlagkraft.

DER WEG NACH KÖNIGGRÄTZ

Die Anfänge Kaiser Franz Josephs I.

Noch während die Revolution in Österreich ihrem Ende entgegenging, wurde ein bedeutsamer Thronwechsel vollzogen. Nach langen Vorbereitungen, Debatten und Schwierigkeiten dankte am 2. Dezember 1848 Kaiser Ferdinand I. ab. Sein nächster thronberechtigter Verwandter, der jüngere Bruder Erzherzog Franz Carl, verzichtete unter dem Einfluß seiner Gemahlin, der Erzherzogin Sophie, einer bayrischen Prinzessin, auf die Nachfolge. Sein und Sophies ältester Sohn, der 18jährige Erzherzog Franz, wurde zum Kaiser von Österreich ausgerufen. Er nahm als Herrscher den Doppelnamen Franz Joseph I. an, als wolle er damit anzeigen, er habe die Absicht, im Sinn des als „Volkskaiser“ gepriesenen Joseph II. zu regieren.

Der neue Herrscher wurde am 18. August 1830 in Schönbrunn geboren und von allem Anfang an für seinen kommenden Beruf als Monarch erzogen. Sein militärischer Mentor wurde einer der gebildetsten Offiziere des österreichischen Heeres, Major Franz von Hauslab. An Sprachen lehrte man Erzherzog Franz seit seinem 12. Lebensjahr Französisch, Ungarisch, Tschechisch und Italienisch. Englisch war im Stundenplan nicht vertreten. Der junge Prinz erwies sich als gewandter Zeichner, er schrieb wie gestochen, konnte sich allerdings mit der Orthographie nicht ganz befreunden. Ebenso besaß er wenig Verständnis für Mathematik; Geschichte und Naturlehre liebte er. Er galt zwar nicht als Genie, aber als ein begabter junger Mann, zur Regierung sicher besser geeignet als sein Vater Franz Carl oder gar sein Onkel, Kaiser Ferdinand I. Inwieweit er damals noch unter dem Einfluß seiner Mutter stand, ist nicht in jedem einzelnen Fall nachweisbar.

Den jungen Kaiser umgaben viele neue Männer. Der neue Ministerpräsident war Fürst Felix Schwarzenberg (1800—1852), direkt vom italienischen Kriegsschauplatz kommend, seit dem 19. Oktober 1848 Chef der Regierung. Er wünschte ein großes, mächtiges und starkes Österreich, beherrschte die Außenpolitik virtuos, trat aber den Problemen des Völkerstaates mit Reserve gegenüber. Innenminister wurde Graf Franz Stadion (1806—1853), der sich bereits anläßlich der galizischen Unruhen 1846/47 große Verdienste erworben hatte. Er war der Textschöpfer der oktroyierten Verfassung vom 4. März 1849, durch die der Reichstagsentwurf von Kremsier hinweggefegt wurde. Für die Zukunft war sein Gemeindegesetz vom 17. März 1849 wichtiger, durch das die autonome, sich selbst verwaltende Gemeinde geschaffen wurde. Darin sind auch eine Reihe von Gedanken enthalten, die schon auf dem Reichstag von Kremsier diskutiert wurden und die Graf Stadion klugerweise übernahm. Mit dieser Gemeindeverfassung erhielt Österreich nicht bloß ein neues, sondern das beste Gemeindegesetz der damaligen Zeit und überholte damit alle anderen Länder Europas. Als Justizminister und später nach Graf Stadions Erkrankung als dessen Nachfolger im Innenministerium wirkte Freiherr Alexander von Bach (1813—1893), der vor allem in Ungarn einen bösen Ruf hinterließ. Bach hatte es verstanden, sich durch alle Wirren des Revolutionsjahres 1848 hindurchzuwinden: so wie er in den Märztagen Abgeordneter des österreichischen Reichstages geworden war, so trat er später als Justizminister in das Kabinett Wessenberg ein und galt als der „Barrikadenminister", der mit gleicher Gewandtheit von der Volkssouveränität und von der „Souveränität des Thrones" sprach. Er hielt Verbindungen sowohl zur Linken wie zur Rechten aufrecht, bis er sich nach Niederwerfung der Revolution völlig auf die Seite des Absolutismus wandte. Er stellte die sogenannte „Verwirkungstheorie" gegenüber Ungarn auf und führte sie auch durch: Ungarn habe durch seine „Rebellion" alle früheren Rechte verwirkt und sei wie ein erobertes Land zu verwalten. Das „Bachsche System" — seine Beamten wurden in Ungarn mit dem Namen „Bach-Husaren" bezeichnet — brachte nicht bloß die Magyaren gegen die Regierung auf, sondern auch die ungarischen Nationalitäten, die 1848 und 1849 für Wien gegen Budapest gekämpft hatten und nunmehr mit der gleichen Härte wie die Magyaren unterdrückt wurden. Dagegen kann zu Bachs Ehre darauf hingewiesen werden, daß er es war, der die vom österreichischen Reichstag beschlossene Grundentlastung der Bauern rasch und sicher durchführen ließ. „Er wandelte sich", wie ihn Richard Charmatz charakterisiert, „getrieben durch eitle Lockungen und Machtgier, er verkaufte sich, nicht um Geld — das sei zugegeben —, sondern um Geltung. Hätte er seine starken Fähigkeiten für günstigere Zeiten aufgespart, er wäre besser beraten gewesen. So war er als Minister zwar mächtig, aber verachtet: von oben und unten." Erst im hohen Alter, verlassen und vergessen von der Welt, kehrte er zu den Idealen seiner Jugend zurück. Hatte er als Minister den strengsten Zentralismus verfochten, so bekannte er sich in einer von ihm veranlaßten Schrift 1886 zu einer österreichischen Föderation. Eine bedeutende Rolle sollte auch der aus dem Rheinland stammende Direktor des „Österreichischen Lloyd" in Triest, Freiherr Ludwig von Bruck (1798—1860), spielen, der Finanz- und Handelsminister wurde. Seinem Geist entsprangen jene Projekte, die einen wirtschaftlichen Großraum an der Donau zu schaffen suchten. Unter seinem Einfluß fielen im Jahr 1850 alle Zwischenzollinien innerhalb der Monarchie, und diese wurde so ein einheitliches Wirtschaftsgebiet. Bruck endete durch Selbstmord. Als der Direktor der Creditanstalt, Richter, wegen Betrügereien und Bestechungen vor Gericht gestellt wurde, sollte Bruck als Zeuge aussagen. Der Kaiser versicherte ihn zwar seines Vertrauens, enthob ihn aber als Minister. Daraufhin durchschnitt sich Bruck die Halsadern.

Zu den Stützen der Regierungspolitik nach 1848 gehörte auch der Kardinal-Erzbischof von Wien, Othmar Rauscher (1797—1875). Er erkämpfte sich, wie schon erwähnt, gegen den Willen seiner Eltern das Recht zum geistlichen Studium und wurde 1823 zum Priester, 1848 zum Bischof geweiht. Er war der führende Mann der hohen österreichischen Geistlichkeit. Von den sieben Eingaben, die die Bischofskonferenz im Jahr 1849 der Regierung vorlegte, waren fünf von Rauscher verfaßt. Er forderte die Befreiung der österreichischen Kirche von der staatlichen Bevormundung, die kirchliche Aufsicht über die Schulen, den freien Verkehr mit Rom, die volle Verfügungsgewalt über das kirchliche Vermögen. Das Endziel, das sich Rauscher gesteckt hatte, war der Abschluß eines Konkordats zwischen dem Heiligen Stuhl und dem Kaisertum Österreich. Nachdem eine zu diesem Zweck eingesetzte Kommission seit 1852 darüber beraten hatte, wurde das Konkordat am 18. August 1855 — am Geburtstag des Kaisers Franz Joseph I. — feierlich unterzeichnet. Die josephinischen und liberalen Kreise wandten sich von allem Anfang an gegen eine Reihe von Bestimmungen des Konkordats, vor allem auf dem Gebiet der Schule und der Ehe. Die Kirche erschien ihnen nunmehr mehr als zuvor als die „Stütze der Reaktion und des Absolutismus". Neben Rauscher war der langjährige (1849 bis 1860) Unterrichtsminister Graf Leo Thun (1811—1888) der eifrigste Förderer des Konkordats mit Rom. Unter Thuns Ministerschaft wurde auch das österreichische höhere Schulwesen reorganisiert. Der Dichter und Unterstaatssekretär Freiherr Ernst von Feuchtersleben (1806—1849) hatte bereits in seinem letzten Lebensjahr den „Entwurf der Grundzüge des öffentlichen Schulwesens in Österreich" vorgelegt, in dem Lern- und Lehrfreiheit festgesetzt wurden. Als Ziel des Universitäts- sowie des Mittelschulstudiums galt die Vorbereitung auf den öffentlichen Dienst. Im Jahr 1854 folgte dann der „Entwurf der Organisation der Gymnasien und Realschulen in Österreich", an dem der Prager Professor Franz Exner (1802—1853) und der aus Berlin berufene Hermann Bonitz (1814—1888) maßgebenden Anteil hatten. Ihnen stand Freiherr Joseph Alexander von Helfert (1820—1910), der unter Thun Unterstaatssekretär und dann sein Nachfolger als Minister war, zur Seite.

Die Reformen des berufsbildenden Schulwesens gehen auf die Initiative von Armand Freiherr v. Dumreicher (1845—1908) und Wilhelm Exner (1840—1931) zurück, wobei die neugegründeten Staatsgewerbeschulen (wie das vom nö. Gewerbeverein gegründete Technologische Gewerbemuseum) 1881 erstmalig dem Unterrichtsministerium unterstellt wurden.

Neben der hohen Bürokratie stützte sich das neue System auf das Militär. Die Armee hatte nach der Meinung der Zeitgenossen den Bestand des Kaiserstaates während der Revolution gerettet. Niemand anderer als Franz Grillparzer gab dieser Überzeugung in seinem Gedicht „An den Feldmarschall Radetzky" mit den Worten Ausdruck:

Glück auf, mein Feldherr, und führe den Streich
nicht bloß um des Ruhmes Schimmer —
in deinem Lager ist Österreich,
wir andern sind einzelne Trümmer ...

Die Bedeutung des Militärs wird durch eine einfache Tatsache gekennzeichnet. Während wir Kaiser Franz I. und Ferdinand I. auf Bildern selten in Uniform sehen, erscheint Franz Joseph I. gewöhnlich als Offizier. Zu den einflußreichsten Männern unter der Generalität gehörten die Feldmarschälle Joseph Graf Radetzky von Radetz und Alfred Fürst Windisch-Grätz (1787—1862), der die Revolution in Prag und Wien niedergeworfen hatte. Er war stockkonservativ und gehörte der Gruppe des föderalistisch gesinnten Adels an. Großen Einfluß auf den jungen Kaiser gewannen schließlich der Generalinspektor der Gendarmerie, Feldmarschall-Leutnant von Kempen, seit 1851 Militärgouverneur von Wien, und der Generaladjutant Franz Josephs I., Karl Graf Grünne.

Olmütz und die Folgen

Die Interessen der Regierenden Österreichs und Preußens waren in Sachen der Niederwerfung der Revolution gleichgerichtet gewesen. Auch die Wiederherstellung des Deutschen Bundes, wie er bis März 1848 bestanden hatte, bot keine weitere Schwierigkeit. Sie entstanden erst, als es klar wurde, daß leitende Kreise

Preußens nicht gewillt waren, in Zukunft den zweiten Platz im Deutschen Bund einzunehmen. Die neue österreichische Regierung, insbesondere Ministerpräsident Fürst Felix Schwarzenberg, wünschte die Vormachtstellung des Habsburgerstaates für immer zu verankern. Dem außenpolitischen Ziel mußte sich auch die Innenpolitik unterordnen. Schon am 13. Dezember 1848 entwickelte Schwarzenberg in einem Memorandum die ersten Konturen des Planes, in Mitteleuropa ein „Siebzigmillionenreich" zu schaffen. Bisher hatten nur die österreichischen Alpen- und die böhmischen Sudetenländer — beide bereits Glieder des Heiligen Römischen Reiches vor 1806 — dem Deutschen Bund angehört; Ungarn sowie die galizischen und italienischen Provinzen Österreichs gehörten ebensowenig dem Deutschen Bund an wie die östlichen Gebiete Preußens. Der Plan Schwarzenbergs sah vor, mit der österreichischen Gesamtmonarchie dem Deutschen Bund beizutreten. Publizisten hatten zur Feder gegriffen und eifrig Schwarzenbergs Pläne dem Leser mundgerecht gemacht. In den letzten Wochen des Jahres 1848 erschien in der Wiener Zeitung „Die Geißel" — eines so stark antirevolutionären Blattes, daß der Redaktion in den stürmischen Oktobertagen 1848 die Fenster eingeschlagen wurden — aus der Feder des späteren Wiener Polizeipräsidenten Anton Le Monnier eine Artikelserie, in der nicht bloß der Zusammenschluß Gesamtösterreichs mit Deutschland gefordert wurde, sondern darüber hinaus der Anschluß von ganz Italien, der Balkanhalbinsel, Belgiens und Hollands sowie der nordischen Staaten Dänemark, Schweden und Norwegen: alles unter der Vormachtstellung Österreichs. Ein wahrhaft imperialistisches, großmitteleuropäisches Konzept, das weit über die Pläne zur Gründung eines deutschen Nationalstaates hinausging und Preußen in die Defensive drängen mußte.

Preußen hatte bereits unmittelbar nach Beendigung der Revolution mit den Vorbereitungen begonnen, einen Sonderbund zu schaffen. Am 26. Mai 1849 wurde das sogenannte „Dreikönigsbündnis" zwischen Preußen, Sachsen und Hannover vereinbart. Eine Reihe kleinerer deutscher Staaten schloß sich ihm an. Ein Verfassungsentwurf, der vorgelegt wurde, sah ein Fürstenkollegium als oberste Behörde vor, an dessen Spitze der König von Preußen als „Reichsvorstand" treten sollte. Da in diesem Augenblick preußische Truppen sowohl in Süddeutschland als auch gegen Dänemark im Feld standen, war die Machtentfaltung des Hohenzollernstaates beträchtlich. Preußen begann auch Propaganda für Wahlen zu einem „Unionsparlament" in Erfurt zu machen. Aber Bayern war von allem Anfang an der „Union" nicht beigetreten, und in Württemberg, Sachsen und Hannover wurde das Mißtrauen wach, Preußen könne es auf die Beherrschung Deutschlands abgesehen haben. Bayern legte einen Sonderentwurf vor, nach dem alle Länder des österreichischen Kaiserstaates, mit Ausnahme der Lombardei und Venedigs, dem neuzugründenden Bund angehören sollten. Aus Brüssel, wohin er 1849 übergesiedelt war, warnte der ehemalige Staatskanzler Fürst Metternich seinen Nachfolger Schwarzenberg vor der preußischen Ländergier, die seit dem Kurfürsten Friedrich Wilhelm III. (1640—1688) darauf aus sei, ganz Deutschland aufzusaugen. Metternich antwortete auch allen, die sich an ihn um Rat wandten: „Wollt Ihr leben, so stellt Euch fest auf die Bundesakte von 1815 und schließt Euch Österreich an. Österreich sucht nichts im Bund, als was Ihr selbst in ihm zu suchen habt."

Die Situation drohte in einen Krieg zwischen Österreich und Preußen überzugehen. Schwarzenberg forderte die Auflösung der „Union". Beim Zollvereinkongreß, der Mitte April 1850 in Kassel tagte, trat der österreichische Minister Ludwig von Bruck mit der Forderung hervor, den österreichischen Gesamtstaat in den Zollverein aufzunehmen. Die nichtpreußischen Mitglieder sollten für den Antrag gewonnen werden. Aber der ehemalige österreichische Finanzminister Baron Kübeck war ein Gegner des wirtschaftlichen Anschlusses Österreichs an den Deutschen Zollverein, da er darin eine politische und wirtschaftliche Überfremdung Österreichs erblickte; so verhandelte er nur äußerst lax, während Preußen die kleinen Staaten durch wirtschaftliche Vorteile auf seine Seite zog.

Der Krieg mit Preußen stand unmittelbar bevor. Österreich schloß mit Bayern und Württemberg eine Militärkonvention, auf Grund derer beide Staaten auf österreichischer Seite und unter österreichischem Oberkommando zu kämpfen hatten. Österreich konnte auch auf die Hilfe Rußlands rechnen, und der preußische Generalstab mußte 100.000 Mann an der russisch-preußischen Grenze binden, um für alle Fälle gewappnet zu sein. Der preußische General von Radowitz, der bereit war, gegen Österreich, Rußland und die meisten deutschen Klein- und Mittelstaaten Krieg zu führen, trat am 2. November 1850 zurück. Am 8. November 1850 war es bereits beim Dorf Bronzell in der Nähe von Fulda zum Feuerwechsel zwischen Bayern und Preußen gekommen. Aber gerade unter den einflußreichen Kreisen Österreichs war die Kriegslust alles andere als brennend. Man fürchtete während der Kampfhandlungen neue Volksunruhen und hatte beschlossen, einen Teil der Truppen im Hinterland zu stationieren — selbst in den Alpenländern und Wien wollte man allein 37 Bataillone in Garnison legen. So fand der Vorschlag einer Konferenz in Olmütz allgemeine Zustimmung. Die Verhandlungen begannen am 28. November und brachten Schwarzenberg einen — diplomatischen Sieg, aber sonst nichts. Der österreichische Ministerpräsident zeigte sich plötzlich sehr nachgiebig; er verzichtete auf den Gedanken des „Siebzigmillionenreiches", also auf den Eintritt Gesamtösterreichs in den Deutschen Bund. Dafür löste Preußen die „Union" auf und gab das vage Versprechen, über den Beitritt Österreichs zum Deutschen Zollverein verhandeln zu wollen. Die imperialistischen Kreise Preußens sprachen von der „Schmach von Olmütz", da ihr Staat vor Österreich kampflos zurückgewichen sei. Schwarzenberg scheint indes schon sehr bald die praktische Niederlage Österreichs im Kampf gegen Preußen erkannt zu haben. Einige Wochen später meinte er in Dresden zum sächsischen Ministerpräsidenten Graf Beust: „Sie hätten lieber gerauft, ich auch!" So war die Lösung der deutschen Frage in Olmütz nicht gelungen, sondern nur aufgeschoben worden. Preußen ging mit zäher Geduld daran, alle Vorbereitungen für seine Machtübernahme in Deutschland zu treffen. Wie immer man über Krieg und Frieden denkt, das eine kann man feststellen:

Österreich wäre 1850 mit besseren Chancen gegen Preußen angetreten als 1866. Das spürten auch die kleineren deutschen Staaten. In Bayern und Sachsen hielt man die Führerrolle Österreichs nunmehr für ausgespielt, da es verabsäumt hatte, Preußen niederzuwerfen.

Wirtschaftliche und soziale Aspekte des Neuabsolutismus

Die Geschichte nennt das Jahrzehnt von 1849 bis 1859 die Periode des Neuabsolutismus. Die Verfassung, die die Regierung am 4. März 1849 den Völkern Österreichs oktroyiert hatte, während sie den Entwurf von Kremsier fallenließ, sah zwar nach außen hin — wenn wir davon absehen, daß Österreich nunmehr einschließlich Ungarns ein Einheitsstaat werden sollte — nicht ganz unmodern aus. Aber das zugesagte Parlament trat nie zusammen und die Regierungen gebrauchten einfach das Notverordnungsrecht. Wie Kaiser Franz Joseph I. selbst über die Verfassung dachte, verrät sein Brief vom 26. August 1851, in dem er seiner Mutter die Suspendierung der eben erst oktroyierten Märzverfassung auf unbestimmte Zeit mitteilt. „Ein großer Schritt ist weiter geschehen", schreibt er, „wir haben das Konstitutionelle über Bord geworfen und Österreich hat nur mehr einen Herrn. Jetzt aber muß noch fleißiger gearbeitet werden." Am Rand dieses Briefes setzte die Erzherzogin Sophie ihre Meinung dazu: „Gott sei gelobt!"

Der österreichische Neuabsolutismus kann nicht nur von der rein verwaltungsmäßigen und außenpolitischen Seite beurteilt werden. Man hat es mit dem Versuch des Großbürgertums zu tun, neben der Krone und neben dem Heer zum bestimmenden Faktor des Staates zu werden. Daher finden sich auch in den Ministerlisten und in den Reihen der höheren Bürokratie so viele bürgerliche und vor 1848 als „liberal" bekannte Namen. Vor die Wahl gestellt, von der Revolution des Kleinbürgertums und der Arbeiterschaft überrollt zu werden, flüchtete sich der einflußreiche Bürger, der Fabrikant, der Bankier, unter den Schutz der Regierung. Er war vor 1848 für die Freiheit eingetreten, jetzt begnügte er sich mit der wirtschaftlichen Freiheit, die man ihm anbot, und mit der Gewinnung eines großen Wirtschaftsraumes, wie er durch die Beseitigung der innerösterreichischen Zwischenzollinien entstanden war, in dem er seine privatwirtschaftlichen Interessen vertreten konnte. So kam es zu dem denkwürdigen Bündnis zwischen liberaler Wirtschafts- und absolutistischer Staatspolitik. Ein erstes Zeichen dieses Zusammenspiels war die Enthebung des Finanzministers Philipp von Kraus von seinem Posten, der Maßnahmen gegen das Börsenspiel und die „auf die Benachteiligung des Staates gerichtete Spekulation" ergriffen hatte. Als weiterer Schritt folgte die Auslieferung der österreichischen Staatsbahnen an Ausländer. Im Jahr 1858 waren alle Bahnen in den Händen von privaten Gesellschaften, und der Staat hatte dabei einen Verlust von 50 Prozent der von ihm aufgewendeten Baukosten erlitten. Ebenso wurden die Montan- und Domänengüter (Steinkohlenlager) für 300 Millionen auf 99 Jahre an eine französische Gesellschaft verpachtet.

Bis zur Revolution des Jahres 1848 waren die großen Bankhäuser der Rothschild, Sina, Arnstein-Eskeles die Financiers des österreichischen Staates gewesen. Jetzt wurde ihre Sellung durch das Eindringen internationaler Finanzgesellschaften erschüttert. Im Jahr 1853 wurde die Niederösterreichische Escomptebank als erste Aktienbank Österreichs gegründet. Sie sollte den Geldbedarf Wiens und Niederösterreichs decken. Für das gesamte Reich sorgte die 1856 geschaffene Österreichische Creditanstalt für Handel und Gewerbe. Wenn man die Liste der um 1860 in Österreich tätigen Gesellschaften durchblättert, so erkennt man, daß hier das ausländische, vor allem das französische Kapital entscheidenden Einfluß gewonnen hatte. Als Napoleon III. 1859 seinen Krieg gegen Österreich vorbereitete, teilte er seinem Finanzminister — Achille Fould, einem Bankier, an den er übrigens schwer verschuldet war — nichts über seine Pläne mit. Fould stand mit dem österreichischen Bankhaus Arnstein-Eskeles in Verbindung und hielt dieses im guten Glauben und in der Meinung aufrecht, zwischen Frankreich und Österreich stehe alles zum besten. Arnstein-Eskeles spekulierte daher in dieser Richtung. Als der Krieg ausbrach, stürzten die Papiere ins Bodenlose und das alte Bankhaus wurde zahlungsunfähig.

Auch das norddeutsche Kapital drang in Österreich ein. So stand an der Spitze der Kaiserin-Elisabeth-Westbahn-Gesellschaft das Hamburger Bankhaus Merck, ferner waren Oppenheim aus Köln und Löbbecke aus Breslau an der Bahn beteiligt. Dabei liebte man es, Mitglieder der Hocharistokratie mit in die neuen Aktiengesellschaften zu nehmen. Sie brachten die Gesellschaftsfähigkeit mit sich, die neuen Reichen das Geld. Unter den Gründungsmitgliedern der Creditanstalt scheinen neben Rothschild die Fürsten Schwarzenberg und Auersperg auf. Auch die 1816 gegründete „Privilegierte Österreichische Nationalbank" hatte wohl das Banknoten- und Geldmonopol, gehörte aber nicht dem Staat. So konnte es vorkommen, daß die Dividenden der Aktionäre immer höher stiegen, während der Staat sein eigenes Besitztum Stück für Stück verkaufen mußte, um den finanziellen Anforderungen entsprechen zu können. Die Privilegierte Österreichische Nationalbank warf in den Jahren von 1818 bis 1851 je Aktie 65 Gulden Dividende aus, 1852 bis 1854 schon 85 Gulden und 1855 „nur" 73 Gulden. „Um das Schicksal des Vielvölkerreiches wurde auf dem internationalen Geldmarkt gewürfelt", stellt Georg Franz fest, „und die Entschlüsse der Hofburg und des Ballhausplatzes gerieten in Abhängigkeit von den Kursbewegungen der Pariser Börse." Auf österreichischem Boden kämpften die Häuser Rothschild und Peirera gegeneinander, wichtige österreichische Wirtschaftsgüter wurden zum Schacherobjekt von Franzosen und Engländern. Die österreichische Staatsschuld stieg in den Jahren 1849 bis 1859 von 1.200,000.000 auf 2.292,000.000 Gulden. Als 1857 eine Weltwirtschaftskrise die Industriegebiete erfaßte, sprang sie — von Amerika kommend — über England und Deutschland auch auf Österreich über und führte zu unzähligen Bankrotten, Konkursen, Finanzzusammenbrüchen und zur Erschütterung der österreichischen Währung.

Die neue Wirtschaftspolitik bedingte eine Änderung des vor 1848 befolgten Prinzips des Schutzes der einheimischen Gewerbe vor ausländischer Konkurrenz, das in seiner weitgehenden Form zu einer wirtschaftlichen Isolierung Österreichs geführt hatte. Auf Brucks Anregung wurde 1850 ein deutsch-österreichischer Postverein gegründet. Die Einfuhrverbote und Ausfuhrprämien wurden abgeschafft, die Zollsätze am 21. November 1851 um volle zwei Drittel ermäßigt. Handelskammern wurden als Vertretung der Wirtschaft gegründet; in ihnen war das geldbesitzende Großbürgertum maßgebend. Die Zünfte, die 1848 aufgehoben worden waren, fanden zwar noch einmal ein kurzlebiges Betätigungsfeld, wurden jedoch 1859 wieder beseitigt, als die Gewerbefreiheit in Österreich verkündet wurde. Die Verhandlungen mit dem Deutschen Zollverein führten schon 1853 zu einem zwölfjährigen Vertrag, der die Einfuhr- und Durchgangszölle bedeutend ermäßigte, aber keine volle Zolleinigung mit sich brachte. Ein Teil der österreichischen Industriellen — vor allem die Textilfabrikanten — wandte sich jedoch gegen die Zollpolitik der Regierung. Sie erklärten in einer im Jahr 1858 dem Kaiser übergebenen Adresse die herabgesetzten Zolltarife als Ursache der einbrechenden Wirtschaftskrise. In gleicher Weise sprachen Forderungen der eisenverarbeitenden Industrie von schweren Erschütterungen und kündigten eine Welle der Arbeitslosigkeit an. Die Folge davon war eine Industrie-Enquete im ganzen Kaiserstaat. Kommissionen in Wien, Brünn, Prag, Linz, Innsbruck, Mailand, Triest, Buda, Leoben, Preßburg und Kaschau sollten dazu die notwendigen Unterlagen schaffen. Am 18. Juli 1859 wurden die Sitzungen der Enquete-Zentralkommission in Wien eröffnet. Der bekannte Hersteller von Eisenkassen, Wertheim, verlangte, daß man sich vom Ausland wirtschaftlich unabhängig machen müsse. Die Textilfabrikanten konnten nachweisen, daß seit 1854 von 1000 Geschäftsleuten der Branche viele ruiniert, andere wirtschaftlich herabgekommen seien. Von 8000 Gesellen und Lehrbuben sei die Hälfte arbeitslos. Bei einer der Abstimmungen erlitt dann die Regierung eine glatte Niederlage. Von den Teilnehmern stimmten 13 für eine Erhöhung der Zölle, 12 für Erhaltung des geltenden Zollsatzes und 1 enthielt sich der Abstimmung. Eine Herabsetzung oder gar Aufhebung der Zölle, wie sie von der Regierung geplant worden war, wurde also einstimmig abgelehnt. Als dann wenige Jahre später — 1863 — von seiten der Regierung eine neue Enquete über die Frage einer Zolleinigung mit dem Deutschen Zollverein aufgeworfen wurde, erklärten sich zehn Handelskammern — darunter der Niederösterreichische Gewerbeverein, die Handels- und Gewerbekammern von Vorarlberg, die Handelskammern von Reichenberg in Böhmen, Olmütz in Mähren, Kaschau, Preßburg und Temesvár in Ungarn — entschieden dagegen. Was hier vergeblich versucht wurde, gelang der österreichischen Regierung wenigstens teil- und zeitweise gegenüber Italien. Im Jahr 1852 wurde zwischen dem Kaisertum Österreich und den italienischen

Herzogtümern Parma und Modena ein „Österreichisch-mittelitalienischer Zollverein" begründet, der vorläufig vom Februar 1853 bis Oktober 1857 in Kraft sein sollte, wobei man mit dem Beitritt weiterer italienischer Staaten rechnete. Es war vielleicht ein verhängnisvoller Fehler der österreichischen Regierung, daß man den Antrag Sardiniens, diesem österreichisch-mittelitalienischen Zollverein beizutreten, nicht entsprach, da man erst die mit Parma und Modena gemachten Erfahrungen überprüfen wollte, ehe man mit anderen italienischen Staaten in Zolleinigungsverhandlungen eintrat. Im Jahr 1857 wurde dann nicht nur der Vertrag mit Parma und Modena neu verhandelt, Österreich versuchte auch, den Kirchenstaat in den österreichisch-mittelitalienischen Zollverein einzubeziehen. Diesen Bestrebungen, die italienische Wirtschaft unter österreichische Kontrolle zu bringen, setzte dann der Krieg von 1859 ein Ende.

Waren in der Wirtschaftspolitik des Neuabsolutismus liberale und ausländische, nichtösterreichische Kräfte maßgebend am Werk, so entstand in der hohen Bürokratie des nunmehr scharf zentralistisch geführten Einheitsstaates der Gegensatz zwischen den Vertretern des liberalen Gedankengutes und den Männern, die nunmehr den Einfluß einer von den staatskirchlichen Fesseln des Josephinismus befreiten katholischen Kirche im öffentlichen Leben zu stärken trachteten. Dies trat vor allem nach dem Abschluß des Konkordats zwischen Rom und Wien 1855 in Erscheinung. Es kam so weit, daß josephinisch gesinnte Vertreter des Absolutismus auf diesem Sektor mit Liberalen zusammenarbeiteten. Der allmächtige Polizeiminister Kempen deckte die „antiklerikale" Schreibweise österreichischer Zeitungen und verfolgte die katholische Presse mit Schikanen aller Art. Diese wurde wieder vom Innenminister Bach geschützt, der sich — von den Liberalen als „Verräter" und von den herrschenden Kreisen wegen seiner politischen Vergangenheit mit Mißtrauen betrachtet — den kirchlichen Kreisen zugewendet hatte, um sich eine Stütze gegen seine Gegner zu schaffen. Der Ausnahmezustand über Wien wurde erst nach fünfjähriger Dauer — am 1. September 1853 — aufgehoben. In dieser Zeit war der Militärgouverneur, General Welden, nach seiner eigenen Angabe mit 4600 kriegsgerichtlichen Untersuchungen und Verurteilungen und mit 15.000 anhängig gemachten politischen Verfahren beschäftigt gewesen. Seitdem man dem Innenminister Bach durch kaiserliche Verordnung am 25. April 1852 die Verfügung über die Polizei entzogen und diese dem Gendarmeriegeneral von Kempen übertragen hatte, wurde der Übergang Österreichs von einer zivilen zu einer militärischen Diktatur deutlich sichtbar. Trotzdem konnte infolge der einmaligen Situation in Österreich die liberale „Breslauer Zeitung" 1858 schreiben, die österreichische Polizei sei das „letzte Palladium des Liberalismus und der Presse".

Der zentralistische Aufbau des neuabsolutistischen Staates verwehrte auch den Völkern der Monarchie die ihnen auf dem Kremsierer Reichstag zugesprochene Autonomie. Das zeigte sich vor allem in der Sprachenfrage in den österreichischen Schulen. Sicherlich war von den Behörden — so wie im Zeitalter Josephs II. — keine Germanisierung in d e m Sinn beabsichtigt, aus Ungarn, Slawen und Rumänen „Deutsche“ zu machen, sondern es sollte nur eine einheitliche Verwaltung ermöglicht werden. Aber die Entwicklung der nichtdeutschen Völker des Kaiserstaates war zu weit vorgeschritten. Es gab bereits eine einheimische Intelligenz, die keineswegs gewillt war — wie noch zu Beginn des 19. Jahrhunderts —, die deutsche Sprache zu der ihren zu machen, um sozial in eine höhere Klasse aufzusteigen. Wenn daher noch 1963 von Klaus Frommelt der Satz niedergeschrieben wurde, daß sich der Tschechenführer Dr. Rieger „mit einem Selbstbewußtsein“ benommen habe, „als ob die Werke Goethes und Kants in tschechischer Sprache verfaßt worden seien“, so verrät diese Bemerkung eine völlige Unkenntnis der diesbezüglichen geschichtlichen Entwicklung und einen deutschnationalen Trend, der die historischen Tatsachen übersieht. Zumindest Ungarn und Tschechen hatten um 1860 bereits auf literarischem Gebiet einen ersten Höhepunkt ihrer Entwicklung erreicht — und ein Petöfi, ein Madách, eine Božena Němcovà konnten sich mit den anderen zeitgenössischen europäischen Dichtern wohl messen. Es war vom Standpunkt der nichtdeutschen Völker des Kaiserstaates aus nur zu begreiflich, daß sie das ihnen Gebotene für zu wenig fanden. Sicherlich wurden die Sprachen der Völker des Kaiserstaates von staatlicher Seite aus noch niemals so gefördert wie im Jahrzehnt des Neuabsolutismus, und man warf dem Unterrichtsminister Graf Thun vor, er slawisiere und romanisiere — aber man muß diese Förderung mit dem gesteigerten Bildungsbedürfnis um die Mitte des 19. Jahrhunderts und nicht mit den Verhältnissen vor Maria Theresia vergleichen. So wurde etwa mit Erlaß des Unterrichtsministeriums vom 28. Jänner 1853 bezüglich der Gymnasien in Dalmatien bestimmt, daß dort in der Oberstufe „von Jahr zu Jahr eine größere Anzahl von Gegenständen in deutscher Sprache gelehrt würden“. Das „Illyrische“ (Serbokroatische) sollte, obwohl doch die Mehrheit der Dalmatiner Südslawen waren, „auf die Unterstufe beschränkt bleiben“. In ähnlicher Weise wurde bis 1859 für alle Gymnasien und höheren Schulen, in denen das Deutsche nicht ausschließlich Unterrichtssprache war, die Praxis in der Weise gehandhabt, daß der Unterricht in den höheren Jahrgängen in deutscher Sprache erteilt werden mußte. Der Kampf der nichtdeutschen Völker Österreichs ging durchaus nicht gegen die deutsche Sprache als solche, sondern gegen die deutsche Unterrichtssprache in Gegenden, in denen die Bewohner eine nichtdeutsche Muttersprache hatten. Mit Deutsch als obligater Fremdsprache in der Schule hatten sich damals alle Völker des Kaiserstaates ohneweiters abgefunden. Wenn aber noch 1963 (!) behauptet wird, daß es „des Kaisers gutes Recht“ war, „seine eigene Muttersprache als Sprache der Verwaltung zu bestimmen“ (Klaus Frommelt), so schlägt dies sowohl der Demokratie als auch den Menschenrechten ins Gesicht.

Die politische Instinktlosigkeit der Deutschnationalen, die einerseits für die österreichischen Südtiroler weitgehende (auch sprachliche) Autonomie fordern, aber diese den fremden Nationalitäten in Österreich absprechen wollten, wird aus diesem Beispiel ersichtlich.

Es bleibt uns noch übrig, auf die Lage breiter Schichten der Bevölkerung hinzuweisen, für die der Wirtschaftsaufschwung des neuabsolutistischen Jahrzehnts nur wenig Erleichterungen mit sich brachte. Ernst von Schwarzer stellte für 1857 fest, daß unter 14 Millionen Einwohnern mit einem Gesamteinkommen von 4.101,500.000 Gulden 9,8 Millionen zusammen nur 1,841.000 Gulden verdienten, also ein durchschnittliches Einkommen von 75 bis 250 Gulden hatten. Im Mai 1853 waren in Trutnov (Böhmen) 2000 Weberfamilien arbeitslos, in Reichenberg (Nordböhmen) zwei Drittel der Textilarbeiter, in Friedland 34 Prozent von 3481 Personen. Theodor Piesling stellte in seinen erschütternden Briefen „Aus dem nordöstlichen Böhmen“ 1856 fest, daß die gesamte Bevölkerung proletarisiert war. Ende 1859 betrug die Arbeitszeit in den Stahlwerken von Kladno 12 Stunden. Eine Reihe von Unfällen, deren Opfer Kinder waren, werden in den Polizeiberichten überliefert: im Jänner 1855 verlor ein 16jähriges Mädchen die Hand, Ende März wurde ein 13jähriger Bub von einer Maschine in der Firma Johann Münzberg in Děčín buchstäblich geköpft. In der gleichen Fabrik verlor ein anderes 13jähriges Kind die Finger der rechten Hand. Die Gendarmerie berichtete 1855 aus Böhmisch-Leipa, daß die Arbeit der Jugendlichen sehr gefährlich sei und die Lehrbuben von den Werkmeistern brutal behandelt und geprügelt würden. Seit 1859 betrug die Arbeitszeit für Kinder unter 14 Jahren 10 Stunden täglich, für Jugendliche vom 14. bis zum 16. Lebensjahr 12 Stunden. Arbeitsbewilligungen für Kinder unter 12 Jahren wurden aber in Ausnahmefällen erteilt.

Ein Polizeibericht vom 29. August 1851 erzählt uns: „Flüchtige Dienstboten beiderlei Geschlechts müssen oft zwangsweise durch die Gendarmerie in ihre Dienste zurückgeführt werden, verweigern dennoch jede Arbeit und entweichen aufs neue. Geldstrafen sind größtenteils nicht anwendbar, durch Arreststrafen wird der Dienstherr selbst geschädigt.“ Um 1850 wird als Existenzminimum für eine Weberfamilie 44 Gulden angegeben: davon entfielen auf Zins 10 Gulden, auf Licht 6 Gulden, auf Kleider 17 Gulden, auf Heizung 5 Gulden und auf Nebensächliches 6 Gulden. Die Tageslöhne in Böhmen betrugen 1851

für	in Prag	außerhalb Prags	in Pardubitz
Fabrikarbeiter	40 Kreuzer	36 Kreuzer	30 Kreuzer
andere Arbeiter	26 Kreuzer	20 Kreuzer	18 Kreuzer
Frauen	20 Kreuzer	16 Kreuzer	14 Kreuzer
Kinder	12 Kreuzer	10 Kreuzer	7 Kreuzer
Handlungsgehilfen	36 Kreuzer	20 Kreuzer	20 Kreuzer

So hatte Österreich im Jahrzehnt nach 1848 den Anschluß an die wirtschaftliche Entwicklung Westeuropas gesucht und teilweise gefunden; es hatte eine Reihe von Maßnahmen durchgeführt, die der neuen Zeit entsprachen. Es hatte aber wichtige Probleme noch zu lösen und insbesondere die Form zu finden, in der der Kaiserstaat weiter bestehen konnte. Von der Art, in der man an diese Fragen heranging, mußte auch die Existenz Österreichs als eines Völkerreiches im Herzen Europas abhängen.

Die außenpolitische Isolierung Österreichs

Noch in den Revolutionsjahren 1848 und 1849 sowie in der darauffolgenden Auseinandersetzung mit Preußen hatte Österreich auf Bundesgenossen rechnen können. Insbesondere war es Rußland gewesen, dessen Zar Nikolaus I. sich gewissermaßen persönlich für den jungen Kaiser Franz Joseph I. verantwortlich fühlte. Nun war Fürst Felix Schwarzenberg 1852 plötzlich gestorben. Wie immer man über seine innenpolitischen Maßnahmen denken mag, muß er doch außenpolitisch als ein würdiger Nachfolger von Fürst Kaunitz und des frühen Metternich in der Zeit der Kriege gegen Napoleon betrachtet werden. Wie sehr der junge Monarch unter dem Eindruck der Persönlichkeit von Felix Schwarzenberg stand, zeigt eine Äußerung, die Kaiser Franz Joseph I. noch im hohen Greisenalter machte und wobei er erklärte, Felix Schwarzenberg sei der einzige wirkliche Ministerpräsident gewesen, den er jemals gehabt habe.

Mit dem Tod Schwarzenbergs begann die persönliche Regierung des Kaisers. Im Ministerrat am 14. April 1852 erklärte Franz Joseph I., daß er keinen neuen Ministerpräsidenten ernennen, sondern nunmehr persönlich den Vorsitz im Ministerrat führen wolle. Dem Fürsten Windischgrätz gegenüber bemerkte er: „Nun wo mein Name allein unter allen Verordnungen steht, ist jeder Tadel von derlei Maßregeln Hochverrat!" Der Form halber wurde ein neuer Außenminister bestellt. Es war dies der Gesandte in London, Graf Ferdinand Karl Buol-Schauenstein (1797—1865), dessen Vater mit Fürst Metternich befreundet gewesen war. Der greise ehemalige Staatskanzler, der nunmehr wieder in Wien weilte und sich als die „graue Eminenz" der Regierung aufzuspielen begann, begrüßte die Wahl Buol-Schauensteins. Er hoffte durch ihn einen größeren Einfluß ausüben zu können als durch Schwarzenberg, der ein zu fähiger Diplomat gewesen war, um sich auf die Dauer gängeln zu lassen.

Mehr als zuvor muß deshalb die Außenpolitik seit dem Jahr 1852 als der besonderen Initiative des Kaisers selbst entsprungen aufgefaßt werden. Sie hatte aber gleich in den ersten Monaten eine schwere Belastungsprobe auszuhalten, da es zu Verwicklungen im Orient kam, die zu einem europäischen Krieg führten. Sein Vorspiel wurde der Konflikt zwischen der Türkei und dem kleinen Bergstaat Crnagora — in Westeuropa als Montenegro bekannt —, dessen Unabhängigkeit 1853 durch ein türkisches Heer bedroht wurde. Österreich sandte ein scharfes Ultimatum an den Sultan und drohte mit dem Einmarsch der österreichischen Truppen. Eine starke Armee wurde an der österreichisch-türkischen Grenze konzentriert. An ihrer Spitze sollte Feldzeugmeister Graf Jellačić in die südslawischen Gebiete der Türkei einrücken. Jellačić galt seit 1848 bei allen Südslawen als Nationalheld. Die südslawischen Offiziere der österreichischen Armee fieberten darauf, eingreifen zu können. Doch die Türkei gab den Forderungen des Ultimatums Folge, und so unterblieb eine militärische Auseinandersetzung.

Unterdessen war es zwischen den Westmächten, Frankreich und England auf der einen und Rußland auf der andern Seite, zum Streit um die wirtschaftliche Durchdringung der Türkei gekommen. Aus propagandistischen Gründen schob man den Zwist der christlichen Bekenntnisse um den Schlüssel der Grabeskirche in Jerusalem als „Ursache" vor; denn der eigentliche Grund zum Ausbruch des nun folgenden sogenannten „Krimkrieges" (1853—1856) war nicht dieser Kirchenstreit, sondern — wie George W. F. Hallgarten bemerkt — „der russische Vorstoß in ein traditionelles Exportgebiet westlichen und besonders englischen Kapitals". Der englische Minister Palmerston schrieb schon einen Monat nach Ausbruch des Krieges in einem Brief wörtlich: „Wir unterstützen die Türkei nur um unserer eigenen Sache und unserer eigenen Interessen willen."

Österreich wurde in diesem Augenblick von beiden kriegführenden Parteien umworben, Rußland schlug vor, Österreich solle Serbien, Bosnien und die Herzegowina besetzen, und zusammen mit ihm über alle anderen Balkanvölker ein gemeinsames russisch-österreichisches Protektorat errichten. Unter dieser Bedingung erklärte sich der Zar auch bereit, den gesamten territorialen Besitzstand Österreichs mit der Macht des russischen Reiches zu garantieren und zu verteidigen. Zumindest rechnete Rußland auf die freundschaftliche Neutralität der Monarchie in Erinnerung daran, daß es 1849 Österreich bei der Niederwerfung der Ungarn militärisch geholfen hatte. Die österreichische Generalität, vor allem der alte Radetzky, noch unter dem Eindruck der jahrzehntelangen russischen Waffenbrüderschaft stehend, trat entschieden für eine Beteiligung Österreichs auf russischer Seite im bevorstehenden Kampf ein, wenn man nicht — was den Generälen noch besser dünkte — streng neutral bleiben wolle. Es war in diesem Augenblick nicht der Generalstab, der zum Krieg anspornte, sondern vielmehr die unter französischen und anderen ausländischen Einfluß geratene Wirtschaft, die sich für ein Eingreifen auf seiten der Westmächte Frankreich und England aussprach. Ihr Wortführer wurde der Außenminister Graf Buol-Schauenstein, der sich in seiner Petersburger Botschafterzeit keine Lorbeeren geholt hatte und dem die Russen als solche unsympathisch waren. Auch die Westmächte zeigten sich bereit, Österreich große Gebietserwerbungen auf Kosten der Türkei zu gestatten. Der französische Kaiser Napoleon III. (1852—1870), der Neffe des großen Napoleon, bot Österreich die Donaufürstentümer — Rumänien, wie es vor dem Ersten Weltkrieg 1914 bestand — an, wenn es Mailand an Italien abtreten wolle. Man schlug auch vor, Österreich solle Galizien an ein wiederhergestelltes Polen geben, und ein Habsburger solle die Krone des neuerrichteten polnischen Staates tragen. Die Türkei wäre ebenfalls im Fall einer Wiederherstellung Polens bereit gewesen, Österreich Rumänien zu überlassen. Später nannte es der englische Staatsmann Lord Salisbury den größten Fehler, den man im Frieden von 1856 gemacht habe, daß man nicht Österreich die Donaufürstentümer überlassen habe.

Vom Standpunkt einer nur auf Vorteile bedachten Außenpolitik hätte Österreich sich entweder auf die Seite Rußlands oder auf die Seite Englands und Frankreichs schlagen können, was aber Österreich im Krimkrieg tat, war eine Politik, die es mit beiden kriegführenden Parteien verdarb und es schließlich in Europa außenpolitisch vollkommen isolierte. Seit den ersten Tagen der Regierung der Kaiserin Maria Theresia war Österreich in keiner solchen Lage gewesen. Dabei hatte es sich jetzt selbst in diese Situation hineinmanövriert. Die Haltung der Monarchie im Krimkrieg wurde eine der frühesten Ursachen für das Eingreifen Rußlands gegen Österreich im Ersten Weltkrieg 1914. Das bisher bestehende gute Verhältnis zwischen den Kaiserreichen der Habsburger und der Romanows — und damit die letzte Erinnerung an die Heilige Allianz

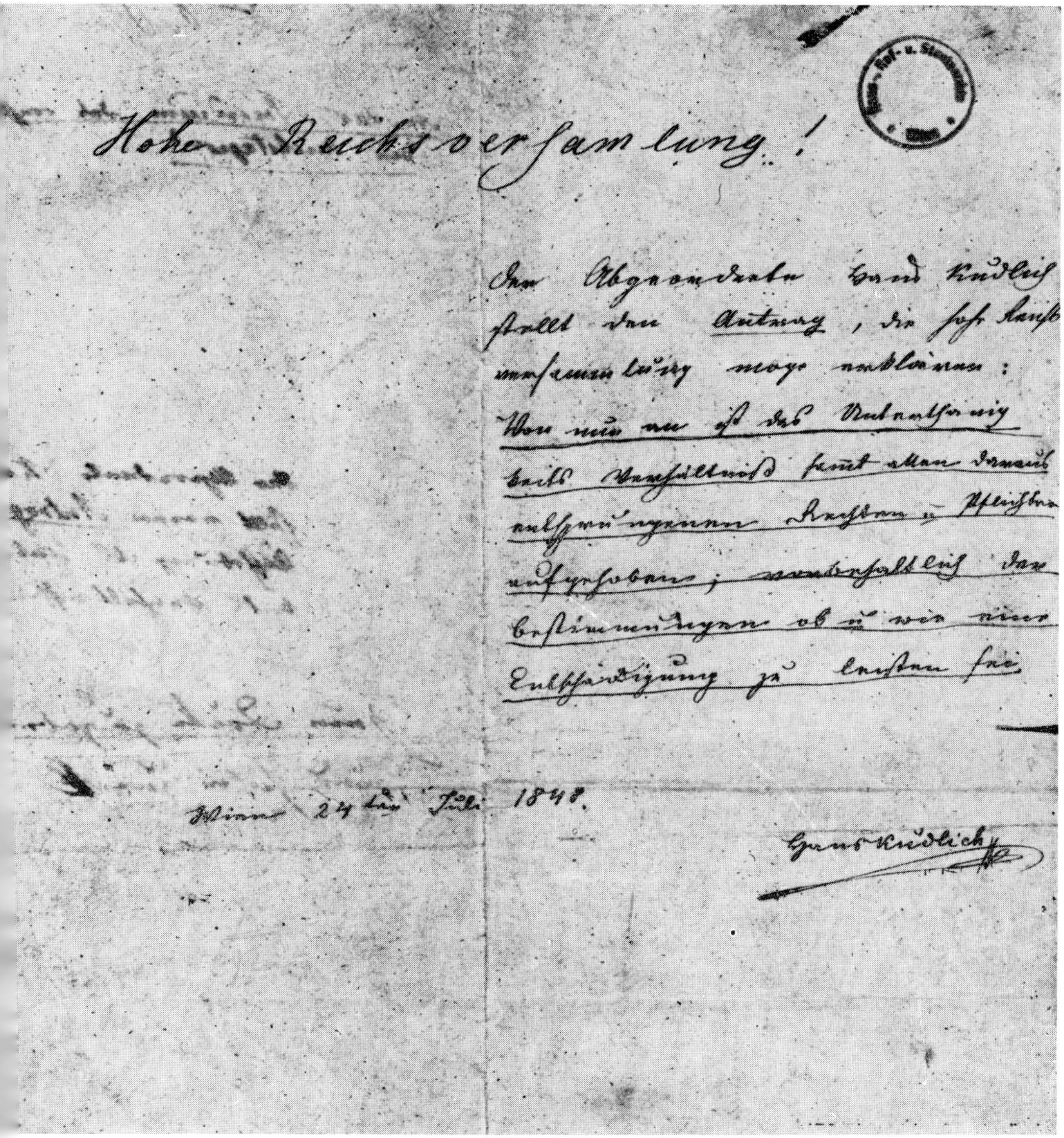
Hohe Reichsversammlung!

Der Abgeordnete Hans Kudlich stellt den Antrag, die hohe Reichsversammlung möge erklären:
Von nun an ist das Unterthänigkeitsverhältniß sammt allen daraus entsprungenen Rechten u. Pflichten aufgehoben; vorbehaltlich der Bestimmungen ob u. wie eine Entschädigung zu leisten sei.

Wien 24ten Juli 1848.

Hans Kudlich

Hans Kudlich beantragt die Aufhebung der Erbuntertänigkeit am 24. Juli 1848

Reichsgesetzblatt

für die

im Reichsrate vertretenen Königreiche und Länder.

IX. Stück. — Ausgegeben und versendet am 30. Jänner 1907.

15.

Gesetz vom 26. Jänner 1907,

wodurch die §§ 1, 6, 7, 12 und 18 des Grundgesetzes über die Reichsvertretung vom 21. Dezember 1867, R. G. Bl. Nr. 141, beziehungsweise die Gesetze vom 2. April 1873, R. G. Bl. Nr. 40, vom 12. November 1886, R. G. Bl. Nr. 162, und vom 14. Juni 1896, R. G. Bl. Nr. 168, abgeändert werden.

Mit Zustimmung beider Häuser des Reichsrates finde Ich anzuordnen, wie folgt:

Artikel I.

An Stelle des zweiten Absatzes des § 1 des Grundgesetzes über die Reichsvertretung vom 21. Dezember 1867, R. G. Bl. Nr. 141, treten folgende Bestimmungen:

Die gemäß den §§ 3 und 5 in das Herrenhaus berufenen Mitglieder können ins Abgeordnetenhaus gewählt werden. Im Falle der Annahme einer solchen Wahl ruht für die Dauer dieses Mandates die Mitgliedschaft im Herrenhause.

Wird ein Abgeordneter gemäß den §§ 3 oder 5 in das Herrenhaus berufen, so ruht seine Mitgliedschaft im Herrenhause, so lange er sein Mandat als Abgeordneter nicht zurückgelegt hat.

Artikel II.

Die §§ 6 und 7 des Grundgesetzes über die Reichsvertretung vom 21. Dezember 1867, R. G. Bl. Nr. 141, treten in der durch Artikel I des Gesetzes vom 2. April 1873, R. G. Bl. Nr. 40, Artikel I des Gesetzes vom 12. November 1886, R. G. Bl. Nr. 162, und Artikel II des Gesetzes vom 14. Juni 1896, R. G. Bl. Nr. 168, bestimmten Fassung außer Wirksamkeit und haben in Hinkunft zu lauten:

§ 6.

In das Haus der Abgeordneten kommen durch Wahl 516 Mitglieder, und zwar in der für die einzelnen Königreiche und Länder auf folgende Art festgesetzten Zahl:

Für das Königreich Böhmen	130
für das Königreich Dalmatien	11
für das Königreich Galizien und Lodomerien mit dem Großherzogtum Krakau	106
für das Erzherzogtum Österreich unter der Enns	64
für das Erzherzogtum Österreich ob der Enns	22
für das Herzogtum Salzburg	7
für das Herzogtum Steiermark	30
für das Herzogtum Kärnten	10
für das Herzogtum Krain	12
für das Herzogtum Bukowina	14
für die Markgrafschaft Mähren	49
für das Herzogtum Ober- und Niederschlesien	15
für die gefürstete Grafschaft Tirol	25
für das Land Vorarlberg	4

Reichsgesetzblatt vom 30. Jänner 1907 über die Einführung des allgemeinen Wahlrechtes von 1815 — ging verloren und wurde nie mehr in der alten Weise wiederhergestellt.

Die Tragik wollte es außerdem, daß der junge Kaiser Franz Joseph I. gerade während der Wochen schwierigster politischer Entscheidungen am 24. April 1854 seine Hochzeit mit der Herzogin Elisabeth in Bayern feierte. Die einsetzende österreichische Schaukelpolitik untergrub auch bei den Freunden Österreichs das Vertrauen auf den Kaiserstaat. Rußland wurde schwer verletzt, als man es durch eine drohende Note zur Räumung der Donaufürstentümer zwang, die mit Einwilligung der Türkei für die Dauer des Krieges von österreichischen Truppen besetzt wurden. Darüber hinaus kompromittierte sich Kaiser Franz Joseph I. selber, als er auf eine falsche Nachricht hin, die Franzosen und Engländer hätten die russische Festung Sebastopol eingenommen, dem französischen Kaiser Napoleon III. offiziell seinen Glückwunsch aussprechen ließ. Da seit der österreichischen Besetzung der Donaufürstentümer keine direkte Landverbindung zwischen der Türkei und Rußland in Europa bestand, hatten die Verbündeten der Türken, Frankreich und England, ihre Truppen auf der Halbinsel Krim — daher der Name „Krimkrieg" — gelandet und die Belagerung von Sebastopol begonnen.

Schon die bisherige Haltung Österreichs war von Zar Nikolaus I. als „Perfidie ohnegleichen" bezeichnet worden. Nun ordnete Kaiser Franz Joseph I. die allgemeine Mobilmachung an und zwang dadurch Rußland, einen beträchtlichen Teil seiner Streitkräfte, die es auf der Krim notwendig gebraucht hätte, an der österreichisch-russischen Grenze Aufstellung nehmen zu lassen. Österreich schloß überdies am 2. Dezember 1854 ein Bündnis mit Frankreich und England, ohne jedoch an Rußland den Krieg zu erklären und ohne unmittelbar in den Kampf einzugreifen. Dies erbitterte natürlich Frankreich und England, die sich eine andere Bündnishilfe des Kaiserstaates erwartet hatten. Im Gegensatz zu Österreich hatte der kleine italienische Staat Sardinien, der von Ministerpräsident Graf Cavour geleitet wurde, den Engländern und Franzosen ein für seine Verhältnisse ungemein großes Expeditionskorps in die Krim zur Verfügung gestellt und sich dadurch die Freundschaft der beiden Westmächte erworben. Als schließlich Österreich Friedensbedingungen, die es mit Frankreich und England abgesprochen hatte, den Russen in ultimativer Form vorlegte, mußten diese dem Frieden zustimmen. Österreich gewann beim Friedensschluß nichts, nicht einmal die besetzten Donaufürstentümer, wohl aber hatten die Kosten der Mobilmachung und der anderen Aktionen die ohnehin schwer angeschlagenen Finanzen des Kaiserstaates in große Unordnung gebracht. Am 22. Juni 1856 schrieb der britische Gesandte Seymour: „Es ist kein Zweifel, daß Kaiser Franz Joseph seine isolierte Stellung tief fühlt, und wenn er einmal den Grafen Buol für seine Führung zur Rechenschaft ziehen und ihn fragen wird: ‚Sie haben meinem Bündnis mit Rußland ein Ende gemacht. Womit wollen Sie diesen Verlust ersetzen?', so wird die Antwort dem Mann schwerfallen."

Das Ende der österreichischen Vormacht in Italien

Schon während des Krimkrieges waren Pläne aufgetaucht, Österreich solle seine italienischen Provinzen zugunsten einer anderweitigen Entschädigung — man dachte an die Donaufürstentümer — aufgeben. Aber die leitenden Kreise des Kaiserstaates widerstrebten dem Gedanken einer kampflosen Preisgabe eines zu Österreich gehörigen Territoriums. Die Verhältnisse in Italien hatten sich seit 1848/49 wesentlich gewandelt. Wohl war durch die militärische Kraft Österreichs der vorrevolutionäre Zustand wiederhergestellt worden, doch hatte der für kurze Zeit der Verwirklichung nahe Traum eines italienischen Einheitsstaates nunmehr auch Kreise ergriffen, die ihm vor 1848 gleichgültig, ja ablehnend gegenübergestanden waren. In der Lombardei und Venetien kam es trotz des von Radetzky verhängten Belagerungszustandes ständig zu kleinen Revolten.

Im August 1851 wurde in Mailand ein einfacher Bürger, Antonio Sciesa, erschossen, der beim Plakatieren österreichfeindlicher Manifeste ertappt worden war und keine Gesinnungsgenossen verraten wollte; im Oktober 1851 henkte man in Venedig Luigi Dottesio, der aus der Schweiz Schriften eingeschmuggelt hatte; im November 1851 wurde in Mantua ein Priester, Grioli, erschossen, weil er österreichische Soldaten ungarischer Nationalität zum Aufruhr bewegen wollte. Eine Verschwörung, die einer der Führer der revolutionären italienischen Unabhängigkeitsbewegung, Giuseppe Mazzini (1805 bis 1872), anzuzetteln versucht hatte, wurde verraten und führte zu über 100 Verhaftungen und neun Todesurteilen. Auch ein Versuch Mazzinis, im Februar 1853 während des Faschings in Mailand österreichische Soldaten mit Dolchen anzugreifen und dadurch einen Volksaufstand herbeizuführen, mißlang. Denn wie Antonio Gramsci in einem seiner Aufsätze im Jahr 1920 ausführte, wäre das Mailänder Bürgertum „nie fähig gewesen ... sich vom Joch der österreichischen Herrschaft zu befreien ... dazu genügte nicht die nur liberale Stadt Mailand, die von ihrem österreich-freundlichen Hinterland erdrückt wurde. Die entscheidende geschichtliche Kraft, die einen italienischen Staat zu gründen in der Lage war und die nationale bürgerliche Klasse vereinen konnte, war Turin".

Der sardinische Staatsmann Graf Camillo Benso di Cavour (1810—1861) hatte seinem Land durch die Teilnahme am Krimkrieg die Freundschaft der Westmächte, vor allem Frankreichs, gewonnen. Napoleon III. gab sich zwar als Vertreter eines Nationalitätenprinzips und sprach von seinem Willen, Italien von der Fremdherrschaft zu befreien, doch seine wirklichen Ziele waren die Ersetzung der österreichischen Vormacht auf der Apenninenhalbinsel durch die Frankreichs und außerdem die Unterwerfung der italienischen Wirtschaftskräfte unter die französische Finanz, vor allem unter den Crédit Mobilier, der sich in Italien ausbreiten wollte.

In seiner Neujahrsaussprache 1859 hatte Napoleon III. bereits den österreichischen Botschafter in Paris die Verschlechterung der Beziehungen zwischen den beiden Staaten angekündigt. Auch der Versuch des österreichischen Finanzministers Bruck, eine französische Anleihe zu erhalten, scheiterte. Das waren bedrohliche Anzeichen. Umso mehr, als nicht nur die österreichischen Finanzen vollkommen zerrüttet waren, die Völker Österreichs apathisch schienen und selbst die militärische Führung nach dem Tod Radetzkys im Jänner ihre Einheitlichkeit verloren hatte. Ein französisches Urteil über die österreichischen Generäle dieser Zeit lautete: „Das sind keine Generäle, sondern große Herren, in Uniform gekleidet." Cavour hatte schon im Juli 1858 in Bad Plombières eine geheime Zusammenkunft mit dem französischen Kaiser gehabt und von diesem die Unterstützung Frankreichs in der kommenden Auseinandersetzung zugesichert erhalten.

Der Krieg begann mit einem Ultimatum Österreichs am 23. April 1859 an das Königreich Sardinien, das einer Kriegserklärung gleichkam. Der österreichische General Gyulay überschritt mit 80.000 Mann den Ticino und drang in das sardinische Gebiet ein. Aber überschwemmte Reisfelder hinderten die Österreicher am Vormarsch. Unterdessen führte Frankreich, das sich nunmehr offen auf die Seite Sardiniens stellte, über den Mont-Cenis-Paß und zur See etwa 110.000 Mann herbei. Napoleon III. befehligte sie persönlich. Die Österreicher mußten sich wieder auf lombardisches Gebiet zurückziehen und erlitten bei Magenta durch die vereinigten Sarden und Franzosen eine Niederlage. König Viktor Emanuel II. und Kaiser Napoleon III. zogen unter dem Jubel der Bevölkerung am 8. Juni in Mailand ein.

Der Krieg in Oberitalien hatte in Deutschland eine starke antifranzösische Stimmung hervorgerufen. In Baden, in Bayern, in Württemberg und im Rheinland forderte man den Eintritt in den Kampf auf seiten Österreichs. Friedrich Engels, der Weggefährte von Karl Marx, schrieb damals in seiner Schrift „Savoyen, Nizza und der Rhein": „Ob Österreich in Italien recht oder unrecht, ob Italien Anspruch auf Unabhängigkeit habe, ob die Minciolinie nötig sei oder nicht — alles das war ihr (der in Deutschland aufbrandenden Volksbewegung) zunächst völlig gleichgültig. Einer von uns wurde angegriffen, und zwar von einem Dritten, der mit Italien nichts zu schaffen, aber desto mehr Interesse an der Eroberung des linken Rheinufers hatte — und diesem gegenüber — Louis Napoleon, den Traditionen des ersten französischen Kaiserreiches gegenüber — müssen wir alle zusammenstehen. Das fühlte der Volksinstinkt, und er hatte recht." In bemerkenswertem Gegensatz dazu stand die ebenfalls 1859 veröffentlichte Äußerung eines anderen Führers der Sozialisten, von Ferdinand Lassal, der seinen Namen in Lassalle französisiert hatte: „Österreich ist der kulturfeindlichste Staatsbegriff, den Europa aufzuweisen hat." Er erhob die Forderung: „Österreich muß zerfetzt, zerstückelt, vernichtet, zermalmt — seine Asche muß in alle Winde zerstreut werden." Der preußische Bankierssohn Lassalle traf sich in seiner Gesinnung mit jenem norddeutschen Großbürgertum, das — nicht zuletzt durch seine finanziellen Bindungen an das französische Kapital bewogen — die preußische Regierung warnte, sich in einen Krieg auf seiten Österreichs einzulassen, da dies „in weitesten industriellen Kreisen das Vertrauen aufs tiefste erschüttern würde". Selbst innerhalb der konservativen und demokratischen Kreise herrschte Meinungsverschiedenheit darüber, ob man Österreich helfen solle oder nicht. Preußen forderte den Oberbefehl über die Truppen des Deutschen Bundes im Augenblick eines bewaffneten Konflikts mit Frankreich. Diesen Oberbefehl wollte indessen Wien nicht zugestehen. Während so die einen den „Rhein am Po" verteidigt wissen wollten, sahen andere in Österreich nur die Macht, die eine Einigung Deutschlands unter preußischer Führung hindere und die deshalb wünschenswerterweise eine Niederlage erleiden solle.

Unterdessen war am 24. Juni 1859 die Schlacht bei Solferino geschlagen worden. Sie ist kulturgeschichtlich von Bedeutung, da sie den letzten Anstoß zur Gründung des Internationalen Roten Kreuzes durch den Schweizer Dunant gab. Solferino endete mit einer Niederlage für das unter dem Oberbefehl des Kaisers Franz Joseph I. stehende Heer. Zu gleicher Zeit warf im Kampfgebiet von Solferino Feldmarschalleutnant Ludwig von Benedek (1804—1881) die Sarden bei San Martino über den Haufen und führte das aus Debrecen stammende Regiment Nr. 39 mit dem Ruf: „Vorwärts, Ungarn! Auch ich bin Ungar, und kein Ungar läßt einen Landsmann im Stich!" zum Sieg. Am Abend der Schlacht zog sich das österreichische Heer in den Schutz des Festungsvierecks zurück, das ihm bereits 1848 gute Dienste geleistet hatte.

Österreich war militärisch geschlagen, aber nicht besiegt. Die Möglichkeit einer weiteren Fortführung des Kampfes bestand. Trotzdem wurde von den beiden Kaisern — Franz Joseph I. und Napoleon III. — schon am 11. Juli zu Villafranca in persönlicher Aussprache ein Waffenstillstand und Vorfriede geschlossen, dem dann der eigentliche Friede von Zürich folgte. Auf österreichischer Seite war eine Fortführung des Kampfes unmöglich geworden, weil der Staat kein Geld dazu hatte und ihm alle Anleihemöglichkeiten abgeschnitten waren. Frankreich hatte erkannt, daß sein ursprünglicher Plan, anstelle der österreichischen die französische Herrschaft in Italien zu setzen, durch die Ereignisse überholt war. In Villafranca war beschlossen worden, Österreich werde die Lombardei ohne Mantua und Peschiera an Napoleon III. abtreten, der sie an Sardinien weitergeben solle. Aus den italienischen Staaten selbst würde ein italienischer Bund geformt werden, an dessen Spitze der Papst zu stehen käme und dem Venetien unter einem österreichischen Erzherzog beitreten solle. Aber schon hatten sich die einzelnen Staaten — teilweise durch Volksabstimmungen — zur Vereinigung mit Sardinien bereit erklärt. Herzog Franz V. von Modena, ein Habsburger, flüchtete ebenso in das österreichische Hauptquartier wie die bourbonische Herzogin von Parma. In beiden Ländern übernahmen provisorische Regierungen die Macht, bis die Vereinigung Italiens durchgeführt sein würde. Am ruhigsten erfolgte der Übergang in Toscana. Großherzog Leopold II. (1824 bis 1859), ebenfalls ein Habsburger, dankte zugunsten seines Sohnes Ferdinand IV. ab, der jedoch niemals wirklich die Regierung des Großherzogtums übernahm. Die Florentiner verabschiedeten sich in aller Freundschaft von ihrem ehemaligen Herrscher. Am 16. August wurde von einer provisorischen Nationalversammlung die Absetzung des Hauses Habsburg-Lothringen ausgesprochen. Aber „Toscana ist für Italien bis heute der bewunderte Edelstein des Landes geblieben, zu dem es das Haus Habsburg-Lothringen gemacht hat", schreibt Paul Christoph. „Man kann deshalb mit den Chronisten jener Epoche die Regierungszeit der habsburg-lothringischen Großherzöge als in jeder Hinsicht für Toscana glücklich bezeichnen. Die italienische Geschichtsschreibung anerkennt auch ohne Einschränkung diese Leistung, weil sie den Aufstieg Toscanas in jener Zeit nicht im geringsten verschweigt."

Etwas ferner lagen die Ereignisse, die sich in Neapel und Sizilien abspielten. Der Partisanenführer Giuseppe Garibaldi, ein vielbewunderter italienischer Volksheld, war mit etwa 1000 Mann am 11. Mai auf Sizilien gelandet. In einem einzigen Siegeszug stürzte Garibaldi die bourbonische Herrschaft auf der Insel und setzte dann auf das unteritalienische Festland über. Seine sich immer rascher vermehrende Freiwilligenarmee überrannte auch hier jeden Widerstand. Nur die Festung Gaeta hielt sich längere Zeit, von der Königin von Neapel, einer Schwester der Kaiserin Elisabeth von Österreich, heldenhaft verteidigt. Ein Einbruch Garibaldis in das päpstliche Gebiet brachte Rom in Gefahr. Da Garibaldi und die meisten seiner Anhänger Republikaner waren, schien Italien in ein norditalienisches Königreich und eine süditalienische Republik auseinanderzufallen. Um der Einheit des Landes willen verzichtete Garibaldi nach einem Treffen mit König Viktor Emanuel II. von Sardinien auf die republikanische Staatsform und anerkannte diesen Herrscher als König von Italien. Die Stadt Rom fehlte noch. Dem Papst blieb ihr Besitz durch den Einspruch Kaiser Napoleons III. gesichert, und Österreich behielt Venetien.

Somit war Italien als Staat begründet. Am 24. März 1861 hatte sich das neue Königreich feierlich konstituiert. Vorher mußte es an Frankreich die Stadt Nizza und das Land Savoyen als Preis für dessen Bündnishilfe abgeben. Die Herrschaft Österreichs auf der Apenninenhalbinsel war ein für allemal zu Ende.

Oktoberdiplom und Februarverfassung

Mit dem Ende des italienischen Krieges war auch das Ende des neuabsolutistischen Regierungssystems gekommen. Es hatte nach der Meinung der Zeitgenossen versagt. Die öffentliche Meinung ließ sich nicht mehr unterdrücken. Die Jahrhundertfeier der Geburt Friedrich Schillers wurde 1859 zu einer gewaltigen Demonstration dieses Geistes, der auf der einen Seite stark deutschromantisch gefärbt war, auf der andern noch immer das dynastische Treuegefühl nicht verleugnete. Die „Allgemeine Zeitung" vom 16. November 1859 schrieb: „Nie ist dem Kaiser von Österreich ein begeisterterer Toast ausgebracht worden als durch den Studiosus juris Richter bei der gestrigen Schillerfeier des Akademischen Gesangvereines." Umgekehrt nahmen in Ungarn nationalmagyarische Demonstrationen zu. Der sichtlich nicht ungarnfreundlich eingestellte Historiker Rogge gibt über die Zustände in der ungarischen Hauptstadt Ende 1859 folgendes Urteil ab: „... Nichtsdestoweniger nahmen aber gerade von diesem Tage an die unablässigen Straßenkundgebungen mit nationalen Aufzügen, Erinnerungsfesten, lärmenden Manifestationen, Absingen des Szózat oder Nationalliedes, wobei die Vorübergehenden zur Entblößung der Häupter gezwungen wurden, das Paradieren mit der Nationaltracht und der ungarischen Sprache, wobei dann die Beilstöcke (fokos) und Morgensterne (buzogany) sehr bald die Dimensionen ernsthafter Waffen gewannen, einen beträchtlichen Umfang mit permanentem Charakter an."

Die Regierung mußte in konstitutionelle Bahnen einschwenken. Dies geschah langsam, zögernd und mißtrauisch. Der Bürger gewann den Eindruck, die Regierung lasse sich Entgegenkommen „abzwingen", selbst dort, wo sie ohnedies bereit gewesen war, die eine oder andere Forderung von sich aus zu erfüllen. Mit kaiserlichem Dekret vom 5. März 1860 wurde der sogenannte „Verstärkte Reichsrat" einberufen. Er setzte sich aus 25 deutschsprachigen Österreichern, 11 Ungarn, 18 Slawen und Rumänen und 5 Italienern zusammen. Soziologisch standen 36 Adelige 23 Bürgern gegenüber. Die überwältigende Mehrheit der Mitglieder des Verstärkten Reichsrates bestand aus hohen geistlichen Würdenträgern und konservativen Großgrundbesitzern. Im Kampf um die Frage, ob Österreich zentralistisch oder föderalistisch aufgebaut sein solle, siegte schließlich der Föderalismus. Von seinem Geist war das sogenannte „Oktoberdiplom" vom 21. Oktober 1860 erfüllt. Sein Föderalismus beruhte auf den „historisch-politischen Individualitäten" der Kronländer. Die Landtage von Ungarn und Böhmen wurden wiederhergestellt, die alten Komitatsverfassungen Ungarns erneuert, das Innen-, Justiz- und das Unterrichtsministerium verschwanden als gesamtstaatliche Behörden. Diese Art der Entwicklung stieß manche ab, vor allem die

Wirtschafts- und Finanzkreise. Dadurch kam das Oktoberdiplom niemals zu einer praktischen Erprobung; seine Gedanken aber wirkten weiter. Sie traten immer wieder in den Vordergrund, wenn von einer Föderativverfassung des habsburgischen Donaustaates gesprochen wurde.

Das Steuer wurde binnen weniger Monate herumgeworfen. Die Anhänger des Oktoberdiploms verloren ihren Einfluß, und durch die Ernennung des aus der Revolutionszeit von 1848 bekannten Anton von Schmerling (1805—1893) kündigte sich schon zwei Monate nach dem 21. Oktober 1860 der Umschwung an. Schmerling war die eigentlich treibende Kraft der Regierung, der er als Staatsminister angehörte. Nomineller Ministerpräsident wurde Erzherzog Rainer. Wer hinter diesem plötzlichen Systemwechsel steckte, sagte der Finanzminister Ignaz von Plener (1810—1908) ganz offen und kühl mit den Worten: „Man hat lang andere Gründe für den raschen Übergang vom Oktoberdiplom zum Februarpatent gesucht. Tatsächlich waren dafür nur staatsfinanzielle Gründe maßgebend." Das hieß, daß man die Regierung unter den Druck der Geldmächte gestellt hatte. Bei einem offiziellen Empfang, den Schmerling kurz nach seiner Ernennung im Ministerium gab, füllten nicht mehr die alte Aristokratie und die Generalität in ihren glänzenden Uniformen die Säle, sondern Persönlichkeiten des Großbürgertums, wie der Bankgouverneur Pipitz, die Bankdirektoren Wodianer und Königswarter und der Verwaltungsrat der Creditanstalt, Todesco. Der eigentliche Schöpfer der neuen Verfassung, die durch kaiserliches Patent am 26. Februar 1861 ins Leben trat, ohne daß das Oktoberdiplom formell aufgehoben worden wäre, war der Tiroler Hans von Perthaler (1816—1862).

Er hatte 1860 zwei Schriften über Staats- und Verwaltungsreform in Österreich veröffentlicht. Die erste hieß „Palingenesis" mit dem Untertitel „Ein Beitrag zur Lösung der Frage, wie das Prinzip der Staatseinheit mit den Anforderungen der Selbstverwaltung in Einklang gebracht werden und das Gleichgewicht im Staatshaushalt hergestellt werden kann"; die zweite waren die „Neun Briefe über die Verfassungsreformen in Österreich". Eine weitere Folge von Aufsätzen Perthalers erläuterten seine Ideen näher; sie knüpften an die Anschauungen des Rechtslehrers Rudolf von Gneist an. „Man braucht zum Verständnis der Februarverfassung", so schreibt Joseph Redlich, „die Kenntnis der politischen Ideen Perthalers, wie er sie in den beiden bezeichneten Schriften und zahlreichen Zeitungsartikeln in der ‚Wiener Zeitung' und ‚Augsburger Allgemeinen Zeitung' niedergelegt hat. Nur so vermag die Eigentümlichkeit dieses Grundgesetzes klar erkannt zu werden, das trotz der Zusätze und Abänderungen, welche die politischen Krisen und die Verfassungsarbeit vom Jahr 1867, später die Reform des Wahlrechtes hervorgerufen haben, doch bis zum 12. November 1918 das geistig-politische Fundament der ganzen österreichischen Staatsordnung und inneren Entwicklung geblieben ist. Denn — um dies hier vorauszuschicken — das, was wirklich neu und eigenartig ist an dieser Staatsordnung des modernen Österreich, was aber zugleich den tiefsten und weitestreichenden Einfluß ausgeübt hat auf die praktische Entwicklung nicht nur der Verfassungs- und Verwaltungsrichtungen Österreichs, sondern auch auf die ganze politisch-psychologische Entwicklung seiner Völker und der von ihnen verkörperten Anschauung von Staat und Verwaltung, alles das ist und gerade d i e s ist aus Perthalers Geist und durch seine Hand in die Verfassung hineingelegt worden. Nicht Schmerling, wohl aber Perthaler ist darum nicht allein der wirkliche ‚Vater der Verfassung', sondern er muß geradezu als der wahre geistige Schöpfer dieses Werkes und dadurch als eine in ungeahnter Breite und Tiefe auf die österreichische Staatsentwicklung einwirkende, sie bestimmende Kraft verstanden werden, welche zur Ausbildung ihrer Eigenart in Regierung und Verwaltung die entscheidenden Züge beigetragen hat."

Rein formell wurde Österreich durch die Februarverfassung ein dezentralisierter Einheitsstaat. Die Autonomie der Gemeinden blieb erhalten und bildete damit auch in Zukunft eine der stärksten Stützen einer wirklichen Demokratie. Der Reichsrat bildete ein Zentralparlament für alle österreichischen Länder. Er setzte sich aus einem Abgeordnetenhaus mit 343 Mitgliedern — darunter 120 aus den ungarischen Gebieten — und aus einem Herrenhaus mit vom Kaiser ernannten Angehörigen zusammen. Ein „engerer Reichsrat" von 203 Abgeordneten sollte die Gesetzgebung für die nichtungarischen Länder besorgen. Außerdem wurde ein Staatsrat gebildet. Um den Deutschliberalen die Mehrheit zu sichern, wurden vier sogenannte „Kurien" eingerichtet, nach denen gewählt werden sollte. In ihnen waren Großgrundbesitz, Handels- und Gewerbekammern, Städte und Märkte sowie Landgemeinden vertreten. Das Wahlrecht blieb so auf etwa 6 Prozent der erwachsenen Bevölkerung beschränkt. Seit 1873 wählten 5000 Großgrundbesitzer 85 Abgeordnete, 600 Mitglieder der Handelskammern 21, 350.000 Wahlberechtigte in den Städten 118 und 1,400.000 Bewohner der Landgemeinden 129 Abgeordnete. Erst im Jahr 1896 wurde noch eine „fünfte" Kurie angegliedert, in der die Kleinbürger noch etwa 72 Abgeordnete wählen durften.

Der sogenannte „engere" Reichsrat trat am 1. Mai 1861 zusammen. Die Regierung konnte auf 130 Stimmen unter den erschienenen 203 Abgeordneten zählen. Ihre Gegner waren die tschechischen, polnischen und slowenischen Abgeordneten sowie die sogenannten Deutschkonservativen, die Vertreter der katholischen Bevölkerungsteile in den Alpenländern. Die Ungarn waren nicht nach Wien gekommen, ebensowenig die Kroaten, wohl aber Rumänen und Siebenbürger Sachsen. Als man das historische Recht der böhmischen Länder nicht anerkannte, verließen die tschechischen Abgeordneten den Reichsrat. So war es unmöglich, eine wirklich positive Arbeit zu leisten. Ende 1865 mußte Schmerling erkennen, daß er sich nicht durchsetzen konnte und nahm seine Entlassung. An seine Stelle trat Graf Belcredi, unter dem das Steuer wieder herumgeworfen und auf eine föderative Lösung hingearbeitet wurde. Nicht mehr der Einheitsstaat, sondern die historischen Länder sollten die Grundlage der Monarchie bilden. So wurde der Reichsrat am 20. September 1865 nach Hause geschickt, dafür aber ließ Belcredi 17 Landtage zusammentreten. Zugleich eröffnete man Geheimverhandlungen mit den Ungarn. Die Deutschliberalen protestierten heftig gegen dieses Vorgehen. Die Deutschkonservativen sowie die Vertreter der anderen Völker Österreichs dankten Belcredi für seine Initiative. Mitten in die so entstandene innerpolitische Krise hinein platzte die Bombe des Krieges.

Die Deutsche Frage

Seitdem Österreich in den Jahren 1859 und 1860 seine alte Vormachtstellung in Italien verloren hatte, hingen die verantwortlichen Männer in der Regierung mit umso größerer Zähigkeit an der österreichischen Vormachtstellung im Deutschen Bund. Viele von ihnen waren „großdeutsch" im Sinn des Jahres 1848. Sie wünschten ein Deutschland unter der Führung Österreichs. Auch die Gedanken des verstorbenen Ministerpräsidenten Felix Schwarzenberg, den gesamten Kaiserstaat in den Deutschen Bund einzugliedern, waren nicht vergessen. Jetzt glaubte man, damit auch das Verhältnis zwischen der deutschsprachigen Oberschicht der Monarchie und den nichtdeutschsprachigen Völkern zugunsten der ersteren lösen zu können. Der Leiter der Sektion für deutsche Angelegenheiten im österreichischen Außenministerium, Freiherr Ludwig von Biegeleben (1812 bis 1892), ein bedingungsloser Anhänger der österreichischen Vormachtstellung im Deutschen Bund und ein ebenso entschiedener Gegner Preußens und seiner Politik, entfaltete eine rege Progaganda zugunsten Österreichs. Aus dieser Zeit stammen eine Reihe von Aussprüchen, die in späteren Jahrzehnten von österreichischen Deutschnationalen und Nationalsozialisten zur Stützung ihrer parteiideologischen Thesen verwendet wurden. Die österreichischen „Großdeutschen" dieser Jahre betonten in ihrem Kampf gegen Preußen die „deutsche Mission" Österreichs, aber sie waren Großösterreicher und spielten niemals mit dem Gedanken einer Auflösung des Kaiserstaates und der Unterwerfung der deutschsprachigen Gebiete unter die Vormacht Berlins. Ihr Standpunkt war der des Feldmarschalls Graf Radetzky, den dieser schon am 9. November 1848 einer Parlamentsdeputation gegenüber geäußert hatte, als er „trotz seines treuen deutschen Herzens" erklärte: „Österreich wird sich eher von Deutschland als von Österreich trennen."

Der Führerstellung Österreichs im Deutschen Bund war ein gefährlicher Gegner in Otto von Bismarck (1815—1898) entstanden, der seit 1862 preußischer Ministerpräsident war. Wie bei König Friedrich II. von Preußen hat die preußisch eingestellte deutsche Geschichtsschreibung jener Tage aus ihm einen deutschen Nationalhelden machen wollen. Aber die seit 1919 erfolgten Aktenpublikationen reden einen andere Sprache. Mit Recht warnte der Historiker Gerhard Ritter 1946 vor dem Versuch, aus Bismarck „harmonisierend einen wohlgesinnten ‚Vater des Vaterlandes' und Volksfreund zu machen oder seinen rücksichtslosen Kampf um die Hegemonie Preußens im Stil patriotischer Schulbücher zu verharmlosen als ‚restlose Erfüllung des deutschen Einheitstraumes'." Bismarck war mehr preußisch als deutsch gesinnt. Er benützte den deutschen Nationalgedanken nur dort und insoweit, als er den staatlichen Interessen Preußens und der Hohenzollerndynastie diente. Sehr früh bekannte er sich zur bewaffneten Auseinandersetzung mit Österreich. Bereits im ersten Jahr seiner Ministerpräsidentschaft erklärte er dem englischen Oppositionsführer Disraeli auf einem Bankett in London die Grundzüge seiner Außenpolitik: „Reorganisation der Armee, dann Kriegserklärung an Österreich unter dem erstbesten Vorwand, Auflösung des deutschen Bundestages, Überwältigung der Klein- und Mittelstaaten und als Schlußeffekt: nationale Einheit Deutschlands unter Führung Preußens."

Bismarcks Politik wurde vom sogenannten „Nationalverein" unterstützt, dessen Anhänger auch die „Gothaer" genannt wurden. An seiner Spitze stand Rudolf von Bennigsen. Man legte keinen Wert auf Massenorganisation, suchte daher die wirtschaftlich und politisch einflußreichen Kreise, das Großbürgertum und Abgeordnete aus den deutschen Staaten, zu gewinnen. Zur Zeit seines größten Aufschwungs zählte der Nationalverein ungefähr 25.000 Mitglieder. Er hatte auch in Österreich eine kleine Gruppe von Anhängern. Es handelte sich vor allem um Hochschüler und Akademiker. Es ist daher nicht von der Hand zu weisen, daß diese — wie die Universitätsprofessoren Heinrich Brunner, Ottokar Lorenz und

Wilhelm Scherer — schon jetzt begannen, die österreichische akademische Jugend im preußisch-deutschen Sinn zu erziehen.

Die Stimmung in Deutschland forderte — vor allem nach den groß aufgezogenen Schillerfeiern des Jahres 1859 — die Schaffung eines deutschen Nationalstaates. Über Einzelheiten machte man sich keine Gedanken. Schützen-, Turn- und Feuerwehrvereine schossen aus dem Boden. In ihnen führten Demokraten und Liberale, 1848er Großdeutsche und Preußisch-Kleindeutsche heftige Diskussionen. Das volkstümliche Symbol dieser Bewegung wurde die schwarzrotgoldene Fahne, die bereits in der Revolution von 1848/49 geweht hatte. In einzelnen Turnvereinen — so in Hanau — machte bereits die Zahl der Mitglieder aus Arbeiterkreisen einen beachtlichen Prozentsatz aus. Als 1860 in Coburg der Antrag gestellt wurde, einen allgemeinen deutschen Turnerbund zu gründen, fand er nicht die Mehrheit. Die liberalen Mitglieder der Turnvereine verhinderten, daß großdeutsch und demokratisch gesinnte Persönlichkeiten in führende Stellungen gelangten. Seit 1859 entstanden eine Reihe von Arbeiterbildungsvereinen, an denen sich demokratisch und großdeutsch gesinnte Intellektuelle beteiligten, während der Hauptteil des Großbürgertums ihnen jede Unterstützung versagte. Dafür schuf man von dieser Seite aus Arbeiterflottenvereine, in denen für Preußen Propaganda gemacht und für eine preußische Flotte gesammelt wurde.

Preußen schien in den ersten Jahren der Ministerschaft Bismarcks von inneren Konflikten zerrissen zu werden. Otto von Bismarck ging im Kampf mit dem preußischen Parlament bis zum Verfassungsbruch. Am 1. Juni 1863 wurde die Pressefreiheit in Preußen aufgehoben. Gegen Beamte, die als regierungsfeindlich bekannt waren, wurden Disziplinaruntersuchungen eingeleitet. Während der Auseinandersetzungen zwischen Regierung und Volksvertretung versetzte man über 1000 von ihnen strafweise oder entfernte sie von ihren Posten. Der 1863 begonnene polnische Aufstand gegen das zaristische Rußland, der die Sympathie fast aller Menschen in Europa hatte, wurde mit Bismarcks Unterstützung von Rußland niedergeworfen. Eine preußisch-russische Konvention vom 8. Februar 1863 bestimmte, daß russische und preußische Truppen jeweils das Gebiet des anderen Staates betreten dürften, wenn es sich um Verfolgung polnischer „Aufständischer" handle. In ganz Deutschland kam es zu schweren Demonstrationen gegen Bismarck, vor allem natürlich in Preußen. In Berlin tobten im Juli 1863 regelrechte Straßenschlachten zwischen Volk und Polizei, bei denen 6000 bis 8000 Demonstranten zu verzeichnen waren. Auch die Studentenschaft stand ziemlich einmütig gegen Bismarck.

Jetzt hielt Österreich seine Stunde für gekommen. Im Jahr 1862 war im direkten Auftrag der österreichischen Regierung von Julius Fröbel, einem aufrechten Demokraten und Revolutionär von 1848, der sogenannte Reformverein gegründet worden, der dem preußischen Nationalverein den Wind aus den Segeln nehmen sollte. Er fand vor allem in Mittel- und in Süddeutschland viele Anhänger. Nun lud die österreichische Regierung alle deutschen Staaten für den 16. August 1863 nach Frankfurt ein, um dort über die Reform des Deutschen Bundes zu verhandeln. Dieser „Fürstentag" war rein äußerlich gesehen ein einziger Triumph für Kaiser Franz Joseph I., der auf seiner Fahrt von Wien nach Frankfurt in allen Städten, durch die er kam, das Ziel überwältigender Sympathiekundgebungen wurde. Der österreichische Reformplan sah die Einsetzung eines fünfköpfigen Direktoriums und einer Fürstenversammlung sowie ein deutsches Parlament vor, das nicht in direkten Wahlen geschaffen, sondern aus Delegationen der Parlamente der einzelnen Bundesstaaten gebildet werden sollte. Die meisten der in Frankfurt versammelten deutschen Fürsten stimmten dem österreichischen Vorschlag zu. Aber der wichtigste unter ihnen, König Wilhelm I. von Preußen (1861—1888), war auf Drängen Bismarcks, der die Majorisierung Preußens und damit das Ende seiner eigenen Politik fürchtete, überhaupt nicht erschienen. So blieb alles in Schwebe. Bismarck fühlte sich stark genug, die Zustimmung seines Königs zur Auflösung des preußischen Parlaments am 3. September 1863 zu erlangen.

Der Frankfurter Fürstentag war der letzte Versuch Österreichs, die Initiative in Deutschland in der Hand zu behalten. Nach seinem Mißlingen konnte es für jeden politisch Einsichtigen nur noch die Frage geben, ob Österreich freiwillig auf seine bisherige Vormachtstellung im Deutschen Bund verzichten oder einen kriegerischen Konflikt mit Preußen riskieren wolle. Der Ausbruch des Krieges verzögerte sich durch die inzwischen in den Vordergrund getretene schleswig-holsteinsche Frage. Die beiden Elbherzogtümer gehörten seit Jahrhunderten zur dänischen Krone, ja die dänische Königsdynastie war ursprünglich schleswig-holsteinschen Ursprungs. Holstein und Lauenburg gehörten dem Deutschen Bund an, und als ihr Landesherr war der König von Dänemark durch seine Vertreter in Frankfurt anwesend. Nun hatte sich bereits in den letzten Jahren vor 1848 ein Konflikt zwischen Schleswig-Holstein und der dänischen Reichsregierung ergeben. Die Dänen betrachteten die beiden Herzogtümer als dem dänischen Staat integrierte Gebiete, während sich die Schleswig-Holsteiner auf die Landessouveränität beriefen, die sie nur den Landesherrn mit Dänemark gemeinsam haben ließ. Diese mehr theoretische Auseinandersetzung gewann plötzlich Aktualität, als die Hauptlinie des dänischen Königshauses dem Aussterben nahe war und Schleswig-Holstein auf seine eigenen Erbfolgegesetze pochte, durch die die Personalunion mit der dänischen Krone gelöst worden wäre. Die Dänen anerkannten diese nicht; es setzte eine Dänisierungs- und Unifizierungspolitik in den beiden Landschaften ein. Die Schleswig-Holsteiner hatten sich schon 1848/49 gegen Dänemark erhoben. Sie waren zwar unterlegen, aber in den Verträgen von 1851 und 1852 wurde der König von Dänemark verpflichtet, die Autonomie der beiden Herzogtümer anzuerkennen und keinen Versuch zu machen, sie in den dänischen Reichsverband einzuschmelzen. Das „Londoner Protokoll" hatte 1852 eine gemeinsame Thronfolge für Dänemark und Schleswig-Holstein festgelegt. Doch Dänemark hielt die getroffenen Abmachungen nicht. Die Gruppe der sogenannten „Eiderdänen" verlangte die restlose Eingliederung Schleswigs und Holsteins in den dänischen Staat. Am 30 März 1863 erließ König Friedrich VII. (1848—1863) Bestimmungen, auf Grund derer die alte Verbindung zwischen Schleswig und Holstein gelöst und Schleswig vollkommen dem dänischen Staat inkorporiert wurde. Zwei Tage später starb der König, und es trat die in London festgesetzte Erbfolge in Kraft. Sie wurde aber von den Schleswig-Holsteinern abgelehnt. Wie 1859 flammte in Deutschland eine Volksbewegung empor, die sich in der Gründung vieler Hilfskomitees für Schleswig-Holstein, in Protestversammlungen, in Zeitschriften und Flugblättern äußerte. Am 23. und 24. Dezember marschierten im Auftrag des Deutschen Bundes sächsische und hannoversche Truppen in Holstein ein. Die Dänen zogen sich vorerst kampflos zurück. Im Jänner 1864 beschlossen die österreichische und preußische Regierung — im übrigen von tiefstem Mißtrauen gegeneinander erfüllt — Schleswig zu besetzen. Als Dänemark ein Ultimatum ablehnte, erfolgte am 1. Februar 1864 der Kriegsausbruch. Die kleine, aber tapfere dänische Armee wehrte sich verzweifelt gegen die beiden Großmächte, die das gesamte festländische Dänemark bis zur Nordspitze der Halbinsel Jütland besetzten. Dagegen war es Österreich und Preußen nicht möglich, bis zu der auf einer Insel liegenden Hauptstadt Kopenhagen vorzudringen. Die dänische Flotte blockierte die Elbemündung und schädigte den Handel der Hansestadt Hamburg empfindlich. Da Preußens Marine zu schwach war, unternahm es Österreich, die Blockade zu brechen. Die österreichische Flotte lief unter dem Kommando von Wilhelm von Tegetthoff

(1827—1871) aus der Adria aus, vereinigte sich an der holländischen Küste mit einem kleinen preußischen Geschwader und schlug die Dänen in der Seeschlacht bei Helgoland. In diesem Augenblick hatte England bereits seine Friedensvermittlung begonnen. Dänemark trat im Frieden von Wien am 30. Oktober 1864 die beiden Herzogtümer Schleswig und Holstein mit Lauenberg an Österreich und Preußen gemeinsam ab. Eine Zusatzbestimmung sagte, daß in einer noch festzusetzenden Zeit in Nordschleswig eine Volksabstimmung über die Zugehörigkeit dieses Landesteiles stattfinden sollte. Es gelang Preußen und später dem Deutschen Reich, die Erfüllung dieser Klausel bis in das Jahr 1920 zu verzögern. Die Volksabstimmung, die nun stattfand, endete mit einem — wenigstens teilweisen — Sieg für Dänemark, das Nordschleswig zurückerhielt.

Die Interessen Österreichs und Preußens liefen in Schleswig-Holstein einander diametral entgegen. In Wien wünschte man den von Schleswigern und Holsteinern anerkannten Thronkandidaten in seine Rechte einzusetzen und dann das Land zu räumen. Bismarck wollte die eroberten Gebiete annektieren. Die Stellung Österreichs wurde anfangs dadurch geschwächt, daß auch in Wien der Gedanke nicht völlig verworfen wurde, seine Rechte auf die beiden Herzogtümer gegen eine Kompensation an Preußen zu übertragen. Da man sich über das Geschick Schleswig-Holsteins vorläufig nicht einigen konnte, beschloß man, Schleswig-Holstein gemeinsam zu verwalten. Dies brachte von allem Anfang an Schwierigkeiten mit sich. Österreichische und preußische Soldaten, die in den gleichen Garnisonen lagen, stritten an den Sonntagen in den Wirtshäusern miteinander. Die österreichischen Besatzungsbehörden begünstigten insgeheim den Herzog von Augustenburg, der als Thronbewerber auftrat, die preußischen trafen auf Bismarcks Anordnung hin alle Vorbereitungen für die Annexion.

Es war ein Verhängnis, daß es Preußen noch im Sommer 1864 gelang, den Anschluß der meisten noch nicht dem Zollverein angehörigen Staaten an diesen zu erreichen. Dabei ging es nicht immer mit sauberen Mitteln zu; so ließ der Kurfürst von Hessen-Kassel durch Vermittlung seiner Maitresse seine Zustimmung um eine größere Geldsumme erkaufen. Da sich Bismarck noch nicht stark genug zum Krieg fühlte, überließ er Österreich im Vertrag zu Gastein am 14. August 1865 die Verwaltung von ganz Holstein und Lauenburg, während er Schleswig für Preußen beanspruchte. Der damalige österreichische Außenminister Graf Mensdorf-Pouilly (1813—1871) stand völlig unter dem Einfluß des Grafen Moritz Esterházy aus der Forchtensteiner Linie dieses ungarischen Fürstengeschlechts. Esterházy war Minister ohne Portefeuille, mengte sich aber in alles hinein und war vor allem in der Außenpolitik der eigentlich maßgebende Mann. Graf Mensdorf-Pouilly erklärte später darüber: „Ich war General der Kavallerie, mein Kriegsherr hatte mir befohlen, den Ministerposten zu übernehmen, und so mußte ich es mir wohl oder übel gefallen lassen, daß mir ein geschulter Diplomat zur Seite gestellt wurde, der den Mut nicht hatte, die volle Verantwortung selbst zu übernehmen." Ob Graf Moritz Esterházy damals noch im Besitz seiner geistigen Fähigkeiten war, ist umstritten. Jedenfalls mußte er wenig später als unheilbar unter die Aufsicht eines Irrenarztes gestellt werden.

Der Vertrag von Gastein war für Preußen bedeutend günstiger als für Österreich. Denn da die Monarchie den Herzog von Augustenburg der preußischen

Annexionslust überlieferte, verlor sie das Vertrauen so mancher deutscher Mittel- und Kleinstaaten, deren Herrscher bisher in Österreich den Garanten für ihren Thron gesehen hatten. Auch empörte sich die Volksmeinung darüber, daß man — so sah man es in der breiten Öffentlichkeit — mit Ländern wie in früheren Jahrhunderten Schacher trieb. So mußte das Bemühen Österreichs scheitern, durch die Gasteiner Übereinkunft den Frieden zu erhalten. Bismarck hielt den Augenblick der endgültigen Entscheidung für gekommen.

Königgrätz

Preußen hatte sich für die militärische Entscheidung gründlich vorbereitet. Am 8. April 1866 schloß Bismarck mit dem Königreich Italien einen Geheimvertrag, in dem sich beide Staaten zusicherten, binnen drei Monaten an Österreich den Krieg zu erklären und keinen Sonderfrieden zu schließen. Österreich sollte gezwungen werden, an Italien den Rest seines venetianisch-lombardischen Gebietes sowie südslawische Gebiete abzutreten, während sich Preußen die Erwerbung gleichwertiger österreichischer Länder — es wurde von Böhmen gesprochen — sowie Annexionen innerhalb Deutschlands vorbehielt. Preußen versuchte ferner, die Völker der österreichischen Monarchie zu revolutionieren. Bismarck nahm Verbindung mit ungarischen Emigranten auf und sprach schon davon, den Herzog von Leuchtenberg, einen Nachkommen von Napoleons Stiefsohn Eugen, zum König von Ungarn zu machen. Am 10. und 11. Juni 1866 fanden sich die beiden ungarischen Emigrantenführer Klapka und Türr zusammen mit Csaki in Berlin zu Verhandlungen ein; das Ergebnis war die Aufstellung einer „Ungarischen Legion" im Rahmen der preußischen Armee. Ebenso plante man, die Südslawen zur Empörung zu bewegen. Serbische und rumänische Freischaren sollten in die Monarchie einfallen und Österreich „ins Herz treffen". In Wien wollten sich die preußische und italienische Armee die Hände reichen.

Als es deutlich wurde, daß Bismarck einen Krieg vorbereitete, erhob sich ein Sturm der Empörung gegen sein Vorhaben. Die preußischen Zeitungen von März bis Juni 1866 brachten fast täglich Berichte über Friedensdemonstrationen oder veröffentlichten Resolutionen, in denen von der Regierung gefordert wurde, jeden Angriff auf Österreich zu unterlassen. Kundgebungen der preußischen Bevölkerung für den Frieden fanden von Köln am Rhein bis nach Königsberg in Ostpreußen statt. In der Ablehnung eines Krieges trafen sich Konservative, Liberale und Demokraten; Arbeiter ebenso wie preußische Junker. Auch die Stimmung der Armee galt — wenn wir die Berichte an den preußischen Kriegsminister durchsehen — für durchaus nicht gut. Aber Bismarck erhielt eine Hilfe, die ihm vor allem die finanziellen Sorgen abnahm. Die Firmen Stumm an der Saar und Krupp in Essen hatten ihm schon 1864 einen langjährigen Kredit in der Höhe bis zu 2 Millionen Talern für Waffenlieferungen angeboten, und noch im Frühjahr 1866 verkaufte Bismarck für 13 Millionen Taler Aktien der Eisenbahn Köln—Minden, die Staatsbesitz war. Ohne die Bewilligung des Parlaments einzuholen, ließ er außerdem für 40 Millionen Taler Papiergeld ausgeben. Damit waren die Kriegskosten gedeckt.

Es gelang der preußischen Politik, Österreich formell zum Bruch des Gasteiner Vertrages zu zwingen, in dem sich beide Mächte verpflichtet hatten, das Schicksal Schleswig-Holsteins nur gemeinsam und ohne Zuziehung des Deutschen Bundes zu entscheiden. Bismarck legte dem Deutschen Bund einen Reformplan vor, auf Grund dessen ein gesamtdeutsches Parlament durch allgemeine und direkte Wahlen geschaffen werden sollte. Anderseits bot er Österreich eine Teilung Deutschlands an und verhandelte auch mit Napoleon III., der sich aber entschloß, erst die ersten Schlachten abzuwarten. Als am 1. Juni 1866 der österreichische Militärkommandant von Holstein, General Gablenz, den Landtag einberief und dieser den Herzog von Augustenburg zum Landesherrn ausrufen zu lassen Miene machte, rückten preußische Truppen in Holstein ein. Daraufhin beantragte Österreich die Bundesexekution gegen Preußen. Ein bayrischer Antrag, einen Teil der Streitkräfte der deutschen Bundesstaaten zu mobilisieren und damit den Störern des Friedens entgegenzutreten, wurde am 14. Juni im Deutschen Bundestag angenommen. Daraufhin erklärte der preußische Gesandte die Bundesakte für gebrochen und den Austritt Preußens aus dem Deutschen Bund.

In der nun folgenden kriegerischen Auseinandersetzung standen von den größeren deutschen Staaten Bayern, Württemberg, Baden, Sachsen, Hessen-Kassel und Hannover auf seiten Österreichs. Preußische Truppen marschierten in Dresden, Kassel und der Stadt Hannover ein. Die hannoveranische Armee zog unter Führung ihres blinden Königs Georg V. nach Süden, um sich mit den Bayern zu vereinigen. Eine preußische Armee, die den Hannoveranern den Weg verlegen wollte, wurde von diesen in der Schlacht von Langensalza in Thüringen geschlagen. Da aber die Hannoveraner ohne Munitionsvorräte in Marsch gesetzt worden waren und sich bereits völlig ausgeschossen hatten, mußten sie — um unnötiges Blutvergießen zu vermeiden — zwei Tage nach dem Sieg am 29. Juni 1866 kapitulieren.

Unterdessen waren auch an der Südfront die ersten Entscheidungen gefallen. Italien hatte — wie es mit Preußen abgesprochen worden war — an Österreich den Krieg erklärt. Eine weit überlegene italienische Armee unter dem Oberbefehl des Königs Viktor Emanuel II. überschritt die Grenze. Bei Custoza, wo bereits 1848 Radetzky gesiegt hatte, trafen die Heere aufeinander. Erzherzog Albrecht, der die Österreicher befehligte, schlug das italienische Heer und hielt dessen weiteren Vormarsch auf. Die Österreicher kämpften hier um den Besitz eines Landes, das schon verlorengegangen war; denn in einem Geheimvertrag hatte Österreich am 12. Juni Venetien an Frankreich abgetreten und sich von diesem freie Hand in Deutschland zusichern lassen.

Der Hauptkriegsschauplatz war Böhmen. Hier führte der durch seinen Sieg von San Martino 1859 ungemein populär gewordene Feldzeugmeister Ludwig von Benedek den Oberbefehl. Es war eine unglückliche Besetzung dieser so wichtigen Stelle; denn Benedek brachte die Voraussetzungen für einen Krieg in Italien, aber nicht in Böhmen mit. Er mußte erst durch das Machtwort des Kaisers als des obersten Kriegsherrn dazu gezwungen wurden, die Führung der Nordarmee zu übernehmen. Das gesamte sächsische Heer hatte sich mit den Österreichern vereinigt und kämpfte an ihrer Seite. Die preußische Armee war der neuen technischen Entwicklung besser angepaßt als die österreichische. Sie besaß nicht bloß das Zündnadelgewehr, einen Hinterlader, der dem österreichischen Vorderlader an Feuerkraft weit überlegen war; die dunkelblauen Uniformen der preußischen Armee stachen weniger ins Auge als die blendendweißen Waffenröcke der Österreicher. Außerdem verstanden es die Preußen besser, sich der Eisenbahnen und des Telegraphen zu bedienen. Allerdings war die österreichische Artillerie der preußischen weit überlegen. Die ersten Zusammenstöße zwischen den feindlichen Heeren brachten Österreich sogar den Sieg von Trautenau, der freilich unter ungeheuren Blutopfern erkauft wurde, als das erste Infanterieregiment Kaiser Franz Joseph I. den Kapellenberg unter dem schweren Feuer der Preußen erstürmte. Die Entscheidung fiel beim Dorf Sadowa in der Nähe der Stadt Königgrätz am 3. Juli 1866. Die Österreicher kämpften mit Heldenmut. Zu Mittag waren die Preußen so erschöpft, daß der Sieg für Österreich gesichert erschien. Doch der Kampf um den Swiepwald brachte den Österreichern schwere Verluste. Als dann — für die Preußen noch rechtzeitig genug, um ihre Niederlage zu verhindern — eine zweite preußische Armee unter dem Kronprinzen den Österreichern in Flanke und Rücken fiel, wurde der Rückzug über die Elbe angetreten. Die österreichische Artillerie deckte bis zur letzten Kanone und bis zum letzten Mann die weichenden Truppen und verhinderte so die restlose Vernichtung der österreichischen Armee.

Der Vorstoß der Preußen ging nun gegen Brünn und Wien. Es war für Bismarcks Kriegsführung kennzeichnend, daß beim Einzug der Preußen in Prag Plakate angeschlagen wurden, woraus die „Bewohner des glorreichen Königreiches Böhmen" erfuhren, daß die Preußen gekommen seien, „ihren gerechten Wünschen nach Selbständigkeit und freier nationaler Entwicklung" die Hand zu bieten. Dieser Appell an die tschechische Nationalidee fand nur wenig Widerhall. Auch die ungarische Legion Klapkas konnte nur durch gefangene österreichische Soldaten ungarischer Zunge halbwegs aufgefüllt werden. Der nationaltschechische Turnverband der Sokol hatte den Statthalter von Böhmen aufgefordert, ihn zu bewaffnen, damit seine Mitglieder einen Partisanenkrieg gegen die Preußen führen könnten. Die Wiener Regierung war allerdings mit einer derartigen Hilfeleistung nicht einverstanden. Auch der italienische Versuch, in Dalmatien zu landen und einen Aufstand der Südslawen gegen die Monarchie zu entfachen, scheiterte bereits in seinen Anfängen. Die italienische Flotte, die die Inselfestung Lissa beschoß, um dann die Landungsoperationen an der Küste durchführen zu können, wurde von Vizeadmiral Tegetthoff, dem Sieger von Helgoland, am 20. Juli 1866 vernichtend geschlagen. Es war dies eine der großen Seeschlachten des 19. Jahrhunderts und brachte der kleinen österreichischen Kriegsmarine, die noch zum Teil mit Holzschiffen den italienischen Panzern entgegengefahren und sie gerammt hatte, die verdiente Anerkennung in allen militärischen Kreisen Europas.

Schon vor der Schlacht bei Königgrätz hatte Benedek den Kaiser dringend aufgefordert, im Hinblick auf den Zustand der österreichischen Armee Frieden zu schließen. Dieses Telegramm wurde ihm später bös ausgelegt und trug zu jener —

sicherlich größtenteils unverdienten — Behandlung bei, die Benedek später erfuhr. Erzherzog Albrecht, der Sieger von Custoza, übernahm nun den Oberbefehl über sämtliche österreichische Armeen. Er führte den größten Teil der in Italien stehenden Südarmee an die Donau und vereinigte sich dort mit einem Teil der Nordarmee. Am 22. Juli kam es bei Blumenau in der Nähe von Preßburg zu Kämpfen, die sich zu einer Schlacht zu entwickeln schienen. Sie wurden abgebrochen. Denn am 26. Juli kam in Nikolsburg ein Waffenstillstand zwischen Österreich und Preußen zustande. Die Friedensverhandlungen waren äußerst schwierig. Die preußische Kriegspartei wollte unter allen Umständen einen großen Teil von Böhmen und eine Reihe deutscher Mittelstaaten annektieren. Österreich kämpfte vor allem für die Erhaltung von Sachsen, dessen Armee in so unwandelbarer Bündnistreue zu Österreich gehalten hatte. Bismarck selbst hatte nichts gegen die Inbesitznahme von Hannover, Kurhessen, des Herzogtums Nassau und der Freien Stadt Frankfurt einzuwenden, wehrte sich aber gegen den Plan, von Österreich Abtretungen zu verlangen; denn schon mischten sich Frankreich und Rußland in die Besprechungen ein, denen die sichtlich gewachsene Macht Preußens gefährlich zu werden schien. Ebenso standen jetzt 200.000 Österreicher den preußischen Truppen gegenüber, in deren Reihen die Cholera ausgebrochen war, die mehr Tote als der ganze Feldzug forderte. Die Lage besserte sich politisch und militärisch jeden Tag für Österreich. Eine österreichische Kriegspartei — an ihrer Spitze Erzherzog Albrecht — wollte den Kampf, in der Hoffnung, in Frankreich einen Alliierten zu finden, fortsetzen. Bismarck beeilte sich nun, seinen Willen dem widerstrebenden König Wilhelm I. gegenüber durchzusetzen. Am 23. August wurde der Friede von Prag geschlossen. Der Deutsche Bund wurde aufgelöst, Österreich trat aus ihm aus und zahlte Preußen 20 Millionen Taler Kriegsentschädigung. Ebenso verzichtete es auf alle seine Rechte in Schleswig-Holstein und Lauenburg. Dagegen verlor es an Preußen keinen Quadratmeter Boden und konnte sich in der Hoffnung wiegen, dem von Bismarck geschaffenen „Norddeutschen Bund" einen „Süddeutschen Bund" unter österreichischer Führung entgegenstellen zu können. Der Krieg von 1866 war jedenfalls kein nationaler Befreiungs- oder Unabhängigkeitskrieg, sondern ein Machtkampf Österreichs und Preußens. Die auf ihren alten Rechten pochende Donaumonarchie wurde von dem jüngeren skrupellos vorgehenden Preußen aus ihrer Position gedrängt. Wie immer aber Recht und Unrecht verteilt waren, die Entscheidung von 1866 war unwiderruflich. Jeder Versuch, sie rückgängig zu machen, mußte zugleich ein Versuch sein, das Rad der Geschichte zurückzudrehen.

Es zeugte von der moralischen Charakterstärke der Intelligenz jener Tage, daß sie ihre Meinung binnen weniger Wochen zu ändern imstande war. So schrieb einer von ihnen knapp vor Ausbruch des Krieges 1866, und zwar der bekannte deutsche Rechtsgelehrte Rudolf Jhering: „Mit einer so empörenden Schamlosigkeit, mit einer solchen grauenhaften Frivolität ist vielleicht nie ein Krieg angezettelt worden ... das innerste Gefühl empört sich über einen solchen Frevel an allen Grundsätzen des Rechtes und der Moral." Doch schon zwei Monate später, nach den preußischen Erfolgen, erklärte der gleiche Jhering: „Ich beuge mich vor dem Genie eines Bismarck, ich habe dem Mann alles, was er bisher getan hat, vergeben, ja mehr als das ... ich gebe für einen solchen Mann der Tat hundert Männer der machtlosen Ehrlichkeit." Trotz dieser Äußerung wurde Ihering zwei Jahre später nach Wien berufen. Nur wenige, wie der Vorkämpfer des föderalistischen Gedankens, Konstantin Frantz (1817—1891), blieben — unbeirrt vom Machtrausch — ihren alten Idealen treu. Die Geisteshaltung der Mehrheit wurde der Nährboden, aus dem später Männer wie Adolf Hitler ihre Kräfte ziehen konnten. Für den deutschsprachigen Österreicher indessen bedeutete das Jahr 1866 den Beginn der letzten Phase seiner eigenständigen Entwicklung vor 1918.

Ein Teil der von Preußen um ihre Länder gebrachten Fürsten — wie der blinde König von Hannover, Georg V., und der Kurfürst Friedrich Wilhelm von Hessen-Kassel — nahmen ihren Wohnsitz in Österreich. Ihnen folgten eine Reihe von Politikern, Journalisten und Schriftstellern, die nicht in einem von Preußen beherrschten Deutschland leben wollten: so der Kurhesse Adam Trabert (1822—1914), später Mitglied der katholischen Dichtervereinigung des „Gralbundes" in Wien, und der Ostfriese Onno Klopp (1822—1903), der später der Geschichtslehrer des Thronfolgers Erzherzog Franz Ferdinand d'Este wurde. Auch in Deutschland selbst blieb eine kleine, aber rührige Opposition gegen Preußen am Werk: die „Welfen" in Hannover, zuerst als „Deutschhannoveranische Partei", nach 1945 als „Niedersächsische Landespartei" in Erscheinung tretend, und die kurhessische „Rechtspartei". Nachdem 1871 das Deutsche Reich gegründet worden war, bildeten sich auch in Bayern (vor allem um die „Historisch-Politischen Blätter" und das „Bayrische Vaterland") antipreußische Oppositionsgruppen.

Zusammenfassung:

Der Versuch Österreichs, die Vormacht in Italien und im Deutschen Bund zu behalten, scheiterte. Obwohl die österreichische Verwaltung in Italien keineswegs eine despotische Tyrannenherrschaft war, sondern vor allem den breiten Massen manche sozialen Errungenschaften brachte, wurde sie als „Fremdherrschaft" empfunden und konnte sich nicht behaupten. In gleicher Weise lief Preußen unter der skrupellosen Politik Bismarcks dem alten Habsburgerstaat endgültig den Rang beim Kampf um die Vorherrschaft in Deutschland ab. Das Ergebnis des Jahres 1866 wurde durch den Deutsch-Französischen Krieg 1870/71 zu einer nicht mehr rückgängig zu machenden Weiterentwicklung des geschichtlichen Prozesses. Für Österreich trat jetzt die Frage der inneren Organisation des Kaiserstaates in den Vordergrund.

Extra-Ausgabe der Wiener Zeitung.

Nr. 240. Donnerstag, den 17. Oktober 1918

Seine k. u. k. Apostolische Majestät haben das nachstehende Allerhöchste Manifest allergnädigst zu erlassen geruht:

An Meine getreuen österreichischen Völker!

Seitdem Ich den Thron bestiegen habe, ist es Mein unentwegtes Bestreben, allen Meinen Völkern den ersehnten Frieden zu erringen, sowie den Völkern Österreichs die Bahnen zu weisen, auf denen sie die Kraft ihres Volkstums, unbehindert durch Hemmnisse und Reibungen, zur segensreichen Entfaltung bringen und für ihre geistige und wirtschaftliche Wohlfahrt erfolgreich verwerten können.

Das furchtbare Ringen des Weltkrieges hat das Friedenswerk bisher gehemmt. Heldenmut und Treue — opferwilliges Ertragen von Not und Entbehrungen haben in dieser schweren Zeit das Vaterland ruhmvoll verteidigt. Die harten Opfer des Krieges mußten uns den ehrenvollen Frieden sichern, an dessen Schwelle wir heute, mit Gottes Hilfe, stehen.

Nunmehr muß ohne Säumnis der Neuaufbau des Vaterlandes auf seinen natürlichen und daher zuverlässigsten Grundlagen in Angriff genommen werden. Die Wünsche der österreichischen Völker sind hiebei sorgfältig miteinander in Einklang zu bringen und der Erfüllung zuzuführen. Ich bin entschlossen, dieses Werk unter freier Mitwirkung Meiner Völker im Geiste jener Grundsätze durchzuführen, die sich die verbündeten Monarchen in ihrem Friedensanbote zu eigen gemacht haben. Österreich soll, dem Willen seiner Völker gemäß, zu einem Bundesstaate werden, in dem jeder Volksstamm auf seinem Siedlungsgebiete sein eigenes staatliches Gemeinwesen bildet. Der Vereinigung der polnischen Gebiete Österreichs mit dem unabhängigen polnischen Staate wird hiedurch in keiner Weise vorgegriffen. Die Stadt Triest samt ihrem Gebiete erhält, den Wünschen ihrer Bevölkerung entsprechend, eine Sonderstellung.

Diese Neugestaltung, durch die die Integrität der Länder der ungarischen heiligen Krone in keiner Weise berührt wird, soll jedem nationalen Einzelstaate seine Selbständigkeit gewährleisten; sie wird aber auch gemeinsame Interessen wirksam schützen und überall dort zur Geltung bringen, wo die Gemeinsamkeit ein Lebensbedürfnis der einzelnen Staatswesen ist. Insbesondere wird die Vereinigung aller Kräfte geboten sein, um die großen Aufgaben, die sich aus den Rückwirkungen des Krieges ergeben, nach Recht und Billigkeit erfolgreich zu lösen.

Bis diese Umgestaltung auf gesetzlichem Wege vollendet ist, bleiben die bestehenden Einrichtungen zur Wahrung der allgemeinen Interessen unverändert aufrecht. Meine Regierung ist beauftragt, zum Neuaufbaue Österreichs ohne Verzug alle Arbeiten vorzubereiten. An die Völker, auf deren Selbstbestimmung das neue Reich sich gründen wird, ergeht Mein Ruf, an dem großen Werke durch Nationalräte mitzuwirken, die — gebildet aus den Reichsratsabgeordneten jeder Nation — die Interessen der Völker zueinander sowie im Verkehre mit Meiner Regierung zur Geltung bringen sollen.

So möge unser Vaterland, gefestigt durch die Eintracht der Nationen, die es umschließt, als Bund freier Völker aus den Stürmen des Krieges hervorgehen. Der Segen des Allmächtigen sei über unserer Arbeit, damit das große Friedenswerk, das wir errichten, das Glück aller Meiner Völker bedeute.

Wien, am 16. Oktober 1918.

Karl m. p.

Hussarek m. p.

Verantwortlicher Redakteur: Dr. Friedrich Sträßle. Druckerei der kaiserlichen „Wiener Zeitung“.

Manifest Kaiser Karl I. von Österreich
vom 17. Oktober 1918 über die Gründung eines österreichischen Bundesstaates

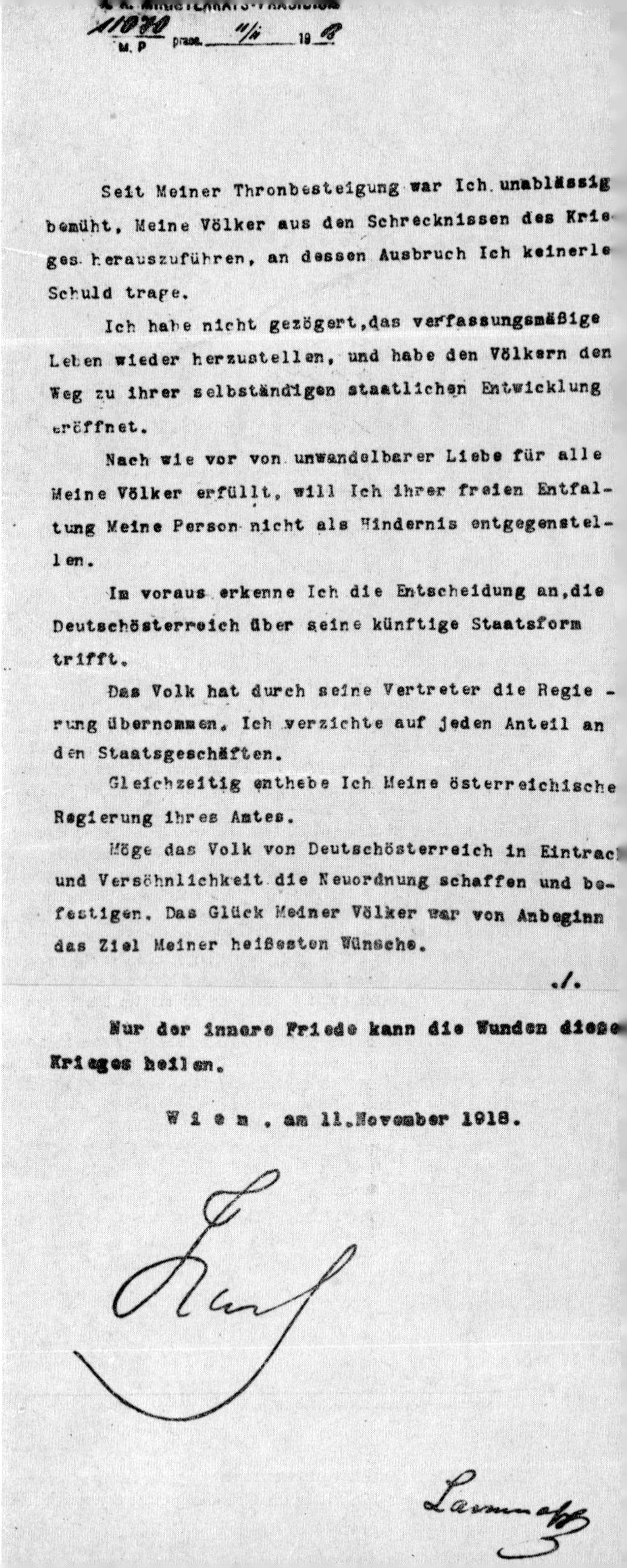

11070 M. P praes. 11/11 1918

Seit Meiner Thronbesteigung war Ich unablässig bemüht, Meine Völker aus den Schrecknissen des Krieges herauszuführen, an dessen Ausbruch Ich keinerlei Schuld trage.

Ich habe nicht gezögert, das verfassungsmäßige Leben wieder herzustellen, und habe den Völkern den Weg zu ihrer selbständigen staatlichen Entwicklung eröffnet.

Nach wie vor von unwandelbarer Liebe für alle Meine Völker erfüllt, will Ich ihrer freien Entfaltung Meine Person nicht als Hindernis entgegenstellen.

Im voraus erkenne Ich die Entscheidung an, die Deutschösterreich über seine künftige Staatsform trifft.

Das Volk hat durch seine Vertreter die Regierung übernommen. Ich verzichte auf jeden Anteil an den Staatsgeschäften.

Gleichzeitig enthebe Ich Meine österreichische Regierung ihres Amtes.

Möge das Volk von Deutschösterreich in Eintracht und Versöhnlichkeit die Neuordnung schaffen und befestigen. Das Glück Meiner Völker war von Anbeginn das Ziel Meiner heißesten Wünsche.

./.

Nur der innere Friede kann die Wunden dieses Krieges heilen.

Wien, am 11. November 1918.

Karl

Lammasch

Kaiser Karl I. verzichtet am 11. November 1918 auf die Ausübung seiner Herrscherrechte

DIE ÖSTERREICHISCH-UNGARISCHE MONARCHIE
1867—1918

Dualismus und Ausgleich

Im innenpolitischen Leben der Habsburgermonarchie war auch nach der Beendigung des ungarischen Freiheitskrieges Ungarn ein besonders schwieriges Problem geblieben. Die Bürokratie, der man in den Jahren des Neuabsolutismus die Verwaltung des Landes anvertraut hatte, war größtenteils nichtungarischer Herkunft. Diese Beamten, oft aus Böhmen stammend, wurden vom Volk nur mit stillem Ingrimm betrachtet. Einzig die Deutsch-Ungarn verstanden sich besser mit ihnen; denn sie waren jetzt gewissermaßen in der sozialen Wertung um einige Grade in die Höhe gerückt. Auch jene Magyaren, die sich gegen die republikanischen Ideen Kossuths immun zeigten und an der Dynastie Habsburg-Lothringen festhielten, verlangten zumindest die Wiederherstellung der alten Rechte des Königreiches Ungarn. Es bildeten sich Geheimgesellschaften, sie wurden ausgehoben und ihre Mitglieder wanderten in die Gefängnisse. Aber kaum hatte man die eine entdeckt, so wurde eine neue gegründet. Die Behörden setzten für jede Verhaftung eine Prämie aus und trieben so Polizei und Gendarmerie zu immer schärferen Maßnahmen. 1856/57 wurden auf diese Weise in Ungarn binnen drei Monaten 342.000 Kriminalfälle registriert.

Während der im Land zurückgebliebene ungarische Adel seine Hoffnung darauf setzte, man werde Kaiser Franz Joseph I. bewegen können, den Minister Dr. Alexander Bach zu entlassen und sich zum König von Ungarn krönen zu lassen, gingen andere Kreise zu einer Art passiven Resistenz über, die erst abgebrochen werden sollte, wenn die Rechte Ungarns wiederhergestellt sein würden.

Das geschah — wenigstens teilweise — 1860 durch das Oktoberdiplom. In den nunmehr wiederauflebenden Komitatsverwaltungen wurden sehr radikale Ansichten geäußert. Man wählte demonstrativ Ludwig Kossuth und andere in der Emigration weilende Führer der ungarischen Nationalbewegung zu ihren Mitgliedern. Als dann 1861 im Februarpatent das Steuer herumgerissen wurde, sollte Ungarn im geplanten Gesamtparlament mit 85 Abgeordneten vertreten sein. Doch es kam nicht zu einer Beschickung. Zuerst war die Majorität der herrschenden Schichten im Land dafür, überhaupt nicht mit dem Kaiser zu verhandeln, dessen Herrschaft offen als „ungesetzlich" bezeichnet wurde, dann aber setzte sich die Ansicht des nunmehr in den Vordergrund tretenden großen Staatsmannes Franz Deák (1803—1876) durch, der schon 1848 Minister gewesen war. Er schlug Verhandlungen vor. Sie schienen zuerst ergebnislos zu sein. Schon die Anrede „Eure Majestät" genügte, um Denkschriften Deáks an ihn zurückgehen zu lassen. Franz Joseph I. bestand nämlich darauf, als „kaiserliche und königliche Majestät" angesprochen zu werden. Aber Franz Deák war ein zäher Verhandlungspartner. Die beiden Anschauungen näherten sich immer mehr. Sicherlich spielte dabei auch der persönliche Einfluß der Gemahlin Franz Josephs I., der Kaiserin Elisabeth, einer großen Freundin Ungarns, eine Rolle, doch sollte dieser Einfluß nicht überschätzt werden.

Die Verhältnisse lagen nach dem Ende des Krieges von 1866 für ein Übereinkommen besonders günstig. Kossuth und die ungarischen Emigranten um ihn, die zuletzt den Plan einer Konföderation der Donauländer ausgearbeitet hatten, verloren nunmehr die außenpolitische Unterstützung Italiens. England sah im habsburgischen Kaiserstaat einen Stabilisierungsfaktor in Mitteleuropa, der erhalten bleiben müsse. Frankreich hatte sich Österreich seit 1859 allmählich wieder genähert und unterstützte es 1866 außenpolitisch. Das Preußen Bismarcks hatte wohl die Verdrängung Österreichs aus dem deutschen Raum in seinem Programm, jedoch nicht mehr. Selbst Rußland, das seit dem Krimkrieg der Gegner Österreichs geworden war, hielt es seit dem polnischen Aufstand von 1863 für besser, wenn die kleinen slawischen Völker der Monarchie nicht gar zu viel Macht bekämen.

Innerpolitisch jedoch war die Lage für einen „Ausgleich" der Gegensätze — und als „Ausgleich" pflegt man das Ergebnis von 1867 zu bezeichnen — sicherlich noch günstiger. Franz Deák war realistisch genug, zu erkennen, daß sowohl eine völlige Rückkehr zur Verfassung von 1849 als auch ein weiterdauernder Kampf gegen die Dynastie Ungarn nur schaden mußte. Ebenso war es untunlich, eine weitergehende demokratische Ausgestaltung des Reiches zu verlangen; denn die herrschenden Schichten Ungarns hätten sich dann der Mehrheit ihrer — zumeist nichtmagyarischen — Bauern gegenübergesehen. Die bisher alleinherrschende deutschliberale Schichte in Österreich erkannte wieder, daß ihr das Abgeben eines Teiles der Macht an die ungarische Gentry — wenigstens vorläufig — ermögliche, mit dieser zusammen weiterhin das bestimmende Element in der habsburgischen Monarchie zu bilden. Der Ausgleich war also in diesem Augenblick eine — allerdings nicht für die Dauer berechnete — Lösung der Krise, in der sich die Monarchie seit dem Ende des Neuabsolutismus befand. Österreich konnte wieder seine Großmachtstellung in Europa ausbauen. Der wirtschaftliche und kulturelle Aufschwung im letzten Drittel des 19. Jahrhunderts gab den Befürwortern des Ausgleichs eine gewisse Rechtfertigung ihrer Einstellung. Was allerdings 1867 zeitgemäß war, mußte es 1914 nicht mehr sein. So lag der Fehler des nunmehr inaugurierten Systems und damit der innerpolitische Anlaß zum Auseinanderfall der Monarchie in der Starrheit, in der man am Ausgleich festhielt, auch dann noch, als er sich als Hemmschuh für die weitere Entwicklung der Donauvölker — auch der Ungarn selbst — erwies.

Der Ausgleich wurde zwar zwischen der Krone und den Ungarn abgesprochen, doch die Mehrheit der führenden Schichten des deutschliberalen Bürgertums stimmten ihm zu. Nur der Tschechenführer Franz Palacky warnte vor ihm. Begreiflich, denn die Tschechen waren 1867 das einzige slawische Volk der Monarchie, das seiner Entwicklungsstufe und seiner sozialen Struktur nach schon in der Lage gewesen wäre, am Ausgleichswerk teilzunehmen. Palacky hatte 1865 in seinem Buch „Österreichs Staatsidee" geschrieben: „Der Tag, an dem der Dualismus proklamiert wird, wird zugleich mit unwiderstehlicher Naturnotwendigkeit der Geburtstag des Panslawismus in seiner am wenigsten erfreulichen Gestalt werden; als Paten werden ihm die Führer des Dualismus stehen. Wir Slawen werden dem zwar mit gerechtem Schmerz, aber ohne Furcht entgegensehen. Wir waren vor Österreich, wir werden auch nach ihm sein."

Die neuen Gesetze, die anstelle des Erbkaisertums Österreich, wie es seit 1804 bestand, die Österreichisch-Ungarische Monarchie schufen, wurden anfangs 1867 veröffentlicht. Die Versöhnung zwischen der ungarischen Nation und dem König wurde zugleich durch die noch 1867 erfolgte Krönung Franz Josephs I. zum apostolischen König von Ungarn besiegelt. Im alten Ungarn rechnete man infolgedessen die Regierungszeit Franz Josephs I. erst von der Krönung 1867 an. Ungarn beteiligte sich an den Feierlichkeiten zum 50. Regierungsjubiläum Kaiser Franz Josephs I. 1898 nicht, beging aber 1907 das 40. Regierungsjubiläum des K ö n i g s Franz Josephs I. Das 50. Regierungsjubiläum wurde übrigens durch die Ermordung der Kaiserin Elisabeth in Genf am 10. September 1898 überschattet.

Die neue Österreichisch-Ungarische Monarchie bestand aus zwei Staaten, die im Volksmund „Österreich" und „Ungarn" hießen, deren amtliche Namen indessen „Die im Reichsrat vertretenen Königreiche und Länder" und „Die Länder der Heiligen Ungarischen Krone" lauteten. Wehe dem, der diese offizielle Formulierung nicht gebrauchte. Um es sich doch leichter zu machen, pflegte man in offiziösen Äußerungen von „Cisleithanien" und von „Transleithanien" zu sprechen. Man bezog sich dabei auf den kleinen Leithafluß, dessen Lauf ein Stück weit die Grenze zwischen den zwei Teilen des Habsburgerreiches bildete. In Österreich sprach man von „Reichshälften", ein Ausdruck, der in Ungarn verpönt war. Die beiden Staaten standen zueinander im Verhältnis der Realunion. Auch das war eine harte Nuß für die Theoretiker des Staatsrechtes, die manchmal — besonders, wenn sie keine gelernten Österreicher waren — damit nichts anzufangen wußten. Die Realunion war mehr als eine Personalunion, war aber doch wieder kein Bundesstaat, sondern blieb eben die — Realunion. Praktisch sah dies jetzt so aus: zwischen den im „Reichsrat vertretenen Königreichen und Ländern" und den „Ländern der Heiligen Ungarischen Krone", die beide ihre eigenen Parlamente und verfassungsmäßigen Einrichtungen besaßen, gab es folgende Gemeinsamkeiten:

1. das Staatsoberhaupt, das in Österreich den Titel Kaiser, in Ungarn den Titel König führte. Der Ausspruch eines ungarischen Politikers ist verbürgt, der einmal erklärte, der „Kaiser von Österreich" sei in Ungarn nichts als ein „distinguierter Ausländer";

2. die gemeinsame Außenpolitik. Es gab nur einen einzigen österreichisch-ungarischen Außenminister, nur österreichisch-ungarische Botschaften, Gesandtschaften und Konsulate im Ausland;

3. das gemeinsame Heer und die gemeinsame Kriegsflotte. Die Kommandosprache war deutsch, die Regimentssprache die der Mehrheit der Soldaten des betreffenden Regiments. Im übrigen gab es neben dem gemeinsamen österreichisch-ungarischen Kriegsminister noch einen österreichischen Landesverteidigungs- und einen ungarischen Honvédminister; denn in der Reserve, in der sogenannten „Landwehr" und in den „Honvéds", waren die Armeen der beiden Staaten getrennt;

4. gemeinsam blieb auch jener Teil der Finanzen, der notwendig war, die gemeinsamen Angelegenheiten zu finanzieren. Das bedeutete, daß es einen gemeinsamen österreichisch-ungarischen, einen österreichischen und einen kgl. ungarischen Finanzminister gab.

Nach 1908, als die beiden Länder Bosnien und Herzegowina als „Reichsländer" organisiert wurden, belastete man den gemeinsamen Finanzminister noch mit der Verwaltung dieser beiden Gebiete, da man keine andere zuständige Stelle fand. Für die gemeinsamen Behörden galt die Abkürzung „k. u. k.", für die österreichischen „k. k.", für die ungarischen „m. k." (königlich ungarisch). Das stehende Heer bestand aus k. u. k. Regimentern, der österreichische Landsturm aus k. k. Regimentern. Wer diese komplizierte Namengebung nicht beherrschte, konnte in der Öffentlichkeit, im Parlament und anderswo mit dem Gebrauch einer falschen Betitelung verheerende innerpolitische Folgen auslösen.

Nicht gemeinsam war alles andere. Es gab sowohl in Wien als auch in Budapest — die beiden Städte Buda und Pest waren 1873 vereinigt worden — je eine von der anderen völlig unabhängige Regierung. Es gab in beiden Hauptstädten je eine Volksvertretung, in Wien Reichsrat, in Budapest Reichstag genannt. Die Minister waren von ihren Parlamenten abhängig. Die gemeinsamen Minister mußten das Vertrauen von zwei Parlamenten und von zwei Regierungen besitzen. Im übrigen war auch das Embryo einer gemeinsamen Volksvertretung vorhanden. Das waren die sogenannten „Delegationen", Ausschüsse des österreichischen und des ungarischen Reichsrates und Reichstages, die abwechselnd in Wien und in Budapest tagten und die Berichte über die gemeinsamen Angelegenheiten entgegennahmen. Um jeden Anschein eines Überparlaments zu vermeiden, tagten sie zwar in der gleichen Stadt, aber voneinander getrennt. Ihre wichtigste Tätigkeit bestand in der Aufstellung der Quoten, die jeder der beiden Staaten zu den gemeinsamen Ausgaben beizutragen hatte. Nur wenn sie nach dreimaligen Versuchen nicht zum gleichen Ergebnis gelangten, kam es zu einer gemeinsamen Sitzung, an der von beiden Seiten die gleiche Anzahl von Vertretern teilzunehmen hatten und in der nicht debattiert, sondern bloß abgestimmt werden durfte. Die durchschnittliche Quote, die Österreich zu den gemeinsamen Ausgaben beitrug, lag um 72 Prozent, die ungarische um 28 Prozent des Gesamtbudgets.

Was im 20. Jahrhundert, im Zeitalter der Wirtschaftsbündnisse und Integrationspolitik, am eigentümlichsten berührt, ist die Tatsache, daß im Ausgleich an und für sich keine gemeinsame Wirtschaftspolitik festgelegt war. Diese wurde durch ein eigenes „Zoll- und Wirtschaftsbündnis" zwischen Österreich und Ungarn ermöglicht, das 1867 für zehn Jahre abgeschlossen wurde und eine gemeinsame Zollgrenze nach außen vorsah. In Ungarn wurde diese Zollunion immer als ein Vertrag zwischen zwei souveränen Staaten und nicht als Teil der Verfassung angesehen. Alle zehn Jahre mußte dieses Wirtschaftsbündnis erneuert werden. Jede österreichische Regierung mußte daher bis 1918 beim Herannahen der Zeit, in der ein neuer Vertragsabschluß fällig wurde, mit langwierigen Verhandlungen rechnen, da in Ungarn die Geneigtheit bestand, bei dieser Gelegenheit neue Forderungen anzumelden und im Fall ihrer Ablehnung mit der Auflösung der österreichisch-ungarischen Handels-, Zoll- und Wirtschaftsgemeinschaft zu drohen.

Die Bukowina und die späteren sogenannten „Reichslande“ Bosnien und die Herzegowina gehörten nicht zur ungarischen Reichshälfte, wie ein 1968 erschienenes Buch irrtümlich behauptet. Ein Beweis, wie fremd jüngere österreichische Historiker, kaum hundert Jahre später, diesen wichtigen staatsrechtlichen Fragen gegenüberstehen.

Das Zwischenspiel Hohenwarth—Schäffle

Auch nach dem verlorenen Krieg von 1866 war in den regierenden Kreisen Österreich-Ungarns die Hoffnung nicht ganz verschwunden, das Ergebnis des Kampfes wieder rückgängig machen zu können. Dies sollte die Aufgabe des bisherigen sächsischen Ministers Graf Friedrich Ferdinand Beust (1809—1886) sein, der als Reichskanzler in den österreichischen Staatsdienst übernommen wurde. Beust war Preußenfeind und hatte diplomatisch die Wiederherstellung der österreichischen Machtstellung im deutschen Raum vorzubereiten. Mit den innerpolitischen Problemen der Doppelmonarchie völlig unvertraut, sah er in dem eben geschaffenen Dualismus die sicherste Gewähr, seine Politik zu einem guten Ende führen zu können. Beust sah sich jedoch der Opposition der tschechischen Abgeordneten unter Führung von Franz Palacky und Ladislaus Rieger gegenüber, die sich mit dem böhmischen Adel verbündet hatten. Obwohl dieser großteils nichttschechischer Herkunft war, wurde er nunmehr zum eifrigen Vertreter einer nationaltschechischen Landespolitik wie Fürst Karl Schwarzenberg (1824—1904), auf dessen Einfluß das Fernbleiben der tschechischen Abgeordneten im österreichischen Parlament seit 1862 zurückging. Er tat schon 1867 den Ausspruch: „Warum sollen die Ungarn mehr haben als wir? Warum sollen wir uns von Wiener Advokaten regieren lassen?“ Man versteht freilich diese Haltung böhmischer Aristokraten nur dann, wenn man nicht darauf vergißt, daß sie als Großgrundbesitzer Interesse an einer anderen Handels- und Wirtschaftspolitik als das kapitalistische deutschliberale Großbürgertum hatten. Fürst Rudolf von Thurn und Taxis (1833—1904) wurde — obwohl seine Gemahlin, eine Sudetendeutsche, kaum ein Wort tschechisch konnte — einer der ersten Sokolführer. Nach 1866 emigrierte er in Feindschaft gegen das Haus Habsburg aus Österreich nach Bulgarien und verfaßte in seiner neuen Heimat das erste Strafgesetzbuch dieses Landes.

Anders als die Tschechen nützten die Polen Galiziens die neue Situation zu ihren Gunsten aus. Durch kluge Unterstützung der Wiener Politik gelang es dem polnischen Adel, ohne große Verfassungsänderungen praktisch die Herrschaft in Galizien an sich zu reißen. Als der Vertreter des polnischen Adels richtete Graf Agenor Goluchowski (1812—1875) im Dezember 1866 eine Adresse an Kaiser Franz Joseph I., in der die betont unterwürfigen Worte vorkamen: „Bei Dir, allergnädigster Herr, stehen wir und wollen wir stehen!" Das Opfer der Verständigung zwischen Dynastie und Adel wurde die ruthenische (ukrainische) Bauernbevölkerung Ostgaliziens, die seit 1846 ihre Hoffnungen auf Österreich gesetzt hatte und in der jetzt rußlandfreundliche Tendenzen hochkamen. Seit Juni 1869 wurde anstelle des Deutschen das Polnische die Amtssprache von g a n z Galizien (also auch der ruthenisch-sprachigen Gebiete), ebenso beherrschte das Polnische als Unterrichtssprache die Krakauer Universität und kamen polnische Lehrstühle an der Lemberger Universität zur Besetzung.

Der Deutsch-Französische Krieg 1870/71 begrub die Hoffnungen österreichischer Kreise, das Jahr 1866 revidieren zu können. Die Kriegspartei am Wiener Hof, an ihrer Spitze Erzherzog Albrecht, wurde nur durch die raschen Niederlagen der Franzosen gehindert, den Kaiser zu einer Teilnahme am Kampf zu bewegen. Pläne, die ein österreichisch-französisch-italienisches Bündnis gegen Preußen vorsahen, standen ernsthaft in Erwägung. Als Frankreich am 19. Juli 1870 an Preußen den Krieg erklärte, gab Beust Napoleon III. nur wenige Tage später bekannt, Österreich-Ungarn sehe die Sache Frankreichs als die seine an und wünsche den Sieg der französischen Waffen. Diese Stellung der leitenden Kreise wurde freilich von der nun im Entstehen begriffenen deutschnationalen Bewegung in den österreichischen Ländern nicht geteilt. Ihre Anhänger waren bereit, unter allen Umständen die Interessen des am 18. Jänner 1871 in Versailles gegründeten Deutschen Reiches zu den ihren zu machen.

Unter dem Eindruck des Krieges von 1870/71 versuchte Kaiser Franz Joseph I. die slawischen Völker der Monarchie — vor allem die Tschechen — an den Staat zu binden. So wie vor 1867 Franz Deák die ungarischen Ansprüche vorgetragen hatte, so tat dies jetzt Graf Heinrich Clam-Martinitz (1826—1887) mit den tschechischen. Seine Stellung in Böhmen war so imposant, daß das Witzwort kolportiert und Franz Joseph I. in den Mund gelegt wurde: „Ich weiß schon nicht, ob ich Kaiser von Österreich bin oder der Clam-Martinitz König von Böhmen ist." Gleich nach der Kaiserproklamation in Versailles berief Franz Joseph den Grafen Karl Sigmund Hohenwarth (1822—1899) zum Ministerpräsidenten. Neben ihm wurde der schwäbische Professor Schäffle (1831—1903) der führende Kopf des neuen Kabinetts. Schäffle war wie Prinz Eugen einer jener Nichtösterreicher, die das österreichische Problem besser verstanden als mancher im Land Geborene. Er war seit 1866 an der Wiener Universität tätig. Am 24. Oktober 1870 legte er dem Kaiser während einer Audienz, wie er selbst in seinen Erinnerungen berichtet, „das Verderbliche und Naturwidrige einer parlamentarischen Minoritätsherrschaft dar, von welcher ganze Nationen und Klassen ausgeschlossen sind. Die Minoritätsherrschaft sei tatsächlich Herrschaft des Großkapitals mit Untertützung des doktrinären Liberalismus, eine Herrschaft des Geldes, dem die liberalen Beamten, Advokaten, Literaten und Professoren den geistigen Firnis geben.“ Das Programm der Regierung Hohenwarth—Schäffle sah die Königskrönung in Prag und die Einführung des allgemeinen Wahlrechts in Österreich vor. Am 12. September 1871 erließ der Kaiser ein Schreiben an den böhmischen Landtag, in dem er seine Krönung in Prag versprach. Ungeheurer Jubel herrschte unter den Tschechen. Der böhmische Landtag anerkannte den Ausgleich von 1867 und verlangte für sich alle jene Angelegenheiten, die nicht wie im Fall Österreich und Ungarn gemeinsam waren. Die Vorbereitungen für die Königskrönung wurden bereits getroffen. Aber die Programmpunkte der Regierung fanden den wütenden Widerstand bei all jenen, die ihre Positionen zu verlieren fürchteten. Graf Julius Andrássy, der ungarische Ministerpräsident, betrachtete die Aufnahme Böhmens als dritten Partner im österreichischen Völkerreich als eine Schmälerung des Einflusses der magyarischen Gentry. Die liberalen Kreise der deutschsprachigen Länder Österreichs bangten vor dem allgemeinen Wahlrecht, das den sozial unterdrückten Schichten mehr Einfluß gewährt hätte. Auch ausländische Kräfte — vor allem Bismarck — wendeten sich gegen Hohenwarth und Schäffle. Zu den wenigen Liberalen, die die kommende Entwicklung voraussahen, gehörte der schon genannte Dr. Adolf Fischhof, der in seinem 1869 erschienenen Buch „Österreich und die Bürgschaften seines Bestandes“ seine Gesinnungsgenossen ernstlich warnte, dem Streben der nichtdeutschsprachigen Völker Österreichs, Anteil an der Regierung zu erhalten, ein starres „Nein“ entgegenzusetzen. Aber Fischhof war in dieser Hinsicht ein weißer Rabe. Wie sehr man die Interessen des eigenen Staatswesens dem des Auslandes unterordnete, zeigt ein Brief des oberösterreichischen Reichsratsabgeordneten Freiherr Friedrich von Weichs an den Grafen Herbert Bismarck, den Sohn des nunmehrigen deutschen Reichskanzlers, in dem es wörtlich hieß, daß der Plan Hohenwarths und Schäffles die Vorherrschaft der Deutschen in Österreich gefährden würde, daß aber „die Erhaltung eines Österreich unter deutsch-magyarischer Führung, eines Österreich, welches unter dem Einfluß deutscher Politiker steht, derzeit im Interesse des Deutschen Reiches wohl begründet ist“.

Unter diesen Umständen konnten sich Hohenwarth und Schäffle nicht durchsetzen. Den letzten Anstoß, daß sich der Kaiser von seinem Ministerium abwandte, gab ein Aufstand in den südslawischen Gebieten Österreichs, der die Gründung eines „Illyrischen Staates“ zum Ziel hatte. Am 22. Oktober 1871 fiel die Entscheidung Franz Josephs I. — eine der folgenschwersten während seiner langen Regierung — gegen Hohenwarth und Schäffle. Es fand keine böhmische Königskrönung statt, und das allgemeine Wahlrecht ließ noch Jahrzehnte auf sich warten. Die Tschechenführer aber, denen man das Ergebnis mitteilte, erklärten, wenn jetzt die Gelegenheit verpaßt würde, gebe es niemals mehr die Möglichkeit, das tschechische Volk mit der österreichischen Staatsidee auszusöhnen. Hohenwarth und Schäffle weigerten sich, von sich aus einen neuen Kurs einzuschlagen und traten zurück. Hohenwarth sagte dabei zu Schäffle: „Der Monarch wäre am liebsten mit uns gegangen.“

Glück und Ende des Liberalismus in Österreich

Es war das Kennzeichen des Liberalismus in Österreich, daß er zwar wichtige Positionen im Staatsleben besetzte, daß es aber kein eigentliches liberales Zeitalter in Österreich gab. Er wurde zwischen der feudalen Vergangenheit der Monarchie und der schon heraufkommenden demokratischen Bewegung der breiten Massen eingeklemmt und erdrückt. Als in Frankreich und England das Bürgertum schon am Hebel der Macht saß, mußte der Österreicher sich noch gegen den alleinigen Herrschaftsanspruch von Aristokratie und Bürokratie zur Wehr setzen. Der Liberale glaubte an den Rechts- und nicht an den Machtstaat. Er war überzeugt, daß die menschliche Vernunft schließlich den Sieg davontragen müsse. So konnte die „Neue Freie Presse" am 25. Juli 1866 als Programm verkünden: „Der Liberalismus kann mit junkerlichen und ultramontanen Tendenzen keinen Bund schließen, er kann aber mit sich selbst Frieden machen und alle, die bisher in getrennten Kolonnen auf das gleiche Ziel marschieren, unter gemeinsamer Fahne vereinigen." Für den Liberalen waren Freiheit und Unverletzlichkeit der Person und der Wohnung, Schutz des Eigentums vor allen Eingriffen des Staates, Religions-, Versammlungs-, Redefreiheit, Gleichheit der Staatsbürger vor dem Gesetz, Wahl- und Stimmrecht das Um und Auf seiner Weltanschauung. Er suchte die öffentliche Meinung durch eine in liberalem Geist geführte Presse zu beeinflussen. Die führenden liberalen Organe waren die von August Zang (1807—1888) schon 1848 gegründete „Presse" und ihre Nachfolgerin, die „Neue Freie Presse", an der Leopold Landsteiner, Michael Etienne und Max Friedlaender führend beteiligt waren.

Während im feudalen Zeitalter Abstammung und Geburt die gesellschaftliche Stellung des einzelnen bestimmten, trat jetzt an deren Stelle Besitz und Geld, zu geringerem Grad auch die Bildung. Aber die gesellschaftliche „Form" des Adels blieb auch für die neue herrschende Schicht maßgebend. Man suchte die Aristokratie nachzuahmen und strebte mit allen Kräften darnach, von ihr voll genommen zu werden. Die Sucht, sich vom Kaiser in den Adelsstand erheben zu lassen, war geradeso verbreitet wie das Bemühen reicher Geldmänner, ihre Töchter mit Grafenkronen zu schmücken.

Von besonderer Bedeutung wurde auch die Stellung des Judentums in der liberalen Bewegung. Jahrhundertelang unterdrückt und in die Gettos verbannt, auch nach Joseph II. in Österreich nicht zur vollen Freiheit gelangend — es sei denn, man nahm die Taufe, vom Blutmärchen des „Ritualmordes" verfolgt —, war es erst im liberalen Zeitalter von den letzten Beschränkungen befreit worden. Es war daher nur allzu verständlich, daß sich die emanzipierten Juden jenen anschlossen, die für ihre Gleichberechtigung als Staatsbürger eintraten. Während es in Osteuropa noch immer jüdische Handwerker, ja sogar Bauern gegeben hatte, war den Juden im übrigen Österreich durch Zunft- und Gewerbeordnungen bisher der Eintritt in diese Berufe unmöglich gemacht worden. Sie sammelten sich also — wieder naturgemäß — in jenen Zentren des wirtschaftlichen und gesellschaftlichen Lebens, die erst jetzt im Entstehen begriffen waren. Aber gerade diese dem Soziologen sehr einleuchtenden Tatsachen brachten die antiliberal eingestellten Bevölkerungsschichten — den Adel und das konservative Element — gegen die Juden auf. Die Liberalen verstanden es leider nicht, auf solche Imponderabilien Rücksicht zu nehmen und trugen zur weiteren Verschärfung der Lage und zum Entstehen des Antisemitismus bei. So vertagte sich das österreichische Parlament am 23. September 1863, um als Beweis seiner Toleranz zwei jüdischen Abgeordneten die Feier ihres Neujahrstages zu ermöglichen, jedoch hielt man im gleichen Jahr, nur wenige Monate zuvor — ohne Rücksicht auf die katholischen Abgeordneten —, am Fronleichnamstag eine Sitzung ab.

Der Niedergang des österreichischen Liberalismus wurde durch sein Unverständnis für die Nationalitäten und die soziale Frage in der Österreichisch-Ungarischen Monarchie bedingt. Das liberale Prinzip, dem Staat möglichst wenig Einfluß auf Kultur und Wirtschaft zu geben, konnte dazu führen, daß die kulturell und sozial Schwächeren unter die Räder kamen. Wir können dies mit Bezug auf die Stellung zu den Nationalitäten einmal in Äußerungen liberal denkender Persönlichkeiten, vor allem auf dem Gebiet der Literatur, erkennen, die absolute Unfähigkeit beweisen, nationale Gerechtigkeit walten zu lassen. Der norddeutsche, jedoch in Österreich lebende Dichter Friedrich Hebbel (1813 bis 1863) beschimpfte in einem seiner Gedichte die nichtdeutschsprachigen Völker des Kaiserstaates wie folgt:

> Auch die B e d i e n t e n v ö l k e r rütteln
> am Bau, den jeder tot geglaubt,
> die Tschechen und Polacken schütteln
> ihr strupp'ges Karyatidenhaupt ...

Es mußte natürlich sehr erhebend auf Tschechen, Polen und die anderen Nationen wirken, wenn sie als „Bedientenvölker" apostrophiert wurden. In ähnlicher Weise schüttelte der liberale Journalist Daniel Spitzer (1835—1893), als der „Wiener Spaziergänger" bekannt, die Schale seiner giftigen Ironie über sie aus. Wenn er in einem Feuilleton am 28. August 1870 schreibt: „Es laufen jetzt ein paar Völker auf der Erde herum, von denen man eigentlich nicht weiß, wozu sie da sind. Wenn ich zu diesen vor allem die Völker Österreichs rechne, so geschieht dies nicht aus Nationalstolz, sondern um eine offenkundige Tatsache nicht totzuschweigen", so widersprachen solche Verhöhnungen nicht bloß der schriftstellerischen Fairneß, sondern auch dem richtig verstandenen liberalen Gedanken. Was nützte es unter diesen Umständen viel, wenn das Staatsgrundgesetz vom 21. Dezember 1867 über die allgemeinen Rechte der Staatsbürger in Artikel XIX Absatz 1 und 2 wörtlich verkündete: „Alle Volksstämme des Staates sind gleichberechtigt und jeder Volksstamm hat ein unverletzliches Recht auf Wahrung und Pflege seiner Nationalität und Sprache. Die Gleichberechtigung aller landesüblichen Sprachen in Schule, Amt und öffentlichem Leben wird vom Staat anerkannt." Das Wörtchen „anerkannt" war erst jetzt eingefügt worden; denn 1849 hatte es im gleichen vom Reichstag von Kremsier verabschiedeten Artikel „gewährleistet" geheißen, doch immerhin erschien dieser Grundsatz der Gleichberechtigung juristisch gut formuliert. In Ungarn hatte 1868 einer der größten Staatsmänner dieses Landes, Baron Joseph von Eötvös (1813—1871), als Unterrichtsminister das Recht der Nationalitäten in dem von ihm inaugurierten Nationalitätengesetz zu verankern gesucht. Er hatte schon 1850 erklärt: „Wo die Gleichberechtigung der Individuen durch die Verfassung sichergestellt ist, hat die Frage der Gleichberechtigung einer Nationalität ihre praktische Bedeutung verloren. Wo jeder dem andern, zu welcher Nation er auch gehöre, an Rechten gleich ist, kann keine Nationalität als durch den Staat bevorzugt betrachtet werden." Diese sicherlich formal richtige Anschauung zeigt, daß der Liberalismus wenig Verständnis für gewachsene Gemeinschaften aufbrachte, sondern nur das Individuum kannte. Die im österreichischen und ungarischen Staatsgrundgesetz erwähnten Bestimmungen erwiesen sich in der Praxis als unrealistisch. Es kommt nicht bloß auf die politische, sondern ebensosehr auf die wirtschaftliche und soziale Gleichstellung an. Wirtschaftlich und sozial starke und einflußreiche Gruppen können die Individualrechte des einzelnen, der ihnen nicht angehört, ohneweiters durch juristisch nicht faßbare Druckmittel beschneiden oder sogar aufheben. Ein slowakischer Bauer hatte seit 1868 als Einzelperson das Recht, sich zu seinem Volk und zu seiner Sprache zu bekennen. Aber wie weit er damit praktisch kam und ob er nicht durch den gesellschaftlichen und wirtschaftlichen Druck von Ortshonoratioren, Fabriks- und Gutsherren gezwungen wurde, sich deren Wünschen zu fügen, bleibe in jedem einzelnen Fall dahingestellt.

Noch stärker als in der nationalen trat der Unverstand des österreichischen Liberalismus in der sozialen Frage in Erscheinung. Der ungehemmte Wirtschaftsegoismus, ja sogar die Anerkennung des wirtschaftlichen Faustrechts drückte sich am besten in jener Erklärung des österreichischen Ministers Dr. Karl Giskra (1820—1879) einer Arbeiterdelegation gegenüber aus: „In Österreich gibt es keine soziale Frage; für uns hört die soziale Frage bei Bodenbach auf." Unter dem Ministerium Fürst Adolf Auersperg (1821—1885), der die Nachfolge von Hohenwarth und Schäffle angetreten hatte, kam es nach einer kurzen wirtschaftlichen Scheinblüte zum großen Wirtschafts„krach" von 1873, der der Wiener Weltausstellung des gleichen Jahres unmittelbar folgte. Der ungehemmte Drang zu großem und raschem Gewinn führte zu überhitzten Gründungen von Industrien und Aktiengesellschaften, die meist nach kurzem Bestand fallierten und viele Gutgläubige mit sich ins Verderben rissen. Eine parlamentarische Untersuchungskommission, die zur Aufdeckung der Skandale und Korruptionsfälle eingesetzt worden war, stellte für die Zeit von 1867 bis Neujahr 1874 Konzessionserteilungen an 1005 Aktiengesellschaften fest, von denen jedoch nur 682 wirklich ins Leben traten. Die Dividenden stiegen zu einer unglaublichen Höhe; sie erreichten zeitweise den Durchschnitt von 14 bis 22 Prozent. Selbst durchaus solide Institute, wie der Wiener Bankverein, folgten dem Trend: er schüttete 1870 27 Prozent, 1871 40 Prozent und 1872 80 Prozent an Dividenden aus.

Durch die Gier, rasch zu Geld zu kommen, wurden auch Beamtenschaft und Parteien korrumpiert. Dies zeigte sich vor allem stark unter den Mitgliedern der liberalen „Verfassungspartei", die man im Volksmund „Verwaltungsratspartei" nannte. So hatten nur 46 von ihnen zusammen 145 privatwirtschaftliche Verwaltungsratsposten in Besitz. Als Abgeordneter konnte man auch große

Summen einstreifen, wenn man Konzessionen vermittelte. Einer der größten Wirtschaftsprozesse dieser Zeit wurde vom 4. Jänner bis 27. Februar 1875 gegen den Generaldirektor der Lemberg-Czernowitzer Bahn, Ofenheim, geführt, der den bezeichnenden Ausspruch getan hatte: „Mit Sittensprüchlein baut man keine Eisenbahnen!" Ofenheim wurde zwar formell freigesprochen, doch waren eine Reihe von führenden Mitgliedern der liberalen Partei in diese und ähnliche Affären verwickelt: neben den beiden Ministern Dr. Giskra und Dr. Banhans, der Präsident des Parlaments Baron Hopfen, der Abgeordnete Kaisersfeld und Dr. Sturm, der die Hypothekarrentenbank, eine der größten nicht fundierten Unternehmungen, aufgezogen hatte. Dr. Giskra war derart kompromittiert, daß ihm der Kaiser den Zutritt zum Hof verbot. Er hatte während des Ofenheim-Prozesses das Nehmen von Provisionen als eine „in Österreich ganz besondere Eigentümlichkeit" verteidigt. Neben dem liberalen Großbürgertum wurde der österreichische und der ungarische Adel — in den meisten Fällen wirtschaftlich völlig unerfahren und als Aushängeschild benützt — an diesen und ähnlichen Geschäften beteiligt. In den Verwaltungsräten der seit 1864 in Wien entstandenen Banken saßen 1 Herzog, 24 Grafen, 12 Freiherren und 4 andere Adelige; in den gleichen Körperschaften der Bahnen konnte man 13 Fürsten, 1 Landgrafen, 64 Grafen, 29 Barone und 21 andere Adelige versammelt sehen. Ihre angesehenen Namen riefen das blinde Vertrauen der kleinen Aktionäre zu den Unternehmen hervor.

Als die Wirtschaftskrise jäh hereinbrach, forderten die in Schwierigkeiten geratenen Unternehmen lautstark Staatshilfe. Die Regierung mußte 80 Millionen Gulden aus den Steuermitteln der Allgemeinheit abzweigen, um das Ärgste zu verhüten. Das unter der Leitung des großen Sozialreformers Baron Karl von Vogelsang stehende Wiener Tagblatt „Vaterland" schrieb höhnisch, daß der Ruf nach Staatshilfe wider die geheiligten liberalen Prinzipien der sogenannten freien Privatwirtschaft sei. Im übrigen kamen auch die 80 Millionen Staatsgelder nur zum geringsten Teil den wirklich geschädigten kleinen Aktionären zugute. Im Ausschuß, der sie zu verteilen hatte, saßen mit Ausnahme von zwei Personen wieder nur Nutznießer der Skandale und unternehmungslustige Geschäftemacher. Die zwei Außenseiter waren Brestel und Schöffel. Brestel verließ schon nach den ersten Sitzungen, vom Milieu aufs äußerste angeekelt, den Ausschuß. Schöffel war jener Mann, dem es durch sein mutiges Eintreten gelang, den Wienerwald vor der Abholzung und Vernichtung durch Spekulanten für die Bevölkerung der österreichischen Hauptstadt zu retten.

Die liberale Verfassungspartei war außerdem in sich selbst zerfallen. Als ihr böser Geist wirkte jahrelang Dr. Eduard Herbst (1820—1892), dessen doktrinärer Liberalismus, der auf die realen Tatsachen keine Rücksicht nahm, nicht bloß die eigene Partei zerstörte, sondern ihr auch das höchste Mißfallen des Kaisers zuzog. Bismarck verspottete Dr. Herbst öffentlich in einer Reichstagsrede, als er von den österreichischen „Herbstzeitlosen" sprach. Aber den letzten Anstoß zum Untergang der liberalen Herrschaft gab die Außenpolitik.

Bosnien und die orientalische Frage

Nach dem Verlust der italienischen und der deutschen Stellung war für die Österreichisch-Ungarische Monarchie der Augenblick gekommen, eine neue Außenpolitik zu beginnen. Bis 1870 hatte man noch immer an die Möglichkeit geglaubt, das Ergebnis des Jahres 1866 revidieren zu können. Doch schon in dieser Zeitspanne zogen die orientalischen Angelegenheiten Österreich wieder stärker in ihren Bann. An den südöstlichen Grenzen befanden sich bereits seit Jahrzehnten südslawische Gebiete im Aufruhr gegen die türkische Herrschaft. Die Sultane konnten die Aufständischen nicht mehr völlig niederwerfen. Früher hatte es sich um Kämpfe der Christen auf der Balkanhalbinsel gegen die Bekenner des Islams gehandelt. Nach außen hin war dies auch jetzt noch der Fall. Doch schon traten soziale Beweggründe hinzu. Die bosnischen Begs, zum Gutteil kroatische Großgrundbesitzer, deren Vorfahren um mancher wirtschaftlicher Vorteile willen den Islam angenommen hatten, gingen gegen ihre christlich gebliebenen Stammesgenossen oft härter und grausamer vor als die echt türkischen Beamten. Sie verhinderten Reformen, die vom türkischen Staat in Angriff genommen worden waren. Immer wieder überschritten Flüchtlinge die österreichisch-türkische Grenze. Im Jahr 1877 mußte die Monarchie 3 Millionen Gulden als Unterstützung für sie aufbringen.

Auch auf österreichischem Gebiet war es zu Erhebungen gekommen. Ein Aufstand der sogenannten Bocchesen — so nannte man die Bevölkerung in der Bucht von Kotor, damals Bocche di Cattaro geheißen — endete im Jahr 1869 mit einem kaum verhüllten Sieg der Aufständischen. Diese unterwarfen sich bloß formell den österreichischen Behörden, lieferten ihre Waffen ab und erhielten sie auf der Stelle wieder zurück. Das Gefühl, daß die Monarchie im Raum des türkischen Reiches viel Ansehen verloren habe, bemächtigte sich der militärischen Kreise Österreichs und ließ sie den Gedanken einer aktiven Außenpolitik im Südosten ins Auge fassen. Teile der Länder Bosnien und der Herzegowina waren bereits im 18. Jahrhundert österreichisch gewesen. Im Jahr 1856 hatte Radetzky in einer Denkschrift auf die Nützlichkeit der Erwerbung Bosniens hingewiesen; denn die dauernde Sicherung Dalmatiens, eines schmalen Küstenstreifens, für Österreich hing davon ab, ob die Monarchie das Hinterland Dalmatiens unter ihrer Kontrolle halten könne. Seit 1859 tauchten häufiger Annexionspläne für Bosnien und die Herzegowina auf. Kaiser Franz Joseph I. war ihnen günstig gesinnt. Bisher hatte er während seiner Regierung territorial und machtmäßig nur Verluste erlitten. Es konnte ihm nur angenehm sein, ebenfalls als „Mehrer des Reiches" aufzutreten. Die Reise des Kaisers im Frühjahr 1875 nach Dalmatien, von Feldzeugmeister Baron Rodich, einem überzeugten Südslawen, in dieser Form organisiert, diente einem solchen Zweck. Außerhalb der militärischen Kreise ahnte man kaum von derartigen Absichten. Freiherr von Helfert erzählt uns als Zeitgenosse von der propagandistischen Wirkung des Kaiserbesuchs: „An die Grenzen wallfahrteten die Leute, fielen auf die Knie und blickten hinüber in das jenseitige glückliche Land. ‚Das ist ein Herr', sagten sie, ‚das ist ein Zar, der selbst nachsieht, wie es in seinen Provinzen aussieht und zugeht. Was kümmert sich um uns der Sultan, trotz aller Wehrufe, Klagen, Bitten, die wir an ihn richten!' . . . Die aufständischen Hercegovcen haben damals die kaiserlichen Fahnen ausgesteckt. Der Name Franz Joseph war ihnen das Losungswort zum Kampf, den sie für ihre Menschenrechte, ihre Freiheit aufnahmen." Tatsächlich war auch diese Kaiserreise eine der Ursachen des in Bosnien erneut ausbrechenden Aufstandes.

Um die Pläne einer Ausdehnung nach Südosten durchführen zu können, mußte Österreich-Ungarn eine günstige außenpolitische Position beziehen. Anstelle des

Grafen Beust, des einzigen „Reichskanzlers", den die Österreichisch-Ungarische Monarchie je hatte, war 1871 Graf Julius Andrássy von Csik-Király und Kraszna-Horka (1823—1890) als österreichisch-ungarischer Außenminister getreten. Er war als Ungar kein besonderer Freund Rußlands und auch wenig an einer Vermehrung der slawischen Bevölkerung der Monarchie interessiert. Nach Andrássys Meinung sollte die Türkei so lange erhalten bleiben, als es möglich war. Auf keinen Fall durfte aber eine andere Großmacht — vor allem nicht Rußland — eine Vormachtstellung auf dem Balkan erhalten. Ebensowenig durfte ein großer slawischer Balkanstaat entstehen; es waren vielmehr kleine Fürstentümer zu bilden, die man wirtschaftlich an Österreich-Ungarn angliedern konnte. Zeitweise war Andrássy auch bereit, sich mit Rußland über eine Teilung der Balkanhalbinsel zu verständigen. In diesem Fall hätte Rußland der Monarchie Bosnien, Serbien und die Herzegowina überlassen. Um Österreich-Ungarn außenpolitisch nicht zu isolieren, wie es im Krimkrieg der Fall gewesen war, näherte sich Andrássy dem neuen Deutschen Reich und Rußland. Bismarck kam ihm auf halbem Weg entgegen, denn er fürchtete im geheimen noch immer eine Wiederkehr des Dreibundes Frankreich-Österreich-Rußland aus der Zeit Maria Theresias. Rußland ließ sich schwerer und gänzlich überhaupt nicht versöhnen — die Erinnerung an den Krimkrieg war zu stark —, aber es machte in der russischen Öffentlichkeit einen guten Eindruck, als Kaiser Franz Joseph I. bei einem Staatsbesuch in St. Petersburg als erstes einen Kranz auf den Sarg des Zaren Nikolaus I. niederlegte. Man konnte seit etwa 1873 von einer deutsch-österreichisch-russischen Entente sprechen, die allerdings keine allzu konkreten Formen annahm. Während einer Zusammenkunft des österreichischen und des russischen Kaisers 1876 in Reichstadt kam es zu weiteren Vereinbarungen über gemeinsame Aktionen auf der Balkanhalbinsel. Österreich erhielt wieder Bosnien und die Herzegowina als Einflußsphäre zugesichert. Die Zeit drängte. Schon hatten Crnagora (Montenegro) und Serbien den Krieg an die Türkei erklärt, und die Bulgaren erhoben sich gegen den Sultan.

Die „Bulgarischen Greuel" bildeten bald die Schlagzeilen der europäischen Presse; sie berichteten von grauenhaften Untaten, von verbrannten Dörfern, gehenkten Männern und Frauen, vergewaltigten und geschändeten Mädchen, selbst 10- bis 12jähriger Kinder. Ein Versuch, die Türkei zum Waffenstillstand und zu Reformen zu bewegen, scheiterte am neuen Sultan Abdul Hamid II. (1876—1908, † 1918).

Rußland schlug Österreich-Ungarn vor, in Bosnien einzumarschieren, während es selbst Bulgarien besetzen wollte. Andrássy entschloß sich zu einer wohlwollenden Neutralität, nachdem Rußland in einem Geheimvertrag Österreich-Ungarn zugesichert hatte, daß es Serbien, Crnagora (Montenegro) und den Sandschak Novi Pazar nicht in den kommenden Krieg hineinziehen werde. Rußland erklärte daraufhin an die Türkei den Krieg. Rumänien trat an Rußlands Seite. Die verbündeten Armeen errangen rasch große militärische Erfolge und drangen bis in die Nähe von Konstantinopel vor. Am 3. März 1878 unterzeichnete die Türkei den Frieden von San Stefano. In ihm war die Gründung eines großbulgarischen Reiches stipuliert, das beinahe die gesamte Balkanhalbinsel umfassen sollte. Auf Österreich-Ungarns Interessen wurde keinerlei Rücksicht genommen.

Für Andrássy war es eine politische Selbstverständlichkeit, daß Österreich-Ungarn einen so großen, praktisch von Rußland beherrschten Balkanstaat nicht dulden dürfe. Die Gründung Großbulgariens verstieß nach Auffassung des Wiener Ballhausplatzes auch gegen die Abmachungen von Reichstadt. Da auch England gegen eine Beherrschung der Meerengen durch Rußland war, kam es zu einer gemeinsamen Aktion Österreich-Ungarns und Englands. Der Wiener Außenminister forderte, gestützt auf diese österreichisch-britische Entente, die Einberufung einer internationalen Konferenz, die den Frieden von San Stefano überprüfen sollte. Rußland mußte unter dem Druck der europäischen Mächte, die sich alle dem Wunsch Österreich-Ungarns und Großbritanniens anschlossen, diesem Vorschlag zustimmen. Es setzte aber als Konferenzort — anstelle des ursprünglich vorgeschlagenen Wien — Berlin durch.

Der Berliner Kongreß von 1878 beschnitt Rußlands territorialen Gewinn aus dem Krieg gewaltig. Die Bulgaren erhielten nur einen kleinen, zwischen Donau und Balkangebirge gelegenen Staat, der überdies unter türkischer Oberhoheit stehen sollte. Das mit Rußland verbündete Rumänien tauschte Bessarabien gegen die Dobrudscha aus. In der Sitzung vom 28. Juni 1878 forderte Graf Andrássy offen Bosnien und die Herzegowina für Österreich-Ungarn. Man vermied allerdings von einer „Annexion" zu sprechen, sondern verwendete mit Andrássys Zustimmung den Ausdruck „Okkupation" (Besetzung). Sie wurde Österreich-Ungarn vom Berliner Kongreß ausdrücklich gestattet. Der diesbezügliche Artikel XXV der Beschlüsse des Berliner Kongresses — am 13. Juli 1878 festgelegt — lautete wörtlich: „Die Provinzen Bosnien und Herzegowina werden von Österreich-Ungarn besetzt und verwaltet werden. Nachdem die Regierung von Österreich-Ungarn nicht wünscht, sich mit der Regierung des Sandźakats von Novi Pazar zu belasten, wird die osmanische Regierung auch weiterhin dort funktionieren. Nichtsdestoweniger behält sich Österreich-Ungarn das Recht vor, in der ganzen Ausdehnung jenes alten Vilajets von Bosnien Garnisonen zu halten und Militär- und Handelsstraßen zu haben, um so den neuen politischen Zustand und die Freiheit der Bevölkerung zu sichern."

Dem völkerrechtlichen Akt mußte allerdings erst die Realisierung folgen. Die Bewohner der Herzegowina leisteten dem Einmarsch der österreichisch-ungarischen Truppen unter dem südslawischen Feldmarschalleutnant Jovanović keinen wesentlichen Widerstand, und das Land wurde binnen weniger Tage besetzt. Dagegen kam es in Bosnien zu schweren Kämpfen, die den Einsatz aller militärischen Machtmittel der Monarchie und große finanzielle Opfer forderten. An der Spitze der gegen Österreich-Ungarn kämpfenden Bosnier — es handelte sich vor allem um Bosnier islamischen Glaubens — stand Hadž Loja, der den „Heiligen Krieg" gegen die Ungläubigen predigte. Türkische Truppen, die noch im Land standen und keine Verhaltungsmaßregeln erhalten hatten, schlossen sich ihm ebenso an, so wie er auch von Albanern unter Muktija Effendi Unterstützung erhielt. Erst am 20. Oktober 1878 wurde der letzte Stützpunkt der kämpfenden Bosnier von den österreichisch-ungarischen Truppen genommen.

Im Verlauf der nächsten Jahre gelang es Österreich-Ungarn, seine Stellung auf dem Balkan zu verstärken. Gestützt auf ein Bündnis mit dem Deutschen Reich, das Graf Andrássy knapp vor seinem Rücktritt als Außenminister 1879 geschlossen hatte und das 1881 durch Beitritt des Königreiches Italien zum sogenannten Dreibund erweitert wurde, gewann Österreich-Ungarn in Serbien, Rumänien und Griechenland beherrschenden Einfluß. Schon im Jahr 1881 schloß der serbische Herrscher Milan aus dem Haus Obrenović ein geheimes Bündnis mit der Habsburgermonarchie ab. Ebenso wurden ein Handelsvertrag stipuliert und eine Zollunion ins Auge gefaßt. Im Krieg zwischen Serbien und Bulgarien 1885 unterstützte Österreich-Ungarn die serbische Sache und verhinderte, daß das geschlagene Serbien allzu schwere Friedensbedingungen erhielt. Die Verträge zwischen Österreich-Ungarn und Serbien wurden 1889 mit geringen Abänderungen bis 1895 verlängert. Auch Rumänien wandte sich der Donaumonarchie zu. Seit 1883 bestand ein — allerdings geheimgehaltenes — österreichisch-ungarisch-rumänisches Defensivbündnis. Griechenland und die Türkei neigten sich ebenfalls auf die österreichisch-ungarische Seite, ohne formell ein Bündnis mit der Donaumonarchie zu schließen. Wenn zu dieser Zeit eine heute als Nebenbahn in Niederösterreich geführte Strecke, die Aspangbahn, den stolzen Titel „Wien-Saloniki-Bahn" erhielt, so weist dies auf die Aspirationen der österreichisch-ungarischen Balkanpolitik hin.

So positiv sich unter den gegebenen Verhältnissen die neugewonnene Stellung Österreich-Ungarns auf dem Balkan für sein internationales Ansehen auswirkte, so verstärkte sich dadurch der eben erst und kaum überbrückte Gegensatz zu Rußland in unheilvoller Weise. Er wurde so groß, daß gegen Ende der achtziger Jahre ein Krieg zwischen beiden Mächten nicht außer dem Bereich der Möglichkeit lag. In der inneren Politik Österreich-Ungarns führte die Okkupation Bosniens und der Herzegowina den Sturz des liberalen Ministeriums in Wien herbei. Kaiser Franz Joseph I. konnte es nicht verwinden, daß ihm die Deutschliberalen bei der Vergrößerung des Reiches Schwierigkeiten in den Weg gelegt hatten. Der Herrscher fühlte sich, wie er es ausdrückte, durch das Verhalten dieser Partei „vor ganz Europa bloßgestellt". Einer der letzten Versuche, den Liberalismus regierungsfähig zu erhalten und ihm Verständnis für die Völker Österreich-Ungarns zu geben, mißglückte. Unter die wenigen Männer, die auf liberaler Seite die Bedeutung einer gesunden Nationalitätenpolitik einsahen, gehörte der bereits genannte Dr. Adolf Fischhof. Auf seinem Gut Emmersdorf in der Wachau fanden zwischen ihm, dem Tschechenführer Dr. Ladislaus Rieger und zwei einflußreichen Journalisten, Etienne und Scharf, Besprechungen statt, die zu den „Emmersdorfer Punktationen" vom 31. Oktober 1879 führten. Sie sollten eine Versöhnung der Deutschliberalen mit den tschechischen Parteien mit sich bringen. Als sie von Dr. Eduard Herbst brutal abgelehnt wurden, zerschlug dieser damit den Deutschliberalismus als politische Macht.

Gesellschaftliche und politische Kräfte im franzisko-josephinischen Österreich (I)

Als Kaiser Franz Joseph I. nach dem Ende des liberalen Regimes seinen Jugendfreund, den Grafen Eduard Taaffe (1833—1895), an die Spitze der Regierung im österreichischen Teil der Doppelmonarchie berief, öffnete er damit auch den vom Liberalismus bisher schmählich vernachlässigten Volks- und Völkerschichten den Weg in die politische Arena. Die Zeit war auch in Österreich-Ungarn vorbei, in der nur Advokaten und Industrielle Politik zu machen in der Lage waren; denn Graf Eduard Taaffe, der als der „Kaiserminister" in die Geschichte eingegangen ist, schuf sich aus den Parteien der Deutschkonservativen, aus Tschechen, Polen und Südslawen eine Regierungsmehrheit, die als der „Eiserne Ring" bekannt wurde. Die Regierung Taaffe ging von allem Anfang an mit den ihr zur Verfügung stehenden Mitteln gegen die besiegten liberalen Gegner vor. So wurden im Jahr 1880 allein in Wien 184 Morgen- und 35 Abendzeitungen vom Pressestaatsanwalt beschlagnahmt. Die liberale tschechische Zeitung „Narodni Listy" war in der liberalen Zeit 150mal beschlagnahmt worden, jetzt geschah dies innerhalb der ersten acht Jahre 311mal. Erst als Graf Schönborn 1889 als Justizminister in die Regierung Taaffe eintrat, milderte sich das strenge Presseregime.

Die Regierung ging auch gegen alles vor, was nach ihrer Meinung an den jetzt erwachenden Deutschnationalismus erinnerte. Im Jahr 1881 wurde in Wien ein Fackelzug anläßlich einer Lessingfeier verboten, und die Akademische Lesehalle, die sich nicht daran hielt, verfiel der Auflösung. Die Gegner der Regierung bekämpften Taaffe, doch sie waren vierzehn Jahre lang nicht imstande, ihn zu stürzen. Im Jahr 1888 sagte der jungtschechische Abgeordnete Eduard Gregr, Österreich sei zwar kein absolutistischer Staat mehr, aber es sei „ein Staat der ministeriellen, bürokratischen Willkür unter dem Deckmantel des Konstitutionalismus". Es war der schwerste Fehler Taaffes, sich damit zu begnügen, die großen Probleme der Zeit nicht von Grund auf anzupacken und zur Lösung zu bringen, sondern durch tagespolitisch bedingte kleine Reformen — dem von ihm so genannten „Fortwursteln" — da und dort nur anzuschneiden. In diesem Sinn führte Taaffe schon 1882 eine Wahlreform durch, die den sogenannten „Fünfguldenmännern" — Personen, die fünf Gulden Steuer zahlten — das aktive Wahlrecht gewährte. Dadurch sank die Zahl der oppositionellen Abgeordneten im Reichsrat auf 132 gegenüber 192 Mitgliedern der Regierungskoalition. Die jetzt erst mühsam erfolgten Versuche, die deutsche Sprache als Staatssprache einzuführen, scheiterten. Das 1869 erlassene Reichsvolksschulgesetz wurde zugunsten der Bauern in den Schulgesetznovellen von 1883 und 1888 durchlöchert.

Gegenüber diesen unbestreitbaren Mängeln der Taaffe-Ära dürfen aber ihre großen Leistungen nicht vergessen werden, mit denen sie die liberale Ära übertraf. Der Geschichtsschreiber der österreichischen Sozialdemokratie, Ludwig Brügel, hebt „als segensreich für breite Schichten der Bevölkerung" rühmend ein Moment hervor, „das mit dem Namen des langjährigen österreichischen Ministerpräsidenten verknüpft bleiben wird: die Inangriffnahme einer werktätigen sozialen Fürsorge für die arbeitenden Klassen und die Schaffung von heute eingelebten und unentbehrlichen sozialen Institutionen". So wurden eine Reihe von Gesetzen erlassen, die die Arbeitsräume, die Arbeitszeit — Einschränkung auf 11 Stunden täglich —, die Arbeitspausen, 1885 die Sonntagsruhe, Lohn, Kündigung, Entlassung, Beschäftigung von Jugendlichen und Frauen — Verbot der Kinderarbeit unter 12 Jahren, für Kinder von 12 bis 14 Jahren Höchstarbeitszeit 6 Stunden täglich — betrafen. Zur Überwachung der diesbezüglich erlassenen Bestimmungen erfolgte am 17. Juni 1883 die Einführung von Gewerbeinspektoraten. In weiterer Folge verfügte ein Gesetz vom 30. März 1888 die obligate Arbeiterkrankenversicherung und fügte 1889 die Arbeiterunfallversicherung hinzu. Diese Sozialpolitik war für damals derart fortschrittlich, daß der Führer der österreichischen Sozialdemokraten, Dr. Viktor Adler, auf dem Internationalen Sozialistenkongreß in Brüssel 1891 die Äußerung tat, daß „Österreich neben England und der Schweiz das beste Arbeiterschutzgesetz der Welt besitze". Taaffe selbst bekannte sich als Anhänger des allgemeinen Wahlrechts, das — wie er sagte — „ja doch nichts anderes als der notwendige Ausbau unserer Staatsgrundgesetze" sei. Seine soziale Einstellung geht aus einer Äußerung dem Reichsratsabgeordneten Dr. Alois Heilinger gegenüber hervor. „Man wird mich vielleicht dereinst den ‚Arbeiterminister' nennen", sagte Taaffe. „Mein Hauptbestreben geht dahin, den großen Arbeitermassen ein besseres Los zu verschaffen. Mit der menschlichen Gesellschaft soll man nicht Raubbau treiben. Die Folge dieses meines Grundsatzes waren die unter meinem Regime zustande gekommenen Normen über die Sonntagsruhe, die Normalarbeitszeit, Einschränkung der Frauen- und Kinderarbeit, die Einführung der Gewerbeinspektoren, die Einführung der Kranken- und Unfallversicherung für Arbeiter und andere."

All diese sozialreformerischen Maßnahmen gingen auf die Initiative jener Kreise zurück, die sich auf dem Boden der katholischen Weltanschauung zusammenschlossen. Der Liberalismus hatte sich in seinem Verhältnis zur katholischen Kirche — auch von seiten seines Parteistandpunktes aus — schwerer Versäumnisse schuldig gemacht. Es gab in den Reihen der höheren Geistlichkeit eine Anzahl liberal gesinnter Männer, wie etwa Erzbischof Milde von Wien, Fürstbischof Tschiderer von Trient und Bischof Augustin B. Hille von Leitmeritz. Unter den Orden waren die Benediktiner — so die Äbte von St. Peter in Salzburg und von Melk — als durchaus modern im damaligen Sinn bekannt. Als aber die Liberalen in ständigen Angriffen das 1855 geschlossene Konkordat zwischen Rom und Wien zu Fall brachten, schlossen sich die Reihen der katholischen Bevölkerung fester denn je zusammen. Seit 1860 tobte eine Pressefehde zwischen den katholischen und den liberalen Zeitungen. Als das Protestantengesetz vom 8. April 1861 angenommen wurde — in ihm erhielten die evangelischen Christen der Habsburgermonarchie endlich anstelle der josephinischen bloßen „Duldung" die Gleichberechtigung —, protestierte der Tiroler Landtag einmütig dagegen und beschloß: „Das Recht der Öffentlichkeit der Religionsübung steht in Tirol nur der katholischen Kirche zu." Vorarlberg folgte dem Beispiel Tirols. Die interkonfessionellen Gesetze von 1868 hatten dann die seit 1855 auf dem Konkordat beruhende Zusammenarbeit zwischen Kirche und Staat in Österreich schwer erschüttert. Es kam jedoch zu keinem Kulturkampf wie im bismarckschen Deutschen Reich. Als der Bischof von Linz, Franz Joseph Rudigier (1811—1884), wegen einer Predigt und eines Hirtenbriefs über Schule und Ehe verhaftet wurde, gab ihm ein Gnadenakt des Kaisers schon nach wenigen Stunden die Freiheit. Schärfer ging die ungarische Regierung vor, der es gelang, die staatliche Zivilehe durchzusetzen. Dagegen behielt Ungarn die öffentlichrechtliche Konfessionsschule bei, während sie in Österreich durch das Reichsvolksschulgesetz abgeschafft wurde.

Im Verlauf der Auseinandersetzung des Liberalismus mit der Kirche entwickelte dieser eine religiöse Intoleranz, die sein liberales Bekenntnis unglaubwürdig machte. Er stellte, wie die „Weckstimmen", eine katholische Zeitschrift, 1871 schrieben, „die politischen Ansichten über den Glauben" und benützte „den politischen Parteienkampf als Mittel zum Kampf gegen jede positive Religion". Die Gegenwehr kam aus den Alpenländern. Hier hatte die sogenannte Konservative Partei ihren Wählerstock, und aus den Alpenländern kamen deren Wortführer, wie der hitzige und oft ins Grobe abschweifende P. Joseph Greuter (1817—1888). Viel wichtiger wurde für die Folgezeit die geistige Ausstrahlung, die von dem größten katholischen Sozialreformer des 19. Jahrhunderts und geistigen Vater der Christlichsozialen Partei, Baron Karl von Vogelsang (1818 bis 1890), ausging. Vogelsang, der aus mecklenburgischem Adel stammte und erst später nach Österreich einwanderte, war von 1875 bis zu seinem Tod Chefredakteur des 1860 vom konservativen böhmischen Adel gegründeten Wiener Tagblattes „Vaterland". Seit 1879 gab er auch die — erst später so benannte — „Österreichische Monatsschrift für christliche Sozialreform" heraus, die von Taaffe subventioniert wurde. Vogelsangs Bedeutung für den österreichischen Katholizismus kann nicht überschätzt werden. Sein Ideal war der Geist der mittelalterlichen Wirtschaftsverfassung, die er aber nicht kopieren oder einfach wiederherstellen wollte, wie ihm dies Gegner, sogar aus dem eigenen Lager, vorwarfen. Die Wirtschaft hatte, nach Vogelsang, der Allgemeinheit und nicht dem Gewinnstreben des einzelnen zu dienen. Vogelsangs Antisemitismus war — wie der Historiker Peter G. J. Pulzer feststellt — „nur beiläufig, in dieser Hinsicht angeregt von den Artikeln des Jahres 1875 in der ‚Germania', und nur insoweit, als die Juden die Vorhut der kapitalistischen Ideologie und Praxis darstellten. Als Katholik lehnte er den rassischen Antisemitismus völlig ab, griff auch die hebräische Religion als solche nicht an".

Um Vogelsang scharte sich ein Kreis von hervorragenden Persönlichkeiten und Politikern. So Prälat Joseph Scheicher (1842—1924), Alois Liechtenstein (1846—1920), als der „rote Prinz" bekannt, Prälat Franz Schindler (1847—1922), Pfarrer Eichhorn (1853—1925), Dr. Ludwig Psenner (1834—1917), Prälat Ämilian Schöpfer (1858—1936). Einer der letzten Überlebenden war Sektionsrat Dr. Karl Scheimpflug (1857—1944), der langjährige Leiter der Sozialpolitischen Sektion der katholischen österreichischen Leogesellschaft. Im Geist Vogelsangs wurde 1904 von Anton Orel (1881—1959) die erste christliche Arbeiterjugendorganisation der Welt gegründet. Niemand anderer als der sozialdemokratische Theoretiker Otto Bauer schrieb 1911 in der sozialdemokratischen Parteizeitschrift „Der Kampf" über Vogelsangs Bewegung: „Sie hat mit ihrer leidenschaftlichen Anklage zum erstenmal große Volksmassen in das politische Leben geführt, an dem vorher nur eine schmale Schicht vornehmer Edelleute, reicher Bürger, ehrgeiziger Doktoren teilgenommen. Sie hat den volksfremden Liberalismus gestürzt, den Glauben an den Kapitalismus erschüttert, die großen sozialen Probleme auf die Tagesordnung gestellt. Das bleibt ihr geschichtliches Verdienst." Und auf der Tagung des Katholischen Volksvereins für Deutschland erklärte Franz Hitze schon 1893: „Ich kann nicht gelten lassen, daß wir auf sozialem Gebiet vorangegangen sind; nein, wir haben von Österreich gelernt. Ein solcher Mann (gemeint Vogelsang) ist uns in Deutschland noch nicht erstanden." Vogelsang und sein Kreis waren auch führend an der Vorbereitung des großen päpstlichen Rundschreibens über die Arbeiterfrage „Rerum Novarum" 1891 beteiligt, das die Sozialoffensive der katholischen Kirche auf der ganzen Welt einleitete.

Vogelsang stand auch mit dem Begründer der österreichischen Sozialdemokratie — Dr. Viktor Adler (1852—1918) —, in fruchtbarem Gedankenaustausch. Adler erklärte wörtlich in einem Brief an Vogelsang: „Sie sind einer der wenigen, deren Urteil in diesen Dingen überhaupt Wert besitzt" (vgl. E. J. Görlich: Viktor Adler und Vogelsang, in Wiener Geschichtsblätter 23, (83. Jahrgang 1968, Nr. 4).

Es muß in diesem Zusammenhang noch eines Mannes gedacht werden, der in der Regierung Taaffe die Ideen Vogelsangs meisterhaft vertrat. Es war dies Dr. Emil Steinbach (1846—1907), seit 2. Februar 1891 Finanzminister im Kabinett Taaffe, später Zweiter Präsident des Obersten Gerichtshofes. Er arbeitete die Vorlage zum Allgemeinen Wahlrecht aus, über die Taaffe stürzte. Dem Herrenhaus gehörte Dr. Steinbach als sogenannter „Wilder" an, doch fühlte er sich geistig mit den Christlichsozialen verbunden. Steinbach war ein erbitterter Gegner der „Plutokratie", die er mit allen ihm zur Verfügung stehenden juristischen Mitteln bekämpfte. Er war mutig genug, 1893 in offener Parlamentssitzung die polnischen Adeligen der Steuerdefraudation zu beschuldigen und den von diesen angegriffenen Steuerdirektor Korytowskij zu decken. Seine ganze politische Hoffnung setzte Steinbach in den letzten Jahren seines Lebens auf den Thronfolger Erzherzog Franz Ferdinand d'Este, für dessen Ehe er die juristischen Unterlagen herbeigeschafft hatte und dessen Ideen einer Föderalisierung der Donaumonarchie er teilte. Wie weitgehend Steinbachs Einfluß war, zeigt seine Korrespondenz mit Männern wie Bischof Ketteler von Mainz, dem norwegischen Dichter Henrik Ibsen und dem späteren amerikanischen Präsidenten Woodrow Wilson, der zu den Anhängern Steinbachs auf sozialem Gebiet zählte und von dessen Arbeiten über die Kartelle sehr eingenommen war. Steinbach war ein hochgebildeter Mann, der neben den klassischen Sprachen Latein und Griechisch noch Englisch, Französisch, Italienisch und Spanisch genauso gut wie deutsch sprach, darüber hinaus alle slawischen Sprachen so weit beherrschte, daß er sich verständigen und Zeitungen lesen konnte, sowie selbst das Chinesische lesen und unvorbereitet zu übersetzen imstande war. Wie ihn seine politischen Gegner einschätzten, zeigt eine Würdigung seiner Person von Dr. Friedrich Elbogen im Jahr 1903 in der Wiener Zeitschrift „Die Waage": „Dr. Steinbach selbst ist ein Ereignis. Im Staat Platos müßte er alle Macht der Staatsverwaltung in sich vereinigen. Er ist eine geistige Kulturgewalt, der größte Österreicher unserer Zeit."

Die praktische Verwirklichung des Vogelsangschen Programms versuchte Doktor Karl Lueger (1844—1910), dessen Name als der eines der bedeutendsten Bürgermeister der österreichischen Hauptstadt Wien in die Geschichte eingegangen ist. Dr. Karl Lueger kam aus „proletarischem Milieu". Sein Vater war ein kleiner Hausmeister, Mutter und Schwestern betrieben eine Tabaktrafik. Dr. Lueger selbst betrat als liberaler Gemeinderat die politische Szene. Aber die Korruptionsaffären in der deutschliberalen Partei widerten ihn so an, daß er sich an einer demokratischen Gruppe beteiligte, die sich antiliberal nannte. Seit 1887 näherte er sich Vogelsang und trat mit ihm in Verbindung. Zusammen mit Lueger bildeten Prinz Alois Liechtenstein, der Mechaniker Ernst Schneider, der Universitätsbeamte Dr. Albert Geßmann und der Arbeiter Leopold Kunschak die Gründungsgruppe der Christlichsozialen Partei, die sich zuerst „Vereinigte Christen" nannte. Gestützt auf das Kleinbürgertum gelang es den Christlichsozialen schon 1895, die liberale Gemeinderatsmehrheit in Wien zu stürzen und selbst die Leitung der Geschicke der österreichischen Hauptstadt zu übernehmen. Die radikalsoziale Note dieser urchristlichsozialen Bewegung verstimmte die ältere katholisch-konservative Partei so, daß sie sich direkt an den Papst um Unterstützung gegen die „Neuerer" wandte. In einem Memorandum, das der Prager Kardinal Graf Franz Schönborn dem Heiligen Stuhl übermittelte, hieß es unter anderem: „(Sie) benützten die Gegensätze auf sozialem Gebiet, um auf Grund derselben eine agitatorische Tätigkeit zu entfalten. Die Verschiedenheit der irdischen Güter wurde hervorgekehrt, die Art der Erwerbung des Besitzes wurde kritisiert, der Haß gegen das mobile Kapital gepredigt und die gegenwärtige Gesellschaftsordnung mit den Argumenten der Sozialdemokratie bekämpft. Dabei berufen sich ihre Wortführer in offenbar absichtlicher Irreführung der öffentlichen Meinung häufig auf die Enzyklika ‚Rerum Novarum', richten aber ihre wirklichen Kundgebungen gegen die Konklusionen jenes den sozialen Frieden verkündenden päpstlichen Rundschreibens, indem sie in letzter Linie auch das wohlerworbene Eigentum in Frage stellen und dem gehässigen Neid der Besitzlosen preisgeben." Es mußte auf die Katholisch-Konservativen wie eine kalte Dusche wirken, daß Papst Leo XIII. (1878—1903) sich auf seiten der Christlichsozialen stellte. Nicht nur Wien fiel in deren Hände, die Katholisch-Konservativen verloren ihre Stützpunkte in den Alpenländern. Um 1900 gewannen Schöpfer und Schraffl Tirol, der spätere Prälat Hauser Oberösterreich und Jodok Fink Vorarlberg für die jüngere Partei. Die Katholisch-Konservativen mußten sich mit ihr fusionieren, um nicht völlig unter die Räder zu kommen.

Lueger war ein ausgezeichneter Taktiker. Er verstand es, dem „kleinen Mann" nach dem Mund zu reden. Sie — die biederen Handwerksmeister, die Schuster, Schneider und Bäcker von Wien — waren nicht bloß seine ältesten, sondern auch seine treuesten Anhänger. Prinzipielle Stellungnahmen konnte man von Dr. Lueger nicht erwarten. Als man ihm, der in den Versammlungen antisemitische Schlagworte in die Menge warf, den Vorwurf machte, es gebe doch auch in der Christlichsozialen Partei Juden, erwiderte er ruhig: „Wer ein Jud ist, das bestimme i c h !" Obwohl er also keinen Rassenantisemitismus predigte, schuf er ein Klima, das dessen Entstehung begünstigte. In gleicher Weise bekämpfte Lueger die ungarischen Forderungen, die immer deutlicher auf eine noch weitere Trennung von Österreich abzielten. Er bekannte sich zu einem großen und mächtigen Österreich und sah jeden als seinen Feind an, der dem Aufstieg der Monarchie zu der von ihm erträumten Stellung in Europa hindernd in den Weg zu treten schien.

In ganz hervorragender Weise schuf er, seit 1897 Bürgermeister, ein modernes Wien. Im Sinn des Vogelsangschen Programms, daß nicht anonyme Wirtschaftsmächte mit dem Gut des Volkes sich bereichern und auf dieses einen politischen und wirtschaftlichen Druck ausüben dürften, entprivatisierte Lueger eine Reihe von — zum Teil in ausländischem Besitz befindliche — Gesellschaften, wie die Gas- und Elektrizitätswerke, die Straßenbahngesellschaft. Er schuf große soziale Bauten, wie das Lainzer Versorgungshaus. Um die Gefahr zu bannen, daß nördlich der Donau eine Konkurrenzstadt entstehe, gemeindete er die Ortschaften Floridsdorf und Jedlersdorf in das hauptstädtische Gebiet ein. Stolz ließ er als erster Bürgermeister auf den von ihm erbauten Anstalten neben den Namen des Kaisers seinen eigenen setzen. Wie die Habsburger ihre Familiengruft bei den Kapuzinern hatten, so schuf er eine eigene Bürgermeistergruft in der nach ihm benannten „Dr.-Karl-Lueger-Gedächtniskirche" auf dem Wiener Zentralfriedhof.

Lueger war in seinen letzten Lebensjahren schwer krank und erblindete schließlich. Damit erlahmte auch der sozialpolitische Elan der christlichsozialen Bewegung. Sie wurde von wirtschaftsliberalen und kapitalismusfreundlichen Kräften unterwandert. Es kam so weit, daß man den großen katholischen Sozialreformer Baron Karl v. Vogelsang herablassend einen „Journalisten" nannte und über die päpstlichen Rundschreiben zur Arbeiterfrage achselzuckend hinwegging. Nicht unbeteiligt an dieser Wandlung war der starke Einfluß des kapitalismusfreundlichen Flügels der deutschen Katholiken, der in München-Gladbach (Rheinland) sein Zentrum hatte. Im Niederösterreichischen Landtag war 1907 eine wesentliche Verbesserung auf dem Gebiet des Fortbildungsschulunterrichts der Lehrlinge unter bestimmendem Einfluß der Christlichen Arbeiterjugend Anton Orels durchgesetzt worden. Dieser Unterricht hatte bisher in den späten Nachtstunden und am Sonntagvormittag von 8 bis 12 Uhr stattgefunden, wodurch auch — vom religiösen Standpunkt aus gesehen — den Lehrlingen die Möglichkeit zum Besuch der Sonntagsmesse genommen wurde, da es in jener Zeit keine Abendmessen gab. Diese Verbesserung war nun jenen Arbeitgebern ein Dorn im Auge, die es nicht einsehen wollten, warum sie ihren Lehrlingen innerhalb der Arbeitszeit Gelegenheit zum Besuch der Fortbildungsschule geben sollten. Als 1909 eine Verschlechterung der 1907 erzielten Verbesserung im Landtag zur Debatte stand, stellte sich die Christliche Arbeiterjugend Orels diesem Plan der führenden Christlichsozialen Partei — vielleicht nicht immer unter Beobachtung einer richtigen Ausdrucksweise — entgegen. Im Verlauf der daraus entstehenden Debatten kam es zum Bruch zwischen Orel und seinen Anhängern auf der einen und der Christlichsozialen Partei auf der andern Seite. Niemand anderer als der spätere Wiener Bürgermeister, der Sozialdemokrat Karl Seitz, erklärte am 25. Jänner 1910 im Niederösterreichischen Landtag: „Was Ihnen unangenehm an dem Manne ist, das ist, daß er unter Berufung auf Ihr Christentum und auf Ihr angebliches christliches und soziales Programm Sie zwingen wollte, die 36stündige Sonntagsruhe für die jugendlichen Arbeiter zu statuieren." Dieser Zwist zwischen der Christlichen Jugend Orels und der Christlichsozialen Partei hemmte den Fortschritt der gesamten christlichen Jugend- und Volksbewegung. Im Verlauf der immer heftiger werdenden Auseinandersetzungen zwischen beiden Richtungen entstand eine an die Christlichsoziale Partei angelehnte und unter ihrem Einfluß stehende Jugendorganisation, der sich auch der christlichsoziale Arbeiterführer Leopold Kunschak zur Verfügung stellte, obwohl er gegen die Verschlechterung des Fortbildungsschulunterrichts eingetreten war. Die Bemühungen der für die soziale Frage aufgeschlossenen Gräfin Henriette Chotek (1880—1945), einer Cousine der Gemahlin des Erzherzog-Thronfolgers Franz Ferdinand d'Este, der Herzogin Sophie von Hohenberg, beim Päpstlichen Stuhl zugunsten der für die sozialen Rechte der Lehrlinge kämpfenden christlichen Jungarbeiter Anton Orels zu intervenieren, scheiterten schließlich infolge des Ausbruchs des Ersten Weltkrieges und des Todes von Papst Pius X. (1903—1914). Auch der Versuch anderer Persönlichkeiten, wie des Kardinal-Erzbischofs von Wien Dr. Nagl (1855—1913) und des bekannten Jesuitenpredigers P. Heinrich Abel (1843—1926), den innerkatholischen Zwist zu beenden, schlug fehl. Es gelang aber der Christlichen Jugend Anton Orels in jenen Tagen, da die nationalen Wogen in Österreich-Ungarn bereits hoch gingen, 1912 einen Zusammenschluß der deutschsprachigen Jugendbünde ihrer Bewegung mit katholischen slawischen Jugendverbänden zur „Verbündeten Katholischen Jugend Österreichs" zu erreichen, die sich programmatisch zur Errichtung eines österreichischen Bundesstaates freier Völker unter der Krone Habsburg bekannte. Die hochherzige und edle Gräfin Henriette Chotek wurde aber noch nach ihrem Tod als eine Frau hingestellt, die „durch ihre vielfältigen Beziehungen zu Hochklerus und Hofadel innerhalb und außerhalb Österreichs Unfrieden (!)" gestiftet habe.

Die Folge dieser soziologischen Wandlung innerhalb der Wählermassen der Christlichsozialen Partei, die nunmehr zu einer der vielen „bürgerlichen" Parteien geworden war, zeigte sich bald. Hatte sie 1907 bei den ersten Wahlen auf Grund des allgemeinen, gleichen und geheimen Wahlrechts einen großen Sieg davongetragen, so erlitt sie bei den nächsten Wahlen 1911 eine schwere Niederlage.

Gesellschaftliche und politische Kräfte im franzisko-josephinischen Österreich (II)

In der zweiten Hälfte des 19. Jahrhunderts begann in Österreich-Ungarn die Industrialisierung sich in immer stärkerem Maß auszuwirken. In einigen Wirtschaftszweigen erlangte die Monarchie eine führende Stellung. So wurde 1853 — bereits sieben Jahre vor seiner Verwendung in den Vereinigten Staaten von Amerika — das galizische Erdöl destilliert, raffiniert und als Petroleum verwendet. Seit 1860 gab es die „Erste Wiener Petroleum-Raffinerie". In Lemberg und Liesing (bei Wien) verarbeitete man Erdwachs zu Paraffin. Seit 1871 gab es in Stockerau (Niederösterreich) eine Zeresinfabrik. Der Österreicher Auer von Welsbach (1858—1929) erfand 1885 den Glühstrumpf. In der Textilindustrie wurden Böhmen und Mähren führend; Baumwollverarbeitung gab es in den Alpenländern; Rohseidenverwertung in Wien. Die böhmische Glasindustrie besaß weltweite Bedeutung; das kleine, oststeirische Feistritztal führte eine besondere Glassorte bis nach Japan aus. Die chemischen Fabriken wandelten sich in Großbetriebe. In Kärnten und im österreichischen Küstenland wurden Zinnober und Bleiweiß verarbeitet. Österreichische Chemikalien fanden ihren Weg bis nach Ostasien. Von besonderer Bedeutung für den österreichischen Export wurde die Zuckererzeugung. Im Jahr 1848 bestanden 70, knapp vor 1914 203 Zuckerfabriken, die meisten davon in Böhmen und Mähren. Die Ausfuhr des Zuckers wurde durch Exportprämien gefördert. Sie machte bald einen prozentuell hohen Anteil an der österreichischen Ausfuhr aus. Andere bedeutende Industriezweige waren die Bierbrauerei und die Papiererzeugung: erstere vermehrte ihre Produktion so sehr, daß Österreich in der Herstellung von Bier an die vierte Stelle rückte. Der früher so weit verbreitete Weinkonsum wich nunmehr dem billigeren Getränk. Die Papierherstellung wurde durch den Waldreichtum des Landes gefördert; es gab knapp vor 1914 144 Papier- und 36 Pappenfabriken, 183 Holzschleifereien und 36 Zellulosefabriken. Die Ausfuhr ging in den Orient, nach Ostasien und nach Südamerika, Zellstoff auch nach Westeuropa.

Schwierige Zeiten mußte die altbewährte österreichische Eisenindustrie mitmachen. Sie hatte es jetzt mit der deutschen und der englischen Konkurrenz zu tun. Die Verkehrswege — vor allem aus der Steiermark — waren zu weit und zu umständlich. So kostete um 1855 in Glasgow der Zentner Frischroheisen in österreichischer Währung 1 Gulden 24 Kreuzer; an Ort und Stelle in Vordernberg aber 3 Gulden und 12 Kreuzer. Allerdings zahlte man in Schottland an Lohn 4, in der Steiermark 12 Kreuzer. Eine Wiederbelebung der Eisenindustrie erfolgte erst, als im Jahr 1859 in Donawitz die ersten Siemens-Hochöfen errichtet wurden. Im Zug des liberalen Systems verkaufte der Staat 1868 seinen Besitz an die Innerberger Gewerkenschaft der Österreichischen Creditanstalt, die Vordernberger Werke wurden an Aktiengesellschaften vergeben. Im Jahr 1881 wurden die meisten von ihnen zur „Alpinen Montangesellschaft" zusammengefaßt, das größte Unternehmen in den Alpenländern, das zuerst unter französischem, dann unter deutschem Einfluß stand. Die Innerberger lieferten 1881 bereits 160.000 Tonnen, 1890 600.000 Tonnen, 1900 über eine Million Tonnen Roherz. Aber die neuen Gesellschaften zogen alle Betriebe in Donawitz und Eisenerz zusammen und brachten so vielen Gegenden der Obersteiermark, Kärntens und der niederösterreichischen Eisenwurzen den wirtschaftlichen Ruin. Im Zusammenhang mit der Eisengewinnung stand die sich entfaltende Maschinenindustrie. In erster Linie baute man Gebirgslokomotiven. Wien, Wiener Neustadt, Graz, Triest, Rijeka (Fiume) und Budapest wurden zu Industrieorten, ebenso die großen böhmischen und mährischen Städte. Pilsen, Steyr und Ferlach pflegten die Waffenindustrie. Seit 1885 wurde der Fahrrad- und Automobilbau aufgenommen. Wien war der Hauptsitz der Möbelindustrie, die sogar die englischen Fabriken im Vorderen Orient verdrängte. Emailgeschirr aus Böhmen und den Alpenländern fand den Weg ins Ausland. Die Töpferwaren des kleinen burgenländischen Ortes Stoob (damals zu Ungarn gehörig) wurden in allen Teilen der Österreichisch-Ungarischen Monarchie und auf der Balkanhalbinsel vertrieben. Dagegen sank der Absatz an Sicheln und Sensen. Amerika bezog sie seit 1863 nicht mehr, doch konnte man weiter nach Rußland, Rumänien und die anderen Balkanstaaten liefern.

Zur See war der „Österreichische Lloyd" in Triest das wirtschaftlich stärkste Unternehmen Österreich-Ungarns. Im Jahr 1914 besaß der Lloyd 62 Schiffe mit 238.000 Bruttoregistertonnen. Sein Reingewinn betrug 2,8 Millionen Kronen. Neben ihm ist die Erste Österreichische Donaudampfschiffahrtsgesellschaft zu nennen, die 1913 über 23 Millionen Zentner Waren auf 142 Dampfern beförderte. Ihr Reingewinn betrug fast 116.000 österreichische Kronen.

Allerdings ging mit dieser wirtschaftlichen Aufwärtsbewegung im franzisko-josephinischen Österreich die soziale Entwicklung nicht immer gleichen Schritts. Die Not des Arbeiterstandes war groß, in einigen Gebieten — vor allem fern den Zentren des Reiches — oft himmelschreiend. So betrugen die Lebenshaltungskosten für eine Arbeiterfamilie mit zwei Kindern im Jahr 1874, in Franken (1 Franken = 0,90 Goldkronen) ausgedrückt — die Untersuchung wurde von Belgien aus angestellt —, in

Niederösterreich, Oberösterreich und in der Steiermark	635,— Franken
Böhmen	632,— Franken
Mähren und Schlesien	610,— Franken
Salzburg, Tirol und Vorarlberg	582,50 Franken
Kärnten	565,— Franken
Galizien	467,50 Franken
Dalmatien und Istrien	455,— Franken

Die Spinnerei in Tanwald beschäftigte am 30. April 1870 310 Männer, 164 Frauen und 471 Kinder, davon 80 unter 14 Jahre alt. Eine andere Firma — A. Schüler — hatte Arbeiter im Alter von 7 und 8 Jahren. Im Jahr 1884 wurde über die Kinderarbeit berichtet: „Bemerkenswert ist der Umstand, daß — wenn man in Brünn ein in einer Fabrik beschäftigtes Kind auf der Gasse nach seinem Alter fragt — mit großer Regelmäßigkeit die Antwort folgt: ‚14 Jahre'... ein Gewährsmann frug die Kinder zuerst, wie lange sie in den Fabriken arbeiteten, da erhielt er zur Antwort: 1, 2, 3, 4 oder noch mehr Jahre. ‚Wie alt warst du damals?' — ‚14 Jahre'." Der bereits genannte spätere Pfarrer Eichhorn veröffentlichte eine Broschüre „Die weißen Sklaven der Tramwaygesellschaft", über die kein anderer als Dr. Viktor Adler das Urteil abgab: „Die weißen Sklaven der Tramwaygesellschaft beginnen sich endlich zu rühren. Von jeher ist bekannt, daß sie Objekte der rücksichtslosesten Ausbeutung sind. Im Jahr 1885 schon hat Kooperator Eichhorn eine höchst verdienstvolle Broschüre veröffentlicht. Der Notschrei Eichhorns verhallte wirkungslos. Er forderte das Eingreifen des Staates zugunsten der Sklaven gegen die Sklavenhalter. Es geschah natürlich nichts. Man kann doch nicht verlangen, daß der Staat, der Hort und Schild der Institutionen des Eigentums, der Ehe und der Familie in dem Streit des Großaktionärs und Millionärs Reitzes mit den weißen Sklaven, des Ausbeuters mit den Ausgebeuteten, für die Bediensteten Partei nehme." Als Dr. Adler im Dezember 1888 als Arbeiter verkleidet die Ziegelwerke auf dem Wienerberg in Augenschein nahm, konnte er darüber schreiben: „Diese armen Ziegelarbeiter sind die ärmsten Sklaven, welche die Sonne bescheint. Die blutige Ausbeutung dieser Proletarier wird durch das verbrecherische, vom Gesetz verbotene Trucksystem, die Blechwirtschaft, in unbedingte Abhängigkeit verwandelt. An Stelle von Geld wird der Hungerlohn in ‚Blech' ausbezahlt, das nur in den Kantinen angenommen wird. Die Arbeiter können daher außerhalb des Werkes nichts einkaufen und müssen alles in den Kantinen kaufen, die Nahrungsmittel elender Qualität führen, aber teurer sind als die Geschäfte im Ort Inzersdorf. Verschafft sich jemand Geld und geht in den Ort einkaufen, wird er entlassen." Dr. Adler schilderte weiter das Wohnungselend, Räume in denen Männer, Frauen und Kinder ohne Unterschied durcheinander und übereinander schliefen. „Manche ziehen ihr einziges Hemd aus", heißt es weiter wörtlich, „um es zu schonen, und liegen nackt da. Daß Wanzen und Läuse die steten Bettbegleiter sind, ist natürlich. Von Waschen, von Reinigen der Kleider kann ja keine Rede sein. Aber noch mehr. In einem dieser Schlafsäle, wo 50 Menschen schlafen, liegt in einer Ecke ein Ehepaar. Die Frau hat vor zwei Wochen in demselben Raum, in Gegenwart von 50 halbnackten, schmutzigen Männern, in diesem stinkenden Dunst, entbunden."

Auf Grund solcher Schilderungen begreift man das Entstehen der sozialistischen Bewegung. Sie war im Anfang gespalten. Es gab Kämpfe von Anhängern und Gegnern Ferdinand Lassalles. Entgegen der österreichfeindlichen Haltung, die Lassalle — wie bereits vermerkt wurde — 1859 einnahm, richteten die deutschen Arbeiterführer Wilhelm Liebknecht, August Bebel und Heinrich Wuttke im November 1867 eine Adresse an den Wiener Stadtrat, in der es hieß: „... in Österreich ersteht auf den Trümmern des bei Königgrätz zerschmetterten Militär- und Beamtenstaates der Volksstaat... in jedem Fortschritt, jeder moralischen Eroberung Österreichs erblicken wir einen Sieg Deutschlands und der Demokratie."

War 1867 der Wiener Arbeiterbildungsverein gegründet worden, die erste Organisation des Arbeiterstandes, so fand bereits 1869 eine Massendemonstration für das allgemeine Wahlrecht statt. Die Folge dieser Demonstration war die Verurteilung ihrer „Rädelsführer" wegen Hochverrats. In den nun folgenden Jahren gewannen die von Andreas Scheu geführten Anhänger von Karl Marx über die Anhänger von Lassalle das Übergewicht. Es gab aber auch anarchistische Strömungen, die sich seit 1880 mit Attentaten und Raubüberfällen in der Öffentlichkeit bemerkbar machten. Dies führte dazu, daß die Regierung mit allen Machtmitteln gegen die Bewegung einschritt und dabei keinen Unterschied zwischen den Anarchisten und den Sozialisten machte. Aus der halben Illegalität, in der sie sich befand, führte erst Dr. Viktor Adler (1852—1918) die Bewegung. Er erreichte auf dem Parteitag in Hainfeld um die Jahreswende 1888/89 die Vereinigung der bisher streitenden Gruppen zur einheitlichen österreichischen Sozialdemokratie. Neben Dr. Viktor Adler gehörten Julius Popp, Pernerstorfer, Schuhmeier, Reumann, später Seitz, Renner, Otto Bauer und Austerlitz zu den führenden Männern der Partei. Die mit der Sozialdemokratie verbundenen Massenorganisationen der Gewerkschaften, die 1893 ihren ersten Kongreß durchführten, die Frauen-, Jugend- und Sportvereine nahmen zahlenmäßig einen raschen Aufschwung. Die 1889 gegründete „Arbeiterzeitung" konnte bereits 1895 als Tagblatt erscheinen. Um 1914 verfügte die Partei in der Monarchie über 6 Tageszeitungen, 20 Monats- und Wochenblätter und 53 publizistische Organe der den Sozialdemokraten nahestehenden Gewerkschaften. Am 1. Mai 1890 erfolgte zum ersten Mal in Österreich die Feier des 1. Mai. Sie sollte ursprünglich eine Demonstration zugunsten des Achtstundentages sein.

Aber schon bald zeigten sich Tendenzen des Auseinandergehens. Obwohl die Sozialdemokratie prinzipiell international war, zerfiel sie schließlich um 1910 in nationale Gruppen. Die österreichische Gewerkschaftsbewegung spaltete sich schon 1896 in eine deutschsprachige und eine tschechische Organisation, da man die berechtigte Forderung nach Anstellung eines zweiten, tschechischen, Gewerkschaftssekretärs ablehnte. Auch der Versuch, ein besseres Verhältnis zwischen Sozialdemokraten und katholischer Kirche herzustellen, scheiterte — diesmal aus dem Verschulden kirchlicher Kreise. Dem Wiener Journalisten Hans Beruth, Herausgeber der „Politischen Fragmente", gelang es, einen der führenden Sozialdemokraten, Franz Schuhmeier, 1886 zur Teilnahme am Österreichischen Katholikentag in Salzburg zu bewegen. Man empfing Schuhmeier so, daß jede Brücke abgebrochen wurde. Beruth schrieb in seiner Zeitung darüber: „Ich wollte die am Katholikentag anwesenden Kirchenfürsten, Prälaten und anderen geistlichen Dignitäre sowie auch den katholischen Klerus... dringend bitten, sich bezüglich der Arbeiterfrage und ganz speziell bezüglich der Sozialdemokratie nicht noch länger von den gewissen bezahlten Volksverhetzern anlügen und gegen die Armen und Enterbten aufhetzen zu lassen, ich wollte sagen, daß es nicht wahr ist, daß die Arbeiter — auch die sozialdemokratischen Arbeiter nicht — eine Horde von religionslosen, politisch unreifen Leuten sind, die die Kirche Christi stürzen und an ihrer Stelle einen Teufelskult setzen wollen; ich wollte ihnen sagen, daß es nicht wahr ist, daß die Sozialdemokratie aus lauter Revolutionären besteht, die mit Bomben und Granaten, mit Petroleum und Dynamit die Welt in Brand stecken... wollen." Und zum Schluß fährt Beruth fort: „Ich wollte die Hochwürdigsten auch noch darauf aufmerksam machen, daß die bestehende Gottlosigkeit nicht ein Werk des Liberalismus und der konfessionslosen Schule, sondern daß diese Gottlosigkeit die Folge des großen Überflusses auf der einen und der großen Not auf der andern Seite ist." Sicherlich waren maßgebende Führer der Sozialdemokratie auf kulturpolitischem Gebiet antikirchlich eingestellt, aber es besteht ebensowenig ein Zweifel, daß die Verweigerung jedes Dialogs den Graben zwischen den Sozialdemokraten und den kirchlichen Kreisen psychologisch vertiefte und unübersteigbar machen mußte. Das Gefühl des Arbeiters, daß ihm die Sozialdemokratie helfe, maßgebende kirchliche Instanzen aber nicht, trug wesentlich zur Entstehung des sogenannten Austro-Marxismus und zur Entfremdung der Arbeiterschaft von der Kirche sei. Dieser Austro-Marxismus wurde von Karl Kautzky (1854—1938) begründet und fand in Dr. Karl Renner (1870—1950), dem späteren österreichischen Staatskanzler und Bundespräsidenten, und Dr. Otto Bauer (1881—1938) seine hervorragenden Vertreter. Durch sie wurde der österreichische Sozialismus zeitweise in der internationalen sozialistischen Bewegung führend.

In ihrer Stellung zum österreichischen Völkerstaat zeigten sich die Sozialdemokraten lange Zeit hindurch als staatsbekennende Partei. Vor 1914 hieß man sie spottweise die „k. k. Sozialdemokratie". Insbesondere war es Dr. Karl Renner, der unter dem Pseudonym Rudolf Springer ein Reformprogramm vorlegte, auf

Grund dessen Österreich-Ungarn seinen Völkern eine Kulturautonomie zu gewähren gehabt hätte. Nicht das territoriale, sondern das personale Prinzip sollte gelten. Das bedeutete, daß jeder österreichische Bürger, wo immer er lebte, in seiner nationalen Kurie seine Stimme abzugeben gehabt hätte. Auf diese Weise wäre jedes Minoritätenproblem weggefallen und die Einheit der historisch gewachsenen Länder hätte erhalten werden können. Auf dem Parteitag in Brünn 1899 verkündete die österreichische Sozialdemokratie das Brünner Nationalitätenprogramm, das folgende Gedanken enthielt:

1. Österreich ist umzubilden in einen demokratischen Nationalitätenbundesstaat.

2. An Stelle der historischen Kronländer werden national abgegrenzte Selbstverwaltungskörper gebildet, deren Gesetzgebung und Verwaltung durch Nationalkammern, gewählt auf Grund des allgemeinen, gleichen und direkten Wahlrechtes, besorgt wird.

4. Das Recht der nationalen Minderheiten wird durch ein eigenes, vom Reichsparlament zu beschließendes Gesetz besorgt.

3. Sämtliche Selbstverwaltungsgebiete einer und derselben Nation bilden zusammen einen national einheitlichen Verband, der jene nationalen Angelegenheiten völlig autonom besorgt.

5. Wir anerkennen kein nationales Vorrecht, verwerfen daher die Forderung einer Staatssprache; wie weit eine Vermittlungssprache nötig ist, wird ein Reichsparlament bestimmen.

Die parlamentarische Vertretung der Sozialdemokratie bestand seit 1897 aus 14 Mandaten der sogenannten 5. Kurie, die 72 Mandate zu vergeben hatte. Der Hauptanteil am sozialdemokratischen Erfolg hatte Böhmen, während in Wien alle Mandate der 5. Kurie den Christlichsozialen zufielen. Die Stimmenzahl der Sozialdemokraten sank von 568.184 im Jahre 1897 auf 408.448 im Jahr 1901. Aber als 1907 das erste österreichische Parlament des allgemeinen Wahlrechts — das nicht zuletzt durch die Sozialdemokraten, namentlich durch deren machtvolle Demonstration am 22. November 1905, miterkämpft worden war — zusammentrat, erhielten die Sozialdemokraten 1,029.321 Stimmen. Sie stiegen bei den Wahlen von 1911 auf 1,054.450 Stimmen. Unmittelbar vor Beginn des Ersten Weltkrieges verschärften sich die Gegensätze zwischen den Sozialdemokraten und den anderen Parteien. Am 17. September 1911 kam es zu ausgedehnten Arbeiterdemonstrationen in Wien, bei denen es Tote gab. Den Anlaß bildeten die steigenden Lebensmittelpreise. Eine Reihe von Attentaten folgte. Am 5. Oktober 1911 schoß ein dalmatinischer Tischler während einer Parlamentsrede Viktor Adlers auf den Justizminister, ohne ihn zu treffen. Am 11. Februar 1913 wurde der sozialdemokratische Abgeordnete Franz Schuhmeier von einem politischen Gegner erschossen. Bei Ausbruch des Ersten Weltkriegs gab der Parteivorstand am 28. Juli 1914 die Erklärung ab: „Wir lehnen jede Verantwortung für diesen Krieg ab; feierlich und entschieden beladen wir mit ihr diejenigen, die ihn hüben wie drüben angestiftet haben und entfesseln wollten."

Gesellschaftliche und politische Kräfte im franzisko-josephinischen Österreich (III)

Während der Liberalismus in Österreich seit Beginn der achtziger Jahre des 19. Jahrhunderts im Absterben begriffen war und sich bloß in wenigen intellektuellen Zirkeln behauptete, entstand gerade in akademischen Kreisen und in denen der sogenannten Honoratioren — Ärzte, Schullehrer, kleine Staatsbeamte — der österreichischen Kleinstädte eine deutschnationale Bewegung, die — im Gegensatz zu den Christlichsozialen und zu den Sozialdemokraten — in ihrer radikalen Form die Existenzberechtigung des österreichischen Staates verneinte und sich für den Anschluß der deutschsprachigen Gebiete der Monarchie an das Deutsche Reich einsetzte. Der deutsche Reichskanzler Fürst Bismarck hatte an diesen Bestrebungen keine Freude, da er aus Gründen der Bündnisfähigkeit Österreich-Ungarn erhalten wissen wollte. Bereits 1879 schrieb Graf Széchenyi in einem Brief: „Darin liegt die Größe des Fürsten Bismarck, es von jeher begriffen zu haben, daß Deutschland keinen gefährlicheren Feind haben könne als den Pangermanismus." Der österreichische Dichter Hermann Bahr wurde von seiner jugendlich deutschnationalen Einstellung dadurch bekehrt, daß ihm, der als Führer einer Deputation bei Bismarck erschien, dieser sagen ließ, „er könne die österreichischen Deutschen weder ganz noch teilweise brauchen".

In der gemäßigten Form anerkannte der deutschnationale Gedanke zwar den Bestand des Staates, stellte aber die Interessen des Deutschen Reiches über die des österreichischen Vaterlandes. Außerdem waren auch die gemäßigten Anhänger dieser Richtung nur schwer bereit, die Lebensrechte anderer Völker innerhalb der Monarchie zu bejahen. Der als Historiker bekannte Heinrich Friedjung schrieb 1877: „Nur eine Partei kann Leben dem Vaterland einhauchen, welche vom nationalen Standpunkt aus in Österreich regiert, welche einen Bund mit Deutschland herbeiführen, welche die Nationen niederhalten ... wird." Es wurde in Österreich üblich, unter dem Wort „national" nur den Begriff „deutschnational" zu verstehen. Daß man darunter auch „österreichisch-national" verstehen könnte, ging zwar aus einigen Äußerungen österreichischer Parlamentarier hervor, geriet aber völlig in Vergessenheit. Der Warnsdorfer Realschullehrer Hermann erklärte 1863 im Reichsrat, es müsse im ganzen Staat „eine politische Nationalität, nämlich die österreichische", gepflegt werden, und ein anderer Abgeordneter, Schindler, machte die auswärtige Politik der Regierung, die nach Italien, nach Frankfurt, nach Berlin tendiere, dafür verantwortlich, daß nicht „jenes national-österreichische Bewußtsein vorhanden ist, das stark genug ist, uns über alle Widerwärtigkeiten zu erheben".

Die deutschnationale Propaganda konnte sich am stärksten in den Gebieten entfalten, in denen deutschsprachige Österreicher mit Slawen oder Romanen zusammenwohnten oder wo man der österreichisch-deutschen Grenze nahe war. Die Masse der übrigen Österreicher war durchaus nicht deutschnational. Dies zeigte sich deutlich in den geringen Stimmenzahlen, die die deutschnationalen Abgeordneten bei den Wahlen erhielten. Das Österreichertum und der Patriotismus der breiten Masse war noch immer dynastisch ausgerichtet, auf die Person des Kaisers bezogen, noch dazu auf die Person eines Kaisers, der schon jahrzehntelang regierte und noch weitere Jahrzehnte regieren sollte. Als Franz Joseph I. 1916 starb, war der jüngste Österreicher, der sich bewußt an einen anderen Monarchen erinnern konnte, 78 bis 80 Jahre alt. So verschmolz im Bewußtsein der Menschen dieser Generation Österreich mit der Person Franz Josephs I. zu einer Einheit.

Der anerkannte Führer der Deutschnationalen wurde Georg von Schönerer (1842—1921), aus dem Waldviertel stammend, in seiner Rhetorik blendend, aber eigenbrötlerisch und unfähig, auf die Dauer mit anderen Persönlichkeiten, selbst solchen der eigenen Gesinnung, zusammenzuarbeiten. Ein sympathischer Zug Schönerers war sein unermüdlicher Kampf gegen die Korruption, wo immer er sie antraf. Im Anfang stand er Lueger nahe, bis die Haltung zum österreichischen Staat die beiden Männer auseinanderführte. Im Gegensatz zu Luegers mehr parteipropagandistisch gefärbtem Antisemitismus bekannte sich Schönerer zu einem solchen der Rasse. Er und seine Anhänger sahen in allen nichtdeutschsprachigen Völkern Österreich-Ungarns „tief minderwertige Nationen". Durch ihren Einfluß, den sie in akademischen Kreisen, auch denen der späteren Lehrer hatten, gelang es ihnen, diese Überzeugung vielen sonst gutwilligen Österreichern einzuflößen, die gar nicht wußten und heute noch nicht wissen, daß sie Schönerer-Gedankengänge vertreten, wen sie von „Tschuschen" sprechen und damit die Völker der Donau oder der Balkanhalbinsel meinen. Der zweite Feind, den Schönerer bekämpfte, war die katholische Kirche. Er propagierte in der sogenannten „Los-von-Rom"-Bewegung aus rein politischen Gründen, ohne jede religiöse Überzeugung, den Übertritt zum evangelischen Glauben. Dadurch würden sich die Österreicher leichter beim Zerfall des Reiches in das mehrheitlich evangelische Deutschland einfügen können. Das bekannte Sprüchlein des Antisemiten Schönerer war:

Ob Jud, ob Christ ist einerlei,
in der Rasse liegt die Schweinerei!

Und das des fanatischen Gegners der Kirche lautete:

Ohne Juda, ohne Rom
bauen wir Alldeutschlands Dom.

Das sogenannte „Linzer Programm" der Deutschnationalen, 1882 veröffentlicht, wurde zum Teil von Juden, wie dem Historiker Heinrich Friedjung und Ephraim Bondy, mitverfaßt. Erst später brachte man im Deutschnationalen Verein den Antrag ein, die Juden auszuschließen. Das Linzer Programm erhielt 1885 noch einen 12., rein antisemitischen Forderungspunkt. Im übrigen war es Schönerer niemals gelungen, eine Massenbewegung auf die Beine zu stellen. Seine Zeitung, die „Unverfälschten Deutschen Worte", hatte als höchste Auflage 1700 Stück. Die Mitgliederzahl des Deutschnationalen Vereins betrug im Jahr seiner Auflösung 1889 1200 Personen. Es waren nicht sosehr die organisierten Anhänger Schönerers als vielmehr diejenigen, die — oft dieser Tatsache selbst unbewußt — Schönerersche Gedanken mit sich herumtrugen, die der Bewegung eine größere Tiefenwirkung gaben.

Schönerers Konkurrent und sein später heftiger Gegner wurde Karl Hermann Wolf, der der Führer der Freialldeutschen Partei wurde, die sich später in Deutschradikale Partei umbenannte. Seine Blätter, das „Deutsche Volksblatt", das er eine Zeitlang mitleitete, und die von ihm gegründete „Ostdeutsche Rundschau", zeichneten sich durch einen besonders rüden Ton aus. Wolf duellierte sich im Jahr 1897 mit dem damaligen Ministerpräsidenten Graf Badeni. Wolf hatte vor allem in den deutschsprachigen Gebieten Böhmens, Mährens und Schlesiens eine verhältnismäßig kompakte und ihm ergebene Anhängerschaft. In Prag kam es wiederholt zu schweren Auseinandersetzungen zwischen deutschnationalen Studenten und tschechischen Nationalisten, wenn die ersteren ihren „Bummel" durch die Straßen der Stadt machten. Aber die Deutschnationalen prügelten sich mit ihren Gegnern nicht nur auf der Straße herum, sie taten das gleiche mit den katholischen Hochschülern, die sie aus der Aula hinauszuwerfen trachteten. Die Gründung der katholischen Hochschulverbindungen „Austria" (1864) und „Norica" (1883) und damit des österreichischen CV (Cartellverband der katholisch-österreichischen Verbindungen) erfolgte als reine Defensivmaßnahme gegen die deutschnationalen Übergriffe. Allerdings wurden diese Übergriffe in präpotenter Art „Wahrung des deutschen Charakters der Universität" genannt. Ein Gutteil der Professoren sympathisierte offen oder zumindest versteckt mit den Deutschnationalen. Der Einfluß, den diese radikalen Kreise auf die österreichische Jugend nahm, kommt am deutlichsten in dem Bekenntnis Adolf Hitlers zum Ausdruck, sein Linzer Realschulprofessor habe ihn Österreich hassen gelehrt. „Auf akademischem Boden ist hauptsächlich jene Geistesart großgezüchtet worden, die Österreich zerstört hat", schreibt Friedrich Hertz.

Es gab auch eine „staatsbejahende" Richtung des Deutschnationalismus, die von Emil Strohal (1844—1914) und Otto Steinwender (1847—1921) vertreten wurde. Ihr parlamentarisches Organ wurde die 1891 gegründete Deutsche Nationalpartei, die sich 1896 in Deutsche Volkspartei umbenannte. Im letzten Parlament vor der Einführung des allgemeinen Wahlrechts besaß sie 50 Abgeordnete. An sie schlossen sich einige weitere, kleinere deutschnationale Gruppen und der Rest der Liberalen an. Sie bildeten gemeinsam den Deutschen Nationalverband, der dann seit 1911 die relativ stärkste parlamentarische Vereinigung im österreichischen Reichsrat darstellte. Steinwender unterstützte, was ihm den Hohn der Schönererianer einbrachte, jede Regierung und suchte Koalitionsmöglichkeiten mit den Christlichsozialen. Seiner Partei kam man auch aus Deutschland mit Rat und Tat zu Hilfe. Noch im Ersten Weltkrieg erwarb die deutsche Schwerindustrie die Wiener Tageszeitung „Die Zeit" und führte sie im deutschnationalen Sinn weiter.

Es wäre falsch, die Reichweite der deutschnationalen Bewegung in Österreich nur auf die rein politischen Organisationen beschränkt sehen zu wollen. Es gelang den Anhängern dieser Richtung, sich in so manchen Vereinen, die ursprünglich ganz anderen Zielen gedient hatten, die maßgebenden Positionen zu sichern. So eroberten sie den Deutschen Schulverein vollkommen. Dies rief als Gegenwehr die Gründung des Katholischen Schulvereins unter dem Protektorat des Erzherzog-Thronfolgers Franz Ferdinand d'Este und die des Vereins „Freie Schule" hervor, der den Sozialdemokraten nahestand. Da die deutsche Buchproduktion der österreichischen an Zahl überlegen war, hatten auch jene Unterhaltungsschriftsteller, die deutschnationales Gedankengut in ihren Werken verbreiteten, leichter als die bewußten Österreicher die Möglichkeit, in die Öffentlichkeit zu treten. Solche Schriftsteller mit deutschnationalem Trend waren Karl Hans Strobl, Hans Watzlik, Hugo Greinz, Rudolf Haas. Auch die von Germanenschwärmerei erfüllten, ein völlig unhistorisches Milieu darstellenden Romane des deutschen Universitätsprofessors Felix Dahn — vor allem sein „Kampf um Rom" — trugen dazu bei, den Rassendünkel und den Hochmut oft gerade jener Leser zu stärken, die nichtdeutsche Familiennamen trugen.

Albert Fuchs sagt über die Weitenwirkung des Deutschnationalismus in Österreich: „Es wurde die in Deutschland gebräuchliche Glorifizierung bestimmter Führerpersönlichkeiten mit Geschick nach Österreich verpflanzt. Daß bei uns ein veritabler Kult Richard Wagners und Bismarcks entstand, war auch, wenn schon nicht ausschließlich, ein Ergebnis deutschnationaler Werbetätigkeit. Soweit die Bismarck-Schwärmerei in Frage steht, bedarf dies keines Nachweises. Minder einfach ist die Sache, soweit Wagner in Betracht kommt. Wagner nimmt in der Musikgeschichte eine so eminente Stellung ein, daß es nur natürlich war, wenn ihm in Österreich Aufmerksamkeit gezollt wurde. In dem Kampf, den die ‚Neue Freie Presse' und andere Blätter gegen ihn führten, spielten Gehässigkeit und doktrinäre Beschränktheit mit. Er hatte Feinde auch unter den Deutschnationalen. So ließen Wilhelm Scherer und seine Schule kein gutes Haar an ihm. Andererseits sind seine Opernbücher und seine ästhetischen Schriften übervoll von Keimen der neudeutschen Barbarei. Manche seiner Gegner, z. B. der freie kritische Kopf Hanslick, wurden in der Polemik außer von einem anfechtbaren musikalischen Konservativismus zweifellos von gesundem österreichischen Empfinden geleitet. Nach Wagners Tod wurde Bayreuth vollends zu einer ideologischen Zentrale des deutschen Imperialismus. Dafür sorgte allein Wagners Schwiegersohn Chamberlain, der spätere Mentor Adolf Hitlers. Die Verbreitung, die Chamberlains Bücher, voran die ‚Grundlagen des XIX. Jahrhunderts', in unserem Land fanden, war zum Teil gleichfalls ein Ergebnis der Bemühungen der österreichischen Deutschnationalen. Chamberlain und Langbehn förderten die ‚deutsche' Weltanschauung vielleicht noch nachdrücklicher als Wagner-Kommerse und Bismarck-Feiern es taten."

Wie sehr der deutschnationale Einfluß sich auch in der österreichisch-ungarischen Armee auszubreiten begann, seitdem 1868 die allgemeine Wehrpflicht eingeführt worden war, zeigen die ständigen Beschwerden der österreichisch-ungarischen Militärbehörden über jene Reserveoffiziere, die aus deutschnationalen Burschenschaften oder ähnlichen Korporationen hervorgegangen waren. Man fand diese Entwicklung bedrohlich, weil so der Armee ein „zersetzendes Element" zugeführt würde; denn die deutschnationale Bewegung schien den Militärbehörden — wie Paul Molisch feststellt — gefährlicher als jede andere, weil die deutsche Dienstsprache ein Vorherrschen deutschsprachiger Personen im Offizierskorps naturgemäß bedingte und so ein Zwiespalt zwischen deren deutschnationalem Bekenntnis und dem in der Armee verankerten österreichischen Staatsgedanken entstehen mußte.

So ergibt sich das Bild, daß die deutschsprachige österreichische Intelligenz — soweit sie nicht katholisch oder sozialdemokratisch gesinnt war — im Gegensatz zum österreichischen Arbeiter und Bauern bedauerlich wenig Beziehung zu ihrem österreichischen Vaterland hatte. Dort, wo diese aber doch noch bestand, wollte man nicht zur Kenntnis nehmen, welche Entwicklung die nichtdeutschsprachigen Völker Österreich-Ungarns auf materiellem und kulturellem Gebiet bis zum Beginn des 20. Jahrhunderts zurückgelegt hatten. Das Wissen darüber war so gering, daß man in Frankreich, England oder den Vereinigten Staaten von Amerika mehr über die österreichischen Slawen, Rumänen oder Magyaren wußte als in vielen Intelligenzkreisen österreichischer Städte, wie Wien, Graz oder Innsbruck.

Kronprinzentragödie

Der liberale Gedanke stellte trotz seiner im Alltag gezeigten Mängel eine Entwicklungsstufe der europäischen Gesellschaft dar. Es war für Österreich-Ungarn bedeutsam, daß hier diese Entwicklungsstufe praktisch übersprungen wurde. Die kurze Zeit der liberalen Vorherrschaft im österreichischen Reichsrat war mehr äußerlich als in die Tiefe gehend. Die liberale Intelligenz war zu schwach, um sich in den führenden Schichten des Donaureiches zu behaupten. Sie blieb den Massen gegenüber fremd, in ihrem Wollen doktrinär und war seit dem Aufkommen der Massenparteien übrigens politisch bedeutungslos. So wie im Deutschen Reich Bismarcks, wo Kaiser Friedrich III. 1888 todkrank zur Regierung kam und nach wenigen Monaten aus dem Leben schied, so war es auch dem liberalen Exponenten der habsburgischen Dynastie nicht vergönnt, zu regieren. Es war dies Kronprinz Rudolf (1858—1889).

Der Kitsch hat in weiten Kreisen der Bevölkerung ein Bild des Kronprinzen gezeichnet, das ihn als tollen Weiberhelden zeigt und ihn schließlich aus Liebeskummer zusammen mit einem 17jährigen Backfisch sterben läßt. Die ernsthafte Geschichtsforschung hat schon längst das wahre Gesicht Rudolfs enthüllt, dessen sowie Österreich-Ungarns Tragik es war, daß sein Wollen nicht zur Realität vorstoßen konnte. Der Kronprinz Rudolf stand — wie so mancher Thronfolger — im Gegensatz zur Innen- und zur Außenpolitik seines Vaters. Kaiser Franz Joseph I., als absoluter Monarch 1848 zur Herrschaft gekommen, hatte seit dem Experiment Hohenwarth-Schäffle in konstitutioneller Pflichterfüllung — keinen Versuch mehr unternommen, eine grundlegende Reform der Donaumonarchie durchzuführen. Er hielt sich streng an die Verfassung und die ihm gebliebenen Rechte, die er — nachdem er sie einmal anerkannt hatte — niemals mehr zu seinen Gunsten auszuweiten trachtete. Im Herzen immer noch „Kaiser von Gottes Gnaden“, fügte er sich den Gegebenheiten der Stunde, ohne mit dem Herzen der neuen Zeit folgen zu können.

Kronprinz Rudolf sah schon früh die innen- und die außenpolitischen Gefahren, die sein Erbe, Österreich-Ungarn, bedrohten. Er war ein Großösterreicher und glaubte an die Notwendigkeit des Bestandes Österreichs für Europa. Er war liberal gesinnt, ohne den Doktrinarismus der liberalen Verfassungspartei und ihr

Unverständnis für die soziale und die nationale Frage zu teilen. Er hatte Verständnis für die slawischen Völker der Monarchie und wünschte eine Wiedergeburt des Austro-Slawismus, wie er während des Revolutionsjahres 1848/49 geherrscht hatte. Sein Aufenthalt in Prag hinterließ in Rudolf unauslöschliche Eindrücke. Noch nach Jahren sprach er, als sein erstes Kind geboren werden sollte und selbstverständlich ein Sohn erwartet wurde — in Wirklichkeit wurde es eine Tochter, die Erzherzogin Elisabeth, die nach dem Zweiten Weltkrieg als Witwe eines sozialistischen Landtagsabgeordneten in Wien starb —, von dem ungeborenen Kind stets als „Vaclav", der Name, den er ihm geben wollte. In Zusammenhang mit dieser Einstellung stehen auch Rudolfs außenpolitische Ideen, die Balkanvölker von der türkischen Herrschaft zu befreien und sie in direkte oder indirekte Verbindung mit Österreich-Ungarn zu bringen. In einer Denkschrift aus dem Jahr 1886 entwirft er ein außenpolitisches Programm, das mit einem innenpolitischen gekoppelt war. Das neue Österreich, das er erstrebte, sollte vom Bodensee bis Konstantinopel reichen. In einem Brief an seine Gemahlin, die Kronprinzessin Stephanie, schrieb er einmal im Überschwang, er werde ihr in der Hagia Sophia die Kaiserkrone des Oströmischen Reiches aufsetzen. Zuerst sollte die Monarchie in einen Föderativstaat umgewandelt werden. Alle Rumänen, sowohl die Siebenbürgens als auch die des Königreiches, seien zu vereinigen. Aus Bosnien, der Herzegowina, Serbien und Albanien sollte ein autonomer Staat innerhalb des österreichischen Bundes werden. Bulgarien und Griechenland, bis Konstantinopel erweitert, würden durch Militärkonventionen und Wirtschaftsbündnisse an Österreich-Ungarn angeschlossen. Borgese, der italienische Geschichtsschreiber Rudolfs, nennt diese Ideen „un' architettura maestosa", eine majestätische Architektur.

Im Zusammenhang mit diesen Orientplänen des Kronprinzen steht seine Abneigung gegen Rußland, dem er nicht den mindesten Einfluß auf die Balkanvölker gönnen wollte. Hierbei spielte die autokratische Form des zaristischen Regimes psychologisch eine Rolle. Auch Bismarck mißtraute Kronprinz Rudolf, der eigentlich ein Gegner des österreichisch-deutschen Bündnisses von 1879 war. Österreich habe stets das Unglück, sich mit Staaten zu verbünden, die ihren Höhepunkt bereits überschritten hätten, bemerkte er einmal in bezug auf das Deutsche Reich. Dagegen wäre es für Rudolf eine Herzenssache gewesen, in England und Frankreich Bundesgenossen Österreich-Ungarns zu finden. Besonders Frankreich lag ihm am Herzen, er liebte dieses Land — und er fand durch Vermittlung des Journalisten Moritz Szeps die Möglichkeit, mit dem im Ersten Weltkrieg allgemein bekannt werdenden französischen Politiker Georges Clemenceau (1841 bis 1929) in Verbindung zu treten.

Sein soziales Empfinden hatte der Kronprinz 1886 bei Eröffnung des Hygienekongresses gezeigt, als er den Ausspruch tat: „Das kostbarste Kapital der Staaten und der Gesellschaft ist der Mensch." Schon zwei Jahre zuvor bekannte er gegenüber Szeps, daß die „Mitglieder der Dynastien viel arbeiten" müßten, „um ihre Existenzberechtigung zu beweisen" und nicht für „unnütze Schmarotzer" gehalten zu werden. Das soziale Programm des Kronprinzen sah eine scharfe Besteuerung des beweglichen Vermögens vor, das niemals eine bestimmte Größe überschreiten dürfe, ferner Auflösung des Großgrundbesitzes, auch des kirchlichen, und Verteilung des so gewonnenen Landes an die Bauern. Damit wäre die Möglichkeit des Bauernlegens unterbunden worden, die wertvolles Land in die Hände landfremder Neubesitzer brachte. So wuchs allein in den Gerichtsbezirken Liezen und Rottenmann der Grundbesitz des Kohlenbarons Gutmann in der kurzen Zeit von 1895 bis 1913 von 1636 auf 8734 Hektar. In Salzburg wurden zwischen 1890 und 1905 20 bis 40 Prozent der Almen durch Aufkauf und Umwandlung in Jagdgebiet dem almwirtschaftlichen Betrieb entzogen. In Niederösterreich gingen in den Jahren 1893 bis 1905 in den Bezirken Gaming 10,6 Prozent, Gutenstein 23,5 Prozent, Aspang 2,3 Prozent wertvollen Bauernlandes verloren. Die Neubesitzer waren Großindustrielle, wie Rothschild, Wittgenstein, Kupelwieser in Niederösterreich; Gutmann, Schöller, Aichinger, Plange in der Steiermark. Es handelte sich also keineswegs um Angehörige der auf dem Land seit Generationen ansässigen Adelsgeschlechter, die vielleicht ihren Grundbesitz erweitern wollten.

Im Geist des 19. Jahrhunderts war Kronprinz Rudolf auch ein Bewunderer der technischen Entwicklung. In einem Artikel des „Neuen Wiener Tagblattes" schrieb er 1883, die Technik sei imstande, die früheren Märchen in Wirklichkeit zu verwandeln. Allerdings, „das Märchen ist ein aristokratischer Traum; seine Realisierung durch die Forschung und die daran sich knüpfende Erfindung ist demokratische Wirklichkeit". Wie wir aus diesem Zitat ersehen, war Rudolf selbst als Schriftsteller tätig. Eine Reihe seiner Aufsätze erschien in dem liberalen „Neuen Wiener Tagblatt", das trotzdem — oder vielleicht gerade deshalb — nicht selten der Beschlagnahme durch die Regierung Taaffe verfiel. Die schriftstellerische Tätigkeit Kronprinz Rudolfs gipfelte in dem unter seinem Protektorat und seiner Mitarbeit seit 1884 erscheinenden vielbändigen Werk „Die Österreichisch-Ungarische Monarchie in Wort und Bild", das noch immer in einzelnen Teilen seinen Wert beibehalten hat. Eine gleichzeitig in ungarischer Sprache erscheinende Ausgabe des Werkes wurde von dem großen ungarischen Dichter Maurus Jokai (1825—1904), ebenfalls einem der Vertrauten des Kronprinzen, redigiert.

Kronprinz Rudolf war keineswegs kirchenfreundlich, wenn auch nicht a-religiös. Daher hatte er für die Christlichsoziale Partei so gut wie kein Verständnis. Er haßte aber direkt die Deutschnationalen, weil sie seinen Idealen von einem großen und mächtigen Österreich im Weg standen. Vielfach verleumdete man seine Lebensführung. „Die Ausschweifungen Rudolfs", schreibt Borgese, „bleiben zum größten Teil hypothetisch, während seine gewichtige und fast unaufhörliche tägliche Arbeit dokumentiert ist." Damit soll nicht gesagt werden, daß Rudolf ein moralischer Musterknabe war. Aber man wird ihn besser verstehen, wenn man weiß, daß er durch Staatsraison in eine Zwangsehe mit der belgischen Prinzessin Stephanie gedrängt worden war, die — als Mensch — seinem Charakter völlig entgegengesetzt war. Außerdem zehrte das Gefühl, zur Untätigkeit verdammt zu sein, an ihm; denn der Kaiser wahrte eifersüchtig alle Herrscherrechte und machte keine Miene, seinen Sohn und Erben zu einer wirklich verantwortungsvollen Tätigkeit heranzuziehen. Eine schleichende Krankheit des Kronprinzen — die Tuberkulose — verdüsterte den Rest seiner Tage. Als er in der Nacht des 30. Jänner 1889 in Mayerling zusammen mit der jungen Baronesse Mary Vetsera den Tod fand, war dies nicht der Abschluß eines Liebesabenteuers, sondern das Ende eines dem österreichischen Vaterland gewidmeten Lebens. Kaiser Franz Joseph I. verstand es, alle Spuren der wirklichen Geschehnisse für die Nachwelt zu verwischen. Nur das eine kann mit einer an Sicherheit grenzenden Wahrscheinlichkeit festgestellt werden, daß dem Tod des Kronprinzen in erster Linie politische Motive zugrunde lagen. Hatte er tatsächlich sein Ehrenwort gegeben, sich an die Spitze einer ungarischen Unabhängigkeitsbewegung zu stellen und die Stephanskrone auf sein Haupt zu setzen — und sah er sich nunmehr zwischen seinem Wort und seiner Pflicht — als Habsburger und österreichischer Offizier in ein unlösbares Dilemma verstrickt? Wir wissen es nicht. Außer Zweifel steht jedenfalls — wie Werner Richter in seiner Biographie des Kronprinzen schreibt —, „daß Rudolf, wäre er zur Regierung gelangt, sich als außerordentlich, wenn nicht hervorragend politischer Kopf erwiesen hätte". Vielleicht ein Joseph III. oder ein Leopold III.?

Badeni und der Kampf der Nationen

Das Ministerium Taaffe fiel nach fast vierzehnjähriger Amtszeit über die Wahlreform. Dr. Emil Steinbach, ihr Initiator, wollte damit das öffentliche Leben weiter demokratisieren und so dem nationalen Hader unter den Völkern einen Riegel vorschieben. Wie ungleich die Mandate noch im Jahr 1907 verteilt waren, zeigt die verschieden hohe Zahl von Wählerstimmen, die für einen Abgeordnetensitz gebraucht wurden. So benötigten die

deutschsprachigen Parteien für ein Mandat	9.575 Stimmen
die Tschechen	12.844 Stimmen
die Polen	11.082 Stimmen
die Ruthenen	22.785 Stimmen
die Slowenen	11.998 Stimmen
die Kroaten	12.817 Stimmen
die Rumänen	10.306 Stimmen
die Italiener	9.276 Stimmen

Die Regierung Taaffe konnte das allgemeine, gleiche und geheime Wahlrecht nicht durchsetzen. Die Katholisch-Konservativen verließen aus Angst, es könnten Sozialdemokraten in den Reichsrat einziehen, die Regierungskoalition. Eine Verständigung zwischen deutschliberalen und deutschnationalen Parteien auf der einen sowie den tschechischen Liberalen auf der andern Seite, wie sie der Kaiser wünschte, kam nicht zustande. Die Tschechen begannen mit einer parlamentarischen Obstruktion. So entließ Franz Joseph I. die Regierung in Ungnaden. Graf Taaffe starb bald darauf einsam und verbittert.

Die neue Koalitionsregierung Windischgrätz stützte sich auf die Deutschliberalen, die Katholisch-Konservativen, die Polen und die Alttschechen. Unter letzteren verstand man die Anhänger Palackys und Riegers, die trotz ihres tschechischen Bekenntnisses noch österreichisch-gesamtstaatlich dachten. Aber die Regierung Windischgrätz stürzte über die Ereignisse in der damals südsteirischen

Stadt Cilli — heute das slowenische Celje —, die ein warnendes Zeichen dafür waren, wie sehr sich die nationalen Leidenschaften bereits erhitzt hatten. Cilli mit 4452 deutschsprachigen und 1577 slowenischen Einwohnern besaß ein Gymnasium mit deutscher Unterrichtssprache, an dem 210 Slowenen und 123 deutschsprachige Schüler studierten. Die Überzahl der Slowenen rührte daher, daß im weiten Umkreis um Cilli lauter slowenische Dörfer lagen. Als die Regierung an diesem Gymnasium in den vier unteren Klassen slowenische Parallelkurse einrichten wollte, in denen vier Gegenstände in slowenischer Unterrichtssprache vorgetragen werden sollten — die oberen Klassen sollten rein deutschsprachig bleiben —, erhob sich ein Sturm der Entrüstung unter allen Deutschnationalen Österreichs, die dies als Slawisierung der Untersteiermark erklärten. Die Abgeordneten deutscher Zunge schieden aus der Regierungskoalition aus und die Regierung Windischgrätz trat 1895 zurück.

Nach dem kurzen Zwischenspiel eines Beamtenministeriums berief Kaiser Franz Joseph I. den bisherigen Statthalter von Galizien, den polnischen Grafen Kasimir Badeni (1846—1909), an die Spitze der Regierung. Er galt als der „starke Mann" in Galizien, und dieser Ruf verschaffte ihm die Gunst des Kaiserhofes. Franz Joseph I. hoffte in ihm den Ministerpräsidenten zu finden, der den nationalen Streitigkeiten ein Ende bereiten könne; denn es war schon so weit gekommen, daß man in den Landtagen und Gemeindestuben stundenlang über die Frage debattierte, ob die Stelle eines Gemeindedieners, eines Totengräbers oder eines Nachtwächters in einem weitentlegenen Dorf von einem Bewerber deutscher oder slawischer Muttersprache besetzt werden dürfe. Graf Badeni bildete eine Koalitionsregierung, die sich aus beinahe den gleichen Parteien zusammensetzte wie der „Eiserne Ring" des Grafen Taaffe. Er erledigte eine dringend notwendige Wahlreform, die zwar nicht das allgemeine, gleiche und geheime Wahlrecht einführte, aber doch durch die Schaffung einer sogenannten „Fünften Kurie" einer großen Anzahl bisher nicht wahlberechtigter Staatsbürger dieses demokratische Recht gab. Dagegen mißglückte Badeni eine Verständigung zwischen der deutschen und der tschechischen Sprachgruppe in Böhmen. Das deutsch-tschechische Problem bildete bald den wichtigsten Punkt im innenpolitischen Leben Österreichs. Um einen Ausgleich zu schaffen, erließ Graf Badeni am 4. und am 25. April 1897 seine Sprachverordnungen für Böhmen. Sie beinhalteten nichts anderes, als daß Richter und andere Beamte sich im Parteienverkehr jener Sprache zu bedienen hätten, die von der einschreitenden Partei gebraucht werde. Für den Verkehr mit den Zentralbehörden in Wien, im militärischen Bereich, bei Post und Telegraph, bei der Gendarmerie sowie bei gewissen Staatsbetrieben blieb die Geltung der deutschen Sprache in der bisherigen Form bestehen. Folgerichtig mußte nun für jene Staatsbeamten, die mit Parteienverkehr zu tun hatten, die Kenntnis beider Landessprachen, des Deutschen und des Tschechischen, verpflichtend werden. Wer eine der beiden Sprachen nicht beherrschte, hatte binnen drei Jahren eine entsprechende Prüfung abzulegen, oder er mußte sich in ein anderes Land der Monarchie versetzen lassen, in dem keine Zweisprachigkeit der Beamten gefordert wurde. Nun verstanden aber auf Grund der historischen Entwicklung fast alle Staatsbeamten tschechischer Herkunft deutsch, aber die Staatsbeamten deutscher Muttersprache konnten nicht tschechisch. Da die letzteren sich auch weigerten, tschechisch zu lernen — eine der unlogischesten Behauptungen war, daß die tschechische Sprache für den Deutschsprachigen „zu schwer" zu erlernen sei —, so wären natürlich so und so viele Beamtenposten, die bisher eine Domäne der deutschsprachigen Österreicher waren, in die Hände von Tschechen gefallen. Nirgends mehr wie hier wird der soziale Hintergrund der Nationalitätenkämpfe sichtbar.

Die Badenischen Sprachverordnungen führten beinahe in den deutschsprachigen Gebieten, vor allem in Wien und in Böhmen, zu einer Revolution. Stürmische Protestkundgebungen gegen die Regierung fanden in vielen größeren Städten statt. Man verlangte den Rücktritt Badenis und Aufhebung der Sprachverordnungen. Man argumentierte demagogisch: es sei eine Schmach und Schande, wenn ein „deutscher Richter" gezwungen werde, eine von einem Tschechen eingebrachte Klage tschechisch zu erledigen; die kleinen Leute brachte man dadurch auf, daß man ihnen vorhielt, es müsse jetzt auch — und das war sicherlich richtig — der Briefträger, der staatlich angestellte Förster und sogar der Straßenräumer beide Landessprachen beherrschen. Den Bauern wurde wiederum gesagt, wenn sie von einem Tschechen geklagt würden, bekämen sie nur tschechische Anklageschriften zu lesen, in denen sie bloß das „pan" verstünden. Man überging bei dieser Art von Propaganda großzügig den § 11 der Verordnungen, nach dem das Gericht „nötigenfalls beide Landessprachen zu gebrauchen" und alle richterlichen Erklärungen „auf Verlangen der Parteien in beiden Landessprachen zu protokollieren" habe. Schwerer wog eine solche Behauptung im Bereich der politischen Verwaltung, in der die Sprachverordnungen tatsächlich vergessen hatten, eine wirklich klare Entscheidung über die Verwendung der beiden Landessprachen zu treffen.

Für Badeni war es verhängnisvoll, daß er auch gezwungen war, den sogenannten „Ausgleich" mit Ungarn unter Dach und Fach zu bringen, der seit 1867 alle zehn Jahre fällig war. Ministerpräsident Badeni verstand nicht, sich eine günstige Ausgangsposition zu sichern. So stützten sich seine Gegner nicht nur auf die Sprachverordnungen. Der Abgeordnete Otto Lechner erklärte am Morgen des 29. Oktober 1897 am Ende einer zwölfstündigen Rede, seine Klubgenossen wünschten, „daß alle Abmachungen vernichtet werden, die diese unfähige Regierung mit Ungarn getroffen hat, und aus diesem Grund allein schon — nicht lediglich wegen der Sprachverordnungen und der anderen Sünden — müßte das Ministerium Badeni fallen".

Im November 1897 kam es zu unerhörten Skandalszenen im österreichischen Reichsrat. Dauerreden von zwölf und dreizehn Stunden wurden gehalten, die Pultdeckel klapperten, Signalpfeifchen und Trompeten tönten im Sitzungssaal, Redner konnten sich kaum verständlich machen. Abgeordnete der verschiedenen Parteien griffen einander tätlich an. Am 26. November wurden zehn Abgeordnete auf Anordnung des Präsidenten des Reichsrates mit Hilfe der Polizei aus dem Saal entfernt, unter ihnen Schönerer und Wolf. Vor dem Gebäude des Reichsrates in Wien marschierten Tausende auf und verlangten in Sprechchören den Sturz der Regierung. Diese mußte Militär anfordern. Husaren jagten über die Wiener Ringstraße, andere Truppenteile standen in den Kasernen alarmbereit. Als die Christlichsoziale Partei mit Lueger den Ministerpräsidenten fallenließ, war sein Schicksal besiegelt. Kaiser Franz Joseph I. enthob Badeni am 29. November 1897 seines Amtes.

Waren bisher die Deutschnationalen und die mit ihnen sympathisierenden Kreise die Demonstranten gewesen, so verlagerte sich jetzt die Erbitterung auf die Tschechen, die sich durch den Sturz Badenis in ihren Hoffnungen getäuscht sahen. Prag glich einem Hexenkessel. Geschäfte mit deutschem Firmennamen wurden angegriffen und demoliert. Die Studenten der Prager Universität, die die Farben deutscher Burschenschaften trugen, befanden sich auf einmal mitten unter einer wütenden Volksmenge eingekeilt. Als der tschechische Universitätsstudent Linhardt im Verlauf der Auseinandersetzungen von einer Kugel tödlich getroffen wurde, beschuldigten sich die Parteien gegenseitig des Mordes. Anderseits begannen in den deutschsprachigen Gebieten Böhmens „Gewalttätigkeiten gegen tschechische Beamte", wie Kolmer feststellt. Man suchte sie durch Wohnungsverweigerung und gesellschaftlichen Boykott zur Rückkehr ins tschechische Sprachgebiet zu veranlassen. Die Abwehrbewegung richtete sich auch gegen tschechische Gewerbetreibende und Arbeiter, die an vielen Orten als Pioniere der nationalen Expansionsbestrebungen auftraten, und gegen den tschechischen Klerus, der den tschechischen Vorstößen Folge leistete. Auch das Ausland mischte sich in die Streitigkeiten ein. Der berühmte deutsche Historiker Theodor Mommsen schrieb am 31. Oktober 1897 an die Wiener „Neue Freie Presse": „Vernunft nimmt der Schädel der Tschechen nicht an, aber für Schläge ist auch er zugänglich." Der Alldeutsche Verband forderte einige Jahre später, daß das deutsche Volk „bewaffnet über die Grenze gehen solle". Daß nicht alle Hoffnung verloren war, eine Verständigung zwischen den Tschechen und ihren Gegnern herbeizuführen, zeigt der Mährische Ausgleich vom 27. November 1905, durch den nationale Kurien für den Landtag und für die Schulbehörden geschaffen wurden. Aber auch in Böhmen liefen von verständigungsbereiten Kreisen beider Volksgruppen Fäden bis unmittelbar vor Ausbruch des Ersten Weltkrieges zueinander.

Das tschechische Problem war in den letzten Jahrzehnten der Österreichisch-Ungarischen Monarchie eins der wichtigsten, aber nicht das einzige. Neben ihm verdient die ungarische und die südslawische Frage unser Interesse. Den Ungarn war es nach 1867 gelungen, rein äußerlich einen Nationalstaat zu errichten, in dem n u r die magyarische Nationalität maßgebend sein sollte. Diese Nationalität war nicht rassisch bedingt; man war also ohne weiters bereit, Personen anderer Abkunft in das magyarische Nationalgefüge, in das „egységes magyar politikai nemzet", aufzunehmen. Die zahlenmäßige Entwicklung der Völker im damaligen Ungarn sah so aus:

Magyaren	im Jahr 1848	5,656.000	1880	6,403.687
Deutschungarn	im Jahr 1848	1,403.000	1880	1,869.877
Slowaken	im Jahr 1848	2,000.000	1880	1,855.442
Serbokroaten	im Jahr 1848	1,714.444	1880	631.995
Ruthenen (Ukrainer)	im Jahr 1848	442.903	1880	353.226
Rumänen	im Jahr 1848	2,000.000	1880	2,403.035

Die für 1880 angegebene Zahl der Serbokroaten bezieht sich dabei nur auf das eigentliche Ungarn, nicht auf das zur ungarischen Reichshälfte gehörige Kroatien und Slawonien; in ihm lebten 1,712.353 Personen serbischer und kroatischer Muttersprache.

Die Nationalitäten wurden im ungarischen Reichstag mit seinen 393 magyarischen Abgeordneten im Jahr 1910 durch 13 deutschsprachige (schwäbische und siebenbürgisch-sächsische), 5 rumänische und 2 slowakische Abgeordnete vertreten. Ruthenische und serbokroatische Vertreter gab es in Budapest nicht. Es gab auch kein allgemeines, gleiches und geheimes Wahlrecht. Die soziale Situation der nichtmagyarischen Völker Ungarns wird dadurch gekennzeichnet, daß von den insgesamt 32.290 Grundbesitzern mit mehr als 50 Joch 25.446, also mehr als 77 Prozent, auf magyarische und deutschsprachige Personen entfielen. Im ungarischen Reichstag saßen 1878 77,4 Prozent, 1892 58 Prozent, 1905 51,3 Prozent und 1910 56,8 Prozent Abgeordnete, die Aristokraten oder Großgrundbesitzer waren. Im Magnatenhaus (Oberhaus) gab es 76 Prozent adelige Großgrundbesitzer.

Diese in Europa fast einzig dastehende feudale Gesellschaft unter konstitutioneller Flagge versuchte, die nichtmagyarischen Völkerschaften unter Druck zu halten. Der ungarische Ministerpräsident Koloman Tisza erklärte im Parlament, daß er „in Ungarn keine slowakische Nation kenne". Der ungarische Historiker Julius Szekfü schreibt über diese Periode: „Die Eisenbahn, Post, Fabriken und Gruben, Staatsunternehmungen bringen überall Magyaren mit, auch in die bis unlängst verschlossenen nationalen Winkel, überall entstehen magyarische Kolonien und die Städte eine nach der anderen magyarisieren sich unter dem Einfluß der magyarischen kapitalistischen Kultur und der vom Staat unterstützten friedlichen Arbeit der Intelligenz." Dabei war es so, daß — wie aus der Statistik des ungarischen Parlaments deutlich hervorgeht — die reichen und feudalen Kreise Ungarns ihre Macht nicht nur nicht mit der breiten Masse der Nichtmagyaren, sondern auch nicht mit den breiten Schichten des eigenen magyarischen Volkes teilen wollten. Der einfache magyarische Bauer und Arbeiter wurde dadurch mit einer Mitschuld an der nationalen Unterdrückung belastet, an der er selbst gar keinen Anteil hatte, weil er sozial und wirtschaftlich unterdrückt war. Wenn man daher im Ausland vom „Völkerkerker" Österreich-Ungarn sprach, so traf dies, wenn schon, doch noch am ehesten auf das alte Ungarn zu.

Dabei strebten die herrschenden Kreise des Landes nach möglichster Unabhängigkeit vom Gesamtreich Österreich-Ungarn, die radikalen Gruppen nach völliger Unabhängigkeit, die weniger radikalen nach möglichst vielen Sonderrechten. Auf die sogenannten „1867er", auf jene, die am Ausgleich des Jahres 1867 mehr oder weniger starr festhielten und die unter dem langjährigen ungarischen Ministerpräsidenten Koloman Tisza (1830—1902) die Politik Ungarns bestimmten, folgten die „1848er", die unter der Führung von Franz Kossuth (1841—1914), dem Sohn des Nationalhelden Ludwig Kossuth, am liebsten das Verhältnis zwischen Österreich und Ungarn in eine reine Personalunion umgewandelt hätten. Aber bereits 1900 schrieb „Uj Magyar Szemle" über beide Richtungen, sie glichen eigentlich einander sehr, „mit denselben verhüllten Dispositionen; als verhängnisvolle Folge kam hinzu, daß diejenigen, die die staatsrechtliche Grundlage verteidigten, ebensowenig von deren innerer Gerechtigkeit überzeugt waren wie diejenigen, die sie fortgesetzt angriffen, nicht wirklich an ihre tatsächliche Gefährlichkeit glaubten... Der wackere Unabhängigkeitsknüppel teilte Schläge nach rechts und links aus, zerschlug aber dabei unbarmherzig die schwächeren Triebe der fortschrittlichen Ideen..." Seit 1904 gab es — so wie in den Badenitagen in Österreich — eine Obstruktion im ungarischen Reichstag, die durch endlose Debatten und Wortmeldungen über die ungereimtesten Dinge gekennzeichnet war. Man verlangte ungarische Kommandosprache, ungarische Fahnen, ungarische Wappen für die ungarischen Regimenter der gemeinsamen Armee. An dieser Obstruktion gingen hinereinander die beiden Regierungen Kálmán Széll (1845 bis 1915) und Graf Khun-Hédervåry (1849—1918) zugrunde. Erst Stephan Tisza (1861—1918) gelang es, durch eine Änderung der Hausordnung der Obstruktion Herr zu werden. Bei diesen Kämpfen ging auch die Forderung nach Einführung des allgemeinen, gleichen und geheimen Wahlrechts in Ungarn im Parteienkampf unter, während ungefähr zur gleichen Zeit in der österreichischen Reichshälfte der Habsburgermonarchie das allgemeine Wahlrecht nach stürmischen Demonstrationen der Arbeiterschaft auf der Wiener Ringstraße, Obstruktion des österreichischen Herrenhauses und durch persönliches Eingreifen des Kaisers Franz Joseph I. 1907 von der Regierung Wladimir Beck (1854—1943) verwirklicht wurde.

Die parlamentarischen Kämpfe wurden durch eine Presse unterstützt, die auffallend viel Freiheit genoß, wenn es gegen die Dynastie und die Gemeinsamkeit mit Österreich ging. So konnte „Magyarország" am 19. November 1904, als Tisza die weiter oben erwähnte Änderung der Hausordnung des Reichstages putschartig durchführen ließ, ohne mit der Staatsanwaltschaft in Konflikt zu kommen, schreiben: „Ein politischer Abenteurer" — gemeint war Stephan Tisza — „hat gestern der ungarischen Verfassung eine blutige Wunde geschlagen. In diesem Meuchelmordversuch war der Präsident des Hauses Komplize des Missetäters. Und am Schluß des verbrecherischen Aktes erschien der König, der gekrönte König, der gesalbte König, der vereidigte König." Man nahm diese Dinge wichtiger als den sozialen Fortschritt, der sich in solchen Grenzen bewegte, daß 1901 in der Presse Ungarns ein Jubelgeschrei angestimmt wurde, weil endlich Kinder unter 14 Jahren nicht länger als täglich — 8 Stunden arbeiten durften. Ebenso konnte Ernö Bresztovsky in seinem Buch „Magyaroszág fekete statisztikája" 1909 von Budapest mit Bezug auf die Jahre 1892 und 1902 berichten: „In Paris kamen in 149 von 1000 Wohnungen mehr als zwei Personen auf ein Zimmer, in London 200, in Wien 280, in St. Petersburg 460, in Budapest aber waren es 740 von 1000 Wohnungen. In Budapest wohnten um die Jahrhundertwende 84,1 Prozent der Bevölkerung in überbelegten Wohnungen, d. i. mit mehr als zwei Personen in einem Raum, und 25,1 Prozent, also ein Viertel der Budapester, lebten in Wohnungen, in denen mehr als sechs Personen auf ein Zimmer entfielen. Als der Kampf gegen die Lungentuberkulose aufgenommen wurde, stellte die Budapester Allgemeine Krankenkasse fest, daß in der Hälfte der Arbeiterwohnungen (48,2 Prozent) einem Bewohner nicht halbviel so viel Luft zur Verfügung stand wie einem gesunden französischen Strafgefangenen zugestanden wurde (30 m³)... Dreiviertel Teil der an Lungenschwindsucht leidenden Arbeiter wohnten in überfüllten (pro Kopf 10,1 m³ Luftraum) Wohnungen und in den statistisch erfaßten Wohnungen entfiel im Durchschnitt auf 1,87 Personen 1 Bett..." Aber von diesen Dingen brachte die ungarische Presse im allgemeinen herzlich wenig.

Konnte sich aber der magyarische Bauer und Arbeiter, auch wenn er noch so elend daran war, theoretisch damit trösten, daß er der „herrschenden Nation" angehörte, so war dies in anderen Fällen nicht möglich. Dies zeigt die Prozentzahl jener, die um 1900 in den einzelnen Ländern der Monarchie lesen und schreiben konnten. Es waren dies

in Niederösterreich	81,01 Prozent	in Dalmatien	22,22 Prozent
in Oberösterreich	81,60 Prozent	in Galizien	29,86 Prozent
in Salzburg	82,20 Prozent	in der Bukowina	28,62 Prozent

In Ungarn betrug das Verhältnis der Analphabeten unter den ungarischen Nationalitäten in Prozenten:

bei den	1890	1910
Slowaken	56,8	41,9
Serben	69,1	48,7
Kroaten	57,6	37,5
Ukrainern (Ruthenen)	90,3	77,8
Rumänen	85,9	71,8
Deutschungarn	37,0	29,3
Magyaren	46,4	32,9

(nach Magyar Statisztikai Közlemények (új sorozat), Bd. 64, S. 176 ff)

In Galizien besuchten 75,4 Prozent, in der Bukowina 82 Prozent aller schulpflichtigen Kinder im Schuljahr 1904/05 die Schulen, in Niederösterreich 93,4 Prozent und in Oberösterreich 93 Prozent. In Galizien gab es für die sozial höherstehende polnische Bevölkerung 90 Gymnasien für Knaben und Mädchen, für die Ruthenen (Ukrainer), die in Ostgalizien die Mehrheit der Bevölkerung ausmachten, nur 21 höhere Schulen. Im zu Ungarn gehörigen Siebenbürgen gab es 1904 6411 magyarische und deutschsprachige („sächsische") Industrielle und Großhandwerker, während die immerhin über zwei Drittel der Bevölkerung ausmachenden Slawen und Rumänen nur mit 368 Unternehmern vertreten waren. So verbanden sich allmählich noch deutlicher als jemals zuvor soziale und nationale Momente. Der Kampf für und gegen das allgemeine Wahlrecht war zugleich ein Kampf für die Teilnahme bisher nicht bevorrechteter Volksgruppen am öffentlichen Leben oder der Versuch, eine solche Teilnahme zu verhindern oder wenigstens zu verzögern. Allein in den Jahren 1910 bis 1912 wurden in Ungarn und Siebenbürgen über 75 rein politische Streiks ausgerufen.

Da ein großer Teil der Österreichisch-Ungarischen Monarchie noch bis 1918 agrarisch orientiert war, so drückte sich der nationale Unterschied natürlich auch in der Bodenbesitzfrage aus. Die meisten Landarbeiter und Kleinbauern waren slowakischer, serbischer, rumänischer, ruthenischer Nationalität. Dies war historisch bedingt, aber man verabsäumte es in den meisten Fällen, durch Lösung der Agrarfrage auch das nationale Problem zu entschärfen. Anders als etwa in den Tagen Josephs II. unterstützte die österreichisch-ungarische Verwaltung in Bosnien und in der Herzegowina die reichen, großgrundbesitzenden sogenannten „Begs" gegen die Kleinbauern und Pächter. In Galizien gehörte fast der gesamte Grundbesitz den Polen — sie hatten davon 95 Prozent —, während die Bauern Ruthenen (Ukrainer) waren und nur 5 Prozent des Bodens in Besitz hatten. „Die ungleiche Verteilung des Bodenbesitzes, die Konzentrierung eines beträchtlichen Teiles des Bodens in der Hand einer kleinen Anzahl von Gutsbesitzern einerseits und anderseits die Tatsache, daß es Millionen von Bauern ohne oder nur mit einem kleinen, für die Erhaltung der Familie nicht ausreichendem Stück Land gab, bildete einen der unversöhnlichsten Hauptgegensätze in der Österreichisch-Ungarischen Monarchie", wurde auf der Historikerkonferenz in Budapest 1964 erklärt. Wie sehr aber zugleich Großgrundbesitz und herrschende nationale Schicht zusammenfielen, beweisen folgende Zahlen:

in Ungarn waren Großgrundbesitzer zu 91,4 Prozent Magyaren und der Rest andere
in der Slowakei waren Großgrundbesitzer 17,9 Prozent Slowaken, die anderen Nichtslowaken
in der serbischen Wojwodina waren 79 Prozent magyarische Großgrundbesitzer
in Kroatien gab es 26 Prozent deutschsprachige und 18,4 Prozent magyarische Großgrundbesitzer
in Siebenbürgen gab es 85,7 Prozent magyarischer Großgrundbesitzer.

Auch bei den Staatsbeamten zeigte sich die Verschiedenheit der sozialen Entwicklung und damit die Differenziertheit der nationalen Frage. Unter 1000 Bewohnern der „im Reichsrat vertretenen Königreiche und Länder" (also der österreichischen Reichshälfte) waren

357	deutschsprachige Österreicher	mit 479	Staatsbeamten im Durchschnitt
232	Tschechen	mit 232	Staatsbeamten im Durchschnitt
165	Polen	mit 125	Staatsbeamten im Durchschnitt
132	Ruthenen (Ukrainer)	mit 32	Staatsbeamten im Durchschnitt
46	Slowenen	mit 32	Staatsbeamten im Durchschnitt
27	Serbokroaten	mit 12	Staatsbeamten im Durchschnitt
28	Italiener	mit 35	Staatsbeamten im Durchschnitt
9	Rumänen	mit 4	Staatsbeamten im Durchschnitt

Während also die deutschsprachigen Österreicher und die Italiener prozentuell ein Übermaß an Staatsbeamten stellten, die Tschechen gerade ausgeglichen waren, befanden sich auf diesem Sektor alle anderen Völker im Nachteil. Hier spielte natürlich auch das Vorhandensein von Universitäten und Hochschulen eine große Rolle. Die Slowenen erhielten erst nach dem Untergang der Österreichisch-Ungarischen Monarchie eine Universität. Als man für die österreichischen Italiener eine solche errichten wollte, stritt man sich zuerst um ihren Standort. Triest wurde von der Regierung abgelehnt, man richtete aber Parallelkurse für italienischsprachige Hörer in Innsbruck ein. Sie konnten vorerst nicht abgehalten werden, da deutschnationale Studenten die Vorlesungen durch schwere Tumulte störten. Im Jahr 1904 kam es zu schweren Ausschreitungen in den Straßen von Innsbruck gegen italienische Studenten österreichischer Staatsangehörigkeit. Der Innsbrucker Bürgermeister Greil weigerte sich, den von der tobenden Menschenmenge eingeschlossenen Studenten den notwendigen Schutz zu gewähren. Italienische Geschäfte wurden demoliert, die italienische juristische Fakultät in Wilten zerstört, zwei Mitglieder der Tiroler Landesregierung, die aus dem Trentino stammten, am Leben bedroht. Italienische Professoren und 137 italienische Studenten wurden verhaftet. Es handelte sich dabei nicht um aus Italien zugewanderte Personen, die stören wollten, sondern um österreichische Staatsbürger, die so an der Ausübung ihrer staatsbürgerlichen Rechte gehindert wurden. Unter denen, die man damals in Innsbruck insultierte, befanden sich der spätere italienische Ministerpräsident Alcide de Gaspari und der im Ersten Weltkrieg als Hochverräter gehenkte „Irredentist“ Cesare Battisti (1875—1916), der damals zum Gegner Österreichs wurde.

Diese Verhältnisse brachten es mit sich, daß im ersten Jahrzehnt des 20. Jahrhunderts unter allen Nationen des Habsburgerreiches die Unruhe zunahm. In den östlichen Teilen der Monarchie richteten sich die Forderungen der Nationen vor allem auf eine Lösung der Grundbesitzfrage; es waren zum Teil von Bauern getragene Parteien, die in der politischen Arena erschienen. Erst seit der Jahrhundertwende wurden soziale Forderungen einer in den Städten und Fabriken heimischen Arbeiterschaft laut. Mit Ausnahme der Italiener in Österreich-Ungarn und der radikalen ungarischen Unabhängigkeitsströmungen ging der Kampf der österreichischen Nationen zuerst einmal grundsätzlich darum, sich die tatsächliche Gleichberechtigung zu verschaffen oder sogar die Macht im Staat selbst zu ergreifen. Gedanken, Österreich-Ungarn zu zerstören und aus dem bisherigen Staatsverband auszuscheiden, waren erst rudimentär und im Unterbewußtsein vorhanden.

Dies bestätigte noch 1905 die bekannte deutsche Linkssozialistin Rosa Luxemburg (1919 zusammen mit Karl Liebknecht von rechtsextremistischen Offizieren ermordet), als sie schrieb: „Es ist heutzutage ein öffentliches Geheimnis, daß Österreich nicht an der Vielfalt der Nationalitäten, also gleichsam an einer Vis major zugrundegeht. . ., sondern an dem wahnsinnigen Regierungs- und Verfassungssystem, das die Herrschaft in die Hände von Klassen und Parteien legt, deren Lebensaufgabe es ist, die Nationalitäten hintereinanderzuhetzen“ (Das Problem der hundert Völker, Ausgewählte Schriften, II. S. 288). Hitler stellte hiezu etwa für dieselbe Zeit fest: „daß die Sicherung des Deutschtums die Vernichtung Österreichs voraussetzte . . .“ (Mein Kampf, S. 14, München).

Erzherzog Franz Ferdinand d'Este und die Pläne einer Reichsreform

Nach dem Tod des Kronprinzen Rudolf wurde der Neffe Kaiser Franz Josephs I., Erzherzog Ferdinand d'Este (1863—1914), der eigentliche Thronerbe; denn sein Vater, Erzherzog Karl Ludwig (1833—1896), nur um weniges jünger als Franz Joseph I., hatte aller Voraussicht nach nur eine kurze Regierungszeit vor sich, wenn er nicht überhaupt auf den Thron zugunsten Franz Ferdinands verzichtete. Im Gegensatz zu Kronprinz Rudolf war Franz Ferdinand streng katholisch gesinnt. Eine schwere Krankheit — Tuberkulose, von der sizilianischen Mutter geerbt — schien ihn regierungsunfähig zu machen. Doch er überwand sein Leiden, und während eines langen Aufenthalts in der heißen Sonne Ägyptens kurierte er sich völlig aus. Die Erfahrungen, die er während seiner als unheilbar betrachteten Krankheit gemacht hatte, hinterließen in seinem Charakter bleibende Spuren. Ebenso wurde seine ganze Persönlichkeit durch seine Ehe geprägt. Franz Ferdinand schloß mit der aus böhmischem Uradel stammenden Gräfin Sophie Chotek — später zur Herzogin von Hohenberg erhoben — eine Liebesheirat, die eine der glücklichsten Verbindungen werden sollte, die jemals von einem Mitglied des österreichischen Herrscherhauses geschlossen wurde. Es dauerte zehn Jahre, bis es dem Erzherzog-Thronfolger gelang, die Zustimmung des Kaisers zu dieser nach damaliger Anschauung „unstandesgemäßen" Heirat zu erhalten. Als der Thronfolger die Gräfin Chotek am 28. Juni 1900 zum Traualtar führte, mußte Franz Ferdinand für die aus dieser Ehe stammenden Kinder auf alle Thronfolgerechte und auf deren Zugehörigkeit zum Herrscherhaus verzichten. Von nun an waren auch alle jene Franz Ferdinands Feinde, die sich dieser Ehe in den Weg gestellt hatten.

Die Ehe färbte selbst auf die außenpolitische Gesinnung des Thronfolgers ab. Weil König Karol I. von Rumänien die Herzogin von Hohenberg als ebenbürtig behandelte, vergalt ihm dies der Thronfolger mit einer aufrichtigen Freundschaft, die sich auch auf das rumänische Volk ausdehnte. Von vielen Zeitgenossen als hart und ungerecht, ja unsozial beschrieben, soll auf die Tatsache hingewiesen werden, daß er, als er im Schloß Eckartsau bei Wien — einem Herrensitz, der dem jeweiligen Thronfolger zur Verfügung stand — für sich Badezimmer einbauen ließ, befohlen hatte, solche auch in den Wohnungen der Dienerschaft einzubauen.

Für Franz Ferdinand d'Este stand der österreichische Gesamtstaatsgedanke an der Spitze aller Erwägungen innen- und außenpolitischer Natur. Aber er wollte ihn nicht im Sinne des Neuabsolutismus als einen zentralistischen Einheitsstaat verwirklicht sehen. Seine Ideen liefen auf eine Umgestaltung Österreich-Ungarns in einen Bundesstaat hinaus. Dabei war sich der Erzherzog-Thronfolger nicht zu jeder Zeit über das Ausmaß der Föderalisierung klar. Das Minimum schien ihm die Schaffung eines dritten, südslawischen Reichsteiles, dessen Kern die Kroaten auszumachen hätten. Man nannte diese Lösung den „Trialismus". Aber auch die Gedanken des siebenbürgisch-rumänischen Abgeordneten Dr. Aurel Popovici (1863—1917), der 1906 sein Buch „Die Vereinigten Staaten von Großösterreich" veröffentlichte, fanden in Franz Ferdinand einen Gesinnungsverwandten. Durch die Cousine seiner Gemahlin, Gräfin Henriette Chotek, unterhielt er Beziehungen zur christlichen Arbeiterjugend Österreichs, die unter Anton Orel für ein sozial gerechtes, föderatives Großösterreich kämpfte. Gräfin

Henriette Chotek gehörte dem Zentralvorstand dieser Bewegung an. Von den im Parlament vertretenen Parteien stand ihm die Christlichsoziale Partei Dr. Karl Luegers am nächsten. Er scheute sich nicht, die von Kaiser Franz Joseph I. streng beobachtete Überparteilichkeit des Kaiserhauses zu brechen und sich als Protektor an die Spitze des Katholischen Schulvereins zu stellen. Franz Ferdinand hatte eine Abneigung gegen das ungarische Regierungssystem. Die herrschenden Kreise Ungarns vergalten dies dem Thronfolger mit der gleichen Abneigung. Dagegen zeigte sich Franz Ferdinand d'Este den Südslawen und Rumänen gegenüber stets entgegenkommend.

Außenpolitisch wollte sich der Thronfolger, im Gegensatz zu den Ideen des Kronprinzen Rudolf, auf das Deutsche Reich stützen. Er hielt Italien, mit dem Österreich-Ungarn gleichfalls verbündet war, für einen unzuverlässigen Bundesgenossen. An die Stelle Italiens sollte Rußland als Verbündeter treten. Bis zu seinem Ende hielt der Erzherzog-Thronfolger an dieser rußlandfreundlichen Politik fest, obwohl er in Rußland nicht uneingeschränkte Gegenliebe fand. Noch am 26. Februar 1913 sagte er: „In aller Zukunft werden wir mit Rußland gehen", und einige Wochen später erklärte er: „Ein Krieg mit Rußland ist unser Ende."

Franz Ferdinand d'Este hatte, im gewissen Gegensatz zu Kaiser Franz Joseph I. und dessen Beratern stehend, als „Generalinspektor der bewaffneten Macht" in dem von ihm bewohnten Schloß Belvedere in Wien eine Art „Gegenregierung", die sogenannte „Militärkanzlei", eingerichtet. Zwar gab der alte Kaiser die Macht noch immer nicht aus den Händen, doch gelang es dem Thronfolger, auf militärischem Gebiet die Initiative an sich zu reißen. Er wurde der eigentliche Leiter der österreichisch-ungarischen Militärpolitik. Er war es auch, der die Kriegsmarine, ein Stiefkind unter Franz Joseph, mehr populär zu machen suchte und sich nicht ungern in der Uniform eines Admirals der österreichisch-ungarischen Flotte zeigte. Auf Franz Ferdinands Anregung hin entstanden die gewaltigen Großkampfschiffe der „Viribus Unitis"-Klasse.

Unter den Mitarbeitern Franz Ferdinands befanden sich Persönlichkeiten aus beinahe allen Völkern der Monarchie. Manche von ihnen spielten nach 1918 in der Politik ihrer Heimat eine bedeutende Rolle. So arbeiteten mit Franz Ferdinand der letzte gemeinsame Finanzminister von Österreich-Ungarn, Alexander von Spitzmüller; der Sektionschef im Innenministerium Baron von Eichhof; der Generalstabschef der Armee Franz Conrad von Hötzendorf; der letzte Ministerpräsident des alten Österreich, der hervorragende Völkerrechtslehrer und Pazifist Dr. Heinrich Lammasch; der zeitweilige ungarische Innenminister Jószef Kristóffy; der spätere rumänische Ministerpräsident Vajda-Vojwod; der bekannte rumänische Parteiführer Maniu; der spätere Patriarch der rumänisch-orthodoxen Kirche, von Franz Ferdinand zum Bischof gemacht, Miron Cristea; der Führer der Slowaken und spätere tschechoslowakische Ministerpräsident Milan Hodźa; die kroatischen Politiker Dr. Ivo Frank und Baron Rauch; der Pole und Minister Dr. Twardowski und der ruthenische (ukrainische) Reichsratsabgeordnete Kost' Lewyćkyi; der Wiener Christlichsoziale Dr. Friedrich Funder, Chefredakteur der „Reichspost“ (1872—1959).

Die meisten dieser Männer haben von ihrer Zusammenarbeit mit dem Erzherzog-Thronfolger in ihren Memoiren mit großer Begeisterung berichtet und dem Wirken Franz Ferdinands viel Lob zuteil werden lassen. Während sich die Pläne von Dr. Aurel Popovici darauf beschränkten, innerhalb des bestehenden Gebietes der Doppelmonarchie eine Reihe von Bundesstaaten, auf Grund der Sprachverhältnisse, zu errichten, die durch eine starke Zentralgewalt zusammengehalten werden sollten, sah der Ungar Kristóffy Pläne für eine Vergrößerung der Monarchie vor. Nach Kristóffy sollte diese in drei Stufen erfolgen:

1. Schaffung Großösterreichs durch das allgemeine Wahlrecht
2. außenpolitischer Vorstoß nach der Balkanhalbinsel und föderativer Anschluß von Serbien, Albanien, Rumänien, Bulgarien in die Monarchie.
3. eine starke, einheitlich aufgebaute Armee, die nach deutschem Muster geplant war

Aber auch außerhalb des engen Kreises um den Thronfolger Erzherzog Franz Ferdinand machten sich Reformgedanken geltend. Vor allem in der österreichischen Sozialdemokratie. Dr. Karl Renner war seit 1905 ein entschiedener Anhänger solcher „großösterreichischer“ Gedankengänge, die die Monarchie zu einer großen östlichen Schweiz umgestaltet sehen wollten. Die bürgerlichen Parteien der slawischen Völker, vor allem soweit sie unter dem Einfluß des sogenannten Neoslawismus standen, wie er in erster Linie von den Tschechen — und hier besonders eindrucksvoll von Dr. Karl Krámař (1860—1937) — vertreten wurde, bekannten sich noch immer grundsätzlich zur Aufrechterhaltung der Habsburgmonarchie, verlangten aber innenpolitisch die Föderalisierung und außenpolitisch die Auflösung des Bündnisses mit dem Deutschen Reich und den politischen Anschluß Österreich-Ungarns an die Entente Frankreich-Rußland-Großbritannien. Außerdem machte auch König Eduard VII. von England (1901—1910) den Versuch, Kaiser Franz Joseph I. durch persönliche Einflußnahme zu einer Umkehr seiner Außenpolitik zu bewegen.

Gegenüber der weitverbreiteten Meinung, daß Erzherzog-Thronfolger Franz Ferdinand d'Este kriegslüstern gewesen sei, gibt es absolut einwandfreie historische Zeugnisse, die eher auf das Gegenteil hinweisen. Franz Ferdinand war gegen einen Krieg mit Serbien und noch mehr gegen einen Krieg mit Rußland. Damit trat er in schärfsten Gegensatz zu dem sonst von ihm protegierten Chef des Generalstabes Conrad, der ständig den Plan von Präventivkriegen — vor allem gegen Italien — erwog. Schon anläßlich der Annexion Bosniens und der Herzegowina 1908 war Franz Ferdinand einer jener Männer in Österreich-Ungarn gewesen, der bestimmend dazu beigetragen hatte, daß es zu keiner kriegerischen Auseinandersetzung auf der Balkanhalbinsel kam. Als anläßlich der Balkankriege 1912/13 wieder die Möglichkeit einer Intervention Österreich-Ungarns erwogen wurde, erklärte der Erzherzog-Thronfolger erregt, daß er „von Serbien kein Schaf, keinen Zwetschkenbaum“ wolle.

Von der Annexionskrise bis Sarajewo

Die österreichisch-ungarische Wirtschaft hatte im Rahmen der Weltwirtschaft in der zweiten Hälfte des 19. Jahrhunderts einen Aufstieg erlebt. Um die Jahrhundertwende verwandelte sich dieser Aufstieg in eine Stagnation und später in eine rückläufige Bewegung. Noch 1885 stand die Donaumonarchie in der Weltwirtschaft an 9. Stelle, bis zum Jahr 1910 war sie auf den 10. Platz zurückgefallen. Die industriellen und kapitalkräftigen Kreise sahen sich daher veranlaßt, große Anstrengungen zu machen, das Verlorene aufzuholen und die Monarchie auch wirtschaftlich wiederum auf den ihr — nach ihrer Meinung — gebührenden Platz zu stellen. Dies erfolgte im Verlauf einer zweiten Periode der Industrialisierung bis zum Beginn des Ersten Weltkrieges 1914. In den schon weiter entwickelten Gebieten wurden die Anlagen modernisiert, in den weniger entwickelten Ländern begann man mit der Industrialisierung. Da in Österreich-Ungarn die Konzentration des Finanzkapitals seit jeher eine größere Rolle spielte als die der Industrieakkumulierung, wurde bald ausländischer Einfluß stark spürbar. Es kam zu einem Konkurrenzkampf zwischen dem — immerhin in Österreich ansässigen — Haus Rothschild und den Bankhäusern, die unter der Kontrolle der Deutschen Bank standen. Die Zahl der Aktienbanken stieg in der österreichischen Reichshälfte von 39 im Jahr 1900 auf 73 im Jahr 1913. Der Wirtschaftskampf zwischen den Wiener und den Budapester Großbanken drückte sich im Gebiet der Politik in den Streitigkeiten Österreichs mit Ungarn aus. Alle diese österreichischen und ungarischen Banken waren praktisch vom Ausland abhängig und an deutsches, französisches, englisches, belgisches, holländisches und Schweizer Kapital gebunden. Die österreich-ungarische Industrie wiederum beteiligte sich an einer Reihe ausländisch diktierter Kartelle: so 1897 an den Kartellen für Uranfarben, Thomasmehl, Kaliumzyanid, Düngemittel, Kaliumchromat, Jagdmunition, Schienen, Stangeneisen, Spiegelglas, Pergament, Gasröhren, Emailwaren und Zwirne. Die Mehrzahl dieser Kartelle wurde von der deutschen Industrie beherrscht. Im Jahr 1913 veröffentlichte das österreichische Finanzministerium die Ergebnisse einer eingehenden Enquete über diese wirtschaftliche und finanzielle Abhängigkeit der Habsburgermonarchie. Die aristokratischen Vertreter des Großgrundbesitzes arbeiteten mit dem Finanzkapital zusammen. Wir finden in den Verwaltungsräten der Aktiengesellschaften die klangvollsten Namen Österreich-Ungarns. Durch deren Einfluß verbesserten die Großaktionäre ihre Stellung dem Staatsapparat gegenüber wesentlich. Die unmittelbare Kontrolle des Kapitals auf die Regierung begann in Österreich mit der Ministerschaft Ernest von Körbers (1850—1919), in Ungarn mit dem Ministerium Alexander Weckerle (1848—1921). In beiden Fällen versuchten die Regierungen durch große Investitionsvorhaben nicht bloß die Wirtschaft anzukurbeln, sondern auch die miteinander ringenden Nationen im Interesse eben dieser Wirtschaft zur gemeinsamen Arbeit anzueifern.

Die österreichisch-ungarische Außenpolitik seit der Jahrhundertwende ist nicht zu verstehen, ohne ihre Hintergründe zu beleuchten. Dieselben sind in der weltwirtschaftlichen Situation der Monarchie zu suchen; denn die Märkte in Westeuropa und in Übersee blieben Österreich-Ungarn von dem Augenblick an versperrt, da sie von Deutschland und England völlig okkupiert wurden. Als einziges Ventil blieb die Balkanhalbinsel übrig. Während sonst Österreich-Ungarn finanziell bescheiden auftreten mußte, konnte es in den Balkanländern seine wirtschaftliche Expansionstätigkeit entfalten. Der Gegensatz zwischen Österreich und Serbien ist sicherlich auch auf die Steigerung der nationalen Leidenschaften zurückzuführen, doch hätten diese nicht die zerstörende Wirkung gehabt, wären sie nicht vom Wirtschaftskrieg Österreich-Ungarns gegen das Balkankönigreich begleitet gewesen. Als Serbien 1904 das Anbot einer Waffenlieferung aus den Pilsner Skodawerken ablehnte, begann ein langjähriger Zollkrieg zwischen Österreich-Ungarn und Serbien. Er verstärkte sich, als die ungarischen Großgrundbesitzer den „Schweinekrieg" entfesselten. Unter ihrem Einfluß wurde die Einfuhr serbischen Viehs mit hohem Einfuhrzoll belegt, so daß ungarische Schweine keine Konkurrenz mehr zu fürchten hatten. Wie verzweifelt dadurch die Situation Serbiens wurde, zeigt die von dem Historiker Kleinwächter überlieferte Antwort einer „den Belgrader Regierungskreisen nahestehenden Persönlichkeit" auf die Feststellung, die Ereignisse trieben unweigerlich zum Krieg. „Was riskieren wir bei einem Krieg?" sagte der Gewährsmann dem Österreicher. „Wir können so nicht weiterleben. Im schlimmsten Fall werden wir geschlagen und Österreich-Ungarn annektiert uns. Dann werden wir unsere Schweine wenigstens an die Monarchie verkaufen können." Der serbische Ministerpräsident Dr. Vladan Georgević wandte sich direkt — wie er selbst später in der Wiener „Neuen Freien Presse" schrieb — an den österreichisch-ungarischen Außenminister Baron Lexa von Ährenthal (1854—1912) mit dem Vorschlag, Serbien in den Verband der Monarchie mit denselben Reservatrechten aufzunehmen, wie sie Bayern im Deutschen Reich besitze. Aber dieser Vorschlag fand auf österreichisch-ungarischer Seite ebenso taube Ohren, wie es die Monarchie bereits 1903 unterlassen hatte, nach der Ermordung des serbischen Königs Alexander Obrenović und seiner Gemahlin Draga Mašina dem Wunsch vieler nachzukommen, die Serbien von Österreich-Ungarn annektiert wissen wollten.

Der Wirtschaftskrieg Österreich-Ungarns gegen Serbien hinderte das Deutsche Reich nicht, die von der Monarchie preisgegebenen Stellungen auf der Balkanhalbinsel selbst einzunehmen. Von der Gesamteinfuhr Serbiens kamen

im Jahr 1909 24,23 Prozent aus Österreich-Ungarn,
39,24 Prozent aus Deutschland

Überall verdrängten deutsche Kaufleute und Firmen die österreichisch-ungarischen. Die deutsche Wirtschaftsexpansion wurde von den deutschen Vertretungen im Ausland tatkräftig unterstützt. Ihr rücksichtsloses Vorgehen, selbst gegen den österreichisch-ungarischen Bundesgenossen, war oft der Gegenstand diplomatischer Auseinandersetzungen zwischen Wien und Berlin.

Im Jahr 1908 nahmen die Ereignisse eine bedrohliche Wendung. Seitdem in Mürzsteg (1903) die beiden Kaiserreiche Österreich-Ungarn und Rußland sich darüber geeinigt hatten, auf dem Balkan die augenblickliche Lage aufrechtzuerhalten, schien ein kriegerischer Zusammenstoß in die Ferne gerückt zu sein.

Fünf Jahre nach Mürzsteg hatte eine Revolution den türkischen Sultan Abdul Hamid II. gestürzt. Das absolute Regime in der Türkei war zusammengebrochen und eine Gruppe junger Offiziere, darunter Kemal Pascha, der 1924 Präsident der türkischen Republik werden sollte, ergriff die Macht. Die Türkei sollte ein moderner Staat werden. Österreich-Ungarn hatte seit dreißig Jahren die beiden Länder Bosnien und die Herzegowina verwaltet, die völkerrechtlich noch immer türkisches Hoheitsgebiet waren. Solange die Türkei kein Parlament besaß, war der völkerrechtliche Zustand praktisch ohne große Bedeutung gewesen. Nun hätten die Bosnier und Herzegowiner Abgeordnete nach Konstantinopel senden müssen. In Österreich-Ungarn war man schon seit längerer Zeit mit dem Gedanken umgegangen, aus der Okkupation, der bloßen Besetzung, eine regelrechte Annexion, eine Einverleibung in den Verband der Monarchie, zu machen. Der neue Außenminister, Ährenthal, hatte mit dem Entschluß sein Amt übernommen, wieder eine aktive österreichisch-ungarische Außenpolitik zu führen. Seit Ende 1907 zeigte sich eine Wirtschaftsstagnation; die österreichisch-ungarische Wirtschaft verlangte ihre Überwindung. Im Jahr 1907 hatte es in der Türkei eine schlechte Ernte gegeben, und in den Grenzgebieten gegen Österreich-Ungarn brach eine Hungersnot aus. Viele Familien flüchteten über die Grenze in die Monarchie. Ährenthal gab den ihm unterstellten Behörden den Auftrag, solchen Personen einzeln den Übertritt zu gestatten, damit sie die gute Verwaltung Bosniens und der Herzegowina kennen lernten.

Die internationale Rüstungsindustrie fand durch die Spannung zwischen Österreich-Ungarn und Serbien einen neuen, ergiebigen Markt. Wie die „Neue Freie Presse“ in Wien am 16. November 1906 mitteilen konnte, waren an der großen serbischen Rüstungsanleihe, die doch indirekt gegen Österreich-Ungarn gerichtet war, die Berliner Handelsgesellschaft mit 25 Prozent und die — Wiener Bodenkreditbank mit 20 Prozent beteiligt. Ährenthal hatte sich indessen entschlossen, die Angliederung Bosniens und der Herzegowina an die Monarchie durchzuführen. Auf dem Schloß des Grafen Berchtold in Buchlau traf er im September 1908 mit dem russischen Außenminister Iswolski zusammen. Die beiden Minister besprachen das Gesamtgebiet der österreichisch-russischen Beziehungen. Was aber eigentlich gesagt wurde, ist bis heute nicht geklärt. Iswolski war jedenfalls noch auf der Reise, als er, nach seinen späteren Angaben, durch die offizielle Proklamation der Annexion Bosniens und der Herzegowina aufs äußerste überrascht wurde. Es scheint, daß der „Plan“ Ährenthals, die Annexion durchzuführen, in Buchlau als etwas Fernliegendes betrachtet wurde, während der österreichisch-ungarische Außenminister von diesem „Plan“ als einem unmittelbar bevorstehenden Ereignis gesprochen haben wollte. Neben Rußland war es die Türkei, die sich über Österreich-Ungarn und sein Verhalten empört zeigte: Waren die beiden nunmehr annektierten Länder doch immerhin als türkisches Gebiet betrachtet worden. Es kam in Konstantinopel zu schweren Tumulten gegen Österreich-Ungarn, und türkische Hafenarbeiter weigerten sich, österreichisch-ungarische Schiffe zu entladen. Serbien begann Kriegsvorbereitungen zu treffen. Am 8. Oktober überreichte der serbische Gesandte Simić in Wien einen formellen Protest seiner Regierung gegen die Annexion. Auch Rumänien und Bulgarien zeigten sich unangenehm überrascht. Selbstverständlich anerkannte das Deutsche Reich sofort die Annexion, wenig später folgte Frankreich. Italien, der Bundesgenosse, ließ sich etwas mehr Zeit, und König Eduard VII. von England war „indigniert“. Die wichtigste Frage schien die zu sein, welche Stellung Rußland einnehmen würde. Zwischen Kaiser Franz Joseph I. und dem Zaren Nikolaus II. kam es zu einem ausgebreiteten Briefwechsel, in dem man sich gegenseitig beschuldigte, zu unerlaubten Methoden Zuflucht genommen zu haben. Aber der russische Außenminister Iswolski konnte nicht gut anders als Serbien den Rat zu geben, sich zu mäßigen. Iswolski wies darauf hin, daß Österreich-Ungarn durch die Räumung des Sandschaks Novi Pazar, die zugleich mit der Annexion Bosniens und der Herzegowina erfolgte, sich selbst den Weg nach Saloniki verrammelt habe.

Unterdessen mobilisierte Serbien. Österreich-Ungarn rief einen Teil der Reservisten unter die Waffen. Die Mächte bemühten sich, eine internationale Konferenz zustande zu bringen, die den Frieden retten sollte. Aber Österreich-Ungarn weigerte sich, gewissermaßen als Angeklagter vor einem internationalen Tribunal zu erscheinen. Im Innern der Monarchie waren es vor allem Südslawen, die die Annexion begrüßten; denn sie hofften, das sei der Beginn des von ihnen so ersehnten südslawischen Staates im Rahmen des Habsburgerreiches. Außenpolitisch gelang es Ährenthal, Bulgarien gegen das Versprechen mazedonischer Gebiete zu bewegen, sich auf seiten Österreich-Ungarns gegen Serbien zu stellen. Am 26. Februar 1909 kam außerdem ein Übereinkommen zwischen Österreich-Ungarn und der Türkei zustande, in dem diese die Annexion anerkannte und alle Boykottmaßnahmen gegen die Monarchie abbrach. Diese entschädigte die Türkei für die in Bosnien und in der Herzegowina liegenden türkischen Staatsgüter mit der Summe von 2 Millionen Pfund Sterling. Die serbische Regierung mußte ferner erkennen, daß weder Rußland noch Frankreich noch England bereit waren, Serbiens wegen einen Krieg zu beginnen. So blieb Belgrad nach mehreren Rückzugsgefechten, in denen man versuchte, doch noch von Wien eine Entschädigung herauszuholen, nichts anderes übrig, als am 31. März 1909 alle Bedingungen Österreich-Ungarns zu akzeptieren. Die Demobilisation begann auf beiden Seiten, und der Friede war im Augenblick gerettet. Aber Kriegsfurcht hatte die breiten Massen der Völker ergriffen, und die dumpfe Ahnung eines kommenden Unheils lag über Europa.

Es kann nicht geleugnet werden, daß es in Österreich-Ungarn eine einflußreiche Gruppe gab, die eine bewaffnete Auseinandersetzung nicht scheute. Auch eine „Kriegspartei" ist bereit, auf friedlichem Weg das in Besitz zu nehmen, was man im eigenen Interesse für unbedingt besitzenswert hält. Der Unterschied gegenüber nicht kriegerisch gesinnten Kräften besteht darin, daß erstere bereit ist, zur Erreichung ihrer Wünsche auch einen Krieg zu riskieren. Es gab unmittelbar vor dem Ersten Weltkrieg in allen Ländern, die das kapitalistische Wirtschaftssystem besaßen, eine breite Masse der Bevölkerung, die an und für sich nichts anderes als die Erhöhung ihres Lebensstandards wünschte; ferner eine zweite, kleinere Gruppe, die aus privaten Prestigegründen, oft auch deshalb, weil sie dadurch persönlich eine bessere Lebensposition und mehr Macht in die Hände bekommen konnte, eine expansive Politik trieb und auch vor einem kriegerischen Zusammenstoß nicht zurückschreckte. In dieser Gruppe lebten zum Teil atavistische Vorstellungen des feudalen Zeitalters. Aber man denkt gewöhnlich nicht an eine kleine, dritte Gruppe, über die Rudolf Hilferding bereits 1909 ein aufschlußreiches Buch veröffentlicht hat. Es ist dies das Finanzkapital, das — wie Hilferding schreibt — „einen starken Staat (braucht), der seine finanziellen Interessen im Ausland zur Geltung bringt". Der einzelne Finanzmann — nicht einmal der einzelne Rüstungsaktionär — arbeitet dabei durchaus unbewußt auf einen Krieg hin. Aber die Produktion läuft der Kaufkraft voraus, dadurch entsteht eine Wirtschaftsdepression, und diese soll durch Gewinnung neuer Märkte im Ausland behoben werden. Der Kampf um diese Märkte wird aber gegebenenfalls auch mit kriegerischen Mitteln geführt. In diesem Sinn sahen diese wirtschaftsinteressierten Kreise in Österreich-Ungarn und im Deutschen Reich mit steigendem Mißtrauen auf die politische, soziale und wirtschaftliche Entwicklung der Balkanstaaten. Das Deutsche Reich suchte in erster Linie die Türkei zu erhalten, für Österreich-Ungarn ging es um den freien Weg nach Saloniki.

Im Jahr 1912 eröffneten Serbien, Crnagora (Montenegro), Bulgarien und Griechenland den Kampf gegen die Türkei. Er wurde militärisch binnen wenigen Tagen entschieden. Die türkischen Armeen erlitten an allen Fronten Niederlagen. Saloniki fiel in die Hände der Griechen, Usküb (Skoplje) in die der

Serben, und die Bulgaren standen an der Tschadaldalinie unmittelbar vor Konstantinopel. Auch die russische Diplomatie war über die Schnelligkeit des Vormarsches und über die Siege der Balkanstaaten verblüfft. Unter dem Eindruck der großen Erfolge im Kampf gewannen nunmehr auch unter den österreichischen Südslawen jene Kräfte neuen Auftrieb, die die Einigung ihrer Völker nicht mehr unter habsburgischer, sondern unter serbischer Flagge vollziehen wollten. Damit erlitt die alte „großkroatische" Politik unter Bischof Stroßmayer (1815—1905) und Dr. Joseph Frank (1844—1911) einen schweren Rückschlag. In peinlicher Weise zeigte auch der sogenannte „Friedjung-Prozeß", der im Dezember 1909 in Wien ablief, die Situation auf. Der österreichische Historiker Heinrich Friedjung (1851—1920) hatte in der „Neuen Freien Presse" vom 25. März 1909 auf Grund von Dokumenten schwere Vorwürfe gegen südslawische Politiker erhoben und mußte sich nun nachweisen lassen, daß es sich um gefälschte Dokumente handelte, die ihm in die Hände gespielt worden waren. Er verlor seine wissenschaftliche Ehre, da er behauptete, diese Dokumente gründlich durchstudiert zu haben, obwohl er nicht einmal das serbische Alphabet, noch weniger die serbische Sprache beherrschte. Nur ein Vergleich rettete ihn vor dem Schlimmsten.

Österreich-Ungarn mußte zusehen, wie Serbien die Meeresküste erreichte und damit nicht mehr auf den Binnenweg über die Monarchie angewiesen war, wenn es seine agrarischen Produkte exportieren wollte. Darum suchte Österreich-Ungarn unter allen Umständen die definitive Inbesitznahme eines Adriahafens durch Belgrad zu verhindern. Österreich-Ungarn wurde der Hauptfürsprecher der Errichtung eines selbständigen Staates Albanien. Hier war schon wertvolle Kulturarbeit durch österreichische Diplomaten und Gelehrte geleistet worden. Seit 1861 hatte Kaiser Franz Joseph I. das Protektorat über alle Katholiken Albaniens übernommen. Jetzt wurde in internationalen Verhandlungen ein Fürstentum geschaffen und der deutsche Prinz Wilhelm von Wied sollte den neugeschaffenen Balkanthron besteigen.

Die Teilnahme Österreich-Ungarns am Balkankrieg schien unmittelbar bevorzustehen. Auch in Rußland gab es eine Kriegspartei; an ihrer Spitze stand nicht der Zar, dessen Friedenswille und Schwäche offenkundig waren, sondern der Großfürst Nikolaj Nikolajewitsch, sowohl mit dem serbischen als auch mit dem montenegrinischen Königshaus verschwägert. Nun schalteten sich Frankreich und England ein, die beide in diesem Augenblick gegen den Ausbruch eines europäischen Krieges waren. Die französische Finanz war der Hauptgläubiger der Türkei; auch Rußland hing von ausländischen Anleihen ab. So kam es zu Besprechungen in London, die Österreich-Ungarn einen Prestigeerfolg brachten. Serbien blieb vom Meer abgeschnitten. Aber dafür erhielt Belgrad von der Kriegspartei in Rußland die Zusicherung, daß man Serbien in Zukunft gegen Österreich-Ungarn unterstützen werde. Österreich-Ungarn und das Deutsche Reich versuchten nun Bulgarien auf ihre Seite zu ziehen, das im Zweiten Balkankrieg 1913 einen großen Teil seines Gewinns im Kampf mit seinen bisherigen Bundesgenossen und der Türkei, aber auch mit Rumänien wieder verloren hatte.

Zu Beginn des Jahres 1914, in dem der Erste Weltkrieg ausbrach, schienen sich die Wogen zu glätten. Eine österreichisch-französische Finanzkooperation sollte die Internationalisierung einer Reihe von Bahnen auf der Balkanhalbinsel mit sich bringen. Auf Wunsch der französischen Regierung war auch eine Beteiligung Rußlands vorgesehen. Das Projekt platzte, als eine andere französische Finanzgruppe Serbien zum Widerstand gegen diese Pläne aufstachelte. Was unter nationaler Flagge in der Öffentlichkeit vor sich ging, war in Wirklichkeit ein interner Machtkampf zwischen der Société Générale und der Union Parisienne. Die mit der Société Générale zusammenarbeitende österreichisch-ungarische Eisen- und Stahlindustrie hoffte auf diese Weise eine monopolartige Stellung in Serbien zu erlangen. Die serbische Rüstung lief mit Hilfe französischer Anleihen auf Hochtouren. Noch im Frühjahr 1914 lieferten deutsche und österreichische Fabriken der serbischen Regierung 200.000 Gewehre, die von französischen Rüstungsbetrieben wegen Überlastung nicht geliefert werden konnten. Auch in Bulgarien stießen die Wirtschafts- und Finanzinteressen — zum Teil innerhalb der französischen Kapitalwelt selbst — aufeinander. Aber hier traten deutsche Banken in Erscheinung. Ihre Bedingungen waren freilich so hart, daß die Verhandlungen zwischen Sofia und der Diskontogesellschaft im Juni 1914 ins Stocken gerieten. Mitten in diese Aktionen hinein platzte die Bombe von Sarajewo.

Sarajewo und der Erste Weltkrieg

Es ist primitiv gedacht, den Ausbruch eines so gewaltigen Ringens, wie es der Erste Weltkrieg war, auf die Handlungen einzelner zurückzuführen. Weder „die" Habsburger noch „die" Russen, weder „die" Serben noch „die" Engländer haben im gewöhnlichen Sinn des Wortes den Krieg ausgelöst. Die Ursachen moderner internationaler Konflikte sind so vielfältig, so verworren, oftmals so undurchsichtig, daß sie zur Gänze nicht einmal von der Nachwelt — schon gar nicht von der handelnden Mitwelt — erkannt werden können. Selbstverständlich lagen im Sommer 1914 eine Reihe von Konfliktstoffen bereit, deren jeder einzelne die Möglichkeit bot, daß sich an ihm ein Weltbrand entzündete. So gab es seit 1871 zwischen dem Deutschen Reich und Frankreich die Frage Elsaß-Lothringen. Es gab die deutsche und die englische Wirtschaftsexpansion, die sich gegenseitig von den überseeischen Märkten zu verdrängen suchte. Es gab auf der Balkanhalbinsel den Gegensatz zwischen Österreich-Ungarn und Rußland. Es gab ein Wettrüsten zwischen den beiden Bündnissystemen des Dreibundes und der Entente, zwischen dem Deutschen Reich, Österreich-Ungarn und Italien auf der einen, Rußland, Frankreich und England auf der andern Seite. Dies zeigte sich besonders deutlich bei den Kriegsflotten Deutschlands und Englands. Die Rüstungsausgaben machten in allen größeren Staaten Europas einen beträchtlichen Prozentsatz des Staatsbudgets aus. In den Jahren zwischen 1901 und

1914 betrugen sie auf der ganzen Erde 52,6 Milliarden Golddollar. Die am stärksten gerüstete Macht war das Deutsche Reich. Es war auf dem Weg zur Weltmacht, und die deutschen Wirtschafts- und Finanzkreise hatten auch den Willen, diesen Weg bis zum Ende zu gehen. Damit kam Deutschland mit den — berechtigten und unberechtigten, die Beantwortung dieser Frage hängt vom Gesichtspunkt desjenigen ab, der sie stellt oder beantwortet — Interessen der älteren und saturierteren Mächte in Konflikt.

Es gab jedoch auch starke Kräfte, die für den Frieden eintraten. Schon 1898 hatte Zar Nikolaus II. von Rußland ein Friedensmanifest erlassen. In Den Haag fanden Friedenskonferenzen statt; an der ersten nahmen 26 Mächte, darunter alle europäischen und die Vereinigten Staaten von Amerika, teil. Auf der zweiten waren 44 Staaten vertreten, doch konnte ein Beschluß, wonach der neugeschaffene Haager Schiedsgerichtshof von streitenden Mächten obligatorisch angerufen werden müßte, nicht durchgesetzt werden. Auf literarischem Gebiet waren es vor allem zwei Österreicher, Frau Bertha von Suttner (1843—1914) und A. H. Fried (1864—1921), beide Friedens-Nobelpreisträger, die sich für diese Idee einsetzten. Allerdings war ihr mit ethischen Gründen geführter Kampf für den Frieden schließlich ohne Erfolg. Aber die 1890 von Frau Suttner gegründete „Österreichische Friedensgesellschaft“, später in Suttner-Gesellschaft umbenannt, verfocht als ä l t e s t e und e i n z i g l e g i t i m e Erbin die Suttnerschen Gedanken, nur durch die beiden Weltkriege unterbrochen, weiter.

Der den Ersten Weltkrieg auslösende Schuß fiel auf dem Balkan. Am 28. Juni 1914, einem Sonntag, beendete der österreichisch-ungarische Erzherzog-Thronfolger Franz Ferdinand d'Este die großen Manöver des Heeres in Bosnien und besuchte zusammen mit seiner Gemahlin, der Herzogin Sophie von Hohenberg, die Landeshauptstadt Sarajewo. Die Sicherheitsvorkehrungen waren ungenügend, obgleich Warnungen davon sprachen, daß ein Anschlag verübt werden würde. Als der Wagen des Erzherzogpaares die Cumurjabrücke passierte, warf ein gewisser Nedeljko Cabrinović, Angestellter der Belgrader Staatsdruckerei, eine Bombe. Sie explodierte hinter dem Auto, in dem der Erzherzog und seine Gemahlin saßen. Nachdem die offizielle Begrüßung auf dem Rathaus stattgefunden hatte — wobei Franz Ferdinand d'Este die Rede des Bürgermeisters mit den harten Worten unterbrach: „Der Kerl wird, statt daß man ihn unschädlich macht, nach echt österreichischer Art noch mit dem Verdienstkreuz dekoriert“ —, wurde die Fahrt auf Wunsch des Erzherzog-Thronfolgers zum Spital fortgesetzt, in das man die beim Bombenattentat verletzten Mitglieder des erzherzoglichen Gefolges eingeliefert hatte. Am Appelkai krachten mehrere Revolverschüsse. Sie wurden von Gavrilo Princip, einem bosnischen Studenten, abgefeuert, der mehr Erfolg hatte als Cabrinović. Der Erzherzog-Thronfolger war schwer verwundet, die Herzogin von Hohenberg sofort tot. Franz Ferdinand d'Este starb kurze Zeit später im Spital, ohne das Bewußtsein erlangt zu haben. Es ist für die innere Einstellung Franz Josephs I. bezeichnend, daß er auf die Nachricht von der Ermordung des Erzherzogs hin sofort an dessen unstandesgemäße Heirat dachte. „Entsetzlich", rief der alte Kaiser aus, „der Allmächtige läßt sich nicht herausfordern! Eine höhere Gewalt hat jene Ordnung wiederhergestellt, die ich leider nicht zu erhalten vermochte!"

Die beiden Attentäter und ihre Mitverschwörer waren selbstverständlich nur die Handlanger von Männern, die hinter ihnen standen. Alle Spuren wiesen über die Grenzen der Monarchie hinaus. In Serbien existierte die Geheimorganisation der „Crna Ruka", der „Schwarzer Hand", an deren Spitze der Oberst Dragutin Dimitrievič (1876—1917) stand. Die „Schwarze Hand" war bereits führend am serbischen Königsmord 1903 beteiligt gewesen. Damals hatten die Mitglieder einer Offiziersverschwörung den letzten serbischen Herrscher aus der Familie Obrenovič, den allerdings regierungsunwürdigen Alexander, und seine Gemahlin, die ehrgeizige Draga Mašina, in tierischer Weise im Belgrader Konak ermordet. Die Obrenovič waren österreichfreundlich gewesen. Mit der Thronerhebung der Familie Karageorgjevič kamen Anhänger einer österreichfeindlichen Dynastie zur Macht. Die internationale Öffentlichkeit war über den Königsmord so empört, daß man es Österreich-Ungarn wahrscheinlich verziehen hätte, wenn es Serbien sofort besetzt und so die Einigung der Südslawen unter habsburgischer Vormacht herbeigeführt hätte. Von nun an zitterten alle serbischen Regierungen vor dem Terror der „Schwarzen Hand", der jeden traf, der die Wege dieses Geheimbundes kreuzte. Oberst Dimitrievič, der Leiter des serbischen Arsenals in Kragujevac, stiftete die eigentlichen Attentäter nicht nur zu ihrer Tat an, sondern rüstete sie auch mit den nötigen Kenntnissen und Waffen aus. Wie verschwommen die Gedankengänge der jungen Leute waren, die subjektiv ehrlich an die historische Notwendigkeit ihres Tuns glaubten und keine Ahnung davon hatten, daß es gerade Erzherzog-Thronfolger Franz Ferdinand d'Este war, der bei seiner Thronbesteigung den Südslawen einen eigenen Staat geben wollte, beweisen Aussagen, die während des Prozesses gegen die Attentäter von diesen gemacht wurden. So antwortete der Angeklagte Grabez auf die Frage: „Was verstehen Sie unter politischer Freiheit?" ganz offen: „Das weiß ich selbst nicht recht." Als man sich erkundigte, wie es mit seiner religiösen Überzeugung stehe, erwiderte er: „Nicht den Glauben, den Sie meinen, aber eine nationale Religion, und zwar in hohem Grad." Der Angeklagte Vaso Cubrilovič wurde in seiner Absicht, an der Verschwörung teilzunehmen, nach eigener Aussage, „bestärkt", weil er in Mathematik ein „Nichtgenügend" bekommen hatte.

Das Attentat auf Franz Ferdinand setzte in ganz Europa die Maschinerie der Diplomatie in Bewegung. Der Mord von Sarajewo rief auch in Frankreich, England und Rußland eine echte Erschütterung hervor, doch hielt man einen europäischen Krieg für durchaus nicht unausweichlich. In Österreich-Ungarn gab es einflußreiche Kreise, die sich gegen die Möglichkeit eines bewaffneten Konflikts stellten. Ihr Wortführer war der ungarische Ministerpräsident Graf Stephan Tisza. In Rußland sandte Grigorij Rasputin (1871—1916), der das Ohr der Zarenfamilie besaß, einen dringenden Appell an das Herrscherpaar, den Frieden zu halten. „Die, welche den Krieg wollen", schrieb er wörtlich, „wissen nicht, daß er unser Verderben ist." In Frankreich wurde der Sozialistenführer Jean Jaurès, der für den Frieden kämpfte, am 1. August 1914 von einem nationalistischen Fanatiker erschossen. Auch in England und in Italien gab es große Auseinandersetzungen zwischen Kriegsgegnern und Kriegsfreunden. Es war die Tragik, daß die Arbeiterschaft, auf die die Friedensbewegung vor 1914 große Hoffnungen gesetzt hatte, schließlich doch in den meisten kriegführenden Ländern versagte. In Deutschland und Österreich-Ungarn mobilisierte man sie „gegen den russischen Zarismus", in Frankreich und England „gegen den preußischen Militarismus".

Die in Österreich-Ungarn gehegte Annahme, daß die serbische Regierung am Attentat von Sarajewo beteiligt gewesen sei, wurde durch das Chiffretelegramm des Gesandten Baron Wiesner schon am 13. Juli 1914 als unrichtig erwiesen. Wiesner, der an der Untersuchung des Attentats in führender Position teilnahm, meldete: „Mitwisserschaft serbischer Regierung an der Leitung des Attentats oder dessen Vorbereitung und Beistellung der Waffen durch nichts erwiesen oder auch nur zu vermuten. Es bestehen vielmehr Anhaltspunkte, dies als ausgeschlossen anzusehen. Durch Aussagen Beschuldigter kaum anfechtbar festgestellt, daß Attentat in Belgrad beschlossen und unter Mitwirkung serbischer Staatsbeamter Ciganović und Major Tankošic vorbereitet..." Aber schon hatte der deutsche Kaiser Wilhelm II. sich am 4. Juli für die „Abrechnung mit Serbien" entschieden. „Mit den Serben muß aufgeräumt werden, und zwar bald", schrieb er wörtlich Da man in Wien die Überzeugung gewann, daß das Deutsche Reich auf Biegen und Brechen hinter Österreich-Ungarn stehen werde, bekam die Kriegspartei die Oberhand. Im gemeinsamen Ministerrat vom 7. Juli 1914 zeigte sich, daß diese Kreise bereit waren, einen Krieg zu riskieren. Gegen sie trat der ungarische Ministerpräsident Stephan Tisza auf, der nach den veröffentlichten Protokollen erklärte, die Forderungen an Serbien müßten „zwar hart, aber nicht unerfüllbar" sein. Ebenso war der ungarische Ministerpräsident der Meinung, „es sei nicht Sache Deutschlands, zu beurteilen, ob wir jetzt gegen Serbien losschlagen sollten oder nicht. Er persönlich sei der Ansicht, daß ein Krieg im jetzigen Augenblick nicht unbedingt geführt werden müsse".

Trotz der Skepsis des Chefs der ungarischen Regierung richtete der österreichisch-ungarische Außenminister Graf Berchtold, der 1912 Ährenthal gefolgt war, ein Ultimatum an Serbien, das dieses innerhalb von 48 Stunden beantworten und bedingungslos annehmen sollte. Es wurde am 23. Juli, Wochen nach dem Attentat von Sarajewo, vom österreich-ungarischen Gesandten in Belgrad, Baron Giesl, der serbischen Regierung übergeben. In ihrer Antwortnote nahm Serbien die meisten österreichisch-ungarischen Forderungen an und erklärte sich bereit, bezüglich der strittigen Punkte den Internationalen Gerichtshof in Den Haag oder ein Schiedsgericht der Großmächte entscheiden zu lassen. England war aufrichtig bemüht, den Frieden zu erhalten. Der britische Außenminister Grey erklärte — wie aus später veröffentlichten Akten hervorgeht — wörtlich, „er glaube, Österreich-Ungarn jede Genugtuung verschaffen zu können. Ein demütiges Zurückweichen Österreich-Ungarns käme nicht in Frage, da die Serben auf alle Fälle gezüchtigt und mit Zustimmung Rußlands genötigt würden, sich den deutsch-österreichischen Wünschen unterzuordnen. Österreich-Ungarn könne also, auch ohne einen Weltkrieg zu entfachen, Bürgschaften für die Zukunft erlangen".

Der österreichisch-ungarische Gesandte in Belgrad lehnte die serbische Antwortnote auf Grund seiner Instruktionen als unbefriedigend ab und verlangte seine Pässe. In Österreich-Ungarn wurde mobilisiert; damit war der Krieg ausgebrochen. „Österreich-Ungarns Staatsmänner", schreibt der sozialdemokratische Historiker Ludwig Brügel, „führten den Krieg um den Bestand der Monarchie, um den Bestand der Dynastie; sie spielten ein Spiel um den höchsten Einsatz. Dessen war sich auch der greise Herrscher bewußt, dem die erste Kriegserklärung abgepreßt wurde". Die deutsche Reichsregierung hatte bis zuletzt jeden Versuch, die österreichisch-serbischen Streitfragen vor ein internationales Forum zu bringen, ablehnend behandelt. Sie rechnete allerdings mit der Neutralität Englands und mit einer Lokalisierung des Krieges im Osten zwischen Österreich-Ungarn und Serbien, allenfalls noch mit Rußland. Es erschien wichtig, Österreich-Ungarn unter allen Umständen die führende Stellung auf der Balkanhalbinsel zu erhalten oder zu verschaffen, um über Österreich-Ungarn hinweg den Weg nach der Türkei freizuhalten. Auf der anderen Seite steuerte die russische Regierung von dem Augenblick an, da sie erkannte, daß Österreich-Ungarn auf jeden Fall in Serbien militärisch intervenieren werde, ebenfalls auf den Krieg zu. Es war töricht zu meinen, daß er in dieser hochindustrialisierten Gesellschaft lokalisiert werden könne. Als Deutschland versuchte, Österreich-Ungarns Vorprellen aufzuhalten — es war in der gleichen Stunde, in der man feststellte, daß England nicht neutral bleiben werde —, war es zu spät. Drei Jahre später, am 14. August 1917, warf der österreichisch-ungarische Außenminister Graf Czernin bei einer Konferenz seinen deutschen Gesprächspartnern — nach dem amtlichen Protokoll — die Worte entgegen: „Der Krieg ist damals von Österreich nicht allein begonnen worden. Deutschland hat die strenge Form des Ultimatums an Serbien ...“ Hier bricht das Protokoll ab. Aber es kann sinngemäß nur mit „gefordert“ vollendet werden.

Es ist nicht Aufgabe, die Gesamtgeschehnisse des Ersten Weltkrieges in ausführlicher, kriegsgeschichtlich vollendeter Form darzustellen, sondern es sollen in erster Linie die für Österreich-Ungarn bedeutsamen Geschehnisse herausgehoben werden. Der Krieg begann am 28. Juli 1914 in Serbien. Er breitete sich bis Mitte August über einen großen Teil Europas aus. Der Reihe nach traten Crnagora (Montenegro), Rußland, Frankreich und England in den Kampf ein. Die deutsche Heeresleitung hatte den noch von dem verstorbenen Chef des Generalstabes Schlieffen stammenden gleichnamigen Plan entwickelt, über Belgien in Nordfrankreich einzubrechen und so die schwerbefestigte deutsch-französische Grenze zu umgehen. Belgien war bis 1914 ein international als neutral anerkannter Staat. Der Einmarsch der deutschen Truppen in das neutrale Land war zwar militärisch ein Erfolg, denn man stieß durch Belgien bis Nordfrankreich und an die Marne vor, bedeutete aber politisch für das Deutsche Reich und Österreich-Ungarn das Gegenteil eines Erfolges; denn er brachte die öffentliche Meinung Europas — vor allem die der noch neutralen Länder — gegen die Mittelmächte auf. Im November 1914 schloß sich die Türkei dem Zweibund Deutschland und Österreich-Ungarn an. Im Frühjahr 1915 stellte sich Bulgarien auf die Seite der Mittelmächte. Dadurch wurde aus dem Dreibund ein Vierbund. Allerdings schied jetzt das 1914 neutral gebliebene Italien völlig aus dem Verband des alten Dreibundes vor 1914 aus. Es erklärte im Mai 1915 an Österreich-Ungarn den Krieg. Im Herbst 1916 erfolgte der Eintritt Rumäniens in den Kampf gegen den Vierbund, welchem schließlich die Vereinigten Staaten von Amerika im Jahr 1917 den Krieg erklärten. Schon 1914 war Japan in die Reihe der Gegner Deutschlands und Österreich-Ungarns getreten, hatte sich aber damit begnügt, die deutsche Pachtbesitzung Kiautschau in der chinesischen Provinz Schantung zu besetzen. Es sandte weder Truppen nach Europa noch beteiligte es sich weiter an den Kampfhandlungen. Im Verlauf des Krieges erklärten eine Reihe weiterer Staaten — so fast alle südamerikanischen Republiken — an Deutschland und Österreich-Ungarn den Krieg. In Europa selbst waren nur die nordischen Staaten — Schweden, Dänemark und Norwegen—, die Schweiz, Spanien und die Niederlande nicht in den Kampf verwickelt. Ebenso Kleinstaaten wie Liechtenstein und Andorra.

Österreich-Ungarn besaß zu Beginn des Krieges eine Armee von 1094 Bataillonen, 6 Radfahrkompanien, 425 Reiterschwadronen, 483 Batterien, 224 Festungsartillerie-, 155 technischen und 15 Fliegerkompanien. Ursprünglich war nur eine Teilmobilmachung gegen Serbien durchgeführt worden, bis der Eintritt Rußlands die Gesamtmobilmachung erforderlich machte. Die österreichisch-ungarische Kriegsflotte besaß eine Stärke von 264.000 Bruttoregistertonnen und bestand aus 12 Panzerschiffen, 7 Kreuzern, 18 Zerstörern, 55 Torpedobooten, 6 Unterseebooten sowie Schiffen der Küstenverteidigung und für Sonderaufgaben. Auf der Donau taten 6 Monitore und einige Patrouillenboote Dienst.

Die Mittelmächte hatten in ihren strategischen Plänen mit einem Blitzkrieg gerechnet. Die deutsche Armee sollte binnen einiger Wochen Frankreich zum Frieden zwingen und dann Österreich-Ungarn in seinem Kampf gegen die russische Übermacht unterstützen. Als dieser Plan mißlang und die deutsche Offensive an der Marne aus militärisch-organisatorischen Gründen zum Stillstand kam — die Franzosen sprachen seitdem vom „Wunder an der Marne" —, war der Krieg für die Mittelmächte nicht mehr zu gewinnen. Die einzige Hoffnung wäre ein Verständigungsfriede gewesen. Die Bevölkerung ahnte von der wahren militärischen Lage kaum etwas, denn rein äußerlich schien alles in bester Ordnung zu sein. Belgien und Nordfrankreich waren von den Mittelmächten besetzt. Im Mai 1915 durchbrachen die verbündeten Truppen die russische Front bei Gorlice in Galizien und rollten sie auf. Ein großer Teil Russisch-Polens kam in die Hände Deutschlands und Österreich-Ungarns. Zugleich stellte eine Offensive gegen Serbien die Verbindung zwischen Österreich-Ungarn, Bulgarien und der Türkei her. Stolz führten damals Züge die Aufschrift „Berlin — Bagdad".

Die österreichisch-ungarische Armee war nicht — wie Pessimisten befürchtet hatten — bei der Mobilmachung in ihre einzelnen nationalen Bestandteile zerfallen. Sie bewies sogar eine verhältnismäßig starke verbindende Kraft. Trotzdem wurde „Kamerad Schnürschuh" vom deutschen Generalstab etwas über die Achsel angesehen. Die österreichisch-ungarische Armee hatte schon in den ersten vier Kriegsmonaten einen großen Teil ihrer aktiven Soldaten und Offiziere verloren. Das minderte ihre Kampfkraft, vor allem die der Infanterie. Auch brachten die in immer stärker werdendem Ausmaß zur Verwendung kommenden Reserveoffiziere politische und nationale Elemente in das Offizierskorps hinein. Es muß indessen betont werden, daß es kaum ein Heer gab, das so wie das österreichisch-ungarische im Winter 1914/15 in den Karpaten gegen eine gewaltige russische Übermacht standhielt und den Vormarsch der russischen Armee auf Budapest und Wien zum Stillstand brachte. Verhängnisvoll wirkte sich allerdings aus, daß der deutsche Reichskanzler Bethmann-Hollweg den Kampf als einen „Krieg des Germanentums gegen das Slawentum" erklärt hatte. Diese Äußerung war zumindest unüberlegt, wenn nicht politisch dumm, da doch der größte Teil der österreichisch-ungarischen Regimenter aus Slawen bestand.

Eine besondere militärische Ruhmestat Österreich-Ungarns im Ersten Weltkrieg war die Verteidigung der Isonzolinie gegen die Italiener. In elf blutigen Schlachten gelang es diesen bloß, unbedeutenden Raumgewinn zu erzielen. Sie waren vor allem nicht imstande, das heißbegehrte Triest zu besetzen. Nur Görz fiel, als Trümmerhaufen, in ihre Hände. Bald darnach wendete die zwölfte Isonzoschlacht das Bild. Es kam zu einem Debakel der italienischen Streitkräfte, die zu Hunderttausenden in Gefangenschaft gerieten, während die verbündeten Truppen siegreich über Isonzo, Tagliamento bis zum Piavefluß vorstießen.

Beim Kriegseintritt Italiens 1915 bewährten sich vor allem die Tiroler Standschützenkompanien, die in den ersten Tagen fast allein den Angriff der Italiener an der Tiroler Grenze auffingen, bis in aller Eile weitere Truppen von anderen Kriegsschauplätzen herbeigebracht worden waren.

Im Verlauf des gesamten Ersten Weltkrieges stellte Österreich-Ungarn 8,000.000 Mann ins Feld; die vier Mächte Österreich-Ungarn, das Deutsche Reich, die Türkei und Bulgarien zusammen 21,200.000; die gegnerische Entente aber 40,800.000. Die Toten des fürchterlichen Ringens betrugen auf beiden Seiten 9,500.000 Mann. Der Anteil Österreich-Ungarns daran war 1,015.200; außerdem starben 478.000 in der Gefangenschaft. An Kriegsgefangenen verlor die Monarchie von 1914 bis 1918 insgesamt 1,691.000 Mann. Die größten Menschenverluste hatten die deutschsprachigen Regimenter der Alpen- und Sudentenländer. Nach ihnen kamen die Ungarn und die Kroaten. Unter je 1000 Toten befanden sich 37 Kärntner, 30 bis 34 Vorarlberger, Tiroler, Salzburger und Steirer, 27 Oberösterreicher und 22 Niederösterreicher. Je länger der Krieg währte, umso häufiger kamen Fälle vor, daß Einheiten slawischer Nationalität nicht mehr kämpften. So ging das Prager 28. Infanterieregiment zu den Russen über. Auch Desertionen mehrten sich. In Ungarn zählte die Gendarmerie zu Beginn 1918 44.600 Deserteure. In den Wäldern hielten sich sogenannte „Grüne Kader", die von Teilen der Bevölkerung unterstützt wurden. Allein in einem einzigen Gebiet Mährens, in Zlin-Nismovic, zählte man schließlich etwa 10.000 dieser gut bewaffneten, kampfesmüden Soldaten.

Es war nicht immer die feindliche Propaganda, die Soldaten der österreichisch-ungarischen Armee zur Desertion oder in freiwillige Kriegsgefangenschaft führte. Wenn die Heeresleitung sämtliche Ortsnamen, auch in slawischen und romanischen Gebieten, gewaltsam eindeutschte, wenn man von seiten der österreichischen Postverwaltung Verordnungen der Art erließ, daß Geldanweisungen auch in slawischen Gebieten nur in deutscher Sprache ausgefüllt werden durften, so waren dies Zeichen von politischem Unverstand. Polzer-Hoditz, der Kabinettsekretär des späteren Kaisers Karl I., sagt darüber: „Zu Beginn des Krieges ... sahen die Militärbehörden in jedem Tschechen, in jedem Serben, in jedem Polen und in jedem Ruthenen einen Verräter oder einen Feind. Es begannen jene sinnlosen Verfolgungen, durch die der innere Abfall der Nichtdeutschen in Österreich, unterstützt durch die Lässigkeit der Regierung, langsam, aber systematisch bewirkt wurde. Die österreichisch fühlenden Slawen — und es gab deren viele — wurden gewaltsam in das Lager der Verräter und Feinde gedrängt." Aber nicht nur Deserteure und „Verräter" wurden verfolgt, auch solche, die aus religiösen Gründen den Dienst mit der Waffe verweigerten. Das bekannteste Beispiel wurde der 26jährige Bauer Maxa Dilber aus Torontal, der am 8. Februar 1916 standrechtlich erschossen wurde. Fälle von Kriegsdienstverweigerung kamen nicht bloß in Österreich-Ungarn, sondern auch anderswo, besonders in den angelsächsischen

Ländern, vor. Sie wurden indes hier anerkannt. Aus religiösen Gründen lehnten im ersten Weltkrieg 16.000 Engländer den Dienst in der Armee ab. Auch an der Front kam es zu Meutereien französischer und italienischer Regimenter. Wir haben es also n i c h t n u r mit solchen Fällen zu tun, in denen der Soldat nicht mehr für Österreich-Ungarn kämpfen wollte, sondern vielleicht noch öfter mit solchen, in denen es darum ging, daß er überhaupt nicht mehr Krieg führen, sondern nach Hause zurückkehren wollte.

Das beste Beispiel dafür bilden die Matrosen von Kotor (Cattaro). Die österreichisch-ungarische Flotte war im Ersten Weltkrieg verhältnismäßig untätig gewesen. Im August 1914 hatte der kleine Panzerkreuzer „Zenta" im Kampf mit einer überlegenen französisch-englischen Flotte in der Adria, heldenhaft ringend, sein Ende gefunden. Bei Beginn des Krieges mit Italien hatte die Flotte den Aufmarsch der italienischen Heere durch Raids an der Küste empfindlich gestört. Im Jahre 1918 kam es zu einer Seeschlacht in der Straße von Otranto, bei der das österreichisch-ungarische Flaggenschiff „Szent István" versenkt wurde. Am Unterseebootkrieg, den die deutsche Marine gegen die Flotten und Handelsschiffe der Gegner führte, nahm Österreich-Ungarn nur bescheiden Anteil, gewährte aber den im Mittelmeer operierenden deutschen Unterseebooten in österreichisch-ungarischen Häfen Stützpunkte. In der Bucht von Kotor ankerten während des Krieges 40 Einheiten der österreichisch-ungarischen Kriegsmarine. Darunter die Schlachtschiffe „St. Georg", „Kaiser Karl VI." und „Kaiser Franz Joseph I." Auf ihnen brach im Februar 1918 eine Matrosenmeuterei aus, während der auf einem Teil der Schiffe die rote Fahne gehißt wurde. Nach dreitägigem Aufstand wurde die Meuterei unterdrückt und die Hauptanführer — Matrosen aus verschiedenen Ländern der Monarchie — vor ein Kriegsgericht gestellt und mit verdächtiger Eile hingerichtet. Bei der Verhandlung kamen die Wünsche der Meuternden und die Ursachen der Empörung zu Ohren der Öffentlichkeit. In einem offiziellen Schreiben des k. u. k. Kriegshafenkommandos Cattaro wurde auf folgende Übelstände hingewiesen:

1. vollständige Vernachlässigung der Mannschaft durch die Offiziere
2. schlechte Verpflegung der Mannschaft, luxuriöse der Offiziere
3. Benachteiligung der Mannschaft durch Zuwendungen von ihr gehörigen Verpflegsartikeln an die Offiziere
4. drakonische Bestrafung wegen Lappalien
5. kein Beschwerderecht

Als Ziel der Matrosenmeuterei war nur der Wunsch nach Frieden festzustellen. Man wollte die Regierung zwingen, sofort Friedensunterhandlungen einzuleiten. Ähnliche Forderungen waren bereits im Jänner 1918 von demonstrierenden österreichischen Arbeitern in Wiener Neustadt, Mährisch-Ostrau, Wien und anderen Orten gestellt worden. Die scharfen Ausnahmegesetze, die zahlreichen Verurteilungen von Kriegsgegnern, die Militarisierung der Betriebe, politische Prozesse und die Radikalisierung der Arbeiterschaft im Zuge der Russischen Revolution schufen diese Symptome für die Kriegsmüdigkeit der Arbeitermassen. Es zeigte sich, daß die Österreichisch-Ungarische Monarchie nicht mehr weiterkämpfen konnte.

Der Untergang der Doppelmonarchie

Am 21. November 1916 war der greise Kaiser Franz Joseph I. im 87. Lebensjahr und im 68. seiner Regierung gestorben. Es wird ein Ausspruch von ihm überliefert, den er nur wenige Wochen vor seinem Tod getan haben soll: „Drei Monate schaue ich noch zu, dann mache ich Frieden!" Sein Nachfolger wurde der am 17. August 1887 in Schloß Persenbeug in Niederösterreich geborene Großneffe des alten Kaisers, Erzherzog Karl Franz Joseph, der als Kaiser den Namen Karl I. annahm und in Ungarn als König Karl IV. regierte. Er war nicht für den Herrscherberuf erzogen worden; erst am 28. Juni 1914 hatte es sich endgültig herausgestellt, daß er der Thronfolger der Österreichisch-Ungarischen Monarchie sein werde. An den Ereignissen, die zum Kriegsausbruch des Jahres 1914 führten, war er in keiner Weise beteiligt. Seit 1911 lebte er mit der gebürtigen Prinzessin von Parma-Bourbon, Zita, in glücklicher Ehe, der bereits eine Reihe von Kindern entsprossen war.

Der neue Kaiser war kein harter Kriegsmann, kein Vertreter eines Siegfriedens um jeden Preis. Der französische Dichter Anatole France bezeichnete ihn als den „einzigen anständigen Menschen des Weltkriegs". Sein Bestreben war von allem Anfang an darauf gerichtet, dem sinnlos gewordenen Blutvergießen ein Ende zu machen. Er befand sich aber in einer schlechteren Position dem deutschen Verbündeten und den Militärkreisen gegenüber als der verstorbene Kaiser Franz Joseph I.; denn dieser genoß schon durch sein Alter und durch seine lange Regierungszeit auch bei seinen politischen Gegnern im Ausland hohe Achtung. Als dann die Versuche Kaiser Karls bekannt wurden, den Frieden herzustellen, ergoß sich von seiten der Kriegsparteien eine Flut übelster Verleumdung über ihn und seine Gemahlin, die Kaiserin Zita. Man rechnete auf die historische Unwissenheit weiter Kreise der Bevölkerung und stellte die Kaiserin als „Verräterin" hin, die Österreich-Ungarn an Italien ausliefern wolle. Man erwähnte allerdings nicht, daß die Kaiserin aus dem bis 1860 im italienischen Fürstentum Parma herrschenden Zweig der Bourbonen stammte, ihr Großvater im Verlauf der italienischen Einigungsbewegung ermordet und ihr Vater aus Parma vertrieben worden war und sie selbst in einem bayrischen Mädchenpensionat ihre Erziehung genossen hatte. Ganz abgesehen davon, daß es kaum einer Mutter zuzumuten ist, das Erbe des eigenen Sohnes aufs Spiel zu setzen. Es war nicht zuletzt die deutsche Presse, die diese haltlosen Anschuldigungen gegen die österreichische Kaiserin verbreitete. Auch eine von Berlin geistig abhängige Hof- und Adelsclique tat desgleichen.

Kaiser Karl I. hatte schon aus der Tatsache, daß am 21. Oktober 1916 der österreichische Ministerpräsident Graf Stürgkh, der das Parlament ausgeschaltet und absolutistisch regiert hatte, von Friedrich Adler, dem Sohn des Führers der österreichischen Sozialdemokraten, ermordet worden war, die Gefährlichkeit der Situation und die Notwendigkeit rascher Abhilfe erkannt. Bereits am 12. Dezember 1916 erfolgte auf Initiative der österreichisch-ungarischen Regierung ein Friedensangebot der Mittelmächte an die Entente, das aber abgelehnt wurde. Vom Februar bis April 1917 kam es zu vertraulichen Friedensbesprechungen des österreichischen Kaisers mit Frankreich durch Vermittlung seines Schwagers, des Prinzen Sixtus von Bourbon-Parma, der im belgischen Heer als Offizier diente. Prinz Sixtus überbrachte folgende Vorschläge, die einem Frieden zur Grundlage dienen konnten: Rückgabe von Elsaß-Lothringen an Frankreich, Räumung Belgiens und Zahlung einer Kriegsentschädigung, Räumung Serbiens und freie Durchfahrt für Rußland durch die Dardanellen, Österreich-Ungarn verzichtet auf eine Offensive gegen Italien.

Kaiser Karl I. antwortete in einem Brief vom 24. März 1917 — dem berühmten Sixtusbrief —, daß er „die gerechten Forderungen auf Elsaß-Lothringen" bei seinem deutschen Bundesgenossen unterstützen werde. Als dieser Brief vom französischen Ministerpräsidenten Georges Clemenceau am 12. April 1918 veröffentlicht wurde, führte dies zu einer Hetzkampagne gegen Kaiser Karl I., als ob er kein souveräner Kaiser, sondern der Untergebene der Hohenzollern wäre. Kaiser Karl, direkter Nachkomme des Landgrafen in Elsaß Rudolf v. Habsburg und des Kaisers Ferdinand III., der im Westfälischen Frieden (1618) das österreichische Elsaß an Frankreich abgetreten hatte, sowie ebenfalls direkter Nachkomme des Gemahls der Kaiserin Maria Theresia, des Herzogs Franz Stephan von Lothringen, der Lothringen gegen Toscana an Frankreich abgetreten hatte, wobei beide Abtretungen auch mit Zustimmung der Reichsstände des Hl. Römischen Reiches erfolgt waren, war zu seiner Äußerung über die gerechten (Rück-)Forderungen Frankreichs an das Deutsche Reich daher sowohl legitimiert als auch zweifellos berechtigt Elsaß-Lothringen war nämlich auch nach dem Wiener Kongreß (1815) beim besiegten Frankreich verblieben und erst als Siegesbeute von den Preußen und den mit ihnen verbündeten deutschen Staaten 1871 von Frankreich abgetrennt worden. Das historisch unrichtig als Zweites Reich bezeichnete Kaiserreich Deutsches Reich, war in keiner Weise der Rechtsnachfolger des Hl. Römischen Reiches und hatte aus diesem Titel auch keine Rechtsansprüche auf Elsaß-Lothringen. Der österreichische Außenminister Graf Ottokar Czernin, der „im Frühjahr 1918 durch eine herausfordernde diplomatische Indiskretion die zornige Erwiderung Clemenceaus" erst hervorgerufen hatte, hat auch von Kaiser Karl in direkt erpresserischer Manier die Unterschrift unter eine von Czernin abgeschwächte Briefform des Sixtusbriefes gefordert.

„Es ist um mein Leben und um die Ehre meiner Familie gegangen" stieß Czernin (in einem Gespräch mit Dr. Funder) hervor, „ich hatte den Kaiser auf dem Sofa liegend angetroffen, eine Kompresse um den Kopf. Er war erschöpft, fertig. Ich sagte ihm ‚entweder unterschreiben Sie die Erklärung oder ich erschieße mich,' Da unterschrieb er" (Funder: Vom Gestern ins Heute, 236 ff). Czernin, der über den Friedensversuch Kaiser Karls unterrichtet war und ihn gebilligt hatte (Funder, a.a.O), hatte die Stirn alles abzuleugnen. Funder sagt richtig: „Sich hat Graf Ottokar Czernin nicht genützt, in keiner Hinsicht. Der Sache des Kaisers, der er hätte dienen sollen, hat er so geschadet, wie kein Feind." Der österreich-ungarische Außenminister Czernin deckte in der Öffentlichkeit den Kaiser nicht und behauptete, von nichts gewußt zu haben. Radikale deutschnationale Kreise forderten damals, daß man Kaiser Karl absetze und interniere.

Diese Orgien des Hasses schienen der Entente den Beweis zu liefern, daß Österreich-Ungarn praktisch seine Handlungsfähigkeit verloren habe und zu einem Satellitenstaat des Deutschen Reiches herabgesunken sei. Es zeigte sich immer deutlicher, daß man bereit war, Österreich-Ungarn ein Lebensrecht zuzugestehen, wenn es sich vom deutschen Bündnis trenne, daß man es aber vernichten wollte, wenn es an diesem Bündnis festhalte. Ein Friedensappell, den Papst Benedikt XV. am 1. August 1917 an die kriegsführenden Mächte richtete und in dem er eine Beendigung des Kampfes „ohne Annexionen und Kontributionen" vorschlug, wurde praktisch nur von Kaiser Karl I. zustimmend beantwortet. Das Deutsche Reich wie die Vereinigten Staaten von Amerika, die sich seit 6. April im Kriegszustand mit den Mittelmächten befanden, lehnten ab. Im Dezember 1917 folgten vertrauliche Unterhaltungen zwischen dem ehemaligen Burengeneral Smuts als Vertreter Großbritanniens und dem Grafen Mensdorf-Pouilly als Vertreter Kaiser Karls I. Smuts versicherte offiziell, daß Großbritannien nicht die Absicht habe, Österreich-Ungarn zu zerstören, daß es die Doppelmonarchie sogar vergrößern wolle — es war an die Wahl Kaiser Karls zum König von Polen gedacht —, aber sie müsse sich im Innern in einen Bundesstaat der Nationen umwandeln und außenpolitisch den deutschen Kurs aufgeben. Noch am 5. Jänner 1918 bestätigte der englische Premierminister Lloyd George öffentlich in einer Rede, daß die Entente nicht darauf aus sei, Österreich-Ungarn zu zerstören. Im Oktober 1917 hatten auch in Freiburg in der Schweiz Gespräche zwischen dem österreichischen Grafen Revertera und dem französischen Major Graf Armand stattgefunden, die unterbrochen, dann wieder aufgenommen und erst im Februar 1918 endgültig abgeschlossen wurden. Armand bot Österreich-Ungarn einen Sonderfrieden an.

Die Monarchie sollte den Trentino an Italien abtreten und aus Triest einen Freihafen machen. Dafür sollte Polen in den Grenzen von 1772 an Österreich-Ungarn fallen, ebenso nach Beendigung des Krieges mit Deutschland das ganze Königreich Bayern und Preußen-Schlesien, wie es bis 1740 bei Österreich gewesen war. Als Bedingungen eines allgemeinen Friedens wurden damals genannt: Abtretung Elsaß-Lothringens an Frankreich, wofür die Entente sich bereit erklärte, sämtliche deutsche Kolonien zurückzugeben und das bisher französische Madagaskar und Französisch-Indochina (das heutige Laos, Kambodscha und Vietnam) an das Deutsche Reich abzutreten. Ebenso erklärte man sich einverstanden, daß Deutschland bisher russisches Gebiet im ungefähren Ausmaß der Größe Elsaß-Lothringens annektieren dürfe. Aber alle diese Möglichkeiten, dem Blutvergießen ein Ende zu machen, wurden von den verantwortlichen Kreisen nicht ausgenützt. Kaiser Karl I. war wohl prinzipiell kein Freund des deutsch-österreichisch-ungarischen Bündnisses und brachte zum Ausdruck, daß er es nach seinem Ablauf nicht erneuern werde, war aber aus Gewissensgründen nicht bereit, den Bündnisvertrag aufzukündigen, ehe er ordnungsgemäß zu Ende gegangen war.

Als Großbritannien im März 1918 seine Friedensunterhandlungen mit Österreich-Ungarn fortsetzen wollte, wurde es von dem völlig unter Einfluß der Kriegspartei und Berlins geratenen österreichisch-ungarischen Außenminister Graf Ottokar Czernin brüsk abgewiesen. Ein Versuch der sogenannten Meinl-Gruppe, in den letzten Kriegsjahren 1917/18 einen Frieden zustande zu bringen, schien hoffnungsvoll zu beginnen, verlief sich jedoch ins Leere. Er wurde von dem bekannten Großindustriellen Meinl getragen; an ihm beteiligten sich der große Völkerrechtslehrer Heinrich Lammasch (1853—1920), der Ministerpräsident werden sollte, sowie der Historiker Joseph Redlich (1869—1936). Auch der größte lebende Pädagoge seiner Zeit, der gelehrte Friedrich Wilhelm Foerster (1869—1966), war für einen Ministersessel in Aussicht genommen. Foerster hatte bereits vor dem Ersten Weltkrieg Vorlesungen an der Wiener Universität gehalten, und sein 1914 erschienenes Essay „Das Österreichische Problem" zeugte von einem tiefen Verständnis für den inneren Aufbau des österreichischen Völkerstaates. Aber sowohl eine Rede von Heinrich Lammasch im Herrenhaus als auch ein Vortrag Foersters in der Wiener „Politischen Gesellschaft" zeigten die Unmöglichkeit, sich ohne Gewalt gegen die von Berlin beeinflußte Kriegspartei durchzusetzen. In Ungarn scheiterte ein anderer Versuch König Karls IV., den führenden Politiker der Unabhängigkeitspartei, Graf Theodor Batthyáni, mit der Bildung eines ungarischen Kabinetts zu betrauen, das eine großzügige demokratische Wahlreform durchführen und den Völkern des Stephansreiches Autonomie und Selbstregierung bringen sollte. Doch veranlaßte König Karl IV. den ungarischen Ministerpräsidenten Graf Stephan Tisza, der sich hartnäckig jeder Erweiterung des Wahlrechts und jeder Konzession an die Nationalitäten entgegenstellte, am 23. Mai 1917 zur Demission. Am 30. Mai des gleichen Jahres eröffnete dann das seit Kriegsausbruch stillgelegte österreichische Parlament seine Sitzungen wieder. In Ungarn wurde Graf Moritz Esterházy und dann Dr. Alexander Wekerle Ministerpräsident.

Auch die Versuche der sozialdemokratischen Parteien Europas, den Frieden herbeizuführen, hatten praktisch keinen Erfolg. Am 8. September 1915 begannen im schweizerischen Ort Zimmerwald Beratungen zwischen Vertretern der deutschen, französischen, italienischen, russischen und polnischen Sozialisten, in denen das Selbstbestimmungsrecht für die Völker und der Abschluß des allgemeinen Friedens gefordert wurden. Eine zweite internationale sozialistische Konferenz tagte in Kiental vom 24. bis 30. April 1916. Von viel größerer Bedeutung wurden die Stockholmer Friedensbesprechungen, die 1917 geführt wurden. An ihnen nahmen von seiten der österreichischen Sozialdemokraten Dr. Viktor Adler, Karl Seitz, Dr. Karl Renner, Dr. Wilhelm Ellenbogen und Dr. Ludo Hartmann teil. Was die speziell österreichischen Anliegen betraf, so forderte man die Erhaltung der nationalen Existenz der Völker Österreich-Ungarns, den Abschluß eines Friedens ohne Entschädigungen und die Verstaatlichung der Rüstungsindustrie in allen Ländern. Die tschechischen Sozialisten waren für die Errichtung eines selbständigen tschechischen Staates im Rahmen des föderativ ausgebauten Donaugesamtreiches. Die Ungarn erklärten, „die nationalen Fragen Österreich-Ungarns" sollten ihre Lösung finden „nicht durch Aufteilung des Reiches, sondern durch weitgehende demokratische Reformen, nationale Autonomie und kulturelle und wirtschaftliche Entwicklung innerhalb des heutigen Staatenverbandes". Die Bosnier und Herzegowiner verlangten „eine breite Autonomie für die geeinigten Südslawen Österreich-Ungarns". Polen und Ruthenen sprachen sich für selbständige Staaten, zumindest aber für weitreichende Autonomie innerhalb der Monarchie aus. Das Friedensmanifest, das von den holländisch-skandinavischen Organisationskomitees im Oktober 1917 veröffentlicht wurde, enthielt bezüglich Österreich-Ungarns folgende Forderungen: „Lösung der böhmischen Frage im Sinn der Vereinigung der Tschechen, die die zu einem Bundesstaat verschmolzenen Bezirke bewohnen, mit Österreich-Ungarn, wo die südslawischen Völker in wirtschaftlicher Beziehung vollständige Gleichheit genießen und zu einem einzigen Verwaltungsdistrikt vereinigt werden sollen. Die italienischen Gebietsteile Österreichs, die nicht an Italien abgetreten werden, werden kulturelle Autonomie genießen." In bezug auf die Juden lautete eine Formulierung: „Persönliche Autonomie in den Distrikten Rußlands, Österreich-Ungarns, Rumäniens und Polens, wo die Juden in geschlossenen Massen leben." Auf die Stimmung der Konferenzen und weiter Kreise der Arbeiterschaft Europas wirkte die russische Oktoberrevolution von 1917 friedensfördernd ein. Eine der ersten Botschaften, die Lenin durch den Ersten Allrussischen Sowjetkongreß verkünden ließ, war die Forderung nach einem Frieden „ohne Annexionen und Kontributionen". Die neuen Herrscher Rußlands traten tatsächlich in Friedensunterhandlungen ein. Doch die Ergebnisse der Friedensschlüsse von Brest-Litowsk am 9. Februar 1918 und von Bukarest vom 7. Mai 1918 bedeuteten zwar eine augenblickliche Entlastung der militärischen Situation der Mittelmächte, brachten aber keine allgemeine Einstellung der Feindseligkeiten mit sich. Die Forderungen, die die Mittelmächte erhoben, und der Streit zwischen dem 1916 wiederhergestellten Polen und der eben gegründeten Ukraine um das Cholmer Land verwischten bald den günstigen Eindruck, der entstanden war.

Im Verlauf der Kriegsjahre stieg die Not in der Heimat und an der Front immer höher. Im Jahr 1914 war der Kampf praktisch ohne jede wirtschaftliche Vorsorgemaßnahmen begonnen worden. Der erste Lebensmittelengpaß zeigte sich bereits im Winter 1914/15. Dabei gab es wesentliche Unterschiede in der Verpflegssituation zwischen Stadt und Land, aber auch zwischen den einzelnen Ländern der Monarchie. In Dörfern der Theißebene oder in Mähren konnte man noch im Sommer 1918 — dem Lebensmittelstandard nach — beinahe wie im Frieden leben. In den Städten wurden bereits 1915 die Lebensmittelkarten eingeführt. Sie waren die Ursache der Versorgungsfahrten der Städter in die ländlichen Gebiete — das sogenannte „Hamstern". Die Ernteerträgnisse der Monarchie sanken schon in den beiden ersten Kriegsjahren beträchtlich. Hatte man im Jahre 1914 noch 9,2 Millionen dz Weizen und Roggen, 54,2 Millionen dz Mais und 211 Millionen dz Erdäpfel geerntet, so im Jahre 1916 kaum 6,29 Millionen dz

Weizen, 27,5 Millionen dz Mais und nur 105 Millionen dz Erdäpfel. Im Verlauf des Krieges sank dann die zur Verteilung kommende Menge an Erdäpfeln, ein Hauptnahrungsmittel der ärmeren Bevölkerungsschichten, pro Person und Tag von 50 Dekagramm auf 11,8 Dekagramm herab. Die Preise stiegen unaufhörlich, obwohl bereits im Dezember 1914 Höchstpreise für Getreide, Mehl und etwas später für Erdäpfel bestimmt wurden. Seit 1916 wurde nicht nur Getreide auf Lebensmittelkarten ausgegeben, sondern auch Milch, Kaffee, Zucker, Fett und Erdäpfel. Kleider und Schuhe unterlagen gleichfalls einer Rationierung. Allerdings erfolgten diese Maßnahmen immer erst, wenn der Vorrat beinahe erschöpft war, so daß sie fast ohne Wirkung blieben. Am 13. Jänner 1918, als die großen Arbeiterstreiks, von Wiener Neustadt ausgehend, in vielen Industriegebieten Österreich-Ungarns ausbrachen, betrug die tägliche Lebensmittelration für einen erwachsenen Menschen 18 dkg Brot, 5 dkg Mehl, 7 dkg Erdäpfel, 1,5 dkg Fleisch, 0,5 dkg Fett. Die Naturprodukte wurden durch Ersatzstoffe ausgeglichen. Die bisher als Viehfutter verwendete Wruke wurde ebenso ausgegeben wie gedörrtes Gemüse, in dem Würmer ihr Leben fristeten; die tierischen Fette wurden durch Abfallfette ersetzt. Das Vieh litt gleichfalls unter den Kriegseinwirkungen. Die Kleie wurde minderwertig, da man das Getreide bis zu 90 Prozent ausmahlte. Dafür bekamen die Tiere Ölkuchen, Leimleder, Roßkastanien, Eicheln, Schilfrohr und Heidekraut vorgesetzt. Der für das Ernährungswesen der österreichischen Hauptstadt Wien zuständige General Landwehr ließ von den auf der Donau vorbeifahrenden Schleppern den Weizen aus Rumänien, der für das deutsche Ruhrgebiet bestimmt war, mit Waffengewalt der deutschen Besatzung wegnehmen und in die Wiener Lagerhäuser bringen, die praktisch leer standen. Vor den Ausgabestellen für Lebensmittel und andere Produkte sah man die halbe Nacht hindurch völlig ausgemergelte Gestalten, oft noch Kinder, stehen und auf den Morgen warten, wenn sich die Geschäfte öffneten; denn oftmals kam es vor, daß man auch auf die Lebensmittelkarten nichts bekam, wenn man zu spät dran war. Die Lage der arbeitenden Bevölkerung, die nicht an der Front stand, wurde noch dadurch beeinträchtigt, daß man eine Reihe von Unternehmungen dem Gesetz vom 26. Dezember 1912 bezüglich der Kriegsdienstleistung unterwarf. In diesem Fall unterstanden die davon betroffenen Personen der militärischen Straf- und Disziplinargewalt. Da gab es keine begrenzte Arbeitszeit, keine Bezahlung der Überstunden und keinen Kollektivvertrag über die Höhe der Löhne. Durch die Kaiserliche Verordnung vom 25. Juli 1914 wurde auch das Koalitionsrecht außer Kraft gesetzt. Die Frauenarbeit nahm in rascher Folge zu, und die Arbeiterin und Angestellte drang in Berufe ein, die ihr bis jetzt verschlossen gewesen waren.

Nach dem Zusammenbruch der letzten österreichisch-ungarischen Offensive in Italien und nach der verunglückten deutschen Sommeroffensive 1918 an der Westfront war es klar, daß das Ende bevorstand. Deutsche Truppen weigerten sich, an die Front zu gehen, und Österreich-Ungarn zog sechs Divisionen von der italienischen Front ab und sandte sie nach dem Westen. Am 26. September 1918 legte das Königreich Bulgarien die Waffen nieder und bat um Frieden. Damit war die Verbindung zwischen Österreich-Ungarn, Deutschland und der Türkei unterbrochen. Die türkische Regierung folgte kurze Zeit später dem bulgarischen Beispiel. Eine alliierte Armee, die auf der Balkanhalbinsel zusammengezogen worden war, rückte über Bulgarien und Serbien den zurückweichenden österreichisch-ungarischen Truppen nach, unter denen sich in immer stärkerem Ausmaß Zerfallserscheinungen bemerkbar machten. Schon am 9. August hatte England den von den tschechischen und slowakischen Emigranten unter Führung des früheren österreichischen Reichsratsabgeordneten Thomas G. Masaryk (1850—1937) gebildeten tschechoslowakischen Nationalstaat als kriegführende Macht anerkannt. Er proklamierte am 26. September 1918 in Paris den unabhängigen tschechoslowakischen Staat. Nun forderte auch die deutsche Reichsregierung Österreich-Ungarn dringend auf, sofort Waffenstillstandsverhandlungen einzuleiten. Am 4. Oktober 1918 sandten Deutschland und Österreich-Ungarn gemeinsam Noten an den amerikanischen Präsidenten Wilson, in denen sie sich bereit erklärten, auf Grundlage der vom amerikanischen Präsidenten am 8. Jänner 1918 verkündeten „vierzehn Punkte" in Friedensverhandlungen einzutreten. Am 16. Oktober 1918 erließ Kaiser Karl I. ein Manifest an die Völker Österreichs, in dem es hieß: „Österreich soll, dem Willen seiner Völker gemäß, zu einem Bundesstaat werden, in dem jeder Volksstamm aus seinem Siedlungsgebiet sein eigenes Gemeinwesen bildet." Dieses Manifest, das noch einige Jahre zuvor den weiteren Bestand des Reiches nach menschlicher Voraussicht gesichert hätte, kam nicht nur zu spät, sondern enthielt einen verhängnisvollen Nachsatz: „Die Integrität der Länder der Ungarischen Krone wird in keiner Weise berührt." Damit wären die Völker Ungarns von der in Österreich erfolgten Neugestaltung nicht berührt worden. Das Wichtige an dem kaiserlichen Manifest war aber die Tatsache, daß nunmehr auf Grund seiner Verfügung überall Nationalräte gegründet wurden. Am 21. Oktober fand die konstituierende Sitzung der deutschsprachigen Mitglieder des österreichischen Reichsrates statt, die sich als „Provisorische Nationalversammlung für Deutschösterreich" erklärten. Sie umfaßte 232 im Jahr 1911 für vier Jahre gewählte Abgeordnete, von denen 102 den Deutschnationalen, 72 den Christlichsozialen und 42 den Sozialdemokraten zuzurechnen waren. Als Präsidenten der Nationalversammlung und damit als kollektives Staatsoberhaupt Deutschösterreichs wurden Dr. Dinghofer (Deutschnationaler), Jodok Fink (Christlichsozialer) und Karl Seitz (Sozialdemokrat) gewählt.

Die letzten Wochen der Österreichisch-Ungarischen Monarchie verliefen dank des Kaisers, der jeden an ihn herangetragenen Gedanken, mit Waffengewalt seine Macht zu behaupten, energisch ablehnte, ohne wesentliches Blutvergießen. Der letzte österreichisch-ungarische Außenminister, Graf Julius Andrássy der Jüngere, bat in einer Note an Präsident Wilson um Sonderfriedensverhandlungen. Zugleich erklärte Kaiser Karl I. das bestehende Bündnis mit dem Deutschen Reich am 26. Oktober für aufgelöst. Am Tag darauf bildete sich unter Dr. Heinrich Lammasch die letzte kaiserliche Regierung in Österreich. Ihr gehörte Dr. Ignaz Seipel als Minister für soziale Fürsorge an. Dem neuen Ministerpräsidenten blieb nichts anderes übrig, als den gemeinsamen Staat zu liquidieren. Am 28. Oktober 1918 rief eine in Prag zusammengetretene Nationalversammlung den unabhängigen tschechoslowakischen Staat aus. Der deutsche Generalkonsul in Prag erschien bereits am 2. November (!) 1918 — also vor dem Abschluß des Waffenstillstandes und dem Verzicht Karls I. auf die Ausübung der Regierungsgeschäfte — bei den neuen tschechoslowakischen Behörden und erklärte ihnen, das Deutsche Reich anerkenne den tschechoslowakischen Staat und denke nicht an die deutschsprachigen Gebiete der neuen Tschechoslowakei. Am 29. Oktober 1918 beschloß der kroatische Sabor (Landtag) in Zagreb die Vereinigung aller südslawischen Gebiete der Monarchie zu einem einzigen Staat und dessen Anschluß an das Königreich Serbien. Das serbische Parlament nahm dieses Anerbieten am 1. Dezember an, und so bildete sich das „Königreich der Serbien, Kroaten und Slowenen" (SHS-Staat).

Das österreichisch-ungarische Oberkommando sah sich nun gezwungen, um Waffenstillstand zu bitten. Er wurde am 3. November in der Villa Giusti bei Padua geschlossen. Durch eine verschieden ausgelegte Klausel des Waffenstillstandsabkommens — die Italiener ließen es erst 24 Stunden nach der Unterzeichnung in Kraft treten — gerieten noch am letzten Tag des Krieges 350.000 österreichisch-ungarische Soldaten in italienische Kriegsgefangenschaft. Die österreichisch-ungarische Armee hatte in Italien bis zuletzt gekämpft, und österreichisch-ungarische Regimenter slawischer und alpenländischer Herkunft warfen noch in den letzten Stunden stürmende italienische Regimenter zurück. Die österreich-ungarische Armee, die nunmehr nach jahrhundertelangem Bestand zu existieren aufhörte, hatte noch in diesem letzten Krieg, den sie durchkämpfte, eine Reihe hervorragender und auch von den Gegnern anerkannter Generäle hervorgebracht: so Feldmarschall Conrad von Hötzendorf (1852—1925), den kroatischen Feldmarschall Svetozar Boroevic von Bojna (1856—1920), den Sieger in der Schlacht bei Krasnik 1914 und Verteidiger Tirols General Viktor Dankl (1854—1941), General Joseph Roth-Limanova (1859—1927), der die Voraussetzungen zur Durchbruchsschlacht von Gorlice 1915 schuf, General Moritz Auffenberg (1852 bis 1928), Sieger in der Schlacht bei Komarów, und Feldmarschall Erzherzog Eugen (1863—1953), Hochmeister des Deutschen Ritterordens und eins der populärsten Mitglieder des Kaiserhauses.

Den Abschluß der revolutionären Ereignisse im Herbst 1918 bildete das kaiserliche Manifest vom 11. November 1918. In ihm erklärte der letzte regierende österreichische Kaiser seinen Entschluß, sich von den Regierungsgeschäften zurückzuziehen und dem österreichischen Volk die Entscheidung über seine Zukunft und seine Staatsform zu überlassen. Es war kein formeller Thronverzicht und wurde auch in diesem Sinn von allen so verstanden. Zu allem Überfluß rückten jetzt deutsche Truppen unter dem bayrischen General Krafft von Dellmensingen demonstrativ in Tirol und Salzburg ein, und der letzte kaiserlich deutsche Reichskanzler, Prinz Max von Baden, beanspruchte noch vor dem Regierungsverzicht Kaiser Karls I. die alten österreichischen Erblande für das Deutsche Reich. Am 12. November 1918 rief auch die deutschösterreichische Nationalversammlung die Republik Deutschösterreich aus, verneinte aber zugleich den eben geschaffenen Staat, indem sie ihn als „Bestandteil der deutschen Republik“ erklärte.

Das Schicksal des letzten österreichischen Kaisers soll noch kurz gestreift werden. Kaiser Karl I. übersiedelte zuerst mit seiner Familie in das Schloß Eckartsau an der Donau. Hier blieb er bis Frühjahr 1919 und verließ mit Frau und Kindern unter englischem Schutz Österreich. Er nahm seinen Aufenthalt in der Schweiz. Zwei Versuche — zu Ostern und im Oktober 1921 —, wiederum den ungarischen Thron zu erlangen, scheiterten am Widerstand des ungarischen Reichsverwesers Nikolaus von Horthy (1868—1957), obwohl Ungarn von neuem Königreich geworden war. Horthy lieferte den König der Botschafterkonferenz in Paris aus, die ihn auf die Insel Madeira im Atlantischen Ozean verbannte. Hier starb Kaiser Karl I. am 1. April 1922. Die katholische Kirche hat den Seligsprechungsprozeß dieses letzten österreichischen Herrschers eingeleitet. Sein Grab auf dem Monte zu Madeira gilt der einheimischen Bevölkerung als Wallfahrtsstätte.

Karl von Österreich war im Sinn der gewöhnlichen geschichtlichen Wertung kein genialer Herrscher noch wäre er jemals einer geworden; niemand aber kann ihm den guten Willen absprechen. Seinen größten Fehler und seinen Mangel an staatsmännischem Geschick bewies er damit, daß er seine — oft allzu richtigen — Anschauungen bei seinen Mitarbeitern nicht zur Geltung zu bringen verstand und sich diesen schließlich fügte. Nur dort, wo es um seine religiöse Überzeugung ging, konnte er auch hart sein. So machte er sich einen Gutteil des feudalen Offizierskorps und der Aristokratie zu Feinden, als er am 4. November 1917 allen Angehörigen der bewaffneten Macht das Duell, diesen üblen Rest feudaler Zeiten, verbot. Damit erfolgte auch die — allerdings von den unteren Instanzen sehr zögernd durchgeführte und nur zu gern verschleppte — Rehabilitierung jener von Ehrengerichten aus dem Offiziersstand ausgestoßenen Personen, die aus ihrer katholischen Überzeugung heraus — die Kirche verbot ihren Angehörigen das Duell — eine Forderung abgelehnt hatten. Der kluge Vorarlberger Politiker Jodok Fink äußerte seine Meinung über den Kaiser mit den Worten: „Der Kaiser meint es recht, er meint es sicher recht. Aber man sollte Tag und Nacht bei ihm sein, Tag und Nacht!“

Mit dem Untergang der Österreichisch-Ungarischen Monarchie war eine jahrhundertealte Großmacht in Europa verschwunden, in der noch immer ein Stück des alten übernationalen Heiligen Römischen Reiches weitergelebt hatte. Dies anerkannte auch die katholische Kirche, da sie das in der Messe ursprünglich für den „Römischen Kaiser“ vorgesehene Gebet auf den Kaiser von Österreich übertrug. Wenn aber auch die Uhr Österreich-Ungarns abgelaufen war, so soll uns dies nicht hindern, all das anzuerkennen, was an ihm, dem Vaterland unserer Ahnen, groß und gut war; ebensowenig wie wir die Mängel verschweigen sollen, die es aufwies. Die Frage, ob die Donaumonarchie hätte weiterbestehen können, kann wissenschaftlich exakt nicht beantwortet werden. Es gibt Stimmen, die es für möglich, und Stimmen, die es für unmöglich halten. Eins scheint sicher zu sein: das Weiterbestehen des Habsburgerreiches als dualistische Monarchie mit einer halbfeudalen Gesellschaftsordnung war unmöglich. Wohl aber könnte man sich vorstellen, daß Österreich-Ungarn als demokratisch organisierter Völkerbund freier Nationen an der Donau, eventuell mit republikanischer Spitze, auch im 20. Jahrhundert noch eine Existenzberechtigung gehabt hätte.

Aus verschiedentlichen Veröffentlichungen (etwa aus der Studie von Bogdan Krizman im "Journal of Contemporary History", 2/1969) geht eindeutig hervor, daß es noch im Sommer 1918 einflußreiche Kreise in Frankreich und England gab, die die Monarchie erhalten wollten. Voraussetzung wäre eine Tat gewesen, die überzeugend dargetan hätte, daß Österreich-Ungarn „kein deutsches Protektorat“ sei. Im Gegensatz dazu bemühte sich der

Wiener deutsche Botschafter, Graf Wedel, seit September 1918 unter den deutschsprachigen Österreichern eine irredentische Anschlußbewegung zu entfesseln (vgl. Jiři Kořalka im „Journal of Contemporary History", 2/1969). Am denkwürdigsten erscheint jedoch ein am 3. November 1918 erschienener Aufruf W. I. Lenins in der Moskauer „Prawda", die österreich-ungarischen Arbeiter möchten gemeinsam an der Revolution arbeiten und „ihrer Bourgeoisie nicht gestatten, sie vor den Karren des anglo-amerikanischen Kapitals zu spannen". Lenin ruft aus: „Es leben die Arbeiter-, Bauern- und Soldatenräte in Österreich-Ungarn! Es lebe ihr Bündnis untereinander ..."

Das kulturelle Erbe Österreich-Ungarns

Die Österreichisch-Ungarische Monarchie hinterließ den kommenden Generationen aller in ihr vereint gewesenen Völker ein reiches kulturelles Erbe. Ein jahrhundertelanges Zusammenleben hatte einen eigenen Lebensstil geschaffen, der selbst dort noch zu spüren war, wo die Geister sich längst voneinander getrennt hatten. Aus einem der vom nationalen Sprachenstreit am längsten verschont gebliebenen österreichischen Länder, der Bukowina, berichtet uns Philipp Menczel: „Der Stundenplan war ein Meisterwerk der Schulstrategie. Man bedenke: für die ruthenischen Schüler war mehrere Stunden wöchentlich das Ruthenische obligater Unterrichtsgegenstand, für die rumänischen das Rumänische; für die anderen waren Kurse in den ‚Landessprachen' vorgesehen, die man freiwillig besuchen konnte. Der katholische Religionsunterricht wurde nach römischem, griechischem und armenischem Ritus in deutscher, ruthenischer oder polnischer Sprache erteilt. Der griechisch-orientalische (orthodoxe) in ruthenischer und rumänischer, der protestantische und jüdische in deutscher Sprache. Die Armenisch-Orthodoxen wurden den Rumänen zugeteilt und gingen mit diesen in die gemeinsame Religionsstunde. Es war ihnen aber wohlbekannt, daß ihr oberster Seelenhirt nicht etwa der griechisch-orientalische Metropolit für die Bukowina und Dalmatien mit dem Sitz in Czernowitz, sondern der Patriarch von Konstantinopel sei, das geistige Oberhaupt aller orthodoxen Armenier." Ebenso wie die Schüler war auch der Lehrkörper bunt gemischt. „Tschechen und Deutsche aus den Sudetenländern", schreibt Philipp Menczel weiter, „Tiroler und Steirer, Polen aus Galizien, die noch aus der deutschen Ära stammten, auch Rumänen und Ruthenen, die noch josephinisch fühlten ... aus diesem seltsamen Schmelztiegel gingen alle österreichisch geformt hervor, mit jenen kleinen farbigen Varianten, die das Leben dort unten so interessant machten." Die Bukowina war allerdings ein Sonderfall im Österreich-Ungarn Kaiser Franz Josephs I.

Die Bildung der breiten Volksschichten wurde — historisch bedingt — in den Alpen- und Sudetenländern intensiver durchgeführt als im Osten der Monarchie. Die allgemeine Schulpflicht bestand vom 6. bis 14. Lebensjahr. Sie ließ sich nicht überall restlos durchführen. So gab es in den Alpenländern vor 1914 verhältnismäßig große Prozentzahlen von Analphabeten, ebenso in Ostungarn, Galizien, Dalmatien, Bosnien und der Herzogewina. In Oberösterreich waren es 4,5 Prozent, in der Steiermark 14 und in Kärnten 20,6 Prozent. Die Neuorganisierung des österreichischen höheren Schulwesens — erst 1962 wurden die traditionsreichen, echt österreichischen Namen „Mittelschule" und „Lehrerbildungsanstalt" offiziell abgeschafft — erfolgte 1854. Im Jahr 1900 entstanden die ersten Mädchenlyceen, 1908 die Realgymnasien. Auch eine Reihe von Fachschulen wurden geschaffen. Einige von ihnen, wie das 1879 von Wilhelm Exner (1840—1931) gegründete Technologische Gewerbemuseum, erlangten Weltruf. Es war die Mutter der vielen sogenannten „Staatsgewerbeschulen", die im Bereich der Monarchie in reicher Zahl entstanden. Neben dem Technologischen Gewerbemuseum wurde 1888 die „K. K. Lehr- und Versuchsanstalt für Photographie und Reproduktionsverfahren" gegründet, aus der später die „Graphische Lehr- und Versuchsanstalt" in Wien hervorging. Der kaufmännische Unterricht nahm seit dem Jahr 1858 einen bedeutenden Aufschwung, als die Wiener Handelsakademie und 1863 die Grazer „Akademie für Handel und Industrie", die Mutterschulen aller späteren Handelsakademien, ihre Tätigkeit aufnahmen. Seit 1867 gab es die K. K. Kunstgewerbeschule Wien, die 1948 zur „Akademie für angewandte Kunst" mit acht Abteilungen umgewandelt wurde. An ihr wirkten bedeutende Persönlichkeiten, wie Joseph Hofmann (1898—1936), der Gründer der „Wiener Werkstätte", der Erneuerer der künstlerischen Schrift Rudolf Larisch (1901—1933), Franz Cizek (1865—1946), der als Initiator der Jugendkunstbewegung weltbekannt wurde. Aus der Wiener Handelsakademie wurde 1872 die Handelshochschule, die allerdings schon 1877 infolge pädagogischer und organisatorischer Schwierigkeiten wieder aufgelassen wurde. Das Jahr 1873 sah ein Handelsschulgesetz in Kraft treten. Seit 1878 bestand die älteste Wiener Privathandelsschule Weiß. Eine Mädchenhandelsschule öffnete 1887 ihre Tore. In den Jahren bis 1896 finden wir Handelsschulen in Wels und Bozen, in Gablonz, Teplitz und Brünn, in Warnsdorf und in Klagenfurt im Entstehen begriffen. Die 1898 geschaffene Exportakademie des k. k. österreichischen Handelsmuseums wurde 1919 als Hochschule für Welthandel die Nachfolgerin der Handelshochschule von 1872. Von besonderer Bedeutung wurde die „Lex Exner" vom 9. September 1910, die den technischen Versuchsanstalten das Recht, Materialprüfungen durchzuführen und darüber Zeugnisse mit öffentlich-rechtlichem Charakter auszustellen, erwirkte. Auch an den Universitäten wirkten ausgezeichnete Fachleute, zum Teil aus dem Ausland berufen. Lorenz von Stein (1815—1890) gab der Volkswirtschaftslehre durch seine Vorlesungen einen neuen Aufschwung. Carl Menger (1840—1921) begründete die österreichische Schule der Nationalökonomie, deren „Grenznutzenlehre" bald internationale Anerkennung fand. Zu dieser österreichischen Schule gehörten auch Eugen von Böhm-Bawerk (1851—1914), der eine eigene Wert- und Preistheorie ausarbeitete. Unter den Juristen finden wir Joseph Unger (1828—1913), der Formalismus und Begriffsjurisprudenz auszuschalten suchte. Auf Franz Klein (1854—1926) gehen eine Reihe österreichischer Justizgesetze zurück, die auch über die Grenzen Österreichs hinaus Beachtung fanden. Von Hans Groß (1847—1917) wurde 1912 in Graz das erste kriminologische Institut gegründet. Als einer der letzten großen österreichischen Juristen schuf Hans Kelsen (geb. 1881, seit 1942 in den Vereinigten Staaten von Amerika) die Lehre vom „reinen Recht". Er war auch der Schöpfer der österreichischen Bundesverfassung von 1920.

Die Wiener medizinische Schule genoß mit Recht Weltruhm. Studenten aus allen Teilen Europas, ja der Übersee kamen, hier zu lernen und zu praktizieren. Als Anatom wirkte der Burgenländer Joseph Hyrtl (1811—1894). Zwischen Wien und Budapest teilte der „Retter der Mütter" und Entdecker des Kindbettfiebers, Ignaz Philipp Semmelweis (1818—1865), sein Leben und Wirken. Mit Theodor Billroth (1829—1894) beginnt eine neue Epoche der medizinischen Wissenschaft. In der modernen Röntgenmedizin wirkte Guido Holzknecht (1872 bis 1931), der ein Opfer seiner Forschungstätigkeit wurde. Zusammen mit Billroth und Semmelweis bildet der Kinderarzt Klemens von Pirquet (1874—1929) das Dreigestirn österreichischer medizinischer Wissenschaft. Die moderne Gerichtsmedizin wurde von Eduard von Hofmann (1837—1897) begründet. Julius Wagner-Jauregg (1857—1940) und Anton von Eiselsberg (1860—1939) wirkten bis weit in das 20. Jahrhundert hinein. In Österreich selbst lange Zeit verkannt, eroberte sich die Psychoanalyse des Wiener Arztes Sigmund Freud (1856—1939) die Vereinigten Staaten und von hier aus die Welt.

Auch die Geisteswissenschaften hatten im franzisko-josephinischen Österreich bedeutende Vertreter ihrer Fächer aufzuweisen. F. Brentano (1838—1917) schuf eine eigene philosophische Schule; zu seinen Nachfolgern gehörten Husserl, Stumpf, Meinong und Marty. Zu Beginn des 20. Jahrhunderts bildete sich der „Wiener Kreis", positivistisch eingestellt, dessen Begründer Moritz Schlick (1882 bis 1936) und Ernst Mach (1838—1901) waren. Die Lehren dieser Schule fanden in England, Frankreich, Schweden und in den Vereinigten Staaten von Amerika Verbreitung. Ein Außenseiter, dessen Bedeutung als Philosoph immer deutlicher erkannt wird, war der niederösterreichische Volksschullehrer Ferdinand Ebner (1882—1931). Auf dem Gebiet der deutschen Philologie, der Germanistik, wirkte als Begründer einer literaturgeschichtlichen Schule, die auf Akribie, Biographie und Bibliographie Wert legte, Wilhelm Scherer (1841—1886). Im Gegensatz zu ihm arbeitete Joseph Nadler (1884—1963) als Schüler von August Sauer (1855 bis 1926), der eine stammes- und landschaftlich ausgerichtete Literaturgeschichtsschreibung betrieb, in dessen Sinn weiter, vergröberte und simplifizierte aber später seine Darstellung durch die vom Nationalsozialismus an ihn herangetragene „Blut-und-Boden-Mystik". Die Germanistik ließ manchmal wissenschaftliche Objektivität vermissen. Sie setzte gern — wie Max Behland in seinem Referat auf dem Germanistentag in München vom 17. bis 22. Oktober 1966 feststellte — „deutsch mit germanisch" gleich. „Die vergleichende Abgrenzung des Deutschen und des Nicht-Deutschen führte dann auf dem Weg konsequenter Einseitigkeit und Unsachlichkeit zunächst zu großzügiger Überbewertung der eigenen Sprache und Literatur, dann über die Ablehnung alles Fremden in einigen krassen Fällen zu betont feindlichen Äußerungen gegenüber anderen Sprach- und Kulturbereichen." Niemand anderer als Wilhelm Scherer hatte schon 1878 gesagt: „Die deutsche Philologie ist eine Tochter des nationalen Enthusiasmus." Fürst Nikolaj Sergejewitsch Trubeckoj (1890—1938) gab der alten Schule der österreichischen Slawistik neues Leben und wurde der Schöpfer der Phonologie und Theoretiker des eurasischen Gedankens. Auf dem Gebiet der Geschichtswissenschaft ergab es sich leider, daß die Feststellung eines Alexander von Helfert (1820—1910) vergessen wurde, der 1853 in seinem Essay „Über Nationalgeschichte und den gegenwärtigen Stand ihrer Pflege in Österreich" geschrieben hatte: „Das Wort national muß in Österreich nicht vom sprachlichen, sondern vom politischen Standpunkt aus betrachtet werden. Wir dürfen uns nicht auf die Seite derer stellen, für die sich der Begriff der Nation in der Sprache erschöpft. Unter Berufung auf das Altertum müssen wir die Nation in der gleichen Weise auffassen, in der ein Grieche, ein Spanier, ein Kleinasiate sagen konnte: Civis Romanus sum (Ich bin römischer Bürger). Nationalgeschichte ist für uns nicht die Geschichte irgendeiner Gruppe innerhalb vieler Rassen der Menschheit, sondern die Geschichte eines durch geographische und geschichtliche Notwendigkeiten vereinigten Volkes, das derselben Staatsgewalt untertan ist und denselben Gesetzen gehorcht. Die nationale Geschichte Österreichs ist für uns die Geschichte des österreichischen Staates."

In diesem Sinn war 1854 das „Institut für österreichische Geschichtsforschung" geschaffen worden. Sein Organisator und — seit 1869 — Leiter, der aus Preußen stammende Theodor von Sickel (1826—1908), änderte diese Bestimmungen des Instituts — das bald den Namen „Österreichisches Institut für Geschichtsforschung" führte, ein bedeutsamer Unterschied — und begnügte sich damit, allerdings in vorbildlicher Weise, die historischen Hilfswissenschaften, aber nicht die nationale Geschichte Österreichs im Sinn Helferts zu pflegen. Noch bis in die Zeit des Ministeriums Taaffe (1879—1893) hinein gab es an keiner österreichischen Universität einen eigenen Lehrstuhl für österreichische Geschichte. Auch später beschäftigte man sich an diesen Lehrstühlen oft nur mit reiner Verfassungs- und Verwaltungsgeschichte, nicht aber mit der Geschichte der Kunst, Kultur, Wissenschaft, Wirtschaft, dem Wesen des österreichischen Staates und seiner Bewohner, kurz, mit dem, was heute oft „Österreich-Kunde" genannt wird. Nur wenige Historiker, wie der oben genannte Alexander von Helfert oder der in Innsbruck wirkende Julius von Ficker (1826—1902) und der aus Hannover zugewanderte Historiker des Welfenhauses Onno Klopp (1822—1903), vertraten in Österreich-Ungarn bis zu einem gewissen Grad die österreichische Richtung. Seit 1866 wurde die akademische österreichische Jugend von preußisch-kleindeutscher Geschichtsliteratur überschwemmt, die — wie der Schweizer Jakob Burckhardt sagte — „daran ging, die ganze Weltgeschichte siegesdeutsch anzustreichen und auf 1870/71 auszurichten". Ihrem Bann erlagen nicht wenige der österreichischen oder in Österreich wirkenden Historiker. Seit Helfert beherrschte fast keiner der mit österreichischer Geschichte sich beschäftigenden akademischen Lehrer eine slawische Sprache, das Magyarische oder Rumänische so weit, daß er sich mit der Geschichtswissenschaft dieser Völker ernsthaft auseinandersetzen konnte. So stützte sich die Geschichtsdarstellung auch von sonst gutwilligen oder neutralen Geschichtsschreibern auf deutschsprachige oder auf Quellen und Werke, die in den üblichen westeuropäischen Sprachen geschrieben waren, und erhielten somit — den Verfassern vielleicht sogar unbewußt — einen mehr oder weniger gefärbten deutschnationalen Anstrich. Um böhmische Geschichte auf Grund der Quellen und der tschechischen Forschung studieren zu können, mußte man, wenn nicht nach Prag, so doch nach Paris, aber nicht nach Wien gehen.

In ähnlicher Weise wurde auch die Entwicklungsgeschichte der österreichischen Literatur hauptsächlich vom rein philologischen Standpunkt aus beurteilt. Die österreichischen Dichter verschwanden als solche im Rahmen der üblichen Literaturgeschichten, sie wurden in ihrem Wesen und in ihren Werken oft gründlich mißverstanden oder man beachtete sie überhaupt nicht und verwies sie bestenfalls in das Austragsstübchen eines „Anhangs". Grillparzer, Raimund und andere österreichische Klassiker wurden außerhalb der österreichischen Grenzen niemals richtig volkstümlich. Schon 1894 hatte S. Rubinstein in einem gehaltvollen Essay in der Wiener „Neuen Revue" im Hinblick auf das Verhältnis der deutschsprachigen österreichischen zur übrigen deutschsprachigen Literatur unter Anführung vieler entscheidender Wesensmerkmale festgestellt, daß beide Literaturen selbständig voneinander betrachtet werden müßten. „Daß es ... aus dem Volk hervorgegangene, zum Volk redende Dichter, die dabei echte Künstler sind, in Österreich gibt", so folgerte er, „in Deutschland nicht, ist allein ein Beweis für die Verschiedenheit der beiden Literaturen." Doch gerade so, wie sich der Historiker nicht mit der Geschichtswissenschaft der Donauvölker beschäftigte, so blieb der Literaturhistoriker so gut wie ohne Verbindung zu seinen slawischen, magyarischen und rumänischen Fachkollegen. So kam es naturgemäß, daß man entscheidende Beziehungen zwischen den einzelnen Literaturen der in Österreich-Ungarn lebenden Völker überhaupt nicht erkannte oder bagatellisierte. Einer der wenigen, die die Notwendigkeit eines gegenseitigen Kennenlernens und Verstehens betonten, war Hans Willibald Nagl (1856—1918). Er schrieb 1880 in einem Artikel: „Es wird, wenn unser Volkstum, also die spezifisch-österreichischen Elemente, zur Geltung kommen, viel Gemeinschaftliches in den Vordergrund treten ... Ich selber habe, mit slawisch-patriotischen Gebildeten (Tschechen, Slowenen, Dalmatinern) verkehrend, immer die Erfahrung gemacht, daß sie dem spezifisch Österreichisch-Deutschen warmes Interesse entgegenbrachten und sich freuten, wenn ich von dem Aufstreben der österreichischen Sprach- und Kulturstudien redete. Die Slawen werden uns aber auch, wenn wir unser eigenes Geistesleben in der besprochenen Weise kräftig entwickeln, nicht mehr als eine bloße moralische Dependance von Deutschland betrachten ..." Hans Willibald Nagl war der Verfasser vom „Fuchs Roaner", der zusammen mit dem „Naz" des Niederösterreichers Joseph Misson (1803 bis 1875), mit den unsterblichen Werken des Oberösterreichers Franz Stelzhamer (1802—1875), mit den Gedichten des Wieners Ferdinand Sauter (1804—1854), des Kärntners Thomas Koschat (1845—1914), des Vorarlbergers Kaspar Hagen (1820—1885), des Burgenländers Joseph Reichl (1860—1924), mit den Prosaschriften des Steirers Peter Rosegger (1843—1918) und des als „Reimmichl" schreibenden Tirolers Sebastian Rieger (1867—1953) zu den klassischen Werken der österreichischen Volks- und Mundartdichtung zählt.

Die Stärke der österreichischen Literatur zur franzisko-josephinischen Zeit war der Realismus. An seinem Eingang steht Christine Frederik, die als Ada Christen (1844—1901) die ersten naturalistischen Gedichte in deutscher Sprache überhaupt schuf. Die großen österreichischen Erzähler Ferdinand von Saar (1833 bis 1906) und Marie von Ebner-Eschenbach (1830—1916), Altösterrchs größte Dichterin, gehören in ihren besten Werken nicht nur zur Weltliteratur, sondern sie verstanden es schon damals, den sozialen Fragen — den Bahnarbeitern auf dem Semmering, dem tschechischen Dienstmädchen in Wien, dem Kind des Mörderehepaares — ein kritisches Auge zuzuwenden. Den „Übergang" von einer Zeit des alten Handwerks in die der beginnenden Industrialisierung und des Erbfolgerechts im bäuerlichen Besitztum zeigte Jakob Julius David (1859—1906) in seinen Romanen und Erzählungen auf. Die Welt des Ostens der Österreichisch-Ungarischen Monarchie, die tragischen Schicksale des Ostjudentums und die soziale Lage der Bevölkerung in Galizien und in der Bukowina, in Südrußland und in Rumänien stellte Karl Emil Franzos (1848—1904) zur Debatte. Ein realistisches Epos von gewaltiger Eindruckskraft und großer Plastik schuf Eugenie delle Grazie (1864—1931) 1894 in ihrem „Robespierre", der dichterischen Darstellung der Großen Französischen Revolution. Robert Hamerling (1830 bis 1889) verband in seinen gleichzeitig erscheinenden Epen den Realismus des Jahrhunderts mit dem Kult des Schönen und wurde der Philosoph einer ästhetischen Weltanschauung. Auf dem Theater wuchs Ludwig Anzengruber (1839 bis 1889) zu einem der größten Dramatiker dieser Zeit empor, dessen Bauernstücke und Altwiener Volksdramen von glutvollem Leben und der ungeschminkten Darstellung der gesellschaftlichen Verhältnisse erfüllt sind.

Um die Jahrhundertwende bildete sich unter dem Namen „Gralbund" eine ausgesprochen katholische Dichtergruppe. Ihr Initiator war der in allen künstlerischen und in vielen wissenschaftlichen Disziplinen tätige Richard Kralik (1852 bis 1934). Sein Verdienst war es, ein bewußtes Österreichertum zu pflegen und auf die Tradition der Habsburgermonarchie hinzuweisen. Die dichterisch begabtesten Mitglieder des „Gralbundes" waren Franz Eichert (1857—1926), der der Parteilyriker der frühen Christlichsozialen und Luegers wurde, sowie der Tiroler Karl Domanig (1851—1913). Kralik geriet mit dem Herausgeber der Monatsschrift „Hochland" in München in eine literarische Fehde, die als der „katholische Literaturstreit" bekannt ist und die zeitweise die Gemüter in Österreich-Ungarn und in Deutschland lebhaft erregte. Mit Recht schreibt der Literaturhistoriker Ernst Alker: „Kraliks Einstellung wurde vielfach mißverstanden. Der Tatbestand wird durch den Hinweis geklärt, daß der Österreicher Kralik von anderen Voraussetzungen auszugehen hatte als der Westdeutsche Muth. In der Donaumonarchie war die katholische und dem Katholizismus nahestehende Literatur, wie viele Fälle beweisen, derart vom Liberalismus durchtränkt und so ‚modern', daß dort eher eine Rückbesinnung auf die ursprünglichen Grundlagen als eine Auflockerung sich nötig erwies. Für diese Rückbesinnung mußte bei den besonderen donauländischen Verhältnissen die Lebens- und Glaubenseinheit des Mittelalters und des Barocks maßgebend werden. Kralik bemühte sich also letzthin um die Bewahrung der geistigen Basis der Donaumonarchie."

Für diese neue Welt wurde Hermann Bahr (1863—1934) feder- und wortführend. Auf allen Sätteln daheim, bekannte er sich am Ende seines Lebens zu einem intransigenten Österreichertum. Aus der in Prag wirkenden Dichtergruppe errang Franz Kafka (1883—1924) nach seinem Tod Weltruhm. Es war dies das Verdienst seines unermüdlichen Herolds Max Brod (1884—1969), der selbst diesem Kreis angehörte (vgl. Gedenkbuch für Max Brod, herausgegeben von Hugo Gold, Tel Aviv, 1969). Ob man nun diese um die Jahrhundertwende in den Vordergrund tretende Bewegung „Jung-Wien", „Fin-de-siècle" oder die „Sezession" nennen will, ist schließlich gegenüber der Tatsache nebensächlich, daß wir es hier mit einer spezifisch österreichischen Dichtung zu tun haben, die unmittelbar vor dem Ende Österreich-Ungarns noch einmal das Wesen dieses Reiches im tiefsten Innern erlebte. In ihr wurde jener „habsburgische

Mythos" geboren, der bis in die Mitte des 20. Jahrhunderts der wirklich österreichischen und nicht zufällig in Österreich erscheinenden Literatur ihr Wesensmerkmal aufdrückte. Es sind bedeutende Dichter unter ihnen, wie Hugo von Hofmannsthal (1874—1929), der Arzt Arthur Schnitzler (1862—1931), der zweimalige Burgtheaterdirektor Anton Wildgans (1881—1932), der aus dem Prager Dichterkreis stammende Franz Werfel (1890—1945) und der unübertroffene Meister der Kleingeschichte — lange bevor diese von den Amerikanern populär gemacht wurde — Peter Altenberg, richtig Richard Engländer (1859—1919). Als Einsamer schritt Rainer Maria Rilke (1875—1926) durch diese Welt; er, der in seiner Prager Jugendzeit „böhmischen Volkes Weise" lieben gelernt hatte. Er widmete dem tschechischen Nationallied „Kde domov muj?" und dessen Dichter Kajetan Týl (1808—1856) Verse voll ergreifender Innigkeit.

Gleich Rilke erwiesen sich der Salzburger Georg Trakl (1887—1914) und Richard Schaukal (1874—1942) als bedeutende lyrische Dichter. Tiroler Volkstum stellte Karl Schönherr (1867—1943) auf die Bretter. Die Exl-Bühne war es, die sein Werk in ganz Österreich populär machte. Neben ihnen erwuchs dem sterbenden Alt-Österreich in Karl Kraus (1874—1936), Herausgeber der „Fackel", ein Kultur- und Gesellschaftskritiker von Weltformat. Seine blendende Sprache, sein beißender Witz machten ihn zu einem gefährlichen Gegner für alle, denen er in den Weg trat. Aber er blieb allein und vermochte sich weder in einer großen Bewegung einzuordnen noch eine solche um sich her zu schaffen. So wie Rilke bekannte er sich am Ende seiner Tage zu einem Österreich, obwohl er es in einem Staat verkörpert sah, dem er auf Grund seiner Erfahrungen skeptisch gegenüberstehen mußte. Sein grandioses Werk „Die letzten Tage der Menschheit" wurde eine erbarmungslose Abrechnung mit den Kriegshetzern und Geschäftemachern zur Zeit des Ersten Weltkrieges.

Im Kulturraum der Österreichisch-Ungarischen Monarchie wurzelte unter den nichtdeutschsprachigen Dichtern der Tscheche Jaroslav Hašek (1883—1923), dessen „Abenteuer des braven Soldaten Schwejk" ein literarischer Welterfolg wurden, aber auch eine bittere Kritik an der Donaumonarchie enthielten. Das Schicksal der oft ausgebeuteten Arbeiter des mährisch-schlesischen Kohlenreviers besang in aufrüttelnden Versen Petr Bezruč, eigentlich Vladimir Vašek (1867—1958), dessen „Schlesische Lieder" 1909 zum ersten Mal erschienen. Feinsinnige Lyrik in slowenischer Sprache schuf der katholische Priesterdichter Simon Gregorčič (1844—1906). Als der Nationaldichter Kroatiens galt auch späteren Generationen der österreichische General Petar von Preradović (1818—1872), dessen Enkelin Paula von Preradović (1887—1951) die Schöpferin des Textes der österreichischen Bundeshymne der Zweiten Republik wurde. An den österreichischen „Gral"-Kreis des Richard von Kralik knüpfte 1910 die Programmschrift „Neues Leben" des kroatischen Dichters Ljubomir Maraković an. Ihm stand der bedeutende Lyriker Marin Sabic (1860—1922) nahe. Von 1869 bis 1872 studierte der größte Dichter des rumänischen Volkes, Mihai Eminescu (1850—1889), an der Universität Wien. Ein Geistesverwandter Lenaus, dessen Werke er wie wenige andere Nichtösterreicher zu würdigen verstand, dämmerte er wie dieser von 1883 bis zu seinem Tod in geistiger Umnachtung dahin. Als Vertreter großösterreichischer Ideen im Sinn des Erzherzog-Thronfolgers Franz Ferdinand d'Este und seines Landsmannes Dr. Aurel Popovici wurde der Dichter des siebenbürgisch-rumänischen Bauerntums, Jon Slavici (1848—1925), zweimal wegen „Hochverrates" vor Gericht gestellt: 1889 von der ungarischen, nach 1918 von der rumänischen Regierung. Der Ungar Emmerich Madách (1823—1864) schuf noch vor dem Ausgleich von 1867 eines der gewaltigsten Werke der Weltliteratur, „Az ember tragedija" (Die Tragödie des Menschen). Koloman Mikszáth (1849—1910) kritisierte in seinen Romanen in schärfster Weise den ungarischen Adel. Für Andreas Ady (1877—1919), einen der ganz großen Lyriker der Weltliteratur, war gleichfalls die damalige Politik der herrschenden ungarischen Gentry ein Stein des Anstoßes. Er nannte sie in seinem Gedicht „Lied eines ungarischen Jakobiners" „Halunken" und forderte eine gemeinsame Aktion von „Magyaren und Nichtmagyaren", der „Unterdrückten und Zerschlag'nen".

Der Blüte der Literatur stellte sich eine gleiche der Musik an die Seite. Freilich ging die ernste Musik zugunsten der leichtbeschwingten Muse in ihrer Bedeutung zurück. Der Komponist ist noch mehr als der Dichter auf die Publizität seiner Werke angewiesen. Die kommerzielle Ausnutzung des Publikumsgeschmacks und der Publikumsgunst waren ebenso Gründe für diesen Umschwung wie die besonderen nationalen und sozialen Verhältnisse in Österreich-Ungarn. Einer der größten Meister der leichten Musik wurde Johann Strauß (Sohn) (1825—1899), von dessen Walzer „An der schönen blauen Donau" der bedeutende österreichische Musikkritiker Eduard Hanslick (1825—1904), im übrigen einer der erbittertsten Gegner der Musik Richard Wagners, einmal schrieb, er stelle die zweite Nationalhymne des Österreichers dar. Johann Nestroy (1801—1862), einer der Klassiker des Wiener Volkstheaters, satirisch hochbegabt, mit schneidendem Witz und bissiger Ironie versehen, vollzog auch den Übergang des Wiener Volksstückes vom Biedermeier zum beginnenden Frührealismus in Österreich-Ungarn. Er bahnte durch die Aufführung von Offenbachs „Hochzeit bei Laternenschein" im Oktober 1858 als Direktor des Carltheaters der Operette den Weg nach Österreich. So wie Nestroy manche seiner Possen dem Stoff nach französischen Vorstadtstücken entnommen und nur Pariser Milieu durch Wiener Milieu, Pariser Vorstadttypen durch Wiener Vorstadttypen ersetzt hatte, so geschah dies nunmehr der Operette selbst. Österreichische Tonkünstler nahmen sich ihrer an, verösterreicherten sie und sandten sie von neuem in die Welt hinaus. Die österreichische Operette hielt, wie Georg Knepler richtig feststellt, „zäh eine demokratisch-gesellschaftliche Tradition" fest. Neben Johann Strauß (Sohn), dessen „Fledermaus" 1873 die große goldene Zeit der Operette einleitete, traten Carl Millöcker (1842—1899), der Komponist des „Bettelstudenten", und Franz von Suppé (1819—1895) mit über 400 Bühnenkompositionen, unter ihnen 1879 die Operette „Boccaccio". Edmund Eysler (1874—1949), Leo Fall (1873—1925) und Heinrich Berté (1858—1924) verdienen im „silbernen Operettenzeitalter" noch Erwähnung, ebenso wie Robert Stolz (1880—1975). Der Ministerialrat des Unterrichtsministeriums, Carl Zeller (1842—1898), schuf in seinem „Vogelhändler" das unsterbliche Lied „Schenkt man sich Rosen in Tirol". Carl Michael Ziehrer (1843—1922) riß durch packende Melodien und Militärmärsche das Publikum mit. Für die ernste Musik bedeutete Anton Bruckner (1824—1896), bescheiden und so einfach, daß er gut an einen Hof des feudalen Zeitalters gepaßt hätte, den Höhepunkt des franzisko-josephinischen Österreich. Seine wahre Größe wurde erst nach seinem Tod erkannt, und je mehr Zeit verstrich, umso höher stieg sein Ansehen in der gesamten musikalischen Welt. Die Entwicklung der österreichischen Musik kennzeichnen von da an K. und M. Blaukopf mit den Worten: „Während Mendelssohn, Schumann und Brahms, gläubig zu Beethoven aufblickend, versuchten, die Beethovenschen Formen mit neuem Inhalt zu erfüllen, während Liszt und Wagner in der Verbindung mit der Dichtung, dem Programm und der Bühne dem Vergleich mit Beethoven aus dem Weg gingen, hat Schubert in seiner C-Dur-Symphonie einen von Beethoven unabhängigen Weg beschritten, ist an Beethoven gewissermaßen unbekümmert vorbeimarschiert. Schuberts hier abgelegtes Bekenntnis zu einer naiven Musizierfreudigkeit, zu einer Musik, die sich die Regeln selbst gibt und von traditionellen Formen zur Kenntnis nimmt, wenn sie diesem elementaren Musizierbedürfnis entsprechen, hat der österreichischen Symphonie neue Wege gewiesen." Bruckner führte sie zur Vollendung. An Schubert knüpfte auch der von Hamburg nach Wien gekommene Johannes Brahms (1833—1897) an, der mit dem in seiner Bedeutung oft unterschätzten Hugo Wolf (1860—1903), dem Schöpfer des „Corregidor", und mit Gustav Mahler (1860—1911) die Schubertsche Liedertechnik weiterführte. So wie Johannes Brahms nach Österreich einwanderte, so fand der aus dem heutigen Burgenland stammende Franz Liszt (1811—1886) schließlich in Bayreuth seine Heimat und in Richard Wagner einen Schwiegersohn. An Anton Bruckner und Mahler knüpfte die moderne Musik eines Arnold Schönberg (1874—1951) an, dessen 1911 erschienene „Harmonielehre" das bedeutendste theoretische Werk der österreichischen Musikgeschichte seit dem frühen 18. Jahrhundert darstellt. Schönbergs Wiener Schule wurde die radikalste unter allen Strömungen, die Musik zu erneuern. In ihrem Geist entstand die Oper „Wozzek" von Alban Berg (1885—1935) und das „Liederbuch aus den österreichischen Alpen" von Ernst Křenek (geb. 1900). Die große Tradition der Oper setzte Richard Strauß (1864—1949) fort, der kein Österreicher war, dessen Werke jedoch unter dem bestimmenden Einfluß seines Textdichters, des Österreichers Hugo von Hofmannsthal, standen. Hofmannsthal war in diesem Fall nicht bloß ein einfacher Librettist, sondern ein Mitgestalter. Im Raum der Österreichisch-Ungarischen Monarchie waren zu dieser Zeit die großen tschechischen Komponisten Friedrich Smetana (1824—1884) und Antonin Dvořák (1841—1904) ebenso daheim wie der offizielle ungarische Tondichter der Jahrhundertwende, Eugen Hubay (1858—1937). Auch die Anfänge der großen Meister der modernen ungarischen Musik, Béla Bartók (1881—1945) und Zoltán Kodály (1882 bis 1967), fallen noch in diese Ära. Eine österreichisch-ungarische Gemeinsamkeit zeigte sich in der leichten Unterhaltungsmusik, der Operette und dem Konversationsstück. Emmerich Kálmán (1882—1953), Franz Lehár (1870—1948) und Franz Molnár (1878—1952) ließen die Wiener ihre ungarische Herkunft völlig vergessen.

Auf dem Gebiet der bildenden Künste fand die Architektur im franziskojosephinischen Österreich ein reiches Betätigungsfeld. Als Kaiser Franz Joseph I. am 20. Dezember 1857 den Befehl zur Schleifung der Festungswälle in Wien gab und damit die bisher militärisch genutzten Flächen bebaubar wurden, setzte ein Sturm auf sie ein. Ihr Verkauf brachte insgesamt 220 Millionen Goldkronen ein. Die Käufer waren in erster Linie die Großbürger, die Neureichen, die kapitalkräftigen Kreise. Sie bauten drauflos, ohne sich um eine einheitliche Baugesinnung zu kümmern. Genauso wie in dieser „Gründerzeit" die elenden, licht- und luftarmen Zinshäuser des Proletariats mit den sogenannten „Bassenawohnungen" — Wohnungen mit Wasserleitung und Toilette nur auf dem Gang und für mehrere Mietparteien gemeinsam — entstanden, so auch die Stillosigkeit der Wiener Ringstraße. Aber diese Stillosigkeit wurde hier einfach zum Stil erhoben. Der Volksmund höhnte damals:

> Der Siccardsburg und van der Nüll,
> die haben beide keinen Stüll,
> griechisch, gotisch, Renaissance —
> das ist ihnen alles ans.

So war es tatsächlich. Die Wiener Ringstraße, eine der schönsten Prunkstraßen Europas, bietet zugleich ein verwirrendes Bild der verschiedenen Stilarten durch die Jahrhunderte. Die bedeutendsten Baumeister dieser Zeit waren der Schwabe Friedrich Schmidt (1825—1891), die Wiener Eduard van der Nüll (1812—1868) und August von Siccardsburg (1813—1868), Heinrich von Ferstel (1828—1883), Karl von Hasenauer (1833—1894) und Gottfried Semper (1803—1879); Theophil Hansen (1813—1891) kam aus Kopenhagen nach Wien. Die ursprünglichen Baupläne waren imperial gedacht. Es sollte im Anschluß an die beiden Ringmuseum und die Kaiserburg ein gewaltiges Forum entstehen, den Kaiserforen des antiken Rom vergleichbar. Aber ein Pressefeldzug führte Siccardsburgs Selbstmord herbei, und der Forumplan verdankte sein endgültiges Scheitern dem Erzherzog-Thronfolger Franz Ferdinand d'Este. Dieser „Ringstraßenstil" und die historisierende Vorliebe für die Gotik beschränkte sich nicht auf Wien allein. In Tirol arbeitete Anton von Geppert (1829—1890), in Oberösterreich schuf Vinzenz Starz (1819—1898) aus Köln, der Bahnbrecher der gesamten historisierenden Richtung, die Pläne für den Linzer Dom. Die Steiermark fand in dem gebürtigen Tiroler Martin Kink (1800—1877) und dem Grazer Konrad Lueff (1841—1914) die zeitgenössischen Baumeister. In Kärnten bauten Johann Julius Romano (1818—1882), später einer der Baumeister der Wiener Ringstraße, und der Wiener Architekt August Schwendenwein (1817—1885) sowie der gebürtige Klagenfurter Gustav Gugitz (1836—1882). Diese historisierende Ringstraßenbauweise fand auch über die Grenzen der Alpenländer hinaus in den Ländern der damaligen Donaumonarchie Nachahmung. Staats- und andere, öffentlichen Zwecken dienende Gebäude in Ungarn, Böhmen, Jugoslawien und Galizien weisen oft verblüffende Ähnlichkeit und Verwandtschaft mit diesem Stil auf, sofern sie aus der zweiten Hälfte des 19. Jahrhunderts stammen.

Als man endlich diese Richtung überwunden hatte, wurde Otto Wagner (1841 bis 1918) der größte Baumeister Österreichs, dessen Buch „Moderne Architektur" ein Standardwerk der neuen Gesinnung bildete. Von ihm ging die Richtung der „Sezession" aus — nach einer 1897 gegründeten Künstlervereinigung benannt —, die außerhalb der österreichischen Grenzen eifrige Schüler in Frankreich, Deutschland, den Niederlanden und Belgien fand. Neben Wagner wurden der Schlesier Joseph Olbrich (1867—1908) und der Brünner Adolf Loos (1870—1933) ihre Wortführer. Loos baute auf dem Wiener Michaelerplatz ein Haus, das bereits die neue Sachlichkeit vorwegnahm und stürmische Proteste in einem konservativ gesinnten Publikum hervorrief. Im Jahr 1903 gründeten Joseph Hoffmann (1831 bis 1904) und Kolo Moser (1868—1918) die Wiener Werkstätte und machten damit Wien zum Zentrum einer international anerkannten Schule der neuen Geschmackskultur. Als eins der wenigen Gesamtkunstwerke auf architektonischem Gebiet erbaute man in den Jahren 1905 bis 1911 das Palais Stoclet in Brüssel.

Das 19. Jahrhundert war ein historisch gestimmtes Jahrhundert. Dem verdanken wir die Denkmäler vieler berühmter Männer des Staates, der Kunst und der Wissenschaft; Goethe, Maria Theresia, Radetzky, Joseph II., Schiller, Grillparzer, Raimund, Stifter blickten nunmehr in Stein und Erz auf die Vorübergehenden herab. Manche der Bildhauer kamen aus dem Ausland. So Anton Fernkorn (1813—1878), der in Wien eine Kunst- und Erzgießerei gründete. Oder Kaspar Zumbusch (1830—1915). Der Preßburger Viktor Tilgner (1844—1896) lebte sich in der österreichischen Hauptstadt so ein, daß seine Bildhauerkunst den Hauch des spezifisch Wienerischen erhielt. Vom armen Dorfbuben arbeitete sich Hans Brandstetter (1854—1925) zum führenden Bildhauer der Steiermark empor. Österreich und Ungarn verband der in Oberkärnten geborene und in Budapest gestorbene Hans Gasser (1817—1868), dessen Werke nicht bloß in Wien und Budapest, sondern auch in kleineren Städten, wie Ischl, Wiener Neustadt, St. Michael am Zollfeld, ja sogar in Oxford, zu finden sind. Reichen künstlerischen Nachlaß hinterließ der in St. Ruprecht bei Klagenfurt geborene Joseph Kassin (1856—1931). Unter der großen Zahl österreichischer Bildhauer stiegen Edmund von Hellmer (1850—1919), Karl Kundmann (1838—1919) und Franz Barwig (1868—1931) zu hoher Vollendung empor. Der bedeutendste unter allen blieb Anton Hanak (1875—1934). Zusammen mit der Bildhauerkunst fand das Kunstgewerbe reiche Betätigungsmöglichkeit. Es wurde durch das Österreichische Museum für Kunst und Industrie gefördert, dessen Leitung Rudolf Eitelberger (1817—1885) innehatte. Eitelberger schuf eine Kunstgewerbeschule — heute Hochschule für angewandte Kunst — und reorganisierte 1872 die Hochschule für bildenden Künste in Wien. Die Stilempfindung, die hier geboren wurde, war dem Biedermeier feindlich gesinnt und erging sich lieber in mehr oder weniger gut geglückten Nachahmungen der Renaissance. Vom Kunstgewerbe zur Künstlerschaft führte der Weg Michel Blümelhubers (1865—1936) in Steyr, des Meisters des österreichischen Stahlschnittes.

Ein eigenartiges Phänomen hatte die österreichische Malerei in Hans Makart (1840—1884) zu verzeichnen, der einer ganzen Zeit seinen Stempel aufdrückte, doch ebenso rasch vergessen wurde, wie man ihn angestaunt hatte. Von Salzburg kommend eroberte er die Wiener Gesellschaft und wurde der Mittelpunkt eines Kreises, in dem sich alles vereinte, was reich, vornehm und von Snobismus erfüllt war. Makart war der Organisator des Festzuges anläßlich der silbernen Hochzeit des Kaiserpaares 1879. Mit ihm machte er Festzüge in ganz Europa modern. Ein anderer Hauptvertreter der österreichischen Malkunst wurde Karl Rahl (1812—1865), dessen Gemälde das „Gewaltige" zeigten. Er wurde der Lehrer einer Reihe von Künstlern, die seine Tradition weitertrugen. Unter ihnen befanden sich Persönlichkeiten wie Anton Romako (1834—1889). Impressionistische Stimmungsmalerei zeigen die Bilder von Emil Jakob Schindler (1842 bis 1892). Der größte Genre- und Soldatenmaler Österreichs erstand in August von Pettenkofen (1821—1889), dessen Werke in England beinahe mehr geschätzt werden als in Österreich. Obwohl er seit 1867 in München lebte, muß Franz Defregger (1835—1921) als Tiroler betrachtet werden; denn er ist malerisch und gesinnungsmäßig seinem Heimatland nie untreu geworden. Das alte Wien lacht uns aus den Studien des Rudolf von Alt (1812—1905) entgegen. Kärntens Beitrag in dieser Zeit ist Suitbert Lobisser (1878—1943), dessen Meisterwerke dem Holzschnitt zuzurechnen sind. Zur jüngeren Generation des franzisko-josephinischen Zeitalters gehören schließlich Gustav Klimt (1862—1918), der Schöpfer ikonengleicher, mosaikartiger Gemälde, und Albin Egger-Lienz (1868—1925), dessen klobige Art sich am wirkungsvollsten in der Darstellung realistisch gesehener Bauern- und Kriegsszenen erweist. Erst nach seinem Tod fand Egon Schiele (1890—1918), einer der Vorläufer der jüngsten Moderne, Anerkennung. So wie Adalbert Stifter tritt uns Oskar Kokoschka (geb. 1886) als Maler und Dichter — einer der hervorragendsten Vertreter des expressionistischen Stils — entgegen.

Es ist oft behauptet worden, der Österreicher sei ein Künstler, aber kein Erfinder, kein Techniker, kein Rechner, kein Wirtschafter. Trotzdem weist im technischen Zeitalter so mancher Name führender und wegbereitender Persönlichkeiten auf seine österreichische Herkunft, seine Art und sein Wesen verbinden ihn mit dem österreichischen Raum. Viktor Kaplan (1876—1931) schuf die nach ihm benannte Wasserturbine, Joseph Werndl (1831—1889) begründete in Steyr die dortigen Werke, die sich mit der Herstellung von Waffen und Fahrrädern befaßten. Michael Thonet (1796—1871) verdankte die Möbelindustrie die Anregung, gebogenes Holz zu verwenden. Siegfried Markus (1831—1898), ein gebürtiger Mecklenburger, aber seit 1852 in Wien daheim, fuhr 1864 mit dem ersten Benzinauto mit magnet-elektrischer Zündung. Der Wiener Karl Auer von Welsbach (1858—1929) hinterließ der Welt das Gasglühlicht und wurde Begründer der Cereisenindustrie. Der Tiroler Otto Nußbaumer (1876—1930) unternahm grundlegende Forschungen über die praktische Verwertung des Radio. Ludwig Boltzmann (1844—1906) aus Wien wurde einer der bedeutendsten Naturforscher aller Zeiten. Friedrich Hasenöhrl (1874—1915), Schüler Boltzmanns sowie des Nobelpreisträgers Schrödinger, selbst bedeutender Physiker, berechnete die Verwandlung von Strahlenenergie in Masse. Zwei Jahre n a c h ihm nahm Einstein dieselbe Berechnung für jede Form von Energie vor und begründete damit die Relativitätstheorie. Robert von Lieben (1878—1913) wurde der Schöpfer der nach ihm benannten Verstärkerröhre, die eine Vorbedingung für die Verwendung des Radio war. Gustav Tauschek (1899—1945) und der bedeutende österreichische Physiker und langjährige Direktor des Technischen Museums in Wien, Dr. Josef Nagler (geb. 1901), verkauften ihre grundlegenden Patente über die automatische Datenverarbeitung dem IBM-Konzern. Unter den Unternehmungen, die weit über die Grenzen Österreichs hinaus bekannt wurden, finden wir die von Philipp Haas (1791—1870) begründete Teppich- und Stoffabrik ebenso wie die Brauereien Anton Drehers (1810—1863) und Adolf Ignaz Mautner-Markhofs (1800—1889), die Eisenwerke Franz Mayr-Melnhofs (1810—1889) ebenso wie die Lokomotivfabrik Georg Sigls (1811 bis 1887), die Textilfabriken des Vorarlbergers Franz Martin Hämmerle (1815 bis 1878) und die Glaserzeugung von Ludwig Lobmeyer (1829—1917), die Klaviere Ludwig Bösendorfers (1835—1919) und die Waffenwerke Emil von Skodas (1839—1900) in Pilsen, auf deren Produktion die Kampfkraft des österreichisch-ungarischen Heeres beruhte. Die Schichtseife ist durch ihren ersten Erzeuger Johann Schicht (1855—1907) der Welt ebenso bekannt geworden wie die von Ludwig Lohner (1858—1925) und Johann Puch (1862—1914) ins Leben gerufenen Puch-Werke, die in der Fahrzeug- und Automobilindustrie führend wurden. Österreich besaß bis 1945 im Vergleich zu seiner Bevölkerungszahl mehr Nobelpreisträger als Deutschland und die Vereinigten Staaten von Amerika.

	Nobelpreisträger	auf die Bevölk.-Zahl
Österreich	12	580.000
Deutschland	50	1,400.000
USA	19	10,600.000

Österreicher empfingen 1905 (Bertha von Suttner) und 1911 (Alfred H. Fried) den Friedensnobelpreis; 1914 (Robert Barany), 1927 (Julius Wagner-Jauregg), 1930 (Karl Landsteiner) und 1936 (Otto Löwi) den Medizinnobelpreis; 1925 (Richard Zsigmondy) und 1938 (Richard Kuhn) den Chemienobelpreis; 1933 (Erwin Schrödinger), 1936 (Viktor Franz Heß) und 1945 (Wolfgang Ernst Pauli jun.) den Physiknobelpreis. Unter den Preisträgern befindet sich auch eine Österreicherin: Dr. Lise Meitner, der die Atomforschung einige ihrer grundlegenden Erkenntnisse verdankt. Im Jahre 1962 wurde an Max Perutz für Chemie, 1973 an den Verhaltensforscher Konrad Lorenz für Medizin und 1974 an den Wirtschaftswissenschaftler Friedrich A. v. Hayek der Nobelpreis verliehen. Österreich zählt derzeit (1976) 16 Nobelpreisträger.

Es war die kulturelle Überlieferung Österreich-Ungarns, in deren Geist dies geschah und die weiterwirkte. Es gehört zur Tragik Österreichs, daß, je mehr die deutschnationale und antisemitische Vorherrschaft an den österreichischen Hochschulen anwuchs, viele österreichisch gesinnte Gelehrte, namentlich auch bedeutende jüdische Gelehrte ins Ausland emigrierten. Es ist gelungen, bedeutende Persönlichkeiten unter diesen, die sich trotz mancher bitteren Enttäuschung stolz als Großösterreicher der Monarchie, jedoch ebenso stolz als Österreicher der Republik bekannten und bekennen, in zahlreichen österreichischen Auslandsvereinen und diese großteils im Weltbund der Österreicher (dem „10. Bundesland") zu sammeln.

Niemand anderer als der Führer der sudetendeutschen Sozialdemokratie, Wenzel Jaksch, urteilte in seinem Buch „Europas Weg nach Potsdam" (Stuttgart, 1958) über die — von ihm so genannte — „große, vielsprachige Nation der Altösterreicher" wörtlich: „Nicht geringer war ihre prägende Kraft als die des weströmischen Reiches. Wo immer die römischen Legionen in Gallien und in Britannien, am Rhein und nördlich der Alpen ihre Feldzeichen aufpflanzten, begegnet man heute noch ihren Spuren. Wo die Römer Straßen bauten, haben sie die Landschaft geformt. Wo Österreich Schulen errichtete, Regierungsgebäude und selbst Kasernen, hat es in den Menschen den Geist der Großherzigkeit und Weiträumigkeit gepflanzt. Vom Rhein und Neckar, aus Sachsen und Böhmen, Ungarn und Polen hat es die Männer geholt, die es regierten. Feldherren italienischer, kroatischer, böhmischer, französischer, schottischer, irischer Abkunft haben seine Armeen geführt. Schlesier und Sudetendeutsche bauten sein Schulwesen auf. Das östliche Alpenland gab diesem Reich sein Eisen und seine Treue, seine Musik und seine Lebenskunst."

Zusammenfassung

Die 1867 geschaffene Österreich-Ungarische Monarchie war eine Notlösung. Der Dualismus verbaute auf die Dauer der Föderalisierung Österreich-Ungarns den Weg. Gegner einer solchen Föderalisierung waren das deutschnationale oder deutschliberale Großbürgertum und die magyarische Gentry. Beide wollten ihre sozialen Positionen nicht aufgeben. Der Sprachenstreit in der Österreichisch-Ungarischen Monarchie hatte im tiefsten Kern soziale Wurzeln. Die Reichsreformpläne des Kronprinzen Rudolf und später des Erzherzog-Thronfolgers Franz Ferdinand d'Este kamen nicht zur Verwirklichung. Im Zug fortschreitender Demokratisierung entstanden große Massenparteien, unter denen die Christlichsoziale und die Sozialdemokratische Partei führend wurden. Beide hatten bedeutende Parteiführer (Dr. Karl Lueger, Dr. Viktor Adler). Trotz aller Mängel nahm aber Österreich-Ungarn in der letzten Hälfte des 19. Jahrhunderts auf dem Gebiet der Wirtschaft und Kultur einen beachtlichen Aufschwung. Kaiser Franz Joseph I., der erste Beamte der Monarchie, war das stabile Symbol (der ruhende Punkt) dieser Zeit, die durch den Ersten Weltkrieg ihr Ende fand. Der letzte Kaiser, Karl I., voll guten Willens, kam mit der Umwandlung der Monarchie in einen Bundesstaat in den letzten Tagen des Ersten Weltkrieges zu spät. So zerfiel das Habsburgerreich, obwohl gewichtige Stimmen in ganz Europa — auch solche seiner Kriegsgegener — für seine zeitgemäße Erhaltung eintraten. Aber das reiche kulturelle Erbe der Österreichisch-Ungarischen Monarchie blieb erhalten. Dem goldenen Zeitalter der Wiener Operette (Johann Strauß, Millöcker, Zeller u. a.) folgte ein silbernes Zeitalter (Lehár, Kálmán, Fall, Eysler, Stolz). Die Dichter Rilke, Musil, Kafka, Werfel u. a. ragten ebenso in die Zeit der Ersten Republik wie die Kunst Kokoschkas oder Schieles und die zahlreichen Nobelpreisträger aus Altösterreich.

REPUBLIK UND STÄNDESTAAT

Die ersten Schritte

Als am 12. November 1918 die Abgeordneten der deutschösterreichischen Nationalversammlung die Republik ausriefen, standen sie vor der Notwendigkeit, einen Staat neu aufzubauen, der sich jahrhundertelang in kulturellem und wirtschaftlichem Zusammenhang mit seinen Nachbarn im Süden, Norden und Osten entwickelt hatte und für den soeben ein blutiger, vierjähriger Krieg zu Ende gegangen war. Not und Elend herrschten in weiten Teilen des Landes. Die Ungewißheit eines kommenden Schicksals lag über allen. Die Waffen schwiegen an den Fronten, die Soldaten kehrten heim, auf Waggondächern sitzend, bestrebt, noch schneller als der Kamerad in die Heimat zu gelangen. In den Gefangenenlagern harrten Hunderttausende, für die die Kunde des Waffenstillstands und der beginnenden Friedensverhandlungen die Hoffnung bedeutete, ebenfalls nach Hause zurückkehren zu dürfen. Mütter weinten um gefallene Söhne, Frauen um Männer, Kinder um ihre Väter. Der Schwur „Nie wieder Krieg!" hallte laut durch das ganze Land.

Österreich-Ungarn war eine Großmacht und ein Reich von über 50 Millionen Einwohnern gewesen. Die neue Republik Deutschösterreich zählte kaum 6 Millionen. Von diesen 6 Millionen lebte aber ein gutes Drittel in der Hauptstadt. Wien war das Wirtschaftszentrum einer kleinen Welt gewesen; jetzt wurden die Verbindungslinien zwischen ihm und den Ländern durchschnitten. Eigentlich hätte ein Chaos ausbrechen müssen. Doch es brach nicht aus. Das kaiserliche Manifest vom 16. Oktober hatte bereits einen deutschösterreichischen Staat konstituieren helfen. Deutschösterreich hieß er nunmehr, nicht nur, weil seine Bewohner deutsch sprachen, sondern weil er ursprünglich als Teil einer gesamtösterreichischen Föderation gedacht war, neben dem es ein „Tschechisch-Österreich", ein „Slowenisch-Österreich", ein „Kroatisch-Österreich" und ein „Rumänisch-Österreich" gegeben hätte. Dies war ein Wunschtraum geblieben. Der neue Staat konnte nicht einmal alle Gebiete behaupten, die er in sein Staatsgebiet einbezogen wissen wollte. Wohl war am 22. November 1918 dieses Staatsgebiet der jungen Republik folgendermaßen definiert worden: „Der Staat Deutschösterreich übt die volle Gebietshoheit über das geschlossene Siedlungsgebiet der Deutschen innerhalb der bisherigen im Reichsrat vertretenen Königreiche und Länder aus", und wohl hatten die Deutschböhmen, die Deutschmährer und die Schlesier, die man nun gemeinsam als Sudetendeutsche zu bezeichnen anfing, bereits am 29. und 30. Oktober ihren Anschluß an Deutschösterreich erklärt, es wurde sogar ein Staatsamt für Deutschböhmen geschaffen und in Reichenberg suchte sich eine deutschböhmische Landesregierung einzurichten, aber die Truppen der neuen tschechoslowakischen Republik besetzten bereits in den ersten Wochen nach der Auflösung Österreich-Ungarns die sudetendeutschen Gebiete. Die Prager Regierung erklärte eine Teilnahme sudetendeutscher Vertreter an der Wiener Nationalversammlung als Hochverrat. Als die Sudetendeutschen am 4. März 1919 auf der Straße für das Selbstbestimmungsrecht demonstrierten, schritt tschechoslowakisches Militär ein und schoß.

Aber selbst die altösterreichischen Alpenländer versuchten, sich aus der Gemeinsamkeit zu lösen und eigene Wege zu gehen. Man stellte sich auf den Standpunkt, der Herrscher habe auf Grund der Pragmatischen Sanktion das einigende Band gebildet. Nun er weggefallen sei, hätte man wieder seine Handlungsfreiheit erlangt. Diese Stimmung war vor allem im äußersten Westen der Republik daheim. In Vorarlberg trat eine Reihe von Gemeinden für den Anschluß des Landes als selbständiger Kanton an die Schweiz ein. Hier spielte neben anderen — nicht zuletzt wirtschaftlichen — Gründen der Wunsch eine Rolle, sich nicht nur von Wien, sondern nunmehr auch gänzlich von Innsbruck zu lösen, mit dem Vorarlberg bis 1918 noch durch gewisse verwaltungsmäßige Bande verbunden war. Der Leiter der mit der Schweiz aufgenommenen Verhandlungen und einer der Förderer dieser Anschlußbewegung war der spätere österreichische Bundeskanzler und damalige Landesstatthalter von Vorarlberg, Dr. Otto Ender (1875—1960). Im Mai 1919 erklärten sich in einer Volksabstimmung 47.208 Vorarlberger für und 11.248 gegen den Anschluß an die Schweiz. Am 23. August 1919 sandten im Namen der Vorarlberger Dr. Pirker und Dr. Neubner ein Telegramm an den französischen Ministerpräsidenten Clemenceau nach Paris, in dem sie ihn um Anerkennung der Vorarlberger Anschlußwünsche baten. Der damalige Staatskanzler Dr. Karl Renner trat in kluger und beharrlicher Weise, ohne Vorarlberg direkt vor den Kopf zu stoßen, für die territoriale Unversehrtheit der Republik ein. Die Schweiz lehnte zudem das Ansuchen Vorarlbergs ab, wenn nicht die österreichische Regierung sich mit dem Übertritt des Landes zur Eidgenossenschaft bereit erkläre. Wohl aber löste nunmehr das Fürstentum Liechtenstein, das in Zoll- und Wirtschaftsunion mit Österreich-Ungarn gestanden war, diese alte Verbindung und ging in das schweizerische Zoll- und Wirtschaftsgebiet über.

Neben Vorarlberg war es Tirol, das Loslösungsbestrebungen zeigte. Man hoffte, die Grenzen des Landes aufrechterhalten zu können, wenn man sich von Österreich trennte. Seit Anfang 1919 unterhielt die Tiroler Landesregierung eine eigene Gesandtschaft in Bern und verhandelte dort direkt mit der Entente. Der Leiter dieser außenpolitischen Vertretung war Dr. Michael Mayr (1864—1922), der so wie Dr. Otto Ender später österreichischer Bundeskanzler wurde. Diese Gesandtschaft versorgte die französischen Staatsmänner laufend und eifrig mit Material, das die Lebensunfähigkeit Österreichs und die Lebensfähigkeit eines selbständigen Tirol nachweisen sollte. Während die Tiroler Deutschnationalen darauf aus waren, Tirol an Deutschland anzuschließen, selbst wenn man dies im Alleingang tun müsse, waren die Tiroler Christlichsozialen gegenüber dem Anschlußgedanken an Deutschland sehr skeptisch. Sie fürchteten, durch eine lautstark betriebene Propaganda Südtirol zu verlieren. Aber auch sie standen der Idee einer unabhängigen Tiroler Republik nicht fern, und die Tiroler Landesregierung richtete am 1. Mai 1919 die offizielle Anfrage an Wien, ob Österreich die gemeinsamen Rechts- und Wirtschaftsbeziehungen mit einem selbständigen Staat Tirol aufrechterhalten wolle. Obwohl die Wiener Regierung vor der Illusion warnte, man könne auf diese Weise Südtirol retten, erklärte sich nunmehr Tirol für einen selbständigen und neutralen Staat. In einer an die Alliierten gerichteten Note wurde am 16. Juni die Neutralisierung Südtirols angeboten. Doch es war zu spät. Jetzt tauchte auch bei bisherigen Anschlußgegnern der Gedanke auf, ein Anschluß an Deutschland könne Südtirol wiederbringen, weil dann das „mächtige Deutschland" sich dafür einsetzen werde. Der spätere Heimwehrführer Dr. Richard Steidle schrieb damals, daß nur der Anschluß an Deutschland Südtirol retten könne. „Schwarzgelbe Fahnen", meinte er, „wären das Leichentuch für Brixen, Bozen und Meran." Um die Unsicherheit voll zu machen, beschloß der Bezirk Lienz in Osttirol, den Anschluß an Salzburg anzustreben. Diesem Wunsch wurde keine Erfüllung zuteil. Aber Osttirol war nunmehr von Nordtirol räumlich getrennt.

Während die Dinge in Tirol so verliefen, kam es in Kärnten zu einem entschlossenen Kampf um die Einheit des Landes. In Kärnten war nur vorübergehend der Gedanke aufgetaucht, eine selbständige Republik zu bilden. Man hielt zu Österreich, aber in erster Linie stand man zur Unversehrtheit des Kärntner Gebietes. Als jugoslawische Truppen in Kärnten einrückten, wurde ein Wehrausschuß gebildet, an dessen Spitze Oberstleutnant Ludwig Hülgerth (1875—1939) trat. Die Situation war deshalb so schwierig, weil es wenig Soldaten gab, die dem Wehrausschuß zur Verfügung standen. Auch durfte man wohl gegen die aus Krain vorbrechenden slowenischen Einheiten den Kampf führen, nicht aber gegen serbische Truppen, die unter dem Schutz des Waffenstillstandes zwischen Österreich-Ungarn und den Alliierten — zu denen auch das Königreich Serbien gehörte — standen. Versuche, eine gesicherte Demarkationslinie zu gewinnen, scheiterten. Am 29. April 1919 brachen jugoslawische Verbände auf der ganzen Linie von Rosenbach bis Lavamünd zum Angriff auf Klagenfurt und Villach vor. Jetzt griff ganz Kärnten zu den Waffen. Es war wie im Tirol des Jahres 1809. Der italienische General Segré, der Vorsitzende der alliierten Waffenstillstandskommission, gab der österreichischen Regierung in diplomatisch verhüllter Sprache zu verstehen, daß man nichts gegen die Vertreibung der Jugoslawen aus Kärnten habe; aber in Wien zögerte man. Als dann Segré offiziell den Rückzug der siegreichen Kärntner hinter die Draulinie verlangte, stimmte man in Wien sofort zu, während die Kärntner Landesregierung nichts davon wissen wollte. Auf sich allein gestellt, mußten sich die Kärntner vor einem neuen, verstärkten Angriff massierter jugoslawischer Truppeneinheiten am 28. Mai 1919 zurückziehen. Die Jugoslawen besetzten vorübergehend Klagenfurt. Indessen war man durch den bewaffneten Widerstand des Landes in Paris auf Kärnten aufmerksam geworden. Der dort weilende Führer der österreichischen Delegation für die Friedensverhandlungen, Staatskanzler Dr. Karl Renner, tat alles, um Kärnten diplomatisch zu unterstützen. Es gelang ihm schließlich, den Befehl der Alliierten an Belgrad zur Räumung Klagenfurts zu erreichen. Außerdem beschloß man in Paris, im südlichen Teil Kärntens eine Volksabstimmung zu veranstalten. Zu diesem Zweck wurden eine Abstimmungszone A und eine Abstimmungszone B errichtet. In der Zone B, die auch Klagenfurt umfaßte, sollte Österreich, in der Zone A Jugoslawien bis zur Abstimmung die Verwaltung führen. In der Zone B kam außerdem die Abstimmung nur in Frage, wenn in der Zone A die Mehrheit der Stimmberechtigten sich für Jugoslawien entschieden hätte.

Die Zeit bis zur Abstimmung verlief unruhig. Die Jugoslawen entschlossen sich erst unter auswärtigem Druck, die Demarkationslinie zwischen den Zonen A und B für den Durchgang zu öffnen. In Wien fürchtete man ein ungünstiges Ergebnis der Abstimmung in der Zone A, da sie stark von slowenischsprachigen Kärntnern bewohnt war. Staatskanzler Dr. Renner schlug vor, den Jugoslawen gegen Verzicht auf die Volksabstimmung Konzessionen in der Zone A zu machen. Aber die Kärntner Landesregierung, die in Spittal amtierte, lehnte jedes derartige Kompromiß ab. So kam es am 10. Oktober 1920 zur vorgesehenen Abstimmung. In der südlichen Zone stimmten, obwohl sich in diesem Gebiet nach der amtlichen österreichischen Volkszählung von 1910 69,18 Prozent der Bewohner zur slowenischen Umgangssprache bekannt hatten, 22.025 Kärntner (59 Prozent) für das Verbleiben bei Österreich und nur 15.279 für das Königreich Jugoslawien (41 Prozent). Die Alliierten zwangen nunmehr Jugoslawien, das das Ergebnis nicht anerkennen wollte und wieder Truppen in das Abstimmungsgebiet einrücken ließ, zur Anerkennung der Volksabstimmung. Die Zone A wurde Österreich übergeben. Es besteht aber kein Zweifel darüber, daß es auch die slowenischsprachigen Kärntner waren, die wesentlich zu diesem Ausgang der Volksabstimmung mit beitrugen.

Anders als in Kärnten verlief die Auseinandersetzung um die Südgrenze in der Südsteiermark und in Südtirol. In Südkärnten waren wohl die beiden Städte Marburg und Cilli der Mehrheit nach deutschsprachig, die Dörfer der Umgebung jedoch slowenisch. Eine Kundgebung der Marburger am 27. Jänner 1919 wurde von den Jugoslawen mit Waffengewalt zerschlagen. Obwohl Italien auch hier, so wie in Kärnten, die österreichische Forderung nach einer Volksabstimmung, wenigstens für Marburg und Umgebung, unterstützte, fand dieser Gedanke in Paris keinen Anklang. Nur Radkersburg blieb bei Österreich. Im Gegensatz zu seinem Verhalten in Kärnten und in der südsteirischen Frage bestand Italien in Tirol auf der Brennergrenze und nahm auch das Kanaltal in Besitz. Trotz der bereits geschilderten Bemühungen der Tiroler Landesregierung war eine Änderung des alliierten Standpunktes nicht zu erreichen. Auch die Möglichkeit einer Volksabstimmung wurde nicht in Erwägung gezogen. Im Gegensatz zu der 1919 vertretenen Anschauung, ein Anschluß Tirols oder Österreichs an Deutschland könne Südtirol erhalten, scheint es vielmehr so zu sein, daß gerade die in Österreich betriebene Anschlußpropaganda den Italienern das Argument in die Hand gab, Italien müsse sich vor einem wiedererstarkten Deutschland durch die Brennergrenze schützen. Wenigstens dieses e i n e Argument wäre Italien genommen worden, hätte es für die Alliierten festgestanden, daß Österreich — und namentlich Tirol — nicht daran denke, seine Unabhängigkeit aufzugeben.

Nicht bloß in Kärnten, auch in der Frage der Ostgrenze hatte die junge Republik einen Teilerfolg zu verzeichnen. In Wien war schon zur Zeit der Österreichisch-Ungarischen Monarchie der Ruf laut geworden — und die in der österreichischen Hauptstadt ansässigen deutschsprachigen Westungarn waren die ersten Rufer gewesen —, die westungarischen Komitate Preß b u r g, Eisen b u r g, Wiesel b u r g und Öden b u r g in ihren deutschsprachigen Teilen an die österreichische Reichshälfte anzuschließen. Diese Forderung wurde nun offiziell erhoben. In Ödenburg erschien eine Zeitschrift „Vierburgenland", und dieser Name wurde auch für das deutschsprachige Gebiet Westungarns propagiert. Von daher — und nicht von den vielen Burgen im Land, wie immer wieder in Handbüchern und auch sonst ernst zu nehmenden Publikationen behauptet wird — stammt der heutige Ausdruck Burgenland, als dessen Namensschöpfer wir den späteren Landeshauptmann, Professor Dr. Alfred Walheim (1874—1945), einen gebürtigen Ödenburger, betrachten müssen.

In Westungarn selbst war die Stimmung uneinheitlich. Die führenden Schichten des Landes — so die Geistlichkeit, die ungarischen Beamten und nicht zuletzt der hier wirtschaftlich übermächtige Adel, an seiner Spitze die Familie Esterházy — hatten natürlich alles Interesse, das Land bei Ungarn zu halten. Sie wären bestenfalls zu einer Autonomie für Westungarn bereit gewesen. Die deutschsprachigen Bauern standen erst am Beginn ihres politischen Einsatzes. Politische Bildung war nur in ganz geringem Ausmaß vorhanden. Die ungarische Wahlmethode war es gewesen, daß einfach der vom Grundherrn, vom Obergespan des Komitats oder vom Notar, dem Amtmann unterstützte Kandidat die Wahl gewinnen m u ß t e. In Österreich setzte sich besonders Staatskanzler Dr. Karl Renner für die Gewinnung des Landes ein. Er kannte die Verhältnisse genau, denn seine Frau stammte aus dem späteren Burgenland. In der Christlichsozialen Partei blieb die Stimmung geteilt. Man wollte sich mit Ungarn nicht verfeinden, noch dazu, als nach dem Sturz der ungarischen Räteregierung eine innenpolitische Reaktion erfolgte, eine sogenannte „christlichnationale" Regierung das Amt antrat und schließlich Ungarn sogar Königreich ohne König unter der Reichsverweserschaft des früheren Admirals der österreichisch-ungarischen Kriegsmarine, Nikolaus v. Horthy (1868—1957), geworden war. Während sich zur Zeit der ungarischen Räteregierung auch der magyarische Adel — so etwa Graf Thomas Erdödi — für Österreich eingesetzt hatten, war dies nun nicht mehr der Fall. Die in Wien anwesenden Ententeoffiziere rieten Österreich, das Gebiet jenseits der Leitha militärisch zu besetzen. Aber dazu kam es nicht. Ursprünglich hielt man in Paris die Grenzfrage zwischen Österreich und Ungarn für so nebensächlich, daß man sie gar nicht behandelte. Es gelang jedoch der österreichischen Delegation in Paris, den Gegensatz zwischen Italien und Jugoslawien auszunützen. Italien stellte sich gegen einen geplanten Korridor von der tschechoslowakischen an die jugoslawische Grenze, der über das heutige Burgenland geführt hätte. So wurde am 2. Juli 1919 das deutschsprachige Gebiet Westungarns restlos der Republik Deutschösterreich zugesprochen. Wie sehr alle Fragen verzahnt waren, zeigt, daß die Erwerbung des südlich der Donau gelegenen Gebietes von

Engerau durch die Tschechoslowakei damit kompensiert wurde, daß dafür die Stadt Gmünd in Niederösterreich bei Österreich belassen wurde, der Gmünder Bahnhof aber bei der Tschechoslowakei verblieb. Am 20. Juli 1919 erhielt die österreichische Delegation den Entwurf des Vertrages, in dem das deutschsprachige Westungarn einschließlich Ödenburgs, aber ohne Wieselburg, Preßburg und Eisenburg, Österreich zugesprochen wurde. Eine Volksabstimmung sollte nicht stattfinden.

Die nationalen Kreise Ungarns versuchten alles, das deutschsprachige Westungarn zu behaupten. Man warf magyarische Partisaneneinheiten an die alte österreichisch-ungarische Grenze. Die österreichischen Beamten — Polizei und Finanz, denn dem österreichischen Heer war der Einmarsch von Paris aus verboten worden — mußten unter dem Druck der Freischärler das Land wieder verlassen. Ungarn setzte durch, daß für die Stadt Ödenburg und vier Dörfer der Umgebung eine Volksabstimmung unter der Kontrolle Italiens vorgesehen wurde. Italien neigte in der Ödenburger Frage deutlich zu Ungarn. Die Abstimmung fand vom 14. bis 16. Dezember 1921 statt. In der Stadt Ödenburg enthielten sich 8000 Personen der Stimme, von den abgegebenen Stimmen erklärten sich 15.343 für Ungarn und 8277 für Österreich. In den vier Landgemeinden erhielt Österreich 3505 gegen 3199 Stimmen für Ungarn. Trotzdem blieben auch diese vier Gemeinden aus verständlichen wirtschaftlichen Gründen bei Ungarn. Das neue Burgenland verlor auf diese Weise seine natürliche Hauptstadt.

Mit der Übergabe des Burgenlandes an Österreich war die Angelegenheit noch nicht abgetan. Man mußte sich darüber klarwerden, was mit ihm im Rahmen der Republik Österreich zu geschehen habe. Hatte doch sogar der katholische Pfarrer Sabel aus Neufeld, ein gebürtiger Rheinländer, eine Zeitlang die Idee propagiert, unter Umgehung Österreichs Westungarn direkt an Deutschland anzuschließen. Es gab Kreise, die das Burgenland — wenigstens provisorisch — einfach zwischen der Steiermark und Niederösterreich aufteilen wollten. Eine solche Lösung hätte wahrscheinlich eine größere Heimkehrbewegung für Ungarn ins Leben gerufen; denn der Burgenländer war eben trotz seiner deutschen (oder auch kroatischen) Muttersprache durch das jahrhundertelange Zusammenleben mit den Magyaren im Staat Ungarn etwas anderes als der Niederösterreicher und Steirer. Dies zeigte sich 1945 ganz deutlich, als man die 1938 von den Nationalsozialisten zwangsweise vollzogene Auflösung des Burgenlandes nach dem einmütigen Willen des Volkes wieder rückgängig machte. Die Bewohner des Burgenlandes erwarben sich innerhalb ganz kurzer Zeit ein mindest ebenso starkes, wenn nicht stärkeres Landesbewußtsein als die altösterreichischen Bundesländer der Republik. So wie es Dr. Karl Renner war, der für die Gewinnung des Burgenlandes eintrat, so setzte der von Bundeskanzler Dr. Ignaz Seipel eingesetzte christlichsoziale Generalsekretär für das Burgenland, der Vorarlberger Dr. Karl Drexel, die Schaffung eines eigenen österreichischen Bundeslandes durch. Ihm und den mit ihm zusammenarbeitenden Kreisen der burgenländischen Christlichsozialen war die Aufgabe anvertraut, die verwaltungsmäßige Organisierung des Landes vorzunehmen. Die „Christliche Kroatische Bauernpartei" (gradijansko hrvatska stranka) konnte ihre Forderung nicht durchsetzen, die kroatische Sprache als zweite Landessprache amtlich in der Landesverfassung festlegen zu lassen. Um die Einheit der Christlichsozialen Partei, die von allen Seiten als magyarophil angegriffen wurde, nicht zu sprengen, verzichteten schließlich die burgenländischen Kroaten auf dieses Verlangen. In der burgenländischen Landespolitik spielten bis 1933 der Christlichsoziale Michael Koch (1877—1941), langjähriger Präsident des Burgenländischen Landtages, und der Sozialdemokrat Ludwig Leser (1889—1946) eine bestimmende Rolle. Den beiden Persönlichkeiten war es zuzuschreiben, daß sich die Parteigegensätze nicht unüberbrückbar zeigten. Der nationalsozialistische Polizeikommissär von Eisenstadt, Dr. Benno von Braitenberg, äußerte sich einmal darüber: „Es herrschte zwischen den burgenländischen Christlichsozialen und Sozialdemokraten ein bemerkenswert gutes Einvernehmen." Man durfte es freilich „nicht ohne schamhafte Tarnung zugeben, wie gern man sich hatte, obwohl in Wien schon lange ein anderer Wind wehte". Das Burgenland hat die nach 1945 in der Zweiten Republik geschaffene Koalition auf Landesebene als Beispiel schon lange vorausgenommen.

Die Anschlußfrage

Die wichtigste außenpolitische Frage der Republik — sogar noch wichtiger als die Grenzziehungen im einzelnen — wurde die des Anschlusses Deutschösterreichs an das Deutsche Reich. Der deutschösterreichische Nationalrat hatte am 12. November 1918 zusammen mit der Ausrufung der Republik auch den Anschluß verkündet. Dieser Beschluß wurde am 12. März 1919 von der verfassunggebenden Nationalversammlung wiederholt. Aber die Pariser Kommission entschied bereits drei Tage später, daß die Grenzen zwischen Deutschösterreich und dem Deutschen Reich aufrecht zu bleiben hätten. Am 22. April 1919 stimmten die Vereinigten Staaten von Amerika, Großbritannien, Frankreich und Italien für ein Verbot des Anschlusses von Deutschösterreich an Deutschland. Als am 10. September 1919 der Staatsvertrag von Saint-Germain-en-Laye unterzeichnet wurde, sah er im Artikel 88 vor: „Die Unabhängigkeit Österreichs ist unabänderlich, es sei denn, daß der Rat des Völkerbundes einer Abänderung zustimmt." Auf Grund dessen beschloß die Nationalversammlung am 21. November die Abschaffung des Namens Deutschösterreich und die gesetzliche Einführung des Namens Republik Österreich. Da der Name Deutschösterreich noch unter dem Eindruck gegeben worden war, daß es zu einem großösterreichischen Bundesstaat kommen werde, dem auch ein „Tschechisch-" oder „Kroatisch-Österreich" entsprochen hätte, war diese Abänderung auch vom österreichischen Standpunkt aus nur zu begrüßen.

Die Erhaltung der österreichischen Unabhängigkeit fand damals auch in Österreich selbst manchen Widerspruch. Der Anschlußwille der österreichischen Bevölkerung soll jedoch nicht überschätzt werden. Prinzipiell waren bloß die deutschnationalen Kreise — hauptsächlich Intellektuelle — für ihn eingenommen. In weiten Kreisen des Bauerntums, der Bürger und vor allem der Arbeiter war die Anschlußstimmung mehr oder weniger die Folge der Schockwirkung, die das Ende des Krieges, der Zerfall der Monarchie und die wirtschaftliche Unsicherheit ausgelöst hatten. Niemand anderer als der sozialdemokratische Politiker Otto Bauer (1881—1938), selbst ein Anschlußfreund, schrieb bereits 1923 wörtlich: „Wir hatten die Absicht, eine Volksabstimmung über den Anschluß zu veranstalten, um die Sieger von der Einheitlichkeit und Festigkeit des Anschlußwillens des deutschösterreichischen Volkes zu überzeugen. Vor der Entscheidung der Pariser Friedenskonferenz, in der Zeit, da die drei Großmächte noch ‚schwankten und diskutierten', wäre eine solche Kundgebung nicht wirkungslos gewesen. Wir konnten es nicht wagen, da die heftige Gegenpropaganda der Anschlußgegner die Gefahr hervorrief, daß starke Minderheiten, in einzelnen Ländern vielleicht sogar die Mehrheit der Stimmberechtigten, gegen den Anschluß gestimmt hätten." Otto Bauer nennt bei dieser Gelegenheit „das traditionelle Österreichertum des Alt-Wiener Patriziats und des Alt-Wiener Kleinbürgertums" als besonders hemmende Faktoren der Anschlußbewegung. „Der Zwiespalt zwischen österreichischer und deutscher Gesinnung wurde wieder lebendig", erklärte er weiter. Daß Bauers Feststellung richtig ist, beweist das 1930 erschienene Sammelwerk „Die Anschlußfrage", in dem es ebenfalls heißt, es könne „mit rein historischen Mitteln so wenig wie mit rein logischen der politische oder auch nur der wirtschaftliche Zusammenschluß der deutschen Staaten als zwingende und ausschließlich mögliche Folge geschichtlicher Abläufe hingestellt werden", und so folgerte man daraus, „gerade weil wir die nationale Willensbildung im Hinblick auf den Zusammenschluß noch nicht für hinlänglich gesichert sehen, reden wir über dieses Thema immer wieder".

Von den österreichischen Parteien, die im Nationalrat vertreten waren, bekannte sich natürlich die sogenannte Großdeutsche Volkspartei bedingungslos zur Vereinigung mit Deutschland; ebenso der ihr geistig nahestehende Landbund. Auch die Sozialdemokratische Partei hatte den Anschlußparagraphen in ihrem Programm. Am schwersten tat sich die Christlichsoziale Partei, die auf jene Kreise Rücksicht nehmen mußte, die altösterreichisch gesinnt waren. So bekannte sie sich parteiprogrammatisch nur zu einem „möglichst engen Verhältnis zu Deutschland" — darunter konnte sich dann jeder vorstellen, was er wollte. Daß auch unter den Anschlußfreunden manche eigentümliche Anschauung herrschte, dafür zeugt eine Debatte, die der damalige Student Ernst Joseph Görlich im Herbst 1927 oder 1928 mit dem führenden Mitglied des anschlußfreundlichen Flügels der Christlichsozialen Partei, Univ.-Prof. Dr. Gottfried Hugelmann, nach einem Vortrag in der Schauflergasse im ersten Wiener Gemeindebezirk hatte. Prof. Dr. Hugelmann erklärte damals, selbstverständlich werde im Fall des Anschlusses Wien zweite Reichshauptstadt werden, eine Reihe von Reichsministerien müßten ihren Sitz nach Wien verlegen und Österreich werde das Recht zugesprochen erhalten, auch eigene Verträge mit dem Ausland — vor allem mit den Donaustaaten — abzuschließen, ohne die Zustimmung der Reichsregierung einzuholen.

Die anschlußfreundliche Außenpolitik Otto Bauers, der Staatssekretär für Äußeres geworden war, fand in der eigenen Partei nur mäßige Unterstützung. Die Sozialdemokraten interessierte die soziale Frage bedeutend mehr als das Problem des Anschlusses. Dr. Karl Renner war in gewissem Sinn der alte „Großösterreicher" geblieben, der eine Politik der Verständigung mit den Nachfolgestaaten der Österreichisch-Ungarischen Monarchie — vor allem mit der Tschechoslowakei — für wichtiger hielt. Die Großdeutsche Volkspartei hatte zwar eine allgemeine Volksabstimmung über den Anschluß gefordert, und tatsächlich war eine solche beschlossen worden, doch wurde die Koppelung mit den Nationalratswahlen abgelehnt. Als später die Möglichkeit bestand, einen Kredit von seiten des Völkerbundes zu erhalten, warnten sowohl der christlichsoziale Politiker Dr. Ignaz Seipel wie Dr. Karl Renner, „alles auf die Karte des Anschlusses zu setzen". Staatskanzler Dr. Renner ging jetzt sogar so weit, einem italienischen Diplomaten, wie Walter Goldinger schreibt, zu erklären, „er habe die Anschlußpolitik von Anfang an für verfehlt gehalten". (Seipels wirkliche Einstellung zur Anschlußfrage läßt sich aber auf Grund der vorliegenden Quellen nicht eindeutig klären.) Trotzdem beschlossen sowohl Salzburg wie Tirol Anschlußabstimmungen, die unter ungeheurem Aufwand von Propaganda, ins Land gebrachten deutschen Geldern und Verhinderung von Gegenpropaganda, schon im Stil der späteren nationalsozialistischen „Volksabstimmungen" vor sich gingen. Auf diese Weise war es möglich, in Tirol 90 Prozent der Stimmen für den Anschluß zu erreichen. Eine ähnliche Prozentziffer erzielte Salzburg. Zu weiteren länderweisen Abstimmungen kam es nicht, doch gehörte es nunmehr zum guten Ton, immer wieder den „Anschluß an Deutschland" zu fordern.

Nach dem Scheitern einer offiziellen Anschlußpolitik, als deren Opfer Otto Bauer aus der Regierung ausschied, begann man, den Anschlußgedanken auf privater Basis weiter zu propagieren. Eine Reihe von Organisationen in Deutschland und in Österreich beschäftigten sich in den folgenden Jahren mit ihm; so der „Heimatdienst" mit einer Zentrale in München und der „Österreichisch-deutsche Volksbund", dessen Wiener Ortsgruppe 1925 entstand. Um den wirtschaftlichen, gesetzlichen und kulturellen Anschluß vorzubereiten, suchte man die sogenannte „Angleichung" — praktisch die später von den Nationalsozialisten geübte Gleichschaltung — zwischen Österreich und Deutschland zu forcieren. In diesem Sinn arbeitete eine „Deutsch-Österreichische Arbeitsgemeinschaft" in Köln, Hamburg und Regensburg. Wichtige Förderer des Anschlußgedankens wurden der „Deutsche Turnerbund" und der „Deutsche Schulverein Südmark". Beide erfreuten sich der Protektion einflußreicher Kreise. Die Industrie sollte durch die „Delegation für den österreichisch-deutschen Wirtschaftszusammenschluß" gewonnen werden. Diesen Vereinigungen standen gewaltige Geldmittel zur Verfügung. So konnte die Wiener „Arbeiterzeitung" am 19. März 1922 mitteilen, daß der Direktor des zur Förderung des Anschlußgedankens gegründeten Tagblattes „Alpenland" 720.000 Reichsmark erhalten hätte. Im Jahr 1928 schrieb Emanuel Urbas, ehemaliger Angehöriger des österreichischen Außenamtes, in einer Schweizer Zeitung: „Die öffentliche Meinung in Österreich ist nicht mehr frei, und die Einflüsse, die sich auf sie auswirken, sind schon so stark, daß man unser Land beinahe ein Protektorat nennen kann."

Besonders auf dem Boden der österreichischen Universitäten war der Anschlußgedanke verwurzelt. Bezeichnend für die Verhältnisse jener Jahre ist es, daß der österreichisch gesinnte Gelehrte Prof. Dr. Ernst Karl Winter an der Wiener Universität nicht habilitieren konnte; Prof. Dr. Hold sagte ihm 1929 — wie die „Wiener Politischen Blätter" vom 5. Juli 1936 mitteilten — wörtlich: „Solange Sie nicht in der DÖTZ (Deutschösterreichische Tageszeitung, ein Hauptorgan der Anschlußbewegung) einen Leitartikel veröffentlichen, werden Sie nicht habilitiert werden." Alarmierend mußte auch die Enquete des österreichischen Schriftstellers Joseph August Lux (1871—1947) im Jahr 1933 über die in Österreich in Verwendung befindlichen Schulbücher wirken. Lux stellte neun Anklagepunkte auf. Unter ihnen befanden sich folgende: parteipolitische Tendenz im österreichfeindlichen Sinn; Anschlußpropaganda in fast allen Schulbüchern; Verfälschung und Zerstörung, ja vollständige Aufhebung des wahren österreichischen Geschichtsbildes; überwiegender Wust des Nichtwissenswerten, das nur zur Oberflächlichkeit, Flüchtigkeit und Denkfaulheit erzieht, zur Unfähigkeit zur geistigen Konzentration. So kam in den Lesebüchern von Latzke der Name Österreich im Titel überhaupt nicht mehr vor. In den Lesebüchern von Standenat verschwand die Republik Österreich unter dem nichtssagenden Titel „Oberdeutsche Heimat". Band I mit 316 Seiten enthielt nur — 12 österreichische Autoren; Band II mit 330 Seiten brachte es auf — 6 Österreicher. Das Lesebuch von Dr. Praehauser brachte unter 32 Balladen nur zwei österreichische, dafür aber die preußsiche Kaiserproklamation von 1871 in Versailles, die deutsche Kriegserklärung von 1914 an das neutrale Belgien und eine Verherrlichung des deutschen Generals von Below, während österreichische Namen, wie Conrad von Hötzendorf, überhaupt nicht erwähnt wurden. In einem 1929 von Dr. Michael Haberlandt herausgegebenen und von Alt-Bundespräsident Dr. Michael Hainisch eingeleiteten Buch: „Österreich, sein Land und Volk und seine Kultur", schrieb Univ.-Professor Dr. Eduard Castle in seinem Beitrag über die österreichische Literatur wörtlich: „Allen den wohlmeinenden Stimmen, die uns beständig zurufen: ‚Seid Österreicher!' haben wir nur eines zu erwidern: ‚Wir können nichts anderes sein, als wir jederzeit waren: des deutschen Volkes Vorposten im Südost.'" Es war ein „österreichisches Wunder" besonderer Art, daß trotz dieser bis in die höchsten Kreise und vor allem im Schulsektor wirksamen Entösterreicherungsmanie noch immer Menschen vorhanden waren, die an Österreich als an ihr Vaterland glaubten. Der gesunde Sinn der österreichischen Bauern, Arbeiter und Kleinbürger zeigte sich auf die Dauer immun gegen diese auf offiziöse und andere Weise durchgeführte Propaganda.

Inflation und Elend

Das Ende des Ersten Weltkrieges hatte ein ausgeblutetes, verelendetes und in seiner wirtschaftlichen Kraft schwer getroffenes Land hinterlassen. Die neue Republik Österreich hatte von der Österreichisch-Ungarischen Monarchie ungefähr 12 Prozent der Bevölkerung, aber 30 Prozent ihrer Industriearbeiter übernommen. Da Kohlenknappheit herrschte, mußten die Produktionsstätten zum Teil stillgelegt werden. So arbeitete im obersteirischen Industriegebiet nur ein einziger Hochofen, von 23 Martinstahlöfen waren nur mehr 3 in Verwendung. Der elektrische Strom floß nur in geringer Menge und mußte zeitweise ganz abgeschaltet werden. In Wien stand die Straßenbahn oft stundenlang still. Die Eisenbahnzüge verkehrten in erster Linie zur Aufrechterhaltung der Lebensmittelzufuhren. Da viele Soldaten von der Front in ihre Heimat zurückkamen, ergab sich das Problem der Arbeitslosigkeit. Schon seit 6. November 1918 zahlte man den Arbeitslosen eine Unterstützung aus. Am 14. Mai 1919 verfügte die Regierung weiter, daß jedes größere Unternehmen die Zahl seiner Arbeitnehmer um 20 Prozent zu erhöhen habe und sie ohne Bewilligung nicht verringern dürfe.

Eine weitere Sorge der Regierung betraf den sinkenden Kaufwert des Geldes. Die Kriegsanleihen und die Rüstungsausgaben hatten den Vorrat des Staates an Gold und Devisen erschöpft. Solange die Waffen sprachen, konnte man den Wert des Papiergeldes einigermaßen durch einen Zwangskurs halten. Als die Grenzen geöffnet wurden, zeigte sich erst die wahre Situation. So benötigte eine durchschnittliche Arbeiterfamilie in Wien, um die wöchentlichen Lebensmittel zu kaufen:

im Juli 1919	2.540,99 Kronen
im Juli 1920	4.689,46 Kronen
im Jänner 1921	8.266,89 Kronen
im Juli 1921	9.054,16 Kronen
im Jänner 1922	75.195,76 Kronen
im Juli 1922	296.734,00 Kronen

Die Folge davon war die Notwendigkeit, die Löhne zu erhöhen. Ursprünglich sollte eine Kommission alle zwei Monate ihre Höhe überprüfen. Schließlich ging man zur Indexwährung und zum „gleitenden Lohn" über. Am schlechtesten waren die Staatsbeamten und unter diesen wieder die Pensionisten dran. Ihr Gehalt fiel im Jahr 1920 auf 14 Prozent der Kaufkraft von 1914. In gleicher Weise litten alle geistigen Berufe unter der Geldentwertung oder der Inflation, wie man sie nannte. In diesen ersten Nachkriegsjahren ging der Wiener Mittelstand zugrunde und wurde besitzlos. Auch der Staat litt unter der Geldentwertung. Für das Jahr 1922 waren 208 Billionen Steuereingänge vorausberechnet, während allein an Subventionen 250 Billionen Kronen im Voranschlag angeführt waren. Die Inflation führte zu Demonstrationen in Wien und anderen größeren Orten; so als am 15. Oktober 1921 die Erdäpfelpreise plötzlich in die Höhe kletterten. Am 1. Dezember des gleichen Jahres marschierten die Floridsdorfer Arbeiter in die Stadt. Dabei wurden in Wien 174 Geschäfte und Kaffeehäuser, darunter 110 in der Innenstadt, beschädigt und geplündert. Während der Demonstration erlitten 20 Wachleute und 26 Zivilisten Verletzungen geringeren oder größeren Grades. An diesem Tag wurde ein einziger Schweizer Franken mit 1640 österreichischen Kronen bewertet. Wöchentlich druckte der Staat für drei Milliarden Kronen Banknoten.

Wie die Lage der österreichischen Bevölkerung im Ausland gesehen wurde, zeigen Aufsätze und Artikel, wie der von Edo Fimmen, dem Sekretär des Internationalen Gewerkschaftsbundes, nach seiner Rückkehr vom österreichischen Gewerkschaftskongreß 1920. „... Seit vielen Wochen ziehen Tausende von Männern, Frauen und Kindern jedes Alters allein oder familienweise, mit Säge, Axt und Messer bewaffnet, zu Fuß oder mit der Tram, in die Umgebung von Wien, schlagen dort die Bäume nieder — von einem regelrechten Sägen ist bei der Hast in den wenigsten Fällen die Rede —, hacken sie in Stücke und schleppen sie auf Kinderwagen oder Handkarren nach Hause oder — und das ist meistens der Fall — sie tragen das frische Holz in Bündeln von 30 bis 40 Kilo auf dem Rücken heimwärts." Und weiter erzählt Fimmen von „in Lumpen gehüllten Frauen und Kindern, vielfach barfuß oder nur mit den Resten eines ehemaligen Schuhwerks bekleidet, das mit Stricken zusammengehalten ist. Männer, Skeletten gleichsehend, in Uniformen, die sie aus dem Krieg heimgebracht haben und die jetzt ihren einzigen Kleiderbesitz bilden".

Die Verelendung des Volkes zeigt sich auch in den Betriebsstätten. In steigendem Ausmaß berichteten die Gewerbeinspektoren von ihrer Verwahrlosung, und daß mitunter „auch der Durchführung der primitivsten Maßnahmen zum Schutz des Lebens und der Gesundheit der Arbeiter, welche mit verhältnismäßig geringen Auslagen verbunden gewesen wären, von den Unternehmern ein prinzipieller Widerstand entgegengesetzt wurde". Anfangs Februar 1921 betrugen die wöchentlichen Durchschnittslöhne in Wien: Bauarbeiter 1400 Kronen, Buchdrucker 1350 Kronen, Arbeiterinnen im graphischen Gewerbe 700 Kronen, Glasarbeiter 1200 Kronen, Glasbläser 1600 Kronen, Tischler 1600 Kronen, qualifizierte Hilfsarbeiter 1200 Kronen, Hilfsarbeiterinnen 750 Kronen, Jugendliche 500 Kronen, Bäcker 1400 Kronen, Fleischhauer 1400 Kronen, Textilarbeiter 1400 Kronen.

Der Krieg hatte auch den Gesundheitszustand der österreichischen Bevölkerung schwer geschädigt. Die Sterblichkeit in Wien war 1918 um 57 Prozent größer als 1913. An Tuberkulose starben 1918 um 78 Prozent mehr als 1913. Von 58.849 erfaßten Buben und Mädchen wurden von der Kinderklinik Pirquet im Sommer 1918 nur 4637 für befriedigend gesund erklärt. Die Belastung der arbeitenden Bevölkerung stieg. Im Jänner 1922 wurden 21,4 Prozent der gesamten Staatseinnahmen durch direkte Steuern und 42,5 Prozent durch Verbrauchssteuern und Zölle aufgebracht. Ein Jahr später, im Jänner 1923, hatte sich das Verhältnis total verschoben; es wurden nur mehr 19,3 Prozent durch direkte Steuern, aber 54,7 Prozent durch Verbrauchssteuern und Zölle aufgebracht. Die Zahl der Arbeitslosen betrug im Jänner 1923 195.000, die Zahl der Kurzarbeiter 250.000. In der Textilindustrie waren 36 Prozent der in ihr Beschäftigten Kurzarbeiter oder arbeitslos. In der Metallbranche arbeiteten 109.000 Personen wöchentlich zwischen 45 und 24 Stunden. Nachdem die Löhne bereits um 12,5 Prozent gesenkt worden waren, forderte die Industrie im November 1922 eine weitere Lohnsenkung um 15 Prozent. Auf einer gemeinsamen Konferenz der Arbeiter- und Handelskammern im Oktober 1921 hatte Oskar Taussig für den Industriellenverband erklärt, daß man sich um Einzelschicksale nicht kümmern könne, zehntausend Arbeitslose bedeuteten nicht viel und unter ihnen gebe es Arbeitsscheue. Nur der Unternehmer sei vogelfrei und Steuerobjekt für jeden. Im Jahr 1923 gingen dann die steirischen Industriellen weiter und erklärten, daß „nur eine Verlängerung der Arbeitszeit über den Achtstundentag hinaus und eine überdies hinzutretende Intensivierung der Arbeit unserer Wirtschaft und damit unseren Staat vor dem Untergang retten kann". Sie versuchten auch, einen neuen Kollektivvertrag durchzudrücken, der eine Reihe von materiellen und gesetzlichen Verschlechterungen enthielt und einige der eben beschlossenen neuen Gesetze zum Schutz der Arbeitnehmer unwirksam gemacht hätte. Wie sich diese Entwicklung in den Lohnkonten größerer Unternehmungen auswirkte, zeigt die Statistik. Sie betrugen bei

	am 30. Dezember 1922	am 3. Februar 1923
Warchalowski	1110 Millionen Kronen	550 Millionen Kronen
Ericson	124 Millionen Kronen	92 Millionen Kronen
Gräf & Stift	221 Millionen Kronen	158 Millionen Kronen
Roth AG	2968 Millionen Kronen	942 Millionen Kronen
AEG Union	308 Millionen Kronen	278 Millionen Kronen

Zum Lohndruck gesellte sich das ausländische Kapital, das in Österreich gute Verdienstchancen vor sich sah. Es strömte aus Italien, Frankreich, der Tschechoslowakei, England, selbst aus den Vereinigten Staaten von Amerika ins Land ein. Später wurde es an vielen Orten von deutschem Kapitel verdrängt. Dazu kam ein unverantwortliches Treiben von Börsenspekulanten und Schiebern. In den ersten Monaten des Jahres 1924 kam es zu einem gewaltigen Börsenkrach. Er stand im Zusammenhang mit einer verfehlten Spekulation auf das Fallen des französischen Franken, an dem sich deutsche und holländische Börsen beteiligt hatten. In einem hinter den Kulissen geführten Kampf des amerikanischen Bankhauses Morgan und seiner Gefolgsleute gegen die Frankenspekulanten verloren allein die daran beteiligten Österreicher 50 Millionen französische Franken oder 220 Milliarden österreichische Kronen. Die Aktien vieler Unternehmen fielen und überschwemmten den Markt. Trotz von an sie gelangten Warnungen hatten weder Regierung noch Nationalbank etwas Wirksames gegen dieses Spekulationsfieber unternommen, so daß die gesamte österreichische Volkswirtschaft durch den Krach schwer in Mitleidenschaft gezogen wurde.

Im Angesicht dieser Not begannen aus dem Ausland, vor allem aus den neutralen Staaten, den Niederlanden, Schweden, der Schweiz, Hilfsaktionen für die hungernde Bevölkerung anzulaufen. Tausende österreichische Kinder wurden zu Pflegeeltern nach Skandinavien oder nach Holland und in die Schweiz gebracht. Viele von ihnen blieben in diesen Ländern und wurden von ihren Pflegeeltern adoptiert. Manche dieser Kinder schädigten, herangewachsen und zu Nationalsozialisten geworden, im Zweiten Weltkrieg ihr ehemaliges Gastland infolge ihrer Kenntnis von Land und Leuten sowie durch ihre Beherrschung der Landessprache schwer. Im Verlauf der Hilfsaktionen spendete der Niederländische Gewerkschaftsbund den Lohn eines ganzen Arbeitstages, und die holländischen Arbeitgeber erklärten sich bereit, eine gleich hohe Summe, wie sie von den Arbeitern aufgebracht werde, dazuzulegen. Bereits im Dezember 1919 hatte Norwegen 10.000 norwegische Kronen zur Verfügung gestellt. Die Schweden sandten 30.000 kg Roggenmehl, 30.000 kg Heringe und 11.500 kg amerikanisches Schweinefleisch im Gesamtwert von insgesamt 65.000 schwedischen Kronen. Die italienischen Arbeiter organisierten eine Kinderhilfsaktion und veranstalteten in den Fabriken Sammlungen für die österreichischen Kinder. Die deutschen Gewerkschaften stellten eine Million Mark zur Verfügung. In Frankreich, in Großbritannien und in Luxemburg wurden Sammlungen für diesen Zweck durchgeführt.

Der Aufbau der Republik

Die Erste Republik mußte unter diesen schwierigen Verhältnissen ihr Aufbauwerk beginnen. Die Wahlen zur ersten verfassunggebenden Nationalversammlung fanden am 16. Februar 1919 statt. Sie brachten folgendes Ergebnis:

Sozialdemokraten	1,211.814 Stimmen	40,76 Prozent	72 Mandate
Christlichsoziale	1,068.382 Stimmen	35,93 Prozent	69 Mandate
Deutsch-Bürgerliche und Deutschnationale	545.938 Stimmen	18,36 Prozent	26 Mandate
sonstige	149.320 Stimmen	4,95 Prozent	3 Mandate

Von insgesamt 3,554.242 Stimmberechtigten waren 2,975.454 Personen bei der Wahl erschienen.

Infolge dieser Wahlergebnisse kam es zu einer Koalition der beiden stärksten Parteien, der sozialdemokratischen und der christlichsozialen. Der Sozialdemokrat Dr. Karl Renner bildete die neue Regierung, sein Vizekanzler wurde der Vorarlberger Christlichsoziale Jodok Fink. Dr. Karl Renner (1870—1950) gehörte zum gemäßigten Flügel der Sozialdemokratischen Partei und hatte innerlich seine Verbundenheit mit dem österreichischen Staatsgedanken niemals preisgegeben. Jodok Fink (1853—1929), der einfache Bauer aus Andelsbuch im Bregenzerwald, war einer der besten Männer, den die Christlichsoziale Partei jemals dem Staat zur Verfügung stellte. Bis in die letzte Fingerspitze integer, ein überzeugter und wahrer Demokrat und Republikaner, verstand es Fink, sich unter allen, die mit ihm zusammentrafen und mit ihm arbeiten durften, Freunde zu erwerben. Er hatte politische Gegner, aber keinen einzigen persönlichen Feind. Gerade er, und vielleicht nur er war imstande, in einer sozialdemokratisch geführten Regierung die Interessen seiner Partei zu vertreten, ohne der Versuchung zu erliegen, diese Interessen über die Interessen des Staates und des gesamten Volkes zu stellen.

Die Regierung Renner — Fink hatte die schwere Aufgabe, am 10. September 1919 den Staatsvertrag von Saint-Germain-en-Laye zu unterzeichnen, der für Österreich formell den Ersten Weltkrieg beendete. Die österreichische Delegation war in Paris bei den Verhandlungen keineswegs als gleichberechtigter Partner behandelt worden, und der österreichische Nationalrat hatte den Vertrag am 6. September „unter lautem Protest vor der Welt“ zur Kenntnis genommen. Die Festlegung der neuen Grenzen der Republik und das Verbot des Anschlusses an Deutschland wurden schon erwähnt. Unter den übrigen Paragraphen des Vertrages finden wir solche zum Schutz der in Österreich lebenden sprachlichen und religiösen Minderheiten, Bestimmungen über die österreichische Wehrmacht, die 30.000 Mann nicht übersteigen und weder schwere Geschütze noch Luftstreitkräfte ihr eigen nennen durfte. Wir finden die Bestimmung, daß sich Österreich der Bestrafung von Kriegsverbrechern österreichischer Nationalität nicht widersetzen dürfe. Häfen, Wasserstraßen und Eisenbahnlinien müßten allen Nationen für den Durchzugsverkehr offenstehen. Von besonderer Bedeutung wurde der Artikel 177, in dem es heißt: „Die alliierten und assoziierten Mächte erklären und Österreich erkennt an, daß Österreich und seine Verbündeten als Urheber für die Schäden und Verluste verantwortlich sind, die die alliierten und assoziierten Regierungen und ihre Staatsangehörigen infolge des ihnen durch den Angriff Österreich-Ungarns und seiner Verbündeten aufgezwungenen Krieges erlitten haben.“ Allerdings sagt der folgende Artikel 178 mit Bezug darauf, „daß die Hilfsmittel Österreichs nicht ausreichen, um die volle Wiedergutmachung dieser Verluste und Schäden sicherzustellen ...“ Es wurde deshalb nach Artikel 179 ein Wiedergutmachungsausschuß eingesetzt, der die Rückgabe beschlagnahmter Gegenstände und Vermögenswerte aus alliiertem Besitz zu prüfen und durchzuführen hatte. Unter diesem Titel mußten viele Kunstgegenstände, die von den Habsburgern aus ihren italienischen Besitzungen in die Wiener Sammlungen gebracht worden waren — teilweise ererbt oder gekauft —, jedenfalls Jahrzehnte vor dem Ersten Weltkrieg nach Österreich gekommen —, an Italien übergeben werden. Ebenso verhielt es sich mit Teilen des österreichischen Staatsarchivs, soweit die Archivbestände von Ländern stammten, die nun nicht mehr zu Österreich gehörten. Der Artikel 197 sah vor, daß „der gesamte Besitz und alle Einnahmsquellen Österreichs an erster Stelle für die Bezahlung der Kosten für die Wiedergutmachung" zu verwenden wären.

Trotz dieser auf sich zu nehmenden Lasten begann die Republik Österreich ein soziales Aufbauwerk, das unter den geschilderten Verhältnissen als bewunderungswert bezeichnet werden muß. Es ist mit den Namen des ehemaligen Webergesellen Ferdinand Hanusch (1866—1923) und seines Amtsnachfolgers Dr. Joseph Resch (1880—1939) aufs innigste verknüpft. Beide waren Minister für soziale Verwaltung. Dieses Ministerium erbte die Rechtsnachfolge des während des Krieges geschaffenen Ministeriums für soziale Fürsorge, an dessen Spitze Dr. Ignaz Seipel gestanden war. Die nunmehr geschaffenen und vom Nationalrat beschlossenen Gesetze erfüllten in vielen Fällen jahrelang erhobene Forderungen. Schon am 19. Dezember 1919 wurde das Gesetz über den Achtstundentag erlassen. Für Frauen und Jugendliche unter 16 Jahren legte man eine 44-Stunden-Arbeitswoche fest. Sie hatte allerdings nach der Verordnung vom 12. Februar 1919 nur dort zu gelten, wo dadurch die Arbeit der übrigen Belegschaft nicht behindert wurde. Am 25. Februar 1919 setzte man das sogenannte „Arbeitsbuch", das seit 1854 beziehungsweise seit 1859 in Österreich verlangt wurde, außer Kraft. Schon vor Weihnachten war Kinderarbeit verboten worden. Am 30. Juli 1919 wurde der bezahlte Urlaub für die Arbeiter — ausgenommen die Landarbeiter und einige andere Kategorien — festgelegt. Von besonderer Bedeutung wurde das Betriebsrätegesetz vom 5. Mai 1919, durch das den Arbeitnehmern ein gewisses Mitspracherecht in den Betrieben eingeräumt wurde. Es zeigte sich bald, daß man auf beiden Seiten die Wirksamkeit der neuen Institution falsch eingeschätzt hatte. Der Arbeiter meinte zuerst, er habe dadurch die Leitung des Unternehmens praktisch in die Hand bekommen; der Unternehmer fürchtete sich vor dem erwarteten Mitspracherecht der Betriebsräte. Man kämpfte sich jedoch schon in den nächsten Jahren ehrlich zusammen. Es gab Arbeitnehmer, die einfach jede ihrer Forderungen durch einen Streik oder passive Resistenz erzwingen zu können glaubten. Es gab allerdings ebenso Unternehmer, die auf eine amtliche Aufforderung, dem Betriebsrat der Firma etwas zu übermitteln, die Antwort gaben: „Eine solche Institution kenne ich nicht!" Der Bericht der Gewerbeinspektoren erklärte 1922: „(Die Betriebsräte) legten Verständnis für die industrielle Krise an den Tag und trugen wesentlich zur Lösung von Schwierigkeiten bei." Da das erste Achtstundentag-Gesetz nur befristet galt, mußte es am 17. Dezember 1919 erneuert und für dauernd gültig erklärt werden. Nun machte sich bereits Widerstand bemerkbar. Der großdeutsche Abgeordnete Dr. Wutte, ein führender Industriekapitän der Steiermark, forderte die Wiedereinführung des Zehnstundentages und wollte nur wenige Ausnahmen — vor allem für Stadtgeschäfte — gelten lassen. Sein Parteigenosse Stocker ging sogar so weit, die Einführung von Zwangsarbeit zu verlangen. Aber auch maßgebende Kreise der Christlichsozialen Partei liefen gegen den Achtstundentag Sturm — unter ihnen die späteren Finanzminister Dr. Gürtler und Kollmann. Die der Christlichsozialen Partei nahestehenden „Wiener Stimmen" brachten vor der Abstimmung im Parlament spaltenlange Auslassungen darüber, daß Österreich durch die Einführung des Achtstundentages zugrunde gehen werde. Es waren dies die gleichen Kreise, die bereits 1909 ein 1907 von der christlichen Arbeiterjugend Anton Orels durchgesetztes soziales Gesetz für die Lehrlinge wieder zu Fall gebracht hatten. Für das Gesetz traten die aus der Arbeiterschaft kommenden Abgeordneten der Christlichsozialen Partei ein; insbesondere war es Franz Spalowsky (1875—1938), der in einer flammenden Rede den Achtstundentag gegen seine eigenen Parteigenossen verteidigte. Durch ein anderes, ebenfalls wichtiges Gesetz vom 26. Februar 1920 wurden Arbeiterkammern als öffentlich-rechtliche Institutionen geschaffen. Damit hatten die Arbeitnehmer die Gleichstellung mit den Handels- und Gewerbekammern der Arbeitgeber erreicht. Bei den ersten Wahlen für die Arbeiterkammern im Jahr 1921 gab es bloß eine Wahlbeteiligung von 64 Prozent der 547.000 Wahlberechtigten. Von den Wiener 130 Sitzen erhielten die Sozialdemokraten 114, die gemeinsame Liste der Christlichsozialen und Deutschnationalen 12 und die Kommunisten 4; in Graz kamen auf die Sozialdemokraten 58 von 64 Kammerräten, der Rest entfiel auf Christlichsoziale und Deutschnationale gemeinsam.

Zusammen mit dem Arbeiterkammergesetz wurde die Stellung der Hausangestellten geregelt. Die „Dienstmädchen" — wie sie damals genannt wurden — und ihre männlichen Berufskollegen standen bis dahin unter der alten Dienstbotenordnung, welche unter gewissen Voraussetzungen der Herrschaft sogar das Recht gab, jugendliche — auch weibliche — Hausangestellte mit Rute oder Stock zu züchtigen. Streitigkeiten zwischen Hausangestellten und ihren Dienstgebern waren bisher in die Zuständigkeit der Polizei gefallen. Gegen die Gesetzwerdung des Hausangestelltengesetzes wehrten sich vor allem die deutschnationalen Abgeordneten, die es — meist Vertreter der Intelligenz und des Großbürgertums, die sich Hausangestellte leisteten — als verfassungswidrige Einmischung des Staates in Privatangelegenheiten bezeichneten. Es galt ursprünglich ohnedies nur in Orten mit mindestens 5000 Einwohnern und wurde erst 1926 auf alle österreichischen Gemeinden ausgedehnt.

Wenige Wochen später — am 24. März 1920 — erlangte das Gesetz über die Arbeitslosenversicherung die Zustimmung des Parlaments. Es sollte schon in ganz kurzer Zeit von eminenter Bedeutung für die Arbeitnehmer werden. Bis zum Jahr 1933 mußte gerade dieses Gesetz durch dreißig Novellen ergänzt und immer wieder zeitgemäß gemacht werden. Zu diesen grundlegenden Sozialgesetzen brachten die weiteren Jahre bis 133 wichtige Ergänzungen: 1922 wurden das Lehrlingsentschädigungsgesetz, die Hausbesorgerordnung, das Angestellten- und das Gutsangestelltengesetz beschlossen. Im selben Jahr kamen die Starkstromverordnung und die Verordnung zum Schutz gegen Milzbrand heraus. Desgleichen erfolgte die Gründung von Landwirtschaftskrankenkassen. Im Jahre 1924 ratifizierte die Republik Österreich das internationale Abkommen über den Achtstundentag sowie das internationale Abkommen über die Nachtarbeit von Frauen und Jugendlichen. In den Jahren bis 1927 wurde das Krankenversicherungsgesetz ausgebaut und modernisiert. Das Parlament beschloß das Krankenkassenorganisationsgesetz und das Angestelltenversicherungsgesetz; die Hausangestellten wurden in die Altersversicherung eingebaut.

Zu dieser Zeit war bereits die österreichische Bundesverfassung in Kraft. Ihre Erstellung war das gemeinsame Werk der beiden großen Parteien, der Christlichsozialen und der Sozialdemokratischen. Der Text stammte von einem der bedeutendsten Juristen Österreichs, dem Vater der positiven Rechtsschule, Univ.-Professor Dr. Hans Kelsen (geb. 1881), der 1942 nach den Vereinigten Staaten von Amerika ging. Was das alte Österreich-Ungarn vergeblich versucht hatte, wurde nunmehr Wirklichkeit. Die Republik Österreich verwandelte sich in einen Bundesstaat, der aus neun Ländern bestand. Wien wurde von Niederösterreich getrennt und zu einem eigenen Bundesland erhoben (der Wiener Bürgermeister wurde Landeshauptmann). Als Staatsfarben galten von nun an die altösterreichischen Farben Rot-Weiß-Rot. Das Staatswappen stellte einen einköpfigen Adler dar, und schon damals — das muß gegenüber der weitverbreiteten, falschen Meinung, es handle sich um kommunistische Parteiembleme aus dem Jahr 1945, betont werden — erhielt der österreichische Adler Hammer und Sichel als Zeichen der beiden Stände Bauerntum und Arbeiterschaft. Auf dem Kopf trug er die Bürgerkrone. Die Gesetzgebung wurde zwischen dem Bund und den Bundesländern aufgeteilt. In einzelnen Fragen hatte der Bund die Grundsatzbestimmung, während die Länder die Durchführungsverordnungen zu erlassen hatten. Als Bundessache wurden ausdrücklich festgelegt: Außenpolitik, Heerwesen, Justiz, Zollwesen, Post-, Telegraph- und Telephonwesen. Als gesetzgebende Organe fungierten der Nationalrat und die Landtage, die auf Grund des allgemeinen, gleichen und geheimen Wahlrechts, das 1918 auch die Frauen erhielten, bestellt wurden. Als zweite Kammer diente der Bundesrat, der die Interessen der Bundesländer zu wahren bestimmt war und durch indirekte Wahl zustande kam. Das aktive Wahlrecht wurde jedem Bundesbürger vom 21. Lebensjahr an, das passive Wahlrecht vom 29. Lebensjahr an zugesprochen. Die Zahl der Nationalratsabgeordneten betrug zuerst 185 und wurde dann auf 165 herabgesetzt. Nationalrat und Bundesrat zusammen bildeten die Bundesversammlung, die bestimmte Fragen zu erledigen und insbesondere eine Kriegserklärung zu beschließen hatte. Die Mitglieder der gesetzgebenden Körperschaften wurden mit der Immunität ausgestattet. Volksabstimmungen und Notverordnungsrecht erschienen in der Verfassung verankert. Der Bundespräsident wurde von der Bundesversammlung gewählt und hatte fast ausschließlich repräsentative Funktionen. Erst seit der Verfassungsänderung des Jahres 1929 sollte das Staatsoberhaupt durch direkte Volkswahl bestellt werden. Den Vorsitz in der Bundesregierung führte der Bundeskanzler, dem der Vizekanzler und eine unbestimmte Anzahl von Ressortministern und Staatssekretären beizugeben waren. In der Bundesverfassung wurden außerdem eine Reihe von Grund- und Freiheitsrechten garantiert: die Freiheit der Person, der Niederlassung und der Unverletzlichkeit des Hausrechtes, das Briefgeheimnis, das Vereins- und Versammlungsrecht, die Freiheit der Meinungsäußerung, Glaubens- und Gewissensfreiheit, Freiheit von Wissenschaft und Lehre, Freiheit der Berufswahl und Schutz der nationalen, sprachlichen, rassischen und religiösen Minderheiten. Verfassungs- und Verwaltungsgerichtshof hatten die Einhaltung der Bestimmungen der Verfassung zu gewährleisten. Die Kontrolle über die Staatsfinanzen sollte der Rechnungshof ausüben.

In dieser Form trat die österreichische Bundesverfassung am 1. Oktober 1920 in Kraft. Sie wurde am 30. Juli 1925 und am 7. Dezember 1929 in einigen Punkten novelliert. Zum ersten Bundespräsidenten wurde Dr. Michael Hainisch (1858—1940) gewählt, der parteilos war, aber als deutschliberal zu bezeichnen war. Bisher hatte der Präsident des Nationalrates, Karl Seitz, die Funktionen eines Staatsoberhauptes der Republik ausgeübt.

Seipel und die Sanierung

Der Aufbau der jungen Republik war in den ersten Jahren nach 1918 durch verantwortungsvolle Männer der beiden großen Parteien, der christlichsozialen und der sozialdemokratischen, vollzogen worden. Dieser Aufbau hätte ohne diese gemeinsame Arbeit im Interesse des österreichischen Volkes und des österreichischen Vaterlandes nicht verwirklicht werden können. Aber bereits bei der Beratung über das Achtstundentag-Gesetz war es zutage getreten, daß sich die beiden Parteien nach verschiedener Richtung hin entwickelten. Die Demokraten und Anhänger einer echten Zusammenarbeit, wie sie Jodok Fink verstand, wurden in den Hintergrund gedrängt. Auch der verständigungsbereite Staatskanzler Dr. Karl Renner verlor unter seinen Parteifreunden die bisher unbestrittene Führung. Immer stärker setzte sich Dr. Otto Bauer durch, der einer der Vorkämpfer jenes Kurses war, der als Austromarxismus in die Geschichte eingegangen ist. Wenn wir diesen Ausdruck ohne eine damit verbundene Wertung verwenden wollen, so müssen wir uns darüber klar sein, was der Austromarxismus war. Er war echter Marxismus, der sich vor der Aufgabe gestellt sah, in seinem Staat, den er wesentlich mitbegründet hatte, die Macht mit einer beinahe gleich starken nichtmarxistischen Bevölkerungshälfte zu teilen. Es ging ihm um die Frage des Rechtsstaates, den Renner bejahte, und die der sogenannten „Diktatur des Proletariats", von der Theoretiker wie Otto Bauer und Max Adler (1873—1937) sprachen. Adler versuchte den Marxismus philosophisch mit den Ideen Kants zu verbinden und eine sozialistische Kultur- und Wertlehre zu gründen.

Aber die von den Gegnern der Sozialdemokraten so oft zitierte Forderung nach der „Diktatur des Proletariats", die auf dem Linzer Parteitag 1926 verkündet worden war, wurde allzu oft aus ihrem Zusammenhang gerissen. Sie war von Dr. Otto Bauer als d e f e n s i v e Maßnahme gemeint, falls sich nach einem Wahlsieg der Sozialdemokraten die „bürgerlichen" Parteien einer Änderung des Gesellschaftssystems ihrerseits mit Gewalt widersetzen sollten. Bauer sagte wörtlich dazu: „... der entscheidende Gedanke aber, warum wir der Gewalt in diesem Programm nur eine defensive Rolle zuweisen, ist ein Gedanke, der vor allem aus den Erfahrungen der großen russischen Revolution entstanden ist. Wir haben es erlebt: wer zur Gewalt greift, ist der Gefangene der Gewalt. Wir haben es erlebt, aus der gewaltsamen Entscheidung kann niemals ein anderes Regime hervorgehen als die Gewaltherrschaft, weil der Bürgerkrieg selbst, der Ströme von Blut vergießt, so viel Haß, so viel Wut, so viel Leidenschaft erzeugt, daß der Sieger den Besiegten auf lange Zeit nur mit Gewalt niederhalten kann."

Während sich so die Sozialdemokratische Partei — um einen parlamentarisch gebräuchlichen Ausdruck zu verwenden — nach „links" bewegte, tat dies die Christlichsoziale Partei nach „rechts". Zwei Wochen, nachdem die Bundesverfassung beschlossen worden war, verlor die Sozialdemokratische Partei bei den Nationalratswahlen die Mehrheit. Das Ergebnis sah so aus:

Christlichsoziale	1,245.531	Stimmen	41,82	Prozent	85	Mandate
Sozialdemokraten	1,072.700	Stimmen	35,91	Prozent	69	Mandate
Großdeutsche und Bauernpartei (Landbund)	514.127	Stimmen	17,28	Prozent	28	Mandate
sonstige	147,861	Stimmen	4,99	Prozent	1	Mandat

Wer sich die Wahlergebnisse aus der Zeit der Monarchie in Erinnerung ruft, stellt mit einiger Verblüffung fest, daß die drei großen gesellschaftlichen und politischen Kräfte der franzisko-josephinischen Zeit nunmehr auch in der Republik Österreich wieder in Erscheinung traten.

Auf Grund dieses Wahlergebnisses schieden schon am 22. Oktober 1920 die sozialdemokratischen Minister aus der Regierung aus. Bis zum Ende der Ersten Republik stand — wie wir heute erkennen, zum großen Schaden für Österreich — die Sozialdemokratische Partei in Opposition. Das bedeutete unter anderem auch, daß die Christlichsozialen mit der zahlenmäßig schwachen deutschnationalen Gruppe — wie immer sie sich nannte — zusammengingen und diese dadurch Einfluß auf die Bundesregierung erhielt, der ihr weder zahlen- noch mandatsmäßig zustand. Sie war von nun an in vielen Fällen das „Zünglein an der Waage". Einzelne Ressorts — etwa die Justiz — wurden fast völlig von Deutschnationalen kontrolliert.

In der Christlichsozialen Partei übernahm Univ.-Professor und Prälat Dr. Ignaz Seipel (1876—1932) die Führung. Dr. Seipel war eine jener Priestergestalten, die sich im 17. Jahrhundert gleich Richelieu oder Mazarin vortrefflich als leitender Staatsminister ausgenommen hätte. Im Gegensatz zu diesen „politischen Kirchenfürsten" war er freilich ein echter Priester. Aber sein Priestertum brachte ihn ständig in Konflikt mit seiner politischen Stellung. Durch diese Doppelstellung waren Angriffe gegen Seipel meist Angriffe gegen die Kirche. Seine Lauterkeit und Bedürfnislosigkeit kann von niemandem bestritten werden. Wohl aber regten sich gegen seine Art der Regierung nicht nur im oppositionellen Lager immer wieder Stimmen. Für das Österreich des Jahrzehnts von 1922 bis 1932 kann allerdings die Person Seipels als richtunggebend und führend bezeichnet werden.

Prälat Dr. Ignaz Seipel war als Minister für soziale Fürsorge Mitglied der letzten kaiserlichen Regierung Österreichs gewesen. Er stand Männern wie Heinrich Lammasch und Friedrich Wilhelm Foerster politisch und persönlich nahe und konnte 1918 als Demokrat und Pazifist bezeichnet werden. Noch am 9. September 1919 schrieb Seipel in der „Reichspost", er bekenne sich zu einer Neuordnung der Wirtschaft, „in der Richtung, daß Besitz und Betrieb mehr als bisher der Allgemeinheit dienstbar gemacht, also — im weitesten Sinn — sozialisiert werden". Dabei stellte er aber schon den „christlichsozialen" und den „sozialdemokratischen" Sozialisierungsbegriff gegeneinander. Als Christlichsozialer lehne er, Seipel, die Vollsozialisierung ab, bekenne sich aber zur Einzelsozialisierung in bestimmten Fällen. Seipel unterzeichnete auch im Namen der Christlichsozialen Partei am 17. Oktober 1919 den Koalitionspakt mit den Sozialdemokraten. Aber in der Zeit von zwei Jahren entwickelte er sich vom Vertreter der Einzelsozialisierung zum Anhänger einer Kommerzialisierung sogar alter Staatsbetriebe. In diesem Sinn wies die Kommerzialisierung der Bundesbahnen am 1. Oktober 1923 den Weg. Auch die von Seipel noch 1917 vertretene Auffassung der „wahren Demokratie" unterlag nunmehr einer begrifflichen Änderung. Damals hatte er erklärt: „Die vollkommene Demokratie verträgt sich nicht mit gewaltsamer Verdrängung einer Minderheit von jenem Anteil an der Bildung des Staatswillens und den Staatsgeschäften, den diese ohne Schädigung des Ganzen ausüben könnte." Als Politiker und Bundeskanzler wurde er Vertreter einer Politik, die die Sozialdemokratie — sicherlich auch deshalb, weil diese in Opposition bleiben wollte — von der Mitregierung ausschloß.

Die Tragik des *Politikers* Seipel zeichnet Viktor Reimann in seinem 1968 erschienenen Buch „Zu groß für Österreich" mit folgenden Worten: „Von jenem Tag an, an dem Seipel tatsächlich in die Politik eintrat, war er ihr mit Leib und Seele verfallen. Er vergaß darüber nur zu oft den Priester und wurde so auch im christlichen Sinn zum Stein des Anstoßes. Seipel war sich jedoch dieses inneren Zwiespalts bewußt und litt darunter." In Seipels Tagebuch steht unter dem 30. August 1927 zu lesen: „In keiner meiner anderen Betätigungen habe ich so oft versagt als in der priesterlichen." Eine Aufzeichnung Seipels vom 10. August 1927 sagt: „Bei dieser Gelegenheit fällt mir ein, daß ich gewisse Menschen ohne Grund wegen ihrer allgemeinen Einstellung zur Massa damnata (von Gott verworfenen Masse) rechne, ohne irgendwie an ihre Bekehrung zu denken und dafür etwas zu tun."

Nach dem Ende der christlichsozialen-sozialdemokratischen Koalition hatte zuerst Dr. Michael Mayr eine aus Christlichsozialen und Großdeutschen gebildete Regierung dem Parlament vorgestellt. Als er am 21. Juni 1921 zurücktrat, übernahm der parteilose, aber in seiner Gesinnung mehr deutschliberale Polizeipräsident von Wien, Johannes Schober (1874—1932), das Amt des Bundeskanzlers.

Zusammen mit Seipel und mit Otto Bauer bildete er das Dreigestirn der politischen Potenzen der Ersten Republik. Besonders das Bürgertum sah in Schober den Hüter der Ordnung gegen alle Versuche von sozialdemokratischer Seite, einen Umbau der Gesellschaftsordnung herbeizuführen. Schober versuchte eine aktivere Außenpolitik zu führen, als dies bisher der Fall gewesen war. Er war wohl Anhänger des Anschlusses, erkannte aber, daß er realpolitisch nicht möglich sei. So beschritt er den Weg weiter, den Staatskanzler Dr. Renner 1920 geöffnet hatte, als er einen Vertrag mit der Tschechoslowakei abschloß. Der Renner-Beneš-Vertrag war nicht allgemein bekanntgeworden. Der nunmehrige Vertrag von Lana führte zu heftigen Auseinandersetzungen mit den deutschnationalen Koalitionspartnern im Nationalrat.

Unterdessen hatte sich die wirtschaftliche Situation Österreichs auf währungspolitischem Sektor von Monat zu Monat verschlechtert. Wir befinden uns mitten in der schon beschriebenen Inflation. Die Frage erhob sich, auf welche Weise dem Staat geholfen werden könne. Die Sozialdemokratische Partei hatte einen „Finanzplan" entwickelt, der darauf hinauslief, daß man sich selbst helfen solle. Im Gegensatz dazu setzte Seipel auf die Auslandshilfe. Er, der nach dem den Sozialisten nahestehenden amerikanischen Geschichtsschreiber Charles A. Gulick „eines der größten diplomatischen Genies war, die Österreich je hervorgebracht hat", hatte am 31. Mai 1922 nach dem Rücktritt des Finanzministers Doktor Gürtler und der Regierung Schober ein neues Kabinett gebildet. Es war mitten in der unheimlichsten Phase der Geldentwertung. Am 1. Juli 1919 hatten 100 Schweizer Franken 567 österreichische Kronen gegolten, am 1. Juli 1920 bereits 2702 Kronen, am 1. Juli 1921 12.300 Kronen und am 1. Juli 1922 360.000 Kronen.

Nach einer Behauptung von Schobers Biograph Kleinschmied sei dieser in dem Augenblick gestürzt worden, als er unmittelbar vor dem Ziel einer finanziellen Sanierung Österreichs stand. Man hätte ihm im Mai 1922 in Genua Darlehen und Vorschüsse versprochen, die eine Stabilisierung der Krone im Verhältnis von 1 : 8000 zum Dollar möglich gemacht und damit viele Wirtschaftswerte gerettet hätten. Denn als Seipel als Bundeskanzler zum Völkerbund nach Genf ging und dort eine Völkerbundanleihe für Österreich erreichte, wurde die österreichische Krone im Verhältnis 1 : 80.000 zum Dollar stabilisiert. Die „Genfer Protokolle" vom 4. Oktober 1922 gaben Österreich eine auf 20 Jahre befristete Völkerbundanleihe in der Höhe von 650 Millionen Goldkronen. Als Garanten traten England, Frankreich, Italien und die Tschechoslowakei auf. Österreich verpflichtete sich, „gemäß den Bestimmungen des Artikels 88 des Vertrages von Saint-Germain sich seiner Unabhängigkeit nicht zu entäußern. Es wird sich allen Verhandlungen und jeder wirtschaftlichen oder finanziellen Verpflichtungen enthalten, die diese Unabhängigkeit direkt oder indirekt beeinträchtigen könnten". Um die Verwendung der Anleihe zu überwachen, sandte der Völkerbund einen Generalkommissär — den früheren Bürgermeister von Rotterdam, Dr. Alfred Zimmermann — nach Wien. Am 21. November 1922 ratifizierte dann der Nationalrat mit 103 gegen 68 sozialdemokratische Stimmen die Protokolle. Seipel bildete einen außerordentlichen Ministerrat zur Durchführung der Genfer Bestimmungen. Am 1. Jänner 1923 nahm die neugegründete österreichische Notenbank ihre Tätigkeit auf und am 12. Dezember 1924 erfolgte die Einführung der Schillingwährung. Bei diesem Anlaß wurde die alte österreichische Krone im Verhältnis 1 : 10.000 umgetauscht.

Die Sanierung war für eine Reihe von Bevölkerungsschichten mit schweren materiellen Opfern verbunden. Der Abbau von 100.000 Staatsbeamten stand im Programm. Die Warenumsatzsteuer wurde eingeführt, der Banknotenumlauf gedrosselt, Kreditgewährung erschwert. Dadurch wurde die Produktion eingedämmt und der Konsum verringert. Die Folge davon war eine gesteigerte Arbeitslosigkeit. Aber es gelang Seipel, das Defizit im Staatshaushalt zu beseitigen und die neue Währung so zu stabilisieren, daß man nunmehr vom Schilling als dem „Alpendollar" zu sprechen begann. Der Staat selbst hatte alle seine Einkünfte aus Tabak und Zöllen zu verpfänden und die Bezüge des Generalkommissärs zu bezahlen. Die Seipelsche Sanierung rettete den österreichischen Staat als solchen für den Augenblick vor einer Katastrophe — es lagen bereits Pläne einer Aufteilung der

Republik unter die Nachbarstaaten vor —, doch war diese Rettung des Staates mit Arbeitslosigkeit, Versteifung der innenpolitischen Gegensätze und mit gesteigerter Abhängigkeit der österreichischen Wirtschaft vom internationalen Bankkapital verbunden. So wie Seipels Anhänger sein Werk in den Himmel hoben, so fand er — auch unter Nichtsozialisten — besorgte Kritiker, die weiter als Seipel in die Zukunft blickten. Freilich bleibt es noch heute fraglich, ob es eine realpolitisch gangbare andere Möglichkeit zur Erhaltung Österreichs gegeben hätte.

Ursprünglich hatte man die Abberufung des Völkerbundkommissärs schon für 1924 in Erwägung gezogen; doch kam es erst 1926 dazu. Die Unruhe, die die Sanierung in breiten Bevölkerungsschichten hervorrief, äußerte sich 1924 in einem Attentat auf Bundeskanzler Dr. Seipel, der am Wiener Südbahnhof von einem gewissen Karl Jaworek durch Pistolenschüsse gefährlich verletzt wurde. Die Tragik aber wollte es, daß sich nur kurze Zeit nach dem Abschluß der Seipelschen Sanierung, die für ihn nicht bloß eine Sanierung der Finanzen, sondern auch eine solche der „Seelen" bedeutete, die Wetterwolken der Weltwirtschaftskrise zusammenballten.

Der Aufmarsch der Parteien

Während die christlichsozial-deutschnationale Bundesregierung schwer um die Sanierung der Republik rang, hatte sich die Sozialdemokratische Partei in dem zum Bundesland erhobenen Wien ein starkes Bollwerk geschaffen. Am 4. Mai 1919 erhielten sie bei den Gemeinderatswahlen mit 54,1 Prozent der Stimmen und 100 Mandaten die absolute Mehrheit. Die Christlichsozialen, die bisher als Erben Luegers die Gemeindeverwaltung geführt hatten, sanken auf 27,4 Prozent der Stimmen und 50 Mandate herab. Die verschiedenen deutschnationalen Gruppen erhielten mit 5 Prozent der Stimmen drei Mandate, die Wiener Tschechen 8,2 Prozent und acht Mandate, die Jüdisch-Nationalen 1,92 Prozent und drei Mandate und die Bürgerlich-Demokratische Liste ein Mandat. Wien war als Bundesland auch auf dem Gebiet der Steuergesetzgebung autonom. Dies ermöglichte es der Sozialdemokratischen Partei, ihre Pläne wenigstens auf Gemeindeebene zu verwirklichen, auch wenn sie von der Teilnahme an der Bundesregierung ausgeschlossen blieb. In diesem Sinn ließ der Stadtrat für Finanzwesen Dr. Hugo Breitner (1873—1946) seine Steuerpolitik wirksam werden, die durch Wohnbausteuer, Hauspersonalabgabe, Lustbarkeitssteuer, Automobil-, Rennpferde- und Branntweinsteuer die wohlhabenderen Schichten zum Opfern für die Allgemeinheit heranzog. Der Name Breitner wurde bald im Wiener Bürgertum zu einem Symbol der „sozialistischen Gleichmacherei". Aber Dr. Hugo Breitner erreichte, daß die Finanzen der Bundeshauptstadt nicht nur ausgeglichen blieben, sondern Wien finanziell eine reiche Stadt wurde. Mit den so gewonnenen Mitteln baute man ein großes soziales Fürsorgewerk auf, mit dem der Name Dr. Julius Tandler (1869—1936) für immer verknüpft bleiben wird. Anstelle der alten Armenpflege trat die moderne Sozialfürsorge. Die Gemeinde zog ein Netz von Fürsorge- und Jugendämtern mit über 4000 ehrenamtlich tätigen Fürsorgeräten auf, sie gründete Mutterberatungsstellen und Zahnkliniken, stellte den Eltern Kindergärten zur Verfügung und rottete praktisch die alte Wiener Volkskrankheit, die Tuberkulose, aus. Starben an ihr in Wien 1900 noch 7776 Personen, so 1930 2495 und 1956 592.

Ein besonderes Kapitel, hart geschmäht und ebenso bewundert, bildete die Wiener Wohnbaupolitik. In der liberalen Ära waren Zinshäuser nur im Interesse des Profits errichtet worden. Im Jahr 1913 betrug der durchschnittliche Belag einer Wiener Wohnung 5,25 Personen. Unter 1000 Wiener Kleinwohnungen hatten 953 keine eigene Wasserleitung, 921 kein eigenes Klosett; nur in 232 von 1000 Wohnungen gab es Gas oder elektrisches Licht. In 73 Prozent aller Wiener Wohnungen gab es nur einen einzigen Wohnraum. Da während des Krieges eine kaiserliche Verordnung eine Erhöhung des Zinses und die Kündigung untersagt hatte, wurde von privater Seite kaum mehr gebaut. Daher schuf die Gemeinde Wien innerhalb von fünfzehn Jahren 60.000 neue Wohnungen und 5000 Siedlungswohnungen am Stadtrand. Es gab heftige Angriffe wegen dieser Baupolitik. Man berichtete in den Blättern, die Häuser stürzten ein, der Boden senke sich, in zehn Jahren werde kein einziges Gemeindewohnhaus mehr stehen. Aber gerade die umstrittensten von ihnen — wie der Karl-Marx-Hof in Heiligenstadt — hielten sogar eine Beschießung während der Februarkämpfe 1934 aus. Es gab nur wenige Nichtsozialdemokraten, die der Propaganda nicht erlagen und die Bedeutung des Wiener Wohnbaues erkannten. Das von Wien gegebene Beispiel wurde auch von anderen Gemeinden nachgeahmt und den eigenen Bedürfnissen angepaßt.

Ein besonderes Kapitel bildete auch die Schulpolitik. Hier hatte Otto Glöckel (1874—1935) durch eine Reform, die an Stelle der Lern- die Arbeitsschule setzen wollte, auf der einen Seite weltweite Beachtung erlangt, auf der andern Seite sich vor allem mit der katholischen Kirche überworfen. In rein pädagogischer und methodischer Hinsicht fand Glöckel auch bei seinen politischen Gegnern Anerkennung. So sagte der Christlichsoziale Dr. Wagner zu ihm: „Alle Achtung vor Ihrer Arbeitsfreude und Ihrem Arbeitsmut — wenn Sie Ihren Heldenmantel freihalten von den Kotspritzern einer gewissen Richtung, die darauf ausgeht, den christlichen Charakter Österreichs auszumerzen, dann haben Sie das Zeug zu einem großen Mann." Zum Teil glaubte nur parteipolitische Kritik die Schulreform ablehnen zu müssen. Es gab aber noch andere, tieferliegende Ursachen der Gegnerschaft gegen Otto Glöckel im christlichen Teil der österreichischen Bevölkerung. Die Sozialdemokratische Partei bekannte sich zwar zu dem Grundsatz „Religion ist Privatsache", doch war in ihren Reihen praktisch Religions- und Kirchenfeindlichkeit zu spüren. Es soll nicht geleugnet werden, daß es hier ein schier unlösbares Problem gab. Da die bewußt katholischen und christlichen Kreise Österreichs sich seit 1918 fast ausnahmslos in der Christlichsozialen Partei versammelt hatten und Priester als Parteiredner, Parteifunktionäre, von der Partei entsandte Minister — wie Seipel selbst — auftraten, warf der nach Äußerlichkeiten gehende sozialdemokratische Arbeiter Kirche und Christlichsoziale Partei zusammen. Auf der andern Seite war es durch die vorhandene kirchenfeindliche Einstellung weiter Kreise der Arbeiterschaft dem überzeugten Katholiken und natürlich erst recht dem Priester unmöglich, mit der damaligen Sozialdemokratischen Partei zu sympathisieren. Der Versuch, den der aus der Bewegung Anton

Orels kommende Otto Bauer — nicht mit dem sozialistischen Theoretiker Dr. Otto Bauer zu verwechseln; von seinen Freunden der „kleine Bauer" genannt — machte, mit seinen Freunden als „religiöser Sozialist" der Sozialdemokratischen Partei zu dienen, fand auf beiden Seiten keinen großen Widerhall. Es fanden sich zwar relativ viele Geistliche — so Michael Pfliegler (geb. 1891) und August Schaurhofer (1872—1928) —, die dem religiösen Sozialisten Verständnis entgegenbrachten, aber die Hierarchie verhielt sich sehr reserviert. In einer Eingabe an die Bischofskonferenz verlangten die religiösen Sozialisten 1929 die Trennung der Kirche von der Christlichsozialen Partei, da diese die kapitalistische Wirtschaftsordnung verteidige. Seit 1931 sank der Einfluß dieser kleinen Gruppe. Die Sozialdemokratische Partei entzog ihr das Recht als parteinahe Kulturorganisation zu gelten. Trotzdem war das Wirken der religiösen Sozialisten nicht umsonst. Sie und die ihr nahestehenden Kreise verhinderten ein offizielles Festlegen der Sozialdemokratischen Partei auf den Atheismus. Auch andere Nichtsozialisten, wie Anton Orel und der Literatur- und Kulturhistoriker Oskar Katann (geb. 1885), erhoben schon sehr früh die Forderung, die Kirche möge sich von jeder parteipolitischen Initiative lösen und insbesondere den Klerus aus der Parteiarbeit zurückziehen.

Das Eheproblem bildete einen weiteren Streitpunkt zwischen der Sozialdemokratie und der Kirche. Für Katholiken galt in Österreich das kirchliche Eherecht. Das bedeutete nicht bloß, daß die kirchliche Trauung auch vom Staat anerkannt wurde, eine Ehescheidung von Katholiken war staatlicherseits nicht zulässig. Da dies von der Monarchie gestaltete Eherecht von der Republik übernommen worden war, half man sich — zumindest in Wien — damit, daß der sozialdemokratische Bürgermeister als Landeshauptmann Ehedispens erteilte. Diese nach dem sozialdemokratischen Politiker Sever (1867—1942) sogenannten „Severehen" wurden von den Katholiken abgelehnt und von den christlichsozialen Regierungen mit Hilfe der Oberlandesgerichte für ungültig erklärt. Die Sozialdemokratische Partei bekannte sich prinzipiell in der Ehefrage zur staatlichen Zivilehe. Es war freilich ein grobes Mißverständnis, wenn man die Forderung nach „freier Liebe" als „Dirnenkult" bezeichnete, wie es der Wiener Erzbischof Kardinal Dr. Friedrich Gustav Piffl (1864—1932) tat; denn unter „freier Liebe" verstanden die Sozialdemokraten nicht Hemmungslosigkeit, sondern — wie Adelheid Popp es bereits 1895 ausgedrückt hatte — die Möglichkeit, daß der Eheabschluß nicht mehr von finanziellen Erwägungen, sondern bloß von der gegenseitigen Zuneigung und Liebe bestimmt werde.

Auch die Frage der Kongrua spielte auf kulturpolitischem Sektor in der Ersten Republik eine große Rolle. Man verstand darunter die vom Staat gewährleistete Bezahlung der katholischen Geistlichkeit. Da die Sozialdemokratische Partei schon von jeher für die Trennung der Kirche vom Staat eintrat, mußte ihr dieser Zustand besonders mißfallen. Daß man sich aber nicht vor den vorhandenen Tatsachen verschloß, beweist die Erklärung des Abgeordneten Schiegl vom 18. Dezember 1919 im Namen des Verbandes der sozialdemokratischen

Abgeordneten, in der wohl wieder die Trennung der Kirche vom Staat verlangt, aber zugleich hinzugefügt wurde: „Solange das aber nicht geschehen ist, können wir nicht bestreiten, daß die nach der gegenwärtigen Gesetzgebung noch erforderlichen staatlichen Aufwendungen für Seelsorger und Religionslehrer den Teuerungsverhältnissen angepaßt werden müssen.“ Man leugnete die Verpflichtung des Staates, der unter Joseph II. die Kirchengüter eingezogen hatte, der so geschädigten Kirche die finanziellen Möglichkeiten für ihre Tätigkeit zu geben. Trotzdem gehe — wie die Arbeiterzeitung vom 14. Juli 1921 schrieb — der Kampf nicht gegen die Religion, sondern gegen eine Kirche, die sich für Parteizwecke hergebe. Die parteiprogrammatische These lautete: Religion ist Privatsache. Die Partei unterstützte freilich die proletarische Freidenkerbewegung und räumte ihr bedeutend mehr geistigen Kredit ein als den „religiösen Sozialisten“. Die Zahl der Freidenkervereine in Österreich wuchs von 36 im Jahr 1923 auf 250 im Jahr 1925, die Zahl ihrer Mitglieder von rund 10.000 auf etwa 100.000. Das Blatt „Der Freidenker“ hatte 1925 eine Auflage von 35.000 Stück. Im gleichen Jahr fanden allein in Wien 1200 Freidenkerversammlungen statt, in denen vor allem über Schul- und Ehefragen gesprochen wurde. Der den Freidenkern nahestehende Leichenverbrennungsverein „Die Flamme“ hatte 1925 rund 43.000 Mitglieder. Schon drei Jahre vorher wurde das Krematorium auf dem Wiener Zentralfriedhof errichtet. Die Freidenker propagierten eine Austrittsbewegung aus der katholischen Kirche. Sie hatte zwar nicht überwältigende, aber doch solche Erfolge, daß sie das Nachdenken ernster Christen hätte hervorrufen müssen. Nach den blutigen Ereignissen des 15. Juli 1927 schnellte die Austrittsziffer rapid in die Höhe. Hatten in der zweiten Hälfte des Jahres 1926 7227 Personen die Kirche verlassen, so taten dies in der gleichen Periode des Jahres 1927 21.857 Menschen. Die in den Augen breiter Kreise vorhandene Zusammenarbeit von Kirche und politischer Partei schuf diese Kluft zwischen Bürgern des gleichen Staates ebenso wie das unleugbare Zusammenarbeiten von Freidenkerverbänden und politischer Partei.

Die Wehrverbände

Unmittelbar nach Ende des Ersten Weltkrieges hatten sich in den österreichischen Bundesländern bewaffnete Selbstschutzformationen gebildet, die es sich zur Aufgabe machten, äußere Feinde abzuwehren und die Ordnung im Innern aufrechtzuerhalten. Sie waren überparteilich und hatten im Kärntner Abwehrkampf gegen die jugoslawische Besetzung wesentlich zum Erfolg der österreichischen Sache beigetragen. Man nannte sie „Heimwehren“ oder „Heimatwehren“. Im Jahr 1920 war eine Vereinigung der ehemaligen Kriegsteilnehmer, der „Frontkämpferverband“, geschaffen worden. Auch er stand ursprünglich statutarisch auf überparteilicher Grundlage. Es zeigte sich aber bald, daß sowohl Heimatwehren wie Frontkämpfer im wesentlichen von Mitgliedern der Christlichsozialen und der deutschnationalen Parteien und Gruppen getragen wurden, während sich die Sozialdemokraten von ihnen distanzierten. So wurden die beiden Wehrverbände eine Kampfformation der sogenannten „Rechten". Bei der immer stärker werdenden Entfremdung zwischen den Regierungsparteien und der sozialdemokratischen Opposition war es nicht zu verwundern, daß im Mai 1924 auch auf der „linken" Seite ein Selbstschutzverband, der „Republikanische Schutzbund", entstand, zu dessen Führern Julius Deutsch (1884—1968) und General Theodor Körner (1873—1957) zählten. Er übernahm das Erbe der 1922 geschaffenen „Arbeiterwehren", die sich aus ehemaligen Soldaten gebildet hatten, die bei Gründung des österreichischen Bundesheeres nicht übernommen worden waren. Obwohl der „Republikanische Schutzbund" theoretisch nur dem Schutz der Verfassung und der demokratischen Republik diente, wurde er von den Nichtsozialdemokraten als Bedrohung der eigenen Position empfunden.

Die Gegensätze zwischen den Regierungsparteien und der Sozialdemokratie blieben von nun an nicht auf Parlamentsdebatten und Zeitungsfehden beschränkt. Der Kampf auf der Straße begann. Aufmärsche und Veranstaltungen des Republikanischen Schutzbundes sowie der Heimatwehren und des Frontkämpferverbandes folgten Sonntag auf Sonntag, oftmals rasch hintereinander und in den gleichen Ortschaften. Man suchte den Gegner nicht mehr mit Argumenten, sondern mit der Waffe in der Hand zu überzeugen. Im Burgenland war infolge einer der wenigen Parteienvereinbarungen, die es in dieser Zeit gab, beschlossen worden, auf beiden Seiten mit der Errichtung von Selbstschutzverbänden zuzuwarten, da man das erst seit kurzem österreichisch gewordene Land nicht noch mit dieser Art parteipolitischer Auseinandersetzung beunruhigen wollte. Der Frontkämpferverband jedoch ging über diese Vereinbarung hinweg. Dies betrachteten die Sozialdemokraten als Bruch des Paktes. Als am 23. Jänner 1927 eine Frontkämpferversammlung in der burgenländischen Grenzortschaft Schattendorf stattfand, kam es zwischen den beiden Gruppen zu einer blutigen Auseinandersetzung, in deren Verlauf zwei Menschen — ein Kind und ein Invalider — erschossen wurden.

Unter dem Eindruck dieses Ereignisses fanden am 21. April 1927 die Wahlen zum österreichischen Nationalrat statt. Prälat Dr. Ignaz Seipel hatte nach dem Rücktritt des Bundeskanzlers Dr. Rudolf Ramek (1881—1941), der seit 1924 die Regierung führte, am 26. Oktober 1926 wieder selbst eine Regierung gebildet. Seinem Bestreben, alle nichtsozialdemokratischen Kräfte im Wahlkampf zu vereinigen, entsprang der Gedanke der sogenannten „antimarxistischen Einheitsfront", in der sich Christlichsoziale und Deutschnationale auf eine gemeinsame Liste einigten. Nur der gleichfalls deutschnationale Landbund wagte einen Sondergang. Das Ergebnis der Wahlen war:

Einheitsliste	1,756.761	Stimmen	49,00	Prozent	85	Mandate
	(davon 73 Christlichsoziale und 12 Großdeutsche)					
Sozialdemokraten	1,539.635	Stimmen	42,00	Prozent	71	Mandate
Landbund	220.157	Stimmen	6,00	Prozent	9	Mandate
sonstige Listen	114.973	Stimmen	3,00	Prozent	0	Mandate

Seipel bildete auf Grund dieses Wahlganges eine aus Mitgliedern der Einheitsliste und des Landbundes bestehende Koalitionsregierung.

Wenige Wochen später wurde das Urteil im Schattendorfer Prozeß gefällt. Man hatte die Frontkämpfer, die die tödlichen Schüsse abgegeben hatten, vor Gericht gestellt. Die Wiener „Neue Freie Presse" vom 1. Februar 1927 schrieb: „In diesem Fall ist die Schuld der Frontkämpfer besonders verwerflich." Auch der christlichsoziale Landeshauptmann von Niederösterreich, Dr. Karl Buresch, drückte seine „lebhafte Sympathie für die unglücklichen Opfer" aus und erklärte, daß er die „verbrecherischen Ausschreitungen verdamme". Ein geschulter Beobachter, der englische Journalist G. E. Gedye, sagte in seinem 1932 erschienenen Buch „Heirs to the Habsburg": „Die Schüsse wurden nicht provoziert, obgleich in einem früheren Streit desselben Tages die Sozialisten schuld waren."

Die Gerichtsverhandlung wurde mit einer Klugheit und Unvoreingenommenheit geführt, die auch bei den Sozialdemokraten Anerkennung fand. Als der Staatsanwalt einige Geschworene wegen möglicher Voreingenommenheit ablehnte, beschwerte sich der Verteidiger der Angeklagten sofort bei Bundeskanzler Dr. Seipel. Der Staatsanwalt erklärte in seinem Plädoyer, man möge die Angeklagten schuldig sprechen; doch fügte er hinzu, daß die moralische Schuld auf seiten des Schutzbundes liege. Noch während des Prozesses hatten die Zeitungen der verschiedenen Parteirichtungen einen Kampf um Rehabilitierung oder Verurteilung der Angeklagten aufgenommen. Es kam zu Demonstrationen im Wiener Arbeiterbezirk Favoriten, als Frontkämpfer an einem Leichenbegängnis korporativ teilnahmen. In Klosterneuburg versuchten Frontkämpfer ein sozialdemokratisches Sportfest zu sprengen, und es fehlte nicht viel, so hätte es auch hier Todesopfer gegeben. Am 14. Juli 1927 ging der Prozeß zu Ende. Die Angeklagten wurden von den Geschworenen freigesprochen. Es zeigte sich hier, was nach 1945 in der Zweiten Republik wiederum in Erscheinung trat, daß in politischen Prozessen Geschworene oft menschlich überfordert werden. Die „Neue Freie Presse" vom 15. Juli 1927 schrieb: „Die Zuhörer bleiben stumm. Niemand bewegt sich — nicht der leiseste Ausruf ist hörbar. Es herrscht eine drückende Stille. Gibt es hier niemanden, der von Entsetzen gepackt ist, daß zwei Menschen, ein armes Kind und ein Invalide, in Schattendorf ums Leben gebracht wurden und jenen, die die tödlichen Schüsse abfeuerten, nicht einmal eine leichte Strafe auferlegt wurde? Keiner ist hier ... Ist es wirklich so klar, daß die Angeklagten in blinder Angst handelten oder sogar in berechtigter Notwehr, als sie ein Kind und einen Krüppel töteten? Wenigstens ein Protest einer Minorität, ein Ausdruck des Zweifels sollte geäußert werden."

Die letzterhobene Forderung der „Neuen Freien Presse" ging noch am selben Tag in unerwarteter Weise in Erfüllung. Weder auf seiten der Regierung noch auf der der sozialdemokratischen Parteileitung hatte man diese Reaktion vorausgesehen. Ohne offiziellen Beschluß der Partei brach ein Generalstreik der Arbeiter aus. Immer stärkere Gruppen von Demonstranten rückten aus den Wiener Außenbezirken gegen die Ringstraße heran. Schließlich sammelten sich die Demonstranten in der Nähe des Parlaments. Hier tagte der Nationalrat. Wie wenig man auf eine derartige Entwicklung auch von seiten der Sicherheitsbehörden vorbereitet war, zeigt die Tatsache, daß statt der üblichen 150 Mann Polizei nur 67 Mann vor dem Nationalratsgebäude konzentriert waren. Polizeipräsident Dr. Schober hatte noch am Abend vorher von führenden Sozialdemokraten die Versicherung erhalten, es werde zu keinen Demonstrationen kommen.

Nun war die Lage plötzlich ganz anders. Als berittene Polizei mit geschwungenen Säbeln auf die Menge einstürmte und dabei mehrere Demonstranten niederritt, waren diese nicht mehr zu halten. In einer Seitenallee waren Steine für Straßenreparaturen aufgeschichtet. Man verwendete sie als Wurfgeschosse gegen die Polizei. Die Polizei zog sich hinter die Türen des Justizpalastes zurück, der dem Parlament schief gegenüber lag. Schon schien sich die Erregung zu legen, als die Polizei von neuem angriff. Es fielen Schüsse, und — wie es bei derartigen Anlässen ist — beide Gruppen beschuldigten später einander, den ersten Schuß abgegeben zu haben. Da die Polizei sich im Justizpalast verschanzt hatte, wurde dieser, der gar nichts mit dem Schattendorfer Prozeß zu tun hatte, zum Mittelpunkt der weiteren Ereignisse. Die Menge stürmte ihn und steckte ihn in Brand. Auch das Gebäude der christlichsozialen „Reichspost" in der nahen Strozzigasse wurde schwer hergenommen. Aber selbst die „Reichspost" schrieb am 18. Juli 1927: „Wir sind fair genug, festzustellen, daß gewisse Schutzbundabteilungen die verbrecherischen Elemente tapfer bekämpften." Bei der Parlamentsdebatte am 26. Juli sagte der christlichsoziale Abgeordnete Drexel offenherzig: „Die Schutzbündler ... nahmen tatsächlich den Versuch auf sich, die Masse wegzuprügeln. Ich kenne mehrere höhere Richter, die dem versammelten Schutzbund ihr Leben verdanken, der allein fähig war, sie noch zu retten. Gewiß, man sagte dem Oberlandesgerichtsrat: ‚Wenn man dich verhört, dann bist du ein Zeuge'; es war ihm nicht gestattet, ein Richter zu sein. Aber sie halfen ihm, zu entkommen; sie halfen auch den Polizisten, zu entkommen." Wie immer man parteimäßig eingestellt ist, der der Wahrheit dienende Historiker muß deshalb feststellen, daß die Ereignisse des 15. Juli 1927 nicht auf das Konto des Republikanischen Schutzbundes zu setzen sind. Schließlich bot Polizeipräsident Dr. Schober 600 Mann der Polizei auf und rüstete sie mit Karabinern aus. Darüber hinaus ersuchte er um militärische Hilfe. Bürgermeister Karl Seitz, selbst führender Sozialdemokrat, versuchte vergeblich, an der Spitze der Feuerwehr zum brennenden Justizpalast zu gelangen, wurde aber von der Menge nicht durchgelassen, die einzelne Schläuche beschädigte. Den ganzen Nachmittag des 15. Juli hindurch hörten die Schießereien nicht auf. Ihr Ergebnis waren 85 Tote auf seiten der Demonstranten oder Zuschauer und vier Polizisten, von denen zwei Mitglieder der Sozialdemokratischen Partei waren. In die Spitäler wurden am 15. und 16. Juli insgesamt 1057 verwundete Personen eingeliefert, darunter 111 ernsthaft verwundete Polizisten.

Der 15. Juli 1927 stellt den Anfang vom Ende der parlamentarischen Demokratie in Österreich dar. Die Versuche, die auf der einen Seite Dr. Karl Renner, auf der andern die beiden christlichsozialen Abgeordneten aus den Bundesländern, Gürtler und Drexel, machten, eine versöhnliche Stimmung zu schaffen, scheiterten. Bundeskanzler Dr. Seipel weigerte sich entschieden, einer Amnestie für die während der Ereignisse des 15. und 16. Juli Festgenommenen zuzustimmen. Während man auf der „Rechten" die von Otto Bauer vorgebrachte Amnestie-Forderung als eine „Verteidigung von Plünderern, Brandstiftern und Mördern" bezeichnete, hieß der Bundeskanzler von nun an der „Prälat ohne Milde". Die Kirchenaustrittsbewegung wuchs gerade jetzt — wie wir bereits weiter oben festgelegt haben — stark an. Bei den nun folgenden Gerichtsverhandlungen mußten von 1325 Personen 758 als unschuldig wieder entlassen werden. Von den 140 vor gemischte Gerichtshöfe gestellten Personen wurden 101 verurteilt. Die schwereren Fälle kamen im November vor Geschworenengerichte. Hier wurden mit Ausnahme eines Mannes, der einem Polizisten die Pistole entwendet hatte, alle 31 Angeklagten freigesprochen.

Die Folge der Juliereignisse war das Emporwachsen neuer paramilitärischer Wehrverbände. Zur „Heimwehr", zu den „Frontkämpfern" und zum „Republikanischen Schutzbund" trat im Frühjahr 1928 der „Freiheitsbund" der christlichen Arbeiter hinzu, die unter Führung von Leopold Kunschak (1871—1953) standen. Im Jahr 1930 schuf der Tiroler Abgeordnete Dr. Kurt Schuschnigg die „Ostmärkischen Sturmscharen", in denen der monarchistische Gedanke vorherrschte. Auch die „Christlich-Deutsche Turnerschaft" stellte Wehrzüge auf. Im Burgenland entstanden die der Christlichsozialen Partei nahestehenden „Burgenländischen Landesschützen", und schließlich begannen auch die Nationalsozialisten mit ihrer Tätigkeit in Österreich und bildeten ihre Sturmabteilungen (SA) und ihre Schutzstaffeln (SS). Bundeskanzler Dr. Seipel erblickte ab diesem Zeitpunkt in den Wehrverbänden die kommende politische Macht und war entschlossen, sich ihrer zu bedienen, auch wenn sie — wie der überzeugte Demokrat Leopold Kunschak am 27. Jänner 1929 warnend ausrief — „eine Entwicklung nehmen (sollten), die sie als Gefahr für das parlamentarische System erscheinen läßt".

Österreich in der Weltwirtschaftskrise

Vielleicht hätten sich die innenpolitischen Gegensätze doch noch in friedlicher Weise lösen lassen, wenn nicht gerade in diesem Augenblick durch einen gewaltigen Kurssturz an der New Yorker Börse im Oktober 1929 die Brüchigkeit der vorübergehend eingetretenen Konjunktur, des Boom, in Erscheinung getreten wäre. Von den Vereinigten Staaten von Amerika ausgehend, ergriff die Krise rasch die meisten europäischen Länder. Zu den Ursachen, die zu dieser weltweiten Katastrophe führten, zählte die Wirtschaftspolitik der Vereinigten Staaten, die sich in „splendid isolation" absperrten, europäischen Erzeugnissen den amerikanischen Markt verschlossen und die europäische Industrie aus Asien und Südamerika verdrängten, wo sie bis 1914 herrschend gewesen war; aber auch die

Technisierung der Wirtschaft, die die Produktion ständig ansteigen ließ. Nach dem Krieg war diese Entwicklung günstig gewesen, denn die Schäden und Zerstörungen eines vierjährigen Ringens hatten Nachholbedarf hervorgerufen. Im Verlauf der Friedensjahre seit 1918 hatte in Amerika das Ratensystem Millionen von Arbeitern und Angestellten in den Besitz von Gegenständen, wie Autos, Kühlschränke, Einfamilienhäuser, gesetzt, die diese sonst nicht hätten erwerben können. Doch die Produktion stieg stärker als die Kaufkraft der Massen. Gerade unter dem Eindruck der Weltwirtschaftskrise entstand die Theorie von Lord Keynes (1883—1946), nach der nur die Erhöhung der Kaufkraft, also der Löhne, niemals aber ihre Senkung Konsumausbreitung und damit Vollbeschäftigung garantieren könnten. In Amerika blieben die erzeugten Waren liegen. Überfüllte Magazine zwangen die Herstellerfirmen zur Einstellung der Produktion oder zumindest zur Einführung von Kurzarbeit. Das führte zu Massenentlassungen von Arbeitern und Angestellten. Diese konnten nunmehr ihre Raten nicht mehr zahlen, und dadurch gingen weitere Firmen zugrunde, die diese Raten benötigten, um die Arbeiter und Angestellten bezahlen zu können. Sie mußten sie entlassen, und der unheimliche Kreislauf begann von neuem. Wie groß die Katastrophe in den Vereinigten Staaten war, zeigt die Tatsache, daß die Aktien gutfundierter Unternehmungen jäh in die Tiefe stürzten. So zeichneten die United Steel Company-Aktien nur mehr 21,5 gegen — 261 vor dem großen Krach. Hemmungslose Spekulanten verleiteten die „kleinen Leute" zu Aktienkäufen; diese benützten die bisherigen Kurssteigerungen zur Zahlung von Raten. Nun verloren sie im Gegensatz zu so manchem Großaktionär alles.

Mit der Industriekrise verband sich eine Agrarkrise, da in der Ernährung eine Umstellung vor sich gegangen war. Der Mehlverbrauch wurde geringer, während Obst, Gemüse, Milch und andere vitaminreiche Produkte viel mehr gefragt waren. So wurden in den Vereinigten Staaten von 1909 bis 1913 je Kopf der Bevölkerung jährlich 175 Kilogramm Weizen und Roggen verbraucht gegen nur 156 Kilogramm in den Jahren 1922 bis 1926. Für die Gesinnung der Produzenten ist es allerdings bezeichnend, daß man die überschüssigen Lebensmittel nicht hungernden Nationen zur Verfügung stellte — China bat um Getreide und erklärte sich bereit, den Transport aus eigenen Mitteln zu bestreiten —, sondern sie einfach vernichtete, in Kanada die Lokomotiven mit Getreide heizte und in Brasilien Schiffsladungen von Kaffee ins Meer schüttete; denn die Weltmarktpreise durften ja nicht fallen.

Österreich hatte sich 1927 vom Freihandel auf den Schutzzoll umgestellt. Landwirtschaftliche Erzeugnisse und Nahrungsmittel, ebenso viele Textilien, Metallwaren, Maschinen und Apparate wurden mit erhöhten Zollsätzen — oft bis 100 Prozent gehend — belastet. Die österreichische Handelspolitik dieser Zeit suchte im Interesse der österreichischen Landwirtschaft in erster Linie den Binnenmarkt zu schützen. Die Folgen, die die Weltwirtschaftskrise für Österreich hatte, zeigen folgende Zahlen: von 1928 bis 1932 fiel die Jahresförderung von Roheisen im Erz- und Manganerzbau von 19,281.822 Zentner im Wert von

15,465.209 Schilling auf 3,067.992 Zentner im Wert von 2,871.141 Schilling. Die Erzeugung von Gießereiroheisen sank von 20.934 Tonnen auf 300 Tonnen im Jahr 1931 und stieg dann 1932 immerhin wieder auf 7663 Tonnen an. Bei der Erzeugung von Stahlroheisen war ein Rückgang von 437.517 Tonnen auf 86.803 Tonnen zu verzeichnen. Die Zahl der Betriebe der Eisen- und Metallindustrie, der Nahrungs- und Genußmittelindustrie, der Textil- und Bekleidungsindustrie sowie der Papier- und der papierverarbeitenden Industrie sank von 572 im Jahr 1929 auf 477 im Jahr 1932. Die Zahl der in diesen Industrien beschäftigten Arbeitnehmer betrug 1929 158.054, 1932 88.083 Personen. Im Jahr 1931 zählte man im Jahresdurchschnitt 362.629 Arbeitslose. Dabei muß man in Betracht ziehen, daß in vielen Fällen der Arbeitslose für Angehörige zu sorgen hatte. Es gab kaum eine Familie, in der nicht wenigstens ein Mitglied, und sei es auch nur zeitweise, arbeitslos war. Die Intelligenzberufe litten wiederum schwer unter der Aufnahmesperre im Staatsdienst. Der junge Akademiker stand nach mühevollem Studium überall vor verschlossenen Türen. Es gab Diplomingenieure der Technischen Hochschule, die — manchmal unter Verhehlung ihres Diploms — als Straßenbahnführer bei den Wiener Verkehrsbetrieben unterzukommen suchten. Es gab Mittelschullehramtsanwärter, die nach abgeschlossener Prüfung an der Universität als einfache Angestellte in irgendeine Firma gingen und sich noch glücklich schätzten, diese Stelle bekommen zu haben.

Der Höhepunkt der Wirtschaftskrise in Österreich fiel in das Jahr 1932. Die Alpine Montangesellschaft legte in diesem Jahr ihr Hüttenwerk in Donauwitz dreimal still. Der Auftragsstand der Industrie war im November 1932 auf 8,1 Prozent der vollen Kapazität zurückgegangen. Auch der Außenhandel litt schwer. Die Einfuhr fiel von 3263 Millionen Schilling im Jahr 1929 auf 1149 Millionen im Jahr 1933. Die Ausfuhr sank im gleichen Zeitraum von 2189 Millionen auf 773 Millionen Schilling. Der Fremdenverkehr hatte noch in der Saison 1929/30 447.885 Gäste gezählt; 1931/32 waren es nur mehr 285.956 Personen. In allen Ländern der Welt fielen 1931 die Großhandelspreise und damit im Zusammenhang die Lebenshaltungskosten. Österreich machte eine Ausnahme; hier sank wohl der Großhandelsindex um 6,67 Prozent, aber die Lebenshaltungskosten stiegen um 2 Prozent. Da zugleich eine Lohnkürzung eintrat, sank das Realeinkommen der Arbeitnehmer. Außerdem waren die Abzüge vom Lohn und vom Gehalt — Steuern, Sozialversicherung und andere Umlagen — ungleich verteilt. Bei einem Lohn von 25 Schilling wöchentlich entfielen 28 Prozent auf die Abgaben, bei wöchentlich 50 Schilling nur 20,4 Prozent, bei 90 bis 95 Schilling bloß 15,6 Prozent. Erst ab 200 Schilling stiegen die Abzüge prozentuell wieder an. Das Einkommen einer durchschnittlichen Arbeiterfamilie oder eines kleinen Angestellten senkte sich von 5442 Schilling jährlich 1929 auf 4041 Schilling 1932. Infolge der großen Arbeitslosigkeit gerieten auch die Sozialversicherungsinstitute in Schwierigkeiten. Die Wiener Gebietskrankenkasse zählte einen Mitgliederschwund von 13,1 Prozent. Da die Arbeitslosen ohne Beitragsleistung weiterhin im Bezug der Vorteile der Krankenversicherung blieben — eine selbstverständliche soziale Maßnahme —, wurden daher die Ausgaben der Kasse nicht geringer.

Im Zusammenhang mit der Weltwirtschaftskrise erfolgte auch der Zusammenbruch großer Banken. Kurz nach dem Ende des Ersten Weltkrieges war es zu einer Menge von Bankenneugründungen gekommen. Als 1927 die als besonders vornehm geltende Bodenkreditanstalt gezwungen wurde, die Unionbank und die Verkehrsbank in sich aufzunehmen, entschied sich ihr eigenes Schicksal; denn schon zwei Jahre später mußte sie ihre Pforten schließen und sich mit der Creditanstalt fusionieren. Der größte Schlag für die österreichische Wirtschaft wurde der drohende Zusammenbruch der Creditanstalt in Wien, von der etwa 70 Prozent der österreichischen Industrie, ein Großteil der Sparkassen und der genossenschaftlichen Institute abhängig waren. Jetzt zeigte sich, wie richtig es im Hirtenbrief der österreichischen Bischöfe vom Advent 1925 mit Bezug darauf geheißen hatte: „Die Bank- und Kreditanstalten mit ihren Börsenspekulationen wurden zu einem Giftbaum. Sie dienen den Finanzmächten, um die Völker auszunützen und zu berauben, um den Fleißigen fast ihre gesamten Ersparnisse wegzunehmen und immer weitere Kreise durch Armut in völlige Abhängigkeit und in buchstäbliche Sklaverei zu treiben". Um nicht das gesamte Volk zu gefährden, mußte der Staat einspringen. Er deckte die 400 Millionen Schilling Defizit der Creditanstalt mit 100 Millionen in bar, die Österreichische Nationalbank und das Haus Rothschild steuerten zusammen 30 Millionen Schilling bei, das Aktienkapital wurde um 25 Prozent herabgesetzt und der Bundesminister für Finanzen erhielt die Ermächtigung, die Bundeshaftung für die Schulden der Creditanstalt zu übernehmen.

Inzwischen waren auf staatspolitischem Gebiet wichtige Dinge geschehen. Anstelle des ausscheidenden Dr. Michael Hainisch wurde der Christlichsoziale Wilhelm Miklas (1872—1956), Mittelschuldirektor in Horn, zum Bundespräsidenten gewählt. Er blieb, durch die Entwicklung bedingt, bis zum 13. März 1938 im Amt. Eine am 7. Dezember 1929 von der Regierungskoalition und der sozialdemokratischen Opposition gemeinsam beschlossene Verfassungsänderung stärkte die Stellung des Staatsoberhauptes. Österreich näherte sich dadurch dem System der Präsidialrepublik. Der Bundespräsident erhielt das Recht, die Bundesregierung zu ernennen und abzuberufen, den Nationalrat aufzulösen und den Präsidenten des Verfassungsgerichtshofes zu ernennen; er erhielt den Oberbefehl über das Bundesheer und konnte unter bestimmten Voraussetzungen auch Notverordnungen erlassen. Prinzipiell wurde auch die Wahl des Bundespräsidenten durch das gesamte Bundesvolk, nicht wie bisher durch die Bundesversammlung, beschlossen. Aber erst nach 1945 kam es zu einer derartigen Präsidentenwahl.

Bundeskanzler Dr. Ignaz Seipel hatte am 3. April 1929 seinen Rücktritt gegeben. Die beiden nächstfolgenden Regierungen — Ernst Streeruwitz (1874 bis 1952) und Dr. Johannes Schober — konnten sich unter dem Druck der Heimwehr nur kurze Zeit behaupten. Die Heimwehren radikalisierten sich; am 18. Mai 1930 verkündete der Heimwehrführer Dr. Richard Steidle in Korneuburg: „Wir bekennen uns zu den Grundsätzen des Faschismus. Wir wollen nach der Macht im Staate greifen! Demokratie und Parlamentarismus lehnen wir ab!" Dieser „Korneuburger Eid" konnte aber nicht verhindern, daß innerhalb der Heimwehrbewegung selbst Konflikte entstanden. Sie führten im Frühjahr 1932 zum Abfall eines deutschnational, ja nationalsozialistisch eingestellten Flügels, der seinen Schwerpunkt in der Steiermark hatte. Sein Führer war der Rechtsanwalt

Dr. Walter Pfriemer, der mit seiner Gruppe am 13. September 1931 einen Staatsstreich versuchte, sich selbst zum „Staatsführer“ ausrief und einen Marsch auf Wien beginnen wollte. Es gelang der Bundesregierung, den Putschversuch binnen weniger Stunden niederzuwerfen. Der zweite Flügel der Heimwehr war österreichisch, zum Teil monarchistisch eingestellt und wurde von Ernst Rüdiger Starhemberg (1899—1956) geführt, dessen Mutter Fanny Starhemberg christlichsoziale Abgeordnete war und die Verbindung ihres Sohnes zur Christlichsozialen Partei herstellte. Seit dem 2. September 1930 war Starhemberg Bundesführer des gesamten österreichischen Heimatschutzes.

Nachdem auch die Regierung Schober gescheitert war, bildeten Christlichsoziale und Heimwehrleute unter dem langjährigen Heeresminister Carl Vaugoin (1873 bis 1949) ein Minderheitskabinett, das nach einem wilden Wahlkampf geschlagen wurde. Bei den am 9. November 1930 durchgeführten Nationalratswahlen erhielten

Sozialdemokraten	1,516.913	Stimmen	41,15	Prozent	72	Mandate
Christlichsoziale	1,314 468	Stimmen	35,65	Prozent	66	Mandate
Schoberblock	424.962	Stimmen	11,52	Prozent	19	Mandate
Heimatblock (Heimwehr)	227.197	Stimmen	6,16	Prozent	8	Mandate
sonstige (einschl. Nationalsozialisten)	203.542	Stimmen	5,52	Prozent	0	Mandate

Von 4,121.282 Wahlberechtigten waren 3,687.082 bei den Urnen erschienen.

Das Wahlergebnis führte zum Rücktritt der Regierung Vaugoin und zur Wahl von Dr. Karl Renner zum Präsidenten des Nationalrates. Die Radikalisierung der Wählermassen trat aber in Österreich weniger stark in Erscheinung als zur gleichen Zeit in Deutschland. Insbesondere gelang es bei dieser letzten demokratischen Nationalratswahl in der Ersten Republik weder den Nationalsozialisten noch den Kommunisten, ein Mandat zu erlangen. Erst bei den Landtagswahlen in Wien, Niederösterreich und Salzburg am 24. April 1932 wurde ein gewisser Trend zu den Extremen sichtbar. Von insgesamt 2,058.000 Stimmen erhielten die Sozialdemokraten 984.000, die Christlichsozialen 640.000, die Nationalsozialisten 336.000, Großdeutsche, Landbund und Heimatblock (Heimwehr) zusammen 53.000 und die Kommunisten 32.500. Die Gewinne der Nationalsozialisten gingen auf Kosten der anderen deutschnationalen Parteien. Die Kommunisten gewannen über 100 Prozent an Stimmen. Trotzdem war im Vergleich zu den gleichzeitigen Wahlen in Deutschland, bei denen die Nationalsozialisten 37,3 Prozent aller Stimmen erhielten, die österreichische Wählerschaft konservativ geblieben. Möglicherweise hängt dies auch damit zusammen, daß durch die bedrängten und engen Wirtschaftsverhältnisse, an denen Österreich seit 1918 zu leiden hatte, der Bevölkerung die Verschlechterung der Lage gar nicht richtig zu Bewußtsein kam, weil sie, relativ gesehen, nicht das Ausmaß annahm, das sie in Deutschland erreichte.

Der neue Bundeskanzler hieß Dr. Otto Ender. Als Außenminister gehörte Altbundeskanzler Dr. Johannes Schober dem Kabinett an. Er und der deutsche Außenminister Curtius faßten den unter den damaligen politischen Weltverhältnissen etwas abenteuerlich anmutenden Plan, die europäische Öffentlichkeit durch Verkündung eines am 19. März 1931 abgeschlossenen österreichisch-deutschen Zollunionsvertrages vor vollendete Tatsachen zu stellen. Während man in Wien fast postwendend den formellen Protest der Gesandten Frankreichs, Italiens und der Tschechoslowakei entgegennehmen mußte, die — im übrigen in völkerrechtlich völlig einwandfreier Weise — die Zollunion mit dem Genfer Abkommen vom 4. Oktober 1922 für unvereinbar erklärten und darauf hinwiesen, daß Österreich auch durch den Staatsvertrag von Saint-Germain-en-Laye sich verpflichtet habe, keine Vereinigung mit Deutschland zu versuchen, sprachen sich im leitenden Komitee des Österreichischen Industriellenverbandes 80 Prozent gegen die geplante Zollunion aus. Einer der bedeutendsten Industriellen auf dem Gebiet der Leichtindustrie, Erich Luzzatto, schrieb im „Neuen Wiener Tagblatt“: „Die deutsche Industrie, die unter besseren Voraussetzungen arbeitet als die österreichische, könnte im Fall der Zollunion rasch und sicher unseren gesamten Markt erobern. Die österreichischen Fabriken, den deutschen Kartellen angeschlossen, würden sich gezwungen sehen, ihre Arbeit einzustellen; die Übereinkommen mit unseren Firmen würden einfach storniert; und wenn eine einzige Fabrik den Kampf gegen die massive deutsche Konkurrenz aufnähme, würde sie sofort durch entsprechende Mittel vernichtet werden.“ Österreich sah sich genötigt, den Schiedsspruch des Haager Internationalen Gerichtshofes anzuerkennen. Deutschland war bei den Verhandlungen durch den Berliner Professor Dr. Viktor Bruns und Österreich durch den Bonner (!) Professor Dr. Erich Kaufmann vertreten. Der österreichische Professor Dr. Sperl wurde Dr. Kaufmann nur zur Unterstützung beigeordnet. Das Haager Schiedsgericht entschied gegen den Zollunionsplan, und am 3. September 1931 mußte Dr. Schober in Genf erklären, daß Österreich diesen Plan nicht weiter verfolgen werde. Eine politische Niederlage, die man sich hätte von allem Anfang an ersparen können. Dagegen tat man so gut wie nichts, um viel weiter reichende Zollunionspläne zu verfolgen, die der französische Ministerpräsident Tardieu im Februar 1932 entwickelt hatte. Sie sahen die Bildung einer Wirtschaftsunion zwischen Österreich, Ungarn, der Tschechoslowakei, Rumänien und Jugoslawien vor. Sowohl Deutschland als auch Italien erklärten sich gegen eine derartige Donaukonföderation. Auch die 1923 von Richard Coudenhove-Calergi (geb. 1894) gegründete „Paneuropa-Bewegung“, in der führende Männer wie Seipel und der französische Ministerpräsident Artistide Briand mitarbeiteten, konnte ihr Ziel nicht erreichen. Im gleichen Jahr, als Coudenhove-Calergi seine Paneuropa-Bewegung ins Leben rief, schufen der Budapester Ernö Bleier und der Wiener Dr. Rudolf Goldscheid eine Organisation unter dem Namen „Europäischer Zollverein“. Er konnte in einer glänzend besuchten und von 18 Staaten beschickten Tagung in Paris am 30. Juli und 1. August 1930 ein Programm beraten, dessen einzelne Punkte heute zum Teil von der Europäischen Wirtschaftsgemeinschaft (EWG) nachgeahmt werden, hatte aber nur einen rein spektakulären Erfolg zu verzeichnen.

Dollfuß und der Ständestaat

Die Regierung Dr. Ender konnte ebensowenig wie die vorangehende Dr. Schobers innen- oder außenpolitische Erfolge wesentlicher Art erzielen. Sie trat deshalb zurück. Die Versuche Dr. Seipels, eine Allparteienregierung zu bilden, mißglückten, da in der Sozialdemokratischen Partei die radikalere Richtung Otto Bauers die Oberhand gewonnen hatte. Dr. Schober weigerte sich, mit seiner Gruppe — dem sogenannten „Schoberblock" — in eine von Dr. Seipel geführte, rein bürgerliche Regierung einzutreten. So bildete am 20. Juni 1931 der bisherige Landeshauptmann von Niederösterreich, Dr. Karl Buresch (1878—1936), eine aus Christlichsozialen, Großdeutschen und Landbündlern gebildete Koalitionsregierung mit Dr. Schober als Außenminister. Nach dem Scheitern des an die Person Dr. Schobers geknüpften Zollunionsplanes trat dieser aus der Regierung aus. Jetzt bildete Dr. Buresch ein Minderheitenkabinett aus Christlichsozialen und Landbündlern, dem der Direktor des Niederösterreichischen Bauernbundes, Dr. Engelbert Dollfuß (1892—1934), als Landwirtschaftsminister angehörte. Am 20. Mai 1932 wurde Dr. Dollfuß nach dem Rücktritt der Regierung Dr. Buresch Chef einer Regierung, in die auch der Heimatblock, die parlamentarische Vertretung der Heimwehren, eintrat. Die neue Regierung besaß gegenüber der Opposition nur die Mehrheit von einer einzigen Stimme. Im Verfolg der wirtschaftlichen Stabilisierungspolitik unterzeichnete Dr. Dollfuß am 15. Juli in Lausanne einen Anleihevertrag über 300 Millionen Schilling mit einer Laufzeit von 20 Jahren. In ihm verpflichtete sich Österreich von neuem für die Laufzeit der Anleihe auf den Anschluß an Deutschland und auf eine Zollunion zu verzichten. Die Lausanner Völkerbundanleihe wurde von Großdeutschen, Nationalsozialisten und Sozialdemokraten gemeinsam bekämpft. Der österreichische Nationalrat nahm schließlich den Lausanner Vertrag mit 82 gegen 80 Stimmen an. Selbst Otto Bauer gab zwei Jahre später in einer in Prag erschienenen Emigrationsschrift zu, daß damals die Annahme des Koalitionsangebotes durch die Sozialdemokraten die Christlichsozialen nicht in die Arme der Heimwehr getrieben hätte. Am 17. Oktober 1932 wurde der Landesführer des Wiener Heimatschutzes, Major Emil Fey (1886—1938), ein Maria-Theresien-Ritter des Ersten Weltkrieges, zum Staatssekretär für das Sicherheitswesen ernannt. Im Wiener Gemeinderat trat der Führer des demokratischen Flügels der Christlichsozialen Partei, Leopold Kunschak, zugunsten des der Heimwehr nahestehenden Krasser in den Hintergrund.

Die Gemüter waren noch erregt, als im Jänner 1933 die Hirtenberger Waffenaffäre die innenpolitische Situation bis zum Siedepunkt erhitzte. Die in Hirtenberg bei Wiener Neustadt liegende Waffenfabrik wollte 50 Waggons Gewehre gegen die Bestimmungen des Friedensvertrages nach Ungarn schmuggeln. Der Bundesführer der Heimwehr, Ernst Rüdiger Starhemberg, hatte bei einem Besuch in Ungarn mit dem dort regierenden radikal-nationalen Ministerpräsidenten Julius Gömbös vereinbart, daß von der Waffenlieferung etwa 50.000 Gewehre an einem „sicheren Ort" in Österreich zurückbleiben sollten. Mit ihnen wollte Starhemberg auserlesene Abteilungen der Heimwehr bewaffnen. Die Gewehre stammten zum Teil aus der italienischen Kriegsbeute des Jahres 1918.

Das Auffliegen der Hirtenberger Waffenaffäre hatte auch internationale Folgen. Die französischen Sozialisten, deren Zustimmung zur Ratifizierung der Lausanner Anleihe durch Frankreich notwendig war, verweigerten diese, solange die Angelegenheit nicht völlig aufgeklärt sei. Also konnte das so dringend notwendige Geld nicht flüssiggemacht werden. Im englischen Unterhaus wurde offen davon gesprochen, daß die Anleihe an Österreich eine „Verschwendung" sei. Frankreich und England waren im tiefsten Innern nicht davon überzeugt, daß Österreich die Schoberschen Zollunionspläne wirklich vollständig aufgegeben habe.

Eine weitere Versteifung der Lage brachte der Streik der Eisenbahner mit sich. Die finanzielle Lage des Staates war so, daß man erklärte, die am 1. März 1933 fälligen Pensionen der Eisenbahner nicht auszahlen zu können. An die aktiven Bediensteten wollte man je 40 Prozent des Monatsgehalts am 1. und am 21. März, 20 Prozent am 11. März auszahlen. Dagegen protestierten die sozialdemokratischen, christlichsozialen und deutschnationalen Gewerkschaften gemeinsam und einhellig. Für den 1. März wurde ein zweistündiger Warnstreik ausgerufen. Die Generaldirektion der Bundesbahnen antwortete mit der Wiederinkraftsetzung einer kaiserlichen Verordnung vom 25. Juli 1914, nach der Massenstreiks von Arbeitern und Angestellten mit Gefängnis bis zu einem Jahr bestraft werden konnten. Trotzdem fand der Streik statt. Er ging in voller Ruhe und ohne jede Sabotage vor sich. Als eine Reihe von Eisenbahnern verhaftet wurde, verlangten die Sozialdemokraten die Einberufung einer Nationalratssitzung für den 4. März 1933.

Der Verlauf der Nationalratssitzung am 4. März 1933, der letzten im demokratisch gewählten Parlament der Ersten Republik, verlief dramatisch. Sozialdemokraten, Großdeutsche und der christlichsoziale Abgeordnete Kunschak brachten der Reihe nach Anträge ein. Der Präsident des Nationalrates, Dr. Karl Renner, entschied, daß sie in der Reihenfolge, wie sie eingebracht worden seien, zur Abstimmung kämen. Der sozialdemokratische Antrag wurde mit 92 gegen 70 Stimmen verworfen. Der großdeutsche mit 81 gegen 80 Stimmen angenommen. Er lautete, man solle die streikenden Eisenbahner mit Milde und Nachsicht behandeln. Nun erhob sich ein Streit über die Frage, ob der dritte Antrag, den Kunschak eingebracht hatte, noch zur Abstimmung kommen solle oder nicht. Im Verlauf der immer erregter werdenden Debatte traten der Reihe nach alle drei Präsidenten des Nationalrates zurück, um ihre Stimme ihrer Partei zur Verfügung zu stellen, da der jeweilige Vorsitzende kein Stimmrecht besaß. Die Geschäftsordnung im Jahr 1933 sagte nichts darüber aus, was nunmehr geschehen solle. Nur ein Vorsitzender konnte die Sitzung schließen oder abstimmen lassen. Dr. Dollfuß erklärte auf Grund dieser Sachlage, das Parlament habe sich selbst ausgeschaltet. Am 7. März erließ die Bundesregierung einen Aufruf an das österreichische Volk, in dem diese Theorie vorgelegt wurde und die mit den Worten schloß: „Es gibt keine Staatskrise."

Damit begann das autoritäre außerparlamentarische Regime in Österreich. Die Regierung Dr. Dollfuß stützte sich auf das noch nicht aufgehobene „Kriegswirtschaftliche Ermächtigungsgesetz" vom 24. Juli 1917, das — eigentlich für die Dauer des Krieges gedacht — der Regierung die Vollmacht gab, auch ohne Parlamentsbeschluß Notverordnungen zu erlassen. Als am 15. März der zurückgetretene dritte Nationalratspräsident Dr. Straffner eine neue Sitzung des Nationalrates einberufen wollte, kamen nur die Sozialdemokraten und Großdeutschen, sahen sich aber 200 Kriminalbeamten gegenüber, die das Parlamentsgebäude sperrten.

Um die Sachlage aus ihrer Zeit heraus richtig zu verstehen, muß man sich daran erinnern, daß zu dieser Zeit eine antidemokratische faschistische Welle durch fast ganz Europa ging. Im Jahr 1922 hatte der Führer des Partito Fascista Italiano, Benito Mussolini (1883—1945), seinen „Marsch auf Rom" angetreten, der das Vorbild aller späteren Diktatoren und Staatsführer autoritärer Regierungssysteme wurde. Mussolini fand in dem in Braunau im oberösterreichischen Innviertel geborenen Adolf Hitler (1889—1945) einen gelehrigen Schüler, der aus Italien den sogenannten „deutschen Gruß" — in Italien „römischer Gruß" genannt —, die Parteiuniform — in Deutschland braun, in Italien schwarz — und auch einen Teil der Ideologie bezog. Benito Mussolini, der Sohn eines Dorfschmiedes und einer Volksschullehrerin, war bis 1914 Chefredakteur des sozialistischen Parteiorgans „Avanti" in Mailand gewesen und hatte sich dann wegen der Haltung der italienischen sozialistischen Partei zum Krieg — sie lehnte die Kriegserklärung Italiens ab — von dieser getrennt. Nach dem Kriege wurde er zuerst der Führer eines italienischen Frontkämpferverbandes, aus dem dann die faschistische Partei herauswuchs. Zuerst stark links gerichtet und Anhänger der Republik und einer weitgehenden Sozialisierung, schwenkte er dann nach rechts, anerkannte das italienische Königtum, dem er allerdings nur ein Schattendasein gewährte, und beendete 1929 den seit 1870 offenen Konflikt zwischen Italien und dem Päpstlichen Stuhl. Adolf Hitler, der Sohn eines kleinen österreichischen Zollwachbeamten, dessen Abstammung umstritten ist, hatte im bürgerlichen Leben weitgehend versagt. Mit schlechten Noten aus der Linzer Realschule entlassen, von der Wiener Kunstakademie, bei der er sich um Aufnahme bewarb, abgewiesen, geriet er in Wien unter Einfluß der phantastischen Ideen eines ausgetretenen Heiligenkreuzer Mönchs, Lanz von Liebenfels, der ein arisches Herrenmenschentum in seinen „Ostaraschriften" propagierte. Aber auch Dr. Karl Lueger hinterließ bei Hitler einen solchen Eindruck, daß er ihn später als den „größten deutschen Bürgermeister" bezeichnete. Seine antiösterreichische Gesinnung hatte ihm sein k. k. Geschichtsprofessor in der Linzer Mittelschule eingeflößt. „Er lehrte mich Österreich hassen", schreibt Hitler wörtlich. Der Stellungspflicht in der österreichisch-ungarischen Armee entzog sich Hitler durch seine Übersiedlung nach München. Hier trat er 1914 als Freiwilliger in das bayrische Regiment List ein und brachte es bis zum Gefreiten. Im Jahr 1918 wurde er von den Offizieren der neuen deutschen Reichswehr beauftragt, Versammlungen zu besuchen und Parteien ausfindig zu machen, deren man sich bedienen könnte, um die Republik zu stürzen und eine Revision des Friedensvertrages durchzusetzen. Hitler fand eine kleine Gruppe, von einem gewissen Drexler gegründet, die sich Deutsche Nationalsozialistische Arbeiterpartei nannte. Die Mitgliedskarte Hitlers trug die Nummer 7. In wenigen Jahren hatte Hitler den Parteiapparat in seiner Hand und spielte in den Rechtskreisen Bayerns eine beachtliche Rolle. Zusammen mit anderen rechtsgerichteten Organisationen versuchte er am 9. November 1923 in München einen Putsch, der die Reichsregierung stürzen sollte. Das Unternehmen mißlang und Hitler wurde zu einer — übrigens sehr milden — Festungsstrafe verurteilt. In der Haft schrieb er sein propagandistisch-selbstbiographisches Werk „Mein Kampf". Als er das Gefängnis verließ, mußte die Partei wieder aufgebaut werden. Jetzt verlegte sie ihren Schwerpunkt nach Norddeutschland. Die Wirtschaftskrise brachte der als NSDAP (Nationalsozialistische Deutsche Arbeiterpartei) auftretenden Bewegung große Stimmengewinne. Sie kamen vor allem aus den proletarisierten kleinbürgerlichen Kreisen. Hatte die NSDAP 1928 nur 12 Reichstagsmandate errungen, so besaß sie 1932 bereits 230 unter 608 Reichstagssitzen. Die bewaffneten Sturmgarden der Partei zählten um 1932 400.000 Mann. Hitler hatte ein Parteiprogramm erlassen, in dem deutschnationale, sozialistische und kleinbürgerliche Ideen einander ein Stelldichein gaben. So verlangte er die Vereinigung aller Deutschen in einem Reich, Brechung der Zinsknechtschaft und Verstaatlichung der Großwarenhäuser. Der Kirche gegenüber nahm er eine schillernde Haltung ein. „Wir bekennen uns zum positiven Christentum", hieß es, „soweit es nicht mit dem germanischen Empfinden in Widerspruch steht." Gewöhnlich lasen die hitlerbegeisterten Christen den zweiten Teil dieses Satzes nicht, da sie der Ausdruck „positives Christentum" bestach; dieses „positive Christentum" hatte jedoch keinen konkreten Inhalt. Im November 1932 schien die NSDAP den Höhepunkt ihrer Erfolge bereits überschritten zu haben. Bei den Novemberwahlen erlitt sie einen Verlust von über zwei Millionen Stimmen. Die Parteikassen waren leer. Mit Hilfe des Herrn von Papen, der dem Kreis um den greisen Reichspräsidenten Generalfeldmarschall Paul von Hindenburg nahestand und selbst kurze Zeit Reichskanzler gewesen war, gelang es Hitler, eine Verbindung zur deutschen Groß- und Schwerindustrie an der Ruhr herzustellen. Diese glaubte, in Hitler den Mann gefunden zu haben, der auf der einen Seite die nötige Popularität besaß, auf der andern Seite ihre Interessen verfolgen würde. Von diesem Augenblick an gab es keine irgendwie sozialistisch oder sozialreformerisch angehauchten Bemühungen der NSDAP mehr. Führende Nationalsozialisten — wie die beiden Brüder Strasser oder der Wirtschaftstheoretiker Gottfried Feder —, die den neuen Kurs nicht mitmachten, wurden aus der Partei entfernt oder zumindest ihres Einflusses beraubt. Am 30. Jänner 1933 ernannte Reichspräsident Hindenburg Hitler zum deutschen Reichskanzler. Die sofort ausgeschriebenen Wahlen standen unter dem Eindruck des Reichstagsbrandes, der von Hitler als kommunistisches Attentat hingestellt wurde, von dem aber viele Stimmen behaupteten, er sei von den Nationalsozialisten selbst aus Propagandagründen in Szene gesetzt worden. Trotzdem brachten die Wahlen der NSDAP nur 43,9 Prozent aller Stimmen. Aber in den darauffolgenden vier Monaten liquidierte Hitler alle Parteien außer der seinen und proklamierte den nationalsozialistischen Staat. Zugleich unternahm er den Versuch, Österreich in seinen Machtbereich einzubeziehen. In Österreich errang bei Landtagswahlen bis 1932 die NSDAP 351.000 Stimmen (großteils auf Kosten der Großdeutschen, des Landbundes und des abgespaltenen Teiles der Heimwehren).

Die folgende Entwicklung in Österreich und die Stellung der österreichischen Bundesregierung ist nur verständlich, wenn man die eben geschilderte außenpolitische Situation berücksichtigt. Mit der Machtergreifung Hitlers in Deutschland war in weiten Kreisen jener, die noch immer formell am Anschlußbekenntnis festhielten, eine tiefe Ernüchterung eingetreten. Die Sozialdemokratische Partei Österreichs strich diesen Programmpunkt in aller Eile. In der österreichischen Heimwehr hatte sich bereits im Jahr 1932 eine Klärung in der Richtung vollzogen, daß der Führer des steirischen Heimatschutzes, Walter Pfriemer, erklärt hatte, nicht mehr die Weisungen des Bundesführers Starhemberg, sondern nur solche aus München — also von der Zentrale der NSDAP — entgegenzunehmen. Starhemberg selbst stand unter dem Einfluß Mussolinis.

Die ersten Schritte der autoritären Regierung Dollfuß waren noch zögernd. Bereits am 31. März 1933 wurde der „Republikanische Schutzbund" in ganz Österreich für aufgelöst erklärt. Noch war der Öffentlichkeit nicht klar, wohin der Weg der Regierung eigentlich führen werde. In den ersten Wochen schien es, als solle es sich bloß um ein Provisorium handeln und das Parlament zu einem späteren Zeitpunkt doch noch aktiviert werden. Auf Regierungsseite faßte Dollfuß aber einen weitgehenden Umbau der österreichischen Verfassung ins Auge. Nachdem Dr. Dollfuß aus Rom zurückgekehrt, wo er die Osterfeiertage verbracht hatte, zeigte er eine viel schärfere Haltung gegenüber den Regierungsgegnern als zuvor. Als der deutsche Minister Dr. Frank als nationalsozialistischer Parteiredner nach Österreich kam und hier die Bundesregierung beleidigte sowie die Selbständigkeit Österreichs angriff, wurde er als „unerwünschter Ausländer" ausgewiesen. Die kleine Kommunistische Partei Österreichs, die kurz vorher auf ihrem 11. Parteitag vom 27. bis 29. Juni 1931 ein Programm der „sozialen und nationalen Befreiung des österreichischen Volkes" vorgelegt hatte, und der Republikanische Schutzbund wurden verboten. Das österreichische Bundesheer, dessen Uniformen und Rangabzeichen bisher denen der deutschen Wehrmacht ähnlich waren, bekam die altösterreichische Adjustierung. Die einzelnen Truppenteile erhielten die altösterreichischen Regimentsfahnen und erbten die Tradition einzelner Regimenter der k. u. k. Armee der ehemaligen Doppelmonarchie. Bei jeder Gelegenheit appellierte man nunmehr an das österreichische Bewußtsein des Volkes, das man so lange vernachlässigt hatte.

Bundeskanzler Dr. Dollfuß befand sich in einem so gut wie unlösbaren Zwiespalt: innenpolitisch hätte die Vernunft dazu raten müssen, die Sozialdemokratische Partei unter allen Umständen als Bundesgenossen im Kampf gegen den Nationalsozialismus und für die Selbständigkeit Österreichs zu gewinnen, sie auch an der Regierung zu beteiligen. Die überwältigende Mehrheit des österreichischen Volkes bestand aus Wählern der Christlichsozialen und der Sozialdemokratischen Partei. Die Sozialdemokraten wären sicherlich bereit gewesen, einigen verfassungsrechtlichen Reformen zuzustimmen, sofern diese den demokratischen Grundcharakter der Verfassung der Republik Österreich nicht verändert hätten. Außenpolitisch war aber die Unterstützung und Hilfe der Großmacht Italien und ihres damaligen Regierungschefs Mussolini nur zu gewinnen, wenn die österreichische Sozialdemokratische Partei völlig entmachtet wurde. Mussolini hatte Dr. Dollfuß bei dessen Italienbesuch das formelle Versprechen gegeben, daß Italien, „falls nötig, die Selbständigkeit Österreichs mit Waffengewalt verteidigen werde". Gegenüber der immer massiver werdenden Bedrohung durch das nationalsozialistische Deutsche Reich mußte es Dr. Dollfuß so gut wie unmöglich erscheinen, auf den Schutz der Großmacht Italien zu verzichten. Damit soll keineswegs bestritten werden, daß Dr. Dollfuß nicht mit autoritären Gedankengängen sympathisierte — dies war bereits bei Bundeskanzler Dr. Seipel in dessen letzten Lebensjahren immer deutlicher sichtbar geworden —, aber auch der parteipolitische Gegner von Dr. Dollfuß wird zugestehen, daß der österreichische Bundeskanzler s u b j e k t i v in der ehrlichen Überzeugung handelte, daß nur der von ihm eingeschlagene Weg Österreichs Unabhängigkeit sichern könne. Verhängnisvollerweise zeigte es sich aber bald, daß dies nicht der Fall war.

Die nationalsozialistische Regierung des Deutschen Reiches antwortete auf die Ausweisung von Minister Dr. Frank mit der „Tausendmarksperre". Damit begann ein förmlicher Wirtschaftskrieg der neuen Machthaber in Berlin gegen Österreich. Jeder deutsche Staatsbürger, der von nun an nach Österreich einreiste, mußte 1000 Reichsmark für die Ausreiseerlaubnis bezahlen. Damit sollte vor allem der österreichische Fremdenverkehr getroffen werden. Er wurde — vor allem in westlichen Bundesländern — bis zu 40 Prozent von deutschen Reisenden bestritten. Im übrigen verbesserte die „Tausendmarksperre" den Devisenengpaß der Deutschen Reichsbank und förderte den deutschen Fremdenverkehr, da viele

Deutsche, die früher nach Österreich kamen, nun mehr oder weniger freiwillig im Inland blieben. Zugleich mit der „Tausendmarksperre" setzte in Österreich eine nationalsozialistische Terrorwelle ein. Sie war durch Bombenanschläge, Morde und Sabotageakte gekennzeichnet. Als schließlich in der Nähe von Krems eine marschierende Truppe der „Christlich-Deutschen Turnerschaft" mit Bomben belegt wurde, wobei es einen Toten und 16 Schwerverletzte gab — die „Christlich-Deutsche Turnerschaft" stand im Gegensatz zum nationalsozialistisch infizierten „Deutschen Turnerbund" der Regierung Dollfuß nahe —, wurden am 19. Juni 1933 die NSDAP und der Steirische Heimatschutz verboten.

Immer deutlicher trat der Wille des Bundeskanzlers Dr. Dollfuß in Erscheinung, aus Österreich etwas völlig Neues zu machen und sich nicht mit einzelnen Änderungen der Verfassung zu begnügen. Am 5. Mai 1931 hatte Papst Pius XI. eine Enzyklika anläßlich der vierzigsten Wiederkehr des Erscheinens des ersten päpstlichen Rundschreibens zur Arbeiterfrage „Rerum Novarum" erlassen. In ihr, die nach den Eingangsworten als „Quadragesimo Anno" bekannt ist, wurde der Gedanke einer berufsständischen Gesellschaftsordnung ventiliert, ohne daß jedoch konkrete Hinweise auf deren Verwirklichung oder gar eine in Einzelheiten ausgearbeitete berufsständische Verfassung aus ihr herauszulesen gewesen wäre. Dollfuß griff diesen Gedanken des päpstlichen Rundschreibens auf. Die berufsständische Idee sollte als Gegenideologie sowohl dem sozialdemokratischen Marxismus als auch dem Nationalsozialismus entgegengesetzt werden. Zu diesem Zweck gründete Dr. Dollfuß eine eigene Organisation, die „Vaterländische Front" (VF), in der sich alle Österreicher ohne Unterschied der Partei zusammenschließen sollten, die für einen sozialen christlichen Ständestaat unter autoritärer Führung einzutreten bereit waren. Die Christlichsoziale Partei wurde dadurch sichtlich überrascht. Sie war der Meinung gewesen, sie werde, so wie die NSDAP in Deutschland, in Österreich die einzige Staatspartei sein. Bundeskanzler Dr. Dollfuß verkündete sein Programm in einer Massenkundgebung am 11. September 1933 auf dem Wiener Trabrennplatz. Diese Versammlung wurde zeitmäßig mitten in die Veranstaltungen des Allgemeinen Deutschen Katholikentages hineinverlegt, ohne daß sie dadurch ein Teil des Katholikentages geworden wäre. Die breite Masse bemerkte diesen Unterschied kaum. Der Allgemeine Deutsche Katholikentag, aus Anlaß der 250. Wiederkehr der Befreiung Wiens von den Türken 1683 in die österreichische Hauptstadt verlegt, war noch vor der Machtergreifung Hitlers organisiert worden. Durch die Tausendmarksperre wurde er zu einem donauländischen Katholikentag; denn es waren nur wenige Deutsche, wohl aber eine Unzahl von Teilnehmern aus Ungarn, der Tschechoslowakei, Polen, Rumänien und Jugoslawien nach Wien gekommen.

Jahr des Unheils — 1934

Bundeskanzler Dr. Dollfuß kämpfte gegen zwei Fronten: gegen die Sozialdemokraten und gegen die Nationalsozialisten. Die letzteren wurden von Deutschland aus eifrig unterstützt. Dieser Zweifrontenkrieg war für die Regierung auf die Dauer untragbar. Es fragte sich nur, mit welcher Seite man zu verhandeln hätte. Vom allgemein-österreichischen Standpunkt aus bestand kein Zweifel darüber, daß die Sozialdemokraten die Republik und ihre Unabhängigkeit gegen Hitler zu verteidigen bereit waren, während die Nationalsozialisten auf einen mehr oder weniger raschen Anschluß und die Liquidierung der österreichischen Unabhängigkeit hinarbeiteten. Dollfuß suchte, in der Absicht, den inneren und äußeren Frieden zu erhalten, entweder direkt oder durch Mittelsmänner mit den Nationalsozialisten Fühlung aufzunehmen. Dabei sah er sich einem Doppelspiel gegenüber. Das deutsche Auswärtige Amt, damals noch von Berufsdiplomaten der alten Schule besetzt, hatte zwar dasselbe Endziel wie die NSDAP, verfolgte es aber in viel subtilerer Weise und konnte einem arglosen Verhandlungspartner wirklich als zugänglich erscheinen. Nur lag die eigentliche Entscheidung nicht mehr bei ihm, sondern bei der Partei, besser gesagt, bei Adolf Hitler selbst. Dieser empfand es als persönliche Beleidigung, daß er gerade in Österreich, seinem Geburtsland, nicht als der von der „Vorsehung auserwählte Führer" gelten sollte. Die Partei, vor allem die nunmehr in München residierende sogenannte „Gauleitung" der österreichischen Nationalsozialisten unter Theodor Habicht, drängte zu einer gewaltsamen Lösung. Wie weit die Unterhandlungen zwischen Dollfuß und den Nationalsozialisten bereits gediehen waren, zeigte das verunglückte Zusammentreffen zwischen Habicht und Dollfuß. Es sollte am 9. Jänner 1934 in Wien stattfinden. Als Grundlage der Aussprache hätte wohl jene Unterredung dienen sollen, die Dollfuß am 15. Dezember 1933 mit dem deutschen Gesandten Rieth hatte. Dollfuß hatte hier von einer „sukzessiven Evolution" gesprochen, die in ein „System" einmünden sollte, das sich „mit dem in Deutschland und Italien herrschenden vergleichen ließe". Die Außenpolitik Österreichs sollte — wieder nach Dollfuß — so gestaltet werden, daß die Schwenkung Österreichs von der italienischen „in die deutsche Richtung nicht den Anschein eines aggressiven Charakters gegenüber anderen Mächten" annehme. Die führenden Nationalsozialisten dachten damals daran, aus außenpolitischen Gründen Österreich eine formelle Selbständigkeit zuzugestehen, während es, so wie der Freistaat Danzig, innenpolitisch völlig gleichgeschaltet werden sollte.

Das Zusammentreffen zwischen Dollfuß und Habicht wurde geheimgehalten. Erst am Vorabend der geplanten Ankunft Habichts in Wien klärte Dollfuß einige seiner Mitarbeiter — unter ihnen die beiden Heimwehrführer Major Fey und Ernst Rüdiger Starhemberg — auf. Starhemberg nannte sofort diese Zusammenkunft als „mit der Würde von Dollfuß" unvereinbar und erklärte, er werde sich mit der Heimwehr von Dollfuß trennen, wenn es dazu käme. Es waren weniger italienische Einflüsse, die hier mitsprachen, als die Furcht der Heimwehrführer, ihre Schlüsselposition in der Regierung zu verlieren. Dollfuß beugte sich ihrem Wunsch. Habicht wurde während seines Fluges nach Wien von der Absage verständigt und mußte umkehren.

Hatte in diesem Fall — wahrscheinlich aus egoistischen Motiven — die Heimwehr die Entscheidung für Österreich getroffen, so stellte sie sich dem Versuch, mit den Sozialdemokraten zu einem Einverständnis zu gelangen, ebenfalls hindernd — und hier zum Schaden für die Republik — in den Weg. Schon im Herbst 1933 hatte der katholische Gelehrte Professor Dr. Ernst Karl Winter (1895—1959), eine der profiliertesten Gestalten Österreichs, in einem „Offenen Brief" in der Wiener „Arbeiterzeitung" die Regierung Dollfuß des Verfassungsbruchs beschuldigt und ihren Rücktritt gefordert. Auch die demokratische Linke der Christlichsozialen Partei unter Leopold Kunschak arbeitete für eine Verständigung zwischen den beiden großen gesellschaftlichen Gruppen in Österreich. Auf der andern Seite traten Dr. Karl Renner und seine gemäßigte Richtung wieder mehr in Aktion. Selbst Dr. Otto Bauer zeigte sich gegenüber den Gedankengängen des Bundeskanzlers nach gesellschaftlicher Neuordnung nicht mehr völlig ablehnend. Er beurteilte den berufsständischen Gedanken zwar weiterhin sehr skeptisch, erklärte sich aber einverstanden, wenn man zu einer „wirtschaftsdemokratischen Selbstverwaltung" komme und so die „politische Demokratie" ergänze. Die Verhandlungen mit den Sozialdemokraten waren nicht nur sinnvoller, sondern auch aussichtsreicher als die mit nationalsozialistischen Gegnern der Unabhängigkeit Österreichs. Ein Beschluß der Sozialdemokratischen Partei und der Gewerkschaften im Herbst 1933 lautete dahin, man werde in den Generalstreik treten, wenn eins der nachfolgend angeführten Ereignisse eintrete:

1. Auflösung der Sozialdemokratischen Partei
2. Gleichschaltung der Gewerkschaften
3. Einsetzung eines Regierungskommissärs in Wien
4. Oktroyierung einer faschistischen Verfassung

Nun sprachen knapp vor den entscheidenden Ereignissen des Februar 1934 sowohl der Bundeskanzler im Christlichsozialen Abgeordnetenklub als auch Leopold Kunschak im Wiener Gemeinderat versöhnliche Worte. Dollfuß rief die „ehrlichen Arbeiterführer" zur Zusammenarbeit im Kampf um die Freiheit und Unabhängigkeit Österreichs auf, und Kunschak forderte das gleiche, „ehe Volk und Land an Gräbern steht und weint". Wie das Ausland die Situation beurteilte, zeigte ein Artikel der „New York Times" vom 12. Februar 1934, in dem es heißt: „Österreich steht hinter dem Kanzler Dollfuß, glaubt an ihn und will mit ihm arbeiten und ihn unterstützen. Selbst die Sozialisten werden das tun, aber Dollfuß wagt es nicht, sie das tun zu lassen, damit Fürst Starhemberg und seine Heimwehr, diszipliniert, bewaffnet und geeinigt, nicht den Wagen umschmeißen und mit den Nazi zusammengehen, um Herrn Hitler mit seinem Antisemitismus, seinem Rassenwahn und allem andern in das Land zu lassen."

In dem Augenblick, da diese Ausführungen in den Vereinigten Staaten von Amerika veröffentlicht wurden, war das Unheil schon im Gang. Am Morgen des 12. Februar hatte Polizei auf Befehl des Sicherheitsministers und Heimwehrführers Major Fey im Linzer Hotel „Schiff" nach Waffen des Republikanischen Schutzbundes gesucht. Sie hatte Widerstand gefunden. Damit begann eine bewaffnete Auseinandersetzung zwischen der Regierung und der Sozialdemokratischen Partei. Bundeskanzler Dr. Dollfuß mobilisierte Abteilungen des Bundesheeres. Die Heimwehr trat in voller Stärke in Aktion. Noch am 12. Februar wurde das Wiener Rathaus besetzt und Richard Schmitz (1885—1954) als Regierungskommissär der Bundeshauptstadt eingesetzt. Innerhalb von drei Tagen — vom 12. bis 14. Februar 1934 — war die Regierung Herrin der Lage. Außer in Wien kam es im obersteirischen Industriegebiet, in Steyr, St. Pölten, in Weiz und in Wörgl in Tirol zu Kämpfen. Der ausgerufene Generalstreik wurde nur teilweise befolgt. Die Schutzbündler verteidigten heldenhaft einzelne Gebäudeobjekte, so in Wien die Gemeindebauten in Floridsdorf und in Heiligenstadt, gegen die Kanonen des Bundesheeres eingesetzt wurden. Die Kämpfe forderten von den Regierungstruppen und den Wehrverbänden insgesamt 128 Tote und 409 Verwundete, beim Schutzbund 200 Tote und über 300 Verwundete. Die sozialdemokratischen Parteiführer Dr. Otto Bauer und Dr. Julius Deutsch flüchteten in die Tschechoslowakei, andere — wie Dr. Karl Renner und Bürgermeister Karl Seitz — wurden verhaftet. Die zusammengetretenen Standgerichte verurteilten einige der Gefangenen, wie Ing. Georg Weissel, Karl Münichreiter, Koloman Wallisch, zum Tode. Die Sozialdemokratische Partei wurde aufgelöst, ihre Abgeordnetenmandate für ungültig erklärt, das gesamte Vermögen der sozialdemokratischen Organisationen eingezogen, selbst Briefmarkensammler- und Schrebergartenvereine entgingen nicht diesem Schicksal, wenn man sie für sozialdemokratisch eingestellt hielt.

Die Enttäuschung und die Wut der sozialdemokratischen Arbeiter war groß. Der Versuch des Bundeskanzlers Dr. Dollfuß, die Arbeiterschaft dadurch zu beruhigen, daß er den schon genannten Dr. Ernst Karl Winter zum Vizebürgermeister der Stadt Wien machte und ihm die Aufgabe stellte, eine Versöhnung zwischen Dollfuß und der Arbeiterschaft herbeizuführen — unter dem Namen „Aktion Winter“ bekannt —, mißglückte trotz einiger Teilerfolge und wurde schließlich von der Regierung selbst beendet. Die Sozialdemokratische Partei arbeitete nunmehr im Untergrund, entweder vom Ausland aus oder in illegaler Form. Die Aktivisten der Partei traten als „Revolutionäre Sozialisten“ in Erscheinung. Die Frage, wer an den blutigen Februarereignissen Schuld trug, wiegt schwer und wurde — je nach der Parteizugehörigkeit — auch nach 1945 verschieden beantwortet. Starhemberg, der unmittelbar nach den Ereignissen die versöhnungsbereite Gruppe der Christlichsozialen für das Unheil verantwortlich machte, schob in seinen 1942 erschienenen Memoiren alles auf Major Fey, der „provoziert“ habe. Es dürfte so gewesen sein, daß die Heimwehr eine Verständigung der Christlichsozialen mit den Sozialdemokraten auf ihre Kosten fürchtete. Die Waffensuche gerade dort, wo man besonders radikale Schutzbündler wußte und von deren Seite man einen Widerstand erwartete, war wahrscheinlich in dem Sinn „provozierend“, daß man eine Verständigung zwischen Dollfuß und den Sozialdemokraten vereiteln wollte.

Wenige Wochen nach den traurigen Februarereignissen verkündete Dr. Dollfuß am 1. Mai 1934 eine neue Verfassung für den „christlichen Ständestaat“

Österreich; sie berief sich auf das päpstliche Rundschreiben „Quadragesimo Anno". Gerade diese Berufung wurde aber von katholischen Sozialreformern, die sich in der „Studienrunde katholischer Soziologen" vereinigt hatten und zu deren Kreis neben Anton Orel auch Hochschulprofessor Dr. Karl Lugmayer, der Theoretiker der christlichen Arbeiterbewegung, und Eugen Kogon gehörten, aufs heftigste kritisiert. Es handle sich nur um einen „Scheinständestaat", der auch weiterhin vom kapitalistischen Geist erfüllt sein werde. Die Maiverfassung 1934 trat niemals vollständig in Kraft. Sie gab dem Bundespräsidenten ausgedehnte Rechte, erhob die „Vaterländische Front" zur einzigen Trägerin des politischen Willens in Österreich und sah ein äußerst kompliziertes Gesetzgebungssystem vor, nach dem es vier verschiedene Körperschaften — Staatsrat, Länderrat, Bundeskulturrat, Bundeswirtschaftsrat — geben sollte, die auf ebenso komplizierte Art gewählt worden wären. Anstelle des einköpfigen Adlers der Republik wurde der altösterreichische Doppeladler — allerdings ohne kaiserliche Embleme — als Wappen eingeführt. Der Name Republik verschwand ganz aus der Verfassung, Österreich wurde farblos als „Bundesstaat Österreich" bezeichnet. Damit kam man der monarchistischen Bewegung entgegen, die seit 1933 immer stärker hervorgetreten war. Sie manifestierte sich in der Weise, daß Hunderte österreichischer Gemeinden — allerdings mit Gemeindevertretungen, die nicht gewählt, sondern autoritär bestellt worden waren — den Sohn des letzten österreichischen Kaisers Karl I., Dr. Otto Habsburg, zum Ehrenbürger ernannten. Außenpolitisch ging die Regierung Dollfuß vollkommen auf italienischen Kurs. Schon am 17. März 1934 waren zwischen Italien, Österreich und Ungarn die sogenannten „Römischen Protokolle" abgeschlossen worden, die eine nähere politische, kulturelle und wirtschaftliche Zusammenarbeit der drei Vertragspartner vorsahen. In der letzten Sitzung des österreichischen Nationalrates am 30. April 1934, von der die sozialdemokratischen Abgeordneten unfreiwillig ferngeblieben waren, wurden außer der neuen Verfassung auch noch die Verträge Österreichs mit dem Heiligen Stuhl gebilligt. Durch sie wurde ein neues Konkordat geschaffen. Der Nationalrat genehmigte in einer kurzen Sitzung, die jetzt auf einmal möglich geworden war, 471 Verordnungen der Bundesregierung. Sie waren seit dem 4. März 1933 erlassen worden. Außerdem wurde das „Bundesverfassungsgesetz über außerordentliche Maßnahmen im Bereich der Verfassung" beschlossen. Alle Regierungsvorlagen wurden mit 74 Stimmen der Christlichsozialen, des Landbundes und des Heimatblocks gegen 2 Stimmen der Großdeutschen angenommen.

Auch die erbittertsten Gegner des Marxismus und der Sozialdemokratie können nicht behaupten, daß sich die Februarkämpfe gegen die staatliche Selbständigkeit und die Souveränität Österreichs gerichtet hätten. Auch bei einem Sieg der Sozialdemokraten wäre der Kampf gegen den Nationalsozialismus und für die unabhängige Republik weitergegangen. Anders war es jedoch mit dem Versuch der Nationalsozialisten im gleichen Jahr, die Macht in Österreich an sich zu reißen. Hier ging es nicht um eine innenpolitische Auseinandersetzung, sondern um die Auslöschung Österreichs als eines Gliedes der Völkergemeinschaft. Die Ursachen des 25. Juli 1934 liegen in dem unbezähmbaren Willen der Nationalsozialisten, ganze Arbeit zu tun. Die in München amtierende sogenannte „österreichische Gauleitung" wollte nicht mehr auf das Ergebnis außenpolitischer Aktionen warten. Eine Reihe von Nationalsozialisten, die meisten von ihnen wegen Bombenanschlägen oder Sabotageakten gerichtlich verfolgt, flüchteten nach Bayern und bildeten hier die „Österreichische Legion". Sie wurde für einen kommenden militärischen Einsatz in Österreich ausgerüstet und gedrillt. Man war noch im Jahr 1933 der Meinung gewesen, daß sich Dollfuß nur Wochen, höchstens einige Monate halten könne. Jetzt verfolgte man die Konsolidierung des autoritären Regimes Dollfuß mit Wut. Die Möglichkeit eines Treffens zwischen Hitler und Mussolini ließ die Frage aufkommen, wie sich Italien in bezug auf Österreich verhalten werde. Bei der Zusammenkunft der beiden Diktatoren am 14. Juni 1934 in Venedig forderte Hitler Neuwahlen in Österreich und Beteiligung der Nationalsozialisten an der Regierung. Dafür wollte er die wirtschaftlichen Fragen im engsten Einvernehmen mit Italien lösen. Mussolini nahm diese Feststellungen zur Kenntnis, ohne sie anzunehmen oder abzulehnen. Als einziges praktisches Resultat der Zusammenkunft wurde die Bereitschaft festgestellt, daß Deutschland und Italien sich in ihrer Zusammenarbeit wegen der Differenzen in der österreichischen Frage nicht behindern lassen wollten. Die österreichischen Nationalsozialisten waren über dieses Ergebnis enttäuscht, und sie erkannten, Mussolini werde Dollfuß nicht fallenlassen. Seit 1933 war eine merkwürdige persönliche Vertrautheit zwischen den beiden Männern entstanden, die möglicherweise auf die gleiche soziale Herkunft aus den breiten Schichten des Volkes zurückzuführen ist.

Der Putschplan der Nationalsozialisten wurde auf einer Zusammenkunft in Zürich am 25. Juni ausgeheckt. Der SS-Sturmbannführer Fridolin Glass befehligte eine aus ehemaligen Bundesheersoldaten zusammengestellte SS-Standarte. Mit ihr wollte er die österreichische Bundesregierung während eines Ministerrats überraschen und gefangensetzen. Man war zur Überzeugung gekommen, daß ein Nachgeben der Regierung Dollfuß nicht mehr erwartet werden könne. Eine deutliche Spannung zwischen der eigentlichen Partei und der SA trat in Erscheinung, ein Vorbote jener Ereignisse, die wenige Tage später, am 30. Juni 1934, in Deutschland zu dem blutigen Massaker führen sollte, dessen Berechtigung sich Hitler später als „oberster Gerichtsherr der Nation" von dem ihm gefügigen Reichstag bestätigen ließ. Die Verschwörer von Zürich hatten nicht die Absicht, sofort eine offene nationalsozialistische Diktatur in Österreich zu errichten. Des Scheines halber und um das Ausland zu täuschen wollte man einen Nichtnationalsozialisten als Strohmann an die Spitze der Regierung stellen. Man fand ihn im früheren, langjährigen christlichsozialen Landeshauptmann der Steiermark, dem ehrgeizigen Dr. Anton Rintelen (1876—1946), den Dollfuß als seinen potentiellen Gegenspieler auf den Botschafterposten nach Rom abgeschoben hatte. Rintelen ersuchte am 11. Juli die Verschwörer, die Aktion noch im gleichen Monat durchzuführen, da er Rückwirkungen anläßlich des bevorstehenden Treffens zwischen Mussolini und Dollfuß fürchtete. Ermutigt wurden die Nationalsozialisten durch ausbrechende Zwistigkeiten im österreichischen Regierungslager, in deren Verlauf Dollfuß den Major Fey aus der Leitung des Sicherheitswesens entfernte. Von Fey sagt ein Bericht des deutschen Gesandten Rieth, daß Feys Absicht, „noch rechtzeitig zu den früher scharf von ihm bekämpften Nationalsozialisten überzugehen, ... glaubhaft" erscheine. Auch Starhemberg versuchte durch Mittelsmänner Verbindungen zu Hitler anzuknüpfen.

Der Putsch der Nationalsozialisten sollte eigentlich am 24. Juli stattfinden. Im letzten Augenblick verschob Dr. Dollfuß den Ministerrat auf den nächsten Tag. So wurde auch der Putsch verschoben. Die Erhebung begann in den Mittagsstunden des 25. Juli 1934. Eine Abteilung der SS-Standarte 89, in Uniformen des österreichischen Bundesheeres, besetzte das Gebäude der österreichischen Radiogesellschaft und zwang den Sprecher, den Rücktritt der Regierung Dr. Dollfuß und die Bildung einer neuen Regierung durch Dr. Rintelen anzusagen. Gleichzeitig drang eine andere Abteilung, die sich in der Bundesturnhalle des „Deutschen Turnerbundes" in der Siebensterngasse im 7. Wiener Gemeindebezirk versammelt und österreichische Uniformen angezogen hatte, in das Bundeskanzleramt am Wiener Ballhausplatz ein. Dr. Dollfuß hatte den Ministerrat vorzeitig abgebrochen; die meisten Teilnehmer befanden sich schon außerhalb des Hauses. So mißglückte der Plan, die gesamte Regierung gefangenzusetzen. Nur Bundeskanzler Dr. Dollfuß wurde angeschossen und schwer verwundet. Die Nationalsozialisten ließen ihn trotz seiner inständigen Bitten ohne ärztliche Hilfe und verwehrten dem Sterbenden den priesterlichen Beistand. Dr. Dollfuß erlag einige Stunden später — wahrscheinlich gegen 15 Uhr — seinen Verletzungen. Eine deutsche Presseagentur hatte schon einen Tag v o r h e r die Nachricht vom Tod des Bundeskanzlers Dr. Dollfuß gebracht.

Zur großen Enttäuschung der Nationalsozialisten zeigte der überwiegende Teil der österreichischen Bevölkerung an einer Machtergreifung der NSDAP in Österreich kein Interesse. Der Regierung gelang es binnen weniger Tage mit Hilfe von Bundesheer, Gendarmerie und den Wehrverbänden, dem nationalsozialistischen Aufstand ein Ende zu bereiten. Nur in einzelnen Teilen der Steiermark und in Kärnten kam es zu größeren Aktionen der Nationalsozialisten. Der bereits vorbereitete Einmarsch der „Österreichischen Legion" und anderer Verbände aus Deutschland unterblieb, da Mussolini drei italienische Divisionen zum Schutz Österreichs an der Brennergrenze Aufstellung nehmen ließ. Die flüchtigen Nationalsozialisten wurden vom Königreich Jugoslawien aufgenommen.

Noch während die Nationalsozialisten das Bundeskanzleramt besetzt hielten, hatte sich der bisherige Unterrichtsminister Dr. Kurt Schuschnigg (geb. 1897) mit dem Bundespräsidenten Miklas in Verbindung gesetzt; dieser übertrug ihm die vorläufige Führung der Geschäfte. Schuschnigg bildete nach wenigen Tagen die neue Bundesregierung. Die gefangenen Haupträdelsführer des Putsches, darunter diejenigen, die als Mörder des Bundeskanzlers Dr. Dollfuß galten, wurden hingerichtet; Dr. Rintelen erhielt lebenslänglichen Kerker. Fey, dessen Haltung während des Putsches nie völlig geklärt werden konnte, schied aus der Regierung aus. Anstelle von Dr. Dollfuß wurde Ernst Rüdiger Starhemberg Führer der Vaterländischen Front.

Die letzten Jahre des Ständestaates

Das vorübergehende Ende der österreichischen Unabhängigkeit war in erster Linie eine Folge der außenpolitischen Entwicklung. Mussolini hatte 1934 durch seine militärische Aktion Deutschland davon abgehalten, sich in Österreich einzumischen. Jetzt begann der italienische Regierungschef im Oktober 1935 einen Eroberungskrieg gegen das afrikanische Kaiserreich Äthiopien (Abessinien). Der Völkerbund verurteilte daraufhin Italien als Angreifer und beschloß wirtschaftliche Sanktionen. Österreich erklärte, sich an ihnen nicht beteiligen zu können. Dies trug, ebenso wie die Kämpfe im Februar 1934, dazu bei, daß das demokratische Ausland — Frankreich, Großbritannien und die Vereinigten Staaten von Amerika — in Österreich einen faschistischen Staat sahen, dessen Regierungssystem nicht weniger als das Deutschlands oder Italiens abzulehnen sei. Dazu kam die immer stärker werdende Freundschaft zwischen Hitler und Mussolini. Die wirtschaftlichen Schwierigkeiten, in die Italien durch die Völkerbundsanktionen geraten war, konnten eher von Deutschland als von Österreich gelöst werden. Hitler hatte schon 1933 den Völkerbund verlassen und fühlte sich an keinen seiner Beschlüsse gebunden. Österreich wurde mitten in der kritischsten Zeit außenpolitisch völlig isoliert. Anders als Dollfuß, fand Schuschnigg, Aristokrat und Südtiroler von Geburt, zu Mussolini kein näheres Verhältnis. Die Beziehungen Österreichs zu den Nachbarn im Donauraum litten unter deren Furcht vor einer habsburgischen Restauration. Sie schien innenpolitisch in Österreich auf der Tagesordnung zu stehen. Bundeskanzler Dr. Schuschnigg bekannte sich offen als Monarchist. Die Landesverweisung des Hauses Habsburg-Lothringen und die 1919 erfolgte Beschlagnahme des habsburg-lothringischen Vermögens wurden von der Regierung aufgehoben. In dieser Situation schloß Österreich durch Vermittlung des deutschen Botschafters von Papen, der nach dem Tode des Bundeskanzlers Dr. Dollfuß von Hitler nach Wien entsandt worden war, damit er als Katholik und durch seine konziliante Art Österreich für den Nationalsozialismus reif mache, am 11. Juli 1936 ein Abkommen mit der deutschen Reichsregierung. Diese anerkannte die Unabhängigkeit Österreichs und bezeichnete den österreichischen Nationalsozialismus als eine innere Angelegenheit Österreichs. Und Österreich machte das Zugeständnis, daß es eine „deutsche" Politik machen werde, also mit anderen Worten, sich außenpolitisch als „zweiter deutscher Staat" und damit als Satellit des nationalsozialistischen Deutschen Reiches betrachte. Infolge einer großzügigen Amnestie — großzügiger, als man sie den Kämpfern des Februar 1934 gewährte — wurde eine Anzahl Nationalsozialisten aus den Gefängnissen befreit.

Die Ausrufung der Republik am 12. November 1918 vor dem Wiener Parlament

Neues Oesterreich

Preis 10 Pfennig

ORGAN DER DEMOKRATISCHEN EINIGUNG

Folge 6 | Samstag, 28. April 1945 | 1. Jahrgang

Proklamation

Angesichts der Tatsache,

daß der Anschluß des Jahres 1938 nicht wie dies zwischen zwei souveränen Staaten selbstverständlich ist, zur Wahrung aller Interessen durch Verhandlungen von Staat zu Staat vereinbart und durch Staatsverträge abgeschlossen,

sondern durch militärische Bedrohung von außen und den hochverräterischen Terror einer nazifaschistischen Minderheit eingeleitet, einer wehrlosen Staatsleitung abgelistet und abgepreßt,

endlich durch militärische kriegsmäßige Besetzung des Landes dem hilflos gewordenen Volke Österreichs aufgezwungen worden ist,

angesichts der weiteren Tatsachen,

daß die so vollzogene Annexion des Landes sofort mißbraucht worden ist,

alle zentralen staatlichen Einrichtungen der ehemaligen Bundesrepublik Österreich, seine Ministerien und sonstigen Regierungseinrichtungen zu beseitigen und deren Bestände nach Berlin wegzuführen, so den historisch gewordenen einheitlichen Bestand Österreichs aufzulösen und vollkommen zu zerstören,

Österreichs Hauptstadt Wien, die vielhundertjährige glorreiche Residenzstadt zu einer Provinzstadt zu degradieren,

die Bundesländer aller ihrer geschichtlichen Selbstregierungsrechte zu berauben und zu willenlosen Verwaltungssprengeln unberufener und dem Volke unverantwortlicher Statthalter zu machen

und darüber hinaus angesichts der Tatsachen,

daß diese politische Annexion Österreichs zur wirtschaftlichen und kulturellen Beraubung Wiens und der österreichischen Bundesländer ausgenützt und mißbraucht worden ist,

die Österreichische Nationalbank aufzuheben und ihren Goldschatz nach Berlin zu entführen, alle großen Unternehmungen Österreichs reichsdeutschen Firmen einzuverleiben

und so das österreichische Volk aller selbständigen Verfügung über die natürlichen Quellen seines Wohlstandes zu berauben;

daß dieser Mißbrauch endlich dem österreichischen Volke auch seine geistigen und kulturellen Hilfsquellen verkümmert hat, indem er die unermeßlichen Kunst- und Kulturschätze des Landes, welche selbst der harte Friede von Saint-Germain durch ein 20jähriges Verbot vor jeder Veräußerung geschützt hat, der Verschleppung außer Landes preisgegeben hat,

und endlich angesichts der Tatsache,

daß die nationalsozialistische Reichsregierung Adolf Hitlers kraft dieser völligen politischen, wirtschaftlichen und kulturellen Annexion des Landes das macht- und willenlos gemachte Volk Österreichs in einen sinn- und aussichtslosen Eroberungskrieg geführt hat, den kein Österreicher jemals gewollt hat, jemals vorauszusehen oder gutzuheißen instand gesetzt war, zur Bekriegung von Völkern, gegen die kein wahrer Österreicher jemals Gefühle der Feindschaft oder des Hasses gehegt hat,

in einen Eroberungskrieg, der von den Eisfeldern des hohen Nordens bis zu den Sandwüsten Afrikas, von der stürmischen Küste des Atlantiks bis zu den Felsen des Kaukasus

viele Hunderttausende der Söhne unseres Landes, beinahe die ganze Jugend- und Manneskraft unseres Volkes, bedenkenlos hingeopfert hat,

um zum Schlusse noch unsere heimatlichen Berge als letzte Zuflucht gescheiterter Katastrophenpolitiker zu benützen und kriegerischer Zerstörung und Verwüstung preiszugeben,

angesichts dieser Tatsachen und in Hinblick darauf,

daß durch die drei Weltmächte in wiederholten feierlichen Deklarationen,

insbesondere in der Deklaration der Krimkonferenz und in der Konferenz der Außenminister Hull, Eden und Molotow zu Moskau Oktober 1943 festgelegt worden ist,

„Die Regierungen Großbritanniens, der Sowjetunion und der Vereinigten Staaten von Amerika kamen überein, daß Österreich, das erste freie Land, das der Hitlerschen Aggression zum Opfer gefallen ist, von der deutschen Herrschaft befreit werden muß.

Sie betrachten den Anschluß, der Österreich am 15. März 1938 von Deutschland aufgezwungen worden ist, als null und nichtig.

Sie geben ihrem Wunsche Ausdruck, ein freies und wiederhergestelltes Österreich zu sehen und dadurch dem österreichischen Volke selbst, ebenso wie anderen benachbarten Staaten, vor denen ähnliche Probleme stehen werden, die Möglichkeit zu geben, diejenige politische und wirtschaftliche Sicherheit zu finden, die die einzige Grundlage eines dauerhaften Friedens ist,"

angesichts der angeführten Tatsachen und in Hinblick auf die feierlichen Erklärungen der drei Weltmächte, denen sich inzwischen beinahe alle Regierungen des Abendlandes angeschlossen haben,

erlassen die unterzeichneten Vertreter aller antifaschistischen Parteien Österreichs ausnahmslos die nachstehende

Unabhängigkeitserklärung.

Art. I: Die demokratische Republik Österreich ist wiederhergestellt und im Geiste der Verfassung von 1920 einzurichten.

Art. II: Der im Jahre 1938 dem österreichischen Volke aufgezwungene Anschluß ist null und nichtig.

Art. III: Zur Durchführung dieser Erklärung wird unter Teilnahme aller antifaschistischen Parteirichtungen eine Provisorische Staatsregierung eingesetzt und vorbehaltlich der Rechte der besetzenden Mächte mit der vollen Gesetzgebungs- und Vollzugsgewalt betraut.

Art. IV: Vom Tage der Kundmachung dieser Unabhängigkeitserklärung sind alle von Österreichern dem Deutschen Reiche und seiner Führung geleisteten militärischen, dienstlichen oder persönlichen Gelöbnisse nichtig und unverbindlich.

Art. V: Von diesem Tage an stehen alle Österreicher wieder im staatsbürgerlichen Pflicht- und Treueverhältnis zur Republik Österreich.

In pflichtgemäßer Erwägung des Nachsatzes der erwähnten Moskauer Konferenz, der lautet:

„Jedoch wird Österreich darauf aufmerksam gemacht, daß es für die Beteiligung am Kriege auf seiten Hitlerdeutschlands Verantwortung trägt, der es nicht entgehen kann, und daß bei der endgültigen Regelung unvermeidlich sein eigener Beitrag zu seiner Befreiung berücksichtigt werden wird",

wird die einzusetzende Staatsregierung ohne Verzug die Maßregeln ergreifen, um jeden ihr möglichen Beitrag zu seiner Befreiung zu leisten, sieht sich jedoch genötigt, festzustellen, daß dieser Beitrag angesichts der Entkräftung unseres Volkes und Entgüterung unseres Landes zu ihrem Bedauern nur bescheiden sein kann.

Urkund dessen die eigenhändigen Unterschriften der Vorstände der politischen Parteien Österreichs:

Für den Vorstand der österreichischen Sozialdemokratie, nunmehr Sozialistische Partei Österreichs (Sozialdemokraten und Revolutionäre Sozialisten):

Dr. Karl Renner m. p.

Dr. Adolf Schärf m. p.

Für den Vorstand der Christlichsozialen Volkspartei bzw. nunmehr Österreichische Volkspartei:

Leopold Kunschak m. p.

Für die Kommunistische Partei Österreichs:

J. Koplenig m. p.

Es lebe die Republik Oesterreich!

Die freie unabhängige demokratische Republik Österreich ist wieder erstanden!

Der 27. April 1945 wird für die Zukunft und die Geschichte Österreichs denkwürdig sein. An diesem Tage hat sich nach siebenjähriger deutscher Fremdherrschaft die Provisorische Regierung der Republik Österreich konstituiert. Der uns aufgezwungene sogenannte „Anschluß" an Deutschland wird für null und nichtig erklärt. Österreich ist wieder frei und unabhängig!

Die Wiedergeburt Österreichs ist vor allem der Roten Armee zu danken. Sie hat in unwiderstehlichem Ansturm die deutschen Eroberer aus Wien und einem großen Teil unseres Landes hinausgeworfen. Sie säubert die noch besetzten Gebiete unseres Vaterlandes von der Nazipest. Niemals wird das österreichische Volk diese befreiende Tat der Roten Armee vergessen. Im Gedächtnis kommender Geschlechter wird es unauslöschlich weiterleben, daß die Dritte Ukrainische Front unter der Führung ihres ruhmvollen Marschalls Tolbuchin die großmütigen Beschlüsse der Moskauer Konferenz und der Krimkonferenz über die Befreiung Österreichs verwirklicht hat.

Marschall Tolbuchin hat der Regierung die weitgehende Unterstützung der Roten Armee zugesagt.

Die Provisorische Regierung der Republik ist aus einer Vereinbarung aller demokratischen Parteien hervorgegangen. Die führenden Repräsentanten der Sozialistischen Partei, der Österreichischen Volkspartei, der Kommunistischen Partei Österreichs und des demokratischen Flügels des ehemaligen Landbundes haben feierlich ihre Bereitschaft bekundet, die volle Verantwortung für den Aufbau und das Gedeihen des Staates zu übernehmen. Es gibt auf den Trümmern, die Hitlerdeutschland uns hinterlassen hat, keinerlei Opposition, es gibt nur Parteien, die rückhaltlos entschlossen sind, ihre ganze Kraft für die Überwindung der Schwierigkeiten, für die Errichtung und Festigung der Republik einzusetzen. Arbeiter, Bauern und Bürger haben sich zusammengeschlossen, um in gemeinschaftlicher Arbeit die Grundlagen für den künftigen Frieden und das künftige Glück unseres Volkes zu legen.

Die Provisorische Regierung verkörpert in ihrer Zusammensetzung sämtliche Schichten und Weltanschauungen des österreichischen Volkes, das in seiner überwältigenden Mehrheit demokratisch empfindet und das nazistische Verbrechertum verabscheut. An der Spitze der Regierung steht Dr. Karl Renner, der erste Kanzler der Republik und der letzte demokratische Präsident des österreichischen Parlaments; es ist dies ein Symbol dafür, daß wir den sogenannten „Anschluß" nicht anerkennen, daß wir die Zeit der Okkupation als ein rechtswidriges Zwischenspiel betrachten, daß für uns die freie Republik wieder aus den Kerkern der deutschen Gewaltherrschaft hervortritt. Ebenso repräsentiert der alte und ehrenwerte christliche Arbeiterführer Kunschak, der in dieser Zeit der österreichischen Entscheidung an die Seite des Kanzlers tritt, die niemals erloschenen Traditionen Österreichs. Neben den Führern der alten Regierungsparteien steht der Sekretär der Kommunistischen

Die Unabhängigkeitserklärung der provisorischen österreichischen Regierung vom 27. April 1945

Die Hoffnung trog, daß nunmehr die illegale Tätigkeit der NSDAP in Österreich aufhören werde. Auch die Aufnahme von zwei sogenannten „national betonten" — wie sich später herausstellte, eindeutig nationalsozialistischen — Männern in die Regierung Schuschnigg änderte nichts daran. Diese Männer waren der Generalstaatsarchivar Dr. h. c. Edmund Glaise-Horstenau als Minister ohne Portefeuille und der Kabinettsvizedirektor Dr. Guido Schmidt als Staatssekretär für Äußeres. Es gelang Schuschnigg, den Einfluß des Heimwehrführers Ernst Rüdiger Starhemberg weitgehend auszuschalten. Der Bundeskanzler übernahm am 14. Mai 1936 selbst die Führung der Vaterländischen Front und löste am 10. Oktober des gleichen Jahres sämtliche Wehrverbände auf, die nunmehr in einer „Frontmiliz" unter dem Oberbefehl von Feldmarschalleutnant Ludwig Hülgerth — schon aus den Kärntner Abwehrkämpfen bekannt — zusammengefaßt werden sollten. Wohin die Entwicklung trieb, zeigte ein Artikel im offiziellen „Giornale d'Italia" vom 28. Februar 1937 — dem letzten Tag des Staatsbesuches von Bundeskanzler Dr. Schuschnigg bei Mussolini —, in dem es hieß: „Tatsächlich werden die Nationalsozialisten bald dazu aufgerufen werden, die Verantwortung in der Vaterländischen Front zu teilen, was den ersten Schritt zu einer direkten Teilnahme an der Regierung in Österreich bilden wird." Die so vorangekündigte „Teilnahme" wurde den Nationalsozialisten schon am 17. Juni 1936 im Rahmen eines sogenannten „Volkspolitischen Referats" ermöglicht. Es stand unter der Leitung des Staatsrates Dr. Arthur Seyß-Inquart (1892—1946) und stellte praktisch eine neue NSDAP in Österreich dar.

Dabei verlief die wirtschaftliche Entwicklung in Österreich zugunsten der Bundesregierung. Die Weltwirtschaftskrise war im Abflauen; man spürte dies auch in Österreich. Die Durchschnittszahl der unterstützten Arbeitslosen betrug 1932 317.000, 1933 330.000, 1934 281.000, 1935 263.000, 1936 259 000 und 1937 233.000. Zu diesen Zahlen sind jeweils etwa 40 bis 50 Prozent nichtunterstützte Arbeitslose zu rechnen. Die Devisen- und Goldbestände der österreichischen Nationalbank erlaubten es, die Währung wertbeständig zu halten. Der am 6. November 1931 als Finanzkontrollor des Völkerbundes in Österreich eingesetzte Holländer Rost van Toningen legte am 5. August 1936 sein Amt zurück, da „die Anwesenheit eines ausländischen Finanzkontrollors in Österreich überflüssig geworden sei". Die Gold- und Devisenvorräte bestanden am 13. März 1938 aus 91.256 kg gemünztem und ungemünztem Gold. Der Wert eines Kilos entsprach 6000 Schilling. Das Defizit im Außenhandel sank 1937 auf 237 Millionen herab; 1931 hatte es noch 870 Millionen Schilling betragen. Der Fremdenverkehr entwickelte sich trotz des deutschen Boykotts zufriedenstellend. Die deutschen Reisenden wurden weitgehend von Franzosen und Engländern, ja sogar schon von Amerikanern ersetzt. Auf dem Gebiet der Lebensmittelversorgung war Österreich so gut wie autark geworden. Im Jahr 1937 deckte die Landwirtschaft etwa 70 Prozent des Eigenbedarfs an Getreide, 90 Prozent des Fett- und Fleischbedarfs und 100 Prozent des Erdäpfel-, Zucker- und Milchkonsums. Der Bau der Wasserkraftwerke wurde begonnen; die Großglocknerstraße als ein Werk österreichischer Ingenieurleistung fertiggestellt.

All das konnte Hitler von seinem Plan, Österreich zu besetzen, nicht abbringen. Der offene Terror der Nationalsozialisten hörte seit dem Juliabkommen 1936 auf, aber anläßlich des Besuchs des deutschen Außenministers Freiherr von Neurath in Wien am 22. und 23. Februar 1937 kam es zu organisierten nationalsozialistischen Demonstrationen. Am 5. November 1937 erklärte Adolf Hitler nach dem sogenannten „Hoßbach-Protokoll": „Die Einverleibung der Tschechei und Österreichs können den Gewinn von Nahrungsmitteln für 5 und 6 Millionen Menschen bedeuten, unter Zugrundelegung, daß eine zwangsweise Emigration aus der Tschechei von zwei und aus Österreich von einer Million Menschen zur Durchführung gelangt." Für Hitlers Pläne bedeutete die Besetzung Österreichs vor allem eine Stärkung der deutschen Wehrkraft für den geplanten Krieg. Die auf hohen Touren laufende nationalsozialistische Propaganda versuchte freilich auch weiterhin, die „Lebensunfähigkeit" Österreichs zu verkünden, obgleich diese Behauptung den wirtschaftlichen Tatsachen völlig widersprach.

Um freie Hand bei seinen Kriegsplänen zu erhalten, entließ Hitler am 4. Februar 1938 eine Reihe bisher führender Persönlichkeiten der deutschen Wehrmacht und der deutschen Diplomatie, die mit einem gewaltsamen Vorgehen gegen Österreich — nicht um Österreichs willen, sondern weil sie außenpolitische Rückwirkungen fürchteten — nicht einverstanden waren. Zu ihnen gehörten der Reichsaußenminister Neurath, Generaloberst Fritsch und Reichskriegsminister Blomberg. An ihre Stelle traten die Generäle Brauchitsch und Keitel. Der neue Reichsaußenminister war der fanatische Nationalsozialist Joachim von Ribbentrop.

Der aus gleichem Grund abberufene deutsche Botschafter in Wien, Herr v. Papen, veranlaßte Bundeskanzler Dr. Schuschnigg, am 12. Februar 1938 Hitler einen Besuch auf dem Obersalzberg im Berchtesgadner Land zu machen. Der österreichische Regierungschef wurde unter schweren Druck gesetzt und beinahe wie ein Gefangener behandelt. Hitler drohte mit dem sofortigen Einmarsch, wenn man nicht den österreichischen Nationalsozialisten die Macht übergebe. Nach neunstündiger Unterredung kehrte Schuschnigg nach Österreich zurück, ohne jedoch der Öffentlichkeit die Gefährlichkeit der Lage zu enthüllen.

Bei einer Regierungsumbildung, die Schuschnigg gezwungenermaßen vornahm, wurde Dr. Seyß-Inquart zum Innenminister ernannt und fast alle noch im Gefängnis befindlichen Nationalsozialisten entlassen. Unter der wohlwollenden Ägide von Seyß-Inquart täuschten die Nationalsozialisten in Österreich eine „Volkserhebung" vor. Aber es versammelten sich ebenso — halb illegal — die Vertreter der österreichischen Arbeiterschaft am 17. Februar 1938 in Wien und erklärten ihren unerschütterlichen Willen, „für die Freiheit, Unabhängigkeit und Würde Österreichs" einzutreten. Sie versicherten dem Bundeskanzler, daß die gesamte österreichische Arbeiterschaft ohne Rücksicht auf sonstige Gegensätze in dieser Frage geschlossen hinter ihm stünde. Diese echte „Volksabstimmung" zeigte, wie schwach die Position der Nationalsozialisten in Wirklichkeit war. So wurden in der Steiermark bei einer Bevölkerung von 1,005.083 Einwohnern nach dem deutschen Einmarsch im ganzen 6751 und im Burgenland mit 286.296 Einwohnern volle 180 organisierte Nationalsozialisten gezählt. Die Zahl nationalsozialistischer W ä h l e r stimmen war allerdings bedeutend höher.

Schuschnigg kündigte auf einer Versammlung in Innsbruck am 9. März eine Volksabstimmung an. Jetzt erkannte Hitler, daß er rasch handeln müsse, sollte nicht die Öffentlichkeit erfahren, daß die nationalsozialistische Propaganda, ganz Österreich stünde hinter Hitler, nichts als eine große Übertreibung darstellte. Unvoreingenommene ausländische Beobachter erklärten wenige Tage später einstimmig, daß Schuschnigg etwa 60 bis 70 Prozent aller Stimmen erhalten hätte. Aber es kam nicht so weit. Während in den Straßen die Österreicher, Katholiken und Sozialisten, Christlichsoziale und Kommunisten, gemeinsam für Österreich demonstrierten, übermittelte der deutsche Feldmarschall Göring Schuschnigg die Drohung, er werde mit 200.000 Mann einmarschieren, würde nicht binnen zwei Stunden Seyß-Inquart zum österreichischen Bundeskanzler ernannt. Der Versuch der österreichischen Regierung, das Ausland um Hilfe zu bitten, scheiterte. Mussolini ließ sich vor Schuschnigg verleugnen, in Frankreich und England fanden gerade Regierungsumbildungen statt und machten beide Staaten im Augenblick handlungsunfähig. Da überreichte Schuschnigg am Abend des 11. März 1938 dem Bundespräsidenten sein Rücktrittsgesuch. In einer ergreifenden Abschiedsrede nahm er im Rundfunk vom österreichischen Volk Abschied. Seine letzten Worte waren: „Gott schütze Österreich!“ Schuschnigg hatte sich bis zum letzten Augenblick geweigert, den von vielen Männern der Vaterländischen Front, aber auch schon von den kampfbereiten Teilen der Arbeiterschaft erwarteten und verlangten Befehl an das österreichische Bundesheer zu geben, dem Einmarsch der deutschen Truppen Widerstand zu leisten. Friedrich Fritz hat in seiner im März 1968 erschienenen Schrift „Der deutsche Einmarsch in Österreich 1938“ dokumentarisch nachgewiesen, daß es sich dabei um einen kriegsmäßigen Einmarsch handelte, auch wenn von österreichischer Seite kein Widerstand geleistet wurde. Ein kriegsmäßiges Vorgehen ist nämlich nach allen Regeln der Strategie auch dann gegeben, wenn der Kampf angeboten, aber vom Gegner nicht angenommen wird. Das österreichische Bundesheer handelte nach dem Befehl Bundeskanzlers Dr. Schuschnigg, der um 20 Uhr die Weisung erteilt hatte: „Wenn deutsche Truppen die Grenze überschreiten, haben sich die Truppen des Bundesheeres in die allgemeine Richtung Osten zurückzuziehen. Es darf kein Schuß abgegeben werden.“ Der österreichische Feldmarschalleutnant Alfred Jansa (1884—1963), der die operativen Pläne für einen allfälligen Widerstand ausgearbeitet hatte, sagte nach dem Ende des Zweiten Weltkrieges aus, daß das Bundesheer im Fall des Kampfes seine Pflicht getan hätte. Hitler hatte allerdings von sich aus befohlen, einen Widerstand der Österreicher mit den brutalsten Mitteln zu brechen. Den deutschen Militärs war bei der ganzen Aktion nicht recht wohl zumute. Der Chef des Generalstabes, Beck, der später eins der Opfer des 20. Juli 1944 wurde, stellte fest: „Die gewaltsame Besetzung ganz Österreichs dürfte so viele Kriegsmaßnahmen im Gefolge haben, daß auch bei einem Gelingen zu befürchten steht, daß das zukünftige deutsch-österreichische Verhältnis nicht unter dem Zeichen des Anschlusses, sondern des Raubes stehen wird.“ Die deutsche Wehrmacht war bei ihrem Einmarsch zum Teil unvorbereitet. Ein deutscher Panzerverband lag in Passau aus Treibstoffmangel fest. Im Lauf des 12. März 1938 mußten die deutschen Panzer ihren Treibstoff aus österreichischen (!) Tankstellen beziehen. Der deutsche Generalstab besaß keine Landkarten. General Guderian empfahl deshalb seinen Unterführern, sich mit Hilfe von Baedeckern (!) in Österreich zu orientieren. Die deutschen Flugzeuge führten keine Bomben mit sich. Im ganzen rückten etwa 100.000 Mann in Österreich ein. Unter diesen Umständen ist die oft vertretene Meinung nicht ganz von der Hand zu weisen, daß ein österreichischer Widerstand von nur einigen Stunden die Situation gewandelt hätte. Nicht nur daß dann ein Eingreifen der Westmächte denkbar gewesen wäre, deutsche Widerstandsgruppen innerhalb der deutschen Wehrmacht hätten vielleicht die Gelegenheit benützt, ihrerseits schon damals gegen Hitler loszuschlagen. Bemerkenswert erscheint es ferner, daß — wie Vinzenz Ludwig Ostry in einem Gedenkaufsatz im März 1968 mitteilte — „Göring, dem von Hitler die Leitung der Aktion gegen Österreich übertragen wurde, ... in seinen Telephonaten, deren aufgezeichneter Text erhalten ist, von zwei (!) Völkern und zwei Nationen (!) sprach, die miteinander vereinigt werden sollten. Den geschichtlich und politisch falschen Ausdruck ‚Heimkehr Österreichs ins Reich' gebrauchte die Propaganda."

Bundespräsident Wilhelm Miklas weigerte sich, nach dem Rücktritt der Regierung Schuschnigg Seyß-Inquart mit der Regierungsbildung zu betrauen. Daraufhin übernahm dieser eigenmächtig in einer Rundfunkrede die Geschäfte und begann als Regierungschef zu amtieren. Der Versuch des Wiener Bürgermeisters, Richard Schmitz, im letzten Augenblick eine Koalitionsregierung mit sozialdemokratischen Ministern zu bilden und die Arbeiterschaft zu bewaffnen, kam zu spät.

In Berlin gab man vor, Seyß-Inquart habe als neuer Bundeskanzler um den Einmarsch deutscher Truppen gebeten, die die „Ruhe und Ordnung" aufrechterhalten sollten. Schon am ersten Tag der nationalsozialistischen Machtübernahme in Österreich wurden über 70.000 Personen verhaftet und zehntausende Österreicher aus Amt und Beruf gejagt und brotlos gemacht. Hitlers psychopathischer Haß gegen Österreich zeigte sich darin, daß er selbst den Namen Österreich beseitigte. Aus Österreich wurde die „Ostmark" — es ist dies die einzige Periode der österreichischen Geschichte, in der dieser Name wirklich „amtlich" war —; später nannte man das besetzte Land einfach die „Donau- und Alpen-Reichsgaue". Selbst die Stammländer verloren ihre Bezeichnung; aus Niederösterreich wurde „Niederdonau", aus Oberösterreich „Oberdonau". Bei seiner Vernehmung in Nürnberg sagte 1946 Baldur von Schirach, früher Gauleiter von Wien, aus, Hitler habe ihm gegenüber noch 1943 von seinem maßlosen Haß gegen Wien und Österreich Beweise gegeben. „Hitler sprach unter anderm gegen 4 Uhr morgens ein Wort aus, das ich aus historischen Gründen hier festhalten will", stellte Baldur von Schirach fest. „Er sagte: ‚Wien hätte eigentlich nie in den Verband des Großdeutschen Reiches aufgenommen werden dürfen.' Hitler hat Wien nie geliebt. Er hat die Wiener Bevölkerung gehaßt."

Die wissenschaftliche Forschung stellt heute fest, daß es durchaus nicht nur ideale „nationale" Gründe waren, die Hitler zu seinem Vorgehen gegen Österreich veranlaßten. In Deutschland waren die Goldvorräte der Reichsbank knapp geworden. Durch die deutsche Aufrüstung für den geplanten Krieg waren auch die Lebensmittelvorräte verknappt, und der bekannte Ausspruch „Kanonen statt Butter" kennzeichnet die Situation deutlich genug. Die deutsche Kriegsindustrie benötigte ferner die österreichischen Bodenschätze, vor allem den Erzberg. Nur durch die Besetzung des in der nationalsozialistischen und deutschnationalen Propaganda für „lebensunfähig" erklärten Österreich war das nationalsozialistische Regime in der Lage, seine Aufrüstung ungestört weiterzuführen. Es bleibt die historische Schuld der damaligen Regierungen der Großmächte, diese Entwicklung nicht erkannt oder sie zumindest bagatellisiert zu haben. Als einziger Staat der Erde legte die Republik Mexiko am 19. März 1938 dem Generalsekretär des Völkerbundes in Genf eine Note vor, in der es hieß: „Infolge eines Gewaltstreichs hat Österreich aufgehört, als unabhängige Nation zu bestehen... Der politische Tod Österreichs stellt unter den bekannten Umständen ein schweres Attentat gegen die Grundsätze des Völkerrechts dar." Aber diese Note Mexikos hatte keine Wirkung und fand keinen Widerhall bei jenen Regierungen, die im Jahr 1919 zu Saint-Germain-en-Laye die Unabhängigkeit Österreichs zum Grundsätz ihrer Politik in Mitteleuropa gemacht hatten.

Eine Farce, die sich „Volksabstimmung" nannte, ging unter schärfstem nationalsozialistischen Terror bei Verbot jeder Gegenpropaganda und ohne Gewähr einer demokratischen Kontrolle am 10. April 1938 vor sich. Sie erbrachte das von Hitler gewünschte Ergebnis. Gemeinden, in denen authentisch bekannt war, daß es zumindest einige Gegenstimmen gegeben hatte, stimmten gemäß dem offiziellen Ergebnis der „Wahl" hundertprozentig für Hitler. Nur völlige Unkenntnis der Ereignisse kann dieser „Volksabstimmung" einen Wert beimessen.

Auch heute noch bemühen sich vereinzelte Unbelehrbare, diese „Volksabstimmung" zu rechtfertigen und als den „Willensausdruck" eines — in Wahrheit terrorisierten — Volkes auszugeben.

Wie klar dies bereits damals erkannt wurde, zeigt uns die Äußerung im Buch von Georg Wieser: „Ein Staat stirbt (Österreich 1934—1938)", das im Herbst des Unglücksjahres 1938 in Paris in deutscher Sprache als eins der ersten Zeugnisse der österreichischen (linken) Emigration über den März 1938 erschien. Darin heißt es wörtlich: „Eine ältere Frau, die niemals eine eigene politische Meinung gehabt hat, weint, als Schuschnigg seine Abschiedsrede am Freitag, dem 11. März, im Rundfunk hält: sie fühlt sich als begeisterte Österreicherin und verdammt die Nazis. Wenige Tage später, nachdem sie eifrig die neuen Rundfunkberichte gehört hat, schimpft sie weidlich auf Schuschnigg und sein ‚System'. Ein Verwandter, der sie wenige Tage vorher weinen gesehen hat, erinnert sie an ihre Trauer. Darauf die alte Frau: ‚Ja, wenn ich gewußt hätte, was das für ein Gauner ist...!' Gibt es eine deutlichere, wirklichkeitsnähere Kennzeichnung der

Verdummungsmaschinerie, deren sich die Propagandaapparate der Diktaturen bedienen? Der Begeisterungsausbruch der Österreicher in den ersten Wochen des neuen Regimes ist zum großen Teil auf das ‚Trommeln' eines ungeheuren Propaganda-Feldzuges zurückzuführen, bei dem im Bereich eines Sechseinhalbmillionenvolkes Mittel eingesetzt wurden, die schon für einen Sechzigmillionenstaat reichlich bemessen gewesen wären ... So ist es auch zu erklären, daß am Tage der Volksabstimmung, am 10. April, der größte Teil der Wahlberechtigten mit ‚Ja' gestimmt hat. Der Terror der militärischen Besetzung; die Überzeugung, daß die Nazis ohnedies nur das Resultat bekanntgeben würden, das ihnen passe, und daß es eine sinnlose Gefährdung bedeute, wenn man von der Wahl fernbleibe oder mit ‚Nein' stimme; geschickt von den Nazis selbst verbreitete Gerüchte, daß in jeder Urne eine Apparatur eingebaut sei, die die Stimmzettel nach der Abstimmungsnummer ordne; ein von SA-Männern besorgter Wahlschlepperdienst, der schon vor der Mittagsstunde jeden, der noch nicht abgestimmt hatte, mit Verhaftung bedrohte, falls er nicht sofort in das Wahllokal komme — all diese und noch andere Regiekunststücke haben ein Ergebnis zustande gebracht, das den falschen Anschein erweckte, die Österreicher seien vom Anschluß begeistert."

Dieses Zitat gibt dem Sohn des letzten österreichischen Kaisers, Dr. Otto Habsburg, vollkommen recht, der noch am 17. Februar 1938 an Bundeskanzler Dr. Kurt Schuschnigg die warnenden Worte geschrieben hatte: „Sie wissen, daß ich stets für eine Politik weitestgehender Befriedung gegenüber der großen Masse der Arbeiterschaft war, hingegen eine Politik der Nachgiebigkeit gegenüber den Mördern von Dollfuß, gegenüber den nationalsozialistischen Volks- und Vaterlandsverrätern stets verurteilt habe." Und er warnte Schuschnigg weiterhin ausdrücklich vor der „verderblichen Arbeit der Betont-Nationalen" und verlangte, Österreich dürfe „keine wie immer geartete neue Konzession an Deutschland und die österreichischen Betont-Nationalen machen" (vgl. Kurt Schuschnigg: Im Kampf gegen Hitler, Wien, 1969).

Zusammenfassung:

Die Erste Republik stellte den Österreicher vor völlig neue Aufgaben. Aus einer jahrhundertealten Verbindung mit seinen Nachbarn im Donauraum herausgerissen, unterlag er zuerst einem Schock und begann an der Existenzfähigkeit seines Vaterlandes, das noch immer größer als Österreich zur Babenbergerzeit gewesen war, zu zweifeln. Die Weltwirtschaftskrise ließ auch den Parteienstreit ausbrechen. Es war die Tragik Österreichs, daß die Österreicher der verschiedenen Weltanschauungen auf den Barrikaden gegeneinander standen und erst zu spät erkannten, daß sie sich gegen den gemeinsamen Gegner, der die Existenz des Staates mit militärischer Gewalt und Brutalität in Frage stellte, zusammenschließen mußten. Bundeskanzler Dr. Dollfuß und viele andere Österreicher waren die Mordopfer der national-sozialistischen Brutalität.

LAND OHNE NAMEN

Österreich im Zweiten Weltkrieg

Wenn man sich nicht an rein formal-juristische Kriterien hält, muß man zugeben, daß der Zweite Weltkrieg nicht erst am 3. September 1939, sondern bereits am 13. März 1938 begann. Die Besetzung Österreichs war der erste Schritt über die Grenzen des deutschen Reichsgebietes, den Hitler wagte. Die Besetzung des entmilitarisierten Rheinlandes mochte wohl ein Bruch von Friedensvertragsbestimmungen sein, änderte aber nichts an den Grenzen. Die Besetzung Österreichs war die Voraussetzung für die Oktoberkrise 1938, durch die im Münchner Abkommen das Sudetenland an Deutschland fiel; ebenso für die Überrumpelung der Rest-Tschechoslowakei durch Hitler am 15. März 1939 und schließlich für den Angriff auf Polen, der dann die großen Kampfhandlungen auslöste. Die Großmächte hatten nunmehr doch erkannt, daß sich Hitlers Ausdehnungsdrang nicht eindämmen ließe und daß sein nach München gesprochenes Wort, Deutschland habe nunmehr in Europa keine territorialen Forderungen mehr, nicht der Wahrheit entsprach.

Der Zweite Weltkrieg gehört zur Weltgeschichte, nicht aber zur eigentlich österreichischen Überlieferung. Er war kein österreichischer Krieg; Österreich hat als S t a a t an ihm nicht teilgenommen. Eine „Verteidigung der Heimat" lag nicht vor. Der österreichische Patriot mußte sich sogar sagen, daß nur die Niederlage Hitlers die Hoffnung auf eine Wiederherstellung des österreichischen Staates in sich berge. Daß dies anfangs hunderttausenden Österreichern nicht klar war, ist aus den Zeitumständen und der massiven nationalsozialistischen Propaganda her zu erklären, kann aber an der historischen Tatsache nichts ändern.

Da Österreich als Staat am Zweiten Weltkrieg nicht teilgenommen hat, gehören auch die militärischen Ereignisse des Zweiten Weltkrieges nicht zur militärischen Tradition Österreichs. Es gab nach dem 13. März 1938 kein geschlossenes österreichisches Regiment mehr; es gab nur mehr „Ostmärker" — wie sie verächtlich genannt wurden — in der großdeutschen Wehrmacht. Alle aus dem ehemaligen österreichischen Bundesheer hervorgegangenen Einheiten mußten ihre österreichischen Fahnen und Standarten schon im August 1938 gegen deutsche Feldzeichen austauschen. Bei der Überleitung des Bundesheeres in die deutsche Wehrmacht wurden wohl 50 wegen illegaler nationalsozialistischer Tätigkeit im Bundesheer — der illegale Nationalsozialistische Soldatenring hatte es sich zur Aufgabe gemacht, österreichische Offiziere und Soldaten zum Eidbruch an ihrem Vaterland zu verleiten — entlassene Offiziere wieder eingestellt, doch mußten zu gleicher Zeit 12 Generäle, 9 Obersten, 29 sonstige Stabsoffiziere, 5 Hauptleute, 2 Generalärzte und 10 Oberst- beziehungsweise Oberstleutnantärzte wegen ihrer österreichischen Gesinnung den Abschied nehmen. Unter ihnen befand sich der österreichische Staatssekretär für Landesverteidigung, General Wilhelm Zehner. Er fand wenig später durch ein als „Selbstmord" getarntes Verbrechen den Tod. In einer zweiten Säuberungsaktion verabschiedete man weitere 10 Obersten, 38 sonstige Stabsoffiziere und 18 Offiziere niederer Grade. Von 155 Leutnants, die am 20. März 1937 ausgemustert worden waren, blieben nur 55 Prozent in Österreich; die anderen versetzte man rasch in Garnisonen in Deutschland.

Es kann selbstverständlich nicht geleugnet werden, daß hunderttausende Österreicher während des Zweiten Weltkrieges, manche freiwillig, die meisten der Einberufung folgend, in der deutschen Wehrmacht dienten. Sie taten, subjektiv im guten Glauben, ihre Pflicht. Sie kämpften sowohl im hohen Norden als auch auf afrikanischer Erde, in Frankreich, in Italien und in Rußland. Sie errangen sich Auszeichnungen, vom Eisernen Kreuz angefangen bis zum Eichenlaub zum Ritterkreuz. Aber all diese persönliche Tapferkeit, die als solche gewiß Anerkennung verdient, geschah nicht im Dienst des österreichischen Vaterlandes und in Verteidigung der österreichischen Belange. Bei einem allgemeinen Überblick über beide Weltkriege ergibt sich das folgende erschreckende Bild:

	1914—1919	1939—1945
Dauer des Krieges	1564 Tage	2194 Tage
am Krieg beteiligten sich	36 Staaten	61 Staaten
neutrale Staaten	17 Staaten	6 Staaten
Bevölkerung der am Krieg beteiligten Länder	1050 Millionen	1700 Millionen
Verluste an Menschen	10 Millionen	32 Millionen
Verwundete	20 Millionen	35 Millionen
Stärke der kämpfenden Armeen	70 Millionen	110 Millionen

Österreichs Opfer im Zweiten Weltkrieg

Obwohl Österreich als Staat am Zweiten Weltkrieg keinen Anteil genommen hat, so litt es doch wie alle anderen vom Krieg überzogenen Länder ungemein in den sieben Jahren der Besetzung und in den sechs Jahren des Krieges. Nach einer Zählung am 1. Mai 1949 waren folgende Menschenopfer zu beklagen:

Invalide aus dem Zweiten Weltkrieg	116.313
Witwen aus dem Zweiten Weltkrieg	56.845
Frauen mit Witwenbezügen noch nicht heimgekehrter Kriegsteilnehmer	46.970
Waisen aus dem Zweiten Weltkrieg	83.901
Kinder noch nicht heimgekehrter Kriegsteilnehmer	54.871
Versorgungsberechtigte Eltern	10.486

Das Dokumentationsarchiv des Österreichischen Widerstandes gibt die Opfer des Widerstandes wie folgt an:
2700 Österreicher wurden als aktive Widerstandskämpfer zum Tode verurteilt und justifiziert,
16.493 österreichische Widerstandskämpfer wurden in Konzentrationslagern ermordet,
9687 Österreicher wurden in Gestapogefängnissen ermordet,
6420 Österreicher kamen in Zuchthäusern und Gefängnissen in von der Hitlerwehrmacht besetzten Ländern ums Leben,
65.459 österreichische Juden wurden in Ghettos und Konzentrationslagern getötet.

Die gefallenen Soldaten und die durch Bombenangriffe ums Leben gekommenen Zivilpersonen wurden hiebei noch gar nicht mitgerechnet.

Die österreichische Landwirtschaft schätzte 1946 den erlittenen Schaden auf 2 Milliarden Schilling, die Industrie auf 2,5 Milliarden. Die Verluste an Wohnraum können mit 3 Milliarden an Wert beziffert werden. Davon entfallen allein zwei Drittel auf Wien. Dazu kommen noch die Zerstörungen von Verkehrseinrichtungen, wie Brücken, Eisenbahnen und Hafenanlagen. An Kriegsopfern der katholischen Geistlichkeit Österreichs sind bekannt:

	an der Front	durch Bomben	in der Heimat
Erzdiözese Wien		9	11
Burgenland		1	3
St. Pölten	5		
Linz	15	1	1
Salzburg	10	2	
Tirol	3		
Vorarlberg	8		
Seckau	8		
Gurk	4		

Von den durch die Nationalsozialisten in Gefängnissen und Konzentrationslagern ermordeten Geistlichen seien genannt:

Erzdiözese Wien

P. Provinzial der Franziskaner Angelus Steinwender, erschossen am 15. April 1945; Roman Scholz, Chorherr von Klosterneuburg, hingerichtet am 10. Mai 1944; Dr. Heinrich Maier, Kaplan in Wien-Gersthof, am 22. März 1945 enthauptet.

Administratur Burgenland

P. Dr. Johann Pieller, Guardian der Franziskaner in Eisenstadt, am 15. April 1945 in Stein an der Donau erschossen

Diözese St. Pölten

Karl Raab, Pfarrer von Arbesbach, am 21. September 1942 hingerichtet

Diözese Linz

P. Paulus Wörndle, Pfarrkurat von St. Joseph-Linz, hingerichtet am 26. Juni 1944 in Brandenburg; P. Johann Schwingshackl SJ, Kaplan in Bad Schallerbach, zum Tod verurteilt, starb wenige Tage vor der Hinrichtung am 28. Februar 1945 an Lungenentzündung

Diözese Salzburg

Johann Schroffner, Pfarrexpositus von Oberndorf in Tirol, am 14. April 1940 in Buchenwald gestorben; Felix Gredler, Dechant in Altenmarkt, am 26. Juni 1942 in Dachau gestorben; Heinrich Summereder, Kaplan in Mattsee, am 21. Februar 1943 in Dachau gestorben; Sebastian Haselsberger, Pfarrer in Ruhe, am 4. April 1944 in Mauthausen „auf der Flucht erschossen“

Administratur Innsbruck-Feldkirch

Monsignore Dr. Karl Lampert, Provikar, hingerichtet am 13. November 1944 in Halle; Otto Neururer, Pfarrer in Götzens bei Innsbruck, wurde 24 Stunden lang kopfüber in der Zelle aufgehängt und starb daran am 30. Mai 1940; P. Johann Steinmayr SJ, am 18. September 1944 hingerichtet; P. Edmund Pontiller OSB, am 9. Februar 1945 in München hingerichtet; P. Jakob Capp, am 13. August 1943 hingerichtet

Diözese Seckau

Johann Alwer, Pfarrer von Glashütten, verhungerte und starb im Februar 1941, am Aschermittwoch, in Dachau; Heinrich Dellarosa, Pfarrer von St. Georgen, am 24. Jänner 1944 enthauptet

Diözese Gurk

Dr. Anton Koperek, Pfarrer, im November 1942 in Dachau verhungert; Kaplan Anton Kutej, am 16. Februar 1941 in Dachau verhungert; Pfarrer Marcel Lech, am 1. November 1940 in Mauthausen-Gusen ermordet; Pfarrprovisor Dr. Otto Schuster, als Opfer medizinischer Versuche am 25. August 1942 in Dachau gestorben; Josef Pollak, am 25. Juli 1940 an Mißhandlungen in Oranienburg gestorben.

An materiellen Schäden hatte die katholische Kirche die Aufhebung aller ihrer Schulen und vieler Klöster zu beklagen. Im Sommer 1938 wurden zehn Knabenseminare aufgehoben. An Schulen verschiedener Gattung — Kindergärten, Volks-, Haupt- und Mittelschulen — gingen verloren:

in der Erzdiözese Wien	307	in Tirol	163
im Burgenland	283	in Vorarlberg	62
in der Diözese St. Pölten	87	in der Steiermark	96
in Oberösterreich	291	in Kärnten	30
in der Erzdiözese Salzburg	98		

Vielen Priestern wurde es verboten, an öffentlichen Schulen Religionsunterricht zu erteilen. In ganz Österreich betrug ihre Zahl schließlich 1500. Kirchen und Kapellen wurden ebenso beschlagnahmt und gesperrt:

in Wien	40	in St. Pölten	2
im Burgenland	11	in Linz	11
in Salzburg	3	in Vorarlberg	4
in Tirol	18	in der Steiermark	31

Auch die evangelische Kirche wurde durch Beschlagnahmen, Vereinsauflösungen und Verhaftungen von Geistlichen geschädigt. (5 Pastoren verhaftet, 1 Pastor: KZ, 10 Gau- und Predigtverbote.)

Gleich nach der Besetzung Österreichs wurden im ganzen Bundesgebiet 12.237 Beamte aus dem Staatsdienst entlassen. Es ist dies nur eine geschätzte Zahl, da die Akten selbst nach Berlin gebracht wurden. An einzelnen Dienststellen verloren Amt und Brot:

im Bundeskanzleramt	238	im Postdienst	1467
im Sicherheitsdienst	3600	bei der Landesregierung Niederösterreich	395
im Justizdienst	1035	bei der Gemeinde Wien	1091
im Unterrichtswesen	2281		
im Finanzdienst	651		

Über die Art, in der dabei vorgegangen wurde, liegt der Bericht eines Arbeitsamtes vor. „Zum Zeitpunkt der Übernahme des Arbeitsamtes durch das nationalsozialistische Regime waren bei diesem Amte 80 Angestellte tätig, die die gesamte Arbeitsvermittlung einschließlich der Betreuung der Arbeitslosen durchführten. Ende 1941 war die Zahl der Angestellten auf 378 angewachsen. Die leitenden Posten waren von 33 Reichsdeutschen besetzt. Vom reichsdeutschen Personal wurden während des Krieges 10 Prozent, vom österreichischen Teil des Personals 60 Prozent zur Wehrmacht eingezogen. Das Durchschnittsgehalt der reichsdeutschen Angestellten betrug 463 RM pro Monat, das der österreichischen 398 RM." Das offizielle Blatt der SS, das „Schwarze Korps", schrieb schon im März 1938: „Bald wird hinter jedem tätigen und untätigen Österreicher ein Preuße stehen, und er wird mit bitter treffendem Tadel nicht sparen, wenn es irgendwo hapert."

Als Beispiel der Durchdringung der österreichischen Wirtschaft sollen die Besitzverhältnisse im Versicherungswesen dienen:

Name der Gesellschaft	1938	1945
Österr. Versicherung	100 Prozent österreichisch	Deutsche Arbeitsfront
Österr. Volksfürsorge	Majorität österreichisch	96 Prozent Volksfürsorge Hamburg
Der Anker	87 Prozent Schweiz	42 Prozent Viktoria, Berlin; 5 Prozent Bayrische Rückversicherung
Allgemeine Elementarversicherung	Majorität englisch	78 Prozent Colonia, Köln
Heimat	60 Prozent ungarisch und italienisch	100 Prozent deutsch
Wiener Allianz	63,7 Prozent nichtdeutsch	96,8 Prozent deutsch
Wiener Rückversicherungsgesellschaft	Majorität schwedisch	78 Prozent deutsch

Die Besitzverhältnisse einiger großer Unternehmen wurden in folgender Weise verändert: Die Alpine Montangesellschaft war am 13. März 1938 zu 56 Prozent deutsch, 18 Prozent befanden sich im österreichischen Staatsbesitz. Im Jahr 1945 war die Gesellschaft zu 96 Prozent im Besitz der Reichswerke Hermann Göring. Die Steyr-Daimler-Puch waren bis 1938 österreichisch; sie wurden von den Hermann-Göring-Werken übernommen und kamen später in den Besitz der Bank der deutschen Luftfahrt. Die Simmeringer Maschinenfabrik war bis 1938 der bundeseigenen Österreichischen Kredit-AG zugehörig; sie wurde von den Reichswerken Hermann Göring übernommen. Die Berndorfer Metallwarenfabrik war 1938 zu 86 Prozent in österreichischen Händen, 1945 besaß Krupp in Essen 94 Prozent der Aktien. Von der Mühldorfer Graphit-Bergbau-AG befanden sich 1938 85 Prozent in österreichischen Händen, 7 Prozent waren tschechoslowakisch und 8 Prozent französisch. Im Jahr 1939 kam das gesamte Aktienpaket an den Herzog Ernst August von Braunschweig und Lüneburg, der außerdem noch die Allgemeine Baugesellschaft A. Porr AG, die Allgemeine Straßenbau-AG und eine Reihe anderer Unternehmen in Österreich in sein Eigentum brachte.

In welcher Weise Österreichs Bodenschätze durch rücksichtslosen Raubbau geschädigt wurden, zeigen folgende Daten:

Der Eisenerzabbau der Alpine Montangesellschaft betrug

1937	1,877.600 t	1940	3,138.700 t	1943	3,137.700 t
1938	2,664.800 t	1941	2,870.100 t	1944	2,976.600 t
1939	2,977.700 t	1942	2,962 500 t	1945	318.900 t

In den österreichischen Wäldern, deren jährlicher Zuwachs etwa 7 Millionen Festmeter beträgt, wurden jährlich bis 15 Millionen Festmeter geschlägert.

Das österreichische Memorandum zur Londoner Konferenz brachte folgende Ziffern zur Kenntnis, die die finanziellen Schäden, die die Republik Österreich in den sieben Jahren der nationalsozialistischen Besetzung erlitten hat, ungefähr angeben:

an abgeschöpften Barmitteln von Privatpersonen	6.906,021.000 RM
für Sparkassendepots, Wechsel- und Scheckverpflichtungen, Pfandbriefe und andere Privatforderungen	2.246,594.000 RM

für private Warenforderungen und Dienstleistungen, die noch unbeglichen sind	14.207,415.000 RM
reine Geldforderungen an deutsche Reichsstellen oder deutsche Privatfirmen	50.088,902.000 RM

Allein in den Jahren 1945 bis 1960 mußte Österreich insgesamt 41 Milliarden Schilling für einen Wiederaufbau verwenden, der nur durch die Ereignisse zwischen 1938 und 1945 in diesem Ausmaß notwendig wurde und der zum großen Teil auf das Konto derer geht, die diese Ereignisse verschuldet haben. Im ganzen verlor Österreich an Kriegsopfern, einschließlich der im KZ Umgekommenen und der durch Bomben Getöteten, nahezu 600.000 Menschen. Es war bekannt, daß man „Ostmärker" vielfach an besonders gefährlichen Stellen (Narvik, Kreta, Krim, Afrika, Stalingrad) als richtige „Himmelfahrtskommandos" einsetzte.

Rest-Stalingrad wurde auf Hitlers ausdrücklichen Befehl über den 30. Jänner 1943 (den 10. Jahrestag der Machtergreifung Hitlers!) hinaus, gehalten und eine ganze Armee (darunter zahllose Österreicher) dem Prestige, gegen jedwede militärische Einsicht, geopfert. Die Übergabe erfolgte erst am 2. Februar 1943! Hitler, der (in seinem Buch „Mein Kampf", S. 587 ff) „für den feigen Egoisten, der in der Stunde der Not seines Volkes sein Leben höher schätzt als das der Gesamtheit" die Todesstrafe fordert und sagt, daß „solch ein charakterloser Schwächling... nur durch Anwendung der härtesten Strafe abgehalten werden kann, seiner Feigheit nachzugeben" starb aber nicht (wie seine Propaganda lügnerisch behauptete) selbst den soldatischen Heldentod (den er im „Mein Kampf" so verherrlicht hatte), sondern entzog sich als „feiger Egoist" durch Selbstmord der Verantwortung für die Millionen Toten, die den „Heldentod für Führer und Großdeutschland" erlitten hatten und die weiteren Millionen Opfer, die der leichtfertig begonnene Hitlerkrieg erforderte. Weder der Reichsminister für Propaganda Joseph Goebbels, der Verkünder und Propagandist des „totalen Krieges", noch der Reichsmarschall Hermann Göring oder der Führer des Ersatzheeres und Reichsleiter der SS, Heinrich Himmler — mit Hitler die Führer und Hauptkriegsschuldigen —, suchten den Soldatentod, sondern entzogen sich ebenfalls durch Selbstmord feige der Verantwortung.

Nicht unerwähnt soll aber auch der kulturelle Verlust bleiben, der durch den Einbruch unösterreichischer Bezeichnungen und Redewendungen in die gepflegte deutsche Umgangssprache des Österreichers gegeben war. Besonders die Speisekarte wurde durch eine Anzahl fremder Ausdrücke, wie Schlagsahne, Lungenbraten, Tomaten, umgestaltet. Kein anderer als der Wiener Lyriker Josef Weinheber (1892—1945), den die Nationalsozialisten für sich in Anspruch nahmen, schrieb in einem Brief vom 17. September 1939 darüber:

„Es bricht jetzt überhaupt aus dem Rundfunk eine Sprache auf uns herein, daß einem schaudert... Man müßte eine wahre Fleischhackerarbeit verrichten, um nur halbwegs mit diesen Barbarismen aufzuräumen." Am 3. Juni 1940 klagte Weinheber: „Was sich der preußische Rundfunkansager in bezug auf die Aussprache der Vokale und Diphthonge leistet, ist, um in der Sprache zu bleiben, allahand. Das eu wird nicht gesprochen (Do/i/tschland). Das u wird nicht gesprochen (Modda = Mutter). Alles dies aber segelt als H o c h s p r a c h e, nicht etwa als Mundart. Die Pflicht heißt Flicht.

Wozu wir ein pf haben, ist nicht ersichtlich, denn pfui wird ja wahrscheinlich foi heißen. Dafür haben wir neuerdings einen Wiener Wald anstelle des Wienerwalds, in Analogie zur Leipziger Sprache auch einen Böhmer Wald. Das Zeitwort ‚stehen‘ hat kein Perfekt, ‚steti‘ und ‚confessus sum‘ heißen in diesem Deutsch ‚ich h a b e gestanden‘. Vor dem Richter, und meine Schuld. Geht in einem Aufwaschen. Alle Abteilungen von stehen (stare) trifft's dann natürlich auch. Dabei lasse ich mir den Z u s t a n d des Stehens (eine S e i n -Form) noch halbwegs in eine Tätigkeit (eine h a b e n -Form) umbiegen. Wenn ich aber nicht einmal beim L i e g e n meine Ruh haben soll und gelegen h a b e n muß, so verstört mich das zutiefst. Irgendwo, in einem kleinen Winkel der Sprache, muß doch, neben all den ‚Rührt euch!‘ die Möglichkeit für ein ‚Ruht!‘ vorhanden sein.“ Auch die Abwertung alter österreichischer Vornamen, wie Franz, Joseph, Karl, soll in diesem Zusammenhang erwähnt werden. Sie wurden durch nordisch klingende, in Österreich völlig ungebräuchliche ersetzt. Was hier in der nationalsozialistischen Zeit geschah, wurde dann in fast ähnlicher Weise nach 1945 mit Bezug auf das Englisch-Amerikanische fortgesetzt, als gut verständliche und seit alters her gebräuchliche Bezeichnungen des österreichischen Deutsch durch angelsächsische Fremdworte verdrängt wurden

Diese „Sprache des Unmenschen“, wie sie in einem so betitelten Buch richtig genannt wird, läßt jede Spur von gegenseitiger Achtung und menschlichem Verständnis vermissen. So verschwand das früher in Österreich auch vom einfachen Mann gebrauchte „Bitte“ (wie etwa „Bitte freihalten“) und an seine Stelle trat das brutale „Freihalten“ — „Vorwärtsgehen“. Das durch einen österreichischen Film bekannte Wort „Endstation“ machte dem harten „Endstelle“ oder gar „Endhaltestelle“ Platz. Man rührte auch an altgewohnten, dem österreichischen Sprachgebrauch angepaßten Gebetformen. Am ärgsten klingt wohl das vielleicht für Tiere, aber nicht für Menschen bestimmte „verarzten“ statt des früheren „behandeln“. Daß sogar in offiziösen Aussendungen österreichischer Behörden Wörter wie „hearing“ (statt des gleichermaßen verständlichen Begriffes „Aussprache“) verwendet werden, zeigt eine drohende kulturelle Verarmung an.

Die sogenannten „Arisierungen“

Eine besondere Art der Ausbeutung des besetzten Österreich durch die Nationalsozialisten war die nunmehr einsetzende sogenannte „Arisierungswelle“. Man verstand darunter die Wegnahme des Eigentums jüdischer Österreicher durch das neue Regime und seine Nutznießer. Im März 1938 wurde dieses Vermögen auf etwa 10 Milliarden Reichsmark geschätzt. Um diese Werte an sich zu bringen, schuf der nationalsozialistische Staat einen riesigen bürokratischen Apparat.

Über Nacht entstand ein neues Staatssekretariat im Ministerium für Wirtschaft und Arbeit in Wien, die Vermögensverkehrsstelle. In ihr wurde auf „kaltem“ Weg die gleiche Arbeit auf wirtschaftlichem Gebiet geleistet, wie sie die Gestapo und ähnliche Organisationen — so die Polizeidienststellen — auf politischem Gebiet leisteten. Der Vermögensverkehrsstelle unterstanden alle jene (großen oder kleinen) Unternehmungen, die ganz oder teilweise im jüdischen Besitz waren. Dabei waren nach den sogenannten Nürnberger „Rassegesetzen“ unter Umständen auch Christen, die jüdischer Abstammung waren, zur Registrierung verpflichtet. Die Vermögensverkehrsstelle hatte alle diese Wirtschaftswerte zu „arisieren“, in sogenannte „arische“ Hände überzuführen.

Der dabei verfolgte Vorgang verlief meist so: schon in den ersten Tagen und Wochen nach dem 13. März 1938 übernahmen in den jüdischen Unternehmungen „arische“ Angestellte, Geschäftsfreunde oder Konkurrenten, die gute Beziehungen zur Partei hatten, die kommissarische Verwaltung. Die schon lange versprochene Konfiskation des jüdischen Vermögens war für manchen wirtschaftlichen Hamsterer und Aufkäufer, vor allem für die Bankrotteure des eigenen wirtschaftlichen Unvermögens, ein Anreiz gewesen, der noch illegalen NSDAP (= Nationalsozialistischen Deutschen Arbeiterpartei) beizutreten. Die neue Vermögensverkehrsstelle setzte sich zuerst fast ausschließlich aus derartigen Kreisen zusammen. Sie bekam ein Milliardenvermögen anvertraut. Es gab auch früher schon Wirtschaftsskandale (Panama-Skandal, Kreuger-Skandal, Stavisky-Skandal, auch die Erste und Zweite Republik in Österreich kannte sie), aber der Skandal, der mit der „Arisierung" des jüdischen Vermögens in Österreich verbunden war, übertraf alles Dagewesene.

Binnen kurzem waren Millionen- und Milliardenwerte bis auf kärgliche Reste „verschwunden". Erst viel zu spät waren „Richtlinien" für die Verwaltung dieser Wirtschaftsgüter erlassen worden, und die meisten kommissarischen Leiter hielten sich auch dann nicht an diese Verordnungen. Diese kommissarischen Leiter hatten sich „eingesetzt" und wurden, wenn sie gute Verbindungen zur NSDAP besaßen, auch von der Vermögensverkehrsstelle bestätigt. Ein Teil der beschlagnahmten Wirtschaftsgüter war schon in der berüchtigten Nacht der Tempelniederbrennung (die Nationalsozialisten nannten sie nach dem hiebei zerstörten Glas zynisch „Kristallnacht") vom Herbst 1938 „abhanden" gekommen, in jener Nacht, als nach der Ermordung des deutschen Diplomaten vom Rath in Paris durch den jüdischen Aktivisten Grynszpan, eine Welle von Plünderungen und Brandstiftungen an den jüdischen Tempeln im gesamten Gebiet des sogenannten „Großdeutschen Reiches" — von oben gelenkt — über die Szene ging.

Zwar sollten die kommissarischen Leiter die von ihnen verwalteten Unternehmen nicht selbst „arisieren", aber man half sich damit, daß man einfach vierzehn Tage vor der Übergabe seine Stelle als kommissarischer Leiter niederlegte. In besonderer Weise bereicherten sich auch die politisch führenden Männer der NSDAP: so erwarb ein naher Verwandter eines Gauleiters ein Sanatorium um einen Preis, der niedriger war als die offenen Forderungen des Sanatoriums; eine nahe Verwandte eines anderen Gauleiters brachte ein größeres Unternehmen der Handschuhbranche an sich.

Die Vermögensverkehrsstelle sollte vorher eine Schätzung der Vermögenswerte durchführen. Wie es dabei zuging, zeigen einige Wertangaben, die von Wiener „Schätzmeistern" vorgenommen wurden. So bewertete man 30 Brillantringe mit zusammen 330,50 RM, 30 Brillantkreuze mit 150,00 RM, 183 Platinringe mit 1027 RM, 505 goldene Ohrgehänge mit 1484,50 RM, ein Silberfeuerzeug mit 0,80 RM, einen Goldfüllhalter mit 4,00 RM, 15 Silberbestecke mit zusammen 50,00 RM, 62 Silberdosen mit 228,00 RM, einen Silberleuchter im Gewicht von 1500 g mit 45,00 RM, 7 goldene Herrenarmbanduhren mit zusammen 52,00 RM, 64 goldene Damenarmbanduhren mit zusammen 698,00 RM (vgl. Evidenznummer 2040 der Vermögensverkehrsstelle Wien, Abt. Wirtschaftsprüfung).

Die ehemaligen Eigentümer wurden aber nicht nur durch Wegnahme ihres Unternehmens geschädigt, man verurteilte sie zu strafweisen Zahlungen. Dabei wurden die schon unterbewerteten Liegenschaften, Betriebe und Maschinen noch in einer derart großzügigen Weise taxiert, daß der neue „arische" Käufer oft nur einen Pappenstiel zu bezahlen hatte. So wurde eine Wollwarenfabrik mit einem Kassastand von 100.000 RM und einigen hundert beschäftigten Arbeitern dem neuen Besitzer um volle 7000 RM übergeben. Er nahm diese 7000 RM aus dem Barvermögen der Firma; ihm selbst verblieben bei dieser Transaktion außer den Werten des Unternehmens, die auf 1,000.000 RM geschätzt werden konnten, noch 93.000 RM Bargeld. Diese Ariseure verwirtschafteten trotzdem in vielen Fällen das so leicht an sich gebrachte Gut: sie kauften sich Luxusvillen und Traumwagen, machten lange Reisen (wenigstens bis zum Ausbruch des Zweiten Weltkrieges) und waren in Nachtlokalen und Absteigequartieren mit leichten Damen zu finden.

Zur Ehre des Richterstandes sei aber betont, daß es bereits in den Jahren der nationalsozialistischen Besetzung Österreichs zu Aburteilungen von unredlichen Ariseuren und kommissarischen Verwaltern kam. Es kann freilich kaum mehr festgestellt werden, wie viele Unternehmungen durch die Unfähigkeit der kommissarischen Verwalter und der Ariseure zugrunde gerichtet wurden. Es gibt aber auch Fälle, in denen der Erwerb jüdischen Vermögens (teilweise auf Bitten der jüdischen Besitzer selbst) in einer Weise erfolgte, die den normalen Geschäftsusancen entsprach. Nach 1945 wurde nur ein verhältnismäßig kleiner Teil der nach § 6 des Kriegsverbrechergesetzes wegen Arisierung angeklagten Personen wirklich verurteilt.

Es blieb aber nicht bei diesen Aktionen gegen Privatpersonen. In Österreich wurden 30 jüdische Tempel beschlagnahmt, 25 Synagogen (= Bethäuser) und 67 weitere dem Kult dienende Räume durch Brandstiftung oder Plünderung vernichtet. Selbst Leichenhallen und Aufbahrungsstätten entgingen nicht einer vandalischen Zerstörungswut. Von 203.000 Bekennern des jüdischen Glaubens, die es am 13. März 1938 in Österreich gab, überlebten bis 1946 nur 5100 Personen das Grauen der Verfolgung im eigenen Land; alle übrigen wurden entweder ermordet, zwangsweise deportiert oder flüchteten ins Ausland. Von 5100 jüdischen Österreichern lebten während der Jahre 1938 bis 1945 800 als „U-Boote" (= in Verstecken), 1500 waren durch ihre nichtjüdischen Ehegatten vor dem Ärgsten geschützt.

Der österreichische Widerstand

Schon wenige Tage nach der Besetzung Österreichs durch die Wehrmacht Adolf Hitlers bildeten sich die ersten Widerstandsgruppen, die den Kampf für die Wiedererrichtung eines freien und unabhängigen Österreich aufnahmen, obwohl dieses Ziel damals beinahe utopisch zu sein schien. Im Kampf gegen den nationalsozialistischen Eindringling entstand eine „österreichische Schicksalsgemeinschaft", wie es Dr. Alfred Klahr ausdrückt, „die nunmehr erst recht den sozialistischen Arbeiter mit dem katholischen Bauern und Kleinbürger verband". Freilich darf auch, wie P. Wilhelm Schmidt SVD (1868—1954), der berühmte Gelehrte und Wahlösterreicher, 1949 schrieb, „die Tatsache nicht verschwiegen werden, daß auch unter den Katholiken, bei einer Anzahl Intellektueller, besonders jüngerer Historiker, eine Neigung zu den Anschluß- und anderen Plänen des Nationalsozialismus bestand, die sich in illegaler Mitarbeit schon vor der Invasion des Jahres 1938 kundgab und diese erleichterte". Doch gelangte „diese Gruppe in der Gesamthaltung der österreichischen Katholiken nie zu maßgebender, noch weniger zu dauernder Bedeutung".

Die Geschichte des österreichischen Widerstandskampfes kann in drei Abschnitte geteilt werden. Der erste reichte vom März 1938 bis in den Sommer

1940. Sein Zentrum lag im Raum Wien. Es waren junge, religiös bestimmte Menschen, die sich gegen die Unterdrückung der Kirche durch den Nationalsozialismus auflehnten. Als bedeutendstes Ereignis dieser Zeit muß die große Demonstration vor der Wiener Stephanskirche am 7. Oktober 1938 bezeichnet werden, die größte, die jemals in einem nationalsozialistisch beherrschten Land stattfand. Die Organisationen dieser Zeit, die im Untergrund, oft noch recht unbeholfen, arbeiteten, waren die „Österreichische Freiheitsbewegung" des Klosterneuburger Chorherrn Roman Karl Scholz, die „Österreichische Freiheitsbewegung" Karl Lederers und die „Großösterreichische Freiheitsbewegung" von Dr. Jakob Kastelic sowie die Gruppe Dr. Meithner. Auf der linken Seite ist der sozialistische Kreis um Slavik zu nennen. Alle diese und die anderen vorhandenen kleinen Zellen des Widerstandes wurden zwischen November 1939 und Sommer 1940 von der nationalsozialistischen Geheimpolizei, der Gestapo, ausgehoben, Hunderte ihrer Mitglieder verhaftet und die Führer der Reihe nach zwischen 1941 und 1945 hingerichtet.

Die zweite Phase des Widerstandes begann mit dem Aufbau organisierter und straff geleiteter Gruppen im Sommer 1940. An ihr nahmen viele teil, die aus den nationalsozialistischen Konzentrationslagern heimgekehrt waren. Die wichtigsten Gruppen dieser Zeit waren die revolutionären Sozialisten, das „Operationsbüro" des ehemaligen Propagandaleiters der Vaterländischen Front, Hans Becker, der 1948 als österreichischer Geschäftsträger in Chile ermordet wurde, die Innsbrucker „Mittwoch-Gruppe", die Gruppe „Astra", der „Flora"-Kreis, die Gruppe Caldonazzi, die Gruppe Kunschak-Hurdes und viele andere. Zu ihnen gehörten der Sozialist A. Migsch, Sektionschef Dr. Chaloupka, Senatsrat Dr. Rieger, Kaplan Dr. Maier von Wien-Gersthof, Generaldirektor F. J. Messner in Wien, Hofer und Bernaschek in Oberösterreich, Pfaundler und Sauerwein als Partisanenführer im Ötztal, Oberlandesgerichtsrat Dr. Skorpil in Innsbruck und die beiden Priester Monsignore Lampert und P. Steinmayr in Tirol. Die Widerstandsbewegung bekam in dieser Epoche starken Auftrieb durch die von den alliierten Außenministern am 1. November 1943 veröffentlichte „Moskauer Deklaration", in der die Wiederherstellung eines freien und unabhängigen Österreich unter den ersten Kriegszielen der verbündeten Mächte genannt wurde.

Mit dem 20. Juli 1944, dem Tag, an dem Graf Stauffenberg sein mißglücktes Attentat auf Hitler unternahm, begann die Schlußphase des Widerstandes. Diesmal trug ihn in der Hauptsache der österreichische Soldat und Offizier in der deutschen Wehrmacht. Das Generalkommando des Wehrkreises XVII in Wien war von österreichischen Widerstandskämpfern durchsetzt. Ihr Haupt waren der Major Karl Szokoll und Feldwebel F. Studeny. Sie arbeiteten mit der Stauffenberg-Gruppe in Berlin eng zusammen. Der Putschplan der Generäle funktionierte an keinem Ort so gut wie in Wien. Die führenden Männer der Partei und der Gestapo waren bereits verhaftet und nur der Zusammenbruch des Widerstandes in Berlin ließ auch die Wiener Aktion scheitern. Der österreichische Oberstleutnant R. Bernardis im Hauptquartier wurde mit Stauffenberg, Generaloberst

Staatsvertrag

betreffend die Wiederherstellung eines unabhängigen und demokratischen Österreich

Präambel

Die Union der Sozialistischen Sowjetrepubliken, das Vereinigte Königreich von Großbritannien und Nordirland, die Vereinigten Staaten von Amerika und Frankreich, in der Folge die Alliierten und Assoziierten Mächte genannt, einerseits und Österreich anderseits;

Im Hinblick darauf, daß Hitler-Deutschland am 13. März 1938 Österreich mit Gewalt annektierte und sein Gebiet dem Deutschen Reich einverleibte;

Im Hinblick darauf, daß in der Moskauer Erklärung, verlautbart am 1. November 1943, die Regierung der Union der Sozialistischen Sowjetrepubliken, des Vereinigten Königreiches und der Vereinigten Staaten von Amerika erklärten, daß sie die Annexion Österreichs durch Deutschland am 13. März 1938 als null und nichtig betrachten, und ihrem Wunsche Ausdruck gaben, Österreich als einen freien und unabhängigen Staat wiederhergestellt zu sehen und daß das Französische Komitee der Nationalen Befreiung am 16. November 1943 eine ähnliche Erklärung abgab;

Im Hinblick darauf, daß als ein Ergebnis des alliierten Sieges Österreich von der Gewaltherrschaft Hitler-Deutschlands befreit wurde;

Im Hinblick darauf, daß die Alliierten und Assoziierten Mächte und Österreich unter Berücksichtigung der Bedeutung der Anstrengungen, die das österreichische Volk zur Wiederherstellung und zum demokratischen Wiederaufbau seines Landes selbst machte und weiter zu machen haben wird, den Wunsch hegen, einen Vertrag abzuschließen, der Österreich als einen freien, unabhängigen und demokratischen Staat wiederherstellt, wodurch sie zur Wiederaufrichtung des Friedens in Europa beitragen;

Im Hinblick darauf, daß die Alliierten und Assoziierten Mächte den Wunsch haben, durch den vorliegenden Vertrag in Übereinstimmung mit den Grundsätzen der Gerechtigkeit alle Fragen zu regeln, die im Zusammenhange mit den oberwähnten Ereignissen einschließlich der Annexion Österreichs durch Hitler-Deutschland und seiner Teilnahme am Kriege als integrierender Teil Deutschlands noch offenstehen; und

Im Hinblick darauf, daß die Alliierten und Assoziierten Mächte und Österreich zu diesem Zwecke den Wunsch hegen, den vorliegenden Vertrag abzuschließen, um als Grundlage freundschaftlicher Beziehungen zwischen ihnen zu dienen und um damit die Alliierten und Assoziierten Mächte in die Lage zu versetzen, die Bewerbung Österreichs um Zulassung zur Organisation der Vereinten Nationen zu unterstützen;

Haben daher die unterfertigten Bevollmächtigten ernannt, welche nach Vorweisung ihrer Vollmachten, die in guter und gehöriger Form befunden wurden, über die nachstehenden Bestimmungen übereingekommen sind:

Teil I

Politische und territoriale Bestimmungen

Artikel 1.

Wiederherstellung Österreichs als freier und unabhängiger Staat

Die Alliierten und Assoziierten Mächte anerkennen, daß Österreich als ein souveräner, unabhängiger und demokratischer Staat wiederhergestellt ist.

Artikel 2.

Wahrung der Unabhängigkeit Österreichs

Die Alliierten und Assoziierten Mächte erklären, daß sie die Unabhängigkeit und territoriale Unversehrtheit Österreichs, wie sie gemäß dem vorliegenden Vertrag festgelegt sind, achten werden.

Artikel 3.

Anerkennung der Unabhängigkeit Österreichs durch Deutschland

Die Alliierten und Assoziierten Mächte werden in den deutschen Friedensvertrag Bestimmungen aufnehmen, welche die Anerkennung der Souveränität und Unabhängigkeit Österreichs durch Deutschland und den Verzicht Deutschlands auf alle territorialen und politischen Ansprüche in bezug auf Österreich und österreichisches Staatsgebiet sichern.

BUNDESGESETZBLATT

FÜR DIE REPUBLIK ÖSTERREICH

Jahrgang 1955 Ausgegeben am 4. November 1955 57. Stück

211. Bundesverfassungsgesetz vom 26. Oktober 1955 über die Neutralität Österreichs.

Der Nationalrat hat beschlossen:

Artikel I.

(1) Zum Zwecke der dauernden Behauptung seiner Unabhängigkeit nach außen und zum Zwecke der Unverletzlichkeit seines Gebietes erklärt Österreich aus freien Stücken seine immerwährende Neutralität. Österreich wird diese mit allen ihm zu Gebote stehenden Mitteln aufrechterhalten und verteidigen.

(2) Österreich wird zur Sicherung dieser Zwecke in aller Zukunft keinen militärischen Bündnissen beitreten und die Errichtung militärischer Stützpunkte fremder Staaten auf seinem Gebiete nicht zulassen.

Artikel II.

Mit der Vollziehung dieses Bundesverfassungsgesetzes ist die Bundesregierung betraut.

Körner

Raab Schärf Helmer Kapfer
Drimmel Maisel Kamitz Thoma
Illig Waldbrunner Figl

212. Verordnung des Bundeskanzleramtes vom 15. Oktober 1955, betreffend die Errichtung von Ergänzungskommandos zur Durchführung der Erfassung und Einberufung der Wehrpflichtigen.

Auf Grund der §§ 17 und 18 des Wehrgesetzes, BGBl. Nr. 181/1955, wird verordnet:

Ergänzungskommandos werden mit folgendem örtlichem Wirkungsbereich in folgenden Städten eingerichtet:

Für den Ergänzungsbereich

Burgenland	in Eisenstadt,
Kärnten	in Klagenfurt,
Niederösterreich	in Wien,
Oberösterreich	in Linz,
Salzburg	in Salzburg,
Steiermark	in Graz,
Tirol	in Innsbruck,
Vorarlberg	in Bregenz,
Wien	in Wien.

Raab

213. Verordnung der Bundesregierung vom 25. Oktober 1955, womit die Sprengel der Gerichtsbezirke Neulengbach und Purkersdorf geändert werden.

Auf Grund des § 8 Abs. 5 lit. d des Übergangsgesetzes vom 1. Oktober 1920 in der Fassung des Bundesgesetzes Nr. 368 vom Jahre 1925 wird mit Zustimmung der niederösterreichischen Landesregierung verordnet:

§ 1. Die Gemeinden Gablitz, Mauerbach, Preßbaum, Tullnerbach und Wolfsgraben werden aus dem Sprengel des Bezirksgerichtes Neulengbach ausgeschieden und dem Sprengel des Bezirksgerichtes Purkersdorf zugewiesen.

§ 2. Diese Verordnung tritt am 1. Jänner 1956 in Kraft.

Raab Schärf Helmer Kapfer
Drimmel Maisel Kamitz Thoma
Illig Waldbrunner Figl

214. Kundmachung des Bundesministeriums für Verkehr und verstaatlichte Betriebe vom 29. Oktober 1955, womit die Kundmachung des Bundesministeriums für Verkehr vom 19. Juli 1948, BGBl. Nr. 174, in der Fassung der Kundmachung des Bundesministeriums für Verkehr und verstaatlichte Betriebe vom 27. November 1952, BGBl. Nr. 218, betreffend die Anrechnung von Vordienstzeiten für die Vorrückung in höhere Bezüge bei den Beamten der Österreichischen Bundesbahnen, abgeändert wird.

Auf Grund des zustimmenden Beschlusses des Hauptausschusses des Nationalrates vom 24. Ok-

Bundesverfassungsgesetz vom 26. Oktober 1955 über die „immerwährende Neutralität Österreichs“

Beck und den andern hingerichtet, den in Wien weilenden Offizieren konnte nichts nachgewiesen werden. Sie hatten offiziell nur „Befehle" vom Oberkommando befolgt.

Aber trotz dieses Mißerfolgs ging man jetzt daran, alle österreichischen Widerstandsgruppen zusammenzufassen. Dies geschah in der „O 5" (= Österreich, O und e als der 5. Buchstabe des Alphabets). Dieses Zeichen tauchte seit Herbst 1944 immer häufiger an den Hauswänden auf. Die politische Leitung der Gesamtaktion wurde dem „Provisorischen Österreichischen Nationalkomitee" (POEN) übertragen. An seiner Spitze standen Hans Becker, Ernst Molden und H. Spitz. Molden gelang es, mehrmals nach Italien zu reisen und über die österreichische Emigration in Frankreich und in der Schweiz Verbindung zu den alliierten Militärbehörden sowie zur amerikanischen, englischen und französischen Regierung herzustellen. Bereits seit dem 28. August 1944 wehte die rotweißrote Fahne über dem Sitz des „Freien Österreich" in Marseille. Am 18. März 1945 anerkannte die französische Regierung offiziell das „Provisorische Österreichische Nationalkomitee".

In den ersten Wochen des Jahres 1945 begannen die bewaffneten Aktionen von O 5 mit den Schwerpunkten in Wien und in Innsbruck. Partisanengruppen waren unter der Führung von Professor A. Grant im niederösterreichisch-steirischen Wechselgebiet tätig, ebenso unter Führung des späteren Nationalrates A. Gaiswinkler im Ausseerland. Im Ausseerland wurde die Vernichtung unermeßlicher Kunstschätze (darunter die österreichische Kaiserkrone und Gemälde von Michelangelo, Tizian u. a.) durch die Widerstandsbewegung verhindert. Der Plan von Major Szokoll, Wien vom Schicksal einer sinnlosen Zerstörung zu bewahren, mißglückte aber durch Verrat in letzter Minute. Wohl war es dem damaligen Oberfeldwebel Ferdinand Käs gelungen, die Verbindung mit dem russischen Oberkommando herzustellen, doch die militärischen Führer der geplanten Aktionen, Major Biedermann, Hauptmann Huth und Oberleutnant Raschke, wurden verhaftet und am sogenannten „Spitz", einem Platz im Wiener Arbeiterbezirk Floridsdorf, auf barbarische Weise gehenkt. Sie starben tapfer mit dem Ruf „Mit Gott für Österreich!" Trotzdem gelang es der deutschen Heeresleitung nicht, Wien zu verteidigen. Am 5. April mußte Generalleutnant Kremer Hitler die Mitteilung machen: „Wien ist nicht zu halten, da der Widerstand derart groß ist, daß er nicht zu brechen ist. Der Volkssturm ist in Wien nicht eingerückt; ich glaube, man kann ihn auch gar nicht einberufen, weil er sofort auf die SS schießen würde."

Der Volkssturm war das letzte Aufgebot von alten Männern und halben Kindern, die man unausgebildet und mit primitiven Waffen versehen dem Gegner entgegenwerfen wollte. Der Moskauer Rundfunk ließ sich in seiner Sendung vom 13. April wie folgt vernehmen: „Die Bevölkerung Wiens und anderer Teile Österreichs hat der Roten Armee Unterstützung gewährt und die Deutschen daran gehindert, die Kämpfe zum Stehen zu bringen. Indem sie bei der Befreiung der Stadt also mitgeholfen haben, haben sie das große Verdienst erworben, kulturelle Denkmäler sowie lebenswichtige Einrichtungen gerettet zu haben; was aber das Bedeutendste ist, sie haben die Ehre der österreichischen Nation gerettet." Die politische Leitung in Wien hatte ein „Siebener-Ausschuß", dem Bumballa, Major Oswald, Generaldirektor Sobek und der spätere Bundeskanzler Dipl.-Ing. Leopold Figl angehörten. Seit 7. April tagte der Generalrat der Widerstandsbewegung im

Wiener Auersperg-Palais. Am 10. April besetzten österreichische Kampftruppen unter Dr. Jedlicka das Rathaus, auf dem sofort die rotweißrote Fahne hochging.

Auch außerhalb Wiens trat die Widerstandsbewegung in den April- und Maitagen 1945 in Aktion. Die Brüder Molden brachten die Salzburger und Tiroler Gruppen zur Vereinigung mit der O 5. Es galt, den nationalsozialistischen Plan zu vereiteln, aus dem Gebiet zwischen Salzburg und dem Gardasee eine „Alpenfestung" zu machen. In Innsbruck bildete sich ein Landeskomitee der O 5 unter Univ.-Professor Dr. Reut-Nicolussi und dem späteren österreichischen Bundesminister Karl Gruber. Mit bewaffneter Hand wurde das Landhaus gestürmt und die nationalsozialistische Gewaltherrschaft beseitigt. Bei den Kämpfen fiel Professor F. Mair. Im Mai 1945 lieferte Major Estermann mit 15 Unteroffizieren und 180 Mann der SS bei Groß-Hollenstein in Niederösterreich ein Gefecht. Wie aktiv der Widerstand in Österreich war, zeigt die Statistik: 70.000 Österreicher wurden von den Nationalsozialisten aus politischen Gründen verhaftet, 74.000 Österreicher wurden im Zusammenhang mit der Einstellung zur deutschen Wehrmacht zu Zuchthausstrafen verurteilt, 30.000 Österreicher waren von 3 Monaten bis zu 7 Jahren in den Kerkern und Konzentrationslagern, und 2700 Österreicher wurden wegen ihres Bekenntnisses zur Unabhängigkeit Österreichs hingerichtet. Unter ihnen sollen vor allem der in Feldkirch-Altenstadt geborene Pallotinerpater Franz Reinisch (1903—1942) und der oberösterreichische Bauer von St. Radegund, Franz Jägerstätter (1907—1943), hervorgehoben werden. Beide weigerten sich, in der Wehrmacht Hitlers zu dienen, weil sie darin ein Unrecht sahen. P. Reinisch hatte seine österreichische Überzeugung immer offen bekannt. Als jemand eine Bemerkung über die Größe Deutschlands machte, antwortete er: „Was, Österreich ist dazugekommen? Gestohlen haben sie es! Dollfuß ermordet! Eine Brutalität ohnegleichen!" Als er dann nach seiner Einberufung zur Wehrmacht wegen Verweigerung des Fahneneides in kriegsgerichtliche Untersuchung gezogen wurde, legte Reinisch seine Stellung zu Hitler in folgenden, kurzen Ausführungen nieder: „Die gegenwärtige Regierung ist keine gottgewollte Autorität, sondern eine nihilistische Regierung, die ihre Macht nur errungen hat durch Gewalt, Lug und Trug... Es gibt daher für mich keinen Eid der Treue auf eine solche Regierung." Franz Jägerstätter war der gleichen Meinung. In den von ihm hinterlassenen Aufzeichnungen sagt er deutlich: „Gott läßt jedem Menschen den freien Willen, und denselben hatten auch wir Österreicher noch am 10. April 1938 gehabt, wenn auch die Deutschen unser Land in Besitz genommen hatten. Aber den freien Willen zu einem Ja oder Nein hat uns weder Gott noch die Deutschen genommen. Und noch heute haben wir diesen freien Willen. Ich glaube kaum, daß es uns Gott zur Sünde anrechnen wird, wenn wir endlich das verhängnisvolle ‚Ja', das vielleicht viele schon bereut, mit einem ‚Nein' vertauschen."

Im Zusammenhang mit der von der SS unter dem Kommissär Maier-Kaibisch vorgenommenen Austreibung österreichischer Bauern slowenischer Muttersprache in Kärnten — allein am 14. April 1942 wurden 300 Bauernfamilien gewaltsam enteignet und nach Deutschland verschleppt, während deren Söhne teilweise als Soldaten in der Deutschen Wehrmacht dienen mußten! — kam es zu schweren Kämpfen in den kärntnerischen und steirischen Alpen. In Ferlach, St. Jakob und Ebriach arbeitete die „Befreiungsfront Österreichs". Im Gebiet der Koralpe operierten österreichische Abteilungen in Bataillonsstärke. Hier war es der junge Pfarrer von Glashütten, der eifrig für Österreich arbeitete. In seiner Kirche feierten gläubige Freiheitskämpfer unter dem Schutz ungläubiger Kameraden im Jahr 1944 die Weihnachtsmette und empfingen die Kommunion.

Trotz dieses, nur in groben Umrissen geschilderten Einsatzes österreichischer Patrioten der verschiedensten Parteirichtungen blieb es ein großes Versäumnis, daß es nicht gelang, eine österreichische Exilregierung im Ausland gleich den Exilregierungen der Tschechoslowakei, Norwegens oder der Niederlande zu bilden. Versuche, die in dieser Richtung von der österreichischen Emigration gemacht wurden, scheiterten. Es gab in den alliierten Armeen einzelne Österreicher, aber keine geschlossenen österreichischen Formationen. So dienten etwa 3000 Mann Österreicher in der englischen und 4000 Mann in der Armee der Freien Franzosen unter General de Gaulle. Unter ihnen befand sich der ehemalige Heimwehrführer Ernst Rüdiger Starhemberg als Fliegeroffizier. Die einzigen geschlossenen österreichischen Abteilungen entstanden seit Juni 1944 im Rahmen der jugoslawischen Volksarmee. Sie bestanden vorerst aus zwei Bataillonen von 300 und 200 Mann, doch waren weitere Einheiten im Augenblick des Kriegsendes in Aufstellung begriffen. Die hier kämpfenden Österreicher kamen im Gefechtsbereich der 3. jugoslawischen Armee zum Einsatz. Im Mai 1945 rückten dann die österreichischen Bataillone der jugoslawischen Armee in der Stärke von 1200 Mann geschlossen in Wien ein und wurden hier demobilisiert. Zu dieser Zeit war der Zweite Weltkrieg in Europa bereits zu Ende. Über die Tätigkeit der österreichischen Widerstandsbewegung gibt es eine umfangreiche Literatur.

Das Kriegsende stand unter dem Wahnsinnsbefehl Hitlers vom 19. März 1945 (sechs Wochen vor seinem Selbstmord), daß alles in die Luft gejagt oder verbrannt werden sollte: Elektrizitäts-, Wasser- und Gaswerke, Dämme und Schleusen, Hafenanlagen und Wasserstraßen, Industrieanlagen und Überlandleitungen, alle Schiffe, alle Brücken, alle Waggons und Lokomotiven, alle Fahrzeuge und Vorräte, sogar die Straßen.

Am Tage vorher sagte Hitler zu Reichsminister Speer: „Was nach dem Kampf übrigbleibt, sind ohnehin nur die Minderwertigen, denn die Guten sind gefallen!" Weiters: „Es ist nicht notwendig, auf die Grundlagen, die das Volk zu seinem primitivsten Weiterleben braucht, Rücksicht zu nehmen. Im Gegenteil, es ist besser, selbst diese Dinge zu zerstören!" Und in „Mein Kampf" (S. 593) schrieb Hitler:

„In einer Stunde, da ein Volkskörper sichtlich zusammenbricht und allem Anschein nach der schwersten Bedrückung ausgeliefert wird durch das Handeln einiger Lumpen, bedeuten Gehorsam und Pflichterfüllung diesen gegenüber doktrinären Formalismus, ja reinen Wahnwitz, wenn anderseits durch Verweigerung von Gehorsam und Pflichterfüllung die Errettung eines Volkes von seinem Untergang ermöglicht würde."

Diese Errettung des Volkes von seinem Untergang, in den es Hitler und seine Führerclique „führten", hat die Widerstandsbewegung versucht und nicht erfolglos durchgeführt. Die Frage, wer den „Eid gebrochen hat", beantwortet sich damit von selbst!

Zusammenfassung:

Unter dem Eindruck des Verlustes Österreichs fanden alle Österreicher, alle, die wirklich das Vaterland liebten, wieder zusammen. In Kerkern und unter dem Fallbeil ertönte der Ruf: „Es lebe das freie und unabhängige Österreich". Der Österreicher kam zum Bewußtsein seiner eigenen Individualität als „österreichische Nation". Aus ungeheurem Leid des einzelnen und ganzer Familien, aus den Trümmern einer zusammenbrechenden Tyrannenherrschaft entstand durch den Willen aller Österreicher die Zweite Republik.

DIE ÖSTERREICHISCHE NATION IN DER ZWEITEN REPUBLIK

Geistige Grundlagen der Zweiten Republik

Am 27. April 1945 traten in Wien die Vertreter des österreichischen Volkes zusammen und proklamierten die Wiederherstellung eines freien, unabhängigen und souveränen Österreich. Der am 13. März 1938 mit Gewalt und kriegsmäßigem Einsatz vollzogene sogenannte Anschluß wurde für null und nichtig erklärt und alle Österreicherinnen und Österreicher wieder in Pflicht und Treue zur Republik Österreich genommen. Die traurigste Epoche in der mehr als tausendjährigen Geschichte des österreichischen Volkes war zu Ende gegangen.

Es ist eine alte Erfahrungstatsache, daß der Mensch den Wert einer Sache erst dann voll zu würdigen weiß, wenn er sie verloren hat. So finden wir auch in Österreich das Phänomen, daß der österreichische Gedanke, seit 1848 und dann noch stärker seit 1918 immer mehr in den Hintergrund getreten, eine neue Renaissance erleben konnte und die geistige Grundlage der Zweiten Republik wurde. Es wäre dies ohne die Vorarbeit kleinerer Kreise nicht möglich gewesen, die bereits in den letzten Jahren der Österreichisch-Ungarischen Monarchie, in der Ersten Republik und dann während der siebenjährigen Besetzung Österreichs an der Wiederbelebung des österreichischen Geistes im österreichischen Volk gearbeitet hatten. Aber ihre Arbeit wäre ohne Erfolg und sinnlos gewesen, wenn sie nicht Widerhall im österreichischen Volk gefunden hätte. Der Österreicher begriff auf einmal sein eigenes Wesen, seine eigene Geschichte und seine Eigenart, deren Vorhandensein man so lange geleugnet hatte.

Noch während des Ersten Weltkrieges veröffentlichte der österreichische Kulturphilosoph Richard von Kralik (1852—1934) eine „Entdeckungsgeschichte des österreichischen Staatsgedankens". Im Jahr 1918 wies der Dichter Richard von Schaukal (1874—1942) in seinem Essayband „Österreichische Züge" auf die unverlierbaren Eigenschaften des österreichischen Menschen hin. Im Jahr 1928 erschien eins der letzten Werke des österreichischen Romanciers Hermann Bahr (1863—1934), der Roman „Österreich in Ewigkeit", ein glühendes Bekenntnis zum österreichischen Vaterland. Bahr läßt hier die Hauptperson des Romans, einen Notar, in die Worte ausbrechen: „Das Vaterland verkaufen? Der Teufel soll euch holen! Lieber betteln gehen und hungern! So denken noch Tausende, Gott sei Dank! Lieber verhungern als angeschlossen werden." Im Jahr 1929 veröffentlichte Anton Wildgans (1881—1932) seine „Rede über Österreich", die ursprünglich in Schweden gehalten werden sollte. Schon 1924 hatte Wildgans einbekannt: „Ich bin Österreicher durch und durch, mit dem Stolz und der heimlichen Scham dieser Menschenspezies, mit mancher ihrer Tugenden und mit vielen ihrer Fehler. Man zeigte mir eine Bresche, in die sich einer werfen müsse, einer vom alten Schlage, der noch die Treue im Blut habe, die Leidenschaft, sich für die Idee dieses geliebten Begriffes Österreich hinzugeben, und so gab ich mich eben hin und warf mich in die Bresche — in einer Zeit, da ich das Gefühl habe, daß alle antreten müssen, die aufgerufen werden." Deutlich ist auch das Wort Hugo von Hofmannsthals (1874—1929), der in einem Brief an den deutschen Dichter Rudolf Borchardt erklärte: „Wenn der Anschluß kommt, werde ich Schweizer." Auch der größte österreichische Lyriker seit Nikolaus Lenau, Rainer Maria Rilke (1875—1926), nannte sich in einem Brief vom 23. Jänner 1923 an die Herzogin Gallarati Scotti in Mailand einen „guten Österreicher, der ich bin", und schrieb an die gleiche Empfängerin noch am 14. Februar 1926: „Ich habe immer den deutschen Nationalismus verabscheut, die Überheblichkeit eines weithin amerikanisierten Parvenu; ich habe den Mangel des Versuches bedauert, den verschiedenen Elementen Österreichs (die doch durch Jahrhunderte Zeit genug gehabt hatten, einen fruchtbaren Akkord ihres vielfärbigen Mosaiks vorzubereiten) ein gemeinsames Bewußtsein zu geben, genährt durch die klugerweise miteinander versöhnten Kontraste." Rilke überlegte sogar in seinen letzten Lebensjahren ernsthaft, ob er nicht in — französischer Sprache dichten solle, um jedes Mißverständnis auszuschalten. Interessanterweise behauptete ja Heinrich Eduard Jacob in seinem Aufsatz „Österreichische Form" in der Neuen Rundschau vom November 1929, daß die von Grillparzer, Stifter, Hofmannsthal vertretene Literatur nicht der deutschen zuzurechnen, sondern eine südosteuropäische Dichtung in deutscher Sprache sei. Schließlich stellte der Freund und Weggefährte Hugos von Hofmannsthal, Leopold Andrian (1875 bis 1951), in seinem Buch „Österreich im Prisma der Idee", das zu Weihnachten 1937, wenige Wochen vor dem scheinbaren Untergang Österreichs, erschien, fest, daß die Entwicklung über den österreichischen Menschen hinaus zur österreichischen Nation dränge. Denn „die Feinde Österreichs wissen", wie Andrian wörtlich schreibt, „daß es einen ausschließlich politischen Patriotismus nicht geben kann und daß trotz aller Zweckmäßigkeitsgründe, die man für das Bestehen eines selbständigen österreichischen Staates anführen kann, dieser nicht von seinen Angehörigen als Vaterland über alles geliebt und daher Dauer haben wird, wenn ihm keine — österreichische Nation entspricht".

Es war die gleiche Stimmung, die eine Reihe österreichischer Dichter dazu bewog, dem Problem Österreich ihre Aufmerksamkeit zu schenken. Die große Oberösterreicherin Enrica von Handel-Mazzetti (1871—1955) ließ die Vergangenheit des barocken und des Österreich der Napoleonischen Zeit vor den Lesern auferstehen. Joseph Roth (1891—1939) zeichnete in seinem „Radetzkymarsch" und in seiner „Kapuzinergruft" Bilder der untergehenden Österreichisch-Ungarischen Monarchie. Mit Robert Musils (1880—1942) „Mann ohne Eigenschaften" ging der österreichische Mensch in die Weltliteratur ein. Hermann Broch (1886 bis 1951) schuf literarische Meisterwerke im Geist eines echten österreichischen

Humanismus. Für Heimito von Doderer (1896—1966) wurden in der „Strudlhofstiege" und in den „Dämonen" die Vielgestalt des Lebens der Ersten Republik lebendig. Franz Theodor Csokors (1885—1969) Drama „3. November 1918" zeichnete das Vielvölkerproblem der alten Donaumonarchie am letzten Tag ihres Bestehens und in der Vielfalt ihrer Völker. In Ernst Křeneks (geb. 1900) Oper „Karl V." tauchte der Glanz der universalen römischen Kaiserwürde und des österreichisch-spanischen Weltreiches aus der Vergangenheit auf. Paula von Preradović (1887—1951), die Enkelin des kroatischen Nationaldichters Petar von Preradović, schuf den Text zur österreichischen Bundeshymne nach der Melodie eines Mozart zugeschriebenen Liedes.

In diesem Zusammenhang muß auch der österreichischen monarchistisch-legitimistischen Bewegung vor 1938 gedacht werden, die sich als eine Wahrerin altösterreichischer Tradition zeigte. Freilich war die Einstellung nur die Folge eines Bekenntnisses zur Restauration des Hauses Habsburg-Lothringen, die durch einen Anschluß unmöglich geworden wäre. Zu ihren ältesten Vorkämpfern zählte gleich nach 1918 der eigenwillige und oft aus der Reihe tanzende Oberst Gustav Wolff mit seinem Blatt „Die Staatswehr". Der offizielle, parteipolitisch unabhängige, praktisch der Christlichsozialen Partei nahestehende Verband der österreichischen Monarchisten war der „Reichsbund der Österreicher" mit seinem Organ „Der Österreicher". Er stand unter der Führung des ehemaligen Ministers und Gesandten Friedrich Wiesner (1871—1951). Daß es vielen Monarchisten in erster Linie um die Staatsform und nicht um Österreich ging, beweist die Gründung einer „Konservativen Partei", die — völlig bedeutungslos — unter Sektionschef Dr. Schager den Anschluß akzeptierte und Österreich mit den Reservatrechten Bayerns in ein Hohenzollernreich eingliedern wollte. Den größten Einfluß besaß die monarchistische Bewegung während der Amtszeit des Bundeskanzlers Dr. Kurt Schuschnigg; nur außenpolitische Gründe hielten ihn davon ab, die Monarchie in Österreich wiederherzustellen.

Aus der christlichen Arbeiterjugendbewegung Anton Orels kamen die „Österreichische Gemeinschaft" und die „Österreichische Aktion". Erstere wurde zu Pfingsten 1925 auf Schloß Wildegg bei Heiligenkreuz im Wienerwald von jungen Studenten und Arbeitern gegründet. Ihr Kampf richtete sich gegen die Anschlußpropaganda und die Verneinung des Österreichertums. Im Jahr 1926 erschien ihr Jahrbuch „Frühling in Österreich", in dem die Grundzüge eines neuen, christlich fundierten und auf sozialer Gerechtigkeit beruhenden österreichischen Staates konzipiert wurden. Ihr monatliches Organ wurde die Zeitschrift „Vaterland — Blätter für katholisches Österreichertum". Die „Österreichische Aktion" hatte ihren Namen von einem so betitelten, 1927 erschienenen Buch, an dem Persönlichkeiten wie die Professoren Dr. Ernst Karl Winter, Dr. August Maria Knoll (1900—1963), der spätere Hofrat und Presseattaché Dr. Alfred Missong (1902—1965), der Chefredakteur des eben erwähnten „Vaterland", Wilhelm Schmid (geb. 1896), und Hochschulprofessor Dr. Hans Zeßner-Spitzenberg (1879—1938) mitarbeiteten. In diesem Kreis wurde der

Gedanke geboren, daß die beiden soziologisch verschiedenen Gruppen des österreichischen Volkes, Arbeiterschaft auf der einen, Bauern- und Bürgertum auf der andern Seite, sich zu gemeinsamer Arbeit im Dienst des gemeinsamen Vaterlandes und des gemeinsamen Staates zusammenfinden müßten. Hier wurden vor allem Winters Bücher „Arbeiterschaft und Staat", „Arbeiterschaft und Monarchie" sowie die von ihm herausgegebenen „Wiener Politischen Blätter" wegweisend. Als einer der frühesten Vertreter eines österreichischen Nationalgedankens ist auch der durch seine historischen Werke und schöngeistigen Schriften bekanntgewordene Prof. Ludwig Reiter (Pseudonym: Berthold Dietrich, geb. 1895) hervorzuheben.

Von den Kommunisten kam Dr. Alfred Klahr. Er entwarf in seinen Aufsätzen in der illegal erscheinenden Zeitschrift „Weg und Ziel" das Bild eines eigenständigen Österreich und begründete den Kampf gegen den Nationalsozialismus ideologisch als den Aufbruch des nationalen Bewußtseins des österreichischen Volkes. „Die Österreicher haben", wie er im April 1937 feststellte, „auf Grundlage der jahrzehntelangen staatlichen Selbständigkeit eine eigene nationale, von der deutschen Nation verschiedene Entwicklung durchgemacht. Ihr Kampf um die Aufrechterhaltung der staatlichen Selbständigkeit bedeutet den Kampf um die Erhaltung der Grundlage der selbständigen nationalen Entwicklung, um die Erhaltung der nationalen Unabhängigkeit Österreichs. Es ist ein nationaler Kampf, ein Kampf für die nationale Selbstbestimmung des österreichischen Volkes." In einem weiteren Aufsatz vom Oktober 1937 heißt es bei Klahr: „Die weitere Geschichte des österreichischen Volkes beweist, daß die überwiegende Mehrheit des Volkes sich österreichisch und nicht deutsch orientierte. Seit der Entwicklung des Kapitalismus in Österreich und der Schaffung des zentralisierten Staates durch die Habsburger besteht demnach bis auf den heutigen Tag jene Scheidung des österreichischen Volkes vom deutschen Volk. In dieser ganzen Zeitperiode, die für den Zusammenschluß der Menschen zur Nation die entscheidende ist, vollzog sich die wirtschaftliche, staatliche, kulturelle und damit auch die nationale Entwicklung der Österreicher unter anderen Bedingungen und in anderer Richtung als die Entwicklung der deutschen Nation. Die große Mehrheit des österreichischen Volkes stand der Anschlußfrage seit langem teils ablehnend, teils gleichgültig gegenüber. Die österreichische Arbeiterbewegung orientierte sich spätestens in den neunziger Jahren des vorigen Jahrhunderts nicht mehr auf den Anschluß an Deutschland, sondern auf die Erhaltung der Einheit Österreichs, das heißt, auf das Verbleiben außerhalb des Deutschen Reiches, auf die Erhaltung der Selbständigkeit gegenüber Deutschland. Sie war österreichisch orientiert. Ein eindeutiger Beweis dafür ist das Brünner Nationalitätenprogramm (der Sozialdemokratie) 1899. Und diese österreichische Einstellung war so stark, daß selbst Ende Oktober, Anfang November 1918, als die Habsburgermonarchie faktisch längst zerfallen war, der Parteitag der österreichischen Sozialdemokratie sich in seinen Beschlüssen in erster Linie auf ein Zusammenwirken mit den neuen Nationalstaaten des Donaugebietes orientierte und nur, wenn dies nicht möglich sein sollte, einen Anschluß an Deutschland in Erwägung zog. Otto Bauer selbst mußte gestehen, daß die Masse der Arbeiterschaft dem Anschluß kühl gegenüberstand, obwohl Sozialdemokraten (nämlich Otto Bauer selbst!) seine ersten Verkünder waren. Erst der 9. November eroberte dem Anschlußgedanken die Arbeitermassen. Und auch die spätere Haltung der österreichischen Arbeiter zeigt, daß der Anschlußgedanke, soweit und solange er überhaupt unter ihnen verbreitet war, nicht der Ausdruck eines nationalen Gefühls der Zusammengehörigkeit mit der deutschen Nation, sondern der Ausdruck ihrer sozialistischen Bestrebungen des Zusammenschlusses mit dem Deutschland Bebels, Liebknechts und Luxemburgs, dem Deutschland, in dem der Sozialismus marschiert, war. Der Anschluß an ein rotes Deutschland war populär... Der Fortschritt der Reaktion im Deutschland der Weimarer Verfassung seit dem Jahr 1919 hat die Massen der Arbeiterschaft dem Anschlußgedanken entfremdet...“

So trafen sich zum erstenmal seit Gründung der Republik im Jahr 1918 die konservativen und christlichen mit den sozialistischen und anderen linken Kräften in Österreich auf dem Boden des Bekenntnisses der österreichischen Unabhängigkeit und der Eigenständigkeit des österreichischen Volkes. Richard Coudenhove-Kalergi hatte deshalb nicht unrecht, wenn er im Jahrgang 1934 seiner Zeitschrift „Paneuropa“ von der „Geburt einer Nation“ sprach.

Wiederaufbau 1945—1955

Das nationalsozialistische Regime hatte in Österreich ein wirtschaftliches und politisches Chaos hinterlassen. Da 1938 sämtliche österreichische Verwaltungseinheiten radikal zerstört worden waren, mußte die provisorische österreichische Staatsregierung unter der Führung von Dr. Karl Renner buchstäblich ohne alles beginnen. Die alliierten Truppen hatten das gesamte österreichische Staatsgebiet besetzt. Es wurde in vier Zonen eingeteilt. Die Amerikaner erhielten Oberösterreich südlich der Donau und Salzburg, die Franzosen Tirol und Vorarlberg, die Engländer die Steiermark und Kärnten, die Russen Niederösterreich, das Burgenland und den nördlich der Donau gelegenen Teil von Oberösterreich, das Mühlviertel, zugewiesen. Wien wurde einer gemeinsamen Kontrolle in der Weise unterstellt, daß die einzelnen Gemeindebezirke jeweils einer der vier Mächte zugeteilt wurden; der 1. Bezirk, die sogenannte „Innere Stadt“, wurde gemeinsam verwaltet. Der Vorsitz in der Interalliierten Kontrollkommission wechselte jeden Monat. Trotzdem befand sich Österreich in einer bedeutend besseren und sichereren Lage als Deutschland. Die Alliierten anerkannten die Regierung Dr. Karl Renner trotz einiger Querschüsse, die aus dem Ausland kamen und zum Teil von Auslandsösterreichern und Emigranten stammten, als gesamtösterreichische Regierung. Die wiedererrichtete Republik Österreich war auch formell kein besiegtes, sondern ein befreites Land. In dieser Beziehung waren die Verhältnisse zwischen 1938 und 1945 nicht mit denen zwischen 1945 und 1955 zu vergleichen. Es ist eine historische Falschmeldung, von einer „zehnjährigen Besetzung Österreichs" zu sprechen, denn der erste nichtösterreichische Soldat betrat am 13. März 1938 österreichischen Boden. In den sieben Jahren, da der österreichische Staat seiner Handlungsfähigkeit beraubt war, gab es keine österreichische Regierung, keine österreichische Fahne, keine österreichische Armee und keine österreichische Volksvertretung. Es bleibt das geschichtliche Verdienst der Provisorischen Österreichischen Regierung vom 27. April 1945, eine Teilung Österreichs verhindert zu haben, die — wenn wir auf Deutschland sehen — möglicherweise zur Gründung von zwei österreichischen Staaten hätte führen können. Pläne, Salzburg zur Hauptstadt Westösterreichs zu machen, tauchten in den ersten Jahren nach 1945 immer wieder auf.

Das wirtschaftliche Elend im Land war unbeschreiblich. Im Jahr 1945 starben allein in Wien 51.500 Personen, das waren 358 von je 10.000, die höchste Sterblichkeit, die in neuerer Zeit in Städten mit europäischer oder amerikanischer Bevölkerung erreicht wurde. Von 1000 Kindern bis zu einem Jahr erlebten 191 diese Grenze nicht. Der Frühjahrsanbau 1945 war gestört, die Eisenbahnen verkehrten nur unregelmäßig, die noch im Umlauf befindliche Reichsmark verlor jeden Wert, konnte aber nicht sofort durch österreichisches Geld ersetzt werden. Zu dem Währungsdurcheinander trugen die Alliierten bei, als sie eine Milliarde sogenannter „Militärschillinge", die sie mitgebracht hatten, in Umlauf setzten. Es fehlte auch an Rohstoffen; Strom und Kohle waren so gut wie nicht vorhanden. In Wien lagen 20 Prozent der Häuser in Trümmern. Nach Wien war Wiener Neustadt die prozentuell durch Bombenangriffe am schwersten getroffene Stadt. Das Telephonnetz war so zerstört, daß im August 1945 erst 8000 Teilnehmeranschlüsse verwendbar waren. Die westlichen Bundesländer, in denen es verpflegs-, verkehrs- und wirtschaftsmäßig besser war, blieben bis 1. Oktober 1945 durch eine Demarkationslinie vom russisch besetzten Teil Österreichs abgeschlossen. Man benötigte paßähnliche Ausweise, die sogenannten Identitätskarten, wollte man von einer Zone in die andere reisen. Doch auch in dieser Beziehung war die Situation Österreichs besser als die Deutschlands. In Wien gab es zwischen den einzelnen Bezirken keine Kontrolle, und man konnte von einem russisch besetzten in einen amerikanisch besetzten Teil der Stadt ohne besondere Schwierigkeiten gelangen. Anders war es in Linz, wo es auf der Brücke nach dem Stadtteil Urfahr die gleiche Kontrolle wie an der Ennsbrücke und auf dem Semmering gab.

Neben den wirtschaftlichen Schwierigkeiten erwuchs Österreich noch die Aufgabe, seine Verwaltung von Grund auf wieder aufzubauen. Eins der ersten Gesetze der Provisorischen Regierung war das am 8. Mai 1945 erlassene Verbot der NSDAP und ihrer Gliederungen. Alle nationalsozialistischen Parteimitglieder hatten sich registrieren zu lassen. Da man praktisch diese Bestimmung nur in der russisch besetzten Zone durchführen konnte, blieb die Registrierung bis zu einem gewissen Grad Stückwerk. Auch war die — vielleicht notwendige — rein formelle Art, in der die Registrierung der Nationalsozialisten durchgeführt wurde, nicht geeignet, das Problem zufriedenstellend zu lösen. Es konnte vorkommen, daß ein überzeugter Nationalsozialist, der aus irgendwelchen Gründen formell der Partei nicht angehört hatte, auch nicht registrierungspflichtig war, während ein Landbriefträger, der im Herzen niemals Nationalsozialist gewesen war und nur unter dem Druck seines Amtsvorstandes und in Sorge um die Existenz seiner Familie den Beitritt vollzogen hatte, registriert wurde. So schmiedete man gerade dadurch harmlose Mitläufer mit den wirklich Verantwortlichen zusammen. Aber trotz vorgekommener Mißgriffe wäre es Irrsinn, solche Geschehnisse mit dem millionenfachen Massenmord des nationalsozialistischen Regimes vergleichen oder gar auf eine Stufe stellen zu wollen.

Sorgen bereitete ferner das Flüchtlingsproblem. Im Augenblick des Kriegsendes gab es auf österreichischem Boden Hunderttausende von sogenannten „Displaced Persons" (DPs genannt): Fremdarbeiter, die die Nationalsozialisten aus ihren Heimatländern verschleppt hatten. Dazu kamen fast ebenso viele volksdeutsche Flüchtlinge, die aus der Tschechoslowakei, aus Ungarn, aus Jugoslawien und aus weiter entfernten Gebieten vertrieben worden waren und sich jetzt in Österreich sammelten. Unter ihnen befanden sich auch viele Volksdeutsche, die während des Krieges auf Befehl Hitlers aus ihrer Heimat (Bessarabien, Dobrutscha) zwangsweise „ins Reich" evakuiert wurden. Noch im Jahr 1948 gab es 600.000 solcher DPs in den verschiedenen österreichischen Bundesländern.

Damals vollzog sich auch das Schicksal der 1918 aus dem „Völkerkerker" Österreich-Ungarns „befreiten" Völker. Ungarn, dessen adelige Gentry entmachtet wurde, die Tschechoslowakei, Polen sowie die zu Rumänien und Jugoslawien gekommenen Teile Österreich-Ungarns kamen unter kommunistische Regimes und konnten nunmehr Vergleiche mit dem Regime Altösterreichs ziehen.

Die Deutsch-Nationalen des alten und des neuen Österreich hatten dazu bereits unter dem Regime Hitler-Deutschlands Gelegenheit, die mit der Aussiedlung der Südtiroler begann! Es zeigte sich wieder die Richtigkeit des Satzes, daß die „Weltgeschichte ein Weltgerichte" sei. Leider mußten hiebei auch viele am historischen Geschehen Unschuldige mit den führenden Schuldigen büßen!

Aus dem Verwaltungs-, Polizei- und Justizwesen wurden auf Grund des Nationalsozialistengesetzes alle der NSDAP angehörigen belasteten Beamten entfernt. Es war das dritte Mal innerhalb weniger Jahre, daß ein derartiger Eingriff in den Beamtenkörper erfolgte: 1934 wurden sozialistische, 1938 österreichisch-patriotische und nunmehr die nationalsozialistischen Staatsangestellten entfernt. Dadurch ergab sich ein sichtbarer Mangel an fachkundigem Personal. Der Postdienst mit dem Ausland wurde erst am 2. Jänner 1946 wiederaufgenommen.

Am 9. August 1945 wurde über die Einteilung Österreichs in vier Besatzungszonen entschieden. Um die äußerste Not der Bevölkerung zu lindern, bezog man Österreich in die internationale UNRRA-Hilfe ein. Vom Beginn September an begannen die österreichischen Kriegsgefangenen in die Heimat zurückzukehren. Die Erhöhung der Lebensmittelrationen von 800 Kalorien auf 1550 täglich wurde das erste Anzeichen einer beginnenden wirtschaftlichen Besserung.

Der Alliierte Rat in Wien, dem Vertreter der vier Großmächte angehörten, hatte nur drei Parteien die Zulassungserlaubnis gegeben: der nunmehr sozialistischen und der kommunistischen Partei Österreichs stand die Österreichische Volkspartei gegenüber, die als Nachfolgerin der 1934 aufgelösten Christlichsozialen Partei gelten wollte, aber auch liberale Kreise in sich aufnahm, die nunmehr keine politische Heimat mehr besaßen. Bei den ersten Nationalratswahlen seit 1930 zeigte es sich, daß der Österreicher innerhalb der 16 Jahre parlamentloser Zeit doch im wesentlichen seinen früheren Anschauungen treugeblieben war. Am 25. November 1945 wählten

1,602.227 Personen	49,80 Prozent	die Österreichische Volkspartei
1,434.898 Personen	44,60 Prozent	die Sozialistische Partei Österreichs
174.257 Personen	5,41 Prozent	die Kommunistische Partei Österreichs
5.972 Personen	0,19 Prozent	die nur in Kärnten wahlwerbend auftretende Demokratische Partei

Auf Grund dieses Wahlergebnisses erhielten die Österreichische Volkspartei (ÖVP) 85, die Sozialistische Partei Österreichs (SPÖ) 76 und die Kommunistische Partei Österreichs (KPÖ) 4 Mandate. Der Vorsitzende der ÖVP, Ing. Leopold Figl (1902—1965), bildete die erste Bundesregierung der Zweiten Republik, in der alle drei Parteien des Nationalrates vertreten waren. Bei der Eröffnungssitzung des Nationalrates gab Bundeskanzler Ing. Figl folgende Erklärung ab: „Wir sind kein zweiter deutscher Staat. Wir waren nie Ableger einer anderen Nation. Wir sind nichts anderes als Österreicher, aber das aus ganzem Herzen und aus jener Leidenschaft, die jedem Bekenntnis zur Nation innewohnen muß."

Auch die weiteren Nationalratswahlen zeigten eine ähnliche Gruppierung. Es erhielten an Mandaten bei den Wahlen von

	1949	1953	1956	1959	1962	1966
die ÖVP	77	74	82	79	81	85
die SPÖ	67	73	74	78	76	74
der WdU (= VdU)	16	14	—	—	—	—
die FPÖ	—	—	6	8	8	6
die KPÖ	5	4	3	—	—	—

Aus dem VdU (= Verband der Unabhängigen) entstand später die FPÖ (= Freiheitliche Partei Österreichs)

Die österreichische Bundesregierung hatte eine Reihe wichtiger innen- und außenpolitischer Probleme zu lösen. Vor allem handelte es sich um das sogenannte „deutsche Eigentum". Die Dreimächtekonferenz in Potsdam hatte im Verlauf ihrer Sitzungen vom 16. Juli bis 2. August 1945 der Union der Sozialistischen Sowjetrepubliken das in ihrer Zone in Österreich liegende deutsche Eigentum als einen Teil der Kriegsentschädigung übertragen. Dieses „deutsche Eigentum" stammte aus drei Quellen: 1. aus dem schon vor 1938 in deutschen Händen befindlichen Besitz, 2. aus dem von den Nationalsozialisten zwischen 1938 und 1945 Österreichern entfremdeten Eigentum und 3. aus Eigentum deutscher Staatsbürger, die es zwischen 1938 und 1945 erworben hatten. Vom österreichischen Standpunkt aus gesehen waren nur die unter Punkt 1 und 3 genannten Eigentumswerte wirklich echtes deutsches Eigentum. Die gegensätzliche Auffassung, die zwischen Österreich und der Sowjetunion, ja zwischen der Sowjetunion und den westlichen Alliierten in bezug darauf herrschte, bildete eins der formalen Haupthindernisse für das Zustandekommen des österreichischen Staatsvertrages. Die sowjetische Besatzungsmacht übernahm die gesamte Erdölindustrie und die Donaudampfschiffahrtsgesellschaft in ihre Verwaltung und schloß sie zur USIWA, später USIA genannt, zusammen. Der österreichische Nationalrat beschloß am 26. Juli 1946 mit den Stimmen aller drei Parteien das erste Verstaatlichungsgesetz und ergänzte es durch ein zweites im März 1947. Gegen diese Beschlüsse erhoben sowohl die Sowjetunion als auch Frankreich — dieses nur wegen der französischen Anteile an der Länderbank — Protest. Aber das zweite Kontrollabkommen zwischen den Alliierten Besatzungsmächten vom 28. Juni 1946 hatte bestimmt, daß vom österreichischen Parlament beschlossene Gesetze nur durch das einstimmige Veto des Alliierten Rates außer Kraft gesetzt werden könnten. Da der amerikanische und englische Vertreter sich nicht dem sowjetischen Antrag auf Ablehnung anschlossen und so keine Einstimmigkeit zu erzielen war, traten die Verstaatlichungsgesetze nach einer Wartefrist von 31 Tagen in Kraft. In der sowjetischen Zone wurden allerdings die unter das Verstaatlichungsgesetz fallenden Betriebe — 29 unter 44 — nicht an Österreich übergeben. Die Verstaatlichung betraf in erster Linie die Elektrizitätswirtschaft, die Erdölgewinnung, die Schwerindustrie, den Kohlenbergbau, die chemische Industrie, Verkehrsunternehmungen und die Aktienbanken. Bis zum Jahr 1955 blieben auch die Betriebe des „deutschen Eigentums" in der russischen Zone ein strittiger Punkt.

Zu den außenpolitisch hinzutretenden Fragen gehörte auch das Problem Südtirol. Der Regierung Schuschnigg war es gelungen, in einem Abkommen mit dem Italien Mussolinis eine Einstellung der weiteren Italianisierung Südtirols zu erreichen. Sie war unter dem Faschismus so weit gediehen, daß auf den Friedhöfen die Vornamen längst Verstorbener in ihrer italienischen Form — etwa „Antonio" statt „Anton" — wiedergegeben werden mußten. Als später das Bündnis zwischen Hitler und Mussolini — die sogenannte „Achse Rom—Berlin" — zustande kam, stimmte Hitler einer vollständigen Aussiedlung der einheimischen deutschsprachigen Südtiroler Bevölkerung als Dank für die Unterstützung Mussolinis in verschiedenen außenpolitischen Fragen zu. Nationalsozialistische SA-Männer ließen sich in Uniform und mit zum „deutschen Gruß" erhobener Hand vor dem italienischen Siegesdenkmal in Bozen photographieren. Die Aussiedlung der Südtiroler wurde erst 1945 gestoppt.

In Österreich hatte anscheinend die berechtigte Hoffnung bestanden, daß es gelingen werde, das deutschsprachige Südtirol bis zur Salurner Klause wieder mit Österreich zu vereinigen. Man stützte sich hiebei auf die Tatsache, daß Italien bis 1943 auf seiten des nationalsozialistischen Deutschen Reiches gekämpft hatte und daß sich 1944 italienische Demokraten für die Rückgabe des nicht italienischsprachigen Gebietes im Norden und Nordosten Italiens ausgesprochen hatten. Italien verlor nun zwar den größten Teil der Halbinsel Istrien und — wenigstens zeitweilig — auch Triest, ebenso mußte es fast alle seine Kolonien abtreten und Rhodos mit dem Dodekanes wurde Griechenland übertragen, doch gelang es der italienischen Politik, gestützt auf die Vereinigten Staaten von Amerika, das Problem Südtirol in italienischem Sinn zu lösen. Auch die von der österreichischen Regierung geforderte teilweise Rückgabe Südtirols — man dachte an das Pustertal, um Nord- und Osttirol wieder unmittelbar zu verbinden — wurde von der Pariser Außenministerkonferenz im Juni 1946 abgelehnt. So blieb der österreichischen Regierung nichts anderes übrig, als ein zweiseitiges Abkommen mit Italien zu schließen, das Südtirol die Autonomie bringen sollte. Es wurde nach den beiden Staatsmännern das Gruber — de Gasperi - Abkommen genannt. Österreich behielt als Unterzeichner des Abkommens das Recht, sich um die österreichische Volksgruppe in Südtirol zu kümmern. Dadurch, daß Italien die Autonomie auch auf den italienischsprachigen Teil des alten Südtirol — das Trentino — ausdehnte, wurde in der neuen Region „Trentino — Tiroler Etschland" das italienische Element das stärkere. Eine starke italienische Zuwanderung setzte ein. Waren 1910 in Südtirol 7000 Italiener, so stieg deren Zahl bis 1953 auf 115.000. Allerdings waren es a u c h wirtschaftliche Gründe, die Süditaliener nach dem Norden führten, wo sie bessere Lebens- und Lohnbedingungen fanden, während Südtiroler im Hinblick auf die schlechten italienischen Staatsbeamtengehälter nicht ungern in die großen Mailänder und Turiner Konzerne abwanderten.

In dieser Beziehung ist Dr. Manfred Nayers Feststellung — auf der XII. Studientagung der Südtiroler Hochschülerschaft (16.—20. April 1968, vgl. Bericht darüber) — hervorzuheben: „Österreichischerseits ist die Südtirolpolitik bis zum Zweiten Weltkrieg und noch lange darnach unter Zuhilfenahme von Schlagworten der deutschnationalen Parteigruppierung formuliert worden ... Es war das Verdienst des früheren österreichischen Außenministers Dr. Bruno Kreisky, aus Gründen der Rücksichtnahme auf gewisse internationale Empfindlichkeiten, von den Südtirolern als einer ‚österreichischen Minderheit in Italien' zu sprechen." Denn — wie Manfred Peterlik richtig feststellt: „Das Unheil ist bekannt, das von dem von den Italienern vorgebrachten Argument ausgeht, in Südtirol sei der Pangermanismus wirksam. Dem wäre sofort der Boden entzogen, wenn in Politik und Sprachregelung einmal klar herausgestellt würde, daß es sich hier nicht um unsere ‚deutschsprachigen Brüder' (die Ladiner werden bei solchen Gelegenheiten vergessen), sondern um eine österreichische Minderheit in Italien handelt. Dieser auch in dem von Gruber und De Gaspari ausgehandelten Vertrag enthaltene Begriff ist die einzige politische Legitimation für eine österreichische Südtirolpolitik, da es sich sonst nur noch um eine inneritalienische Angelegenheit handeln würde" (vgl. Manfred Peterlik: Republik und Tradition, in: Die unvollendete Republik, Wien 1968, S. 106/107).

Die wichtigste Frage für Österreich war allerdings die des Staatsvertrages. Da die Republik Österreich keinen Krieg geführt hatte, konnte es sich nicht um einen Friedens-, sondern nur um einen Staatsvertrag handeln. Die vierfache Besetzung dauerte an. Die noch ungelösten innenpolitischen Probleme waren am besten durch eine Koalition der beiden großen Parteien, der ÖVP und der

SPÖ, zu erledigen. Sie vertrat etwa 90 Prozent des österreichischen Volkes. Die Kommunisten schieden bereits 1947 aus der Bundesregierung aus und verloren im Verlauf der nächsten Jahre auch ihre Sitze im Nationalrat. Es gelang ihnen nicht mehr, das gemäß der Wahlordnung notwendige Grundmandat zu erhalten, obgleich ihre Stimmenzahl um 100.000 herum lag. Die Zeit der nationalsozialistischen Gewaltherrschaft und die Tatsache, daß führende Männer der beiden Großparteien einander in den Kerkern und Konzentrationslagern der Nationalsozialisten persönlich kennengelernt hatten, trugen wesentlich dazu bei, daß die Zusammenarbeit der beiden großen Parteien, die zwischen 1920 und 1934 nie möglich gewesen war, nunmehr doch zustande kam und beinahe zwanzig Jahre lang, mehr oder weniger ungetrübt, andauerte.

Wurde die Bundesregierung seit 1945 von einem Kanzler der Volkspartei geführt — bis 1953 Ing. Leopold Figl, dann bis 1961 Ing. Julius Raab (1891—1964) —, so fiel das Amt des Bundespräsidenten an den Sozialisten Dr. Karl Renner. Obwohl bereits in der Verfassungsänderung des Jahres 1929 grundsätzlich die Wahl des Staatsoberhauptes durch das gesamte Bundesvolk vorgesehen gewesen war, entschloß man sich unter dem Zwang der Umstände, Dr. Karl Renner von der Bundesversammlung, dem vereinigten Nationalrat und Bundesrat, wählen zu lassen. Die Wahl erfolgte einstimmig. Erst nach dem Tod Dr. Renners ging man zur allgemeinen und direkten Volkswahl über. Sie brachte dem Sozialisten und bisherigen Bürgermeister von Wien, General Dr. h. c. Theodor Körner (1873—1957), den Sieg. Gegenkandidat war der langjährige Landeshauptmann von Oberösterreich Dr. Heinrich Gleißner. General Körner starb kurz vor Ablauf seiner Amtszeit. Sein Nachfolger wurde der bisherige Vizekanzler und Obmann der Sozialistischen Partei Österreichs, Dr. Adolf Schärf (1890—1965).

Im Jahr 1948 wurde durch einen einstimmigen Beschluß des Nationalrates und mit Gutheißung des Alliierten Rates ein Amnestiegesetz für die minderbelasteten Nationalsozialisten geschaffen, in dessen Genuß 482.000 Personen von insgesamt 524.000 kamen. Damit hatte sich Österreich bereits zwei Jahre nach dem Ende des Nationalsozialismus vom Gedanken einer Kollektivschuld gelöst. Nun aber begann ein Ringen um die Stimmen der ehemaligen Nationalsozialisten, das so weit ging, daß man Geheimbesprechungen von seiten der ÖVP mit führenden ehemaligen Nationalsozialisten in Oberweis abhielt. Außenminister Dr. Gruber erzählt, wie anderseits auch der sozialistische Innenminister Helmer in den französischen Außenminister Schumann drang, die Bewilligung der Alliierten zur Zulassung des späteren VdU zu geben (Gruber, Zwischen Befreiung und Freiheit, S. 220 ff). Infolgedessen hat ein Verband der Unabhängigen (VdU), der bei den Nationalratswahlen von 1949 als „Wahlblock der Unabhängigen" (WdU) kandidierte, einen Einbruch in die Regierungsfront, hauptsächlich auf Kosten der ÖVP, erzielt. Sie verlor damit ihre absolute Majorität im Nationalrat. Die neue Partei wandte sich in erster Linie an die deutschnationalen Kreise und an ehemalige Nationalsozialisten, aber auch an Liberale, denen die ÖVP zu „klerikal" war. Die Kombination solch verschiedener Wählergruppen konnte sich auf die Dauer nicht behaupten. Die Stimmenzahl des VdU ging immer mehr zurück und ihre Mandate schmolzen zusammen. Schließlich ging der Rest der Gruppe in der „Freiheitlichen Partei" (FPÖ) auf, in der wieder deutschnationale und liberale Kräfte miteinander um die Vorhand zu ringen begannen. Die FPÖ bekannte sich von allem Anfang an parteiprogrammatisch als einzige aller im Nationalrat vertretenen Parteien ausdrücklich zum „deutschen Volkstum" und trat damit das Erbe aller alldeutschen, großdeutschen und sonstigen deutschnationalen Gruppen an, die es seit 1848 in Österreich-Ungarn und dann in der Republik Österreich gegeben hatte. Allerdings anerkannte man auch — wie es viele Vereinigungen des Freistaates Bayern in bezug auf ihr Land tun — die „Eigenstaatlichkeit" Österreichs, doch vermied man meist die Ausdrücke „Unabhängigkeit" und „Souveränität". Man sprach auch gern von der „österreichischen Heimat" statt „von einem österreichischen Vaterland" und bekämpfte den Gedanken der österreichischen Nation.

Unter den jüngeren Mitgliedern wurden allmählich liberalere Gedankengänge wirksam, so daß die FPÖ von einer anderen, rechtsradikalen Gruppe, der NDP (= Nationaldemokratischen Partei), als „nicht genug (deutsch-)national" erklärt wurde.

Der Staatsvertrag

Nach zehnjährigem Bemühen wurde am 15. Mai 1955 im Wiener Prinz-Eugen-Schloß Belvedere der österreichische Staatsvertrag abgeschlossen. Die lange Dauer der vorausgegangenen Verhandlungen, die oft dem Abbruch nahe schienen, hing mit der weltpolitischen Entwicklung zusammen. Österreich wurde ein Opfer des sogenannten „kalten Krieges", der gleich nach Ende der Feindseligkeiten zwischen den bisherigen Verbündeten, den Vereinigten Staaten von Amerika und der Union der Sozialistischen Sowjetrepubliken, begonnen hatte. Glaubte man noch bei der Gründung der Vereinten Nationen — nach der englischen Namensform abgekürzt UNO genannt — an „Eine Welt", so standen sich nunmehr zwei Machtblöcke gegenüber. Österreich, schon immer ein Land des Ausgleichs der Gegensätze, lag nunmehr direkt an der Schnittfläche der Einflußsphären der Sowjetunion und der Vereinigten Staaten. Es blieb auch tatsächlich der einzige Ort der Welt, wo sich selbst während der heikelsten Augenblicke, als viele Menschen voll Furcht und Schrecken bereits einen neuen dritten Weltkrieg kommen sahen, die vier ehemaligen Alliierten in der Kontrollkommission und als gemeinsame Militärpolizei — den berühmten „Vier im Jeep" — friedlich zusammenfanden.

Schon im Winter 1946/47 erfolgten die ersten Besprechungen über den Abschluß des Staatsvertrages in New York. Sie endeten indessen ebenso erfolglos wie ähnliche Besprechungen 1947 in London und Moskau. Die Verhandlungen liefen während der Jahre 1948 und 1949 weiter. Am 21. Juni 1949 wurde sogar eine offizielle Verlautbarung herausgegeben, die den Staatsvertragsabschluß bis 1. September des gleichen Jahres versprach. Als die Verhandlungen zu stocken schienen, boten die Vereinigten Staaten, Großbritannien und Frankreich im März 1952 der Sowjetunion an, einen provisorischen „Kurzvertrag" abzuschließen. Doch auch dieses Projekt fand keine Zustimmung.

Je weiter die Verhandlungen fortschritten, umso mehr Erleichterungen wurden Österreich zuteil. Eine schwere Belastung bildeten die Besatzungskosten, die bis Ende 1946 30 Prozent und von 1947 an 15 Prozent des österreichischen Gesamtbudgets ausmachten. Allein für 1945 mußten 1215 Millionen Schilling an die Sowjetunion sowie je 225 Millionen an Großbritannien, Frankreich und die Vereinigten Staaten von Amerika bezahlt werden. Als erster Staat verzichtete 1947 Amerika auf die Bezahlung des Aufwandes für die in Österreich stationierten Truppen. In Zukunft sollten die erforderlichen Schillingbeträge in Dollar bei einer vorgesehenen Kursrelation von 1 : 10 abgegolten werden. Für die seit 9. Mai 1945 aufgelaufenen Spesen zahlten die Vereinigten Staaten im nachhinein einen Pauschalbetrag von 308 Millionen Schilling. Wenige Tage später wurde das Hilfsabkommen zwischen der Republik Österreich und den Vereinigten Staaten von Amerika abgeschlossen, auf Grund dessen diese eine Reihe lebenswichtiger Güter kostenlos nach Österreich lieferten, wobei die österreichische Regierung den daraus erfließenden Erlös für den Wiederaufbau des Landes verwenden konnte. Das Außenministerium in Washington gab bei dieser Gelegenheit bekannt, daß Österreich „an erster Stelle des europäischen Unterstützungsprogramms der USA stünde und nicht nur als befreites, sondern als befreundetes Land angesehen werde". Damit war Österreich in den sogenannten Marshall-Plan — nach dem amerikanischen Außenminister gleichen Namens benannt — eingeschaltet, an dem noch weitere 15 europäische Staaten teilnehmen.

Für Österreich war dies deshalb von besonderer Bedeutung, weil das Jahr 1947 eine Mißernte gebracht hatte, die manches bisher Erreichte in Frage stellte. Um die österreichische Währung endgültig in Ordnung zu bringen, wurde durch das Währungsschutzgesetz vom 18. November 1947 eine Abwertung des Geldes vorgenommen. Je Kopf der Bevölkerung durften 150 Schilling im Verhältnis 1 : 1 gegen neue Banknoten umgetauscht werden. Der Restbetrag wurde um zwei Drittel entwertet. Von den auf Konten liegenden Geldern blieben die Einlagen seit Dezember 1945 zur Gänze erhalten, frühere Einlagen wurden um 60 Prozent abgewertet Auf diese Weise gelang es, die Stabilität des Schillings wiederherzustellen, doch bedurfte es noch einiger sogenannter Lohn- und Preisabkommen, ehe eine Beruhigung eintrat.

Die Staatsvertragsunterhandlungen nahmen unterdessen seit 1953 einen rascheren und günstigeren Verlauf. Die Westmächte zogen das Projekt des Kurzvertrages zurück. Die Sowjetunion, die Republik Frankreich und das Vereinigte Königreich Großbritannien und Nordirland verzichteten gleichfalls auf Erstattung der Besatzungskosten durch Österreich. Die Post- und Briefzensur in den russisch besetzten Teilen Österreichs wurde im August 1953 aufgehoben, nachdem die österreichische Regierung sich schon im November 1947 geweigert hatte, den 3000 Zensurbeamten weiter das Gehalt zu zahlen. Das Angebot des sowjetischen Außenministers Molotow, das dieser bei der Berlin-Konferenz im Jänner 1954 machte, den Staatsvertrag mit Österreich unter der Bedingung abzuschließen, daß die Besatzungstruppen bis zum Abschluß des deutschen Friedensvertrages im Land blieben, wurde im Namen Österreichs von Außenminister Ing. Figl zurückgewiesen; doch erklärte sich Österreich bereit, in den Status der Neutralität überzugehen.

Die österreichische Regierung konnte den Abschluß des Staatsvertrages nicht erzwingen. Dazu reichten die Kräfte der Republik nicht aus. Das Verdienst der österreichischen Staatsmänner jener Zeit liegt vielmehr darin, daß sie die Wendung der sowjetischen Außenpolitik seit Stalins Tod 1953 erkannten und die Gelegenheit ergriffen, das Beste für Österreich herauszuholen. Die Sowjetunion reagierte nämlich auf das Angebot der österreichischen Neutralität freundlich. In Moskau war die Zeit angebrochen, in der man auf die Koexistenz Wert legte, und am Beispiel Österreichs sollte sie der Welt vor Augen geführt werden. So konnten der österreichische Bundeskanzler Ing. Julius Raab und der damalige Vizekanzler Dr. Adolf Schärf sowie Außenminister Dipl.-Ing. Figl und Staatssekretär Dr. Bruno Kreisky bei einem Besuch in der Sowjetunion durch Verhandlungen vom 12. bis zum 15. April 1955 das „Moskauer Memorandum" aushandeln. Die Sowjetunion zeigte sich bereit, die ihr zugesprochenen Ölkonzessionen, Schurfrechte und andere Vermögenswerte in dem von ihr besetzten Teil Österreichs gegen eine Entschädigung an Österreich zu übergeben.

Auf der Botschafterkonferenz in Wien vom 2. bis 12. Mai gelang eine vollständige Einigung. Sie drohte im letzten Moment noch zu scheitern, da westliche Ölkonzerne von Österreich eine neuerliche Bezahlung ihrer 1938 freiwillig an Deutschland verkauften Konzessionen im Erdölgebiet forderten, obwohl Österreich die gleichen Konzessionen im Staatsvertrag von der Sowjetunion kaufen mußte. Am 15. Mai 1955 wurde der österreichische Staatsvertrag von den vier Außenministern — Molotow für die UdSSR, Macmillan für das Vereinigte Königreich Großbritannien und Nordirland, Dulles für die Vereinigten Staaten von Amerika, Pinay für die Republik Frankreich und Leopold Figl für die Republik Österreich — unterzeichnet. Der Jubel im ganzen Land war ungeheuer.

Der Staatsvertrag umfaßte eine Präambel, neun Teile mit 38 Artikeln, zwei Anhänge und fünf Listen. In der Präambel wurde noch in der letzten Nacht vor dem Abschluß eine Stelle gestrichen, aus der eine teilweise Mitverantwortung Österreichs am Zweiten Weltkrieg hervorging. In den territorialen Bestimmungen hieß es, daß die Grenzen der Republik Österreich im Umfang des Jahres 1937 garantiert würden. Damit waren zeitweise während der zehnjährigen Verhandlungen aufgetauchte jugoslawische Ansprüche auf Teile Kärntens endgültig abgelehnt. Der vierte Artikel betraf das Verbot eines politischen oder auch nur wirtschaftlichen Anschlusses an Deutschland. Im siebenten Artikel verpflichtete sich die Republik zur Achtung der Rechte der slowenischen Volksgruppe in Südkärnten und der kroatischen im Burgenland. Teil II enthielt militärische Bestimmungen. Das österreichische Bundesheer sollte die Stärke von 54.000 Mann nicht übersteigen und keine Raketenwaffen in Besitz haben. Im Teil III wurde die Zurückziehung der alliierten Streitkräfte aus Österreich spätestens 90 Tage nach Ratifizierung des Staatsvertrages verfügt. Im Teil IV wurden Bestimmungen über das „Deutsche Eigentum" getroffen. Teil V enthielt ebenfalls Vermögensbestimmungen, darunter über solche österreichische Vermögenswerte im Ausland, die — mit Ausnahme der Werte in Jugoslawien — an Österreich oder an österreichische Vorbesitzer zurückgestellt werden sollten. Die Teile VI bis VIII enthielten gleichfalls vor allem wirtschaftliche Bestimmungen. Teil IX beschäftigte sich mit der Auslegung des Vertrages und der Ratifikation. Von den beiden Anhängen definierte der eine den im Vertrag enthaltenen Ausdruck „Kriegsmaterial", der zweite sowie die dem Vertrag angeschlossenen fünf Listen brachten durch den Verzicht der Sowjetunion auf viele Vermögenswerte eine für Österreich überaus günstige Lösung des Artikels 22. Die Ablöse für die sowjetischen Forderungen hatte man schon in Moskau vereinbart: Die Republik Österreich verpflichtete sich, Waren im Wert von 150 Millionen Dollar sowie 10 Millionen Tonnen Erdöl innerhalb von zehn Jahren kostenlos an die Sowjetunion zu liefern. Aber bereits 1958 konnte eine österreichische Regierungsdelegation eine weitere Abänderung dieser Lieferverpflichtungen zugunsten Österreichs erreichen, so daß der Staatsvertrag der Sowjetunion gegenüber viel früher erfüllt wurde, als ursprünglich vorgesehen war. Es muß schließlich hervorgehoben werden, daß das im Jahr 1919 beschlossene Gesetz über die Verbannung des Hauses Habsburg-Lothringen und die Vermögensbeschlagnahme des ehemaligen kaiserlichen Besitzes als integrierender Bestandteil in den Staatsvertrag aufgenommen wurde. Ebenso verpflichtete sich Österreich ausdrücklich, keine großdeutsche und „pangermanistische" Propaganda innerhalb der Grenzen des Bundesgebietes zu dulden und keine derartigen Organisationen zuzulassen.

Auf Grund des Staatsvertrages verließen die Besatzungstruppen Österreich. Der Abzug war am 19. September 1955 abgeschlossen. Nach einer langen Prüfungszeit von 17 Jahren gab es auf österreichischem Boden keine ausländischen Truppen mehr. Der österreichische Nationalrat beschloß daraufhin mit den Stimmen der Regierungsparteien, aber ohne die Stimmen des damaligen VdU, am 26. Oktober 1955 das Verfassungsgesetz über die österreichische Neutralität. In ihm erklärte die Republik Österreich, daß sie sich zur immerwährenden Neutralität bekenne, an keinen militärischen Bündnissen teilnehmen und die Errichtung fremder militärischer Stützpunkte auf ihrem Gebiet nicht dulden werde. Sie werde ferner diese Neutralität mit allen ihr zu Gebote stehenden Mitteln verteidigen. Der Ausdruck „nur militärische Neutralität" kommt im Text des Neutralitätsgesetzes nicht vor. Ebenso muß der Behauptung widersprochen werden, daß man Österreich die Neutralität aufgezwungen habe. Die vier Großmächte und später eine Reihe anderer Staaten sprachen in der Folgezeit die Anerkennung dieser österreichischen Neutralität aus. Damit wurde sie ein Bestandteil der internationalen Rechtsordnung, der nicht mehr einseitig von Österreich aus abgeändert werden könnte.

Der Ausklang der Koalitionsära

Mit dem Jahr 1955 war der äußere Zwang, eine gemeinsame Regierung der beiden großen Parteien zu bilden, weggefallen. Wenn die Koalition trotzdem weitergeführt wurde, so war dies sowohl durch die Ergebnisse der Nationalratswahlen bedingt, die keiner der beiden Großparteien die absolute Majorität brachte, als auch durch das weiterwirkende persönliche Erlebnis der Zusammenarbeit im Widerstand und in der Besatzungszeit ermöglicht. Je mehr aber die maßgebenden, führenden Persönlichkeiten dieser Epoche vom aktiven politischen Leben abtraten und eine neue Generation nach vorn drängte, umso mehr verblaßte die Erinnerung an die gemeinsam durchkämpften Jahre. Klagen über den „Proporz" der beiden großen Parteien wurden ebenso laut wie der Wunsch, eine Neuregelung der politischen Verhältnisse durchzuführen. Nach dem Rücktritt des erkrankten Bundeskanzlers Ing. Julius Raab bildete der steirische Volksparteimann Dr. Alfons Gorbach (1898—1972) die Regierung und blieb in der Eigenschaft als Bundeskanzler bis 1964. An seine Stelle rückte der seinerzeitige Landeshauptmann von Salzburg und spätere Finanzminister Dr. Josef Klaus (geb. 1910) vor. Er führte bis zur Wahl des 6. März 1966 eine aus ÖVP und SPÖ gebildete Koalitionsregierung. Als bei dieser Wahl die Österreichische Volkspartei zum ersten Male seit 1945 wieder die absolute Mehrheit erlangt hatte, wurde die Koalition gelöst, eine Einparteienregierung der ÖVP gebildet, und die Sozialistische Partei ging in die Opposition. Dagegen gelang es der Volkspartei nicht, bei der Bundespräsidentenwahl nach dem Tod von Dr. Adolf Schärf ihren Kandidaten, den Altbundeskanzler Dr. Alfons Gorbach, zum Sieg zu führen. Der bisherige Bürgermeister von Wien, Franz Jonas (1899—1974) erhielt bei der Wahl im Jahre 1965 die erforderliche absolute Mehrheit. Als Bürgermeister von Wien folgte Bruno Marek.

Kulturell wurde das Jahr des Staatsvertrages durch die Eröffnung der wiederaufgebauten Gebäude der Staatsoper und des Burgtheaters in Wien (unter dem Leiter der Bundestheaterverwaltung, Ministerialrat Ernst Marboe) hervorgehoben.

Auf dem Gebiet des Schulwesens konnte seit 1945 Bedeutendes erreicht werden. Das Schulgesetz von 1962 folgte mit seiner Erhöhung der Pflichtschulzeit der Strömung in anderen Ländern (so dem in der Bundesrepublik Deutschland erwogenen Gedanken einer „zehnjährigen" und der in der Sowjetunion praktizierten zwölfjährigen Pflichtschule). Die Zweite Republik verstand es auch, in einer Reihe neuer Sozialgesetze mit der Entwicklung zu gehen.

Begünstigt durch die internationale Wirtschaftslage konnte auch im Jahrzehnt nach dem Abschluß des österreichischen Staatsvertrages der materielle Wohlstand des österreichischen Volkes, vielleicht sogar zu ungunsten der kulturellen Bedürfnisse, gesteigert werden. Man sprach von einem „österreichischen Wirtschaftswunder". Nicht bloß die schon während der Besatzungszeit begonnene Errichtung großer Kraftwerke, wie Kaprun, und die laufende weitere Elektrifizierung der österreichischen Bundesbahnen sind Zeugnisse dafür. Betrug die österreichische Industrieproduktion 1945 nur ein Drittel jener der Vorkriegszeit, so stieg sie bis 1949 auf 123 Prozent, bis 1951 auf 166 Prozent und bis 1960 auf 308 Prozent im Vergleich zu 1938. Die Produktivität betrug, wenn wir 1937 mit der Indexziffer 100 bezeichnen, 1945 45, 1950 92, 1955 128 und 1959 147. Ebenso stieg die Zahl der Beschäftigten in der Industrie bis 1960 gegenüber der Vorkriegszeit um 180 Prozent. Eine Arbeitslosigkeit im Sinn der Ersten Republik und des Ständestaates war praktisch nicht mehr vorhanden.

Im Gegenteil: aus den ländlichen Gebieten zogen die Menschen in die Betriebe der nahen oder entfernteren Großstädte. Anstelle des Arbeitslosenproblems trat in einzelnen Teilen Österreichs das Problem der Landflucht und das der sogenannten „Pendler". Darunter begann man Menschen zu verstehen, die von Montag bis Freitag in Wien, Graz, Wiener Neustadt oder anderen Industrieorten arbeiteten, am Wochenende jedoch wieder in ihre Heimat und auf ihren kleinen Besitz zurückkehrten. Das Problem der „Pendler" wurde in erster Linie im Burgenland brennend. Wie sehr durch die Vollbeschäftigung der Verbrauch von Konsumgütern stieg, zeigt uns die Statistik. Von 1937 bis 1959 stieg die Erzeugung von Investitionsgütern um 260 Prozent, die von Konsumgütern um 80 Prozent. Im Jahr 1937 wurden in Österreich 57 Prozent Konsum- und 43 Prozent Investitionsgüter erzeugt. Im Jahr 1959 60 Prozent Investitions- und 40 Prozent Konsumgüter. Dabei verlagerte die österreichische Industrie ihre Schwerpunkte. Linz, das noch in der ersten Hälfte des 20. Jahrhunderts ein kleines, verträumtes Städtchen gewesen war, wuchs durch die VÖEST, die Vereinigten Österreichischen Eisen- und Stahlwerke, sowie die Stickstoffwerke zu einem industriellen Mittelpunkt von allergrößtem Ausmaß heran. Auch andere Gebiete in den westlichen Bundesländern Österreichs zogen — was Industriegründungen und selbst Bevölkerungszuwachs betrafen — aus der Tatsache Vorteil, daß Niederösterreich, das Burgenland und das oberösterreichische Mühlviertel bis 1955 von den Sowjets besetzt waren. Von besonderer Bedeutung wurde für die österreichische Wirtschaftspolitik die Frage der europäischen Integration. Die österreichische Neutralität war ja nicht so zu verstehen, daß man sich jetzt aus der Welt völlig zurückzog, selbst wenn dies überhaupt möglich gewesen wäre. Anders als die benachbarte, schon seit dem Zweiten Wiener Kongreß von 1815 neutrale Schweizer Eidgenossenschaft bewarb sich Österreich sofort um die Mitgliedschaft bei den Vereinten Nationen und nahm an deren Leben aktiven Anteil. Internationale Organisationen — wie die Atomenergiebehörde und die Organisationen der UNO für Entwicklungshilfe, die UNIDO — nahmen ihren ständigen Sitz in Wien. Auch die Mitgliedschaft Österreichs im Europarat zeigte von dem Willen, sich an den wichtigen Entscheidungen, die den Erdteil betreffen, zu beteiligen. Als dann von Paris und Bonn aus die Europäische Wirtschaftsgemeinschaft (EWG) als ein streng geschlossener Klub der „Sechs" begründet wurde, tauchte die Frage auf, ob und inwieweit sich das neutrale Österreich an einer solchen Organisation mit nicht nur rein wirtschaftlichen Zielen beteiligen könne. Führende Mitglieder der Europäischen Wirtschaftsgemeinschaft erklärten immer wieder, daß es sich hier nicht um eine rein wirtschaftliche, sondern ebenso um eine politische Organisation handle. Obwohl es in Österreich Kreise gab, die von allem Anfang an für eine Teilnahme Österreichs an der EWG eintraten, zeigte es sich, daß dies aus Gründen der Neutralität nicht möglich war. Dafür schloß sich die Republik Österreich an die

EFTA, die Europäische Freihandelszone, der „Sieben" an, die ein viel loseres und nur auf rein wirtschaftliche Ziele eingestelltes Gebilde darstellte. Sie war ursprünglich nur als vorübergehende Vereinigung gedacht, die später mit der EWG zu einer gesamteuropäischen Wirtschaftsgemeinschaft zusammenwachsen sollte. Die Zeit aber schien eher das Gegenteil bewirken zu wollen. Über die Frage, in welcher Form nun Österreich, das einen großen Teil seines Außenhandels zu EWG-Ländern abwickelt, einer Diskriminierung durch erhöhte Zölle entgehen könne, entspann sich ein Streit zwischen den sogenannten „Maximalisten", die ein möglichst enges Verhältnis zur EWG erstrebten, und den „Minimalisten", die unter Umständen bereit waren, auch auf eine derartige Verbindung mit der EWG überhaupt zu verzichten. Der offizielle österreichische Regierungsstandpunkt änderte sich unter dem Eindruck der weltpolitischen Lage und der Bedenken, die vor allem von der Sowjetunion, aber auch von den Vereinigten Staaten von Amerika gegen ein allzu enges Arrangement Österreichs mit der EWG seit jeher erhoben wurden, von dem Plan einer „bloßen Assoziierung" Österreichs über den eines „Vertrages besonderer Art" zu noch unbestimmteren Formulierungen.

Für die Frage der EWG ist die Tatsache nicht zu unterschätzen, daß sich seit Stalins Tod die Verhältnisse in den sozialistischen Ostländern allmählich zu ändern begannen. Wie wichtig die neutrale Funktion Österreichs im Donauraum ist, zeigten die Ereignisse des Novembers 1956 in Ungarn sowie die Niederschlagung des sogenannten Prager Frühlings 1968, wo unter Umständen — wenn Österreich noch vierfach besetzt gewesen wäre — ein unmittelbares Aufeinanderprallen der beiden Machtblöcke — der NATO, des westlichen, und des Warschauer Paktes, des östlichen Militärbündnisses — möglich gewesen wäre. So konnte das neutrale Österreich, so schwach es auch militärisch auf den Füßen stand, allein durch die Tatsache seiner Existenz zur Erhaltung des Friedens wesentlich beitragen und außerdem den aus Ungarn und der CSSR strömenden Menschen als vorübergehende Zuflucht dienen. Die Entwicklung der alten, geographisch bedingten und nur durch die weltpolitischen Ereignisse seit 1938 unterbrochenen Wirtschaftsbeziehungen Österreichs zu den Staaten des Donauraumes und Südosteuropas sowie zur Sowjetunion zeigten in steigendem Ausmaß eine aufwärtsstrebende Tendenz, auch wenn sie nicht an den Handelsverkehr mit den EWG-Ländern, vor allem mit der Bundesrepublik Deutschland, heranreichen.

Es scheint aber auch, daß die Stellung Wiens als eines Finanzzentrums, wie es ein solches bis 1918 gewesen war, von neuem zur Debatte steht. Auf der Jahrestagung 1967 des Forschungsinstituts für Fragen des Donauraumes hielt Dr. Peter Jilke von der Österreichischen Nationalbank einen Vortrag, in dem er ausführte, Wien liege gerade am Schnittpunkt zweier voneinander verschiedener Wirtschaftsräume, der westlichen Markt- und der östlichen Planwirtschaft. Der Anteil Osteuropas am österreichischen Außenhandel sei relativ hoch. Der Zahlungsverkehr Österreichs mit den sozialistischen Staaten werde auf Grund bilateraler

Zahlungsabkommen abgewickelt und unterscheide sich dadurch wesentlich von den Zahlungsabkommen mit anderen westlichen Ländern. Die geographische Lage, Außenhandelsverflechtung und die traditionellen Bindungen an die Nachbarn mache Wien zu einem Finanzplatz im Donauraum. Die österreichischen Kreditinstitute hätten in den vergangenen Jahren das Volumen der Kredite an die Außenhandelsbanken der sozialistischen Länder erhöht. Dies diene nicht nur dem Ankauf österreichischer Waren durch diese Staaten, sondern auch einer Finanzierung von Einfuhren aus Drittländern. Diese Vermittlertätigkeit werde Wien und damit Österreich seine Stellung als Finanzplatz im Donauraum erhalten und sichern.

Von besonderer Bedeutung auf kulturellem Gebiet wurde das geänderte Verhältnis zwischen katholischer Kirche und sozialistischer Partei. In klarer Erkenntnis mancher vorgekommener Unstimmigkeiten in der Verquickung von Parteipolitik und Religion zog die österreichische Kirche bereits 1945 alle Angehörigen des Klerus aus der aktiven politischen Tätigkeit zurück. Eine erste derartige Verfügung hatte bereits das Wiener Diözesanblatt des Jahres 1933 enthalten, doch war diese bischöfliche Entscheidung damals nicht in das Bewußtsein der breiten Kreise des Kirchenvolkes und der sozialistischen Arbeiterschaft gedrungen. Auf einer Studientagung, die dem ersten Nachkriegskatholikentag vorausging, wurde das „Mariazeller Manifest“ veröffentlicht, in dem es hieß: „Keine Rückkehr zum Staatskirchentum vergangener Jahrhunderte, das die Religion zu einer Art ideologischen Überbaues der staatsbürgerlichen Gesinnung degradierte, das Generationen von Priestern zu inaktiven Staatsbeamten erzog. Keine Rückkehr zu einem Bündnis von Thron und Altar, das das Gewissen der Gläubigen einschläferte und sie blind machte für die Gefahren der inneren Aushöhlung. Keine Rückkehr zum Protektorat einer Partei über die Kirche, das vielleicht zeitbedingt notwendig war, aber Zehntausende der Kirche entfremdete. Keine Rückkehr zu jenen gewaltsamen Versuchen, auf rein organisatorischer und staatsrechtlicher Basis christliche Grundsätze verwirklichen zu wollen.“ Aber auch von seiten der sozialistischen Partei wurde ein anderes Verhältnis zur Kirche angestrebt. Dies kam vor allem bei den Verhandlungen über das österreichische Konkordat zum Ausdruck, die jahrelang blockiert worden waren. Um es nicht als gültig anerkennen zu müssen, hielt man sich an die sogenannte „Annexionstheorie“, nach der mit Besetzung Österreichs am 13. März 1938 auch alle von diesem geschlossenen internationalen Verträge und Abmachungen erloschen wären. Aber der neugewählte Bundespräsident Dr. Adolf Schärf erklärte bei seiner Angelobung am 22. Mai 1957: „Ich bin froh darüber, daß in unserm Land in Kulturfragen ein anderes Klima hergestellt ist, als es früher herrschte. Ich will alles daransetzen, daß in diesem Klima eine Regelung des Verhältnisses zwischen dem Staat und der römisch-katholischen Kirche erfolgt, ohne daß dabei Sentimentalitäten von einst geweckt werden.“ Unter dieser Parole konnte dann der Ministerrat am 19. Dezember 1957 dem Heiligen Stuhl die offizielle Mitteilung zugehen lassen, daß die Bundesregierung einstimmig die

Gültigkeit des 1933 abgeschlossenen Konkordats anerkannt habe. Auf Grund dessen wurden die bisherigen Apostolischen Administraturen Burgenland, Innsbruck und Feldkirch zu selbständigen Diözesen erhoben. Auch die vermögensrechtlichen Fragen zwischen Staat und Kirche wurden einer einvernehmlichen Lösung zugeführt. Als das neue österreichische Schulgesetz des Jahres 1962 in Kraft trat, in dem der traditionelle, echt österreichische Ausdruck Mittelschule für die höheren Schultypen in Österreich beseitigt und anstelle der bewährten und in der Welt anerkannten Lehrerbildungsanstalten die musisch-pädagogischen Gymnasien geschaffen wurden, konnten auch den im Augenblick bestehenden konfessionell-kirchlichen Schulen staatliche Subventionen gewährt werden.

Es braucht natürlich Zeit, bis das neue Klima, von dem man so gerne sprach, auch in breiten Schichten der Arbeiterbevölkerung Platz greifen kann.

Als Zeichen dieser neuen Gesinnung kann auch die feierliche Wiedereröffnung des Stephansdoms (des Steffls) gewertet werden, der, in den letzten Kriegstagen (wahrscheinlich infolge Beschusses durch SS-Verbände) zerstört, durch Zusammenwirken aller Bundesländer als nationales Symbol Österreichs wieder aufgebaut wurde, wobei Kardinal Doktor Innitzer die feierliche Einweihung am 26. April 1952 vornahm, nachdem schon am 14. Dezember 1948 das restaurierte Langhaus des Domes für den Gottesdienst freigegeben worden war. Die „Pummerin" (frisch gegossen), die große Glocke von St. Stephan, kam von Landeshauptmann Dr. Heinrich Gleißner begleitet aus den Steyrer Gießereien nach Wien.

Eine vom Institut für kirchliche Sozialforschung angestellte Untersuchung zeigte, daß der Anteil der praktizierenden Arbeiter in den besten Fällen 4,5 Prozent beträgt. In den westlichen Bundesländern ist der Prozentsatz etwas höher. Salzburg kann 9 Prozent der Facharbeiter und 8 Prozent der Hilfsarbeiter unter die ständigen Kirchenbesucher zählen. Aber auf jeden Fall ist die Tatsache, daß man auch in den religionsfremden Arbeiterkreisen dem Priester nicht feindlich und aggressiv gegenübertritt, ein Zeichen beginnender Wandlung, für die gerade das Pontifikat des großen Papstes Johannes XXIII. (1958 bis 1963) und das von ihm inaugurierte Zweite Vatikanische Konzil die besten Voraussetzungen von seiten der Kirche mitbrachten.

Seit dem 23. Juni 1960 wurden auch mehrere Teilverträge mit dem Vatikan über die Regelung des Verhältnisses zwischen Kirche und Staat geschlossen, für deren Zustandekommen sich Unterrichtsminister Dr. Drimmel und der Leiter seiner Kultursektion, Sektionsschef Dr. Josef Rieger, einsetzten.

Unter den im Sinn einer echten Toleranz und Humanität wirkenden Vereinigungen ist besonders die 1926 gegründete „Österreichische Liga für Menschenrechte" (1934—1945 stillgelegt) zu nennen, die es sich zur Aufgabe gemacht hat, für die Gleichberechtigung der rassischen, religiösen, ethnischen und biologischen Minderheiten einzutreten. Sie steht in enger Verbindung mit den Zentren der „Internationalen Liga für Menschenrechte" in New York und Paris und zählt Mitarbeiter aus allen weltanschaulichen und politischen Lagern der Republik. In Ihrem Rahmen arbeitet ein „Rechts-", ein „Erziehungs-" und ein „Minderheitenbeirat".

Auch „Amnesty International", die für die Freilassung politischer Gefangener eintritt, sei hier genannt.

Weniger erfreulich waren einige andere Ereignisse, die sich unmittelbar vor dem Ende der Koalition zwischen Österreichischer Volkspartei und Sozialistischer Partei Österreichs zutrugen. Der sozialistische Verkehrsminister Otto Probst geriet in eine Auseinandersetzung mit der Vorarlberger Landesregierung über den Namen eines neuen Schiffes, das für den Dienst auf dem Bodensee bestimmt war. Während die Vorarlberger den Namen „Vorarlberg" wünschten, hatte das Verkehrsministerium „Karl Renner" in Aussicht genommen. Bei der Schiffstaufe im November 1964 in Fußach kam es zu lärmenden Demonstrationen, wie sie sich schon lange nicht ereignet hatten. Die Feier mußte unterbrochen werden, und die Vorarlberger Bevölkerung trug schließlich den Sieg über die Wiener Zentrale davon. Eine andere Frage, die die beiden Koalitionspartner entzweite, war die der Einreise des ältesten Sohnes des letzten österreichischen Kaisers Karl, Dr. Otto Habsburg (geb. 1912), nach Österreich. Dr. Otto Habsburg hatte sich durch viele Vortragsreisen und als politischer Schriftsteller in vielen Ländern der Erde bekanntgemacht. Er unterzeichnete jene Verzicht- und Treueerklärung, die auf Grund des Landesverweisungsgesetzes aus dem Jahr 1919 für die Mitglieder des Hauses Habsburg-Lothringen vorgesehen war, die sich in Österreich dauernd aufhalten wollten. Diese Verzichterklärung wurde von der Sozialistischen Partei Österreichs für ungenügend erachtet. Sobald jedoch im März 1966 die ÖVP allein die Regierung bildete, stellte der neue Innenminister Dr. Hetzenauer auf Grund eines — allerdings von den Sozialisten abgelehnten — Erkenntnisses des Verwaltungsgerichtshofes Dr. Otto Habsburg einen auch für die Einreise und den Aufenthalt in Österreich gültigen Reisepaß aus.

Handelte es sich in diesen Fällen vor allem um einen Streit zwischen den beiden Großparteien, so zeichnete sich im Hintergrund seit dem Abschluß des Staatsvertrages eine immer stärker werdende Tätigkeit deutschnationaler und neonazistischer Gruppen ab, die trotz zahlenmäßiger Kleinheit durch ihre Aktivität Unruhe erzeugten. Eine Reihe von Freisprüchen nationalsozialistischer Kriegsverbrecher durch österreichische Geschworenengerichte machten das Ausland in unliebsamer Weise auf Österreich aufmerksam. Man griff in völlig unsachlicher Weise und ohne durch die Erkenntnisse der modernen Geschichtsschreibung beschwert zu sein, den Gedanken der österreichischen Nation an und bezeichnete Kämpfer für ein freies und unabhängiges Österreich als „Verräter". Den Höhepunkt der Auseinandersetzungen bildeten große Straßendemonstrationen im März 1965, als die Zwanzigjahrfeier des Wiedererstehens eines unabhängigen österreichischen Staates festlich begangen wurde. Bei dieser Gelegenheit fiel das erste Opfer eines politischen Kampfes in der Zweiten Republik, Otto Kirchweger, während heftiger Auseinandersetzungen hinter der Wiener Staatsoper. Die Wiener Tageszeitung „Neues Österreich" schrieb am 3. April 1965 zu diesen Vorfällen: „Im Augenblick droht dem Staat und der Demokratie gewiß keine existenzgefährdende Krise; die Masse der Bevölkerung ist weder für Ungeist totalitärer Systeme anfällig noch bereit, politische Entscheidungen durch Gewalt zu erzwingen. Das ist freilich nur die eine Seite; die andere darf nicht verschwiegen werden: aus den Tausenden, die Mittwoch am Karlsplatz, in der Kärntner Straße, am Michaelerplatz und vor der Universität aneinandergerieten, können schon morgen oder übermorgen Hunderttausende werden — und zwar nicht nur, weil es noch immer (oder schon wieder) Schlägergarden gibt, die allzu verdächtig an SA und Hitlerjugend erinnern (den Einsatz von Stinkbomben und Stahlruten kann man nicht improvisieren — der muß gut vorbereitet sein), sondern auch, weil die kompetenten staatlichen Stellen mitunter durch demonstrative Passivität initiatives Handeln der Bevölkerung provozieren." Der Artikel schloß dann mit den Worten: „Schluß mit falsch verstandener Toleranz! Schluß mit verantwortungsloser Passivität!"

Der Nationalfeiertag — 26. Oktober

Einer der letzten Akte der gemeinsamen Koalitionsregierung war die Erhebung des 26. Oktober zum österreichischen Nationalfeiertag. In der Ersten Republik war der 12. November, der Tag ihrer Gründung, als Staatsfeiertag begangen worden. Neben ihm galt der 1. Mai jeden Jahres als der Tag der Arbeit. Seit der Errichtung des Ständestaates im Jahr 1934 wurde der 12. November nicht mehr gefeiert. Als sich nunmehr in der Zweiten Republik die Frage erhob, ob nicht wieder ein Tag im Jahr als ausgesprochen österreichischer Feiertag begangen werden sollte, stellte sich einmal die Frage des Datums. Der 12. November konnte auch von einem österreichisch gesinnten Republikaner nur bedingt als geeignet angesehen werden; denn an diesem Tag war 1918 auch der Anschluß an Deutschland beschlossen worden. Am ehesten wäre der 27. April als Erinnerung an jenen 27. April 1945, als die Wiederherstellung der Republik und die Null-und-Nichtig-Erklärung des erzwungenen Anschlusses proklamiert wurde, als Nationalfeiertag denkbar gewesen. Aber die Nähe des 1. Mai verbot diese Wahl. Aus ähnlichen Gründen kam auch der 15. Mai, der Abschlußtag des Staatsvertrages von 1955, nicht in Frage. Auch er lag zeitlich dem 1. Mai zu nahe. Nun hatte das österreichische Unterrichtsministerium im Bereich der österreichischen Schulen schon einige Jahre hindurch den 26. Oktober als „Tag der österreichischen Fahne" gefeiert. Damit bot sich die Gelegenheit, aus diesem Schulfeiertag einen Feiertag für das gesamte österreichische Volk zu machen. Im Jahr 1966 war es den Bemühungen des Österreichischen Nationalinstituts, von Dr. Walter Jambor geleitet, gelungen, in einer großen Enquete die Aufmerksamkeit der Öffentlichkeit auf diesen Tag zu lenken. Der österreichische Nationalrat proklamierte den 26. Oktober in einem eigenen Gesetz als Nationalfeiertag. Der Ausdruck National- und nicht Staatsfeiertag wurde ausdrücklich im Text des Nationalratsbeschlusses festgelegt, obwohl es Kreise gab, die sich gegen diesen Ausdruck sträubten. Der Nationalfeiertag konnte nur einer — der österreichischen Nation gelten. Den vereinten Bemühungen der österreichischen Patrioten aller Parteirichtungen gelang es, vom Jahr 1967 an den 26. Oktober als dauernd zu feiernden Nationalfeiertag mit voller Sonn- und Feiertagsruhe und bezahltem Lohn gesetzlich festzulegen. Er soll der Erinnerung und der Mahnung dienen; der Erinnerung an die Erklärung des österreichischen Nationalrates vom 26. Oktober 1955, mit dem die Republik Österreich sich zur dauernden Neutralität verpflichtete; und der Mahnung für jede Österreicherin und für jeden Österreicher, daß diese Neutralität eine Verpflichtung auferlegt, die gehalten werden muß; denn sie bildet die Grundlage für die wirksame Aufrechterhaltung der österreichischen Unabhängigkeit.

Im Gegensatz zur Ersten Republik wird heute die Lebensfähigkeit Österreichs von keiner Seite mehr angezweifelt. Es gibt ebenfalls keinen ernst zu nehmenden Menschen, der an der Selbständigkeit und Unabhängigkeit der Republik zu rütteln wagte. Zu schwer haben sieben Jahre nationalsozialistischer Herrschaft auf dem österreichischen Volk gelastet. Eine Meinungsbefragung, die im Jahr 1965 durchgeführt wurde, zeigte, wie sich das Bewußtsein der Österreicher — und besonders der jungen österreichischen Generation — gewandelt hat. Auf die Frage, ob die Österreicher bereits eine eigene Nation seien oder erst im Begriff wären, sich zu einer solchen zu entwickeln, antworteten

48 Prozent, die Österreicher sind eine eigene Nation
23 Prozent, die Österreicher beginnen sich als Nation zu fühlen
15 Prozent, die Österreicher sind keine Nation
14 Prozent hatten darüber keine Meinung

Bei einer Antwort auf die Behauptung: „Österreich würde sich am liebsten an Deutschland anschließen", erklärten

42 Prozent von FPÖ-Mitgliedern, dies sei richtig; 36 Prozent, dies sei falsch; 22 Prozent waren sich unklar
22 Prozent von KPÖ-Mitgliedern, dies sei richtig; 67 Prozent, dies sei falsch; 11 Prozent wußten es nicht
5 Prozent von ÖVP-Mitgliedern, dies sei richtig, 78 Prozent, dies sei falsch; 17 Prozent waren sich unklar
5 Prozent von SPÖ-Mitgliedern, dies sei richtig; 84 Prozent, dies sei falsch; 11 Prozent wußten es nicht
11 Prozent von Parteilosen, dies sei richtig; 63 Prozent, dies sei falsch; 26 Prozent konnten sich zu keiner Meinung entschließen

Rupert Gmoser, dem wir diese beiden Statistiken verdanken, erklärt dazu: „Das Nationalbewußtsein der Österreicher ist also heute im allgemeinen als durchaus gefestigt zu betrachten. Am schwächsten ist es bei den Wählern der FPÖ entwickelt. Die jüngeren Leute sind ‚österreichisch-nationaler' als die älteren. Eine Aufgliederung der Antworten nach Männern und Frauen zeigt keine wesentlichen Unterschiede in den Auffassungen über Österreich."

Mit der Unabhängigkeitserklärung vom 27. April 1945 wurde der dem österreichischen Volk durch den Nationalsozialismus aufgezwungene und mit Einsatz militärischer Macht durchgeführte sogenannte „Anschluß" für null und nichtig erklärt. Das österreichische Volk war sich unter Führung des neuen Bundespräsidenten Dr. Renner und des neuen Bundeskanzlers Ing. Figl seiner Eigenart bewußt geworden. Abgesehen von einigen Relikten einer überwundenen Vergangenheit bekannten sich alle Österreicher zur demo-

kratischen unabhängigen und souveränen Republik Österreich als ihrem Vaterland. Der Staatsvertrag vom 15. Mai 1955 krönte die aus Blut und Tod, in Kerkern und unter dem Fallbeil entmenschter Henker erwachsene Solidarität aller Österreicher. Das Neutralitätsgesetz vom 26. Oktober 1955 gab dann der Zweiten Republik die außenpolitische Richtung, in der sie sich in Zukunft zu bewegen haben wird. Österreich erlebt eine wirtschaftliche Blüte wie nie zuvor in seiner Geschichte.

Die Finanzminister dieser Ära des wirtschaftlichen Aufstieges waren: Dr. Eugen Margaretha, Dr. Reinhard Kamitz, Dr. Eduard Heilingsetzer, Dr. Franz Korinek, Dr. Wolfgang Schmitz (später Präsident der Österreichischen Nationalbank) und Dr. Stephan Koren.

Die Ära der Alleinregierungen

Bei den Wahlen am 6. März 1966, die nach Rücktritt der Koalitionsregierung Dr. Klaus wegen nicht rechtzeitiger Einbringung des Budgets (über welches es unter den Koalitionsparteien zu keiner Einigung kam) ausgeschrieben wurden, errang die ÖVP gegenüber der SPÖ einen Mandatsvorsprung von 11 Mandaten und die absolute Mehrheit. Die ÖVP, die bei den Wahlen 1953 und 1959, nur infolge der Wahlarithmetik, einen Mandatsvorsprung von je einem Mandat vor der stimmenstärkeren SPÖ erzielt hatte, sah in dem großen Mandatsvorsprung einen Auftrag der Wähler, allein zu regieren. Diese Koalitionsmüdigkeit führender Personen der ÖVP fand auch auf seiten der SPÖ das entsprechende Echo. Auf beiden Seiten wurde zu wenig bedacht, daß die Abspaltung einer eigenen Partei unter dem ehemaligen Gewerkschaftsbund-Präsidenten und sozialistischen Innenminister Franz Olah keinen dauernden Stimmverlust für die SPÖ bedeuten müsse. Die fast 150.000 Stimmen, die Olahs „Demokratische Fortschrittliche Partei" der SPÖ entführte, kehrten, nachdem Olah wegen seiner Kompetenzüberschreitungen 1969 gerichtlich verurteilt worden war, wieder zur SPÖ zurück. Die großen Männer der Koalitionsära waren auch zur Unzeit gestorben (1964 Julius Raab und Adolf Schärf, 1965 Leopold Figl). Da die von der ÖVP gestellten Bedingungen der SPÖ nicht annehmbar erschienen, wurde, gegen die Stimmen des Parteivorsitzenden Dr. Pittermann und des bald darauf (1. 2. 1967) zum Parteivorsitzenden gewählten Dr. Bruno Kreisky, die Teilnahme an einer Koalitionsregierung seitens des außerordentlichen Parteitages der SPÖ abgelehnt.

Über die starken Kontakte, die bereits zwischen den Wirtschaftspartnern in Österreich bestanden und die auch bisher die Ära der Alleinregierungen in Österreich erfolgreich überstanden haben, wird im nächsten Kapitel gesprochen. Dr. Thomas Lachs, der über die „Wirtschaftspartnerschaft in Österreich" im Verlag des Österreichischen Gewerkschaftsbundes eine sehr lesenswerte Broschüre geschrieben hat, sagt über die damalige Situation: „Gerade weil eine Alleinregierung von vielen Österreichern als ein riskantes Experiment empfunden wurde, gab der Fortbestand der Koalition der Wirtschaftspartner breiten Bevölkerungsschichten auch in dieser für unser Land vorerst ungewohnten Situation ein Gefühl der Sicherheit." Bundeskanzler Dr. Klaus, der als ehemaliger Finanzminister guten Einblick in die wirtschaftlichen Belange hatte, baute daher einvernehmlich dieses

System noch weiter aus. Erstmals wurde eine Frau (Grete Rehor) in Österreich (Sozial-)Minister!

Anderseits wurde auf Grund eines Volksbegehrens (das bis 15. Oktober 1964 über 800.000 Unterschriften als Ergebnis hatte) ein Rundfunkgesetz im Nationalrat eingebracht und mit den Stimmen der ÖVP und FPÖ beschlossen. Diese besonders in der Person des Generalintendanten Bacher umstrittene Rundfunkreform wurde später (in der Ära der sozialistischen Alleinregierung) durch eine Rundfunknovelle (10. Juni 1974) ergänzt und erweitert, Bacher abgelöst und durch den Sektionsrat Dr. Oberhammer als Generalintendanten und die Intendanten Gerhard Weis und Franz Kreuzer ersetzt. Ein gegen diese Novelle von der ÖVP eingebrachter Mißtrauensantrag gegen die sozialistische Bundesregierung wurde mit 93 gegen 88 Stimmen der Opposition abgelehnt, die vor allem das neugeschaffene Kuratorium des ORF (des österreichischen Rundfunkes), das eine sozialistische Mehrheit aufwies, ablehnte, da dies mit dem Verfassungsgesetz über die Unabhängigkeit des ORF (das einstimmig am gleichen Tag — 10. Juli 1974 — angenommen worden war) in Widerspruch stehe.

Eine Ausdehnung der österreichischen Sozialpolitik auch auf die Arbeitgeber wurde durch das Gewerbliche Selbständigen-Krankenversicherungsgesetz (14. 7. 1966), ebenso drei Jahre später durch das Bauernpensionsgesetz (12. 12. 1969) beschlossen, nachdem ein „Grüner Plan" zur Besserstellung des Bauernstandes durch den Landwirtschaftsminister Dr. Karl Schleinzer durchgesetzt worden war. Die Besetzung der Tschechoslowakei durch Truppen der Warschauer-Pakt-Staaten im August 1968 hatte auch das Augenmerk weiter Kreise in Österreich auf die Notwendigkeit einer genügenden Versorgung durch Eigenproduktion für solche Krisenfälle gelenkt. Die Österreicher erkannten, daß es notwendig sei, die landwirtschaftliche Eigenproduktion, die eine Bedarfsdeckung von 80 bis 100 Prozent des Eigenverbrauches der wichtigsten heimischen Nahrungsmittel leistete, in ihrer Kapazität zu erhalten und daher weitestgehend zu unterstützen. (Erst kürzlich wies der Präsident der Präsidentenkonferenz der Landwirtschaftskammern Österreichs Dr. Sixtus Lanner darauf hin, daß die Erhaltung der Bergbauern und ihrer Gehöfte auch aus den Gründen des Fremdenverkehrs, dessen Hauptanziehungspunkt unversehrte österreichische Alpen seien, besonders wichtig sei.)

Im April 1968 beschloß der Ministerrat die Annahme des vom Finanzminister Dr. Stephan Koren vorgelegten Wirtschaftsplanes. Von Bedeutung für Österreichs Südtirolpolitik war es auch, daß es Außenminister Dr. Lujo Toncic-Sorinj gelang, in Fortsetzung der von seinen Vorgängern Dipl.-Ing. Figl und Dr. Kreisky eingeschlagenen Verhandlungen mit Italien, am 4. März 1967 das sogenannte „Südtirolpaket" zu vereinbaren, welches am 22. November 1969, nach langen Verhandlungen, die Zustimmung der Südtiroler Landesversammlung erhielt, worauf die endgültige Zustimmung im Nationalrat am 15./16. Dezember 1969 erfolgte. Außenpolitisch war auch die Transferierung der UNIDO (der UNO-Organisation für industrielle Entwicklung) nach Wien von Bedeutung. Die Eröffnung der Felbertauernstraße (25. 6. 1967) und der Baubeginn der Wiener U-Bahn (3. 11.

1969) sind noch als markante Ereignisse auf dem Gebiete des Verkehrswesens zu nennen.

In den Jahren 1967/68 war international, aber auch in Österreich eine gewisse Rezession spürbar, die sich in steigenden Arbeitslosenzahlen zeigte.

Es gelang der SPÖ, die ihre Führungskrise und die Affäre Olah überwunden hatte, bei den Landtagswahlen in Oberösterreich, Burgenland, Salzburg, Wien, Vorarlberg und Kärnten sowie bei den Gemeinderatswahlen in Kärnten und Salzburg Erfolge zu erzielen.

Die von der ÖVP-Regierung dem Nationalrat vorgelegte und beschlossene Herabsetzung des Wahlalters von 21 auf 19 Jahre kam ebenfalls der SPÖ, wie sich bei den Nationalratswahlen am 1. März 1970 (mit Wiederholungswahl in drei Wiener Wahlkreisen am 4. Oktober 1970) zeigte, entsprechend zugute. Die SPÖ erhielt mit 81 Mandaten die relative Mehrheit, die ÖVP mit 78 Mandaten verlor sieben Mandate, die FPÖ hielt ihren Mandatsstand von 6 Mandaten. Die SPÖ hatte die Herabsetzung der Bundesheerdienstpflicht um drei Monate propagiert, welche Parole bei der wehrdienstpflichtigen Jugend natürlich ankam. Uneinigkeiten der ÖVP-Führungsspitze, die oben aufgezeigte Rezession, alles dies hatten ÖVP-Randwählerschichten verunsichert und der SPÖ zu ihrem Wahlerfolg mitverholfen. Nachdem die Verhandlungen über eine Koalition mit der ÖVP, wegen der von der SPÖ angebotenen Ressortverteilung aber auch wegen der Haltung mancher Politiker gescheitert waren, bildete Dr. Bruno Kreisky eine Minderheitsregierung (21. 4. 1970), die sich zumindest bei der Budgetgenehmigung auf die Zustimmung der FPÖ stützen konnte. Zugunsten der kleinen Parteien (von welchen aber nur eine — die FPÖ — dem Parlament angehörte!) wurde mit den Stimmen der SPÖ und FPÖ am 27. November 1970 eine Wahlrechtsreform beschlossen, durch die die Abgeordnetenzahl des Nationalrates von 165 auf 183 erhöht und die Wahlkreise mit den neun Bundesländern identisch wurden. Eine darauf für 10. Oktober 1971 vorzeitig beschlossene Neuwahl des Nationalrates erbrachte auch die FPÖ 10 statt der bisherigen 6 Mandate (bei unwesentlich geänderter Stimmenzahl) und der SPÖ mit 93 Mandaten die absolute Mehrheit. Eineinhalb Jahre SPÖ-Alleinregierung und der Wahlslogan „Laßt Kreisky und sein Team arbeiten", hatten dies, gemeinsam mit den Vorgängen in der ÖVP, in der nach dem Rücktritt des Dr. Klaus als Parteiobmann, der bisherige Vizekanzler Dr. Hermann Withalm interimistisch gefolgt und am 4. Juni 1971 endgültig durch den bisherigen Generalsekretär Dr. Karl Schleinzer abgelöst worden war, bewirkt. Die ÖVP in Opposition hatte auch bei der Neuwahl des Bundespräsidenten als Gegenkandidaten gegen den amtierenden Bundespräsidenten Franz Jonas den ehemaligen Außenminister Dr. Waldheim aufgestellt. Jonas erhielt jedoch am 25. April 1971 52,7 Prozent der abgegebenen gültigen Stimmen, erlebte jedoch das Ende seiner Amtsperiode nicht und starb bereits am 24. 4. 1974 nach monatelanger, schwerer Krankheit. Dieser Tod versöhnte manche seiner Gegner, die an gewissen Amtshandlungen des sehr bürokratisch vorgehenden Bundespräsidenten Jonas berechtigt Kritik übten.

Dr. Waldheim, langjähriger österreichischer Delegierter bei der UNO und ein profunder Kenner dieses Weltparlaments, wurde wenige Monate nach der Bundespräsidentenwahl durch die UNO (United Nations Organisation) zum Generalsekretär bestellt und übt seither dieses schwere und verantwortungsvolle Amt mit österreichischem Takt und diplomatischem Feingefühl aus.

Den Regierungen Dr. Kreiskys gehörten bzw. gehören der Berufsdiplomat Dr. Rudolf Kirchschläger (nach seiner Wahl zum Bundespräsidenten durch den Berufsdiplomaten Dr. Bielka-Karltreu ersetzt) als Außenminister und Brigadier Lütgendorf als Bundesminister für Landesverteidigung als Parteilose an, die übrigen Minister waren bzw. sind Mitglieder der SPÖ. Hiedurch wurde eine gewisse Parteiunabhängigkeit der österreichischen Außenpolitik betont und versucht, die sehr umstrittene Heeresreform der reinen Parteisphäre zu entrücken. Die im Wahlkampf versprochene Herabsetzung der Bundesheerdienstpflicht auf sechs Monate wurde mit Wehrgesetznovelle am 15. Juli 1971 — noch vor den vorzeitig angesetzten Nationalratswahlen am 10. Oktober 1971 — beschlossen. Diese Maßnahmen wurden durch ein Zivildienstgesetz (6. März 1974) und ein Verfassungsgesetz über „Umfassende Landesverteidigung“ (10. Juni 1975) ergänzt. Das Bundesministerium für Landesverteidigung ist wegen der Wehrgesetznovelle 1976, die für das Kaderpersonal acht Monate Dienstpflicht vorsieht, der Kritik der Jungsozialisten aber auch der starken Kritik der Oppositionsparteien ausgesetzt. Der ÖVP-Wehrsprecher Dr. Heinrich Neisser behauptete nach der Sitzung des Landesverteidigungsrates im April 1976 (anläßlich einer Affäre über Landesverrat): „Das ständige Herumexperimentieren der SPÖ-Regierung mit unserem Bundesheer ist den Österreichern bereits teuer zu stehen gekommen. In der Bundesrepublik Deutschland und in der Schweiz wird unsere Landesverteidigung als nicht mehr existent betrachtet.“ Auch die Österreicher hätten demnach den Glauben an die Effektivität der Landesverteidigung verloren.

Dem steht aber anderseits gegenüber, daß ein Projekt „Goldhaube“, durch das Österreich ab 1980 ein modernes Luftüberwachungssystem erhalten soll (das seine Neutralität auch im Luftraum, wo sie am ehesten verletzt wird, gewährleisten soll), von den Politikern, trotz der Kosten von 1,8 Milliarden Schilling, positiv beurteilt wird. Allerdings muß das Abwehrsystem noch durch die Anschaffung moderner Abfangjäger ergänzt werden.

Der SPÖ-Zentralsekretär Karl Blecha antwortete auf die Behauptungen des Dr. Neisser, daß sich das österreichische Bundesheer in den letzten drei Jahren günstig entwickelt habe und daß durch Verleumdungen nur die positive Stellung der Bevölkerung zum Bundesheer untergraben und das Ansehen Österreichs geschädigt werde. Am gleichen Tag (13. April 1976) erlebte aber Österreich durch den Ausfall einer Umspannanlage in der BRD (bei Frankfurt am Main) einen katastrophalen Stromzusammenbruch in sieben Bundesländern, der erst nach 63 Minuten behoben werden konnte. Viele Österreicher fragten sich hiebei, wieweit Österreich auf dem so wichtigen Gebiete der Stromversorgung — einer der Grundlagen einer wirtschaftlichen Landesverteidigung — wirklich unabhängig sei oder im Krisenfalle eine Unterbrechung der österreichischen Stromversorgung von anderen Ländern aus erfolgen könne.

Das Unterrichtsministerium wurde im Juli 1970 geteilt und ein eigenes Bundesministerium für Wissenschaft und Forschung geschaffen. Auf dem Sektor des österreichischen Unterrichtswesens bedeuteten die einvernehmlich über Initiative des damaligen Unterrichtsministers Dr. Heinrich Drimmel geschaffenen Schulgesetze 1962 einen Markstein. Durch sie wurde das Schulwesen rechtlich verankert und in Zielsetzung und Umfang festgelegt. Auch wurde der Religionspflichtunterricht vereinheitlicht. Leider war dieses Unterrichtswerk auch mit gewissen Mängeln behaftet, deren Verbesserung erst allmählich in Angriff genommen wurde und wird. Die Ausstattung der Schulgesetze mit dem Charakter von Verfassungsgesetzen, die nur mit Zweidrittelmehrheit des Nationalrates geändert werden können, hat zwar den Vorteil des notwendigen Einvernehmens der beiden Großparteien, aber auch den Nachteil, daß jede kleinste Änderung hiedurch erschwert wird. Die Schaffung eines neunten Schuljahres sowohl für die einheitlich als (Real-)Gymnasium bezeichneten allgemeinbildenden höheren Schulen als auch für die allgemeine Schulpflicht stieß auf viel Widerspruch und schaffte Verwirrung. Als der steirische Eltern- und der Mittelschullehrerverband gegen das neunte Schuljahr (an allgemeinbildenden höheren Schulen) auftrat, glaubten bei dem folgenden Volksbegehren nicht wenige Eltern, daß sich dieses gegen das neunte Schuljahr (das sogenannte polytechnische Jahr) richte und gaben dem Volksbegehren, das 340.000 Stimmen erhielt, ihre Stimme. Der Unterrichtsminister Dr. Theodor Piffl-Perćević (ÖVP), der es für unrichtig hielt (bei der stets wachsenden Wissensfülle) ein Schuljahr abzuschaffen, trat zurück, unter seinem Nachfolger Dr. Alois Mock (ÖVP) wurde dann das neunte Schuljahr an allgemeinbildenden höheren Schulen sistiert. Einen zweiten Schönheitsfehler zeigten die Schulgesetze sowohl in der Aufgabenstellung als auch beim Namen des neunten Schuljahres, des sogenannten polytechnischen Jahres. Dieses Jahr sollte für die Abgänger der Hauptschulen und achtklassigen Volksschulen als Jahr der Berufsorientierung (und nicht etwa der Berufsvorbildung oder Ausbildung) dienen. Dr. Romanik hat schon Minister Leopold Gratz (der in der SPÖ-Alleinregierung Minister Dr. Mock gefolgt war) darauf hingewiesen, daß zwischen dem polytechnischen Jahr mit rund 40 Schulwochen Berufsorientierung und den regelmäßig drei Jahren Berufsschule (mit insgesamt rund 24 Schulwochen) Berufsausbildung eine Relation bestehe, die unmöglich (auch kostentechnisch) auf die Dauer zu halten sei. 40 Wochen für das „orientiert“ werden, wofür man dann in 24 Wochen ausgebildet wird, ergibt keinen sinnvollen Zusammenhang! Es laufen auch gegenwärtig unter Minister Dr. Fred Sinowatz (der dem zum Bürgermeister von Wien gewählten Minister Gratz folgte) Bestrebungen, aus den polytechnischen Lehrgängen eine Art Berufsvorschule zu machen.

Den Begriff polytechnische Lehrgänge hatte Minister Dr. Drimmel (wie er in einem Zeitungsartikel bekanntgab) von Karl Marx. Da Marx 1818 in Trier geboren wurde und bereits 1815 Kaiser Franz I. das k.k. Polytechnikum — den Vorläufer der Technischen Universität in Wien — eröffnete, erscheint dieser Titel für Lehrgänge, in denen künftige

Lehrlinge über ihren Beruf orientiert werden sollen, schlecht gewählt. Bedeutet doch Polytechnikum in der ganzen Welt die Bezeichnung einer höheren technischen Schule oder technischen Universität. (Durch die Wahl dieses Titels für die polytechnischen Lehrgänge wurde auch die Bezeichnung der höheren technischen Lehranstalten als „Polytechnika" verhindert.) Daß der seit 200 Jahren (seit der Eröffnung der k.k. Realhandlungs-Academie) in Österreich bestehende und seit 1857 von den Handelsakademien geführte Titel nicht ebenfalls im Zuge der Schulgesetze gleichgeschaltet und abgeschafft wurde, ist nur dem Einspruch des Präsidenten des Stadtschulrates für Wien, Hofrat Dr. Neugebauer, zu verdanken (siehe hierüber 200 Jahre Realhandlungsakademie — 200 Jahre kaufmännisches Bildungswesen in Österreich, Herausgeber Dr. Romanik im Auftrage des Bundesministeriums für Unterricht, Wien 1970).

Mehrfachen Novellierungen der Schulgesetze, folgte am 6. Februar 1974 das Schulunterrichtsgesetz, das auch den Eltern- und Schülervertretern (sowie bisher der Lehrerschaft) gewisse Einflüsse auf das Schulgeschehen gab. Es wird in seinen Auswirkungen zu erproben sein, ebenso wie die Gratis-Schulbuchaktion. Beide sind in ihren Grundsätzen nicht umstritten, wohl aber in manchen Formen. Doktor Fred Sinowatz, Bundesminister für Unterricht und Kunst — wie es nunmehr seit Abspaltung des Bundesministeriums für Wissenschaft und Forschung heißt —, hat es durch sein joviales Wesen verstanden, sich viele Freunde zu machen. Es sind auch die Auseinandersetzungen auf dem Unterrichtssektor, an denen sich hervorragend auch der MKV (Kartellverband der katholischen Mittelschüler) und der Bundesjugendring — der alle österreichbewußten Jugendorganisationen vereinigt — beteiligt, in hohem Maße sachlich geblieben.

Das bereits viele Jahre im Unterrichtsministerium betriebene Programm des Ausbaues des berufsbildenden Schulwesens hat gegenwärtig Höhepunkte erreicht. Der Plan, in jeder Bezirksstadt eine berufsbildende oder allgemeinbildende höhere Schule zu errichten, wird weitgehend durchgeführt. Zahlreiche Schulen des mittleren und höheren Schulwesens konnten eröffnet werden, nachdem schon die Bundesländer auf dem Sektor des Pflichtschulwesens durch zahlreiche Schulneubauten für eine Modernisierung des österreichischen Schulwesens sorgten und — gefördert durch die Schulgesetze — auch private Schulerhalter sowohl auf dem Sektor der konfessionellen Schulen als auch der sonstigen privaten Schulen (wie z. B. des Fonds der Wiener Kaufmannschaft) für den Ausbau ihrer Schulen große Leistungen vollbrachten.

Auf dem Gebiete der Lehreraus- und -fortbildung wurden durch Schaffung der Pädagogischen Akademien (statt der Ausbildung in Lehrerbildungsanstalten) und Berufspädagogischen Akademien neue Wege einer höheren und umfassenderen Ausbildung beschritten. Die Ausbildung der Lehrer für die höheren Schulen erfolgt (von den Stenotypielehrern, die an den Berufspädagogischen Akademien ausgebildet werden, abgesehen) an den Universitäten. Minister Dr. Sinowatz hat die Grundsätze seiner Kulturpolitik in einem Interview mit Peter Hofbauer („Academia", Juli 1975) wie folgt umrissen: Auf Grund einer angeordneten Kulturanalyse durch das Forschungsinstitut „ifes" sagte er: „Kultur muß ein Bedürfnis werden" „... ich möchte einige realistische Schritte setzen, um mehr Menschen an aktiver Anteilnahme am Kulturgeschehen zu bewegen". „Die erste und grundlegende Schlußfolgerung ist die, daß der Weg zweifellos über die Bildungspolitik führt. Denn es wurde uns eindeutig vor die Augen geführt, daß die aktive Teilnahme am Kulturgeschehen von Dauer und Qualität der Schulbildung abhängt. Die Dauer der Schulbildung muß genützt werden. Zweitens sollte eine kulturelle Ermunterung versucht werden — das was ich immer als Kulturmarketing bezeichnet habe; und zwar planvoll, das heißt konzertiert, mit den Ländern vereinbart und mit möglichst vielen verwandten Organisationsbereichen wie Erwachsenenbildung und Schule abgesprochen. Drittens der Aufbau einer Kunst- und Kulturservicestelle, die zuerst den Schulen zur Verfügung stehen sollte, um die Konfrontation zwischen Schule und Künstler zu ermöglichen. Später könnte die Maßnahme auf die Erwachsenen- und auf die Arbeitswelt ausgedehnt werden. Und schließlich sollen jene Initiativen im verstärkten Ausmaß unterstützt werden, die es sich zum Ziel gesetzt haben, vor allem die jungen Menschen zu kultureller Anteilnahme und Aktivität zu bewegen. Beispiele hiefür sind etwa die musikalische Jugend und das Theater der Jugend".

Dr. Fred Sinowatz lehnt den Ausdruck sozialistische Kulturpolitik ab und sagt hiezu: „. . . für mich kann es nur eine sozialdemokratische Kulturpolitik geben . . .: Mehr Chancengleichheit, Abbau von Barrieren sozioökonomischer und soziokultureller Art." Das Kapitel Kulturpolitik wäre nicht vollständig, wenn nicht auch auf die erfreuliche Tatsache hingewiesen würde, daß — teilweise noch aus der früheren Zeit hereinragend — auch die zweite Republik eine beachtliche Reihe von Schriftstellern (einschließlich Lyrikern, Erzählern, Verfassern von Zeitromanen, Zeitstücken und Hörspielen) Malern, Bildhauern und Komponisten moderner Musik, Filmregisseuren (wie Willi Forst) sowie nachschaffenden Künstlern (Dirigenten und Schauspielern) aufzuweisen hat. Aus der Fülle der Namen seien, ohne Anspruch auf Vollständigkeit, angeführt:

Auf dem Gebiete der Lyrik: Hier wäre der bedeutende Arbeiterdichter Alfons Petzold (1882—1923) nachzutragen. Auf dem Gebiete der religiösen Dichtung wirkte Heinrich Suso-Waldeck (eigentlich Augustin Popp, 1873—1943). Außer den schon Genannten (wie Josef Weinheber) seien noch unter den modernen Lyrikern Ingeborg Bachmann, Ernst Schönwiese, Christine Busta, Christine Lavant und H(ans) C(arl) Artmann erwähnt. Die volkstümliche Lyrik einer Trude Marzik, eines Georg Strnad und anderer fand durch ihren Interpreten Prof. Heinz Conrads im Rundfunk weiteste Verbreitung. Als Schriftsteller wurden bekannt neben dem Meister des geschriebenen Wortes Stefan Zweig (1881—1942 — Selbstmord, an der Welt verzweifelnd, in der Emigration in Petropolis, Brasilien) Reinhold Federmann, der in Österreich schaffende Milo Dor, der nach Israel emigrierte Max Brod, Egmont Colerus (1888—1939), Fritz Habeck, Ilse Aichinger (auch als Hörspielverfasserin bekannt) sowie Heimito von Doderer und die Schilderer des alten Österreich Gertrud Fussenegger und Rudolf von Eichthal (1877—1975).

Auf dem Gebiet der Dramatik wären Harald Zusanek, auf dem Gebiete der religiösen Dramatik Fritz Hochwälder (Drama „Das hl. Experiment"), Rudolf Henz und Helmut Schwarz (Drama „Arbeiterpriester") zu nennen. Auf dem

Gebiete der modernen Malerei ragt Alfred Kubin (1877—1959) noch in die Jetztzeit. Hans Fronius und die Schüler des Paris A. Gütersloh (recte Kiehtreiber), die „phantastischen Realisten“ Ernst Fuchs, Anton Lehmden, Wolfgang Hutter und andere sowie Helmut Leherb(auer) haben sich, nach einer Periode der Läuterung, gute Namen in der Kunstwelt errungen. Auf dem Gebiete der Plastik wirkt die Schule des verstorbenen Fritz Wotruba nach. Hier wäre auch Alfred Hrdlička und der konservative Gustinus Ambrosi (1893—1910) zu nennen. Im Steinbruch zu St. Margarethen im Burgenland — wo auch erfolgreiche Passionsspiele stattfinden — haben die Bildhauer (auch ausländische Bildhauer) einen erfolgreichen Arbeits- und Ausstellungsort gefunden. Das noch unter dem Unterrichtsminister Dr. Drimmel geschaffene Museum des XX. Jahrhunderts in Wien dient ebenfalls der Präsentation der modernen Kunst.

Auf dem Gebiete der Baukunst wird gegenwärtig — anläßlich des Baues der U-Bahn — die Erhaltung der Werke Otto Wagners, der die Haltestellen der Stadtbahn schuf, gefordert. Auf dem Gebiete der Baukunst erzielten Weltruhm Professor Dr. Clemens Holzmeister und Prof. Franz H. Sobotka, die auch, wie noch angeführt wird, im Auslandsösterreicherwerk führend tätig sind, sowie der Architekt Richard Neutra.

Auch die moderne Musik der Komponisten Oscar Straus (1870—1954), Nico Dostal, Anton Webern (1888—1945), Felix Weingartner (1863—1942), Egon Wellesz, Gottfried v. Einem, Franz Salmhofer und Josef Marx ist weit über Österreichs Grenzen bekannt, ebenso die Schöpfung Max Reinhardts, die Salzburger Festspiele und deren Dirigenten wie Herbert von Karajan, sowie die Wiener Philharmoniker. In Bregenz/Vorarlberg und Mörbisch/Burgenland wurden durch die rührigen Landesstellen Festspiele am See geschaffen; zahlreiche Burgen und Orte haben Sommerfestspiele geschaffen, die als gute Fremdenverkehrsanziehungspunkte gelten können, ebenso die ständigen kulturellen Veranstaltungen, wie die Wiener Festwochen oder der Steirische Herbst.

Aber auch die Massenmedien, wie Rundfunk und Fernsehen, waren auf kulturellem Gebiete nicht müßig. So bietet sich, trotz vieler Handlungen eines Kulturvandalismus eines sicher nur geringen Teiles der Jugend sowie der von Geschäftemachern gestarteten Sexwelle und Welle der Brutalität, trotz-dem auf dem Gebiete der Kultur kein so unerfreuliches Bild, wie es die eingangs erwähnte ifes-Befragung eigentlich geben müßte. Junge Kräfte, wie z. B. der jüngst Fernsehintendant von Niederösterreich gewordene Ernst Wolfram Marboe, haben bei Gestaltung von wichtigen Veranstaltungen der zweiten Republik, wie der schulischen Großveranstaltung in der Wiener Stadthalle anläßlich des österreichischen Nationalfeiertages, erfolgreich mitgewirkt, zeigend, daß auch die jungen Nachwuchskräfte ihren Beitrag zur Gegenwartskultur leisten wollen.

Ein Teil der offenen Fragen des österreichischen Schulwesens wie die Frage der Einheitsschule der 8- bis 14jährigen, der Ganztagsschule, der Tagesheimschule, der Fünf-Tage-Woche in der Schule sowie pädagogische Fragen wie der Ersatz von Klassen durch Leistungsgruppen, Ersatz der Noten durch Leistungsbeurteilungen und ähnliches befindet sich derzeit im Stadium der Erprobung durch zahlreiche vom Unterrichtsministerium angeordnete Schulversuche. Die Brücken und Übergänge für die Abgänger der allgemeinbildenden höheren Schulen zur Berufsausbildung wurden durch die Einrichtung von „Kollegs" (früher Abiturientenlehrgänge genannt) in erhöhtem Ausmaße an den höheren berufsbildenden Schulen aktiviert. Um den Ausbau des berufsbildenden Schulwesens haben sich besonders die Sektionschefs Dipl.-Ing. Franz Cech, Dipl.-Ing. Georg Golser und Dipl.-Ing. Walter Molzer sowie Dr. Adolf März (für die Pädagogischen und Berufspädagogischen Akademien) verdient gemacht. Für nur „soviel Juristerei wie unbedingt notwendig, aber soviel pädagogischen Freiraum wie irgendwie möglich" tritt der neue Sektionschef der Rechtssektion, der vom Verwaltungsgerichtshof aber gleichzeitig vom praktischen Unterricht (als Lehrer an der Handelsakademie) kommende Lehrbuchverfasser Dr. Viktor Heller ein.

Es ist ein bleibendes Verdienst der Frau Minister für Wissenschaft und Forschung Dr. Herta Firnberg, den österreichischen Hochschulen den ihnen schon längst zustehenden Titel „Universität" verschafft zu haben. (Die bisherigen, hochschulmäßig geführten Kunstakademien erhielten jetzt den Titel „Hochschule".) Damit wurde die Ungleichheit gegenüber anderen Staaten ausgeglichen und der nahezu unübersetzbare Titel Hochschule (man denke an das englische High-school, das eine höhere Schule bezeichnet) durch den international anerkannten Titel Universität ersetzt und somit die Gleichwertigkeit der österreichischen Universitäten mit denen anderer Staaten auch titelmäßig betont, was bei der internationalen Verflechtung Österreichs mit der Welt nicht bedeutungslos ist.

Gegenwärtig besitzt Österreich 12 Universitäten und zwar die Universität Wien (die 1965 unter dem Rektor Dr. Karl Fellinger, dem weltbekannten Arzt des Kaisers von Iran und der Könige von Saudi-Arabien und Marokko, ihr 600-Jahr-Jubiläum als älteste Universität des deutschen Sprachraumes feierte) und die allgemeinen Universitäten von Graz, Innsbruck, Salzburg und Linz sowie die Fachuniversitäten, Technische Universitäten von Wien und Graz, Universität für Bodenkultur, Wien, Tierärztliche Universität, Wien, Wirtschaftsuniversität, Wien, Montanistische Universität, Leoben, und Universität für Bildungswissenschaften, Klagenfurt. Technische Fakultäten bestehen überdies in Innsbruck und Linz an den dortigen Universitäten. An Kunst-Hochschulen bestehen die Hochschulen für bildende Künste sowie für angewandte Kunst in Wien, die Hochschulen für Musik und darstellende Kunst in Wien und Graz und das Mozarteum in Salzburg. Ansätze zu weiteren Kunsthochschulen bestehen in Linz und anderen Städten.

Die österreichische Hochschülerschaft war bereits unter dem Unterrichtsminister Dr. Felix Hurdes (1901—1974; Mitbegründer und 1. Generalsekretär der ÖVP, später 1. Präsident des Nationalrates) zu einer Körperschaft des öffentlichen Rechtes erhoben worden. Die ersten Hochschulwahlen erbrachten für die (von Dr. Wollinger, Dr. Romanik und Dr. Kurzel-Runtscheiner im Namen der Verbände CV und Freie österreichische Studentenschaft-FÖST) neugegründete Union der österreichischen Akademiker (Wahlblock) rund 72 Prozent der abgegebenen

Stimmen, die sozialistischen Studenten erhielten rund 22 Prozent, die Kommunisten rund 5 Prozent. Nach Zulassung der ehemaligen Burschenschaften durch den Sektionsleiter der Hochschulsektion und späteren Unterrichtsminister Dr. Drimmel — wobei weder ein Bekenntnis zum österreichischen Volk und Vaterland noch später zum Staatsgrundgesetz der immerwährenden Neutralität verlangt worden war — verschob sich bei den Hochschulwahlen die Lage. Im Durchschnitt erhielt der Wahlblock rund Zweidrittel, der RFS (Ring Freiheitlicher Studenten) rund ein Viertel bis 29 Prozent und der VSSTÖ (Verband sozialistischer Studenten Österreichs) sank bis auf rund 13 Prozent der abgegebenen Stimmen, wobei das Interesse der Studentenschaft an den Hochschulwahlen leider stark zurückging und schließlich bei einer Wahlbeteiligung von wenig mehr als 50 Prozent der Stimmberechtigten landete. Der Wahlblock wurde daher durch eine neue Organisation ÖSU (Österreichischer Studentenunion) ersetzt und erneuert.

Beachtlich ist, daß an den Hochschulen, außer dem VSSTÖ, nicht weniger als sieben radikale Linksgruppen und Grüppchen kandidieren und „der RFS dem natürlichen Schrumpfungsprozeß des nationalen Stammwählerpublikums — auf Hochschulboden — ein erstärktes Wählerreservoir gegenübersetzt, welches vielfach einem sozialistisch wählendem Elternhaus entstammt“ (wie Robert Mathes in der „Academia“ überzeugend ausführt). Diese Zustände an den österreichischen Universitäten bringen für die Durchführung des Universitäts-Organisationsgesetzes, welches von vielen Seiten angegriffen wurde, schlechte Aussichten. Es besteht nämlich die Gefahr, daß die angestrebte Drittelparität in vielen Hochschuleinrichtungen durch relativ kleine pressure-groups der wenigen hochschulpolitisch Interessierten zu Ungunsten der großen Mehrheit der am Hochschulgeschehen wenigen interessierten Studenten, Assistenten und Professoren ausgenützt wird. Das Universitätsorganisationsgesetz enthält jedenfalls den gesunden Gedanken der Mitbestimmung der Assistenten (des Mittelbaues) und Studenten am Geschehen der Hochschule im Sinne der alten „universitas“.

Die Schaffung einer eigenen Sektion für Forschung — im Ministerium für Wissenschaft und Forschung — bedeutet schon einen Schritt zur Höherbewertung dieses in Österreich oft stiefmütterlich behandelten, wichtigen Lebensbereiches (Sektionschef Dr. Grimburg). Mit bloß etwas über ein Prozent des Nationalproduktes Ausgaben für Forschung und Entwicklung (1974) stand Österreich gegenüber den Nachbarn Schweiz und BRD, die doppelt soviel ausgaben, deutlich im Rückstand.

Gegenwärtig wird ein österreichischer Forschungsstättenkatalog erstellt, der 8550 Wissenschaftler in 1754 Forschungseinrichtungen in Österreich aufzählt.

Den Jungakademikern stand, teilweise im organisatorischen Zusammenhang, eine in Österreich gut organisierte Altakademikerschaft gegenüber. Hier ist zu nennen der Altherrenbund des CV, an dessen Führungsspitze bis zur Ernennung zum Unterrichtsminister Dr. Heinrich Drimmel stand.

Als Unterrichtsminister förderte er, wie bereits vermerkt, besonders auch die deutschnationalen Burschenschaften. Durch eigenen Erlaß des Unterrichtsministers empfahl er den Rektoren der österreichischen Hochschulen, an den Kommersen der Burschenschaften teilzunehmen. Diese Haltung Dr. Drimmels wird durch ein Wochenpresse-Interview an Frau Coudenhove-Kalergi erklärlich, in dem Dr. Drimmel erklärte, daß er nur über Wunsch seiner katholischen Mutter zum CV gegangen sei, während er selbst lieber einer Burschenschaft beigetreten wäre!

Die Nachfolger Dr. Drimmels in der Führungsspitze des Altherrenbundes des CV waren Sektionschef Dr. Eduard Chaloupka, der in der Widerstandsgruppe des späteren sozialistischen Energieministers Dr. Alfred Migsch einen vielbeachteten Aufruf an die Akademikerschaft gerichtet hatte und später verdienstvoll als Präsidialchef aller Bundeskanzler von Dipl.-Ing. Figl bis Dr. Klaus wirkte. Nach seinem Tode wurde Sektionschef Dr. Adolf Kolb gewählt (beide Mitglieder CV-Verbindung „Bajuvaria").

In der Zeit der SPÖ-Alleinregierung erlangte deren Intellektuellenverband BSA (Bund der sozialistischen Akademiker, Präsident: Energie-Minister a. D. Dipl.-Ing. Karl Waldbrunner, derzeit Minister a. D. Bürgermeister und Landeshauptmann Leopold Gratz) steigende Bedeutung. Als bedeutende Akademikerorganisation wäre noch der österreichische Akademikerbund (Präsidenten Minister a. D. Doktor Reinhard Kamitz, derzeit Minister a. D. Dr. Stephan Koren) zu nennen. Der Akademikerbund ist durch seine rege Teilnahme am politischen Geschehen zu einer beachtlichen Vorfeldorganisation der ÖVP herangewachsen.

Als neues Ministerium wurde auch ein eigenes Ministerium für Gesundheit und Umweltschutz errichtet und Primaria Dr. Ingrid Leodolter mit der Führung betraut. Die neue Materie (z. B. die Anordnung über Gesundenuntersuchung am 16. Dezember 1972 und der Mutter-Kind-Paß) und die besonderen Schwierigkeiten auch auf dem Gebiete des Umweltschutzes gaben der Opposition reichliche Angriffsmöglichkeiten. Neu gegründet wurden auch ein Staatssekretariat für Familienpolitik (Staatssekretär Elfriede Karl) und ein Staatssekretariat für die verstaatlichte Industrie und Verwaltungsreform (Staatssekretär Dr. Veselsky) sowie für Bergbauernhilfe (Staatssekretär Dipl.-Ing. Haiden). Das Bundesministerium für Justiz (Bundesminister Dr. Christian Broda) erstellte eine große Strafrechtsreform in Form eines neuen Strafgesetzes. Außer über die sogenannte Fristenlösung (die Straffreiheit des Schwangerschaftsabbruches bis einschließlich drittes Monat der Schwangerschaft), herrscht bei den Parteien des Nationalrates im wesentlichen Übereinstimmung über die Schaffung des modernen Strafrechtes. Da sich die SPÖ weigerte die Frage der Fristenlösung in einem eigenen Gesetz zu behandeln, stimmte die Opposition (ÖVP und FPÖ) gegen das Strafgesetz, das nur mit den Stimmen der SPÖ angenommen wurde (29. November 1973). Die österreichische Bischofskonferenz unter Vorsitz des Erzbischofs von Wien Kardinal DDr. Franz König (der immer für ein gutes Verhältnis auch zur SPÖ eingetreten war und die römisch-katholische Kirche aus der Tagespolitik fernhielt) sah sich bei dieser Sachlage genötigt, eine „Aktion Leben" zu unterstützen, die ein Volksbegehren gegen die Fristenlösung und für ein Gesetz zum Schutz des Rechtes auf Leben auch für die Ungeborenen einleitete und hierin keineswegs eine Rückkehr zu dem — besonders von den sozialistischen Frauen so bekämpften — Paragraphen 144 des alten

Strafgesetzes (Strafbarkeit der Abtreibung), sondern eine Indikationenlösung anstrebte. Auch die evangelische Kirche schloß sich dieser Aktion an. Das Volksbegehren erbrachte (abgeschlossen n a c h der Nationalratswahl vom 5. Oktober 1975) über 900.000 Stimmen und damit die stärkste Stimmenzahl aller Volksbegehren. Da sowohl das Rundfunksvolksbegehren als auch das Volksbegehren gegen das 9. Schuljahr, die weniger Stimmen erzielten, vom Nationalrat positiv behandelt wurden, ist eine eingehende Behandlung und eine Kompromißlösung durch den Nationalrat zu erhoffen. Hiedurch würde auch wieder Kardinal König seine Aufgabe der „Aufrechterhaltung des kulturpolitischen Friedens" (Dr. Erika Weinzierl) erleichtert und die durch die Tagespolitik gespannte Atmosphäre in der österreichischen Innenpolitk wesentlich entspannt werden.

Im Oktober 1972 kam es in den gemischtsprachigen Gebieten Kärntens, anläßlich der Anbringung zweisprachiger Ortstafeln, zu einem regelrechten „Ortstafelkrieg", wobei die zweisprachigen Ortstafeln vielfach gewaltsam entfernt und slowenische Kärntner angepöbelt wurden. Die Anbringung geschah auf Grund der Verpflichtung Österreichs gemäß Artikel 7, Abs. 3 des Staatsvertrages, wonach sich Österreich verpflichtete, in den Bezirken Kärntens mit slowenischer oder gemischter Bevölkerung zweisprachige topographische Bezeichnungen zu errichten. (Leider geschah dies nicht gleich nach Abschluß des Staatsvertrages.) Der Ortstafelkrieg hat eine lange Vorgeschichte, ohne deren Kenntnis die Handlungsweise der deutschnationalen Kreise Kärntens und die Abwehr der Slowenen nicht verständlich ist. Wie auf Seite 93/94 erläutert, bestand die Bevölkerung Kärntens überwiegend aus Slawen. Kärnten feiert 1976 die Tausendjahrfeier seines Bestandes, Herzog, später Kaiser Arnulf von Kärnten regierte Kärnten aber schon seit 880 als Herzog. Die Herzogsbelehnung auf dem Herzogstuhl (-stein) fand in slawischer Sprache, durch einen slowenischen Bauern, der das Volk repräsentierte, statt. Auch der Name Karantanien ist slawischen Ursprungs. Im Laufe der Jahrhunderte hat sich aber ein Teil der Kärntner Slawen der Sprache und Kultur der eingewanderten deutschen Adels- und Bürgergeschlechter angeschlossen. Diese Slawenstämmlinge sind heute vielfach die extremsten Gegner der Kärntner Slawen, trotzdem sie noch Namen tragen, die unschwer auf ihre slawische Abstammung schließen lassen. Seit den auf Seite 474 geschilderten Eindeutschungsmethoden der österreichischen Heeresleitung und Postverwaltung, die auch Kärnten nicht verschonten, ergaben sich auf Seite der Windischen, worunter damals alle Kärntner Slawen verstanden wurden (siehe Theodor Veiter: Das Recht der Volksgruppen und Sprachminderheiten in Österreich), die schon früher durch Eindeutschungsversuche der Deutschnationalen beunruhigt waren, ernste Abwehrstellungen, die auf Erhaltung ihres slawischen Volkstums hinzielten. Als es in den von Jugoslawien 1920 besetzten Kärntner Gebieten dann zur Volksabstimmung kam, haben, wie auf Seite 501 geschildert, die Kärntner Slawen, trotz der Besetzung durch Jugoslawien, sich mehrheitlich zu Österreich bekannt. Die Zusicherung der Achtung ihrer Sprache und Kultur wurde jedoch leider von solchen Personen nicht eingehalten, die sich wie Steinacher und Maier-Kaibitsch in den Kärntner Abwehrkämpfen gegen die jugoslawische Invasion bewährt hatten. Sie waren es, die für die Austreibung slowenischsprachiger Kärntner — deren Familien seit über tausend Jahren in Kärnten siedelten (länger als die Vorfahren der Austreiber!) — verantwortlich waren. Hiedurch, aber auch durch andere Maßnahmen, wie durch die Aufforderung nur deutsch zu sprechen, wurden jene slowenischsprechenden Kärntner, die sich zu Österreich bekannten, aber ihre Muttersprache nicht aufgeben wollten, in ihrer Heimattreue erschüttert und zu entschiedenen Verteidigern ihrer Volkstumsrechte.

Die Kärntner erinnerten sich hiebei auch an die Verschleppung hunderter Kärntner durch die Partisanen und an die Massenerschießungen im benachbarten Slowenien durch die jugoslawischen Partisanen im Zuge der letzten Kampfhandlungen im Mai 1945.

Dazu kam noch die, anfänglich auch von der Sowjetunion vertretene Forderung Jugoslawiens, anläßlich der Verhandlungen für den österreichischen Staatsvertrag, weite Gebiete Kärntens, einschließlich Villachs und der Landeshauptstadt Klagenfurt, abzutreten, die (mit Recht) viele Kärntner sehr erregte und (mit Unrecht) gegen die slawische Volksgruppe einnahm, die, wie die Wahlen seit 1945 zeigten, auch relativ nicht mehr kommunistische Wähler aufwies als das übrige Österreich und dadurch bewies, daß sie an einem Anschluß an das kommunistische Jugoslawien nicht interessiert sei (wohl aber an der Unterstützung ihrer Volkstumsforderungen in Kärnten). Da durch die unbegründeten jugoslawischen Forderungen, die sich auf die Partisanentätigkeit zur Befreiung Kärntens stützten (Bezirkshauptmann Dr. Hofer hat aber in seinem Buch „Weggefährten" nachgewiesen, daß es vielfach oberösterreichische Freiheitskämpfer waren, die in Kärnten Schienen sprengten und gegen die nationalsozialistischen Organisationen kämpften!), nicht nur der Abschluß des Staatsvertrages, sondern auch die österreichischen Forderungen auf die Rückgabe Südtirols (oder wenigstens eines Teiles) hinausgeschoben bzw. zunichte gemacht wurden, hat sich in den Kärntner deutschsprachigen Kreisen (weit über Deutschnationalen hinaus) der Gedanke festgesetzt, den Kärntner Slowenen das zu verweigern, was dieselben Kreise für Südtirol forderten: die zweisprachigen Ortstafeln. Die Angst, solche Ortstafeln könnten quasi einen Anspruch Jugoslawiens auf Teile Kärntens verbriefen, brachte dann jene Exzesse hervor, die nicht nur in Österreich, sondern in der ganzen Welt Aufsehen erregten und für die Toleranz der Österreicher ein denkbar schlechtes Zeugnis ablegten. Die Opposition hatte, anscheinend aus besserer Kenntnis dieser unterschwelligen Stimmung in Kärnten, das Ortstafelgesetz, weil nicht gründlich im Lande vorbereitet, abgelehnt. Es war nur mit den Stimmen der SPÖ am 6. Juli 1972 angenommen worden und gelangte gerade im Monat der Kärntner Volksabstimmung, im Oktober, zur Durchführung. Die Folge war der Rücktritt des Landeshauptmannes Sima, der in schandbarer Weise, durch die dabei zusehenden Exekutivorgane unbeschützt, von deutschnationalen Heißspornen insultiert worden war. Der neue Landeshauptmann Wagner (der sich überflüssigerweise als ehemaliger hoher HJ-[Hitlerjugend-]Führer bezeichnete), wird nun das von den Parteien beschlossene Gesetz einer geheimen Sprachenerhebung (zur Feststellung der Stärke der Minderheiten für Kärnten) durchzuführen haben. Die Slowenen, aber auch ernste Stimmen aus Jugoslawien haben von dieser Volkszählung abgeraten, weil sie der Meinung sind, daß hiedurch die wirkliche Zahl der slowenischen Kärntner nicht ermittelt werden kann.

Dr. Romanik hat sowohl dem damaligen Bundesparteiobmann der ÖVP Dr. Schleinzer als auch Bundeskanzler Dr. Kreisky zur Lösung der Ortstafelfrage folgenden Vorschlag gemacht, der im Falle des Fehlschlagens der geheimen Sprachenerhebung noch immer — ohne die großen Kosten einer Volkszählung! — durchführbar wäre: Die Bundesregierung gibt den einzelnen Landesregierungen die Empfehlung, durch gleichlautende Landesgesetze sicherzustellen, daß an allen Orten, in welchen eine beachtliche Gruppe der ortsansässigen Bevölkerung (etwa zehn Prozent) dies schriftlich wünscht und den Nachweis hierfür erbringt, auch der frühere Ortsname in die Ortstafeln, aber auch in die Verzeichnisse der Postämter aufgenommen werden soll. Wenn eine solche Aufnahme mit dem Worte „vormals" verbunden würde, könnte kein vernünftiger Mensch gegen eine solche historische Feststellung Einspruch erheben (z. B. Völkermarkt vormals Velikovec).

Durch eine solche Maßnahme könnte erreicht werden, daß im ganzen Bundesgebiet (und nicht nur durch Ausnahmegesetz für Kärnten und das Burgenland) eine seit 200 Jahren erfolgte Ortsnamenänderung, über Wunsch einer ortsansässigen Minderheit, in der Ortstafel festgehalten würde, wobei gar keine Änderung des bisherigen Ortsnamens erfolgt. Die Feststellung früherer Ortsnamen wäre unschwer aus den Pfarrmatriken und aus anderen Unterlagen nachweisbar. Die überflüssige und schädliche Einmischung ortsfremder Elemente würde entfallen, um so mehr als eine Änderung der Ortstafeln ja nicht auf einmal schlagartig, sondern entsprechend den Wünschen der örtlichen Änderungswerber erfolgen könnte. Solche Änderungswerber müßten auch nicht unbedingt den slowenischsprachigen, ungarisch- oder kroatischsprachigen Österreichern angehören, da ein berechtigter Wunsch auch den historischen Namen in der Ortstafel vertreten zu sehen, von jedem verständigen Bewohner eines Ortes, der in den letzten 200 Jahren seinen Namen geändert hat, geäußert werden kann.

Es ist durchaus denkbar, daß solche Wünsche auch in anderen Bundesländern als in Kärnten und im Burgenland gestellt werden könnten, denn auch in anderen Bundesländern hat es Ortsnamenänderungen gegeben. Der Charakter eines Sondergesetzes für oder gegen die Minderheiten in Österreich würde durch diesen Vorschlag auch vermieden. Die Anbringung zweisprachiger Ortstafeln erscheint dringend, weil für Kärnten die latente Gefahr einer Intervention seitens einer Signatarmacht des Staatsvertrages gerade jene Folgen haben könnte, welche die Ortstafelstürmer vermeiden wollten.

Zwischenzeitig ist durch die unzeitige Errichtung von Partisanen- und Abwehrkämpferdenkmälern (Völkermarkt, St. Kanzian) sowohl von slowenischer als auch von Seite des Heimatdienstes (durch slowenische und deutsch-nationale Heißsporne), durch Sprengung solcher Denkmäler und durch das bereits geschilderte eigenartige Vorgehen mancher Gendarmen (diesmal gegen zwei Dutzend slowenische Demonstranten) eine Hochspielung der Verhetzung in Kärnten eingetreten.

Dies gab sowohl der jugoslawischen Regierung als auch der Presse Gelegenheit zu scharfen und übertriebenen Angriffen gegen Österreich.

Kurz vor den geschilderten Zwischenfällen in Kärnten war das besonders von deutschnationaler Seite oft stürmisch geforderte Freihandelsabkommen mit der lange unter deutscher Führung stehenden Europäischen Wirtschaftsgemeinschaft (EWG, EG) und der Europäischen Gemeinschaft für Kohle und Stahl (EGKS) am 22. Juli 1972 unterzeichnet worden.

Die vorsichtige Haltung des seinerzeitigen Außenministers Dr. Kreisky in der Südtirolfrage und in der Frage des Beitrittes zur EWG — in dieser Frage durch den heutigen, beklagenswerten Zustand der EWG mehr als gerechtfertigt — hatte seinerzeit zu den scharfen Widerständen gegen seine Weiterbetrauung mit der Stelle des Außenministers bei der Regierungsbildung durch Dr. Gorbach geführt und diesen Fachminister in den allgemeinen Blickpunkt — auch bei der SPÖ — gerückt. Über die eigenartige Rolle, die der Bundesparteiobmann der FPÖ, Peter, hiebei spielte, wird später berichtet.

Am 21. Dezember 1972 erfolgte auch die lange fällige diplomatische Anerkennung der Deutschen Demokratischen Republik (DDR) durch Österreich. Der ehemalige deutsche Staatssekretär Walter Hallstein, von 1958 bis 1967 Präsident der EWG-Kommission, hatte es verstanden, die von ihm geschaffene Hallstein-Doktrin bei der damaligen deutschen Bundesregierung der Bundesrepublik Deutschland (BRD) durchzusetzen, wonach jedem Staat, der mit der DDR diplomatische Beziehungen anknüpfe, mit dem Abbruch der diplomatischen (und damit natürlich auch der wirtschaftlichen) Beziehungen gedroht wurde. Es dauerte viele Jahre bis man in der BRD erkannte, daß diese Hallstein-Doktrin im höchsten Maße doktrinär und unzeitgemäß war. Die Hoffnung auf eine friedliche Vereinigung der DDR mit der BRD war, angesichts der Tatsache, daß die Jugend der DDR seit mehreren Jahrzehnten im kommunistischen Geist erzogen war, utopisch, die zwangsweise Vereinigung durch einen dritten Weltkrieg unverantwortlich. So kam es langsam zu einer Annäherung der beiden deutschen Staaten (BRD und DDR), die es auch Österreich ermöglichte, die diplomatischen Beziehungen zur DDR aufzunehmen. Im Jahre 1974 (19. Dezember) wurde mit der Tschechoslowakischen Republik ein längst fälliger Vermögensvertrag unterzeichnet, der den österreichischen Staatsbürgern, die in diesem Land wirtschaftliche Verluste erlitten haben, eine wenigstens teilweise Entschädigung verhieß und wegen der zu geringen Entschädigungssumme von den Oppositionsparteien angegriffen wurde.

Im Jahre 1973 wurden die staatlichen Stahlwerke VÖEST und Alpine-Montan, trotz Widerständen, fusioniert.

Die internationale Wirtschaftslage, von deren negativen Auswirkungen auch Österreich sich nicht ganz freihalten konnte, brachte mit der Abwertung vieler Währungen die Notwendigkeit, den österreichischen Schilling zum Erhalt seiner Kaufkraft am 9. Mai 1971 um 5,5 Prozent, am 19. März 1973 um 2,3 Prozent, am 3. Juli 1973 um weitere 4,8 Prozent und am 17. Mai 1975 (faktisch) um weitere 3 Prozent aufzuwerten, was sich zwar für die österreichischen Importe aber nicht für den Export günstig auswirkte. Anderseits erbrachten Steuerreformen eine Erhöhung der allgemeinen Steuer-Absetzbeträge, die Abschaffung der Ledigensteuer und eine Erhöhung des Werbekostenpauschales und der Sonderausgabenhöchstbeträge (ab 1976 allerdings aber auch eine Abschaffung der Repräsentationsspesen, was besonders von einigen Gruppen der selbständig Erwerbstätigen bekämpft wurde und zu einem Kompromiß bei Auslandskunden führte). Es stellte dies die dritte Steuersenkung seit 1970 dar. Die verschiedenen Erhöhungen der Geburtenhilfe, Kinderbeihilfe, Familienbeihilfe, der Pensionen, der Ausgleichszulage für Alleinstehende und für Ehepaare entsprachen allerdings auch teilweise der Geldentwertung, wenn sie auch in ihrem Ausmaß darüber hinausgingen.

Anfangs 1975 kam es infolge zu großer Exporte der Zuckerindustrie auch zu einer Zuckerverknappung, die auf diesem Gebiete, in dem Österreich eher eine Überproduktion hat, durch geeignete vereinbarte Maßnahmen hoffentlich für die Zukunft vermeidbar sein wird. Am 28. September 1973 und am 23. Dezember 1975 erlebte Österreich zwei folgenschwere Anschläge arabischer bzw. im Solde von Arabern stehender Terroristen. Durch Geiselnahme von jüdischen Auswanderern machten die Terroristen vom 28. September 1973 auf ihre Probleme in Palästina aufmerksam. Die Verhandlungen, die unter Beiziehung mehrerer arabischer Botschafter, darunter des Botschafters von Libyen (Staatsoberhaupt Gaddafi) geführt wurden, erbrachten die Freilassung der Geiseln und den Ausflug der Terroristen nach Libyen (wo man sie anscheinend freiließ). Auch wurde im Zusammenhang mit der Geiselaffäre das österreichische Auffanglager für jüdische Auswanderer aus der Sowjetunion in Schönau, über Weisung des Bundeskanzlers Dr. Kreisky, geschlossen, nachdem sich die UNO geweigert hatte, dieses Lager zu übernehmen. Bundeskanzler Dr. Kreisky mußte hiefür — ohne Anerkennung der Tatsache, daß Österreich ja jahrelang dieses Lager erhalten hatte — von Teilen der Auslandspresse üble Beschimpfungen erdulden, ja er wurde sogar durch die Ministerpräsidentin von Israel Frau Golda Meir persönlich um Aufhebung der obigen Weisung ersucht. Der zweite Anschlag war wesentlich gefährlicher, umso mehr als er durch international bekannte Terroristen durchgeführt wurde. In Österreich hat in einem Gebäude gegenüber der Universität Wien die Organisation of Petroleum Exporting Countries (OPEC) ihren Sitz. Im Dezember 1973 war von dieser Organisation eine Erdölkrise in der ganzen Welt ausgelöst worden, weil die — meist arabischen — Staaten, wegen des gesunkenen Dollarkurses eine bedeutende Erhöhung der Ölpreise über Nacht durchgeführt hatten und auch in den Folgejahren für weitere Anhebungen der Ölpreise eintraten. Hiebei scheinen zwischen den iranischen und saudiarabischen Auffassungen einerseits und den Auffassungen anderer Staaten, namentlich Libyens, Differenzen entstanden zu sein, die zu einem bewaffneten Überfall des OPEC-Ministerrates, der im Dezember 1975 in Wien tagte, führten und laut Zeitungsberichten von Libyen, das auch die Terroristen wieder aufnahm und anscheinend freiließ, veranlaßt wurde. Angeblich war es auf die Ermordung der beiden Erdölminister

Irans und Saudi-Arabiens abgesehen. Die Terroristen ermordeten drei Sicherheitswächter (unter welchen sich übrigens auch ein Libyer befand!) und hatten selbst Verluste. Durch die besonnene Haltung der Bundesregierung gelang es, alle Erdölminister unbeschädigt in ein von freiwilligen österreichischen Piloten gelenktes Flugzeug zu bringen, das schließlich in Libyen landete. Die Erdölminister kehrten in ihre Länder zurück. Die OPEC hielt ihre nächste Sitzung in einem arabischen Land ab. Die Folge war, daß es fraglich ist, ob sie ihr Büro in Wien beibehalten wird. Die hiebei an Innenminister Otto Rösch geübte Kritik erschien vielen, soweit sie die Sicherheitsmaßnahmen betraf, übertrieben.

Nach dem Tode des Bundespräsidenten Franz Jonas am 24. April 1974 wurde erstmalig in der 2. Republik ein Nichtsozialist, der parteilose bisherige Außenminister Dr. Rudolf Kirchschläger, zum Bundespräsidenten gewählt. Die innere Uneinigkeit führender ÖVP-Politiker trat hiebei zu Tage. Die Gelegenheit einen Mann zu wählen, der als Berufsdiplomat in sozialistischen Alleinregierungen eine auch von weiten Kreisen der ÖVP nicht beanstandete Außenpolitik vertreten hatte, der sich als praktizierender Katholik bekannte und auch seine Mitgliedschaft im Katholischen Mittelschülerkartellverband (MKV) trotz Anfeindung nicht aufgab, wurde nur von einem Teil der führenden ÖVP-Politiker aufgegriffen. Dieser wollte der ÖVP eine kostspielige Wahlpropaganda und eine Wahlniederlage gegenüber einem Kandidaten ersparen, der auch für die Mitglieder der ÖVP durchaus wählbar erschien. Ein Teil der ÖVP-Führerschaft in Wien und Niederösterreich (anscheinend ohne hinreichende Zustimmung der ÖVP-Führer der anderen Bundesländer) stellte den ehemaligen Vizekanzler und interimistischen Parteiobmann Dr. Hermann Withalm als Kandidaten auf und ließ bereits Wahlplakate für ihn drucken. Schließlich setzten sich aber die anderen Bundesländer durch, die den Innsbrucker Bürgermeister Dr. Alois Lugger, der sich 1964 bei der Durchführung der Winterolympiade in Innsbruck Verdienste erworben hatte (und auch 1976 die Winterolympiade in Innsbruck betreute), kandidierten. Trotz einer massiven Wahlwerbung für Dr. Lugger erzielte Dr. Kirchschläger 51,7 Prozent der abgegebenen gültigen Stimmen und ist seit 23. Juni 1974 ein Bundespräsident, der sich durch seine Leutseligkeit und seine stete Einsatzbereitschaft sowie als wahrer österreichischer Patriot die Herzen vieler Österreicher erobern konnte.

Die ÖVP hatte in den Jahren 1970 bis 1973 in Tirol, im Burgenland, besonders aber in Oberösterreich bei den Landtagswahlen günstig abgeschnitten. In Wien gelang es allerdings der SPÖ, unter Führung des neuen Bürgermeisterkandidaten Leopold Gratz (der Felix Slavik, den Nachfolger Mareks, als Bürgermeister ablöste), den eindeutigen Trend zur ÖVP aufzuhalten und für die SPÖ 66 Mandate (ÖVP 31, FP 3) zu erzielen (21. Oktober 1973).

Die wirtschaftliche Lage, namentlich aber die Budgetpolitik des Bundesministers für Finanzen Dr. Hannes Androsch, bot den Oppositionsparteien, namentlich der VP, viele Angriffspunkte. Die Einführung der Mehrwertsteuer (16 Prozent, ermäßigt 8 Prozent) und deren Novellierung 1976 (18 Prozent, 8 Prozent), als Folge des Freihandelsabkommens mit der EWG ab 1. Jänner 1973, brachte, ebenso wie die stark gestiegenen Weltmarktpreise, die sich auch auf Österreich auswirkten, bedeutende Preissteigerungen, die Ausweitung des Budgetrahmens über das Maß der Geldentwertung hinaus, mitverursacht durch die steigenden Gehälter und Löhne der Staatsbediensteten und durch zahlreiche soziale und wirtschaftliche Maßnahmen der Regierung (über welche soweit nicht besprochen, im nächsten Abschnitt berichtet wird). All dies erbrachte ein hohes Maß der Staatsverschuldung, über welches sogar der sozialistische Wirtschaftsexperte Karl Ausch in der SPÖ-Zeitung „Zukunft" (April 1976) sagt, daß die von 61 auf fast 100 Milliarden gestiegene Bundesschuld „einen hohen Preis" für die glimpfliche Überwindung der Rezession darstelle. Besonders schlimm empfindet Ausch den hohen Anteil der Auslandsverschuldung und stellt fest, daß der Schuldendienst im laufenden Budget bereits drei Viertel der Einnahmen aus der Lohnsteuer auffresse. In diesem Zusammenhang sagt Ausch auch, der unverändert hohe Lebensstandard der Österreicher sei trotz der vorjährigen Wirtschaftsflaute (1975) „nicht der eigenen Wertschöpfung zu danken, sondern den Milliarden, die wir uns ausgeborgt haben".

Der österreichische Anleihemarkt ist von 1974, laut OECD-Bericht (OECD = Organization for Economic Cooperation and Development), bis 1975 auch von 10,5 auf 29 Milliarden Schilling gestiegen. Österreich hat mit seiner Wirtschaftsleistung 1974 das Europa-Niveau überschritten, da das Bruttonationalprodukt um 14 Prozent höher war als der europäische Durchschnitt. Die Bundesregierung hat am 1. Juli 1975 in ihrem Wirtschaftsbericht an den Nationalrat erklärt: „Österreichs Wirtschaft kann sich in der Weltwirtschaftskrise gut behaupten, weiteres Wirtschaftswachstum, Vollbeschäftigung und relativ niedrige Preissteigerungen."

Die ÖVP stellte demgegenüber in ihrer Wahlwerbung für die Nationalratsneuwahl am 4. Oktober 1975 die Behauptung auf: „Wir wirtschaften besser". Die Affäre um die gemeindeeigene Gesellschaft „Bauring" Wien, die mangelhaft kontrolliert, bei einem anscheinend lukrativen Baugeschäft mit Saudi-Arabien außer enormen Schmiergeldern auch noch Verluste von mehreren Hundert Millionen Schilling erzielt hatte, der kostspielige Bau einer UNO-City in Wien, von dem behauptet wurde, er sei weitaus überdimensioniert und daher auch viel zu teuer, die steigende Staatsverschuldung und der sich steigernde Abgang im Budget des Staates wurden unter anderen als Beweise für die Behauptung der ÖVP herangezogen. Über Vorschlag des steirischen Landeshauptmannes Dr. Friedrich Niederl, der dem langjährigen Landeshauptmann Josef Krainer nach dessen Tod gefolgt war, und des Tiroler Landeshauptmannes Eduard Wallnöfer, die schon bei der Auswahl des ÖVP-Bundespräsidentenkandidaten in den Vordergrund getreten waren, trat die ÖVP auch für eine Konzentrationsregierung aller drei im Nationalrat vertretenen Parteien (nach Schweizer Muster) ein. Für die ÖVP bedeutete es einen großen Verlust, daß zweieinhalb Monate vor der Neuwahl des Nationalrates (5. Oktober 1975), nämlich am 19. Juli 1975, der allgemein beliebte und geachtete Parteiobmann Minister a. D. Dr. Karl Schleinzer Opfer eines tödlichen Verkehrsunfalles wurde. Die ÖVP bewies bei dieser Gelegenheit ein Maß von Einigkeit und Geschlossenheit, das ihre politischen Gegner überraschte. Nahezu einstimmig wurde der 42jährige Dr. Josef Taus vom Bundesparteitag am 31. Juli 1975 zum Bundesparteiobmann gewählt, der sich in der Person des 34jährigen Generalsekretärs des Wirtschaftsbundes (einer der Gliedverbände der ÖVP) Doktor Erhard Busek einen noch jüngeren agilen Generalsekretär zur Seite wählte (an Stelle des bisherigen Generalsekretärs Dr. Herbert Kohlmaier, der andere wichtige Aufgaben in der ÖVP übernahm). Dr. Josef Taus war schon dem seinerzeitigen Bundeskanzler Dr. Klaus aufgefallen, als seine mit „-aus" gezeichneten Wirtschaftsberichte vielfach (wegen der ausgezeichneten Informiertheit) für Berichte des Kanzlers gehalten wurden. In der Alleinregierung der ÖVP durch Doktor Klaus als Staatssekretär mit der Aufgabe einer Neuorganisation der verstaatlichten Betriebe betraut, schied Dr. Taus, über eigenes Verlangen, bald aus der Regierung aus und übernahm die oberste Leitung der verstaatlichten Betriebe. In der Girozentrale der österreichischen Sparkassen durch Können und Organisationsgabe zum Generaldirektor vorgerückt, baute er die Girozentrale zur zweitgrößten Bank Österreichs aus. Die ÖVP-Führung machte mehrmals vergebliche Versuche, Dr. Taus in die aktive Politik zurückzuführen. Dies gelang erst bei der Notsituation nach dem Tode des Bundesparteiobmannes Dr. Schleinzer.

Dr. Taus, bisher nur in Fachkreisen bekannt und geachtet, aber weiten Kreisen Österreichs unbekannt, trat ein schweres Erbe an. Konnte er in zwei Monaten bis zur Wahl so bekannt werden, um mit Erfolg gegen den amtierenden Bundeskanzler Dr. Kreisky zu kandidieren? Da sowohl SPÖ als auch ÖVP ihre Wahlwerbung auf die Spitzenkandidaten ausgerichtet hatten, war dies die Frage. Bundeskanzler Dr. Kreisky war damals wohl jedem Österreicher bekannt. Sein diplomatisches Geschick bei der Behandlung oft sehr schwieriger außen- und innenpolitischer Fragen war unbestritten, auch hatte ihm, trotz mancher Anfeindungen, gewöhnlich der Erfolg recht gegeben. Die SPÖ verstand es auch, die Frage der Sicherung der Arbeitsplätze (und damit die Bekämpfung der ohnehin relativ geringen Arbeitslosigkeit in Österreich) an die Spitze ihrer Wahlwerbung zu stellen. Auch die ÖVP hatte versichert, daß die dauernde Sicherung der Arbeitsplätze ihr oberstes Wahlziel sei und daß sie besser wirtschaften würde als die SPÖ. Das angeführte Ziel einer Konzentrationsregierung sei ihrer Meinung nach die beste Art eine gute Wirtschaft im Einvernehmen aller Parteien durchzuführen und die enorme Verschuldung des Staates zu bremsen.

Die SPÖ führte demgegenüber an, daß starke „Injektionsspritzen" für Investitionen, die sie im Budget vorgesehen habe, ohne Abgänge im Staatshaushalt nicht durchführbar und zur Erhaltung der Vollbeschäftigung nötig seien. Auch wurde ein (zwar von vielen Volkswirtschaftern gedeckter aber unzeitgemäßer) Ausspruch des ehemaligen ÖVP-Handelsministers (und damaligen Präsidenten der Wiener Handelskammer) Otto Mitterer propagandistisch gegen die ÖVP ausgewertet, der eine leichte Arbeitslosigkeit als nicht immer im Zuge der Bekämpfung der Inflation vermeidbar, dargestellt hatte. Die Situation vor der Wahl sah der Sekretär der Klubs der sozialistischen Abgeordneten und Bundesräte Dr. Heinz Fischer in einem Aufsatz über die Ära Kreisky wie folgt (auszugsweise). Er ging aus:

1. von zwei annähernd gleich großen und erstaunlich stabilen politischen Lagern (SPÖ und ÖVP). Sogar ihre Vorgängerparteien in der Ersten Republik blieben in den letzten 50 Jahren konstant bei einem Stimmenanteil zwischen 40 und 50 Prozent;

2. vom hohen Organisationsgrad und der eindrucksvollen inneren Geschlossenheit dieser beiden politischen Lager: Die Tatsache, daß sowohl SPÖ als auch ÖVP rund 30 Prozent ihrer Wähler als Mitglieder organisiert haben, bedeutet wahrscheinlich einen Weltrekord unter allen Massenparteien in Mehrparteiendemokratien;

3. von einer, trotz aller Gegensätze zwischen diesen beiden Lagern durch zwei Jahrzehnte hindurch vorhandenen Koalitionsbereitschaft, ja sogar Koalitionsgesinnung, als Folge der traumatischen Erlebnisse in der Ersten Republik;

4. schließlich vom Fehlen durchsetzungsfähiger und relevanter Kräfte auf der äußersten Rechten oder auf der äußersten Linken. Diese Gegebenheiten haben sich als so langlebig erwiesen, daß auf ihnen durch mehr als zwei Jahrzehnte hindurch die österreichischen Koalitionsregierungen als wahrscheinlich stabilste Regierungen Europas ruhten.

Aber sie waren doch nicht unverrückbar: Am Beginn der sechziger Jahre begann sich das Gefüge zu lockern. Zwei Faktoren waren dafür besonders maßgeblich:

1. Die wachsende soziale und geographische Mobilität der Bevölkerung, die Verschiebungen vom primären Sektor (Landwirtschaft) in den sekundären Sektor (Industrie) und vor allem in den tertiären Sektor (Dienstleistungen) und die damit verbundene Entstehung sogenannter Mehrfachbindungen (z. B. konservative Einflüsse aus der Erziehung, aber sozialdemokratische Einflüsse aus der Arbeitswelt usw.).

2. Die Änderungen im Informationssystem: Der geschlossene Informationskreislauf innerhalb der politischen Lager wurde durch die Auflagengewinne der mehr oder weniger parteiungebundenen Zeitungen, vor allem aber durch den Durchbruch des Fernsehens aufgebrochen.

Was waren die wesentlichsten Bestandteile dieser Neuorientierung?

1. Die Erkenntnis, daß die wachsende Mobilität der Wähler das Potential in der Mitte zwischen den beiden großen Parteien vervielfacht hatte, sodaß dort viel mehr „zu holen“ war als auf den Flügeln. Die Folge dieser Erkenntnis war die strikte Abgrenzung zur KPÖ und eine Öffnung zur Mitte, das heißt zu Wählern mit einem liberalen, aber auch mit einem fortschrittlich-katholischen Selbstverständnis.

2. Die Erkenntnis, daß in den 20 Jahren der Koalition, aber auch in den vier Jahren der ÖVP-Regierung viele Probleme unserer Gesellschaft nicht nur ungelöst, sondern schlechthin unerkannt blieben. Die bis dahin praktizierte Regierungstechnik war das Feuerwehrprinzip: Gelöscht wird erst, wenn es brennt. Die neue — und daher für die Öffentlichkeit so faszinierende — Methode bestand darin, offensiv an die Probleme heranzugehen, Problembewußtsein zu schaffen, selbst wenn man sich damit nicht nur Erfolge, sondern auch Schwierigkeiten einhandelte.

3. Die dritte Überlegung war, daß man eine neue Politik nicht nur mit neuen Leuten, sondern vor allem auch in einem neuen Stil und mit einem neuen Instrumentarium betreiben muß. Dazu kommen aber noch weitere Überlegungen, und zwar:

a) Die Idee einer vorgegebenen „sozialistischen Politik", die man nur konsequent genug verwirklichen muß, ist eine Fiktion. Sozialistische Politik in einer demokratischen Gesellschaft heißt, sich an bestimmten Grundwerten zu orientieren und bestimmte Interessen zu wahren, aber das wird immer ein sehr allmählicher Prozeß in Form eines permanenten Dialogs mit den Betroffenen und der gesamten Öffentlichkeit sein.

b) In einer parlamentarischen Demokratie muß sich das Reformtempo der Regierenden der Reformbereitschaft und dem Reformverständnis der Bevölkerung anpassen. Ungeduldiges Vorpreschen mit Reformen, für die noch kein entsprechendes Bewußtsein und Verständnis vorhanden ist, bringt nicht nur keinen rascheren Erfolg, sondern vergrößert die Gefahr, daß das Anliegen als Ganzes in Frage gestellt wird und einer erbitterten Gegenagitation zum Opfer fällt.

c) Eine Regierung, die über eine Mehrheit im Parlament verfügt, kann zwar mit dieser Mehrheit viel erreichen, aber sie hat deswegen noch lange nicht die „ganze Macht im Staat". Denn die Machtverteilung in einer Gesellschaft ist viel komplizierter und ausgewogener, als dies der bloße Mandatsstand im Parlament vermuten ließe. So wie der ÖVP-Regierung, trotz ihrer Mehrheit im Nationalrat, seinerzeit Grenzen gesetzt waren, gibt es umgekehrt auch für eine sozialdemokratische Regierung zahlreiche, vielleicht nicht immer deutlich sichtbare, aber dennoch sehr reale Grenzlinien.

d) Weiters darf nicht außer acht gelassen werden, daß die beiden großen Parteien, also auch die SPÖ, in Wahrheit relativ heterogene Gebilde sind; es ist geradezu das Charakteristikum von Massenparteien, daß sie die Vielzahl der in einer Gesellschaft vorhandenen Interessen, Ideologien und Zielsetzungen in abstimmbaren Alternativen zusammenfassen.

e) Dazu kommt, daß die Geschichte längst gelehrt hat, daß im Zeitalter des Austausches von Menschen, Ideen und Waren der isolierte Aufbau einer bestimmten Gesellschaftsordnung in einem Lande eine Utopie ist. Das heißt, daß Österreich aus dem gesellschaftspolitischen Geleitzug der europäischen Industrieländer nicht ausbrechen könnte, selbst wenn es wollte.

f) Und schließlich darf nicht übersehen werden, daß der Beibehaltung der ökonomischen Grundstrukturen Veränderungen im Überbau unserer Gesellschaft gegenüberstehen, die — vor allem, wenn man den Zeitfaktor in Rechnung stellt — doch beachtlich sind. Deshalb müßte der Versuch einer zusammenfassenden Beantwortung der Frage etwa folgendermaßen lauten:

Die Ära Kreisky, also die Zeit sozialistischer Regierungstätigkeit in Österreich seit 1970, ist zweifellos eine besonders fruchtbare Reformperiode der Zweiten Republik. Sie hat in vielen Bereichen Veränderungen und Innovationen gebracht, aber sie hat die Struktur unserer Gesellschaftsordnung nicht gesprengt und ist auch ihrem eigenen Selbstverständnis nach eine Periode systemkonformer Reformtätigkeit und nicht eine Periode radikaler Systemveränderung."

Eine Ergänzung hiezu stellte die Befragung des Bundeskanzlers Dr. Kreisky durch Chefredakteur Dr. Hubert Feichtlbauer (Kurier, 22. 1. 1976) dar:

Auf die Frage: „Die Sozialdemokratie strebt wie andere Parteien eine ‚freie Entwicklung der Persönlichkeit' an. Liegt darin nicht der Denkfehler, daß dies ja auch eine Entwicklung der zum Bösen neigenden Eigenschaften einschließt?" antwortete Dr. Kreisky: „Ja, deshalb würde ich auch einschränkend sagen, daß es einer Aussage über das Ideal bedarf, auf das hin sich die Persönlichkeit entfalten soll. Und da bedeutet für mich der Begriff der Solidarität sehr viel ..." Als dauerhafteste Leistung seiner Politik sah Dr. Kreisky an: „Freiheit im weitesten Sinn, also etwa auch Freiheit von Not, ein höheres Maß an Gerechtigkeit und daß Österreich heute in der Welt eine andere Rolle spielt als in der Zwischenkriegszeit ..."

Die Randwählerschichten, die bei der Nationalratswahl entschieden, standen nun vor der Frage, wer ihnen die Vollbeschäftigung (um die viele bangten) besser garantieren könne: der amtierende Bundeskanzler Dr. Kreisky, Chef einer Regierung, der es immerhin gelungen war, die ärgsten Auswirkungen der weltweiten Wirtschaftsflaute von Österreich abzuhalten und die Zahl der Arbeitslosen niedrig zu halten (— daß dies meist das Verdienst der im nächsten Kapitel geschilderten Wirtschaftspartnerschaft war, war der breiten Öffentlichkeit nicht voll bewußt —) oder der erst seit kurzen bekannte und als Wirtschaftsfachmann propagierte Doktor Taus. Außerdem hatte die SPÖ als Wahlziel lediglich die Erhaltung ihrer absoluten Mehrheit im Nationalrat angekündigt, während die ÖVP bei ihrem, schon aus der Ära Dr. Schleinzer stammenden Wahlziel der Wiedergewinnung der Mehrheit verblieb.

Das Ergebnis der Nationalratswahlen brachte, nach Auszählung der Wahlkarten, die gleiche bisher bestandene Mandatsverteilung, wobei die SPÖ die bisher größte Stimmenanzahl in der 2. Republik mit einer Stimmenzunahme von über 140.000 Stimmen buchen konnte. Die ÖVP, der es ebenfalls gelungen war ihre Mandatszahl zu halten und die auch 14.000 Stimmen gewonnen hatte, empfand die Nichterreichung ihres zu hoch gesteckten Wahlzieles demgegenüber als Verlust, was nicht ganz gerechtfertigt war, wenn man die genannten Begleitumstände in Betracht zieht. Der wirkliche Verlierer der Wahl war die FPÖ. Zwar erhielt sie die gleiche Mandatszahl wie bisher, doch rechneten Wahlarithmetiker aus, daß auf Grund der Ergebnisse der Volkszählung 1971 die FPÖ eigentlich 12 Mandate hätte haben müssen — und die beiden Großparteien dementsprechend ein Mandat weniger, sodaß diese auf Kosten der FPÖ faktisch je ein Mandat gewonnen hätten. Es war aber weniger dieser Scheinverlust als die Affäre ihres Bundesparteiobmannes Friedrich Peter, die größtes internationales Aufsehen erregte und sich auch für die FPÖ keineswegs günstig auswirkte.

Wir haben Peter erstmalig bei dem massiven Bestreben der FPÖ sowohl in der Frage Südtirol als auch in der Frage der Assozierung Österreichs zu der unter

Führung und den Einfluß des bundesdeutschen Politikers Hallstein stehenden Europäischen Wirtschaftsgemeinschaft gesehen. Deswegen lehnte die FPÖ auch eine Weiterbetrauung des Außenministers Dr. Kreisky ab, weil dieser in beiden Fragen zu vorsichtig handelte, wobei Dr. Kreisky, wie gesagt, nur der vorsichtigen Außenpolitik seines Amtsvorgängers Dipl.-Ing. Figl folgte. Bei den Nationalratswahlen im Dezember 1962 hatte die ÖVP mit 81 Mandaten 2 Mandate, auf Kosten der SPÖ, gegenüber ihrem bisherigen Stand hinzugewonnen. Die Parteiführung glaubte nun, wahrscheinlich auch weil sie dachte, daß die FPÖ ihren Standpunkt teilen würde, den von den Sozialisten für den Posten des Außenministers nominierten Dr. Kreisky ablehnen zu können. Da die Sozialisten keinen Grund sahen, den bewährten Fachdiplomaten Dr. Kreisky zurückzuziehen, dehnten sich die Koalitionsverhandlungen über Monate. (Dies gab den „Reformern" in der ÖVP Gelegenheit den designierten Bundeskanzler Dr. Alfons Gorbach als lax zu bezeichnen, als Parteiobmann zu Gunsten des Dr. Klaus einige Monate später zu entfernen und, nachdem man ihn vor der Öffentlichkeit bloßgestellt und im April 1964 auch zum Rücktritt als Bundeskanzler bewogen hatte, als Gegenkandidaten für Franz Jonas bei der Bundespräsidentenwahl 1965 aufzustellen, wobei er zwar von allen Präsidentschaftskandidaten der ÖVP die besten Erfolge hatte, aber, auf Grund der Vorgeschichte, nicht die Stimmenmehrheit erhielt.) Als Dr. Gorbach nach Monaten vergeblichen Verhandelns über die Regierungsbildung (bei welchen Verhandeln Dr. Kreisky erst, Dank der Weigerung der ÖVP, in allen Kreisen der SPÖ als hervorragender Kandidat bekannt wurde) endlich die Geduld riß und er öffentlich erklärte, daß er beabsichtige den Auftrag zur Regierungsbildung zurückzulegen, erschien auch für viele seiner Parteigenossen überraschend — in der nächsten Nummer der Parteizeitung der FPÖ eine Mitteilung des Bundesparteiobmannes Peter, des Inhaltes, daß die FPÖ an der Person des Außenministers nicht mehr interessiert sei! (Ob die angeblich vom sozialistischen Innenminister und Gewerkschaftspräsidenten Franz Olah an den Abgeordneten der FPÖ Gustav Zeillinger vor diesem Zeitpunkt übergebene Gewerkschafts-Million Schilling die Haltung Peters beeinflußt hat, ist nicht feststellbar.) Da Peter der ÖVP-Führung durch seine Veröffentlichung in den Rücken gefallen war, ließ diese von der Forderung Dr. Kreisky das Außenministerium zu verweigern, endlich ab, worauf Dr. Gorbach die Regierung innerhalb von 48 Stunden, mit Dr. Kreisky als Außenminister bildete. Am 16. Jänner 1970 lehnte Bundesparteiobmann Peter, namens der FPÖ, in Hinblick auf die bevorstehende Nationalratswahl jede Koalition mit der SPÖ ab. Als aber die Nationalratswahlen endgültig eine nur relative Mehrheit für die SPÖ erbrachten, unterstützte Peter die SPÖ-Minderheitsregierung im Nationalrat, namentlich bei der Genehmigung des Budgets für 1971. Die kleine Wahlrechtsreform, die sieben Tage nach der Genehmigung des Budgets am 27. November 1970 mit den Stimmen der SPÖ und FPÖ beschlossen wurde, erbrachte bei den Neuwahlen 1971 auch der FPÖ einen Mandatsgewinn von 4 Mandaten und der SPÖ eine regierungsfähige Mehrheit.

In den Folgejahren bemühte sich Peter, seine Partei immer mehr als koalitionsfähig darzustellen, was sowohl bei der SPÖ als auch bei der ÖVP (Vorschlag einer Konzentrationsregierung aller drei Parteien) ankam.

Bei dieser Situation, in der jede der beiden Großparteien eine eventuelle kleine Koalition mit der FPÖ im Falle eines Wahlsieges ins Auge faßte, oder wenigstens eine solche als Pressionsmittel bei Verhandlungen über eine große Koalition in Reserve halten wollte, mußte es den Parteiführern sehr unangenehm sein, als plötzlich, nach der Wahl vom 5. Oktober 1975, der Leiter des jüdischen Dokumentationszentrums in Wien Dipl.-Ing. Simon Wiesenthal bei einer Pressekonferenz erklärte, daß Bundesparteiobmann Friedrich Peter nicht nur (wie bekannt war) Obersturmführer der Waffen-SS (im Oberleutnantsrang) bei der wegen der Zerstörung von Oradour (Frankreich) bekannten SS-Division „Das Reich“, sondern vorher Oberscharführer bei der 1. SS-Brigade war, die, wie aus Strafprozessen gegen Angehörige dieser Brigade hervorging, mit der Erschießung von Juden, Zigeunern und Partisanen im rückwärtigen Heeresgebiet während des Rußlandfeldzuges „erfolgreich“ betraut war. Peter wurde mit dem Eisernen Keuz II. Klasse ausgezeichnet und in die SS-Junkerschule transferiert, wo er zum SS-Offizier ausgebildet wurde. Dipl.-Ing. Wiesenthal hatte zwar nicht irgendwelche aktive Tätigkeit Peters bei den genannten Erschießungen behauptet, aber doch die schwerwiegende Frage aufgestellt, wofür Peter eigentlich ausgezeichnet und mit bloß 17 anderen von seiner Brigade zur SS-Junkerschule entsandt wurde?

In dieser Situation war es klar, daß sich die Nibelungentreue des Parteivorstandes der FPÖ zu Peter bewährte. (Einzelne Vorstöße des Obmannstellvertreters Dr. Scrinzi, der seine Obmannstellvertreterstelle niederlegen mußte und des Landesparteiobmannes von Niederösterreich Mag. Dr. Rotter le Beau blieben erfolglos.) Man erklärte das von Dipl.-Ing. Wiesenthal als Beweis beigebrachte Kriegstagebuch der SS für eine vom tschechischen Geheimdienst vorgenommene Fälschung, konnte aber nicht aufklären, daß der Oberscharführer der 1. SS-Infanteriebrigade Johann Enzinger, auf Grund seiner Aussagen, die sich mit dem Kriegstagebuch deckten, am 10. Juni 1975 wegen Mordes durch ein deutsches Gericht verurteilt worden war und daß der Kompagniekamerad Peters, SS-Mann Jenkner, bereits 1971 in einem Verfahren vor einem Münchner Gericht Angaben über Judenerschießungen durch Peters Kompanie gemacht hatte. Peter behauptete von diesem allen nichts gehört und gewußt zu haben und nahm sogar an einem Besuch des Konzentrationslagers Theresienstadt, anläßlich einer Reise des Bundeskanzlers Dr. Kreisky teil! Bundeskanzler Dr. Kreisky, ganz im Hochgefühl des Wahlsiegers und in seinen wahltaktischen Erwägungen mit der FPÖ getroffen, beleidigte Wiesenthal und kündigte ihm einen parlamentarischen Untersuchungsausschuß an, worauf Wiesenthal seine Ehrenbeleidigungsklage gegen Dr. Kreisky zurückzog und es zu keinem parlamentarischen Untersuchungsausschuß kam! Der ganze Vorfall warf jedoch ein Schlaglicht auf die Frage der Teilnahmefähigkeit der FPÖ, namentlich ihrer gegenwärtigen Führungsspitze an einer österreichischen Bundesregierung. Wenn auch, wie gesagt, mit Rücksicht auf ihre Koalitionsfähigkeit, sich die FPÖ bemühte, als österreichische Partei zu gelten, so fehlt doch bisher ein klares Bekenntnis dieser Partei zum österreichischen Volk und Vaterland und zum Staatsgrundgesetz der immerwährenden Neutralität (das jedweden Anschluß an andere Staaten für immer ausschließt!). Der VdU, die Vorgängerpartei der FPÖ, hatte ja auch im Nationalrat gegen die immerwährende Neutralität gestimmt!

Das Jahr 1976 brachte, neben der bereits angeführten Erhöhung der Mehrwertsteuer auf 18 Prozent, eine Erhöhung der Posttarife, der Zigarettenpreise, der Einheitswerte, der KFZ-Steuer und der Mineralölsteuer, sowie der Autohaftpflicht. Seitens der ÖVP wurde angeführt, daß diese „Belastungslawine" 11,36 Milliarden Schilling ausmache. Bundeskanzler Dr. Kreisky berief 130 prominente Personen der Wirtschaft zu einer zweitägigen Tagung als Wirtschaftskonferenz in den Wiener Redoutensaal. Wenn sich auch Dr. Kreisky über den Verlauf dieser Wirtschaftskonferenz „über alle Maßen zufrieden" äußerte, so gab es auf seiten der Wirtschaft auch warnende Stimmen über die möglichen Inflationsfolgen der Maßnahmen.

In seinem Aufsatz „Konjunkturpolitik im Meinungsstreit" bemerkte Prof. Horst Knapp, daß Finanzminister Dr. Androsch und Dr. Taus zwar (ausnahmsweise) die gleiche Ansicht in einem ORF-Studiogespräch äußerten, daß zur Erhaltung der Vollbeschäftigung mehr Budgetausgaben und mehr Kredite erforderlich seien. Zur selben Stunde behauptete bei einer Podiumsdiskussion im Amerika-Haus in Wien Prof. Fritz Machlup (den Knapp als den, neben Nobelpreisträger Hayek, weltweit am meisten angesehenen Nationalökonomen österreichischer Abstammung bezeichnet): „Inflation und Arbeitslosigkeit sind siamesische Zwillinge. Wenn man die Vollbeschäftigung auf die Dauer sichern will, muß man sowohl die Budget- wie die Kreditausweitung in engen Grenzen halten."

Einen zweiten bedeutenden Kritikpunkt der Opposition, nämlich die mit den Bauringtransaktionen verbundene bedeutende Belastung der Wiener Steuerzahler bei Deckung des Defizits, versuchte Bürgermeister Leopold Gratz dadurch zu entschärfen, daß er den gemeindeeigenen Bauring an private Gesellschaften zu verkaufen (oder auf gemeinwirtschaftliche Basis zu stellen) trachtete.

Eine weitere Etappe der Rechtsreform in Österreich stellt die Reform der Ehescheidung und des Pornographiegesetzes dar. Gegen eine vernünftige Scheidungsreform, bei der das staatliche Recht die Gefährdung der Ehe nicht begünstigt und die Scheidung ein „Notrecht" bleibt, würde auch seitens der römisch-katholischen Kirche, wie Kardinal DDr. König erklärte, kein Veto eingelegt werden. In seiner Weihnachtsbotschaft ermahnte der Kardinal die Christen, von ihrem Glauben her eindeutig Stellung zu nehmen gegen die Fristenlösung, gegen die Zersetzung der Ehe, gegen die Verstaatlichung des Kindes und gegen die permissive — alles gestattende Gesellschaft. In seiner Osterbotschaft 1976 ergänzte Kardinal DDr. König seine Ausführungen noch durch eine herbe Kritik an der Gegenwart: „Eine Demokratie könne nur dann leben, wenn sie sich zu idealen und geistigen Werten bekenne ... Heute ist die Tendenz vorherrschend, das Kreuz, den Verzicht und das Opfer aus dem Leben herauszubrechen, um ein irdisches Paradies zu errichten."

„... Gewalttaten und Kriminalität steigen an. Die Familien zerfallen. Die Scheidungen nehmen überhand. Eine demokratische Gesellschaft aber, die ohne Ideale sei und dies alles erlaube, könne auf die Dauer nicht überleben."

Seitens der ÖVP erklärte Bundesparteiobmann Dr. Taus beim Landestag 1976 des Arbeiter- und Angestelltenbundes Wien: Die ÖVP hat im Nationalratswahlkampf kein Wort zuviel gegen die Belastungswelle der SPÖ-Regierung gewarnt. Was jetzt auf die Bevölkerung niederprassele, habe es in der Zweiten Republik noch nicht gegeben. Auch neue Runden der Belastung wie höhere Sozialversicherungsbeiträge, höhere Gebühren und die Lohnsteuerprogression. Die Inflation, die in Österreich um 100 Prozent höher als in der Schweiz und um 50 Prozent höher als in der BRD sei, werde sich ebenfalls auswirken. Die Volkspartei habe eine Offensiv-Strategie eröffnet. Die ÖVP werde hart in ihrer Kritik sein, aber keine Türen zuschlagen! Sie werde keine faulen, wohl aber vernünftige Kompromisse schließen! Er forderte mehr Zusammenarbeit von den Sozialisten. Bei dem Landestag des Arbeiter- und Angestelltenbundes wurde auch das Ergebnis der Personalvertretungswahlen, namentlich bei den öffentlich Bediensteten (Vorsitzender dieser Gewerkschaft ist Dr. Alfred Gasperschitz, ÖVP), besprochen, welches (ohne die Stimmen der Hochschullehrer) den Christlichen Gewerkschaftern (FCG)-ÖAAB 62,5 Prozent der Stimmen (gegenüber 60,33 Prozent im Jahre 1971) und den Sozialistischen Gewerkschaftern 32,76 Prozent (1971: 32,11 Prozent) erbracht hatte. Dieses Stimmergebnis zeigt aber anderseits, daß, von der Besetzung führender Posten im öffentlichen Dienst mit Sozialisten abgesehen, keine wesentliche politische Strukturänderung zugunsten der Sozialisten im öffentlichen Dienst erfolgt ist.

„Austriacus" faßt in der 1976 erschienenen Nummer 3/6/75 der „Österreichischen Nation" die Gegenwartssituation wie folgt zusammen:

„Seit 1945 handelt es sich um eine Entwicklung, die erstmals im wesentlichen das ganze Volk ungeteilt erfaßte. Auch die weitgehend in der SPÖ organisierten Arbeitnehmer, jene einst in der Ersten Republik dem (damaligen) Staat entfremdete Hälfte des Volkes, wurden mit ihrem Vaterland ausgesöhnt. Ihre Integrierung in den Staat ging Hand in Hand mit ihrer so wesentlichen Teilnahme am Wiederaufbau. Dabei verband sich ihr internationales Gedankengut mit genügend österreichischem Empfinden. Internationalismus und Patriotismus sind nun keine Gegensätze mehr.

Hier sei aber auch ein Schatten vermerkt: Derzeit geht leider der Anschein dahin, daß diese neue Identifizierung mit dem Staat allmählich zu einer Ausschließlichkeit tendiert, sodaß auf lange Frist die Gefahr bestünde, daß nun wieder die andere (Fast-)Hälfte des Volkes sich einem etwas einseitig gesteuerten Staat entfremden könnte. Das Wort, 1974 auf Seite des Bauern gesprochen: „Wir wollen nicht die Packesel der Nation sein" (die wöchentliche Durchschnittsarbeitszeit eines Bauern beträgt 65 Stunden!) und 1975 die Meldung, daß rund 80.000 Bauernhöfe nicht mehr weitergeführt werden können, deuten darauf hin, daß der „Nährstand" Österreichs, der vorwiegend jener anderen Hälfte des Volkes angehört, höchst gefährdet ist. Eine solche — mit diesem Beispiel nur angedeutete — Entwicklung wäre für eine derzeit ungeteilte österreichische Nation fatal und würde neuerdings in eine staatsgefährdende Zerklüftung münden. Alle jene sind aufgerufen, einer solchen Entwicklung zu steuern, die begreifen, daß diese Nation als historisch verhältnismäßig junge Pflanze gehegt werden muß (auch im Sinne der Erhaltung einer echten demokratischen Pluralität!), denn ohne eine ungeteilte Nation und ihr Nationalbewußtsein (als einer unverwechselbaren Einheit in der Vielfalt) ist, auf lange Frist gesehen, auch die Bundes-Staatsidee und das Staatsbewußtsein, ja letztlich der österreichische Staat selbst, nicht zu erhalten. Alle jene also — in allen Lagern —, denen die Konsolidierung und Erhaltung des Vaterlandes schließlich — so wie es 1945 in den staatstragenden beiden Lagern der Fall war — doch über reine Parteipolitik gehen müßte, sollten sich deshalb darüber Rechenschaft geben und bereits den Anzeichen einer Fehlentwicklung gemeinsam entgegentreten. Dazu ist zu bemerken: Ein echter Demokrat wird den Pluralismus der politischen Meinungen stets würdigen und anerkennen, weiß er doch, daß es aus soziologischen Verschiedenheiten (der Herkunft) zu ein und demselben Problem doch mindestens zwei verschiedene Standpunkte gibt, die an und für sich beide recht haben können und daß eben Demokratie Kompromiß bedeutet und nur im Notfall ein Überstimmen des Gegners. Vor allem, wenn es sich um schicksalhafte staats- und gesellschaftsändernde Gesetze handelt, dann dürfte man sie wohl nicht mit einer zu knappen Stimmenmehrheit durchsetzen wollen, sonst würde ja auf die Dauer die andere zahlenmäßig etwas schwächere Hälfte des Volkes dem Staat entfremdet. Hier müßte gesamtösterreichisches Denken über dem Parteidenken stehen."

Die Wirtschaftspartnerschaft

Eine „Insel der Seligen" nannte Papst Paul VI. einmal Österreich. Der für seine Objektivität bekannte sozialistische Politologe Univ.-Prof. Dr. Norbert Leser, Salzburg, sagt in seinem Beitrag zur Festschrift anläßlich des 85. Geburtstages des international bekannten katholischen Sozialwissenschaftlers Dr. Johannes Messner: daß katholische Soziallehre weder „klerikaler Volksbetrug" noch Gotteswort, aber doch eine für die Praxis recht brauchbare Sache sei. Immerhin hätten Papst Pius XI. und Karl Renner gleiches gefordert und es auch erreicht; nämlich die „Verrechtlichung und Sozialisierung des Klassenkampfes", das heißt heute: der Wirtschaftspartnerschaft.

Die Durchsetzung der Idee eines (christlichen) Ständestaates hatte, wie im Kapitel Republik und Ständestaat geschildert, gerade jene katholischen Soziologen und Politiker zu offenen oder faktischen Gegnern, die am Aufbau der Zweiten Republik tatkräftig mitwirkten, wie Dr. Lugmayer, Unterstaatssekretär der Regierung Renner, Univ.-Prof. Dr. Ernst Karl Winter und den späteren Präsidenten des Nationalrates Leopold Kunschak. Der Ständestaat krankte schon daran, daß der größte Teil der (sozialistischen) Arbeiterschaft daran keinen Anteil nahm. Während der politischen Verfolgung der Jahre 1938 bis 1945 kam es dann (wie Friedrich Heer dies formulierte) zuerst „zum Gespräch der Feinde", aus welchen dann, geläutert durch die harte Schule der Verfolgung in der Zweiten Republik, langsam Partner, erst auf sozialem und schließlich auf wirtschaftlichem Gebiet wurden. Thomas Lachs stellt in seinem bereits genannten Werk „Die Wirtschaftspartnerschaft in Österreich" dies wie folgt prägnannt dar:

„In den Jahren seit dem Zweiten Weltkrieg wurde in Österreich allmählich ein System der Wirtschaftspolitik entwickelt, das in der ganzen Welt einzigartig dasteht. Dieses System der Wirtschaftspartnerschaft erregt zunehmend internationale Bewunderung. Denn immer mehr stellt sich heraus, daß in modernen demokratisch organisierten Industriestaaten die Wirtschaftspolitik ohne oder gar gegen die Organisationen der Unternehmer und der Arbeitnehmer nicht mehr entwickelt und durchgeführt werden kann."

„Die Wirtschaftspartnerschaft, wie sie in Österreich praktiziert wird, ist ein System der Zusammenarbeit zwischen Regierung, Unternehmern und Arbeitnehmern auf allen Gebieten der Sozial- und Wirtschaftspolitik. Und sie kann nur in dieser umfassenden Form verstanden werden."

Österreich, zur Zeit der 1. Republik vielfach als wirtschaftlich nicht existenzfähig ausgeschrieben, gehört heute zu den wohlhabenderen Staaten Europas.

Nach den Angaben des österreichischen Statistischen Zentralamtes hatten im Juni 1974 46 Prozent der österreichischen Haushalte einen Kraftwagen und 4 Prozent einen Kombinationskraftwagen, 89 Prozent einen Elektro- oder Gasherd, 87,4 Prozent einen Kühlschrank und 32,1 Prozent eine Tiefkühltruhe sowie 64,1 Prozent eine Waschmaschine.

Es besaßen 78,3 Prozent der Haushalte ein Radio und 46 Prozent ein Portableradio, 69,7 Prozent der Haushalte einen Schwarzweißfernseher, 11,1 Prozent einen Farbfernseher, 28,4 Prozent Plattenspieler und 43 Prozent der Haushalte Tonbandgeräte. Der Fleischverbrauch stieg in den 20 Jahren seit 1955 von 42,3 kg pro Kopf der Bevölkerung auf über 76 kg, der Fettverbrauch im gleichen Zeitraum von 16,4 auf fast 27 kg (während der Getreideverbrauch von 113,4 kg auf etwas über 81 kg zurückging).

Auf seiten der Arbeitgeber brachte die Aufrechterhaltung des sozialen Friedens durch die Wirtschaftspartnerschaft den Vorteil, daß sie mit einem ungestörten Produktionsverlauf rechnen und dadurch ihre Lieferverpflichtungen im In- und Ausland ungestört erfüllen können, was namentlich für den österreichischen Export (dessen Ausweitung ein wirtschaftliches Hauptanliegen Österreichs ist) größte Bedeutung hat. Wenn der österreichische Gewerkschaftsbund für das Jahr 1975 lediglich eine einzige Streikminute im Durchschnitt pro Arbeitnehmer errechnete, so bedeutet dies wohl einen einmaligen Rekord, besonders auch gegenüber Staaten wie Großbritannien oder Italien, die durch Dauerstreiks am besten Wege sind, ihre Wirtschaft zu ruinieren. Eine Ausweitung der Wirtschaftspartnerschaft nach der sozialen Seite hat, wie Dr. Lachs es ausdrückt, „sowohl die materiellen als auch die politischen Voraussetzungen für den Ausbau des österreichischen Sozialstaates geschaffen. Dieser Sozialstaat besitzt heute eine sicherlich für die ganze Welt beispielhafte Altersversorgung der Arbeitnehmer, eine umfassende Gesundheitsversorgung und auch den Schutz vor den sonstigen Wechselfällen des Lebens, wie Unfälle, Arbeitslosigkeit ... Der Aufbau dieses Sozialversicherungssystemes konnte noch dazu in relativ kurzer Zeit bewerkstelligt werden."

Es muß immer wieder betont werden, daß alle diese Errungenschaften in Übereinstimmung aller Wirtschaftspartner, sowohl der Arbeitgeber als auch der Arbeitnehmer, durch diese gemeinsam geschaffen wurden, etwas, was für die ganze Welt als vorbildlich gelten kann und darf. Durch gemeinsame Beschlüsse der Wirtschaftspartner konnte auch die sukzessive Einführung der 40-Stunden-Woche zu einem Zeitpunkt erfolgen, der infolge der internationalen Wirtschaftslage eine steigende Arbeitslosigkeit mit sich brachte, die durch diesen klug gewählten Zeitpunkt der Verminderung der Arbeitsstunden sowie durch eine gemeinsame Politik der Fremdarbeiterzulassung (je nach Bedarf) in Österreich gesteuert und relativ niedrig gehalten werden konnte. Die Politik der Vollbeschäftigung, von den Wirtschaftspartnern und den hinter ihnen stehenden politischen Parteien als Ziel verkündet, brachte es aber auch mit sich, daß die Arbeiter und Angestellten sich besonders bemühten, im Produktionsprozeß mitzuwirken, um durch möglichst großen Wirtschaftserfolg ihrer Unternehmen ihre Arbeitsplätze zu sichern. Auch das Arbeitsverfassungsgesetz zwecks Stärkung der Berechtigungen der Arbeitnehmer (durch ihre Betriebsräte) zur Erhaltung des wirtschaftlichen Gleichgewichtes zwischen Arbeitnehmer und Arbeitgeber trug dazu bei, daß die Arbeitnehmer sich mehr mit ihrem Unternehmen verbunden fühlten, was in dem relativ selteneren Arbeitsplatzwechsel zum Ausdruck kam.

Die Krankenfälle bei den Arbeitern in den ersten drei Quartalen des Jahres 1975 erreichten bloß 3,2 Prozent mit einer Durchschnittsdauer von 12 Tagen.

Die internationale Teuerung betrug nach einer Statistik der OECD (Organization for Economic Cooperation and Development, Paris) in England 24,3 Prozent Erhöhung der Lebenshaltungskosten im Jahresdurchschnitt 1975, in Österreich nur 8,5 Prozent (richtig 8,4 Prozent). Diese Erhöhung war nur in der Schweiz (6,7 Prozent) und BRD (6 Prozent) von allen 15 verglichenen europäischen Staaten geringer. Auch Japan, die USA und Kanada lagen über dem österreichischen Prozentsatz.

Es wurde bereits angedeutet, auf welcher Basis die österreichische Sozial- und Wirtschaftspartnerschaft entstand. Dem Historiker obliegt aber die Aufgabe, ihre Entwicklung, die von einmaliger Bedeutung für die Geschichte Österreichs war und ist, aufzuzeigen. Im Jahre 1945 erfolgte die Gründung eines einheitlichen österreichischen Gewerkschaftsbundes, der alle politischen Parteien umfaßte und vom System der Richtungsgewerkschaften der einzelnen politischen Parteien Abstand nahm. Die Namen Johann Böhm (SPÖ), Lois Weinberger (ÖVP) und Fiala (KPÖ) sind mit seiner Gründung verbunden. Als Weinberger Vizebürgermeister von Wien wurde, trat Erwin Altenburger (1947—1949 Bundesminister) an seine Stelle.

Die Präsidenten des Gewerkschaftsbundes, dessen Gewerkschaften sich, auf dem System freiwilliger Mitgliedschaft beruhend, rasch vergrößerten und rund zwei Drittel der österreichischen Arbeitnehmer umfassen, waren Johann Böhm (1945 bis 1959, 1945 Staatssekretär für soziale Verwaltung und dann neben Leopold Kunschak zweiter Präsident des österreichischen Nationalrates) und nach ihm Franz Olah (1959—1963) (1959—1961 als Nachfolger Böhms zweiter Präsident des Nationalrates, 1963/64 Innenminister).

Seit 1963 ist einer der bedeutendsten österreichischen Gewerkschaftspolitiker, Anton Benya, Präsident des Österreichischen Gewerkschaftsbundes (ÖGB) und seit 1970 auch erster Präsident des österreichischen Nationalrates.

Das hohe Ansehen des Gewerkschaftsbundes und die Kunst der Gewerkschaftspräsidenten, die einander oft widerstrebenden Interessen der einzelnen Fachgewerkschaften und der politischen Fraktionen zu einer einheitlichen Haltung des Gewerkschaftsbundes zu vereinen, ließ die sozialistischen ÖGB-Präsidenten für das hohe Amt eines Präsidenten des österreichischen Nationalrates als besonders geeignet erscheinen. (Auch seitens der ÖVP wurden als erste Parlamentspräsidenten stets konziliante und allgemein geachtete Persönlichkeiten, wie Leopold Kunschak, Unterrichtsminister a. D. Dr. Felix Hurdes und Dr. Alfred Maleta sowie derzeit als 2. Präsident abs. jur. Roland Minkowitsch entsandt.)

Die Sozialisten haben es verstanden, ihre Fraktion, die in zwölf der vierzehn Gewerkschaften dominiert (lediglich die Gewerkschaft der öffentlich Bediensteten und die kleine Künstlergewerkschaft haben keine sozialistischen Vorsitzenden), auch politisch auszubauen. Der Gewerkschaftsfunktionär, zugleich auch politischer Funktionär, informiert seine Wähler und wirkt als Betriebsrat oder Gewerkschaftssekretär dahin, daß der Informationsfluß zwischen dem einzelnen Arbeitnehmer und der Gewerkschaftsführung aber auch der SPÖ-Führung ständig unterhalten wird und sich so dieser einzelne sozialistische Arbeitnehmer sowohl von seiner Gewerkschaft als auch von seiner Partei umsorgt fühlen kann. Erst durch dieses langsam aufgebaute und ausgebaute Vertrauensverhältnis war es möglich, zu einer einheitlichen Gewerkschaftspolitik zu kommen. Da die hohen und höchsten sozialistischen Gewerkschaftsfunktionäre auch gewöhnlich politische Funktionen als Minister (derzeit der Vizekanzler und Sozialminister Ing. Rudolf Häuser und der Minister für Handel, Gewerbe und Industrie, Dr. Josef Staribacher, sowie Staatssekretär Karl Lausecker) oder als Nationalräte sowie im Vorstand der SPÖ bekleiden, ist der gewerkschaftliche Einfluß auf die SPÖ (auch vice-versa, doch in geringerem Ausmaß!) sehr groß. Es ist Präsident Anton Benya stets gelungen, seine Abmachungen mit den Wirtschaftspartnern auch bei der SPÖ und im Parlament durchzusetzen.

Der Bundesparteiobmann der ÖVP Dr. Josef Taus hat als erfahrener Organisator gleich erkannt, welches große bei der ÖVP teilweise brachliegende Potential in einer starken Beteiligung an den Gewerkschaften und in der Durchorganisation der Gewerkschaftsmitglieder, die der ÖVP angehören, liegt. Als er ein stärkeres Hineingehen in die Gewerkschaften forderte, wurde dieses Ansinnen bei einer Versammlung des Österreichischen Akademikerbundes neutral (ohne Sonderbeifall, der hier angezeigt gewesen wäre) zur Kenntnis genommen. Die jahrelange von vielen ÖVP-Angehörigen geübte (wenn nicht gar geförderte) Abstinenz von einer Beteiligung an der Gewerkschaft, besonders in Akademikerkreisen, ist schwer in

Begeisterung zu verwandeln, weil viele noch nicht die Wichtigkeit dieser Zusammenarbeit aller Arbeitnehmer in den Gewerkschaften begriffen haben. Dem Gewerkschaftsbund als Organisation mit freiwilligen Mitgliedern, steht die gesetzliche Organisierung aller Arbeiter und Angestellten in den Arbeiterkammern zur Seite, in welchen, mit Ausnahme der Vorarlberger Arbeiterkammer (Präsident Jäger, ÖVP), die SPÖ die Präsidenten stellt. Ihre Aufgabe ist die Begutachtung aller Gesetzesentwürfe, die wissenschaftliche Beratung der Gewerkschaften (mit welchen engste Bindung, teilweise Personalunion besteht) und als Servicestellen für den einzelnen Arbeitnehmer zu dienen. Die Mitwirkung an der staatlichen Verwaltung, wobei sie den Gewerkschaftsbund vertreten, wird vielfach durch den ÖGB selbst wahrgenommen. Präsidenten des Arbeiterkammertages waren bis 1975 Ing. Hrdlitschka, seither Adolf Czettel.

Als Pflichtorganisation der gewerblichen und industriellen Unternehmer besteht die Bundeskammer der gewerblichen Wirtschaft und deren Landeskammern in den Bundesländern. Die Handelskammern, wie sie gewöhnlich genannt werden, sind, ebenso wie die „Bundeswirtschaftskammer", in sechs Sektionen und diese wieder in Fachverbände gegliedert, die den Sparten der gewerblichen (und industriellen) Wirtschaft entsprechen. Der langjährige Präsident der Bundeskammer, der Handelsminister und Bundeskanzler Ing. Julius Raab hat es verstanden (auch während der Zeiten seiner Minister- und Kanzlerschaft), in den Kammern seinen dominierenden Einfluß zu wahren. Durch viele Kammerfunktionäre, die dem Wirtschaftsbund, einer Gliederung der ÖVP angehören, haben auch die Kammern auf die ÖVP und diese auf die Handelskammern entsprechenden Einfluß. Durch eine kluge Personalpolitik haben es die Handelskammern verstanden, weite Teile der Wirtschaft durch deren führende Personen unter den Unternehmern heranzuziehen oder wenigstens in den kammernahen Organisationen, wie der Vereinigung Österreichischer Industrieller (Präsident Dr. Franz Joseph Mayer-Gunthof, derzeit Dr. Igler) oder dem Österreichischen Gewerbeverein (Präsident Dr. Pöcksteiner), zu vereinigen. So kann der derzeitige Präsident Ing. Rudolf Sallinger, der es verstanden hat sich das Ansehen eines Julius Raab zu verschaffen, damit rechnen, bei seinen Verhandlungen über Fragen der Sozial- und Wirtschaftspartnerschaft auch die nötige Unterstützung in den Kammern und der Unternehmerschaft zu erhalten. Soweit dies Kollektivverträge betrifft, werden diese in der Regel direkt zwischen den Kammern der gewerblichen Wirtschaft (oder deren Untergliederungen) mit dem Österreichischen Gewerkschaftsbund (oder dessen Untergliederungen) abgeschlossen. Dies stellt wohl die engste Form der Wirtschaftspartnerschaft dar und hat, da das Verständnis hiefür auf beiden Seiten von Jahr zu Jahr wuchs, zu einem fast völligen Aufhören von Streiks oder Aussperrungen in Österreich geführt.

Das dritte Merkmal für das Entstehen der Wirtschaftspartnerschaft ist in der Tatsache zu suchen, daß mit Konsens aller Parteien nach dem Zweiten Weltkrieg die Schwerindustrie und die Banken verstaatlicht wurden. Sie bilden eine gesonderte Gruppe, weil sie nicht (wohl aber ihre Konzernunternehmen) dem Bund

Österreichischer Industrieller angehören, der die meisten privaten Industrieunternehmen als Mitglieder zählt und daher, wie gesagt, in der Frage der Wirtschaftspartnerschaft ein gewichtiges Wort mitzureden hat.

Ein weiterer für Österreich sehr wichtiger (wenn auch in seiner Wichtigkeit leider oft unterschätzter Wirtschaftspartner) ist die Landwirtschaft, die in den Landwirtschaftskammern organisiert ist (Vorstand der Präsidentenkonferenz der Landwirtschaftskammern ist der bereits durch sein Eintreten für die Bergbauern genannte Dr. Hans Lehner). Wie wichtig die Landwirtschaft für einen neutralen Staat ist — noch dazu eine Landwirtschaft, die einen großen Teil der benötigten Lebensmittel erzeugt und Österreich in vielen Lebensmitteln fast autark macht — hat sich bereits in Krisenzeiten gezeigt. Österreich kann seine Neutralität nur aufrecht erhalten, wenn es seine Landwirtschaft fördert und vom Ausland unabhängig erhält. Dies bedingt natürlich Ausgaben, die andere Wirtschaftszweige nicht benötigen, und Marktordnungsgesetze, für deren gänzliche Abschaffung manche Politiker remonstrieren und dabei nicht bedenken, daß sie Gefahr laufen, sich den Ast, auf dem wir alle sitzen, abzuschneiden! Vernünftige, zeitangepaßte Änderungen müßten auch hier erreichbar sein!

Im Sommer 1976 kam es anläßlich des Abschlusses eines Abkommens zwischen Landwirtschaftsminister Weihs und der Landwirtschaftskammer in Kärnten zu einer Protestaktion („Traktorblockade") der kleinsten, aber agilen Bauernorganisation, des Allgemeinen Bauernverbandes, die zu neuen Verhandlungen führte, wobei das Landwirtschaftsministerium auf die zu erwartenden nicht budgetierten Mehrausgaben anläßlich der europäischen Dürrekatastrophe verwies, die allerdings nur in verhältnismäßig geringem Ausmaß Österreich betroffen hatte.

Wie kam es nun zur gegenwärtigen engen wirtschaftlichen Zusammenarbeit der Wirtschaftspartner? Die Koalitionsregierung Figl hat in der Nachkriegszeit dem Abschluß von 5 Lohn- und Preisabkommen, die als Böhm-Raab-Abkommen bezeichnet werden können, ihren Konsens gegeben. Bundeskanzler Dipl.-Ing. Figl sagte 1945 ausdrücklich zu Dr. Romanik: „Ohne den Julius (Raab) mache ich nichts auf dem Gebiet der Wirtschaft.".

Auf der Seite der Sozialisten genoß der Gewerkschaftsbundpräsident Böhm berechtigterweise das gleiche Vertrauen. Wer diesen grundgütigen Menschen einmal kennenlernte, wird ihn nie vergessen!

Gegen diese Lohn- und Preisabkommen wandten sich, sowohl in den Gewerkschaften als auch auf rein politischer Ebene, die Kommunisten. Es erscheint hier angezeigt, etwas über die Kommunistische Partei zu berichten.

Auf den Seiten 535/536 wurde die kleine Kommunistische Partei Österreichs erwähnt, die ein Programm der „sozialen und nationalen Befreiung Österreichs" im Jahre 1931 beschlossen hatte und gemeinsam mit dem republikanischen Schutzbund 1933 durch die Regierung verboten worden war. Von der illegalen Tätigkeit her wurde auf den Seiten 559 und 567 der Kommunist Dr. Klahr erwähnt, der ideologisch für den Aufbruch des nationalen Bewußtseins der Österreicher eintrat.

Von August 1939 bis Sommer 1941, also während der Zeit, als Adolf Hitler mit Stalin, dem Führer der Sowjetunion, Verträge schloß, durch die die baltischen Randstaaten, Finnland und ein Teil Polens der russischen Herrschaft ausgeliefert wurden, war die offizielle Verfolgung der Kommunisten durch die Nationalsozialisten nicht bemerkbar. Als Hitler seine Prophezeiung (lt. „Mein Kampf", S. 740) wahrmachte: „Es liegt in der Tatsache des Abschlusses eines Bündnisses mit Rußland die Anweisung für den nächsten Krieg", traf auch der zweite Satz seiner Prophezeiung ein: „Sein — des Krieges — Ausgang wäre das Ende Deutschlands."

Nach dem Überfall der Sowjetunion durch Hitler im Sommer 1941 fand ein großes Kesseltreiben auch gegen die Kommunisten statt. Alle Linksorientierten (auch wenn sie Sozialisten waren) wurden von der Gestapo als Kommunisten bezeichnet und dadurch im Volke die Meinung hervorgerufen, daß der Widerstand gegen Hitler wesentlich ein kommunistischer sei.

Im Jahre 1945 war man daher in Österreich keineswegs kommunistenfeindlich gesinnt. In den neugegliederten Ministerien wurde den Kommunisten die Drittelparität eingeräumt, 2 Staatssekretariate und viele Unterstaatssekretariate wurden ihnen übergeben. Die Zeitung „Neues Österreich", die von den drei Parteien SPÖ, ÖVP und KPÖ gegründet worden war, erhielt als Chefredakteur den kommunistischen Staatssekretär Ernst Fischer. (Fischer wurde übrigens später wegen seines Protestes gegen die Besetzung der Tschechoslowakei durch die Truppen des Warschauer Paktes aus der Kommunistischen Partei ausgeschlossen.) Auch nach den Dezemberwahlen 1945, die den Kommunisten lediglich 5 von 165 Mandaten brachten, verblieb noch ein kommunistischer Minister, der Energieminister Dr. Altmann, bis zu seinem freiwilligen Ausscheiden (1947) in der Regierung.

Erst die allzu enge Anlehnung der österreichischen Kommunisten an die russische Besatzungsmacht brachte in der freundlichen Gesinnung des Volkes einen Wandel.

Besatzungsmächte sind nie beliebt und gegen Übergriffe ihrer Soldaten nicht gefeit. Wenn auch die österreichischen Besatzungsmächte (keine ausgenommen) in ihren Besatzungszonen Übergriffe hatten, die bei weitem nicht an das heranreichten, was sich die deutsche Besatzungsmacht und ihre SS etwa in Rußland geleistet hat, so wurden Übergriffe seitens der „Befreier" von dem schon sieben Jahre besetzten Österreich als besonders hart empfunden. Hiezu kam noch, daß, wie auf S. 571 ff geschildert, die als „deutsches Eigentum" bezeichneten Unternehmen Österreich entzogen und als Staat im Staate, ohne Österreich Steuern oder Abgaben zu zahlen, geführt wurden.

Als sich aber die Kommunisten, wie geschildert, gegen die Lohn- und Preisabkommen stellten und statt der von ÖVP und SPÖ einvernehmlich gepflegten Partnerschaftsgesinnung („Koalitionsgesinnung") auf unzeitgemäßen Klassenkampf drangen, machten sie sich bei der Arbeiterschaft, die endlich Frieden wollte, unbeliebt.

Anläßlich des 4. Lohn- und Preisabkommens am 1. Oktober 1950 begannen die Kommunisten den Klassenkampf durch Ausrufung eines Generalstreiks, verbunden mit der Besetzung von Ämtern in Wiener Neustadt und St. Pölten (die in der russischen Besatzungszone lagen) und der Errichtung von Verkehrshindernissen am Stadtrand von Wien. Sowohl der Österreichische Gewerkschaftsbund, der diesen Streik verurteilte, als auch die Regierung griffen hier ein. Da sich die Kommunisten vom Großteil der österreichischen Arbeiter nicht unterstützt sahen, die durch die Ereignisse in den Nachbarstaaten Tschechoslowakei und Ungarn (die zu einer kommunistischen Machtergreifung führten) gewarnt waren, mußten sie schließlich den Generalstreik abblasen.

Diese Taktik brachte es mit sich, daß die Kommunisten bei den folgenden Nationalratswahlen je ein Mandat ihrer ohnehin wenigen Mandate verloren, 1959 überhaupt kein Grundmandat erreichen konnten und daher aus dem Nationalrat schieden. Auch nach der Wahlreform 1970 (zugunsten der kleinen Parteien) gelang es ihnen, bei ungefähr 45.000 Wählerstimmen, nicht, ein Grundmandat zu erlangen.

Trotzdem ist ihr Einfluß auf die Jugend größer, als ihrer Stimmenanzahl bei den Wahlen entspricht.

Auf den Hochschulen sind sie zwar in sechs recht aktive Grüppchen gespalten, die es aber verstehen, durch ihren Radikalismus Mitläufer bei ihren Protestaktionen zu werben, was auch für die Kommunistische Partei als solche gilt. Dies zeigte sich deutlich bei zwei von den Kommunisten redigierten Demonstrationen. Als der damalige Präsident der USA, Richard Milhous Nixon, der eine Politik der Beendigung des Vietnamkrieges und des Abzuges der amerikanischen Truppen aus Vietnam eingeleitet hatte und zu Entspannungsgesprächen nach Moskau reiste, in Salzburg 1972 einen Zwischenaufenthalt machte und hiebei von Bundeskanzler Dr. Kreisky begrüßt wurde, machte sich unter den Demonstranten gegen Nixon besonders der Sohn des Bundeskanzlers, Peter Kreisky, bemerkbar. Der Sinn einer solchen Demonstration gerade gegen jenen amerikanischen Präsidenten, der nach Moskau reiste (!) und, wie gesagt, die amerikanische Politik gegen Vietnam revidierte, war schon damals vielen Österreichern nicht recht begreiflich. (Die Einseitigkeit derartiger Demonstrationen wird sichtbar, wenn man bedenkt, daß beispielsweise gegen die kommunistischen Machthaber in Kambodscha [Khmer], die zwei Millionen Einwohner der Hauptstadt Pnom-Penh aufs Land vertrieben — angeblich um die Reisernte einzubringen — und die beschuldigt wurden, ohne Gerichtsurteil eine halbe Million Kambodschaner getötet zu haben, keine Protestdemonstration, ja nicht einmal eine Protestresolution seitens der Kommunisten erfolgte.)

Gelegentlich einer ebenfalls von den Kommunisten redigierten Spaniendemonstration im September 1975 wegen der Hinrichtung mehrerer spanischer Freiheitskämpfer gegen das Regime des todkranken Generals Franco, die wegen Tötung von Polizisten durch spanische Gerichte zum Tode verurteilt worden waren, drang der Vorsitzende der Sozialistischen Jungen Generation, Albrecht K. Konecny, in das exterritoriale Gebäude der Wiener spanischen Botschaft ein, weswegen gegen ihn eine Anzeige an die Staatsanwaltschaft erstattet wurde, wie der sozialistische Innenminister Otto Rösch auf die parlamentarische Anfrage des ÖVP-Abgeordneten Dr. Franz Bauer bekanntgab.

Die aufgezeigten Beispiele zeigen, daß es den Kommunisten gelungen ist, prominente sozialistische Jugendführer gelegentlich zu unbedachten Handlungen zu bringen und ein nicht unbeträchtlicher Teil der sozialistischen Jugend manchmal eher den kommunistischen Kampfparolen als der gemäßigten Haltung des sozialistischen Parteivorstandes folgt. Auch konservative Jugendorganisationen konnten durch die Kommunisten beeinflußt werden.

Die fünf Lohn- und Preisabkommen zwischen 1. 8. 1947 und 16. 7. 1951 wurden ergänzt durch die Errichtung eines Wirtschaftsdirektoriums, bestehend aus den wirtschaftspolitisch verantwortlichen Ressortministern und den Spitzenfunktionären der genannten Wirtschaftspartnerorganisationen. Als der Verfassungsgerichtshof dieses Wirtschaftsdirektorium für verfassungswidrig erklärte und aufhob, wurde am 12. März 1957 die Paritätische Kommission für Lohn- und Preisfragen gegründet (Gründer Präsident Ing. Raab und Präsident Johann Böhm) und am

19. Jänner 1962 das zwischen Bundeswirtschaftskammer-Präsident Ing. Julius Raab und dem ÖGB-Präsidenten Franz Olah geschlossene Abkommen über die Erweiterung der Funktionen der Paritätischen Kommission auch parlamentarisch gebilligt.

Die Paritätische Kommission hat keine Rechtspersönlichkeit, sie ist weder ein Verein, noch beruht sie auf gesetzlicher Basis. Umso einflußreicher ist sie in der Praxis, da (wie Lachs sagt) „die mangelnde Rechtsgrundlage sie bisher noch nie gehindert hat, effektiv und wirkungsvoll zu arbeiten". Die Geschäfte der Paritätischen Kommission führen Beamte des Bundeskanzleramtes, den Vorsitz führt der Bundeskanzler. Die Fachminister und die Spitzenvertreter der vier Wirtschaftspartner (Kammern, ÖGB) sowie deren Vizepräsidenten und Generalsekretäre bilden die Mitglieder. Der ÖGB entsendet als dritten Vertreter einen von der christlichen Gewerkschaftsfraktion (FCG) nominierten Funktionär. Das System der Paritätischen Kommission beruht auf Einstimmigkeit! Es kann, wie Lachs richtig bemerkt, nur funktionieren, wenn alle Seiten bereit sind, in jeder einzelnen Frage einen Kompromiß zu suchen und zu finden.

Zur gründlichen Vorbereitung für die Kommissionssitzungen wurden Unterausschüsse, wie der Preisunterausschuß, die Lohnunterkommission und später auch der Beirat für Wirtschafts- und Sozialfragen geschaffen.

Als 1966 die ÖVP unter Dr. Klaus eine Alleinregierung errichtete, wurden viele, die ein Ende der Wirtschaftspartnerschaft befürchteten, angenehm enttäuscht, da es gerade Bundeskanzler Dr. Josef Klaus war, der die Wirtschaftspartnerschaft noch durch eine neue Einrichtung, nämlich die „Wirtschaftspolitische Aussprache" weiter ausbaute. Zu dieser, die vierteljährlich tagt, werden — außer den Mitgliedern der Paritätischen Kommission — auch der Finanzminister, der Leiter des Österreichischen Institutes für Wirtschaftsforschung sowie der Präsident und erste Vizepräsident der Österreichischen Nationalbank beigezogen. Hiebei werden, auf Basis von Berichten über die Konjunktur- und Wirtschaftslage und von Expertenberichten einer Arbeitsgruppe für vorausschauende volkswirtschaftliche Gesamtrechnung, die Grundlagen für die Prognosen des Institutes für Wirtschaftsforschung, die dann veröffentlicht werden, erarbeitet. Da alle wirtschaftspolitisch bedeutenden Stellen an der Erstellung dieser Prognose mitarbeiteten, wird sie auch von der Öffentlichkeit nicht in Zweifel gezogen und jede Verunsicherung der Öffentlichkeit vermieden. Da auch die übrigen Unterkommissionen der Paritätischen Kommission nur einstimmige Beschlüsse in allen sozialen und Lohn- und Preisfragen, soweit sie der Paritätischen Kommission unterbreitet werden, fassen, ist ein großer Teil der strittigen Wirtschaftsfragen durch schlichte und kompromißbereite Entscheidungen der Tagespolitik entrückt, so ist die Sozialpartnerschaft durch kluges Handeln zu einer Wirtschaftspartnerschaft ausgebaut worden.

Eine Großtat auf dem Gebiete des Ausbaues des österreichischen Sozialstaates war die Verabschiedung des Allgemeinen Sozialversicherungsgesetzes (ASVG) am 9. September 1955 durch die Koalitionsregierung Ing. Raab, Sozialminister Anton Proksch (SPÖ), wenige Monate nach der Erlangung des Staatsvertrages. Diesem, inzwischen vielfach durch Novellen noch verbesserten Gesetz folgten (wie bereits angeführt) für die Selbständigen das Gewerbliche Selbständigenpensionsversicherungsgesetz (das, ebenso wie das ASVG, 1976 durch eine weitere Novelle über Antrag des Sozialministers Ing. Häuser verbessert werden soll) und das Bauernkrankenversicherungsgesetz. Ab 1. 5. 1965 trat auch die Pensionsdynamik in Kraft, die die (Staats-)Pensionisten vor Entwertungen ihrer Pensionen schützt. Es wäre noch hervorzuheben, daß auch, außer der Paritätischen Kommission, noch viele organisatorische Einrichtungen bestehen, die das System der Wirtschaftspartnerschaft ausbauen helfen. Die Mitwirkung an der Gesetzgebung durch Vorbegutachtung seitens der Wirtschaftspartner und die Mitwirkung bei der Durchführung der Gesetze, die Mitwirkungen bei den Sozialversicherungsinstituten zur Durchführung einer vertretbaren Sozialpolitik, besonders aber die Organisationen auf dem Gebiete der Agrarpolitik seien hier besonders angeführt. Die verschiedenen agrarischen Fonds, einschließlich des Mühlenfonds setzen sich aus Vertretern der Wirtschaftspartner zusammen. Im Rahmen einer Marktordnung werden diese Fonds vom Staate gefördert. Die Marktordnungsgesetze bilden auch derzeit wieder, da sie terminisiert sind und nur mit der Zustimmung beider Großparteien erneuert, erweitert oder eingeschränkt werden können, den Gegenstand einer politischen Auseinandersetzung der beiden Großparteien. Die Erwartung aller friedlichen Österreicher, daß die auf diesem Gebiete bewiesene Partnerschaft wieder zu vernünftigen Kompromissen führen würde, wurde nicht enttäuscht.

Präsident Anton Benya (ÖGB), Präsident Ing. Rudolf Sallinger (Bundeswirtschaftskammer) und Präsident abs. jur. Roland Minkowitsch (Landwirtschaftskammer) und ihre Teams haben die neuen Marktordnungsgesetze im Rahmen der Wirtschaftspartnerschaft in wochenlangen Verhandlungen doch termingerecht bis 12. Mai 1976 ausgehandelt. Dies gab der FPÖ Anlaß, gegen die noch gar nicht im Parlament eingebrachten Gesetze ihre Opposition anzumelden. Als Grund der Opposition wurde seitens der FPÖ nicht etwa angegeben, daß die neuen Gesetzentwürfe schlecht seien, sondern lediglich ihr außerparlamentarisches Entstehen im Rahmen der Wirtschaftspartnerschaft und ohne Mitwirkung der FPÖ! Opposition um der Opposition willen! Da die FPÖ gegenüber den Gewerkschaften lange Abstinenz übte, ist sie nämlich in den Gewerkschaftsgremien nicht entsprechend vertreten. Der ÖVP wurde seitens der FPÖ vorgeworfen, daß sie keine echte Oppositionspartei sei, weil sie (über vernünftige Regelungen!) mit der SPÖ verhandle!

Die Wirtschaftspartnerschaft in Form einer überbetrieblichen Mitbestimmung wurde durch das genannte Arbeitsverfassungsgesetz 1974 gesetzlich verankert. DDr. Rupert Gmoser (der schon durch seine Meinungsbefragung über die Meinung der jungen Österreicher zur österreichischen Nation — siehe Seite 586 ff — bekannt geworden ist) meint hiezu: „Die Bemühungen um ein gutes Betriebsklima können nur dann von Erfolg begleitet sein, wenn Hand in Hand damit eine demokratische Zusammenarbeit zwischen Unternehmerverbänden und Gewerkschaften vor sich geht, die letztlich in die Errichtung einer echten Wirtschaftsdemokratie mündet" („Academia", Mai 1975).

Zu einer echten Wirtschaftsdemokratie gehört aber auch die Zusammenarbeit auf Landes- und Gemeindeebene. Mit Ausnahme von Wien, das eine SPÖ-Alleinregierung hat, haben alle Bundesländer Vertreter der politischen Parteien als Landesräte in ihren Landesregierungen. Dies ist auch bei den Gemeinden der Fall.

Es fand bei den patriotischen, demokratisch gesinnten Österreichern keinen Beifall, als die beiden Großparteien mit Beihilfe der FPÖ in den Landeshauptstädten Bregenz sowie in Klagenfurt und Graz die jeweils stärkste Partei vom Sitz des Bürgermeisters verdrängten.

In Graz (der Stadt der „Volkserhebung" unseligen Andenkens) bekam auf Grund eines derartigen faulen Kompromisses sogar die schwächste Partei, die FPÖ, den Bürgermeistersitz (DDr. Götz, FPÖ). Es besteht in den genannten Kreisen die Meinung, daß in diesen Fällen die Tagespolitik deutlich über die demokratischen Grundregeln einer ehrlichen Zusammenarbeit hinwegging!

Bei solchen Eskapaden der Tagespolitik muß an folgendes erinnert werden. Die politischen Parteien stehen, wie René Marcic in seiner Studie „Die Stellung der politischen Parteien in der Verfassung" sagt, in Österreich auf dem „Korridor der Macht". In bezug auf den österreichischen Föderalismus aber muß man ausdrücklich daran erinnern, daß die Parteien quasi Organe der Staatswillensbildung sind (hier folgt Marcic der Lehre Kelsens).

Denn die politischen Parteien sind es, die den Staat nicht sozusagen aufsplittern (wie sogar noch österreichische Staatsrechtler, wie Adolf Julius Merkl, glaubten), sondern heute die wichtigsten Integrationsfaktoren des Politischen sind. Sieht man besonders die Zweite Republik in Österreich, muß man den Parteien, bei aller aktuellen Kritik, bescheinigen, daß sie das eigentlich konstitutive Element bei ihrer Begründung gewesen und weitgehend nach wie vor sind (nach Dr. Hans Magenschab, „Föderalismus und die politischen Parteien, Föderalismus heute"). Die Senkung der Arbeitszeit von 45 auf 40 Wochenstunden und die beiderseits einvernehmlich geregelte Frage der Festsetzung eines Termines für die gesetzliche Einführung eines Mindesturlaubes von vier Wochen bedeuten einen weiteren sozialen Fortschritt und bringen nicht nur eine Maßnahme zur Hintanhaltung von Arbeitslosigkeit, sondern auch erhöhte Kosten für die Unternehmerschaft. Solche Kosten können nur durch strengste Arbeitsdisziplin (Wegfall von Streiks, Vermeidung von Arbeitsplatzwechsel, gutes Betriebsklima und volle Ausnützung der Arbeitszeiten) für die Unternehmerschaft tragbar gemacht werden. Übereinstimmend mahnen der Präsident der Bundeswirtschaftskammer Ing. Rudolf Sallinger und der Präsident der Vereinigung Österreichischer Industrieller Dr. Igler, daß durch die gegenwärtige Wirtschaftspolitik die Ertragskraft der Betriebe geschwächt und ihre Konkurrenzfähigkeit gemindert sei. Arbeitsplatzsicherung aber könne nur von gesunden und ertragsstarken Unternehmen betrieben werden. Dr. Igler sagt hiezu, daß das Unternehmen Österreich mit zu hohen Kosten und zu wenig Effizienz produziere. Es komme auch darauf an, sich von der Illusion zu lösen, daß der Staat alles machen müsse. Auch sei der persönliche Freiheitsraum des einzelnen bedroht, durch die Ausweitung des Staatskapitalismus, durch die Verarmung der Klein- und Mittelbetriebe und durch die Besetzung der Positionen im öffentlichen Wirtschaftsbereich nach überwiegend parteipolitischen Erwägungen. Dies fördere den Opportunismus unter den aufstiegswilligen Jungen und drücke den Leistungsstandard der Wirtschaft. Ein zu großer Einfluß des Staatskapitalismus sei auf weite Sicht mit der Marktwirtschaft und der demokratisch-rechtsstaatlichen Gemeinschaft nicht vereinbar!

Dementsprechend fordert die ÖVP derzeit auch, angesichts der Tariferhöhungen, eine Steuerhilfe für kleine Einkommen, die natürlich auch den Klein- und Mittelbetriebsinhabern zugute käme. Als flankierende Maßnahme fordert sie eine Erhöhung der Familienbeihilfe (Dr. Marga Hubinek), die dann auch erhöht wurde. Eine Folge der Senkung der Arbeitszeiten und Erhöhung der Mindesturlaube ist auch eine Freizeitvermehrung. Zu diesem Problem, im Sinne einer größeren Einbeziehung in die kulturellen Belange, hat, wie angeführt, Unterrichtsminister Doktor

Fred Sinowatz Stellung genommen und die Probleme der Fortbildung und kulturellen Betreuung der Erwachsenen unter Einbeziehung aller kulturell wirkenden Organisationen (namentlich auch des ÖGB) behandelt. Univ.-Dozent Dr. Fritz Windhager hat in einem Aufsatz („Wunderbare Freizeitvermehrung", „Academica" Mai 1975) sich gründlich mit dem Problem befaßt und kommt zu folgendem Schluß: „Die Freizeitpropheten sehen die ‚freie Zeit' erst mit einem neuen Lebenssinn kommen, mit einem neuen Fortschrittglauben und mit der Fähigkeit zum Denken — vor allem zum Denken in Alternativen. Es wäre fatal, würde man sich über die Freizeit und ihre Probleme erst dann Gedanken machen, wenn — wie Hegel es formulierte — die Wirklichkeit ihren Bildungsprozeß vollendet hat."

Möge sich daher die Wirtschaftspartnerschaft — zum Segen der österreichischen Kultur — auch bald zu einer Partnerschaft auch auf kulturellem Gebiete ausweiten. Wertvolle Ansätze hiefür scheinen ja vorhanden zu sein!

Österreich und die Welt

Über die Stellung Österreichs in der Welt und zur Welt gilt es ebenfalls umzudenken. Während eine antiösterreichische (gewöhnlich deutschnational gefärbte) Propaganda das Österreich der Ersten Republik für lebensunfähig erklärte — dieser Unsinn ist sogar in österreichische Schulbücher gedrungen! — und man verächtlich vom Kleinstaat und der Kleinstaaterei sprach, hat sich die Welt gewandelt. Unter den 159 unabhängigen Staaten, die der Fischer Welt-Almanach 1976, Frankfurt am Main, BRD, aufzählt, reiht Österreich nämlich bloß an 66. Stelle der Einwohnerzahl nach, nach der man ja gewöhnlich die Größe eines Staates bestimmt.

(Nach der Fläche gemessen, müßte man Grönland mit seinen 50.000 Einwohnern und Millionen Quadratkilometern als Großmacht einstufen!) Man wird daher Österreich, das im obersten Mittelfeld der Staaten liegt, richtig als Mittelstaat bezeichnen müssen und die Kleinstaaten etwa bei der hundertsten Stelle, bei etwa 2 Millionen Einwohner, beginnen müssen. Immerhin reiht Österreich in Europa noch vor den Mittelstaaten Schweiz, Dänemark, Norwegen, Finnland und Albanien und den Kleinstaaten Island, Zypern, Malta und Luxemburg sowie vor den Kleinstaaten (der beleidigende Ausdruck Zwergstaaten wäre zu vermeiden) Liechtenstein, Monaco, Andorra, S. Marino und dem kleinsten (aber deswegen nicht unbedeutenden) Vatikanstaat. Als außereuropäischer Vergleich bietet sich der australische Kontinent an (47. Stelle nach der Einwohnerzahl), den niemand als Kleinstaat bezeichnen wird, trotzdem er auch nur 13 Millionen Einwohner zählt (Österreich hat 7,5 Millionen Einwohner). Den tatsächlichen Verhältnissen in der Welt würde die Einteilung in Großmächten, Großstaaten (etwa ab 20 Millionen Einwohner), Mittelstaaten (ab 2 Millionen Einwohner), Kleinstaaten (ab 200.000 Einwohner) und Kleinststaaten entsprechen. Der demokratische, neutrale Mittelstaat Österreich hat sich während der Zweiten Republik aber auch zu einem nicht unbedeutenden Mittlerstaat auf politischem, kulturellem und wirtschaftlichem Gebiet entwickelt.

Über die großen Leistungen Österreichs für die Erforschung der Erde und damit auch auf kulturellem und wirtschaftlichem Gebiet bis 1949 informierten die Werke „Österreichs Anteil an der Erforschung der Welt“ von Univ.-Prof. Dr. Hugo Hassinger und „Österreich in der Übersee“ von Univ.-Prof. DDr. Alexander Randa. „Österreich in der Levante“ hat der verdienstvolle Botschafter in mehreren Levantestaaten und spätere Präsident der Diplomatischen Akademie DDr. Arthur Breycha-Vauthier erforscht und beschrieben.

(Breycha-Vauthier ist heute Präsident der Gesellschaft „Pro Austria“, die sich der wissenschaftlichen Forschung und Darstellung der Entwicklung der österreichischen Nationswerdung und des Anteiles der Bundesländer hieran gewidmet hat und, veranstaltet von ihrem Generalsekretär Univ.-Prof. Hofrat Dr. Georg Wagner, hierüber eine große Tagung und Ausstellung — 30 Jahre Zweite Republik Österreich — in der Österreich-Abteilung der Nationalbibliothek 1975/76 durchführte, die internationale Aufmerksamkeit erregte.) Breycha-Vauthiers Verdienst ist es, auch zwei zu Unrecht vergessene Pioniere Österreichs in der Levante beschrieben zu haben, nämlich den Prälaten, österreichischen General-Oberkriegsrat und arabischen Scheich (!) Alois Musil (1868—1944, gestorben in seiner mährischen Heimat), der als Scheich Musa Ar-Rwaili des Stammes der Rwala durch seine Verhandlungen mit König Ibn Saud fast die Pläne des englischen späteren Oberst Lawrence (fälschlich of Arabia bezeichnet) vereitelt, wenn ihn nicht das türkische Mißtrauen daran gehindert hätte. Musil widerlegte auch die Legende, daß Lawrence im eigentlichen Arabien gewesen sei, weswegen auch sein Beiname „von Arabien“ nicht zutreffe.

Der zweite zu Unrecht Vergessene war der österreichische Generalkonsul in Jerusalem, Bernhard Graf Caboga-Cerva, dessen nimmermüden Bemühungen es gelang, Österreich, dessen Kaiser den Titel eines Königs von Jerusalem führte, für das Hl. Land, besonders für Jerusalem, zu interessieren. Auf Schritt und Tritt stößt man noch heute in Jerusalem auf die Früchte seines Wirkens, auf österreichische Geschenke und Stiftungen. Die Förderung des österreichischen Hospizes in Jerusalem (des größten Hauses in der Altstadt, heutiger Leiter Prälat Univ.-Prof. DDr. Sauer) und die Errichtung eines Hospizes der österreichischen Ordensprovinz des Malteserritterordens (derzeitiger Geschäftsträger in Österreich Prof. DDr. Robert Prantner), der erst dank Cabogas Wirken in Tantur bei Bethlehem wieder im Hl. Land präsent wurde, seien noch besonders erwähnt.

Die großen gegenwärtigen Leistungen Österreichs in der Welt und für die Welt reihen sich den Leistungen in der Vergangenheit würdig an. Das internationale Vertrauen zu Österreich wurde bewiesen, als die Vereinten Nationen (UNO) einmütig an die Spitze ihrer Beamten als Generalsekretär den Österreicher Dr. Kurt Waldheim, ehemaligen langjährigen österreichischen Beobachter und Gesandten bei der UNO und späteren österreichischen Außenminister im Kabinett Dr. Klaus, beriefen (22. 12. 1971). Über seine schwierige Tätigkeit sagt Generalsekretär Doktor Waldheim: „Ich arbeite sehr emsig und überhaupt hinter den Kulissen. Gewisse Beschlüsse der UNO (unter Bezug auf die Anti-Zionismus-Resolution) haben meine Arbeit nicht erleichtert, sie haben die Bemühungen der UNO erschwert. Es kristallisiert sich immer mehr heraus, was offenbar (in Nahost) als praktische Lösung gedacht ist: Daß man den Palästinensern das Westjordanland und den Gazastreifen gibt, daß man damit eine staatliche Einheit schafft, die zusammen mit der Anerkennung Israels eine brauchbare Lösung darstellt. Ob die beiden dann nebeneinander leben können?

Ob man die Dritte Welt liebt oder nicht — man kann nicht alles durch die westliche Brille sehen. Nicht alles, was für den Westen gut ist, ist wirklich schön und gut. Und nicht alles, was für den Westen schlecht ist, muß verdammt werden. Es tut mir leid zu sagen, daß man hier nicht objektiv urteilt, schließlich gehöre ich ideologisch dieser (der westlichen) Gruppe an."

Der Kurier-Redakteur Heinz Nußbaumer hat durch Umfragen bei den UNO-Beamten in New-York ein Bild des Generalsekretärs erhalten, das ihn als ausgezeichneten Diplomaten bester österreichischer Prägung darstellt:

„Ein fleißiger, eher unauffälliger Diplomat, nahezu ideologiefrei, mit großer Verhandlungsgeduld und einem perfektionistischem Hang zur Ausgewogenheit. Übervorsichtig — aber (deswegen) praktisch ohne Feinde. Eher Beichtvater als Apostel. Wahrscheinlich wird man keinen zweiten finden, dessen Charakter so sehr für dieses Amt maßgeschneidert ist." Wo es notwendig ist, tritt aber Generalsekretär Dr. Waldheim auch als Mahner auf. Anläßlich des 30. Jahrestages des Inkrafttretens der Charta der Vereinten Nationen (24. Oktober 1945) richtete er eine Botschaft zum Tag der Vereinten Nationen an die Weltöffentlichkeit:

„Die Vereinten Nationen haben eine wesentliche Rolle bei der Lösung der weltweiten Probleme übernommen. Sie haben maßgeblich dazu beigetragen, aus den früheren Kolonialgebieten souveräne Staaten zu bilden. Sie stehen im Brennpunkt der Bemühungen, die wirtschaftliche, soziale und humanitäre Zusammenarbeit auf eine neue, weltweite Grundlage zu stellen. Die Wahrung des Friedens und der internationalen Sicherheit sind weiterhin die wichtigsten Anliegen der Vereinten Nationen. In einer Welt voll Spannung und Gefahren kann der Friede nur gesichert werden, wenn es gelingt, dem allgemeinen Wettrüsten und der Erzeugung von Massenvernichtungswaffen Einhalt zu gebieten."

Diese Worte des ehemaligen österreichischen Außenministers Dr. Waldheim entsprechen ganz den Maximen der österreichischen Außenpolitik. Österreich hat die UNO in ihren Bemühungen dabei aktiv unterstützt, indem es Soldaten für die Pufferzonen in Zypern (zwischen Türken und Griechen) und in Palästina bzw. Israel (zwischen Ägypten und Israel und Syrien und Israel) zur Verfügung stellte.

Auch an der Entwicklungshilfe für die Länder der Dritten Welt und an Nothilfen für Hunger- und Katastrophengebiete war Österreich stets aktiv beteiligt, wenn auch gelegentlich das Ausmaß dieser Hilfe einer inländischen Kritik unterlag. Durch internationale Konferenzen, wie die Wiener Truppenabbaukonferenz im Februar 1976, die sogenannten SALT-Konferenzen über Etappen der Rüstungsbeschränkungen und durch aktive Teilnahme an auswärtigen Konferenzen wie dem Abkommen über internationale Menschenrechte und Grundfreiheiten von Helsinki — sowie der mehrfachen Konferenzen zur Schlichtung des Zypernkonfliktes (letzte Konferenz ebenfalls im Februar 1976), sucht Österreich die aufgezeigten Ziele der UNO zu unterstützen.

Dr. Waldheim selbst hat mehrere Österreicher zu seiner Unterstützung. Sein Kabinettchef ist Dr. Kurt Herndl, sein Sonderassistent Dr. Ferdinand Mayrhofer-Grünbühel. Als Direktor des Weltsicherheitsrates, dem auch Österreich eine Periode als nichtständiges Mitglied angehörte, wirkt Dr. Heinrich Gleißner.

Der österreichische UNO-Botschafter Dr. Jankowitsch, derzeit Vizepräsident des UNO-Komitees für Wissenschaft und Technologie, hat die Erfahrungen Österreichs über die Nutzung der Sonnenenergie zur Lösung der Energieprobleme im Februar 1976 bei der UNO in Form eines Entschließungsantrages eingebracht. Auch der österreichische Generalkonsul in Los Angeles (USA) Dr. Thomas Klestil ist mit Vorschlägen an die UNO herangetreten. So wirkt Österreich auch derzeit nach Kräften an den Arbeiten der UNO und ihrer Unterorganisationen mit, von welchen die Internationale Atomenergie-Organisation (IAEO) und die UNO-Organisation für industrielle Entwicklung (UNIDO) ihren Sitz in Wien genommen haben (auch andere Internationale Organisationen, wie die genannte Organisation der Erdöl produzierenden Länder — OPEC —, haben derzeit ihren Sitz in Wien).

Diese Aktivitäten wurden und werden noch durch die Reisen der österreichischen Bundespräsidenten und Regierungsmitglieder ins Ausland und durch die Reisen ausländischer Staatsmänner nach Wien ausgeweitet.

(Bei einem Staatsbesuch des Bundespräsidenten Dr. Schärf beim Präsidenten der BRD begrüßte dieser in seiner Ansprache den Vertreter der „österreichischen Nation" und der deutsche Bundeskanzler brachte einen Trinkspruch auf das „österreichische Volk" aus, welche Einstellung der führenden Staatsmänner der Bundesrepublik Deutschland den Ewiggestrigen, die die Existenz eines österreichischen Volkes und einer österreichischen Nation in Abrede stellen, zu denken geben müßte!)

Österreich als Land und Wien und Salzburg als „Orte der Begegnung" erlebten die denkwürdigen Treffen des amerikanischen Präsidenten John F. Kennedy mit dem sowjetischen Führer Nikita Chruschtschow (Juni 1961), das Treffen der amerikanischen und sowjetischen Außenminister Henry Kissinger und Andre Gromyko (Mai 1975) und im Juni 1975 die Nahostgipfelgespräche in Salzburg zwischen den Präsidenten Ägyptens Anwar el Sadat, den Präsidenten der USA Gerald Ford und ihren Außenministern. (Vom Salzburger Aufenthalt des USA-Präsidenten Nixon und den damit verbundenen Demonstrationen wurde bereits berichtet.) Im April 1976 besuchte der ägyptische Präsident Anwar el Sadat neuerlich Wien, wobei es mit Bundeskanzler Dr. Kreisky zu bedeutenden Wirtschaftsgesprächen über den Ausbau der wirtschaftlichen Beziehungen zu Ägypten und einer beabsichtigten Beteiligung Österreichs am Bau eines Unterwassertunnels unter den Suezkanal (der bekanntlich nach den Plänen des österreichischen Ing. Alois von Negrelli errichtet worden war) kam. Bundeskanzler Dr. Kreisky, der im Auftrage der Sozialistischen Internationale (deren Präsident der ehemalige Vizekanzler Doktor Bruno Pittermann seit 1967 ist) den Nahen Osten mit einer Friedensbotschaft bereiste und mit den sozialistischen Parteien der einzelnen Staaten (einschließlich Israel) konferierte, hat viel zur Hebung des österreichischen Ansehens im Nahen Osten beigetragen, wenn auch viele Israelis seine Haltung bei der Schließung des jüdischen Auffanglagers in Schönau (NÖ.) mißdeuteten. Auch viele andere Staatsmänner, wie im April 1976 der polnische Staatspräsident Jablonski, besuchten Österreich. Österreich ist auch hervorragend im Europarat, Straßburg, mittätig, in welchem der ehemalige Außenminister Dr. Lujo Toncic-Sorinj (ÖVP) und der sozialistische Abgeordnete Karl Czernetz (SPÖ) hohe Funktionen inne hatten bzw. haben. Auch an allen übrigen internationalen und europäischen politischen Vereinigungen ist Österreich — soweit es mit seiner Neutralität vereinbar ist — mittätig.

Einen wichtigen Sektor auf dem Gebiet der politischen, aber ebenso der kulturellen und wirtschaftlichen Auslandsbeziehungen stellt das „Zehnte Bundesland" dar. Man bezeichnet darunter die vielen Österreicher im Ausland, die oft noch ihre österreichische Staatsbürgerschaft beibehalten haben und sich — mit der Erstarkung des österreichischen Nationalbewußtseins in Österreich auch stolz zu Österreich bekennen. Über die Emigrationsgründe vieler Gelehrter und Nobelpreisträger wurde bereits berichtet. Diese Auslandsösterreicher, in vielen Vereinen organisiert, wurden nun großteils durch das Auslandsösterreicherwerk und den Weltbund der Österreicher im Ausland (Präsidenten: Prof. Dr. Clemens Holzmeister bzw. Prof. Sobotka, Generalsekretär Paul Balkany) organisatorisch erfaßt. Sie werden durch die genannten Vereinigungen und die mit diesen eng zusammenarbeitenden österreichischen Kulturinstitute und die Handelsdelegierten der Bundeswirtschaftskammer betreut, sodaß der so wichtige Zusammenhang mit ihrem Vaterland Österreich nicht verlorengeht. Durch die Gründung von Gesellschaften, die aus Vertretern der (Auslands-)Österreicher und des jeweiligen ausländischen Staates zusammengesetzt sind (z. B. Österreichisch-dänische Gesellschaft, deren Vorsitzende übrigens eine ehemalige Österreicherin, Frau Mizzi Jensenius, ist), wurde auch das Interesse der anderen Staaten an Österreich besonders gefördert. Solche Gesellschaften bestehen natürlich auch in Österreich, wo sie, wie z. B. das Austro-American Institute of Education in Wien, auch einen bedeutenden Beitrag zur Unterrichtung in ihrer Sprache und Kultur leisten. Auch auf dem Gebiete des Schulwesens bestehen mehrere Schulen, wie das schon aus der Zeit der Monarchie stammende St.-Georgs-Kolleg der Patres Lazaristen in Istanbul (Direktor Mag. Ernest Raidl), die „Reza Pahlewi" Technische Schule in Teheran (Direktor Reg.-Rat Ing. Müller), die auf eine gemeinsame Initiative des Bundeskanzlers Dipl.-Ing. Figl und der iranischen Prinzessin Ashraf zurückgeht sowie die guatemaltekisch-österreichische Schule (Instituto Guatemalteco-Austriaco) in Guatemala.

In Österreich besteht eine französische Schule (Lycée français) und eine britische Schule. Österreich, das in den letzten Jahren, wie auf Seite 496 ausgewiesen, vier neue Nobelpreisträger aufzuweisen hat (Max Perutz 1962, Karl von Frisch, Konrad Lorenz 1973 und Friedrich A. von Hayek 1974) war und ist auch in zahlreichen international wissenschaftlichen Gesellschaften mit Präsidenten (oder Vizepräsidenten) vertreten, z. B. in der Internationalen philosophischen Gesellschaft, die vor einigen Jahren in Wien ihren Weltkongreß abhielt, durch den bedeutenden christlichen Philosophen Univ.-Prof. DDr. Gabriel und in dem Internationalen Verband der Hochschulprofessoren und Lektoren (I. A. U. P. L.) lange Jahre durch Univ.-Prof. DDr. Richard Kerschagl, der auch Präsident der Internationalen Gesellschaft für das kaufmännische Bildungswesen und Präsident der österreichischen UNESCO sowie der österreichischen Volksbildung war. Die Bedeutung des Arztes der islamischen Könige, Univ.-Prof. Dr. Karl Fellinger, der anläßlich des 600jährigen Jubiläums der Wiener Universität, als ihr damaliger Rektor, die bedeutendsten Persönlichkeiten der meisten europäischen und außereuropäischen Universitäten nach Wien brachte, wurde bereits gewürdigt. Es würde den Rahmen dieses Buches sprengen, alle die bedeutenden Persönlichkeiten, die Österreich an seinen Universitäten und deren wissenschaftlichen Instituten aufzuweisen hat, aufzuzählen. Museen und Forschungsinstitute, wie die Ford-Foundation und das Ludwig-Boltzmann-Institut, haben sich einen über die Staatsgrenzen hinausreichenden Ruf erworben. Das österreichische Gesellschafts- und Wirtschaftsmuseum hat durch die von seinem Gründer Dr. Otto Neurath erfundene Bildstatistik Weltruf erlangt.

Auf dem kirchlichen Sektor hat es der Nachfolger des 1955 verstorbenen Kardinal-Erzbischofs von Wien, Dr. Theodor Innitzer, der Kardinal-Erzbischof DDr. Franz König (geboren 1905), durch sein profundes Wissen, seine Konzilianz und sein diplomatisches Auftreten (das manche an Papst Pius XII. erinnert) verstanden, sich weltweit bekannt zu machen. Im Sinne der Beschlüsse des II. Vatikanischen Konzils (1962—1965) wurde der Kardinal mit der Leitung des päpstlichen Sekretariates für die Ungläubigen betraut, ein schwieriges Amt, das Kardinal DDr. König zu öfteren Reisen in die Ostblockstaaten nötigte, wo er die Basis für eine Verständigung dieser Staaten mit der römischen Kurie, die auch mit mehreren Staaten des Ostblockes zwischenzeitig erfolgte (!), errichten half. Man sagt daher nicht mit Unrecht „alle Wege führen nach Rom, aber der aus dem Osten führt über Wien".

Von der Tätigkeit der österreichischen Bischöfe, bei denen teilweise auch bereits ein Generationenwechsel stattfand, sei noch die Tätigkeit des Bischofs von Innsbruck, DDr. Paul Rusch (geboren 1903) beim II. vatikanischen Konzil, wo er als Mitglied der Konzilskommission für Priesterfragen mitwirkte und seine Tätigkeit als Vertreter Österreichs bei der Ersten Römischen Bischofssynode (1967) erwähnt. Er ist auch seit 1973 Mitglied der Römischen Glaubenskongregation. Von bedeutenden österreichischen Priestern, die im Ausland wirken, sei noch (außer dem bereits genannten Prälaten DDr. Sauer in Jerusalem) der Kunstberater des Erzbischofs von Rio de Janeiro, Kanonikus Msgr. Prof. Karl Schubert, und der mit Österreich (wo er — in Innsbruck — sein zweites Doktorat erwarb) eng verbundene Erzbischof und päpstliche Legat für Cuba, Msgr. DDr. Cesare Zacchi, genannt, der wohl auf einem der schwierigsten Auslandsposten der päpstlichen Kurie sitzt.

Die Seligsprechung gleich dreier Alt- und Wahlösterreicher im Hl. Jahr 1975 in Rom lenkte die Aufmerksamkeit der katholischen Welt auf Österreich. Der Südtiroler P. Josef Freinademetz (1852—1908) war der erste österreichische Missionär in China, der Ordensgründer der Gesellschaft vom göttlichen Worte (SVD), P. Arnold Janssen, war auch der Gründer eines wissenschaftlichen Zentrums wie St. Gabriel bei Mödling. Um dieses Ordenszentrum errichten zu können, wurde der Rheinländer Jannsen österreichischer Staatsbürger.

Aus St. Gabriel sind weltberühmte Wissenschaftler hervorgegangen, wie der Direktor des Lateranmuseums in Rom und Gründer des Anthroposinstitutes in Fribourg, Schweiz, Univ.-Prof. Dr. Wilhelm Schmidt, und dessen Schüler, die bedeutenden Missionare und Forscher Univ.-Prof. Dr. Martin Gusinde (Patagonien) und Univ.-Prof. Dr. Paul Schebesta (der berühmte Vater der Pygmäen Baba wa Bambuti) sowie Schmidts Nachfolger in Fribourg, Univ.-Prof. Dr. Wilhelm Koppers. Schmidt und Koppers schufen das erste internationale Alphabet, alle vier genannten Professoren setzten Marksteine auf dem Gebiet der Völkerkunde.

Die dritte Seligsprechung betraf die polnische Gräfin M. Theresia Ledochowska (1863—1922, gestorben in Loosdorf, NÖ.), die Gründerin der Petrus-Claver-Sodalität und Förderin der Afrikamission.

Die griechisch-orthodoxe Kirche erhielt in den letzten Jahren durch den Erzbischof und Exarchen Dr. Tsiter ein Oberhaupt, dessen Wirkungsbereich sich über mehrere Nachbarstaaten erstreckt. Auch die evangelische Kirche (derzeitiges Oberhaupt Bischof Dr. Oskar Sakrausky) dehnte ihre Beziehungen zu den evangelischen Christen der Nachbarstaaten aus und steht mit der römisch-katholischen Kirche in gutem gegenseitigen Einvernehmen, was sich — in gemeinsamen Gebeten bei Feiern — für die Zusammengehörigkeit der Christen wohltuend auswirkt. Auch die israelitische Kulturgemeinde (Präsident Dr. Pick) hält die Verbindung zu den Juden der ganzen Welt aufrecht.

Auf dem Sektor der wirtschaftlichen Auslandsbeziehungen ist der Auf- und Ausbau der Wiener Internationalen Messe durch den Handelsminister der Ersten und Zweiten Republik, Eduard Heinl (ÖVP), und seinen Freund und Nachfolger als Präsident, Hofrat Eduard Strauß, zu nennen. Hiebei waren auch in hervorragender Weise der spätere Bürgermeister von Wien, Direktor Bruno Marek, und der Bundesrat Alfred Porges (SPÖ) beteiligt.

Neben zahlreichen Industrie- und landwirtschaftlichen Ausstellungen, die meist örtliche Bedeutung haben, wäre noch die über Österreich hinaus bedeutende Klagenfurter Holzmesse anzuführen.

Als Voraussetzung für den österreichischen Export, aber auch Import, ist eine stabile Währung und damit eine möglichst gering gehaltene Inflation zu nennen. Österreich, als Land, das auf seinen Außenhandel sehr angewiesen ist, konnte sich natürlich nicht den Vorgängen auf den Weltmärkten gänzlich entziehen, welche Vorgänge durch Kursrückgänge des Dollars und der meisten anderen Währungen, durch inflationistische Entwicklungen und damit verbundene Streiks und steigende Arbeitslosigkeit gekennzeichnet waren und sind, Österreich trachtete durch die geschilderten vier Aufwertungen des Schillings, durch die im Kapitel Wirtschaftspartnerschaft geschilderten Maßnahmen, aber auch durch eine lebhaft kritisierte Ausweitung des Budgets und der Staatsverschuldung seitens der Bundesregierung, die ärgsten Folgen — wenigstens für die Gegenwart — abzuwehren. Der österreichische Schilling hat in der Zeit von Dezember 1971 bis 26. März 1976 gegenüber dem Dollar eine Wertzunahme von 30 Prozent erzielt und wird nur durch den Schweizer Franken (mit 51 Prozent Wertzunahme) übertroffen. Lediglich die Deutsche Mark (DM) mit 27 Prozent Wertzunahme und der holländische Gulden mit 21 Prozent Wertzunahme kommen ihm nahe, wie die Schoellerbank in ihrem Graphikdienst (Quelle IMF) dies darstellt. Lire und Pfund Sterling haben — ebensoviel wie der Schilling und die DM gegenüber dem Dollar an Wertzunahme erzielt — an Wertabnahme erlitten. Daß die österreichische Inflationsrate auch zu den niederen in Europa zählt, wurde bereits berichtet. Die Wirtschaftsprognose des Institutes für Wirtschaftsforschung sieht für 1976 eine Inflationsrate von 6 bis 7,5 Prozent, bei einem Wirtschaftswachstum von 2,5 Prozent bis 5 Prozent und einer geschätzten Arbeitslosenzahl, die geringer als 1975 sein wird, wobei allerdings auf dem Gastarbeitersektor Einschränkungen zu erwarten sind. Dies sind — an den betrüblichen Zuständen in Europa gemessen — keine allzuschlechten Aussichten für eine notwendige Steigerung des Exportes. Laut Mitteilungen der Nationalbank in der Amtlichen Wiener Zeitung vom 16. 4. 1976 erhöhten sich im Februar 1976 gegenüber Februar 1975 die Exporte um 8,6 Prozent auf 12.837 Millionen Schilling und die Importe um 9,5 Prozent auf 15.625 Millionen Schilling. Die Nettoeinnahmen aus dem Fremdenverkehr nahmen um 268 Millionen Schilling oder 15,3 Prozent zu und erreichten ein Ausmaß von 2021 Millionen Schilling. Die Reserven der Notenbank erhöhten sich um 2,4 Milliarden Schilling, während die Schuldnerposition der Kreditunternehmungen um 1,7 Milliarden Schilling stieg. Besonders stark hat sich das Aktivum der Dienstleistungsbilanz (um rund 600 Millionen Schilling) vergrößert. Dies ist im allgemeinen nicht gerade ein ungünstiges Bild der wirtschaftlichen Entwicklung, wenn auch große Verschuldung zur Vorsicht mahnt.

Die Hoffnung auf eine starke Ausweitung der Exporte nach Afrika (Ägypten!) und den Ländern des Ostblocks besteht. Im Jahre 1975 gingen immerhin 17,5 Prozent der österreichischen Ausfuhr nach den Ostblockstaaten, 44,1 Prozent in den Raum der Europäischen Gemeinschaft (EWG), 15,3 Prozent in die restlichen EFTA-Staaten und der Rest von 23,1 Prozent in die übrige Welt (einschließlich USA). Die österreichischen Außenhandelsstellen der Bundeswirtschaftskammer (von welchen die Außenhandelsstelle New York unter ihrem rührigen Leiter Doktor Otto Steckelhuber erwähnt werden soll) sind um die Förderung des österreichischen Außenhandels, einschließlich der Errichtung von Industrieanlagen im Ausland, besonders bemüht, ebenso die Stellen der Fremdenverkehrswerbung für diese Säule der Wirtschaft. Ein besonderes Werbemittel für Österreich stellen auch die schönen Briefmarken dar, die durch den Fremdenverkehr millionenfach in alle Welt gehen. (Dem für die Betreuung der Briefmarken verantwortlichen Sektionschef Otto Krammer wurde hierfür anläßlich seiner Pensionierung der Professorentitel verliehen.)

Nicht zuletzt wäre für die Frage der österreichischen Beziehungen zur Welt der österreichische Sport zu nennen und diejenigen, die wie Skifabrikanten, Fremdenverkehrsbetriebe, Ski- und Sportschulen und andere aus den österreichischen Sporterfolgen Nutzen ziehen, dafür aber auch für die Förderung des Sportes sorgen.

Die bereits genannten zwei olympischen Winterspiele in Innsbruck (1964 und

1976) haben für Österreichs Ruf als Sportnation (besonders auf dem Gebiete des Wintersportes) gesorgt. Wenn auch die Erfolge manchmal hinter den Erwartungen zurückblieben, so wurden doch gute Leistungen erbracht. Besonders fiel auf, daß die Sportgrößen auf dem Gebiete des Skisprunges aus dem neugegründeten Skigymnasium Stams (Tirol) kamen. Dieses und die anderen Skigymnasien sowie die zwei Skihandelsschulen in Waidhofen an der Ybbs und Schladming entstammen der Initiative des seinerzeitigen Präsidenten des Österreichischen Olympischen Komitees und Sportsektionschefs im Unterrichtsministerium, Dr. Heinz Pruckner.

Von den sportlichen Tagesleistungen, die ein ungesund sich steigernder Leistungssport stets zu erhöhen und zu überbieten trachtet, müssen sportliche Einmalleistungen, die dauernd Bestand haben, unterschieden werden. Im Himalayan Mounteneering Institute in Darjeeling (Indien) sind die Namen der Erstbesteiger der 13 bisher bezwungenen Achttausender der Himalaya-Karakorumkette in goldenen Lettern festgehalten. Nicht weniger als fünf der dreizehn Achttausender wurden durch Österreicher erstmalig bestiegen, wodurch Österreich als die erfolgreichste Bergsteigernation bei den Erstbesteigungen der Achttausender im Himalaya aufscheint.

1953 erreicht Hermann Buhl den Gipfel des Nanga Parbat (8125 m), 1954 Dr. Herbert Tichy (der die kleinste Expedition, die je einen Achttausender bestieg, führte) im Alleingang den Cho Oyu (8153 m), 1956 Ing. Fritz Moravec den Gipfel des Gasherbrum II (8035 m), 1957 Hermann Buhl und Dkfm. Kurt Diemberger den Broad Peak (8047 m) und schließlich Dkfm. Kurt Diemberger (in einer gemeinsamen Schweiz-Österreich-Expedition) den 8172 m hohen Dhaulagiri, nachdem Ing. Moravec die beste Route erkundet hatte. Dkfm. Diemberger ist der einzige Mensch, der an der Erstbesteigung zweier Achttausender teilnahm.

Neben dem Hochleistungssport, der vor der Gefahr einer Überforderung der Menschen durch immer höhere Anforderungen steht, gewinnt die Sportart der Selbstverteidigung (Judo, Karate) an Bedeutung. Viele Judoschulen haben das Bedürfnis erkannt, dem lärmgeplagten und nervenzermürbenden Alltag, mit allen seinen schädlichen Umwelteinflüssen, eine Form der Selbstbesinnung, der Meditation gegenüberzustellen.

Wenn auch das demokratische, neutrale Österreich, wie aufgezeigt, seine kulturellen und wirtschaftlichen Beziehungen mit der großen Welt immer mehr und mehr auszubauen trachtet, so bleibt seine Basis, wie aus der österreichischen Geschichte hervorgeht, doch der Donauraum.

Seit Beginn des zweiten Halbjahrhunderts nach Gründung der Republik Österreich haben Land und Volk wieder das Gleichgewicht gefunden, das sie — wenigstens zeitweise — nach 1918 verloren hatten. Österreich, ein Mittel- und Mittlerstaat, ist heute keine Großmacht mehr, aber es gab Zeiten, in denen Österreich noch kleiner war, als es heute ist. Die Bedeutung eines Landes hängt nicht von Quadratkilometern ab (wie eingangs bewiesen wurde), auch nicht nur von der Einwohnerzahl, sondern wesentlich von der inneren Einstellung seiner Bewohner zum Vaterland ab. Österreich hat der Welt auf allen Gebieten der Kultur, aber auch auf den Gebieten der Kunst, der Wirtschaft, der Politik und der Technik so manches Große gegeben; aber es wäre verkehrt, wenn der Österreicher von heute sich auf diesen großen Leistungen der Vorfahren ausruhen wollte. Österreich soll kein Museum vergangener Größen sein, sondern ein Land, das mitten im pulsierenden Leben unserer Zeit steht, das Neue nicht scheuend, aber das gute Alte nicht verachtend. Österreichische Tradition umfaßt nicht nur die gewiß zeitlich lange und oft ruhmreiche Geschichte der Herrschaft des Hauses Habsburg und Habsburg-Lothringen in Österreich, sie umfaßt auch die Zeit vorher und die Zeit nachher. Österreichische Geschichte endet weder im Jahr 1918 noch beginnt sie in diesem Jahr. Der Österreicher von heute glaubt an einen Sinn seines Vaterlandes, aber sieht eine österreichische Sendung nicht im Sinn einer Beherrschung von Völkern und Räumen gegeben, sondern in demokratischer Mitarbeit zusammen mit allen anderen Völkern und Ländern an der Entwicklung der menschlichen Zivilisation, des menschlichen Fortschrittes und des Weltfriedens. Wenn Österreich eine „Funktion" haben soll, so darf diese nicht in einem luftleeren Raum schweben, sondern sie muß sich auf die Realität der Geschichte, des Bodens und seiner Menschen gründen.

„Ein geeintes Europa wird es nicht geben, wenn es nicht zwischen den mächtigen Flanken eine starke und lebenswillige Mitte gibt. Wer Europa will, muß zunächst die menschliche, geistige, wirtschaftliche und politische Nachbarschaft des mitteleuropäischen Donauraumes bejahen. Das ist die Aufgabe der Nationen und Länder dieses Raumes, die uns niemand abnehmen kann und will."

Diese Aufgabe trägt unsere Zukunft. (Aus der Rede des Dr. Heinrich Drimmel über „Donauraum — gestern, heute, morgen" im Juli 1966 beim Internationalen Seminar.)

Diesem Aufgabenkreis widmet sich besonders auch das „Donau-Europäische Institut" unter der Leitung des ehemaligen langjährigen Handelsministers und Vizekanzlers Doktor Fritz Bock.

Zusammenfassung:

Seitdem „der Tag der Freiheit des Unrechts" anbrach, haben Österreicher durch ihren Widerstand zum Wiedererstand Österreichs sehr wesentlich beigetragen. Aus dieser österreichisch-nationalen und demokratischen Gesinnung heraus haben sie im Zusammenwirken der beiden Großparteien ÖVP und SPÖ den wohlhabenden Sozialstaat Österreich geschaffen. In der Ära der Alleinregierungen einer Partei, die durch den Bundeskanzler Dr. Klaus (ÖVP) eingeleitet wurde, bestand die Gefahr einer politischen Majorisierung der nicht regierenden Minderheit. Dies konnte unter den Alleinregierungen Dr. Klaus (ÖVP) und Dr. Kreisky (SPÖ) zwar durch einen weitgehenden Ausbau der Sozial- und Wirtschaftspartnerschaft auf dem sozialen und wirtschaftlichen Sektor hintangehalten werden, bedingte aber auf dem politischen Sektor eine massive Opposition der nichtregierenden Parteien. Es gelang — auf Kosten einer großen, stets steigenden Staatsverschuldung — die ärgsten Auswüchse der weltweiten Krisen, wie Inflation, Währungsverfall und Arbeitslosigkeit, von Österreich abzuhalten, sodaß Österreich wahrscheinlich einer guten Zukunft entgegengeht. Doch gibt es auch ernste Probleme.

Der plötzliche Einsturz der Wiener Reichsbrücke um 4.45 Uhr früh am 1. August 1976 führte zu schweren Beschuldigungen der Wiener Rathausbürokratie seitens der Oppositionsparteien. Stadtrat Ing. Fritz Hofmann trat aus „sozialistischer Verantwortlichkeit" zurück.

Die starke Überalterung (Seniorenproblem) der Bevölkerung und auch vieler führender Politiker hat dem Generationenproblem zu einer besonderen Wichtigkeit verholfen. Tatsächlich haben die beiden Großparteien bereits mehrere jüngere Politiker auf verantwortungsvolle Posten gestellt, so Bundesminister für Finanzen Dr. Hannes Androsch, Bürgermeister Leopold Gratz, Parlaments-Klubsekretär Dr. Fischer und Zentralsekretär Fritz

Marsch bei der SPÖ und Bundesparteiobmann Dr. Josef Taus, Generalsekretär Dr. Erhard Busek (zwischenweilig Landesparteiobmann von Wien) und Dr. Alois Mock im ÖAAB (bei der ÖVP).

Am 6. Oktober 1976 erfolgte eine Ablöse des Vizekanzlers und Sozialministers Ing. Rudolf Häuser durch den Präsidenten des Hauptverbandes der Sozialversicherungsträger, Dr. Gerhard Weißenberg. (Vizekanzler wurde Finanzminister Androsch.) Landwirtschaftsminister Dr. Oskar Weihs wurde durch seinen früheren Staatssekretär Dipl.-Ing. Günther Haiden und Außenminister Dr. Bielka-Karltreu durch den früheren Leiter des Verfassungsdienstes im Bundeskanzleramt, Sektionschef Dr. Willibald Pahr, abgelöst.

Die ÖVP bezieht ihren Nachwuchs teilweise aus konfessionellen, mehr oder minder parteinahen Verbänden (wie z. B. Kolpingwerk, MKV u. a.), während die SPÖ über gut organisierte Junggewerkschafter verfügt, die auch, dank des Bildungswerkes der Gewerkschaften, österreichisch-national und demokratisch geschult wurden. Anders sieht es mit dem akademischen Nachwuchs aus, auf den heute, in unserer hochbürokratisierten und technisierten Welt, keine Partei verzichten kann und darf. Da die sozialistischen Hochschüler, wie geschildert, nur einen Bruchteil jener Stimmen der Universitätsstudenten bei den verschiedenen Hochschulwahlen erzielen konnten, welcher der Stimmenprozentzahl der SPÖ bei den Nationalratswahlen und damit im österreichischen Volk entspricht, besteht die ständige Gefahr, daß einige den Sozialisten zulaufende Universitätsabsolventen aus rechts- und linksradikalen Lagern kommen und die sozialistischen Akademiker unterwandern. Dies gilt besonders für rechtsradikale Elemente auch für die ÖVP, wie bei der Politik des früheren Unterrichtsministers festgestellt wurde.

Den Grundlagen der Republik, wie dem Staatsgrundgesetz der immerwährenden Neutralität und dem Bekenntnis zum österreichischen Volk, zum österreichischen Vaterland und zur österreichischen (Staats-)Nation einerseits, der vorgelebten Wirtschaftspartnerschaft und Wirtschaftsdemokratie (die durch ein Wiederaufflammen des Klassenkampfes ersetzt werden soll) andererseits, drohen Zersetzung, wenn nicht Zerstörung, wenn nicht rechtzeitig einem vom versteckten Gegner erfundenen Neutralismus, dessen Ziel die Aushöhlung unserer Neutralität zu einer grundsatzlosen, unverbindlichen Haltung gegenüber jedermann, entgegengetreten wird.

Die Führungen der SPÖ und ÖVP werden gut tun, diesen Problemen, ohne sie zu dramatisieren, ein erhöhtes Augenmerk zuzuwenden, damit nicht das von ihnen mitaufgebaute demokratische und österreich-nationale Vaterland in der nächsten Generation Schaden leidet. Die ÖVP, deren Anteil an den Hochschulabsolventen stets größer war, als ihrer Stimmenprozentzahl bei den Nationalratswahlen entsprach, hat mit diesem Problem weniger zu tun. Aber auch sie muß (ebenso wie die SPÖ) jene Elemente bekämpfen, die noch immer nicht begriffen haben, daß ein Abgehen von der Wirtschaftspartnerschaft in Österreich — aus noch so berechtigten Gründen der Tagespolitik heraus! — das Ende des wirtschaftlichen Friedens und damit des wirtschaftlichen Wohlstandes in Österreich bedeuten würde.

Nur die Einigkeit der beiden Großparteien in allen wesentlichen Fragen und die Schaffung der Möglichkeit für die Minderheiten, am politischen Geschehen teilzunehmen, werden auf die Dauer Österreich zu dem machen, was Papst Paulus VI. aussprach: zu einer „Insel der Seligen“ in einer Welt voll Zank und Haß. Bis jetzt haben die führenden Politiker für diese Probleme viel Verständnis gezeigt. Sie mögen dies auch weiterhin tun, und aus der österreichischen Geschichte lernen, daß Österreich bei Einigkeit aller immer gut gefahren ist.

In diesem Sinne soll das AEIOU des neuen Österreich, das Prof. Felix Romanik für seine Schlußansprache bei der ersten internationalen Veranstaltung der Zweiten Republik — das erste internationale College in Alpbach, Tirol, im Sommer 1945 — entworfen hat, als Consensus Austriacus allen wahren Österreichern gewidmet sein:

Aller
Einigkeit
Ist
Oesterreichs
Unsterblichkeit.

BIBLIOGRAPHIE

Abafi L., Geschichte der Freimaurerei in Österreich-Ungarn, Budapest 1890
Adel in Österreich. Herausgegeben von Heinz Siegert, Wien 1971
Adler Sigmund, Die Organisation der Zentralverwaltung unter Maximilian I., Leipzig 1886
Aelschker Edmund, Geschichte Kärntens, Klagenfurt 1886
Die Agrarfrage in der Österreichisch-Ungarischen Monarchie 1900—1918, Bukarest 1963
Ahrer Jakob, Erlebte Zeitgeschichte, Wien 1930
Alföldi A., Der Untergang der Römerherrschaft in Pannonien, Berlin 1924
— Daci e Romani in Transsilvania, Budapest 1940
Alker Ernst, Franz Grillparzer, Marburg 1930
Allard Sven, Diplomat in Wien. Erlebnisse, Begegnungen und Gedanken um den österreichischen Staatsvertrag, Köln 1965
Alt Theodor, Aus den Erinnerungen und Aufzeichnungen eines Parlamentsstenographen, Wien 1951
Andics Hellmut, Der Staat, den keiner wollte, Wien 1964
— Der Fall Otto Habsburg, Wien 1965
— 50 Jahre unseres Lebens. Österreichs Schicksal seit 1918, Wien - München - Zürich 1968
— Die Frauen der Habsburger, Wien 1969
Andics Hellmut — Haas Ernst, Ende und Anfang, Wien - Hamburg - Düsseldorf 1975
Andrássy Gyula d. J., Az 1867-i kiesgyezelrö, Budapest 1896
Andreas Walter, Das theresianische Österreich während des 18. Jahrhunderts, München 1930
Andrian Leopold, Österreich im Prisma der Idee, Graz 1937
Angyal D., Gróf Andrássy Gyula, Budapest 1940
Anonym, Feldmarschall Graf Radetzky, Stuttgart 1858
Apponyi Albert, Megemlélezés IV. Károly királyról, Budapest 1922
Arato Endre, A nemzetiségi kérdés története Magyarországon 1840—1848, Budapest 1960
Aretz Gertrud, Maria Louise, Wien 1936
Ardelt Rudolf G., Zwischen Demokratie und Faschismus. Deutschnationales Gedankengut in Österreich 1919 bis 1930. Veröffentlichungen des Historischen Instituts der Universität Salzburg 5, Wien - Salzburg 1972
Arneth Alfred v., Maria Theresia, Wien 1863
— Prinz Eugen von Savoyen, Wien 1865
Aschbach Josef R. v., Geschichte der Universität Wien, 3 Bde., 1865—1888
Asztalos M., II. Rákoszi Ferenc és kora, Budapest 1934
Auffenberg-Komarow, Aus Österreichs Höhe und Niedergang, München 1921
Augstein Rudolf, Preußens Friedrich und die Deutschen, Frankfurt 1966
Ausch Karl, Erlebte Wirtschaftsgeschichte. Österreichs Wirtschaft seit 1945, Wien 1963
— Als die Banken fielen. Zur Soziologie der politischen Korruption. Wien - Frankfurt - Zürich 1968

Bachinger Karl — Matis Herbert, Der österreichische Schilling. Geschichte einer Währung, Graz - Wien - Köln 1974
Bader William B., Austria between East and West 1945—1955, Stanford University Press 1966
Baernthaler Irmgard, Die vaterländische Front. Geschichte und Organisation, Wien - Frankfurt - Zürich 1971

Bahr Hermann, Österreich in Ewigkeit, 1929
Balassa Imre, A magyar királytragédia IV. Károly, Budapest 1930
Balázas H. Eva, Berzeviczy Gergely, a reformpolitikus, Budapest 1967
Bartha A., Az aradi 13 vertabu pörének és kivégzésének hiteles története, Budapest 1930
Báthany Theodor, Für Ungarn gegen Hohenzollern, Zürich 1930
Bauer Otto, Die Nationalitätenfrage und die Sozialdemokratie, Wien 1907
— Die österreichische Revolution, Wien 1923
— Die Nationalitätenfrage, Wien 1924
— Agrarfrage und Sozialdemokratie, Wien 1925
— Die Revolution in Österreich, Wien 1965
Bauer Viktor, Mitteleuropa, Brünn 1936
Baxa J., Adam Müller, Jena 1930
Mayer v. Bayersburg Heinrich, Österreichs Admirale, Wien 1960
Bayern Prinz Adalbert v., Das Ende der Habsburger in Spanien, München 1929
Becher Johann Joachim, Politischer Diskurs, Frankfurt 1668
Beda K., Le régime féodal en Hongrie à la fin du XVIIIe siècle (in: Annales Historiques de la révolution française, Nr. 196, Paris 1969)
Bednarik Karl — Horvath Stephan, Wien 1918. Zustandsbild eines Jahres, Wien - München 1968
Beer Adolf, Die österreichische Handelspolitik im 19. Jahrhundert, Wien 1891
Beiträge zur Bevölkerungs- und Sozialgeschichte Österreichs. Nebst einem Überblick über die Entwicklung der Bevölkerungs- und Sozialstatistik. Herausgegeben von Heimold Helczmanovski, Wien 1973
Benedikt Ernst, Joseph II., Wien 1936
Benedikt Heinrich, Das Königreich Neapel unter Kaiser Karl VI., Wien 1927
— Monarchie der Gegensätze, Wien 1947
— Geschichte der Republik Österreich, Wien 1954
— Die Monarchie des Hauses Österreich, Wien 1968
— Als Belgien österreichisch war.
Beneš Edvard, Le problème autrichien et la question tchèque, Paris 1908
— Detruissez l'Autriche-Hongrie, Paris 1916
— Der Aufstand der Nationen, Berlin 1936
Berchtold Klaus, Österreichische Parteiprogramme, Wien 1967
Berczeller Richard — Leser Norbert, ... mit Österreich verbunden. Burgenlandschicksal 1918—1945, Wien - München 1975
Berczeviczy A. v., König Matthias Corvinus und Königin Beatrix in Wien und Österreich (in: Ungarische Jahrbücher, XII., Berlin 1932)
Berger Alfred, Warsberg, Graz 1922
— Erzherzog Karl von Österreich, Graz 1921
— Prokesch-Osten, Graz 1921
Bericht über die Tätigkeit der deutsch-österreichischen Friedensdelegation in Saint-Germain-en-Laye. 2 Bde., Wien 1919
Beruth Hans, Von den Sozialdemokraten (in: Politische Fragmente, Deutsch-konservatives Wochenblatt, 1896)
Bestandsaufnahme Österreich 1945—1963, herausgegeben von Jacques Hannak, Wien - Hannover - Bern 1963
Bibl Viktor, Von Revolution zu Revolution in Österreich, Wien 1924
— Metternich, Leipzig 1936
— Kronprinz Rudolf, Leipzig 1938
— Joseph II., Leipzig 1943
Bibliographie zur österreichischen Außenpolitik, Wien 1974
Bidermann H. J., Geschichte der österreichischen Gesamtstaatidee, Innsbruck 1867
Bidlo J., Dějiny Slovenstva, Prag 1927
Biegeleben H. v., Ludwig Freiherr von Biegeleben, Wien 1930
Bietak Wilhelm, Das Lebensgefühl des österreichischen Biedermeiers in der österreichischen Dichtung, Leipzig 1931
Birk Bernhard, Dr. Ignaz Seipel, Regensburg 1932
Bismarck Otto v., Gedanken und Erinnerungen, Stuttgart 1898

Blaukopf K. und M., Von österreichischer Musik, Wien 1947
Blecha Karl — Gmoser Rupert — Kienzl Heinz, Der durchleuchtete Wähler. Beiträge zur politischen Soziologie in Österreich, Wien 1964
Bluhm William T., Building in Austrian Nation. The political integration of a Western state, New Haven - London 1973
Blum Jerome, Noble Landowners and Agriculture in Austria, Baltimore 1948
Bodea Cornelia, Lupta Românilor pentru unitatea nationala, 1834—1849, Bukarest 1967
Boghitschewitsch M., Die Auswärtige Politik Serbiens 1903—1914, Berlin 1928
Bogyay Thomas v., Grundzüge einer Geschichte Ungarns, Darmstadt 1967
Bodzenta E(rich) (Hrsg.), Die österreichische Gesellschaft. Entwicklung — Struktur — Probleme, Wien - New York 1974
Böhm Johann, Erinnerungen aus meinem Leben, Wien 1953
Böhm Wilhelm, Februar 1934, Wien 1948
— Die politische Geschichte Österreichs nach dem Jahre 1918, Wien 1965
Bojničič Ivan, Geschichte Bosniens, Leipzig 1885
Le Bon Gustave, Enseignements psychologiques de la guerre Européenne, Paris 1916
Borges Anatol, La casa de Austria en Venezuela durante la guerra de Sucesiòn española, Tenerifa 1963
Borgese G. A., La Tragedia di Mayerling, Mailand 1925
Boroviczény, Der König und sein Reichsverweser, München 1924
Botz Gerhard, Die Eingliederung Österreichs in das Deutsche Reich. Planung und Verwirklichung des politisch-administrativen Anschlusses 1938—1940. Schriftenreihe des Ludwig-Boltzmann-Instituts für Geschichte der Arbeiterbewegung 1, Wien 1972
Bourbon Prince Sixte de, L'offre de la paix separée de l'Autriche, Paris 1920
Bourguignon L., Napoléon Bonaparte, Paris 1936
Bracher Dietrich, Die deutsche Diktatur, 1974 (Neuauflage)
Brandi Karl, Kaiser Karl V., München 1937
Brandis Clemens, Österreich und das Abendland an der Wende des 19. Jahrhunderts, Innsbruck 1953
— Die Habsburger und die Stephanskrone, Zürich 1936
Braun M., Die Slawen auf dem Balkan bis zur Befreiung von der türkischen Herrschaft, Leipzig 1941
Braun Wilhelm, Die Paritätische Kommission. Beiträge der deutschen Industrie, Deutsche Verlagsges. m. b. H. 1970
Braunthal Julius, Victor und Friedrich Adler. Zwei Generationen Arbeiterbewegung, Wien 1965
Brecht Walter, Artikel „Österreich" im Sachwörterbuch der Deutschkunde, II. Bd., Berlin 1930
Brehm Bruno, Trilogie: Das 12jährige Reich, 1960/61
— Am Ende stand Königgrätz, 1964
Breit J., A magyar német hadtörténelem, Budapest 1928
Bresztovsky Ernö, Magyarország fekete statiszikája, Budapest 1909
Breycha-Vauthier Arthur, Sie trugen Österreich in die Welt, Wien 1962
— Österreich in der Levante, Wien 1973
Brook-Shepherd Gordon, Um Krone und Reich. Die Tragödie des letzten Habsburgerkaisers, Wien - München - Zürich 1968
— Anschluß. The Rape of Austria, London 1963
— Engelbert Dollfuß, Graz - Wien - Köln 1961
— Die österreichische Odyssee, Wien 1958
Brozek A., Der niederösterreichische Bauernkrieg 1597, St. Pölten 1940
Brügel Ludwig, Die soziale Gesetzgebung in Österreich 1848—1918, Wien 1919
— Geschichte der österreichischen Sozialdemokratie, 5 Bde., Wien 1925
Brunner Otto, Land und Herrschaft, Brünn 1945
— Adeliges Landleben und europäischer Geist, Salzburg 1949
Brunner Sebastian, Die Mysterien der Aufklärung in Österreich, Mainz 1969
Buchheim Karl, Das deutsche Kaiserreich 1871—1918, München 1969
Buhl Hermann — Diemberger Kurt (Hrsg.), Achttausend drüber und drunter, München 1958

Bullock A., Adolf Hitler, Düsseldorf 1953
Burian S., Austria in dissolution, London 1925
Busek Erhard (Hrsg.) — Peterlik Meinrad, Die unvollendete Republik, Wien 1968
Bußhoff Heinrich, Das Dollfuß-Regime in Österreich. In geistesgeschichtlicher Perspektive unter besonderer Berücksichtigung der „Schöneren Zukunft" und „Reichspost". Beiträge zur Politischen Wissenschaft 6, Berlin 1968
Buttinger Joseph, Am Beispiel Österreich, Köln 1953
Bystricky Josef, Bereit für Österreich, Wien 1969
— 350 Jahre österreichische Armee, Wien 1968

Carl Erzherzog, Grundzüge der Strategie, Wien 1813
Charmatz Richard, Deutschösterreichische Politik, Leipzig 1907
— Adolf Fischhof, Stuttgart 1910
— Ludwig Freiherr von Bruck, Leipzig 1916
— Lebensbilder aus der Geschichte Österreichs, Wien 1947
— Vom Kaiserreich zur Republik, Wien 1947
Childe G. V., The Danube in the prehistory, Oxford 1929
Chlumecky Leopold, Erzherzog Franz Ferdinand, Wien 1929
Christe Oskar, Erzherzog Carl von Österreich, Wien 1912
Christoph Paul, Das Großherzogtum Toscana, Wien 1957
Chudoba Bogdan, Baroko, Prag 1934
Churchill Winston S., Marlborough, der Feldherr und Staatsmann, München 1968
Conrad Franz v. Hötzendorf, Aus meiner Dienstzeit, Wien 1921
Constantinescu M., Die Botschaften Lenins an die Arbeiter und Völker Ungarns (in: About some history problems, Bukarest 1965)
Corović Vl., Odnosi izmetu Srbija i Austro-Ugarske u XX veku, Beograd 1936
Corti Egon Cäsar Conte, Elisabeth, Wien 1934
— Vom Kind zum Kaiser, Graz 1950
— Mensch und Herrscher, Graz 1952
— (und Hans Sokol), Der alte Kaiser, Graz 1955
Coudenhove-Calergi Heinrich, Zur Charakteristik der „Los-von-Rom"-Bewegung, Wien 1906
Crankshaw Edward, Der Niedergang des Hauses Habsburg, Wien 1967
Csóka J. L., Maria Tereza iskola reformága és Kollár Adam, Pannonhalma 1936
Cullin Michel — Kreissler Felix, L'Autriche contemporaine, Paris 1972
Cvijić Ivan, Aneksija Bosno i Hercegovina i srpski problem, Beograd 1908
Czedik A., Zur Geschichte der österreichischen Ministerien 1861—1916, Teschen 1917
Czeike Felix, Liberale, christlichsoziale und sozialdemokratische Kommunalpolitik (1861 bis 1934), Wien 1962
— Wien und seine Bürgermeister, Wien 1975
Czörnig Karl v., Ethnographie der österreichischen Monarchie, Wien 1857

Dachs Herbert, Österreichische Geschichtswissenschaft und Anschluß 1918—1930. Veröffentlichungen des Historischen Instituts der Universität Salzburg 9, Wien 1974
Danimann Franz, War Österreichs Untergang 1938 unvermeidlich?
Dedier P., Der Protestantismus in der Steiermark, Leipzig 1930
Dempf Alois, Sacrum Imperium, München 1929
Depner M., Das Fürstentum Siebenbürgen im Kampf gegen Habsburg, Stuttgart 1938
Deuring Hermann, Jodok Fink, Wien 1937
Deutsch Julius, Geschichte der österreichischen Gewerkschaftsbewegung, Wien 1908
— Aus Österreichs Revolution, Wien 1920
— Ein weiter Weg, Wien 1960
Deutsch Wilhelm, Habsburgs Rückzug aus Italien, Wien 1940
Diamant Alfred, Die österreichischen Katholiken und die Erste Republik. Demokratie, Kapitalismus und soziale Ordnung 1918—1934, Wien 1960
Dokumentation zur österreichischen Zeitgeschichte 1945—1955. Herausgegeben von Josef Kocensky, Christine Klusacek und Herbert Steiner, 2 Bde., Wien - München 1971
Dokumente zum Schutzbundprozeß, Karlsbad 1935

Domaschnew A. I., Otscherk sowremennogo nemetschkogo jazyka w Awstrii, Moskau 1967
Donauraum gestern, heute, morgen, Wien 1967
Donin Richard Kurt, Zur Kunstgeschichte Österreichs, 1951
Dopsch Alfons, Die Grundlagen der europäischen Kulturentwicklung von Cäsar bis auf Karl den Großen, Wien 1923
— Die Weststaatspolitik der Habsburger (in: Gesamtdeutsche Vergangenheit, München 1938)
Dörrer Fridolin, Geschichte Tirols bis zum Ende des Ersten Weltkrieges (in: Zum Selbstverständnis der Südtiroler, Bozen 1968)
Drabek — Häusler — Schubert — Stuhlpfarrer — Vielmetti, Das österreichische Judentum, Wien 1974
Drimmel Heinrich, Gegenwartsprobleme in christlicher Sicht, Wien 1964
Dumba Konstantin, Dreibund- und Ententepolitik in der alten und neuen Welt, Wien 1931
Dungern Otto v., Wie Baiern das Österreich verlor, Graz 1930
Dvornik F., Les slaves, Bycance et Rome en IX. siècle, Paris 1926
— The making of Central and Eastern Europe, London 1949
Eckhardt F., A habsburg-lothringaiai ház családi törvenye, Budapest 1929
Eckhardt Tibor, Mit hozott Trianon a gyözteseknek? (in: Uj Europa, München, Juninummer 1965)
Egger Josef, Geschichte Tirols, Innsbruck 1876 ff
Egger Rudolf, Kärnten im Altertum, Klagenfurt 1941
Ehnl Maximilian, Wenzel Cäsar Messenhausser, Wien 1948
Eichmann Eduard, Die Kaiserkrönung im Abendland, Würzburg 1942
Eichstädt Ulrich, Von Dollfuß zu Hitler. Geschichte des Anschlusses Österreichs 1933 bis 1938, Wiesbaden 1955
Encyclopedija Jugoslavije, Zagreb 1955 ff
Ender Otto, Vorarlbergs Schweizer Anschlußbewegung von 1918—1924. Schriften zur Vorarlberger Landeskunde 5, 1952
Endres Robert, Geschichte Europas und des Orients, 5 Bde., 1948 ff
Engel-Janosi Friedrich, Vom Chaos zur Katastrophe. Vatikanische Gespräche 1918 bis 1938. Vornehmlich auf Grund der Berichte der österreichischen Gesandten beim Heiligen Stuhl, Wien - München 1971
— Geschichte auf dem Ballhausplatz, Graz 1963
Entwicklung der Verfassung in Österreich vom Mittelalter bis zur Gegenwart. Herausgegeben vom Institut für Österreichkunde, Graz - Wien 1972
Eöttevényi O., Ferenc Ferdinand, Budapest 1942
Eötvös Joseph v., Die Garantien der Macht und Einheit Österreichs, Leipzig 1859
— Über die Gleichberechtigung der Nationalitäten in Österreich, Pest 1850
Ergert Viktor, 50 Jahre Rundfunk in Österreich, Bd. 1, 1924—1945, Salzburg 1974
Erhebung der österreichischen Nationalsozialisten im Juli 1934. Bericht der Historischen Kommission des Reichsführers SS, Wien - Frankfurt - Zürich 1965
Ermacora Felix, Österreichs Staatsvertrag und Neutralität, Frankfurt - Berlin 1957
— 20 Jahre österreichische Neutralität, 1975
Ermacora Felix — Koller Heinrich — Klecatsky Hans — Welan Gertrude und Manfried, Föderalismus in Österreich. Föderative Ordnung 2, Salzburg - München - Frankfurt - Zürich 1970
Eugippius, Vita S. Severini (gänzlich enthalten in E. K. Winter — Klemens Kramert, St. Severin, I. Bd., Klosterneuburg 1958)
Exner W. F., Beiträge zur Geschichte der Gewerbe und Erfindungen Österreichs, Wien 1873

Farkas Julius, Die ungarische Romantik, Berlin 1931
Farnleitner, Die Paritätische Kommission (Prugg-Verlag 1974)
Fellinger Hans — Klenner Fritz, Die österreichische Gewerkschaftsbewegung, Wien, o. J. (etwa 1948)
Fellner Fritz, Der Dreibund, Wien 1960
Felszeghy Ediltrud, A császári és király hadsereg nyelve Magyarországon, Budapest 1938

Fensterer W., Das tschechische Nationalprogramm, Essen 1942
Ficker Julius v., Forschungen zur Reichs- und Rechtsgeschichte, Innsbruck 1891
Figl Leopold, Österreich geht an die Arbeit, Wien 1945
Die Frage des Finanzkapitals in der Österreich-Ungarischen Monarchie 1900—1918, Bukarest 1965
Fischel A., Materialien zur Sprachenfrage in Österreich, Brünn 1902
Fischer Ernst, Die geistigen Grundlagen des neuen Österreich, Graz 1945
— Die Entstehung des österreichischen Volkscharakters, Wien 1946
— Reden für Österreich, Wien 1965
— Erinnerungen und Reflexionen, Reinbek bei Hamburg 1969
— Das Ende einer Illusion. Erinnerungen 1945—1955, Wien - München - Zürich 1973
Fischer Fritz, Griff nach der Weltmacht, Düsseldorf 1961
Fischer Heinz, Das politische System Österreichs, Europa-Verlag 1974
— (Hrsg.) Einer im Vordergrund, Taras Borodajkewycz. Eine Dokumentation, Wien - Frankfurt - Zürich 1966
Fischhof Adolf, Ein Blick auf Österreichs Lage, Wien 1866
— Österreich und die Bürgschaften seines Bestandes, Wien 1869
— Die Sprachenrechte in Staaten gemischter Nationalität, Wien 1885
Foerster Friedrich Wilhelm, Mein Kampf gegen das militaristische und nationalistische Deutschland, Stuttgart 1920
— Das österreichische Problem, Wien 1914
— Deutsche Geschichte, Nürnberg 1961
Forst de Battaglia Otto, Jan Sobieski, Einsiedeln 1961
— Zwischeneuropa, Frankfurt 1954
Fournier August, Napoleon I., Wien 1904 ff
— Die Geheimpolizei auf dem Wiener Kongreß, Wien 1913
Fraknói Vilmos, Die ungarische Regierung und die Entstehung des Weltkrieges, Wien 1919
Franco Catalasso, Il Barbara: la rivolta del 6 febbraio 1853 a Milano, Mailand 1953
Franz E., Der Entscheidungskampf um die wirtschaftspolitische Führung Deutschlands (in: Schriftenreihe zur bayrischen Landesgeschichte, Band 12, München 1933)
Franz Georg, Erzherzog Franz Ferdinand und die Pläne zur Reform der Habsburgermonarchie, Brünn 1943
— Der Liberalismus, München 1955
Frauenbilder aus Österreich, Velden am Wörthersee 1955
Frauenstudium und akademische Frauenarbeit in Österreich, herausgegeben von Martha Forkl und Elisabeth Koffmann, Wien - Stuttgart 1968
Frei Bruno, Die roten Matrosen von Cattaro, Wien 1927
Freiheitskämpfe in Deutschösterreich, Berlin 1941 ff
Frey Dagobert, Johann Bernhard Fischer von Erlach, Wien 1923
Fried Jakob, Nationalsozialismus und katholische Kirche in Österreich, Wien 1947
Friedjung Heinrich, Der Kampf um die Vorherrschaft in Deutschland, Stuttgart 1901
— Benedeks nachgelassene Papiere, Dresden 1904
— Der Krimkrieg und die österreichische Politik, Stuttgart 1907
— Österreich 1848—1860, Stuttgart 1908
— Das Zeitalter des Imperialismus, Berlin 1919 ff
Fritz Friedrich, Der deutsche Einmarsch in Österreich 1938, Wien 1968
Fröbel Julius, Wien, Deutschland und Europa, Wien 1848
Fröhlich David, Der uralte deutsch-ungarische Landsmann, Leutschau 1641
Frommelt Klaus, Die Sprachenfrage im österreichischen Unterrichtswesen 1848—1859, Graz 1963
Fuchs Albert, Geistige Strömungen in Österreich 1867—1918, Wien 1949
Funder Friedrich, Vom Gestern ins Heute. Aus dem Kaiserreich in die Republik. 3. Aufl., Wien - München 1971
— Als Österreich den Sturm bestand, Wien - München 1957
Fülop-Miller René, Macht und Geheimnis der Jesuiten, Berlin 1929
Fürlinger Herbert, Unser Heer, Wien 1963

Gaiswinkler Albrecht, Der Sprung in die Freiheit, Wien 1946

Gaspari Christof — Millendorfer Hans, Prognosen für Österreich. Fakten und Formeln der Entwicklung, Wien 1973
Gatterer Klaus, Cesare Battisti, Wien 1967
— Im Kampf gegen Rom (Südtirolproblem)
Gaxotte, Die Französische Revolution, Innsbruck 1951
Gedye G. E. R., Die Bastionen fielen. Wie der Faschismus Wien und Prag überrannte, Wien o. J.
Geheimer Briefwechsel Mussolini - Dollfuß, Wien 1949
Gehl Jürgen, Austria, Germany and the Anschluß 1931—1938, London - New York - Toronto 1963
Geldwertstabilität und Wirtschaftswachstum. Artikel von Kienzl: Geldwertstabilität und Wachstum, Springer-Verlag 1971
Georgi Michael, Die Habsburger, Lausanne 1968
Gervinus, Geschichte der deutschen Dichtung II, Bd. VII, S. 180
Gewehr W. M., The Rise of nationalisme in the Balkans, New York 1931
Gigli G., Il congresso di Vienna, Florenz 1938
Ginhart Karl, Die bildende Kunst in Österreich, Wien 1943 ff
Gisevius H., Hitler, München 1963
Giurescu C., Siebenbürgen in der Geschichte des rumänischen Volkes, Bukarest 1969
Glaise-Horstenau E., Franz Josephs Weggefährte, Zürich 1930
Gold Hugo, Geschichte der Juden in Wien, Tel Aviv 1966
Goldinger Franz, Die österreichische Emigration 1938—1945, Wien - München 1972
Goldinger Walter, Geschichte der Republik Österreich, Wien 1962
Gollob Hedwig, Karnuntum, Wien 1966
— Die Restaurationskulte der archäischen Trinitas in der Antike, Wien 1973
Görlich Ernst Joseph, Zur persönlichen Charakteristik Kaiser Franz Josephs I. (in: Jahrbuch der Österreichischen Leo-Gesellschaft, Wien 1935)
— Karl von Vogelsang, his life and his doctrines (in: Centralblatt and Social Justice, St. Louis, Mo., 1936/37)
— Hans v. Perthaler, ein Staatsmann aus Tirol, Brixlegg 1938
— Österreichische Literaturgeschichte, Wien 1946 ff
— Handbuch des Österreichers, Salzburg 1948
— Kleine Österreichische Kirchengeschichte, Linz 1948, 2. Auflage 1968
— Pietro Metastasio und das italienische Musikdrama im Zeitalter Mozarts (in: Mozart-Jahrbuch, Salzburg 1946)
— Das burgenländische Schrifttum im Rahmen der österreichischen Dichtung (in: Burgenland-Buch, Wien 1954)
— Donauländisches Biedermeier (in: Mitteilungen des Forschungsinstitutes für Fragen des Donauraumes, Wien 1955)
— Grillparzer y el teatro espanol (in: Clavileno, Madrid 1956)
— Ferdinand Sauter und die Wiener Dichtung (in: Loewensche Bijdragen, den Haag 1957)
— Österreichische Dichter in angelsächsischer Emigration (in: Österreich und die angelsächsische Welt, Wien 1961)
— Richard Kralik und das kroatische Schrifttum (in: Der Donauraum, Wien 1962)
— Gegenwartskunde, Salzburg 1963
— Ungarn, eine geistige Länderkunde, Nürnberg 1966
— Historia del mundo, Barcelona 1967
— Adalbert Stifter und die Ungarn (in: Vierteljahrsschrift des Adalbert-Stifter-Institutes, Linz 1967)
— Karl von Vogelsang, Linz 1968
— Die österreichische Nation und der Widerstand, Wien 1968
— Viktor Adler und Karl von Vogelsang (in: Wiener Geschichtsblätter, Wien 1968)
— Die Mitteleuropaidee in Österreich 1849—1859 (in: Österreichische Osthefte, Wien 1968)
— Zur Geschichte eines europäischen Zollvereines (in: Österreichische Osthefte, Wien 1969)
— Die historische Bedeutung der Orel-Bewegung (in: Jahrbuch der Orel-Gesellschaft, Wien 1970)

— Grundzüge einer Geschichte der Habsburgermonarchie, Darmstadt 1970
— The Celtic background of Austria (in Celtic Yearbook 1970, Dublin 1970)
Görlich — Knoll — Sachelberger, Anton Orel, Salzburg 1952
Gopčević Spiridion, Geschichte von Albanien und Montenegro, Gotha 1914
Gräffer E., Josephinische Curiosa, Wien 1920
Gragger R., Die Donaukonföderation, Berlin 1919
Gramsch Bernhard, Germanen - Slawen - Deutsche, Berlin 1968
Granichstaedten-Czerva, Andreas Hofers alte Garde, Innsbruck 1932
Grauer Constantin, Cu privire Franz Ferdinand, Bukarest 1935
Graus František, Die Handelsbeziehungen Böhmens zu Deutschland und Österreich im 14. und zu Beginn des 15. Jahrhunderts (in: Historica, II, Prag 1956)
— Die Entstehung der mittelalterlichen Staaten in Europa (in: Historica, X, Prag 1965)
Greenfield K. R., Economic liberalisme in the risorgimento, Oxford 1964
Gregor Joseph, Das Wiener Barocktheater, Wien 1922
Grimschitz Bruno, Johann Lukas v. Hildebrandt, Wien 1932
Grobauer Franz Joseph, ... heiß umfehdet, wild umstritten, Wien o. J.
— Feldmarschall Radetzky, Eigenverlag
— Als die Zukunft begann (Wien 1945), Wien 1975
Das Großmährische Reich, Prag 1966
Grosmann K., Metternichs Plan eines italienischen Bundes (in: Historische Blätter IV, Wien 1931)
Grossberg Mimi, Österreichs literarische Emigration in den Vereinigten Staaten 1938. Monographien zur Zeitgeschichte, Wien - Frankfurt - Zürich 1970
Größl Franz, Die christlichen Gewerkschaften in Österreich, Wien 1975
Gruber Karl, Zwischen Befreiung und Freiheit, Wien 1953
Grünberg K., Die Bauernbefreiung und die Auflösung des gutsherrlich-bäuerlichen Verhältnisses in Böhmen, Mähren und Schlesien, Leipzig 1893 ff
Gründorf Wilhelm v. Zebegény, Als Holstein österreichisch wurde, Wien 1966
Grun Bernhard, Weltgeschichte der Operette, München 1961
Guérin Daniel, Fascisme et grand capital, Paris 1945
Guglia Otto, Das Werden des Burgenlandes, Burgenländische Forschungen 44, 1961
Gulick Charles A., Österreich von Habsburg zu Hitler, 5 Bde., Wien 1948
Gumplowicz Ludwig, Das Recht der Nationalitäten und Sprachen in Österreich-Ungarn, Innsbruck 1879
Gutkas Karl, Geschichte des Landes Niederösterreich, St. Pölten 1957
Gutkas Karl — Brusatti Alois — Weinzierl Erika, Österreich 1945—1970. 25 Jahre Zweite Republik. Schriften zur Erwachsenenbildung in Österreich 21, Wien - München 1970

Haas G., Zur Geschichte der Brünner Industrie (in: Zeitschrift für Geschichte und Landeskunde Mährens, XLV, Brünn 1943)
Haberlandt Michael, Österreich, sein Land, sein Volk und seine Kultur, 1929
Habsburg Otto, Karl V., Wien 1967
— Rudolf v. Habsburg, Wien 1973
— Die Habsburgermonarchie 1848—1918, Bd. I, Die wirtschaftliche Entwicklung, Wien 1973, Verlag der Österreichischen Akademie der Wissenschaften, 666 Seiten
— Die Habsburgermonarchie 1848—1918, Bd. II, Verwaltung und Rechtswesen. Herausgegeben von Adam Wandruszka und Peter Urbanitsch. Verlag der Österreichischen Akademie der Wissenschaften, Wien 1975, 791 Seiten
Halecki Oskar, Borderlands of Western Civilization, New York 1952
Hallgarten George W. F., Hitler, Reichswehr und Industrie, Frankfurt 1955
— Imperialismus vor 1914, München 1951
— Das Schicksal des Imperialismus im 20. Jahrhundert, Frankfurt 1969
Hallóssy J., Fejezetek a magyar iparosodás történetéből, Budapest 1931
Halmi Helmut, Das schwarze Buch von Kecskemét, Wien 1921
Hammer Helmut, Österreichische Propaganda zum Feldzug 1809, München 1935
Hannak Jacques, Im Sturm eines Jahrhunderts, Wien 1951
— Johannes Schober — Mittelweg in die Katastrophe, Wien 1966

— Karl Renner und seine Zeit, Wien 1965
Hantsch Hugo, Die Entwicklung Österreich-Ungarns zur Großmacht, Freiburg i. Br. 1933
— Die Geschichte Österreichs, Graz 1947 ff
— Gestalter der Geschicke Österreichs, Innsbruck 1962
— Die Nationalitätenfrage im alten Österreich, Wien 1953
— Leopold Graf Berchtold, Grandseigneur und Staatsmann. 2 Bde., Graz - Wien - Köln 1963
Haslip Joan, Elisabeth von Österreich, München 1972
Hasselmann Karl, Der Wiener Kongreß, Breslau 1931
Hassinger Hugo, Österreichs Anteil an der Erforschung der Erde, Wien 1949
Hauptmann L., Die Rolle des Großmährischen Reiches im Kampf zwischen Slawen und Deutschen im Donaubecken (in: Bulletin Internationale de l'Académie Yougoslave, Beograd 1933)
Hautmann Hans, Die verlorene Räterepublik. Am Beispiel der Kommunistischen Partei Deutschösterreichs. Europäische Perspektiven, Wien - Frankfurt - Zürich 1971
Hautmann Hans — Kropf Rudolf, Die österreichische Arbeiterbewegung vom Vormärz bis 1945. Sozialökonomische Ursprünge ihrer Ideologie und Politik. Schriftenreihe des Ludwig-Boltzmann-Instituts für Geschichte der Arbeiterbewegung 4, März 1974
Heer Friedrich, Europäische Geistesgeschichte, Stuttgart 1953
— Das Heilige Römische Reich, Bern 1967
— Gottes Erste Liebe, Erlangen 1967
— Der Glaube des Adolf Hitler, Erlangen 1968
Unser Heer. 300 Jahre österreichisches Soldatentum in Krieg und Frieden, Wien 1963
Heilig Konrad Josef, Ostrom und das Deutsche Reich um die Mitte des 12. Jahrhunderts (in: Kaisertum und Herzogsgewalt im Zeitalter Friedrichs I., herausgegeben von Theodor Mayer, Konrad Heilig, Carl Erdmann, Leipzig 1944)
Heimatschutz in Österreich, Wien 1934
Heindl Gottfried, 25 Jahre Arbeit für Österreich. Der Weg der Österreichischen Volkspartei. 1945—1970, Wien 1970
Heinisch Theodor, Österreichs Arbeiter für die Unabhängigkeit. 1934—1945. Monographien zur Zeitgeschichte, Wien - Frankfurt - Zürich 1968
Helbling Ernst C., Österreichische Verfassungs- und Verwaltungsgeschichte, Wien 1956
Helbock J., Geschichte Vorarlbergs, Wien 1927
Helfert Alexander v., Über Universalgeschichte und den gegenwärtigen Stand ihrer Pflege in Österreich, Wien 1853
— Geschichte Österreichs seit dem Oktoberaufstand, Wien 1869
— Die Wiener Journalistik im Jahr 1848, Wien 1877
— Der Wiener Parnaß im Jahr 1848, Wien 1882
— Kaiser Franz I. und die Gründung des Lombardovenetianischen Königreiches, Innsbruck 1901
— Die österreichische Revolution, Freiburg i. Br. 1909
Heller Eduard, Fürst Felix Schwarzenberg, Wien 1933
Heller F., A magyar-német müvelödési kapcsólatok története, Budapest 1942
Heller J., Von den Staufen zu den Habsburgern, Berlin 1935
Helmer Oskar, Ausgewählte Reden und Schriften. Herausgegeben und biographisch eingeleitet von Jacques Hannak, Wien - Köln - Stuttgart - Zürich 1963
— 50 Jahre erlebte Geschichte, Wien 1957
Hemala Franz, Geschichte der Gewerkschaften, Wien 1930
Hemmerle Eduard, Der Weg in die Katastrophe, München 1948
Hendrich J., Jan Amos Komenský, jeho život a spisy, Prag 1920
Hengelmüller v., Franz Rákóczi, Stuttgart 1913
Hennings Fred, Das Josephinische Wien, Wien 1966
Hertz Friedrich, Nationalgeist und Politik, Zürich 1937
Herweg (Eduard Pichl), Georg v. Schönerer und die Entwicklung des Alldeutschtums in der Ostmark, Wien 1921
Heyreth N., Markus von Aviano, München 1938
Hilferding Rudolf, Das Finanzkapital, Wilna 1909
Hindels Josef, Österreichische Gewerkschaften im Widerstand 1934—1945, Wien 1976

Hirn Josef, Tirols Erhebung 1809, Innsbruck 1909
Hiscocks Richard, Österreichs Wiedergeburt, Wien 1954
Hitler Adolf, Mein Kampf, München, 45. Auflage 1938
— Hitlers Zweites Buch, Stuttgart 1961
Hobson John A., Der Imperialismus, Köln 1968
Hock Karl, Der österreichische Staatsrat, Wien 1879
Hofer Josef Theodor, Weggefährten, Wien 1946
Hoffmann Alfred, Oberösterreichs Landeswappen, Linz 1947
Hofmann Josef, Der Pfrimer-Putsch. Der steirische Heimwehrprozeß des Jahres 1931. Publikationen des Österreichischen Instituts für Zeitgeschichte, Wien - Graz 1965
Hohenecker Leopold — Otruba Gustav, Von Saint-Germain zum Staatsvertrag. Österreich 1918—1955, Wien 1967
Hölzl Norbert, Propagandaschlachten. Die österreichischen Wahlkämpfe 1945—1971, Wien 1974
Homan Bálint, Geschichte des ungarischen Mittelalters, Berlin 1940 ff
Homan Bálint und Szekfü Gyula, Magyar története, Budapest 1929 ff
Hoor Ernst, Österreich 1918—1938. Staat ohne Nation, Republik ohne Republikaner. Wien - München 1966
Hopf Wilhelm, Das Jahr 1866, Hannover 1906
Hormayr J. v., Geschichte Andreas Hofers, Leipzig 1845
Hörnigk P. H. W. v., Österreich über alles, wenn es nur will, 1684
Horthy Nikolaus v., Emlékirataim, Buenos Aires 1953
Horváth J., Felelösség e világháboruért és a békeeszerzödésert, Budepest 1930
Horváth Zoltán, Die Jahrhundertwende in Ungarn, Budapest 1966
Hosp Eduard, Bischof Gregorius Thomas Ziegler, Linz 1956
Hovorka Nikolaus, Der Kampf um die geistige Wiedergeburt Österreichs, Wien 1946
Hoyos Alexander, Der deutsch-englische Gegensatz und sein Einfluß auf die Balkanpolitik Österreich-Ungarns, Berlin 1922
Hratzky Josef, Die Persönlichkeit der Infantin Isabella von Parma (in: Mitteilungen des Österreichischen Staatsarchivs, XII, Wien 1959)
Hrauda C. F., Die Sprache des Österreichers, Salzburg 1948
Hruševskij E., Slovenské dějiny, St. Martin a. d. Thurz 1939
Hudal Alois, Der Katholizismus in Österreich, Innsbruck 1931
Huebmer Hans, Österreich 1933—1938. Der Abwehrkampf eines Volkes, Wien o. J.
— Dr. Otto Ender, Dornbirn 1957
Hugelmann Gottfried, Das Nationalitätenrecht im alten Österreich, Wien 1934
Huisman Michel, La Belgique commerciale sous l'empereur Charles VI., Brüssel 1902
Hundert Jahre im Dienste der Wirtschaft. Eine Festschrift. Herausgegeben vom Bundesministerium für Handel und Wiederaufbau, Wien 1961
Hundert Jahre österreichische Wirtschaftsentwicklung 1848 bis 1948. Herausgegeben von Hans Mayer, Wien 1949
Hurdes Felix, Österreich als Realität und Idee, Wien 1946
— Österreichische Kulturpolitik, Wien 1948
Hurter Friedrich, Geschichte Kaiser Ferdinands II., Schaffhausen 1853 ff
Huter Franz (Hrsg.), Südtirol. Eine Frage des europäischen Gewissens, Wien 1965
Ilg Albert, Kunstgeschichtliche Charakterbilder aus Österreich-Ungarn, Wien 1893

Innerkofler Adolf, Klemens Maria Hofbauer, Regensburg 1913
Institut für Österreichkunde, Religion und Kirche in Österreich, 1972
— Wirtschaftsgeschichte Österreichs, 1971
Iswolskij, Au service de la Russie, Paris 1937

Das Jahr 1934: 12. Februar. Protokoll des Symposiums in Wien am 5. Februar 1974. Wissenschaftliche Kommission des Theodor-Körner-Stiftungsfonds und des Leopold-Kunschak-Preises zur Erforschung der Geschichte Österreichs 1927 bis 1938, Veröffentlichungen 2, Wien 1975
Jaksch A., Geschichte Kärntens, Klagenfurt 1928

Jaksch Wenzel, Europas Weg nach Potsdam, Stuttgart 1918
Jambor Walter (Hrsg.), Der Anteil der Bundesländer an der Nationswerdung Österreichs. Die Nationswerdung Österreichs 1, Wien - München 1971
Janácek Josef, Der böhmische Außenhandel in der Mitte des 15. Jahrhunderts (in: Historica, IV, Prag 1960)
Janßen Karl-Heinz, Macht und Verblendung, Göttingen 1963
Jaschke A. C. R., Österreichs deutsches Erbe, Graz 1934
Jászi Oskar, The dissolution of the Habsburg Monarchy, Chicago 1929
Jedlicka Ludwig, Ein Heer im Schatten der Parteien. Die militärpolitische Lage Österreichs 1918—1938, Graz - Köln 1955
— Der 20. Juli 1944 in Österreich, Wien - München 1965
— Ende und Anfang. Österreich 1918/19, Wien und die Bundesländer, Salzburg 1969
— Vom alten zum neuen Österreich (1900—1975)
Jedlicka Ludwig — Neck Rudolf (Hrsg.), Österreich 1927—1958, Wien 1973
Jedlicka Ludwig — Neck Rudolf, Vom Justizpalast zum Heldenplatz, Wien 1975
Jenks William A., Austria under the Iron Ring, Charlottesville 1965
Johnston William M., Österreichische Kultur- und Geistesgeschichte. Gesellschaft und Ideen im Donauraum 1848—1938. Forschungen zur Geschichte des Donauraumes 1, Wien - Köln - Graz 1973
Jonas A. H. M., The later Roman Empire 284—602, Oxford 1964
Jorga Nicolaus, Geschichte des rumänischen Volkes, Gotha 1905 ff
— Histoire des Roumains de Transsylvanie et de Hongrie, Bukarest 1916
— Histoire des Roumains de Bucovine, Jassy 1917
— Geschichte der Rumänen und ihrer Kultur, Hermannstadt 1929
— Istoria Românilor, Bukarest 1936 ff
Jung J., Römer und Romanen in den Alpenländern, Innsbruck 1877
— Rechtsstellung und Organisation der alpenländischen civitates in der römischen Kaiserzeit (in: Studien zur klassischen Philologie XII., 1890)

Kann Robert, The multinational Empire, New York 1950
— A study in Austrian intellectual history, New York 1960
Károly A., Németújvari Gròf Batthyáni Lajos elsö magyar ministereelsöföbe járó pöre, Budapest 1932
Károly Mihóly, Egy egész világ ellen, **Budapest 1965**
Kasamas Alfred, Österreichische Chronik, Wien o. J. (1949?)
Kaspar J., Nevolnické povstáni v Cechách roku 1680, Prag 1965
Kászonyi Franz, Rassenverwandtschaft der Donauvölker, Zürich 1931
Käs Ferdinand, Wien im Schicksalsjahr 1945, Wien 1965
Katholischer Glaube und deutsches Volkstum in Österreich, Salzburg 1933
Kautsky Benedikt, Geistige Strömungen im österreichischen Sozialismus, Wien 1953
Kavka František, Die Habsburger und der böhmische Staat bis zur Mitte des 18. Jahrhunderts (in: Historica, VIII, Prag 1964)
Kecskemethy Aurel v., Graf Stephan Széchenys staatsmännische Laufbahn, Budapest 1866
Keesings Archiv der Gegenwart, 15.—45. Jahrgang, Bonn - Wien - Zürich 1945—1975
Keil Theo, Die deutsche Schule in den Sudetenländern, München 1967
Kelsen H., Österreichisches Staatsrecht, Tübingen 1923
Kémén Gyula, Iratok a nemetségi kérdés történetéhez Magyaroszágon a dualiszmus korában, Budapest 1966
Kenner Friedrich, Favianis (BMWAV 1880, 19, 49—104)
Kerchnawe H., Die alte k. k. Militärgrenze, Wien 1939
Kerekes Lajos, Allianz Hitler-Horthy-Mussolini, Budapest 1966
— Abenddämmerung einer Demokratie. Mussolini, Gömbös und die Heimwehr, Wien - Frankfurt - Zürich 1966
Kielhauser Ernst, Geschichte des gewerblichen Bildungswesens im alten und im neuen Österreich, Klagenfurt 1931
Kindermann Walter, Flug nach Moskau, Tagebuchaufzeichnungen vom 11. bis 15. April 1955, Wien 1955

Kirche in Österreich 1918—1965. Herausgegeben von Ferdinand Klostermann, Hans Kriegl, Otto Mauer und Erika Weinzierl, 2 Bde., Wien - München 1966/67
Kißling Rudolf, Revolution in Österreich 1848/49, Wien 1948
— Fürst Felix Schwarzenberg, Graz 1952
— Österreich-Ungarns Anteil am ersten Weltkrieg, Graz 1958
Klaus Josef, Macht und Ohnmacht in Österreich. Konfrontationen und Versuche. 2. Auflage, Wien - München - Zürich 1971
Klebel Ernst, Langobarden, Bajuwaren, Franken (in: Sonderdruck), Wien 1939
Klein Fritz, Deutschland im Ersten Weltkrieg, Berlin 1968 ff
Klein K., Johann Honter, Hermannstadt - Sibiu 1935
Kleinwachter F. G., Der Untergang der Österr.-Ungarischen Monarchie, Leipzig 1920
— Von Schönbrunn bis Saint-Germain, Graz - Wien - Köln 1964
Kleinwächter-Paller, Die Anschlußfrage in ihrer kulturellen, politischen und wirtschaftlichen Bedeutung, Wien - Leipzig 1930
Klemperer Klemens v., Ignaz Seipel. Christian Statesman in a time of crisis, Princeton 1972
Klenner Fritz, Die österreichischen Gewerkschaften, Wien 1951
Klima A. — Macurek J., La question de transition du féodalisme au capitalisme en Europe centrale XVI.—XVIII. siècle (Goteborg 1960)
Klima Arnost, Über die größten Manufakturen des 18. Jahrhunderts in Böhmen (in: Mitteilungen des Österreichischen Staatsarchivs, XII, Wien 1959)
Klimes V., Ceská vesnice v. r. 1848, Prag 1949
Klingenstein Grete, Die Anleihe von Lausanne. Ein Beitrag zur Geschichte der Ersten Republik in den Jahren 1931 bis 1934. Publikationen des Österreichischen Instituts für Zeitgeschichte, Graz - Wien 1965
Klopp Onno, Der Fall des Hauses Stuart, Wien 1875 ff
— König Friedrich II. von Preußen, Schaffhausen 1867
— Das Jahr 1683, Graz 1882
— Der Dreißigjährige Krieg, Paderborn 1891 ff
— Politische Geschichte Europas, Mainz 1912
Klopp Wiard, Die sozialen Lehren des Freiherrn Karl v. Vogelsang, St. Pölten 1894
— Leben und Wirken des Sozialreformers Karl v. Vogelsang, Wien 1930
Klose Alfred, Ein Weg zur Sozialpartnerschaft (Verlag Oldenburg 1970)
Klusacek Christine, Die österreichische Freiheitsbewegung. Gruppe Roman Karl Scholz. Monographien zur Zeitgeschichte, Wien - Frankfurt - Zürich 1968
Kluwick-Muckenhuber Christl, Johann Staud. Ein Leben für die Arbeiterschaft, Wien - München 1969
Knapp Georg, Die Bauernbefreiung und der Ursprung der Landarbeiter in den ältesten Teilen Preußens, Berlin 1887
— Die Landarbeiter in Knechtschaft und Freiheit, Berlin 1891
Knepler Georg, Musikgeschichte des 19. Jahrhunderts, Berlin 1961
Knoell Pius, Eugipii Vita Sancti Severini, Wien 1886
König Wilhelm, Skizzen zu einem Charakterbild Emil Steinbachs (in: Jahrbuch der Österreichischen Leo-Gesellschaft, Wien 1931)
Körner Erich, Individueller oder kollektiver Minoritätenschutz? (in: Mladje, Heft 7/8, Klagenfurt 1969)
— Gli Zingari austriaci (in: Lacio Drom, Heft 3—5, Padua 1969)
Koerner Ralf Richard, So haben sie es damals gemacht, Wien 1958
Koja Friedrich, Das Verfassungsrecht der österreichischen Bundesländer, Wien - New York 1967
Kollmann Eric C., Theodor Körner — Militär und Politik, Wien 1973
Kollár Johann, Über die literarische Wechselseitigkeit zwischen den verschiedenen Stämmen und Mundarten der slawischen Nation, Leipzig 1844
Kolmer G., Parlament und Verfassung in Österreich 1848—1904, Wien 1902 ff
Kopitar Bartholomäus, Grammatik der slawischen Sprache in Krain, Kärnten und Steyermark, Laibach 1808
Kořalka Jiři, La montée du pangermanisme et l'Autriche-Hongrie (in: Historica, X, Prag 1965)

Koren Johann, Österreich auf einem Weg (Verlag Stocker 1974)
Kornis J., Ungarische Kulturideale, Leipzig 1930
Korsun N., Balkanskij front mirovoj vojny 1914—1918, Moskau 1939
Kos K., Erdély, Koloszvár 1929
Kosch Wilhelm, Preußen vor dem Richterstuhl der Geschichte, Nimwegen 1945
Kossuth Lajos, Meine Schriften aus der Emigration, Preßburg 1880 ff
Kotasek Edith, Feldmarschall Graf Lacy, Horn 1956
Kovavich Martin Georg, Vestigia comitiorum, Pest 1790
Kralik Richard, Österreichische Geschichte, Wien 1913
— Geschichte der Stadt Wien, Wien 1911
— Das unbekannte Österreich, Wien 1917
— Entdeckungsgeschichte des österreichischen Staatsgedankens, Innsbruck 1917
— Lueger und der christliche Sozialismus, Wien 1923
Kramař Karel, Das böhmische Staatsrecht, Wien 1896
— Anmerkungen zur böhmischen Politik, Wien 1906
Kráy J., A kabinetiroda szolgálátan a világháború elatt, Budapest 1935
Kreissler Felix, Das Französische bei Raimund und Nestroy, Wien 1967
— Von der Revolution zur Annexion. Österreich 1918 bis 1938, Wien - Frankfurt - Zürich 1970
Kretschmayr H., Maria Theresia, Gotha 1938
Kreuzberg Heinrich, Franz Reinisch, Limburg 1952
Kreuzer Franz, Ein Leben für Österreich. Franz Jonas, Wien - München 1969
Kristóffy J., A választójogi harc, Budapest 1910
— Magyarország kálváriája, Budapest 1927
Křizek Jurij, Annexion de la Bosnie et Hercégovine (in: Historica, IX, Prag 1964)
Krofta Karl, Geschichte der Tschechoslowakei, Berlin 1922
— Vývin národného povedomia u Cechov a Slováku, Prag 1935
Krones Franz v., Handbuch der Geschichte Österreichs, Berlin 1876 ff
Kronsteiner Otto, Slawische Orts- und Flurnamen in Österreich, Wien 1963
Krulis-Randa Jan, Das deutsch-österreichische Zollunionprojekt von 1931, Zürich 1955
Kudlich Hans, Rückblicke und Erinnerungen, Wien 1873
Kupelwieser L., Die Kämpfe Ungarns mit den Osmanen bis zur Schlacht bei Mohács, Wien 1899
Kupka P. P., Die Eisenbahnen Österreich-Ungarns 1822—1867, Leiptzig 1888
Kuppe R., Pfarrer Eichhorn zur Arbeiterfrage, Wien o. J. (1926?)
— Karl Lueger und seine Zeit, Wien 1933

Lachs Thomas, Wirtschaftspartnerschaft in Österreich, Verlag des ÖGB, Wien 1976
Lades H., Die Nationalitätenfrage im Karpatenraum, Wien 1941
Ladner Gottlieb, Seipel als Überwinder der Staatskrise vom Sommer 1922. Publikationen des Österreichischen Instituts für Zeitgeschichte, Wien - Graz 1964
Lama Friedrich v., Die Friedensvermittlung Papst Benedikts XV. und ihre Vereitelung durch den deutschen Kanzler Michaelis, München 1923
Lammasch Heinrich, Aufzeichnungen, Wien 1922
Lammasch Marga — Sperl Hans, Heinrich Lammasch, Wien 1922
Landwehr O., Hunger, Wien 1931
Lanevec J., Il porto di Trieste nel secolo XVIII. Pavia 1930
Langoth Franz, Kampf um Österreich. Erinnerungen eines Politikers, Wels 1951
Langsam Walter Consuelo, Franz der Gute, Wien 1954
Latour Conrad F., Südtirol und die Achse Berlin — Rom 1938 bis 1945. Schriftenreihe der Vierteljahreshefte für Zeitgeschichte 5, Stuttgart 1962
Lauber E., Metternichs Kampf um die europäische Mitte, Wien 1939
Lechner Karl, Wappen und Farben des Gaues Niederdonau, St. Pölten 1942
Lechthaler A., Geschichte Tirols, Innsbruck 1936
Leger L., L'histoire de l'Autriche-Hongrie depuis les origines jusqu'en 1918, Paris 1920
Leichter Käthe, Leben und Werk. Herausgegeben von Herbert Steiner. Mit einem Vorwort von Hertha Firnberg, Wien

Leichter Otto (siehe auch Wieser Georg), Glanz und Elend der Ersten Republik, Wien 1964
— Österreichs freie Gewerkschaften im Untergrund, Wien 1963
— Zwischen zwei Diktaturen. Österreichs revolutionäre Sozialisten 1934—1938, Wien - Frankfurt - Zürich 1968
— Otto Bauer. Tragödie oder Triumph, Wien - Frankfurt - Zürich 1970
Lemberg Eugen, Wege und Wandlungen des Nationalbewußtseins, München 1934
— Geschichte des Nationalismus in Europa, Stuttgart 1950
Lendvai Paul — Ritschel Karl-Heinz, Kreisky. Porträt eines Staatsmannes, Wien 1972
Lenhoff Eugène, De laatste fijf uren van Oostenrijk, Baarn 1938
Leser Norbert, Werk und Widerhall. Große Gestalten des österreichischen Sozialismus, Wien 1964
— Zwischen Reformismus und Bolschewismus. Der Austromarxismus als Theorie und Praxis, Wien - Frankfurt - Zürich 1968
Levi Hermann, Das österreichische Hochdeutsch, Wien 1875
Der römische Limes in Österreich, Wien 1901 ff
Lhotsky Alphons, Der Name Österreich (Sonderdruck), Wien 1946
— Denkmäler der Geschichte Österreichs, Wien 1948
— Österreichische Historiographie, Wien 1962
Litschel Rudolf Walter, 1934 — Das Jahr der Irrungen, Linz 1974
Lodgman von Auen, Festschrift für, München 1952
Loesche Georg, Geschichte des Protestantismus im vormaligen und neuen Österreich, Wien 1930
Lorenz Reinhold, Staat wider Willen, Berlin 1943
— Kaiser Karl und der Untergang der Donaumonarchie, Graz 1959
Ludwig Eduard, Österreichs Sendung im Donauraum, Wien 1954
Luxemburg Rosa, Das Problem der hundert Völker, Ausg. Schriften II

Maas Ferdinand, Der Josephinismus, Wien 1951 ff
Macauley Lord, Friedrich II. (in Essays, London o. J.)
Mac-Donald Mary, The Republic of Austria 1918—1934, London - New York - Toronto 1946
Macek Josef, Zu den Anfängen der Tiroler Bauernkriege (in: Historica, I, Prag 1957)
— La guerra contadina tirolese e la politica di Venezia (in: Historica, III, Prag 1959)
— Die Hussitenbewegung in Böhmen, Prag 1965
Maderegger Sylvia, Die Juden im österreichischen Ständestaat 1934—1938, Veröffentlichungen des Historischen Instituts der Universität Salzburg, Wien 1973
Magenschab Hans, Die Zweite Republik zwischen Kirche und Parteien, Wien 1968
Magris Claudio, Il mito absburgico, Turin 1963
Magyar Eletrajzi Lexikon, Budapest 1967 ff
Mahaffy R. P., Francis Joseph I., London 1915
Mais Adolf, Österreichische Volkskunde, Wien 1952
Malbasa A., Hrvatski i srpski nacionalni problem u Bosne ze vrijeme rezima Benjamina Kallaya, Esseg 1940
Marcic René, Die Koalitionsdemokratie. Das österreichische Modell im Lichte der Wiener rechtstheoretischen Schule, Karlsruhe 1965
— Zur Reform der österreichischen Innenpolitik 1955—1965. Dokumentation. Herausgegeben von René Marcic, Erhard Mock, Franz Martin Schmölz und Erika Weinzierl, 2 Bde., Wien - Frankfurt - Zürich - Salzburg - München 1966/68
Marek Fritz, Irrwege der österreichischen Geschichte, Wien 1946
Màrki Sandór, I. Ferenc Józzef Magyarorszag királya, Budapest 1907
Marx Juliùs, Die wirtschaftlichen Ursachen der Revolution von 1848, Graz 1965
Marx Karl — Engels Friedrich, Kritische Gesamtausgabe, Berlin 1931 ff
Masaryk Thomas Garrigue, Der Agramer Hochverratsprozeß und die Annexion von Bosnien und Herzegowina, Wien 1909
— The problem of the small nations in the European Crisis, London 1915
— Das Neue Europa, Berlin 1922

— Die Weltrevolution, Berlin 1925
Masi E., Il risorgimento italiano, Florenz 1939
Massiczek Albert, Die österreichische Nation, Wien 1967
Matejka Viktor, Was ist österreichische Kultur? Wien 1945
May Arthur J., The Passing of the Habsburg Monarchy 1914 to 1918, Philadelphia 1966
Mayer S., Die Wiener Juden 1700—1900, Wien 1917
Mayer Theodor, Die Verwaltungsreform in Ungarn nach der Türkenzeit, Wien 1911
Mayer-Kaindl-Pirchegger, Geschichte und Kulturleben Deutschösterreichs, Wien 1935
Mayer-Löwenschwerdt Erwin, Schönerer der Vorkämpfer, Wien 1938
Mazuranić C., Südslawen im Dienste des Islams, Leipzig 1928
Meister Richard, Die Idee österreichischer Nationalerziehung unter Maria Theresia, 1948
Menczel Philipp, Trügerische Lösungen, Stuttgart 1932
Menghin Oswald, Weltgeschichte der Bronzezeit, Wien 1931
Mentschel Josef — Otruba Gustav, Österreichische Industrielle und Bankiers, Wien 1965
Mésaroš J., Rolnicke a národnostuá otázka na Slovensu 1848—1900, Bratislava 1959
Meszelényi A., A Józsefinismus kora Magyarországon 1780—1846, Budapest 1934
Métall Rudolf Aladár, Hans Kelsen. Leben und Werk, Wien 1969
Metzler-Andelsberg Helmut J., Der steirische Landeshauptmann Sigmund v. Dietrichstein, Graz 1963
Meyer Arnold Oskar, Bismarcks Kampf mit Österreich am Bundestag in Frankfurt 1851 bis 1859, Berlin 1927
Meyer J., Burgundische Politik im Spätmittelalter, Luxemburg 1932
Meyer Rudolf, Der Emanzipationskampf des Vierten Standes, Berlin 1874
Meynert Hermann, Geschichte Österreichs, Pest 1843 ff
Michael W., Entstehung der Pragmatischen Sanktion, Basel 1939
Miehsler Herbert, Südtirol als Völkerrechtsproblem, Graz 1962
Mihályi E., Szent Istvan elete e muve, Budapest 1937
Mikoletzky Hans. Österreichische Zeitgeschichte, Wien 1962
— Das große 18. Jahrhundert, Wien 1967
— Österreich. Das entscheidende 19. Jahrhundert, Wien 1972
Missong Alfred, Heiliges Wien, Wien 1933
— Die österreichische Nation, Wien 1948
Mitis Oskar v., Kronprinz Rudolf, Leipzig 1928
Mitrofanoff Paul, Joseph II., Wien 1910
Mitteis Heinrich, Die deutsche Königswahl, Baden bei Wien 1938
Mittersäcker H., Kampf und Opfer für Österreich, Wien 1963
Moháczi Emelekköny v., Budapest 1926
Molden Berthold, Graf Ährenthal, Stuttgart 1917
Molden Otto, Der Ruf des Gewissens, Der österreichische Freiheitskampf 1938—1945. Beiträge zur Geschichte der österreichischen Widerstandsbewegung, Wien - München 1974
Molisch Paul, Geschichte der deutschnationalen Bewegung in Österreich, Jena 1926
— Geschichte der deutschen Hochschulen in Österreich, Wien 1939
Mommsen H., Die Sozialdemokratie und die Nationalitätenfrage im habsburgischen Vielvölkerstaat, Wien 1963
Mommsen Theodor, Römische Geschichte, V. Band, 9. Aufl. 1921/23, Berlin
Morgenstern Otto, Von Sonnenfels bis Lueger, Wien 1937
Moser Aurél, Die Stellung der Kommunistischen Partei Österreichs zur österreichischen Neutralitätspolitik von 1955—1972. Veröffentlichungen des Historischen Instituts der Universität Salzburg, Wien 1974
Moser Jonny, Die Judenverfolgung in Österreich, Wien - Frankfurt - Zürich 1966
Mühlmann Wilhelm, Rassen, Ethnien, Kulturen, Neuwied 1964
Müller Paul, Feldmarschall Fürst Alfred Windischgrätz, Wien 1934
— Das österreichische Parlament und die nationalen Einheitsbestrebungen in Europa (in: Gesamtdeutsche Vergangenheit, München 1938)
Müllern-Schönhausen Johannes v., Die Lösung des Rätsels Adolf Hitler, Wien o. J. (nach 1945)
Müllner A., Geschichte des Eisens in Innerösterreich, Wien 1909

Murko H., Die Bedeutung der Reformation und Gegenreformation für das geistige Leben der Südslawen, Heidelberg 1927
Musulin Freiherr v., Das Haus am Ballhausplatz, Wien 1928

Nadler Joseph, Literaturgeschichte Österreichs, Wien 1951
— Kleines Nachspiel, Wien 1954
Nagl — Zeidler — Castle, Deutschösterreichische Literaturgeschichte, Wien 1899
Nationalencyklopädie, Österreichische, Wien 1835
Die nationale Frage in der Österr.-Ungarischen Monarchie 1900—1918, Budapest 1966
Neck Rudolf, Arbeiterschaft und Staat im Ersten Weltkrieg 1914—1918, 2 Bde., Wien 1964/68
— Österreich 1918, Wien 1940
Nejedlý Z., Th. G. Masaryk, Prag 1940
Németh G., Attila és hunjai, Budapest 1940
Neumann H. J., Arthur Seyß-Inquart, Graz - Wien - Köln 1970
Neumann Wilhelm, Kärnten 1918—1920. Ereignisse, Dokumente, Bilder, Klagenfurt 1970
Niederhauser E., L'émancipation des serfs en Hongrie et en Europe orientale (in: Annales historiques de la révolution francaise, Nr. 196, Paris, Avril/Juin 1969)
Ninchitch Momchilo, La Crise Bosniaque 1908/1909 et les Grandes Puissances, Paris 1937
Nitschke Roland, Die Aufgaben des österreichischen Geschichtsschreibers in unserer Zeit, Graz 1945
Noegle August, Der heilige Wenzel, Warnsdorf 1928
Nolte Ernst, Der Faschismus in seiner Epoche, München 1965
— Theorien über den Faschismus, Köln 1967
— Die Krise des liberalen Systems und die faschistischen Bewegungen, München 1968
— Die faschistischen Bewegungen, Lausanne 1969
Norden Albert, So werden Kriege gemacht, Berlin 1968
Noricus Dr., Ein Computer-Geschichtsbuch (in: Der österreichische Standpunkt, Heft 7/8, Wien 1969)
Novák J. B., Rudolf II. a jého pad, Prag 1935
Novotny Alexander, Staatskanzler Fürst Kaunitz, Wien 1947
— 1848, Graz 1948
Novotný V., Ceské dějiny, Prag 1915
Nußbaumer E., Geistiges Kärnten, Klagenfurt 1956
Nuzzo C., Austria e governi d'Italia nel 1794, Rom 1941

Oberhummer H., Die österreichische Polizei, Wien 1937
— Geschichte der Wiener Polizei, Wien 1937
Oberkofler Gerhard, Februar 1934. Die historische Entwicklung am Beispiel Tirols, Innsbruck 1974
Österreich 1918—1938. Herausgegeben vom Institut für Österreichkunde, Wien 1970
Österreich 1927—1938. Protokoll des Symposiums in Wien, 23. bis 28. Oktober 1972. Wissenschaftliche Kommission des Theodor-Körner-Stiftungsfonds und des Leopold-Kunschak-Preises zur Erforschung der Geschichte Österreichs 1927—1938, Veröffentlichungen 1, Wien 1973
Österreich frei, Bundesministerium für Unterricht, Wien 1956
Österreich-Lexikon, Wien 1966
Österreichs Pantheon, Wien 1830
Österreich-Ungarns Außenpolitik 1908—1914, Wien 1930
Österreich-Ungarns letzter Krieg, Wien 1930
Öttinger Karl, Das Werden Wiens, Wien 1951
Olbert Fritz, Tiroler Zeitungsgeschichte, Innsbruck 1937
Oppenheimer John F., Lexikon des Judentums, Gütersloh 1967
Oprea I. M., Nicolae Titulescu's diplomatic activity, Bukarest 1968
Osman Agha, Leben und Abenteuer, Bonn 1954
Otruba Gustav, Österreichs Wirtschaft im 20. Jahrhundert, Wien 1968

Padover S. K., The revolutionary emperor, London 1934
Palacky František, Geschichte Böhmens, Prag 1864
— Österreichs Staatsidee, Prag 1868
— Gedenkblätter, Prag 1874
Pastor Ludwig, Tagebücher — Briefe — Erinnerungen, Heidelberg 1950
Patzelt Erna, Entstehung und Charakter der Weistümer in Österreich, Budapest 1924
Pauly Bruce F., Hahnenschwanz und Hakenkreuz. Der Steirische Heimatschutz und der österreichische Nationalsozialismus 1918—1934, Wien - München - Zürich 1972
Paupič Karl, Handbuch der österreichischen Pressegeschichte, Wien 1960 ff
Peball Kurt, Die Kämpfe in Wien Februar 1934, Wien 1974
Peez C. v., Altösterreichs Handelskompanien, Wien 1918
Pekař Josef, Mistr Jan Hus, Prag 1919
— Valdstejn 1630—1634, Prag 1934
— Der Sinn der tschechischen Geschichte, Baden bei Wien 1937
Pelinka Anton, Stand oder Klasse, Die christliche Arbeiterbewegung Österreichs 1933 bis 1938, Veröffentlichungen des Ludwig-Boltzmann-Instituts für Geschichte der Arbeiterbewegung, Wien - München - Zürich 1972
Pelinka Anton — Welan Manfred, Demokratie und Verfassung in Österreich, Wien - Frankfurt - Zürich 1971
Perchta Romuald, Die „Väter" der österreichischen Nation (in: Der österreichische Standpunkt, Mai, Heft 5, Wien 1969)
— Eine österreichische Gemeinschaft zwischen den beiden Weltkriegen (in: Der österreichische Standpunkt, Juni, Heft 6, Wien 1969)
Peterlik Manfred, Republik und Tradition, in: Die unvollendete Republik, 1968
Petrichevich G., A katonai Maria-Tereza-Rand, Budapest 1933
Pfeifer Helfried, Die Ostmark, Eingliederung und Neugestaltung. Historisch-systematische Gesetzessammlung nach dem Stand des 16. April 1941, Wien 1941
Pfitzner J., Das Erwachen der Sudetendeutschen, Augsburg 1926
— Sudetendeutsche Geschichte, Reichenberg 1935
Piemontese Giuseppe, Il movimento operaio a Trieste, Udine 1961
Pintér L., Magyar irodalomtörténet, Budapest 1930 ff
Pirchegger H., Geschichte der Steiermark, Graz 1934 ff
Pirenne Henri, Geburt des Abendlandes, Nimwegen 1948
Pisarev J. A., Osvoboditelnoje dvizenje jugoslavenskich narodow Austro-Vengrii 1905 bis 1914, Moskau 1962
Plaschka Richard, Von Palacký bis Pekař, Graz 1955
Plaschka — Haselsteiner — Suppan, Innere Front, Militärassistenz, Widerstand und Umsturz in der Donaumonarchie 1918, Wien 1975
Pleidell Ambros, A nyugatra irányuló magyar külkereskedelen a közepkorban, Budapest 1925
Pliseis Sepp, Vom Ebro bis zum Dachstein, Linz 1946
Pochlatko — Koweindl — Görlich, Einführung in die Literatur des deutschen Sprachraumes, Wien 1965
Poljanec Janez i Hrastelj Franc, Kniga o Slomšku, Celje 1962
Pollak W., Hans Kudlich und die Revolution von 1848, Wien 1940
Pollak W. (Hrsg.), Tausend Jahre Österreich, Wien 1973/74
Pollak Walter, Dokumentation einer Ratlosigkeit, Österreich im Oktober/November 1918, Wien 1968
Poloscheniclo na blgarskije naroda pod tursko rostvo, Sofia 1954
Polzer-Hoditz Arthur, Kaiser Karl, Zürich 1928
Popovici Aurel, Die Vereinigten Staaten von Großösterreich, Leipzig 1906
Poszonyi Z., Arpadkór és kelet, Szegedin 1935
Priester Eva, Kurze Geschichte Österreichs, Wien 1946 ff
Prins M. P., Joseph Freiherr von Hormayr, Assen 1938
Prinz F., Hans Kudlich, München 1962
— Die deutsche Nationalversammlung in Frankfurt und der Reichstag zu Kremsier (in: Beiträge zum deutsch-tschechischen Verhältnis im 19. und 20. Jahrhundert, München 1967)

Prispevkyk dějinám slovenského národného povstania v Turci, St. Martin 1947
Protokoll des gemeinsamen Ministerrates der Österreichisch-Ungarischen Monarchie 1914 bis 1918, Budapest 1966
Pulszky F., Meine Zeit, mein Leben, Preßburg 1880 ff
Pulzer Peter G. J., Die Entstehung des politischen Antisemitismus in Deutschland und Österreich 1867—1914, Gütersloh 1966
Purkyně J. E., Jan Evangeliste Pukyné, Prag 1937
Purš Jaroslav, The industrial revolution in Czech Lands (in: Historica, II, Prag 1958)
— The situation of working class in the Czech Lands 1849—1873 (in: Historica, VI, Prag 1962)
— The working class movement in the Czech Lands in the expansive phase of industrial revolution (in: Historica, X, Prag 1965)

Raab Julius, Selbstporträt eines Politikers, mit einer Einführung von Ludwig Reichhold, Wien - Köln - Stuttgart - Zürich 1964
Rádl Emanuel, Der Kampf zwischen Deutschen und Tschechen, Reichenberg 1928
Randa Alexander, Das Weltreich, Olten 1962
— Österreicher in Übersee, Wien 1973
— De Re publica Christiana, München 1964
Ránki Berend — Berend Iván, Délkelet — Europa gazdasági fejlödése a XIX—XX szászadban, Budapest 1969
Rauchensteiner Manfried, Krieg in Österreich. Schriften des Heeresgeschichtlichen Museums in Wien 5, Wien 1970
Raupach, Evangelisches Österreich, Hamburg 1738
Raupach H., Der tschechische Frühnationalismus, Essen 1939
— Bismarck und die Tschechen im Jahr 1866 (in: Bohemia, VIII, München 1967)
Rebhann Fritz M., Finale in Wien. Eine Gaustadt im Aschenregen. Das einsame Gewissen 4, Wien - München 1969
Redlich Joseph, Das österreichische Staats- und Reichsproblem, Leipzig 1920 ff
— Kaiser Franz Joseph I. von Österreich, Berlin 1929
— Schicksalsjahre Österreichs 1908—1912, Veröffentlichungen der Kommission für neuere Geschichte Österreichs, 2 Bde., Graz - Köln 1953
Redlich Oswald, Rudolf von Habsburg, Innsbruck 1903
— Die Pläne einer Erhebung Österreichs zum Königreich (in: Zeitschrift des historischen Vereins für Steiermark, XXIII, Graz 1927)
— Das Werden einer Großmacht, Brünn 1942
— Die Kunst und Kultur des Barocks in Österreich, 1943
Regele Oskar, Gericht über Habsburgs Wehrmacht, Wien 1973
Reichhold Ludwig, Geschichte der ÖVP, Graz - Wien - Köln 1975
— Zwanzig Jahre Zweite Republik. Österreich findet zu sich selbst, Wien 1965
— Opposition gegen den autoritären Staat. Christlicher Antifaschismus 1934—1938, Wien 1964
— Scheidewege einer Republik, Österreich 1918—1968, Wien 1968
Reim Paul, Probleme und Gestalten der österreichischen Literatur, London 1945
Reimann Viktor, Innitzer, Kardinal zwischen Hitler und Rom, Wien 1967
— Zu groß für Österreich. Seipel und Bauer im Kampf um die Erste Republik, Wien - Frankfurt - Zürich 1968
— Bruno Kreisky. Das Porträt eines Staatsmannes, Wien - München - Zürich 1972
Reimann Paul, Von Herder bis Kisch, Berlin 1961
Reisberg Arnold, Februar 1934. Hintergründe und Folgen, Wien 1974
Reiter Ludwig (Pseudonym: Berthold Dietrich), Historische Miniaturen, Wien 1931 ff
— Österreichische Staats- und Kulturgeschichte, Klagenfurt 1947
— Kultur- und Wirtschaftsgeschichte Österreichs, Salzburg 1952
— Handbuch der Geschichte Österreichs, Wien 1955
— Darf ich stören? Wien 1962
— Das Geheimnis des Silbergitters, Wien 1965
— Der Feuerreiter, Wien 1968

La Renaissance et la Reformation en Pologne et en Hongrie, Budapest 1963
Renner Karl (Pseudonym: Rudolf Springer), Der Kampf der österreichischen Nationen um den Staat, Leipzig 1902
— Die Krise des Dualismus, Wien 1904
— Österreichs Erneuerung, Wien 1916 ff
— An der Wende zweier Zeiten, Wien 1946
— Österreich von der Ersten zur Zweiten Republik, Wien 1952
Für Recht und Frieden. Eine Auswahl der Reden des Bundespräsidenten Dr. Karl Renner, Wien 1950
Karl Renner. Eine Bibliographie. Herausgegeben vom Verein für Geschichte der Arbeiterbewegung mit Unterstützung des Ludwig-Boltzmann-Instituts für Geschichte der Arbeiterbwegung. Zusammengestellt von Hans Schroth, Wien 1970
Reventlow Rolf, Zwischen Alliierten und Bolschewisken. Arbeiterräte in Österreich 1918 bis 1923, Wien - Frankfurt - Zürich 1969
Richter Werner, Kronprinz Rudolf, Erlenbach - Zürich 1941
Riemeck Renate, Mitteleuropa, Freiburg i. Br. 1965
Rieser Herbert, Der Geist des Josephinismus, Wien 1963
Ritschel Karl-Heinz, Diplomatie um Südtirol. Politische Hintergründe eines europäischen Versagens, Stuttgart 1966
— Julius Raab. Der Staatsvertragskanzler, Salzburg 1975
— Stichwort Österreich. Totalinformation in Namen, Zahlen, Daten. Herausgegeben von Karl Heinz Ritschel, Salzburg 1974
— Demokratiereform. Die Existenzfrage Österreichs, herausgegeben von Karl Heinz Ritschel, Wien - Hamburg 1969
Rittsteuer Josef, Kirche im Grenzraum, Eisenstadt 1968
Robert André, L'idée nationale autrichienne et les guerres de Napoléon, Paris 1933
Rody Theo, Preußen und Österreich im Ringen um die deutsche Seele, München 1946
Rogge Walter, Österreich von Világos zur Gegenwart, Leipzig 1872 ff
— Österreich seit der Katastrophe Hohenwarth-Beust, Leipzig 1879
Rößler Helmut, Österreichs Kampf um Deutschlands Befreiung, Hamburg 1940
Romanik Felix, Der Leidensweg der österreichischen Wirtschaft 1933—1945, Wien 1957
— Romantische Geschichtsauffassung und historische Quellen (in: Die österreichische Nation, Wien 1967)
— Österreichs wirtschaftliche Ausbeutung 1938—1945, Wien 1966
— (Hrsg.) 200 Jahre Realhandlungs-Academie — 200 Jahre kaufmännisches Bildungswesen in Österreich, Wien 1970
— Der Anteil der Akademikerschaft am österreichischen Freiheitskampf, Wien 1945
Romanik — Voyta — Wimmer, Geschichte des berufsbildenden Schulwesens, in: bbs-Handbuch, Innverlag, Innsbruck
Rommel Otto, Der österreichische Vormärz, Leipzig 1931
— Die Wiener Renaissance, Wien 1948
— Die Altwiener Volkskomödie, Wien 1952
Ronneberger, Bismarck und Südosteuropa, München 1941
Rosar Wolfgang, Deutsche Gemeinschaft. Seyß-Inquart und der Anschluß, Wien - Frankfurt - Zürich 1971
Rosenkranz Herbert, „Reichskristallnacht". 9. November 1938 in Österreich. Monographien zur Zeitgeschichte, Wien - Frankfurt - Zürich 1968
Rosenstock-Huessy Eugen, Königshaus und Stämme in Deutschland zwischen 911 und 1250, Leipzig 1914
— Die europäischen Revolutionen, Jena 1931
— Frankreich—Deutschland, Berlin 1957
— Unser Volksname deutsch und die Aufhebung des Herzogtums Bayern (in: Mitteilungen der schlesischen Gesellschaft für Volkskunde, Breslau 1928)
Ross Dieter, Hitler und Dollfuß. Die deutsche Österreichpolitik 1933—1934, Hamburg 1966
Rossiwall Theo, Die letzten Tage. Die militärische Besetzung Österreichs 1945, Wien 1969
Rota E., Austria in Lombardia e la preparazione del movimento democratico cisalpino, Bologna 1931

Rote Markierungen. Beiträge zur Ideologie und Praxis der österreichischen Sozialdemokratie, Wien - München 1972
Rothschild Kurt, The Austrian Economics since 1945, London 1950
Das Rot-Weiß-Rot-Buch, Wien 1946
Roubik F., Počátky policejniho reditelstvi v Praze, Prag 1926
Rubinstein S., Zur österreichischen Literatur (in: Neue Revue, Wien 1894)
Rudolf (Kronprinz), Der österreichische Adel und sein konstitutioneller Beruf, München 1878
— Der Adel und der Konservativismus in Österreich, Wien 1879 (Autorschaft des Kronprinzen unsicher)
— Die Österreichisch-Ungarische Monarchie in Wort und Bild, Wien 1886 ff (Herausgeber)
— Politische Briefe, Wien 1922
Rudolf Karl, Aufbau im Widerstand, Salzburg 1947
Rumpler Helmut, Das Völkermanifest Kaiser Karls vom 16. Oktober 1918, München 1966
Russu I., Illyrii-istoria, limba, onomastica, Romanizarea, Bukarest 1969
Rüstow Alexander, Ortsbestimmung der Gegenwart, Zürich 1950 ff

Safarik P. J., Zbornik članaka povodom 100-godišnice smriti, Novisad 1963
Saks Edgar, Aestii an analysis of an ancient European civilization, Montreal 1960
— Esto-Europa, a treatise of the finno-ugric primary civilization in Europe, Montreal 1966
Salamon F., Ungarn im Zeitalter der Türkenherrschaft, Leipzig 1887
Salz A., Geschichte der böhmischen Industrie in der Neuzeit, München 1913
Sartori Franz, Historisch-ethnographische Übersicht der wissenschaftlichen Kultur, Geistestätigkeit und Literatur des österreichischen Kaisertums, Wien 1830
Schärf Adolf, Österreichs Erneuerung 1945—1955, Wien 1955
— Erinnerungen aus meinem Leben, Wien 1963
Schausberger Norbert, Rüstung in Österreich 1938—1945. Eine Studie über die Wechselwirkung von Wirtschaft, Politik und Kriegsführung. Publikationen des österreichischen Instituts für Zeitgeschichte und des Instituts für Zeitgeschichte der Universität Wien 8, Wien 1970
Schelling Georg, Festung Vorarlberg, Bregenz 1947
Scherer Wilhelm, Vorträge und Aufsätze zur Geschichte des geistigen Lebens in Deutschland und Österreich, Berlin 1874
Scheu Friedrich, Die Emigrationspresse der Sozialisten 1938—1945. Monographien zur Zeitgeschichte, Wien - Frankfurt - Zürich 1968
Scheuch Manfred, Geschichte der Arbeiterschaft Vorarlbergs bis 1918, Wien 1965
Scheuermann L., Die Fugger als Montanindustrielle in Tirol und Kärnten, München 1929
Schiffrer Carlo, Le origini dell'irridentismo Triestino, Udine 1937
Schmid W., Das Eindringen der römischen Kultur in Noricum, Graz 1943
Der Hochverratsprozeß gegen Dr. Guido Schmidt vor dem Wiener Volksgericht, Wien 1947
Schmidt Paul, Statist auf diplomatischer Bühne 1923—1945, Wien 1950
Schmitt Bernadotte, The annexion of Bosnia 1908/09, Cambridge (Mass.) 1937
Schmitz Wolfgang (Hrsg.), Föderalismus heute, Wien o. J.
Schneider E. F., Großdeutsch oder kleindeutsch? Berlin 1939
Schneidmadl Heinrich, Über Dollfuß zu Hitler. Ein Beitrag zur Geschichte des 12. Februar 1934, Wien 1964
Schneller Julius Franz, Österreichs Einfluß auf Deutschland und Europa seit der Reformation, 2 Bde., Freiburg 1828/29
Schnurer G., Katholische Kirche und Kultur in der Barockzeit, Paderborn 1937
Schraml C., Das oberösterreichische Salinenwesen vom Beginn des 16. bis zur Mitte des 18. Jahrhunderts, Wien 1932 ff
Schramm W., Österreichische Bausteine zur Kultur- und Sittengeschichte, Brünn 1905
— Die gute alte Zeit in Österreich, Brünn 1906
Schreiber Hermann, Land im Osten, Düsseldorf 1961
Schroeder Oskar, Aufbruch und Mißverständnis, Graz 1969
Schtajermann E. M., Die Krise der Sklavenhalterordnung im Römischen Reich, Berlin 1934
Schulmeister Otto, Die Zukunft Österreichs, Wien 1967

Schultes Gerhard, Der Reichsbund der katholischen deutschen Jugend in Österreich, Wien 1967
Schultz Maurice, La politique économique d'Aehrenthal envers Serbie (in: Revue d'Histoire de la Guerre Mondiale, Paris 1935)
Schumacher Rupert, Des Reiches Hofzaun, Darmstadt 1942
Schürmann Karl-Heinz, Zur Vorgeschichte der christlichen Gewerkschaften, Freiburg im Breisgau 1958
Schuschnigg Kurt, Dreimal Österreich, Wien 1937
— Ein Requiem in Rot-Weiß-Rot, Zürich 1946
— Im Kampf gegen Hitler. Die Überwindung der Anschlußidee, Wien - München - Zürich 1969
Schüssler Wilhelm, Österreich und das deutsche Schicksal, Leipzig 1925
— Bismarcks Kampf um Süddeutschland, Berlin 1929
Schwicker Johann G., Geschichte der österreichischen Militärgrenze, Teschen 1883
Seewann Gerhard, Österreichische Jugendbewegung 1900—1938. Die Entstehung der Deutschen Jugendbewegung in Österreich-Ungarn 1900—1914 und die Fortsetzung in ihrem katholischen Zweig „Bund Neuland" von 1918—1938. 2 Bde., Frankfurt am Main 1971
Seipel Ignaz, Nation und Staat, Wien 1916
— Der Kampf um die österreichische Verfassung, Wien 1930
— Gespräche, Wien 1932
— Wien 1933
Seltenreich Susanne, Leopold Figl — ein Österreicher, Wien o. J.
Shell Kurt, The transformation of Austrian socialisme, New York 1962
Shepherd Gordon, Engelbert Dollfuß, Graz 1961
Shirer William L., Aufstieg und Fall des Dritten Reiches, Köln 1961
Siegfried Klaus-Jörg, Universalismus und Faschismus. Das Gesellschaftsbild Othmar Spanns, Wien - Frankfurt - Zürich 1974
Sieghart Rudolf, Die letzten Jahrzehnte einer Großmacht, Berlin 1933
Siegler Heinrich, Austria. Problems and achievements 1945 to 1963, Bonn - Wien - Zürich o. J.
— Österreichs Weg zur Souveränität, Neutralität, Prosperität, Bonn 1959
— Österreich. Chronik 1945—1972. Wien - Bonn - Zürich 1973
Silagi Denis, Ungarn und der geheime Mitarbeiterkreis Kaiser Leopolds II., München 1961
Silberbauer Gerhard, Österreichs Katholiken und die Arbeiterfrage, Graz 1966
Sišić Ferdo, Pregled Povijesti Hrvatskoga naroda, Zagreb 1962
Skalnik Kurt, Dr. Karl Lueger, Wien 1954
— Republikanische Mitte, Wien 1965
Skene A. v., Entstehen und Entwicklung der slawisch-nationalen Bewegung in Böhmen und Mähren, Wien 1893
Skottsberg Brita, Der österreichische Parlamentarismus, Göteborg 1940
Slavik J., Husitská Revoluce, Prag 1934
Slokar Johann, Geschichte der österreichischen Industrie und ihrer Förderung unter Kaiser Franz I., Wien 1914
Die Slovenen in Kärnten. Slovenci na Koroskem, herausgegeben vom Rat der Kärntner Slovenen, Ferlach 1974
Sokolova B., Liger Mile, Kryengritjet popullore ne fillin te rilindjes sone (1830—1877), Tirana 1962
Solle Zdeněk, Die Erste Internationale und Österreich (in: Historica, X, Prag 1965)
Sombart Werner, Der moderne Kapitalismus, München 1916
Sommer Louise, Die österreichischen Kameralisten, Wien 1920 ff
Sosnosky Theodor v., Die Politik im Habsburgerreich, Berlin 1912
— Die Balkanpolitik Österreich-Ungarns seit 1866, Stuttgart 1914
— Der Erzherzog-Thronfolger Franz Ferdinand, München 1929
Söter I., Eötvös J., Budapest 1953 ff
— Nemzet és haladás, Budapest 1963
Spiegel Tilly, Österreicher in der belgischen und französischen Resistance. Monographien zur Zeitgeschichte, Wien - Zürich 1969

Spitzmüller Alexander, ... und hat auch Ursach', es zu lieben, Wien 1955
Spohr L., Die geistigen Grundlagen des Nationalismus in Ungarn, Leipzig 1936
Springer Anton, Geschichte Österreichs seit dem Wiener Frieden 1809, Leipzig 1863
Springer Johann, Statistik des österreichischen Kaiserstaates, Wien 1840
Srbik Heinrich v., Metternich, München 1925
— Deutsche Einheit, München 1935 ff
— Aus Österreichs Vergangenheit, Salzburg 1949
Stabreit E., Philipp Wilhelm v. Hörnigk, Berlin 1923
Stadler F., Vorderösterreichs Schicksal und Ende, Rheinfelden 1922
Stadler Karl R., Österreich 1938—1945 im Spiegel der NS-Akten, Wien 1966
— Hypothek auf die Zukunft. Die Entstehung der österreichischen Republik 1918—1921, Wien - Frankfurt - Zürich 1968
— Opfer verlorener Zeiten. Geschichte der Schutzbund-Emigration 1934, Wien 1974
Stadtmüller Georg, Geschichte Südosteuropas, Wien 1950
— Geschichte der habsburgischen Macht, Stuttgart 1966
Stanley Suval, The Anschluß-Question in the Weimar Era, Baltimore - London 1974
Stanojewitsch St., Histoire de Yougoslavie, Beograd 1936
Starhemberg Ernst R., Memoiren, Wien - München 1971
Stark Oskar, Eine versunkene Welt, Wien 1959
Stearman William Lloyd, Die Sowjetunion und Österreich 1945—1955. Ein Beispiel für die Sowjetpolitik gegenüber dem Westen, Bonn - Wien - Zürich 1962
Stefan, Die germanische Landnahme im Ostalpenraum bis zum Ausgang der Völkerwanderung, Graz 1943
Stefani G., Trieste e L'Austria dopo la restaurazione, Triest 1940
Steinacker H., Austro-Hungarica, München 1963
Steinböck Erwin, Die Volkswehr in Kärnten. Publikationen des österreichischen Instituts für Zeitgeschichte, Wien - Graz 1963
Steiner Herbert, Zum Tode verurteilt. Österreicher gegen Hitler, Wien - Köln - Stuttgart - Zürich 1964
— Die Kommunistische Partei Österreichs von 1918—1933, Wien - Meisenheim 1968
— Gestorben für Österreich. Widerstand gegen Hitler, Wien - Frankfurt - Zürich 1968
Steinitz Eduard v., Erinnerungen an Franz Joseph I., Berlin 1931
Stickler Michael, Die Mitglieder des österreichischen Nationalrates 1918—1968. Herausgegeben von der Kanzlei des Präsidenten des Nationalrates, Wien 1968
Stiefbold Rodney — Leupold-Löwenthal Arlette — Reß Georg — Lichem Walther — Marvick Dwain, Wahlen und Parteien in Österreich, 3 Bde., Wien 1966
Stojanovič St., Dějiny národa srbského, Prag 1920
Stourzh Gerald, Kleine Geschichte des österreichischen Staatsvertrages, Graz - Wien - Köln 1975
Straßer Wolfgang, Österreich und die Vereinten Nationen, 1965
Strnadt, Archiv f. österr. Geschichte, XCIX, S. 180 und 190
Stueber Fritz, Ich war Abgeordneter. Die Entstehung der freiheitlichen Opposition in Österreich, Graz - Stuttgart 1974
Südland L., Die südslawische Frage und Der Weltkrieg, Wien 1918
Sugenheim S., Geschichte der Aufhebung der Leibeigenschaft und Hörigkeit in Europa, St. Petersburg 1861
Suttner B., Die Badenischen Sprachverordnungen, Graz 1960
Suttner Bertha v., Die Waffen nieder! Dresden 1891
— Memoiren, Stuttgart 1909
Szabó E., Társadalmi és pártharcek az 1848/1849 magyar forrodalomban, Budapest 1921
Szana A., Geschichte der Slowakei, Preßburg 1930
Széchenyi István, Gróf Széchenyi István naploi, Budapest 1925 ff
Szecsi Maria — Stadler Karl, Die NS-Justiz in Österreich und ihre Opfer, Wien - München 1962
Szekfü Gyula, Der Staat Ungarn, Stuttgart 1918
— Három nemzedek, Budapest 1920
— Bethlen Gábor, Budapest 1929
— A mai Széchenyi, Budapest 1935

— Etat et Nation, Paris 1945
Szemere Pál — Czech Erich, Habsburgs Weg von Wilhelm zu Briand, Wien 1930
Szepesi András, Mohácstól Budaörsig, Innsbruck 1954
Szigetvári Emlekkönyv Szigetvár 1566, Budapest 1966
Szilassy J. v., Der Untergang der Donaumonarchie, Berlin 1921

Tamaro A., Storia di Trieste, Rom 1924
Tannenbaum Frank, Slave and Citizen, New York 1947
Tapié Victor Lucien, Monarchie et peuples du Danube, Paris 1969
— L'Europe de Marie-Theresia du baroque aux lumières, Paris 1973
Tassoni E. A., Eugenio di Savoia, Mailand 1939
Tesarek Anton, Viktor Adler, Wien 1947
Tezner Friedrich, Der österreichische Kaisertitel, seine Geschichte und seine politische Bedeutung (in: Zeitschrift für das private und öffentliche Recht, XXV, 1898)
— Die Wandlungen der österreichisch-ungarischen Reichsidee, Wien 1905
Thadden Franz Lorenz v., Feldmarschall Daun, Wien 1967
Thiemen Christoph — Adlerflycht, Graf Leo Thun im Vormärz, Graz 1967
Thóth Z., Mátyás király idegen szoldas seregem, Budapest 1925
Tibal André, L'Autrichien, essais sur la formation d'une individualié nationale, Paris 1936
Tietze H., Wien von Jahrhundert zu Jahrhundert, Wien 1927
Till Rudolf, Hofbauer und sein Kreis, Wien 1951
Gróf Tissza István, Összes munkai, Budapest 1937
Tomek Ernst, Kirchengeschichte Österreichs, Wien 1936 ff
— Kaiser Franz von Österreich, Mährisch-Ostrau 1937
Tritsch Walter, Metternich, Mährisch-Ostrau 1934
Trost Ernst, Figl von Österreich, Wien - München - Zürich 1972
Tschadek Otto, Jahre der Freiheit, Wien 1967
Tschörner Anton, Die materielle Lage des Arbeiterstandes in Österreich (in: Österreichische Monatsschrift für Gesellschaftswissenschaft und christliche Sozialreform, Wien 1879 ff)
Tudor D., Istoria Sclavajului in Dacia Romana, Bukarest 1957
Turba Gustav, Geschichte des Thronfolgerechtes, Wien 1903
— Die Pragmatische Sanktion, Wien 1913
Turnwald Kristián, K otázce vzniku markrabstvi moravského (in: Zvráty oblastnio muzea jihovýchodni Moravy, I, II, Gottwaldow 1966)
Tyroller Franz, Die Ahnen der Wittelsbacher, München 1951

Übersberger Hans, Österreich und Rußland, Wien 1906 ff
Uhlirz K. und M., Handbuch der Geschichte Österreichs und seiner Nebenländer Böhmen und Ungarn, Graz 1926 ff
Ungar Günter Michael, Die Christlichsoziale Partei im Burgenland, Eisenstadt 1965
Unvergängliches Österreich, Wien 1958
Urbanek R., Husitské král Jiři z Podébrad, Prag 1926

Vajda-Voevod Alexander, Slawen, Deutsche, Magyaren und Rumänen (in: Österreichische Rundschau, XXXIV, Wien 1913)
— Jus Austria Perfida (in: Österreichische Rundschau, XXXVII, Wien 1913)
Valiniani Leo, La dissoluzione dell'Austria-Ungheria, Mailand 1966
Valjavec Fritz, Der deutsche Kultureinfluß im Südosten, München 1940 ff
— Der Josephinismus, Brünn 1944
— Geschichte der abendländischen Aufklärung, Wien 1961
Valsecchi F., L'assolutismo illuminato in Austria e in Lombardia, Bologna 1931
Valynseele, Les pretendants aux trónes d'Europe, Paris 1937
Vancsa M., Geschichte Nieder- und Oberösterreichs, Gotha 1927 ff
Varády Lászlo, Das letzte Jahrhundert Pannoniens, Budapest 1969
Vas Zoltán, Horthy Miklós és kora, Budapest 1969
Vasilescu A., Oltenia sub Austriaci 1716—1739, Bukarest 1929

Vavřinek Vladimir, Die Christianisierung und Kirchenorganisation Großmährens (in: Historica, VII, Prag 1963)
Veiter Theodor, Das Recht der Volksgruppen und Sprachminderheiten in Österreich mit einer ethnosoziologischen Grundlegung und einem Anhang, Wien - Stuttgart 1970
Vené Gian Franco, Letteratura e capitalismo in Italia 1700—1900, Mailand 1963
Verdroß Alfred, Die immerwährende Neutralität der Republik Österreich, Wien 1966[2]
Verosta Stephan, Die internationale Stellung Österreichs 1938—1947, Wien 1947
Viefhaus Erwin, Die Minderheitenfrage und die Entstehung der Minderheitenschutzverträge auf der Pariser Friedenskonferenz 1919, Würzburg 1960
Vierzig Jahre danach. Der 4. März 1933 im Urteil von Zeitgenossen und Historikern. Anton Benya, Gerhard Botz, Ernst Koref, Bruno Kreisky, Otto Probst. Veröffentlichungen des Dr.-Karl-Renner-Instituts, Wien 1973
Vivenot Alfred, Herzog Albrecht v. Sachsen-Teschen als Reichsfeldmarschall, Wien 1864 ff
— Briefe des Freiherrn von Thugut, Wien 1872
Viviani Angelo, L'irredentisme adriatique, Genf 1917
Vodopivec Alexander, Wer regiert in Österreich? Ein politisches Panorama, Wien 1960. 2. Ausgabe: Die Ära Gorbach - Pittermann, Wien 1962
— Der verspielte Ballhausplatz. Vom schwarzen zum roten Österreich, Wien - München - Zürich 1970
Vogl Friedrich (Hrsg.), Österreichs Eisenbahner im Widerstand, Wien 1968
Voinovitsch L., Histoire de la Dalmatie, Paris 1934
Vojne akcije u Koruškoj, 1918/19 godine, Beograd 1958
Volpe G., Il popolo italiano tra la pace e la guerra 1914/1915, Mailand 1940
Vomáčková Vera, Österreich und der deutsche Zollverein (in: Historica, V, Prag 1961)
Vrba Rudolf, Österreichs Bedränger-, die „Los-von-Rom"-Bewegung, Prag 1907

Waas Adolf, Geschichte der Kreuzzüge, Freiburg i. Br. 1956
Wachs Walter, Kampfgruppe Steiermark. Monographien zur Zeitgeschichte, Wien - Frankfurt - Zürich 1968
Wagemut Karl, Was ich im Elternhaus der Exkaiserin Zita von Österreich erlebte, Dresden 1921
Wagner Dieter — Tomkowitz Gerhard, Ein Volk, ein Reich, ein Führer. Der Anschluß Österreichs 1938, München 1968
Wagner Georg, Wallenstein, Wien 1958
— Das Türkenjahr 1664, Eisenstadt 1964
— Der angebliche kaiserliche Türkentribut (in: Mitteilungen des Instituts für österreichische Geschichtsforschung, Band 72, Graz 1964)
— Die Schlacht von St. Gotthardt-Mogersdorf und das Oberkommando Raymond Montecuccolis (in: Atti e Memorie, Serie VI, vol VI, Modena 1964)
— Der Wiener Hof, Ludwig XIV. und die Anfänge der Magnatenverschwörung (in: Mitteilungen des Österreichischen Staatsarchivs, Band 16, Wien 1963)
— Maximilian I. und die politische Propaganda (in: Ausstellungskatalog der Maximilianausstellung Innsbruck), Innsbruck 1969
— Der Bund von Österreich, R-W-R-Heft 86—88, Wien 1969
— Der letzte Türkenkriegsplan Kaiser Maximilians aus dem Jahre 1517 (in: Mitteilungen des Institutes für österr. Geschichtsforschung, Band 72, Wien 1969)
— Wallenstein und der Landesherr von Tirol (1626—1632) (in: Mitteilungen des Institutes für österr. Geschichtsforschung, Band 83, Wien 1975)
— Staatsvertrag und Österreichbewußtsein im Spiegel der Geschichtsquellen, Wien 1976
Wagner R., Geschichte der Kleiderarbeiter in Österreich, Wien 1930
Walch Dietmar, Die jüdischen Bemühungen um die materielle Wiedergutmachung durch die Republik Österreich. Veröffentlichungen des Historischen Instituts der Universität Salzburg 1, Wien 1971
Waldegg Richard, Sittengeschichte von Wien, Stuttgart 1957
Waldheim Kurt, Der österreichische Weg. Aus der Isolation zur Neutralität, Wien - München - Zürich 1971
Wallisch Friedrich, Die Flagge Rot-Weiß-Rot, Leipzig 1942
Walter Friedrich, Wien, Wien 1940 ff

Wandruszka Adam, Die Religiosität Franz Stephans v. Lothringen (in: Mitteilungen des Österreichischen Staatsarchivs, III, Wien 1959)
— Leopold II., Wien 1963
— Das Haus Habsburg, 1956
Wangermann Ernst, From Joseph II. to the Jacobin Trials, London 1959
Wathen Mary Antonia, The policy of England and France toward the „Anschluß" of 1938, Washington 1954
Weber Wilhelm, Österreichs Wirtschaftsstruktur gestern, heute, morgen. 2 Bde., Berlin 1961
Weil Georges, Pangermanisme en Autriche, Paris 1904
Weinberg Emil, Die österreichischen Ortsnamen und ihre Bedeutung, Wien 1936
Weinberger Lois, Begegnungen, Tatsachen, Gespräche, Wien 1948
Weinzierl Erika, Die österreichischen Konkordate von 1955—1933, Wien 1960
— Zu wenig Gerechte. Österreicher und Judenverfolgung 1938—1945, Graz - Wien - Köln 1969
— Emanzipation? Österreichische Frauen im 20. Jahrhundert, Wien 1975
Weinzierl — Hofrichter, Österreich. Zeitgeschichte in Bildern, Tyrolia, Innsbruck 1975
— Österreich — Die zweite Republik. Herausgegeben von Erika Weinzierl und Kurt Skalnik. 2 Bde., Graz - Wien - Köln 1972
Welan Manfried, Parteien und Verbände in Österreich, Politische Bildung 4, Wien 1970
Wentzke Paul, Feldherr des Kaisers, Leipzig 1943
Werkmann Karl, Der Tote auf Madeira, München 1923
— Aus Kaiser Karls Nachlaß, Berlin 1925
— Deutschland als Verbündeter, Berlin 1930
Wertheimer Eduard, Graf Julius Andrássy, Stuttgart 1900 ff
— Kossuth — Prophet einer Donaukonföderation (in: Österreichische Rundschau, LXII, Wien 1920)
Weybe E., Preßburger Baumeister, Preßburg o. J.
Widerstand und Verfolgung in Wien 1934—1945 (herausgegeben vom Dokumentationsarchiv des österreichischen Widerstandes, Auswahl, Bearbeitung und Zusammenstellung: Dr. Wolfgang Neugebauer, 3 Bde., Wien 1975)
Widmann Hans, Geschichte Salzburgs, Gotha 1914 ff
Wieser Georg (Otto Leichter), Ein Staat stirbt, Paris 1938
Wiesflecker Hermann, Erzherzog Johann, 1959
Wimmer Lothar, Zwischen Ballhausplatz und Downingstreet, Wien - München 1958
Windischgrätz Ludwig, Vom schwarzen zum roten Prinzen, Berlin 1920
— Ein Kaiser kämpft für den Frieden, Wien 1957
Winker E., Margarete von Österreich, München 1966
Winkler Ernst, Auf den Zinnen der Partei, Wiener Neustadt 1967
Winkler Franz, Die Diktatur in Österreich, Zürich 1935
Winter Eduard, Tausend Jahre Geisteskampf im Sudetenraum, München 1938
— Der Josephinismus und seine Geschichte, Brünn 1943
— Romantismus, Restauration und Frühliberalismus im österreichischen Vormärz, Wien 1968
— Frühliberalismus in der Donaumonarchie, Berlin 1968
Winter Ernst Karl, La-Tène in Niederösterreich hinsichtlich der Sozialorganisation (in: Monatsblätter für Landeskunde und Heimatschutz von Niederösterreich, II, Wien 1927)
— Rudolph IV. von Österreich, Wien 1934
— Christentum und Zivilisation, Wien 1956
— Studien zum St.-Severins-Problem, Wien 1959
— Ignaz Seipel als dialektisches Problem, Wien 1966
— Bahnbrecher des Dialogs, Wien 1969
— (Herausgeber), Die österreichische Aktion, Wien 1927
Withalm Hermann, Aufzeichnungen, Graz - Wien - Köln 1973
Wodka Josef, Kirche in Österreich, Wien 1959
Wirth Zdeněk, Die böhmische Renaissance (in: Historica, III, Prag 1959)
Wiswedel W., Balthasar Hubmeier, Kassel 1939
Wolf-Schneider von Arnau, Feldmarschall Radetzky, Wien 1934

Wolf — Heilig — Görgen, Österreich und die Reichsidee, Wien 1936
Wolkan R., Der österreichische Staatsgedanke im Zeitalter Franz Josephs, Innsbruck 1929
Wollinger Hans (Hrsg.), Eduard Heinl, ein Leben für Österreich, Wien 1955
Wutte Martin, Kärntens Freiheitskampf, Weimar 1943

Zablatnik Paul, Die geistige Volkskultur der Kärntner Slowenen, Graz 1951
Zahn Gordon C., Er folgte seinem Gewissen. Das einsame Zeugnis des Franz Jägerstätter, Graz 1967
Zeit- und Gesellschaftskritik in der österreichischen Literatur des 19. und 20. Jahrhunderts. Herausgegeben vom Institut für Österreichkunde. Schriften des Instituts für Österreichkunde, Wien 1973
Zeman Zbynek A., Der Zusammenbruch des Habsburgerreiches 1914—1918, Wien 1963
Zenker Viktor, Die sozialen und wirtschaftlichen Grundlagen der Revolution 1848 in Wien, 1898
Zeumer Karl, Heiliges Römisches Reich Deutscher Nation (Band 4 der „Quellen und Studien zur Verfassungsgeschichte", Weimar 1910)
Zeßner-Spitzenberg Hans Karl, Kaiser Karl I., Salzburg 1953
Ziak Karl (Hrsg. und Gestalter), Unvergängliches Österreich, Wien 1958
Zibermayer Ignaz, Noricum, Baiern und Österreich, München 1944
Zimándy Ignac, Ludwig Kossuth, Budapest 1898
Zimmel Bruno, Johann Grueber in Lhasa, Wien 1953
Zöllner Erich, Geschichte Österreichs, Wien 1974
Zohn Harry, Österreichische Juden in der Literatur, Tel Aviv 1969
Zsigmond L., Zur deutschen Frage 1918—1923, Budapest 1924
Zsolnay Vilmos v., Vereinigungsversuche Südosteuropas im 15. Jahrhundert, Frankfurt 1967
Zulehner Paul Michael, Kirche und Austromarxismus, Wien - Freiburg - Basel 1967
Zwei Jahrzehnte Zweite Republik. Herausgegeben vom Institut für Österreichkunde. Graz - Wien 1965
Zwitter F., Les problèmes nationaux dans la monarchie des Habsbourg, Beograd 1960

PERSONENVERZEICHNIS

* = siehe auch Bibliographie

(Hier nicht genannte Babenberger siehe Anhang I, Habsburger siehe Anhang II

Der Dualismus 1867 bis 1918

Die Aufteilung der Monarchie

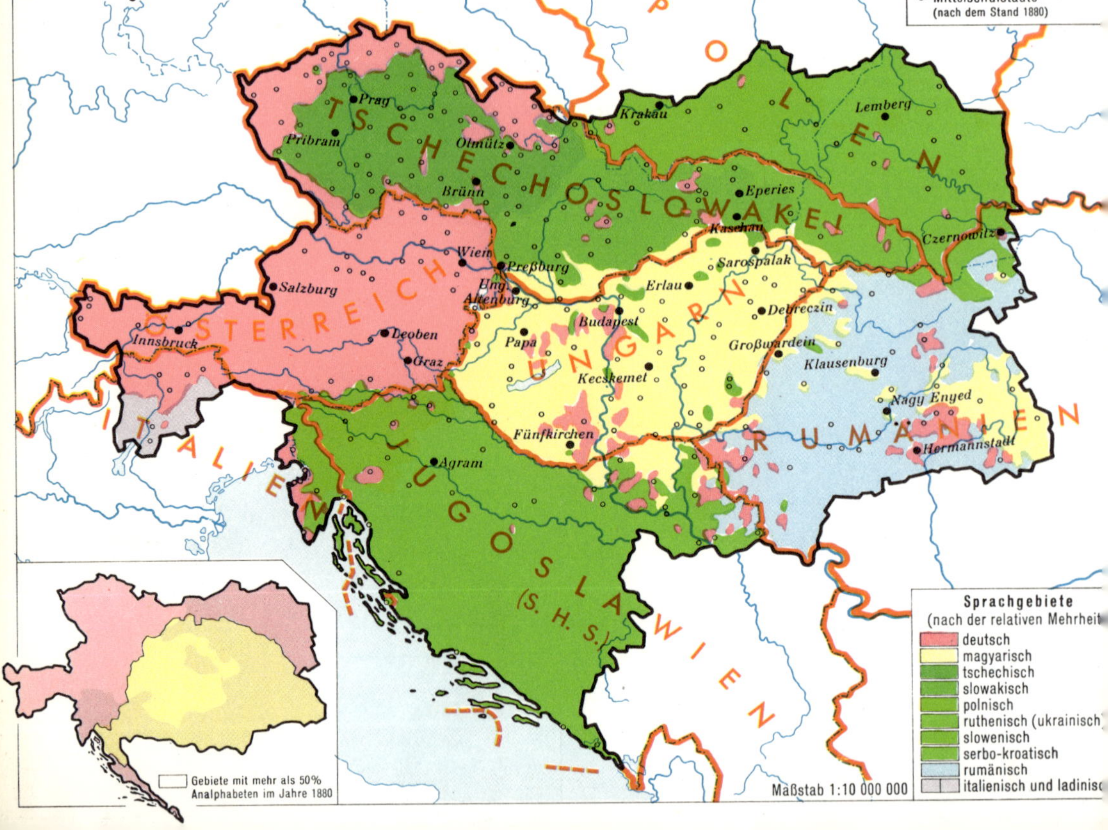